Akten zur Auswärtigen Politik der Bundesrepublik Deutschland

Herausgegeben im Auftrag des Auswärtigen Amts
vom Institut für Zeitgeschichte

Hauptherausgeber
Hans-Peter Schwarz

Mitherausgeber
Helga Haftendorn, Klaus Hildebrand,
Werner Link, Horst Möller und Rudolf Morsey

R. Oldenbourg Verlag München 1996

Akten zur Auswärtigen Politik der Bundesrepublik Deutschland

1965

Band I: 1. Januar bis 31. März 1965

Wissenschaftlicher Leiter
Rainer A. Blasius

Bearbeiter
Mechthild Lindemann und Ilse Dorothee Pautsch

R. Oldenbourg Verlag München 1996

Die Deutsche Bibliothek – CIP-Einheitsaufnahme

Akten zur auswärtigen Politik der Bundesrepublik Deutschland
/ hrsg. im Auftr. des Auswärtigen Amts vom Institut für
Zeitgeschichte. – München : Oldenbourg.
  Früher mehrbd. begrenztes Werk

1965.
  Bd. 1. 1. Januar bis 31. März 1965. – 1996
  ISBN 3-486-56071-9

© 1996 R. Oldenbourg Verlag GmbH, München

Das Werk einschließlich aller Abbildungen ist urheberrechtlich geschützt. Jede Verwertung außerhalb der Grenzen des Urheberrechtsgesetzes ist ohne Zustimmung des Verlages unzulässig und strafbar. Das gilt insbesondere für Vervielfältigungen, Übersetzungen, Mikroverfilmungen und die Einspeicherung und Bearbeitung in elektronischen Systemen.

Umschlaggestaltung: Dieter Vollendorf
Gesamtherstellung: R. Oldenbourg, Graphische Betriebe GmbH, München

Gedruckt auf säurefreiem, alterungsbeständigem Papier

ISBN: 3-486-56071-9

Inhalt

Vorwort	VII
Vorbemerkungen zur Edition	VIII
Verzeichnisse	XV
Dokumentenverzeichnis	XVII
Literaturverzeichnis	CCXI
Abkürzungsverzeichnis	CCXIX
Dokumente	1
Band I (Dokument 1–158)	3
Band II (Dokument 159–338)	645
Band III (Dokument 339–480)	1397
Personenregister	1981
Sachregister	2037
Organisationsplan des Auswärtigen Amts vom Oktober 1965	2093

Vorwort

Mit den Jahresbänden 1965 wird zum dritten Mal eine ausführlich kommentierte Sammlung von Dokumenten aus den Beständen des Politischen Archivs des Auswärtigen Amts unmittelbar nach Ablauf der dreißigjährigen Aktensperrfrist veröffentlicht. Das bewährte Editionskonzept der in den beiden letzten Jahren bereits publizierten „Akten zur Auswärtigen Politik der Bundesrepublik Deutschland 1963" und „Akten zur Auswärtigen Politik der Bundesrepublik Deutschland 1964" ist beibehalten worden.

Das Erscheinen der vorliegenden Bände gibt Anlaß, allen an dem Werk Beteiligten zu danken. So gilt mein verbindlichster Dank dem Auswärtigen Amt, insbesondere dem Politischen Archiv sowie den Damen und Herren in den Referaten, die beim Deklassifizierungsverfahren zur Offenlegung der Dokumente beigetragen haben. In gleicher Weise zu danken ist dem Bundeskanzleramt für die Erlaubnis, unverzichtbare Dolmetscheraufzeichnungen einbeziehen zu können. Desgleichen danke ich Frau Brigitte Schröder für die Genehmigung, einige Schriftstücke aus dem Nachlaß des Bundesministers a.D. Dr. Gerhard Schröder im Archiv für Christlich-Demokratische Politik in St. Augustin abdrucken zu dürfen.

Besonderer Dank gebührt ferner den Kollegen im Herausgebergremium, die sich ihrer viel Zeit in Anspruch nehmenden Aufgabe in bewährter Kollegialität gewidmet haben. Ferner sei die tadellose Zusammenarbeit mit den zuständigen Persönlichkeiten und Gremien des Instituts für Zeitgeschichte dankbar hervorgehoben. Gedankt sei auch dem präzise arbeitenden Verlag R. Oldenbourg.

Das Hauptverdienst am Gelingen der drei Bände gebührt den Bearbeitern, Frau Dr. Mechthild Lindemann und Frau Dr. Ilse Dorothee Pautsch, zusammen mit dem Wissenschaftlichen Leiter, Herrn Dr. Rainer A. Blasius. Ihnen sei für den großen Einsatz und für die erbrachte Leistung nachdrücklichst gedankt.

Weiter genannt sei Herr Dr. Daniel Kosthorst, der durch Kommentierung der Monate Juli und Oktober 1965 wesentlich zur pünktlichen Fertigstellung der Edition beigetragen hat. Nicht vergessen seien schließlich die Damen des Sekretariats, Frau Andrea Bock und Frau Melanie Stuch.

Die Jahresbände für 1966 und 1967 befinden sich in Arbeit. Sie sollen im vorgesehenen Rhythmus erscheinen.

Bonn, den 1. September 1995   Hans-Peter Schwarz

Vorbemerkungen zur Edition

Die „Akten zur Auswärtigen Politik der Bundesrepublik Deutschland 1965" (Kurztitel: AAPD 1965) umfassen drei Bände, die durchgängig paginiert sind. Den abgedruckten Dokumenten gehen im Band I neben Vorwort und Vorbemerkungen ein Dokumentenverzeichnis, ein Literaturverzeichnis sowie ein Abkürzungsverzeichnis voran. Am Ende von Band III finden sich ein Personen- und ein Sachregister sowie ein Organisationsplan des Auswärtigen Amts vom Oktober 1965.

Dokumentenauswahl

Grundlage für die Fondsedition der Akten zur Auswärtigen Politik der Bundesrepublik Deutschland im Jahr 1965 waren die Bestände des Politischen Archivs des Auswärtigen Amts (PA/AA). Besonderes Gewicht wurde auf die zentralen Bestände „Ministerbüro" und „Büro Staatssekretär" gelegt. Angemessene Berücksichtigung fanden aber auch die einzelnen Abteilungen und Referate des Auswärtigen Amts. Schriftstücke aus anderen Bundesministerien, die in die Akten des Auswärtigen Amts Eingang gefunden haben, wurden nur zur Kommentierung herangezogen und lediglich in Fällen von besonderer außenpolitischer Bedeutung als Dokumente aufgenommen. Fast ausnahmslos haben dagegen die im Auswärtigen Amt vorhandenen Aufzeichnungen über Gespräche des Bundeskanzlers mit ausländischen Staatsmännern und Diplomaten Aufnahme gefunden. Als notwendige Ergänzung dienten die im Bundeskanzleramt überlieferten Gesprächsaufzeichnungen.

Entsprechend ihrer Herkunft belegen die edierten Dokumente in erster Linie die außenpolitischen Aktivitäten des Bundesministers des Auswärtigen. Sie veranschaulichen aber auch die Außenpolitik des jeweiligen Bundeskanzlers. Die Rolle anderer Akteure, insbesondere im parlamentarischen und parteipolitischen Bereich, wird beispielhaft dokumentiert, sofern eine Wechselbeziehung zum Auswärtigen Amt gegeben war.

Die ausgewählten Dokumente sind nicht zuletzt deshalb für ein historisches Verständnis der Außenpolitik der Bundesrepublik Deutschland von Bedeutung, weil ausschließlich Schriftstücke veröffentlicht werden, die bisher der Forschung unzugänglich und größtenteils als Verschlußsachen der Geheimhaltung unterworfen waren. Dank einer entsprechenden Ermächtigung wurden den Bearbeitern die VS-Bestände des PA/AA ohne Einschränkung zugänglich gemacht und Anträge auf Herabstufung und Offenlegung von Schriftstücken beim Auswärtigen Amt ermöglicht. Das Bundeskanzleramt war zuständig für die Deklassifizierung von Verschlußsachen aus den eigenen Beständen. Kopien der offengelegten Schriftstücke, deren Zahl diejenige der in den AAPD 1965 edierten Dokumente weit übersteigt, werden im PA/AA zugänglich gemacht (Bestand B 150).

Nur eine äußerst geringe Zahl der für die Edition vorgesehenen Aktenstücke wurde nicht zur Veröffentlichung freigegeben. Hierbei handelt es sich vor allem um Dokumente, in denen personenbezogene Vorgänge im Vordergrund stehen oder die auch heute noch sicherheitsrelevante Angaben enthalten. Von einer Deklassifizierung ausgenommen war Schriftgut ausländischer Herkunft bzw. aus dem Bereich multilateraler oder internationaler Organisationen wie etwa der NATO. Unberücksichtigt blieb ebenfalls nachrichtendienstliches Material.

Dokumentenfolge

Die 480 edierten Dokumente sind in chronologischer Folge geordnet und mit laufenden Nummern versehen. Bei differierenden Datumsangaben auf einem Schriftstück, z.B. im Falle abweichender maschinenschriftlicher und handschriftlicher Datierung, ist in der Regel das früheste Datum maßgebend. Mehrere Dokumente mit demselben Datum sind, soweit möglich, nach der Uhrzeit eingeordnet. Erfolgt eine Datierung lediglich aufgrund sekundärer Hinweise (z.B. aus Begleitschreiben, beigefügten Vermerken usw.), wird dies in einer Fußnote ausgewiesen. Ein Dokument, bei dem nur der Entstehungsmonat bekannt ist, wird am Ende des betreffenden Monats eingereiht. Bei Aufzeichnungen über Gespräche oder Besprechungen ist das Datum des dokumentierten Vorgangs ausschlaggebend, nicht der Zeitpunkt der Niederschrift.

Dokumentenkopf

Jedes Dokument beginnt mit einem halbfett gedruckten, stets gleich gestalteten Dokumentenkopf, in dem wesentliche formale Angaben zusammengefaßt werden. Auf Dokumentennummer und -überschrift folgen in kleinerer Drucktype ergänzende Angaben, so rechts außen die Datumsangabe. Links außen wird, sofern vorhanden, das Geschäftszeichen des edierten Schriftstücks einschließlich des Geheimhaltungsgrads (zum Zeitpunkt der Entstehung) wiedergegeben. Das Geschäftszeichen, das aus der Kurzbezeichnung der ausfertigenden Arbeitseinheit besteht sowie aus weiteren Elementen wie dem gemäß Aktenplan inhaltlich definierten Aktenzeichen, der Tagebuchnummer einschließlich verkürzter Jahresangabe und gegebenenfalls dem Geheimhaltungsgrad, läßt Rückschlüsse auf den Geschäftsgang zu und eröffnet die Möglichkeit, zugehöriges Aktenmaterial zu ermitteln. Dokumentennummer, verkürzte Überschrift und Datum finden sich auch im Kolumnentitel über dem Dokument.

Aus den Angaben im Dokumentenkopf, vor allem aus der Überschrift, läßt sich die Art des jeweiligen Dokuments erschließen. Aufzeichnungen und Vermerke des internen Schriftverkehrs im Auswärtigen Amt sind eine in der Edition besonders häufig vertretene Dokumentengruppe. Der Verfasser wird jeweils in der Überschrift benannt. Läßt sich ein solcher weder unmittelbar noch mittelbar nachweisen, wird die ausfertigende Arbeitseinheit (Abteilung oder Referat) angegeben.

Eine weitere Gruppe von Dokumenten bildet der Schriftverkehr zwischen der Zentrale in Bonn und den Auslandsvertretungen. Diese erhielten ihre Informationen und Weisungen in der Regel mittels Drahterlaß, der fernschriftlich oder per Funk übermittelt wurde. Auch bei dieser Dokumentengruppe wird in der Überschrift der Verfasser genannt, ein Empfänger dagegen nur, wenn der Drahterlaß an eine einzelne Auslandsvertretung bzw. deren Leiter gerichtet war. Anderenfalls werden die Adressaten in einer Fußnote aufgeführt. Bei Runderlassen an sehr viele oder an alle diplomatischen Vertretungen wird der Empfängerkreis nicht näher spezifiziert, um die Anmerkungen nicht zu überfrachten. Ebenso sind diejenigen Auslandsvertretungen nicht eigens aufgeführt, die nur nachrichtlich von einem Erlaß in Kenntnis gesetzt wurden. Ergänzend zum Geschäftszeichen wird im unteren Teil des Dokumentenkopfes links die Nummer des Drahterlasses sowie der Grad der Dringlichkeit angegeben. Rechts davon findet sich das Aufgabedatum und – sofern zu ermitteln – die Uhrzeit der Aufgabe. Ein Ausstellungsdatum wird nur dann angegeben, wenn es vom Datum der Aufgabe abweicht.

Der Dokumentenkopf bei einem im Auswärtigen Amt eingehenden Drahtbericht ist in Analogie zum Drahterlaß gestaltet. Zusätzlich zu Datum und Uhrzeit der Aufgabe wird hier auch der Zeitpunkt der Ankunft festgehalten, jeweils in Ortszeit.

In weniger dringlichen Fällen verzichteten die Botschaften auf eine fernschriftliche Übermittlung und zogen die Form des mit Kurier übermittelten Schriftberichts vor. Beim Abdruck solcher Stücke wird im Dokumentenkopf neben der Überschrift mit Absender und Empfänger das Geschäftszeichen und das Datum genannt. Eine Sonderform des Schriftberichts stellt das sogenannte Privatdienstschreiben dar, mit dem außerhalb des offiziellen Geschäftsgangs zu einem Sachverhalt Stellung bezogen werden kann; darauf wird in einer Anmerkung aufmerksam gemacht.

Neben dem Schriftwechsel zwischen der Zentrale und den Auslandsvertretungen gibt es andere Schreiben, erkennbar jeweils an der Nennung von Absender und Empfänger. Zu dieser Gruppe zählen etwa Schreiben der Bundesregierung, vertreten durch den Bundeskanzler oder den Bundesminister des Auswärtigen, an ausländische Regierungen, desgleichen auch Korrespondenz des Auswärtigen Amts mit anderen Ressorts oder mit Bundestagsabgeordneten.

Breiten Raum nehmen Niederschriften über Gespräche bzw. Besprechungen ein. Sie werden als solche in der Überschrift gekennzeichnet. Hervorzuheben sind innerhalb dieser Dokumentengruppe Gesprächsaufzeichnungen der Dolmetscher. Für deren chronologische Einordnung ist das Gesprächs- oder Besprechungsdatum ausschlaggebend, während Verfasser und Datum der Niederschrift – sofern ermittelbar – in einer Anmerkung ausgewiesen werden.

Die wenigen Dokumente, die sich keiner der beschriebenen Gruppen zuordnen lassen, sind aufgrund individueller Überschriften zu identifizieren.

Die Überschrift bei allen Dokumenten enthält die notwendigen Angaben zum Ausstellungs-, Absende- oder Empfangsort bzw. zum Ort des Gesprächs oder der Besprechung. Erfolgt keine besondere Ortsangabe, ist Bonn stillschweigend zu ergänzen. Hält sich der Verfasser oder Absender eines Dokuments nicht an seinem eigentlichen Dienstort auf, wird der Ortsangabe ein „z.Z." vorangesetzt.

Bei den edierten Schriftstücken handelt es sich in der Regel jeweils um die erste Ausfertigung oder – wie etwa bei den aufgrund festgelegter Verteiler vervielfältigten Drahtberichten – um eines von mehreren gleichrangig nebeneinander zirkulierenden Exemplaren. Statt einer Erstausfertigung mußten hin und wieder ein „Durchschlag als Konzept", ein Durchdruck, eine Abschrift oder eine Ablichtung herangezogen werden. Ein entsprechender Hinweis findet sich in einer Fußnote. In wenigen Fällen sind Entwürfe abgedruckt und entsprechend in den Überschriften kenntlich gemacht.

Dokumententext

Unterhalb des Dokumentenkopfes folgt – in normaler Drucktype – der Text des jeweiligen Dokuments, einschließlich des Betreffs, der Anrede und der Unterschrift. Falls die Textvorlage eine inhaltlich substantielle Überschrift aufweist, wird diese mitabgedruckt. Die Dokumente werden in der Regel ungekürzt veröffentlicht. In wenigen Ausnahmefällen sind geringfügige Auslassungen vorgenommen worden; sie werden durch [...] gekennzeichnet und in einer Fußnote erläutert. Textergänzungen der Bearbeiter stehen ebenfalls in eckigen Klammern.

Offensichtliche Schreib- und Interpunktionsfehler werden stillschweigend korrigiert. Eigentümliche Schreibweisen bleiben nach Möglichkeit erhalten; manchmal erwies sich jedoch eine Vereinheitlichung bzw. Modernisierung als sinnvoll. Dies trifft teilweise auch auf fremdsprachige Orts- und Personennamen zu, deren Schreibweise nach den im Auswärtigen Amt gebräuchlichen Regeln wiedergegeben wird.

Selten vorkommende oder ungebräuchliche Abkürzungen in der Textvorlage werden aufgelöst. Typische Abkürzungen von Institutionen, Parteien etc. werden allerdings übernommen. Hervorhebungen in der Textvorlage, also etwa maschinenschriftliche Unterstreichungen oder Sperrungen werden – sofern sie nicht überwiegend formaler Natur sind – kursiv wiedergegeben. Darüber hinaus dient der Kursivdruck dazu, bei Gesprächsaufzeichnungen die Sprecher voneinander abzuheben. Im äußeren Aufbau (Absätze, Zentrierungen usw.) folgt das Druckbild der Textvorlage, soweit dies unter Berücksichtigung der satztechnisch bedingten Gegebenheiten möglich ist.

Mit Ausnahme der dem Namen hinzugefügten Dienstbezeichnung, die der Überschrift eines Dokuments zu entnehmen ist, wird eine Unterschriftsformel vollständig wiedergegeben. Ein handschriftlicher Namenszug ist nicht besonders gekennzeichnet, eine Paraphe mit Unterschriftscharakter aufgelöst (mit Nachweis in einer Fußnote). Findet sich auf einem Schriftstück der Name zusätzlich maschinenschriftlich vermerkt, bleibt dies unerwähnt. Ein maschinenschriftlicher Name, dem ein „gez." vorangestellt ist, wird entsprechend übernommen; fehlt in der Textvorlage der Zusatz „gez.", wird er in eckigen Klammern ergänzt.

Unter dem Dokumententext wird die jeweilige Fundstelle des Schriftstücks in halbfetter Schrifttype nachgewiesen. Bei Dokumenten aus dem PA/AA wird auf die Angabe des Archivs verzichtet und nur der jeweilige Bestand mit Bandnummer genannt. Dabei ist, soweit möglich, der aktuelle Stand der Verzeichnungsarbeiten im Politischen Archiv berücksichtigt. Dokumente aus VS-Beständen sind mit der Angabe „VS-Bd." versehen. Bei Dokumenten anderer Herkunft werden Archiv und Bestandsbezeichnung angegeben. Da alle edierten Dokumente für die wissenschaftliche Benutzung bisher nicht oder nur in eingeschränktem Maße zur Verfügung standen, erübrigte sich eine systematische Suche nach Vor- oder Teilveröffentlichungen.

Kommentierung

In Ergänzung zum Dokumentenkopf enthalten die Anmerkungen formale Hinweise und geben Auskunft über wesentliche Stationen im Geschäftsgang. Angaben technischer Art, wie Registraturvermerke oder standardisierte Verteiler, werden nur bei besonderer Bedeutung erfaßt. Wesentlich ist dagegen die Frage, welche Beachtung das jeweils edierte Dokument auf den verschiedenen Ebenen des Auswärtigen Amts bzw. außerhalb dieser Behörde gefunden hat. Dies läßt sich an den Paraphen maßgeblicher Akteure sowie an den – überwiegend handschriftlichen – Weisungen, Bemerkungen oder auch Reaktionen in Form von Frage- oder Ausrufungszeichen ablesen, die auf dem Schriftstück selbst oder auf zugehörigen Begleitschreiben und -vermerken zu finden sind. Die diesbezüglichen Merkmale sowie damit in Verbindung stehende Hervorhebungen (Unterstreichungen oder Anstreichungen am Rand) werden in Anmerkungen nachgewiesen. Auf den Nachweis sonstiger An- oder Unterstreichungen wird verzichtet. Abkürzungen in handschriftlichen Passagen werden unter Kennzeichnung durch eckige Klammern aufgelöst.

In den im engeren Sinn textkritischen Anmerkungen werden nachträgliche Korrekturen oder textliche Änderungen des Verfassers und einzelner Adressaten festgehalten. Unwesentliche Textverbesserungen sind hiervon ausgenommen. Ferner wird auf einen systematischen Vergleich der Dokumente mit Entwürfen ebenso verzichtet wie auf den Nachweis der in der Praxis üblichen Einarbeitung von Textpassagen in eine spätere Aufzeichnung oder einen Drahterlaß.

Die Kommentierung soll den historischen Zusammenhang der edierten Dokumente in ihrer zeitlichen und inhaltlichen Abfolge sichtbar machen, weitere Aktenstücke und anderweitiges Schriftgut nachweisen, die unmittelbar oder mittelbar angesprochen werden, sowie Ereignisse oder Sachverhalte näher erläutern, die dem heutigen Wissens- und Erfahrungshorizont ferner liegen und aus dem Textzusammenhang heraus nicht oder nicht hinlänglich zu verstehen sind. Dem erstgenannten Gesichtspunkt tragen jene rück- oder weiterverweisenden Anmerkungen Rechnung, die Bezüge zwischen einzelnen Dokumenten in den vorliegenden drei Bänden offenlegen und auf die AAPD 1963 und 1964 bzw. auf die in Vorbereitung befindlichen AAPD 1966 verweisen. Das Auffinden von Dokumenten zu einem bestimmten thematischen Schwerpunkt ist mit Hilfe des Sachregisters möglich.

Besonderer Wert wird bei der Kommentierung darauf gelegt, die Dokumente durch Bezugsstücke aus den Akten der verschiedenen Arbeitseinheiten des Auswärtigen Amts bis hin zur Leitungsebene zu erläutern. Zitate oder inhaltliche Wiedergaben sollen die damaligen Entscheidungsprozesse erhellen. Dadurch wird zugleich Vorarbeit geleistet für eine vertiefende Erschließung der Bestände des PA/AA. Um die Identifizierung von Drahtberichten bzw. -erlassen zu erleichtern, werden außer dem Verfasser und dem Datum die Drahtberichtsnummer und, wo immer möglich, die Drahterlaßnummer angegeben.

Findet in einem Dokument veröffentlichtes Schriftgut Erwähnung – etwa Abkommen, Gesetze, Reden oder Presseberichte –, so wird die Fundstelle in einer Anmerkung nach Möglichkeit genauer spezifiziert. Auszüge aus den Bezugsstücken oder inhaltliche Zusammenfassungen sollen zum Verständnis der Dokumente beitragen. Bei Anmerkungen oder Anmerkungsteilen, deren Zweck die knappe Erläuterung eines Sachverhalts oder Ereignisses ist, erfolgen keine systematischen Hinweise auf archivalische oder veröffentlichte Quellen. Sekundärliteratur wird generell nicht in die Kommentierung aufgenommen.

Angaben wie Dienstbezeichnung, Dienststellung/Funktion, Dienstbehörde und Nationalität dienen der eindeutigen Identifizierung der in der Kommentierung vorkommenden Personen. Die genannten Merkmale werden dabei erforderlichenfalls in Kombination oder auch im Wechsel dem Namen hinzugefügt. Bei Bundesministern erfolgt ein Hinweis zum jeweiligen Ressort nur im Personenregister. Eine im Dokumententext lediglich mit ihrer Funktion genannte Person wird nach Möglichkeit in einer Anmerkung namentlich nachgewiesen. Davon ausgenommen sind der jeweilige Bundespräsident, der Bundeskanzler bzw. der Bundesminister des Auswärtigen.

Die Bezeichnung einzelner Staaten wird so gewählt, daß Verwechslungen ausgeschlossen sind. Als Kurzform für die Deutsche Demokratische Republik kommen in den Dokumenten die Begriffe SBZ oder DDR vor und werden so wiedergegeben. Der in der Forschung üblichen Praxis folgend, wird jedoch in der Kommentierung und in den Regesten der Begriff DDR verwendet. Das Adjektiv „deutsch" findet nur bei gesamtdeutschen Belangen oder dann Verwendung, wenn eine eindeutige Zuordnung gegeben ist. Der westliche Teil von Berlin wird als Berlin (West), der östliche Teil der Stadt als Ost-Berlin bezeichnet. Im übrigen orientiert sich die Edition bei der Benutzung geographisch-politischer Begriffe an der Sprache der Quellen.

Für häufig benutzte Publikationen wie Editionen, Geschichtskalender und Memoiren werden Kurztitel oder Kurzformen eingeführt, die sich über ein entsprechendes Verzeichnis auflösen lassen. Der Platzersparnis dienen ebenfalls die Rückverweise auf bereits an anderer Stelle ausgeführte Anmerkungen.

Wie bei der Wiedergabe der Dokumente finden auch in den Anmerkungen die im Auswärtigen Amt gebräuchlichen Regeln für die Transkription fremdsprachlicher Namen und Begriffe Anwendung. Bei Literaturangaben in russischer Sprache wird die im wissenschaftlichen Bereich übliche Transliterierung durchgeführt.

Verzeichnisse

Das *Dokumentenverzeichnis* ist chronologisch angelegt. Es bietet zu jedem Dokument folgende Angaben: die halbfett gedruckte Dokumentennummer, Datum und Überschrift, die Fundseite sowie eine inhaltliche Übersicht in Form eines Regests. Um die Einheitlichkeit der Regesten in ihrem notwendigerweise verkürzenden Charakter zu wahren, steht bei der Zusammenfassung des Dokumenteninhalts nicht die Aufzählung aller angesprochenen Themen im Vordergrund, sondern die Aufmerksamkeit gilt wesentlichen Schwerpunkten oder neuartigen Gedanken. Die Regesten können und sollen lediglich einer ersten Orientierung dienen. Hinsichtlich ihrer formalen Gestaltung wird auf die vorangehenden Ausführungen zur Kommentierung verwiesen.

Das *Literaturverzeichnis* enthält nur solche Publikationen, die häufig zur Kommentierung herangezogen und mit Kurztiteln oder Kurzformen versehen wurden. Diese sind alphabetisch geordnet und werden unter Angabe der notwendigen bibliographischen Daten aufgelöst.

Das *Abkürzungsverzeichnis* führt – mit Ausnahme der erwähnten Kurzformen – die im Dokumententeil vorkommenden Abkürzungen auf, es sei denn, sie sind so gebräuchlich, daß sich eine Auflösung erübrigt. Nicht aufgenommen werden Abkürzungen, die in einer Fußnote erläutert sind.

Anhang

Im *Personenregister* werden in der Edition vorkommende Personen unter Nennung derjenigen politischen, dienstlichen oder beruflichen Funktionen aufgeführt, die im inhaltlichen Zusammenhang der Dokumente wesentlich sind. In der Regel wird nur die maßgebliche Funktion im Jahr 1965 angegeben. Zu den im Auswärtigen Amt gebräuchlichen deutschen Funktionsbezeichnungen für ausländische Diplomaten werden in Einzelfällen die entsprechenden Termini in der jeweiligen Landessprache in Klammern hinzugefügt. Steht ein Dokument in seiner Gesamtheit in Beziehung zu einer Person, so wird im Register statt der betreffenden Seitenzahlen die halbfett gedruckte Dokumentennummer ausgeworfen.

Das *Sachregister* ermöglicht einen thematisch differenzierten Zugriff auf die Dokumente. Auch hier wird in den Fällen, in denen sich ein Schlagwort auf ein Dokument in seiner Gesamtheit bezieht, die halbfett gedruckte Dokumentennummer anstelle von Seitenzahlen aufgeführt.

Der *Organisationsplan* vom Oktober 1965 zeigt die Struktur des Auswärtigen Amts und orientiert über die Namen der Leiter der jeweiligen Arbeitseinheiten.

Verzeichnisse

Dokumentenverzeichnis

1 04.01. Kabinettsvorlage des Auswärtigen Amts S. 3

Die Vorlage befaßt sich mit den Waffenlieferungen der Bundesrepublik an Israel, die die Beziehungen zu den arabischen Staaten belasten. Die Unterstützung des Alleinvertretungsanspruchs der Bundesrepublik durch die arabischen Staaten sei aber „von entscheidender Bedeutung" für die Haltung der blockfreien Staaten in der Deutschland-Frage. Ein Austausch amtlicher Vertretungen mit Israel bei gleichzeitiger Fortsetzung der Waffenlieferungen lasse sich gegenüber den arabischen Staaten nicht begründen. Es wird daher vorgeschlagen, nur noch bereits eingegangene bindende Lieferverpflichtungen an Israel abzuwickeln.

2 04.01. Aufzeichnung des Staatssekretärs Carstens S. 6

Carstens legt vier Notizen aus den Jahren 1961 bis 1963 mit Informationen der Amtsspitze des Bundesministeriums der Verteidigung über israelische Wünsche und tatsächlich geleistete Waffenlieferungen an Israel vor. Bereits am 11. Juli 1962 wurde Bundesminister Strauß im Beisein des stellvertretenden israelischen Verteidigungsministers Peres darauf hingewiesen, daß bei einer Lieferung von 15 Panzern „keine Geheimhaltung möglich sei", während Bundesminister Schröder am 19. Juli 1963 jegliche Verantwortung für Waffenlieferungen abgelehnt und sich gegenüber Bundesminister von Hassel grundsätzlich gegen „militärische Beziehungen", und zwar „weder mit den Ägyptern noch mit den Israelis" ausgesprochen habe.

3 07.01. Gespräch des Bundesministers Schröder mit dem amerikanischen Botschafter McGhee S. 13

McGhee bittet um Stellungnahme zu den Anregungen des amerikanischen Außenministers Rusk, in New York eine Konferenz der Außenminister der drei Westmächte und der Bundesrepublik abzuhalten und den am Rande der NATO-Ministerratstagung vom 15. bis 17. Dezember 1964 von Schröder vorgetragenen Gedanken einer neuen Deutschland-Initiative in der Bonner Vierergruppe zu beraten. Der Bundesminister äußert sich zurückhaltend und bekräftigt seinen Wunsch, die angeregte Deutschland-Initiative auf Regierungsebene zu behandeln. Amerikanische Bedenken, daß mit dem Vorschlag eines Vier-Mächte-Gremiums zur Deutschland-Frage der UdSSR die Möglichkeit gegeben werden könnte, „sich in die innerdeutschen Angelegenheiten einzumischen", hält er für unbegründet; vielleicht ließen sich durch Einsetzung gesamtdeutscher Kommissionen unter einem „Vier-Mächte-Dach" gewisse Fortschritte erzielen. Selbst bei sowjetischer Zurückweisung sei ein gemeinsamer Vorschlag des Westens schon für sich „eine eminent politische Tatsache". Abschließend weist Schröder auf den in der Öffentlichkeit entstandenen Eindruck eines nachlassenden Interesses der USA an der geplanten MLF hin.

4 07.01. Aufzeichnung des Staatssekretärs Carstens S. 23

Der von Carstens unterbreitete Vorschlag für eine Deutschland-Initiative sieht vor, daß die Bundesrepublik mit den früheren Kriegsgegnern des Deutschen Reiches Teilabkommen über bislang ungeregelte Fragen wie die künftigen deutschen Grenzen und Wiedergutmachungsleistungen abschließen solle. Zur Festlegung des künftigen militärischen Status eines gesamtdeutschen Staates können eine Friedensvertrags-Vorkonferenz einberufen und parallel dazu Verhandlungen der Bundesrepublik mit den Vier Mächten über eine Wiedervereinigung Deutschlands aufgenommen werden. Mit einer solchen Initiative werde auch der Vorwurf der Alliierten entkräftet, daß die Bundesregierung wichtigen Fragen wie dem Grenzproblem ausweiche. Zudem könne der UdSSR, die derartige Vorschläge wegen einer Nichtzulassung der DDR zu den Gesprächen und wegen des Alleinvertretungsanspruchs der Bundesrepublik zurückweisen werde, „das Odium der Ablehnung einer westlichen Initiative" zugeschoben werden. Möglichen Einwänden über eine Bereitschaft der Bundesregierung, auf ehemals deutsche Gebiete zu verzichten, lasse sich mit dem Hinweis auf das notwendige spätere gesamtdeutsche Plebiszit sowie mit dem Argument begegnen, daß die Wiedervereinigung Deutschlands als großes nationales Ziel „ein Opfer wert" sei.

5 08.01. Gespräch des Bundesministers Schröder mit dem japanischen Botschafter Narita S. 27

Der Bundesminister erläutert, daß die Konsultationen mit den Westmächten über die von der Bundesregierung vorgeschlagene neue Initiative zur Deutschlandfrage fortgesetzt werden. Von amerikanischer Seite gewünschte Positionsbestimmungen in den Fragen der Sicherheit, der Abrüstung und der deutschen Grenzen seien jedoch als „ziemlich theoretisch" zu betrachten, da die UdSSR diese Themen nicht in Verbindung mit der Wiedervereinigung diskutieren und überhaupt noch für einen langen Zeitraum kaum gesprächsbereit sein werde. In Äußerungen des amerikanischen Außenministers Rusk, bei veränderter militärischer Lage könnte eine Überprüfung der amerikanischen Truppenpräsenz in der Bundesrepublik erfolgen, sieht Schröder keinen Anlaß zur Sorge. Hinsichtlich der MLF teilt er mit, die Bundesregierung halte eine Verbindung dieses Projekts mit dem britischen Vorschlag einer „Atlantic Nuclear Force" (ANF) für denkbar. Wesentlich sei allerdings die von Großbritannien bisher abgelehnte gemischtnationale Bemannung der Überwasserschiffe. Auch müsse ein späterer Beitritt, mindestens aber eine Zusammenarbeit Frankreichs möglich sein. Bezüglich der Europapolitik vertritt Schröder die Auffassung, daß mit dem Aufbau einer politischen Union „einschließlich gewisser institutioneller Abmachungen" zu „beginnen sei. Dabei könnten – solange die NATO nicht beeinträchtigt werde – auch Fragen der Verteidigung einbezogen werden.

| 6 | 08.01. | Aufzeichnung des Ministerialdirektors Meyer-Lindenberg | S. 33 |

Meyer-Lindenberg nimmt zum italienischen Entwurf einer Europäisierungsklausel im angestrebten Abkommen über eine integrierte NATO-Atomstreitmacht Stellung. Weil der Entwurf davon ausgehe, daß der Kreis der Teilnehmerstaaten an einer MLF deckungsgleich mit dem einer europäischen politischen Union sein werde, schlägt er Umformulierungen vor.

| 7 | 08.01. | Botschafter Knappstein, Washington, an das Auswärtige Amt | S. 36 |

Knappstein hält aus einem Gespräch mit dem amerikanischen Außenminister den Hinweis fest, daß die Empfindlichkeit in der Bundesrepublik hinsichtlich der Deutschland-Frage inzwischen „eine amerikanische Gegenempfindlichkeit" erzeuge. Rusk betonte, die USA stünden, wie bisher, jederzeit für eine Verhandlungsinitiative zur Verfügung. Es müsse jedoch klar gesehen werden, daß die UdSSR nicht gesprächsbereit sei; außerdem könnte sie etwa mit der Forderung nach einem Abzug der amerikanischen Truppen aus Berlin (West) sogar eine neue Krise entfachen. Ferner stelle sich das Problem der Grenzen Deutschlands und der Verknüpfung einer Wiedervereinigung mit Fragen der europäischen Sicherheit. Schließlich müsse eine gemeinsame westliche Verhandlungsposition vorhanden sein. Knappstein folgert, daß die amerikanische Regierung nur umfassende Verhandlungen über Mitteleuropa wünsche; das „relativ entspannte" Verhältnis zur UdSSR solle nicht durch einen Vertrag belastet werden, der sich lediglich auf eine Dachorganisation der Vier Mächte für innerdeutsche Kontakte beschränke. Sollte es der Bundesregierung nicht gelingen, insbesondere Staatspräsident de Gaulle für ein realistisches Verhandlungsprogramm zu gewinnen, würde eine Initiative zurückgestellt, um angesichts der vor allem in Südostasien bestehenden Probleme „nicht ohne zwingenden Grund ‚schlafende Hunde zu wecken'".

8 08.01. Botschafter Knappstein, Washington, an das S. 41
              Auswärtige Amt

Der Botschafter faßt Teile eines Gesprächs mit dem amerikanischen Außenminister zusammen. Rusk betonte die Notwendigkeit, in der Frage einer integrierten NATO-Atomstreitmacht Einvernehmen zwischen Großbritannien, Italien und der Bundesrepublik herzustellen oder zumindest ein deutsch-italienisches Konzept unter Berücksichtigung des britischen Vorschlags einer „Atlantic Nuclear Force" zu entwickeln. Er regte an, in der NATO einen „Exekutivausschuß" des Ausschusses für Nuklearfragen zu bilden, der „die Tür für Frankreich offen ließe". Knappstein erwähnte die Nachteile einer ANF, darunter vor allem die Verpflichtung zur Nichtverbreitung von Kernwaffen, mit der „eine wesentliche Verhandlungsposition" zur Lösung der Deutschland-Frage preisgegeben würde. Rusk entgegnete mit dem Hinweis auf die Revisionsklauseln, die u.a. den Fall einer Wiedervereinigung beträfen. Im übrigen habe der sowjetische Außenminister Gromyko erklärt, daß die Schaffung einer MLF eine Lösung der Deutschland-Frage erschweren, ein Verzicht gleichwohl nicht zu Verhandlungen über eine Wiedervereinigung führen würde.

9 11.01. Aufzeichnung des Ministerialdirektors Meyer- S. 44
              Lindenberg

Meyer-Lindenberg erläutert die Probleme der Beziehungen zum Nahen Osten. Die Waffenlieferungen an Israel würden von den arabischen Staaten als einseitige Parteinahme gewertet. Das von Bundestagspräsident Gerstenmaier im November 1964 in Kairo in Aussicht gestellte Waffenembargo sei daher wesentlicher Bestandteil eines „Arrangements" mit dem ägyptischen Präsidenten. Darüber hinaus müsse Nasser während seines geplanten Staatsbesuchs in Bonn ein Ausgleich für die noch abzuwickelnden Lieferungen an Israel angeboten werden, entweder auf dem Gebiet der Rüstung oder im Bereich der Wirtschaftshilfe. Vor einer solchen Regelung sei es nicht möglich, auf die Einstellung der Tätigkeit deutscher Rüstungsexperten in der VAR zu drängen. Die Anwendung des „Prinzips der gleichen Behandlung" im Nahen Osten bedeute „logischerweise" auch die Aufnahme amtlicher Beziehungen zu Israel. Meyer-Lindenberg geht allerdings davon aus, daß sich die arabischen Staaten nur mit der Errichtung einer Handelsvertretung der Bundesrepublik in Israel abfinden würden; die Aufnahme diplomatischer Beziehungen hätte jedoch unabhängig vom „persönlichen Willen und Verständnis Präsident Nassers" die Anerkennung der DDR durch die arabischen Staaten zur Folge.

Januar

10   11.01.   **Bundestagspräsident Gerstenmaier an**   S. 49
                Bundesminister Schröder

Gerstenmaier bedauert, daß trotz der bereits im November 1964 getroffenen Absprachen mit dem ägyptischen Präsidenten noch keine formelle Einladung zu einem Besuch in der Bundesrepublik ergangen sei, obwohl Nasser aufgrund der schwierigen politischen und wirtschaftlichen Verhältnisse auch „verzweifelte Versuche nicht scheuen" würde, aus der Klemme zu kommen. In einem Schlußprotokoll anläßlich eines Staatsbesuchs in Bonn könnte festgestellt werden, daß „Waffenhilfe" der Bundesrepublik in Zukunft nur noch im Rahmen der NATO erfolgen dürfte; daneben sollte die Zusage für eine wirtschaftliche Unterstützung der VAR konkretisiert und präzisiert werden. Als politische Gegenleistung für einen solchen Kompromiß müßte Klarheit darüber geschaffen werden, wie die VAR und die Arabische Liga auf eine Aufnahme diplomatischer Beziehungen zwischen der Bundesrepublik und Israel reagieren würden; verbale Proteste seien dann ohne weiteres hinzunehmen.

11   11.01.   **Runderlaß des Staatssekretärs Carstens**   S. 52

Carstens berichtet über eine Unterredung mit dem kanadischen Botschafter. Er hob gegenüber Starnes hervor, daß das sowjetische Interesse an einer weiteren Verpflichtung der Bundesrepublik über den Nichterwerb von Kernwaffen – trotz des Verzichts von 1954 auf die Produktion von ABC-Waffen – für Fortschritte in der gemeinsamen westlichen Deutschlandpolitik genutzt werden müsse. Dann erläuterte er die deutsche Haltung zur MLF bzw. zur ANF und stellte als positive Elemente des britischen Vorschlags die „Unwiderruflichkeit des Beitrages" sowie die starke Betonung des Gedankens einer Integration der Verteidigung Europas und der USA heraus. Als „weniger überzeugend" bezeichnete er die britischen Vorstellungen hinsichtlich eines Vetorechts der Mitgliedstaaten sowie die Überlegung, eine eigene nukleare Kommandobehörde zu bilden, während doch Kanada und die Bundesrepublik die Unterstellung einer integrierten Nuklearstreitmacht unter SACEUR befürworteten.

12   12.01.   **Aufzeichnung des Staatssekretärs Carstens**   S. 54

Carstens gibt den Inhalt eines Gesprächs mit dem amerikanischen Botschafter wieder. McGhee betonte die grundsätzliche Bereitschaft, der UdSSR die Einsetzung eines Vier-Mächte-Gremiums zur Deutschland-Frage vorzuschlagen. Jedoch müßten sich die Westmächte und die Bundesrepublik über die weitere Vorgehensweise einig sein. Allerdings beruhe der Vorwurf, die USA verlangten, „jetzt auf die deutschen Ostgebiete zu verzichten", ebenso auf einem Mißverständnis wie das Gerücht, daß sie an einer integrierten Nuklearstreitmacht der NATO kein Interesse mehr zeigten. Bedenken von McGhee, die Bundesrepublik

XXI

könnte „aus Mißstimmung" über die amerikanische Haltung eine Beteiligung an der Force de frappe anstreben, wies Carstens zurück. Der Staatssekretär erläuterte abschließend die Haltung zu einem Abkommen über die Nichtverbreitung von Kernwaffen. McGhee bezweifelte allerdings, ob sich das sowjetische Interesse an einem Beitritt der Bundesrepublik für Fortschritte in der Deutschland-Frage nutzen lasse.

13 13.01. **Aufzeichnung des Staatssekretärs Carstens** S. 58

Carstens hält ein Gespräch mit dem britischen Botschafter aus Anlaß des bevorstehenden Besuches des Premierministers Wilson in der Bundesrepublik fest. Roberts zeigte sich beunruhigt über Pressemeldungen, wonach die Bundesrepublik „um jeden Preis" ein verteidigungspolitisches Arrangement mit Frankreich anstrebe und auch am MLF/ANF-Projekt nicht mehr interessiert sei. Der Staatssekretär bekundete die grundsätzliche Übereinstimmung mit Großbritannien über die Notwendigkeit einer integrierten atlantischen Nuklearverteidigung. Schwierigkeiten bereite jedoch u.a. der britische ANF-Vorschlag zur Einbringung von V-Bombern und zum Veto-Recht bei einer Freigabe des Einsatzes der geplanten Streitmacht: Werde dies zu vielen europäischen Staaten eingeräumt, dann sei die Glaubwürdigkeit der MLF in Frage gestellt. Der Gesamtkomplex der MLF/ANF solle in der – eventuell um Kanada erweiterten – MLF-Arbeitsgruppe beraten werden, nicht jedoch im Ständigen NATO-Rat, da einige NATO-Partner „das Verhandlungsziel als solches" ablehnten und Frankreich Bedenken gegen eine Erörterung anmelden würde. Im Zusammenhang mit dem deutsch-britischen Devisenausgleich erwähnte der Botschafter die Möglichkeit eines Kaufs des britischen Flugzeugs BAC 1-11 durch die „Lufthansa".

14 13.01. **Staatssekretär Carstens an die Botschaft in Ankara** S. 63

Carstens informiert über die Mitteilung des türkischen Botschafters Müezzinoglu, daß die Türkei künftig nicht mehr zu einer Mitarbeit an der MLF-Arbeitsgruppe bereit sei. Als Gründe seien die Kosten, die Fraglichkeit des militärischen Nutzens und der Wandel, den das Projekt durch den britischen Vorschlag einer ANF mittlerweile erfahren habe, genannt worden. Der Staatssekretär bat darum, die Entscheidung nicht vor einer Rücksprache mit der Bundesregierung zu veröffentlichen. Eine sofortige Bekanntgabe würde auch den „sicherlich falschen" Eindruck hervorrufen, der Entschluß stünde in Zusammenhang mit dem gerade beendeten Besuch einer sowjetischen Delegation in Ankara.

15 14.01. **Gespräch des Bundesministers Schröder mit dem amerikanischen Botschafter McGhee** S. 65

Schröder zeigt sich befriedigt über die in einem Schreiben des amerikanischen Außenministers Rusk bekräftigte positive Haltung zu der geplanten MLF. Davon müsse jetzt vor allem auch die Öffentlichkeit in der Bundesrepublik überzeugt werden, nachdem der Eindruck einer von Rücksichten auf Frankreich bestimmten amerikanischen Distanzierung und damit „eine verteufelte Lage" entstanden sei. Der Bundeskanzler benötige die nun schriftlich vorliegende Zusicherung einer unveränderten amerikanischen Deutschland- und Verteidigungspolitik, da er bei der bevorstehenden Begegnung mit dem französischen Staatspräsidenten „mit sehr andersartigen Ansichten konfrontiert werde". Erhard stehe – was de Gaulle sehr wohl wisse – wegen der Bundestagswahlen unter dem Druck, deutsch-französische Friktionen zu vermeiden. McGhee warnt allerdings davor, dem französischen Staatspräsidenten ein Vetorecht über die deutsche Nuklearpolitik zuzugestehen. Abschließend bestreitet der Botschafter jede Absicht der USA, ihre Beziehungen zu Frankreich auf Kosten der Bundesrepublik zu verbessern und danach „die Deutschen fallen zu lassen".

16 14.01. **Aufzeichnung des Ministerialdirigenten Böker (Entwurf)** S. 72

In Vorbereitung der Reise des Bundesministers Scheel nach Tansania erläutert Böker die Verhandlungsziele. Von Präsident Nyerere müßte die Zusage erreicht werden, die DDR zum Verzicht auf jegliche Vertretung in Daressalam zu veranlassen. Die Existenz der DDR-Botschaft auf Sansibar gelte als „Erbschaft" aus der Zeit der „Volksrepublik Sansibar" und stelle zunehmend ein „Kuriosum" dar. Demgegenüber würde die Einrichtung einer DDR-Handelsvertretung in Daressalam eher als ein „Neuanfang" angesehen werden, der sich in weiten Teilen Afrikas „verhängnisvoll" auswirken könnte. Als weiteres Verhandlungsziel nennt Böker eine allmähliche Herabstufung der DDR-Botschaft auf Sansibar, notfalls mit der zeitweiligen Zulassung eines sich nur auf die Insel beschränkenden Konsulats als „letzte Rückzugslinie". Im Gegenzug könnte von der Bundesregierung in Aussicht gestellt werden, alle Entwicklungshilfe-Projekte der DDR zu übernehmen.

17 15.01. **Gespräch des Bundeskanzlers Erhard mit dem amerikanischen Botschafter McGhee** S. 77

Erhard und McGhee stimmen in der Einschätzung der geplanten MLF überein. Erhard betont die Verbundenheit mit den USA: die NATO, der „nukleare Schutz Amerikas" und die Anwesenheit amerikanischer Truppen seien für die Bundesrepublik unabdingbar. McGhee steht der von Erhard entwickelten Vor-

XXIII

stellung positiv gegenüber, ein gemeinsames nukleares Verteidigungskonzept auszuarbeiten, in das die Force de frappe eingebracht würde, aber in einem „gewissen Umfang" unabhängig bliebe. Allerdings bezweifelt er die französische Bereitschaft zu einer solchen Lösung, da Staatspräsident de Gaulle „die absolute Kontrolle" behalten und entscheiden wolle, „wann wohin geschossen werde". Zu einer etwaigen Europa-Reise des amerikanischen Präsidenten erklärt Erhard, daß Johnson „aus Höflichkeitsgründen mit Paris anfangen könne". McGhee pflichtet dem Bundeskanzler bei, daß die MLF einer ANF vorzuziehen sei, da letztere keine Europäisierungsklausel habe.

18 15.01. Botschafter Groepper, Moskau, an das Auswärtige Amt S. 83

Groepper teilt mit, daß sich die sowjetische Regierung mit der baldigen Aufnahme von Wirtschaftsverhandlungen einverstanden erklärt habe. Der Stellvertretende Außenhandelsminister Kusmin sei jedoch nicht auf den Wunsch der Bundesregierung eingegangen, über den Geltungsbereich des seit 1958 bestehenden Warenabkommens und damit über die Einbeziehung von Berlin (West) zu sprechen. Lediglich der Umfang des beiderseitigen Handels sowie das Warenangebot stünden zur Diskussion. Groepper spricht sich jedoch gegen die Fortschreibung der bestehenden Warenlisten und statt dessen für Neuverhandlungen aus, um auf die Gestaltung des Handels mit der UdSSR, insbesondere durch Kreditgewährung, Einfluß nehmen zu können. Anderenfalls könnte sich die zunehmende wirtschaftliche Verflechtung der westlichen Bündnispartner Großbritannien und Frankreich mit der UdSSR nicht nur kommerziell, sondern auch politisch nachteilig auf die Deutschland-Frage auswirken.

19 16.01. Aufzeichnung des Botschafters Freiherr von Mirbach S. 87

Mirbach stellt fest, daß die Tschechoslowakei während der bis zum Vortage in Bonn geführten Verhandlungen eine Einbeziehung von Berlin (West) in ein Handelsabkommen abgelehnt habe. Die zwischen der Bundesrepublik und vier anderen Ostblock-Staaten bereits gefundene vertragliche Lösung sei nach tschechoslowakischer Ansicht nicht mehr möglich, nachdem „deutsche Politiker trotz der vereinbarten Vertraulichkeit zu häufig und zu deutlich in der Öffentlichkeit darauf hingewiesen hätten". Unklar sei auch der Status der zukünftigen Vertretung. Weil die Bundesregierung dem Wunsch nach konsularischen Befugnissen nicht zugestimmt habe, werde die Tschechoslowakei nur noch eine Handelsvertretung zur Durchführung des Abkommens gewähren und deren Wirkungsmöglichkeit vermutlich vom ersten Tag an bewußt „sehr stark einschränken". Dies könnte zu erheblicher Kritik in der Öffentlichkeit der Bundesrepublik führen.

20 18.01. **Aufzeichnung des Ministerialdirektors Krapf** S. 90

Krapf faßt den deutschen Standpunkt zu einer integrierten Nuklearstreitmacht der NATO zusammen. Die von den USA vorgeschlagene MLF könne den Rahmen für eine „unauflösbare Verknüpfung" der Verteidigung der USA mit derjenigen Westeuropas bilden, während sich weder mit einer europäischen Atomstreitmacht noch mittels einer Beteiligung an der Force de frappe Einfluß auf das „entscheidende amerikanische Potential" nehmen ließe. Die an der MLF interessierten Staaten wollten ein neues Waffensystem aufbauen und dadurch die NATO stärken. Demgegenüber strebe Großbritannien mit der ANF lediglich eine Umgruppierung der in der NATO vorhandenen bzw. geplanten Kernwaffen unter einem „Sonderregime" außerhalb der NATO-Befehlshierarchie an, nicht zuletzt um die Kompetenzen von SACEUR zu verringern. Daneben sollten nach britischen Vorstellungen die ANF-Staaten eine Verpflichtung zur Nichtverbreitung bzw. zum Nichterwerb von Kernwaffen eingehen, um eine bessere Voraussetzung für eine Ost-West-Entspannung zu schaffen. Krapf empfiehlt, bei den bevorstehenden Gesprächen anläßlich des Besuchs von Premierminister Wilson in Bonn möglichst viel vom Projekt der MLF zu bewahren und auf die besondere Bedeutung einer Nichterwerbsverpflichtung von Atomwaffen für die Deutschlandpolitik hinzuweisen.

21 18.01. **Stellungnahme der Bundesregierung** S. 95

Die Bundesregierung stellt fest, daß ein unverzichtbarer Bestandteil des britischen Vorschlags vom 11. Dezember 1964 für eine Atlantische Nuklear-Streitmacht eine Überwasserflotte von wenigstens 20 Schiffen sein müsse, da nur auf diese Weise eine wirksame Beteiligung der nicht-nuklearen NATO-Mitglieder sichergestellt werden könne. Sie regt an, daß alle Einheiten der ANF dauerhaft zugeteilt werden sollen, daß die Streitmacht in gemeinschaftlichem Eigentum sowie unter gemeinschaftlicher Leitung der Mitgliedstaaten stehen und gemischt bemannt sein soll. In der Frage der Bemannung wie auch hinsichtlich einer Unterstellung unter SACEUR und des Vetorechts bei der Einsatzfreigabe vertritt die Bundesregierung jedoch einen von der britischen Position abweichenden Standpunkt. Sie schlägt zudem die Aufnahme von Revisionsklauseln vor, welche eine Änderung des ANF-Vertrags im Falle einer Wiedervereinigung Deutschlands, einer europäischen politischen Union und wesentlicher abrüstungspolitischer Fortschritte erlauben würden. Die im ANF-Konzept enthaltene Regelung über die Nichtverbreitung von Kernwaffen wird zwar grundsätzlich befürwortet, jedoch müsse dieses Problem im weltweiten Rahmen gelöst werden. Ferner sei zu bedenken, ob das sowjetische Interesse an einer weiteren nuklearen Verzichtserklärung der Bundesrepublik nicht besser für deutschlandpolitische Fortschritte genutzt werden könne.

22 19.01. **Gespräch des Bundeskanzlers Erhard mit Staatspräsident de Gaulle in Rambouillet** S. 101

Erhard erörtert seine Vorstellung über eine „stärkere politische Zusammenarbeit" der EWG-Staaten. Er schlägt regelmäßige Treffen der Außenminister und Regierungschefs vor, die sich an das im deutsch-französischen Vertrag vom 22. Januar 1963 vorgesehene Verfahren anlehnen könnten. De Gaulle ist bereit, eine entsprechende Initiative mitzutragen. Die Gesprächspartner einigen sich auf ein erstes Außenministertreffen im Mai 1965, dem etwa am 1. Juli 1965 eine Konferenz der Staats- und Regierungschefs folgen könne. Hinsichtlich der Deutschland-Frage regt der Bundeskanzler eine Initiative an, die „die Vier-Mächte-Verantwortung wieder einmal sichtbar werden" ließe, obwohl die UdSSR gegenwärtig nicht zu einem Gespräch bereit sei. De Gaulle sieht in der deutschen Teilung eine „europäische Frage par excellence". Bei der Suche nach einer Lösung glaube er nicht an eine Einigung zwischen den USA und der UdSSR. Er sei vielmehr überzeugt, daß die UdSSR – „oder deren Nachfolger" – und die anderen Ostblock-Staaten langfristig eine Wiedervereinigung hinnähmen, wenn sie darin den Vorteil einer „Entente vom Osten bis zum Westen" finden würden. Der Bundeskanzler gibt zu bedenken, daß die „Ungeduld der Herzen" in Deutschland eine absehbare und „erlebbare Hoffnung" erfordere. Daher brauche das deutsche Volk die „Willensbezeugung auf seiten der Alliierten". Der Staatspräsident entspricht schließlich der Bitte, auf seiner Pressekonferenz am 4. Februar 1965 für eine Lösung der Deutschland-Frage im europäischen Kontext einzutreten. Dagegen werde er nicht auf die Gespräche der Vier Mächte eingehen, deren Ausgang er noch nicht absehen könne.

23 19.01. **Deutsch-französische Regierungsbesprechung in Paris** S. 121

Die Unterredung der Außenminister ist zunächst Fragen der Ostpolitik gewidmet. Auf Bitte von Bundesminister Schröder erklärt sich der französische Außenminister Couve de Murville bereit, in Jugoslawien von einem Besuch des Staatspräsidenten Tito nach Ost-Berlin abzuraten, der auch die französische Entspannungspolitik störe. Dann berichtet er über den Aufenthalt des ungarischen Außenministers in Paris. Peter habe die französische Regierung gebeten, nach der völkerrechtlichen Anerkennung der Volksrepublik China nunmehr auch die DDR anzuerkennen. Schröder erläutert den Stand der unterbrochenen Verhandlungen mit der Tschechoslowakei über den Austausch von Handelsvertretungen und nennt als entscheidende Streitpunkte das Münchener Abkommen von 1938 und die Frage der Einbeziehung von Berlin (West) in ein Handelsabkommen. In der Europapolitik sind sich beide Gesprächspartner einig, daß vorsichtige Schritte – etwa durch eine Außenministerkonferenz der Sechs – in Richtung auf eine politische Union eingeleitet werden könnten. Im Hinblick auf die EWG besteht Übereinstimmung, ein Arbeitsprogramm für die weitere Harmonisierung vorzubereiten. Zur Deutschland-Frage betont der Bundesminister, daß der Vorschlag einer Initiative keineswegs nur innenpolitisch motiviert sei. Der französische Außenminister weist darauf hin, daß man sich „keine Illusionen über den zu erwartenden Erfolg" machen dürfe.

24 19.01. **Aufzeichnung des Vortragenden Legationsrats I. Klasse Bassler** S. 130

Der Leiter des Referats „Süd- und Ostasien" faßt die Gespräche zusammen, die der pakistanische Außenminister u.a. mit Bundespräsident Lübke, Bundeskanzler Erhard, Bundesminister Schröder und Staatssekretär Carstens führte. Bhutto erläuterte die Annäherung Pakistans an die Volksrepublik China; beide Staaten hätten das gleiche Interesse an einer Normalisierung ihrer Beziehungen gehabt. Aus der Mitgliedschaft in den für die westliche Verteidigung gebildeten Organisationen SEATO und CENTO habe Pakistan keinen Nutzen gezogen; die Abkühlung der Beziehungen zu den USA und Großbritannien erkläre sich aus deren Waffenlieferungen an Indien. Bhutto hob hervor, daß Pakistan sich stets für die Interessen der Bundesrepublik eingesetzt und auch im Gegensatz zu Indien die Errichtung einer Handelsvertretung der DDR abgelehnt habe. Trotzdem erhalte Indien eine größere Entwicklungshilfe, und auch bezüglich der Ausrüstungshilfe an Pakistan werde „eine unnötige Rücksicht auf indische Empfindlichkeiten" genommen. Die gewünschten 15000 Maschinengewehre würden für die Verteidigung gegen Indien dringend benötigt, das Waffen „in größtem Umfang" von den USA und von der UdSSR erhalten habe. Mit Bhutto wurden Möglichkeiten erörtert, die Maschinengewehre „über ein drittes Land" wie die Türkei oder Italien zu liefern.

25 19.01. **Botschafter von Walther, Ankara, an das Auswärtige Amt** S. 137

Walther berichtet über ein Gespräch mit dem Generalsekretär im türkischen Außenministerium. Er legte Bayülken dar, daß der türkische Vorschlag, Zypern für unabhängig zu erklären und eine Föderalverfassung zu geben, sich nachteilig für die türkische Seite auswirken könnte, wenn er bereits vor einer Behandlung der Zypern-Frage in der UNO erfolgen würde. Dann müsse nämlich mit einer „gereizten Reaktion" von griechischer Seite gerechnet werden. Zu den Föderationsplänen führte Bayülken aus, daß ein Fünftel des Territoriums für die türkische Bevölkerung vorgesehen werde und alle Bodenschätze und Industrien auf griechischer Seite lägen. Die Zentralregierung mit einem griechischen Präsidenten und einem türkischen Vize-

XXVII

präsidenten an der Spitze solle für Außen- und Militärpolitik sowie Strafjustiz zuständig sein. Der Generalsekretär bat um eine formlose mündliche Zustimmung zu dem türkischen Plan, damit im Parlament in Ankara ohne nähere Angaben allgemein auf den Rückhalt bei den „Freunden und Alliierten der Türken" und nicht nur auf die Unterstützung durch die UdSSR verwiesen werden könne.

26   20.01.   **Gespräch des Bundeskanzlers Erhard mit Staatspräsident de Gaulle in Rambouillet**   S. 140

De Gaulle faßt das Gespräch mit Erhard vom Vortag zusammen und signalisiert seine Bereitschaft, der UdSSR gemeinsam mit Großbritannien und den USA einen Vorschlag zur Deutschland-Frage zu unterbreiten. Allerdings störe die Diskussion um eine nukleare Mitsprache der Bundesrepublik in der NATO eine „Prüfung der Wiedervereinigung". Der „bloße Anschein", daß die Bundesrepublik Zugang zu atomaren Waffen erhalte, sei für „fast alle Europäer unerträglich". Erhard erörtert sodann die innenpolitischen Schwierigkeiten, die gegen einen baldigen Abschluß der MLF-Verhandlungen sprächen. Der Bundeskanzler hebt besonders den Wunsch hervor, nicht vor die Notwendigkeit einer Wahl zwischen der Freundschaft mit Frankreich und der Freundschaft mit den USA gestellt zu werden. Allerdings müßten die USA davon überzeugt werden, bei einem sowjetischen Angriff auf Europa sofort die nuklearen Waffen „in Rußland und nicht nur bei den armen Ostdeutschen" einzusetzen. De Gaulle weist darauf hin, daß Frankreich Atomwaffen baue, um in einem solchen Fall selbst „etwas Nukleares zum Abschuß bringen zu können". Der Auffassung, daß die Bundesrepublik „das amerikanische Protektorat" akzeptiert habe, widerspricht Erhard mit dem Hinweis, Deutschland sei dankbar für den Schutz durch die USA. Beide Gesprächspartner sind sich darin einig, daß auf dem Gebiet der Technologie und Forschung die Zusammenarbeit vertieft werden sollte, um den amerikanischen Vorsprung zu verringern und den „Aderlaß an Intelligenz" in die USA zu bremsen.

27   20.01.   **Gespräch des Bundeskanzlers Erhard mit Staatspräsident de Gaulle in Rambouillet**   S. 151

Der französische Staatspräsident bekräftigt seine Zustimmung zu den Vorschlägen der Bundesregierung für eine politische Fortentwicklung Europas, äußert aber Bedenken gegen den vorgesehenen „Rat der Weisen". Er nimmt ferner die Anregung auf, durch die Außenminister der Sechs eine Konferenz der Regierungschefs vorbereiten zu lassen, die nach einer Regelung der verbliebenen Agrarfragen zur Jahresmitte zusammentreten könnte. Der Bundeskanzler hebt die Bedeutung eines europäischen politischen Zusammenschlusses hervor, der mit Rücksicht auf die öffentliche Meinung und die Bundestagswahlen nicht hinausgezögert werden solle. Hinsichtlich der Deutschland-Frage hält de Gaulle langfristig eine „Wiedervereinigung der beiden Zonen" in gesamteuropäischem Rahmen für möglich; sollten sich jedoch wider Erwarten die USA und die UdSSR über das deutsche Problem einigen, so käme es zu „einer Lösung à la Jalta", also zum Schaden Deutschlands und Europas. Kontakte zwischen den drei Westmächten und der Bundesrepublik zur Vorbereitung einer Wiedervereinigungsinitiative werde er unterstützen. Allerdings sei das zeitgleiche Streben der Bundesrepublik nach Beteiligung an der nuklearen Verteidigung in Form der MLF „inopportun". Der Bundeskanzler hebt die besondere psychologische Bedeutung einer deutschlandpolitischen Unterstützung durch die Westmächte hervor. Den Wunsch nach Mitsprache in Nuklearfragen rechtfertigt er mit der Bedrohung, der die Bundesrepublik ausgesetzt sei, wenngleich ihm jeder militärische Aktivismus nach den leidvollen Erfahrungen der Vergangenheit fernliege.

28 21.01. Aufzeichnung der Legationsrätin I. Klasse   S. 159
              Finke-Osiander

Finke-Osiander gibt eine Unterredung vom 14. Januar 1965 mit dem stellvertretenden Abteilungsleiter im tschechoslowakischen Außenministerium, Rezek, wieder. Dieser führte aus, daß eine Erklärung der Bundesregierung, das Münchener Abkommen von 1938 sei „von Anfang an nichtig" gewesen, zwar keine Voraussetzung für einen Austausch von Handelsvertretungen, wohl aber für eine volle Normalisierung der Beziehungen darstelle. Belastend für das bilaterale Verhältnis sei auch die Forderung nach Heimatrecht für die Sudetendeutschen. Dem wurde entgegnet, die Bundesregierung halte generell die „gewaltsame Aussiedlung von Volksgruppen für einen völkerrechtlichen Unrechtstatbestand" und trete lediglich für das menschliche Grundrecht des einzelnen auf Heimat ein. Das Münchener Abkommen sei gültig zustande gekommen und erst im März 1939 „von Hitler selbst zerrissen" und damit nichtig geworden. Aufgrund der weitreichenden Konsequenzen für die Sudetendeutschen in Fragen der Staatsangehörigkeit, des Eigentumsrechts und der Entschädigung könne die gewünschte Erklärung allenfalls im Rahmen einer „umfassenden bilateralen Regelung" abgegeben werden. Anschließend wurde die tschechoslowakische Seite gebeten, die Anträge auf Familienzusammenführung schneller zu bearbeiten sowie der deutschen Volksgruppe einen Minderheitenstatus zu gewähren.

29 21.01. **Aufzeichnung des Botschafters von Walther, z. Z. Bonn** S. 164

Walther gibt ein Gespräch mit dem polnischen Botschafter in Ankara wieder, das am Vormittag in der türkischen Hauptstadt stattfand. Gebert übermittelte die Reaktion auf das Ende Dezember 1964 unterbreitete Angebot, Sondierungsgespräche über den Abschluß eines Nichtangriffsabkommens zu führen. Als Voraussetzungen habe die polnische Regierung gefordert, daß die Bundesrepublik die Oder-Neiße-Linie anerkenne, jetzt und zukünftig keine territorialen Forderungen erhebe, „ordentliche diplomatische Beziehungen" zu Polen aufnehme und die Existenz „zweier Deutschlands" nicht in Frage stelle. Walther betonte gegenüber seinem polnischen Kollegen, daß die Oder-Neiße-Frage bekanntermaßen erst in einem Friedensvertrag geregelt werden könne. Gebert, der sich selbst „betroffen" über die Weisung seiner Regierung zeigte, räumte ein, daß die polnische Antwort eine „klare Absage" bedeute.

30 21.01. **Botschafter Federer, Kairo, an Staatssekretär Carstens** S. 166

Der Botschafter berichtet über ein Gespräch mit dem ägyptischen Außenminister. Riad sagte zu, sich der Terminfrage für einen Besuch des Präsidenten Nasser in Bonn anzunehmen; allerdings müßten die Präsidentschaftswahlen im März 1965 abgewartet werden. Er befürwortet die Fortsetzung des von Bundestagspräsident Gerstenmaier im November 1964 begonnenen Gedankenaustausches über das Verhältnis zwischen Israel und der Bundesrepublik und erklärte, daß über die Konsequenzen einer Aufnahme diplomatischer Beziehungen verschiedene Meinungen in der Arabischen Liga bestünden. Federer empfiehlt eine Kontaktaufnahme mit Generalsekretär Hassouna, um dem „Teufelskreis gegenseitiger Erpressung" zu entkommen. Ein Verzicht der Bundesregierung auf weitere Waffenlieferungen an Israel würde eine gute Basis für ein solches Gespräch schaffen.

31 22.01. **Gespräch des Bundeskanzlers Erhard mit dem britischen Botschafter Roberts** S. 168

Erhard berichtet über die Gespräche am 19./20. Januar 1965 in Rambouillet. Er hebt die Bereitschaft des französischen Staatspräsidenten hervor, eine Deutschland-Initiative der Drei Mächte mitzutragen und auch die politische Zusammenarbeit in Europa fortzusetzen. Zwar äußere sich de Gaulle sehr skeptisch über eine Beteiligung der Bundesrepublik an der MLF, verknüpfe diese Frage aber nicht mit den Europa-Plänen und der Wiedervereinigung. Hinsichtlich der Haltung Großbritanniens zur EWG erläutert Roberts, daß eine Mitgliedschaft „zur Zeit nicht an erster Stelle rangiere". Gleichzeitig betont er das britische Interesse, an den Besprechungen über eine europäische politische Zusammenarbeit beteiligt zu werden. Der Botschafter zeigt volles Verständnis für die Deutschland-Politik der Bundesrepublik und sichert britische Unterstützung zu. Er weist die Befürchtung des Bundeskanzlers, daß Großbritannien in der Frage der Denuklearisierung und des Disengagements „nicht immer die richtige Haltung einnehme", zurück. Lediglich die Verbreitung nuklearer Waffen solle verhindert werden.

32   25.01.   Kabinettsvorlage des Auswärtigen Amts   S. 174

In der Stellungnahme zur Entwicklungshilfe an Israel und die arabischen Staaten wird festgestellt, daß die Fortsetzung der Waffenlieferungen an Israel, die auf lange Sicht ebensowenig geheim bleiben könnten wie die Kreditgewährung, sowie die angestrebte Konsolidierung der Beziehungen zu Israel nur bei „entsprechenden Gegenleistungen" von den arabischen Staaten hingenommen werde. Dabei müsse den tatsächlichen wirtschaftlichen und geographischen Gegebenheiten des arabischen Raums und Israels ausgewogener als bisher Rechnung getragen werden. Eine Störung der Beziehungen zu den arabischen Staaten sei im Hinblick auf die „labile Lage" im Südabschnitt der westlichen Allianz sehr abträglich; zudem müsse die ungestörte Ölzufuhr aus diesem Raum gewährleistet werden. Die zugesagte Entwicklungshilfe an die arabischen Staaten sei bislang wegen des Prinzips der Projektbindung erst zu knapp 40 Prozent ausgeschöpft worden. Grundsätzlich sollte die Hilfe mit Blick auf Größe und Einwohnerzahl „mindestens dreimal so viel betragen" wie die an Israel. Das Auswärtige Amt schlägt daher die Bereitstellung von Sondermitteln für die elf entwicklungsbedürftigen arabischen Staaten vor und weist dabei besonders auf die von der DDR angebotene Entwicklungshilfe an die VAR hin. Zur Durchsetzung der politischen Ziele der Bundesrepublik sei es notwendig, über die Leistungen der DDR hinauszugehen.

33   25.01.   Aufzeichnung des Staatssekretärs Carstens   S. 176

Carstens hält Überlegungen zum Vorschlag des Auswärtigen Amts vom 19. Januar 1965 fest, mit Israel Handelsmissionen auszutauschen. Er erwartet, daß Israel den Wunsch nach Aufnahme diplomatischer Beziehungen äußern werde, weil es sich durch eine Handelsmission in Bonn protokollarisch schlechter gestellt sähe als durch die bisherige Israel-Mission in Köln. Als Alternative könne daher erwogen werden, die Rechtsgrundlage der Israel-Mission über das auslaufende Wiedergutmachungsabkommen hinaus zu verlängern und auf eine Vertretung der Bundesrepublik in Israel zu verzichten. Dies erleichtere auch die Politik gegenüber den arabischen Staaten, die auf den Austausch von Handelsvertretungen mit Israel eventuell mit der Eröffnung von Handelsvertretungen in der DDR reagieren würden.

34 25.01. **Aufzeichnung des Ministerialdirigenten Pauls** S. 178

Pauls legt Zielsetzung und Grundsätze der Ausrüstungshilfe für Entwicklungsländer dar. Der Westen stehe auf diesem Gebiet in Konkurrenz zum Ostblock, der erkannt habe, daß für die jungen Nationalstaaten Streitkräfte und Polizei ein „Kristallisierungskern des fehlenden Nationalbewußtseins" seien. Daher sei der Ostblock bestrebt, dem Westen zuvorzukommen und durch Ausrüstungshilfe seinen politischen Einfluß zu stärken. Ein Engagement der Bundesrepublik in diesem Bereich werde von den Entwicklungsländern ebenso erwartet wie von den Verbündeten. Zudem biete die Gewährung von Ausrüstungshilfe politische Vorteile: Über die damit verbundene Ausbildungshilfe werde einem zwar kleinen, aber einflußreichen Teil der Bevölkerung der Empfängerländer ein positives Deutschlandbild vermittelt. Auch die Volkswirtschaft der Bundesrepublik profitiere von Material- und Ersatzteillieferungen an Entwicklungsländer. Der Ministerialdirigent skizziert die Richtlinien für die Ausrüstungshilfe: Sie werde nur auf Antrag der fremden Regierung gewährt und sei von der zivilen Entwicklungshilfe zu trennen; ausgeschlossen seien Lieferungen in Spannungsgebiete. Die Hilfsprogramme würden mit den Verbündeten abgestimmt und müßten vom Bundesverteidigungsrat genehmigt werden. Abschließend weist Pauls darauf hin, daß auch der Verkauf von ausgemustertem Material der Bundeswehr sowie kommerzielle Verkäufe von Rüstungsfirmen unter dem „strengen Maßstab politischer Zweckmäßigkeit" geprüft werden müßten.

35 25.01. **Aufzeichnung des Vorstandsmitglieds Hufnagel, Mannesmann** S. 181

Der Vorsitzende des Arbeitskreises China im Ostausschuß der Deutschen Wirtschaft berichtet von einem Gespräch mit dem chinesischen Handelsrat Mo Cheng-kuei am 21. Januar 1965 in Bern. Hufnagel erläuterte den Wunsch der Industrie nach einem erweiterten Warenaustausch auf der Basis einer „wie immer gearteten Vereinbarung, auch in loser Form". Mo Chengkuei führte dagegen aus, daß die Verhandlungen vom Vorjahr über ein offizielles Abkommen gescheitert seien, da von deutscher Seite lediglich eine inoffizielle Übereinkunft auf der Ebene der Industrieverbände gewünscht worden sei und China dies ablehne. Zudem sei die Volksrepublik nicht in der Lage, eine Berlin-Klausel, wie sie „die anderen sozialistischen Länder" angenommen hätten, zu akzeptieren. Mo Cheng-kuei bezeichnete die „unfreundliche" Haltung der Bundesrepublik gegenüber der Volksrepublik China, die den Wirtschaftsbeziehungen abträglich sei, als „Kernfrage" des bilateralen Verhältnisses. Hufnagel hält eine Vereinbarung über den Ausbau des Handels zum augenblicklichen Zeitpunkt für unrealistisch.

Januar

36   25.01.   Drahterlaß des Staatssekretärs Carstens   S. 186

Carstens übermittelt eine Stellungnahme zum irischen Resolutionsentwurf über die Nichtverbreitung von Kernwaffen. Die Initiative wird grundsätzlich befürwortet, aber es wird darauf hingewiesen, daß die Bundesrepublik bereits 1954 auf die Herstellung atomarer Waffen verzichtet habe. Angeregt wird, das sowjetische Interesse an einem Nichtverbreitungsabkommen für Gegenleistungen in der Deutschland-Frage zu nutzen. Aus sicherheitspolitischen Erwägungen komme ein solches Abkommen für die Bundesrepublik erst nach der Verwirklichung einer integrierten NATO-Atomstreitmacht in Betracht. Zudem müsse die Teilnahme möglichst aller bereits existierenden und potentiellen Nuklearmächte sichergestellt sein. Da das Abkommen allen Staaten offenstehen solle, müsse die Bundesrepublik eingehend konsultiert werden, um einer Aufwertung der DDR „durch eine geeignete Disclaimer Clause" entgegenwirken zu können.

37   26.01.   Aufzeichnung des Staatssekretärs Carstens   S. 189

Aus einem Gespräch mit den Botschaftern der drei Westmächte hält Carstens fest, daß die – ihm selbst nicht bekannte – Äußerung des Bundesministers Mende vor der Presse kritisiert worden sei, eine Sitzung des Bundestages in Berlin (West) notfalls auch gegen die Bedenken der Alliierten stattfinden zu lassen. Die Botschafter bedauerten ferner, daß eine Zusammenkunft des Bundeskabinetts in Berlin stattgefunden habe, ohne daß zuvor ihre Einwilligung eingeholt worden sei. Weiterhin beanstandeten McGhee, Roberts und de Margerie, daß zwei Generale der Bundeswehr an einer Sitzung des Verteidigungsausschusses in Berlin teilgenommen hätten, ohne daß die Westmächte die Transitreise genehmigt hätten. Im Wiederholungsfall seien „erhebliche" Komplikationen mit der UdSSR zu befürchten. Abschließend wurde bemängelt, daß die Bundesregierung ohne vorherige Konsultation gemäß der Entscheidung der NATO-Staaten über die Ausstellung von Temporary Travel Documents einer Anzahl von Rentnern aus der DDR Bundespässe ausgestellt habe. Carstens bestritt die Zuständigkeit der Westmächte in dieser rein innenpolitischen Angelegenheit.

38   26.01.   Botschafter Federer, Kairo, an Staatssekretär   S. 192
                  Carstens

Federer hat den Eindruck, daß die ägyptische Regierung die Folgen eines Besuchs des Staatsratsvorsitzenden der DDR in Kairo unterschätze und nur mit einem formalen Protest der Bundesregierung rechne. Er sieht sowohl die Nahost- als auch die Deutschlandpolitik der Bundesrepublik an einem „Scheideweg" und plädiert dafür, in einem „package deal" einen Widerruf der Einladung an Ulbricht gegen eine Einstellung der Waffenlie-

XXXIII

ferungen der Bundesrepublik an Israel zu vereinbaren. Andernfalls bleibe nur die Möglichkeit, mit den „Konsequenzen der Hallstein-Doktrin in all ihren Schattierungen" zu drohen.

39 27.01. **Staatssekretär Carstens an Botschafter Federer, Kairo** S. 195

Carstens informiert über die Entscheidung des Bundeskanzlers Erhard vom Vortage, „mit sofortiger Wirkung" keine neuen Verpflichtungen zu Waffenlieferungen an Israel einzugehen und nach Möglichkeit die noch ausstehenden Lieferungen, insbesondere von 90 Panzern, zu unterbinden oder zu reduzieren. Federer soll nun auf Präsident Nasser einwirken, um den angekündigten Aufenthalt des Staatsratsvorsitzenden der DDR in der VAR zu verhindern und den ägyptischen Präsidenten zu einer Reise in die Bundesrepublik zu veranlassen. Käme der Besuch von Ulbricht trotzdem zustande, werde dies nicht nur zu einer „Überprüfung der getroffenen Entscheidung" über die Waffenlieferungen an Israel führen, sondern sich auch ungünstig auf die von der Bundesregierung erwogene „namhafte Wirtschaftshilfe" auswirken. Abschließend teilt Carstens mit, daß er die Aufnahme diplomatischer Beziehungen zu Israel momentan „für ausgeschlossen" halte.

40 27.01. **Aufzeichnung des Staatssekretärs Carstens** S. 199

Carstens faßt die Ergebnisse der Kabinettssitzung vom 27. Januar 1965 zusammen. Bundesminister Schröder beantragte, die Waffenlieferungen an Israel einzustellen, die Wirtschaftshilfe fortzusetzen sowie den Austausch von Handelsvertretungen oder eventuell sogar die Errichtung einer „eigenen Mission in Jerusalem" anzubieten. Er empfahl, den arabischen Staaten eine Wirtschaftshilfe in dreifacher Höhe der an Israel geleisteten Zahlungen zu gewähren und Präsident Nasser in der Bundesrepublik zu empfangen. Carstens hält fest, daß eine Mehrheit der Anwesenden die Fortsetzung der vereinbarten Waffenlieferungen an Israel befürwortete; einige Kabinettsmitglieder zeigten sich zudem nicht mit der Absicht des Bundeskanzlers Erhard einverstanden, keine neuen Lieferverpflichtungen einzugehen. Überwiegend negativ war auch die Haltung zu einer Gesetzesinitiative mit dem Ziel, generell keine Waffen außerhalb des NATO-Gebiets zu liefern.

41 27.01. **Aufzeichnung des Ministerialdirektors Krapf** S. 201

Krapf befaßt sich mit den möglichen Reaktionen auf den angekündigten Besuch des Staatsratsvorsitzenden der DDR, Ulbricht, in der VAR. Wegen der Wirkung auf die übrigen blockfreien Staaten müsse die Bundesregierung alles tun, um den Besuch zu verhindern. Er schlägt deshalb vor, Präsident Nasser einen „package deal" anzubieten, in den auch das „in seiner Erpressungstaktik nicht hinter der VAR" zurückstehende Israel einbezogen sein müßte. Um ägyptische Forderungen zu befriedigen, seien ein sofortiger Stopp der Waffenlieferungen an Israel und ein vorläufiger Verzicht auf den Ausbau der amtlichen Beziehungen zu erwägen; um israelischen Forderungen nachzukommen, seien Maßnahmen zur Unterbindung der Tätigkeit von Rüstungsexperten aus der Bundesrepublik in der VAR und eine Verlängerung der Verjährungsfrist für die Verfolgung von nationalsozialistischen Gewaltverbrechen in Betracht zu ziehen.

42 28.01. Aufzeichnung des Ministerialdirektors Krapf   S. 203

Vor dem Hintergrund der politischen Annäherung einer Reihe blockfreier Staaten an die DDR befürchtet Krapf für die Bundesrepublik in absehbarer Zeit einen „Einbruch" in die Politik der Nichtanerkennung. Um dieser Entwicklung entgegenzuwirken und vor der Weltöffentlichkeit klarzustellen, daß sich die Bundesregierung ihre Politik nicht „von der SBZ oder dritten Staaten durch Erpressung aufzwingen" lasse, solle sie sich darauf einrichten, „jederzeit" diplomatische Beziehungen zu osteuropäischen Staaten wie Rumänien, Ungarn, Bulgarien und eventuell auch Jugoslawien aufzunehmen. Durch eine solche Initiative würde die Bundesregierung genügend außenpolitischen Handlungsspielraum gewinnen, um auf die mögliche Anerkennung der DDR durch blockfreie Staaten nicht mehr unter allen Umständen mit dem Abbruch der diplomatischen Beziehungen antworten zu müssen, sondern „ein anderes Strafmaß" auf dem Gebiet der Kreditgewährung und der Entwicklungshilfe anwenden zu können.

**43 28.01. Botschaftsrat I. Klasse Sahm, Paris (NATO),   S. 205
       an das Auswärtige Amt**

Sahm berichtet von der Diskussion über den irischen UNO-Resolutionsentwurf zur Nichtverbreitung von Atomwaffen. Der Vorschlag stieß im Politischen Ausschuß der NATO auf breite Zustimmung; von britischer Seite wurde jedoch angeregt, einen Appell an alle Nichtnuklearstaaten, ihren Verzicht auf Kernwaffen zu erklären, einzufügen. Der Vertreter Italiens schlug vor, eine Verpflichtung der Atommächte zur Nichtweitergabe aufzunehmen. In besonderem Maße befürworteten die USA den Entwurf, der der UdSSR Gewißheit verschaffe, daß die angestrebte NATO-Atomstreitmacht nicht zu einer Weiterverbreitung von Kernwaffen führen würde. Die seitens der Bundesrepublik vertretene Ansicht, eine Nichtverbreitungsregelung dürfe nicht die Weitergabe von Atomwaffen an „Staatengruppen", wie zum Beispiel an eine MLF oder ANF, verhindern, wurde von den Vertretern Kanadas, Dänemarks, Griechenlands und der Niederlande unterstützt. Abschließend hob die niederländische Seite hervor, daß einem Abkommen nur zugestimmt werden könne, wenn es weltweite Gültigkeit besitze.

44 28.01. Botschaftsrat I. Klasse Sahm, Paris (NATO), an das Auswärtige Amt S. 209

Sahm berichtet über die Diskussion im Ständigen NATO-Rat vom Vortag über die im März 1964 revidierten Richtlinien für die Ausgabe von Temporary Travel Documents. Dabei wurden zwei unterschiedliche Haltungen deutlich: Die Mehrzahl der NATO-Staaten unterstützte die Auffassung des niederländischen Botschafters, daß die Anwendung einzelner TTD-Bestimmungen noch flexibler gehandhabt werden sollte. Boon plädierte vor allem dafür, mehr Personen die Einreise unter der Kategorie 1 („Trade") zu ermöglichen. Im Gegensatz dazu verwies der französische Botschafter darauf, daß die Zeit seit März 1964 zu kurz gewesen sei, um die Handhabung der TTD-Richtlinien zu überprüfen. Eine Lockerung würde einen propagandistischen Erfolg der Ostblock-Staaten darstellen. Dem „brillianten Plädoyer" von Seydoux schlossen sich der britische, der amerikanische, der türkische und griechische Vertreter wie auch Botschafter Grewe an. Letzterer hob hervor, daß die Auslegung der bestehenden Bestimmungen nicht zu einer Aufwertung der DDR führen dürfe; hohen Funktionären „Pankows" sei daher die Einreiseerlaubnis zur Führung von Handelsgesprächen zu verweigern.

45 29.01. Gespräch des Bundesministers Schröder mit dem tansanischen Außenminister Kambona S. 213

Schröder äußert sich besorgt über die im Zuge der Vereinigung von Tanganjika und Sansibar vorgesehene Errichtung eines Generalkonsulats und einer Handelsvertretung der DDR in der tansanischen Hauptstadt. Kambona erläutert, daß wegen der seit Januar 1964 bestehenden diplomatischen Beziehungen zwischen Sansibar und der DDR nun ein Kompromiß innerhalb der Unionsregierung unumgänglich gewesen sei. Dabei habe Präsident Nyerere die Nichtanerkennung der DDR durchgesetzt. Die Verlegung der Vertretungen der DDR von Sansibar nach Daressalam rechtfertigt er mit der besser zu gewährleistenden Kontrolle. Schröder weist demgegenüber darauf hin, daß es der DDR gelungen sei, Sansibar als „Sprungbrett" zu benutzen. Daher sei er in großer Sorge hinsichtlich der weiteren Entwicklung der wirtschaftlichen Beziehungen und der „Gewährung von Hilfe auch auf anderen Gebieten".

Januar

46 29.01. **Ministerialdirektor Krapf an die Ständige Vertretung bei der NATO in Paris** S. 218

Krapf empfiehlt Zurückhaltung gegenüber dem britischen Änderungsvorschlag zum UNO-Resolutionsentwurf über die Nichtverbreitung von Kernwaffen. Während sich nach der irischen Vorlage nur diejenigen UNO-Mitglieder, die für die Resolution stimmten, zu ihrer Einhaltung verpflichten würden, sehe die geänderte Fassung einen Appell an alle Nichtnuklearmächte zu Verzichtserklärungen auf die Herstellung von Atomwaffen bzw. auf die nationale Verfügungsgewalt vor. Krapf hebt hervor, daß die Bundesregierung einem solchen ohne Einschränkungen formulierten Appell nicht zustimmen und daher keine verbindliche Erklärung abgeben könne. Ein derartiger Aufruf würde jedoch einen „fast unwiderstehbaren Druck" in Richtung auf einen vorbehaltlosen Beitritt zu einem Nichtverbreitungsabkommen erzeugen.

47 30.01. **Gespräch des Bundeskanzlers Erhard mit Premierminister Wilson in London** S. 220

Wilson bezeichnet einen britischen Beitritt zur EWG als gegenwärtig „nicht aktuell", bekundet aber nach wie vor Interesse am Gemeinsamen Markt und an den Diskussionen über eine europäische politische Union. Erhard berichtet von seinen Gesprächen mit Staatspräsident de Gaulle am 19./20. Januar 1965 in Rambouillet, der – ohne die Kritik an der NATO zurückzunehmen – seine „Worte des Mißtrauens" gegen Großbritannien und die USA nicht wiederholt habe. Zudem habe er sich weder kategorisch gegen eine Beteiligung der Bundesrepublik an der MLF ausgesprochen, noch sich gegenüber der Europa-Initiative der Bundesregierung vom 4. November 1964 verschlossen gezeigt. Wilson bestätigt die Ähnlichkeit der deutsch-britischen Interessen in der Frage der nuklearen Verteidigung, bezweifelt aber die französische Bereitschaft zur Kooperation. Hinsichtlich der Deutschland-Frage sagt er zu, die Politik der Bundesregierung zu unterstützen und die „absolut kategorische" Haltung in der Berlin-Frage beizubehalten. Schließlich bittet er um Unterstützung bei den Stationierungskosten für die Rheinarmee und spricht den möglichen Ankauf des britischen Flugzeugs BAC 1/11 durch die „Deutsche Lufthansa" sowie gemeinsame Forschungsvorhaben an. Erhard verweist nochmals auf die Unterredung mit de Gaulle. Auch wenn er dessen Skepsis über die Erfolgsaussichten einer Initiative der Drei Mächte in der Deutschland-Frage teile und die Aussichten einer Mitarbeit der UdSSR „äußerst gering" seien, hält er es für wichtig festzustellen, „ob die Viermächteverantwortung wieder sichtbarer gemacht werden könne".

XXXVII

| 48 | 01.02. | Botschafter Federer, Kairo, an das Auswärtige Amt | S. 227 |

Der Botschafter berichtet über ein Gespräch mit dem ägyptischen Präsidenten vom Vortag. Nasser erklärte, daß der Staatsratsvorsitzende der DDR, Ulbricht, am 24. Februar 1965 nach Kairo kommen werde. Hinweisen auf mögliche schwerwiegende Folgen begegnete Nasser mit dem Vorwurf, daß die Bundesrepublik „durch dick und dünn mit Israel verbunden" sei. Außerdem behielt er sich eine spätere Anerkennung der DDR vor, wenn die Waffenlieferungen der Bundesrepublik an Israel fortgesetzt würden. Federer zieht aus der Wirkungslosigkeit seiner Einwände den Schluß, daß Nasser bereits „fest gebunden war". Er vermutet, daß dabei der Aufenthalt des sowjetischen Stellvertretenden Ministerpräsidenten Schelepin vom 18. bis 29. Dezember 1964 in Kairo eine entscheidende Rolle gespielt habe.

| 49 | 01.02. | Botschafter Knappstein, Washington, an das Auswärtige Amt | S. 231 |

Knappstein teilt mit, die amerikanische Regierung wolle dem Eindruck entgegenwirken, daß sich ihr Interesse an einer integrierten NATO-Atomstreitmacht seit Dezember 1964 verringert haben könnte. Tatsächlich befürworte sie weiterhin den britischen Vorschlag einer MLF/ANF als die beste Lösung des Problems der nuklearen Mitsprache in der Allianz. Der in der Diskussion „verloren gegangene Impetus" müsse allerdings von den europäischen Verbündeten ausgehen. Daher versuchten die USA, interessierte Staaten wie die Bundesrepublik, Großbritannien, Italien und die Niederlande zu einem „Fortschreiten auf zunächst bilateralem Wege" zu ermutigen. Jedoch dürfe die Bundesregierung nicht als treibende Kraft auftreten oder den Anschein eines möglichen deutsch-amerikanischen Alleingangs erwecken. Werde keine gemeinsame europäische Basis gefunden, sei es sehr fraglich, ob die USA sich weiter um das Zustandekommen einer MLF/ANF bemühen würden. Ausschlaggebend für die Haltung des Präsidenten Johnson gegenüber dem Projekt werde in jedem Fall die Teilnahme Großbritanniens und die „Überwindung oder Milderung des französischen Widerstandes" sein.

| 50 | 02.02. | Gespräch des Bundeskanzlers Erhard mit dem syrischen Botschafter Khabbaz | S. 235 |

Khabbaz zeigt sich beunruhigt über die „Hinwendung" der Bundesrepublik zu Israel und äußert Zweifel an ihrem Willen, den vereinbarten Bau des Euphrat-Staudamms durchzuführen, der von großer wirtschaftlicher Bedeutung für Syrien sei. Erhard verweist auf Probleme bei der Finanzierung des Projekts. Er macht auf die moralische Dimension der deutsch-jüdischen Beziehungen aufmerksam, deutet aber gleichzeitig auch die

Einstellung der unentgeltlichen Waffenlieferungen nach Israel an. Der Bundeskanzler sichert zu, sich weiterhin für das Euphrat-Projekt einzusetzen.

51 02.02. **Aufzeichnung des Vortragenden Legationsrats I. Klasse Schirmer** S. 239

Schirmer gibt den Inhalt eines Gesprächs mit dem ägyptischen Geschäftsträger wieder. Karim zeigte sich bestürzt über die Reaktion der Bundesregierung auf den geplanten Besuch des Staatsratsvorsitzenden der DDR in Kairo. Schirmer wies auf die Bedeutung hin, die Ulbricht „für jeden Deutschen als Symbol der Unterdrückung" habe. Karim betonte, daß Präsident Nasser mit der Einladung nicht länger habe warten können, zumal sich die VAR auf einen bewaffneten Konflikt mit Israel einstellen müsse. Mit den Waffenlieferungen an Israel handele die Bundesrepublik gegen ihre eigenen Interessen, da einer Anerkennung der DDR durch die VAR innerhalb von sechs Monaten 30 weitere Staaten folgen würden. Nachteilige politische Konsequenzen müsse Nasser also ebensowenig fürchten wie wirtschaftliche Rückschläge, weil für den Fall einer Aufkündigung der Wirtschaftshilfe durch die Bundesrepublik bereits britische und französische Firmen mit der ägyptischen Regierung über eventuell freiwerdende Kontrakte verhandelten. Karim schloß mit der Aufforderung, die Waffenlieferungen an Israel umgehend einzustellen. Noch könne eine „äußerst gefährliche politische Entwicklung" verhindert werden.

52 02.02. **Aufzeichnung des Ministerialdirektors Krapf** S. 241

Krapf berichtet, daß in der Politischen Abteilung II des Auswärtigen Amts die Vorbereitungen zur Aufnahme diplomatischer Beziehungen mit den osteuropäischen Staaten angelaufen seien. Um die Folgen des wohl nicht mehr zu verhindernden Besuchs des Staatsratsvorsitzenden der DDR, Ulbricht, in Kairo gering zu halten, rät er davon ab, mit einem Abbruch der Beziehungen zur VAR oder etwa einer diplomatischen Anerkennung Israels zu reagieren. Krapf rät vielmehr zur sofortigen Einstellung aller Waffenlieferungen an Israel, um Präsident Nasser die Anerkennung der DDR zu erschweren. Selbst für den Fall, daß es nicht zu einer Aufnahme diplomatischer Beziehungen zwischen der VAR und der DDR kommen werde, empfiehlt er einen möglichst umgehenden Botschafteraustausch zwischen den osteuropäischen Staaten und der Bundesrepublik. Diese Vorgehensweise werde die außenpolitische Bewegungsfreiheit erweitern und die Bundesregierung schließlich in die Lage versetzen, „die Israel-Frage zu lösen", ohne daß dies als Reaktion auf ein Scheitern ihrer Nahost-Politik erscheinen werde.

53 02.02. Aufzeichnung des Ministerialdirektors Krapf S. 244

Angesichts der Stellungnahme des Bundesministers Bucher, die während des Jahres 1965 ablaufende Verjährungsfrist für nationalsozialistische Gewaltverbrechen nicht zu verlängern, macht Krapf auf die Folgen aufmerksam, die sich aus einer solchen Haltung für die Deutschlandpolitik der Bundesregierung ergeben könnten. In jüngster Zeit sei es zusätzlich zu etlichen Rückschlägen in der Alleinvertretungspolitik – so im Verhältnis zur VAR, zu Indonesien und zu Tansania – durch die „Agitation" in der Frage der Verjährungsfristen sogar zu einer Isolierung der Bundesrepublik gegenüber der Öffentlichkeit befreundeter Staaten gekommen. Ohne eine Korrektur des bisherigen Verhaltens in der Verjährungsfrage werde die Bundesrepublik ihre „moralische und politische Stellung" in der Deutschland-Frage nicht halten können.

54 05.02. Bundeskanzler Erhard an Bundesminister Schröder S. 246

Erhard äußert sich besorgt über die Absicht einiger Großfirmen aus der Bundesrepublik, sich an der Leipziger Frühjahrsmesse 1965 zu beteiligen. Da bisherige Bemühungen, die Firmen zu einer größeren Zurückhaltung zu bewegen, gescheitert seien und der Teilnahme eine besondere politische Bedeutung zukomme, bittet er Schröder, zusammen mit Bundesminister Schmücker auf die Konzerne einzuwirken.

55 05.02. Aufzeichnung des Vortragenden Legationsrats I. Klasse Middelmann S. 247

Middelmann hält ein Gespräch zwischen Staatssekretär Lahr und dem portugiesischen Botschafter fest. Homem de Mello zeigte sich überzeugt, daß der ins Auge gefaßte Verkauf von Flugzeugen der Bundesluftwaffe aus kanadischer Produktion an Portugal nicht unter die in der deutsch-kanadischen Vereinbarung von 1956 vorgesehene Regelung über die Zustimmung Kanadas zu einer Weiterveräußerung falle. Demgegenüber teilte Lahr mit, die kanadische Regierung bestehe auf einer präziseren Fassung der Endverbleibsklausel. Während Homem de Mello darauf beharrte, ein Einsatz der Maschinen in den afrikanischen Kolonien stehe nicht im Widerspruch zu der 1963 ausgehandelten Endverbleibsklausel, entgegnete Lahr, deutscherseits sei damals auf die von Portugal gewünschte „flexible Formel" in dem Glauben eingegangen worden, daß über ihre Auslegung Einvernehmen bestehe. Eine Klärung sei erforderlich, um eine Verstimmung zwischen der Bundesrepublik und Portugal zu vermeiden.

Februar

56 05.02. Aufzeichnung des Ministerialdirektors Müller-Roschach S. 251

Der Leiter des Planungsstabs stellt Überlegungen zur Deutschlandpolitik an. Für den Fall, daß die VAR oder ein einzelner nichtkommunistischer Staat Botschafter mit der DDR austauschten, müsse die Bundesrepublik, um andere Regierungen von einem solchen Schritt abzuschrecken, mit dem Abbruch der diplomatischen Beziehungen antworten; darüber hinaus solle auch die Entwicklungshilfe eingestellt werden. Sollte jedoch eine ganze Gruppe nichtkommunistischer Staaten die DDR diplomatisch anerkennen, würde ein Abbruch der Beziehungen einer politischen „Selbstverstümmelung" gleichkommen; die Bundesrepublik könnte dann lediglich Gegenmaßnahmen wie z. B. die Einstellung der Entwicklungshilfe ergreifen. Zudem sollte differenziert werden, inwieweit die Anerkennung der DDR Ausdruck der Haltung in der Frage des Selbstbestimmungsrechtes sei. So könne von Sanktionen abgesehen werden, wenn ein Staat, der Botschafter mit der DDR ausgetauscht hat, sich öffentlich und verbindlich zum Selbstbestimmungsrecht für alle Deutschen bekennen würde. Diese Vorschläge, so Müller-Roschach, sollten die politische Bewegungsfreiheit der Bundesregierung auch nach einem Zusammenbruch der Politik der Hallstein-Doktrin sichern, keinesfalls bedeuteten sie einen Verzicht auf die „exemplarischen abschreckenden Sanktionen im nichtkommunistischen Bereich".

57 06.02. Staatssekretär Carstens an die Botschaft in Washington S. 259

Carstens informiert über ein Gespräch des Staatssekretärs Lahr mit dem Leiter der Israel-Mission am 4. Februar 1965. Shinnar sei mitgeteilt worden, daß nach dem Bekanntwerden der Waffenlieferungen an Israel deren Fortsetzung nicht möglich sei. Intern schlage Lahr nun ersatzweise eine Geldzahlung an Israel vor. Der amerikanische Botschafter McGhee sei davon bereits in Kenntnis gesetzt worden und habe zugesagt, seine Regierung zu unterrichten, damit die Position der Bundesrepublik gegenüber Israel unterstützt werde. Carstens weist Botschafter Knappstein an, in diesem Sinne tätig zu werden.

58 06.02. Botschafter Knappstein, Washington, an das Auswärtige Amt S. 260

Knappstein berichtet, daß er dem amerikanischen Außenministerium die Entscheidung der Bundesrepublik in der Frage der Waffenlieferungen an Israel übermittelt habe. Er informiert zudem über die Proteste dreier großer jüdischer Verbände in den USA gegen den geplanten Lieferstopp. Er habe seine Gesprächspartner darauf hingewiesen, daß für die Bundesrepublik „das Alleinvertretungsrecht auf dem Spiele stehe", dem alle anderen

Überlegungen untergeordnet werden müßten. Knappstein erwartet weitere Interventionen, zeigt sich aber zuversichtlich, diesen wirkungsvoll entgegentreten zu können.

59 07.02. **Botschafter Allardt, Madrid, an das Auswärtige Amt** S. 262

Allardt gibt Informationen über ein Gespräch des spanischen Vermittlers in der Nahost-Krise, Marques de Nerva, mit dem ägyptischen Ministerpräsidenten in Kairo wieder. Danach habe Sabri darauf hingewiesen, daß die VAR bislang die Position der Bundesrepublik in der Frage der Nichtanerkennung der DDR voll unterstützt, im Gegenzug aber keine entsprechenden Hilfen erhalten habe. Indem die Bundesrepublik durch Militärhilfe-Abkommen „de facto-Beziehungen" zu Israel wie „zwischen Alliierten" unterhalten habe, sei mit „der arabischen Welt ein doppeltes Spiel getrieben" worden. De Nerva habe daraufhin vorgeschlagen, den Besuch des Staatsratsvorsitzenden der DDR in Kairo zu verschieben, damit die Bundesrepublik ihr Verhältnis zu Israel überprüfen könne. Sabri habe ein Einlenken für den Fall angedeutet, daß die Bundesregierung unverzüglich und unmißverständlich eine andere Haltung gegenüber Israel einnehme. Dann sei die VAR bereit, die DDR nicht anzuerkennen und den Besuch von Ulbricht als eine „reine Courtoisie-Geste" zu behandeln.

60 08.02. **Gespräch des Bundeskanzlers Erhard mit dem amerikanischen Botschafter McGhee** S. 265

Erhard korrigiert die seiner Meinung nach falsche Auslegung der Äußerungen des französischen Staatspräsidenten am 4. Februar 1965 vor der Presse. De Gaulle habe keineswegs die Wiedervereinigung Deutschlands als ausschließlich europäische Angelegenheit bezeichnet, sondern sich dafür ausgesprochen, die Viermächte-Verantwortung wieder deutlicher hervortreten zu lassen. Mit Blick auf die amerikanischen Bemühungen um eine Intensivierung des Handels mit osteuropäischen Staaten versichert McGhee, daß die DDR nicht von dieser Politik profitieren werde. Hinsichtlich der internationalen Währungssituation und der amerikanischen Zahlungsbilanzprobleme wendet sich Erhard gegen die Vorschläge des französischen Staatspräsidenten für Kontrollmaßnahmen und eine Rückkehr zum Goldstandard. Kritische Stimmen gebe es zwar auch zum Eindringen von amerikanischem Kapital auf den deutschen Markt; jedoch könne dieses Problem nur durch eine Steigerung der europäischen Wettbewerbsfähigkeit gelöst werden. Der Bundeskanzler äußert die Befürchtung, daß Präsident Johnson durch die Äußerungen von de Gaulle ein falsches Bild von den Europäern bekommen könne. Er betont, „Europa wolle sich nicht einigen, um isoliert dazustehen, sondern vielmehr, um ein stärkerer Bündnispartner in der westlichen Allianz zu sein".

61 08.02. Botschaftsrat I. Klasse Müller, Kairo, S. 275
an Staatssekretär Carstens

Müller berichtet von der Sondersitzung des obersten Führungsgremiums der Arabischen Sozialistischen Union unter Vorsitz des Präsidenten Nasser. Nach ersten Presseberichten habe das Gremium den Abbruch der diplomatischen Beziehungen mit der Bundesrepublik für den Fall beschlossen, daß die Waffenlieferungen an Israel fortgesetzt würden. Mit dieser „letzten Warnung" wolle die VAR offensichtlich die Bundesrepublik für die gespannten Beziehungen verantwortlich machen und den geplanten Besuch des Staatsratsvorsitzenden der DDR, Ulbricht, in Kairo „zu einer Bagatelle herunterspielen". Abschließend nimmt Müller zu der beabsichtigten Entsendung von Sonderbotschaftern der Bundesrepublik in die arabischen Hauptstädte Stellung und warnt vor einer „sehr heftigen" Reaktion von Nasser. Dieser werde nämlich vermuten, daß die Bundesrepublik „die Araber auf Kosten der gesamtarabischen Sache gegeneinander ausspielen" wolle.

62 08.02. Botschafter Klaiber, Paris, an das Auswärtige Amt S. 277

Klaiber berichtet von einem Gespräch des Vorsitzenden der CDU/CSU-Fraktion mit dem französischen Staatspräsidenten. Barzel dankte für die Äußerungen von de Gaulle vor der Presse zur Deutschland-Frage und erläuterte, daß auch in der Bundesrepublik davon ausgegangen werde, daß die Wiedervereinigung erst nach „einer Auflockerung des Ostblocks im europäischen Rahmen" verwirklicht werden könne. De Gaulle erklärte sich bereit, eine Deutschland-Initiative in Moskau zu unterstützen, obwohl mit Fortschritten in Richtung auf eine Wiedervereinigung nicht gerechnet werden könne. Solange Europa von den USA „völlig abhängig" sei, werde der Weg zur Wiedervereinigung im europäischen Rahmen „blockiert" bleiben. Zur Sicherheitsfrage führte er aus, daß Frankreich kein Mißtrauen mehr gegen die Bundesrepublik hege, die ihrem wirtschaftlichen und militärischen Potential entsprechende „Großmachtstellung" einnehmen könne. Weder der Westen noch der Osten würden es jedoch zulassen, daß sich die Bundesrepublik zu einer Atommacht entwickele; ein solcher „Ehrgeiz" würde daher die Wiedervereinigung gefährden.

63 09.02. Aufzeichnung des Ministerialdirigenten Böker S. 279

Böker gibt den Inhalt zweier Gespräche mit dem tunesischen Botschafter wieder. Ayed erklärte, er sei wegen der gespannten Beziehungen zwischen der Bundesrepublik und der VAR kurzfristig zu Konsultationen nach Tunis zurückberufen worden. Präsident Bourguiba, der sich noch vor dem Staatsratsvorsitzenden der DDR, Ulbricht, in Kairo aufhalten werde, wolle mäßigend auf Präsident Nasser einwirken. Voraussetzung seien allerdings Zusicherungen der Bundesregierung hinsichtlich der Einstellung der Waffenlieferungen an Israel und ihrer entwicklungspolitischen Planungen für den arabischen Raum außerhalb der VAR. Böker deutete an, daß die Bundesregierung bei der Entwicklungshilfe künftig stärker die „zuverlässigen Freunde", wie etwa Tunesien, bedenken wolle als die „unsicheren Kandidaten à la Nasser". Gleichzeitig warnte er vor den Folgen, wenn die Bundesrepublik auf Grund einer „Kurzschlußreaktion" der arabischen Staaten aus dem Nahen Osten „herausmanövriert" würde.

64 09.02. Botschafter Knappstein, Washington, S. 281
an Bundesminister Schröder

Der Botschafter gibt ein Gespräch mit dem amerikanischen Präsidenten wieder. Knappstein wies darauf hin, daß die währungspolitischen Äußerungen des französischen Staatspräsidenten auf der Pressekonferenz vom 4. Februar 1965 nicht mit der Bundesregierung abgesprochen waren. Gleichzeitig trug er Bedenken wegen des starken Kapitalexports aus den USA vor. Sodann dankte er für die mehrfach öffentlich geäußerte Solidarität in der Deutschland-Frage. Johnson äußerte sich skeptisch über die von de Gaulle geforderte Europäisierung der Deutschland-Frage. Er bekräftigte die Bereitschaft, jeden Vorschlag zur Wiedervereinigung zu prüfen und jeder Konsultation unter den vier westlichen Regierungen zuzustimmen. Auf eine mögliche amerikanische Distanzierung von dem Projekt einer integrierten NATO-Atomstreitmacht angesprochen, verwies Johnson auf sein eindeutiges Plädoyer für eine MLF/ANF gegenüber Premierminister Wilson. Der amerikanische Präsident vertrat jedoch die Auffassung, daß die Initiative von den europäischen Staaten ausgehen müsse.

65 10.02. Aufzeichnung des Staatssekretärs Carstens S. 286

Carstens notiert über ein Gespräch mit dem Leiter der Israel-Mission, daß die israelische Regierung eine Modifizierung der Absprachen über Waffenlieferungen ablehne und allenfalls zu einer beschleunigten Abwicklung der Panzerlieferungen bereit sei. Shinnar habe auf die wiederholten Kriegsdrohungen des Staatspräsidenten Nasser hingewiesen und versichert, daß Israel selbst seine Nachbarn niemals angreifen werde. Allerdings könne es nicht hinnehmen, daß kurz vor seiner Grenze das Jordanwasser abgegraben werde. Der Botschafter schloß mit der Bitte, eine Entscheidung über die Waffenlieferungen bis zu einem Gespräch des Bundeskanzlers Erhard mit Ministerpräsident Eshkol offenzulassen. Carstens zeigte sich enttäuscht und wies auf die Probleme für die Deutschlandpolitik der Bundesregierung hin, die sich aus dem Bekanntwerden der Waffenlieferungen ergäben. An eine beschleunigte Abwicklung sei nicht zu denken, eher an eine Unterbrechung. Zudem werde von Bundesregierung und Bundestag gefordert, den Grundsatz, keine Waffen in Spannungsgebiete zu liefern, zukünftig strikt zu befolgen. Auf die Andeutung von Shinnar, einen Botschafteraustausch anzustreben, ging Carstens nicht ein.

66 10.02. **Aufzeichnung des Ministerialdirektors Krapf** S. 289

Krapf betont, daß die restriktive Kreditpolitik gegenüber der UdSSR nur gegen politische Gegenleistungen aufgegeben werden solle. Für eine Ausschöpfung des in der Berner Union vorgesehenen Spielraums könne etwa ein Entgegenkommen hinsichtlich der Berlin-Klausel, der Repatriierung von Volksdeutschen oder der Freilassung der Studenten Naumann und Sonntag erwartet werden. Kredite mit einer Laufzeit von mehr als fünf Jahren sollten jedoch nur bei „fühlbaren" Konzessionen, etwa der Gewährung größerer Freiheiten für die Bevölkerung in der DDR, vergeben werden.

67 10.02 **Gesandter Knoke, Paris, an das Auswärtige Amt** S. 291

Knoke informiert über die vom Abteilungsleiter im französischen Außenministerium, Puaux, geäußerte Bitte um Überlassung eines Durchdrucks des deutschen Antwortmemorandums auf den britischen ANF-Vorschlag vom 11. Dezember 1964. Puaux begründete das Ersuchen mit widersprüchlichen Presseberichten über die Antwort der Bundesregierung und verwies auf die im deutsch-französischen Vertrag vom 22. Januar 1963 geforderte Konsultationsverpflichtung.

68 11.02. **Bundeskanzler Erhard an Präsident Nyerere** S. 293

Der Bundeskanzler weist darauf hin, daß der Vorschlag des tansanischen Präsidenten, ein Generalkonsulat und einen Handelsbevollmächtigten der DDR in Tansania zuzulassen, den Interessen des deutschen Volkes zuwiderlaufe. Es komme nicht nur darauf an, eine diplomatische Anerkennung der DDR zu vermeiden, sondern es müsse vor allem jegliche Aufwertung „des in der SBZ eingesetzten Regimes" verhindert werden. Daher könne sich die Bundesregierung auch nicht mit dem „Kairoer Modell" – der Tolerierung eines DDR-Generalkonsulats ohne Exequatur – einverstanden erklären. Erhard macht darauf aufmerksam, daß ein solches Vorgehen das freundschaftliche Verhältnis zwischen der Bundesrepublik und Tansania „schwer belasten" würde.

69 11.02. **Gespräch des Bundesministers Schröder mit dem amerikanischen Botschafter McGhee** S. 295

Auf die Frage von McGhee, ob die Bundesregierung nicht wenigstens die bestehenden Abmachungen mit Israel über die Lieferung von Waffen erfüllen könne, erwidert Schröder, eine Durchführung der Vereinbarung sei nach deren Bekanntwerden unmöglich geworden. Er hoffe jedoch auf eine „vernünftige" Regelung über eine Ablösung der Waffenlieferungen. Der amerikanische Botschafter kritisiert die Ausführungen des ehemaligen Bundeskanzlers Adenauer gegenüber der Tageszeitung „The New York Times" zur amerikanischen Politik in Europa und äußert die Erwartung, die Bundesregierung werde sich bemühen, die „Auswirkung dieses Interviews zu beheben". Schröder zeigt sich skeptisch bezüglich rascher Fortschritte bei den Verhandlungen über eine europäische politische Union. Hinsichtlich einer Initiative zur Deutschland-Frage erwähnt er die Notwendigkeit bilateraler Vorgespräche und die Möglichkeit einer Behandlung in der Washingtoner Botschaftergruppe. Mit Blick auf die Pressekonferenz des Staatspräsidenten de Gaulle vom 4. Februar 1965 unterstreicht McGhee, daß im amerikanisch-französischen Verhältnis – anders als zwischen der USA und der Bundesrepublik – große Differenzen bestünden.

70 11.02. **Gespräch des Bundeskanzlers Erhard und des Bundesministers Westrick mit dem Leiter der Israel-Mission, Shinnar** S. 297

Westrick erklärt, daß die ausstehenden Waffenlieferungen an Israel nicht durchgeführt werden könnten, nachdem mit dem Ende der Geheimhaltung auch die „Geschäftsgrundlage" entfallen sei. Es könnten nicht die Lebensinteressen der Bundesrepublik riskiert werden, nur „um eine geschenkweise Zusage abgewrackter Waffen zu erfüllen". Die bestehenden Absprachen sollten jedoch „in honoriger Weise" abgelöst werden. Shinnar, der am folgenden Tag zu Gesprächen nach Israel zurückkehren soll, bittet dagegen darum, die Lieferungen so schnell wie möglich durchzuführen und eine öffentliche Verlautbarung zum Lieferstopp noch zurückzuhalten. Insbesondere dürfe eine solche Entscheidung in keinem erkennbaren Zusammenhang mit der Politik des Präsidenten Nasser stehen. Westrick lehnt dies ab, „da dies ja der Sinn des Lieferungsstopps sei". Bundeskanzler Erhard bekräftigt den Willen zu einer „einvernehmlichen Lösung" mit Israel, schließt aber ebenfalls eine Durchführung der ausstehenden Waffenlieferungen aus. Allerdings wolle er hinsichtlich der Verlängerung der Verjährungsfrist für Gewaltverbrechen in der Zeit des Nationalsozialismus „etwas tun", das zeige, daß ihm an einem guten Verhältnis zu Israel gelegen sei.

71	11.02.	Aufzeichnung des Botschafters von Walther, Ankara	S. 302

Walther informiert über ein Gespräch mit dem türkischen Ministerpräsidenten über die Zypern-Frage. Erkin berichtete, daß Gespräche der drei am Konflikt beteiligten Parteien an der ablehnenden Haltung der Vertreter der zyprischen Bevölkerung gescheitert seien. Da eine Abstimmung in der UNO wohl nicht mehr zustande kommen werde, die Situation für eine Durchsetzung des türkischen Föderalkonzepts jedoch günstig sei, habe er um eine entsprechende gemeinsame sowjetisch-amerikanische Initiative gegenüber der zyprischen Regierung gebeten. Dies hätten jedoch die USA abgelehnt. Walther zieht den Schluß, daß die Türkei weiterhin an westlicher Unterstützung zur Durchsetzung ihrer Pläne interessiert sei, sich aber voraussichtlich stärker auf die UdSSR stützen werde, wenn sich der Westen nicht zu einer „eindeutigen" Haltung entschließen könne. Er regt an, entsprechend auf die amerikanische und die britische Regierung einzuwirken.

72	11.02.	Botschafter Schwörbel, Colombo, an das Auswärtige Amt	S. 305

Schwörbel berichtet von einem Gespräch mit dem Generaldirektor im ceylonesischen Außenministerium, der mitteilte, daß demnächst eine Delegation aus der DDR in Colombo eintreffen werde, um das seit einem Jahr angebotene Kredithilfeabkommen über 80 Millionen Rupien abzuschließen. Peiris wies darauf hin, daß sich das ceylonesische Außenministerium bislang erfolgreich bemüht habe, alles zu vermeiden, was Schlüsse auf eine „weitergehende Aufwertung" der DDR zuließe. Nun werde sich aber der Abschluß eines formellen Abkommens nicht mehr umgehen lassen. Die Lage Ceylons sei seit der Einstellung der Wirtschaftshilfe aus den USA und der Bundesrepublik „so verzweifelt", daß jedes Hilfsangebot angenommen werden müßte. Somit habe das Verhalten der Bundesrepublik „zwangsweise" zu einer weiteren Aufwertung der DDR beigetragen.

73	12.02	Gespräch des Staatssekretärs Carstens mit Abteilungsleiter Marques de Nerva, spanisches Außenministerium	S. 307

De Nerva schildert die vom 4. bis 10. Februar 1965 in Kairo geführten Vermittlungsgespräche. Der ägyptische Ministerpräsident habe sich von der Warnung, die Bundesrepublik werde bei einem offiziellen Empfang des Staatsratsvorsitzenden der DDR die diplomatischen Beziehungen abbrechen, zunächst wenig beeindruckt gezeigt. Sabri habe betont, nur bei einer „sofortigen Änderung in der Haltung und Handlungsweise Bonns" könne auf eine Anerkennung der DDR verzichtet werden. Erst nachdem eine Instruktion der Bundesregierung die Zusicherung ermöglicht habe, daß ab sofort keine Waffen mehr

XLVII

an Israel geliefert würden, habe Sabri zugesagt, daß der Aufenthalt von Ulbricht nur als Höflichkeitsbesuch anzusehen und ein Gegenbesuch des ägyptischen Präsidenten ausgeschlossen sei. Nasser selbst habe Sympathie für das deutsche Volk bekundet, die Vermittlung durch Spanien begrüßt und erklärt, „die Situation wäre jetzt vollkommen normal". Carstens dankt de Nerva für seine Bemühungen, weist jedoch darauf hin, daß die Reise von Ulbricht unverändert bevorstehe. Sie werde in der Bundesrepublik „einen tiefen Schock" bewirken.

74 12.02. **Botschafter Knappstein, Washington,** S. 313
an Staatssekretär Carstens

Der Botschafter berichtet von der beim Unterstaatssekretär im amerikanischen Außenministerium vorgetragenen Bitte, die Bundesrepublik bei den Bemühungen um eine Ablösung ihrer Waffenlieferungen an Israel durch Geldzahlungen zu unterstützen. Harriman erwiderte, daß die USA selbst vor schwierigen Verhandlungen über israelische Rüstungsanforderungen stünden und aus politischen Gründen vermeiden müßten, als Lieferant aufzutreten. Gerade im Fall der zugesagten Panzer sei es deshalb „sehr unwillkommen", wenn die Bundesrepublik ihre Verpflichtungen nicht einhalte. Wie Harriman bestätigte, sei Israel seinerzeit auch von amerikanischer Seite darauf hingewiesen worden, daß die Lieferungen im Falle ihres Publikwerdens eingestellt werden würden. Dabei sei jedoch an eine Bekanntgabe von israelischer Seite gedacht worden, während nun allem Anschein nach die Indiskretion von „irgendeiner Seite in Bonn" ausgegangen sei.

75 13.02. **Gespräch des Bundesministers Schröder mit dem** S. 316
ägyptischen Botschafter Mansour

Schröder legt nachdrücklich die Besorgnis über den bevorstehenden Aufenthalt des Staatsratsvorsitzenden der DDR in Kairo dar. Wegen der Signalwirkung für andere blockfreie Staaten komme dem Besuch von Ulbricht mehr als nur bilaterale Bedeutung zu. Es werde damit „die Axt an die Wurzel der deutschen Politik angelegt". Mansour rechtfertigt die ägyptische Haltung als Reaktion auf die Waffenlieferungen an Israel, die für die VAR eine „Frage auf Leben und Tod" bedeuteten. Wenn auch von deutscher Seite eine „Gewissensschuld" gegenüber den Juden empfunden werde, so rechtfertige dies doch nicht, daß hierfür „die Araber den Preis" zahlen müßten. Der Botschafter zieht eine Parallele zwischen der Nichtanerkennung der DDR als Staat und der Tatsache, daß es nach ägyptischer Auffassung „kein Israel" gebe. Schröder verwahrt sich gegen diese Gleichsetzung, der jede historische Grundlage fehle. Zu den Waffenlieferungen erläutert er, daß die noch ausstehenden Verbindlichkeiten auf andere Weise abgegolten und neue Vereinbarungen nicht geschlossen würden.

76   15.02.   **Aufzeichnung des Ministerialdirektors Krapf**   S. 322

Krapf äußert sich zustimmend zu dem britischen Vorschlag, die künftigen Verhandlungen über eine NATO-Atomstreitmacht multilateral auf Abteilungsleiter-Ebene zu führen und dieses Verfahren der amerikanischen Regierung noch vor dem Besuch des Premierministers Wilson am 7./8. März 1965 in Bonn vorzuschlagen. Die Gründe für diese Initiative sieht Krapf im britischen Interesse an einer Nichtverbreitung von Kernwaffen, die im Rahmen des von britischer Seite vorgeschlagenen ANF-Projekts geregelt werden soll, in der Befürchtung, der amerikanische Vorschlag einer MLF könne wieder in den Vordergrund treten, im Wunsch nach einer verstärkten Zusammenarbeit mit den USA in Südost-Asien sowie in der britischen Innenpolitik. Er gibt seinen Eindruck wieder, Großbritannien sei zu Konzessionen in der Frage des Aufbaus einer NATO-Atomstreitmacht bereit, sofern eine Vereinbarung über die Nichtverbreitung von Kernwaffen zustande komme.

77   15.02.   **Aufzeichnung des Ministerialdirektors Meyer-Lindenberg**   S. 324

Meyer-Lindenberg weist darauf hin, daß die widersprüchlichen Äußerungen, die zur Einstellung der Waffenlieferungen an Israel durch den spanischen Vermittler in der Nahost-Krise, Marques de Nerva, einerseits und Bundeskanzler Erhard andererseits abgegeben worden seien, in Kairo als Versuch bewußter Irreführung angesehen werden könnten. Bisherige Verhandlungen über eine Umwandlung der Waffenlieferungen seien jedoch in Israel wie in den USA auf Ablehnung gestoßen; gerade die amerikanische Regierung wolle die Bundesrepublik weiter „vorschieben", um nicht selbst als Waffenlieferant auftreten zu müssen. Zur Wahrung der Interessen der Bundesrepublik empfiehlt Meyer-Lindenberg eine sofortige Beendigung der Waffenlieferungen an Israel. Mit einer Abgeltung der noch ausstehenden Leistungen durch Geldzahlungen oder durch die Lieferung von nichtmilitärischem Material könne die Bundesrepublik einen Beweis ihres guten Willens erbringen, zu dem sie rechtlich nicht verpflichtet sei. Gegenüber der VAR rät Meyer-Lindenberg in erster Linie zu wirtschaftlichen Sanktionen. Damit werde sowohl das notwendige Exempel statuiert als auch verhindert, daß Präsident Nasser durch eine „Überspitzung der Maßnahmen" dazu gebracht werde, in einer „Kurzschlußreaktion" doch noch die DDR anzuerkennen.

XLIX

78 15.02. Ministerialdirigent Böker, z. Z. Amman, an das S. 329
Auswärtige Amt

Böker teilt mit, er habe dem jordanischen König das Schreiben des Bundespräsidenten Lübke übergeben und darauf hingewiesen, daß die Bundesregierung auf den Aufenthalt des Staatsratsvorsitzenden der DDR in Kairo mit der Einstellung der Wirtschaftshilfe an die VAR reagieren werde. Hussein sicherte zu, während seines bevorstehenden Besuchs bei Präsident Nasser vermittelnd tätig werden zu wollen, verhehlte aber nicht seine Enttäuschung über die Waffenlieferungen an Israel. Gerade Jordanien fühle sich „betrogen", weil die Bundesregierung eine erbetene Lieferung alter amerikanischer Panzer unter Hinweis auf das Spannungsgebiet Naher Osten abgelehnt habe. Der König warnte vor einer Aufnahme diplomatischer Beziehungen zwischen der Bundesrepublik und Israel; dies würde die arabischen Staaten zu Gegenmaßnahmen zwingen. In einem weiteren Gespräch mit Außenminister Nuseibeh wies Böker darauf hin, daß eine protokollarische Herabstufung des Besuchs von Ulbricht nicht genüge, um Gegenmaßnahmen der Bundesregierung zu verhindern; allenfalls „ein offenes Bekenntnis von Nasser zum deutschen Selbstbestimmungsrecht in Gegenwart Ulbrichts" könne noch von politischem Wert sein. Böker stellt abschließend fest, daß eine für Jordanien befriedigende Regelung der noch ausstehenden Waffenlieferungen an Israel die Voraussetzung für die Isolierung des ägyptischen Präsidenten in der „Ulbricht-Frage" sei.

79 15.02. Gesandter Knoke, Paris, an das Auswärtige Amt S. 331

Knoke berichtet über ein Gespräch mit dem Abteilungsleiter im französischen Außenministerium, Soutou. Dieser riet davon ab, auf die Einladung des Staatsratsvorsitzenden der DDR nach Kairo mit einem Abbruch der diplomatischen Beziehungen zur VAR zu reagieren, da sich dann alle arabischen Staaten gezwungen sehen würden, ihre Botschafter aus Bonn abzuberufen. Sinnvoller wäre es, wenn die Bundesregierung während des Besuchs von Ulbricht erklärte, diplomatische Beziehungen zu Israel aufnehmen zu wollen. Falls daraufhin Präsident Nasser die Beziehungen abbräche, so würde, nach der Überzeugung von Soutou, nur eine Minderheit der arabischen Staaten seinem Beispiel folgen. Die gemäßigten arabischen Staats- und Regierungschefs, die ohnehin „höchst unglücklich" darüber seien, daß die Bundesregierung bisher das „Spiel Nassers" gespielt habe, würden dagegen den ägyptischen Präsidenten für die Aufnahme diplomatischer Beziehungen zwischen der Bundesrepublik und Israel verantwortlich machen. Eine solche Vorgehensweise würde daher die VAR politisch isolieren. Ferner sei es wahrscheinlich, daß Israel unter diesen Umständen einer Umwandlung der noch ausstehenden Waffenlieferungen zustimmen würde.

L

80 17.02. **Gespräch des Staatssekretärs Carstens mit Generalsekretär Cattani, italienisches Außenministerium** S. 334

Aus seinen Gesprächen mit dem französischen und dem belgischen Außenminister teilt Cattani mit, daß Couve de Murville und Spaak bereit seien, an den Vorbereitungen einer politischen Zusammenarbeit der sechs EWG-Staaten mitzuwirken. Couve de Murville lehne allerdings weiterhin „übernationale Konstruktionen" ab und damit auch den in der Europa-Initiative der Bundesregierung vom 4. November 1964 vorgesehenen beratenden Ausschuß. Er habe sich jedoch mit einem „Dialog zwischen den Regierungen und dem Europäischen Parlament" einverstanden erklärt. Spaak habe als ersten Schritt ein formloses Treffen der Außenminister in Brüssel vorgeschlagen, auf dem Weisungen für die Vorbereitung einer offiziellen Konferenz erarbeitet werden sollten. Die Notwendigkeit einer Zusammenkunft der Verteidigungsminister, an der Frankreich besonders interessiert sei, habe der belgische Außenminister dagegen in Frage gestellt. Carstens äußert sich positiv zum französischen Einverständnis, durch die Einbeziehung des Europäischen Parlaments ein „Element kommunautären Charakters" zu akzeptieren. Eine britische Teilnahme an den Gesprächen sei zur Zeit kaum möglich, jedoch solle über die WEU eine „laufende Unterrichtung" sichergestellt werden.

81 17.02. **Gespräch des Staatssekretärs Carstens mit Generalsekretär Cattani, italienisches Außenministerium** S. 337

Carstens und Cattani stellen eine weitgehende Übereinstimmung der deutschen und der italienischen Haltung zum britischen Vorschlag einer integrierten NATO-Atomstreitmacht fest, deren Anbindung an die NATO allerdings noch diskutiert werden müsse. Carstens weist darauf hin, daß die britische Regierung mit der ANF versuche, mehrere schwer zu vereinbarende Dinge, wie Festigung der Allianz und Abrüstung, gleichzeitig zu verwirklichen. Die Mitwirkung der Bundesrepublik werde die Chancen für eine Wiedervereinigung nicht beeinträchtigen; vielmehr sei denkbar, die Teilnahme an der Streitmacht in der Zukunft als deutschlandpolitisches Verhandlungsobjekt gegenüber der UdSSR einzusetzen. Weiterhin erläutert Carstens, Probleme bereiteten zur Zeit eine mögliche Einladung des Staatsratsvorsitzenden der DDR nach Indonesien, die voraussichtliche Errichtung eines Generalkonsulats der DDR in Daressalam sowie der wohl nicht mehr zu verhindernde Besuch von Ulbricht in Kairo. Die Bundesregierung wolle im Sinne einer „Eskalation" zunächst die Wirtschaftshilfe für die VAR einstellen, erwäge aber auch den Abbruch der Beziehungen im Fall einer diplomatischen Anerkennung der DDR.

LI

82 17.02. Botschafter Grewe, Paris (NATO), an das Auswärtige Amt S. 340

Grewe gibt Informationen über Gespräche des polnischen Außenministers mit seinem belgischen Amtskollegen Spaak in Brüssel wieder. Rapacki habe betont, Hauptziel des Gromyko- und Rapacki-Planes sei die Verhinderung der Weitergabe von Atomwaffen in Europa, besonders an die Bundesrepublik und an die DDR. Die angestrebte europäische Konferenz über militärische, politische und wirtschaftliche Fragen sollte durch einen Meinungsaustausch interessierter Staaten „beider Blöcke" vorbereitet werden. Das europäische Sicherheitsproblem müsse bereits vor einer Wiedervereinigung Deutschlands oder allenfalls parallel dazu gelöst werden; die umgekehrte Reihenfolge sei nicht akzeptabel.

83 17.02. Gesandter Knoke, Paris, an das Auswärtige Amt S. 342

Knoke berichtet von einem Gespräch mit dem Abteilungsleiter im französischen Außenministerium, Soutou. Dieser beurteilte die vom Auswärtigen Amt beabsichtigte Reaktion auf die Zulassung eines DDR-Generalkonsulats in Tansania – die Einstellung der Ausrüstungs-, Kapital- und weitgehend auch der technischen Hilfe – als „zu scharf". Inwieweit eine weitere Aufwertung der DDR in Afrika und Asien verhindert werden könne, hänge vor allem von der Vorgehensweise der Bundesregierung gegenüber der VAR ab. Tansania befinde sich in einer „sehr prekären" Lage, in der es leicht „restlos östliches Einflußgebiet" werden könne. Zudem werde der Eindruck entstehen, daß die Bundesregierung Tansania für ein Verhalten bestrafe, das sie im Falle der VAR schon seit Jahren toleriere. Dies könne Folgen für die gesamte westliche Position in Afrika haben.

84 17.02. Drahterlaß des Staatssekretärs Carstens S. 344

Vor dem Hintergrund der Einladung des Staatsratsvorsitzenden der DDR, Ulbricht, nach Kairo bittet Carstens die Botschafter in Washington, London und Paris, sich bei der jeweiligen Regierung darum zu bemühen, daß die Position der Bundesrepublik unterstützt und israelischen Protesten bzw. Bestrebungen zum Boykott deutscher Waren entgegengetreten wird. Carstens erläutert die Politik gegenüber Israel seit den fünfziger Jahren und verweist auf die „sehr großen Aufwendungen" im Bereich der Wiedergutmachung. Die durch militärische Zusammenarbeit mit Israel eingetretene Verschlechterung der Beziehungen zu den arabischen Staaten habe die Bundesregierung nun veranlaßt, „ihre Politik der Nichtlieferung von Waffen in Spannungsgebiete wieder strikt durchzuführen". Der Staatssekretär informiert über den Gesamtumfang der Waffenlieferungen von etwa 280 Millionen DM, über den „völlig abwegige Nachrichten" verbreitet worden seien. Für die noch ausstehenden Leistungen in Höhe von 50 Millionen DM sei eine Geldzahlung angeboten, allerdings nicht akzeptiert worden. Weitere Probleme ergäben sich aus der möglichen Eröffnung eines Generalkonsulats der DDR in Tansania bzw. eines indonesischen Generalkonsulats in Ost-Berlin. In beiden Fällen sei die Einstellung der Entwicklungshilfe angedroht worden.

| 85 | 18.02. | Botschafter Knappstein, Washington, an das Auswärtige Amt | S. 351 |

Der Botschafter berichtet, daß er dem amerikanischen Außenminister die Bitte vorgetragen habe, die Position der Bundesregierung gegenüber Israel zu unterstützen. Da mittlerweile öffentlich bekannt sei, daß die Waffenlieferungen an Israel weitgehend auf amerikanische Initiative zurückgingen, bestehe im Falle ausbleibender Hilfe bei der Umwandlung der restlichen Lieferungen die Gefahr einer „schweren Enttäuschung" im deutsch-amerikanischen Verhältnis. Knappstein fragte, ob die USA bei der israelischen Regierung nicht wenigstens eine ruhigere Betrachtung der Probleme erreichen und in ähnlichem Sinne auch auf die tansanische und die indonesische Regierung einwirken könnten. Rusk kündigte an, daß die USA demnächst einen Großteil des „Feuers" auf sich ziehen würden, und sagte weitere Hilfe zu. Allerdings habe die amerikanische Regierung fast keinen Einfluß mehr auf die VAR, Tansania und Indonesien. Knappstein empfiehlt, die mit der Nahost-Krise zusammenhängenden Probleme nicht in der Washingtoner Botschaftergruppe, sondern bilateral mit der amerikanischen Regierung zu behandeln.

| 86 | 20.02. | Aufzeichnung des Ministerialdirektors Meyer-Lindenberg | S. 356 |

Meyer-Lindenberg greift die von italienischer und belgischer Seite vorgebrachte Anregung zu einem formlosen Treffen der EWG-Außenminister über Fragen der europäischen politischen Zusammenarbeit auf, um eine Arbeitsgruppe aus Beamten zur Vorbereitung einer Außenministerkonferenz und einer nachfolgenden Zusammenkunft der Staats- und Regierungschefs einzusetzen. Für eine solche Zusammenkunft biete sich die EWG-Ministerratstagung am 2./3. März 1965 in Brüssel an. Meyer-Lindenberg erwartet keine Bedenken gegen eine Aufnahme der Gespräche, obwohl in keinem der „fünf Partnerländer zur Zeit eine große Begeisterung spürbar" sei. Vom inhaltlichen Standpunkt her komme die Europa-Initiative der Bundesregierung vom 4. November 1964 einem Kompromiß zwischen den divergierenden Auffassungen der EWG-Staaten am nächsten. Das Zustandekommen von offiziellen Verhandlungen werde allerdings „wesentlich von der deutschen Regierung, ihrem Willen und ihrer Überzeugungskraft abhängen".

87 20.02. Staatssekretär Carstens an Botschafter Freiherr S. 360
von Mirbach, z. Z. Prag

Carstens weist darauf hin, daß ein langfristiges Warenabkommen mit der Tschechoslowakei – auf das vor allem die tschechoslowakische Regierung Wert lege – nicht ohne eine Übereinkunft über den Austausch von Handelsvertretungen abgeschlossen werden dürfe. Eine solche Verknüpfung könne entweder durch ein gemeinsames Mantelprotokoll oder aber dadurch erreicht werden, daß als Aufgabe der Handelsvertretung die Durchführung des Abkommens über den Waren- und Zahlungsverkehr definiert werde. Auf diese Weise könne auch die Einbeziehung von Berlin (West) in den Geltungsbereich der Vereinbarung über die Handelsvertretung gewährleistet werden. Carstens schlägt vor, anzudeuten, daß nur bei Zustimmung zu einer Handelsvertretung der Bundesrepublik in Prag eine weitere Duldung des tschechoslowakischen Handelsbüros in Frankfurt/Main erwartet werden könne.

88 22.02. Aufzeichnung des Staatssekretärs Carstens S. 363

Carstens legt dar, daß auf einer Ressortbesprechung am 20. Februar 1965 im Bundeskanzleramt der Beschluß gefaßt worden sei, festzustellen, ob die 60 aus der Bundesrepublik nach Italien verladenen Panzer bereits in Israel angekommen seien und ob eventuell die USA bereit wären, die weiteren Lieferungen zu übernehmen. Während der Chef des Presse- und Informationsamtes, von Hase, auf die „Kampagne des Weltjudentums" hinwies, nach der Israel ein „verbürgtes Recht auf Waffenhilfe" habe, verlangte Bundesminister Scheel die sofortige Einstellung, da er andernfalls nicht mehr bereit sei, „den ganzen Komplex öffentlich zu decken": „keine Schraube dürfe mehr versandt werden". Weiterhin wurde beschlossen, daß der CDU-Abgeordnete Blumenfeld in Rom über einen Mittelsmann, der enge Beziehungen zu Ministerpräsident Eshkol unterhalte, die Möglichkeiten zu einer einvernehmlichen Regelung mit Israel ausloten solle. Zudem solle die letzte Annuität nach dem deutsch-israelischen Abkommen von 1952 nicht, wie vorgesehen, am 22. Februar, sondern erst am 9. März 1965 unterzeichnet werden. Hinsichtlich möglicher Sanktionen, mit denen auf den Besuch des Staatsratsvorsitzenden Ulbricht in Kairo reagiert werden könne, wies Bundesminister Schröder darauf hin, daß nichts geschehen dürfe, was die „schwachen Sicherungen", die noch gegen eine Anerkennung der DDR durch die VAR bestünden, „durchschlagen würde".

89 22.02. Gespräch des Bundesministers Schröder mit dem S. 367
amerikanischen Botschafter McGhee

McGhee berichtet von den amerikanischen Bemühungen um eine Entschärfung der Nahost-Krise. Die ägyptische Regierung sei eindringlich vor einer Verschlechterung der Beziehungen zur Bundesrepublik gewarnt worden. Der Botschafter räumt ein, daß der amerikanische Verteidigungsminister McNamara am 12. Juni 1964 Bundeskanzler Erhard zugesagt habe, die Waffenlieferungen an Israel könnten im Falle ihres Bekanntwerdens eingestellt werden. Auf die Frage von Schröder nach amerikanischer Unterstützung bei der Umwandlung der noch ausstehenden Leistungen weist McGhee darauf hin, daß hier „gewisse Grenzen" gegeben seien. Die USA wollten das „prekäre Gleichgewicht" zwischen Israel und den arabischen Staaten aufrechterhalten sehen. Dennoch bestünden Anzeichen für eine mögliche Intervention bei der israelischen Regierung. Der Bundesminister macht auf die Gefahr einer „schweren Belastung" des Verhältnisses zu den USA aufmerksam, wenn sich der Eindruck verfestige, daß die amerikanische Regierung, die die Bundesrepublik in diese „schwierige Situation gebracht" habe, jetzt zur Hilfeleistung „nicht willens oder nicht fähig" sei.

90 22.02. Gespräch des Bundeskanzlers Erhard mit dem S. 372
amerikanischen Botschafter McGhee

Erhard bezeichnet die „jüdischen Boykotts" gegenüber deutschen Waren in den USA und die Behandlung der Nahost-Krise in der amerikanischen Presse als „miserabel" für die deutsch-amerikanischen Beziehungen. Er bittet die amerikanische Regierung, sich „sehr deutlich und positiv zur Deutschland-Politik" zu äußern. Als hilfreich werde sich wohl eine Entscheidung des Bundestages zugunsten einer Verlängerung der Verjährungsfristen für Gewaltverbrechen in der Zeit des Nationalsozialismus erweisen. Der Bundeskanzler ist überzeugt, daß im Falle eines Einvernehmens mit Israel über die Ablösung der noch ausstehenden Waffenlieferungen Präsident Nasser „wohl kaum die arabische Allianz zusammenhalten" könne. Nach „privaten und offiziösen" Informationen gebe es Anzeichen für eine israelische Verhandlungsbereitschaft. Der Botschafter teilt mit, Israel sei darauf aufmerksam gemacht worden, daß mit der Geheimhaltung auch die Geschäftsgrundlage für die Waffenlieferungen entfallen sei. Auf den Hinweis von Erhard, die britische Regierung werde auf dem Empfängen für den Staatsratsvorsitzenden Ulbricht in Kairo nicht vertreten sein, zeigt sich McGhee überzeugt, daß der amerikanische Botschafter Battle ebenso verfahren werde.

| 91 | 22.02. | Gespräch des Bundeskanzlers Erhard mit dem französischen Botschafter Seydoux | S. 376 |

Erhard führt die Nahost-Krise darauf zurück, daß die sowjetische Regierung von Präsident Nasser als Gegenleistung für finanzielle Hilfen die Einladung des Staatsratsvorsitzenden der DDR nach Kairo verlangt habe. Seydoux bezweifelt dies, da Ministerpräsident Chruschtschow Ulbricht „nie gemocht" habe. Der Bundeskanzler bittet die französische Regierung, gemeinsam mit den USA und Großbritannien Israel davon zu überzeugen, eine Regelung über die Ablösung der noch ausstehenden Waffenlieferungen zu akzeptieren. Außerdem müsse gegenüber Nasser dargelegt werden, daß sich dessen Politik nicht nur gegen die Bundesrepublik, sondern gegen die deutschlandpolitischen Verpflichtungen der Drei Mächte richte. Frankreich könne darüber hinaus in den Maghreb-Staaten die Warnung aussprechen, daß im Falle einer Anerkennung der DDR die im EWG-Rahmen geleistete Entwicklungshilfe eingestellt würde. Erhard bat ferner um das Fernbleiben der französischen diplomatischen Vertreter von offiziellen Empfängen anläßlich des Besuchs von Ulbricht in Kairo.

| 92 | 23.02. | Aufzeichnung des Staatssekretärs Carstens | S. 382 |

Carstens notiert über eine Ressortbesprechung mit Bundeskanzler Erhard, daß von den 60 für Israel bestimmten Panzern bereits 40 an ihrem Bestimmungsort angekommen seien und die restlichen 20 in Italien zur Umrüstung mit amerikanischen Waffen bereitständen. Carstens schlug vor, den Standpunkt einzunehmen, daß das Panzergeschäft nicht direkt zwischen der Bundesrepublik und Israel, sondern nur auf dem Wege deutscher und israelischer Erklärungen gegenüber den USA zustandegekommen sei. In diesem Fall wäre die Äußerung des amerikanischen Verteidigungsministers McNamara vom 12. Juni 1964 über die Geheimhaltungspflicht der Transaktion Bestandteil der Absprache, und die Bundesregierung könnte die Auffassung vertreten, daß das Geschäft aufgrund der vorgefallenen Indiskretionen beendet sei. Damit jedoch seitens des Auswärtigen Amts dieses Argument verwendet werden könne, müsse in Erfahrung gebracht werden, „was zwischen den Israelis und den Herren des Verteidigungsministeriums abgesprochen worden sei". Carstens riet daher „dringend", die „in Frage kommenden Beamten und Offiziere" Aufzeichnungen über ihre Gespräche mit israelischen Stellen anfertigen zu lassen.

| 93 | 23.02. | Gespräch des Bundeskanzlers Erhard mit dem britischen Botschafter Roberts | S. 384 |

Die Gesprächspartner erörtern Ablauf und Themen für den bevorstehenden Besuch des Premierministers Wilson in Bonn. Roberts bedauert, daß bislang erst ein Drittel des deutsch-britischen Devisenausgleichsabkommens erfüllt und insbesondere der Kauf britischer Flugzeuge durch die „Deutsche Lufthansa" gescheitert sei. Anders als der Botschafter sieht Erhard keine Chance für eine spätere Mitwirkung Frankreichs an einer NATO-Atomstreitmacht. Selbst wenn für den französischen Staatspräsidenten ein „Prunkstuhl" reserviert würde und alle anderen auf „Küchenhockern" säßen, würde de Gaulle „doch nein sagen". Hinsichtlich der Nahost-Krise sichert Roberts die diplomatische Unterstützung der Position der Bundesrepublik zu. Er erkundigt sich nach dem Stand der Gespräche über eine europäische politische Union und erwähnt, daß sich in Großbritannien die Stimmen für eine Annäherung an die EWG mehrten. Schließlich weist Roberts auf die britische Bereitschaft hin, mit der Bundesrepublik sowie mit Frankreich und den USA über eine neue Deutschland-Initiative zu sprechen. Voraussetzung seien jedoch substantielle Vorschläge der Bundesregierung, die dann von der Washingtoner Botschaftergruppe erörtert werden müßten.

94 23.02. **Botschafter Groepper, Moskau, an Bundesminister Schröder** S. 394

Der Botschafter informiert über seine erste Unterredung mit dem neuen sowjetischen Ministerpräsidenten, bei der er eine offizielle Einladung zu einem Besuch in Bonn übermittelte. Kossygin zeigte sich überrascht und erklärte, daß vor einer Beantwortung interne Beratungen erforderlich seien. Er bezeichnete den Vorschlag jedoch als „freundlichen Akt". Groepper zieht daraus den Schluß, daß Kossygin wegen der seinerzeitigen Pressespekulationen um die Einladung des ehemaligen Ministerpräsidenten Chruschtschow in die Bundesrepublik bewußt vorsichtig agiere und eine Entscheidung nicht allein verantworten wolle. Es komme ihm offensichtlich darauf an, im Gegensatz zu seinem Amtsvorgänger das Prinzip der kollektiven Führung auch nach außen hin zu betonen. Um jede negative Präjudizierung zu vermeiden, empfiehlt der Botschafter, über den Inhalt des Gesprächs nichts verlauten zu lassen.

95 24.02. **Gesandter von Lilienfeld, Washington, an das Auswärtige Amt** S. 400

Lilienfeld berichtet über ein Gespräch mit dem Abteilungsleiter im amerikanischen Außenministerium, Tyler. Dieser lehnte eine Lockerung der Bedingungen der Berner Union für die Kreditvergabe an Ostblock-Staaten ab, bevor nicht alle Möglichkeiten ausgeschöpft seien, wieder eine „einheitliche westliche Praxis" zu erreichen. Dies werde sich jedoch voraussichtlich aufgrund der britischen Haltung als schwierig erweisen. Daher überlege die amerikanische Regierung, die Laufzeiten der Kredite von fünf auf sieben bis acht Jahre auszudehnen, obwohl sie sich der Gefahr bewußt sei, daß auf diese Weise die Fristen „ins Rutschen" kommen könnten. Tyler zeigte Verständnis für die Haltung der Bundesregierung, künftig bei der Kreditvergabe gegenüber der UdSSR den durch die Berner Union gegebenen Spielraum auszunutzen, um so eine größere politische Bewegungsfreiheit zu erreichen. Eine einseitige Verlängerung der Kreditfristen für andere osteuropäische Staaten sei dagegen „bedenklich und würde die amerikanische Regierung in eine schwierige Lage bringen".

96 25.02. **Botschafter Knappstein, Washington, an das Auswärtige Amt** S. 402

Knappstein berichtet über ein Gespräch des Vorsitzenden der CDU/CSU-Fraktion im Bundestag, Barzel, mit dem amerikanischen Präsidenten. Johnson würdigte die Hilfeleistungen der Bundesrepublik an Israel und bedauerte die Schwierigkeiten, die aus dem Bekanntwerden der Waffenlieferungen entstanden seien. Als Zeichen seiner Unterstützung der Deutschlandpolitik der Bundesregierung führte er an, daß die amerikanischen Truppen allein auf deutschen Wunsch hin in vollem Umfang in der Bundesrepublik stationiert blieben, auch wenn er selbst der Ansicht sei, daß ihre Zahl verringert werden könnte. Hinsichtlich des MLF-Projekts empfahl Johnson Gespräche mit der britischen Regierung, betonte aber, er stünde „zur MLF genauso fest wie zur Wiedervereinigung und der Notwendigkeit, in Deutschland Truppen zu stationieren". Schließlich griff der Präsident den Vorschlag eines Erfahrungsaustauschs über das Konzept der „großen Gesellschaft" auf und regte persönliche Kontakte von Fachleuten aus den Parlamenten beider Staaten an.

97 26.02. **Botschafter Bach, Teheran, an das Auswärtige Amt** S. 405

Bach informiert über eine Unterredung mit dem iranischen Ministerpräsidenten. Hoveida sicherte ihm im Auftrag des Schah Reza Pahlevi die Unterstützung der Position der Bundesrepublik in der Nahost-Krise zu und betonte, eine Anerkennung der DDR käme für den Iran nicht in Frage. Sodann kam er auf die Wirtschaftshilfe zu sprechen und fragte an, ob nicht über eine Verwendung der ursprünglich für ein Stahlwerk vorgesehenen 350 Millionen DM Hermes-Plafonds für andere „erfolgversprechende Projekte" verhandelt werden könne. Da außerdem der iranischen Regierung die Kreditbedingungen zu hart erschienen, bat Hoveida um eine Senkung des Zinssatzes. Bach unterstützt die vorgetragenen Wünsche, da sich der Iran bislang stets als „aufrichtiger Freund" erwiesen habe.

März

98 28.02. Botschafter Schroeder, Daressalam, an das S. 408
Auswärtige Amt

Schroeder teilt mit, daß in Tansania der plötzliche Abzug einer Militärberater-Gruppe aus der Bundesrepublik als Folge des tansanischen Beschlusses, ein Generalkonsulat der DDR zuzulassen, mit Bestürzung aufgenommen worden sei. Es werde gemutmaßt, daß die Bundesrepublik ihre „Wut und Ohnmacht gegenüber Nasser" an Tansania auslasse. Präsident Nyerere werde nun vermutlich einem Vorschlag des Präsidenten Nasser zustimmen, eine Konferenz afrikanischer Staatschefs zur Behandlung der Deutschland-Frage einzuberufen. Der Botschafter hält die Entscheidung der Bundesregierung für grundsätzlich richtig, weist jedoch darauf hin, daß die Form der Durchführung, insbesondere die dabei an den Tag gelegte Eile, dem „Image bei den Afrikanern nicht zuträglich" gewesen sei. Die Beendigung der Militärhilfe werde allerdings keine Auswirkungen auf die Haltung der tansanischen Regierung gegenüber der DDR haben. Um darüber hinaus die westliche Orientierung Tansanias nicht ganz zu gefährden, rät Schroeder dazu, hinsichtlich der weiteren Gewährung von Entwicklungshilfe „großzügig" zu sein.

99 01.03. Vortragender Legationsrat I. Klasse Brückner, S. 412
Budapest, an das Auswärtige Amt

Brückner teilt mit, daß die ungarische Regierung „konzentriert und systematisch" jegliche Tätigkeit der Handelsvertretung der Bundesrepublik in Budapest behindere, die über die Wahrnehmung rein wirtschaftlicher Interessen hinausgehe. Offenbar sollten die während des letzten Halbjahres geknüpften Verbindungen weitgehend unterbunden, zumindest aber nicht erweitert werden. Der Leiter der Handelsvertretung führt dies auf den Einfluß der UdSSR und der DDR zurück. Da die ungarische Regierung dennoch Interesse an konsularischen und kulturellen Kontakten zur Bundesrepublik zeige, vermutet Brückner, daß die Bundesregierung dazu veranlaßt werden solle, von sich aus Verhandlungen über eine Erweiterung der bilateralen Beziehungen vorzuschlagen und somit zur „Aushöhlung" der Hallstein-Doktrin beizutragen.

100 02.03. Gespräch des Bundesministers Schröder mit dem S. 415
amerikanischen Botschafter McGhee

Über die Sondierungen des amerikanischen Sonderbotschafters Harriman in Tel Aviv teilt McGhee mit, daß die israelische Regierung nicht bereit sei, für die noch ausstehenden Waffenlieferungen der Bundesrepublik Finanzleistungen zu akzeptieren. Auf die Frage, ob mit Israel nicht vereinbart worden sei, die Lieferungen im Falle ihres Bekanntwerdens zu beenden, erklärt Schröder, keine Kenntnis über die Details der Abmachungen zu

LIX

besitzen, die auf Wunsch der USA durch das Bundesministerium der Verteidigung getroffen worden seien. Die Gesprächspartner stimmen überein, daß eine Verstärkung des kommunistischen Einflusses im arabischen Raum, mit der bei einem Abbruch der diplomatischen Beziehungen zwischen der Bundesrepublik und der VAR gerechnet werden müsse, nach Möglichkeit vermieden werden sollte. Schröder weist in diesem Zusammenhang darauf hin, daß der Einstellung der Waffenlieferungen an Israel entscheidende Bedeutung zukomme. Hinsichtlich der Beziehungen zu Tansania erläutert der Bundesminister, die Bundesregierung prüfe noch, wie auf eine Intensivierung des Verhältnisses zur DDR zu reagieren sei.

101 02.03. Aufzeichnung des Staatssekretärs Carstens   S. 422

Carstens faßt die Ergebnisse einer Ressortbesprechung im Bundeskanzleramt zusammen. Bundeskanzler Erhard stellte die Frage, ob auf den Besuch des Staatsratsvorsitzenden Ulbricht in Kairo nicht mit dem Abbruch der Beziehungen zur VAR reagiert werden müsse. Darauf erwiderte Bundesminister Schröder, die USA legten „größten Wert" darauf, daß die Position der Bundesrepublik in der VAR und auch in Tansania erhalten bleibe. Carstens schloß sich der Empfehlung von Schröder an, sich auf wirtschaftliche Maßnahmen gegen die VAR zu beschränken, da mit einem Abbruch der diplomatischen Beziehungen die grundsätzlichen Schwächen der Nichtanerkennungspolitik keineswegs behoben werden könnten. Zur Lösung der Probleme mit Israel schlug Schröder vor, die Waffenlieferungen einzustellen, aber an den Zahlungen der Aktion „Geschäftsfreund" festzuhalten und Israel den Austausch von Generalkonsulaten oder Handelsmissionen anzubieten.

102 02.03. Aufzeichnung des Ministerialdirektors Krapf   S. 426

In Vorbereitung des Besuchs des britischen Premierministers in Bonn faßt Krapf Überlegungen der Bundesregierung zum Projekt einer ANF zusammen. Gegenüber Wilson soll dargelegt werden, daß eine integrale NATO-Streitmacht die bestehende „Abschreckungslücke" gegenüber der UdSSR wirkungsvoller schließen würde als eine ANF. Zudem könnte durch eine MLF den sowjetischen Mittelstreckenraketen ein vergleichbares Abschreckungspotential entgegengesetzt werden. Darüber hinaus würde die gemeinsame Verantwortung für die Atomwaffen die Einheit der atlantischen Allianz festigen. Abschließend äußert Krapf Bedenken gegen die in dem britischen Vorschlag vorgesehene Selbstverpflichtung der Nichtnuklearstaaten, „für alle Zeiten" auf den Erwerb von Kernwaffen zu verzichten. Das Problem der Nichtverbreitung sei nur in weltweitem Rahmen zu lösen.

103	03.03.	Aufzeichnung des Vortragenden Legationsrats I. Klasse Schirmer	S. 429

Schirmer bilanziert die bestehenden Verbindungen und die bislang erbrachten Leistungen der Bundesrepublik gegenüber Israel. Er betont, daß viele Abmachungen ohne Beteiligung des Auswärtigen Amts von einzelnen Bundesministerien ausgehandelt worden seien und dies eine „sinnvolle Planung und Abstimmung" der politischen Beziehungen zu den Staaten des Nahen Ostens verhindert habe. Er referiert jüngste arabische Vorwürfe wegen geheimer Abmachungen zwischen der Bundesrepublik und Israel und vermutet, Präsident Nasser werde auch diese Informationen gegen die Bundesrepublik verwenden. Abschließend unterstreicht Schirmer die Notwendigkeit, das Auswärtige Amt über die laufenden Projekte zu informieren und es bei allen künftigen Kontakten mit Israel von vornherein zu beteiligen.

104	03.03.	Botschaftsrat I. Klasse Müller, Kairo, an das Auswärtige Amt	S. 432

Müller informiert über den Besuch des Staatsratsvorsitzenden der DDR vom 24. Februar bis 2. März 1965 in der VAR. Ulbricht habe für die DDR den Alleinvertretungsanspruch reklamiert. Auf das Bedauern des Präsidenten Nasser über die „künstliche Demarkationslinie" in Deutschland habe er mit der Bemerkung geantwortet, es handele sich um die Grenze zwischen beiden deutschen Staaten. Die Bundesregierung habe er als „hinter den Kräften der Aggression und Erpressung" stehend angegriffen. Müller regt an, bei der ägyptischen Regierung wegen dieser „ungeheuerlichen Ausfälle" zu protestieren, sobald das Bundeskabinett die Haltung zum Ulbricht-Besuch in der VAR endgültig festgelegt habe.

105	03.03.	Aufzeichnung des Ministerialdirektors Meyer-Lindenberg	S. 435

Meyer-Lindenberg faßt Überlegungen zusammen, welche Maßnahmen die Bundesrepublik im Anschluß an den Besuch des Staatsratsvorsitzenden Ulbricht in Kairo ergreifen könnte und mit welchen Reaktionen der arabischen Staaten dann zu rechnen wäre. Als Folge eines Abbruchs der diplomatischen Beziehungen zur VAR erwartet er eine Aufnahme diplomatischer Beziehungen zwischen der VAR und der DDR sowie eine weitgehende Solidarisierung der arabischen Staaten. Diese würde schwächer ausfallen, wenn zuvor das Problem der Waffenlieferungen an Israel gelöst wäre. Meyer-Lindenberg plädiert dafür, sich auf die Einstellung der Wirtschaftshilfe und die Absage des geplanten Besuchs des Präsidenten Nasser in der Bundesrepublik zu beschränken. Als weitere politische Maßnahme empfiehlt der Ministerialdirektor, das wirtschaftliche und politische Interesse der Bundesrepublik auf diejenigen arabischen Staaten zu konzentrieren, die in Opposition zu Nasser ständen.

106 03.03. Aufzeichnung des Ministerialdirektors Krapf   S. 437

Krapf legt dar, wie ein Beauftragter der Bundesregierung gegenüber jüdischen Persönlichkeiten in den USA die Nahost-Politik der Bundesrepublik erläutern sollte. In der Auseinandersetzung mit der DDR, die den Alleinvertretungsanspruch der Bundesrepublik für das deutsche Volk bestreite, komme der VAR als einem der „Hauptansatzpunkte" der Politik der DDR eine Schlüsselposition zu. Lasse sich die Bundesrepublik aus diesem Staat „herausmanövrieren", werde sie mit hoher Wahrscheinlichkeit ihre Position in einem großen Teil der nichtgebundenen Welt verlieren. Ein Vordringen des Einflusses der DDR in den arabischen Staaten laufe nicht nur den Interessen der westlichen Verbündeten der Bundesrepublik, sondern auch denen Israels zuwider. Zur Verdeutlichung weist Krapf auf die Stellungnahme der DDR zugunsten der Palästinenser hin. Gegen Kritik an der Bundesregierung führt er schließlich deren Bemühungen um Wiedergutmachung am jüdischen Volk und um die militärische Sicherheit Israels an.

107 03.03. Gesandter Knoke, Paris, an Bundesminister Schröder   S. 440

Knoke erörtert die französisch-sowjetischen Beziehungen. Der Botschafterwechsel in Paris von Winogradow zu Sorin deute ebenso wie das erkennbare französische Interesse an Gesprächen über die Deutschland-Frage und die europäische Sicherheit auf eine Intensivierung des Verhältnisses hin. Auch werde von beiden Seiten eine Konferenz zur Lösung der Vietnam-Frage befürwortet. Beim Aufenthalt des sowjetischen Außenministers Gromyko in Paris am 25. April 1965 solle ein sowjetisches geheimgehaltenes Papier über „Deutschland und die europäische Sicherheit" und das „Problem des Goldstandards" besprochen werden. Knoke resümiert, daß Staatspräsident de Gaulle wegen der nun im Mittelpunkt stehenden Beziehungen zur UdSSR „nicht mehr an dem Schicksal der europäischen politischen Zusammenarbeit" hänge. Daher könne mit Frankreich als „treibender Kraft" nicht mehr gerechnet werden.

108 03.03. Botschafter Berger, Den Haag, an das Auswärtige Amt   S. 444

Berger berichtet über die Sorge der niederländischen Regierung hinsichtlich der Differenzen zwischen der Bundesrepublik und der VAR, die auf eine Schwächung des westlichen Einflusses in der VAR und Afrika insgesamt hinausliefen. Im niederländischen Außenministerium werde eine ähnliche Entwicklung wie in der VAR auch in Indonesien für möglich gehalten. In Gesprächen „unter vier Augen" solle die Bundesregierung ihren Standpunkt sowohl gegenüber Präsident Nasser als auch gegenüber Präsident Sukarno mit aller Deutlichkeit vertreten.

109 04.03. **Aufzeichnung des Ministerialdirigenten Graf von Hardenberg** S. 445

Hardenberg nimmt zu den Differenzen mit der britischen Regierung Stellung, die aus dem Verkauf von neun Dornier-Flugzeugen an die International Civil Aviation Organization (ICAO) und an die indonesische Regierung entstanden sind. Da die Flugzeuge zum Ausbau eines zivilen Verkehrsflugnetzes in West-Neuguinea bestimmt seien, habe das Auswärtige Amt auf Anfrage der Dornier-Werke keine Einwände gegen den Vertragsabschluß erhoben. Gegen die Auffassung der britischen Regierung, die auf frühere Absprachen verweise, habe sich das Auswärtige Amt auf den Standpunkt gestellt, daß die Bundesregierung nur dazu verpflichtet sei, während des Malaysia-Konflikts keine militärischen Ausrüstungsgegenstände an Indonesien zu liefern. Hardenberg empfiehlt die Einhaltung der bereits erteilten Ausfuhrgenehmigungen, da die Bundesrepublik sonst schadensersatzpflichtig wäre und die Beziehungen zu Indonesien „auf das äußerste gefährdet" würden. Zudem sei ein rückwirkendes Ausfuhrverbot mit rechtsstaatlichen Grundsätzen unvereinbar.

110 04.03. **Botschafter Grewe, Paris (NATO), an das Auswärtige Amt** S. 449

In Vorbereitung auf den Besuch des Premierministers Wilson in Bonn informiert Grewe, daß die britische Regierung die Ansicht vertrete, die „sowjetische Gefahr" sei geringer geworden. Daher sei es möglich, durch Verhandlungen zur Stabilisierung der Verhältnisse in Europa zu gelangen. So erkläre sich die britische Politik zu Fragen wie der Nichtverbreitung von Kernwaffen, der Verringerung der Rheinarmee sowie der Schwächung der Stellung von SACEUR. Wilson müsse entgegengehalten werden, daß die sowjetische Bedrohung vor dem Hintergrund der materiellen Fähigkeiten der UdSSR und nicht ihrer vermuteten Absichten eingeschätzt werden müsse. Eine Schwächung der westlichen militärischen Präsenz in Europa würde zu einem Ungleichgewicht der Kräfte führen, das den Handlungsspielraum des Westens weltweit einengen würde. Zudem stelle die Anwesenheit amerikanischer und britischer Truppen auf dem europäischen Kontinent eine Gegenleistung für die 1954 von der Bundesrepublik übernommenen Rüstungsbeschränkungen bzw. -kontrollen und für den Verzicht auf die Herstellung von Atomwaffen dar.

111 05.03. Aufzeichnung des Staatssekretärs Carstens   S. 453

Carstens gibt einen Überblick über Maßnahmen, die noch vor einem Kabinettsbeschluß über den Abbruch der diplomatischen Beziehungen zur VAR zu treffen wären. Er empfiehlt, die drei Westmächte ebenso wie den NATO-Rat zu konsultieren, zumal Frankreich bereits Bedenken zum Ausdruck gebracht habe. Als Schutzmacht für die Interessen der Bundesrepublik in der VAR schlägt Carstens Italien vor. In der VAR lebende deutsche Staatsbürger und die in dortigen Gewässern fahrenden Schiffsbesatzungen aus der Bundesrepublik sollten vor möglichen Repressalien gewarnt werden. Carstens äußert Skepsis hinsichtlich eines Vorschlags des Ministerialdirigenten Böker, den Abbruch der diplomatischen Beziehungen erst für den Fall anzukündigen, daß Präsident Nasser in die DDR reisen oder die VAR in Ost-Berlin ein Generalkonsulat errichten sollte.

112 05.03. Gespräch des Bundeskanzlers Erhard mit den Botschaftern der Drei Mächte   S. 457

Bundeskanzler Erhard resümiert den Besuch des Staatsratsvorsitzenden Ulbricht in Kairo, der die „Speerspitze" einer sowjetischen Offensive im Nahen Osten darstelle. Um den Alleinvertretungsanspruch der Bundesrepublik aufrechtzuerhalten, erwäge die Bundesregierung den Abbruch der diplomatischen Beziehungen zur VAR. Der amerikanische Botschafter McGhee warnt eindringlich vor einem solchen Schritt, da er die VAR „in die Hände der Kommunisten" zwänge. Der Westen brauche den Einfluß der Bundesrepublik im Nahen Osten. Der britische Botschafter Roberts und der französische Botschafter Seydoux schließen sich diesen Ausführungen an.

113 05.03. Aufzeichnung des Ministerialdirektors Meyer-Lindenberg   S. 461

Meyer-Lindenberg weist darauf hin, wie wichtig es für die Position der Bundesrepublik in den arabischen Staaten sei, die Waffenlieferungen an Israel durch Zahlungen abzulösen. Von der „Umschuldung" hänge es ab, ob sich diese Staaten von der Deutschlandpolitik der VAR distanzieren könnten. Um Präsident Nasser möglichst wenig Raum für Gegenaktionen zu geben, schlägt Meyer-Lindenberg vor, daß die USA, Frankreich, Großbritannien und Italien die noch ausstehenden Lieferungen an Israel vornehmen sollten, das den von der Bundesrepublik zu leistenden Ablösungsbetrag dafür einsetzen könnte.

114 05.03. Aufzeichnung des Ministerialdirektors Krapf   S. 463

Krapf spricht sich gegen eine Unterbrechung der Verhandlungen mit der Tschechoslowakei aus. Da diese offensichtlich großes Interesse an einem Handelsvertrag habe und zumindest in bezug darauf auch hinsichtlich der Einbeziehung von Berlin (West) eine gewisse Kompromißbereitschaft zeige, erscheine die Situation nicht aussichtslos. Zudem sei dem Verhandlungsleiter der Bundesrepublik, Freiherr von Mirbach, Bereitschaft signalisiert worden, über eine vorzeitige Entlassung von in der ČSSR inhaftierten deutschen Bürgern sowie andere humanitäre Fragen zu sprechen. Die mit der Rechtsgültigkeit des Münchener Abkommens von 1938 zusammenhängenden Fragen sollten nach Ansicht von Krapf aus den weiteren Verhandlungen ausgeklammert werden.

115 07.03. Gespräch des Staatssekretärs Carstens mit dem S. 465
ägyptischen Botschafter Mansour

Carstens informiert über die jüngste Entscheidung der Bundesregierung, auf den Besuch des Staatsratsvorsitzenden Ulbricht in Kairo mit der Einstellung der Wirtschaftshilfe zu reagieren und sich insbesondere nicht am neuen Fünf-Jahres-Plan der VAR zu beteiligen. Ferner würden keine Waffen in Spannungsgebiete geliefert, zu denen auch der Nahe Osten gehöre; bereits vereinbarte Lieferungen sollten im Einvernehmen mit „der anderen beteiligten Seite" beendet werden. In diesem Zusammenhang sei Israel die Aufnahme diplomatischer Beziehungen angeboten worden. Die Bundesregierung wünsche, die Beziehungen mit den arabischen Staaten aufrechtzuerhalten. In einer persönlichen Erläuterung hebt der Staatssekretär die Bedeutung des Angebots an Israel für die Bemühungen um eine Einstellung der restlichen Waffenlieferungen hervor. Er betont, ein Botschafteraustausch zwischen der Bundesrepublik und Israel wäre „von Vorteil für alle Seiten, auch für die VAR". Demgegenüber erinnert Mansour daran, daß die Einladung von Ulbricht eine Reaktion auf die Waffenlieferungen der Bundesrepublik an Israel gewesen sei.

116 08.03. Deutsch-britische Regierungsbesprechung S. 470

Der britische Außenminister Stewart trägt den Wunsch nach baldiger Beratung des Vorschlags einer „Atlantic Nuclear Force" in multilateralem Rahmen vor. Bundesminister von Hassel hebt die Vorteile einer homogenen Bewaffnung einer integrierten NATO-Atomstreitmacht hervor, rät jedoch von einer Ausdehnung des Veto-Rechts auf alle Teilnehmerstaaten für den Fall eines Einsatzes ab und äußert sich kritisch zur Errichtung eines „nuklearen Oberkommandos". Zum Procedere erklärt Bundesminister Schröder, die Bundesregierung bevorzuge – besonders mit Blick auf eine eventuelle Beteiligung Frankreichs – eine Behandlung des britischen Vorschlags im Rahmen der NATO. Das Projekt einer ANF könne „nur als ein Gegen- oder Modifizierungsvorschlag" zur MLF angesehen werden. Zur Deutschland-Frage führt Schröder aus, daß eine Bekräftigung der westlichen Position dringlich sei und daher – möglicherweise zum 8. Mai 1965 – eine entsprechende Erklärung und ein Gesprächsangebot an die UdSSR gerichtet werden sollten. Stewart schlägt vor, Einzelheiten einer solchen Initiative ebenso wie mögliche Reaktionen auf sowjetische Gegenvorschläge in der Washingtoner Botschaftergruppe zu besprechen. Abschließend erläutert Staatssekretär Lahr den Wunsch der Bundesregierung nach einer einheitlichen Beschränkung der Laufzeiten für von den NATO-Staaten gewährte Kredite an Ostblock-Staaten, insbesondere an die DDR.

117 09.03. **Gespräch des Bundeskanzlers Erhard mit dem marokkanischen Botschafter Boucetta** S. 476

Boucetta begründet die Vertagung des geplanten Staatsbesuchs des Königs Hassan II. in der Bundesrepublik mit einer „gewissen moralischen Verpflichtung" gegenüber den arabischen Staaten. Er weist darauf hin, daß die Vertagung nicht durch die Spannungen zwischen der Bundesrepublik und der VAR, sondern allein durch die Ankündigung der Aufnahme diplomatischer Beziehungen zu Israel unvermeidlich geworden sei, und betont den Wunsch nach Aufrechterhaltung der „freundschaftlichsten Beziehungen" mit der Bundesrepublik. Erhard erläutert die Hintergründe der Entscheidung für einen Botschafteraustausch mit Israel. Deutschland habe auch „wegen seiner tragischen Geschichte" eine „gewisse moralische Verantwortung" gegenüber diesem Staat.

118 09.03. **Bundesminister Schröder an Bundeskanzler Erhard** S. 480

Schröder berichtet über die Sondierungen bei den EWG-Staaten über das weitere Vorgehen in der Frage der europäischen politischen Zusammenarbeit. Es zeichne sich eine förmliche Außenministerkonferenz ab, da sich weder über Expertengespräche noch über ein informelles Außenministertreffen Konsens habe finden lassen. Der Bundesminister bittet Erhard um Zustimmung zu einer solchen Konferenz, weist jedoch auf die Schwierigkeiten hin, die durch „tiefgreifende Meinungsverschiedenheiten" in der Frage der Einbeziehung der Verteidigung und hinsichtlich eines europäischen Gemeinschaftsorgans hervorgerufen werden könnten.

119 09.03. **Aufzeichnung des Ministerialdirektors Meyer-Lindenberg** S. 483

Meyer-Lindenberg faßt Reaktionen arabischer Staaten auf die angekündigte Aufnahme diplomatischer Beziehungen zwischen der Bundesrepublik und Israel zusammen. Während in der ägyptischen Presse zunächst die positiven Aspekte – Einstellung der Waffenlieferungen an Israel und Aufrechterhaltung der Beziehungen zur VAR – hervorgehoben worden seien, habe Präsident Nasser von einer „verräterischen Politik" der Bundesrepublik gesprochen. Zu möglichen Folgen habe er sich noch nicht geäußert, da zunächst ein gemeinsamer Beschluß der arabischen Staaten herbeigeführt werden solle. Ebenso habe sich Algerien die Antwort auf die „imperialistische Provokation im Nahen Osten" vorbehalten. Marokko habe den Besuch des Königs Hassan II. in der Bundesrepublik zwar vorläufig abgesagt, werde jedoch die Beziehungen keinesfalls abbrechen. Die übrigen arabischen Staaten neigten zum Abbruch der diplomatischen Beziehungen zur Bundesrepublik. Dabei werde Saudi-Arabien möglicherweise die Stellungnahme der Arabischen Liga nicht abwarten, um nicht Nasser die „gesamtarabische Protagonistenrolle" zu überlassen.

120 09.03. **Aufzeichnung des Ministerialdirektors Mercker, Bundeskanzleramt** S. 487

Mercker hält die Ergebnisse eines Telefonats mit dem Sonderbeauftragten Birrenbach, z.Z. Tel Aviv, fest. Der CDU-Abgeordnete teilte mit, er habe seinen israelischen Verhandlungspartnern Vorschläge zur Übernahme der bestehenden Waffenlieferungsverpflichtungen durch die USA und Großbritannien bei einer Zahlung durch die Bundesrepublik unterbreitet. Zudem habe er Bemühungen der Bundesregierung um eine „annehmbare Lösung" in der Frage der Verjährungsfrist für Gewaltverbrechen in der Zeit des Nationalsozialismus in Aussicht gestellt und darauf hingewiesen, daß die Rückholung von Rüstungsexperten, die außerhalb der NATO an militärischen Projekten tätig seien, angestrebt werde. Schließlich habe er vorgeschlagen, die Verhandlungen zur Aufnahme diplomatischer Beziehungen formell aufzunehmen. Mercker drängte Birrenbach zur Rückkehr, damit die Verhandlungen in Bonn weitergeführt werden könnten.

121 10.03. **Aufzeichnung des Ministerialdirigenten Böker** S. 490

Böker referiert die Ergebnisse eines Gesprächs mit dem tunesischen Botschafter. Ben Ayed hob hervor, daß die Ankündigung der Bundesregierung, diplomatische Beziehungen mit Israel aufzunehmen, in Tunesien Bestürzung ausgelöst habe. Die Bundesregierung habe – „statt Nasser zu bestrafen, wie er es verdient hätte" – allen 13 arabischen Staaten „eine schallende Ohrfeige erteilt". Ben Ayed informierte über einen Stufenplan für die Reaktionen der arabischen Staaten: Abberufung der Botschafter aus Bonn, Abbruch der Beziehungen und schließlich Aufnahme diplomatischer oder konsularischer Beziehungen zur DDR oder Einrichtung von Handelsvertretungen in Ost-Berlin.

Abschließend wies der Botschafter auf die verstärkte Dominanz der VAR über die restlichen arabischen Staaten hin und bat um Argumentationshilfen „gegenüber Nasser und den Radikalen".

122 10.03. Runderlaß des Staatssekretärs Carstens   S. 493

Über den Besuch des britischen Premierministers vom 6. bis 9. März 1965 in Berlin (West) und Bonn teilt Carstens mit, daß Wilson den Wunsch der Bundesregierung nach einem neuen Vorstoß in der Deutschland-Frage unterstützt habe. Hinsichtlich des britischen Vorschlags einer ANF sei Übereinstimmung erzielt worden, daß er bei den Planungen der MLF-Arbeitsgruppe in Paris berücksichtigt werden solle. Schwierig hätten sich die Gespräche über den Stand des Devisenausgleichsabkommens vom Juli 1964 gestaltet; kritisiert worden sei die ungenügende Auftragsvergabe nach Großbritannien. Die Bundesregierung ihrerseits habe dringend darum gebeten, keine staatlich verbürgten Kredite an die DDR zu vergeben, weil diese dadurch eine „gefährliche Handelsfreiheit" erhalte und der politisch wichtige Interzonenhandel „ausgehöhlt" werde.

123 10.03. Aufzeichnung des Ministerialdirektors Sachs   S. 495

Sachs befaßt sich mit der Laufzeit von Krediten an Ostblock-Staaten. Der Leiter der Handelspolitischen Abteilung hält fest, daß sich weder Großbritannien noch die EWG-Mitgliedstaaten an die in der Berner Union vereinbarte Frist hielten. Ein Versuch des Bundesministers Schmücker, die EWG-Staaten auf der Ministerratstagung vom 2. März 1965 auf eine einheitliche Linie festzulegen, sei ohne Erfolg geblieben. Eine Neuregelung der Kreditpolitik der Bundesrepublik sei dringlich, da verschiedene Großprojekte in Ostblock-Staaten die Einräumung längerer Kreditfristen erforderlich machten. Sachs unterbreitet den Vorschlag, Ostblock-Staaten Kredite mit einer Laufzeit bis zu acht Jahren einzuräumen. Diese Regelung sei zu revidieren, wenn die deutschen Firmen trotz der verbesserten Kreditbedingungen „nicht zum Zuge kommen" sollten.

124 10.03. Botschafter Graf von Spreti, Amman, an das   S. 500
                Auswärtige Amt

Spreti berichtet über ein Gespräch mit dem jordanischen König. Hussein zeigte sich besorgt über die politische Entwicklung, schloß aber die Anerkennung der DDR durch Jordanien aus. Ministerpräsident Tell informierte Spreti über die vorübergehende Rückberufung des jordanischen Botschafters in Bonn, Juma, der an der Außenministerkonferenz der Arabischen Liga teilnehmen solle. Tell schlug vor, die zu unterzeichnenden Abkommen zwischen der Bundesrepublik und Jordanien vorläufig zurückzustellen. Er empfahl ein langsames Vorgehen bei der Aufnahme diplomatischer Beziehungen zwischen der Bundesrepublik und Israel.

125 11.03. **Gespräch des Bundesministers Schröder mit dem amerikanischen Botschafter McGhee** S. 501

Der Botschafter informiert über die Bemühungen der USA, die arabischen Staaten zu einer gemäßigten Reaktion auf die Erklärung der Bundesregierung vom 7. März 1965 zur Lage im Nahen Osten zu bewegen. Der Bundesminister hebt hervor, daß eine wirksame Schadensbegrenzung nur bei Klärung des Verhältnisses zwischen der Bundesrepublik und Israel möglich wäre. Aus den Sondierungen des CDU-Abgeordneten Birrenbach in Tel Aviv ergebe sich, daß die israelische Regierung vor allem an der zugesagten Lieferung von 90 Panzern interessiert sei. Die Bundesregierung habe Informationen erhalten, daß die USA eventuell zu einer Übernahme dieser Lieferung bereit wären. In diesem Fall könnte ein Teil der Panzer, die die Bundesrepublik in den USA für die Bundeswehr bestellt habe, an Israel geliefert werden, das die Zahlungen dafür direkt an die USA leisten würde. Schröder betont, daß ein solches Verfahren nur möglich sei, „wenn damit der Gesamtkomplex abgelöst werde", und erwartet als Folge eine baldige Aufnahme diplomatischer Beziehungen mit Israel. Er rechtfertigt die Bitte um amerikanische Unterstützung damit, daß die deutsche Seite durch die von den USA initiierten Panzerlieferungen „in die übelste Patsche der Nachkriegszeit" geraten sei.

126 12.03. **Gespräch des Bundesministers Schröder mit dem britischen Abgeordneten Sandys** S. 507

Der ehemalige Minister für die Beziehungen zum Commonwealth erläutert sein Interesse an den Bemühungen um eine politische Einigung Europas und stellt die Frage, ob nicht Großbritannien stärker einbezogen werden könne und eine Initiative der EWG-Staaten für einen britischen Beitritt zum Gemeinsamen Markt möglich sei. Der Bundesminister hebt zunächst die durch NATO und WEU bereits bestehenden Verbindungen mit Großbritannien hervor. Zu den Aussichten auf einen europäischen Zusammenschluß und zu den geplanten Konferenzen der Sechs über dieses Thema äußert er sich skeptisch; Aktivitäten zugunsten eines britischen EWG-Beitritts hält er angesichts der ablehnenden Haltung des Staatspräsidenten de Gaulle für aussichtslos. Sandys verweist auf anderslautende Äußerungen des französischen Außenministers Couve de Murville. Er schildert den Stimmungsumschwung in Großbritannien zugunsten der EWG und hält eine Zustimmung zu einem Beitritt für wahrscheinlich, wenn die Sechs eine direkte Aufforderung aussprächen. Schröder weist darauf hin, daß ein solcher Schritt als Verzögerungstaktik gegen eine europäische politische Union aufgefaßt werden könnte und daher in der CDU angesichts der bevorstehenden Bundestagswahlen nicht konsensfähig wäre.

127 13.03. **Aufzeichnung des Staatssekretärs Lahr** S. 514

Lahr referiert die Ergebnisse einer Unterredung mit dem Staatssekretär im Bundesministerium für wirtschaftliche Zusammenarbeit über die Abgrenzung der Zuständigkeiten mit dem Auswärtigen Amt. Vialon forderte die Verhandlungsführung bei entwicklungspolitisch relevanten Gesprächen mit Entwicklungsländern. Auf den Einwand von Lahr, daß dies die Kompetenzen des Bundesministeriums für wirtschaftliche Zusammenarbeit überschreite, entgegnete Vialon, daß nötigenfalls die Geschäftsordnung der Bundesregierung zu ändern sei. Lahr lehnte auch die Forderung von Vialon nach eigenen Entwicklungs-„Missionen" und nach einem Weisungsrecht gegenüber den Auslandsvertretungen in allen entwicklungspolitischen Fragen ab. Lahr warnt vor den „ambitiösen Ausweitungsplänen" des Bundesministeriums für wirtschaftliche Zusammenarbeit und schlägt zunächst eine Besprechung der Bundesminister Schröder und Schmücker vor.

128 16.03. **Bundeskanzler Erhard an Bundesminister Schröder** S. 520

Erhard stimmt dem Vorschlag des Bundesministers zu, Anfang Mai eine förmliche Außenministerkonferenz zur europäischen politischen Zusammenarbeit einzuberufen. Es gehe zunächst darum, die Standpunkte der Beteiligten zu den einzelnen Fragen zu klären, nicht jedoch Meinungsverschiedenheiten – wie etwa bei der Einbeziehung der Verteidigung und der Festlegung auf ein Gemeinschaftsorgan – auszutragen. Ziel der deutschen Initiative sei es, die Staaten durch das politische Gespräch einander näherzubringen.

129 16.03. **Aufzeichnung des Legationsrats I. Klasse Redies** S. 521

Redies hält die Ergebnisse der Konferenz der arabischen Außenminister am 15. März 1965 in Kairo fest. Es sei beschlossen worden, sofort die Botschafter aus Bonn abzuberufen und im Falle der Aufnahme diplomatischer Beziehungen zwischen der Bundesrepublik und Israel die Beziehungen zur Bundesrepublik abzubrechen. Keine Einigung sei über die Anerkennung der DDR erzielt worden; einige arabische Staaten würden dies voraussichtlich tun. Mit der Ankündigung, auch die Wirtschaftsbeziehungen abzubrechen, wenn die Bundesregierung ihren „feindseligen Standpunkt gegenüber irgendeinem arabischen Staat" beibehalte, solle eine einheitliche Haltung für den Fall gesichert werden, daß die Bundesregierung die Entwicklungshilfe an einige dieser Staaten einstelle.

März

130 17.03. **Botschafter Knappstein, Washington, an das Auswärtige Amt** S. 523

Knappstein berichtet über eine Sitzung der Washingtoner Botschaftergruppe, in der er Vorschläge zur Deutschland-Frage vorgelegt habe. Er habe erläutert, daß es angesichts der unveränderten sowjetischen Haltung notwendig sei, die Vier-Mächte-Verantwortung für Deutschland hervorzuheben und der UdSSR „in überzeugender und systematischer Weise" die Position der Westmächte erneut nahezubringen, um etwaigen Fehleinschätzungen vorzubeugen und der Konsolidierung des Status quo entgegenzuwirken. Zu der geplanten Drei-Mächte-Erklärung habe der amerikanische Sonderbotschafter Thompson um Klärung gebeten, wie der nach deutschen Vorstellungen abzugebende Hinweis auf „einen bevorstehenden aktiven Schritt der Westmächte" aussehen solle. Offengeblieben sei auch die Frage, zu welchem Termin eine Deutschland-Erklärung abgegeben werden solle. Der 8. Mai sei vom französischen Botschafter Alphand als ungeeignet bezeichnet worden, weil er Deutschland „an die dunkelsten Tage seiner Geschichte" erinnere und in der übrigen Welt „Gefühle und Gemütsbewegungen wachrufen" werde, die nicht mit der Wiedervereinigung vermischt werden sollten.

131 18.03. **Aufzeichnung des Staatssekretärs Carstens** S. 527

Carstens hält die Ergebnisse eines Gesprächs des CDU-Abgeordneten Werner mit dem Beauftragten des Präsidenten Nasser für die Rüstungswirtschaft fest. Mahmoud Khalil habe sich besorgt gezeigt, daß die Bundesrepublik Israel auch nach der Aufnahme diplomatischer Beziehungen „in größtem Umfang" Wirtschaftshilfe leisten würde. Die VAR biete an, die deutschen Schulen und das deutsche Vermögen nicht zu beschlagnahmen, das Landerecht für die Lufthansa zu garantieren und keine diplomatischen Beziehungen zur DDR aufzunehmen. Dafür solle Bundeskanzler Erhard ein Schreiben „von Mann zu Mann" an Nasser richten, in dem der angekündigte Botschafteraustausch mit Israel erläutert und Verständnis für die arabische Reaktion gezeigt würde. Erhard solle darauf hinweisen, daß bei einer Anerkennung der DDR durch die VAR ein „unheilvoller Bruch" drohe. Die VAR erbitte zudem eine schriftliche Zusage von Bundesminister Scheel zur baldigen Wiederaufnahme der Wirtschaftshilfe. Während Carstens letzteres ausschließt, sieht er in einem Schreiben des Bundeskanzlers „eine kleine Chance", diplomatische Beziehungen zwischen der VAR und der DDR zu verhindern.

LXXI

132 18.03. Abgeordneter Birrenbach, z. Z. Tel Aviv, an Bundesminister Schröder S. 529

Birrenbach gibt ein Gespräch mit dem israelischen Ministerpräsidenten wieder. Eshkol stimmte mit dem Sonderbeauftragten überein, daß die bei einem Abbruch der diplomatischen Beziehungen durch arabische Staaten drohende Beseitigung des Wirtschaftspotentials und des Einflusses der Bundesrepublik aus dem Nahen Osten nicht im beiderseitigen Interesse liege. Eshkol glaubte jedoch, daß die Abwicklung der zugesagten Waffenlieferungen an Israel ohne Auswirkungen bleiben würde, und insistierte besonders auf der Lieferung von Schnellbooten. Birrenbach stellte klar, daß die Schiffe von der Bundesrepublik „weder unmittelbar noch mittelbar" geliefert werden könnten, brachte aber ins Gespräch, ob nicht ein Kauf in anderen Staaten oder die Lieferung deutscher Schiffe über einen Drittstaat erfolgen könnte. Abschließend weist Birrenbach auf das Problem hin, daß die israelische Regierung eine Annullierung der von der Bundesregierung eingegangenen Lieferverpflichtung nicht öffentlich zuzugeben wage, daher auch eine Barablösung abgelehnt habe und in jedem Fall auf Ersatzlieferungen bestehe. Für die weiteren Verhandlungen bittet er um Klärung, ob die Geheimhaltung nicht nur für die Panzerlieferungen, sondern auch für weitere Vereinbarungen die Geschäftsgrundlage gewesen sei.

133 19.03. Abgeordneter Birrenbach, z. Z. Tel Aviv, an Bundesminister Schröder S. 535

Birrenbach berichtet von Unterredungen mit dem israelischen Ministerpräsidenten und dem stellvertretenden Verteidigungsminister Peres. Dem Gespräch mit Eshkol war zu entnehmen, daß eine Verlängerung der Verjährungsfrist für Gewaltverbrechen in der Zeit des Nationalsozialismus von israelischer Seite nicht im Zusammenhang mit einem Abkommen zur Beendigung der Waffenlieferungen gesehen werde. Jedoch fand der Vorschlag des Sonderbeauftragten Zustimmung, einen definitiven Beschluß des Bundestages in dieser Frage abzuwarten und erst dann offiziell die Aufnahme diplomatischer Beziehungen einzuleiten. Auf Widerspruch stieß die Absicht, die Botschaft der Bundesrepublik statt in Jerusalem in Tel Aviv zu errichten. Als Fazit hält Birrenbach fest, daß eine Einigung möglich sei, wenn ein „Ersatzlieferant" für die von Israel geforderten Schnellboote gefunden würde. Abgelehnt habe er es, sich bereits zur zukünftigen Wirtschaftshilfe an Israel zu äußern.

134 19.03. Aufzeichnung des Ministerialdirigenten Böker S. 540

Böker unterbreitet Vorschläge, wie die Bundesrepublik trotz der Nahost-Krise „Positionen im arabischen Bereich" wahren könnte. Er rät, den Austausch von Botschaftern mit Israel um etwa zwei Monate zu verzögern und diese Zeit zu nutzen, um „Zersetzungserscheinungen" im arabischen Lager zu fördern und einzelne Staaten aus der Solidarität mit der VAR „herauszubrechen". Den arabischen Regierungen müßten die Argumente für die Politik der Bundesrepublik gegenüber Israel nahegebracht und verdeutlicht werden, daß eine diplomatische Anerkennung der DDR ein kaum zu überwindendes Hindernis für eine Wiederaufnahme der Beziehungen zur Bundesrepublik bedeuten würde. Mit einigen arabischen Staaten solle ein „intensiver Dialog" geführt werden, so mit Jordanien durch ein Schreiben des Bundespräsidenten Lübke an König Hussein und mit Saudi-Arabien durch die Entsendung eines hochrangigen Emissärs zu König Feisal. Vordringlich erscheine auch die Eröffnung eines Generalkonsulats in Aden, am „Schnittpunkt des westlichen, Nasserschen und traditionell arabischen Einflusses". Weitere Möglichkeiten zur Einflußnahme sieht Böker im Jemen, im Sudan, im Irak und in Syrien. Die arabischen Staaten sollten dazu gebracht werden, die Vor- und Nachteile eines Abbruchs der diplomatischen Beziehungen zur Bundesrepublik gründlich abzuwägen.

135 19.03. **Legationsrat Freiherr von Stein, Addis Abeba, an das Auswärtige Amt** S. 549

Stein informiert über ein Gespräch des Intendanten der Deutschen Welle, Wesemann, mit dem äthiopischen Kaiser. Haile Selassie habe nicht nur die angekündigte Aufnahme diplomatischer Beziehungen der Bundesrepublik zu Israel, sondern auch die Wirtschafts- und Waffenhilfe positiv aufgenommen. Er habe Unverständnis über die Haltung der arabischen Staaten geäußert und seine Vermittlung insbesondere auch in den afrikanischen Staaten angeboten, die sich dem arabischen Standpunkt anzuschließen drohten.

136 21.03. **Abgeordneter Birrenbach, z. Z. Tel Aviv, an Bundesminister Schröder** S. 551

Birrenbach übermittelt ein Aide-mémoire, in dem das Ergebnis der bisherigen Verhandlungen mit Israel zusammengefaßt sei und das „einen tentativen Versuch" der Einigung darstelle. Der Sonderbeauftragte hebt hervor, daß Israel seine Ablehnung von Ablösungszahlungen für alle Waffenlieferungen nunmehr aufgegeben habe und offenbar auch von der Forderung abgerückt sei, daß die Botschaft der Bundesrepublik in Jerusalem errichtet werden sollte. Offen sei noch die abschließende Regelung der Panzer- und Schiffslieferungen, da die Zustimmung dritter Regierungen eingeholt werden müsse. Er selbst habe die Bereitschaft der Bundesrepublik erklärt, in wenigen Monaten Verhandlungen über die Fortsetzung der Hilfeleistungen an Israel in Form von Wirtschafshilfe und der Lieferung ziviler Güter zu führen.

137 22.03. Gespräch des Bundesministers Schröder mit dem belgischen Außenminister Spaak S. 556

Im Mittelpunkt der Unterredung stehen Fragen einer europäischen politischen Union. Die Gesprächspartner betrachten die Aussichten, auf der geplanten Außenministerkonferenz zu substantiellen Ergebnissen zu kommen, angesichts der französischen Haltung als gering. Schröder hält jedoch eine Einigung über regelmäßige Zusammenkünfte und über eine Konferenz der Staats- und Regierungschefs für denkbar. Spaak schätzt eine britische Einbeziehung als schwierig ein, da Großbritannien in einem politischen Europa den sechs EWG-Staaten allein gegenüberstehen könnte. Schröder teilt diese Besorgnis und begrüßt daher die Anzeichen für eine allmähliche Hinwendung von Großbritannien zur EWG. Sie werde von der Bundesrepublik unterstützt, da es andernfalls zu einer „lebensgefährlichen Spaltung in Europa" komme. Spaak äußert sich skeptisch zu der britischen Auffassung, eine Annäherung durch engere Kontakte zwischen der EWG und der EFTA erreichen zu können, und weist darauf hin, daß ein später der EWG beitretender Staat angesichts der fortschreitenden Verflechtung innerhalb der Gemeinschaft „eine wahre Revolution" werde durchmachen müssen. Abschließend bittet Schröder um Einhaltung der NATO-Richtlinien zur Erteilung von Temporary-Travel-Documents. Spaak sagt dies zu, weist aber auf wachsenden Druck in der belgischen Öffentlichkeit zugunsten einer Lockerung hin.

138 22.03. Abgeordneter Birrenbach, z. Z. Tel Aviv, an Bundesminister Schröder S. 567

Birrenbach äußert sich zur Stellungnahme des Auswärtigen Amts zu dem mit der israelischen Regierung ausgehandelten „memorandum of understanding" über die Ablösung der Waffenlieferungen und erläutert die Hintergründe einzelner Formulierungen. Er hält eine Einigung auf einen endgültigen Text für möglich, so daß lediglich das Problem des Kommuniqués bleibe. Angesichts dieses Sachstandes habe die israelische Seite auf seine Rückberufung nach Bonn „negativ" reagiert.

139 22.03. Deutsch-belgische Regierungsbesprechung S. 569

Erhard stellt fest, daß das Klima für eine politische Zusammenarbeit der sechs EWG-Staaten sich verbessert habe, und würdigt die belgische Zusage, an der geplanten Außenministerkonferenz in Venedig teilzunehmen. Der belgische Außenminister berichtet dann über Gespräche mit seinem polnischen Amtskollegen. Rapacki habe bekräftigt, daß die Schaffung eines europäischen Sicherheitssystems eine Voraussetzung für die Wiedervereinigung Deutschlands sei. Demgegenüber habe er hervorgehoben, daß es „mindestens eine Parallelität" zwischen der Wiedervereinigung und der Errichtung eines europäischen Sicherheitssystems geben müsse. Erhard zeigt sich wenig zufrieden mit dem Stand der Deutschlandpolitik, die auch angesichts des Zeitfaktors aktiviert werden müsse. Noch werde nach „Hebeln" gesucht, „um über den toten Punkt hinwegzukommen". Bundesminister Schröder hält eine Kombination von defensiven Maßnahmen zur Erhaltung der westlichen Position und offensiven Maßnahmen zur Stärkung des westlichen Einflusses in den osteuropäischen Staaten für erforderlich. Spaak legt abschließend die Schwierigkeiten der Situation im Kongo dar. Erhard erläutert, daß die Bundesrepublik keine Waffen in Spannungsgebiete liefere, sagt aber eine Beteiligung an der multilateralen Wirtschaftshilfe für den Kongo zu.

140 22.03. **Bundesminister Schröder an Bundeskanzler Erhard** S. 574
(Entwurf)

Schröder weist darauf hin, daß es im Zuge der Nahost-Krise zur Aufnahme diplomatischer Beziehungen zwischen arabischen Staaten und der DDR kommen könnte. Um der negativen Wirkung dieser Entwicklung zu begegnen und möglicherweise sogar Vorteile daraus zu ziehen, regt er an, Bewegungsfreiheit in der Deutschland-Frage durch die Aufnahme diplomatischer Beziehungen zu den osteuropäischen Staaten zu gewinnen. Die ohnehin notwendige Klärung des Verhältnisses zu den Ostblock-Staaten könnte so im Schatten der Nahost-Krise herbeigeführt werden, ohne daß es zu weiteren negativen Rückwirkungen auf die Nichtanerkennungspolitik der Bundesrepublik käme. Zudem würde dem Versuch des Staatsratsvorsitzenden Ulbricht, die Position der Bundesrepublik in der nichtgebundenen Welt „auszuhöhlen", nicht defensiv, sondern mit „Selbstbewußtsein und Aktionsbereitschaft" begegnet, indem der DDR im Ostblock Konkurrenz gemacht würde.

141 22.03. **Gesandter Freiherr von Ungern-Sternberg, London,** S. 576
an das Auswärtige Amt

Ungern-Sternberg informiert über ein Gespräch des Vortragenden Legationsrats I. Klasse Graf von Posadowsky-Wehner mit dem Referatsleiter im Commonwealth Relations Office. Aspin bekundete Verständnis für die von der Bundesregierung ergriffenen Maßnahmen gegen Tansania, die ihre Wirkung nicht zu verfehlen schienen. Als politisch gefährlich erweise sich zunehmend der tansanische Handelsminister Babu, der die Präsidentschaft anstrebe und sich „völlig dem Kommunismus verschrieben" habe. Von einer Unterstützung und Bewaffnung paramilitärischer Verbände in Afrika, wie z. B. der „young pioneers" in Malawi, wurde abgeraten. Jedoch befürwortete die britische Seite eine deutsche Lieferung von kleinen Aufklärungsflugzeugen und Patrouillenbooten an Malawi. Zur Situation in Ghana wurde ausgeführt, daß der Staat sich in einer schweren finanziellen Krise befinde, die nur durch Bekämpfung der inneren Inflation und nicht durch eine Aufstockung der Hilfeleistungen bewältigt werden könne. Unerläßlich sei die Bildung einer „gemeinsamen Front", um zu verhindern, daß Ghana die einzelnen Gläubigerstaaten gegeneinander ausspielen könne.

142 22.03. Abgeordneter Birrenbach, z. Z. Tel Aviv, an das Auswärtige Amt S. 582

Der Sonderbeauftragte übermittelt die letzte Fassung des „memorandum of understanding" über die Ergebnisse seiner Verhandlungen mit Israel. Darin werden die Bemühungen der Bundesrepublik sowohl hinsichtlich der Verlängerung der Verjährungsfristen für Gewaltverbrechen in der Zeit des Nationalsozialismus als auch hinsichtlich der Rückberufung der Rüstungsexperten aus der VAR hervorgehoben. Neben den Zusicherungen zur Ablösung der Waffenlieferungen wird die Bereitschaft der Bundesrepublik herausgestellt, in Kürze über eine Fortsetzung der Hilfeleistungen an Israel in Form von nichtrückzahlbarer Finanzhilfe zu verhandeln, ferner keine Waffen an Israel feindlich gesonnene Staaten zu liefern und schließlich die israelische Position gegenüber der EWG zu unterstützen.

143 23./25.03. Deutsch-norwegische Regierungsbesprechungen S. 585

Ministerpräsident Gerhardsen äußert Sorge über die von der EWG für die Kennedy-Runde erstellte Ausnahmeliste zu den geplanten Zollsenkungen, die mehr als 50% der norwegischen Exporte betreffe. Bundeskanzler Erhard spricht sich für einen weitgehenden Abbau aller Zollschranken aus; Staatssekretär Lahr sagt zu, sich in der EWG für die Beibehaltung der Zollkontingente für Norwegen einzusetzen. Zum „Kekkonen-Plan" einer atomwaffenfreien Zone in Nordeuropa erklärt Gerhardsen, daß eine solche nur bei reziproken Maßnahmen der UdSSR und einer Einbettung in umfassendere Vereinbarungen in Frage komme. Er zeigt Verständnis für die Auffassung des Bundeskanzlers, daß angesichts des großen konventionellen Übergewichts der UdSSR keine einseitigen Vorleistungen erbracht werden könnten. Bundesminister Schröder erläutert, die Bundesrepublik sei wegen ihrer exponierten Lage „vielleicht im Hinblick auf die sowjetischen Absichten skeptischer als die Norweger", und betont, daß Schritte zur Abrüstung parallel zu Maßnahmen zur Lösung der deutschen Frage erfolgen müßten. Beweis für die friedlichen Absichten der Bundesrepublik sei die Ostpolitik der letzten Jahre. Bundesminister von Hassel erläutert die strategischen Vorteile der UdSSR in Mitteleuropa, die „jedes deutsche Abenteuer" ausschlössen. Gerhardsen teilt das Interesse der Bundesrepublik an einer Erhaltung der NATO, weist jedoch darauf hin, daß Perspektiven für die Friedenssicherung eröffnet werden müßten. In diesem Zusammenhang komme Kontakten mit Ostblock-Staaten eine besondere Bedeutung zu.

144 23.03. Aufzeichnung des Ministerialdirektors Krapf S. 596

Krapf hält den Stand der Verhandlungen mit der Tschechoslowakei fest. Die tschechoslowakische Haltung habe sich deutlich verhärtet: Der Vorschlag für die Einbeziehung von Berlin (West) in das geplante Handelsabkommen sei zurückgezogen und außerdem signalisiert worden, daß über den Austausch von Handelsvertretungen nicht weiter verhandelt werden sollte. Das Angebot, in Prag eine Handelskammervertretung zu eröffnen, habe die Delegation der Bundesrepublik abgelehnt. Krapf betont, daß eine Aufrechterhaltung des Kontakts dennoch von Interesse sei. Jedoch dürfe in künftigen Verhandlungen mit der UdSSR keine Lösung der Berlin-Frage akzeptiert werden, die schlechter sei als die von der ČSSR geforderte und von den übrigen Ostblock-Staaten zugestandene Regelung. Um das tschechoslowakische Interesse an einer Vereinbarung mit der Bundesrepublik zu stärken, solle sich die vorgesehene „Teilliberalisierung" zur Erleichterung von Einfuhren aus osteuropäischen Ländern ebenso wenig auf die ČSSR erstrecken wie die neue Regelung zur Kreditpolitik. Auch kulturelle Initiativen sollten vorerst unterbleiben.

145 23.03. Botschafter Blankenhorn, Rom, an das Auswärtige Amt S. 600

Blankenhorn berichtet von Überlegungen des italienischen Staatspräsidenten, während eines Staatsbesuchs in der Bundesrepublik vor Jugendlichen und vor politisch Interessierten für den europäischen Zusammenschluß einzutreten. Der Botschafter informiert dann über die Abschiedsaudienz bei Saragat, der auf die Notwendigkeit hinwies, die Zusammenarbeit zwischen Europa und den USA zu verstärken. Für eine Verbesserung der Ost-West-Beziehungen sah er angesichts der unveränderten sowjetischen Haltung keine Perspektiven. Er hob die Bedeutung des deutsch-britischen Verhältnisses für die weitere Entwicklung in Europa hervor. Hinsichtlich der geplanten Außenministerkonferenz in Venedig rechnete Saragat nicht mit „spektakulären Ergebnissen"; es gehe aber darum, das Problem der politischen Zusammenarbeit „überhaupt einmal wieder im Kreise der Sechs anzupacken".

146 23.03. Staatssekretär Carstens an Botschafter Knappstein, Washington S. 603

Carstens informiert über die Verhandlungen des Sonderbeauftragten Birrenbach in Tel Aviv und den israelischen Verzicht auf 20 von der Bundesrepublik zu liefernde und zur Umrüstung in Italien stehende Panzer. Er bittet Knappstein, sich im amerikanischen Außenministerium zu erkundigen, ob die USA bereit seien, insgesamt 110 Panzer an Israel zu liefern und zur Abwicklung dieses Geschäfts eine direkte Vereinbarung mit Israel zu treffen. Carstens vermutet, daß die Bundesrepublik die Ablösung der noch ausstehenden Waffenlieferung nur durch Barzahlungen an Israel erwirken könne.

147 24.03. Botschafter Löns, Wien, an das Auswärtige Amt S. 605

Löns informiert über eine Unterredung mit dem österreichischen Außenminister. Kreisky bestritt, daß Österreich die Absicht habe, eine Außenstelle der Bundeskammer der gewerblichen Wirtschaft in Ost-Berlin zu errichten, verwies jedoch auf entsprechende Pläne der österreichischen Bundeswirtschaftskammer. Diese habe aber, so stellten die Gesprächspartner fest, widersprüchliche Informationen über ihre Absichten gegeben. Kreisky sagte zu, in jedem Fall darauf hinzuwirken, daß von der Errichtung einer Vertretung der Bundeswirtschaftskammer in der DDR Abstand genommen werde.

148 25.03. Aufzeichnung des Staatssekretärs Carstens S. 607

Carstens erörtert die noch offenen Fragen in den Verhandlungen mit Israel. Er spricht sich dagegen aus, die von Israel gewünschten Ersatzlieferungen zu bezahlen. Statt dessen solle für die Ablösung der ausstehenden Waffenlieferungen eine Summe von bis zu 120 Millionen DM gezahlt werden. Eine zusätzlich von Israel geforderte, nicht rückzahlbare Finanzhilfe habe der Sonderbeauftragte Birrenbach abgelehnt. Nach seiner Rückkehr nach Bonn habe er aber angeregt, Israel einen Teil der gewünschten Summe als langfristigen Kredit zu gewähren. Als Richtlinie für die künftige Wirtschaftshilfe an Israel schlägt Carstens vor, keine Geheimabsprachen zuzulassen, sondern die Unterstützung, entsprechend der Entwicklungshilfe, nur auf jährlicher Basis und projektgebunden zu gewähren sowie auf Ausgewogenheit im Verhältnis zur Hilfe an arabische Staaten zu achten. Der israelische Wunsch nach Assoziierung mit der EWG kann nach Ansicht des Staatssekretärs nur durch eine mündliche Wohlwollenserklärung unterstützt werden. Für die Form der zu treffenden Vereinbarungen schlägt Carstens einen Briefwechsel zwischen Bundeskanzler Erhard und Ministerpräsident Eshkol sowie ein gemeinsames Kommuniqué über die Aufnahme diplomatischer Beziehungen vor.

| 149 | 25.03. | Staatssekretär Lahr an den Abgeordneten Barzel | S. 611 |

Lahr verteidigt zwar den Beschluß des Kabinetts, keine Waffen mehr in Spannungsgebiete zu liefern; er teilt dem Vorsitzenden der CDU/CSU-Fraktion im Bundestag aber mit, daß trotz einiger negativer Erfahrungen nicht grundsätzlich auf den Export von Waffen in Entwicklungsländer verzichtet werden sollte. Da eine militärische Ausstattung für die belieferten Staaten ein echtes Bedürfnis oder eine Frage des staatlichen Prestiges sei, werde damit ein verhältnismäßig großer politischer Effekt erzielt. Durch ein grundsätzliches Ausfuhrverbot von Waffen würde zudem die Position der osteuropäischen Staaten gestärkt, die als Lieferanten einspringen könnten. Am Beispiel von Guinea, Nigeria und Madagaskar zeigt Lahr die positiven Auswirkungen militärischer Zusammenarbeit auf die politischen Beziehungen.

| 150 | 25.03. | Gespräch des Staatssekretärs Carstens mit Generalsekretär Brosio, NATO | S. 614 |

Zur Nahost-Krise informiert Carstens, daß mit Israel eine Einigung über die Aufnahme diplomatischer Beziehungen und die Einstellung der Waffenlieferungen erzielt worden sei; offene Fragen gebe es noch hinsichtlich der Kompensation für die Lieferungen. Zur Haltung der arabischen Staaten bemerkt Carstens, noch bestehe die Möglichkeit, daß keiner der Staaten die DDR anerkennen werde. Für sie bleibe die Wirtschaftshilfe der Bundesrepublik „von nicht zu übersehender Bedeutung". Brosio berichtet, daß auf der kommenden Sitzung des Ständigen NATO-Rats die Lage in Vietnam auf der Tagesordnung stehe und mit amerikanisch-französischen Differenzen zu rechnen sei. Der NATO-Generalsekretär zeigt sich „ernsthaft beunruhigt" über die französische Europa- und NATO-Politik, insbesondere die „unvertretbare Polemik" gegen die USA. Zum Zypern-Konflikt übergehend, bedauert er, daß die USA keine Initiative gezeigt hätten. Angesichts der möglichen sowjetischen Hilfe an die Türkei spricht er sich für eine Erweiterung der multilateralen Verteidigungshilfe aus.

| 151 | 25.03. | Aufzeichnung des Legationsrats Dröge | S. 619 |

Dröge erläutert, daß hinsichtlich des Alleinvertretungsanspruchs von den „vielen kleinen Freunden" der Bundesrepublik nicht mehr verlangt werden dürfe als von den Verbündeten. So sei es für die kleineren Staaten kaum einsichtig, daß sie einen Beitritt der DDR zur Weltgesundheitsorganisation verhindern sollten, während die USA und Großbritannien 1963 eine Beteiligung der DDR am Teststopp-Abkommen zugelassen hätten und sie auch für das vorgesehene Astronauten-Bergungsabkommen wünschten. Dröge hält es für erforderlich, auch den Alliierten gegenüber konsequent zu sein und gegebenenfalls vom Beitritt zu einem multilateralen Abkommen abzusehen, wenn die DDR beteiligt werde.

152 26.03. Aufzeichnung des Ministerialdirektors Krapf S. 622

Krapf legt den Stand der Diskussion über den Gomulka-Plan vom 29. Februar 1964 dar. Er hebt hervor, daß die Einbeziehung des westlichen Gebiets der UdSSR ausgeschlossen sei und eine MLF insofern beeinträchtigt würde, als die MLF-Schiffe keine Häfen des vorgesehenen Vertragsgebiets, mithin auch keine deutschen Häfen anlaufen dürften. Der Gomulka-Plan sei zwar von allen NATO-Staaten abgelehnt worden; allerdings hätten mehrere Staaten Interesse an weiteren Gesprächen bekundet. Bei den gegenwärtigen Sondierungen des polnischen Außenministers in Westeuropa habe Premierminister Wilson nun Rapacki „eine Enttäuschung bereitet", indem er die Einbeziehung der in der westlichen UdSSR stationierten Mittelstreckenraketen und eine Verbindung des Plans mit einer Regelung der Deutschland-Frage gefordert habe. Auf Zustimmung sei Rapacki jedoch beim belgischen Außenminister Spaak gestoßen. Mit Blick auf eine mögliche Diskussion in der NATO schlägt Krapf vor, zu erklären, daß ein „wirksames europäisches Sicherheitssystem" mit Maßnahmen zur Überwindung der deutschen Spaltung" gekoppelt sein müsse, und auf die Gefahren der polnischen Pläne für das Kräftegleichgewicht in Europa hinzuweisen.

153 29.03. Aufzeichnung des Staatssekretärs Lahr S. 628

Lahr faßt ein Gespräch mit dem Abteilungsleiter im französischen Außenministerium, Wormser, zusammen. Auf die Bitte von Lahr, bei der Kreditgewährung an die DDR Zurückhaltung zu üben, erwiderte Wormser, die französische Regierung könne Kredite nicht grundsätzlich verweigern. Der Kreditumfang sei „relativ bescheiden", und man denke nicht an eine Gleichbehandlung der DDR mit anderen osteuropäischen Staaten. Lahr wies darauf hin, daß auch „bescheidene Anfänge Anlaß zur Besorgnis böten", weil andere Staaten dem französischen Beispiel folgen könnten.

154 29.03. Botschafter Duckwitz, Neu Delhi, an Staatssekretär Carstens S. 630

Duckwitz berichtet, daß „wohlmeinende Freunde der Bundesrepublik" die Entsendung von Bundestagsabgeordneten in die arabischen Staaten während der Nahost-Krise mit Befremden aufgenommen hätten. Es bestehe der Eindruck, daß das Auswärtige Amt ausgeschaltet worden sei und die Bundesregierung den Ereignissen hilflos gegenüberstehe. Offenbar sei sie selbst nicht von der Richtigkeit ihrer Nahost-Politik überzeugt.

155 29.03. **Ministerialdirektor Krapf an die Botschaft in Washington** S. 631

Krapf erklärt sich mit dem amerikanischen Entwurf für eine Drei-Mächte-Erklärung zur Deutschland-Frage grundsätzlich einverstanden und plädiert für eine Veröffentlichung vor dem 8. Mai 1965. Der Ministerialdirektor weist jedoch darauf hin, daß die Bereitschaft der Westmächte, eine aktive Deutschlandpolitik zu betreiben, deutlicher zum Ausdruck kommen sollte. Gegen den von der amerikanischen Botschaft in Moskau angeregten Vorschlag einer Vier-Mächte-Erklärung zum 8. Mai 1965 bestünden jedoch wegen der notwendigen Beteiligung der UdSSR „starke Bedenken". Krapf teilt mit, das Auswärtige Amt sei um Klärung der französischen Vorstellungen bemüht und werde in diesem Zusammenhang darauf hinweisen, daß es zunächst nur um die Abgabe einer Erklärung gehe, während die konkrete Ausgestaltung einer Deutschland-Initiative später erfolgen könne.

156 30.03. **Botschafter Klaiber, Paris, an das Auswärtige Amt** S. 636

Klaiber berichtet von einer auf persönliche Weisung des Bundeskanzlers Erhard zurückgehenden Demarche beim französischen Staatspräsidenten. Der Botschafter zeigte sich befremdet darüber, daß der französische Außenminister Couve de Murville bei Gesprächen in Rom den 10. Mai 1965 als Termin für eine Außenministerkonferenz zur politischen Einigung Europas abgelehnt habe. Wenn Frankreich nicht positiv für eine europäische politische Zusammenarbeit eintrete, könne eine „schwere Krise" im deutsch-französischen Verhältnis entstehen. De Gaulle begründete die Ablehnung mit der Sorge vor einem Mißerfolg der Konferenz; zunächst müsse nun eine Tagesordnung festgesetzt werden. Spekulationen, daß die verbesserten französisch-sowjetischen Beziehungen die Absage herbeigeführt hätten, seien „völlig unrichtig". Der Staatspräsident bezweifelte das Interesse der anderen EWG-Staaten an einem politischen Zusammenschluß, weil sie kein „europäisches Europa", sondern ein von den USA bestimmtes Europa wünschten.

157 30.03. **Botschafter Klaiber, Paris, an das Auswärtige Amt** S. 639

Der Botschafter gibt eine Unterredung mit dem französischen Außenminister wieder. Klaiber bekundete „schwere Enttäuschung" über das Ergebnis der französisch-italienischen Gespräche vom 26. bis 29. März 1965 in Rom. Couve de Murville erklärte dazu, er habe Ministerpräsident Fanfani auf die Notwendigkeit einer Tagesordnung für die geplante Außenministerkonferenz in Venedig hingewiesen. Die italienische Ansicht, daß allein ein Treffen die Bemühungen um eine europäische politische Union dokumentiere, halte er für „weder seriös noch präzise". Es gehe darum, zu einer weitgehenden gemeinsamen Außen-, Wirtschafts-, Verteidigungs- und Kulturpolitik sowie zu einer angemessenen Organisation zu gelangen. Der französische Außenminister dementierte jedoch, die Zustimmung zu einer Konferenz von Zugeständnissen in der EWG abhängig gemacht zu haben. Hinsichtlich einer Drei-Mächte-Erklärung zur Deutschland-Frage merkte er an, Staatspräsident de Gaulle habe lediglich einer neuen Initiative zugestimmt. Couve de Murville zeigte sich aber beeindruckt von dem Appell des Botschafters an die „Freundschaftspflicht" und von dem Hinweis, daß die Erklärung nur ein vorbereitender Schritt für eine Deutschland-Initiative sei.

158 31.03. **Botschafter Klaiber, Paris, an das Auswärtige Amt** S. 642

Klaiber informiert über ein Gespräch des Botschaftsrats I. Klasse Fechter mit dem Abteilungsleiter im französischen Außenministerium Lucet. Dieser habe die zögernde Haltung zu einer Außenministerkonferenz der sechs EWG-Staaten mit der mangelnden Bereitschaft einiger Partner zu einem „europäischen Europa" sowie mit der Gefahr eines Fehlschlags erklärt. Fechter habe darauf hingewiesen, daß der Eindruck fehlender französischer Kooperation bei der europäischen Einigung zu einem Umschwung in der öffentlichen Meinung der Bundesrepublik führen könne. Negative Reaktionen seien auch bei einer Nichtbeteiligung von Frankreich an der geplanten Deutschland-Erklärung zu befürchten. Ausdrücklich habe Lucet die Vermutung zurückgewiesen, daß bei den französischen Überlegungen die Rücksichtnahme auf die UdSSR eine Rolle spiele.

159 01.04. **Ministerialdirigent Voigt an die Botschaft in Nikosia** S. 645

Angesichts der „Befugnisüberschreitungen" des Vertreters der DDR auf Zypern hält Voigt es für erforderlich, die zyprische Regierung an ihre Vereinbarungen mit der Bundesrepublik zu erinnern. Sollte eine über den üblichen Rahmen hinausgehende Tätigkeit der Handelskammervertretung der DDR zugelassen werden, würde die Bundesrepublik darin eine „Aufwertung des Gewaltregimes" erblicken und sich zu einer Überprüfung ihrer Politik gegenüber Zypern gezwungen sehen.

			April
160	02.04.	Botschaftsrat I. Klasse Sahm, Paris (NATO), an das Auswärtige Amt	S. 647

Sahm gibt Diskussionen im Ständigen NATO-Rat wieder. Der Staatsminister im britischen Außenministerium, Lord Chalfont, bezeichnete den Abschluß internationaler Abkommen über die Nichtverbreitung und den Nichterwerb von Atomwaffen sowie über den Stopp unterirdischer Atomtests als vordringlich – allerdings nur unter Einbeziehung der UdSSR. Diese sei mit Blick auf die geplante MLF/ANF aber nicht bereit, einem Nichtverbreitungsabkommen beizutreten. Zudem hielt Lord Chalfont es für möglich, auf weiteren Teilgebieten – wie dem „Einfrieren" von Nuklearwaffen oder regionalen Rüstungskontrollmaßnahmen – Fortschritte zu einer Abrüstung zu erzielen. Staatssekretär Carstens hob die Bedeutung weltweiter Maßnahmen hervor: Ohne die Beteiligung der Volksrepublik China sei ein Beitritt potentieller Nuklearmächte zu einem Nichtverbreitungsabkommen nicht sicherzustellen. Er zeigte sich befriedigt hinsichtlich der Übereinstimmung mit den NATO-Partnern, daß Sicherheitsfragen in Mitteleuropa nur zusammen mit den politischen Problemen zu lösen seien, und forderte dazu auf, sich das sowjetische Interesse an der europäischen Sicherheit für das Ziel der Wiedervereinigung Deutschlands zunutze zu machen.

161	05.04.	Vermerk des Staatssekretärs Carstens	S. 651

Carstens berichtet über seine Reise in den Nahen Osten. Er stellt fest, daß die meisten arabischen Staaten voraussichtlich die diplomatischen Beziehungen zur Bundesrepublik abbrechen würden, jedoch ohne die DDR anzuerkennen. Es gebe Anzeichen, daß sich die Araber mit der Existenz Israels abfänden. In einigen Fällen könne die Wiederaufnahme der Beziehungen nach etwa sechs Monaten ins Auge gefaßt werden. Die Haltung der Verbündeten sei wenig solidarisch und ließe sich teilweise als „schlecht verhohlene Schadenfreude" bezeichnen. Dennoch habe die Nahost-Politik der Bundesregierung auf der Sitzung des Ständigen NATO-Rats vom 31. März 1965 Anerkennung gefunden.

162	05.04.	Ministerialdirektor Krapf an Botschafter Dittmann, Tokio	S. 653

Krapf bittet Dittmann, den Standpunkt der Bundesregierung zu einer Aufnahme amtlicher Wirtschaftsbeziehungen zur Volksrepublik China klarzustellen. Ein Regierungsabkommen über Wirtschaftsbeziehungen bedeute „keine ins Gewicht fallende Stärkung Pekings", und es werde nicht erwogen, den Alleinvertretungsanspruch der Volksrepublik China anzuerkennen. Eine Parallele zwischen China- und Deutschland-Frage sei nicht gegeben.

LXXXIII

163 06.04. Staatssekretär Carstens an Bundeskanzler Erhard S. 654

Carstens informiert Erhard über Schwierigkeiten bei der Ablösung der Waffenlieferungen an Israel. Die Schnellboote könnten nicht, wie vorgesehen, in Italien beschafft werden. Vom Vorschlag des stellvertretenden israelischen Verteidigungsministers Peres, eine französische Werft solle mit Lizenz einer Firma in Bremen die Rümpfe und Antriebsaggregate herstellen, rät Carstens ab. Die Boote seien auch dann eindeutig als Erzeugnisse aus der Bundesrepublik zu identifizieren. Der israelischen Regierung solle daher empfohlen werden, auf „das nächstbeste Modell" zurückzugreifen.

164 06.04. Aufzeichnung des Staatssekretärs Lahr S. 656

Lahr spricht sich dafür aus, „als einziges zur Zeit mögliches vertragliches Bindeglied" mit der UdSSR ein Warenabkommen abzuschließen. Die Frage einer Einbeziehung von Berlin (West) solle aus taktischen Gründen nicht im Vorfeld, sondern erst während der Verhandlungen zur Sprache gebracht werden. Um die sowjetische Zustimmung sicherzustellen, müßte ein möglichst attraktives Verhandlungsangebot unterbreitet werden. Darüber hinaus schlägt der Staatssekretär vor, zur Erleichterung der Verhandlungen mit den Ostblock-Staaten bei den drei Westmächten auf eine Änderung der Anordnung der Alliierten Kommandantur vom 21. Mai 1952 hinzuwirken mit dem Ziel, daß Berlin auch ohne entsprechende Klausel als in jedes Abkommen der Bundesrepublik einbezogen gelten solle.

165 06.04. Botschafter Herwarth von Bittenfeld, Rom, an das Auswärtige Amt S. 658

Herwarth berichtet über ein Gespräch mit dem italienischen Außenminister. Fanfani bezeichnete die Verhandlungen mit seinem französischen Amtskollegen Couve de Murville über eine Außenministerkonferenz in Venedig als in der Sache „äußerst hart und enttäuschend". Die französische Regierung zeige wenig Neigung, auf die belgischen, italienischen und deutschen Vorschläge für eine europäische politische Union einzugehen. Auch den Empfehlungen der Europäischen Beratenden Versammlung zu einer stärkeren Kontrollbefugnis für das Parlament und zur Übertragung der Mittelbewirtschaftung auf die Gemeinschaft stehe Frankreich eher ablehnend gegenüber. Herwarth wies die Möglichkeit einer engen deutsch-französischen Zusammenarbeit in diesen Fragen zu Lasten der anderen Staaten als „indiskutabel" zurück.

166 07.04. **Botschafter Berger, Den Haag, an das Auswärtige Amt** S. 660

Berger schildert die niederländische Reaktion auf die Ablehnung der geplanten Außenministerkonferenz der sechs EWG-Staaten durch den französischen Staatspräsidenten. Vor allem die Vorgehensweise von de Gaulle errege Anstoß und fördere Zweifel an der Möglichkeit einer gemeinsamen europäischen Politik, zumal sich Frankreich offenbar nicht einmal durch den deutsch-französischen Vertrag vom 22. Januar 1963 in seiner Außenpolitik binden lasse.

167 07.04. **Abgeordneter Birrenbach, z. Z. Jerusalem, an Bundeskanzler Erhard** S. 663

Birrenbach berichtet von den gemeinsam mit Ministerialdirigent Pauls geführten Verhandlungen über eine Ablösung der Waffenlieferungen. Ministerpräsident Eshkol verlangte, die zugesagte Wirtschaftshilfe als nicht rückzahlbare Finanzhilfe und nicht nur als Entwicklungsanleihe zu gewähren. In der Weigerung, Schnellboote an Israel zu liefern, sah er eine Diskriminierung, die sich die Bundesrepublik angesichts ihrer „moralischen Verpflichtungen gegenüber Israel einfach nicht erlauben" könne. In einer weiteren Unterredung unter Vorsitz des stellvertretenden Verteidigungsministers Peres kritisierte die israelische Seite, daß die jüngsten Vorschläge der Bundesregierung „in allen Punkten" von dem am 22. März 1965 erreichten Verhandlungsstand abwichen. In einem „heftigen Wortwechsel" drohte der Sonderbeauftragte mit dem Abbruch der Verhandlungen und machte die Grenzen der Bereitschaft deutlich, Ersatzlösungen für Vereinbarungen zu finden, die ohnehin „null und nichtig" seien. Daraufhin schlug Peres vor, das Problem der Schnellboote entweder durch einen französischen Lizenzbau oder durch eine italienische Produktion mit Turbinenaggregaten aus Großbritannien und Dieselmotoren aus der Bundesrepublik zu lösen. Birrenbach hält das „Alternativangebot in Form von Motoren" trotz erheblicher Mehrkosten für erwägenswert, da keine Genehmigungspflicht der Bundesregierung für diese Lieferung bestehe. Die israelische Seite ziehe hingegen die „französische Variante" vor.

168 08.04. **Vermerk des Staatssekretärs Carstens** S. 670

Carstens informiert über ein Gespräch mit Bundesminister von Hassel, der ihm einen Überblick über die Projekte des Bundesministeriums der Verteidigung in Portugal gab. Hassel führte aus, daß Verzögerungen bei Waffenlieferungen, die aufgrund der vom Auswärtigen Amt erhobenen Bedenken eingetreten seien, zu einer Verstimmung der portugiesischen Regierung geführt hätten. Daher sei der Aufbau verschiedener Stützpunkte der Bundeswehr in Portugal gefährdet. Carstens legte dar, daß eine neue Endverbleibsklausel ausgehandelt werden müsse, aus der mit Bestimmtheit hervorgehe, daß die an Portugal gelieferten Waffen nicht in Afrika eingesetzt würden.

169 08.04. Staatssekretär Carstens an Bundesminister Dahlgrün S. 673

Carstens bittet Dahlgrün um Zustimmung, dem Sudan die Rückzahlung des Ausrüstungshilfe-Kredits in Höhe von 40 Millionen DM für den Fall zu erlassen, daß die diplomatischen Beziehungen zur Bundesrepublik aufrechterhalten würden. Ohnehin sei mit einer Rückzahlung nicht zu rechnen, und angesichts der labilen Lage im Sudan bestehe die Möglichkeit, auf diesem Wege einen weiteren arabischen Staat „aus der Front der radikalen Gruppe herauszubrechen".

170 08.04. Aufzeichnung des Ministerialdirigenten Ruete S. 675

Ruete nimmt Stellung zum Vorschlag des Leiters der Handelsvertretung der Bundesrepublik in Budapest, Brückner, mit der ungarischen Regierung eine Erweiterung des Tätigkeitsbereichs der Handelsvertretung zu vereinbaren. Der Ministerialdirigent spricht sich für eine Übernahme von kulturellen Aufgaben sowie von Paß- und Sichtvermerkbefugnissen durch die Handelsvertretung aus, da dies zur „Höherstufung der beiderseitigen Beziehungen beitrage". Wegen des Problems der Einbeziehung von Berlin (West) solle die Erteilung von Sichtvermerksbefugnissen jedoch nur mündlich vereinbart werden.

171 08.04. Aufzeichnung des Ministerialdirektors Krapf S. 679

Krapf berichtet von einem Gespräch mit dem französischen Botschafter. Er bedauerte das französische Zögern in den Beratungen über eine Deutschland-Erklärung in der Washingtoner Botschaftergruppe und erläuterte Seydoux den Wunsch, durch eine Drei-Mächte-Erklärung den im unmittelbaren Vorfeld des 8. Mai 1965 als „20jährige Wiederkehr der Beendigung des Krieges" zu erwartenden Bestrebungen der Ostblock-Staaten entgegenzuwirken, „die sowjetische Zone als das ideale Deutschland hinzustellen". Seydoux wurde darauf hingewiesen, daß eine „bittere Reaktion" der Öffentlichkeit in der Bundesrepublik zu erwarten sei, wenn bekannt würde, daß eine Deutschland-Erklärung am französischen Verhalten gescheitert sei.

172 08.04. Abgeordneter Birrenbach, z. Z. Tel Aviv, an Bundeskanzler Erhard S. 681

Birrenbach informiert über die gemeinsam mit Ministerialdirigent Pauls geführten Verhandlungen mit dem stellvertretenden israelischen Verteidigungsminister Peres. Der Sonderbeauftragte sieht einen Durchbruch hinsichtlich der künftigen Wirtschaftshilfe für Israel, da nicht mehr über die Art der Hilfe, sondern nur noch über die Möglichkeiten ihrer Verwendung gesprochen worden sei. Auch habe die israelische Seite nicht mehr auf einer Klausel bestanden, die die Wirtschaftshilfe auf eine moralische Verpflichtung der Bundesrepublik zurückführe. Hinsichtlich der Waffenlieferungen zeichne sich eine „carry-over-Klausel" ab, in der die Übereinkunft über eine Umwandlung der Waffenlieferungen festgestellt und Israel eingeräumt werde, im Falle von Schwierigkeiten bei der Umsetzung der Vereinbarung erneut Gespräche aufzunehmen. Auf die Forderung, auch bei Ersatzlieferungen „den dafür angesetzten Betrag auf ein vernünftiges Maß zu reduzieren", sei die israelische Reaktion nicht endgültig negativ gewesen. Jedoch sei die Bedingung, daß die Panzerlieferungen von den USA nur als „entscheidender Beitrag zum Abschluß der Gesamttransaktion" übernommen würden, auf Widerspruch gestoßen. Zum israelischen Wunsch nach Assoziierung mit der EWG sei erklärt worden, daß dies derzeit aussichtslos sei und daher nicht unterstützt werden könne. Birrenbach plädiert jedoch dafür, Bereitschaft zu zeigen, sich für Handelserleichterungen zugunsten Israels in der EWG einzusetzen. Schließlich habe die israelische Seite gebeten, neben der geplanten Botschaft der Bundesrepublik in Tel Aviv ein Büro in Jerusalem einzurichten.

173 08.04. Staatssekretär Carstens an den Abgeordneten Birrenbach, z. Z. Tel Aviv   S. 689

Carstens geht von einem großen Interesse der israelischen Regierung an einer Einigung mit der Bundesrepublik aus, nachdem bereits die Ankündigung diplomatischer Beziehungen zu einer Stärkung der israelischen Position geführt habe. Hinsichtlich der in den Verhandlungen angesprochenen „moralischen Verantwortung" der Bundesrepublik verweist Carstens darauf, daß die israelische Regierung 1952 erklärt habe, keine Forderungen mehr „aufgrund oder in Verbindung mit Schäden, die durch die nationalsozialistische Verfolgung verursacht worden sind", zu stellen. Der Staatssekretär sieht den Sonderbeauftragten Birrenbach in einer starken Verhandlungsposition, denn das Angebot amerikanischer Panzer, durch das Israel erheblich besser gestellt würde als durch die deutschen Lieferungen, gelte nur bei Zustandekommen einer Gesamtregelung. Falls die israelische Regierung weiterhin „derartige Schwierigkeiten" mache, müßten die Verhandlungen unterbrochen werden.

174 09.04. Aufzeichnung des Ministerialdirigenten Ruete   S. 691

Ruete hält die Ergebnisse eines Gesprächs mit den Gesandten Hillenbrand (USA), Tomkins (Großbritannien) und Graf d'Aumale (Frankreich) über eine Sitzung des Bundesrates in Berlin

(West) fest. Hillenbrand betonte im Namen der drei Vertretungen die Notwendigkeit einer rechtzeitigen Konsultation in dieser Frage und signalisierte, daß die Sitzung in Berlin voraussichtlich abgelehnt würde. Tomkins und Hillenbrand kritisierten, daß die Risiken, die die Drei Mächte im Zusammenhang mit der letzten Bundestagssitzung in Berlin auf sich genommen hätten, von Teilen der deutschen Öffentlichkeit nicht gewürdigt würden. Hillenbrand bestritt das prinzipielle Recht des Bundestages, in Berlin zusammenzutreten. Er erkundigte sich nach den Absichten der Bundesregierung, Maßnahmen im Interzonenhandel zu ergreifen, falls die Störaktionen auf den Zugangswegen nach Berlin (West) über den 11. April 1965 hinaus fortgesetzt würden.

175 09.04. Aufzeichnung der Legationsrätin I. Klasse Rheker S. 695

Rheker gibt eine Unterredung des Ministerialdirektors Krapf mit dem Leiter der jugoslawischen Delegation bei den Wirtschaftsverhandlungen wieder. Lalović erläuterte die Gründe für den geplanten Besuch des Staatspräsidenten Tito in der DDR, den Krapf als Verstoß gegen die 1964 vereinbarte „Wohlverhaltensklausel" ansah. Zu den jugoslawischen Forderungen nach Wiedergutmachung für die Opfer von Verbrechen in der Zeit des Nationalsozialismus erklärte Krapf, daß derartige Leistungen nur solchen Staaten gewährt würden, die die Bundesrepublik „als alleinigen Nachfolger des Deutschen Reiches anerkennten". Lalović wies darauf hin, daß die DDR die jugoslawischen Ansprüche auf Wiedergutmachung anerkannt und Reparationen gezahlt habe. Er kündigte an, daß Jugoslawien den Internationalen Gerichtshof mit dieser Frage befassen werde.

176 09.04. Botschafter Steltzer, Accra, an das Auswärtige Amt S. 701

Steltzer berichtet über Gespräche mit Präsident Nkrumah und dem Staatssekretär im ghanaischen Außenministerium, Dei-Anang. Beide erklärten übereinstimmend, daß die Anwesenheit einer Delegation aus der DDR in Accra keine Änderung der ghanaischen Haltung zur Deutschland-Frage bedeute. Steltzer übermittelte die Antwort auf die ghanaischen Kreditwünsche und wies auf Schwierigkeiten bei dem mit deutscher Hilfe erfolgenden Bau einer Fleischfabrik in Ghana hin. Nkrumah zeigte besonderes Interesse an der baldigen Einrichtung eines Bildungsfernsehens in Ghana. Mit Dei-Anang erörtete der Botschafter den geplanten Besuch des ghanaischen Präsidenten in Paris, Bonn, Rom und – „privat" – in der DDR. Er hob hervor, daß dies ebenso als „Affront" betrachtet werden würde wie ein Aussparen der Bundesrepublik zugunsten der DDR. Abschließend hält Steltzer fest, der französische Botschafter Epinat habe der ghanaischen Regierung bereits angedeutet, daß auch Frankreich auf einen Besuch von Nkrumah in der DDR „negativ reagieren" würde. Steltzer hofft auf deutsch-französische

Zusammenarbeit in dieser Frage, da die Bundesrepublik anderenfalls „in ganz Afrika einen beträchtlichen Prestigeverlust" hinnehmen müßte.

177 11.04. **Staatssekretär Carstens an den Abgeordneten Birrenbach, z. Z. Tel Aviv** S. 707

Carstens teilt mit, daß die Bundesregierung über das Angebot diplomatischer Beziehungen und über eine großzügige Ablösung der Waffenlieferungen an Israel nicht hinausgehen werde. Lasse sich Israel darauf nicht ein, werde es die in Aussicht gestellten amerikanischen Panzer nicht erhalten. Der Staatssekretär rechnet auch damit, daß Israel in der Frage der Wirtschaftshilfe einlenken werde. Eine Spezifizierung der künftigen Hilfe sei ebenso abzulehnen wie die „carry-over-Klausel", nach der im Falle von Problemen bei der Umsetzung der Vereinbarungen die Verhandlungen erneut aufgenommen werden sollten. Schließlich hält es Carstens für bedenklich, im vorgesehenen Schreiben des Bundeskanzlers Erhard an Ministerpräsident Eshkol von „besonderen Beziehungen" zwischen der Bundesrepublik und Israel zu sprechen.

178 11.04. **Abgeordneter Birrenbach, z. Z. Tel Aviv, an Bundeskanzler Erhard** S. 709

Der Sonderbeauftragte Birrenbach gibt den Stand der Verhandlungen mit Israel wieder. Die israelische Regierung habe unerwartet angekündigt, die Schnellboote in Frankreich bauen zu lassen; als Hilfe aus der Bundesrepublik wolle sie nur Dieselmotoren in Anspruch nehmen. Ebenso überraschend sei die Erklärung gewesen, daß die USA auf eine Autorisierung durch die Bundesregierung für die Panzerlieferungen an Israel warteten, die aus dem Kontingent für die Bundeswehr bestritten würden. Das Limit von 140 Millionen DM der Gesamtkosten sei von israelischer Seite im Grundsatz akzeptiert worden. Unter Vorbehalt sei auch die Position der Bundesrepublik zur Wirtschaftshilfe hingenommen worden. Dagegen bestehe Israel nach wie vor auf einer Klausel, nach der die Möglichkeit einer Wiederaufnahme der Gespräche bestünde. Nicht befriedigt hätten die deutsche Stellungnahme zur Lieferung von elektronischen Teilen für die Raketenproduktion an die VAR sowie die Weigerung, in Jerusalem eine Dependance der geplanten Botschaft zu errichten. Besonderen Wert hätten die Gesprächspartner darauf gelegt, in der Veröffentlichung über die Einigung weder von einer „Ablösung" der Waffenlieferungen zu sprechen noch eine Summe zu nennen.

179 13.04. Aufzeichnung des Legationsrats I. Klasse Wieck, Washington   S. 717

Wieck faßt eine Unterredung des Regierenden Bürgermeisters von Berlin mit Mitarbeitern der Europa-Abteilung im amerikanischen Außenministerium zusammen. Zu den Störaktionen der UdSSR und der DDR auf den Zugangswegen nach Berlin (West) bemerkte Brandt, diese hätten „keine eigentlichen Schäden" hervorgerufen. Das Verhältnis zwischen Berlin, der Bundesrepublik und den drei Westmächten sei unbeeinträchtigt geblieben. Brandt sprach sich für eine Stabilisierung des Zugangsverfahrens aus. Er bekräftigte das Interesse an einer Verlängerung der Passierschein-Regelung; der Senat werde sich jedoch nicht auf eventuelle Forderungen der DDR einlassen, das Recht des Bundestags auf Zusammenkünfte in Berlin zu beschneiden. Der Ansicht des Regierenden Bürgermeisters, daß ein Stopp des Interzonenhandels im Falle einer Beeinträchtigung der Zugangswege nach Berlin „wirtschaftlich ohne Wirkung" sei, widersprachen die amerikanischen Gesprächspartner: Es gehe auch um den psychologischen Effekt. Brandt sprach sich für eine Initiative in der Deutschland-Frage aus, hob aber hervor, daß derzeit nicht über die Grenzfragen diskutiert werden könne. Die Osteuropa-Vorschläge des SPD-Abgeordneten Jaksch hielt er für geeignet, die Diskussion „in die richtige Richtung" zu lenken.

180 13.04. Botschafter Knappstein, Washington, an das Auswärtige Amt   S. 724

Knappstein informiert über die amerikanische Bewertung der jüngsten sowjetischen Störaktionen im Zusammenhang mit der Bundestagssitzung in Berlin (West). In den USA hätten diese weniger mit Blick auf die UdSSR und die DDR Sorge bereitet als hinsichtlich des Verhältnisses zwischen den Alliierten. Deren Kooperation sei nicht reibungslos gewesen. Der Bundesrepublik werde es „etwas verübelt", daß der Interzonenhandel, der als Mittel zur Gewährleistung des freien Zugangs nach Berlin (West) bezeichnet werde, ungeachtet der Krise weitergelaufen sei. Kritisch sei auch die Meldung über die geplante Bundesratssitzung in Berlin aufgenommen worden. Positiv vermerkt der Botschafter, daß durch die Zwischenfälle das Deutschland- und Berlin-Problem wieder in das Bewußtsein der Öffentlichkeit gerufen worden sei.

181 13.04. Abgeordneter Birrenbach, z. Z. Tel Aviv, an Bundeskanzler Erhard   S. 728

Der Sonderbeauftragte Birrenbach und Ministerialdirigent Pauls übermitteln die Ergebnisse der letzten Verhandlungsrunde mit der israelischen Regierung. Werde die Übernahme der Panzerlieferungen durch die USA geklärt, sei Israel zum

Verzicht auf die „carry-over-Klausel" bereit. Entfallen könne auch die gewünschte Erklärung zur Unterstützung der israelischen Position gegenüber der EWG. Die israelische Seite insistiere jedoch auf einer Formel hinsichtlich der besonderen Lage der Deutschen gegenüber den „Juden in aller Welt" und in Israel.

182 **13.04.** **Botschafter Knappstein, Washington, an das Auswärtige Amt** S. 731

Knappstein berichtet über ein Gespräch des Regierenden Bürgermeisters von Berlin und des SPD-Abgeordneten Erler mit dem amerikanischen Verteidigungsminister. Brandt erläuterte McNamara, daß mit der UdSSR eine Zugangsregelung nach Berlin ausgehandelt werden müsse, da sowjetische militärische Manöver sonst „beliebig" zur Störung des Verkehrs benutzt werden könnten. Einen Zusammenhang der Störaktionen mit den Vorgängen in Vietnam schlossen Brandt und Erler aus. Beide äußerten sich positiv zum deutsch-französischen Verhältnis, lehnten aber den französischen Vorschlag einer Europäisierung der Deutschland-Frage ab. Zur MLF erklärte Erler, es erscheine sinnvoller, über eine Reorganisation der Nuklearmacht der NATO zu sprechen, bei der die nichtnuklearen Partner ein „faires Mitspracherecht" bei der Strategie und Zielplanung erhielten. Eine weitere Proliferation müsse ebenso verhindert werden wie eine Enttäuschung der „nuklearen have-nots". McNamara bemerkte daraufhin, daß diese Probleme gerade durch die MLF gelöst werden sollten.

183 **14.04.** **Botschafter Siegfried, Brüssel, an das Auswärtige Amt** S. 734

Siegfried gibt eine Unterredung mit dem belgischen Außenminister wieder. Spaak informierte über ein Gespräch mit dem französischen Botschafter in Brüssel, in dem Spitzmuller auf Übernahme des französischen Farbfernsehsystems gedrängt, die Frage einer EWG-Außenministerkonferenz aber nicht erwähnt habe. Spaak äußerte die Vermutung, daß Staatspräsident de Gaulle die Bundesrepublik seit einiger Zeit „zum Narren halte", um ihre Politik zu „verwirren" und auf den französischen Kurs zu bringen. Der belgische Außenminister zeigte sich besorgt über den „Stillstand" in der Deutschland-Frage, der die Außenpolitik der Bundesrepublik hemme und bei den Verbündeten wegen mangelnder Erfolgsaussichten von Initiativen zu Ermüdungserscheinungen führe. Siegfried empfiehlt, mit Spaak weiterhin Einvernehmen über die westliche Deutschlandpolitik sicherzustellen, um den in Belgien spürbaren Druck auf erweiterte Beziehungen zur DDR abzuwehren.

184 15.04. **Ministerialdirektor Meyer-Lindenberg an die Botschaft in Paris** S. 738

Meyer-Lindenberg weist die Botschaft an, das französische Informationsministerium auf Bedenken hinzuweisen, die einer Einschaltung der französischen Handelsmission in der Bundesrepublik bei etwaigen Vereinbarungen über die Einführung des von Frankreich entwickelten SECAM-Verfahrens in der DDR entgegenstünden. Ohnehin sei die Einführung eines Farbfernsehsystems in der DDR, das von dem der Bundesrepublik abweiche, „äußerst unerwünscht".

185 16.04. **Abgeordneter Birrenbach, z. Z. Badenweiler, an Bundeskanzler Erhard** S. 740

Birrenbach faßt die Ergebnisse der Verhandlungen in Israel zusammen. Erreicht worden sei die Ablösung der Waffenlieferungen durch Zahlung einer „Abstandssumme", wobei Ersatzlieferungen durch die USA und Frankreich geleistet würden. Keine Absprachen gebe es über die künftige Wirtschaftshilfe an Israel; allerdings sei bereits geklärt, daß diese in Form von Anleihen sowie technischer Hilfe und nicht als freie Finanzhilfe geleistet werde. Für Ende Mai sei die Aufnahme diplomatischer Beziehungen vorgesehen. Offen stehe noch der israelische Wunsch, in das vorgesehene Schreiben des Bundeskanzlers Erhard an Ministerpräsident Eshkol einen Passus über die besondere Verantwortung der Bundesrepublik für die Juden in der Welt und in Israel aufzunehmen. Birrenbach teilt nicht die Bedenken, daß diese Formulierung die Grundlage für neue israelische Ansprüche abgeben könnte; mit diesen sei ohnehin zu rechnen. Der Sonderbeauftragte plädiert dafür, sich von der Furcht vor der arabischen Reaktion zu befreien; die Beziehungen zu Israel müßten „ihr eigenes Gewicht haben".

186 17.04. **Ministerialdirigent Ruete an die Botschaft in Washington** S. 744

Ruete informiert über eine Demarche des französischen Botschafters zur Deutschland-Erklärung. Seydoux brachte Erstaunen darüber zum Ausdruck, daß von Botschafter Knappstein bei den Beratungen in der Washingtoner Botschaftergruppe „gewisse Vorbehalte" gegen den französischen Entwurf zum Ausdruck gebracht worden seien, nachdem der Gesandte in Paris, Knoke, dem Text bereits „voll und ohne Einschränkung" zugestimmt hätte. Die französische Bereitschaft zu der Erklärung werde dadurch in Frage gestellt. In einem weiteren Gespräch mit Seydoux machte Staatssekretär Lahr deutlich, daß Übereinstimmung in der Sache bestehe, die Bundesregierung allerdings durchaus aufgeschlossen sei für britische und amerikanische Änderungswünsche.

187 26.04. Botschafter Knappstein, Washington, an das S. 747
Auswärtige Amt

Knappstein berichtet über Differenzen zwischen Frankreich und den USA bei der Formulierung einer Deutschland-Erklärung der Drei Mächte. Der amerikanische Zusatz zur stärkeren Betonung der Vier-Mächte-Verantwortung sei für Frankreich ebenso unannehmbar wie andererseits für die USA die von Frankreich gewünschte und auch aus deutscher Sicht bedenkliche Erwähnung des notwendigen Einverständnisses der europäischen Nachbarstaaten mit einer Wiedervereinigung Deutschlands. Versuche, eine Kompromißlösung zu finden, seien bisher gescheitert. Offenbar sei Frankreich weder bereit, das „gleichberechtigte" amerikanische Interesse an der Lösung der Deutschland-Frage anzuerkennen, noch die Verpflichtung zur Wiedervereinigung zu bekräftigen. Lediglich die Anwendung des Selbstbestimmungsrechts in beiden Teilen Deutschlands werde vertreten. Es drohe eine Situation, in der die Gegensätze zwischen den Verbündeten in der Deutschland-Frage offen zutage träten.

188 27.04. Aufzeichnung des Vortragenden Legationsrats S. 753
I. Klasse Oncken

Oncken faßt den Inhalt einer Unterredung zwischen Staatssekretär Lahr und dem französischen Geschäftsträger zusammen. Lahr äußerte Unverständnis über die französische Weigerung, dem amerikanischen Zusatzvorschlag bei der Formulierung einer Deutschland-Erklärung zuzustimmen, zumal in Frankreich noch in jüngster Zeit die Vier-Mächte-Verantwortung für Deutschland bekräftigt worden sei. D'Aumale hob hervor, daß in der Washingtoner Botschaftergruppe bereits Einigkeit über den französischen Entwurf bestanden habe, ehe die USA ihre Haltung geändert hätten. Lahr wies darauf hin, daß die Betonung der Interessen der europäischen Völker im französischen Text die Bemühungen der Bundesrepublik erschwere, auch außerhalb von Europa Interesse an der Deutschland-Frage zu wecken. Im übrigen sei es schwierig, den USA das Recht auf Zusatzvorschläge abzusprechen.

189 27.04. Aufzeichnung des Vortragenden Legationsrats S. 756
I. Klasse Schirmer

Schirmer informiert über ein Gespräch mit dem jordanischen Botschafter. Juma betonte die Notwendigkeit, eine Wiederaufnahme normaler Beziehungen zwischen der Bundesrepublik und Jordanien bereits jetzt vorzubereiten. Er hob hervor, daß aufgrund des jordanischen Einflusses auf der Außenministerkonferenz der Arabischen Liga am 14./15. März 1965 die Anerkennung der DDR sowie die Androhung wirtschaftlicher Maßnahmen gegen die Bundesrepublik und die Westmächte verhindert werden konnten. Juma schlug vor, in Bonn das geplante Abkommen über Kapitalhilfe noch vor dem zu erwartenden Abbruch der diplomatischen Beziehungen zu unterzeichnen. Schirmer spricht sich dafür aus, diesem Vorschlag zuzustimmen, zumal es sich nur um eine schriftliche Fixierung bereits gemachter Zusagen handele.

190 27.04. **Botschafter Freiherr von Richthofen, Khartum, an Staatssekretär Carstens** S. 759

Richthofen stellt fest, daß die Aussichten, den angekündigten Abbruch der diplomatischen Beziehungen durch den Sudan abzuwenden, gesunken seien. Jedoch sei angedeutet worden, daß der Bundesrepublik eine Umwandlung der Botschaft in ein Generalkonsulat unter sofortiger Erteilung des Exequaturs angeboten werden solle. Der Botschafter spricht sich für diese Lösung aus, um die entstandene Situation möglichst zu „entdramatisieren", eine baldige Wiederaufnahme zu erleichtern und zudem die „Kontroll- und Leitfunktion" der Botschaft über die militärischen und zivilen Hilfsprogramme der Bundesrepublik im Sudan aufrechterhalten zu können. Richthofen weist jedoch darauf hin, daß dies nur eine Alternativlösung sei und er vorerst „uneingeschränkt" um die Vermeidung des Abbruchs der Beziehungen bemüht sei.

191 27.04. **Botschafter Klaiber, Paris, an das Auswärtige Amt** S. 763

Klaiber gibt den Bericht des Abteilungsleiters im französischen Außenministerium, Lucet, über ein Gespräch zwischen dem sowjetischen und dem französischen Außenminister über die europäische Sicherheit und die Deutschland-Frage wieder. Gromyko habe „die alte sowjetische Platte abgespielt" und einen Friedensvertrag mit der Bundesrepublik und der DDR angeregt, in dem auch das „Berlin-Problem auf der Grundlage Berlins als selbständiger Einheit" geregelt werden solle. Sowohl der Bundesrepublik als auch der DDR müsse der Zugang zu Atomwaffen grundsätzlich versperrt bleiben; die Grenze zwischen ihnen müsse ebenso wie die Oder-Neiße-Linie als Staatsgrenze festgeschrieben werden. Hinsichtlich der MLF/ANF habe Gromyko eine „russisch-französische Aktionsgemeinschaft" vorgeschlagen. Couve de Murville habe sich energisch dagegen gewandt, die Deutschland-Frage „durch Kristallisierung der deutschen Teilung" lösen zu wollen, und den engen Zusammenhang mit der europäischen Sicherheit betont. Er habe aber bestätigt, daß hinsichtlich der Grenzen 1945 in Potsdam ein „état de faits" geschaffen worden sei. Auch sei Frankreich, wie die UdSSR, gegen die Beteiligung der Bundesrepublik an einer MLF oder ANF. Ausdrücklich sei auf das französische Interesse hingewiesen worden, gute Beziehungen zur Bundesrepublik zu halten.

April

192 28.04. Abgeordneter Werner, z. Z. Kairo, an das S. 766
Auswärtige Amt

Der CDU-Abgeordnete berichtet über ein Gespräch mit dem Stellvertreter des ägyptischen Präsidenten. Amer teilte mit, daß der Abbruch der diplomatischen Beziehungen unvermeidlich sein werde, die kulturellen und wirtschaftlichen Beziehungen jedoch trotzdem fortgesetzt werden sollten. Auch sei nicht an eine Anerkennung der DDR gedacht. Amer stellte in Aussicht, die bilateralen Beziehungen auch weiterhin so zu gestalten, „als wenn der Abbruch nicht stattgefunden haben würde". Eine Wiederaufnahme der diplomatischen Beziehungen könne unter Umständen bis Anfang September erfolgt sein. Werner berichtet abschließend über die wirtschaftlichen Schwierigkeiten der VAR und stellt fest, daß inzwischen offenbar eine größere Bereitschaft vorhanden sei, sich mit der „speziellen Lage" der Bundesrepublik gegenüber der arabischen Welt verständnisvoller auseinanderzusetzen.

193 29.04. Staatssekretär Carstens an die Botschaft in S. 770
Washington

Carstens übermittelt einen neuen Vorschlag für eine Deutschland-Erklärung der Drei Mächte, der Frankreich jedoch nur im Falle einer amerikanischen Zustimmung vorgelegt werden soll. Er weist die Botschaft zu Sondierungen an, ob der französische Entwurf akzeptabel wäre, wenn darin auf den unveränderten Fortbestand der Vier-Mächte-Verantwortung für Deutschland hingewiesen und – wie vom französischen Außenminister Couve de Murville vorgeschlagen – ein Bezug zur Genfer Direktive vom 23. Juli 1955 hergestellt würde. So könnte dem Wunsch Rechnung getragen werden, das Ziel der Wiedervereinigung zu unterstreichen.

194 29.04. Staatssekretär Carstens an die Botschaft in S. 772
Washington

Carstens informiert über eine Unterredung mit dem amerikanischen Botschafter. Er teilte McGhee mit, daß die Bundesregierung einzelne Erklärungen der drei Westmächte erwarte, falls keine Einigung auf eine gemeinsame Deutschland-Erklärung zustande komme. Ferner zeigte er sich besorgt über französische Tendenzen, das nationale Interesse zu sehr hervorzuheben. McGhee äußerte Skepsis zu den Überlegungen des Staatssekretärs, das bisherige Verfahren zur Einbeziehung von Berlin (West) in Verträge dahingehend zu ändern, daß Berlin – falls nicht ausdrücklich anders vereinbart – als in alle Abkommen einbezogen gelte. Auf die Frage von McGhee, ob beim Treffen der vier Außenminister in London über eine Deutschland-Initiative gesprochen werden solle, erwiderte Carstens, die Bundesregierung wolle so lange keine Vorschläge zur Wiedervereinigung

XCV

machen, wie die UdSSR keine Verhandlungsbereitschaft signalisiere. McGhee regte an, wenigstens „prozedurale Vorschläge" zu unterbreiten.

195 30.04. Aufzeichnung des Legationsrats Blech S. 775

Blech faßt ein Gespräch des Staatssekretärs Carstens mit dem tansanischen Botschafter zusammen. Kahama trug den Wunsch des Präsidenten Nyerere nach Normalisierung der bilateralen Beziehungen, insbesondere nach Fortsetzung der Wirtschaftshilfe unter Ausschluß der Ausrüstungshilfe, vor. Carstens deutete die Bereitschaft an, die vereinbarte Hilfe weitgehend fortzusetzen; noch stehe jedoch ein entsprechender Kabinettsbeschluß aus. Auf seinen Hinweis, er sei nach wie vor „unglücklich" über die Existenz eines Generalkonsulats der DDR in Tansania, erwiderte Kahama, ein Exequatur sei nicht erteilt worden. Nyerere bemühe sich, die Dienststelle der DDR in Daressalam „schrittweise bis zum vollständigen Verschwinden zu reduzieren".

196 30.04. Botschafter Klaiber, Paris, an das Auswärtige Amt S. 778

Klaiber berichtet von einem Gespräch mit dem französischen Außenminister über den Besuch des sowjetischen Außenministers Gromyko vom 25. bis 30. April 1965 in Paris. Couve de Murville betonte, daß der Besuch „völlig unsensationell" verlaufen sei. Die Verbesserung der Beziehungen und die erzielte Übereinstimmung auf Teilgebieten der internationalen Politik könne nicht zuletzt auch der Bundesrepublik nutzen. In der Deutschland-Frage hätten sich allerdings „die Geister geschieden". Während die UdSSR auf der Zwei-Staaten-Theorie beharre, sei die französische Seite für das Selbstbestimmungsrecht der Deutschen eingetreten und habe eine Anerkennung der DDR abgelehnt. Klaiber bedauerte, daß sowohl diese Stellungnahme als auch eine klare Aussage zur Grenzfrage in dem gemeinsamen sowjetisch-französischen Kommuniqué fehlten, so daß Gromyko in einer Pressekonferenz Übereinstimmung mit Frankreich in diesen Punkten habe behaupten können. Couve sagte eine Richtigstellung zu.

197 04.05. Gespräch des Bundesministers Schröder mit dem amerikanischen Botschafter McGhee S. 782

McGhee schildert die Hintergründe für das amerikanische Eingreifen in der Dominikanischen Republik. Er äußert sich kritisch zur französischen Haltung gegenüber der beabsichtigten Deutschland-Erklärung der drei Westmächte. Schröder hält das Schlagwort der „Europäisierung" insofern für gefährlich, als die Öffentlichkeit dahinter bereits die tatsächliche Lösung des Problems vermute und gleichzeitig „neue Mitspracheberechtigte auf der Szene auftauchen könnten". Es sei bedauerlich, daß Frankreich gegenüber der UdSSR und den osteuropäischen Staaten mit einer Anerkennung der Oder-Neiße-Linie und der Unterstützung eines Verbots nuklearer Waffen für die Bundesrepublik operiere. Der Bundesminister befürwortet eine Erörterung der seit dem Vorschlag des Auswärtigen Amts vom 13. August 1963 erarbeiteten Gedanken zu diesem Thema, obwohl ein Konsens wenig wahrscheinlich sei. Solange die Haltung der UdSSR unverändert bleibe, müßten neue Vorschläge, die über einen Appell zur Wiederherstellung der Vier-Mächte-Verantwortung hinausgingen, „unweigerlich zu einer Konsolidierung des Status quo führen". Schröder widerspricht der von McGhee geäußerten Ansicht, die Stagnation der westlichen Deutschlandpolitik sei darauf zurückzuführen, daß die Bundesregierung keine konkreten Vorstellungen entwickelt habe.

198 05.05. Gespräch des Bundeskanzlers Erhard mit dem amerikanischen Botschafter McGhee S. 792

Erhard äußert sich zustimmend zum Militäreinsatz der USA in der Dominikanischen Republik und dankt für die Evakuierung von 30 Deutschen. McGhee informiert über die Bemühungen, die amerikanischen Truppen durch eine Friedensstreitmacht der Organisation Amerikanischer Staaten (OAS) zu ersetzen. Er bedauert, daß bislang eine Deutschland-Erklärung der drei Westmächte nicht zustande gekommen sei; eine Aufnahme des französischen Europäisierungsgedankens sei aber unzumutbar. Zu den französischen Vorstellungen stellt Erhard fest, daß dadurch die „gesamte Rechtslage und auch der moralische Anspruch Deutschlands" zunichte gemacht würden. In einem Europa, wie Staatspräsident de Gaulle es befürworte, „wäre Deutschland nichts anderes als ein französisch-russisches Protektorat".

199 06.05. Aufzeichnung des Vortragenden Legationsrats I. Klasse Oncken S. 795

Oncken zeigt sich besorgt über den ansteigenden Handel der DDR mit den westlichen Verbündeten und deren wachsende Bereitschaft, der DDR Kredite zu gewähren. Dagegen werde der Ausbau des Interzonenhandels, der nicht nur zur Erhaltung der Verbindungen zwischen den beiden Teilen Deutschlands, sondern auch als Druckmittel im Falle von Berlin-Krisen von Bedeutung sei, dadurch beschränkt, daß keine staatlichen Kreditbürgschaften übernommen würden. Das Bundesministerium der Finanzen und das Bundesministerium für Wirtschaft beabsichtigten, dem Bundeskabinett eine Änderung dieser Haltung ebenso zu empfehlen wie den Wegfall der Widerrufsklausel, die von der DDR durch Vergabe von Großaufträgen an andere Länder umgangen würde. Oncken äußert Bedenken, da dann bei kleineren Berlin-Krisen keine Sanktionsmöglichkeiten mehr bestünden. Er weist aber darauf hin, daß die westliche Kreditpolitik es schwer mache, „die IZH-Waffe scharf zu halten", und empfiehlt, die Außenminister der Drei Mächte zur Fortführung einer restriktiven Handelspolitik gegenüber der DDR zu drängen.

200   06.05.   Gespräch des Staatssekretärs Carstens mit dem Leiter der Israel-Mission, Shinnar   S. 800

Carstens teilt Shinnar die Entscheidung der amerikanischen Regierung mit, noch keinen bindenden Liefertermin für Panzer an Israel zuzusagen. Shinnar bittet zu prüfen, ob nicht einige für die Bundeswehr vorgesehene Panzer an die USA rückübereignet und „vielleicht nach mehrwöchiger Verschleierungsphase" von den USA an Israel geliefert werden könnten. Hinsichtlich der Aktion „Geschäftsfreund" erklärt Carstens, die Bundesregierung wolle diese Frage in den Gesamtkomplex der für Israel vorgesehenen Wirtschaftshilfe einordnen. Shinnar hält dagegen an der Auffassung fest, daß die Aktion „Geschäftsfreund" und die in den Besprechungen des Sonderbeauftragten Birrenbach in Tel Aviv erwähnte Wirtschaftshilfe zwei getrennte Vorgänge seien. Carstens betont die Bereitschaft der Bundesregierung, etwa zehn Tage nach Aufnahme der diplomatischen Beziehungen über einen Vorgriff auf die zukünftige Wirtschaftshilfe zu sprechen.

201   07.05.   Botschafter Klaiber, Paris, an das Auswärtige Amt   S. 805

Klaiber gibt Äußerungen des französischen Informationsministers zur deutsch-französischen Zusammenarbeit wieder. Peyrefitte habe vor französischen Journalisten eine „bittere Bilanz" gezogen: Die politische und militärische Kooperation funktioniere nicht, weil die Bundesminister Schröder und von Hassel „von amerikanischen Überlegungen beherrscht" seien. Die Deutschland-Politik der Bundesrepublik sei zwiespältig, weil einerseits die Wiedervereinigung, andererseits gleichzeitig Atomwaffen gefordert würden. Auf die Frage, was Frankreich von der NATO und der SEATO erwarte, habe Peyrefitte geantwortet: „rien".

202   10.05.   Gespräch des Bundesministers Schröder mit den Außenministern der Drei Mächte in London   S. 808

Bundesminister Schröder, der britische und der französische Außenminister, Stewart und Couve de Murville, sowie der Staatssekretär im amerikanischen Außenministerium, Ball, einigen sich über den Wortlaut sowie Zeit und Ort der Veröffentlichung einer Deutschland-Erklärung. Schröder erläutert den Wunsch der Bundesregierung, Berlin (West) künftig ohne ausdrückliche Erwähnung in alle internationalen Vereinbarungen einzubeziehen. Die Gesprächspartner äußern Bedenken gegen diese Umkehrung der Berlin-Klausel und bitten um die Ausarbeitung eines Memorandums. Um eine Aufwertung der DDR durch Intensivierung des Handels zu verhindern und insbesondere um ihre Abhängigkeit vom Interzonenhandel zu erhalten, schlägt Schröder vor, eine gemeinsame „Strategie" für den Handel mit der DDR zu entwickeln. Die Gesprächspartner äußern Bedenken gegen dieses Vorhaben.

203 10.05. Runderlaß des Staatssekretärs Carstens S. 812

Carstens informiert die Botschafter in den arabischen Staaten über den Abschluß der Verhandlungen mit Israel und den Termin der Veröffentlichung des gemeinsamen Kommuniqués. Die Botschafter werden angewiesen, den arabischen Staatsoberhäuptern bzw. Regierungschefs am 12. Mai 1965 ein Schreiben des Bundeskanzlers Erhard zu übergeben und sie über den Inhalt des Kommuniqués und des Briefwechsels zwischen Erhard und Ministerpräsident Eshkol zu unterrichten. In diesem Zusammenhang sei der zivile Charakter der Vereinbarungen ebenso hervorzuheben wie die Tatsache, daß keine gegen die arabischen Staaten gerichteten Abmachungen getroffen worden seien. Auf etwaige Fragen nach künftiger Entwicklungshilfe an die arabischen Staaten solle geantwortet werden, daß sich ein Abbruch der diplomatischen Beziehungen zur Bundesrepublik „kaum günstig" auswirken könne, auch wenn die Leistungen nicht eingestellt würden.

204 10.05. Aufzeichnung des Ministerialdirektors Meyer-Lindenberg S. 815

Meyer-Lindenberg hält fest, daß die französische Regierung Großbritannien und den USA vorgeschlagen habe, das Problem der Entflechtung der deutschen Kohle- und Stahlindustrie abzuschließen, da diese Frage „obsolet geworden" sei. Überlegungen zur Lösung des Entflechtungsproblems gebe es auch bei der Firma Krupp. Sie wolle Aktien in einer Höhe verkaufen, die dem nach der Anordnung der Combined Steel Group vom 4. März 1953 unter Verkaufsauflage stehenden Teil des Firmenkapitals entspräche, und werde keinen weiteren Verlängerungsantrag zur Aussetzung der Verkaufsfrist stellen. Damit wäre die Tätigkeit des Gemischten Ausschusses beendet. In diesem Ausschuß hätte bislang jedoch nur der französische Vertreter Leduc der Auffassung von Krupp Verständnis entgegengebracht, daß lediglich das 1953 vorhandene Aktienkapital der Verkaufsauflage unterstehe. Meyer-Lindenberg schlägt vor, die französische Initiative positiv aufzunehmen und Frankreich über das geplante Vorgehen von Krupp zu unterrichten.

205 12.05. Aufzeichnung des Ministerialdirektors Meyer- S. 819
Lindenberg

Meyer-Lindenberg weist auf die Notwendigkeit hin, zu den zwischen Frankreich und der EURATOM vereinbarten Modalitäten für die Durchführung von Sicherheitskontrollen Stellung zu nehmen, weil ansonsten der Eindruck stillschweigenden Einverständnisses entstünde. Zwar sei mit französischer Verärgerung zu rechnen, wenn die Bundesrepublik Bedenken anmelde; jedoch sollte die Bundesrepublik angesichts „der harten, auf das nationale Interesse" ausgerichteten französischen Haltung in EWG-Fragen ein „Verhandlungspfand" für die Gespräche über die Fusion der Europäischen Gemeinschaften in der Hand behalten. Meyer-Lindenberg schlägt vor, der EURATOM-Kommission ein Aide-mémoire über die deutschen Einwände zuzustellen und Frankreich zuvor in Kenntnis zu setzen.

206 13.05. Gespräch des Bundesministers Schröder mit dem S. 822
amerikanischen Außenminister Rusk in London

Die Gesprächspartner zeigen sich befriedigt über die am Vortag veröffentlichte Deutschland-Erklärung der drei Westmächte. Schröder äußert Besorgnis darüber, daß Frankreich sich unter dem Stichwort „Europäisierung" der Deutschland-Frage mit der UdSSR und den osteuropäischen Staaten beispielsweise über die Oder-Neiße-Linie und eine „Denuklearisierung" der Bundesrepublik verständige, obwohl diese Probleme nicht allein von diesen Staaten geregelt werden könnten. Rusk führt die französische Haltung darauf zurück, daß der von Staatspräsident de Gaulle angestrebte Status in Europa eine Abhängigkeit der Bundesrepublik voraussetze. Die Gesprächspartner klären wechselseitige Mißverständnisse hinsichtlich der Haltung zum MLF-Projekt; der Bundesminister befürwortet eine Fortsetzung der Beratungen in der MLF-Arbeitsgruppe. Zur Deutschland-Frage erklärt er, daß von seiten der Bundesregierung keine weiteren Vorschläge in der Washingtoner Botschaftergruppe zu erwarten seien. Er sei aber bereit, „sehr diskret und auf persönlicher Grundlage bilateral gewisse Fragen der künftigen Entwicklung weiterzuerörtern". Schröder hebt hervor, daß eine Wiedervereinigung Deutschlands nur möglich sei, wenn die USA ihr ganzes Gewicht für dieses Ziel einsetzten.

207 14.05. Gespräch des Bundeskanzlers Erhard mit dem S. 834
tunesischen Botschafter Ben Ayed und dem
marokkanischen Botschafter Boucetta

Erhard zeigt sich erfreut, daß Tunesien und Marokko – anders als die übrigen arabischen Staaten – die diplomatischen Beziehungen zur Bundesrepublik nicht abgebrochen haben. Er versichert, die Bundesregierung wünsche eine Wiederherstellung des traditionellen deutsch-arabischen Freundschaftsverhältnis-

C

ses und werde die Waffenlieferungen an Israel nicht fortsetzen. Die Botschafter betonen, daß keinerlei Zusammenhang zwischen der Entscheidung zur „Aufrechterhaltung der freundschaftlichen Bande" und der Entwicklungshilfe der Bundesrepublik bestehe. Sie mißbilligen den Botschafteraustausch mit Israel, geben jedoch ihrer Freude Ausdruck, daß der Einstellung der Waffenlieferungen an Israel gerade das Problem beseitigt sei, das die jüngste Krise im Nahen Osten ausgelöst habe.

208 14.05. **Aufzeichnung des Staatssekretärs Lahr, z. Z. Brüssel** S. 839

Lahr gibt ein Gespräch mit dem malischen Außenminister wieder. Ba berichtete über Schwierigkeiten mit Frankreich, das nach positiv verlaufenen Verhandlungen über Wirtschaftshilfe seine Unterstützung plötzlich davon abhängig gemacht habe, daß Mali „bedingungslos" der Westafrikanischen Währungsunion beitrete. Dieser „Rückfall in kolonialistische Methoden" sei für Mali unannehmbar. Ba bat um Unterstützung, weil ohne französische Zuwendungen das malische Entwicklungsprogramm in Frage gestellt wäre. Lahr erläuterte, daß allein aufgrund unterschiedlicher Prinzipien der Entwicklungshilfe die Bundesrepublik nicht an die Stelle von Frankreich treten könne. Obwohl sich aus politischen Gründen „offensichtlich Vorsicht" empfehle, spricht sich der Staatssekretär für eine Hilfe zum malischen Entwicklungsprogramm aus und bittet um Prüfung der Möglichkeiten.

209 17.05. **Botschafter Schroeder, Daressalam, an das Auswärtige Amt** S. 841

Schroeder informiert über eine Unterredung mit Präsident Nyerere und dem Staatssekretär im tansanischen Außenministerium, Lukumbuzya. Nyerere äußerte sich zur Auffassung der Bundesregierung, daß die „Beibehaltung einer Zonenvertretung" in Form eines Konsulats der DDR auf Sansibar eine erneute Beeinträchtigung der Beziehungen bedeute. Er habe angenommen, daß dies nach der Eröffnung eines Generalkonsulats der DDR in Daressalam „ohne Belang" sei. Der Botschafter wies darauf hin, daß ihm zugesagt worden sei, die DDR dürfe nur eine Vertretung in Tansania errichten und dem Generalkonsulat werde kein Exequatur erteilt. Lukumbuzya erklärte, „nach innerstaatlichem tansanischem Recht" sei ein Exequatur erforderlich, das jedoch die gleiche Nichtanerkennungsklausel wie für das Generalkonsulat der DDR in Kairo enthalten werde. Schroeder bemerkte daraufhin, daß diese Haltung die bevorstehende Entscheidung des Bundeskabinetts über die Fortsetzung der Entwicklungshilfe ungünstig beeinflussen könne. Der Bot-

CI

schafter spricht sich abschließend dafür aus, die Entwicklungshilfe an Tansania fortzusetzen, da ansonsten mit einer „Trotz-Reaktion" bis hin zur Anerkennung der DDR zu rechnen sei.

210 18.05. **Aufzeichnung des Staatssekretärs Carstens** S. 846

Carstens faßt eine Unterredung mit dem Staatssekretär im Bundesministerium der Verteidigung, Gumbel, zusammen. Ausgehend von der Annahme, daß Frankreich aus der NATO ausscheiden werde, regte Carstens eine Prüfung an, wie die Verteidigung von Deutschland und Europa dann sicherzustellen sei. Gumbel ging davon aus, daß eine deutsch-französische Vereinbarung über eine gemeinsame Verteidigung nicht möglich sein würde, da Frankreich vermutlich das Ausscheiden der Bundesrepublik aus der NATO zur Vorbedingung machen würde. Carstens sprach sich dafür aus, die NATO mit den übrigen Partnern in der bisherigen integrierten Form fortzusetzen und eine befriedigende Zusammenarbeit mit Frankreich zu organisieren. Anderenfalls müßten „sehr bedeutende organisatorische Veränderungen" in der Bundesrepublik erfolgen.

211 19.05. **Vermerk des Ministerialdirektors Sachs** S. 848

Sachs hält fest, daß die Ausrüstungshilfe an Äthiopien, neben Waffenlieferungen als „Polizeihilfe", unter der Rubrik „Fahrzeuge" in der Materialaufgliederung zusätzlich in Großbritannien zu beziehende Schützenpanzer beinhalte. Eine Stornierung dieser Lieferungen würde der Bundesrepublik die Möglichkeit nehmen, den Betrag auf die Devisenhilfe an Großbritannien anzurechnen. Das Bundesministerium der Verteidigung schlage daher vor, Äthiopien den direkten Bezug der Panzer in Großbritannien zu empfehlen. Die Kosten würden von der Bundesrepublik übernommen und auf die Devisenhilfe angerechnet.

212 20.05. **Vermerk des Staatssekretärs Carstens** S. 849

Carstens faßt die Ergebnisse von Gesprächen mit Bundesminister von Hassel und dem Staatssekretär im Bundesministerium der Verteidigung, Gumbel, über die Waffenlieferungen an Portugal zusammen. Hassel hob den geringen Umfang der noch ausstehenden Restlieferungen hervor. Gumbel erklärte, die zuständigen Stellen der Bundeswehr drängten darauf, „überschüssiges Material" abstoßen zu können. Carstens sagte eine Überprüfung der Durchführung von Restlieferungen zu, erklärte aber auch, daß er grundsätzlich die Verschrottung von altem Material einem Verkauf und dadurch hervorgerufenen „politischen Schwierigkeiten größten Ausmaßes" vorziehe.

213	20.05.	Aufzeichnung des Ministerialdirektors Meyer-Lindenberg	S. 851

Meyer-Lindenberg befaßt sich mit den Bedenken des Generaldirektors für auswärtige Angelegenheiten bei der EWG, Herbst, gegen die Ausweitung des Assoziierungssystems der Gemeinschaft in Afrika. Er stellt dazu fest, daß das Handelsvolumen mit Lateinamerika trotz der bevorzugten Stellung der assoziierten afrikanischen Staaten schneller gestiegen sei. Grundsätzlich befürwortet er einen allgemeinen Abbau der Zölle und Kontingente, wodurch sich das Problem der Präferenzen von selbst lösen würde. Als Ausgleich sollte die Entwicklungshilfe der EWG an die afrikanischen Staaten verstärkt werden. Obwohl der Ministerialdirektor einräumt, daß die Begrenzung der Assoziierungen auf europäische Länder die Politik der EWG erleichtern würde, spricht er sich für eine Assoziierung auch der Maghreb-Staaten aus. Dafür sprächen sowohl die durch den EWG-Vertrag vom 25. März 1957 bestehende „moralische Bindung" als auch die politische Erwägung, daß anderenfalls eine stärkere Anlehnung dieser als Verbindung zu Schwarzafrika wichtigen Staaten an den Ostblock zu befürchten sei. Hinsichtlich Israels sieht Meyer-Lindenberg keine Möglichkeit zur Änderung der EWG-Politik; allerdings sei das Handelsabkommen für Israel unzureichend. Grundsätzlich seien Handelserleichterungen auf multilateraler Ebene anzustreben, wenn Assoziierungen nicht in Frage kämen.

214	20.05.	Aufzeichnung des Ministerialdirigenten Graf von Hardenberg	S. 856

Hardenberg legt die pakistanischen Wünsche hinsichtlich einer Ausrüstungshilfe dar, die vor allem in Maschinen und dem Know-how für die Eigenherstellung von Maschinengewehren bzw. für den Schiffbau sowie in einer zusätzlichen Lieferung von Maschinengewehren bestehen soll. Da er im Falle einer Ablehnung eine Belastung der Beziehungen zu Pakistan befürchtet, das bislang dem arabischen Druck auf Revision seiner Deutschland-Politik erfolgreich widerstanden und auch Indonesien günstig beeinflußt habe, plädiert Hardenberg dafür, dem pakistanischen Ersuchen entgegenzukommen. Allerdings sei die Lieferung fertiger Maschinengewehre als Baumuster auf ein Minimum zu beschränken. Auch sollten die Absprachen mit den betreffenden Firmen getroffen werden und „keine finanziellen Verpflichtungen der Bundesregierung" beinhalten.

215	21.05.	Bundesminister Schröder an Bundeskanzler Erhard	S. 859

Schröder erläutert die zwischen der EURATOM-Kommission und Frankreich getroffene Vereinbarung über die Durchführung von Sicherheitskontrollen, die eine „erhebliche Abschwächung" der im EURATOM-Vertrag vom 25. März 1957 vorgesehenen Bestimmungen und zudem eine Ausnahmeregelung zugunsten Frankreichs darstelle, die dem Grundsatz der Gleichbehandlung widerspreche. Änderungsversuche seien jedoch aussichtslos und „politisch bedenklich". Schröder schlägt vor, sich eine Stellungnahme zu der Vereinbarung vorzubehalten, um bei der Verschmelzung der drei Gemeinschaften darauf zurückkommen zu können.

216 21.05. Staatssekretär Carstens an die Botschaft in Djakarta S. 861

Carstens weist die Botschaft an, bei dem geplanten Gespräch mit Präsident Sukarno das Interesse der Bundesregierung an der Pflege der Beziehungen mit Indonesien zu unterstreichen, das auch in der Bereitschaft des Bundestagspräsidenten Gerstenmaier zu einem Besuch zum Ausdruck komme. Auch solle Befriedigung darüber zum Ausdruck gebracht werden, daß nach Aussagen der indonesischen Minister Oemarjadi und Hasan keine Änderung der Deutschlandpolitik zu erwarten sei. Gleichzeitig sei darauf hinzuweisen, daß eine etwaige Anerkennung der DDR als „ein schwerer Affront gegen Deutschland" und als Bruch bisheriger indonesischer Erklärungen angesehen würde, der auf eine Isolierung von Indonesien innerhalb der afro-asiatischen Staaten hinausliefe. Auch müsse mit einem Abbruch der Beziehungen durch die Bundesrepublik gerechnet werden.

217 24.05. Gespräch des Bundesministers Schröder mit dem S. 864
französischen Außenminister Couve de Murville

Der Bundesminister erläutert das Interesse an einer Konferenz der Staats- und Regierungschefs der EWG-Staaten. Er betont den „demonstrativen Wert" und hofft auf eine Einigung hinsichtlich regelmäßiger Zusammenkünfte. Zu seinen Gesprächen mit dem sowjetischen Außenminister Gromyko erklärt Couve de Murville, daß die Unterredung am 16. Mai 1965 in Wien nichts Neues erbracht habe. Schröder weist auf die Sorge über die französische Haltung zur Oder-Neiße-Linie hin. Er bittet, die in der Erklärung der drei Westmächte vom 26. Juni 1964 enthaltene Sprachregelung, wonach die Grenzfragen einem Friedensvertrag vorbehalten blieben, einzuhalten. Der französische Außenminister hält die Unzufriedenheit in der Bundesrepublik für einen Ausdruck der verschlechterten Beziehungen, nachdem der deutsch-französische Vertrag vom 22. Januar 1963 „überhaupt nicht funktioniert habe". Es schließt sich eine Diskussion um den Begriff der „Europäisierung" der Deutschland-Frage an. Während Couve de Murville erklärt, daß eine Wiedervereinigung Deutschlands kaum ohne Beteiligung der angrenzenden Staaten vorstellbar sei, betont Schröder, daß die Bundesrepublik wohl ein Interesse, nicht aber ein Mitspracherecht anderer Staaten anerkennen könne. Über die „absolute Priorität" der Vier-Mächte-Verantwortung müsse Konsens bestehen.

218 24.05. Deutsch-französische Konsultationsbesprechung S. 878

Staatssekretär Carstens dankt der französischen Regierung für die Übernahme der Schutzmachtvertretung in fünf der zehn arabischen Staaten infolge des Abbruchs der diplomatischen Beziehungen zur Bundesrepublik. Er urteilt, der entstandene „Schaden sei nicht irreparabel". Offenbar würden weder die VAR noch der Jemen die DDR diplomatisch anerkennen, wenn auch weiterhin mit der Errichtung eines ägyptischen Generalkonsulats in Ost-Berlin zu rechnen sei. Es gebe schon Hinweise, daß einige Staaten die Beziehungen bald wiederherzustellen wünschten. Hinsichtlich der geplanten Konferenz der blockfreien Staaten in Algier hebt Carstens die Gefahr einer Thematisierung der Deutschland-Frage hervor und zeigt sich besorgt über die Politik Indonesiens. Der Abteilungsleiter im französischen Außenministerium, Lucet, teilt den Eindruck des Staatssekretärs, daß der chinesische Einfluß in Tansania groß sei, aber insgesamt für Afrika nicht überschätzt werden solle. Abschließend erläutert Carstens die Probleme bei den unterbrochenen Verhandlungen mit der Tschechoslowakei über den Austausch von Handelsvertretungen. Während er die mit dem Münchener Abkommen von 1938 zusammenhängenden Schwierigkeiten für überwindbar hält, sieht er für die entscheidendere Frage einer Einbeziehung von Berlin (West) noch keine Lösung.

219 24.05. Deutsch-französische Konsultationsbesprechung S. 889

Staatssekretär Carstens informiert über seine Unterredung mit dem Abteilungsleiter im französischen Außenministerium, Lucet. Anschließend berichten Staatssekretär Lahr und der Abteilungsleiter im französischen Außenministerium, Wormser, über ihre Erörterung der Finanzprobleme der EWG. Einigkeit sei über das Verfahren zur Behandlung der Vorschläge der EWG-Kommission erzielt worden. Über die Vorschläge selbst bestünden jedoch Meinungsverschiedenheiten, insbesondere hinsichtlich einer Überweisung der Einnahmen aus den Abschöpfungen und aus dem gemeinsamen Zolltarif an die Gemeinschaft. Nach französischer Auffassung sollten letztere nicht an die Gemeinschaft gehen, sondern unter den Mitgliedern verrechnet werden. Differenzen seien ferner hinsichtlich des Vorschlags der EWG-Kommission für die Finanzierung der Agrarpolitik zu verzeichnen. Auch die Frage einer Ausweitung der Haushaltsbefugnisse des Europäischen Parlaments sei strittig. Frankreich sei allenfalls bereit, Änderungsvorschläge des Parlaments zum Haushalt zuzulassen, über die mit den Räten der Gemeinschaften beraten würde.

220 24.05. Botschafter Knappstein, Washington, an das S. 896
              Auswärtige Amt

Knappstein berichtet über die Bewertung der Londoner NATO-Ministertagung im amerikanischen Außenministerium. Die Befürwortung der Deutschland-Erklärung der Drei Mächte und die Gespräche des griechischen und des türkischen Außenministers, Kostopoulos und Isik, über Zypern seien die erfreulichsten Entwicklungen der Konferenz gewesen. Angesichts der unklaren französischen Haltung müsse die Planung über die zukünftige Gestaltung des Bündnisses in den Vordergrund gerückt werden. Entsprechende Diskussionsgrundlagen habe der Staatssekretär im amerikanischen Außenministerium, Ball, im NATO-Ministerrat bereits unterbreitet. Aus Sicht des amerikanischen Außenministeriums sei zunächst „unter Wahrung größter Diskretion" eine grundsätzliche Übereinkunft zwischen den USA, Großbritannien und der Bundesrepublik anzustreben.

221 26.05. Vermerk des Staatssekretärs Lahr S. 898

Lahr hält es „nicht für glücklich", daß im Zusammenhang mit einer eventuellen Aufnahme diplomatischer Beziehungen zu den Ostblock-Staaten immer Rumänien an erster Stelle genannt wird. Rumänien müsse deutlich gemacht werden, daß dies keine Selbstverständlichkeit sei und auch Gegenleistungen insbesondere in der Frage der Familienzusammenführung erwartet würden. Daher zeigt sich Lahr befriedigt über den bulgarischen Wunsch, der erste Ostblock-Staat mit diplomatischen Beziehungen zur Bundesrepublik zu werden.

222 26.05. Aufzeichnung des Staatssekretärs Carstens S. 900

Carstens faßt die Ergebnisse einer Ressortbesprechung im Bundeskanzleramt über den Interzonenhandel zusammen. Erörtert wurde die Frage, ob bei einzelnen Geschäften mit der DDR auf eine Widerrufsklausel verzichtet werden könne, da dies die Voraussetzung für langfristige Anlagegeschäfte westdeutscher Firmen in der DDR sei. Carstens wies darauf hin, daß der Zeitpunkt für einen Verzicht auf die Widerrufsklausel ungünstig sei, da die Westmächte gerade zu einer Koordinierung des Handels mit der DDR bewegt werden sollten. Jedoch wurde festgestellt, daß unter den gegebenen Bedingungen „interessante Geschäfte" in andere westliche Staaten gingen und daher der Interzonenhandel zunehmend „seinen Charakter als Druckmittel" gegenüber der DDR verliere. Es wurde beschlossen, Gespräche mit den Westmächten aufzunehmen und ihnen mitzuteilen, daß im Einzelfall auf die Widerrufsklausel verzichtet werden solle. Bei einer „ernsteren" Berlin-Krise müsse der Interzonenhandel – etwa durch fristlose Kündigung des Abkommens über den Interzonenhandel – gestoppt werden.

223	31.05.	**Aufzeichnung des Ministerialdirektors Meyer-Lindenberg**	S. 903

Meyer-Lindenberg hält fest, daß angesichts des Abbruchs der diplomatischen Beziehungen durch Algerien eine Überprüfung der Haltung der Bundesrepublik zu den Assoziierungsverhandlungen zwischen Algerien und der EWG notwendig sei. Er rät von Maßnahmen gegen Algerien ab, da diese das „nicht gewollte Ergebnis" einer Anerkennung der DDR nach sich ziehen könnten und zudem Algerien nicht als einziger der arabischen Staaten „besonders bestraft" werden dürfe. Im Zuge der Verhandlungen zwischen der EWG und Algerien böte sich der Bundesrepublik je nach algerischem Verhalten immer noch die Möglichkeit, ein Assoziierungsabkommen zu verzögern oder zu verhindern.

224	31.05.	**Aufzeichnung des Staatssekretärs Lahr**	S. 905

Lahr faßt die Ergebnisse eines Besuchs in Rumänien zusammen. Der Staatssekretär sieht die besten Voraussetzungen für eine Intensivierung des Verhältnisses im wirtschaftlichen Bereich. Allerdings müsse die Einfuhrpolitik der Bundesrepublik liberalisiert werden. Die rumänische Regierung sei auch gegenüber einem Kulturabkommen positiv eingestellt. Lahr stellt fest, daß Rumänien auf eine „volle Normalisierung" der Beziehungen hoffe, wenn dies auch nicht ausdrücklich thematisiert worden sei. Der rumänische Außenminister Manescu und Ministerpräsident Maurer hätten sich gegenüber der Familienzusammenführung aufgeschlossen gezeigt, allerdings auf die mit einer Erhöhung der Ausreisegenehmigungen verbundenen wirtschaftlichen Schwierigkeiten hingewiesen. Dafür habe er, Lahr, Gegenleistungen in Aussicht gestellt.

225	01.06.	**Runderlaß des Ministerialdirektors Krapf**	S. 909

Krapf hält den Stand der Diskussion über das Problem der „Temporary Travel Documents" (TTD) fest. Er informiert über den Beschluß des Politischen Ausschusses der NATO, die seit dem 18. März 1964 bestehende TTD-Regelung zwar nicht zu modifizieren, jedoch „elastischer anzuwenden". Die Bundesrepublik habe ihren Standpunkt durchsetzen können, daß hohen Funktionären aus der DDR keine TTDs erteilt werden dürften. Schwieriger sei jedoch die Behandlung „nationaler Delegationen und Mannschaften", zumal die Bundesrepublik für internationale Veranstaltungen einer Lockerung der TTD-Sperre zugestimmt habe. Insgesamt stellt Krapf zunehmende Kritik am TTD-System fest. Der Öffentlichkeit in den NATO-Staaten sei kaum verständlich zu machen, daß Deutsche aus der DDR frei in die Bundesrepublik einreisen dürften, in anderen Staaten jedoch den TTD-Beschränkungen unterworfen würden.

226 02.06. Gespräch des Bundeskanzlers Erhard mit Generalsekretär U Thant, UNO, in New York   S. 913

Erhard stellt die Notwendigkeit einer Lösung der Deutschland-Frage für den Frieden in Europa heraus. Er hebt die Bereitschaft zu verstärkter Entwicklungshilfe und zur Beteiligung an dem von Präsident Johnson vorgeschlagenen Entwicklungsprogramm für Südost-Asien hervor. U Thant sieht „das Grundproblem in der Welt" in der wirtschaftlichen Lage vieler Staaten und weist auf die Leistungen der UNO auf dem Gebiet der technischen Hilfe hin. Die Auffassung, daß eine Hauptaufgabe der Industrienationen in der Weitergabe ihrer Erfahrungen liege, wird von Erhard geteilt. Sinnvoll seien kleinere Investitionen in Entwicklungsländern, die der Bevölkerung Arbeitsmöglichkeiten böten.

227 02.06. Gespräch des Bundesministers Schröder mit dem amerikanischen Außenminister Rusk in Washington   S. 918

Rusk erläutert die Anregung des amerikanischen Verteidigungsministers McNamara, ein Gremium für nukleare Zusammenarbeit in der NATO zu bilden. Es handele sich um einen „Vorschlag zu technischen Diskussionen", der unabhängig von einer MLF zu sehen sei. Zur französischen Haltung gegenüber der NATO erläutert Schröder, Staatspräsident de Gaulle sei ein Gegner der Integration und scheine eine Organisation auf der Grundlage bilateraler Verpflichtungen zu bevorzugen. Dessen propagierte europäische Verteidigungsorganisation befinde sich offenbar noch im Stadium der „psychologischen Vorbereitung"; ein Konzept liege noch nicht vor. Die Partner, die an der NATO festzuhalten wünschten, sollten dies deutlich erklären, um dem Eindruck entgegenzuwirken, daß es nur die Alternative zwischen Reform und Auflösung der Allianz gebe. Der amerikanische Außenminister äußert sich im gleichen Sinn und hebt hervor, daß ein „Bilateralismus" für die USA nicht in Frage komme.

228 02.06. Gespräch des Bundesministers Schröder mit dem amerikanischen Außenminister Rusk in Washington   S. 922

Der amerikanische Außenminister schildert den Stand des Vietnam-Konflikts. Alle diplomatischen Bemühungen um Verhandlungen mit der Demokratischen Republik Vietnam (Nordvietnam) seien ergebnislos geblieben. Es gebe keine Anzeichen für ein militärisches Eingreifen der UdSSR oder der Volksrepublik China; zugenommen habe aber die Infiltration nordvietnamesischer Truppenteile in die Republik Vietnam (Südvietnam). Die USA wünschten keinen großen Krieg, würden aber von ihren Verpflichtungen in Vietnam nicht zurücktreten. Die Bombardierung nordvietnamesischer Städte solle diese Entschlossenheit demonstrieren. Die USA seien bemüht, die „sehr schwere und gefährliche Krise" unter Kontrolle zu halten. Der Bundesminister hebt die Bedeutung der Konsultation der NATO-Partner hervor und erkundigt sich dann nach der Situation in der Dominikanischen Republik. Rusk informiert über den Beschluß der Organisation Amerikanischer Staaten (OAS), eine Delegation zur Normalisierung der Verhältnisse zu entsenden, und zeigt sich diesbezüglich „mäßig optimistisch".

229 02.06. Deutsch-amerikanische Regierungsbesprechung in Washington S. 930

Der Staatssekretär im amerikanischen Außenministerium äußert Kritik an der Politik des französischen Staatspräsidenten, die zu einer Zerstörung der NATO zu führen drohe. Den Vorschlag von Ball, Bundeskanzler Erhard möge bei der bevorstehenden deutsch-französischen Zusammenkunft seinen Einfluß geltend machen, hält Bundesminister Schröder für wenig aussichtsreich angesichts der fehlenden Neigung von de Gaulle, „auf die Deutschen Rücksicht zu nehmen". Statt dessen vertritt er die Ansicht, daß die NATO-Partner ihre Absicht zur Fortsetzung des Bündnisses über das Jahr 1969 hinaus bekräftigen sollten, obwohl Frankreich kaum zur Kooperation bewegt werden könne, da es „keine echten Druckmittel" gebe. Auf das verbesserte Verhältnis der Bundesrepublik zu den osteuropäischen Staaten angesprochen, erläutert Schröder, daß eine unmittelbare Wirkung zugunsten der Wiedervereinigung davon nicht erwartet werde. Überlegungen zur Möglichkeit einer Aufnahme diplomatischer Beziehungen bedeuteten keine Änderung des Standpunkts hinsichtlich der Alleinvertretung. In bezug auf die Deutschland-Frage wünscht Schröder einen informellen Austausch zwischen der Bundesrepublik und den USA, bevor die Beratungen in der Washingtoner Botschaftergruppe fortgesetzt würden. Man könne „nicht von Anfang an alle Konzessionen sozusagen ins Schaufenster legen".

230 02.06. Gesandter Freiherr von Ungern-Sternberg, London, an das Auswärtige Amt S. 938

Ungern-Sternberg informiert über die Besprechungen des Bundesministers Scheel mit dem britischen Außenminister. Stewart bezeichnete die Devisenhilfe als wichtigstes Problem in den deutsch-britischen Beziehungen und erkundigte sich, inwieweit die Vergabe von Aufträgen für die Entwicklungshilfe an Großbritannien zu einer Lösung beitragen könnte. Stewart nahm dann zu einem Beitritt zur EWG Stellung, den er längerfristig als „Notwendigkeit für Großbritannien" ansehe. Hauptproblem bleibe die Haltung des Staatspräsidenten de Gaulle. Auf die Frage von Scheel, wie er den Vorschlag der britischen Liberalen Partei beurteile, ein dem deutsch-französischen Vertrag vom 22. Januar 1963 ähnliches Abkommen mit der Bundesrepublik abzuschließen, antwortete Stewart ausweichend.

231 03.06. **Gespräch des Bundesministers Schröder mit dem amerikanischen Sicherheitsberater Bundy in Washington** S. 941

Bundy erläutert die Hintergründe der Situation in der Dominikanischen Republik und konstatiert, die „unmittelbare Gefahr" sei durch die Anwesenheit lateinamerikanischer Truppen entschärft. Hinsichtlich der Lage in Vietnam stellt er eine Konkurrenzsituation zwischen der UdSSR und der Volksrepublik China fest, wobei letztere ihre Unterstützung für die Demokratische Republik Vietnam (Nordvietnam) bislang auf Worte beschränke. Bundy rechnet mit einem langwierigen Kampf in Vietnam. Auf seine Frage nach der Einschätzung der französischen Politik antwortet der Bundesminister, das Verhältnis zu Frankreich sei bis in die SPD hinein „eine Art Glaubensbekenntnis". Ein Ausgangspunkt für „vernünftige" Beziehungen sei noch nicht erreicht. Im Hinblick auf die Deutschland-Frage betont Schröder die Gefahren des französischen Eintretens für eine Europäisierung, da dadurch der „Appetit anderer europäischer Länder gereizt werde". Die Idee, daß ein „Kartell" kleinerer Staaten eine Regelung herbeiführen könnte, sei „Unsinn". Trotz der durch die französische Haltung bevorstehenden Schwierigkeiten in der NATO ist der Bundesminister von deren Bewährung im Ernstfall überzeugt. Er empfiehlt, gegenüber den französischen Vorstellungen auf Zeit zu spielen, aber keinesfalls zuzulassen, daß das Bündnis „demontiert" werde.

232 04.06. **Gespräch des Bundeskanzlers Erhard mit dem amerikanischen Verteidigungsminister McNamara in Washington** S. 947

McNamara erläutert die amerikanische NATO-Strategie. Während er die nukleare Ausstattung der NATO für ausreichend hält, fordert er mit Blick auf einen Ausbau der konventionellen Bewaffnung eine Erhöhung der Verteidigungsbudgets der Bündnispartner. McNamara hofft auf die baldige Errichtung des von ihm vorgeschlagenen Ausschusses von fünf oder sechs Verteidigungsministern, der über eine stärkere Beteiligung aller Partner an der Planung für einen Einsatz nuklearer Waffen und eine verstärkte Konsultation beraten solle. Darin sieht Erhard eine Möglichkeit der Mitsprache für die Bundesregierung, „ohne ihre Position ändern zu müssen". Besorgt äußert er sich über die strategischen und logistischen Konsequenzen eines weiteren französischen Rückzugs aus der NATO, rät aber davon ab, bereits mit Vorbereitungen für den Fall eines französischen Austritts zu beginnen oder mit dem Abzug alliierter Einrichtungen aus Frankreich zu drohen. Beide Gesprächspartner sind überzeugt, daß Staatspräsident de Gaulle seine Verteidigungspolitik nur unter dem „Schutz der amerikanischen Abschreckung" betreiben könne und daher wahrscheinlich im Bündnis bleiben, jedoch die Mitarbeit einstellen werde. Zur

Situation in Vietnam führt McNamara aus, er rechne nicht mit einem chinesischen Eingreifen; auch die UdSSR werde dies nur tun, um eine Intervention der Volksrepublik China zu verhindern oder die eigene Stellung in der Demokratischen Republik Vietnam (Nordvietnam) zu stärken.

233 04.06. Gespräch des Bundeskanzlers Erhard mit dem amerikanischen Außenminister Rusk in Washington S. 953

Die Gesprächspartner befassen sich mit dem Verhältnis zu den osteuropäischen Staaten. Der Bundeskanzler bezweifelt, daß die Schritte zu einer Verbesserung „fast automatisch" zu einer Wiedervereinigung Deutschlands führen könnten, und stellt fest, daß die Frage einer Aufnahme diplomatischer Beziehungen durch die Bundesrepublik nicht aktuell sei. Er zeigt sich besorgt über den „Wettlauf" westlicher Staaten um den Ausbau der Handelsbeziehungen mit den Ostblock-Staaten. Es bestehe die Gefahr, daß sie zu „Gefangenen ihrer eigenen Kreditpolitik" würden, weil Rückzahlungen kaum zu erwarten seien. Daher sollten politische Gegenleistungen gefordert werden, wofür die wirtschaftliche Strategie des Westens koordiniert werden müßte. Der amerikanische Außenminister Rusk teilt diese Ansicht, ist aber skeptisch hinsichtlich der Realisierungschancen. Kritisch äußert sich Erhard zur Ostpolitik des Staatspräsidenten de Gaulle, insbesondere zur offenkundigen Übereinstimmung mit der UdSSR hinsichtlich der Oder-Neiße-Linie und des militärischen Status der Bundesrepublik. Er bekräftigt das Vertrauen in den amerikanischen Schutz, für den auch die Haltung der USA im Vietnam-Konflikt Gewähr biete.

234 04.06. Gespräch des Bundeskanzlers Erhard mit Präsident Johnson in Washington S. 961

Der Bundeskanzler sichert die Unterstützung des geplanten amerikanischen Hilfsprogramms in Südostasien zu. Er sieht für die Gespräche mit Staatspräsident de Gaulle am 11./12. Juni 1965 Schwierigkeiten voraus, da es „kaum mehr eine gemeinsame Position" gebe. Angesichts der bevorstehenden Bundestagswahlen dürfe es nicht zum offenen Konflikt kommen; danach müsse jedoch ein „hartes Gespräch" geführt werden. Zur Lage in Vietnam erläutert Präsident Johnson, er stehe vor der Frage, ob die USA das von der UdSSR in der Demokratischen Republik Vietnam (Nordvietnam) stationierte Kriegsgerät angreifen sollten. Dies könne dazu führen, daß „die Russen die Situation an anderer Stelle aufheizten". Erhard glaubt, grundsätzlich sei eine feste Haltung am ehesten geeignet, „Abenteuern ein Ende zu setzen". Johnson zeigt sich interessiert an einem Gedankenaustausch über die „Formierte Gesellschaft" und äußert sich befriedigt über die Kooperation in der Weltraumforschung. Mit Bewunderung habe er auch beobachtet, wie Erhard „mit dem Israelproblem fertiggeworden sei".

235   04.06.   **Aufzeichnung des Referats II 7**   S. 968

Das Referat „NATO/WEU" nimmt Stellung zu dem Vorschlag des amerikanischen Verteidigungsministers McNamara, zusätzlich zu den Planungen für die MLF/ANF einen engeren Ausschuß aus vier oder fünf Verteidigungsministern einzurichten. Dieses „select committee", das Überlegungen zu einer engeren Einbeziehung der Verbündeten bei der nuklearen Planung sowie zur Schaffung eines Konsultationsmechanismus vor der Einsatzfreigabe für nukleare Waffen anstellen solle, werde zwar die „Unzufriedenheit der Nichtbeteiligten" hervorrufen, jedoch stehe aufgrund des deutschen Verteidigungsbeitrags eine Beteiligung der Bundesrepublik außer Frage. Allerdings dürfe das MLF-Projekt nicht in den Hintergrund gedrängt werden, weil nur diese Streitmacht die Bundesrepublik zum „wirklichen Teilhaber" nuklearer Mitverantwortung machen würde.

236   05.06.   **Legationsrat I. Klasse Hauthal, Kairo, an Staatssekretär Carstens**   S. 970

Hauthal informiert über ein Gespräch mit dem Beauftragten des Präsidenten Nasser für die Rüstungswirtschaft. Zum Wunsch der Bundesregierung, das Recht zur Flaggenführung auf den Konsulaten in Alexandrien und Port Said eingeräumt zu bekommen, erklärte Khalil, dies könne sich die VAR gegenwärtig „einfach nicht leisten", nachdem die Bundesrepublik den Visumzwang eingeführt und den Versuch unternommen hätte, durch bilaterale Gespräche mit einzelnen Staaten die „arabische Einheit zu spalten". Im übrigen solle die Aufmerksamkeit weniger auf den gegenwärtigen Status der Vertretungen als auf eine Wiederherstellung normaler Beziehungen gelenkt werden. Die VAR sei gesprächsbereit und habe deswegen das angekündigte Generalkonsulat in Ost-Berlin noch nicht eröffnet. Khalil regte an, eine Delegation unter Leitung des CDU-Abgeordneten Werner zu Verhandlungen in die VAR zu entsenden.

237   08.06.   **Botschafter Grewe, Paris (NATO), an das Auswärtige Amt**   S. 973

Grewe bestätigt Berichte über eine „zunehmende amerikanische Verstimmung" hinsichtlich der NATO-Politik des Staatspräsidenten de Gaulle. Die französische Haltung zum Bündnis gebe Grund zur Sorge, wenn auch nicht damit gerechnet werden müsse, daß Frankreich die NATO vor 1969 verlassen werde. Grewe vermutet vielmehr, daß de Gaulle die Drohung mit einer Kündigung des NATO-Vertrags zur Durchsetzung seiner Wünsche auf Umgestaltung des westlichen Bündnisses zur „klassischen Allianz ohne amerikanische Führung" benutzen wolle. Möglicherweise werde Frankreich in erster Linie das Vetorecht im NATO-Rat nutzen, um ihm mißliebige Entscheidungen – wie solche zu einer stärkeren Integration des Bündnisses – zu verhindern und gemeinsam finanzierte Unternehmungen zu blockieren.

238 09./10.06. Deutsch-dänische Regierungsbesprechungen S. 976

Ministerpräsident Krag tritt für ein Zusammenwirken zwischen EWG und EFTA ein, wie es der britische Premierminister Wilson angeregt habe. Daraufhin erklärt der dänische Außenminister Haekkerup, sowohl bei der EWG-Kommission als auch beim belgischen Außenminister Spaak bereits Unterstützung gefunden zu haben, und kündigt konkretere Vorschläge an. Bundeskanzler Erhard, Bundesminister Schmücker und Staatssekretär Lahr stimmen den Überlegungen der EFTA zu. Die Gesprächsteilnehmer erörtern Vorschläge zur Erleichterung dänischer Agrarexporte in die EWG. Der Bundeskanzler befürwortet einen regen Handelsverkehr mit den Nachbarstaaten und bekräftigt, die Bundesrepublik fühle sich in der „agrarwirtschaftlichen Inzucht" nicht wohl. Befremden äußert Lahr über die dänische Zollerhöhung für Autoimporte aus Staaten außerhalb der EFTA, die nur den Protektionismus der EWG-Staaten fördern könne. Beide Seiten stimmen überein, daß eine Verteidigung Europas ohne die USA unmöglich sei, und teilen das positive Urteil über den Vorschlag des amerikanischen Verteidigungsministers McNamara, ein Gremium für nukleare Zusammenarbeit in der NATO zu bilden. Bundesminister Schröder und Staatssekretär Lahr erläutern die Ostpolitik der Bundesregierung und heben das gute Verhältnis zu Rumänien hervor. Zum Wunsch des Bundeskanzlers nach einer Differenzierung zwischen der DDR und den übrigen Ostblock-Staaten in der Handelspolitik bemerkt Haekkerup, der Gesamtumfang des Handels mit der DDR sei gering, für die betroffenen Gewerbezweige jedoch wesentlich.

239 09.06. Botschafter Blankenhorn, London, an das Auswärtige Amt S. 992

Blankenhorn berichtet über die positiven Reaktionen in Regierungskreisen und in der britischen Öffentlichkeit auf den Besuch der Königin Elizabeth II. vom 18. bis 28. Mai in der Bundesrepublik. Es würden nun Möglichkeiten für eine „fruchtbare Phase" der deutsch-britischen Beziehungen, etwa für eine weitergehende Zusammenarbeit in der Entwicklungshilfe und in der Rüstungswirtschaft, gesehen, ohne daß bislang konkretere Vorstellungen bestünden. Angesichts der wirtschaftlichen Probleme stehe zunächst eine Regelung der Kosten für die Rheinarmee im Vordergrund des britischen Interesses. Blankenhorn spricht sich für eine Intensivierung der beiderseitigen Beziehungen aus, die auch genutzt werden könnten, um den „Divergenzen und Desintegrationserscheinungen" im westlichen Bündnis entgegenzuwirken. Zudem könne dies die deutsche Position gegenüber Frankreich stärken und Möglichkeiten eröffnen, Großbritannien davon abzubringen, Entspannung auf „nicht genehmen Wegen" zu suchen.

240 10.06. Aufzeichnung des Ministerialdirektors Krapf S. 994

Als Folge einer am 11. Juni 1965 zur Abstimmung stehenden UNO-Resolution für eine Weltabrüstungskonferenz sieht Krapf das Problem der deutschen Beteiligung auf die Bundesrepublik zukommen. Da eine Einladung an „alle Länder" geplant sei, müsse sich die Bundesrepublik darauf vorbereiten, ebenso wie die DDR zur Teilnahme aufgefordert zu werden. Dies würde zwar keine Anerkennung, wohl aber eine Aufwertung der DDR bedeuten, der damit auch der Weg in andere internationale Gremien geebnet würde. Eine Nichtteilnahme der Bundesrepublik wegen der Anwesenheit der DDR werde das Zusammentreten der Konferenz nicht verhindern, aber die Bundesrepublik dem Vorwurf aussetzen, sie stelle sich „der allgemeinen Abrüstung unter dem Vorwand des SBZ-Problems" entgegen. Umgekehrt könne das Forum genutzt werden, um die Deutschland- und Sicherheitspolitik der Bundesrepublik „vor der Weltöffentlichkeit aktiv zu vertreten". Krapf regt an, sich um eine möglichst große Anzahl von Nichtanerkennungserklärungen der beteiligten Staaten zu bemühen und dadurch die Aufwertung der DDR zu mindern.

241 10.06. Staatssekretär a. D. van Scherpenberg, z. Z. Addis S. 998
Abeba, an das Auswärtige Amt

Scherpenberg informiert über ein Gespräch mit dem äthiopischen Kaiser. Haile Selassie sprach die Erwartung aus, daß die Deutschland-Frage Gegenstand der bevorstehenden Zweiten Afro-asiatischen Konferenz in Algier sein werde. Scherpenberg wies darauf hin, daß diese Frage nicht in Abwesenheit der Bundesrepublik behandelt werden sollte. Haile Selassie bat um Einwirkung auf die OCAM-Staaten, sich weiterhin in der Organisation für afrikanische Einheit zu engagieren, da ansonsten eine „Radikalisierung der afrikanischen Gruppen" zu befürchten sei. Mißtrauisch zeigte sich der Kaiser gegenüber der Ausrüstungshilfe der Bundesrepublik an Somalia, die laut Scherpenberg verhindern solle, daß Somalia „zum ausschließlichen Tummelplatz der Russen und Chinesen" würde. Der ebenfalls anwesende Ministerpräsident Habte Wold wies darauf hin, daß an eine

Juni

Änderung der aus der Kolonialzeit stammenden Grenzen innerhalb Afrikas nicht zu denken sei, wenn Afrika nicht in einen „Kampf aller gegen alle" geraten solle.

242 11.06. Gespräch des Bundeskanzlers Erhard mit Staatspräsident de Gaulle S. 1002

Der französische Staatspräsident zeigt Interesse am Vorschlag des amerikanischen Verteidigungsministers McNamara zur Bildung eines nuklearen Konsultationsgremiums innerhalb der NATO, mit dem jedoch auch keine Gewißheit über die Verteidigungsbereitschaft der USA für Europa zu gewinnen sei. Ein direkter Schlag der USA gegen die UdSSR sei wegen des drohenden Gegenschlags unwahrscheinlich. Allenfalls könne mit dem Einsatz der in Europa stationierten taktischen Kernwaffen gerechnet werden, der jedoch eine Zerstörung Westeuropas bedeuten würde. Die Lösung liege allein in der „totalen Abschreckung". Erhard bekräftigt sein Vertrauen in das amerikanische Schutzversprechen, das durch das Vorgehen der USA in Vietnam bestärkt werde. Seine Frage, ob die Force de frappe tatsächlich eine Alternative darstelle, bejaht de Gaulle mit dem Argument, daß deren Abschreckungswirkung wegen der Gewißheit ihres Einsatzes gegen sowjetische Ziele größer sein könnte als die des amerikanischen Potentials. De Gaulle teilt die Auffassung, daß das Bündnis mit den USA erhalten werden müsse, wendet sich aber gegen die Organisationsstruktur der NATO und kündigt ein Ausscheiden Frankreichs für das Jahr 1969 an.

243 11.06. Gespräch des Bundesministers Schröder mit dem französischen Außenminister Couve de Murville S. 1009

Schröder informiert über den Besuch des Bundeskanzlers Erhard in Washington sowie über die Gespräche mit dem dänischen Ministerpräsidenten in Bonn. Krag habe erwähnt, daß die EFTA ein Gremium zur Vorbereitung einer Annäherung an die EWG bilden wolle. Die Bundesregierung schlage vor, eine entsprechende Arbeitsgruppe auch in der EWG zu bestellen. Der Abteilungsleiter im französischen Außenministerium, Wormser, teilt zu seinen Gesprächen mit dem niederländischen Außenministerium sowie mit dem italienischen Außenminister in Paris mit, die Haltung der niederländischen Regierung sei „sehr extrem". Sie erwäge, dem Europäischen Parlament ein Vetorecht gegen Verordnungen des Ministerrats einzuräumen und von ihm Vorschläge für eine „moderne" Steuer zur Finanzierung der EWG ausarbeiten zu lassen. Dagegen habe sich Fanfani auf die Anregung beschränkt, dem Parlament zu einer besseren Nutzung seiner bisherigen Rechte zu verhelfen. Wormser legt dar, daß der Ministerrat das entscheidende Gremium bleiben müsse. Dieser könne „eines Tages" eine Überweisung der Zolleinnahmen an die Gemeinschaft beschließen. Zur Finanzierung des

CXV

Agrarmarkts, über die am 30. Juni 1965 beschlossen werden solle, müsse ein Verteilungsschlüssel gefunden werden, der den finanziellen Möglichkeiten der einzelnen Staaten Rechnung trage.

244 11.06. Gespräch des Bundeskanzlers Erhard mit Staats- S. 1016
präsident de Gaulle

Erhard berichtet über ein Gespräch mit Ministerpräsident Pompidou und konstatiert Einigkeit darüber, daß ungeachtet einer Befugniserweiterung für das Europäische Parlament der EWG-Ministerrat die „entscheidende Instanz" bleibe. Für die NATO räumt er Reformmöglichkeiten ein, betont jedoch, die Bundesregierung müsse „auf der Integration bestehen". Der französische Staatspräsident präzisiert seine Konzeption dahingehend, daß Frankreich nach 1969 Beistandspakte mit den USA, Großbritannien und der Bundesrepublik schließen solle. De Gaulle bekundet Zustimmung zu einer Gipfelkonferenz über die europäische politische Zusammenarbeit, „sobald das Wesentliche in Brüssel geschaffen sei". Erhard glaubt, daß eine schnelle Einigung über die EWG-Agrarfragen kaum denkbar sei, und spricht sich für eine gemeinsame Erklärung zugunsten der Konferenz „ohne Angaben von Daten oder Bedingungen" aus. Zur Deutschland-Frage führt er aus, die von französischer Seite befürwortete Europäisierung dürfe nicht zur Verwässerung der Vier-Mächte-Verantwortung führen. Es müsse deutlich „zwischen Verantwortlichen und Interessierten" unterschieden werden. Vor ernsthaften Verhandlungen dürfe es nicht zu einem „Ausverkauf der Positionen" kommen, und daher könne gegenwärtig weder über die Grenzen noch über den militärischen Status Deutschlands gesprochen werden.

245 11.06. Gespräch der Bundesminister Schmücker und Dahl- S. 1026
grün mit dem französischen Finanz- und Wirtschaftsminister Giscard d'Estaing

Giscard d'Estaing erläutert einen „Kompromißvorschlag" zur Finanzierung der EWG. Für die von Bundesminister Schmücker geforderten gleichmäßigen Fortschritte bei der Harmonisierung der Umsatzsteuer, der Beseitigung der Binnenzölle und der Einführung gemeinsamer Außenzölle, einer liberalen Handelspolitik sowie eines eigenen Finanzsystems der Gemeinschaft sieht er Konsensmöglichkeiten. Hinsichtlich der geplanten deutsch-französischen Studienkommissionen im Bereich der Wirtschaft wird als erster Gesprächstermin der 25. Juni 1965 in Aussicht genommen.

| 246 | 12.06. | Gespräch des Bundeskanzlers Erhard mit Staatspräsident de Gaulle | S. 1029 |

Der französische Staatspräsident bekräftigt die Vier-Mächte-Verantwortung für Deutschland, wiederholt jedoch, daß eine „europäische Einigung" über die Wiedervereinigung herbeigeführt werden müsse. Frankreich habe deshalb auf einer entsprechenden Formulierung in der jüngsten Erklärung der Drei Mächte bestanden. De Gaulle vertritt die Ansicht, die UdSSR habe auf das Ziel einer Beherrschung Westeuropas verzichtet und hoffe, die USA für eine Festschreibung des Status quo zu gewinnen. Frankreich dagegen wünsche eine gesamteuropäische Verständigung, die eine deutsche Wiedervereinigung einschließe. Daher sei es „nicht praktisch", von einer Revision der Grenzen oder einer nuklearen Teilhabe Deutschlands zu sprechen. Erhard tritt für eine Koordinierung der Handelspolitik gegenüber den Ostblock-Staaten sowie für größere Zurückhaltung bei der Kreditgewährung ein und weist besonders hinsichtlich der DDR auf die nachteiligen Konsequenzen der westlichen Geschäftsbereitschaft hin. Er erläutert, daß die Krise im Nahen Osten ihn bewogen habe, „für sich alleine" den Entschluß zur Aufnahme diplomatischer Beziehungen mit Israel zu fassen. Darauf bestätigt de Gaulle, Erhard habe „gut manövriert". Die Anregung des Bundeskanzlers, eine Gipfelkonferenz zur europäischen politischen Zusammenarbeit anzukündigen, lehnt er ab. Dies könne erst erfolgen, wenn eine Einigung über die Agrarfragen erzielt sei.

| 247 | 12.06. | Aufzeichnung des Staatssekretärs Lahr | S. 1039 |

Lahr stellt eine „erfreuliche Annäherung" des deutschen und französischen Standpunkts zu den EWG-Fragen fest. So bestehe Einigkeit, daß der gemeinsame Agrarmarkt und die Zollunion gleichzeitig zu schaffen seien und daß einige Zeit nach dem Fortfall der internen Zollgrenzen auch die Aufhebung der Steuergrenzen folgen sollte. Beide Seiten wünschten einen Erfolg der Kennedy-Runde und eine Regelung der Agrarfinanzen bis zum 30. Juni 1965. Auch stimmten sie überein, daß bei entsprechendem Finanzbedarf die Zolleinnahmen der Gemeinschaft zufallen sollten und das Europäische Parlament stärker an der Debatte über den Haushalt zu beteiligen sei.

| 248 | 12.06. | Ausführungen des französischen Außenministers Couve de Murville und des Staatspräsidenten de Gaulle | S. 1041 |

Zu dem von Staatssekretär Lahr vorgelegten Arbeitspapier über die vordringlichen Probleme in der EWG bemerkt der französische Außenminister, daß Frankreich den Punkten zugestimmt habe, die deutsche Interessen beträfen, es hinsichtlich der Finanzregelung aber offenbar zu einem Mißverständnis gekommen sei. Couve de Murville hebt hervor, daß Frankreich bis zum 30. Juni 1965 die Finanzregelung für die restliche Übergangszeit festgelegt wissen wolle und er daher nicht mit dem deutschen Vorschlag einverstanden sei, sich – weil die Lösung der diskutierten Fragen „ein höchst kompliziertes Problem" sei – lediglich auf die Verlängerung der Agrarfinanzierung um ein weiteres Jahr zu verständigen. Staatspräsident de Gaulle stellt zwar eine Annäherung der Standpunkte fest; sollten sich die beiden Regierungen jedoch im Vorfeld der am 28. Juni 1965 beginnenden EWG-Ministerratstagung nicht auf eine gemeinsame Position einigen können, befürchtet er, daß die Verhandlungen „sehr konfus" würden. Angesichts dieser Lage meldet er „zu allen in den beiden Tagen besprochenen Punkten Vorbehalte" an.

249 14.06. Bundesminister Schröder an Bundesminister Mende S. 1044

Schröder erläutert die Zurückhaltung des Auswärtigen Amts gegenüber einem Staatsbesuch des Präsidenten Stroessner. Er verkennt nicht die paraguayische Unterstützung in der Deutschland- und Berlin-Frage, sieht die Beziehungen jedoch beeinträchtigt durch die paraguayische Haltung zum Auslieferungsersuchen für den ehemaligen Lagerarzt des Konzentrationslagers Auschwitz, Mengele. Angesichts der Presseberichterstattung über diesen Fall glaubt der Bundesminister, daß ein Staatsbesuch von Stroessner ein „unerfreuliches Echo" haben würde. Keinen Einfluß habe der Fall Mengele allerdings auf die Fortsetzung der Entwicklungshilfe an Paraguay gehabt.

250 14.06. Legationsrat Enders, Daressalam, an das S. 1046
Auswärtige Amt

Enders berichtet, daß die tansanische Regierung eine Übernahme der Ausbildung der tansanischen Seepolizei durch die Niederlande prüfe, grundsätzlich jedoch auf einer Rückkehr der Marineberater aus der Bundesrepublik bestehe und zunächst die Entscheidung der Bundesregierung über die Fortsetzung der Seepolizeihilfe abwarte. Der Staatssekretär im tansanischen Präsidialamt habe darauf hingewiesen, daß dem Generalkonsul der DDR, Lessing, kein Exequatur erteilt werde. Enders hält fest, er habe Namata auf anderslautende Aussagen des Präsidenten Nyerere aufmerksam gemacht, die der Erfüllung der tansanischen Wünsche „nicht gerade förderlich" seien. Der Legationsrat resümiert, Namata sei offenbar schlecht unterrichtet, und es könne nicht damit gerechnet werden, daß er genügend Einfluß habe, eine Exequatur-Erteilung für das DDR-Generalkonsulat in Daressalam zu verhindern.

CXVIII

251 16.06. Aufzeichnung des Ministerialdirektors Krapf S. 1049

Krapf faßt die Ergebnisse einer Staatssekretärbesprechung zu Kontakten mit der DDR zusammen. Zur einseitigen Kündigung der Vereinbarung über die Binnenschiffahrt durch die DDR wurde beschlossen, mit einem Schreiben an die zuständige Abteilung des Verkehrsministeriums der DDR zu reagieren, obwohl die Kontaktaufnahme mit einer oberen DDR-Behörde „nicht erfreulich" sei. Nicht eingegangen werden solle dagegen auf die Forderung der DDR nach Abschluß eines neuen, durch die Verkehrsministerien auszuhandelnden Tarifvertrags im Eisenbahnverkehr. Bemühungen um eine „Aufwertung der Zone" verzeichneten die Staatssekretäre auch in den Verhandlungen über den Interzonenhandel. Zur Passierschein-Vereinbarung bemerkte Bundesminister Westrick, daß nur eine Verlängerung, keinesfalls aber eine Änderung der Regelung vom 24. September 1964 in Frage käme.

252 17.06. Botschafter Knappstein, Washington, an das Auswärtige Amt S. 1054

Knappstein informiert über Gespräche des Bundesministers für gesamtdeutsche Fragen mit dem amerikanischen Außenminister und mit Unterstaatssekretär Thompson. Gegenüber Rusk machte Mende auf die Gefahr aufmerksam, daß sich das gestiegene Selbstbewußtsein der Bevölkerung der DDR zu „einer Art von Staatsbewußtsein" entwickeln könnte. Einer Entfremdung zwischen den beiden Teilen der Nation sei nur durch eine Intensivierung der Kontakte zu begegnen. Zum Vorschlag gesamtdeutscher Kommissionen bemerkte Mende, die UdSSR sei nicht bereit, im Rahmen der Vier-Mächte-Verantwortung ein entsprechendes Mandat zu erteilen. Er zeigte sich besorgt, daß die UdSSR und die DDR vor der Bundestagswahl „Unruhe stiften" könnten, und verwies auf die Kündigung der Bahn- und Wasserstraßentarife. Rusk erläuterte die aus dem Vietnam-Konflikt resultierenden Spannungen zwischen den USA und der UdSSR. Die jetzige sowjetische Regierung scheine „konservativer und engherziger" als ihre Vorgängerin zu sein und stehe dem Ausbau der Beziehungen der USA zu den osteuropäischen Staaten mißtrauisch gegenüber. Thompson äußerte Zweifel an einer sowjetischen Zustimmung zu der mit gesamtdeutschen Kommissionen verbundenen „Verlängerung der Viermächteverantwortung".

253 18.06. Gespräch des Bundesministers Schröder mit dem ehemaligen britischen Schatzkanzler Maudling S. 1058

Die Gesprächspartner erörtern die Europa-Politik. Maudling spricht sich sowohl gegen ein „Europa der Vaterländer" als auch gegen Bestrebungen aus, bei der europäischen Einigung „in zu kurzer Zeit zuviel erreichen" zu wollen. Schröder tritt für praktische Lösungen im Sinne einer wirtschaftlichen, politischen und verteidigungspolitischen Zusammenarbeit der europäischen Staaten ein. Er bezeichnet die französische Haltung gegenüber den USA als „extrem" und die Konzeption einer rein europäischen Verteidigung als „unmöglich, unnützlich und unvernünftig". Hinsichtlich der nuklearen Zusammenarbeit hält er, vor allem aus psychologischen Gründen, eine multilaterale Organisation im Sinne der ANF oder MLF für wichtig.

254 18.06. Gespräch des Bundesministers Schröder mit dem marokkanischen Außenminister Benhima S. 1060

Benhima führt aus, daß für den geplanten Besuch des Königs Hassan II. in Bonn, der im März 1965 wegen der Ankündigung diplomatischer Beziehungen zwischen der Bundesrepublik und Israel „etwas heikel" erschienen sei, jetzt ein Termin festgelegt werden könne. Zur marokkanischen Haltung in der Nahost-Krise erläuterte er, die Fortsetzung der diplomatischen Beziehungen zur Bundesrepublik sei „nicht konjunkturell bedingt gewesen". Sie habe ihre Gründe in dem aus der eigenen nationalen Geschichte erwachsenden Verständnis für die Bemühungen um eine Überwindung der Teilung Deutschlands. Das Verhalten der VAR sei nicht auf das „Palästina-Problem", sondern auf eine Absprache mit der UdSSR zurückgegangen, nach der Präsident Nasser den Auftakt zur Anerkennung der DDR durch eine größere Zahl arabischer und blockfreier Staaten habe geben sollen. Gegen die Annahme eines solchen „kompletten Komplotts" spricht nach Auffassung von Schröder, daß Nasser seine Haltung zur Anerkennung der DDR geändert habe. Denn Nasser räume den Beziehungen zur Bundesrepublik weiterhin Priorität ein, wolle gleichzeitig aber diejenigen zur DDR soweit wie möglich entwickeln.

255 18.06. Botschafter Soltmann, Nairobi, an das Auswärtige Amt S. 1066

Soltmann informiert über ein Gespräch mit dem kenianischen Präsidenten, den er über die Bemühungen unterrichtete, durch das deutsch-britische Devisenausgleichsabkommen einen Weg für weitere Ausrüstungshilfe an Kenia zu finden. Kenyatta berichtete über die Verhinderung eines Besuchs des chinesischen Ministerpräsidenten Tschou En-lai in Kenia. Er bekräftigte, daß er am Prinzip festhalten werde, von einem geteilten Staat jeweils nur einen Teil anzuerkennen. Zur Ablehnung sowjetischer Waffenhilfe erläuterte Kenyatta, er habe dem sowjetischen Stellvertretenden Außenminister Malik erklärt, daß sein Land „kein zweitklassiges Material" brauche, da es bereits über moderne Waffen verfüge. Angesichts der klaren Haltung des kenianischen Präsidenten gegenüber dem Kommunismus und insbesondere auch gegenüber der DDR spricht Soltmann sich dafür aus, Kenia zum „Schwerpunktgebiet" in Ostafrika zu machen und Kapitalhilfe in entsprechender Größenordnung vorzusehen.

256 19.06. Aufzeichnung des Ministerialdirigenten Pauls S. 1070

Als Ergebnis der bevorstehenden Wirtschaftsverhandlungen mit Israel sieht Pauls „Unmut und Enttäuschung" aufgrund unerfüllbarer israelischer Vorstellungen über jährliche nicht rückzahlbare Beträge von 240 Millionen DM voraus, zugleich aber auch arabische Empörung wegen der Höhe der Kreditzusagen. In jedem Fall müsse der Eindruck vermieden werden, daß es sich bei der Entwicklungshilfe an Israel um eine Wiedergutmachungsleistung handele. Angesichts der Tatsache, daß Israel noch nie etwas zur Unterstützung des Standpunkts der Bundesrepublik in der Deutschland-Frage getan habe, plädiert Pauls zudem dafür, die Israel-Hilfe mit „eindrucksvoller" Unterstützung für einige „besonders bewährte Freunde" im arabischen Raum zu verbinden. Er empfiehlt, die Finanzhilfe an Marokko und Tunesien zu verdreifachen und diesen Staaten 210 bzw. 145 Millionen DM anzubieten sowie die technische Hilfe an Libyen zu erweitern.

257 21.06. Staatssekretär Lahr an Staatssekretär Grund, S. 1072
Bundesministerium der Finanzen

Lahr bestätigt, daß an Israel eine Zahlung von 75 Millionen DM in Anrechnung auf das Ergebnis der in einigen Monaten stattfindenden Wirtschaftsverhandlungen erfolgen soll. Offen sei noch der Umfang der auf das gesamte Jahr 1965 entfallenden Hilfe. Das Auswärtige Amt schlage 150 Millionen DM vor. Die israelische Forderung, über die bisherige Hilfe hinaus zusätzliche jährliche Zahlungen in Höhe von 200 Millionen DM zu leisten, sei von seiten der Bundesregierung zurückgewiesen worden. Bundeskanzler Erhard habe am 12. Mai 1965 beim Austausch des Briefwechsels anläßlich der Aufnahme diplomatischer Beziehungen deutlich gemacht, daß es nur eine einzige Form von Wirtschaftshilfe geben könne.

258 21.06. Botschafter Böx, Oslo, an das Auswärtige Amt S. 1074

Böx informiert über ein Gespräch mit dem Staatssekretär im norwegischen Außenministerium. Boyesen berichtete über die ihm während eines Besuchs in Polen unterbreiteten Disengagement-Pläne. Es werde an einen Vertrag europäischer Mächte über die Nichtverbreitung von Atomwaffen gedacht und eine Annäherung von NATO und Warschauer Pakt angestrebt. Die polnische Regierung sei besorgt, daß anderenfalls eine Vereinbarung zwischen den USA und der UdSSR unter Beteiligung der Bundesrepublik zustande käme, in der „große Gefahren für

CXXI

den nationalen Bestand Polens" gesehen würden. Sie trete daher für die Schaffung einer atomwaffenfreien und in einem zweiten Schritt auch rüstungsverdünnten mitteleuropäischen Zone ein und sei auch zu Kontrollen bereit. Böx machte deutlich, daß ein europäisches Sicherheitssystem aus Sicht der Bundesrepublik die Wiedervereinigung Deutschlands voraussetze. Der Botschafter berichtet abschließend, Boyesen sehe in dem vom amerikanischen Verteidigungsminister McNamara angeregten „select committee" zur Behandlung atomarer Fragen eine Möglichkeit zur Beteiligung an der nuklearen Verantwortung im Bündnis, die „viel besser" als eine MLF/ANF sei.

259 23.06. Aufzeichnung des Ministerialdirektors Krapf S. 1078

Krapf referiert den britischen Entwurf eines Abkommens über die Nichtverbreitung von Kernwaffen: Die Nuklearstaaten sollen sich verpflichten, die Verfügungsgewalt über Kernwaffen weder an Nichtnuklearstaaten noch an „irgendwelche Staatengruppen" zu übertragen. Ferner sollen die nichtnuklearen Staaten auf die Herstellung von Kernwaffen ebenso verzichten wie auf die Verfügungsgewalt im Rahmen einer Gemeinschaft ohne Zustimmung einer Nuklearmacht. Krapf stellt fest, daß diese Überlegungen dem gegenwärtigen Diskussionsstand „in keiner Weise mehr Rechnung tragen". Die Schaffung einer europäischen Atomstreitmacht bleibe zwar möglich, wenn die beteiligten Nuklearmächte das Veto über den Einsatz behielten. Insgesamt aber gingen die vorgesehenen Verpflichtungen einseitig zu Lasten der nichtnuklearen Staaten, während den Atommächten keinerlei Gegenleistungen abverlangt würden. Außerdem könnte eine „Mitunterzeichnung der SBZ" ähnliche Probleme aufwerfen wie beim Teststopp-Abkommen vom 5. August 1963. Krapf plädiert dafür, dem Vertragsentwurf die Zustimmung zu versagen und bei der Diskussion im Ständigen NATO-Rat hervorzuheben, daß die Bundesrepublik nukleare Bindungen gegenüber dem Ostblock erst nach Klärung der nuklearen Frage in der NATO einzugehen bereit sei.

260 23.06 Aufzeichnung des Vortragenden Legationsrats S. 1083
I. Klasse von Plehwe

Plehwe erörtert den Vorschlag regelmäßiger Konsultationen mit der britischen Regierung. Er rät von einer formellen Festlegung ab, da zum einen Großbritannien eher an formlosen Abmachungen interessiert sein dürfte, zum anderen Frankreich darin „ein gezieltes Konkurrenz-Unternehmen" zum deutsch-französischen Vertrag vom 22. Januar 1963 sehen würde. Angesichts des nach dem erfolgreichen Besuch der Königin Elizabeth II. in der Bundesrepublik bestehenden Wunsches nach Festigung der

Beziehungen regt Plehwe jedoch an, ohne ausdrückliche Vereinbarung eine Vermehrung der Gespräche „auf allen möglichen Ebenen" anzustreben.

261 24.06. **Gespräch des Bundeskanzlers Erhard mit Vertretern der Drei Mächte** S. 1086

Erhard sieht in den jüngsten Störmaßnahmen der DDR in Berlin eine „systematische Politik", die Entschlossenheit der drei Westmächte zum Schutz von Berlin (West) zu testen. Er fordert eine über Proteste hinausgehende Reaktion und spricht sich für eine koordinierte, restriktivere Handelspolitik gegenüber der DDR aus. Der französische Botschafter Seydoux unterscheidet zwischen den Hubschrauberflügen der Nationalen Volksarmee über Berlin (West), die die Rechte der Drei Mächte tangierten, und den Maßnahmen beim innerstädtischen und beim Transit-Verkehr, die eher die Bundesregierung beträfen. Er stellt fest, daß die Bundesrepublik in den Verhandlungen über den Eisenbahnverkehr durchaus erfolgreich agiert habe. Zum Hinweis des ebenfalls anwesenden Bundesministers Mende auf die schlechte psychologische Stimmung in Berlin (West) wegen der Hubschrauberflüge bemerkt der britische Botschaftsrat Stark, daß seit dem 21. Juni 1965 keine Flüge mehr registriert worden seien.

262 29.06. **Aufzeichnung des Ministerialdirektors Krapf** S. 1091

Krapf nimmt zu polnischen Vorstellungen zur Nichtverbreitung von Kernwaffen Stellung, deren Ziel darin bestehe, die nichtnuklearen europäischen Staaten vom Zugang zu Atomwaffen auch innerhalb multilateraler Organisationen fernzuhalten. Die Nichtverbreitung von Kernwaffen könne aber nur weltweit geregelt werden. Anderenfalls werde das Problem der europäischen Sicherheit berührt, das ohne gleichzeitige politische Regelungen nicht lösbar sei. Da zudem das westliche Territorium der UdSSR nicht einbezogen werde, bestehe die Gefahr, daß das Kräftegleichgewicht „zuungunsten des Westens" verschoben werde. Krapf schlägt vor, eine Diskussion der – noch nicht offiziellen – polnischen Vorschläge im Ständigen NATO-Rat anzuregen und die Verbündeten vorsorglich über die Haltung der Bundesrepublik zu unterrichten.

263 29.06. **Aufzeichnung des Ministerialdirektors Meyer-Lindenberg** S. 1094

Meyer-Lindenberg hält fest, daß der nigrische Minister für öffentliche Arbeiten, Kaziende, Bundesminister Schröder ein Schreiben des Präsidenten Diori an Bundeskanzler Erhard übergeben habe, in dem um Unterstützung bei der „Unterdrückung der Subversion in Niger" gebeten werde. Die nigrische

Regierung sei wiederholt mit der Bitte um Finanzhilfe für den geheimen Nachrichtendienst an die Bundesregierung herangetreten. Meyer-Lindenberg befürwortet eine umgehende Zahlung von 250 000 DM an Diori, da der Niger zu den „treuesten Verfechtern der Wiedervereinigung Deutschlands" gehöre und gegen „kommunistisch inspirierte Umsturzversuche" abgeschirmt werden müsse. Damit würde auch ein Beitrag zur „Bekämpfung kommunistischer subversiver Aktivität" in Afrika geleistet.

264 30.06. **Botschafter Blankenhorn, z. Z. Luxemburg, an das Auswärtige Amt** S. 1096

Blankenhorn berichtet über die WEU-Ministerratssitzung vom 29./30. Juni 1965. Der britische Außenminister Stewart sprach sich für eine stärkere Zusammenarbeit zwischen EWG und EFTA, insbesondere für engere Kontakte auf Ministerebene aus. Der stellvertretende belgische Außenminister Fayat regte die Ausarbeitung entsprechender Vorschläge für die nächste WEU-Ministerratssitzung an. Zu den Ost-West-Beziehungen bemerkte Bundesminister Schröder, daß das sowjetische Engagement in Vietnam zu einer Reduzierung des außenpolitischen Spielraums der UdSSR geführt habe. Daher werde die DDR nicht mehr daran gehindert, „in Berlin bis hart an die Grenze der Eskalation" zu gehen. Hinsichtlich der Nahost-Politik wies Schröder darauf hin, daß „wesentliche Positionsgewinne der Zone" bislang nicht zu verzeichnen seien, jedoch mit weiteren Versuchen der DDR gerechnet werden müsse, in arabischen Staaten Fuß zu fassen. Im Gegensatz zum Staatssekretär im französischen Außenministerium, Habib-Deloncle, bekundete Schröder Verständnis für das Bestreben der USA, eine „kommunistische Machtergreifung" in der Dominikanischen Republik zu verhindern. Die Minister beschlossen, weitere Überlegungen zur Koordinierung der Zusammenarbeit der WEU-Staaten in Lateinamerika anzustellen.

265 03.07. **Aufzeichnung des Staatssekretärs Lahr** S. 1101

Zur Vorbereitung des bevorstehenden Gesprächs des Bundesministers Schröder mit dem französischen Botschafter Seydoux faßt Lahr die im EWG-Ministerrat vom 28. bis 30. Juni 1965 in Brüssel zutage getretenen Differenzen über die Finanzierung des gemeinsamen Agrarmarkts zusammen. Die Forderung Frankreichs, sich in einer „isolierten Entscheidung" auf fünf Jahre „bedingungslos" festzulegen, sei für die übrigen Mitgliedstaaten unzumutbar. Die Bundesrepublik halte an der schon bisher gezeigten Verständigungsbereitschaft fest, müsse jedoch eine Berücksichtigung ihrer Interessen hinsichtlich der gemeinsamen Steuerpolitik, der Verhandlungen in der Kennedy-Runde und der Kreditpolitik gegenüber den Ostblock-Staaten und der

DDR erwarten. Es sei „ein unmöglicher Zustand", wenn im Jahr der Bundestagswahlen der Eindruck entstehe, die EWG sei in erster Linie eine Vereinigung zur Finanzierung wachsender französischer Agrarüberschüsse. Besonders unverständlich seien die öffentlichen französischen Beschwerden über die Haltung der Bundesregierung.

266 03.07. **Gespräch des Bundesministers Schröder mit dem französischen Botschafter Seydoux** S. 1105

Schröder äußert Besorgnis über die mit dem EWG-Ministerrat vom 28. bis 30. Juni 1965 entstandene Krise der Gemeinschaft. Er bittet um Konsultation „nach Maßgabe des deutsch-französischen Vertrages", bevor Frankreich die angekündigten „politischen, wirtschaftlichen und rechtlichen Konsequenzen" ziehe. Der Botschafter hebt hervor, die französische Regierung habe Konzessionen zugunsten einer Regelung der Agrarfinanzierung gemacht, aber letztlich den Eindruck gewonnen, daß „der Wille zu einer Einigung nicht bestanden habe". Dagegen erklärt der Bundesminister, daß eine Lösung hätte erreicht werden können, wenn über das Stichdatum des 30. Juni hinaus verhandelt worden wäre. Alle EWG-Staaten wünschten einen Kompromiß, der allerdings auch von anderen Wünschen abhängig sei, so daß es um einen „Gesamtbeschluß" gehen müsse. Seydoux bedauert, daß während der deutsch-französischen Konsultationsbesprechung vom 12. Juni keine Verständigung erzielt worden sei. Auf den Hinweis von Schröder, daß nun erneut die EWG-Kommission „berechtigt und verpflichtet" sei, Vorschläge zu unterbreiten, entgegnet der Botschafter, die bisherigen Initiativen der Kommission „hätten in Paris sehr enttäuscht".

267 05.07. **Aufzeichnung des Staatssekretärs Lahr** S. 1113

Lahr faßt die Ergebnisse einer Sitzung des Staatssekretärausschusses für Europafragen zusammen. Übereinstimmung bestand in der Einschätzung, daß Frankreich keinesfalls aus der EWG ausscheiden werde. Staatspräsident de Gaulle halte Frankreich für die Führungsmacht der Gemeinschaft und erwarte offenbar, daß „die Partner bei ihm bald antichambrieren werden". Ein Wettlauf um die Initiative zur Überwindung der Krise müsse jedoch vermieden werden, weil es Aufgabe der EWG-Kommission sei, neue Vorschläge zu unterbreiten. Für die am 26./27. Juli 1965 vorgesehene EWG-Ministerratstagung solle auf eine Erörterung der Handels- und Steuerpolitik gedrängt und eine isolierte Behandlung der Agrarfinanzierung abgelehnt werden. Die Bundesregierung müsse unverändert „ausgewogene Lösungen zum Fortschritt der Gemeinschaft" fordern.

268 06.07. **Gespräch des Bundeskanzlers Erhard mit den** S. 1118
Botschaftern der Drei Mächte

Der amerikanische Botschafter führt aus, die Lage in Berlin (West) biete nach Klärung der jüngsten Störungen im Bahn- und Schiffsverkehr keinen Anlaß zur Besorgnis. Hinsichtlich Ost-Berlins bekräftigt McGhee, daß die USA „auf ihrem Recht bestünden", auch wenn es seit einiger Zeit nicht ausgeübt worden sei; noch sei allerdings nicht entschieden, ob und wann die Kontrollflüge über Ost-Berlin wiederaufgenommen würden. Der Bundeskanzler sowie der gleichfalls anwesende Bundesminister Westrick drängen angesichts der Schwierigkeiten bei den Verhandlungen über den Interzonenhandel darauf, eine gemeinsame westliche Handelspolitik gegenüber der DDR zu verfolgen. Der britische Botschafter Roberts informiert über den Umfang der britischen Exporte in die DDR und die seit kurzem verstärkte Inanspruchnahme von Krediten mit fünfjähriger Laufzeit. Für eine Einwirkung durch handelspolitische Maßnahmen sieht er die Bundesrepublik angesichts des erheblich größeren Handelsvolumens mit der DDR in einer „sehr viel stärkeren Position". Der französische Botschafter Seydoux betont die Notwendigkeit zur Geschlossenheit, um jede „Aufwertung der Zone" zu vermeiden.

269 07.07. **Gespräch des Bundeskanzlers Erhard mit** S. 1123
Staatspräsident Saragat

Der Bundeskanzler eröffnet die zunächst unter vier Augen stattfindende Unterredung mit einer Beurteilung der Europa-Politik des französischen Staatspräsidenten. Erhard erklärt, daß „der jetzige Husarenritt de Gaulles nicht ganz ernst zu nehmen" sei, und plädiert für Gelassenheit. Auch der italienische Staatspräsident glaubt nicht, daß de Gaulle die EWG „zerstören" wolle, da seine „Feindschaft" eher der NATO gelte. Erhard erläutert die französische Haltung, die auf einen Rückzug aus der NATO hinziele. Hinsichtlich der europäischen Politik treten beide Gesprächspartner für Behutsamkeit und Geschlossenheit gegenüber Frankreich ein. Im erweiterten Kreis betont der italienische Außenminister Fanfani sein Befremden über das französische Verhalten während der EWG-Ministerratssitzung vom 28. bis 30. Juni 1965 in Brüssel. Der Bundeskanzler stellt fest, daß die Bundesrepublik durch die Regelung des Getreidepreises im Dezember 1964 den Weg nach Europa geebnet habe. Sie könne für eine Konferenz der Regierungschefs der EWG-Staaten, die von de Gaulle grundsätzlich bereits akzeptiert worden sei, keinen zusätzlichen Preis zahlen.

270	08.07.	**Gespräch des Bundesministers Schröder mit dem französischen Botschafter Seydoux**	S. 1130

Gemäß der von Schröder im Gespräch vom 3. Juli 1965 geäußerten Bitte erläutert der Botschafter den Standpunkt Frankreichs zur EWG-Krise. Er hebt hervor, daß die Bundesregierung über die französische Haltung hinsichtlich der Finanzierung der Agrarpolitik informiert worden sei. Frankreich habe gegenüber den Wünschen der übrigen EWG-Staaten großes Entgegenkommen gezeigt, sei dafür aber „schlecht belohnt" worden. Während andere versucht hätten, die Priorität der Finanzregelung zu „verschleiern", halte die französische Regierung daran auch weiterhin fest. Die Verantwortung für die Krise treffe die EWG-Kommission, die ihre Vorschläge „etwas unzeitgemäß" vorgelegt und ohne vorherige Konsultation an die Öffentlichkeit gebracht habe. Der Bundesminister bemerkt, daß die Vorschläge bereits drei Monate lang diskutiert und am 12. Mai 1965 im Europäischen Parlament behandelt worden seien. Er bestätigt sodann die Bedeutung der Agrarfinanzierung, betont aber zugleich die Notwendigkeit einer gleichgewichtigen Fortentwicklung der Gemeinschaft. Zudem habe die EWG-Kommission das Recht und die Pflicht, Vorschläge zu unterbreiten, und sei inzwischen mit der Erarbeitung einer Grundlage für weitere Verhandlungen beauftragt worden.

271	08.07.	**Botschafter Sachs, Brüssel (EWG/EAG), an das Auswärtige Amt**	S. 1138

Der Botschafter berichtet von den Beratungen der Ständigen Vertreter bei EWG und EAG über die weitere Zusammenarbeit nach dem französischen Rückzug aus den wesentlichen Gremien der Gemeinschaften. Der italienische Botschafter Venturini und Sachs traten für eine normale Fortsetzung der Konsultationen und Entscheidungen ein, während die Vertreter der übrigen Mitgliedstaaten Zurückhaltung zeigten und lediglich zur Mitwirkung an laufenden Entscheidungsprozessen bereit waren. Der belgische Botschafter van der Meulen äußerte Bedenken gegen eine Beratung des Haushalts auf der EWG-Ministerratssitzung am 26./27. Juli 1965 und zweifelte, ob in Abwesenheit einer Delegation überhaupt Ratsbeschlüsse gefaßt werden sollten. Sachs resümiert, daß die Haltung der Benelux-Staaten noch nicht genau eingeschätzt werden könne.

272	09.07.	**Gespräch des Bundesministers Schröder mit dem amerikanischen Botschafter McGhee**	S. 1142

Anläßlich des Besuchs des italienischen Staatspräsidenten informiert der Bundesminister, daß Saragat sowohl zur Deutschland-Frage als auch zu EWG und NATO „absolut positiv" eingestellt sei. Zur geplanten MLF/ANF und zum Vorschlag des amerikanischen Verteidigungsministers McNamara, inner-

CXXVII

halb der NATO einen Ministerausschuß für nukleare Zusammenarbeit einzurichten, betont Schröder, daß „die beiden Dinge nichts miteinander zu tun hätten". Ausweichend beantwortet er die Frage nach einem Zusammenhang zwischen dem Deutschland-Problem und einem Abkommen über die Nichtverbreitung von Kernwaffen. McGhee bekräftigt, daß die amerikanische Haltung zur Nichtverbreitung unverändert sei und daß die Wiedervereinigung Deutschlands „doch eine gute Belohnung" für einen Beitritt der Bundesrepublik wäre. Zur EWG-Krise erläutert Schröder, er halte es für falsch, die EWG-Kommission – wie Frankreich es beabsichtige – zu schwächen, und betont, daß die Bundesrepublik an ihren Forderungen hinsichtlich einer Zollunion, einer Steuerharmonisierung und einer gemeinsamen Außenhandelspolitik festhalte.

273 09.07. Aufzeichnung des Ministerialdirektors Krapf S. 1147

Krapf nimmt zum Vorschlag des amerikanischen Verteidigungsministers McNamara Stellung, innerhalb der NATO einen Ministerausschuß für die nukleare Zusammenarbeit einzurichten. Das „select committee" solle eine verstärkte Konsultation gewährleisten und dem NATO-Ministerrat Vorschläge für eine bessere Koordinierung der Einsatzplanung von Kernwaffen und der bestehenden Nachrichtenverbindungen vorlegen. Krapf konstatiert, daß Frankreich auf den Vorschlag negativ reagiert habe. Als Motiv vermutet er, daß die französische Regierung an einer Mitverantwortung der nichtnuklearen Staaten desinteressiert sei, und zwar aus Sorge vor einer engeren Bindung der NATO-Staaten an die USA und vor einer Beschränkung der eigenen Handlungsfreiheit. Für den Fall eines französischen Vetos spricht sich Krapf gegen die Einrichtung des geplanten Gremiums außerhalb des Bündnisses aus, da dies die deutsch-französischen Beziehungen belasten und zu einer Ersetzung der NATO durch bi- oder multilaterale Zusammenarbeit einzelner NATO-Staaten außerhalb der NATO führen könnte.

274 09.07. Aufzeichnung des Ministerialdirektors Krapf S. 1152

Krapf rekapituliert den Stand der Verhandlungen über die MLF/ANF. Auch Großbritannien trete inzwischen für die Unterstellung der geplanten Atomstreitmacht unter den Oberbefehlshaber der NATO ein, halte eine gemischtnationale Bemannung von U-Booten grundsätzlich für denkbar und bestehe nicht mehr auf der Schaffung von zusätzlichen Konsultationsgremien. Voraussetzung sei allerdings aus britischer Sicht eine Regelung zur Nichtverbreitung von Kernwaffen. Krapf schlägt vor, sich für eine Behandlung dieses Themas außerhalb der MLF/ANF-Arbeitsgruppe einzusetzen.

CXXVIII

			Juli

275 09.07. Botschafter Knappstein, Washington, an das Auswärtige Amt — S. 1155

Der Botschafter berichtet über ein Gespräch mit dem amerikanischen Außenminister. Knappstein brachte Besorgnis wegen der Diskussionen in den USA über die Nichtverbreitung von Kernwaffen zum Ausdruck. Demgegenüber hob Rusk nachdrücklich hervor, daß es ohne die MLF oder eine andere gleichgewichtige nukleare Organisation keine Nichtverbreitungsregelung geben werde. Er ließ jedoch keinen Zweifel daran, daß die von der Bundesrepublik hergestellte Verbindung zwischen einem entsprechenden Abkommen und der Deutschland-Frage nicht akzeptiert werde. Einig waren sich die Gesprächspartner in der Ablehnung des britischen Entwurfs für einen Nichtverbreitungsvertrag.

276 12.07. Telefongespräch des Bundesministers Schröder mit dem luxemburgischen Staatsminister Werner — S. 1159

Schröder erklärt, daß zur Lösung der EWG-Krise neue Vorschläge der EWG-Kommission hinsichtlich der Agrarfinanzierung abgewartet werden sollten, und bekräftigt das Interesse an einer ausgewogenen Fortentwicklung der Gemeinschaft. Werner teilt die Ansicht, daß die Kommission nicht „gedemütigt und in ihren Funktionen gemindert" werden dürfe, hält es jedoch für taktisch wichtig, die Fragen der Einnahmen und der parlamentarischen Kontrolle nicht in die neuen Vorschläge einzubeziehen. Während für die Agrarfinanzen eine definitive Regelung gefunden werden müsse, genüge für die übrigen Probleme die Aufstellung eines Zeitplans. Auf der EWG-Ministerratssitzung am 26./27. Juli 1965 sollten die schon Ende Juni erörterten Themen nicht behandelt werden, wenn auf französischer Seite keine Gesprächsbereitschaft bestehe. Schröder spricht sich dafür aus, daß die Vorschläge der EWG-Kommission vorgetragen, aber erst nach der Sommerpause diskutiert werden sollten.

277 13.07. Aufzeichnung des Ministerialdirektors Krapf — S. 1162

Zur Vorbereitung der Kabinettssitzung am 14. Juli 1965 faßt Krapf die Ergebnisse einer Staatssekretärbesprechung vom Vortag zum Stand der innerdeutschen Kontakte zusammen. Der Staatssekretär im Bundesministerium für Wirtschaft, Langer, berichtete über die Schwierigkeiten bei den Verhandlungen über ein neues Interzonen-Handelsabkommen, die auf die Ablehnung der bisherigen Währungsgebietsklausel durch die DDR zurückzuführen seien. Der Staatssekretär im Bundesministerium für gesamtdeutsche Fragen, Krautwig, sprach sich für eine feste Haltung in dieser Frage aus, während der Chef des Presse- und Informationsamtes, von Hase, auf die Popularität hinwies, die der Interzonenhandel in der Öffentlichkeit genieße. Krapf wies darauf hin, daß die Westmächte für einen störungsfreien Handelsverkehr einträten und daher vermutlich eine entgegenkommendere Haltung befürworteten. Hinsichtlich der Tarifneuregelung im interzonalen Schiffsverkehr durch die DDR machte der Staatssekretär im Bundesministerium für Verkehr, Seiermann, darauf aufmerksam, daß sie nicht nur zu Kostensteigerungen, sondern auch zu Kostenminderungen führen würde.

278 13.07. **Botschafter Klaiber, Paris, an das Auswärtige Amt** S. 1165

Klaiber informiert über Äußerungen des stellvertretenden Leiters des französischen Generalsekretariats der nationalen Verteidigung. Maillard habe festgestellt, daß die fehlenden Fortschritte bei der europäischen Einigung auf „gewisse Widersprüchlichkeiten" der Politik der Partner zurückzuführen seien: So strebe die Bundesrepublik eine umfassende Integration an, ohne „die unausweichlichen politischen und militärischen Konsequenzen" daraus zu ziehen; die Niederlande wünschten die Einbeziehung Großbritanniens und zugleich ein supranationales Europa. Bedauerlich sei ferner, daß keine engere deutsch-französische Kooperation in Verteidigungsfragen zustande gekommen sei. Frankreich hätte der Bundesrepublik „nicht offen Atomwaffen anbieten können", jedoch sei einem einheitlichen europäischen Verteidigungsinstrument der Weg geebnet worden. Eine MLF dagegen, so gibt Klaiber das Fazit von Maillard wieder, gebe der Bundesrepublik „nichts, koste viel Geld und verärgere den General".

279 14.07. **Aufzeichnung des Ministerialdirektors Krapf** S. 1168

Krapf informiert, daß die Verhandlungen mit der sowjetischen Fluggesellschaft Aeroflot über die Einrichtung einer Direktverbindung zwischen Moskau und Frankfurt/Main abgeschlossen seien. Angesichts der noch immer ausstehenden Stellungnahme der drei Westmächte habe Staatssekretär Lahr Weisung gegeben, ihnen mitzuteilen, daß der Flugverkehr am 1. Oktober 1965 aufgenommen werden könne. Krapf rät davon ab, ohne vorherige Zustimmung der Drei Mächte zu handeln, da ihnen die Verantwortung für die Kontrolle des sowjetischen Flugverkehrs über der Bundesrepublik zukomme. Auf die Dringlichkeit einer Entscheidung sei in der Bonner Vierergruppe bereits hingewiesen worden; nötigenfalls müsse dies auf höherer Ebene bekräftigt werden.

280 14.07. **Botschafter Klaiber, Paris, an das Auswärtige Amt** S. 1170

Aus einer Unterredung mit dem französischen Außenminister gibt Klaiber Informationen über dessen Gespräche mit Amtskollegen zur EWG-Krise wieder. Gegenüber dem niederländischen Außenminister Luns habe Couve de Murville der EWG-Kommission und Italien die „Hauptschuld" am Scheitern der Verhandlungen im EWG-Ministerrat vom 28. bis 30. Juni 1965 zugewiesen und betont, daß Frankreich die EWG-Kommission nicht als Vermittler akzeptieren könne. Von Luns sei bekräftigt worden, daß eine Beeinträchtigung der Kompetenzen der Kommission sowie der Römischen Verträge „nicht tragbar" sei. Der italienische Außenminister Fanfani habe einen Kompromiß hinsichtlich der Agrarfinanzierung in Aussicht gestellt und gebeten, den geplanten Boykott der EWG-Ministerratstagung am 26./27. Juli 1965 nochmals zu überdenken. Der belgische Außenminister Spaak habe dagegen Verständnis für die französische Haltung gezeigt und den „supranationalen Übereifer" der EWG-Kommission kritisiert. Klaiber nimmt an, daß der Eindruck einer „Einheitsfront" der Partner die französische Haltung nur verhärten werde. Er prognostiziert eine Kompromißbereitschaft, sobald Frankreich seine Interessen stärker berücksichtigt fände.

281 14.07. **Staatssekretär Carstens an die Ständige Vertretung bei der NATO in Paris** S. 1174

Carstens übermittelt eine Stellungnahme zum britischen bzw. kanadischen Entwurf eines Vertrags über die Nichtverbreitung von Kernwaffen. Er führt aus, die Bundesrepublik bekenne sich zum Grundsatz der Nichtverbreitung, wünsche aber vor einer Vereinbarung mit der UdSSR eine Klärung der mit der nuklearen Verteidigung zusammenhängenden Fragen innerhalb der NATO. Wie andere nichtnukleare Staaten halte die Bundesrepublik Auflagen auch für die Nuklearmächte für erforderlich und befürworte daher den kanadischen Vorschlag für Sicherheitskontrollen. Die in beiden Vertragsentwürfen vorgesehene Beitrittsmöglichkeit für „alle Staaten" müsse allerdings wegen der DDR zumindest mit einer „disclaimer-clause" verbunden werden. Es sei ferner darauf hinzuweisen, daß ein Nichtverbreitungsabkommen das Problem der europäischen Sicherheit und damit die Deutschland-Frage berühre. Schließlich sei davon auszugehen, daß das sowjetische Interesse vorrangig der Verhinderung einer MLF/ANF und weniger einem Nichtverbreitungsabkommen gelte.

282 14.07. **Aufzeichnung des Staatssekretärs Carstens** S. 1179

Carstens gibt ein Gespräch mit dem Unterstaatssekretär im amerikanischen Außenministerium am 12. Juli 1965 in Paris wieder. Ball äußerte die Erwartung, daß Frankreich die „militärische Integration zu beseitigen" suchen und alsbald die Entfernung militärischer NATO-Einrichtungen von französischem Territorium bzw. ihre Unterstellung unter französisches Kommando verlangen werde. Deshalb wollten die USA schon jetzt mit den Partnern in Überlegungen über die Konsequenzen eintreten. Die amerikanische Regierung erwäge, Frankreich von

Anfang an mit der Grundsatzfrage nach seiner Stellung zur NATO zu konfrontieren. Carstens betonte die Bedeutung der bisherigen NATO-Organisation, die Verpflichtung zur deutsch-französischen Konsultation und die Überzeugung, daß Frankreich keine „Umkehrung der Allianzen" plane.

283 16.07. **Botschafter Siegfried, Brüssel, an das Auswärtige Amt** S. 1181

Siegfried informiert über eine Unterredung mit dem belgischen Außenminister am Vortag. Spaak stellte eine „erhebliche Feindseligkeit" Frankreichs gegenüber der EWG-Kommission fest, was die Lage insofern erschwere, als ein Vorschlag zur Überwindung der Krise der Gemeinschaft von der Kommission kommen müsse. Eine Regelung der Agrarfinanzierung bezeichnete er als dringlich, hielt es jedoch für verfrüht, dem Europäischen Parlament größere Befugnisse einzuräumen, da es wegen der Zusammensetzung aus Delegationen der nationalen Parlamente „nicht genügend repräsentativ" sei. Spaak sagte seine Teilnahme an der Sitzung des EWG-Ministerrats am 26./27. Juli 1965 zu, obwohl dieser wegen des „leeren Stuhls der Franzosen" nicht beschlußfähig sei. Das Fernbleiben Frankreichs stelle eine Vertragsverletzung dar, aber auch eine Tagung in Abwesenheit einzelner Ratsmitglieder bedeute einen Verstoß gegen den EWG-Vertrag.

284 17.07. **Bundesminister Schröder an Bundeskanzler Erhard** S. 1184

Schröder informiert, daß mit der am 14. Juli 1965 erfolgten Erteilung des Exequaturs die angekündigte Errichtung eines Generalkonsulats der VAR in Ost-Berlin vollzogen sei. Es handele sich um das erste nichtkommunistische Generalkonsulat in der DDR und damit einen „gefährlichen Präzendenzfall". Daher müsse eine „wirksame Gegenmaßnahme" gefunden werden, damit nicht andere Staaten dem „Kairoer Beispiel" folgen würden. Nach der bereits verfügten Einstellung weiterer Entwicklungshilfe durch die Bundesrepublik und dem Abbruch der diplomatischen Beziehungen durch die VAR komme nur die Schließung der ägyptischen Generalkonsulate in Frankfurt/Main und Hamburg in Betracht. Zwar werde der ägyptische Präsident Nasser „gefühlsbetont" reagieren, doch sei eine Aufnahme diplomatischer Beziehungen mit der DDR unwahrscheinlich und allenfalls eine Schließung des Konsulats der Bundesrepublik in Alexandrien und des Wahlkonsulats in Port Said zu erwarten. Schröder kommt zu dem Schluß, daß das Bundeskabinett möglichst bald die Aufhebung der Generalkonsulate beschließen sollte.

		Juli
285	18.07.	Gespräch des Bundeskanzlers Erhard mit Präsident Frei in München S. 1188

Erhard gratuliert zum Wahlerfolg des chilenischen Präsidenten und betont, die Bundesregierung verteidige „die gleichen gesellschaftspolitischen Prinzipien". Er erkundigt sich nach Möglichkeiten zur Koordinierung der europäischen Entwicklungshilfe an Chile und nach den Aussichten für eine lateinamerikanische Freihandelszone. Frei erläutert das chilenische Wirtschaftsprogramm, bei dem die Inflationsbekämpfung im Vordergrund stehe, und berichtet über politische und soziale Widerstände gegen die beabsichtigte Agrarreform. Die Gesprächspartner sind sich einig, daß sowohl in der Landwirtschaft als auch im Bereich der gewerblichen Wirtschaft vor allem kleine und mittlere Betriebe zu fördern seien. Der chilenische Präsident hebt die Bedeutung der amerikanischen Hilfe für Lateinamerika hervor, bedauert jedoch, „daß die USA zur Stärkung von Militärregimen beitrügen". Er sieht die „kommunistische Gefahr" vor allem vor dem Hintergrund der Inflation und der Arbeitslosigkeit. Dieser Gefahr müsse durch gezielte Förderung der demokratischen Parteien und der demokratisch orientierten Gewerkschaftsbewegung in Lateinamerika begegnet werden.

286	19.07.	Runderlaß des Ministerialdirektors Krapf S. 1197

Krapf übermittelt eine Sprachregelung zu den Bemühungen der Bundesregierung, das Verfahren zur Einbeziehung von Berlin (West) in Verträge der Bundesrepublik zu vereinfachen. Durch die vorzeitig bekanntgewordene Anregung gegenüber den drei Westmächten, in künftigen Abkommen auf eine Berlin-Klausel zu verzichten und Berlin (West) stillschweigend als einbezogen zu betrachten, sei in der Öffentlichkeit der „völlig irrige" Eindruck entstanden, die Bundesregierung habe ihre feste Haltung in dieser Frage aufgegeben. Krapf hebt hervor, daß die angestrebte Verbesserung des Verfahrens gerade der Erhaltung der „lebenswichtigen Verbindung zwischen dem Bund und Berlin" dienen werde.

287	19.07.	Aufzeichnung des Staatssekretärs Carstens S. 1200

Carstens berichtet über ein Gespräch mit dem Unterstaatssekretär im britischen Außenministerium am 12. Juli 1965. Lord Hood erklärte, daß zum Jahresende mit französischen Maßnahmen zum Abbau der integrierten Organisation der NATO zu rechnen sei, und plädierte für eine deutliche Willensbekundung der übrigen Mitgliedstaaten zur Erhaltung der bestehenden Bündnisstrukturen. Er empfahl, mögliche Konsequenzen zu erörtern, hielt jedoch einen französischen Bruch mit der NATO im Sinne einer „Umkehrung der Allianzen" für unwahrscheinlich. Den amerikanischen Gedanken, „schon bei den ersten fran-

CXXXIII

zösischen Maßnahmen das Gesamtproblem aufzurollen", lehnte Hood ab. Wenn es zu einem Zusammenstoß komme, solle Frankreich die Verantwortung dafür überlassen werden.

288 20.07. Aufzeichnung des Ministerialdirigenten Ruete S. 1203

Ruete rekapituliert die Haltung zur Nichtverbreitung von Kernwaffen. Nach der „Irischen Resolution" der UNO-Generalversammlung vom 4. Dezember 1961 habe die Bundesregierung verschiedene Vorschläge der USA unterstützt und lediglich darauf hingewiesen, daß sich diese nicht auf Europa oder Deutschland beschränken und keine Beeinträchtigung der Verteidigungsfähigkeit der NATO verursachen dürften. Im Dezember 1963 habe Bundesminister Schröder erstmals den Standpunkt vertreten, daß „eine weitere Bindung im nuklearen Bereich" erst nach Realisierung der geplanten MLF eingegangen werden könnte. Obwohl die Alliierten Verständnis für diese Haltung hätten, strebten sie angesichts der sowjetischen Ablehnung einer MLF dennoch den baldigen Abschluß eines Nichtverbreitungsabkommens an. Sie beabsichtigten auch keine Verknüpfung mit politischen Fragen, während die Bundesrepublik seit Ende 1964 darauf hinzuwirken suche, ihre Mitwirkung von sowjetischen Gegenleistungen zugunsten der Deutschland-Frage abhängig zu machen. Ruete resümiert, daß die kürzliche öffentliche Bekräftigung dieses Standpunkts durch Schröder „nur eine Ausgangsposition sein" solle, die nicht aufrechterhalten werden könne.

289 20.07. Aufzeichnung des Botschafters Schmidt-Horix S. 1208

Schmidt-Horix faßt ein Gespräch mit dem rumänischen Stellvertretenden Außenminister zusammen. Macovei bekräftigte das Einverständnis, Berlin (West) in ein Kulturabkommen einzubeziehen. Hinsichtlich der Familienzusammenführung sagte er eine individuelle Prüfung aller Fälle zu, betonte jedoch die Ablehnung einer „Globallösung". Der Botschafter beharrte auf der Einhaltung der „eindeutigen Vereinbarungen" hinsichtlich des Status der Handelsvertretung der Bundesrepublik in Bukarest und gab der Hoffnung Ausdruck, daß diese baldmöglichst Paß- und Sichtvermerksbefugnisse ausüben könne. Demgegenüber bestritt Macovei eine Absprache über die Ausstellung von Pässen durch die Handelsvertretungen, hob aber hervor, daß Rumänien einer entsprechenden Vereinbarung nicht abgeneigt sei.

290 20.07. Aufzeichnung des Botschafters Schmidt-Horix S. 1212

Der Botschafter erläutert die Ergebnisse der Verhandlungen mit Rumänien über den Handelsverkehr. Das Warenabkommen vom 24. Dezember 1963 wurde bis zum 31. Dezember 1969 verlängert, und zwar durch Einfügung einer Revisionsklausel, da eine Ausnahmeregelung von der EWG-Verordnung über langfristige Abkommen nicht rechtzeitig erreichbar gewesen wäre. Ferner wurde Rumänien die Möglichkeit zur Erhöhung der Exporte in die Bundesrepublik eingeräumt und dabei vertraulich vereinbart, daß eine Lieferung „jeweils zu marktgerechten Preisen" erwartet werde. Schmidt-Horix weist darauf hin, daß den „äußerst hochgespannten Erwartungen" Rumäniens nicht in vollem Umfang Rechnung getragen worden sei. Er hebt die unveränderte rumänische Bereitschaft hervor, der Bundesrepublik im Westhandel „den ersten Platz" einzuräumen, wenn genügend Absatzmöglichkeiten geboten würden. Der Botschafter hofft, daß sich die Verhandlungsergebnisse auf die noch schwebenden bzw. bevorstehenden Wirtschaftsverhandlungen mit Ungarn, Bulgarien und Polen auswirken.

291 20.07. **Botschafter Grewe, Paris (NATO), an das Auswärtige Amt** S. 1216

Grewe informiert über eine Unterredung mit dem Generalsekretär der NATO. Brosio äußerte, daß sich die britischen und amerikanischen Bemühungen um ein Abkommen über die Nichtverbreitung von Kernwaffen „letztlich gegen die eigenen Verbündeten" richteten und daher „einen schwerwiegenden Verstoß gegen den Geist der Allianz" bedeuteten. Er stellte jedoch fest, daß außer Frankreich keiner der NATO-Staaten eine offen negative Haltung einnehme. Aufgrund des Hinweises von Brosio, daß Großbritannien seinen Nichtverbreitungsvorschlag am 27. Juli 1965 der Konferenz der 18-Mächte-Abrüstungskommission in Genf vorlegen wolle, hält es Grewe für erforderlich, die Vorbehalte der Bundesregierung gegen die bisherigen Entwürfe „deutlich und entschieden" zum Ausdruck zu bringen.

292 21.07. **Aufzeichnung des Ministerialdirigenten Ruete** S. 1218

Zur Vorbereitung eines Gesprächs des Staatssekretärs Carstens mit den Botschaftern der Drei Mächte informiert Ruete über die innerdeutschen Kontakte und die Lage in Berlin. Er stellt fest, daß der Schiffsverkehr nach Berlin (West) reibungslos verlaufe, während im Eisenbahn-Gütertransport nach der Kündigung der Tarife durch die DDR ein vertragsloser Zustand bestehe. Die Passierschein-Frage werde von der DDR zunehmend in ihre Bemühungen um eine politische Aufwertung einbezogen. Ruete rechnet mit weiteren Störversuchen im Berlin-Verkehr und betont, daß zwischen den drei Westmächten und der Bundesrepublik keine Einigung über Gegenmaßnahmen bestehe. Hinsichtlich einer gemeinsamen Handelspolitik gegenüber der DDR erwartet er weiterhin Schwierigkeiten von britischer Seite. Schließlich weist er darauf hin, daß eine Stellungnahme der Drei Mächte sowohl zur Einbeziehung von Berlin (West) in Verträge der Bundesrepublik als auch zur Vereinbarung der

Lufthansa mit der sowjetischen Fluggesellschaft Aeroflot über Linienflüge zwischen Frankfurt/Main und Moskau noch ausstehe.

293 21.07. Legationsrat Giesen, Nikosia, an das Auswärtige Amt   S. 1225

Giesen schlägt vor, das geplante Luftverkehrsabkommen mit Zypern von einem zyprischen Verzicht auf ein gleichartiges Abkommen mit der DDR abhängig zu machen. Ferner solle die Bundesregierung die Verhandlungen „ruhig scheitern lassen", wenn der Status der Handelskammervertretung der DDR in Nikosia nicht entsprechend den Wünschen der Bundesrepublik präzisiert würde.

294 21.07. Botschaftsrat I. Klasse Lüders, Neu Delhi, an das Auswärtige Amt   S. 1227

Lüders gibt Informationen des Leiters der Europa-Abteilung im indischen Außenministerium über Gespräche der Staatsministerin Lakshmi Menon in den südosteuropäischen Staaten weiter. Über die Unterredungen mit der türkischen Regierung berichtete Sanyal, daß es gelungen sei, „den starken Einfluß Pakistans auf die Türkei, insbesondere auch in der Kaschmirfrage, zu neutralisieren". In Griechenland sei deutlich gemacht worden, daß Indien für die Unabhängigkeit Zyperns eintrete. Über den Besuch in der Tschechoslowakei sei zu sagen, daß dort große Beunruhigung über die „revisionistischen Forderungen" der sudetendeutschen Verbände und die „Inaktivität der Bundesregierung" hinsichtlich einer Annullierung des Münchener Abkommens von 1938 herrsche. Sanyal beschloß den Bericht mit Reiseeindrücken aus Ungarn, Rumänien sowie Bulgarien und resümierte, daß mit der geographischen Nähe zur Bundesrepublik die Besorgnis über deren politische Entwicklung wachse. Umgekehrt gelte: „Je weiter man von Mitteleuropa entfernt lebe, desto weniger interessiere man sich für die deutsche Frage."

295 21.07. Runderlaß des Staatssekretärs Carstens   S. 1231

Der Staatssekretär informiert über eine Unterredung mit dem britischen Botschafter am Vortag. Carstens erläuterte, daß die Bundesrepublik das Prinzip der Nichtverbreitung von Kernwaffen zwar bejahe, jedoch vor dem Beitritt zu einem Abkommen die Beteiligung der nichtnuklearen Mächte an der nuklearen Verantwortung in der NATO gewährleistet sehen wolle. Ferner müsse die UdSSR zu Gegenleistungen in der Deutschland-Frage gedrängt und eine Anerkennungswirkung zugunsten der DDR vermieden werden. Schließlich sei das „Ungleichgewicht" zu beseitigen, das aus den allein für die Nichtnuklearmächte vorgesehenen Beschränkungen erwachse. Roberts zeigte Verständnis, betonte aber, daß es angesichts der sowjetischen Haltung „wohl schwer sein würde", die Nichtverbreitung mit anderen Themenkomplexen zu verknüpfen.

296 21.07. **Oberst Hopf, z. Z. London, an das Auswärtige Amt** S. 1233

Hopf informiert über eine Unterredung mit dem Staatsminister im britischen Außenministerium, Lord Chalfont. Der britische Abrüstungsbeauftragte erläuterte Überlegungen zur Ausdehnung des Teststopp-Abkommens vom 5. August 1963 auf unterirdische Versuchsexplosionen. Er berichtete ferner von Bemühungen, über den Vorschlag des Präsidenten Johnson vom Januar 1964 hinaus eine Verringerung von Kernwaffenträgern zu erreichen. Auch die Errichtung von Bodenbeobachtungsposten in Europa sei „weiterhin aktuell". Den Einwand von Hopf, daß eine MLF/ANF nach Abschluß eines Nichtverbreitungsabkommens kaum noch realisierbar wäre, beantwortete Chalfont mit dem Hinweis, daß er die Nichtverbreitung „zeitlich für dringender" halte als eine gemeinsame Atomstreitmacht.

297 21.07. **Botschafter Groepper, Moskau, an Bundesminister Schröder** S. 1235

Groepper übermittelt eine Analyse zur Bedeutung der Nichtverbreitung von Kernwaffen für die sowjetische Deutschlandpolitik. Demnach würde ein durch Beitritt zu einem Nichtverbreitungsvertrag ausgesprochener Verzicht der Bundesrepublik auf Erwerb von Atomwaffen eine „entscheidende Positionsverbesserung" für die UdSSR bedeuten, wenn er nicht mit „unwiderruflichen Schritten" zur Wiedervereinigung Deutschlands verbunden wäre. Das Argument, ein entsprechendes Junktim gefährde die Chancen für ein Abkommen, sei nicht stichhaltig. Die UdSSR sei derzeit vor allem deshalb nicht konzessionsbereit, weil sie wisse, daß auch die Westmächte einen umfassenden Atomverzicht der Bundesrepublik „sogar dringend" wünschten. Falls jedoch die Position der Bundesregierung mehr Unterstützung fände, könnte die UdSSR einen solchen Verzicht mit „entscheidenden und unwiderruflichen Fortschritten in der Deutschlandfrage" honorieren.

298 23.07. **Aufzeichnung des Ministerialdirigenten Graf von Hardenberg** S. 1241

Hardenberg hält den Stand der Sachverständigengespräche mit Äthiopien über einen Ausgleich für die stornierte Ausrüstungshilfe fest. Der äthiopischen Seite sei erklärt worden, daß ihre Erwartungen weit über den Zusagen der Bundesregierung lägen und der Zeitbedarf sowie die Modalitäten für Ersatzlieferungen produktionstechnisch bzw. gesetzlich vorgegeben seien.

Eine Barauszahlung des ursprünglich für Waffenlieferungen vorgesehenen Betrags sei dagegen „durch die Parlamentsausschüsse untersagt" worden und könne allenfalls in der kommenden Legislaturperiode erneut beraten werden.

299 23.07. **Botschafter Knappstein, Washington, an das Auswärtige Amt** S. 1244

Der Botschafter gibt Informationen aus dem amerikanischen Außenministerium und der Abrüstungsbehörde sowie aus der niederländischen Botschaft in Washington wieder. Danach sei zu erwarten, daß auf der kommenden Sondersitzung des Ständigen NATO-Rats am 26. Juli 1965 in Paris der britische Entwurf für ein Abkommen zur Nichtverbreitung von Kernwaffen sowohl von den Niederlanden als auch von den USA verworfen werde. Letztere seien trotz ihres Interesses an einer Regelung nicht bereit, sich zu einer „Opferung des MLF-Gedankens" drängen zu lassen. Für die Stellungnahme der Bundesregierung erachtet es Knappstein als gefährlich, die Deutschland-Frage zu sehr in den Vordergrund zu stellen, und rät zu Argumenten, die auch für andere NATO-Staaten interessant sein könnten.

300 24.07. **Gespräch des Bundeskanzlers Erhard mit dem amerikanischen Sonderbotschafter Harriman in München** S. 1246

Harriman versichert, er habe bei seinen Gesprächen mit dem sowjetischen Ministerpräsidenten Kossygin am 15. und 21. Juli 1965 in Moskau erklärt, daß die USA am MLF/ANF-Projekt festhielten, „falls die europäischen Mächte darüber einig würden". Ebenso eindeutig habe er zur Wiedervereinigung Deutschlands Stellung bezogen. Erhard bedauert den seit 1964 eingetretenen Meinungswandel hinsichtlich einer MLF/ANF, der zur „derzeitigen Malaise" geführt und der UdSSR Hoffnung gegeben habe, das Vorhaben verhindern zu können. Zur Lage in Südostasien erläutert Harriman, daß die USA ihre Streitkräfte verstärken wollten, und bittet um Unterstützung für die Republik Vietnam (Südvietnam). Zwar zeige die Bundesrepublik „das meiste Verständnis", doch müßten alle NATO-Staaten erkennen, „daß in Vietnam um ihren Sieg gekämpft werde". Erhard weist im Gegenzug auf die Bedeutung einer einheitlichen Kreditpolitik gegenüber der UdSSR hin. Während er sich über die EWG-Krise wenig beunruhigt zeigt, hält er die französischen Vorstellungen zur Zukunft der NATO für besorgniserregend. Hinsichtlich des von Erhard bekräftigten Zusammenhangs einer Regelung zur Nichtverbreitung von Kernwaffen mit der Deutschland-Frage betont Harriman abschließend, daß die amerikanische Regierung diese Auffassung nicht teile.

301 24.07. Aufzeichnung des Staatssekretärs Carstens S. 1255

Carstens legt eine für die Sitzung des Ständigen NATO-Rats am 26. Juli vorbereitete Stellungnahme zur Nichtverbreitung von Kernwaffen vor. Die Bundesregierung unterstützt das Anliegen, bedauert jedoch, daß ihre Verzichtserklärung von 1954 keine Nachahmung gefunden habe und die Chancen für ein Abkommen inzwischen stark beeinträchtigt seien. Ferner betont sie, daß Beschränkungen auch für die Nuklearmächte vorgesehen und die nichtnuklearen NATO-Staaten vor einer Festlegung gegenüber der UdSSR wirksam an der Verantwortung für die nukleare Verteidigung beteiligt werden sollten. Außerdem wird eine Sicherheitskontrolle sowie eine „disclaimer clause" für die Beitrittsformel eines Vertrags vorgeschlagen und auf den Zusammenhang mit der europäischen Sicherheit hingewiesen. Abschließend gibt Carstens die gesondert abzugebende Erklärung wieder, daß bei der Diskussion von Vorschlägen „mit peinlicher Sorgfalt auf ein allianzkonformes Verfahren" zu achten sei.

302 24.07. Aufzeichnung des Legationsrats I. Klasse Klingeberg, Washington S. 1260

Klingeberg nimmt zu den geplanten Maßnahmen zur Verhinderung einer Anerkennung des Olympischen Komitees der DDR und zur Beibehaltung einer gesamtdeutschen Mannschaft bei der Olympiade von 1968 Stellung. Er gibt zu bedenken, daß die Durchführung zu Rückschlägen in der Deutschlandpolitik führen könne und der „schwarze Peter" dem Auswärtigen Amt zufiele. Zweifel hegt er an der Resonanz einer Boykottdrohung der Bundesrepublik, zumal die Chancen auf Mitwirkung hinsichtlich Frankreichs ungewiß und hinsichtlich der USA „äußerst gering" seien. Für bedenklich hält er auch das Vorhaben, die Mitglieder des IOC durch die Auslandsvertretungen um Unterstützung zu bitten, da dies als „Einmischung der Politik in den olympischen Sport" verstanden werden könnte. Erfolgversprechender erscheint ihm eine Initiative über den Präsidenten des NOK für Deutschland, Daume.

303 26.07. Gespräch des Bundesministers Schröder mit dem belgischen Außenminister Spaak in Brüssel S. 1269

Spaak konstatiert hinsichtlich des Abbruchs der Sitzung des EWG-Ministerrats am 30. Juni 1965, daß der französische Außenminister Couve de Murville entweder „die Nerven zu früh verloren oder präzise Weisungen aus Paris erhalten" habe. Beide Gesprächspartner sehen das Hauptziel Frankreichs in einer Abwertung der EWG-Kommission. Spaak spricht die Möglichkeit eines Beitritts der übrigen vier EWG-Staaten zum deutsch-französischen Vertrag an, der „ein großer Fehler" gewesen sei. Schröder bestätigt das Risiko eines solchen Vorhabens und versichert, daß durch die Kontakte mit Frankreich kein Präjudiz geschaffen werden solle und wirtschaftliche Fragen der Gemeinschaft ausschließlich in Brüssel behandelt würden. Spaak befürchtet, daß de Gaulle sowohl der europäischen Politik als auch der NATO „eine tödliche Wunde versetzen" könnte. Schröder betont die Notwendigkeit, in der NATO so wenig wie möglich über eine Reform zu diskutieren. Auch in der EWG müsse gegenüber Frankreich Entschlossenheit demonstriert werden, keine substantielle Änderung der Römischen Verträge zuzulassen. Eine rechtliche Prüfung habe ergeben, daß auch bei Abwesenheit eines Partners die übrigen EWG-Mitglieder Beschlüsse fassen könnten. Spaak sieht keine Bedenken gegen Beratungen ohne Frankreich, hält aber eine Beschlußfassung ohne französische Beteiligung für problematisch.

304   26.07.   Aufzeichnung des Staatssekretärs Carstens   S. 1279

Carstens gibt ein Gespräch mit einem Vorstandsmitglied der Firma Strabag wieder. Löhr informierte über eine Unterredung mit dem tansanischen Präsidenten, der es als „höchstes Gebot" bezeichnet habe, die Einheit zwischen Sansibar und Tanganjika zu erhalten, da letzteres sonst eine „feindliche Festung vor seiner Küste" hätte. Nyerere habe ferner Interesse an guten Beziehungen zur Bundesrepublik geäußert, hinsichtlich des Generalkonsulats der DDR in Daressalam aber hervorgehoben, daß er nicht deswegen die Union mit Sansibar gefährden könne. Carstens erläuterte die Enttäuschung über das Verhalten von Nyerere und die Besorgnis wegen des tansanischen Abgleitens in ein „pro-chinesisches Fahrwasser".

305   26.07.   Botschaftsrat I. Klasse Weinhold, Rom, an das Auswärtige Amt   S. 1281

Weinhold berichtet von Gesprächen des Ministerialdirektors Krapf im italienischen Außenministerium. Übereinstimmung bestand hinsichtlich der Bedeutung der NATO-Integration. Die Gesprächspartner wünschten jedoch die Möglichkeit einer „späteren eigenständigen europäischen Verteidigung" nicht auszuschließen und hielten Vorschläge zur Reform der NATO-Organisation für richtig, um der „Anti-NATO-Politik" des Staatspräsidenten de Gaulle entgegenzuwirken. Für das MLF-Projekt bevorzugten sie die Konzeption als U-Boot-Flotte und stellten es in einen Zusammenhang mit der Ablehnung französischer Bestrebungen, Frankreich zur einzigen Nuklearmacht Kontinentaleuropas zu machen. Der Vorschlag des amerikanischen Verteidigungsministers McNamara zur Einrichtung eines „select committee" erfuhr positve Bewertung, soweit es nicht Ersatz für die MLF sein solle und sofern es über die drei NATO-

Nuklearmächte hinaus von weiteren Staaten gebildet werde. Hinsichtlich der Nichtverbreitung von Kernwaffen wurde der kanadische Abkommensentwurf für akzeptabel gehalten.

306 27.07. **Bundesminister Schröder an den amerikanischen Außenminister Rusk** S. 1285

Schröder bekundet weitgehende Übereinstimmung hinsichtlich der Nichtverbreitung von Kernwaffen. Er erklärt, die Bundesregierung plane einem Abkommen erst nach Schaffung einer MLF beizutreten, und hebt hervor, daß das „überragende Interesse" der UdSSR an einer Denuklearisierung Deutschlands und das „überragende Interesse" der Bundesrepublik an der Wiedervereinigung im Zusammenhang gesehen werden müßten.

307 27.07. **Botschafter Sachs, Brüssel (EWG/EAG), an das Auswärtige Amt** S. 1286

Sachs berichtet über die Sitzung des EWG-Ministerrats vom 26./27. Juli 1965. Der belgische Außenminister Spaak sprach sich gegen Abstimmungen in Abwesenheit von Frankreich aus und schlug vor, unvermeidliche Entscheidungen auf schriftlichem Weg zu treffen. Bundesminister Schröder stimmte – ebenso wie der italienische Landwirtschaftsminister Ferrari – unter dem Vorbehalt zu, daß damit kein Präjudiz geschaffen werde, und hob die Notwendigkeit hervor, die EWG „am Leben" zu erhalten. Der niederländische Außenminister Luns bezeichnete es als „höchst bedenklich", wenn ein EWG-Staat den Beratungen aus Unzufriedenheit mit den Ergebnissen fernbleibe und zweifelte, ob die „physische Anwesenheit eines Ratsmitgliedes" erforderlich sei. Der Präsident der EWG-Kommission, Hallstein, bezeichnete es als Hauptaufgabe, den Fortbestand und das Funktionieren der Gemeinschaft zu sichern. Der Präsident des Ministerrats, der italienische Außenminister Fanfani, sprach sich für eine Rücksichtnahme auf Frankreich aus, um dessen Rückkehr an den Verhandlungstisch zu erleichtern.

308 27.07. **Botschafter Grewe, Paris (NATO), an das Auswärtige Amt** S. 1291

Der Botschafter faßt die Sondersitzung des Ständigen NATO-Rats vom 26. Juli 1965 zusammen. Die Diskussion habe ergeben, daß hinsichtlich des britischen und amerikanischen Vorgehens in der Frage der Nichtverbreitung von Kernwaffen „nicht mit ernsthaftem Widerstand" der Partner zu rechnen, sondern allenfalls ein Unbehagen erkennbar sei. Der Vorschlag der Bundesregierung, Vertragsentwürfe innerhalb der NATO auszuhandeln, ehe sie auf der Konferenz der 18-Mächte-Abrüstungskommission in Genf vorgelegt würden, sei nicht angenommen worden. NATO-Generalsekretär Brosio habe abschließend auf die notwendige Vereinbarkeit mit den Überlegungen zur „nuklearen Frage" in der NATO hingewiesen und die Erwartung ausgesprochen, daß die vier auf der Genfer Konferenz vertretenen NATO-Staaten zwar nicht im Namen der Allianz sprächen, aber die Stellungnahmen der Verbündeten berücksichtigten.

309 28.07. Aufzeichnung des Legationsrats I. Klasse Stelzer   S. 1294

Stelzer berichtet über Äußerungen des Leiters der finnischen Handelsvertretung in Köln. Mäkelä erkundigte sich nach den Überlegungen der Bundesregierung hinsichtlich einer Aufnahme diplomatischer Beziehungen mit Rumänien und stellte „scherzhaft" die Frage, ob eine Anerkennung der DDR unter sowjetischem Druck die Voraussetzung für eine Aufwertung der Beziehungen zwischen Bonn und Helsinki sei. Stelzer konstatiert, die Bundesrepublik könne nicht für einzelne Ostblock-Staaten das gleichzeitige Bestehen diplomatischer Beziehungen mit der Bundesrepublik und der DDR akzeptieren, dies aber für das „in seiner Bewegungsfreiheit gleichfalls eingeengte" Finnland ausschließen.

310 29.07. Aufzeichnung des Referats I A 2   S. 1296

Als Beitrag zur Dienstinstruktion für den Botschafter in Tel Aviv werden die israelischen Bemühungen um eine Assoziierung mit der EWG erläutert. Ein förmlicher Antrag sei nicht gestellt worden, doch habe Israel auch nach Abschluß des Handelsabkommens vom 1. Juli 1964 mit der EWG fortgesetztes Interesse an einer „Assoziierung in Form einer Zollunion oder einer Freihandelszone" bekundet. Die Bundesrepublik habe zwar das Handelsabkommen unterstützt, sich aber zu einer von Israel wiederholt erbetenen weitergehenden Initiative außerstande gesehen. Eine Assoziierung mit außereuropäischen Staaten sei nach den Grundsätzen der EWG nur in bestimmten Sonderfällen vorgesehen und würde die „wirtschaftliche, finanzielle und organisatorische Kraft" der Gemeinschaft übersteigen. Eine Ausnahme würde einen Präzedenzfall schaffen und komme daher nicht in Betracht.

311 30.07. Botschafter Knappstein, Washington, an Staatssekretär Carstens   S. 1299

Knappstein informiert über eine Unterredung mit dem amerikanischen Senator Robert Kennedy. Er erläuterte Kennedy, daß die Bundesrepublik einem Abkommen zur Nichtverbreitung von Kernwaffen nur dann beitreten könnte, wenn ihre Beteiligung an der nuklearen Verantwortung in der NATO geregelt und damit ihrem Bedürfnis nach „Sicherheit gegen atomare Aggression und Erpressung" Rechnung getragen worden sei. Der Senator zeigte Verständnis und bekräftigte das Interesse an einer

MLF. Er erklärte jedoch, die europäischen Staaten hätten schon einige Jahre mit erfolglosen Verhandlungen über das Projekt verbracht und zu dem Eindruck beigetragen, sie legten auf die MLF „gar keinen Wert mehr". Abschließend übermittelt Knappstein den Entwurf einer Aufzeichnung, die er Kennedy nachträglich zustellen lassen möchte.

312 31.07. **Botschafter Schnippenkötter, z. Z. Genf, an das Auswärtige Amt** S. 1305

Der Abrüstungsbeauftragte der Bundesregierung gibt ein Gespräch mit dem italienischen Außenminister wieder. Fanfani bezeichnete die Reaktion auf seinen am Vortag auf der Konferenz der 18-Mächte-Abrüstungskommission unterbreiteten Vorschlag, zunächst nur einseitige Verzichtserklärungen der nichtnuklearen Staaten auf den Erwerb von Atomwaffen vorzusehen, als „keineswegs entmutigend". Schnippenkötter äußerte, daß das Vorhaben ein „gangbarer Ausweg" sein könnte, insbesondere wenn es um die Entkräftung eventueller Vorwürfe gehe, daß die Bundesrepublik für den Zusammenbruch der Verhandlungen über die Nichtverbreitung von Kernwaffen verantwortlich sei. Auch das Problem der nuklearen Verantwortung in der NATO und der Zusammenhang mit der Deutschland-Frage „könnten damit vielleicht in ein anderes Licht rücken".

313 02.08. **Botschafter Böx, Oslo, an das Auswärtige Amt** S. 1307

Böx informiert über eine Unterredung mit dem Staatssekretär im norwegischen Außenministerium. Boyesen zeigte kein Verständnis für das Bestreben der Bundesregierung, den Beitritt zu einem Abkommen über die Nichtverbreitung von Kernwaffen von Vorbedingungen, insbesonderere hinsichtlich der Deutschland-Frage, abhängig zu machen, denn „Entspannung sei Voraussetzung für Wiedervereinigung". Auch gegen das MLF-Projekt wandte er sich, zumal es den endgültigen Bruch des Staatspräsidenten de Gaulle mit der NATO heraufbeschwöre. Böx zieht den Schluß, daß Norwegen „fast vorbehaltlos auf Entspannung zusteuert".

314 02.08. **Staatssekretär Lahr an Botschafter Klaiber, Paris** S. 1309

Lahr bittet, dem französischen Ministerpräsidenten Pompidou den Standpunkt der Bundesregierung zur Lage in der EWG zu erläutern. Klaiber solle an die Zugeständnisse erinnern, die die Bundesrepublik hinsichtlich des Agrarmarktes bereits gemacht habe, und den Vorwurf zurückweisen, daß es ihr an „kommunitärem Verantwortungsbewußtsein" fehle. Er solle ferner Verständnis für die französische Haltung bekunden und eine ruhige Prüfung der jüngsten Vorschläge der EWG-Kommission anregen. Frankreich möge den Verständigungswillen der Partnerstaaten nutzen und die „Politik des leeren Stuhls" beenden, die mit dem EWG-Vertrag nicht in Einklang zu bringen sei. Noch könne von einer Krise nicht die Rede sein. Allerdings müsse ein Übergreifen der Auseinandersetzung auf die Beratung institutioneller Fragen vermieden werden, da Bemühungen im Sinne einer Änderung der Römischen Verträge „zum Scheitern verurteilt wären und die Gemeinschaft in Gefahr bringen könnten".

315 03.08. Aufzeichnung des Ministerialdirigenten Ruete S. 1316

Ruete bewertet den britischen, den amerikanischen und den kanadischen Entwurf für einen Vertrag über die Nichtverbreitung von Kernwaffen. Er stellt fest, daß alle drei Vorschläge die Bildung einer MLF zuließen, freilich nur das amerikanische Konzept deren Europäisierung „unter Einschluß von möglichen Mehrheitsbeschlüssen" erlaube. Die USA gingen allerdings von einer Kontrolle der gesamten Tätigkeit nichtnuklearer Staaten auf atomarem Gebiet durch die IAEO aus. Gegenüber dieser Diskriminierung biete die britische Haltung den Vorteil, daß sie das Problem der Kontrolle einer späteren Vereinbarung vorbehalten wolle. In allen drei Entwürfen seien sowohl die Beitritts- und die Rücktrittsklausel als auch die Depositarmächte-Regelung dem Teststopp-Abkommen vom 5. August 1963 nachgebildet. Die von der Bundesregierung gewünschte „disclaimer clause" habe wenig Chancen, da keiner der Allianzpartner von der Notwendigkeit einer solchen Vertragsbestimmung überzeugt sei.

316 03.08. Botschafter Knappstein, Washington, an das S. 1319
Auswärtige Amt

Knappstein teilt mit, der amerikanische Außenminister habe auf einer Pressekonferenz betont, daß es keine Priorität bezüglich eines Abkommens zur Nichtverbreitung von Kernwaffen und einer Regelung „der nuklearen Organisation der NATO" gebe, da keinerlei Zusammenhang bestehe. Dies sei die erste öffentliche Stellungnahme eines hohen Regierungsvertreters gegen die von Senator Robert Kennedy verlangte Vorrangigkeit der Nichtverbreitung. Zum italienischen Vorschlag einer Nichtverbreitungsregelung in der Form zeitlich beschränkter einseitiger Verzichtserklärungen habe sich Rusk positiv geäußert, jedoch das Fehlen einer Verpflichtung der Nuklearmächte zur Nichtweitergabe von Atomwaffen bedauert.

317 03.08. Ministerialdirigent Böker an Generalkonsul S. 1321
Ringelmann, Salisbury

Böker befürchtet, daß sich die Lage in Südrhodesien zuspitzen werde. Zwar sei die Gefahr einer einseitigen Unabhängigkeitserklärung „wohl nicht akut", könnte aber gegebenenfalls zur

Bildung mehrerer Exilregierungen führen. Dann werde die Frage der internationalen Legitimierung und damit das „Sonderproblem" einer Anerkennung durch die DDR entstehen. Rücksichten auf Großbritannien und die unabhängigen Staaten Afrikas sowie auf die Deutschland-Frage zwängen dazu, „in Südrhodesien jetzt nicht nach vorn zu drängen" und die Wirtschaftsbeziehungen nicht zu forcieren.

318 04.08. **Botschafter Bach, Teheran, an das Auswärtige Amt** S. 1323

Bach informiert über ein Gespräch mit dem iranischen Verteidigungsminister am 28. Juli 1965. Sanii wiederholte die Bitte des Schah Reza Pahlevi, Lizenzen für den Nachbau des Gewehres G 3 und des Maschinengewehres MG 1 zu gewähren. Zunächst wünsche der Iran, 10000 Gewehre des ersten und 1000 Gewehre des zweiten Modells kostenlos „zur Erprobung" zu erhalten. Ferner würden als „Starthilfe" für die Eigenproduktion 14,8 Millionen DM benötigt. Darüber hinaus werde um einen Kredit über 21 Millionen DM für die weiteren Kosten gebeten, da diese im derzeitigen iranischen Haushalt noch nicht veranschlagt seien. Bach befürwortet die Ausrüstungshilfe, da eine Ablehnung angesichts der sowjetischen Aktivitäten einen „ernsthaften Rückschlag" für die Bundesrepublik im Iran sowie in der Türkei und Pakistan bedeuten würde.

319 05.08. **Aufzeichnung des Vortragenden Legationsrats I. Klasse Dvorak** S. 1327

Dvorak äußert Bedenken gegen die Weisung des Staatssekretärs Carstens, der ungarischen Regierung durch die Handelsvertretung in Budapest einen Entwurf für ein Kulturabkommen zu übermitteln. Er schlägt statt dessen vor, wie im Fall Rumäniens, zunächst zu sondieren, ob Verhandlungsbereitschaft bestehe. Dabei müsse vor allem die Unabdingbarkeit einer Berlin-Klausel hervorgehoben werden. Selbst bei positiver Resonanz sei es zudem ratsam, den Abschluß der Kulturverhandlungen in Bukarest abzuwarten, um einen „möglichst günstigen Präzedenzfall" zu schaffen. Da Rumänien den Wünschen der Bundesregierung „sehr viel aufgeschlossener" begegne, könne der zu erwartende Verhandlungserfolg gegenüber Ungarn von Nutzen sein.

320 06.08. **Vermerk des Ministerialdirigenten Osterheld, Bundeskanzleramt** S. 1329

Der Leiter des Außenpolitischen Büros im Bundeskanzleramt informiert über ein Gespräch des Bundesministers Westrick mit dem amerikanischen Gesandten. Westrick erklärte, die Bundesregierung müsse auf einem Zusammenhang der Deutschland-Frage mit einem Abkommen über die Nichtverbreitung von

Kernwaffen bestehen. Es wäre der öffentlichen Meinung nicht vermittelbar, wenn der seltene Fall, daß die UdSSR „etwas Wesentliches von Deutschland wolle", nicht genutzt würde. Hillenbrand bekräftigte die abweichende Auffassung der USA und betonte das beiderseitige Interesse, die Differenzen nicht an die Öffentlichkeit kommen zu lassen.

321 10.08. Vermerk des Vortragenden Legationsrats I. Klasse Middelmann S. 1330

Middelmann gibt eine Unterredung mit dem Direktor der Firma Fritz Werner wieder. Meier teilte mit, er sei von der Armeeführung des Sudan zu einem Besuch eingeladen worden, und bat um Abstimmung für den Fall, daß er auf eine Fortführung der laufenden Ausrüstungshilfe sowie auf die Möglichkeit eines Anschlußabkommens angesprochen werde. Middelmann empfahl zu erklären, daß sowohl für die „vorläufig auf Eis gelegten" als auch für eventuell neu zu vereinbarende Lieferungen eine Wiederherstellung der diplomatischen Beziehungen Voraussetzung sei.

322 11.08. Aufzeichnung des Legationsrats I. Klasse Seydel S. 1332

Seydel berichtet über ein Gespräch mit einem Mitarbeiter der Firma MTP aus Zürich. Kirschsieper informierte, daß 200 der 350 in der ägyptischen Raketenindustrie tätigen Deutschen in die Bundesrepublik zurückkehren wollten und dafür „sofortige Hilfe" verlangten. Sie seien zum Teil „rabiat" eingestellt und drohten, sich an die Presse zu wenden. Seydel erwiderte, daß ihnen im Rahmen der bestehenden Bestimmungen jede Erleichterung gewährt werden solle. Er sehe jedoch weder eine Verpflichtung noch die Bereitschaft zu finanzieller Hilfe, zumal die Betreffenden „in der VAR gut verdient hätten". Kirschsieper prognostiziert, daß das Raketenprogramm „infolge der Unfähigkeit der ägyptischen Stellen" nach dem Weggang der deutschen Experten zusammenbrechen werde.

323 11.08. Aufzeichnung des Ministerialdirigenten Böker S. 1334

Böker legt dar, daß die USA die nukleare Zusammenarbeit mit EURATOM den vor 1957 geschlossenen bilateralen Vereinbarungen mit einzelnen Mitgliedstaaten vorzögen. Da aber die Sicherheitskontrollen für die Gemeinschaft allein der EURATOM-Kommission oblägen, stehe diese Haltung den amerikanischen Bestrebungen entgegen, „die möglichst umfassende und weltweite Anwendung von IAEO-Kontrollen zu erreichen". Ob die USA künftig auch eine Anwendung auf EURATOM verlangen würden, hänge u.a. von deren Funktionsfähigkeit ab, die jedoch durch die französische Politik gegenüber der Gemeinschaft gefährdet werde. Frankreich habe sich zudem gegen eine

Nichterneuerung seines Kooperationsabkommens mit den USA gewandt, obwohl eine Überleitung auf EURATOM angesichts deren Kontrollbestimmungen in seinem eigenen Interesse sei. Der Grund liege vermutlich in „übergeordneten, ideologischen Erwägungen und dem seit jeher ausgeprägten Autonomiestreben des französischen Atomkommissariats". Demgegenüber müsse die Bundesrepublik einer Schwächung von EURATOM entgegenwirken und Frankreich davon überzeugen, daß beide Staaten nicht an IAEO-Kontrollen bei der Lieferung von Kernmaterial und -ausrüstungen in das Gebiet der Gemeinschaft interessiert sein könnten.

324 12.08. Aufzeichnung des Ministerialdirigenten Böker   S. 1339

Böker stellt fest, daß die am 21. September 1965 in New York zusammentretende UNO-Generalversammlung wahrscheinlich wieder den ghanaischen Außenminister zu ihrem Präsidenten wählen werde. Quaison-Sackey werde dann erneut „die Erledigung der Deutschland- und Berlinfrage" durch die UNO anregen. Im Vorjahr habe die Bundesregierung demgegenüber in Übereinstimmung mit den drei Westmächten auf die Vier-Mächte-Verantwortung verwiesen. Der Ministerialdirigent gibt zu bedenken, ob es angesichts der Tatsache, daß eine Erörterung in der UNO auf Dauer ohnehin kaum vermeidbar sei, nicht günstiger wäre, das „Unvermeidliche" in „ungefährliche oder sogar nützliche Gleise zu lenken". Er schlägt vor, den blockfreien Staaten in der üblichen Demarche zur Deutschland-Frage zu erklären, daß jede Initiative begrüßt werde, die die Wiedervereinigung auf der Grundlage des Selbstbestimmungsrechts vorsehe. Den möglichen Vorteil sieht Böker vor allem darin, daß damit den Ostblock-Staaten und eventuell dem UNO-Generalsekretär U Thant „der Schwarze Peter zugeschoben" würde.

325 12.08. Botschafter Schnippenkötter, z. Z. Genf, an das   S. 1345
Auswärtige Amt

Der Abrüstungsbeauftragte der Bundesregierung gibt Informationen aus der amerikanischen Delegation bei der Konferenz der 18-Mächte-Abrüstungskommission in Genf wieder. Danach werde der amerikanische Entwurf für ein Abkommen über die Nichtverbreitung von Kernwaffen voraussichtlich am 17. August 1965 vorgelegt werden. Änderungen seien nur noch für die Formulierungen zur Kontrollfrage zu erwarten, die weder „offen diskriminierend noch unmittelbar verpflichtend" sein sollten. Aufgrund dieser Modifikation rechneten die USA mit einer Unterstützung durch Großbritannien, Italien und Kanada. Schnippenkötter weist darauf hin, daß die Bundesrepublik als Hauptgegner einer Regelung zur Nichtverbreitung zu erschei-

CXLVII

nen drohe. Im Hinblick auf die öffentliche Diskussion rät er dringend, den italienischen Vorschlag einseitiger Erklärungen zum Verzicht auf Atomwaffen zu unterstützen.

326 16.08. Aufzeichnung des Botschafters Schnippenkötter S. 1348

Schnippenkötter informiert über ein Gespräch mit dem sowjetischen Delegierten bei der Konferenz der 18-Mächte-Abrüstungskommission am 13. August 1965 in Genf. Der Abrüstungsbeauftragte der Bundesregierung betonte das Interesse an einer Abrüstung sowie die bereits bestehenden Beschränkungen für die Bundesrepublik und verwies auf den Zusammenhang mit der Deutschland-Frage. Zarapkin bezeichnete es als wichtigstes Ziel einer Nichtverbreitungsregelung, „daß die Bundesrepublik von Atomwaffen ferngehalten werde", und verlangte einen Verzicht auf das MLF/ANF-Projekt sowie das geplante „select committee". Diese Forderung, so resümiert Schnippenkötter, sei erst durch die britisch-amerikanische Absicht, die UdSSR zu einer Nichtverbreitungsverpflichtung zu bewegen, ermöglicht worden. Er plädiert dafür, die gegebenen „taktischen Möglichkeiten" zu nutzen, um dem „weltweit drohenden Vorwurf" zu begegnen, die Bundesrepublik hintertreibe die Nichtverbreitung, sowie der „Taktik der Sowjets" entgegenzutreten, „die die anglo-amerikanische Konzeption für ihre Zwecke skrupellos ausbeuten".

327 16.08. Aufzeichnung des Ministerialdirigenten Ruete S. 1353

Ruete gibt die Mitteilung des Abteilungsleiters im Bundeskanzleramt, Mercker, wieder, daß die DDR dem Fortbestehen einer Passierscheinstelle für Härtefälle zugestimmt habe, eine Verlängerung der Passierschein-Regelung jedoch auf die Weihnachtszeit beschränken wolle; der Senat von Berlin sei bereit, dies zu akzeptieren. Mercker machte dagegen darauf aufmerksam, daß der für November vorgesehene Besuchszeitraum nicht berücksichtigt worden und somit die Übernahme der bisherigen Besuchszeiten nicht gewährleistet sei. Ruete schließt sich den Bedenken an und hebt hervor, daß ein Abschluß auf dieser Basis die Notwendigkeit häufiger Verhandlungen und dadurch „Dauerkontakte" entstehen ließe, die von der DDR „zur Erpressung und Beunruhigung" der innenpolitischen Verhältnisse in der Bundesrepublik benutzt werden könnten. Offenbar solle ein Gegensatz zwischen einem „entgegenkommenden" Senat und einer „harten" Bundesregierung provoziert und damit die Situation vor den Bundestagswahlen beeinflußt werden.

328	16.08.	**Botschafter Knappstein, Washington, an das Auswärtige Amt**	S. 1356

Knappstein gibt Informationen aus dem amerikanischen Außenministerium wieder. Danach sei eine Bereitschaft erkennbar, auf die Vorschläge der Bundesregierung für eine Änderung des Verfahrens zur Einbeziehung von Berlin (West) in Verträge der Bundesrepublik einzugehen. Gegebenenfalls könnte darauf verzichtet werden, „Berlin ausdrücklich oder in umschriebener Form" zu erwähnen. Das amerikanische Interesse konzentriere sich darauf, sicherzustellen, „daß die Prärogativen der Alliierten Kommandantur in Berlin nicht beeinträchtigt" würden. Daher würde es eine Einigung erleichtern, wenn nicht die Alliierte Kommandantur erklären müßte, daß das Land Berlin als in jeden Vertrag der Bundesrepublik einbezogen gelte, sondern sich darauf beschränken könnte, eine entsprechende Erklärung der Bundesregierung zur Kenntnis zu nehmen. Ferner wäre eine Bestätigung der bisherigen Praxis hilfreich, daß die Alliierte Kommandantur schon vor dem Abschluß von Verträgen über den Wunsch nach Einbeziehung von Berlin (West) unterrichtet werde.

329	17.08.	**Staatssekretär Carstens an die Ständige Vertretung bei der NATO in Paris**	S. 1358

Zum Vortrag im Politischen Ausschuß des Ständigen NATO-Rats übermittelt Carstens eine Stellungnahme zur geplanten Weltabrüstungskonferenz der UNO. Die Bundesregierung lege Wert darauf, daß eine Beteiligung der DDR vermieden werde. Angesichts des breiten Interesses an einer Mitwirkung der Volksrepublik China solle daher versucht werden, einen Einladungsmodus zu erreichen, der ihr eine Teilnahme ermögliche, ansonsten aber nur die in der UNO und deren Sonderorganisationen vertretenen Staaten erfasse. Sollte dies nicht durchsetzbar sein, dürfe die DDR jedenfalls keine direkt an sie gerichtete Einladung erhalten. Statt dessen solle ein Appell der UNO-Generalversammlung an „alle Länder der Welt" gerichtet werden. Dies gäbe der Bundesrepublik die Möglichkeit, die Teilnehmerstaaten einer Weltabrüstungskonferenz um Abgabe einer „Disclaimer-Erklärung" zu bitten. Grundsätzlich behalte sich jedoch die Bundesregierung für den Fall einer Beteiligung der DDR die Entscheidung über ihre eigene Mitwirkung vor.

330	18.08.	**Stellungnahme der Bundesregierung (Entwurf)**	S. 1362

Ruete legt den Entwurf einer Stellungnahme zur Erklärung der drei Westmächte vom 22. Juli 1965 zum Interzonenhandel vor. Die Bundesregierung könne sich der Auffassung, „daß die Verbündeten nie an den laufenden Interzonenhandels-Verhandlungen beteiligt gewesen seien", nicht anschließen. Wegen des engen Zusammenhangs mit dem Verkehr von und nach Berlin

(West) seien die drei Westmächte bisher stets einbezogen worden und hätten auch selbst mehrfach Einfluß genommen. Hinsichtlich des Vorschlags der DDR, ein neues Abkommen über den Interzonenhandel „in neutraler Form" – ohne Bezugnahme auf die Währungsgebiete und unterzeichnet durch die Verhandlungsführer – abzuschließen, bleibe die Bundesregierung ablehnend. Eine solche Unterschriftsformel könnte als Anzeichen eines Zurückweichens aufgefaßt und von der DDR benutzt werden, um die Forderung nach Herauslösung von Berlin (West) aus dem Abkommen zu untermauern.

331 18.08. Aufzeichnung des Ministerialdirigenten Böker S. 1365

Böker faßt die Ergebnisse deutsch-britischer Gespräche vom 7. bis 9. Juli 1965 in London zusammen. Hinsichtlich des Nahen Ostens wurde übereinstimmend der nachlassende Einfluß des Präsidenten Nasser begrüßt, dessen Sturz die britische Seite als wünschenswert bezeichnete. Sie hielt ferner die Gefahr eines militärischen Konflikts für gemindert, schlug jedoch eine Koordinierung der Waffenlieferungen in die Region vor, zumal sowohl die VAR als auch Israel bald Mittelstreckenraketen besitzen könnten und letzteres einen Verzicht auf Produktion oder Erwerb von Atomwaffen ablehne. Hinsichtlich Afrikas stimmten die Gesprächspartner überein, daß im Falle einer einseitigen Unabhängigkeitserklärung Südrhodesiens die weiße Minderheitsregierung von keinem NATO-Staat – „mit der möglichen Ausnahme Portugals" – anerkannt werden würde. Einvernehmen bestand ferner darüber, daß ein Wirtschaftsboykott der Südafrikanischen Republik nicht in Frage komme, das von der UNO beschlossene Waffenembargo jedoch „streng" befolgt werden müsse. Zum Kaschmir-Konflikt informierten die britischen Teilnehmer über vertrauliche Vermittlungsbemühungen, die auf eine Dreiteilung des Gebiets hinausliefen. Sie drängten ferner darauf, Indonesien wegen der „Konfrontationspolitik gegenüber Malaysia" keine Waffen zu liefern, zeigten jedoch Verständnis für die „zur Erhaltung gewisser deutscher Positionen" gewährte Entwicklungshilfe der Bundesrepublik.

332 19.08. Aufzeichnung des Ministerialdirigenten Böker S. 1374

Böker berichtet über eine Konferenz vom 22. bis 24. Juni 1965 in der amerikanischen Botschaft in London. Sie habe der Frage gegolten, wie eine militärische Nutzung von spaltbarem Material und von „Kernausrüstungsgegenständen", die für zivile Zwecke an Drittstaaten geliefert worden seien, verhindert werden könne. In den Beratungen, an denen erstmals auch die Bundesrepublik als möglicher Exportstaat beteiligt worden sei, habe Einigkeit über das Prinzip der „non-proliferation" bestanden. Die deutsche Delegation sei mit der Auffassung, daß generelle Exportkontrollen nur bei Einbeziehung sämtlicher Lieferstaaten sinnvoll seien, auf breite Zustimmung gestoßen. Ferner sei eine „genügend vorsichtige" und revidierbare Liste von in Frage kommenden Ausrüstungsgegenständen erarbeitet worden. Die französische Delegation habe sich gegen ein multilaterales Kontrollsystem ausgesprochen und es hinsichtlich des amerikanischen Vorschlags eines Koordinierungsausschusses „rundweg" abgelehnt, irgendeine Meldepflicht zu akzeptieren. Die Mehrheit schloß sich der kanadischen Anregung an, daß alle am Sicherheitsverfahren beteiligten Staaten ihre Exporte einander „durch Zirkularnote" mitteilen sollten.

333 25.08. Aufzeichnung des Staatssekretärs Carstens S. 1378

Aus der Sitzung des Bundeskabinetts notiert Carstens, er habe darauf hingewiesen, daß nach der VAR auch Syrien ein Generalkonsulat in der DDR eröffnet habe und Indonesien möglicherweise ähnliche Überlegungen anstelle. Er habe daher den Vorschlag bekräftigt, die ägyptischen Generalkonsulate in der Bundesrepublik zu schließen. Dagegen sei von Bundesminister Westrick die Auffassung des Bundeskanzlers Erhard vorgetragen worden, daß zu einem Zeitpunkt, da eine „gewisse Beruhigung" in den Beziehungen zum Nahen Osten eingekehrt sei, „drastische Maßnahmen" nachteilig wirken könnten. Angesichts der bevorstehenden Reise von Präsident Nasser in die UdSSR würden „neue scharfe Ausfälle" gegen die Bundesrepublik sehr ungelegen kommen. Da keines der anwesenden Kabinettsmitglieder den Standpunkt des Auswärtigen Amts unterstützt habe, sei die Angelegenheit auf Ende September 1965 vertagt worden.

334 26.08. Aufzeichnung des Staatssekretärs Carstens S. 1380

Der Staatssekretär berichtet über eine Unterredung mit dem britischen Botschafter Roberts, dem französischen Botschafter de Margerie und dem amerikanischen Gesandten Hillenbrand. Carstens informierte über Vorbereitung und Zweck seines bevorstehenden Besuchs in Moskau, über die Vereinbarung der Fluggesellschaften Lufthansa und Aeroflot hinsichtlich einer Direktverbindung zwischen Moskau und Frankfurt/Main sowie über den Stand der Beziehungen zu den arabischen Staaten. Hinsichtlich der Passierschein-Gespräche stellte er fest, daß die Entscheidung für oder gegen einen Abschluß „sehr schwer zu treffen" sei. Er betonte ferner das Interesse an weiteren Beratungen über die mögliche Einführung eines Paß- und Visumzwangs durch die DDR und über wirtschaftliche Gegenmaßnahmen bei geringeren Störungen im Verkehr mit Berlin (West).

CLI

335 26.08. Botschafter Schnippenkötter, z. Z. Genf, an das Auswärtige Amt S. 1383

Der Abrüstungsbeauftragte der Bundesregierung berichtet über ein Gespräch mit dem Leiter der kanadischen Delegation bei der Konferenz der 18-Mächte-Abrüstungskommission. Burns erläuterte den Vorschlag, bei den Verhandlungen über den amerikanischen Vertragsentwurf zur Nichtverbreitung von Kernwaffen die „atlantischen Nuklearprobleme" vorerst zu umgehen. Die Diskussion darüber solle zwischen den USA, Großbritannien und der UdSSR geführt werden; letztere sei davon zu überzeugen, daß „keine Proliferation an nichtnukleare NATO-Partner stattfinde und daß die sowjetische Sicherheit nicht bedroht werde". Schnippenkötter wandte ein, daß eine damit gegebene Mitsprache der UdSSR „an die Wurzel der psychologischen Schwierigkeiten" führe. Gegenstand der Genfer Verhandlungen könne nur der Spielraum sein, den ein mögliches Nichtverbreitungsabkommen für die Regelung der Nuklearfragen im Rahmen der NATO lasse. Burns vertrat dagegen die Auffassung, ein Nichtverbreitungsabkommen unter Ausklammerung der Divergenzen um das MLF/ANF-Projekt auszuhandeln, aber erst nach Beseitigung der diesbezüglichen „amerikanisch-deutschen-sowjetischen Differenzen" zu unterzeichnen.

336 27.08. Botschafter Buch, Kopenhagen, an das Auswärtige Amt S. 1387

Buch stellt fest, daß die dänische Regierung dem Geist der NATO-Zusammenarbeit und den freundschaftlichen Beziehungen mit der Bundesrepublik zuwiderhandele, indem sie die Urlaubsflüge der im Rahmen der UNO-Friedenstruppe auf Zypern eingesetzten Soldaten mit der DDR-Fluggesellschaft Interflug dulde. Zugrunde liege offenbar eine Entscheidung des Außenministers Haekkerup, der damit wieder einmal bis an die Grenze des Zumutbaren gehe. Buch schlägt vor, die „Enttäuschung und Verärgerung" der Bundesregierung dadurch zum Ausdruck zu bringen, daß bei den bilateralen Wirtschaftsgesprächen eine gewisse Zurückhaltung an den Tag gelegt werde.

337 30.08. Aufzeichnung des Legationsrats I. Klasse Behrends S. 1389

Behrends erläutert die britische Absicht, im Oktober 1965 für etwa sechs Monate ein Infanterie-Bataillon der Rheinarmee nach Aden zu verlegen. Dies bedeute eine vorübergehende, jedoch nicht unerhebliche Verminderung der Kampfkraft der britischen Verbände, die bereits durch den Abzug von Einheiten nach Zypern und Malaysia geschwächt seien. Des weiteren seien Änderungen bei der Artillerieausstattung geplant, die vor allem auf Kosten der nuklearen Bewaffnung gingen. Als Folge würde die Rheinarmee ab 1966 nur noch über atomare Gefechtsfeldwaffen und nicht mehr über weitreichende taktische Nuklearwaffen verfügen. Anfängliche Vermutungen, Großbritannien strebe eine „Denuklearisierung Deutschlands" an, seien in bilateralen Gesprächen ausgeräumt worden. Dennoch plane die Bundesregierung, ihre Bedenken erneut vorzutragen, weil die nukleare Abschreckung durch die Umstrukturierung für den Bereich der Rheinarmee vermindert werde.

338 31.08. **Aufzeichnung des Ministerialdirektors Harkort** S. 1393

Im Hinblick auf eine Sitzung des Bundesverteidigungsrats informiert Harkort, daß der kenianische Präsident wiederholt und dringlich um finanzielle Unterstützung bei der Modernisierung der Armee gebeten habe. Kenyatta habe sich von den kommunistischen Staaten abgewandt und zum verläßlichsten Bundesgenossen des Westens in Ostafrika entwickelt. Mit der Ausrüstungshilfe wolle er der Opposition in Kenia zeigen, daß er „auf das richtige Pferd gesetzt" habe. Die Waffenlieferung solle Großbritannien übernehmen, ihre Finanzierung jedoch zu 75 Prozent von der Bundesrepublik getragen und über das deutsch-britische Devisenausgleichsabkommen abgewickelt werden. Harkort schlägt vor, daß der Bundesverteidigungsrat das Vorhaben in der vorgesehenen Weise genehmigen solle.

339 02.09. **Botschafter Klaiber, Paris, an das Auswärtige Amt** S. 1397

Klaiber berichtet über den die EWG-Krise betreffenden Teil eines Gesprächs mit dem französischen Ministerpräsidenten. Mit Zustimmung nahm Pompidou die Erklärungen auf, daß die Bundesregierung weiterhin für eine Ausgewogenheit zwischen Industrie- und Agrarmarkt eintrete und der EWG-Kommission keine Entscheidungen in wesentlichen ökonomischen Fragen der Bundesrepublik überlassen wolle. Zu den Kommissions-Vorschlägen vom 22. Juli 1965 erklärte er, die Krise könne nicht durch die EWG-Kommission, sondern nur durch den politischen Willen der sechs Mitgliedstaaten überwunden werden. Der Botschafter gibt seinen Eindruck weiter, daß die französische Regierung hinsichtlich des künftigen Mehrheitsprinzips unbesorgt sei, da sie eine Majorisierung „in lebenswichtigen Fragen" für undurchführbar halte. Sie beschäftige sich jedoch bereits mit der Situation nach dem Ende der Übergangszeit. Klaiber schlußfolgert, Frankreich wolle die EWG nicht zum Scheitern bringen, sondern ihre „supranationale Fortentwicklung" verhindern. Es werde daher „nach harter Verhandlung" einem Kompromiß zur Agrarfinanzierung zustimmen, mit dessen Erarbeitung allerdings nicht mehr im laufenden Jahr begonnen werden könne.

CLIII

340   03.09.   Gespräch des Bundeskanzlers Erhard mit dem   S. 1400
                    amerikanischen Finanzminister Fowler

Fowler führt aus, daß ihn die erstmals seit 1958 erzielte positive Zahlungsbilanz der USA bewogen habe, eine Währungskonferenz anzuregen, deren Schwerpunkt auf einer „Contingency-Planung" liegen solle. Seine Europa-Reise diene dem Zweck, die Resonanz bei den Verantwortlichen der in der Zehner-Gruppe und im internationalen Währungsfonds vertretenen europäischen Staaten zu sondieren. Erhard erklärt die Bereitschaft zur Teilnahme an einer „internationalen Diskussion und Regelung" und bezeichnet die Schaffung einer neuen Währung als „so unfruchtbar wie Esperanto". Der ebenfalls anwesende Staatssekretär im amerikanischen Außenministerium, Ball, berichtet anschließend von einem Gespräch mit dem französischen Staatspräsidenten. De Gaulle habe zur Lage in Vietnam erklärt, „daß er mit Kämpfen noch über Jahre rechne". Er habe die Ansicht vertreten, daß die Volksrepublik China anerkannt werden müsse und die USA mit der UdSSR im Dialog bleiben sollten. Hinsichtlich der NATO habe de Gaulle betont, Integration bedeute Unterordnung, die er nicht hinnehmen werde. Er wolle noch vor 1969 bilaterale Gespräche über die Zukunft der Allianz führen. Auf die Bitte von Ball, den Zeitpunkt möglichst spät zu wählen, habe der französische Staatspräsident nicht reagiert.

341   03.09.   Botschafter Herwarth von Bittenfeld, Rom, an das   S. 1406
                    Auswärtige Amt

Herwarth unterrichtet über ein Gespräch mit dem Leiter der Politischen Abteilung im italienischen Außenministerium. Gaja trat dafür ein, nach der Ablehnung des amerikanischen Entwurfs eines Nichtverbreitungsabkommens durch die UdSSR erneut den der 18-Mächte-Abrüstungskommission in Genf bereits vorliegenden italienischen Vorschlag aufzugreifen. Der darin vorgesehene einseitige Verzicht auf Kernwaffen würde es den „paranuklearen Mächten" erlauben, der Gefahr zu begegnen, daß ihnen die Verantwortung für einen negativen Verhandlungsverlauf zugeschoben werde. Italien habe zwar nicht die Absicht, Atomwaffen herzustellen, wolle jedoch auch nicht „deklassiert" werden. Es komme darauf an, Zeit zu gewinnen, um Konzessionen der Nuklearmächte zu erreichen und die Interessen der Nichtnuklearmächte zu wahren.

342   03.09.   Botschafter Klaiber, Paris, an das Auswärtige Amt   S. 1408

Der Botschafter informiert über den Osteuropa und die UdSSR betreffenden Teil eines Gesprächs mit dem französischen Ministerpräsidenten. Er selbst bat anläßlich des bevorstehenden Aufenthalts des Ministerpräsidenten Cyrankiewicz in Paris, daß hinsichtlich der Oder-Neiße-Linie nichts geschehe, was als französische Unterstützung des polnischen Standpunkts ausgelegt werden könnte. Trotz der von Pompidou betonten Besonderheit der Beziehungen mit Polen müsse erwartet werden, daß sich Frankreich bei diesem „heiklen Thema" mit einem Hinweis auf die Erklärung des Staatspräsidenten de Gaulle vom 25. März 1959 begnüge. Im Hinblick auf den bevorstehenden Besuch des Staatssekretärs Carstens in Moskau wies Pompidou auf die in der UdSSR verbreitete Angst vor dem militärischen Potential der Bundesrepublik und der „deutschen Kriegskunst" hin. Klaiber betonte, daß die Bundesrepublik keine nationale Verfügungsgewalt über Atomwaffen anstrebe und ihr berechtigtes Interesse an nuklearer Mitbestimmung innerhalb der NATO von de Gaulle anerkannt worden sei.

343 06.09. **Gespräch des Bundesministers Westrick, Bundeskanzleramt, mit dem israelischen Botschafter Ben Natan** S. 1412

Anläßlich seines Antrittsbesuchs erkundigt sich Ben Natan nach dem Zeitpunkt für die Aufnahme der Wirtschaftsverhandlungen und nach deren Einordnung im Verhältnis zu den früheren finanziellen Leistungen der Bundesrepublik an Israel. Westrick räumt ein, daß hier „tatsächlich ein offener Dissens" vorliege. Nach Auffassung der Bundesregierung solle die wirtschaftliche Unterstützung im Bundesetat verankert sein und die haushaltsrechtlich nicht abgesicherten Zahlungen im Rahmen der Aktion „Geschäftsfreund" ablösen. Kurz vor Aufnahme der diplomatischen Beziehungen habe jedoch der Leiter der Israel-Mission, Shinnar, deutlich gemacht, daß Israel zusätzliche Zahlungen erwarte. Seitdem sei mehrfach darauf hingewiesen worden, daß eine „zweigleisige Hilfe" nicht in Frage komme. Ben Natan bekräftigt die Forderung nach zusätzlichen Zahlungen und erklärt sein Einverständnis, mit den Wirtschaftsgesprächen nach den Bundestagswahlen zu beginnen.

344 06.09. **Regierender Bürgermeister Brandt, Berlin, an Bundeskanzler Erhard** S. 1415

Der Regierende Bürgermeister von Berlin teilt mit, daß der Verhandlungsspielraum in den Passierschein-Gesprächen ausgeschöpft sei, nachdem die DDR eine Verlängerung der bisherigen Regelung um ein volles Jahr abgelehnt habe. Da die geltende Übereinkunft am 24. September 1965 auslaufe, macht Brandt darauf aufmerksam, daß eine Entscheidung über das Angebot der DDR vom 16. August 1965, die Passierscheinstelle für Härtefälle bis zum 31. Januar 1966 fortzuführen und Verwandtenbesuche zu Weihnachten und Neujahr 1965/66 zuzulassen, getroffen werden müsse. Er schlägt den 21. September 1965 als Termin für das nächste Treffen mit den DDR-Vertretern vor, bei dem dann ein Entschluß der Bundesregierung bekanntgegeben werden müsse.

345 08.09. Aufzeichnung des Staatssekretärs Carstens S. 1417

Carstens informiert über ein Telefongespräch mit dem Abteilungsleiter im Bundesministerium für wirtschaftliche Zusammenarbeit, Sonnenhol. Dieser erklärte, daß die Öffentlichkeit kein Verständnis für die gleichzeitige wirtschaftliche Unterstützung Indiens und Pakistans habe, da beide Staaten dadurch „mindestens indirekt" in die Lage versetzt würden, gegeneinander Krieg zu führen. Carstens erwiderte, daß die Fortsetzung der Hilfe aus außenpolitischen Gründen unumgänglich, allerdings zu überlegen sei, wie der Öffentlichkeit diese Entscheidung verständlich gemacht werden könne.

346 09.09. Staatssekretär Carstens an Bundesminister Westrick S. 1419

Zur Unterrichtung des Bundeskanzlers Erhard informiert Carstens Bundesminister Westrick über eine Besprechung mit jenen Missionschefs, die aus den arabischen Staaten nach Bonn zurückkehren mußten. Übereinstimmend wurde festgestellt, daß sich die Stimmung gegenüber der Bundesrepublik beruhigt habe. Dennoch sei nicht mit einer baldigen Wiederaufnahme der diplomatischen Beziehungen zu rechnen; Anzeichen für ein „aktives Interesse" in dieser Richtung gebe es nur im Sudan, in Jordanien und in Algerien. Die Mehrheit werde die weitere Entwicklung der deutsch-israelischen Beziehungen abwarten. Insbesondere müsse eine Ausgewogenheit der Wirtschaftshilfe an Israel und an die arabischen Staaten gewährleistet werden. Initiativen zur Wiederaufnahme der Beziehungen sollten der arabischen Seite überlassen bleiben, jedoch vertrauliche Kontakte zu „wohlgesonnenen" Staaten gepflegt werden.

347 09.09. Aufzeichnung des Referats II A 1 S. 1421

In der Aufzeichnung wird eine Besprechung im Rahmen der Bonner Vierergruppe zur Frage der Kreditgewährung an die DDR zusammengefaßt. Die Vertreter Frankreichs und der USA, Tissier und Sutterlin, verwiesen auf ihre bereits vorliegenden Stellungnahmen; von amerikanischer Seite wurde zudem die Notwendigkeit einer restriktiven Haltung bekräftigt. Der britische Botschaftsrat für Handelsfragen erklärte, entgegen den im Arbeitspapier der Bundesregierung vom 19. Juli 1965 geäußerten Befürchtungen beeinträchtige die bisherige westliche Handels- und Kreditpraxis den Interzonenhandel nicht. Folglich bestehe kein Anlaß, britischen Unternehmen die derzeit gewährten Exporterleichterungen zu entziehen. Da das von Galsworthy zugrunde gelegte statistische Material den Vertretern der Bundesrepublik nicht überzeugend erschien, wurde beschlossen, ein gemeinsames, von allen Beteiligten anerkanntes Arbeitspapier zu erstellen.

September

348 13.09. Gespräch des Bundesministers Schröder mit dem S. 1427
amerikanischen Botschafter McGhee

Zu den Äußerungen des französischen Staatspräsidenten auf der Pressekonferenz vom 9. September 1965 führt Schröder aus, de Gaulle wolle hinsichtlich der EWG eine Agrarunion schaffen, die Rolle der Kommission einschränken und weitere Initiativen zur Fortentwicklung der Gemeinschaft hinausschieben. Die Ablehnung einer supranationalen Integration hält der Bundesminister für „nicht indiskutabel" und betont, er sei selbst niemals von einer schnellen politischen Integration überzeugt gewesen. Hinsichtlich der Einführung des Majoritätsprinzips verstehe die Bundesregierung durchaus die Bedenken und trete für eine „politisch vernünftige Interpretation" im Sinne eines „gentlemen's agreement" ein. Es besteht Übereinstimmung, daß vor dem Abschluß eines Abkommens über die Nichtverbreitung von Kernwaffen die nukleare Frage innerhalb der NATO gelöst werden müsse. McGhee bezeichnet die eingetretene Umkehrung der Prioritäten als „Schande", betont jedoch, daß in den USA ein Junktim mit der Deutschland-Frage abgelehnt werde. Schröder räumt ein, „er gebe sich hier keineswegs großen Täuschungen hin". Er bemängelt, daß hinsichtlich der Nichtverbreitung nur Einschränkungen für Nichtnuklearmächte vorgesehen seien, die Atommächte sich aber ohne Gegenleistung etwas zusicherten, was ohnehin in ihrem Interesse liege. Damit bliebe der „Machtvorsprung in den Händen einiger weniger".

349 13.09. Botschafter Klaiber, Paris, an das Auswärtige Amt S. 1435

Klaiber gibt Informationen über das Gespräch des französischen Außenministers mit dem polnischen Stellvertretenden Außenminister am 10. September 1965 weiter. Naszkowski habe die Auffassung vertreten, daß die Bundesrepublik den Besitz von Atomwaffen erstrebe und sowohl daran als auch an einer Beteiligung „an der atomaren Strategie" gehindert werden müsse. Er habe ferner betont, „Polen leugne nicht, daß sich das Problem der Wiedervereinigung Deutschlands stelle", halte aber eine Fortdauer der Teilung gegenüber einer Gefährdung der europäischen Sicherheit für das geringere Übel. Hinsichtlich der Oder-Neiße-Linie habe er keine weitergehende Festlegung Frankreichs verlangt, während Couve de Murville geschwiegen habe. Übereinstimmung habe darüber bestanden, daß Sicherheitspläne für Europa so angelegt sein müßten, daß weder die USA noch die UdSSR eine dominierende Rolle spielten. Klaiber äußert abschließend die Ansicht, es gebe keinen Grund zur Beunruhigung: Couve de Murville habe sich „loyal" verhalten.

CLVII

350 14.09. Aufzeichnung des Botschaftsrats I. Klasse Hartlieb, Paris (NATO) S. 1439

Hartlieb notiert aus einem Gespräch mit dem Gesandten an der amerikanischen Ständigen Vertretung bei der NATO, daß sich Befürworter und Gegner des MLF-Projekts in den USA die Waage hielten. Es sei daher wichtig, daß die Bundesregierung nachdrücklich ihr Interesse betone und es sowohl dem neuen amerikanischen Ständigen Vertreter bei der NATO, Cleveland, als auch dem Botschafter in Bonn, McGhee, nahebringe. Wünschenswert sei ferner eine „political guidance" der NATO-Botschafter für die militärische Untergruppe der MLF-Arbeitsgruppe. Hartlieb resümiert, Farley sei im Grunde eher skeptisch. Er habe nicht ausgeschlossen, daß erneut eine Situation entstehen könnte, in der es klüger wäre, das Projekt „eine Zeitlang beiseite zu legen"; dem ANF-Projekt gab er keine großen Chancen.

351 15.09. Botschafter Sachs, Brüssel (EWG/EAG), an die Staatssekretäre Carstens und Lahr S. 1441

Sachs informiert über eine Unterredung mit dem Präsidenten der EWG-Kommission über die Probleme der Gemeinschaft. Hallstein bezeichnete die Lage als Auftakt zu viel schwerwiegenderen Auseinandersetzungen. Hinter der Pressekonferenz des Staatspräsidenten de Gaulle vom 9. September 1965 sei die Einsicht zu vermuten, daß die Zeit nicht für ihn arbeite, sowie der Versuch, einen eventuellen Nachfolger politisch festzulegen. Die Initiative zur Überwindung der durch Frankreich ausgelösten Krise wies Hallstein den Regierungen der übrigen fünf EWG-Staaten und insbesondere der Bundesregierung zu. Ferner legte er dar, daß Mehrheitsentscheidungen des EWG-Ministerrats zulässig und gute Gründe dafür gegeben seien, „nur mit den Fünfen zu einstimmigen Beschlüssen zu kommen". Hinsichtlich des künftigen Majoritätsprinzips räumte er ein, daß ein „gentlemen's agreement" im Sinne einer einschränkenden Interpretation „nicht an die Existenz der Gemeinschaft rühren" würde.

352 15.09. Botschaftsrat I. Klasse Sahm, Paris (NATO), an das Auswärtige Amt S. 1444

Sahm berichtet von der Diskussion im Politischen Ausschuß des Ständigen NATO-Rats am Vortag. Zu den neuen polnischen Abrüstungsvorschlägen wurde angemerkt, daß sie gegenüber dem Gomulka- und Rapacki-Plan keine wesentlichen neuen Elemente enthielten. Angesichts der Bedrohung durch sowjetische Raketen wurde bemängelt, daß eine Erörterung von Plänen ohne Einschluß der UdSSR „akademisch" sei. Ferner fehle eine Kontrolle der Abrüstung und könne eine auf Mitteleuropa beschränkte Regelung zur Nichtverbreitung von Kernwaffen nur wenig Auswirkungen auf das weltweite Problem der Nonproliferation und den Abbau der Ost-West-Spannungen haben. Dennoch wurde eine Fortsetzung des Gedankenaustauschs mit Polen befürwortet.

353 15.09. **Ministerialdirektor Meyer-Lindenberg an die Ständige Vertretung bei der EWG und EAG in Brüssel** S. 1447

Meyer-Lindenberg bittet, der EURATOM-Kommission ein Aide-mémoire zu übermitteln, in dem die zwischen ihr und Frankreich getroffene Vereinbarung über die nukleare Sicherheitskontrolle mißbilligt werde. Die Abmachung bringe eine „erhebliche Abschwächung" der im EURATOM-Vertrag vorgesehenen Regelungen mit sich und stelle eine einseitige Ausnahme zugunsten Frankreichs dar, die den französischen Vorsprung auf atomarem Gebiet vergrößere. Die Bundesregierung wolle den Eindruck einer stillschweigenden Zustimmung vermeiden und sich die Möglichkeit offenhalten, bei den Verhandlungen über die Fusion der drei europäischen Gemeinschaften auf das Problem zurückzukommen.

354 16.09. **Aufzeichnung des Ministerialdirigenten Truckenbrodt** S. 1449

Der Ministerialdirigent erörtert die Frage, wie die Einbeziehung von Berlin (West) in ein Warenabkommen mit der UdSSR gewährleistet werden könnte. Er nimmt dabei auf die im Juli 1964 mit den drei Westmächten vereinbarte Regelung Bezug, wonach die Einbindung der Stadt in Abkommen der Bundesrepublik an keine bestimmte Form geknüpft sei, solange eine verbindliche Einigung der vertragschließenden Parteien vorliege. Truckenbrodt konstatiert, daß alle bisher vorgelegten Entwürfe einer Berlin-Klausel an das Abkommen vom 25. April 1958 mit der UdSSR über den Waren- und Zahlungsverkehr anknüpften, über dessen Geltungsbereich jedoch ein offener Dissens bestehe. Er schlägt daher eine „hieb- und stichfeste" Klausel vor, nach der ein neuer Vertrag in dem Gebiet gelten würde, in dem die bisherigen Vereinbarungen faktisch durchgeführt wurden.

355 17.09. **Aufzeichnung des Ministerialdirigenten Graf von Hardenberg** S. 1452

Zur Vorbereitung eines Gesprächs des Staatssekretärs Carstens mit dem Staatssekretär im Bundesministerium der Verteidigung, Gumbel, gibt Hardenberg einen Überblick zum Stand der Ausrüstungshilfe. Portugal lege weiterhin großen Wert auf die Lieferung der zugesagten Flugzeuge, für die jedoch eine Zustimmung Kanadas nicht mehr zu erwarten sei. Das Bundesministerium der Verteidigung habe großes Interesse an dem Vorhaben, da bis zu seinem Abschluß die Arbeiten an den militärischen

Einrichtungen der Bundeswehr in Portugal ruhten. Es plane daher die Lieferung von Flugzeugen des Typs G 91, die für den „afrikanischen Buschkrieg" wenig tauglich seien. Pakistan seien Lizenzen zum Bau von Maschinengewehren und Schiffen zugesichert worden. Bezüglich des Sudan sollte der bei Abbruch der diplomatischen Beziehungen verhängte partielle Lieferstopp beibehalten und ein Anschluß-Abkommen über Ausrüstungshilfe erst nach Wiederaufnahme der Beziehungen unterzeichnet werden. Der iranische Wunsch nach Finanzhilfe zur Ausweitung der Waffenproduktion sei bislang auf positive Resonanz gestoßen, jedoch müsse der genaue Umfang der Leistungen noch geklärt werden. Vorbehalte beständen gegen den Verkauf einer größeren Menge von Handfeuerwaffen, weil diese vom Iran eventuell an Jordanien oder Pakistan weitergeliefert werden könnten.

356 17.09. **Botschafter Knoke, Den Haag, an das Auswärtige Amt** S. 1457

Knoke gibt Informationen über den Besuch des Ministerpräsidenten Harmel und des belgischen Außenministers Spaak am Vortag in Den Haag weiter. Nach Aussage des Generaldirektors im niederländischen Außenministerium, Hartogh, habe Einigkeit darüber bestanden, daß die EWG nicht zu einer „intergouvernementalen Einrichtung" umgebaut, auf die Einführung des Majoritätsprinzips nicht verzichtet und die Zuständigkeit der EWG-Kommission nicht eingeschränkt werden dürfe. Ferner müsse die Lösung der Krise im Rahmen der Gemeinschaft und nicht auf zwischenstaatlicher Ebene gefunden werden. Es komme darauf an, Frankreich klarzumachen, daß die fünf übrigen EWG-Staaten am „EWG-Mechanismus" festhalten wollten. Auch in möglichen Verhandlungen zur Agrarfinanzierung sollten sie als „geschlossene Falanx" auftreten.

357 20.09. **Botschafter Grewe, Paris (NATO), an das Auswärtige Amt** S. 1459

Grewe berichtet über die Sondersitzung des Ständigen NATO-Rats vom 17. September 1965. Die Berichte der vier westlichen Delegationsleiter über die Konferenz der 18-Mächte-Abrüstungskommission in Genf hinterließen den Eindruck, daß die Hoffnung auf ein sowjetisches Eingehen auf die westlichen Vorschläge „zwar gedämpft, aber keineswegs aufgegeben worden" sei. Hinsichtlich einer Weltabrüstungskonferenz legte der britische Abrüstungsbeauftragte Lord Chalfont dar, die von der Bundesregierung vorgeschlagene Einladungsformel sei für viele UNO-Staaten unannehmbar, weil sie den Nuklearmächten eine Sonderstellung einräume und die Teilnahme der Demokratischen Volksrepublik Korea, der Demokratischen Republik Vietnam und der DDR verhindere. Die Vertreter Dänemarks und

Norwegens plädierten für eine Erweiterung des Teststopp-Abkommens vom 5. August 1963. Dies wurde von amerikanischer Seite mit dem Hinweis auf fehlende Möglichkeiten zur Überwachung unterirdischer Atomversuche abgelehnt.

358 21.09. Gespräch des Staatssekretärs Carstens mit dem sowjetischen Ersten Stellvertretenden Außenhandelsminister Kusmin in Moskau S. 1463

Carstens erläutert die Absicht der Bundesregierung, zu einem neuen Abkommen über den Waren- und Zahlungsverkehr zu kommen, das eine Laufzeit von drei oder vier Jahren haben könne. Kusmin erwidert, „daß die Existenz eines Warenprotokolls allein wenig nütze", und verweist auf das Außenhandelsgesetz von 1961 und das Röhrenembargo. Bis heute sei die „harte Praxis der zuständigen deutschen Stellen" unverändert. Wenn das Handelsvolumen auch ohne gültiges Abkommen nicht gesunken sei, so liege das an den direkten Kontakten mit Firmen aus der Bundesrepublik. Dennoch sei die sowjetische Regierung zu neuen Verhandlungen bereit. Die UdSSR müsse aber künftig mehr Waren in der Bundesrepublik absetzen, wenn der Umfang ihrer Importe aufrechterhalten bleiben solle. Nach einer Erläuterung des Außenhandelsgesetzes und der Hintergründe des Röhrenembargos betont Carstens die Notwendigkeit eines Abkommens. Auf eine Diskussion der „Frage des geographischen Geltungsbereichs" verzichtet er.

359 21.09. Botschafter von Stolzmann, Luxemburg, an das Auswärtige Amt S. 1470

Stolzmann berichtet über ein Gespräch mit dem Leiter der Politischen Abteilung im luxemburgischen Außenministerium. Pescatore bezeichnete die Ausführungen des französischen Staatspräsidenten auf der Pressekonferenz vom 9. September 1965 als in der Form unannehmbar. Es sei zu überlegen, ob die EWG-Staaten dies „ohne eine bedenkliche capitis diminutio" hinnehmen könnten. Auch inhaltlich seien die Äußerungen nicht akzeptabel. Mit der Rückkehr zum Nationalismus „negiere de Gaulle unleugbar den Kern und das Wesen der Gemeinschaften" und verschaffe ähnlichen Strömungen in anderen Staaten gefährlichen Auftrieb. Pescatore betonte, daß das weitere Vorgehen der fünf EWG-Partner Frankreichs unbedingt auf der Basis der Römischen Verträge bleiben müsse. Beratungen außerhalb dieses Rahmens lehne Luxemburg ebenso wie die Bundesregierung ab.

360 22.09. Botschafter Siegfried, Brüssel, an das Auswärtige Amt — S. 1473

Siegfried informiert über eine Unterredung mit dem belgischen Außenminister am Vortag. Angesichts der von Frankreich ausgelösten Krise und der Pressekonferenz des Staatspräsidenten de Gaulle vom 9. September 1965 betonte Spaak die Notwendigkeit einer gemeinsamen Initiative der fünf übrigen EWG-Staaten. Die Gemeinschaft könne nicht ohne „Prestigeverlust und unabsehbaren Schaden länger als sechs Monate immobil bleiben". Mögliche französische Wünsche nach Änderung des EWG-Vertrags müßten entschieden abgelehnt werden, während eine Interpretation des Vertragstextes offenbleiben könne. Notfalls solle die Gemeinschaft zu fünft fortgesetzt werden, da sie sich nicht zum „Spielzeug Frankreichs" machen lassen dürfe. Spaak regte eine Sitzung des EWG-Ministerrats ohne Teilnahme der Kommission an, erklärte jedoch, er halte die für Ende Oktober vorgesehene Tagung nicht für ratsam, auch wenn er keinen Einspruch gegen sie erheben wolle.

361 22.09. Gespräch des Staatssekretärs Carstens mit dem sowjetischen Ersten Stellvertretenden Außenminister Kusnezow in Moskau — S. 1476

Carstens betont, daß die ungelöste Deutschland-Frage das wichtigste Hindernis für eine Verbesserung der bilateralen Beziehungen darstelle. Die Bundesregierung wisse, daß das Problem die sowjetischen Sicherheitsinteressen berühre und wirtschaftliche Implikationen habe. Sie sei bereit, zu erwägen, wie dem Rechnung getragen werden könnte, und halte konkrete gemeinsame Schritte für nötig. Kusnezow bekräftigt demgegenüber die sowjetische Deutschlandpolitik und betont, „jeder Anschlag auf die Souveränität der DDR, jeder Versuch ihrer gewaltsamen Einverleibung bedeute Krieg". Bezeichnend für die Politik der Bundesregierung sei die Absicht, über eine MLF in den Besitz von Atomwaffen zu gelangen. Unbeantwortet läßt Kusnezow die Frage, ob Bereitschaft zu Gesprächen über die Wiedervereinigung bestehe, wenn die Bundesregierung ihre Beteiligung an einer MLF zur Diskussion stelle. Carstens verweist auf die Erklärung von 1954 über den Verzicht auf die Produktion von Kernwaffen und betont den Gewaltverzicht der Bundesrepublik. Er spricht die Möglichkeit an, Berlin (West) in bilaterale Wirtschafts- oder Kulturabkommen einzubeziehen, und zeigt sich zuversichtlich, daß für beide Seiten befriedigende Lösungen gefunden werden könnten. Kusnezow lehnt jeden Versuch ab, Berlin (West) in ein Abkommen mit der UdSSR „hineinzumogeln".

362 23.09. Gespräch des Staatssekretärs Carstens mit dem S. 1491
Vorsitzenden des sowjetischen Staatskomitees für
kulturelle Beziehungen, Romanowskij, in Moskau

Romanowskij legt dar, daß seit dem Scheitern der Verhandlungen für ein Kulturabkommen im Frühjahr 1961 der bilaterale Kulturaustausch auf der Erledigung noch offener Vorhaben aus der Vereinbarung vom 30. Mai 1959 und auf Absprachen zwischen interessierten Stellen in beiden Staaten basiere. Carstens betont, die Bundesregierung strebe ein neues Kulturabkommen an, doch seien noch Schwierigkeiten „nicht eigentlich kultureller, sondern politischer Art" zu überwinden. Um auch in der Zwischenzeit die kulturellen Beziehungen zu fördern, bittet er um Prüfung, ob nicht im Sommer 1966 eine Architektur-Ausstellung der Bundesrepublik, die bereits im alten Abkommen vorgesehen war, realisiert werden könne. Romanowskij äußert sich dazu sehr zurückhaltend. Er verweist auf fehlendes Ausstellungsgelände in Moskau sowie auf die Vorbereitung von Veranstaltungen zu den 50-Jahr-Feiern der UdSSR im Jahr 1967.

363 23.09. Gespräch des Staatssekretärs Carstens mit dem S. 1494
sowjetischen Stellvertretenden Außenminister
Semjonow in Moskau

Carstens mahnt die Freilassung zweier seit 1961 in der UdSSR inhaftierter Studenten an. Botschafter Smirnow habe ihm bereits vor drei Jahren zugesichert, Naumann und Sonntag würden im Gegenzug zur Auslieferung des wegen Spionage verurteilten Mitarbeiters der sowjetischen Handelsvertretung in Köln, Pripolzew, entlassen werden. Ferner äußert der Staatssekretär die Bitte, die sowjetische Regierung möge aus humanitären Gründen der Repatriierung von Deutschen aus der UdSSR „einen neuen Impuls geben". Semjonow erwidert, alle aus der Vereinbarung vom 8. April 1958 resultierenden Verpflichtungen seien erfüllt worden. Abschließend bittet Carstens zu erwägen, ob nicht der Volksbund Deutscher Kriegsgräberfürsorge die Pflege deutscher Soldatengräber in der UdSSR übernehmen und die noch von der deutschen Wehrmacht angelegte Kartei der Grabstätten, die nun in sowjetischem Besitz sei, einsehen dürfe.

364 23.09. Aufzeichnung des Vortragenden Legationsrats S. 1498
I. Klasse von Plehwe

Plehwe faßt ein Gespräch des Staatssekretärs Lahr mit dem britischen Botschafter am Vortag zusammen. Roberts erläuterte eine Mitteilung über den Besuch des britischen Außenministers vom 17. bis 21. September 1965 in Warschau. Er führte aus, daß Stewart energisch den Standpunkt vertreten habe, die Frage der Ostgrenzen Deutschlands könne nur in einem Friedensver-

CLXIII

trag geregelt werden. Die britische Regierung werde diese Haltung offiziell beibehalten, obwohl in Großbritannien, ähnlich wie in anderen westlichen Staaten, „die Oder-Neiße-Linie als die endgültige Westgrenze Polens angesehen" werde. Im übrigen gebe es Hinweise, daß polnische Hoffnungen auf britische Unterstützung in der Grenzfrage durch die Haltung von Stewart enttäuscht worden seien.

365   24.09.   Aufzeichnung des Ministerialdirektors Krapf   S. 1501

Krapf erörtert das „nukleare Problem der NATO", die Frage der Mitverantwortung der Verbündeten für Kernwaffen. Er konstatiert, daß es für die Bundesrepublik bislang kein Mitspracherecht hinsichtlich des Einsatzes der auf ihrem Territorium stationierten Atomwaffen gebe. Das amerikanische Projekt einer MLF sei dem britischen Vorschlag einer ANF vorzuziehen, da letzterer lediglich eine Umgruppierung vorhandener Streitkräfte und eine ungleichgewichtige Beteiligung der einzelnen Teilnehmerstaaten vorsehe. Ausschlaggebend müsse eine Berücksichtigung deutscher Interessen bei Entscheidungen über einen Kernwaffeneinsatz und die Mitwirkung bei der Entwicklung nuklearer Strategien sein. Zudem sei der Besitz von Atomwaffen über den Abschreckungswert hinaus zum „Statussymbol einer Großmacht" geworden. Die MLF/ANF stelle also für die Bundesrepublik einen Weg dar, ihren Einfluß zu steigern, ohne in Widerspruch zur Politik des Verzichts auf nationale Verfügungsgewalt über Kernwaffen zu geraten. Mögliche Alternativen, wie eine Mitwirkung an der französischen Force de frappe oder der Aufbau einer europäischen Atomstreitmacht, könnten sie nicht in gleichem Maß in den Rang einer an der nuklearen Verantwortung „maßgeblich beteiligten Macht" erheben.

366   26.09.   Botschafter Schlitter, Athen, an das Auswärtige Amt   S. 1511

Schlitter erläutert, wie die Bundesrepublik zur Stabilisierung der gegenwärtigen griechischen Regierung beitragen könne. Im Bereich wirtschaftlicher Hilfen nennt er multilaterale Maßnahmen – so die Unterstützung des griechischen Ersuchens um eine Anleihe bei der Weltbank oder die größtmögliche Beschleunigung des Griechenland-Konsortiums der OECD – und Unterstützung bilateraler Art, wie die Verteidigungshilfe der Bundesrepublik. Er regt ferner an, Mitglieder der griechischen Regierung sowie Journalisten in die Bundesrepublik einzuladen und im Gegenzug qualifizierte deutsche Journalisten und Fernsehteams zu Besuchen in Griechenland zu veranlassen.

September

367 27.09. Aufzeichnung des Ministerialdirektors S. 1513
Meyer-Lindenberg

Meyer-Lindenberg nimmt zu dem israelischen Wunsch Stellung, von der Bundesrepublik für die Dauer von acht Jahren jährlich 10 Millionen Dollar für eine atomar betriebene Meerwasserentsalzungsanlage zu erhalten. Er konstatiert, daß eine solche nicht rückzahlbare Finanzhilfe der von der Bundesrepublik angestrebten Normalisierung der wirtschaftlichen Beziehungen zuwiderliefe, da Israel Entwicklungshilfe nach den gleichen Modalitäten wie andere Staaten erhalten solle. Ferner würde eine Beteiligung der Bundesrepublik an einem israelischen Atomprojekt in den arabischen Staaten „nicht ohne erhebliche Reaktionen bleiben". Allerdings spreche für eine Unterstützung, daß sie „ihren Eindruck auf das Weltjudentum nicht verfehlen" und den Streit um das Jordanwasser beruhigen könnte, während eine Ablehnung die Beziehungen zu Israel belasten würde. Meyer-Lindenberg kommt zu dem Schluß, daß das Projekt unterstützt werden könnte, wenn öffentlich die Bereitschaft zum Bau einer vergleichbaren Anlage in einem arabischen Staat bekundet würde. Es müßte jedoch gewährleistet sein, daß das Projekt keinesfalls militärischen Zwecken diene.

368 27.09. Aufzeichnung des Referats II A 7 S. 1515

In der Aufzeichnung wird die Entwicklung der NATO-Verteidigungsstrategie von der Maxime der „massiven Vergeltung" bis zur „abgestuften Abschreckung" rekapituliert. Im Gegensatz zu Frankreich und Großbritannien habe die Bundesrepublik die von den USA bevorzugte Doktrin der „flexible response" übernommen. Allerdings gebe es Differenzen über den Zeitpunkt eines Kernwaffeneinsatzes. Während die amerikanische Regierung eine rasche Eskalation vermeiden wolle, vertrete die Bundesregierung wegen der Enge des Raumes und der Dichte der Besiedlung die Auffassung, daß der Verlust größerer Gebiete in einer konventionell geführten Kriegsphase untragbar sei: „Der Zwang zur nuklearen Abwehr könne sich sehr schnell ergeben", während der konkrete Zeitpunkt oder das Einsatzgebiet nicht im voraus zu bestimmen seien. Gerade diese Unkalkulierbarkeit des Risikos stelle ein wichtiges Element der Abschreckung dar. Für den Verbündeten einer Nuklearmacht bleibe es entscheidend, die lebenswichtigen nationalen Interessen „parallel zu halten", damit „im Ernstfall der eine für den anderen einstehen" werde.

369 27.09. Runderlaß des Bundesministers Schröder S. 1518

Vor dem Hintergrund der Pressekonferenz des Staatspräsidenten de Gaulle vom 9. September 1965 bittet Schröder, bei den Regierungen der EWG-Staaten eine Stellungnahme zur Lage der Gemeinschaft abzugeben. Die Bundesregierung sei der

CLXV

Ansicht, daß die EWG-Krise nur mit den vertraglich festgelegten Mitteln sowie innerhalb der bereits bestehenden Institutionen gelöst und die Position der EWG-Kommission nicht beeinträchtigt werden dürfe. Das bereits in den Römischen Verträgen verankerte Prinzip der Mehrheitsentscheidungen solle nicht in Frage gestellt, jedoch „vernünftig angewandt" werden. In Fällen, in denen lebenswichtige Interessen eines EWG-Partners zur Entscheidung stünden, sei eine Majorisierung zu vermeiden. Eine Priorität der Agrarpolitik vor den übrigen Bereichen des Gemeinsamen Marktes werde nicht anerkannt. Hinsichtlich des künftigen Vorgehens stimme die Bundesregierung dem belgischen Vorschlag zu, im November 1965 einen „Ministerrat zu Sechs" abzuhalten. Die Beratungen könnten ohne Beteiligung der EWG-Kommission stattfinden, wenn sie sich auf Fragen der Auslegung und Entwicklung der Römischen Verträge beschränkten.

370 29.09. Deutsch-französische Konsultationsbesprechung S. 1522

Ministerialdirektor Krapf informiert über die Gespräche des Staatssekretärs Carstens vom 20. bis 27. September 1965 in Moskau. Die sowjetische Seite habe keine Kompromißbereitschaft gezeigt, jedoch erkennen lassen, daß sie „den Faden nicht abreißen lassen" wolle. Im Hinblick auf den Besuch des Ministerpräsidenten Cyrankiewicz vom 10. bis 16. September in Paris zeigt sich Krapf erfreut, daß das „freundschaftliche deutsch-französische Verhältnis praktisch demonstriert" worden sei. Er erklärt ferner, daß angesichts der verhärteten Haltung der Tschechoslowakei in den Wirtschaftsverhandlungen der vertragslose Zustand trotz guter Handelsbeziehungen „wohl noch lange andauern" werde. Der Leiter der Politischen Abteilung im französischen Außenministerium, Lucet, informiert über den Wunsch der Volksrepublik China, durch „die große Türe" in die UNO aufgenommen zu werden. Er empfiehlt Unterstützung, da andernfalls die Gefahr bestehe, daß eine gesonderte „asiatische Organisation" gegründet würde. Hinsichtlich der Arbeitssprachen im Europarat erklärt sich die französische Seite bereit, die zusätzliche Einführung von Deutsch und Italienisch zu befürworten.

371 29.09. Botschafter Blankenhorn, London, an das S. 1537
Auswärtige Amt

Aus Gesprächen mit dem Unterstaatssekretär im britischen Außenministerium, Lord Hood, und Mitarbeitern der Botschaften der WEU-Staaten in London faßt Blankenhorn die Reaktion auf den französischen Wunsch zusammen, die WEU-Ministerratssitzung am 4./5. November 1965 ohne Beteiligung der EWG-Kommission und ohne Erörterung wirtschaftlicher Themen durchzuführen. Übereinstimmend werde die Ansicht vertreten, daß eine strikte Ablehnung zu einer Krise der WEU führen würde. Ein vorbehaltloses Akzeptieren würde dagegen Großbritannien den bisher im Rahmen der WEU offengehaltenen Zugang zum „Europagespräch" verschließen. Von belgischer und italienischer Seite sei vorgeschlagen worden, auf eine Teilnahme der EWG-Kommission zu verzichten, Frankreich jedoch zur Einwilligung in eine allgemeine Diskussion wirtschaftlicher Fragen zu bewegen. Die britische Regierung habe eine Annahme des französischen Vorschlags unter der Voraussetzung für möglich erklärt, daß damit kein Präzedenzfall für die kommenden WEU-Ministerratssitzungen geschaffen werde.

372 30.09. Gespräch des Bundeskanzlers Erhard mit dem israelischen Botschafter Ben Natan S. 1539

Erhard hebt hervor, daß der Entschluß zur Aufnahme diplomatischer Beziehungen mit Israel „allein seine Entscheidung gewesen" sei. Hinsichtlich der geplanten deutsch-israelischen Wirtschaftsgespräche macht er auf die „sehr schwierige Haushaltslage" und den stark beanspruchten deutschen Kapitalmarkt aufmerksam. Der Botschafter betont die von Ministerpräsident Eshkol gehegte Erwartung einer baldigen und vorteilhaften Einigung. Er schildert die Verteidigungsanstrengungen Israels sowie die besondere bevölkerungspolitische Situation als Einwanderungsstaat. Die Unterstützung der Bundesrepublik habe eine große Rolle für den Aufbau und die militärische Sicherheit gespielt; Israel hoffe daher, auch in Zukunft erhebliche Hilfe zu erhalten, „wenn auch in anderer Form". Zu der von Ben Natan betonten Notwendigkeit einer Meerwasserentsalzungsanlage erklärt der Bundeskanzler, daß deren Realisierung als Aufgabe eines Konsortiums mehrerer Staaten ein „Projekt mit weltweiter Leuchtkraft" sein könnte.

373 30.09. Aufzeichnung des Staatssekretärs Carstens S. 1542

Der Staatssekretär gibt eine Unterredung mit dem sowjetischen Stellvertretenden Außenminister am 24. September 1965 in Moskau wieder. Carstens versuchte, Semjonow für eine konstruktive Haltung hinsichtlich einer Einbeziehung von Berlin (West) in Verträge der Bundesrepublik zu gewinnen. Er vertrat den Standpunkt, daß die Bundesrepublik lediglich die außenpolitische Vertretung wahrnehme, so wie die Schweiz das souveräne Liechtenstein vertrete. Semjonow ging darauf ebensowenig ein wie auf den Vorschlag, zu der im Handelsabkommen von 1958 gefundenen Lösung zurückzukehren. Zum Eindringen sowjetischer Flugzeuge in den Luftraum von Berlin (West) erklärte er, es habe sich um eine Reaktion auf „Provokationen" gehandelt. Carstens entgegnete, die Bundestagssitzung in Berlin sei gegen niemanden gerichtet und als Ausdruck der Zusammengehörigkeit „der natürlichste Vorgang von der Welt" gewesen. Semjonow stellte fest, daß in den bilateralen Beziehungen seit 1958 keine Fortschritte erzielt worden seien. Carstens betonte, entspannungspolitische Maßnahmen könnten nicht auf der Basis der Teilung Deutschlands getroffen werden. Die UdSSR müsse erkennen, „daß der Wiedervereinigungswille des deutschen Volkes immer stärker werden würde".

374 30.09. Aufzeichnung des Staatssekretärs Carstens S. 1547

Carstens faßt eine Ressortbesprechung im Bundeskanzleramt über den Stand der Passierschein-Gespräche zusammmen. Während Senator Schütz für eine Unterzeichnung des von der DDR am 16. August 1965 eingebrachten Vorschlags über eine neue Regelung eintrat, sprachen sich Carstens und Bundesminister Krone gegen eine Annahme aus. Der Chef des Presse- und Informationsamtes, von Hase, erklärte, eine Annahme sei der Bevölkerung in der Bundesrepublik „noch schwerer verständlich zu machen als Ablehnung". Unter Hinweis auf die Haltung des Bundeskabinetts wandte sich auch Bundesminister Westrick dagegen, „in die Knie" zu gehen, und gab die gleichfalls ablehnende Stellungnahme des Bundeskanzlers Erhard wieder. Der Staatssekretär im Bundesministerium für gesamtdeutsche Fragen, Krautwig, referierte die Beurteilung des Bundesministers Mende, der ein Eingehen auf die Vorschläge für möglich halte. Er erläuterte jedoch als seine persönliche Ansicht, daß in Abstimmung mit den Verhandlungen über den Interzonenhandel weiterverhandelt werden solle. Es wurde beschlossen, das am 2. Oktober vorgesehene Passierschein-Gespräch mit einer Wiederholung der bisherigen Position aufzunehmen.

375 30.09. Staatssekretär Lahr, z. Z. Colombo, an das S. 1550
Auswärtige Amt

Lahr teilt mit, daß in den Verhandlungen mit Ceylon eine Einigung über die Wirtschaftshilfe, nicht jedoch über den Status der DDR-Vertretung in Colombo erreicht worden sei. Der ceylonesische Ministerpräsident habe zwar deren Zulassung durch seine Amtsvorgängerin Bandaranaike bedauert, jedoch auf das großzügige Kreditangebot der DDR verwiesen und lediglich zugesagt, bei gegebenem Anlaß die Herabstufung des Generalkonsulats in eine Handelsvertretung vorzusehen. Der Staatssekretär informiert ferner, daß Unstimmigkeiten über den ceylonesischen Entwurf für das Kommuniqué beständen. Er, Lahr, habe daran erinnert, daß der Bundesregierung eine eindeutige Erklärung zur Deutschland-Frage zugesichert worden sei, die gleichzeitig mit dem Abkommen über Wirtschaftshilfe abgegeben werden müsse. Demgegenüber habe Senanayake die Notwendigkeit innenpolitischer Rücksichten betont, jedoch eine Zusage für einen späteren Zeitpunkt gemacht. Lahr empfiehlt, die Vereinbarung auf dieser Basis unterzeichnen zu dürfen. Zur Absicherung sollten die künftigen Verhandlungen über Kapitalhilfe so geführt werden, daß Ceylon vor Abgabe der zugesagten Deutschland-Erklärung keine Ansprüche geltend machen könne.

376 01.10. Botschafter Sachs, Brüssel (EWG/EAG), an das Auswärtige Amt S. 1555

Sachs informiert über die Sitzung der Ständigen Vertreter bei EWG und EURATOM vom Vortag. Der italienische Ständige Vertreter berichtete aus einem Gespräch des Außenministers Fanfani mit seinem französischen Amtskollegen anläßlich der UNO-Generalversammlung in New York, daß Couve de Murville offenbar nicht über die Vorstellungen des Staatspräsidenten de Gaulle zur Lösung der EWG-Krise unterrichtet sei. Er habe ausweichend geantwortet, jedoch nachdrücklich die Notwendigkeit betont, den EWG-Vertrag den „nationalen Realitäten" anzupassen. Anschließend stellten die Ständigen Vertreter fest, daß auf der EWG-Ministerratstagung am 25./26. Oktober 1965 eine grundsätzliche Einigung über die im Memorandum der EWG-Kommission vom 22. Juli 1965 aufgeworfenen Fragen erzielt werden müsse. Frankreich solle vorab darüber unterrichtet werden, daß es kein „préalable politique" für die Agrarfinanzierung geben werde. Venturini regte an, neben den im Memorandum der Kommission erwähnten Themen auch die Kennedy-Runde auf die Tagesordnung zu setzen. Eine Mehrheit votierte dafür, eine harte Haltung gegenüber Frankreich einzunehmen, das offensichtlich eine „Artischockentaktik" verfolge, um die Partnerstaaten „von Konzession zu Konzession zu treiben".

377 01.10. Gespräch des Bundeskanzlers Erhard mit dem französischen Botschafter Seydoux S. 1561

Erhard betont, die im Bundestagswahlkampf erwähnte Möglichkeit eines Treffens mit Präsident Johnson bedeute keineswegs, daß eine Begegnung mit dem französischen Staatspräsidenten „erst in zweiter Linie" stehe. Er spricht eine Meldung der Nachrichtenagentur UPI über mutmaßliche französische Vorstellungen an, künftig nur die Bundesrepublik einem integrierten NATO-Kommando zu unterstellen und ihr kein Mitspracherecht bei der Nuklearplanung einzuräumen. Die Mitteilung des Leiters der Politischen Abteilung im französischen Außenministerium, Lucet, während der deutsch-französischen Konsultationsbesprechung vom 29. September 1965, daß „hie und da" in der französischen Regierung ähnliche Überlegungen angestellt würden, und seine Verweigerung eines Dementis gäben Anlaß zur Sorge. Eine Sonderstellung der Bundesrepublik in der NATO sei von de Gaulle bislang nicht angesprochen worden und auch gar nicht möglich. Seydoux hält die Pressemeldung für „absolut unrichtig" und erläutert, daß ihr ein offizielles Dementi unverdiente Bedeutung verschaffen würde. Mit Blick auf die EWG-Krise erinnert der Bundeskanzler abschließend an die Zusage von de Gaulle zu einem Treffen der Regierungschefs oder der Außenminister der EWG-Staaten „auf politischer Ebene und ohne jede Verbindung mit Brüssel".

378 01.10. Botschaftsrat I. Klasse Obermayer, Den Haag, an das Auswärtige Amt S. 1569

Obermayer übermittelt die Stellungnahme des Leiters der Europa-Abteilung im niederländischen Außenministerium, Hartogh, zur EWG-Krise. Die Niederlande seien gegen jede Vereinbarung zur Nichtanwendung des künftig erweiterten Majoritätsprinzips für Entscheidungen des Ministerrats, da dieses für die kleineren Staaten das „wichtigste demokratische Element" im EWG-Vertrag sei. Auch eine Diskussion über die Stellung der EWG-Kommission werde abgelehnt. Der Vorschlag des belgischen Außenministers Spaak, eine Sitzung des EWG-Ministerrats ohne Teilnahme der Kommission abzuhalten, werde für akzeptabel gehalten, wenn es nur darum ginge, die „Gravamina Frankreichs" zu behandeln. Zur Regelung der Agrarfinanzierung müsse jedoch die EWG-Kommission hinzugezogen werden.

379 04.10. Gespräch des Bundeskanzlers Erhard mit dem italienischen Botschafter Venturini S. 1571

Der italienische Ständige Vertreter bei EWG und EURATOM vertritt die Ansicht, daß die Bundesregierung in der EWG-Krise den Schlüssel für die weitere Entwicklung in der Hand habe. Der Bundeskanzler sieht keine Möglichkeit für eine Änderung der Römischen Verträge und ist bezüglich des künftigen Mehrheitsprinzips der Auffassung, daß eine Majorisierung in lebenswichtigen Fragen vermieden werden müsse. Das Vorgehen des französischen Staatspräsidenten erklärt er damit, daß de Gaulle keinesfalls „auch nur ein Eckchen an nationaler Souveränität abzugeben" bereit sei. Erhard hebt seine bisherigen Bemühungen um eine politische Einigung Europas hervor, die nicht „als reife Frucht vom Brüsseler Baume fallen" werde. Er betont, daß die EWG-Krise im Rahmen der Gemeinschaft und nicht durch bilaterale deutsch-französische Kontakte gelöst werden müsse. Ein Einlenken Frankreichs sei am ehesten zu erwarten, wenn die übrigen EWG-Staaten in ihrer Haltung festblieben.

380 04.10. Aufzeichnung des Staatssekretärs Lahr S. 1577

Lahr informiert über ein Gespräch mit dem israelischen Botschafter über die geplanten Wirtschaftsverhandlungen. Ben Natan vertrat die Auffassung, daß die Aktion „Geschäftsfreund" unabhängig von der am 12. Mai 1965 zugesagten Wirtschaftshilfe fortgesetzt werden müsse. Letztere sei zum einen als Wiedergutmachung, zum anderen als Abgeltung für nicht ausgeführte Waffenlieferungen zu sehen, die jedoch nicht abgeschlossen sei. Die künftige Unterstützung müsse daher „mindestens teilweise als unentgeltliche Leistung (grant) und nicht als Kredit" erfolgen. Lahr wies diese Argumentation zurück und bekräftigte das Vorhaben, nicht zwischen einer Regierungshilfe gemäß der Absichtserklärung des Bundeskanzlers Adenauer vom 14. März 1960 und einer Wirtschaftshilfe zu unterscheiden, sondern die Zahlungen „den nunmehr gegebenen Umständen anzupassen". Er erläuterte die Grundsätze für die Entwicklungshilfe der Bundesrepublik und betonte, daß Israel aufgrund seiner besonderen Bedeutung bereits in der „Spitzengruppe" der geförderten Staaten rangiere. Ben Natan stellte abschließend fest, daß sich „außerordentlich weitreichende Meinungsverschiedenheiten" abzeichneten.

381 06.10. Aufzeichnung des Ministerialdirigenten Böker S. 1581

Böker berichtet über ein Gespräch mit dem tunesischen Botschafter. Ben Ayed erkundigte sich, ob arabische Staaten seit dem Ende der Nahost-Krise eine Annäherung an die Bundesrepublik gesucht hätten, und sprach sich dafür aus, im Einzelfall „eine goldene Brücke zu bauen". Interessiert zeigte er sich vor allem an einer Wiederaufnahme der diplomatischen Beziehungen mit Algerien. Sie erfordere nur eine „kleine Geste" seitens der Bundesrepublik und könne Vorbild für andere arabische Staaten sein. Ben Ayed erläuterte, daß Tunesien auf eine Reform der Arabischen Liga dränge, da es „die Schulmeisterei durch Nasser gründlich satt" habe. Er äußerte Sorge über die Entwicklung in Libyen, das zu einer Bedrohung für Tunesien werden könnte, wenn es „von der VAR verschluckt" würde.

382 07.10. Aufzeichnung des Staatssekretärs Lahr S. 1583

Lahr faßt Gespräche mit dem Staatssekretär im niederländischen Außenministerium, de Block, und dem stellvertretenden belgischen Außenminister zusammen. Fayat erläuterte den Vorschlag, Frankreich nach der am 25./26. Oktober 1965 stattfindenden EWG-Ministerratssitzung zu einem Ministerrat ohne Beteiligung der EWG-Kommission einzuladen. Sollte sich dabei herausstellen, daß mit französischer Mitarbeit in absehbarer Zeit nicht zu rechnen sei, würde Belgien zur „Fortführung der EWG zu fünf" bereit sein. Lahr stimmte unter der Voraussetzung zu, daß keine die Anwesenheit der EWG-Kommission erfordernden Sachfragen besprochen würden. Er zieht den Schluß, daß die Benelux-Staaten nunmehr auch ohne Frankreich zur Fortsetzung der EWG bereit seien, und wertet dies als Beweis des Vertrauens in die „europäische Gesinnung" der Bundesrepublik. Dies sei um so bedeutsamer, als in einer reduzierten Gemeinschaft mehr als die Hälfte des Wirtschaftspotentials bei der Bundesrepublik läge.

383 07.10. **Aufzeichnung des Ministerialdirektors Krapf** S. 1587

Krapf erläutert die Schwierigkeiten bei der Wiederaufnahme der Wirtschaftsverhandlungen mit Ungarn. Diese werde durch Differenzen um ein Schreiben des ungarischen Protokollchefs vom 7. Juni 1965 belastet, in dem die Zuständigkeit der Handelsvertretung der Bundesrepublik in Budapest für Angelegenheiten von Berlin (West) bestritten worden sei. Krapf plädiert dafür, daß das ungarische Schreiben zurückgesandt und gleichzeitig mündlich ein Terminvorschlag für die Wirtschaftsgespräche unterbreitet werden solle. Damit würde sowohl der Entschlossenheit der Bundesrepublik Ausdruck verliehen, hinsichtlich der Einbeziehung von Berlin (West) keine Abstriche am Abkommen vom 10. November 1963 mit Ungarn hinzunehmen, als auch dem ungarischen Prestigebedürfnis Rechnung getragen. Demgegenüber sei das Risiko, daß Ungarn „möglicherweise unter sowjetischem Druck auf einer harten Haltung" bestehen würde, angesichts des großen Interesses an den Verhandlungen mit der Bundesrepublik gering.

384 08.10. **Bundesminister Schröder an Bundeskanzler Erhard (Entwurf)** S. 1591

Schröder zeigt sich beunruhigt über die Bemühungen der DDR, „das Alleinvertretungsrecht für Deutschland zu usurpieren". Er regt eine Aussprache über die erforderlichen Konsequenzen an und übermittelt Vorschläge für eine „aktive Auseinandersetzung". Danach soll die Widersprüchlichkeit der DDR-Politik offengelegt und insgesamt weniger defensiv vorgegangen werden. So müsse die Forderung nach Wiedervereinigung „Vorrang vor Grenz- und Heimatrechts-Fragen" haben. Der Alleinvertretungsanspruch solle stärker als Ausdruck eines „elementaren Volkswillens" dargestellt werden, da die rechtliche Argumentation zu abstrakt wirke. Ferner sei eine stärkere Bündelung der Aktivitäten und eine offensivere Zurückweisung der DDR-Propaganda im internationalen Bereich vonnöten. Schließlich müsse die Informationspolitik „volkstümlicher" gestaltet und dem „inneren Verbundenheitsgefühl" des deutschen Volkes größere Aufmerksamkeit gewidmet werden. Daher sollten politische Sachverständige in die technischen Kontakte mit der DDR einbezogen werden.

Oktober

385 08.10. Aufzeichnung des Ministerialdirektors Harkort S. 1597

Harkort faßt Überlegungen zur Ausrüstungshilfe an Äthiopien zusammen. Nachdem die Bundesregierung beschlossen habe, keine Waffen mehr in Spannungsgebiete zu liefern, sei Äthiopien die Lieferung anderen Materials bzw. eine Barablösung in Aussicht gestellt worden. Dazu habe der Auswärtige Ausschuß des Bundestags festgelegt, daß die Mittel nicht für Waffenkäufe in dritten Staaten benutzt werden dürften. Harkort weist darauf hin, daß demgegenüber der Bundesverteidigungsrat der Finanzierung kenianischer Rüstungsaufträge in Großbritannien zugestimmt habe, was zu einer ernsthaften Verstimmung in Äthiopien führen könne. Er schlägt vor, auch äthiopische Beschaffungen in Großbritannien zu ermöglichen. Dies würde zudem die Erfüllung der Devisenverpflichtungen der Bundesrepublik gegenüber Großbritannien beschleunigen.

386 11.10. Botschafter Schnippenkötter an die Ständige Vertretung bei der NATO in Paris S. 1600

Für die Sitzung des Politischen Ausschusses des Ständigen NATO-Rats am folgenden Tag übermittelt Schnippenkötter eine Stellungnahme zum sowjetischen Entwurf für ein Abkommen über die Nichtverbreitung von Kernwaffen. Nach Ansicht der Bundesregierung würden bei einer Annahme sowohl eine gemeinschaftliche Verfügungsgewalt über Atomwaffen innerhalb der NATO unmöglich als auch bereits bestehende Formen der nuklearen Kooperation verboten. Dies betreffe etwa die in den Athener „guidelines" festgelegte Konsultation über den Einsatz von Kernwaffen, aber auch die Abkommen zwischen den NATO-Staaten und den USA über den Austausch von Atominformationen. Da der sowjetische Entwurf auf eine fast „vollständige Denuklearisierung der NATO-Streitkräfte" abziele, sei er als Verhandlungsgrundlage unannehmbar.

387 12.10. Aufzeichnung des Staatssekretärs Lahr S. 1603

Lahr berichtet über eine Unterredung mit dem israelischen Botschafter. Ben Natan brachte „tiefe Enttäuschung" über die Ausgangsposition der Bundesregierung für die Wirtschaftsverhandlungen zum Ausdruck. Er begründete die Forderung nach zusätzlicher Wirtschaftshilfe damit, daß Israel Grund zu der Annahme gehabt habe, die militärische Unterstützung werde „sich immer weiter fortsetzen". Ferner habe es aus dem Gespräch des Bundeskanzlers Adenauer mit Ministerpräsident Ben Gurion am 14. März 1960 in New York einen zwar „nicht rechtlich perfektionierten, so doch moralischen und politischen" Anspruch auf fortlaufende Leistungen ableiten können. Als israelisches Verhandlungsziel nannte Ben Natan die volle Ausschöpfung des seinerzeit zugesagten Betrags von 2 Milliarden DM durch jährliche Zahlung von 150 Millionen DM und eine

CLXXIII

zusätzliche fünfjährige Hilfe von 200 Millionen DM pro Jahr. Lahr bestritt, daß für die Ausrüstungshilfe „Kontinuität" in Anspruch genommen werden könnte, und erläuterte, die Bundesregierung könne Verpflichtungen der genannten Art schon aus haushaltsrechtlichen Gründen nicht eingehen.

388 12.10. **Botschafter Klaiber, Paris, an das Auswärtige Amt** S. 1607

Klaiber informiert über die Reaktion des französischen Außenministers auf die Stellungnahme der Bundesregierung zur EWG-Krise. Couve de Murville erklärte, Frankreich habe niemals eine Änderung der Römischen Verträge hinsichtlich der EWG-Kommission verlangt. Diese solle sich jedoch an ihre vertraglichen Grundlagen halten und ihrer „politischen Ambitionen" entsagen. Zufrieden zeigte sich Couve de Murville darüber, daß die künftig vorgesehenen Mehrheitsentscheidungen im EWG-Ministerrat nicht zur Majorisierung eines Mitgliedstaats führen sollten. Ohne Widerspruch nahm er die Auffassung zur Kenntnis, daß der Agrarfinanzierung keine Priorität zukomme und zunächst die Entwicklungsperspektiven für die EWG in anderen Bereichen zu klären seien. Positiv beurteilte er den belgischen Vorschlag für eine Ministerratskonferenz ohne Teilnahme der EWG-Kommission und bemerkte, daß die deutsche und die französische Haltung „nicht allzuweit" voneinander entfernt seien.

389 13.10. **Aufzeichnung des Ministerialdirigenten Frank** S. 1610

Frank erörtert mögliche französische Reaktionen für den Fall, daß die Bundesrepublik der geplanten MLF beiträte. Er vermutet „Repressalien" auf dem Gebiet der Ost- und Deutschlandpolitik, wobei „der Fächer der Möglichkeiten" bis zu einer Anerkennung der DDR reiche. Grund für die negative Haltung Frankreichs sei die erwartete Beeinträchtigung der angestrebten Wiederherstellung des europäischen Gleichgewichts und die Relativierung des mit der Force de frappe erreichten Vorsprungs vor den übrigen europäischen Staaten auf nuklearem Gebiet. Frankreich habe der Bundesrepublik niemals eindeutig Alternativen zur MLF in Aussicht gestellt. Auch sei fraglich, ob es ihr bei einer nuklearen Zusammenarbeit ein effektives Mitspracherecht einzuräumen bereit wäre und einer „Verklammerung der französischen Abschreckung mit der amerikanischen" zustimmen würde.

390 13.10. **Aufzeichnung des Ministerialdirektors Meyer-Lindenberg** S. 1612

Meyer-Lindenberg befaßt sich mit den Auswirkungen einer etwaigen südrhodesischen Unabhängigkeitserklärung. Großbritannien werde eine solche nicht hinnehmen, jedoch eher mit politischen und wirtschaftlichen als mit militärischen Mitteln reagieren. Zu überprüfen seien daher die Konsequenzen eventueller UNO-Sanktionen auf die Wirtschaftsbeziehungen der Bundesrepublik mit Südrhodesien. Meyer-Lindenberg weist auf die eventuelle Bildung einer oder mehrerer Exilregierungen hin, die auch das Problem einer Anerkennung durch die DDR aufwerfen könnte. Er spricht sich für die baldige Entsendung eines neuen Generalkonsuls nach Salisbury aus, um mit dessen Rückberufung „im Bedarfsfall eine sichtbare politische Demonstration" durchführen zu können.

391 13.10. **Botschafter Knappstein, Washington, an das** S. 1615
Auswärtige Amt

Knappstein berichtet über eine Unterredung mit dem amerikanischen Außenminister über die geplante Weltabrüstungskonferenz. Der Botschafter trug Bedenken hinsichtlich einer Teilnahme der DDR vor, da eine solche einen schweren Rückschlag für die Deutschlandpolitik der Bundesrepublik bedeuten würde, und erklärte, die Bundesregierung behalte sich gegebenenfalls die Entscheidung über ihre eigene Mitwirkung vor. Er erläuterte ferner den Vorschlag einer Einladungsformel, die der Volksrepublik China die Teilnahme ermöglichen und lediglich die DDR, die Volksrepublik Korea (Nordkorea) und die Demokratische Republik Vietnam (Nordvietnam) ausschließen würde. Rusk hob hervor, daß die USA bemüht seien, das Projekt zu verhindern. Es sei zu erwarten, daß die Volksrepublik China eine Einladung ablehnen werde und andere Staaten dann von der Nutzlosigkeit einer Konferenz überzeugt werden könnten. Rusk sicherte zu, bei einem Zustandekommen unter Beteiligung der DDR eine „disclaimer"-Erklärung abzugeben.

392 14.10. **Botschafter Blankenhorn, London, an das** S. 1619
Auswärtige Amt

Blankenhorn informiert über eine Unterredung des Gesandten Freiherr von Ungern-Sternberg mit dem britischen Vertreter bei den Europäischen Gemeinschaften. O'Neill habe auf das Interesse der EFTA an einem „Brückenschlag" zur EWG bzw. an einem ständigen Kontakt zwischen den beiden Organisationen hingewiesen. Substantielle Möglichkeiten für eine Verbesserung der Zusammenarbeit würden derzeit nicht gesehen; hinsichtlich der Zollpolitik warte die EFTA zunächst die Ergebnisse der Kennedy-Runde ab. Ferner habe O'Neill erläutert, daß an eine Aufhebung des zur Verbesserung der Zahlungsbilanz eingeführten britischen Sonderzolls erst im Lauf des Jahres 1966 zu denken sei.

393 15.10. **Aufzeichnung des Ministerialdirektors Thierfelder** S. 1621

Der Leiter der Rechtsabteilung berichtet, der israelische Botschafter habe das Problem der Wiedergutmachung für Gesundheitsschäden von Opfern aus der Zeit der Herrschaft des Nationalsozialismus zur Sprache gebracht. Thierfelder stellt fest, daß Israel im Abkommen vom 10. September 1952 auf Entschädigungsleistungen dieser Art verzichtet habe und solche daher von der Bundesregierung abgelehnt würden. Ben Natan habe betont, daß hier der „legalistische Weg" nicht der richtige sei. Er werde sich nachdrücklich für eine Lösung des Problems einsetzen, beabsichtige jedoch keine Verknüpfung mit den bevorstehenden Wirtschaftsverhandlungen. Thierfelder hält die juristischen Gründe einer Ablehnung für gewichtig, sieht jedoch auch bedeutende politische Argumente für ein Entgegenkommen. Dabei könne eine Verbindung mit den Wirtschaftsgesprächen für die Bundesrepublik sogar von Interesse sein, um bei der Bemessung der Leistungen der Bundesrepublik auf wirtschaftlichem Gebiet die freiwilligen Zahlungen an „Gesundheitsgeschädigte" als Entlastung des israelischen Haushalts zu berücksichtigen.

394 19.10. **Staatssekretär Lahr an die Ständige Vertretung bei der EWG und EAG in Brüssel** S. 1624

Lahr bittet, dem Mitglied der EURATOM-Kommission Sassen die Bedenken gegen die Absprachen der EURATOM-Kommission mit Frankreich über die Anwendung der Sicherheitskontrollen zu erläutern. Die Bundesregierung habe auf einen förmlichen Rechtsvorbehalt verzichtet, um die mit der Vereinbarung erreichte faktische Verbesserung der Kontrollen nicht zu gefährden. Sie wolle jedoch einen allgemeinen Vorbehalt einlegen, um bei den Verhandlungen über die Fusion der europäischen Gemeinschaften darauf zurückkommen zu können. Die Befürchtung, daß Frankreich die geplante Übergabe eines entsprechenden deutschen Aide-mémoires an die EURATOM-Kommission dazu nutzen könnte, die USA von der Unwirksamkeit des EURATOM-Sicherheitssystems zu überzeugen, werde nicht geteilt, weil Frankreich die Alternative – Kontrollen durch die Internationale Atomenergie-Organisation – erst recht ablehne. Auch Rückwirkungen auf die amerikanische Haltung seien angesichts der Geheimhaltung des Aide-mémoires der Bundesregierung nicht zu befürchten.

395 20.10. **Botschafter Klaiber, Paris, an das Auswärtige Amt** S. 1628

Klaiber informiert über ein Gespräch des niederländischen Botschafters mit dem französischen Staatspräsidenten. Baron Bentinck habe den Eindruck gewonnen, daß de Gaulle zwar den Gedanken einer Revision der Römischen Verträge aufgegeben habe, jedoch eine Neuinterpretation hinsichtlich des künftigen

Majoritätsprinzips und der Stellung der EWG-Kommission für nötig halte. De Gaulle habe sich bereit erklärt, mit den EWG-Partnern über die gemeinsame Handelspolitik gegenüber den Ostblock-Staaten, über die Kennedy-Runde und über die Steuerharmonisierung zu sprechen. Dabei seien die politischen Grundsatzentscheidungen von den Regierungen zu treffen, während die EWG-Kommission zu Fragen der praktischen Umsetzung herangezogen werden könnte. Schließlich habe de Gaulle seine Besorgnis wegen der „deutschen Dynamik" im industriellen Bereich erkennen lassen.

396 20.10. Botschafter Grewe, Paris (NATO), an das Auswärtige Amt S. 1630

Grewe zieht aus Äußerungen des amerikanischen Ständigen Vertreters bei der NATO den Schluß, daß sich die Haltung der USA hinsichtlich der Nichtverbreitung von Kernwaffen geändert habe. Da die UdSSR ohnehin nicht mehr an der Weitergabe nuklearer Kenntnisse interessiert sei, so habe Cleveland erläutert, bestehe das Hauptproblem nunmehr darin, die potentiellen Nuklearmächte durch besondere Vereinbarungen und Garantien vom Erwerb atomarer Waffen abzuhalten. Es sei jedoch „höchst zweifelhaft", ob Staaten wie Indien, Israel und Japan zum Beitritt zu einem Nichtverbreitungsabkommen bewegt werden könnten. Weil eine sowjetische Mitwirkung in dieser Hinsicht wenig nütze, lohne es sich jedenfalls nicht, dafür „große politische Preise" zu zahlen.

397 21.10. Aufzeichnung des Staatssekretärs Lahr S. 1633

Lahr faßt die Ergebnisse seiner Besprechungen mit der italienischen Regierung am 19. Oktober 1965 in Rom zusammen. Einigkeit bestand über die Notwendigkeit, Frankreich zu einer baldigen Rückkehr in die EWG zu bewegen, ohne jedoch durch Konzessionen eine „Belohnung für Vertragsbruch" zu gewähren. Die Stellung der EWG-Kommission solle nicht beeinträchtigt werden; hinsichtlich des erweiterten Majoritätsprinzips werfe Frankreich ein „faux problème" auf, weil ein Mißbrauch des künftigen Verfahrens ohnehin in niemandes Interesse liege. Die italienischen Gesprächspartner unterstützten die deutschen Überlegungen zur Beilegung der EWG-Krise und legten ihre Vorstellungen hinsichtlich einer Regelung der Agrarfinanzierung dar. Eine „gewisse Zurückhaltung" zeigten sie gegenüber der Kennedy-Runde.

398 21.10. Botschafter Knappstein, Washington, an das Auswärtige Amt S. 1637

Knappstein informiert über ein Gespräch des Gesandten von Lilienfeld mit dem Sicherheitsberater des amerikanischen Präsidenten. Bundy habe das Interesse an einer Beteiligung der nichtnuklearen Staaten der NATO – insbesondere der Bundesrepublik – an der Verantwortung für die atomare Verteidigung bekräftigt. Er habe sich offen für verschiedene Formen der nuklearen Mitwirkung gezeigt, allerdings eine Berücksichtigung der britischen Interessen, der Haltung des amerikanischen Kongresses und des ablehnenden französischen Standpunkts für notwendig gehalten. Dabei habe er erkennen lassen, daß in den USA nur dann Chancen zur Durchsetzung einer MLF oder ANF beständen, wenn sich die europäischen Partner einig seien. Bundy habe daher angeregt, nach Regelungen zu suchen, die von der Zustimmung des Kongresses unabhängig seien, etwa in Richtung einer stärkeren Einbeziehung der Bundesrepublik in die nukleare Planung der NATO. Allerdings müsse in jedem Fall der Anschein eines „deutsch-amerikanischen Alleingangs" vermieden werden.

399 22.10. Gespräch des Staatssekretärs Carstens mit dem sowjetischen Botschafter Smirnow S. 1640

Carstens protestiert gegen die von sowjetischen Diplomaten in einem Ausschuß der UNO-Generalversammlung erhobenen Behauptungen, daß die Bundesrepublik ein Militärhilfe-Abkommen mit Südrhodesien besitze und Ausbildungshilfe leiste. Er erhebt ferner Einspruch gegen die Teilnahme des sowjetischen Gesandten Kudrjawzew an einem von DDR-Journalisten gegebenen Empfang in Bonn aus Anlaß des 16. Jahrestages der Gründung „dieses Gebildes". Smirnow entgegnet, weder er noch seine Mitarbeiter könnten derartige „rein private" Einladungen ablehnen. Er stellt fest, daß die Erklärung von Carstens als „Einmischung in seine Rechte als diplomatischer Vertreter" zu werten sei.

400 22.10. Ministerialdirektor Meyer-Lindenberg an Botschafter Allardt, Madrid S. 1643

Meyer-Lindenberg bittet um Stellungnahme zu der israelischen Anfrage, ob die Bundesrepublik in Spanien die Möglichkeit einer Aufnahme diplomatischer Beziehungen sondieren könne. Israel sei auch bereit, sich zunächst mit konsularischen oder „beschränkt diplomatischen" Beziehungen zu begnügen. Der Ministerialdirektor erläutert, daß sich die Bundesregierung angesichts der Erfahrungen der Nahost-Krise nicht unbedingt als geeigneten Vermittler für Israel betrachte. Da jedoch die

Wirtschaftsverhandlungen die israelischen Erwartungen voraussichtlich nicht vollständig erfüllen würden, könnte Entgegenkommen in anderen Bereichen wünschenswert sein.

401 26.10. **Botschafter Blankenhorn, London, an Bundesminister Schröder** S. 1645

Blankenhorn informiert über eine Demarche beim britischen Außenminister. Stewart erläuterte seine jüngsten Stellungnahmen zur Frage einer integrierten Atomstreitmacht der NATO. Er betonte, daß der britische ANF-Vorschlag nach wie vor Bestand habe; mit der MLF könne sich Großbritannien jedoch „nicht befreunden". Als mögliche Ersatzlösung bezeichnete Stewart das vom amerikanischen Verteidigungsminister McNamara vorgeschlagene „select committee". Ferner bekräftigte er das Interesse an einem Abkommen über die Nichtverbreitung von Kernwaffen, versicherte jedoch, er habe „niemals daran gedacht", einem solchen Priorität vor einer Lösung der nuklearen Probleme innerhalb der NATO einzuräumen.

402 27.10. **Aufzeichnung des Legationssekretärs Bräutigam** S. 1647

Bräutigam bewertet die deutschlandpolitischen Ausführungen des französischen Außenministers am 29. September 1965 vor der UNO-Generalversammlung in New York und stellt ihnen Äußerungen des Bundesministers Schröder gegenüber. Er stimmt mit Couve de Murville darin überein, daß das Selbstbestimmungsrecht Grundlage einer Wiedervereinigung sein und diese im Zusammenhang mit der europäischen Sicherheit stehen müsse. „Ernste Vorbehalte" hält er jedoch hinsichtlich der französischen Thesen für nötig, daß die Überwindung der deutschen Teilung durch eine Einigung zwischen Ost und West herbeizuführen und von einer Beseitigung der Teilung Europas abhängig sei. Bräutigam sieht darin eine Aushöhlung der Vier-Mächte-Verantwortung sowie eine Auflösung des Junktims zwischen Deutschland-Frage und europäischer Sicherheit. Er macht darauf aufmerksam, daß das Dankschreiben von Schröder vom 30. September an Couve de Murville den Eindruck erwecken könnte, die Bundesregierung sei sich der Differenzen mit Frankreich nicht bewußt.

403 28.10. **Gespräch des Bundesministers Schröder mit dem britischen Botschafter Roberts** S. 1651

Roberts betont das Interesse an einem Besuch von Schröder in London und schlägt als Termin die erste Hälfte des Novembers 1965 vor. Er gibt die positive Resonanz auf den Vorschlag der Bundesregierung zur Intensivierung der bilateralen Kontakte weiter. Schröder befürwortet ein „bewegliches System von Zusammenkünften". Als Thema künftiger Gespräche verweist der Botschafter auf die Nichtverbreitung von Kernwaffen, deren gleichzeitige Diskussion im Rahmen der NATO und der UNO das Problem aufwerfe, „beide Pferde am Zügel" zu halten. Hinsichtlich Südrhodesiens erläutert er, daß Großbritannien im Fall einer Unabhängigkeitserklärung nicht intervenieren, jedoch wirtschaftliche Sanktionen verhängen werde.

404 28.10. Botschafter Allardt, Madrid, an das Auswärtige Amt   S. 1656

Der Botschafter rekapituliert die spanische Vermittlungsaktion in der VAR während der Nahost-Krise im Februar 1965. Er stellt fest, daß die spanische Regierung die geringe Anerkennung ihrer Bemühungen mit Enttäuschung vermerkt habe, zumal nach ihrer Ansicht das Mögliche erreicht worden sei. Die Mängel der Aktion sieht Allardt in der unzureichenden Vorbereitung: Das spanische Außenministerium und der Vermittler, Abteilungsleiter de Nerva, seien über die Vorstellungen der Bundesregierung zur Lösung der Nahost-Krise zu wenig unterrichtet gewesen. Zudem fehle in Spanien Verständnis für eine Politik, die zugunsten von drei Millionen „nicht wohlgesonnener Israelis" die traditionelle Freundschaft von 100 Millionen Arabern gefährde. Der Botschafter resümiert, de Nerva habe sich bei den Gesprächen in Kairo korrekt verhalten, jedoch seien seine öffentlichen Erklärungen „ebenso überflüssig wie der Sache schädlich" gewesen. Nachteilig dürfte ferner gewirkt haben, daß die Position der Bundesregierung seinerzeit „gewissen Schwankungen" unterworfen gewesen sei.

405 29.10. Aufzeichnung des Vortragenden Legationsrats   S. 1662
         I. Klasse Luedde-Neurath

Luedde-Neurath faßt die Ergebnisse der deutsch-britischen Gespräche am 21./22. Oktober 1965 in London über die Osteuropa-Politik zusammen. Die britische Delegation habe das sowjetische Sicherheitsbedürfnis als ernsthaft bewertet. Die UdSSR fürchte die Bundesrepublik „als den Schwanz, der mit dem amerikanischen Hund wackeln könne". Ferner habe sie die innenpolitische Bedeutung einer Verbesserung der britisch-sowjetischen Beziehungen betont. Darüber hinaus sei die Wichtigkeit eines Ausgleichs zwischen der Bundesrepublik und der Tschechoslowakei festgestellt worden, weil darin der „Angelpunkt für eine Emanzipierung der Tschechoslowakei" und eine Differenzierung innerhalb des Ostblocks liege. Kein Verständnis zeigte die britische Seite für die Betonung eines „Rechts auf Heimat".

CLXXX

406	29.10.	Bundesminister Scheel an Bundesminister Schröder	S. 1664

Scheel befaßt sich mit der künftigen Politik gegenüber den arabischen Staaten. Da eine Neuordnung der Beziehungen „am zweckmäßigsten in bilateralen Verhandlungen" erfolge, sei eine eigene entwicklungspolitische Konzeption für jeden der Staaten sowie für den gesamten arabischen Raum einschließlich Israels notwendig. Scheel regt deshalb eine Abstimmung der Nahost-Politik zwischen dem Bundesministerium für wirtschaftliche Zusammenarbeit und dem Auswärtigen Amt an.

407	29.10.	Aufzeichnung des Ministerialdirektors Meyer-Lindenberg	S. 1666

Meyer-Lindenberg informiert über ein Gespräch mit dem pakistanischen Botschafter. Rahman Khan drängte auf eine baldige Bekanntgabe des Beitrags der Bundesrepublik innerhalb des Pakistan-Konsortiums. Auf seine Bitte, Ausfuhrgenehmigungen wenigstens für die vor Beginn des indisch-pakistanischen Konflikts abgeschlossenen Waffengeschäfte sowie 100000 Schuß Übungsmunition zu erteilen, erwiderte Meyer-Lindenberg, daß prinzipiell an keine der am Kaschmir-Konflikt beteiligten Parteien Waffen geliefert werden sollten. Rahman Khan regte an, Bundeskanzler Erhard möge bei der nächsten Zusammenkunft mit Präsident Johnson die Kaschmir-Frage ansprechen, weil die Bundesrepublik und die USA eine Vermittlerrolle übernehmen könnten. Er erkundigte sich ferner, ob Interesse an einem Besuch des Präsidenten Ayub Khan in der Bundesrepublik bestehe. Meyer-Lindenberg erläuterte „diskret", daß ein solcher Besuch in näherer Zukunft Komplikationen mit sich bringen würde und daher erst später vorgesehen werden sollte.

408	02.11.	Aufzeichnung des Botschafters Schmidt-Horix	S. 1670

Schmidt-Horix berichtet über die Wirtschaftsverhandlungen in Sofia. Auf bulgarischer Seite bestehe nicht nur der Wunsch nach Aufnahme diplomatischer Beziehungen, sondern auch nach einer Verdoppelung des Handelsvolumens. In dem unterzeichneten Warenprotokoll habe jedoch nur eine Erhöhung der bulgarischen Ausfuhren um 20 Prozent zugestanden werden können, da die Einbindung der Bundesrepublik in die EWG bindende Abnahmezusagen unmöglich mache. Der Botschafter macht jedoch darauf aufmerksam, daß sich offensichtlich andere EWG-Staaten gegenüber den bulgarischen Exportwünschen aufgeschlossener zeigten und daß das Bundesministerium für Wirtschaft der politischen Bedeutung einer Ausweitung des Handels mit den Ostblock-Staaten „nur zögernd" Rechnung trage. Zum möglichen Abschluß eines Kulturabkommens teilt er mit, daß Bulgarien keine Berlin-Klausel akzeptieren wolle, jedoch einen Notenwechsel über einen technisch-wissenschaftlichen Austausch angeregt habe, der auch kulturelle Bereiche abdecken würde. Er plädiert für die Annahme dieses Vorschlags, auch wenn die „Form nicht befriedigt".

409 04.11. Gespräch des Bundesministers Westrick mit dem israelischen Botschafter Ben Natan S. 1678

Ben Natan teilt mit, daß seine Gespräche mit Staatssekretär Lahr über Wirtschaftshilfe an Israel „feststeckten". Nach israelischer Auffassung sei in den Verhandlungen im April 1965 über die Aufnahme diplomatischer Beziehungen die Grundlage für eine zusätzliche „wesentliche" Zahlung geschaffen worden. Die nun von Lahr vertretene Position, die geheimgehaltene Aktion „Geschäftsfreund" solle eingestellt und statt der bisher festen Beträge nur eine projektgebundene Entwicklungshilfe gewährt werden, sei ebenso unannehmbar wie das Argument, die Leistungen an Israel müßten in einem angemessenen Verhältnis zur Entwicklungshilfe für die arabischen Staaten stehen. Westrick weist auf die angespannte Haushaltslage hin und legt dar, seitens der Bundesregierung sei bereits im Frühjahr betont worden, daß „man in der Zukunft nicht doppelgleisig, sondern eingleisig fahren müsse". Israel habe zudem zugesagt, nach der Abwicklung des Wiedergutmachungsabkommens von 1952 keine weiteren Forderungen zu erheben. Ben Natan schlägt als Kompromißlösung vor, die Bundesrepublik solle ein Jahr in „Geschäftsfreund-Art" 70 bis 80 Millionen DM zahlen und daneben eine projektgebundene Wirtschaftshilfe in etwa gleicher Höhe leisten; im zweiten Jahr könne der „Geschäftsfreund-Anteil" geringer werden und danach vielleicht völlig auslaufen. So könne schließlich „die aller Welt offenliegende Entwicklungshilfe das einzige Geleise bleiben".

410 09.11. Aufzeichnung des Vortragenden Legationsrats I. Klasse Schirmer S. 1683

Schirmer informiert über ein Gespräch mit dem jordanischen Presseattaché, der im Auftrag des früheren Botschafters in Bonn, Juma, anfragte, ob die Bundesregierung der Eröffnung eines jordanischen Generalkonsulats in den ehemaligen Botschaftsräumen zustimmen würde. Schirmer erläuterte, daß zwar Interesse an einer Wiederaufnahme der diplomatischen Beziehungen bestehe, nicht aber an „Ersatzlösungen". Grundsätzlich sei die Bundesrepublik wenig geneigt, zwischenstaatliche Beziehungen auf der Ebene von Generalkonsulaten zu pflegen, da „diese Formel von der SBZ mangels völkerrechtlicher Anerkennnung" angewandt werde. Dajany habe demgegenüber betont, daß die Eröffnung eines Generalkonsulats als ein erster Schritt zur Wiederherstellung des Status quo ante gesehen werden müsse.

411	10.11.	Botschafter Freiherr von Braun, New York (UNO), an Ministerialdirektor Krapf	S. 1685

Braun berichtet über ein Gespräch mit dem ehemaligen amerikanischen Ständigen Vertreter bei der NATO. Finletter äußerte die Ansicht, Staatspräsident de Gaulle mache die NATO, „wo und wie er könne, kaputt", und bedauerte das nachlassende Eintreten der Bundesrepublik für eine MLF. Braun begründete letzteres damit, daß die Bundesregierung „als alleiniger Bannerhalter" für die auch innerhalb der Allianz umstrittene MLF habe auftreten müssen. Dies habe sich ungünstig auf die öffentliche Meinung in den USA ausgewirkt. Finletter bekräftigte dagegen den amerikanischen Willen zur Realisierung des Projekts. Er bestätigte den Eindruck des Botschafters, daß die amerikanische Regierung wenig Interesse an Abrüstungsfragen habe, es ihr in erster Linie um die „Atomzähne in der NATO" gehe und sie deshalb die MLF nicht durch irgendwelche Absprachen gefährden wolle. Die Bundesregierung solle sich also weder wegen der Nichtverbreitung von Kernwaffen noch wegen der Weltabrüstungskonferenz Sorgen machen, sondern vielmehr ihre Wünsche hinsichtlich einer Festigung der Zusammenarbeit mit den USA „in deutlicher Form" vorbringen.

412	10.11.	Aufzeichnung des Staatssekretärs Lahr	S. 1689

Lahr faßt die französische Reaktion auf die EWG-Ministerratssitzung vom 25./26. Oktober 1965 zusammen. Die Legalität dieser Zusammenkunft werde bestritten. Der Staatssekretär warnt vor dem französischen Vorschlag, das Majoritätsprinzip abzuschaffen und Verhandlungen auf bilateraler Ebene zu führen. Frankreich wolle lediglich „die jeweils weichste Stelle ausfindig machen" und den einen gegen den anderen ausspielen. Eine mögliche französische Forderung nach personellem Wechsel in der EWG-Kommission lehnt er aus Gründen der Kontinuität und der Wahrung von Rechten der EWG-Mitgliedstaaten ab. Skeptisch äußert er sich zu der vertraglich möglichen Vorstellung, daß das EWG-Präsidium alle zwei Jahre alternieren solle. Abschließend stellt Lahr fest, daß die „negativen Elemente" in der französischen Haltung weiterhin überwiegen, und sich in der Frage der Mehrheitsbeschlüsse sogar eine Verhärtung der Position zeige.

413	12.11.	Gespräch des Bundesministers Schröder mit dem französischen Außenminister Couve de Murville in Paris	S. 1692

Couve de Murville berichtet über seinen Aufenthalt in Moskau vom 28. Oktober bis 2. November 1965. Die sowjetische Regierung sei von einem „extremen" Mißtrauen gegenüber der Bundesrepublik und den USA beherrscht. Sie frage sich vor allem, was sich hinter den Diskussionen um eine integrierte NATO-

Atomstreitmacht verberge. Ein Gespräch mit der UdSSR über diese Frage wäre daher nützlich. Schröder legt demgegenüber dar, daß ohne sowjetische Zugeständnisse bei der Überwindung der deutschen Teilung Vorleistungen weder hinsichtlich der Ostgrenzen noch der Bündniszugehörigkeit noch der nuklearen Mitsprache erbracht werden dürften. Couve de Murville hält dem entgegen, daß ein „westeuropäisches Atomverteidigungssystem" nicht im Interesse Europas und der Bundesrepublik liege, denn es würde den USA erlauben, sich im Kriegsfall nicht zu engagieren. Er bedauert, daß das enge deutsch-amerikanische Verhältnis die französischen Bemühungen um eine größere Bewegungsfreiheit in der Allianz unterlaufe, da es den USA ermögliche, „sich auf die anderen gegen Frankreich" zu stützen und somit in Westeuropa „die Politik zu dirigieren".

414 12.11. Deutsch-französische Regierungsbesprechung in Paris S. 1706

Angesichts der einseitigen Unabhängigkeitserklärung der rhodesischen Regierung erklärt der Generalsekretär im französischen Außenministerium, Alphand, daß Frankreich weder diplomatische Beziehungen zu Rhodesien aufnehmen noch bestehende amtliche Kontakte weiterführen werde. Zudem werde es die britischen Wirtschaftssanktionen unterstützen. Staatssekretär Carstens erläutert die Haltung der Bundesregierung zum Kaschmir-Konflikt. Sie wolle weiterhin Indien und Pakistan bei der Vergabe von Wirtschaftshilfe gleichmäßig behandeln. Es wäre allerdings verhängnisvoll, wenn diese Leistungen für eine Finanzierung der militärischen Auseinandersetzung verwendet würden. Das Scheitern des Putsches am 30. September 1965 in Indonesien werten Carstens und Alphand als Rückschlag für die Volksrepublik China. Zur Nahost-Politik legt der Staatssekretär dar, daß die DDR zwar gewisse „Geländegewinne" habe verbuchen können, es jedoch nicht zu einer Aufnahme diplomatischer Beziehungen mit einem arabischen Staat gekommen sei. Vielmehr interessierten sich einige arabische Regierungen mittlerweile für eine Normalisierung der Beziehungen zur Bundesrepublik. Carstens äußert die Bitte, Frankreich möge diese Bestrebungen unterstützen.

415 13.11. Gespräch des Bundesministers Schröder mit NATO-Generalsekretär Brosio in Paris S. 1716

Schröder erläutert, daß die Bundesregierung unverändert an einer stärkeren Beteiligung der nichtnuklearen Staaten an der NATO-Strategie und Zielplanung festhalte. Sie wolle daher intensiv an dem von amerikanischer Seite vorgeschlagenen „special committee" mitarbeiten, sehe jedoch eine befriedigende Lösung des Problems nur in einem gemeinsamen nuklearen Waffensystem. Schröder äußert die Auffassung, daß Frankreich zumindest bis 1969 Mitglied der NATO bleiben wolle. Spätestens von diesem Zeitpunkt an solle nach französischen Vorstellungen der NATO-Vertrag in eine „Kumulation" von bilateralen Absprachen mit möglichen „Sonderarrangements, eventuell sogar Deutschland betreffend", umgewandelt werden. Brosio vertritt dagegen die Ansicht, Frankreich wolle nicht den Vertrag, sondern lediglich die NATO-Organisation verlassen. Wie abschließend einvernehmlich festgestellt wird, müsse daher geprüft werden, auf welchen rechtlichen Grundlagen die militärische Integration in der NATO beruhe.

416 13.11. Gespräch des Bundesministers Schröder mit dem S. 1721
französischen Außenminister Couve de Murville
in Paris

Couve de Murville stellt fest, daß Frankreich erst nach Beilegung der EWG-Krise wieder an Verhandlungen des EWG-Ministerrats teilnehmen werde. Voraussetzung dafür sei eine Regelung der Agrarfinanzierung, des Prinzips der Mehrheitsentscheidungen, das ab dem 1. Januar 1966 auch auf die Landwirtschafts- und Handelspolitik angewendet werden solle, sowie der Frage des Verhaltens der EWG-Kommission. Hinsichtlich der Kommission regt der französische Außenminister eine Überprüfung der „inzwischen gewonnenen guten oder schlechten Gewohnheiten" an, für die die geplante Fusion der Exekutiven eine gute Gelegenheit bieten würde. Bezüglich des Majoritätsprinzips befürwortet er eine Revision des EWG-Vertrags. Die Mehrheitsregelung sei nur dann anwendbar, wenn die beteiligten Staaten zu einer politischen Zusammenarbeit gefunden hätten, wie sie bereits 1960 von Frankreich vorgeschlagen worden sei. Den Hinweis von Schröder, daß das Majoritätsprinzip vernünftig gehandhabt werden müsse, weil eine Überstimmung einzelner Partner in wichtigen Fragen „sehr töricht" wäre, bezeichnet Couve de Murville als theoretisch. Es könne nicht darauf vertraut werden, daß in Zukunft „keiner einem anderen schaden wolle".

417 13.11. Abgeordneter Birrenbach an Bundesminister S. 1734
Schröder

Aus Gesprächen während seines Aufenthaltes in den USA vom 30. Oktober bis 10. November 1965 zieht der CDU-Abgeordnete den Schluß, daß die amerikanische Haltung zur geplanten integrierten NATO-Atomstreitmacht unentschieden sei. Während Außenminister Rusk und Staatssekretär Ball das Projekt befürworteten, habe Verteidigungsminister McNamara die Position vertreten, daß die sowjetischen Mittelstreckenraketen durch das amerikanische nukleare Potential „gedeckt" seien und daher keine Notwendigkeit für ein neues Waffensystem bestehe. Als Gegenargumente seien zudem die ablehnende französische

Haltung und der voraussichtliche britische Wunsch nach einem Vetorecht beim Einsatz der Streitmacht angeführt worden. Birrenbach betont, wie eng das Problem einer integrierten NATO-Atomstreitmacht mit dem der Nichtverbreitung von Kernwaffen „verzahnt" sei. Abschließend weist er eindringlich darauf hin, daß es für eine zukünftige nukleare Mitsprache ausschlaggebend sein werde, den noch unentschlossenen Präsidenten Johnson bei den bevorstehenden deutsch-amerikanischen Gesprächen für die Position der Bundesregierung zu gewinnen.

418 15.11. **Aufzeichnung des Ministerialdirektors Sattler** S. 1743

Sattler erörtert die Gestaltung der Kulturbeziehungen zur UdSSR nach dem Auslaufen der unter dem Abkommen vom 30. Mai 1959 geschlossenen Vereinbarungen. Er plädiert dafür, zunächst keine Vorkehrungen für einen Kulturaustausch ohne vertragliche Grundlage zu treffen, um nicht das sowjetische Interesse am Abschluß einer neuen Vereinbarung zu mindern. Verhandlungen wären aussichtsreich, sobald die Alliierten sich damit einverstanden erklärten, daß Berlin (West) auch ohne ausdrückliche Klausel in alle Abkommen der Bundesrepublik einbezogen sein würde. Sollte jedoch trotz fehlenden Übereinkommens ein Kulturaustausch durchgeführt werden, so empfiehlt Sattler eine vom Auswärtigen Amt zu steuernde „Fall-zu-Fall-Regelung" auf der Basis „strikter Reziprozität", die langfristige Planungen auf sowjetischer Seite unmöglich machen würde. Sattler schließt nicht aus, daß die UdSSR versuchen könnte, durch Einladung von Künstlern aus Berlin (West) „Propaganda für die Dreistaatentheorie" zu betreiben.

419 15.11. **Botschafter Groepper, Moskau, an Bundesminister Schröder** S. 1745

Groepper informiert über eine Unterredung mit dem sowjetischen Stellvertretenden Außenminister. Als wichtigsten Punkt hebt er hervor, daß Semjonow auf die Frage nach der Reaktion der sowjetischen Regierung auf die Schaffung einer integrierten NATO-Atomstreitmacht mit dem Hinweis auf „Gegenmaßnahmen" geantwortet habe. Der Botschafter sieht darin die Bestätigung einer in der Presse wiedergegebenen Äußerung des Ministerpräsidenten Kossygin, die UdSSR wolle im Falle der Gründung einer solchen Streitmacht andere sozialistische Staaten atomar ausrüsten. Keinerlei Bewegung habe sich in deutschlandpolitischen Positionen gezeigt. Die Frage, ob die UdSSR zu Entgegenkommen auf diesem Gebiet bereit sei, wenn die Bundesrepublik ihre Teilnahme an einer NATO-Atomstreitmacht zurückstelle, wurde von Semjonow verneint; er gab sogar zu verstehen, daß eine solche Verbindung „nach Erpressung" aussehe. Nach Einschätzung von Groepper hoffe die sowjetische Regierung offensichtlich, daß sich das Problem einer deutschen nuklearen Mitsprache „demnächst ohnehin und somit ohne jede Konzession ihrerseits" erledigen werde.

420 17.11. Botschafter Pauls, Tel Aviv, an das Auswärtige Amt S. 1752

Aus einer Unterredung des CDU-Abgeordneten Barzel mit der israelischen Außenministerin gibt Pauls wieder, daß sich Meir betont emotional über die besondere geschichtliche Verantwortung Deutschlands für die Sicherung der „bloßen Existenz" Israels geäußert habe. Der Botschafter weist daher darauf hin, daß Israel im Falle enttäuschter Erwartungen hinsichtlich der Wirtschaftshilfe die Juden in New York und weltweit „mobil machen" könnte und die Bundesrepublik damit zum Nachgeben zwingen würde. Eine reduzierte Wirtschaftshilfe an Israel werde zudem kaum von arabischer Seite honoriert werden. Pauls schlägt vor, hinsichtlich der Leistungen für 1966 im Rahmen der Aktion „Geschäftsfreund" die Geheimhaltung aufzugeben und sich überdies an einem internationalen Projekt zur Entsalzung von Meerwasser zu beteiligen. Den arabischen Staaten könnten unter der Voraussetzung einer Verbesserung der Beziehungen zur Bundesrepublik ähnliche Hilfen in Aussicht gestellt werden.

421 18.11. Aufzeichnung des Staatssekretärs Carstens S. 1755

Carstens schildert den „Fall Huyn". Offensichtlich auf dem Wege einer Indiskretion gelangte die von Ministerialdirigent Frank auf einer Referentenbesprechung am 21. Oktober 1965 vertraulich mitgeteilte Information, Großbritannien sei ein Vorschlag zur Intensivierung der bilateralen Konsultationen unterbreitet worden, an Bundestagsabgeordnete. Diese wandten sich an das Auswärtige Amt mit der Frage, warum der Bundestag nicht vorab über den Abschluß des „Konsultationspakts" unterrichtet worden sei. Alle Teilnehmer an der Besprechung – mit Ausnahme des Legationsrats Graf Huyn – erklärten schriftlich, keine Informationen weitergegeben zu haben. Als daraufhin erwogen wurde, Huyn vom Dienst zu suspendieren, bat dieser um seine sofortige Entlassung aus dem Beamtenverhältnis. Anschließend teilte er dem Auswärtigen Amt mit, er habe gegen den Konsultationsvorschlag so schwere Bedenken gehabt, daß er den CSU-Abgeordneten Freiherr zu Guttenberg gebeten habe, Bundeskanzler Erhard von dieser Entwicklung der Außenpolitik zu unterrichten. Carstens sieht darin lediglich Schutzbehauptungen, die einer Prüfung nicht standhielten.

422 19.11. Gespräch des Bundesministers Schröder mit Premier- S. 1758
minister Wilson in London

Schröder bemerkt zur Situation in der EWG, über die auch Wilson Besorgnis äußert, daß Frankreich eine „ziemlich kräftige" Änderung des EWG-Vertrags anstrebe, vor allem hinsichtlich des Majoritätsprinzips und der Aufgaben der EWG-Kommission. Bezüglich der Lage in der NATO rechnet Schröder damit, daß Frankreich bis 1969 eine Politik verfolgen werde, die den Schutz des Bündnisses beizubehalten gestatte. Es werde wohl zu langwierigen Gesprächen über eine Reform kommen. In diesem Zusammenhang stelle sich die Frage nach nuklearer Mitbestimmung bzw. nach einer NATO-Atomstreitmacht, die in absehbarer Zukunft entschieden werden müsse. Das Verhalten gegenüber Frankreich sollte durch eine „Kombination von Takt und Festigkeit" gekennzeichnet sein. Während die Möglichkeit einer französischen Beteiligung an einer nuklearen Integration der NATO erhalten bleiben solle, dürfe die Lösung der Probleme nicht nur unter dem Gesichtspunkt der französischen Wünsche gesehen werden.

423 19.11. Gespräch des Bundesministers Schröder mit dem S. 1764
britischen Außenminister Stewart in London

Mit Blick auf Rhodesien äußert Stewart die Hoffnung, daß die weiße Minderheitsregierung nicht lange die Macht behalten werde, wenn sich möglichst alle Staaten den Wirtschaftssanktionen anschlössen. Auf die Frage nach der britischen Haltung zur nuklearen Integration der NATO antwortet Stewart, daß weiterhin das Modell einer ANF befürwortet werde. Schröder plädiert dagegen für eine Kombination von MLF und ANF, die sich aus Schiffen und U-Booten zusammensetzen solle und auch um eine französische Komponente erweitert werden könnte. In Abweichung vom ANF-Konzept schlage die Bundesregierung eine „Gesamtfinanzierung" der Streitmacht vor. Stewart begründet die britische Ablehnung der MLF damit, daß Frankreich vermutlich noch weniger zu einer Teilnahme bereit sein würde als im Fall einer ANF. Auf seiner bevorstehenden Reise nach Moskau wolle er sich auch über die sowjetische Haltung zur Nichtweitergabe von Kernwaffen informieren. Nach britischer Auffassung müsse vermieden werden, daß infolge von Diskussionen innerhalb der NATO Fortschritte in Richtung auf ein Nichtverbreitungsabkommen unterblieben.

424 19.11. Gespräche des Bundesministers Schröder mit dem S. 1770
britischen Außenminister Stewart in London

Stewart äußert sich positiv zu der Anregung, die deutsch-britischen Konsultationen zu intensivieren und dabei „ein allzu formelles oder gar schwerfälliges Verfahren" zu vermeiden. Zum Thema der nuklearen Integration der NATO übergehend, bezeichnet er das „special committee" als möglichen ersten Schritt zu einem Konsultationsgremium innerhalb der Allianz. Er bestätigt, daß mit dem Konzept einer ANF eine „Abgabe" der britischen nationalen Streitkräfte an die NATO verbunden wäre. Der Einsatz der „Abschreckungswaffe" müsse jedoch den USA vorbehalten bleiben, da Mehrheitsbeschlüsse gleichbedeutend mit einer Weitergabe von Kernwaffen wären. Während Stewart die militärische Notwendigkeit für eine MLF anzweifelt, hält Schröder eine gemeinsam neu zu errichtende Streitmacht für überzeugender als eine rein organisatorische Umgruppierung von Verbänden. Zudem seien die Waffensysteme, die in eine ANF eingebracht werden sollten, zur Abwehr der sowjetischen Mittelstreckenraketen ungeeignet. Stewart macht darauf aufmerksam, daß es schwierig sein werde, der sowjetischen Regierung die Schaffung einer neuen Atomstreitmacht unter Beteiligung der Bundesrepublik als „Umorganisation" zu erklären. Die NATO-Staaten dürften nicht dazu beitragen, ein Nichtverbreitungsabkommen zu verhindern, das wiederum Ausgangspunkt für weitere Vereinbarungen mit der UdSSR sein könne. Hinsichtlich der EWG stellt Stewart fest, daß Großbritannien dem Interesse an einem größeren europäischen Markt „genügend Ausdruck gegeben" habe.

425 19.11. **Staatssekretär Lahr an das Bundesministerium der Finanzen** S. 1786

Lahr weist darauf hin, daß in den Wirtschaftsverhandlungen mit Israel die Gefahr eines „Eklats" drohe, wenn die auf israelischer Seite noch für 1965 erwartete und durch die Bundesregierung grundsätzlich gebilligte Wirtschaftshilfe in Höhe von 75 Millionen DM erst Anfang 1966 gezahlt würde, wie dies vom Bundesministerium der Finanzen aufgrund der Haushaltslage vorgeschlagen worden sei. Die Kreditanstalt für Wiederaufbau sei in der Lage, den Betrag vorzufinanzieren, wenn die Bundesregierung andere Fälligkeiten abdecke. Einem entsprechenden Antrag des Bundesministeriums für wirtschaftliche Zusammenarbeit an das Bundesministerium der Finanzen schließe sich das Auswärtige Amt an.

426 19.11. **Botschafter Knappstein, Washington, an das Auswärtige Amt** S. 1788

Knappstein berichtet, daß aus amerikanischer Sicht das Berlin-Problem nicht akut sei und daher während des bevorstehenden Besuchs des Bundeskanzlers Erhard in Washington nicht thematisiert werden solle. Die UdSSR habe diese Frage zugunsten der Beziehungen zu den USA zurückgestellt, und der Spielraum der DDR sei wegen ihrer zunehmenden wirtschaftlichen Abhängigkeit von der Bundesrepublik eingeschränkt. Der Botschafter hält fest, daß dem Wunsch der Bundesrepublik, das Verfahren über die Einbeziehung von Berlin (West) in Abkommen zu ändern, Verständnis entgegengebracht werde. Allerdings dürften die Rechte der Alliierten Kommandantur nicht beeinträchtigt werden.

427 22.11. **Vermerk des Staatssekretärs Carstens** S. 1790

Carstens faßt die Ergebnisse einer Ressortbesprechung über eine neue Passierschein-Vereinbarung zusammen. Es wurden Bedenken gegen eine Erklärung erhoben, die der Staatssekretär beim Ministerrat der DDR, Kohl, verlesen wolle. Darin werde gefordert, daß keine „Anschläge gegen den humanitären Geist dieses Abkommens" erfolgen dürften. Ferner wurde auf fehlende Verbesserungen gegenüber dem Verhandlungsstand vom August 1965 hingewiesen. Carstens selbst legte das Für und Wider einer Passierschein-Regelung unter außenpolitischen Gesichtspunkten dar und kam zu dem Schluß, daß ein negatives Votum nicht gerechtfertigt sei.

428 22.11. **Botschafter Groepper, Moskau, an Bundesminister Schröder** S. 1792

Groepper sieht in der aktuellen sowjetischen Pressekampagne gegen die Bundesrepublik keine grundsätzliche „Verhärtung" der offiziellen Politik, sondern lediglich – und dies auch nur im Vergleich mit den letzten Monaten der Amtszeit des Ministerpräsidenten Chruschtschow – eine Verschärfung der Methode. Die Zielsetzung der sowjetischen Deutschland-Politik, nämlich die Festschreibung der Teilung, sei seit 1955 unverändert, und ihr dienten Bemühungen um „Normalisierung" der Beziehungen ebenso wie „Hetz- und Diffamierungskampagnen". Unter Hinweis auf frühere Krisen argumentiert Groepper, daß die jetzige sowjetische Regierung eher zurückhaltender vorgehe als Chruschtschow, da sie auf Mittel verzichte, die die Gefahr der Eskalation in sich trügen. Ziel der gegenwärtigen Kampagne der UdSSR sei offenbar, die amerikanischen und britischen Gegner einer nuklearen Integration der NATO zu stärken und die Bundesrepublik „so mürbe" zu machen, daß sie von sich aus auf nukleare Mitsprache verzichte und einem Nichtverbreitungsabkommen beitrete.

429 22.11. **Botschafter Schlitter, Athen, an das Auswärtige Amt** S. 1797

Schlitter informiert über den griechischen Wunsch nach Erweiterung der Wirtschaftshilfe durch das OECD-Konsortium. Auch solle Frankreich gedrängt werden, sich an den Sitzungen des Assoziationsausschusses der EWG zu beteiligen, um die Angleichung der griechischen Landwirtschaft an die Gemeinschaft voranzutreiben. Der Botschafter berichtet weiterhin über ein Gespräch mit dem Abteilungsleiter im griechischen Außenministerium, Tetenes, den er davon unterrichtete, daß die Bundesrepublik keine zusätzliche Finanzhilfe leisten könne. Tetenes verwies auf die „bedrohliche" Wirtschaftslage und betonte, daß Griechenland stets die deutschlandpolitischen Positionen der Bundesrepublik unterstützt habe.

430 23.11. Gespräch des Bundesministers Schröder mit dem S. 1800
Generalsekretär der Democrazia Cristiana, Rumor

Im Hinblick auf die EWG-Krise stimmen Schröder und Rumor überein, daß im Rahmen des EWG-Vertrags weiterverhandelt werden müsse. Rumor spricht sich gegen bilaterale Gespräche aus und rät dazu, vor Erörterung der jüngsten französischen Vorschläge zunächst die Antwort Frankreichs auf die Einladung zu einer außerordentlichen Sitzung des EWG-Ministerrats abzuwarten. Bezüglich des Problems der nuklearen Teilhabe in der NATO hebt Schröder hervor, daß die Bundesrepublik und Italien eine gleichberechtigte Behandlung anstreben sollten. Nach seinen Gesprächen in Großbritannien befragt, betont er, in der Frage der nuklearen Integration der NATO habe es große Fortschritte gegeben; der britische Außenminister Stewart habe vor dem Unterhaus erklärt, er sei „zufrieden" mit seinem deutschen Amtskollegen. Rumor macht darauf aufmerksam, daß die italienische Presse von fast völlig unterschiedlichen britischen und deutschen Positionen berichtet habe. Daran zeige sich, daß der Austausch vertraulicher Mitteilungen zwischen den Regierungen wichtig sei, um „derartige deformierte Wiedergaben" zu berichtigen.

431 23.11. Botschafter Sachs, Brüssel (EWG/EAG), an das S. 1807
Auswärtige Amt

Sachs berichtet über den in Vorbereitung der EWG-Ministerratstagung am 29./30. November 1965 gefaßten Beschluß der Ständigen Vertreter, ein Aide-mémoire zum weiteren Vorgehen gegenüber Frankreich vorzulegen, das entweder in Form eines Briefes der französischen Regierung zugeleitet oder im Rahmen des Kommuniqués veröffentlicht werden könne. Darin solle das Bedauern darüber ausgedrückt werden, daß Frankreich auf die Einladung zu einer außerordentlichen Ministerratssitzung nicht geantwortet habe, und herausgestellt werden, daß eine Lösung der Krise im Rahmen des EWG-Vertrags gefunden werden müsse. Änderungen des Vertrags oder des Majoritätsprinzips könne nicht zugestimmt werden. Sachs teilt ferner mit, daß die Minister politische Fragen unter Ausschluß der EWG-Kommission und des Ratssekretariats erörtern werden.

432	23.11.	Botschafter von Tannstein, Tunis, an das Auswärtige Amt	S. 1810

Tannstein informiert über Bemühungen zur Wiederaufnahme diplomatischer Beziehungen zwischen der Bundesrepublik und arabischen Staaten. Dem algerischen Botschafter in Tunis habe er mitgeteilt, daß die Bundesregierung einer entsprechenden Initiative Algeriens positiv gegenüberstehen würde. Allali habe sich zwar zurückhaltend geäußert, den Vorschlag jedoch persönlich befürwortet. Tannstein berichtet ferner von Andeutungen aus dem Umkreis des Präsidenten Bourguiba, daß wohl in absehbarer Zeit mehrere arabische Staaten, darunter auch der Libanon, Saudi-Arabien und Syrien, in dieser Frage an die Bundesregierung herantreten würden. Daraus schließt der Botschafter, daß die tunesische Regierung schon aus eigenem Interesse versuchen werde, Algerien zu einer Wiederaufnahme diplomatischer Beziehungen zu bewegen.

433	24.11.	Botschafter Freiherr von Braun, New York (UNO), an das Auswärtige Amt	S. 1813

Braun äußert Bedenken gegen den kanadischen Vorschlag, im Rahmen der UNO ein Konsortium zur Finanzierung der UNO-Truppen auf Zypern zu gründen. Zwar befürwortet auch er eine festere finanzielle Grundlage für die Zypern-Aktion, sieht aber die Lösung des Problems darin, Staaten, die sich bisher noch nicht beteiligt haben, zu Zahlungen heranzuziehen. Ein Konsortium habe dagegen zur Folge, seine Mitglieder auf Beiträge festzulegen, die höher sein würden als die bisher freiwillig gezahlten. Braun weist darauf hin, daß die Leistungen der Bundesrepublik für die Zypern-Aktion ohnehin die von der UNO festgesetzte Quote überstiegen, und macht auf die größere politische Wirkung freiwilliger Zahlungen aufmerksam.

434	25.11.	Aufzeichnung des Ministerialdirektors Krapf	S. 1815

Krapf schildert die Konsultation in der Bonner Vierergruppe über die Passierschein-Vereinbarung vom 25. November 1965. Seitens des Auswärtigen Amts wurde erklärt, daß die neue Regelung Fragen des Berlin-Status und alliierte Interessen nicht berühre. Die Vertreter der Drei Mächte erhoben den Vorwurf, die Unterzeichnung der Vereinbarung sei so kurzfristig angesetzt worden, daß eine ordnungsgemäße Konsultation unmöglich gewesen sei. So sei die Alliierte Hohe Kommission nicht in der Lage gewesen, rechtzeitig die erforderliche Einwilligung zu geben. Krapf stellt dazu fest, daß dieser Vorfall erneut die Neigung der Drei Mächte zeige, ihre Vorbehaltsrechte in „dozierender Weise" wahrzunehmen. Dies sei um so unerfreulicher, als keine Einwände gegen den Inhalt der Vereinbarung bestanden hätten.

November

435 25.11. Bundesminister Schröder an Bundeskanzler Erhard S. 1817

Schröder informiert über die Probleme der Einbeziehung von Berlin (West) in Verträge der Bundesrepublik. Die bisherige Regelung, daß die Zugehörigkeit von Berlin (West) hinsichtlich des Geltungsbereichs eines Vertragstextes im Vertragstext „hinreichend klar" zum Ausdruck kommen müsse, habe z.B. Abkommen mit der Tschechoslowakei und der UdSSR verhindert. Dieses Verfahren solle dahingehend geändert werden, daß Berlin (West) als in alle Verträge der Bundesrepublik einbezogen gelte, sofern nicht seitens der Bundesregierung oder der Alliierten das Gegenteil erklärt werde. Eine solche Regelung hätte den Vorteil, die These von Berlin (West) als Land der Bundesrepublik zu stützen. Schröder bittet Erhard, in diesem Sinne mit den Alliierten weiterverhandeln zu dürfen.

436 25.11. Aufzeichnung des Ministerialdirektors Meyer-Lindenberg S. 1819

Meyer-Lindenberg faßt Beratungen der Nahost-Experten der NATO zusammen. Die Entwicklung im Nahen Osten im vergangenen halben Jahr werde als positiv für den Westen eingeschätzt. Die gemäßigten Kräfte seien stärker geworden, wenngleich Präsident Nasser weiterhin einen „Unruhefaktor" darstelle. Die Gefahr einer militärischen Auseinandersetzung mit Israel um das Jordanwasser habe sich verringert, und auch die UdSSR zeige in ihrer Nahost-Politik eine größere Zurückhaltung. Einigkeit habe darüber bestanden, daß den westlichen Interessen am besten durch Nichteinmischung in innerarabische Streitfragen gedient sei.

437 27.11. Botschafter Grewe, Paris (NATO), an das Auswärtige Amt S. 1821

Grewe informiert über die erste Sitzung des „special committee" der NATO. Es wurden drei Arbeitsgruppen eingerichtet, von denen die für nukleare Planung die wichtigste sei. Sie solle wohl das verwirklichen, was der amerikanische Verteidigungsminister McNamara mit seinem Vorschlag vom Mai 1965 für ein „select committee" beabsichtigt habe. Nach „mühsamen" Verhandlungen wurde beschlossen, daß dieser Arbeitsgruppe neben den USA, Großbritannien, Italien und der Bundesrepublik auch die Türkei angehören solle. In der Sachdiskussion betonten McNamara und sein britischer Amtskollege Healey, das Hauptproblem liege in der Reaktion auf lokal begrenzte Angriffe, die die Allianz zum „selektiven und sich steigernden Einsatz" von Kernwaffen nötigen könnten. Während Healey die Ansicht vertrat, daß die Erarbeitung strategischer Konzeptionen Vorrang vor der Schaffung einer neuen Streitkraft habe, erklärten der

CXCIII

italienische Verteidigungsminister Andreotti und Bundesminister von Hassel, das „special committee" könne nicht eine integrierte NATO-Atomstreitmacht ersetzen.

438 30.11. Aufzeichnung des Ministerialdirektors Krapf S. 1824

Krapf legt dar, daß er gegenüber dem sowjetischen Geschäftsträger Kudrjawzew „aufs schärfste" gegen einen Artikel des sowjetischen Journalisten Schukow in der Tageszeitung „Prawda" protestiert habe, weil Bundespräsident Lübke mit Verbrechen aus der Zeit der Herrschaft des Nationalsozialismus in einen „unmittelbaren" Zusammenhang gebracht worden sei. Aufgrund dieser schweren Beleidigung und Verleumdung sei der sowjetischen Botschaft zudem eine Protestnote übersandt worden.

439 30.11. Botschafter Pauls, Tel Aviv, an Bundesminister Schröder S. 1826

Pauls teilt mit, daß der Vorschlag der Bundesregierung über den Umfang zukünftiger Wirtschaftshilfe vom israelischen Kabinett als unzureichend empfunden werde. Vielleicht setze sich sogar die Position durch, daß Verhandlungen überhaupt abgelehnt werden sollten. Für diesen Fall befürchtet Pauls eine israelische Kampagne gegen die Bundesrepublik, die auch die in Großbritannien und den USA lebenden Juden einbeziehen würde. Ebenso könnten Informationen über die bisher im Rahmen der geheimgehaltenen Aktion „Geschäftsfreund" gezahlten 650 Millionen DM publik gemacht werden. Dann habe die Bundesrepublik „die arabische Meute" am Hals. Statt nach „fürchterlichem Wirbel" nachgeben zu müssen, sei es daher vorzuziehen, das vorliegende Angebot als einen Eröffnungsvorschlag für die Wirtschaftsverhandlungen zu bezeichnen und die israelische Regierung rechtzeitig über diese geänderte Auffassung zu informieren.

440 01.12. Aufzeichnung des Staatssekretärs Lahr S. 1829

Lahr gibt ein Gespräch mit dem israelischen Botschafter am 29. November 1965 wieder. Ben Natan übermittelte die Antwort auf das Angebot der Bundesregierung für eine zukünftige Wirtschaftshilfe. Danach müsse vor allem das „Abkommen Adenauer/Ben Gurion" bis zum Gesamtbetrag von 2 Milliarden DM erfüllt werden. Gegenstand kommender Gespräche könne folglich nicht die Rate von 75 Millionen DM sein, die bereits Ende September 1965 fällig gewesen wäre, sondern das, was zusätzlich über diesen Betrag hinausgehe. Lahr legte demgegenüber dar, daß es sich bei der Absichtserklärung vom 14. März 1960 nicht um ein bindendes Abkommen gehandelt habe und die bislang geleisteten Zahlungen keiner „Automatik" wie einem Fälligkeitstermin unterworfen gewesen seien. Am 12. Mai 1965 habe Bundeskanzler Erhard sich von der israelischen These der „Zweigleisigkeit" distanziert und Verhandlungen über eine einheitliche Wirtschaftshilfe zugesichert. Lahr unterbreitete den persönlichen Vorschlag, die 75 Millionen DM noch 1965 als Vorleistung auf ein dann 1966 zu erzielendes Verhandlungsergebnis zu zahlen. Eine Fortsetzung der Zahlungen im Rahmen der geheimgehaltenen Aktion „Geschäftsfreund", wie sie Ben Natan vorschlug, lehnte er ab.

441 02.12. **Botschafter Blankenhorn, London, an das Auswärtige Amt** S. 1832

Blankenhorn informiert, daß politisch einflußreiche jüdische Persönlichkeiten entschlossen seien, die öffentliche Meinung in Großbritannien gegen eine Einbeziehung der von der Bundesrepublik zugesicherten Wiedergutmachungsleistungen in das Haushaltssicherungsgesetz für 1966 zu mobilisieren. Sie hätten ihm gegenüber die Ansicht vertreten, daß die auf Wahlgeschenken beruhende Haushaltskrise nicht auf Kosten der „jüdischen Geschädigten" gelöst werden könne. Blankenhorn macht darauf aufmerksam, daß es für das Ansehen der Bundesrepublik günstiger sei, die geplanten Maßnahmen sofort rückgängig zu machen, als dem internationalen Druck nachgeben zu müssen.

442 02.12. **Aufzeichnung des Referats II A 1** S. 1834

Mit Blick auf die NATO-Ministerratstagung vom 14. bis 16. Dezember 1965 wird das Ergebnis der Beratungen zur TTD-Frage in der Bonner Vierergruppe dargelegt. Es wurde beschlossen, der – laut Beschluß des IOC künftig eigenständigen – DDR-Olympiamannschaft Temporary Travel Documents zu erteilen; ausgenommen seien jedoch Teilnehmer an nichtolympischen Wettkämpfen. Des weiteren sollten Stellvertretende Minister der DDR einreisen dürfen, da sie gewissermaßen die Funktionen von Abteilungsleitern wahrnähmen und es sich demnach nicht um Politiker, sondern um hohe Beamte handele. In der Frage der „Rentnerreisen", die die DDR gestatte, wenn „SBZ-Pässe" benutzt würden, sei Einigung erzielt worden, diese Papiere nicht anzuerkennen. Als Reisedokumente sollten außer Temporary Travel Documents vielmehr „besondere Blätter" mit dem Visum und Angaben zur Person dienen.

443 03.12. **Vermerk des Botschafters Schnippenkötter** S. 1839

Der Abrüstungsbeauftragte der Bundesregierung legt dar, daß die geplante Einrichtung einer integrierten NATO-Atomstreitmacht aufgrund des internationalen Meinungsbildes und der mangelhaften Unterstützung des Projekts durch den Bundestag schwierig sei. Er schlägt vor, die Bundesregierung solle zwar eine Beteiligung an der nuklearen Ziel- und Einsatzplanung innerhalb der NATO anstreben, jedoch vorläufig den Wunsch nach Mitbesitz an einem integrierten Waffensystem zurückstellen. Sie solle sich bereit erklären, in einem Vertrag zur Regelung des Nuklearproblems auf den Erwerb von Kernwaffen zu verzichten und erst nach einer Wiedervereinigung einem Nichtverbreitungsabkommen beitreten zu wollen.

444 03.12. Staatssekretär Lahr an Staatssekretär Grund, Bundesministerium der Finanzen S. 1840

Lahr befürwortet Verhandlungen mit Zypern über die Einrichtung einer Flugverbindung mit der Bundesrepublik – trotz der zyprischen Entscheidung, die Landerechte für die DDR-Fluggesellschaft „Interflug" um zwei Jahre zu verlängern. Die Bundesrepublik dürfe der DDR das Feld nicht endgültig überlassen, sondern solle „den Kampf" aufnehmen. Dabei müsse hingenommen werden, daß für eine gewisse Zeit zwei deutsche Luftfahrtgesellschaften die Insel anflögen. Habe es sich erst gezeigt, daß das Angebot der „Lufthansa" das der „Interflug" in den Schatten stelle, bestehe die Aussicht, daß sich Zypern in zwei Jahren zugunsten alleiniger Landerechte für die „Lufthansa" entscheiden werde.

445 06.12. Gespräch des Bundeskanzles Erhard mit dem ehemaligen amerikanischen Hohen Kommissar McCloy S. 1844

McCloy teilt mit, daß in den USA die Abrüstungsbehörde sowie Teile von Senat und Presse einen Vertrag über die Nichtverbreitung von Kernwaffen befürworteten. Er selbst hält ein solches Abkommen für unnütz, da weder die UdSSR Kernwaffen weitergeben noch die Bundesrepublik über Atomwaffen verfügen wolle. Zudem gefährde es den Zusammenhalt in der westlichen Allianz und damit die Erfolge der Nachkriegspolitik. Die Bundesrepublik brauche für ihr Prestige nukleare Gleichberechtigung und Mitverantwortung. Diese Argumente solle Bundeskanzler Erhard offen und eindringlich gegenüber Präsident Johnson vorbringen, der zwar „nicht sehr" für die MLF sei, jedoch der NATO und der Bundesrepublik „sympathisch" gegenüberstehe. Da die MLF allerdings im Augenblick nicht durchsetzbar sei, habe es wenig Sinn, an „Buchstaben oder früher diskutierten Lösungen" zu hängen.

446 06.12. Hilfsreferent Bock, Bagdad, an das Auswärtige Amt S. 1846

Der Mitarbeiter der Abteilung für die Wahrnehmung der Interessen der Bundesrepublik Deutschland bei der französischen Botschaft informiert über den Besuch des CDU-Abgeordneten Gewandt in Bagdad. Von französischer Seite seien die inoffiziellen Gespräche mit dem Irak begrüßt worden. Der irakische

Wirtschaftsminister Hilali habe gegenüber Gewandt die „mittelbare Schuld" Deutschlands an der Gründung Israels aufgrund der Vertreibung und Ermordung der Juden hervorgehoben. Durch die Waffenlieferungen und die Aufnahme diplomatischer Beziehungen zwischen der Bundesrepublik und Israel seien alle deutschfreundlichen Araber beleidigt worden. Diese Verärgerung könne leichter überwunden werden durch eine Geste der Freundschaft seitens der Bundesregierung, wie etwa einer verstärkten Hilfe für palästinensische Flüchtlinge.

447   07.12.   **Aufzeichnung des Ministerialdirigenten Frank**   S. 1849

Frank faßt eine Unterredung des Bundesministers Schröder mit dem britischen Botschafter vom Vortag zusammen. Roberts teilte mit, daß der sowjetische Außenminister Gromyko in Moskau gegenüber seinem britischen Amtskollegen Stewart deutlich gemacht habe, daß die UdSSR jede Form eines Zugangs der Bundesrepublik zu Kernwaffen, sei es innerhalb einer integrierten Atomstreitmacht oder im Rahmen des „special committee", entschieden ablehne. Während Stewart auf den legitimen Anspruch der nichtnuklearen NATO-Mitgliedstaaten auf atomare Teilhabe hingewiesen habe, sei von Gromyko betont worden, ein Zugang der Bundesrepublik zu Atomwaffen würde die Aussichten auf einen Vertrag über die Nichtverbreitung von Kernwaffen zunichte machen. Roberts fügte hinzu, aufgrund eines Gesprächs mit Ministerpräsident Kossygin habe Stewart dennoch den Eindruck erhalten, die „Tür" zu einem solchen Abkommen sei „nicht geschlossen worden".

448   08.12.   **Aufzeichnung des Ministerialdirektors Harkort**   S. 1854

Harkort schildert Bemühungen einer italienischen Firmengruppe, den Auftrag zum Bau des Wasserkraftwerks „Mantaro" in Peru zu erhalten, obwohl bereits ein deutsch-britisches Konsortium Liefervorverträge, die auch durch die Bundesregierung finanziell abgesichert seien, geschlossen habe. Die italienische Seite habe offensichtlich Kenntnis von dem deutsch-britischen Angebot erhalten und es daher unterbieten können. Trotz der Bemühungen des Auswärtigen Amts, auf diplomatischem Wege das Konsortium zu unterstützen, müsse damit gerechnet werden, daß eine Entscheidung zugunsten des italienischen Angebots oder einer öffentlichen Ausschreibung getroffen werde. Harkort schlägt vor, der peruanischen Regierung deutlich zu machen, daß ein solcher Beschluß auch die Entwicklungshilfe der Bundesrepublik für Peru beeinträchtigen könne.

449 08.12. Botschafter Knappstein, Washington, an das Auswärtige Amt S. 1858

Knappstein berichtet, daß in den USA die Hoffnung, doch noch ein Abkommen über die Nichtverbreitung von Kernwaffen zu erreichen, gestiegen sei. Die UdSSR scheine erkannt zu haben, daß die Gefahr einer Weitergabe von Atomwaffen gerade außerhalb Europas durch ein Abkommen gebannt werde und eine gewisse Form der nuklearen Teilhabe das Risiko einer „echten" Proliferation innerhalb der NATO, vor allem an die Bundesrepublik, verringern könne. Zwar seien die sowjetischen Äußerungen widersprüchlich, doch könne nicht ganz ausgeschlossen werden, daß die UdSSR künftig nur die Schaffung einer neuen Streitmacht im Sinne der MLF als unvereinbar mit einer vertraglichen Regelung bezeichnen und Entgegenkommen hinsichtlich des „special committee" oder der ANF zeigen werde.

450 08.12. Botschafter Grewe, Paris (NATO), an das Auswärtige Amt S. 1861

Grewe teilt mit, daß der kanadische und der belgische Ständige Vertreter bei der NATO, Ignatieff und de Staercke, eine Deutschland-Initiative seitens des NATO-Ministerrats angeregt hätten. Er selbst habe darauf aufmerksam gemacht, daß vergleichbare Vorschläge der Bundesregierung bislang daran gescheitert seien, daß die drei Westmächte die Einführung von „Substanz" in die Verhandlungen forderten. Der britische Ständige Vertreter Shuckburgh und sein amerikanischer Kollege Cleveland hätten zwar erkannt, wie kompliziert dieses Problem sei, trotzdem habe Cleveland auf mögliche Vorteile eines Angebots „bedingungsloser" Verhandlungen hingewiesen. Grewe schließt nicht aus, daß sich in den USA ein Stimmungswandel zugunsten einer neuen Deutschland-Initiative anbahnen könnte.

451 08.12. Botschafter Grewe, Paris (NATO), an das Auswärtige Amt S. 1863

Grewe berichtet von einer „informellen Erörterung" der Ständigen Vertreter bei der NATO über mögliche Hilfeleistungen an Griechenland und die Türkei. Es habe sich gezeigt, daß aufgrund der Zypern-Politik dieser beiden Staaten nur die USA und die Bundesrepublik zur Unterstützung bereit seien. Von amerikanischer und deutscher Seite sei die Zweckmäßigkeit weiterer Verteidigungshilfe mit der Notwendigkeit begründet worden, die Verteidigung der Süd-Ost-Flanke der NATO zu sichern und Griechenland sowie die Türkei an die Allianz zu binden.

452 09.12. **Gespräch des Bundesministers Schröder mit dem amerikanischen Botschafter McGhee** S. 1865

Schröder teilt mit, während seines Aufenthaltes vom 18. bis 20. November 1965 in London habe er vom britischen Außenminister erfahren, daß immer noch der Vorschlag einer ANF favorisiert werde. Hinsichtlich des Verhältnisses zwischen Großbritannien und der EWG habe er gegenüber Stewart betont, daß alles, was getan werden könne, um den britischen Willen zur Mitarbeit auszudrücken, gut und nützlich sei. Mit einem neuen Antrag auf Beitritt sei jedoch in nächster Zukunft nicht zu rechnen. Zur geplanten zeitlichen Streckung von Wiedergutmachungsleistungen an Israel erklärt Schröder, angesichts der geringfügigen Verzögerung dürften die jüdischen Organisationen jetzt nicht „unangemessen pressen". Die Denkschrift der Evangelischen Kirche in Deutschland sowie den Briefwechsel der deutschen und polnischen katholischen Bischöfe zur Oder-Neiße-Linie wertet er als Zeichen guten Willens, jedoch nicht als Indiz für einen politischen Wandel.

453 09.12. **Botschafter Groepper, Moskau, an Bundesminister Schröder** S. 1870

Groepper berichtet von einer Besprechung mit den Botschaftern der drei Westmächte. Erläutert wurde die Aussage des Ministerpräsidenten Kossygin, wenn die NATO der Bundesrepublik Zugang zu Atomwaffen verschaffe, werde die UdSSR nicht umhin können, der DDR die gleichen Möglichkeiten einzuräumen. Es bestand Einigkeit, daß die sowjetische Regierung das westliche Interesse an einem Nichtverbreitungsabkommen als Hebel benutzen wolle, um ein nukleares Mitspracherecht der Bundesrepublik zu verhindern. Es gebe in der UdSSR die Befürchtung, daß eine nuklear bewaffnete Bundesrepublik die DDR angreifen und somit einen Krieg zwischen den beiden Großmächten auslösen werde. Die Botschafter stimmten darin überein, daß der Westen einen „effektiven Zugang" der Bundesrepublik zu Kernwaffen niemals zulassen werde; davon müsse auch die UdSSR überzeugt werden.

454 10.12. **Aufzeichnung des Staatssekretärs Lahr** S. 1874

Aus Gesprächen mit Ministerpräsident Manescu und Außenminister Maurer zieht Lahr den Schluß, daß die Gründe für die schleppende Entwicklung der Familienzusammenführung in der rumänischen Unzufriedenheit über den Umfang der Handelsbeziehungen und in der unerwartet großen Zahl der Auswanderungswünsche seitens der deutschen Minderheit lägen; ein Junktim zwischen der Familienzusammenführung und einer Aufnahme diplomatischer Beziehungen gebe es dagegen nicht. Der rumänischen Regierung müsse klargemacht werden, daß Fortschritte im beiderseitigen Verhältnis ohne ein Entgegenkommen bei der Familienzusammenführung nicht erreichbar seien.

455 10.12. Botschafter Werz, Djakarta, an das Auswärtige Amt S. 1877

Werz berichtet, ein hoher Beamter des indonesischen Außenministeriums habe ihn im Auftrag des Heeres um Hilfeleistung für Indonesien gebeten. Er habe erwidert, daß zunächst Klarheit über den politischen Kurs Indonesiens bestehen müsse, bevor größere Kredithilfen zugesagt werden könnten. Daraufhin sei ihm zugesichert worden, daß die anti-kommunistische Ausrichtung konsequent fortgesetzt werde. Werz wies darauf hin, daß die Eröffnung eines indonesischen Generalkonsulats in Ost-Berlin jede Kreditgewährung unmöglich machen und zum Abbruch der Beziehungen führen würde.

456 11.12. Staatssekretär Carstens, z. Z. Paris, an das Auswärtige Amt S. 1879

Carstens berichtet von der Debatte im Ministerkomitee des Europarates, die er selbst mit einer Darstellung der Beziehungen zu den osteuropäischen Staaten eröffnete. Zwar gebe es kein Entgegenkommen in der Frage der Wiedervereinigung, doch sei im Falle der Handelsabkommen mit Ungarn, Polen, Rumänien und Bulgarien die Einbeziehung von Berlin (West) gelungen. Zur Denkschrift der Evangelischen Kirche Deutschlands, zum Schreiben der polnischen Bischöfe und zur Antwort der deutschen Bischöfe äußerte er die persönliche Ansicht, daß sie „eindrucksvolle Zeugnisse" für den in der Bundesrepublik wie in Polen vorhandenen Wunsch nach Versöhnung seien. Der österreichische Außenminister Kreisky stellte fest, daß der Prozeß der nationalen „Individualisierung" in Osteuropa fortschreite und sich die Kontakte zu westeuropäischen Staaten verstärkten. Dies sei jedoch kein Anzeichen für eine Demokratisierung.

457 13.12. Aufzeichnung des Legationsrats I. Klasse Ungerer S. 1882

Ungerer legt dar, der Leiter der „Direktion Sicherheitskontrolle" der EURATOM-Kommission habe ihn am 9. Dezember 1965 darauf hingewiesen, daß es in den USA ein größeres Interesse an weltweiten Lösungen auf dem Gebiet der atomaren Sicherheitskontrolle als an einer Förderung der europäischen Kernindustrie gebe. Zur Wirksamkeit der EURATOM-Kontrollen teilte Fernand Spaak mit, daß es durchaus möglich sei, in Romans und Annecy – den beiden französischen Produktionsstätten, in denen Brennelemente sowohl für militärische als auch für friedliche Zwecke hergestellt würden – zu kontrollieren, ob für zivile Verwendung deklariertes Material militärisch genutzt werde.

Dezember

Spaak schilderte die Bemühungen um Zusammenarbeit zwischen IAEO und EURATOM. Ziel sei es, beide Organisationen „kompatibel" zu machen, um gegenüber den USA darauf hinweisen zu können, daß keine Veranlassung bestehe, die EURATOM-Kontrollen durch solche der IAEO zu ersetzen.

458 14.12. Aufzeichnung des Vortragenden Legationsrats S. 1886
I. Klasse Luedde-Neurath

Luedde-Neurath gibt Überlegungen aus einer Referentenbesprechung vom Vortag wieder, ob und in welchem Umfang die USA, die verschärfte Ausfuhrbestimmungen im Warenverkehr mit der Volksrepublik China befürworteten, über den angewachsenen China-Handel der Bundesrepublik in Kenntnis zu setzen seien. Es wurde festgestellt, daß aufgrund einer Vereinbarung vom Herbst 1965, in der sich die amerikanische Regierung bereit erklärte, über größere Geschäftsabschlüsse mit der DDR zu informieren, eine Unterrichtung wohl unumgänglich sei, doch sollten Mitteilungen nur im Rahmen der COCOM-Verpflichtungen und keinesfalls über einzelne Geschäfte erfolgen. Auch lägen restriktivere Exportbestimmungen im China-Handel als Gegenleistung für Ausfuhrbeschränkungen in die DDR nicht im Interesse der Bundesrepublik. Allerdings müßten angesichts der amerikanischen Haltung im Handel mit der DDR „gewisse Rücksichten" genommen werden.

459 14.12. Staatssekretär Carstens, z. Z. Paris, an das S. 1889
Auswärtige Amt

Carstens berichtet über einen deutschlandpolitischen Meinungsaustausch der vier westlichen Außenminister vom Vortag. Bundesminister Schröder hob hervor, daß die UdSSR eine „Entnuklearisierung" der Bundesrepublik sowie eine systematische „Aushöhlung" der Beziehungen zwischen dem Bundesgebiet und Berlin (West) anstrebe. Der amerikanische Außenminister Rusk und der Staatssekretär im britischen Außenministerium, Gore-Booth, vertraten die Ansicht, daß die Volksrepublik China zur Zeit das größte Problem für die UdSSR darstelle. Die sowjetische Konzentration auf die Deutschland-Frage diene dazu, von dieser Tatsache abzulenken und das „unübersichtlich werdende Verhältnis" zu den osteuropäischen Staaten unter Kontrolle zu halten. Schröder teilte mit, im Falle einer Wiedervereinigung sei die Bundesrepublik hinsichtlich der Grenze zu Polen, des militärischen Status Gesamtdeutschlands sowie wirtschaftlicher und finanzieller Leistungen zu „Opfern" bereit. Etwaige Verhandlungen mit der UdSSR müßten aufgrund der Viermächte-Verantwortung für Deutschland jedoch gemeinsam mit den drei Westmächten geführt werden.

CCI

460 14.12. Legationsrat I. Klasse Bock, Belgrad, an das Auswärtige Amt S. 1894

Der Leiter der Abteilung für die Wahrnehmung der Interessen der Bundesrepublik Deutschland bei der französischen Botschaft teilt mit, daß während eines Arbeitsessens der Botschafter der NATO-Staaten in Belgrad der fehlende Informationsaustausch über die Gewährung von finanziellen und wirtschaftlichen Hilfen an Jugoslawien bedauert und der Wunsch nach möglichst vollständiger Unterrichtung geäußert wurde. Übereinstimmend wurde das große Interesse des Westens am Erfolg des spezifisch jugoslawischen Modells der „sozialistischen Marktwirtschaft" herausgestellt, um somit liberale Tendenzen in den Volkswirtschaften anderer osteuropäischer Staaten zu begünstigen.

461 15.12. Gespräch des Bundesministers Schröder mit dem amerikanischen Außenminister Rusk in Paris S. 1897

Rusk regt eine westliche Erklärung zur Deutschland-Frage an, die weniger an die sowjetische Regierung gerichtet sei, sondern vielmehr der Öffentlichkeit im Westen und in den Ostblock-Staaten die Vorzüge einer deutschen Wiedervereinigung näherbringen solle. Die Teilung Deutschlands stelle das Hauptproblem im Verhältnis zwischen den militärischen Bündnissen und eine große Belastung für die Verteidigungshaushalte dar. Auf die Frage nach dem Verhältnis zu Polen antwortet Schröder, daß die polnische Regierung die Handelsvertretung in Warschau nicht als Partner für politische Gespräche betrachte und daher deren Handlungsspielraum einschränke. Das Schreiben der polnischen Bischöfe habe vornehmlich psychologische und keine kurzfristig politische Bedeutung. Rusk teilt mit, daß die USA ihr Engagement in Vietnam personell und finanziell verstärken müßten; dies werde die Diskussion über die Zahl der amerikanischen Truppen in Europa anregen. Für die bevorstehende Debatte im Kongreß wäre es daher nützlich, wenn die Bundesrepublik die Entsendung von technischem und medizinischem Personal nach Vietnam zusagen würde. Schröder entgegnet, daß ein „Dienst außerhalb der Bundesrepublik" nicht angeordnet werden und daher nur auf der „Basis absoluter Freiwilligkeit" erfolgen könne.

462 15.12. Gespräch des Bundesministers Schröder mit dem italienischen Schatzminister Colombo in Paris S. 1901

Colombo berichtet über ein Gespräch, das er am 8. Dezember 1965 als Präsident des EWG-Ministerrats mit dem französischen Außenminister führte. Couve de Murville habe die Bereitschaft in Aussicht gestellt, dem EWG-Haushalt zuzustimmen, jedoch hinsichtlich der Zollsenkung um zehn Prozent, die zum 1. Januar 1966 in Kraft treten solle, ein Moratorium von zwei bis vier Monaten für weitere Beratungen vorgeschlagen. Ferner habe er die Möglichkeit einer französischen Teilnahme an einer außerordentlichen EWG-Ministerratstagung in Luxemburg angedeutet. Der Hinweis von Colombo, eine Einladung der französischen Regierung könne von deren Zustimmung zum EWG-Haushalt und zur Zollsenkung abhängig gemacht werden, stößt bei Schröder auf Skepsis. Zu den Personalfragen bemerkt Colombo, daß Frankreich dieses Thema anläßlich der Fusion der Exekutiven anschneiden werde und wahrscheinlich an die Einführung eines Rotationsprinzips in der EWG-Kommission denke.

463 16.12. Ressortbesprechung S. 1904

Ministerialdirektor Sattler unterbreitet Vorschläge für einen Kulturaustausch mit der UdSSR nach Auslaufen der Vereinbarungen vom 30. Mai 1959. Da aufgrund der sowjetischen Ablehnung einer Berlin-Klausel kein neues Abkommen abgeschlossen werden könne, sollten kulturelle Spitzenorganisationen bzw. die „Zentrale Austauschstelle Bonn" des Auswärtigen Amts die Organisation übernehmen. Es sei auf möglichst weitgehende Reziprozität und einen „ausgeglichenen Saldo" zwischen deutschen und sowjetischen Veranstaltungen zu achten. Dieses Verfahren gestatte der UdSSR, ohne Vereinbarung mit der Bundesregierung in Berlin (West) kulturell präsent zu sein. Ein Boykott, wie vom Berliner Senatsdirektor Hartkopf befürchtet, sei unwahrscheinlich. Die sowjetische Seite, so Legationsrat I. Klasse Peckert, sei durchaus bereit, Berlin (West) faktisch einzubeziehen, solange dies ihre politische Position nicht präjudiziere. Hartkopf betont dennoch die Notwendigkeit einer geregelten Teilhabe von Berlin (West). Sattler erwägt eine Beendigung des Kulturaustauschs in ein bis zwei Jahren, falls die Einbeziehung der Stadt nicht gelingen sollte.

464 16.12. Aufzeichnung des Ministerialdirigenten Ruete S. 1908

Ruete befaßt sich mit der Übernahme von Paß- und Sichtvermerksbefugnissen durch die Handelsvertretung in Bukarest bzw. die rumänische Handelsvertretung in Frankfurt/Main. Im Oktober 1963 sei vereinbart worden, die Ausübung solcher Befugnisse „stillschweigend" zu dulden. Im Verlauf des Jahres 1965 habe die rumänische Regierung der Handelsvertretung der Bundesrepublik das Recht zur Ausstellung und Verlängerung von Pässen sowie jegliche Zuständigkeit für Berlin (West) abgesprochen und nur die Ausgabe von Visa zugestanden. Inzwischen habe sie erkennen lassen, daß keine Einwände gegen Sichtvermerksbefugnisse auch für Berlin (West) bestünden, die Paßbefugnisse sich jedoch auf die Reisedokumente von Personen aus dem Bundesgebiet beschränken müßten. Dies hält Ruete für nicht hinnehmbar. Es müsse darauf bestanden werden, daß auch Pässe von Reisenden aus Berlin (West) und aus

CCIII

der DDR bearbeitet werden könnten. Die rumänische Regierung solle in einem „vorsichtig" geführten Gespräch davon überzeugt werden, daß es in der Praxis der Paß- und Visaerteilung nicht zu Konflikten kommen werde.

465 20.12. Gespräch des Bundeskanzlers Erhard mit dem amerikanischen Außenminister Rusk in Washington S. 1913

Zur Lage der EWG legt Erhard dar, daß sich Lösungen der Agrarfinanzierung andeuteten. Mit Blick auf die westliche Allianz führt Rusk aus, daß der von französischer Seite geäußerten Auffassung entgegenzuwirken sei, der NATO-Vertrag müsse 1969 neu verhandelt werden. Das Bündnis könne nicht durch bilaterale Vereinbarungen ersetzt werden. Sollte sich Frankreich zurückziehen, so werde dies keine Folgen für den Fortbestand der NATO haben. Zur Arbeit im „special committee" äußert sich Rusk optimistisch; die Probleme der Bundesrepublik würden dort in vollem Umfang berücksichtigt. Erhard versichert, die Bundesregierung werde sich in ihrer Haltung zur NATO nicht durch Frankreich beeinflussen lassen. Für Staatspräsident de Gaulle seien Integration und Supranationalität „wesensfremd"; Frankreich habe sich ja aus diesem Grund auch aus der EWG zurückgezogen. Der amerikanische Verteidigungsminister weist auf die aus dem Vietnam-Konflikt resultierenden Belastungen für die Wirtschaft der USA hin. Der Kongreß werde im Januar 1966 „bohrende Fragen" nach der Unterstützung durch die Verbündeten stellen. Es bestehe daher der Wunsch, so McNamara, dieses Problem mit den Alliierten „eingehender als bisher" zu erörtern.

466 20.12. Gespräch des Bundeskanzlers Erhard mit Präsident Johnson in Washington S. 1920

Erhard betont, für den Fall, daß eine Wiedervereinigung in realistische Nähe rücke, bestehe Gesprächsbereitschaft über Themen wie die Grenze zu Polen und den nuklearen Status Deutschlands. Zur Frage der nuklearen Teilhabe in der NATO bekundet Johnson Unverständnis, daß einige Staaten trotz der Stärke der Allianz eine zusätzliche Organisation wünschten. Großbritannien scheine ein „Spielzeug mit U-Booten" zu wollen, und die Bundesrepublik glaube wohl, Geld „loswerden" zu müssen. Erhard überreicht eine Aufzeichnung über die Konzeption einer integrierten Atomstreitmacht. Er führt aus, daß nur eine multilaterale Lösung die Abschreckungskraft der NATO erhöhe. Es müsse deutlich werden, daß eine „umfassendere nukleare Verantwortung" im Entstehen sei. Die Zustimmung der Bundesregierung zu einem Abkommen über die Nichtverbreitung von Kernwaffen setze eine Klärung dieser Frage voraus. Erhard macht auch auf die politische Dimension aufmerksam und verweist auf eine Bemerkung des Staatspräsidenten de

Gaulle, wonach ein Staat ohne das Recht auf Mitsprache bei der Verteidigung des eigenen Territoriums über keine echte Souveränität verfüge. Abschließend sprechen sich Johnson und Erhard für eine engere Zusammenarbeit auf dem Gebiet der Raumfahrt aus.

467 20.12. **Deutsch-amerikanische Regierungsbesprechung in Washington** S. 1929

Der amerikanische Außenminister Rusk dementiert Meldungen über Friedensfühler der Vietcong. Die nordvietnamesische Regierung beharre vielmehr auf der Erfüllung ihres Vier-Punkte-Programms, von dem zumindest der geforderte amerikanische Rückzug aus der Republik Vietnam (Südvietnam) unannehmbar sei. Der amerikanische Verteidigungsminister erläutert dann das personelle und materielle Engagement der USA in Vietnam. Er schließt ein Eingreifen der Volksrepublik China solange aus, wie es den USA nicht um eine Niederwerfung der Demokratischen Republik Vietnam (Nordvietnam), sondern nur um die Wiederherstellung der „Freiheit Südvietnams" gehe. Zu den NATO-Problemen führt McNamara aus, daß auch im Falle einer „radikalen" französischen Entscheidung die volle Einsatzfähigkeit des Bündnisses erhalten bliebe; das elektronische und logistische System könne außerhalb Frankreichs wiederaufgebaut werden. Zur EWG-Krise führt Bundesminister Schröder aus, daß ein Kompromiß gefunden werden müsse, der den „vitalen Fragen" Rechnung trage, dem EWG-Vertrag jedoch nichts Wesentliches – wie etwa das Majoritätsprinzip – nehme.

468 20.12. **Deutsch-amerikanische Regierungsbesprechung in Washington** S. 1934

Zur Fortführung der Planungen für eine nukleare Integration der NATO plädiert der amerikanische Außenminister für geheime Gespräche zwischen den USA, der Bundesrepublik und Großbritannien. Er spricht sich gegen den Vorschlag des Bundesministers Schröder aus, zunächst zu einer deutsch-amerikanischen Verständigung zu kommen, bevor der Kontakt mit weiteren Bündnispartnern gesucht werde. Schröder erläutert, der britische ANF-Vorschlag sei zur Grundlage des den USA gerade übergebenen Memorandums gemacht worden, obwohl nach Auffassung der Bundesregierung die MLF das bessere System sei, da es die „überzeugendere Abschreckungswirkung" darstelle. Bei der Überführung des britischen Nuklearpotentials in die NATO sei ausschlaggebend, daß dieses zuvor einem gemeinsamen Waffensystem innerhalb des Bündnisses unterstellt werde. Rusk weist darauf hin, daß die Bundesrepublik de facto bereits über ein weitgehendes Mitspracherecht hinsichtlich des Einsatzes von Atomwaffen verfüge.

469 20.12. Gespräch des Bundeskanzlers Erhard mit Präsident   S. 1938
Johnson in Washington

Johnson äußert sich zustimmend zur deutschen Aufzeichnung über den Aufbau einer integrierten NATO-Atomstreitmacht. Im Rahmen des Offset-Abkommens erwarteten die USA Aufträge seitens der Bundesrepublik in Höhe von 100 Millionen Dollar bis zum 1. Januar 1966. Der Präsident verweist auf den durch den Vietnam-Konflikt angewachsenen Verteidigungshaushalt und betont, er wisse sonst nicht, wie „alles" weitergehen solle. Erhard erwidert, das Abkommen sei Teil der deutsch-amerikanischen Zahlungsbilanz, die für die USA „stark aktiv" sei. Er könne die gewünschte Zusage nicht abgeben, da im Bundeshaushalt „kein Pfennig mehr manipulierbar" sei. Unter Hinweis auf die Notwendigkeit, im kommenden Jahr die Zahl amerikanischer Soldaten in Vietnam zu verdoppeln, und mit der Zusicherung, keine Truppen aus der Bundesrepublik nach Südost-Asien zu verlegen, bittet Johnson nachdrücklich um die Entsendung einer Sanitätseinheit der Bundeswehr von 200 Mann und eines 1000 Mann starken Baubataillons nach Vietnam.

470 20.12. Aufzeichnung des Botschafters Sachs, Brüssel   S. 1942
(EWG/EAG)

Sachs berichtet über die Besprechung der EWG-Außenminister in Schloß Val Duchesse. Der Präsident des Ministerrats, Colombo, informierte über seine Gespräche mit dem französischen Außenminister in Rom. Couve de Murville habe für seine Person Entgegenkommen bezüglich des Agrarhaushalts und einer französischen Teilnahme an einer außerordentlichen Ministerratstagung in Luxemburg gezeigt. Er habe kritisiert, daß sich die EWG-Kommission als „europäische Regierung" geriere, und gefordert, daß sie politisch bedeutsame Vorschläge erst nach Rücksprache mit den nationalen Regierungen unterbreite. Colombo berichtete weiter, er habe Couve verdeutlicht, daß die übrigen EWG-Mitgliedstaaten am Prinzip der Mehrheitsentscheidungen festzuhalten beabsichtigten. Der belgische Außenminister Spaak stellte fest, daß eine positive französische Haltung zu den Zoll- und Budgetfragen durch die Bereitschaft der übrigen EWG-Staaten zu einer Ministerratstagung unter Ausschluß der Kommission in Luxemburg gefördert werden könnte. Staatssekretär Lahr stimmte einer solchen Zusammenkunft zu, auf der über das Majoritätsprinzip und die Rolle der EWG-Kommission gesprochen werden sollte.

471 20.12. Vortragende Legationsrätin I. Klasse von Puttkamer   S. 1946
an das Bundesministerium für Wirtschaft

Vor dem Hintergrund der Beratungen auf der Konferenz über eine Kontrolle von Kernmaterial-Ausfuhren durch die Internationale Atomenergie-Organisation (IAEO) vom 22. bis 24. Juni

1965 in London übermittelt Puttkamer den Vorschlag für eine Stellungnahme der Bundesregierung. Es wird angeregt, daß sich die exportierenden Staaten gegenseitig über Lieferungen von nuklearem Material unterrichten sollten, nicht jedoch über gewährte finanzielle Hilfen. Zwar dürften nach deutschem Recht weder die Vertragspartner noch Einzelheiten der Lieferung genannt werden, jedoch sei die Bundesregierung bereit, die für wirksame Kontrollen erforderlichen Änderungen am Außenwirtschaftsgesetz vorzunehmen. Dementiert wird die von Südafrika aufgestellte Behauptung, daß die Bundesrepublik nun die UdSSR in den Kreis der auf der Londoner Konferenz vertretenen Exportstaaten einbezogen sehen wolle.

472 21.12. **Aufzeichnung des Ministerialdirektors** S. 1949
Meyer-Lindenberg

Meyer-Lindenberg resümiert Gespräche, die er und Vortragender Legationsrat I. Klasse Schirmer am 14./15. Dezember 1965 in Paris mit dem ägyptischen Botschafter Naggar und Botschaftsrat Charaf führten. Es bestand Einvernehmen, daß eine Wiederaufnahme diplomatischer Beziehungen erst nach Wiederherstellung des politischen Vertrauens möglich sein würde. Dieser Prozeß, bei dem es keine politischen oder wirtschaftlichen Bedingungen geben dürfe, solle in Etappen erfolgen, von denen die erste – die Aufnahme von Gesprächen auf persönlicher Basis – bereits erreicht sei. Weiterhin seien einseitige Maßnahmen zur Verbesserung der politischen Atmosphäre sinnvoll. Die ägyptischen Gesprächspartner verwiesen auf jüngste deutschlandpolitische Erklärungen des Präsidenten Nasser und schlugen ein Vorgehen gegen ägyptische Emigrantenorganisationen in der Bundesrepublik vor. Die Anregung, Nasser eine Zusammenstellung der an Israel gelieferten Waffen zukommen zu lassen, wurde von Schirmer unter dem Hinweis, ein „Wiederaufwärmen" des „Waffenkomplexes" könne nur schaden, abgelehnt.

473 22.12. **Runderlaß des Ministerialdirigenten Ruete** S. 1953

Ruete informiert über die NATO-Ministerratssitzung vom 14. bis 16. Dezember 1965 in Paris. Die Partner seien bemüht gewesen, eine Verschärfung der Gegensätze mit Frankreich zu vermeiden. Eine lebhafte Debatte habe es über das „special committee" gegeben, in dem Frankreich nicht vertreten sei, weil es selbst keine nuklearen Informationen zur Verfügung stellen wolle. Da es sich nun von der Diskussion ausgeschlossen sehe, habe der französische Außenminister Couve de Murville versucht, einen Beschluß über die Beendigung der Tätigkeit des „special committee" Mitte 1966 herbeizuführen. Dies hätten die NATO-Partner jedoch abgelehnt. Als positive Ergebnisse der Konferenz wertet Ruete, daß der Wille zum Festhalten an der

NATO ausdrücklich unterstrichen worden sei und sich der NATO-Ministerrat erneut für eine Lösung der Deutschland-Frage auf der Grundlage des Selbstbestimmungsrechts ausgesprochen habe.

474 22.12. **Aufzeichnung des Staatssekretärs Lahr** S. 1957

Lahr gibt zwei Unterredungen mit dem israelischen Botschafter wieder. Am 13. Dezember 1965 habe Ben Natan als Voraussetzung für die Aufnahme von Wirtschaftsverhandlungen eine schriftliche Bestätigung der israelischen Auslegung des „Abkommens Adenauer/Ben Gurion" vom 14. März 1960 verlangt. Nachdem dies abgelehnt worden sei, habe Ben Natan am 22. Dezember 1965 auf eine solche Vorbedingung verzichtet und den Beginn der Gespräche für Januar 1966 vorgeschlagen. Die Bundesrepublik solle jedoch möglichst bald für 1965 weitere 75 Millionen DM zahlen – nach einer ersten Leistung in gleicher Höhe, die im Rahmen der geheimgehaltenen Aktion „Geschäftsfreund" bereits im Juni 1965 erfolgt sei. Israel wolle auch diese zweite Zahlung nicht publik machen, werde aber für 1965 keine Forderungen mehr stellen. Lahr empfiehlt daher, die Summe von 150 Millionen DM als „Präjudiz" für 1966 anzusetzen.

475 22.12. **Aufzeichnung des Ministerialdirigenten Ruete** S. 1960

Ruete faßt eine Mitteilung des CDU-Abgeordneten Blumenfeld über dessen Gespräche in Prag zusammen: Die tschechoslowakische Regierung wolle bestehende Schwierigkeiten in den Verhandlungen – auch im Hinblick auf den Geltungsbereich eines Handelsabkommens sowie einer Vereinbarung über den Austausch von Handelsvertretungen – überwinden. Eine Erklärung der Bundesregierung zum Münchener Abkommen von 1938 sei nicht als Vorbedingung für den Abschluß einer Vereinbarung genannt worden. Ein Entgegenkommen in dieser Frage könnte jedoch dazu beitragen, letzte Hindernisse bei der Einbeziehung von Berlin (West) aus dem Weg zu räumen. Ruete schlägt vor, weitere Vorbesprechungen mit der Vertretung tschechoslowakischer Außenhandelsgesellschaften in Frankfurt/Main zu führen und nach Einigung über die wesentlichen Fragen die Verhandlungen wieder aufzunehmen.

476 23.12. **Runderlaß des Staatssekretärs Carstens** S. 1963

Carstens teilt mit, wie er den französischen Botschafter Seydoux über den Besuch des Bundeskanzlers am 20./21. Dezember 1965 in Washington unterrichtet habe. Erhard habe wirtschaftliche und medizinische Unterstützung für die südvietnamesische Regierung in Aussicht gestellt. Der Beitritt der Bundesrepublik zu einem Nichtverbreitungsabkommen sei von einer Lösung der nuklearen Probleme in der NATO abhängig gemacht worden, zu einer Absprache hinsichtlich einer integrierten

NATO-Atomstreitmacht sei es allerdings nicht gekommen. Schließlich habe Erhard darauf hingewiesen, daß die Verhandlungen der Kennedy-Runde angesichts des Auslaufens des Trade Expansion Act am 30. Juni 1967 beschleunigt werden müßten, wenn nicht eine „einzigartige" Chance für den Abbau von Handelsschranken verlorengehen solle.

477 23.12. **Botschafter Groepper, Moskau, an das Auswärtige Amt** S. 1964

Groepper gibt Informationen über eine Unterredung des amerikanischen Botschafters in Moskau mit dem sowjetischen Außenminister weiter. Die Frage von Kohler, ob eine Konsultation der Bundesrepublik durch die USA über atomare Fragen von der UdSSR bereits als Zugang zu Atomwaffen gewertet werde, habe Gromyko bejaht. Der Außenminister habe sich für die Fortsetzung von Verhandlungen über die Nichtverbreitung ausgesprochen, jedoch betont, daß die sowjetische Gesprächsbereitschaft beendet wäre, wenn der Bundesrepublik der Weg zu Kernwaffen eröffnet würde.

478 28.12. **Botschafter Knappstein, Washington, an das Auswärtige Amt** S. 1966

Knappstein berichtet von einer Unterredung mit dem amerikanischen Sonderbotschafter Thompson. Dieser unterrichtete ihn über einen sowjetischen Vorschlag zum Austausch von Manöverbeobachtern zwischen NATO und Warschauer Pakt bzw. zwischen USA und UdSSR. Als seine persönliche Ansicht erklärte Knappstein, daß der Bundesregierung vermutlich ein Austausch von Beobachtern zwischen den Bündnissen „keineswegs sympathisch" wäre, da damit NATO und Warschauer Pakt auf eine Stufe gestellt würden. Zudem stelle sich die Frage der Teilnahme von Offizieren aus der DDR. Zu einem bilateralen amerikanisch-sowjetischen Austausch äußerte Knappstein die Vermutung, daß die militärischen Erkenntnisse in keinem Verhältnis zu dem politischen Schaden stünden, der durch ein Wiederaufleben von Gerüchten um ein „Zusammenspiel" von USA und UdSSR in Europa hervorgerufen würde.

479 29.12. **Aufzeichnung des Ministerialdirigenten Osterheld, Bundeskanzleramt** S. 1968

Osterheld faßt Gespräche des Bundeskanzlers vom 20. Dezember 1965 mit Persönlichkeiten des amerikanischen öffentlichen Lebens in Washington zusammen. Die Vertreter der jüdischen Organisation „B'nai Brith" setzten sich für eine Ausweitung der Wirtschaftshilfe an Israel ein und äußerten Sorge über eine Kürzung der Wiedergutmachungsleistungen. Erhard sicherte zu, daß in „Härtefällen" Regelungen gefunden würden. Der ehe-

CCIX

malige Außenminister Acheson befürwortete eine nukleare Teilhabe der Bundesrepublik. Für ein Abkommen über die Nichtverbreitung von Kernwaffen sollten keine Zugeständnisse an die UdSSR gemacht werden. Zur Wiedervereinigung Deutschlands bemerkte Acheson, daß die Bundesregierung die Initiative übernehmen müsse. An dem Thema interessiert seien nur noch die USA und die Bundesrepublik. Es solle daher „unauffällig" versucht werden, über die schlechte britische Finanzlage, die ohne Hilfe aus der Bundesrepublik wohl nicht gefestigt werden könne, das Engagement Großbritanniens wieder zu wecken.

480 30.12. **Botschafter a.D. Duckwitz, Bremen, an Bundesminister Schröder** S. 1971

Duckwitz plädiert für eine Wende in der Deutschland- und Ostpolitik, da die bisherige Linie des Antikommunismus das Ziel der Wiedervereinigung nicht nähergebracht habe. Um die notwendige Zustimmung der UdSSR zu einer Überwindung der Teilung zu erreichen, müsse vor allem ihren Interessen Rechnung getragen werden. Daher solle der UdSSR ein Friedens- und Freundschaftsvertrag mit einem wiedervereinigten Deutschland sowie großzügige wirtschaftliche Hilfe angeboten werden. Auf militärischem Gebiet müßten die Sicherheitsbedürfnisse aller osteuropäischen Staaten gegen „tatsächliche oder vermeintliche Eroberungsgelüste" Deutschlands berücksichtigt werden. Die Schaffung einer atomwaffenfreien Zone in Mitteleuropa sei aus diesem Grund überlegenswert, die Zugehörigkeit eines wiedervereinigten Deutschlands zur NATO „undenkbar". Duckwitz rät ferner dazu, die ohnehin nicht mehr revidierbare Oder-Neiße-Linie anzuerkennen und eine Ungültigkeitserklärung zum Münchener Abkommen von 1938 abzugeben. Hinsichtlich der Beziehungen zu den westlichen Verbündeten mißt er den USA eine „überragende Rolle" zu, fordert aber auch eine engere Zusammenarbeit mit Großbritannien. Das Verhältnis zu Frankreich werde dagegen unter Staatspräsident de Gaulle, der der Bundesrepublik einen „inferioren Platz" zugedacht habe, problematisch bleiben, überhaupt sei der deutsch-französische Vertrag von 1963 ein Fehler gewesen.

Literaturverzeichnis

AAPD 1963	Akten zur Auswärtigen Politik der Bundesrepublik Deutschland, Bde. I–III, hrsg. im Auftrag des Auswärtigen Amts vom Institut für Zeitgeschichte, bearbeitet von Rainer A. Blasius, Mechthild Lindemann und Ilse Dorothee Pautsch, München 1994.
AAPD 1964	Akten zur Auswärtigen Politik der Bundesrepublik Deutschland, Bde. I–II, hrsg. im Auftrag des Auswärtigen Amts vom Institut für Zeitgeschichte, bearbeitet von Rainer A. Blasius, Wolfgang Hölscher und Daniel Kosthorst, München 1995.
ACHTER GESAMTBERICHT 1964/65	Achter Gesamtbericht über die Tätigkeit der Gemeinschaft (1. April 1964 – 31. März 1965), hrsg. von der Kommission der Europäischen Wirtschaftsgemeinschaft, [Brüssel] 1965.
ADAP, D, II	Akten zur deutschen auswärtigen Politik 1918–1945. Serie D (1937–1945). Bd. II: Deutschland und die Tschechoslowakei (1937–1938), Baden-Baden 1950.
ADENAUER, Erinnerungen II	Konrad Adenauer, Erinnerungen 1953–1955, Stuttgart 1966.
ADENAUER, Erinnerungen IV	Konrad Adenauer, Erinnerungen 1959–1963. Fragmente, Stuttgart 1968.
AdG	Archiv der Gegenwart (bis 1955: Keesing's Archiv der Gegenwart), zusammengestellt bzw. begründet von Heinrich von Siegler, 1931 ff.
ALPHAND, L'étonnement	Hervé Alphand, L'étonnement d'être. Journal 1939–1973, [Paris] 1977
AMTSBLATT DER EUROPÄISCHEN GEMEINSCHAFTEN	Amtsblatt der europäischen Gemeinschaften (EGKS, EWG, Euratom), Brüssel 1958 ff.
L'ANNÉE POLITIQUE 1959	L'Année Politique 1959. Revue chronologique des principaux faits politiques diplomatiques, économiques et sociaux de la France et de la Communauté et bilan des organisations européennes du 1er janvier au 31 décembre 1959, Paris 1960.
L'ANNÉE POLITIQUE 1963	L'Année Politique économique, sociale et diplomatique en France 1963, Paris 1964.
L'ANNÉE POLITIQUE 1964	L'Année Politique économique, sociale et diplomatique en France 1964, Paris 1965.

Literaturverzeichnis

AUSSENPOLITIK DER DDR I Dokumente zur Außenpolitik der Regierung der Deutschen Demokratischen Republik, Bd. I: 7. Oktober 1949 bis 25. März 1954, hrsg. vom Deutschen Institut für Zeitgeschichte, Berlin (Ost) 1954.

AUSSENPOLITIK DER DDR II Dokumente zur Außenpolitik der Regierung der Deutschen Demokratischen Republik, Bd. II: 25. März 1954 bis 14. Mai 1955, hrsg. vom Deutschen Institut für Zeitgeschichte, Berlin (Ost) 1955.

AUSSENPOLITIK DER DDR VII Dokumente zur Außenpolitik der Regierung der Deutschen Demokratischen Republik, Bd. VII: 1. Januar bis 31. Dezember 1959, hrsg. vom Deutschen Institut für Zeitgeschichte, Berlin (Ost) 1960.

AUSSENPOLITIK DER DDR XI Dokumente zur Außenpolitik der Regierung der Deutschen Demokratischen Republik, Bd. XI: 1. Januar bis 31. Dezember 1963, hrsg. vom Deutschen Institut für Zeitgeschichte und vom Institut für Internationale Beziehungen in der Deutschen Akademie für Staats- und Rechtswissenschaft „Walter Ulbricht", Berlin (Ost) 1965.

AUSSENPOLITIK DER DDR XII Dokumente zur Außenpolitik der Regierung der Deutschen Demokratischen Republik 1964. Bd. XII, hrsg. vom Institut für Internationale Beziehungen an der Deutschen Akademie für Staats- und Rechtswissenschaft „Walter Ulbricht" in Zusammenarbeit mit der Abteilung Rechts- und Vertragswesen des Ministeriums für Auswärtige Angelegenheiten der Deutschen Demokratischen Republik, Berlin (Ost) 1966.

AUSSENPOLITIK DER DDR XIII Dokumente zur Außenpolitik der Regierung der Deutschen Demokratischen Republik 1965. Bd. XIII, hrsg. vom Institut für Internationale Beziehungen an der Deutschen Akademie für Staats- und Rechtswissenschaft „Walter Ulbricht" in Zusammenarbeit mit der Abteilung Rechts- und Vertragswesen des Ministeriums für Auswärtige Angelegenheiten der Deutschen Demokratischen Republik, Berlin (Ost) 1969.

BEMÜHUNGEN I Die Bemühungen der Bundesrepublik um Wiederherstellung der Einheit Deutschlands durch gesamtdeutsche Wahlen. Dokumente und Akten, I. Teil: Oktober 1949–Oktober 1953, hrsg. vom Bundesministerium für gesamtdeutsche Fragen, 4. Auflage, Bonn 1958.

BIRRENBACH, Sondermissionen	Kurt Birrenbach, Meine Sondermissionen. Rückblick auf zwei Jahrzehnte bundesdeutscher Außenpolitik, Düsseldorf/Wien 1984.
BLANKENHORN, Verständnis	Herbert Blankenhorn, Verständnis und Verständigung. Blätter eines politischen Tagebuchs 1949 bis 1979, Frankfurt a. M./Berlin/Wien 1980.
BONN–WARSCHAU	Bonn–Warschau 1945–1991. Die deutsch-polnischen Beziehungen. Analyse und Dokumentation, hrsg. von Hans-Adolf Jacobsen und Mieczyslaw Tomala, Köln 1992.
BT ANLAGEN	Verhandlungen des Deutschen Bundestages. Anlagen zu den Stenographischen Berichten, Bonn 1950 ff.
BT STENOGRAPHISCHE BERICHTE	Verhandlungen des Deutschen Bundestages. Stenographische Berichte, Bonn 1950 ff.
BULLETIN	Bulletin des Presse- und Informationsamtes der Bundesregierung, Bonn 1951 ff.
BULLETIN DER EWG	Bulletin der Europäischen Wirtschaftsgemeinschaft, hrsg. vom Sekretariat der Kommission der Europäischen Wirtschaftsgemeinschaft, Brüssel 1958 ff.
CARSTENS, Erinnerungen	Karl Carstens, Erinnerungen und Erfahrungen, hrsg. von Kai von Jena und Reinhard Schmoeckel, Boppard am Rhein 1993.
CHARTER OF THE UNITED NATIONS	Charter of the United Nations. Commentary and Documents, hrsg. von Leland M. Goodrich und Edvard Hambro, 2. Auflage, London 1949.
COUVE DE MURVILLE, Politique Étrangère	Maurice Couve de Murville, Une politique étrangère, Paris 1971.
DEPARTMENT OF STATE BULLETIN	The Department of State Bulletin. The Official Weekly Record of United States Foreign Policy, Washington D.C. 1939 ff.
DEUTSCH-ISRAELISCHER DIALOG I/1	Der deutsch-israelische Dialog. Dokumentation eines erregenden Kapitels deutscher Außenpolitik, hrsg. von Rolf Vogel, Teil I/1: Politik, München/New York/London/Paris 1989.
DOCUMENTS ON DISARMAMENT 1945–1959	Documents on Disarmament 1945–1959, hrsg. vom Department of State, Washington D.C. 1960.
DOCUMENTS ON DISARMAMENT 1961	Documents on Disarmament 1961, hrsg. von der United States Arms Control and Disarmament Agency, Washington D.C. 1962.

DOCUMENTS ON DISARMAMENT 1962	Documents on Disarmament 1962, hrsg. von der United States Arms Control and Disarmament Agency, Washington D.C. 1963.
DOCUMENTS ON DISARMAMENT 1963	Documents on Disarmament 1963, hrsg. von der United States Arms Control and Disarmament Agency, Washington D.C. 1964.
DOCUMENTS ON DISARMAMENT 1964	Documents on Disarmament 1964, hrsg. von der United States Arms Control and Disarmament Agency, Washington D.C. 1965.
DOCUMENTS ON DISARMAMENT 1965	Documents on Disarmament 1965, hrsg. von der United States Arms Control and Disarmament Agency, Washington D.C. 1966.
DOKUMENTE ZUR BERLIN-FRAGE 1944–1966	Dokumente zur Berlin-Frage 1944–1966, hrsg. vom Forschungsinstitut der Deutschen Gesellschaft für Auswärtige Politik e.V., Bonn, in Zusammenarbeit mit dem Senat von Berlin, 3. Auflage, München 1967.
DOKUMENTE DES GETEILTEN DEUTSCHLAND, Bd. 1	Dokumente des geteilten Deutschland. Quellentexte zur Rechtslage des Deutschen Reiches, der Bundesrepublik Deutschland und der Deutschen Demokratischen Republik, Bd. 1, hrsg. von Ingo von Münch, 2. Auflage, Stuttgart 1976.
DzD I	Dokumente zur Deutschlandpolitik. I. Reihe: Vom 3. September 1939 bis 8. Mai 1945, hrsg. vom Bundesministerium für innerdeutsche Beziehungen, Frankfurt a.M. 1984 ff.
DzD II	Dokumente zur Deutschlandpolitik. II. Reihe: Vom 9. Mai 1945 bis 4. Mai 1955, hrsg. vom Bundesministerium des Innern, Neuwied 1992 ff.
DzD III	Dokumente zur Deutschlandpolitik. III. Reihe: Vom 5. Mai 1955 bis 9. November 1958, hrsg. vom Bundesministerium für gesamtdeutsche Fragen, 4 Bde., Frankfurt a.M. 1961–1969.
DzD IV	Dokumente zur Deutschlandpolitik. IV. Reihe: Vom 10. November 1958 bis 30. November 1966, hrsg. vom Bundesministerium für innerdeutsche Beziehungen, 12 Bde., Frankfurt a.M. 1971–1981.
EBAN, Autobiography	Abba Eban, An Autobiography, London 1978.
FÜNFTER GESAMTBERICHT 1961/62	Fünfter Gesamtbericht über die Tätigkeit der Gemeinschaft (1. Mai 1961–30. April 1962), hrsg. von der Kommission der Europäischen Wirtschaftsgemeinschaft, [Brüssel] 1962.

DE GAULLE, Discours et messages, Bd. 3	Charles de Gaulle, Discours et messages. Bd. 3: Avec le renouveau. Mai 1958–juillet 1962, [Paris] 1970.
DE GAULLE, Discours et messages, Bd. 4	Charles de Gaulle, Discours et messages. Bd. 4: Pour l'effort. Août 1962–décembre 1965, [Paris] 1970.
DE GAULLE, Lettres, notes et carnets. Juin 1958–décembre 1960	Charles de Gaulle, Lettres, notes et carnets. Juin 1958–décembre 1960, [Paris] 1985.
DE GAULLE, Lettres, notes et carnets. Janvier 1961–décembre 1963	Charles de Gaulle, Lettres, notes et carnets. Janvier 1961–décembre 1963, [Paris] 1986.
DE GAULLE, Lettres, notes et carnets. Janvier 1964–juin 1966	Charles de Gaulle, Lettres, notes et carnets. Janvier 1964–juin 1966, [Paris] 1987.
DE GAULLE, Mémoires d'espoir. Le renouveau 1958–1962	Charles de Gaulle, Mémoires d'espoir. Le renouveau 1958–1962, [Paris] 1970.
GERSTENMAIER, Streit und Friede	Eugen Gerstenmaier, Streit und Friede hat seine Zeit. Ein Lebensbericht, Frankfurt a.M./Berlin/Wien 1981.
GREWE, Rückblenden	Wilhelm G. Grewe, Rückblenden 1976–1951, Frankfurt a.M./Berlin/Wien 1979.
HANSARD	Parliamentary Debates (Hansard). House of Commons, Official Report. Fifth Series, London [1965 f.].
HUYN, Sackgasse	Hans Graf Huyn, Die Sackgasse. Deutschlands Weg in die Isolierung, Stuttgart-Degerloch 1966.
KRONE, Aufzeichnungen	Heinrich Krone, Aufzeichnungen zur Deutschland- und Ostpolitik 1954–1969, in: Untersuchungen und Dokumente zur Ostpolitik und Biographie (Adenauer-Studien III), hrsg. von Rudolf Morsey und Konrad Repgen, Mainz 1974, S. 134–201.
LAHR, Zeuge	Rolf Lahr, Zeuge von Fall und Aufstieg. Private Briefe 1934–1974, Hamburg 1981.
MCGHEE, An Ambassador's Account	George McGhee, At the Creation of a new Germany. From Adenauer to Brandt. An Ambassador's Account, New Haven/London 1989.
MENDE, Wende	Erich Mende, Von Wende zu Wende 1962–1982, München/Berlin 1986.
MOSKAU–BONN	Moskau–Bonn. Die Beziehungen zwischen der Sowjetunion und der Bundesrepublik Deutschland 1955–1973. Dokumentation, hrsg. von Boris Meissner, 2 Bde., Köln 1975.

NEUNTER GESAMTBERICHT 1965/66	Neunter Gesamtbericht über die Tätigkeit der Gemeinschaft (1. April 1965–31. März 1966), hrsg. von der Kommission der Europäischen Wirtschaftsgemeinschaft, [Brüssel] 1966
OSTERHELD, Außenpolitik	Horst Osterheld, Außenpolitik unter Bundeskanzler Ludwig Erhard 1963–1966. Ein dokumentarischer Bericht aus dem Kanzleramt, Düsseldorf 1992.
OSTERHELD, Kanzlerjahre	Horst Osterheld, „Ich gehe nicht leichten Herzens...". Adenauers letzte Kanzlerjahre. Ein dokumentarischer Bericht, 2. Auflage, Mainz 1987.
PUBLIC PAPERS, JOHNSON 1963/64	Public Papers of the Presidents of the United States. Lyndon B. Johnson. Containing the Public Messages, Speeches, and Statements of the President. November 22, 1963 to December 31, 1964, Washington D.C. 1965.
PUBLIC PAPERS, JOHNSON 1965	Public Papers of the Presidents of the United States. Lyndon B. Johnson. Containing the Public Messages, Speeches, and Statements of the President. January 1 to December 31, 1965, Washington D.C. 1966.
PUBLIC PAPERS, JOHNSON 1966	Public Papers of the Presidents of the United States. Lyndon B. Johnson. Containing the Public Messages, Speeches, and Statements of the President. January 1 to December 31, 1966, Washington D.C. 1967.
PUBLIC PAPERS, KENNEDY 1962	Public Papers of the Presidents of the United States. John F. Kennedy. Containing the Public Messages, Speeches, and Statements of the President. January 1 to December 31, 1962, Washington D.C. 1963.
PUBLIC PAPERS, KENNEDY 1963	Public Papers of the Presidents of the United States. John F. Kennedy. Containing the Public Messages, Speeches, and Statements of the President. January 1 to November 22, 1963, Washington D.C. 1964.
SHINNAR, Bericht	Felix E. Shinnar, Bericht eines Beauftragten. Die deutsch-israelischen Beziehungen 1951–1966, Tübingen 1967.
SECHSTER GESAMTBERICHT 1962/63	Sechster Gesamtbericht über die Tätigkeit der Gemeinschaft (1. Mai 1962–31. März 1963), hrsg. von der Kommission der Europäischen Wirtschaftsgemeinschaft, [Brüssel] 1963.

SIEBENTER GESAMTBERICHT 1963/64	Siebenter Gesamtbericht über die Tätigkeit der Gemeinschaft (1. April 1963–31. März 1964), hrsg. von der Kommission der Europäischen Wirtschaftsgemeinschaft, [Brüssel] 1964.
SPAAK, Combats inachevés	Paul-Henri Spaak, Combats inachevés. Bd. 2: De l'espoir aux déceptions, [Paris] 1969.
SPD-FRAKTION 1964–1966	Die SPD-Fraktion im Deutschen Bundestag. Sitzungsprotokolle 1961–1966, bearb. von Heinrich Potthoff, 2. Halbband: 1964–1966, Düsseldorf 1993.
STRAUSS, Erinnerungen	Franz Josef Strauß, Die Erinnerungen, Berlin 1989.
TEHERAN – JALTA – POTSDAM	Teheran, Jalta, Potsdam. Die sowjetischen Protokolle von den Kriegskonferenzen der „Großen Drei", hrsg. von Alexander Fischer, Köln 1968.
UN GENERAL ASSEMBLY, 20th Session, Fourth Committee	United Nations. Official Records of the General Assembly. Fourth Committee. Twentieth Session. Summary Records, New York 1966.
UN GENERAL ASSEMBLY, 19th Session, Plenary Meetings	United Nations. Official Records of the General Assembly. Plenary Meetings. Nineteenth Session. Verbatim Records of Meetings, New York 1964.
UN GENERAL ASSEMBLY, 20th Session, Plenary Meetings	United Nations. Official Records of the General Assembly. Plenary Meetings. Twentieth Session. Verbatim Records of Meetings, New York 1967.
UNITED NATIONS RESOLUTIONS, I/1	United Nations Resolutions. Series I: Resolutions Adopted by the General Assembly, hrsg. von Dusan J. Djonovich. Bd. 1: 1946–1948, New York 1973.
UNITED NATIONS RESOLUTIONS, I/2	United Nations Resolutions. Series I: Resolutions Adopted by the General Assembly, hrsg. von Dusan J. Djonovich. Bd. 2: 1948–1949, New York 1973.
UNITED NATIONS RESOLUTIONS, I/3	United Nations Resolutions. Series I: Resolutions Adopted by the General Assembly, hrsg. von Dusan J. Djonovich. Bd. 3: 1950–1952, New York 1973.
UNITED NATIONS RESOLUTIONS, I/8	United Nations Resolutions. Series I: Resolutions Adopted by the General Assembly, hrsg. von Dusan J. Djonovich. Bd. 8: 1960–1962, New York 1974.
UNITED NATIONS RESOLUTIONS, I/10	United Nations Resolutions. Series I: Resolutions Adopted by the General Assembly, hrsg. von Dusan J. Djonovich. Bd. 10: 1964–1965, New York 1974.

UNITED NATIONS RESOLUTIONS, II/4	United Nations Resolutions. Series II: Resolutions and Decisions of the Security Council, hrsg. von Dusan J. Djonovich. Bd. 4: 1960–1963, New York 1989.
UNITED NATIONS RESOLUTIONS, II/5	United Nations Resolutions. Series II: Resolutions and Decisions of the Security Council, hrsg. von Dusan J. Djonovich. Bd. 5: 1964–1965, New York 1989.
UNTS	United Nations Treaty Series. Treaties and International Agreements Registered or Filed and Recorded with the Secretariat of the United Nations, [New York] 1946/47 ff.
U.S. TREATIES	United States Treaties and Other International Agreements, hrsg. vom Department of State, Washington D. C. 1950 ff.
VIERERKONFERENZ	Die Viererkonferenz in Berlin 1954. Reden und Dokumente, Berlin 1954.
WILSON, The Labour Government	Harold Wilson, The Labour Government 1964–1970. A Personal Record, London 1971.
YEARBOOK OF THE UNITED NATIONS 1964	Yearbook of the United Nations 1964, hrsg. vom Office of Public Information United Nations, New York 1966.
ZEHNTER GESAMTBERICHT 1966/67	Zehnter Gesamtbericht über die Tätigkeit der Gemeinschaft (1. April 1966–31. März 1967), hrsg. von der Kommission der Europäischen Wirtschaftsgemeinschaft, [Brüssel] 1967.

Abkürzungsverzeichnis

AA	Auswärtiges Amt	BKO	Berlin Kommandatura Order
ABC-Waffen	atomare, biologische und chemische Waffen	BM	Bundesminister(ium)
Abg(eo).	Abgeordnete(r)	BMAT	Bundesminister(ium) für Arbeit und Sozialordnung
Abt.	Abteilung		
a.D.	außer Dienst	BMF	Bundesminister(ium) der Finanzen
AEG	Allgemeine Elektrizitäts-Gesellschaft	BMI	Bundesminister(ium) des Innern
AFCENT	Allied Forces Central Europe	BML	Bundesminister(ium) für Ernährung, Landwirtschaft und Forsten
AG	Aktiengesellschaft		
AHK	Alliierte Hochkommission	BMV	Bundesminister(ium) für Verkehr
a.i.	ad interim		
AIRCENT	Allied Air Forces Central Europe	BMVtdg.	Bundesminister(ium) der Verteidigung
AK	Arbeitskreis	BMWi	Bundesminister(ium) für Wirtschaft
AMF	Allied Mobile Force		
ANF	Atlantic Nuclear Force	BMZ	Bundesminister(ium) für wirtschaftliche Zusammenarbeit
Anl(g).	Anlage(n)		
Anm.	Anmerkung		
ANZUS-Pakt	Australia-New Zealand-United-States-Pakt	BND	Bundesnachrichtendienst
		BR I	Botschaftsrat I. Klasse
AP	Associated Press	BRD	Bundesrepublik Deutschland
ATO	Allied Travel Office		
AWV	Außenwirtschaftsverordnung	BT	Bundestag
		bzw.	beziehungsweise
AZ	Aktenzeichen	ca.	circa
BAOR	British Army on the Rhine	CCPIT	China Council for the Promotion of International Trade
BASC	Berlin Air Security Centre		
Bd./Bde.	Band/Bände		
BDI	Bundesverband der deutschen Industrie	CDU	Christlich-Demokratische Union Deutschlands
		C.E.C.A.	Communauté Européenne du Charbon et de l'Acier
BEA	British European Airways Corporation	CENTO	Central Treaty Organisation
Ber.	Bericht		
Betr./betr.	Betreff/betreffend	CNL	Comité National de Libération
BKC/L	Berlin Kommandatura Commandant/Letter	COCOM	Coordinating Committee for East-West Trade Policy

Abkürzungsverzeichnis

COMECON	Council for Mutual Economic Aid/Assistance	EURATOM	Europäische Atomgemeinschaft
ČSSR	Československá Socialistická Republika	etc.	et cetera
		EVG	Europäische Verteidigungsgemeinschaft
CPP	Convention People's Party		
CSU	Christlich-Soziale Union	evtl.	eventuell
D	(Ministerial-)Direktor	EWG	Europäische Wirtschaftsgemeinschaft
DB	Drahtbericht/ Deutsche Bundesbahn	f.	folgende
DC	Disarmament Commission	FAZ	Frankfurter Allgemeine Zeitung
DDR	Deutsche Demokratische Republik	FDP	Freie Demokratische Partei
DE	Drahterlaß		
DEA/DEAG	Deutsche Erdöl AG	FLN	Front de Libération Nationale
DED	Deutscher Entwicklungsdienst	FRG	Federal Republic of Germany
Dg	(Ministerial-)Dirigent	Frhr.	Freiherr
d.h.	das heißt	FS	Fernschreiben
Dipl.-Ing.	Diplomingenieur	GATT	General Agreement on Tariffs and Trade
d.J./d. Jhrs.	dieses Jahres		
d.M.	dieses Monats	geh.	geheim
DM	Deutsche Mark	gem.	gemäß
Dok.	Dokument	gez.	gezeichnet
dpa	Deutsche Presseagentur	GG	Grundgesetz (der Bundesrepublik Deutschland)
DR	Deutsche Reichsbahn		
DRK	Deutsches Rotes Kreuz	ggf./ggfs.	gegebenenfalls
DRV	Demokratische Republik Vietnam	GmbH	Gesellschaft mit beschränkter Haftung
EAG	Europäische Atomgemeinschaft	GNS	Gemeinsame Nuklear-Streitmacht
EEC	European Economic Community	h.	hora/Stunde
		HPA	Handelspolitischer Ausschuß
EFTA	European Free Trade Association		
EGKS	Europäische Gemeinschaft für Kohle und Stahl	Hrsg./hrsg.	Herausgeber/ herausgegeben
EKD	Evangelische Kirche in Deutschland	HV	Handelsvertretung
		i.A.	im Auftrag
ENDC	Eighteen Nations Disarmament Committee	IAEO	International Atomic Energy Organisation
ENEA	European Nuclear Energy Agency	ICBM	Inter-Continental Ballistic Missile

IDA	International Development Association	Mrs.	Misses
i.G.	im Generalstab, im Generalstabsdienst	MRBM	Medium Range Ballistic Missile
		Mrd.	Milliarde(n)
IMF	International Monetary Fund	MTP	Maschinen, Turbinen, Pumpen
insbes.	insbesondere	NAP	Nichtangriffspakt
IOC	International Olympic Committee	NASA	National Aeronautics and Space Administration
i.V.	in Vertretung	NATO	North Atlantic Treaty Organisation
IWF	Internationaler Währungsfonds	NBC	National Broadcasting Corporation
IWS	Integriertes Waffensystem (NATO)	NF	Nouveaux Francs
IZH	Interzonenhandel	NfD	Nur für den Dienstgebrauch
km	Kilometer		
KP	Kommunistische Partei	No.	Number
KPCh	Kommunistische Partei Chinas	NOK	Nationales Olympisches Komitee
KPD	Kommunistische Partei Deutschlands	Nr.	Nummer
KPdSU	Kommunistische Partei der Sowjetunion	NS	Nationalsozialismus
		NTSC	National Television System Committee
KPI	Kommunistische Partei Italiens	NV	Nichtverbreitung
LANDCENT	Allied Land Forces Central Europe	NVA	Nichtverbreitungsabkommen
LR I	Legationsrat I. Klasse	o.a.	oben angeführt
LS	Legationssekretär	o.ä.	oder ähnlich
m	Meter	OAS	Organisation of American States
M.	Monsieur		
MD	Ministerialdirektor	OAU	Organisation for African Unity
MdB	Mitglied des Bundestages		
m.d.B.	mit der Bitte	OCAM	Organisation Commune Africaine et Malgache
MDg	Ministerialdirigent		
m.E.	meines Erachtens	OECD	Organisation for Economic Cooperation and Development
MEV	Megaelektronenvolt		
MEZ	mitteleuropäische Zeit	OEEC	Organisation for European Economic Cooperation
MG	Maschinengewehr		
Mio.	Million(en)	o.g.	oben genannt
MLF	Multilateral Force	o.J.	ohne Jahr
Mr.	Mister	ORR	Oberregierungsrat

ORTF	Office de Radiodiffusion-Télévision Française	UdSSR	Union der Sozialistischen Sowjetrepubliken
O.T.A.N.	Organisation du Traité de l'Atlantique Nord	UK	United Kingdom
		UN	United Nations
PAA	Pan American Airways	UNCTAD	United Nations Conference on Trade and Development
PAL	Phase Alternating Line		
PKI	Partai Komunis Indonesia	UNESCO	United Nations Educational, Scientific and Cultural Organisation
PVAP	Polnische Vereinigte Arbeiterpartei		
RAU	République Arabe Unie	UNFICYP	United Nations Forces in Cyprus
rd.	rund		
ROK	Republic of Korea	UNICEF	United Nations International Children's Emergency Fund
s.	siehe		
S.	Seite		
SAC	Strategic Air Command	UNO	United Nations Organisation
SACEUR	Supreme Allied Commander Europe	UNR	Union pour la Nouvelle République
SBZ	Sowjetische Besatzungszone	UNRWA	United Nations Relief and Works Agency for Palestine Refugees in the Near East
s.E.	seines Erachtens		
SEATO	South-East Asia Treaty Organisation	UPI	United Press International
		US	United States
SECAM	Sequentielle à mémoire	USA/U.S.A.	United States of America
SED	Sozialistische Einheitspartei Deutschlands	usw.	und so weiter
		u.U.	unter Umständen
SHAPE	Supreme Headquarters Allied Powers Europe	v.	von
		VAR	Vereinigte Arabische Republik
s.o.	siehe oben		
sog.	sogenannt	vgl.	vergleiche
SPD	Sozialdemokratische Partei Deutschlands	v.J.	vorigen Jahres
		VLR I	Vortragender Legationsrat I. Klasse
StS/St.S.	Staatssekretär		
SU	Sowjetunion	VN	Vereinte Nationen
s.Zt.	seinerzeit	VN/CH	Charta der Vereinten Nationen
t	Tonne		
TASS	Telegrafnoe Agentstvo Sovetskogo Sojuza	Vorg.	Vorgang
		VR	Volksrepublik
TO	Tagesordnung	VRCh	Volksrepublik China
TTD	Temporary Travel Document	VS	Verschlußsache(n)
		VS-v/vsv	VS-vertraulich
u.a.	unter anderem	WAK	Weltabrüstungskonferenz
u.a.m.	und anderes mehr	WEU	Westeuropäische Union

WHO	World Health Organisation	Ziff.	Ziffer
ZAB	Zentrale Austauschstelle Bonn	zit.	zitiert
		ZK	Zentralkomitee
z.B.	zum Beispiel	z.Z./z.Zt.	zur Zeit
z.b.V.	zur besonderen Verwendung		

Dokumente

1

Kabinettsvorlage des Auswärtigen Amts

I B 4-84.00/92.19/3/65 streng geheim 4. Januar 1965[1]

Betr.: Waffenlieferungen an Israel[2]

Durch das Bekanntwerden unserer Waffenlieferungen an Israel ist unsere Politik im Nahen Osten in eine äußerst kritische Phase geraten.[3]

Der Verlauf der Kairoer Konferenz der ungebundenen Staaten im vergangenen Oktober hat gezeigt, daß die Unterstützung unseres Alleinvertretungsrechts durch die arabischen Staaten unter der Führung Präsident Nassers von entscheidender Bedeutung für die Haltung der neutralen Welt in der Deutschland-Frage ist.[4] Im kommenden Frühjahr wird in Algier eine weitere Konferenz der afro-asiatischen Staaten stattfinden[5] und die Haltung der arabischen Gruppe für uns erneut von großer Wichtigkeit sein.

Die Belastungen unserer Beziehungen zu den arabischen Staaten, die das Bekanntwerden unserer Waffenlieferungen mit sich gebracht haben, erlangen

---

[1] Vervielfältigtes Exemplar.
Zur Vorgeschichte der Kabinettsvorlage vgl. AAPD 1964, II, Dok. 395.
Am 4. Januar 1965 hielt Staatssekretär Carstens fest, daß es die aus dem Nahen Osten eintreffenden Nachrichten nahelegten, die „seit einiger Zeit vorbereitete Kabinettsvorlage nunmehr dem Kabinett zuzuleiten". Vgl. VS-Bd. 447 (Büro Staatssekretär); B 150, Aktenkopien 1965.

[2] Zu den deutsch-israelischen Vereinbarungen über Waffenlieferungen vgl. Dok. 2.
Zur laufenden Ausrüstungshilfe an Israel unter dem Decknamen „Frank[reich]/Kol[onien]", die auch die Lieferung von 150 Panzern aus amerikanischer Produktion umfaßte, vgl. AAPD 1964, II, Dok. 289 und 396.

[3] Am 26. Oktober 1964 gelangten erstmals Nachrichten an die Öffentlichkeit, daß die Bundesrepublik Waffen nach Israel liefere. Vgl. dazu den Artikel „Deutsche Kernphysiker in Israel"; FRANKFURTER RUNDSCHAU, Nr. 249 vom 26. Oktober 1964, S. 1. Vgl. dazu auch den Artikel „Defence Aid to Israel from Germany"; THE TIMES, Nr. 56 156 vom 30. Oktober 1964, S. 8.
Angesichts der Pressemeldungen äußerte Bundesminister Schröder gegenüber dem Bundeskanzler seine Besorgnis über mögliche Auswirkungen auf das Verhältnis zu den arabischen Staaten. Er forderte, die militärische Zusammenarbeit mit Israel, die er von Anfang an „für falsch gehalten" habe, einzustellen. Für das Schreiben vom 9. November 1964 an Erhard vgl. AAPD 1964, II, Dok. 315.

[4] Zur Erörterung der Deutschland-Frage auf der Konferenz der blockfreien Staaten vom 5. bis 10. Oktober 1964 in Kairo vgl. AAPD 1964, II, Dok. 275.
Am 14. Oktober 1964 berichtete Botschafter Federer, Kairo, die VAR habe auf der Konferenz „nicht nur alles unterlassen, was unsere Deutschlandpolitik hätte gefährden können, sondern [...] positiv in unserem Sinne gewirkt". Federer erläuterte, Präsident Nasser rechne nun mit einer Einladung zu einem Besuch in der Bundesrepublik, und gab zu bedenken: „Ein Ausbleiben oder Hinauszögern dieser Einladung würde tiefe Verstimmung hervorrufen und von ägyptischer Seite zweifellos auf israelische Einflußnahme zurückgeführt werden. Außerdem würde der Eindruck entstehen, unser Interesse an der VAR ginge wieder zurück, nachdem die Konferenz ohne Beeinträchtigung unserer Deutschlandpolitik verlaufen ist." Vgl. den Drahtbericht Nr. 930; VS-Bd. 2198 (I B 4); B 150, Aktenkopien 1964.

[5] Die Einberufung der Zweiten Afro-asiatischen Konferenz, die auf einer vorbereitenden Tagung vom 10. bis 15. April 1964 in Djakarta für März 1965 vorgesehen war, wurde zunächst auf den 29. Juni 1965 verschoben. Vgl. dazu Dok. 254, Anm. 16.

dadurch ein besonderes Gewicht. Unsere Abmachungen mit Israel standen im Gegensatz zu unseren wiederholten amtlichen Erklärungen, daß wir keine Waffen in den Nahen Osten lieferten.[6] Dadurch ist das Vertrauen der Araber in die Haltung der Bundesregierung schwer erschüttert worden. Vor allem in der VAR, Syrien, dem Irak und dem Libanon war die Reaktion sehr scharf.[7]

Die Arabische Liga hat mit den Vorbereitungen einer Entschließung aller Mitgliedstaaten begonnen, die Sowjetzone anzuerkennen, falls die Bundesregierung ihre Lieferungen an Israel fortsetzt.[8]

Andererseits nutzen die Waffenlieferungen auch nicht unserem Bestreben, unser Verhältnis zum israelischen Staat zu bereinigen. Solange wir Waffen an Israel liefern, können wir nicht von den Arabern Verständnis dafür erwarten, daß uns an einer Normalisierung der amtlichen Beziehungen zu Israel besonders gelegen ist, ohne daß wir damit unsere freundschaftlichen Beziehungen zu den arabischen Staaten aufgeben wollten. Die Fortsetzung der Waffenlieferungen und der Austausch von Vertretungen, selbst nur von Handelsmissionen[9], läßt sich den Arabern gegenüber nicht begründen.

In gleicher Weise erschweren es uns die Waffenlieferungen, in der Frage der Raketenwissenschaftler in der VAR[10] eine den israelischen Befürchtungen

---

[6] Als Reaktion auf Pressemeldungen von Ende Dezember 1957, die israelische Regierung wolle sich darum bemühen, „gewisse unentbehrliche Ausrüstungsteile für die israelischen Streitkräfte durch eine Mission in der Bundesrepublik beschaffen zu lassen", erklärte das Auswärtige Amt, die Lieferung von Waffen und Kriegsmaterial nach Israel im Rahmen des Wiedergutmachungsabkommens von 1952 sei ausgeschlossen. Außerdem entspreche es der Praxis der Bundesregierung, „im Rahmen der ihr rechtlich und verfassungsmäßig zu Gebote stehenden Mittel jede Lieferung von Waffen in Gebiete, die im Mittelpunkt eines akuten Konflikts stehen, zu unterbinden, um auf diese Weise eine Verschärfung der dort bestehenden Spannungen zu vermeiden". Vgl. den Artikel „Keine deutschen Waffen für Israel"; FRANKFURTER ALLGEMEINE ZEITUNG, Nr. 300 vom 28. Dezember 1957, S. 1.
Im Februar 1964 bekräftigte Staatssekretär Carstens diese Haltung. Vgl. dazu AAPD 1964, I, Dok. 54, Anm. 1.

[7] Mit Aufzeichnung vom 3. November 1964 informierte Ministerialdirektor Jansen über die Reaktionen in den arabischen Staaten. Die Bundesregierung werde in der Öffentlichkeit „einer unehrlichen Politik" bezichtigt, ebenso werde „eine Überprüfung der arabischen Haltung zur Deutschlandfrage" angeregt. Jansen wies darauf hin, daß „eine sehr ernste Krise in den deutsch-arabischen Beziehungen" bevorstehe. „Die öffentlich bekannt gewordenen Fakten stehen zu sehr im Widerspruch zu allen amtlichen und halbamtlichen Äußerungen während der letzten Jahre, in denen immer wieder als einer der Grundsätze unserer Nahostpolitik herausgestellt wurde, daß wir in Spannungsgebiete keine Waffen liefern. Die Glaubwürdigkeit unserer Botschafter und der Bundesregierung ist erschüttert worden." Vgl. VS-Bd. 2314 (I B 4); B 150, Aktenkopien 1964.

[8] Zur Tagung des Rats der Staats- und Regierungschefs der Arabischen Liga vom 9. bis 12. Januar 1965 in Kairo vgl. Dok. 30, Anm. 3.

[9] Bundesminister Schröder schlug am 9. November 1964 vor, die Bundesrepublik und Israel sollten Handelsvertretungen mit konsularischen Befugnissen austauschen. Vgl. AAPD 1964, II, Dok. 315. Bundeskanzler Erhard regte auf einer Pressekonferenz am 15. Dezember 1964 den Austausch von Handelsmissionen mit Israel als einen ersten Schritt auf dem Wege zu diplomatischen Beziehungen an. Vgl. DIE WELT, Nr. 293 vom 16. Dezember 1964, S. 2. Vgl. dazu weiter Dok. 33.

[10] Im Sommer 1962 wurde im Zusammenhang mit ersten Testflügen ägyptischer Raketen bekannt, daß Rüstungsexperten aus der Bundesrepublik an deren Entwicklung beteiligt waren. Vgl. dazu AAPD 1964, II, Dok. 312. Vgl. dazu weiter Dok. 9.
Am 25. Juni 1964 brachte die SPD-Fraktion im Bundestag einen Antrag für ein Zweites Ausführungsgesetz zu Artikel 26, Absatz 2 GG ein, demzufolge es Deutschen grundsätzlich verboten sein sollte, „im Ausland zur Kriegführung bestimmte Waffen zu entwickeln, herzustellen, an ihrer

entgegenkommende Haltung einzunehmen. Derzeit muß jede Stellungnahme unsererseits, auch schon in der Form einer öffentlichen Mißbilligung der Tätigkeit dieser Experten, den arabischen Staaten als eine einseitige Parteinahme zugunsten Israels erscheinen.

Wie sich gezeigt hat, können wir zu einer unseren verschiedenen Anliegen und Interessen im Nahen Osten gerecht werdenden Politik nur dann kommen, wenn wir in Übereinstimmung mit dem Grundsatz, wonach wir in Spannungsgebiete keine Waffen liefern, Waffenlieferungen an Israel einstellen. Nur bereits eingegangene bindende Verpflichtungen werden abgewickelt werden müssen.[11]

Ich schlage deshalb vor, das Kabinett möge beschließen: Waffenlieferungen an Israel sind einzustellen, soweit nicht bereits eingegangene bindende Verpflichtungen abzuwickeln sind.[12]

VS-Bd. 8420 (Ministerbüro)

Fortsetzung Fußnote von Seite 4
 Herstellung mitzuwirken oder in den Verkehr zu bringen". Vgl. BT ANLAGEN, Bd. 91, Drucksache IV/2355.
 Dagegen erhob das Bundesministerium des Innern in einer Kabinettsvorlage vom 6. November 1964 Bedenken. Es verwies auf nachteilige außenpolitische Konsequenzen, insbesondere hinsichtlich der Haltung der arabischen Staaten in der Deutschland-Frage. Das Bundeskabinett schloß sich dieser Stellungnahme am 11. November 1964 an. Vgl. dazu die Aufzeichnung des Legationsrats I. Klasse Koch vom 24. November 1964; VS-Bd. 2313 (I B 4); B 150, Aktenkopien 1964. Für die Kabinettsvorlage vgl. Referat I B 4, Bd. 17.
 Zur Position des Auswärtigen Amts vgl. AAPD 1964, II, Dok. 315. Vgl. dazu weiter Dok. 133, Anm. 11.
[11] Mit Aufzeichnung vom 4. Januar 1965 hielt Staatssekretär Carstens fest, Abteilung I habe gegen die Abwicklung bereits eingegangener Verpflichtungen Bedenken erhoben. Sie befürchte, daß die Bundesregierung „mit einem solchen Beschluß bei den Arabern wenig ausrichten" würde. Carstens dagegen sah keine Möglichkeit, sich „aus den bereits eingegangenen Verpflichtungen wieder zu lösen, zumal offenbar die Herstellung einiger der in Frage kommenden Gegenstände durch dritte Länder erfolgt". Weiterhin erschien es ihm „nicht vertretbar, ein allgemeines Waffenausfuhrverbot für den nahöstlichen Raum auszusprechen (wie es zunächst von Abteilung I vorgeschlagen worden war) und davon dann nur die bereits eingegangenen Verpflichtungen gegenüber Israel auszunehmen. Ein solcher Beschluß würde in der Tat von den Arabern mehr als eine gegen sie gerichtete Maßnahme gesehen werden." Vgl. VS-Bd. 447 (Büro Staatssekretär); B 150, Aktenkopien 1965.
[12] Die Kabinettsvorlage hat Bundesminister Schröder vorgelegen, der am 27. Januar 1965 handschriftlich vermerkte: „Vertagt."
 Zur Sitzung des Bundeskabinetts vom 27. Januar 1965 vgl. Dok. 40.

2

Aufzeichnung des Staatssekretärs Carstens

St.S. 2/65 streng geheim 4. Januar 1965[1]

Betr.: Waffenlieferungen an Israel[2]

In meinen Akten befinden sich folgende Unterlagen:

1) Aufzeichnung über ein Gespräch zwischen Bundesminister Strauß und mir vom 10.6.1961 (Anlage 1).

2) Notizen über ein Gespräch mit Bundesminister Strauß vom 23.2.1962. Soweit es sich auf Israel bezieht, ist es in Abschrift als Anlage 2 beigefügt.

3) Niederschrift über eine Besprechung, die am 11.7.1962 im Hause von Bundesminister Strauß stattfand und an der auf israelischer Seite Herr Peres teilnahm. Hierüber habe ich eine Notiz bei meinen Akten, die in Abschrift als Anlage 3 beigefügt ist.

4) Am 29.7.1963 hat ein Gespräch zwischen dem Bundesminister des Auswärtigen und dem Bundesminister der Verteidigung, den Staatssekretären Carstens und Hopf und Ministerialdirektor Knieper stattgefunden. Hierüber habe ich die als Anlage 4 in Abschrift beigefügten Notizen bei meinen Akten.

Hiermit dem Herrn Minister vorgelegt.

gez. Carstens

[Anlage 1 zu St.S. 2/65 streng geheim vom 4.1.1965][3]

12. Juni 1961

Betr.: Israel

Herr Bundesminister Strauß hat mich am 10. Juni von folgendem unterrichtet:

1) Wir beziehen Granatwerfermunition aus Israel. Für die Zukunft ist geplant, Produktionsstätten, in denen diese Munition hergestellt wird, in Spanien oder Portugal zu errichten. Es handelt sich um ein Verfahren, welches finnischen Ursprungs ist. Die Israelis produzieren die Munition auf Grund einer finnischen Lizenz.

---

[1] Durchdruck.
[2] Vgl. dazu Dok. 1.
 Zu Waffenlieferungen an Israel vgl. weiter Dok. 9.
[3] Dem Vorgang nicht beigefügt. Wortlaut nach VS-Bd. 444 (Büro Staatssekretär); B 150, Aktenkopien 1965.

2) Wir liefern keine Waffen an Israel.[4]

3) Wir stellen Israel unser know how auf dem Gebiet der Flugabwehr zur Verfügung.

4) Im Rahmen des amerikanischen lend lease-Programms[5] sind einige Flugzeuge fürAusbildungszwecke an Israel geliefert worden. Diese tragen jedoch die Hoheitszeichen anderer NATO-Staaten.

5) Bundesminister Strauß ist vor wenigen Tagen in Paris mit Ben Gurion zusammengetroffen.[6] An dem Gespräch hat nur noch Peres, der israelische stellvertretende Verteidigungsminister, teilgenommen.

Ben Gurion ist auf die Produktion atomarer Waffen zu sprechen gekommen.

6) In dem Gespräch habe Ben Gurion erklärt, der Herr Bundeskanzler habe ihm versprochen, daß sich die Bundesrepublik an der Erschließung der Negev-Wüste beteiligen und für diesen Zweck 500 Mio. DM im Kreditwege zur Verfügung stellen werde.[7] Die erste Rate hätte bereits am 28. März 1961 fällig sein sollen. Da die Zahlung jedoch nicht eingegangen sei, habe die israelische Regierung sich den Kredit zunächst anderweitig beschafft. Ben Gurion habe Herrn Strauß gebeten, den Herrn Bundeskanzler an das von ihm gegebene Versprechen zu erinnern.

Herr Minister Strauß habe sodann den Herrn Bundeskanzler auf die Angelegenheit angesprochen. Der Bundeskanzler habe erklärt, daß er kein Versprechen dieser Art gegeben habe. Auch in die später geführten Gespräche zwischen Herrn Vialon und Botschafter Shinnar[8] habe er sich sofort einge-

---

[4] Über Waffenlieferungen zwischen der Bundesrepublik und Israel wurde erstmals im Dezember 1957 zwischen dem Bundesminister der Verteidigung und dem Generalsekretär im israelischen Verteidigungsministerium, Peres, im Privathaus von Strauß in Rott am Inn gesprochen. Die von Strauß „zugesagten Geräte und Waffen" wurden „heimlich aus den Depots der Bundeswehr geholt". Anschließend wurde „als Ablenkungsmanöver bei der Polizei in einigen Fällen Diebstahlsanzeige erstattet. Hubschrauber und Flugzeuge wurden ohne Hoheitszeichen nach Frankreich geflogen und von Marseille aus nach Israel verschifft." Vgl. STRAUSS, Erinnerungen, S. 342. Vgl. dazu auch SHINNAR, Bericht, S. 143 f.

[5] Zu amerikanischen Waffenlieferungen an Israel vgl. auch SHINNAR, Bericht, S. 143, und EBAN, Autobiography, S. 299.

[6] Zu Kontakten zwischen Bundesminister Strauß und dem israelischen Ministerpräsidenten vgl. auch DEUTSCH-ISRAELISCHER DIALOG I/1, S. 138 f.

[7] Bundeskanzler Adenauer und der israelische Ministerpräsident trafen am 14. März 1960 im Waldorf-Astoria-Hotel in New York zusammen. Im Verlauf dieses Gesprächs äußerte Ben Gurion konkrete Wünsche nach Krediten. Adenauer erklärte sein grundsätzliches Einverständnis, Israel finanziell zu unterstützen, legte sich aber nicht in Einzelheiten fest. Für die Gesprächsaufzeichnung des Dolmetschers Weber vom 31. März 1960 vgl. Büro Staatssekretär, VS-Bd. 4; B 150, Aktenkopien 1960. Vgl. dazu auch DEUTSCH-ISRAELISCHER DIALOG I/1, S. 150 f., sowie ADENAUER, Erinnerungen IV, S. 36.
Von israelischer Seite wurde jedoch die Haltung des Bundeskanzlers als konkrete Zusage gewertet, daß die Bundesrepublik Israel „eine Entwicklungshilfe auf kommerzieller Basis in Form eines Darlehens von jährlich 200 Millionen DM für 10 Jahre" gewähren werde. Vgl. die Aufzeichnung des Ministerialdirektors von Etzdorf vom 25. August 1961; VS-Bd. 444 (Büro Staatssekretär); B 150, Aktenkopien 1961.

[8] Zu Kontakten zwischen dem Abteilungsleiter im Bundeskanzleramt, Vialon, und dem Leiter der Israel-Mission in Köln kam es im Dezember 1960 und Januar 1961. Resultat der Gespräche war eine Vereinbarung vom 18./19. Januar 1961, daß Mitte des Jahres eine erste Tranche des Kredits in Höhe von 85 Mio. DM ausgezahlt werden solle. Vgl. dazu die Aufzeichnung des Ministerialdirek-

schaltet. Keinesfalls könne vor Beginn des Eichmann-Prozesses[9] etwas unternommen werden.[10]

7) Bundesminister Strauß teilte weiter mit, daß das Gespräch mit Ben Gurion einen allgemeinen politischen tour d'horizon zum Inhalt gehabt habe.

Außerdem seien Möglichkeiten einer technischen Zusammenarbeit erörtert worden, die aber nach seiner, des Herrn Minister Strauß' Ansicht, noch in sehr weiter Ferne lägen. Hierüber brauchte er mir im Augenblick noch nichts Näheres mitzuteilen.

Hiermit dem Herrn Minister[11] vorgelegt.

Carstens

Anlage 2 zu St.S.-2/65 streng geheim vom 4.1.1965

Auszug aus handschriftlichem Vermerk:

23.2.1962: Gespräch mit Herrn Minister Strauß

6) Israel

a) Nur sehr geringe Waffenkäufe durch uns.[12]

b) Transportflugzeuge aus

aa) US- und französischen

bb) deutschen

Beständen sollen über Frankreich von uns an Israel geliefert werden (ca. 15 1/2 Mio. DM jährlich).

Fortsetzung Fußnote von Seite 7

tors von Etzdorf vom 25. August 1961; VS-Bd. 444 (Büro Staatssekretär); B 150, Aktenkopien 1961.

[9] Der Prozeß in Jerusalem gegen den früheren SS-Obersturmbannführer und Leiter des „Referats für Judenangelegenheiten" im Reichssicherheitshauptamt begann am 11. April und endete am 14. August 1961. Am 15. Dezember 1961 wurde das Todesurteil gegen Eichmann verkündet, das in der Nacht vom 31. Mai zum 1. Juni 1962 vollstreckt wurde.

[10] Am 25. August 1961 teilte der Leiter der Israel-Mission, Shinnar, Ministerialdirektor von Etzdorf mit, Staatssekretär Globke habe ihm bestätigt, daß nunmehr die Voraussetzungen für eine Auszahlung der ersten Tranche des Kredits gegeben seien. Aus Gründen der Geheimhaltung „habe man eine reine Banktransaktion, und zwar zwischen der Kreditanstalt für Wiederaufbau und der Israelischen Industrie-Kreditbank ins Auge gefaßt". Shinnar sicherte die „Vertraulichkeit des Geschäfts" zu und äußerte die Bitte, das Auswärtige Amt möge keine Bedenken gegen die „beschränkte Transaktion" erheben. Die geheimgehaltene Gewährung von Krediten an Israel erhielt den Decknamen Aktion „Geschäftsfreund". Vgl. die Aufzeichnung von Etzdorf vom 25. August 1961; VS-Bd. 444 (Büro Staatssekretär); B 150, Aktenkopien 1961.

[11] Hat Bundesminister von Brentano vorgelegen. Staatssekretär Carstens vermerkte dazu handschriftlich: „Ich möchte die Aufzeichnung gern mündlich erläutern."
Am 9. September 1961 verfügte Carstens handschriftlich die Weiterleitung an Staatssekretär Lahr „zur (ausschließlich persönlichen) Kenntnisnahme".

[12] Israel lieferte vor allem Maschinenpistolen vom Typ „Uzi" an die Bundeswehr. Diesbezügliche Vereinbarungen gingen bereits auf das erste Gespräch des Bundesministers Strauß mit dem Generalsekretär im israelischen Verteidigungsministerium, Peres, vom Dezember 1957 zurück. Vgl. dazu DEUTSCH-ISRAELISCHER DIALOG I/1, S. 142f.

Ich: aa) bedenklich,
bb) unmöglich.

Lieber wirtschaftliche Unterstützung.

Strauß: Die Israelis haben extreme Hetze gegen uns verhindert (Globke).¹³

c) Schiffe aus deutschen Beständen.

Ich: unmöglich.

d) Trainer für Düsenflugzeuge, leihweise.

– Blieb offen –.

gez. Carstens

Anlage 3 zu St.S.-2/65 streng geheim vom 4.1.1965
Abschrift von handschriftlichem Vermerk:

11. Juli 1962

Betr.: Besprechung im Hause Strauß, ca. 15.30 Uhr

Teilnehmer: Bundesminister Strauß, Staatssekretär Carstens, General Becker, stellv. Verteidigungsminister Peres, Oberst Arbel.

Peres:

1) Sowjetische Hilfe an die Araber.

2) Israel erhielt bisher von
USA: Radar und Missiles
Frankreich: Flugzeuge
England: Schiffe
Bundesrepublik Deutschland: paramilitärische Ausrüstung.

3) Alles soll streng geheim bleiben, wenn wir es wünschen. Bisher war Geheimhaltung hervorragend. Peres war sechs bis neun Mal in Bonn. Niemand hat etwas erfahren.

Lease oder wie wir wollen.

Bundeskanzler hat in New York Ben Gurion mündlich ein „general commitment" gegeben.¹⁴

---

¹³ Von Ende 1960 bis zum 23. Mai 1961 ermittelte die Staatsanwaltschaft Bonn gegen den Staatssekretär im Bundeskanzleramt und Mitverfasser des Kommentars zu den Nürnberger Rassegesetzen aufgrund von Anschuldigungen, Globke sei während des Zweiten Weltkriegs an Judenverfolgungen in Griechenland beteiligt gewesen. Zur Entlastung von Globke und damit zur Einstellung des Verfahrens trugen Aussagen des Ministerpräsidenten Ben Gurion sowie des israelischen Generalstaatsanwalts Hausner bei. Vgl. dazu DEUTSCH-ISRAELISCHER DIALOG I/1, S. 179–184.

¹⁴ Im Verlauf des Gesprächs des Bundeskanzlers Adenauer mit dem israelischen Ministerpräsidenten am 14. März 1960 im Waldorf-Astoria-Hotel in New York erwähnte Ben Gurion bezüglich der Lieferung von Waffen, daß kürzlich „einige seiner Herren mit Herrn Strauß in Bonn" zusammengetroffen seien. Der Bundesminister der Verteidigung habe sowohl dem israelischen Wunsch nach

4) Israel hat an uns folgende Wünsche:

	Mio. DM
6 Schnellboote, norwegisches Muster, in Deutschland gebaut	30
3 U-Boote, 350 t, dito	60
36 Haubitzen (US-Lieferung)	7
24 Hubschrauber, US-Muster, zivil	36
12 Noratlas, französische Flugzeuge	36
15 Panzer, deutsches Modell, in Deutschland gebaut (schließlich: nur 5 Tests Wüsteneinsatz)	23
54 Flakgeschütze, schwedisch	38
Cobra	10
	240 Mio. DM

Lenkgeschosse: nur künftige Entwicklung.

Strauß: Technisch und finanziell geht es. Von jeder Fraktion müßten je zwei Mitglieder unterrichtet werden. Jetzt politische Entscheidung nötig. Bundeskanzler im Winter zu Strauß: Machen Sie weiter.

Ich: Ich kann nur anhören. Bei Panzern ist keine Geheimhaltung möglich.[15]

5) Vereinbart wurde: General Becker sagt Oberst Arbel bis Freitag Bescheid, wann wir Peres wieder empfangen können. Vorschlag: Montag morgen, Dienstag nachmittag, Mittwoch morgen.[16]

6) Peres: Israelischer Minister Eshkol will Minister Erhard sprechen.

gez. Carstens

Fortsetzung Fußnote von Seite 9

U-Booten, „die im Mittelmeer und auch im Roten Meer operieren könnten", als auch nach Luftabwehrraketen, Luft-Luftraketen und Boden-Bodenraketen „eine positive Haltung" eingenommen. Nun liege es „beim Herrn Bundeskanzler, ob er sich dieser Haltung von Herrn Strauß anschließe oder nicht". Adenauer erwiderte daraufhin, „er stimme mit Herrn Strauß überein". Für die Gesprächsaufzeichnung des Dolmetschers Weber vom 31. März 1960 vgl. Büro Staatssekretär, VS-Bd. 4; B 150, Aktenkopien 1960. Vgl. dazu auch DEUTSCH-ISRAELISCHER DIALOG I/1, S. 150f., sowie ADENAUER, Erinnerungen IV, S. 36.

[15] Im Rückblick hielt Staatssekretär Carstens zu dieser Unterredung fest, der Staatssekretär im israelischen Verteidigungsministerium habe um Unterstützung in Form von Waffenlieferungen gebeten. Carstens führte aus: „Ich wies auf die schwierige deutsche Position im Nahen Osten hin. Mit dem stärker werdenden sowjetischen Einfluß versuche auch die DDR, in den arabischen Ländern Fuß zu fassen. Diese Bestrebungen wollten wir abwehren. Waffenlieferungen an Israel würden unsere Politik im arabischen Raum sehr erschweren, wenn nicht unmöglich machen. Auf den Einwand, daß die Lieferungen selbstverständlich geheim bleiben würden, antwortete ich, daß dies wahrscheinlich auf die Dauer unmöglich sein würde […]. Ich erklärte mich mit der Lieferung von sonstigem Material, wie etwa geländegängiger Lastkraftwagen, aber nicht von Waffen, einverstanden." Vgl. CARSTENS, Erinnerungen, S. 307.

[16] 16., 17. oder 18. Juli 1962.

Anlage 4 zu St.S.-2/65 streng geheim vom 4.1.1965
Abschrift von handschriftlichem Vermerk:
Betr.: Gespräch vom 29.7.1963

Teilnehmer: Bundesminister Schröder, Bundesminister von Hassel, Staatssekretär Carstens, Staatssekretär Hopf, Ministerialdirektor Knieper.

Herr Knieper berichtet über Waffenlieferungen an Israel.

1) Alles schriftlich vom Bundeskanzler genehmigt (Brief Ben Gurion an Bundeskanzler, Brief Bundeskanzler an Ben Gurion vom Januar 1963).

6 Abgeordnete des Kontrollausschusses[17],

Schäfer - Mommer
Kliesing - Leicht
Dehler - Emde,

sind über *alle* Details unterrichtet.

2) 6 Schnellboote bei uns gebaut, in Israel bewaffnet. Auslieferung in zwei Jahren. (Ursprünglicher Plan, norwegische Boote zu liefern. Norweger haben darauf nicht geantwortet.)

3) 3 U-Boote, 350 t-Klasse (Nordseewerke Emden) bisher noch nicht vorangekommen; (Problem anti-magnetischer Stahl).

4) 36 amerikanische Haubitzen, 105 mm, Reichweite 12 km, alte Waffen aus unseren Beständen.

5) 24 Hubschrauber (Sikorsky 581) von den Lieferungen in USA sofort abgezweigt. Davon 13 geliefert.

6) 12 Noratlas (französisches Modell), 6 geliefert, 6 zur Abgabe bereit.

7) 1000 Raketen (Panzerabwehr 500–600 m), deutsches Modell.

8) 54 Flak 40mm Geschütze, Beaufors (Schweden).

9) Gesamtwert etwa 200 Mio. DM (nächstes Jahr sollen als „Ausrüstungshilfe" 50 Mio. zur Verfügung gestellt werden).

10) Israelis wollen 15 Panzer haben.

Bundesminister Schröder: Ganz falsch. Ich übernehme *keinerlei* Verantwortung dafür. Dies habe ich auch dem Bundeskanzler gesagt. Wir sollen weder mit den Ägyptern noch mit den Israelis militärische Beziehungen haben. Ob wir durchhalten *müssen*, lasse ich offen. Man könnte sagen: Ihr habt die Ägyptensache groß aufgeführt.[18]

---

[17] Die Kommission zur Kontrolle nachrichtendienstlicher Tätigkeiten des Bundes konnte von der Bundesregierung Unterrichtung über die Aktivitäten der Nachrichtendienste verlangen. Ihre Aufgabe war es sicherzustellen, daß durch diese Tätigkeiten nicht die Rechte einzelner verletzt würden.

[18] Zur Tätigkeit deutscher Experten in der ägyptischen Rüstungsindustrie vgl. Dok. 1, Anm. 10.
Am 20. März 1963 appellierte die israelische Außenministerin Meir vor der Knesseth an die Bundesregierung, der Tätigkeit dieser Wissenschaftler ein Ende zu setzen. Das israelische Parlament unterstützte diese Forderung in einer Resolution. Für den Wortlaut der Rede und der Resolution vgl. die Anlagen zur Aufzeichnung des Staatssekretärs Lahr vom 22. März 1963; Büro Staatssekretär, Bd. 393. Vgl. dazu auch EUROPA-ARCHIV 1963, Z 83.

Bundesminister von Hassel: Keine Angriffswaffen (U-Boote und Panzer). Das andere defensiv. Aber eventuell Finanzhilfe für die Lieferung französischer Panzer. Weltjudentum.

Bundesminister Schröder: Weltjudentum-Argument zieht nicht. Auch gegen diplomatische Beziehungen.[19]

Bundesminister von Hassel: Keine deutschen Offensiv-Waffen!

Ministerialdirektor Knieper: Von Materiallieferungen ist öffentlich nichts bekannt. Ausbildung israelischer Soldaten an Flak ist bekannt.[20] Reaktion der 3 Fraktionen:

FDP: alles bekanntgeben

SPD: dito

CDU: 1/2 : 1/2.

Bundesminister von Hassel: Tanganjika, Kenia, Uganda haben Israel um militärische Hilfe gebeten. Offiziere und Unteroffiziere sollen in Israel ausgebildet werden. Wir sollen uns finanziell beteiligen.

Investitionskosten 5 Mio. DM
                     1 Mio. DM

Bundesminister Schröder und Staatssekretär Carstens: Unbedingt dagegen. Die Israelis wollen es zum Bruch zwischen uns und den Arabern kommen lassen.

gez. Carstens

VS-Bd. 6402 (Handakte Dr. Voigt)

Fortsetzung Fußnote von Seite 11

[19] Bundeskanzler Adenauer strebte eine Aufnahme diplomatischer Beziehungen zwischen der Bundesrepublik und Israel noch vor Ablauf seiner Amtszeit am 15. Oktober 1963 an. Diese Bemühungen scheiterten jedoch. Vgl. dazu AAPD 1963, II, Dok. 310 und Dok. 341.

[20] Zur Ausbildungshilfe an Israel vgl. auch AAPD 1964, II, Dok. 315.

3

**Gespräch des Bundesministers Schröder
mit dem amerikanischen Botschafter McGhee**

Z A 5-1.A/65 geheim 7. Januar 1965[1]

Der Herr Bundesminister des Auswärtigen empfing am 7. Januar 1965 um 12.00 Uhr den amerikanischen Botschafter zu einem Gespräch.

Auf Wunsch des Botschafters verlief das Gespräch während der ersten zehn Minuten unter vier Augen.

Der *Botschafter* wies sodann darauf hin, daß sich die nach der Pariser Zusammenkunft[2] eingetretenen Ereignisse zum Nachteil für alle Beteiligten ausgewirkt hätten, da während der Weihnachtstage niemand etwas habe unternehmen wollen und die Dinge richtungslos getrieben seien. Deshalb sei allerorts eine Malaise zu fühlen.

Er habe zwei Tage zuvor den Herrn Bundeskanzler gesprochen[3], der ihm gesagt habe, er wolle ihn vor seiner Begegnung mit de Gaulle[4] und Wilson[5] noch einmal sehen.[6]

Der Botschafter fragte sodann, ob der Herr Minister bereits etwas sagen könne zu den beiden Anregungen von Außenminister Rusk, daß in New York eine Vier-Mächte-Außenministerkonferenz stattfinden[7] und daß die Frage der

---

[1] Die Gesprächsaufzeichnung wurde vom Vortragenden Legationsrat Weber am 8. Januar 1965 gefertigt.
Hat Bundesminister Schröder am 8. Januar 1965 vorgelegen, der auf dem Begleitvermerk von Weber handschriftlich für Staatssekretär Carstens vermerkte: „Mit Bitte um weitere V[er]f[ügun]g. Knappstein hat um Sprachregelung gebeten – auch über Unterhaltung B[undes]K[anzler] – McGhee."
Ministerialdirektor Krapf übermittelte der Botschaft in Washington die gewünschten Informationen mit Drahterlaß Nr. 25 vom 8. Januar 1965. Vgl. VS-Bd. 3721 (II A 1); B 150, Aktenkopien 1965.

[2] Die Außenminister der Drei Mächte und der Bundesrepublik trafen anläßlich der NATO-Ministerratstagung vom 15. bis 17. Dezember 1964 in Paris zusammen. Für das Gespräch vom 14. Dezember 1964, in dessen Verlauf Bundesminister Schröder vorschlug, „die drei Westmächte sollten gemeinsam an die Sowjetunion herantreten und ihr die Bildung eines Viermächte-Gremiums zur Behandlung der deutschen Frage nahelegen", vgl. AAPD 1964, II, Dok. 387.

[3] Zum Gespräch des Bundeskanzlers Erhard mit dem amerikanischen Botschafter am 5. Januar 1965 hielt Ministerialdirektor Krapf mit Drahterlaß Nr. 25 vom 8. Januar 1965 an die Botschaft in Washington fest, daß McGhee „in verkürzter Form die gleichen Gedanken" vorgebracht habe wie zwei Tage später gegenüber Bundesminister Schröder. Vgl. VS-Bd. 3721 (II A 1); B 150, Aktenkopien 1965.

[4] Für die Konsultationsbesprechungen des Bundeskanzlers Erhard mit Staatspräsident de Gaulle am 19./20. Januar 1965 in Rambouillet vgl. Dok. 22, Dok. 26 und Dok. 27.

[5] Der für den 21./22. Januar 1965 geplante Aufenthalt des britischen Premierministers in Bonn wurde aufgrund der schweren Erkrankung des ehemaligen Premierministers Churchill am 15. Januar 1965 verschoben.
Zum Besuch von Wilson am 8./9. März 1965 vgl. Dok. 122.

[6] Für das Gespräch vom 15. Januar 1965 vgl. Dok. 17.

[7] Am 17. Dezember 1964, nach der Rückkehr des amerikanischen Außenministers aus Paris, wurde zur Frage der Deutschland-Initiative mitgeteilt: „Mr. Rusk said the question would probably be

deutschen Initiative von der sogenannten Bonner Gruppe[8] in Bonn weiterbehandelt werden sollte.

Der Herr *Bundesminister* sagte, auf die erste Frage eingehend, er müßte wissen, wann eine solche Begegnung stattfinden sollte und welchen Inhalt sie haben würde. Dies sei wichtig im Lichte der Erklärungen, die Außenminister Rusk nach der Pariser Konferenz abgegeben habe. Rusk habe nach der Pariser Konferenz gesagt, wobei er nicht wisse, ob es in Texas oder an einem anderen Ort gewesen sei, er stehe der Idee einer neuen Außenministerkonferenz im Zusammenhang mit der Generalversammlung der UNO positiv gegenüber. Als er aber später darauf angesprochen worden sei, sei es in seiner Pressekonferenz[9] oder in dem Background-Pressegespräch gewesen, habe er nach den hier vorliegenden Berichten geantwortet, wenn er dies gesagt habe, so sei dies ein Versprecher gewesen, und er habe dies nicht zu sagen beabsichtigt.[10] Deshalb sei er nun um so mehr überrascht, daß dieser Vorschlag wieder von Herrn Rusk komme, der nun offensichtlich wieder anders darüber denke.

Es bestehe immer noch die Frage, wie über die deutsche Anregung weiter gesprochen werden solle, da darüber in Paris nichts Endgültiges vereinbart worden sei. Bei der Zusammenkunft in Paris am 16. Dezember[11] im Anschluß an das Abendessen im Quai d'Orsay habe er gesagt, es erscheine ihm wenig sinnvoll, wenn die Gespräche in der Botschaftergruppe weitergeführt würden, weil hierdurch der Eindruck entstehe, als sei die Angelegenheit auf einen Verschiebebahnhof oder ein Abstellgleis gestellt worden. Deshalb halte er es für besser, wenn die Angelegenheit auf Regierungsebene behandelt würde.

Fortsetzung Fußnote von Seite 13

    taken up when the European Foreign Ministers come to the United States next month for statements in the general debate at the United Nations General Assembly." Vgl. den Artikel von Edwin L. Dall Jr.: „Western Powers to Hold Meeting on German Unity"; THE NEW YORK TIMES, International Edition, Nr. 39 046 vom 19./20. Dezember 1964, S. 1.

    Am 7. Januar 1965 wiederholte Rusk diese Anregung gegenüber Botschafter Knappstein, Washington. Vgl. dazu Dok. 7.

[8] Die Bonner Konsultationsbesprechungen hatten ihren Ursprung in den fünfziger Jahren, als Vertreter der drei Westmächte und der Bundesrepublik mit Blick auf Vier-Mächte-Konferenzen Arbeitsgruppen zur Abstimmung einer gemeinsamen Deutschland- und Berlin-Politik einsetzten. In den sechziger Jahren fanden in Bonn auf verschiedenen Ebenen regelmäßig Konsultationen der Drei Mächte und der Bundesrepublik statt, darunter ein monatliches Treffen der Botschafter mit dem Staatssekretär des Auswärtigen Amts.

[9] Für den Wortlaut der Pressekonferenz vom 23. Dezember 1964 vgl. DEPARTMENT OF STATE BULLETIN, Bd. 52, 1965, S. 34–42.

[10] Am 30. Dezember 1964 traf der amerikanische Außenminister mit „einem geladenen Kreise von etwa 25 Korrespondenten des befreundeten westlichen Auslandes und einiger nichtgebundener Staaten" – darunter auch mindestens sechs Journalisten aus der Bundesrepublik – zu einem Hintergrund-Pressegespräch zusammen. Auf seinen Vorschlag eines Außenministertreffens in New York angesprochen, antwortete Rusk: „I don't think I said – if I did, it was an unfortunate error or a slip of the tongue – I do not think I said we were planning a Four-Minister-meeting in January on this subject. I don't anticipate that – no Four-Power Ministers meeting has been scheduled, as of now, but the four Governments will undoubtedly be in touch with each other." Vgl. den Drahtbericht Nr. 3783 des Botschafters Knappstein, Washington, vom 31. Dezember 1964; VS-Bd. 3145 (II A 6); B 150, Aktenkopien 1964.

[11] Zu den Ereignissen am 16. Dezember 1964 auf der NATO-Ministerratstagung in Paris vgl. den Artikel von Drew Middleton: „U.S. and France Make Progress"; THE NEW YORK TIMES, International Edition, Nr. 39 044 vom 17. Dezember 1964, S. 1 und 3.

Die Anregung, die Sache von der Bonner Gruppe behandeln zu lassen, sei neu, und er könne darüber noch nichts Endgültiges sagen, da man noch nicht genug Zeit gehabt habe, darüber zu sprechen und nachzudenken. Er sehe aber ein gewisses Problem, das in der Instruktion der Teilnehmer bestehe. Washington habe den Vorteil gehabt, daß der amerikanische Vertreter als der hauptsächliche Gesprächspartner nicht auf schriftliche Instruktionen angewiesen gewesen sei. Der deutsche Vertreter habe ebenfalls seine Instruktionen ohne Schwierigkeiten bekommen. Deutscherseits seien auch gewisse Ideen entwickelt worden. Bleibe also nur die Instruktion des französischen und des britischen Vertreters. Würden die Verhandlungen hier in Bonn geführt, so trete die zusätzliche Schwierigkeit auf, daß auch der amerikanische Vertreter auf schriftliche Instruktionen angewiesen sei, was, wie er befürchte, das Verfahren eher schwerfälliger als leichter mache.

Der Herr Bundesminister kam sodann auf sein Gespräch mit Botschafter McGhee vom 4. Dezember 1964 zurück und zitierte aus einer Gesprächsaufzeichnung seine damaligen Äußerungen über eine Vier-Mächte-Institution.[12] Er wies darauf hin, daß dies auch die Linie gewesen sei, die er in Rom[13], Paris[14], London[15] und zehn Tage danach bei dem Pariser Vierergespräch vertreten habe.

Botschafter *McGhee* erwiderte, seine Erinnerung sei etwas anders gewesen. Wenn man aber einen substantiellen Vorschlag mache wie im Jahre 1963[16], laufe man Gefahr, etwas herzugeben, ohne dafür etwas anderes einzuhandeln. Im Zusammenhang mit einer Vier-Mächte-Institution sehe man amerikanischerseits die Gefahr, daß die Sowjetunion ein solches Gremium als Hebel benutzen könnte, der ihr die Möglichkeit gebe, sich in die innerdeutschen Angelegenheiten einzumischen.

Der Herr *Bundesminister* wiederholte, daß er auch bei seinem letzten Besuch in Washington[17] dieselben Äußerungen gemacht habe wie später in Rom, Paris und London.

---

[12] In dieser Unterredung führte Bundesminister Schröder zur voraussichtlichen Behandlung der Deutschland-Frage auf der bevorstehenden NATO-Ministerratstagung aus, er „erwarte in etwa eine Wiederholung der NATO-Erklärung von Den Haag. Es handle sich darum, wie man diese Frage als stets dringliche Angelegenheit der Weltmeinung vor Augen halten könne. Vielleicht sollte man auf den Gedanken zurückgreifen, unter Appell an die Viermächte-Verantwortung der Sowjetunion eine Viermächte-Einrichtung vorzuschlagen, die sich dann weiterentwickeln könnte." Vgl. AAPD 1964, II, Dok. 370.

[13] Für das Gespräch mit dem italienischen Außenminister Saragat vom 8. Dezember 1964 vgl. AAPD 1964, II, Dok. 375.

[14] Für die Unterredung mit dem französischen Außenminister Couve de Murville vom 9. Dezember 1964 vgl. AAPD, 1964, II, Dok. 377.

[15] Für das Gespräch mit dem britischen Außenminister Gordon Walker vom 11. Dezember 1964 vgl. AAPD 1964, II, Dok. 381.

[16] Am 13. August 1963 legte das Auswärtige Amt einen „Vorschlag zur Lösung wesentlicher Deutschland und die europäische Sicherheit betreffender Fragen" vor, nach dem „gegebenenfalls Einschränkungen der vollen Entscheidungsfreiheit einer gesamtdeutschen Regierung" in Kauf genommen wurden, um eine Wiedervereinigung Deutschlands zu ermöglichen.
Für den Wortlaut vgl. AAPD 1963, II, Dok. 296.

[17] Für das Gespräch mit dem amerikanischen Außenminister Rusk vom 23. November 1964 vgl. AAPD 1964, II, Dok. 353.

Wie der *Botschafter* weiter erklärte, sei Außenminister Rusk, als er nach Paris gekommen sei, dem Plan gegenüber aufgeschlossen gewesen, wenn er sich auch nicht darauf festgelegt habe.

Der Herr *Bundesminister* berichtete, daß er am 14. Dezember in seinem Gespräch mit Rusk in der amerikanischen Botschaft, das etwa anderthalb Stunden gedauert habe[18], ihm die Gründe dargelegt habe, die nach deutscher Auffassung für diesen Vorschlag sprächen. Er habe ihn weiter gebeten, ihn bei der für den Abend des gleichen Tages vorgesehenen Viererzusammenkunft zu unterstützen, und Rusk habe auch versprochen, dies zu tun, soweit er es könne.

Das Gespräch vom Montag abend habe noch nichts Endgültiges erbracht und am Mittwoch abend, als sich die vier Außenminister im Quai d'Orsay getroffen hätten, habe er angeregt, daß der deutsche Vorschlag nicht in der Botschaftergruppe erörtert, sondern auf Regierungsebene behandelt werden sollte.

Der *Botschafter* fragte, warum sich am Montag noch keine Einigung ergeben habe und ob Außenminister Rusk am Montag dem Vorschlag gegenüber positiv eingestellt gewesen sei.

Der Herr *Bundesminister* erwiderte, am Montag abend sei man übereingekommen, daß ein Kommuniqué von den Sachverständigen der Delegationen vorbereitet werden sollte. Der Text des Kommuniqués sei aber vage geblieben und habe sich nicht auf eine bestimmte Prozedur festgelegt.[19] Es sei nur gesagt worden, daß der Vorschlag weiter behandelt werden sollte.

Der *Botschafter* erwähnte sodann, daß Außenminister Rusk auf dem Flugplatz von einem Reporter gefragt worden sei, wie die Dinge weitergehen sollten. Rusk habe daraufhin geantwortet, wenn er, Gordon Walker und Couve in New York seien, könne man weiter über die Angelegenheit sprechen. Der Berichterstatter habe daraus eine Meldung gemacht, daß eine Vier-Mächte-Außenministerkonferenz vorgesehen sei. Die Franzosen hätten dagegen sofort Einspruch erhoben. Später habe ein Sprecher des State Department[20] davon gesprochen, daß die Erklärung Rusks mißinterpretiert worden sei. In dem Background-Gespräch mit der Presse habe Rusk von dieser Möglichkeit nicht

---

[18] Vgl. dazu auch den Artikel von Drew Middleton: „Rusk Reassures de Gaulle on Bid for NATO A-Fleet", in dem allerdings nur das MLF/ANF-Projekt als Thema des Gesprächs der beiden Außenminister genannt wurde; THE NEW YORK TIMES, International Edition, Nr. 39 042 vom 15. Dezember 1964, S. 1 und 3.

[19] Für den Wortlaut des Kommuniqués vom 17. Dezember 1964 vgl. BULLETIN 1964, S. 1725 f.
Am 15. Dezember 1964 hatte die französische Delegation bei der NATO-Ministerratstagung einen von deutscher Seite gewünschten Zusatz im Kommuniqué abgelehnt, durch den mit Blick auf das von Bundesminister Schröder vorgeschlagene Viermächte-Gremium für Deutschland hervorgehoben werden sollte, „daß es an der Zeit sei, entsprechende Schritte zu tun". Der Grund für die französische Weigerung sei – so der Abteilungsleiter im französischen Außenministerium, Lucet – die Haltung der Bundesregierung in der MLF/ANF-Frage. Vgl. die Aufzeichnung des Ministerialdirigenten Ruete vom 17. Dezember 1964; VS-Bd. 3711 (II 1); B 150, Aktenkopien 1964.
Vgl. dazu auch den Artikel „Frankreich verhindert gemeinsame Deutschland-Erklärung"; FRANKFURTER ALLGEMEINE ZEITUNG, Nr. 293 vom 17. Dezember 1964, S. 1.

[20] Robert J. McCloskey.

gesprochen, doch sei sie in der Presseberichterstattung wieder aufgegriffen und mit dem Background-Gespräch in Zusammenhang gebracht worden.

Er selbst sei am vergangenen Sonntag mit Dean Rusk zusammengetroffen, der über die Reaktion der deutschen Presse und die möglichen Auswirkungen auf die Bundesregierung und insbesondere den Herrn Bundesminister besorgt gewesen sei. Rusk habe wieder den Vorschlag einer Außenministerbegegnung in New York aufgegriffen, jedoch darauf hingewiesen, daß man zunächst die Zustimmung der Franzosen und Engländer einholen müsse. Bevor er sich aber an diese wenden könne, müsse er wissen, ob der Herr Bundesminister einem solchen Plan zustimmen würde. Der zweite Vorschlag Rusks sei gewesen, daß die deutschen Vorschläge in der sogenannten Bonner Gruppe, bestehend aus den drei Botschaftern[21] und Staatssekretär Carstens, weiter behandelt werden sollten, da man wisse, daß die deutsche Seite über die Behandlung in der Botschaftergruppe in Washington[22] etwas unglücklich sei. Es liege nun an der Bundesregierung, zu diesen Vorschlägen Stellung zu nehmen. Er selbst habe die Berichte der Washingtoner Botschaftergruppe immer gelesen und wisse, daß gelegentlich auch Botschafter Knappstein ohne Instruktionen gewesen sei. Ihm scheine eine Behandlung dieser Frage in Bonn sehr zweckmäßig, da die französischen und britischen Vertreter ihre Weisungen schneller erhalten könnten, wenn man in Europa und nicht in Washington tage.

Der Herr *Bundesminister* wies darauf hin, daß ein Treffen in New York immer gewisse Schwierigkeiten mit sich bringe, da es für die drei Außenminister einfach sei, weil sie in New York auch andere Aufgaben wahrzunehmen hätten. Für den vierten hingegen treffe dies nicht zu[23], was immer gewisse Schwierigkeiten mit sich bringe, die er hier im einzelnen nicht aufzuführen brauche. Somit falle dem vierten eine nicht ganz einfache Rolle zu. Dies wäre jedoch kein entscheidendes Hindernis, wenn die Chance bestünde, daß im Sinne der deutschen Vorschläge etwas erreicht werden könnte. Bestehe diese Chance aber nicht, und er sehe im Augenblick keinerlei Aussichten, dann wäre es seiner Ansicht nach besser, wenn die Angelegenheit auf Regierungsebene weiter behandelt würde, als wenn der deutsche Außenminister nach New York käme. Eine solche Reise schiene ihm nur gerechtfertigt zu sein, wenn hinterher gewisse Fortschritte gemeldet werden könnten. Ein vergeblicher Flug über den Atlantik würde schlechter wirken als eine weitere Erörterung der Angelegenheit durch die Regierungen.

Die Frage, ob es gut wäre, die Angelegenheit von der Bonner Gruppe weiter erörtern zu lassen, könne er jetzt noch nicht beantworten, da er glaube, daß sich nach den jüngsten Äußerungen die Notwendigkeit ergebe, innerhalb des Kabinetts, der Koalition und der Parteien erneut die Dinge zu behandeln.[24]

---

[21] George McGhee (USA), Frank K. Roberts (Großbritannien) und Roland de Margerie (Frankreich).

[22] Die Washingtoner Botschaftergruppe entstand in den fünfziger Jahren als Gremium, in dem die Vertreter Frankreichs, Großbritanniens und der USA in erster Linie die Eventualfallplanung für Berlin erörterten. Seit 1961 nahm auch der Botschafter der Bundesrepublik in Washington an diesen Treffen teil.

[23] Die Bundesrepublik Deutschland wurde erst im Jahr 1973 Mitglied der UNO.

[24] Zu weiteren Überlegungen hinsichtlich einer Deutschland-Initiative vgl. Dok. 4.

Deshalb müßten neue Verfahrensschritte sehr sorgfältig überlegt werden, um einerseits am Anfang keine zu großen Aussichten zu versprechen und andererseits eine Enttäuschung unter den Vieren zu verhindern. Eine erneute Erörterung innerhalb der Regierung, der Koalition und vielleicht sogar auch mit der Opposition erscheine ihm daher unerläßlich. Dazu werde sich in der kommenden Woche in Berlin Gelegenheit geben, wo er vor dem Kabinett und dem Außenpolitischen Ausschuß die gesamte Problematik ausführlich darlegen wolle.[25] Zunächst komme es darauf an, auf der deutschen Seite zu einer abgestimmten Position zu gelangen.

Nach der französischen Reaktion befragt, erwiderte der Herr Bundesminister, er sei nicht genau darüber informiert, wie sich die Franzosen nach dem sogenannten Mißverständnis über die Vier-Außenministerkonferenz verhalten hätten. Er habe jedoch keinen Hinweis dafür, daß die Franzosen nicht bereit wären, auf Regierungsebene über die Angelegenheiten zu sprechen, ohne daß sie sich jedoch auf die Art und Weise festgelegt hätten, wie dies geschehen solle. Seiner Ansicht nach wären die Franzosen dazu durchaus bereit, ohne daß er aus dieser Tatsache allerdings irgendwelche Unterstützung für die Idee als solche ableiten wolle. In Paris hätten sie es Rusk und Gordon Walker überlassen, Einwände zu erheben, denen sie sich dann angeschlossen hätten.

Der *Botschafter* fragte sodann, ob Außenminister Rusk in Paris ablehnend gewesen sei.

Der Herr *Bundesminister* sagte, Rusk sei zurückhaltend gewesen und habe sich hauptsächlich auf Argumente gestützt, die er bereits in früheren Gesprächen vorgebracht habe und die denen ähnlich zu sein schienen, die in dem Background-Gespräch genannt worden seien. So zum Beispiel habe er gesagt, man dürfe nicht nur auf die erste, sondern müsse auch schon auf die zweite, dritte und vierte Gesprächsrunde vorbereitet sein. Hierauf habe er (Bundesminister) bemerkt, zwischen der ersten und der zweiten Runde trete sicher eine Pause ein. Eine ganze Menge von Argumenten, die nach der Berichterstattung in dem Background-Gespräch eine Rolle gespielt hätten, seien Fragen und Probleme gewesen, die Rusk in Paris angeschnitten habe. Was die Abrüstung, das Sicherheitssystem und die Grenzfrage angehe, so habe er sich nicht so expressis verbis geäußert, wie dies in dem Background-Gespräch der Fall gewesen zu sein scheine.[26]

Der *Botschafter* widersprach dieser Auffassung und wies darauf hin, daß Außenminister Rusk keineswegs behauptet habe, man müsse von Anfang an

---

[25] Zur Sitzung des Ausschusses für auswärtige Angelegenheiten am 13. Januar 1965 in Berlin (West) vgl. die Aufzeichnung des Vortragenden Legationsrats I. Klasse Oncken vom 15. Januar 1965; VS-Bd. 3721 (II A 1).

[26] Der amerikanische Außenminister Rusk führte am 30. Dezember 1964 gegenüber Journalisten aus: „But to get into these questions without getting into a settlement of Central Europe, such things as security and boundaries and all the other things that go with the settlement of the German question is, I think, starting something that not everybody is prepared to follow up on." Vgl. den Drahtbericht Nr. 3783 des Botschafters Knappstein, Washington, vom 31. Dezember 1964; VS-Bd. 3145 (II A 6); B 150, Aktenkopien 1964.
Vgl. dazu weiter Dok. 7.

alle Antworten auf alle Fragen bereit haben. Zur Grenzfrage habe er beispielsweise ausgeführt, daß irgendwann einmal auch die Grenzfrage eine Rolle spielen werde und man dann darauf vorbereitet sein müsse.[27]

Der Botschafter fragte sodann den Herrn Minister, ob er angesichts dieser Situation es immer noch für richtig halte, an seinem Vorschlag festzuhalten.

Der Herr *Bundesminister* wiederholte, daß zunächst die Angelegenheit auf deutscher Seite noch einmal gründlich erörtert werden müsse. Es bestehe ein großer Unterschied zwischen der Art und Weise, wie er die Sache präsentiert habe und wie sie nun behandelt werde. Ihm sei es darum gegangen, daß eine gemeinsame diplomatische Anregung gegeben werde, die es ermögliche, ein ständiges Vier-Mächte-Gremium zu errichten, das für alle Deutschland als Ganzes betreffenden Fragen zuständig wäre. Es sei denkbar, daß sich die Tätigkeit dieses Gremiums zunächst darauf beschränke, ein paar gesamtdeutsche Kommissionen einzusetzen. Ein spezifizierter Auftrag brauche noch nicht vorzuliegen. Er selbst glaube nach wie vor, daß der Gedanke noch etwas wert sei.

Er gebe zu, daß die Frage gestellt werden könne, ob man im Laufe der Verhandlungen nicht auch in ganz andere Fragen verstrickt werden könne. Sicher sei damit zu rechnen, daß die andere Seite auch andere Fragen aufwerfe, doch brauche man darauf nicht einzugehen. Man brauche seiner Ansicht nach auch nicht alle Antworten von Anfang an bereit zu haben.

Nunmehr kämen aber so viele Erwägungen in diese ursprüngliche Überlegung hinein, was alles geschehen könne, was die Sowjets sagen könnten usw. Dabei wisse man ganz genau, welche Haltung die Sowjetunion einnehme; es sei bekannt, daß sie Vier-Mächte-Regelungen für Unsinn halte und sich auf die beiden Deutschland berufe[28] und Fragen wie Friedensvertrag[29], Abrüstung unabhängig von der Frage der Wiedervereinigung behandelt sehen wolle.

---

[27] Auf die Frage von Journalisten, ob seine Ausführungen bedeuteten, daß die Bundesrepublik zunächst eine Entscheidung über die künftigen Ostgrenzen Deutschlands fällen müsse, erwiderte Rusk: „No, all I am saying there is that I can't imagine any serious discussions of the reunification of Germany that do not involve a question of the boundaries." Vgl. den Drahtbericht Nr. 3783 des Botschafters Knappstein, Washington, vom 31. Dezember 1964; VS-Bd. 3145 (II A 6); B 150, Aktenkopien 1964.

[28] Am 26. Juli 1955 erklärte der Erste Sekretär des ZK der KPdSU, Chruschtschow, erstmals öffentlich, daß bei Verhandlungen über Deutschland der Tatsache der Existenz zweier deutscher Staaten Rechnung getragen werden müsse. Das beste sei es, „wenn die deutsche Frage die Deutschen selbst lösen würden". Große Bedeutung für die Vereinigung Deutschlands habe daher die Annäherung beider deutscher Staaten, die „im Interesse des ganzen deutschen Volkes eine umfassende Zusammenarbeit auf allen Gebieten des innerdeutschen Lebens herstellen" sollten. Für den Wortlaut der Rede vgl. DzD III/1, S. 232–236.

[29] Die sowjetische Regierung erhob Anfang 1959 – gemäß ihrer Auffassung, daß bei Verhandlungen über Deutschland der Existenz zweier deutscher Staaten Rechnung getragen werden müsse – erstmals die Forderung nach einem Friedensvertrag mit beiden Teilen Deutschlands. Für den Fall, daß sich die Westmächte nicht zu entsprechenden Verhandlungen bereit erklären würden, drohte Ministerpräsident Chruschtschow mit dem Abschluß eines separaten Friedensvertrags mit der DDR. Für erste Äußerungen in diesem Sinne vgl. die Reden von Chruschtschow am 17. Februar 1959 in Tula und am 4. März 1959 in Leipzig; DzD IV/1, S. 890–893 und S. 1019–1021 (Auszüge).

Diese sowjetische Haltung sei in den Gesprächen Gromykos mit Rusk und dem Präsidenten wieder sehr deutlich zutage getreten.[30]

Im wesentlichen gehe es um die Frage, wieviel Risiko mit solchen Vorschlägen verbunden sei und ob jedes denkbare Ergebnis solcher Vorschläge ein Risiko mit sich bringe, oder ob sich vielleicht doch im Rahmen gesamtdeutscher Kontakte gewisse Fortschritte erzielen ließen, wie zum Beispiel durch die Einsetzung gesamtdeutscher Kommissionen, die unter ein Vier-Mächte-Dach gestellt werden könnten. Dies sei zum Beispiel eine der deutschen Überlegungen gewesen.[31] Wenn diese Überlegungen aber mit all den anderen Fragen in Zusammenhang gebracht würden, dann werde das Problem sehr viel schwieriger, auch als theoretische Frage. Man müsse nämlich unterscheiden zwischen der theoretischen Ebene und der Ebene der praktischen Erfahrung, die sich hauptsächlich auf die sowjetischen Äußerungen zu stützen habe. Wenn man von gewissen Risiken spreche, dann dürfe man sie nicht nur unter der theoretischen Perspektive betrachten, sondern müsse auch das berücksichtigen, was Gromyko selbst gesagt habe.

Somit stelle sich schließlich die Frage, ob ein solcher Vorschlag, selbst wenn man mit einer Ablehnung rechnen müsse, nützlich sei oder ob er von vornherein als schädlich angesehen werden müsse. Selbst wenn die Vorschläge bis ins Detail ausgearbeitet wären, würde ihnen von sowjetischer Seite entgegengehalten werden, daß man über diese Dinge nicht im Zusammenhang mit der Wiedervereinigung, sondern isoliert sprechen wolle.

Die entscheidende Frage laute, ob es eine Möglichkeit gebe, der Sowjetunion einen gemeinsamen Vorschlag zu unterbreiten. Dies müsse zuerst geklärt werden, und solange dies noch nicht der Fall sei, halte er auch eine Vier-Mächte-Außenministerkonferenz nicht für sinnvoll. Solange sollte die Angelegenheit auf Regierungsebene behandelt werden.

Botschafter *McGhee* zitierte verschiedene Telegramme über die jüngsten Gespräche Gromykos in den Vereinigten Staaten und sagte dem Herrn Bundesminister zu, ihm die wichtigsten Punkte daraus schriftlich zukommen zu lassen.[32]

Der Botschafter fragte den Herrn Minister, ob er seinen Vorschlag auch dann aufrechterhalten wolle, wenn sicher damit zu rechnen sei, daß er von der Sowjetunion abgelehnt würde.

---

[30] Der sowjetische Außenminister führte seit dem Führungswechsel am 14./15. Oktober 1964 in der UdSSR insgesamt fünf Gespräche mit seinem amerikanischen Amtskollegen Rusk – nämlich am 30. November sowie am 2., 5., 9. und 19. Dezember 1964 – sowie eine Unterredung mit Präsident Johnson am 9. Dezember 1964. Während dieser Gespräche bekräftigte Gromyko die sowjetische Haltung, „die Wiedervereinigung auf der Grundlage des Selbstbestimmungsrechts sei durch das Entstehen zweier deutscher Staaten immer weniger möglich geworden. [...] Nur auf der Basis einer Anerkennung zweier deutscher Staaten könne über die deutsche Frage realistisch diskutiert werden." Vgl. die Aufzeichnung des Ministerialdirektors Krapf vom 8. Januar 1965; VS-Bd. 3963 (II A 4); B 150, Aktenkopien 1965.

[31] Der Vorschlag des Auswärtigen Amts vom 13. August 1963 zur Lösung des Deutschland-Problems sah die Bildung einer Reihe von Gemischten Fachkommissionen vor, die sich aus Beamten zusammensetzen sollten, welche von der Bundesregierung und den „Behörden der sogenannten DDR" zu benennen wären. Vgl. AAPD 1963, II, Dok. 296.

[32] Für den Auszug vgl. VS-Bd. 8477 (Ministerbüro).

Der Herr *Bundesminister* erläuterte die Situation aus deutscher Sicht. Es werde im allgemeinen hier gesagt, die Tatsache, daß mit einer Ablehnung durch die Sowjets zu rechnen sei, genüge noch nicht als hinreichender Grund dafür, einen solchen Vorschlag überhaupt nicht zu machen. Vielmehr lasse die Tatsache, daß ein solcher Schritt erfolge, verschiedene Schlüsse zu. Er unterstreiche den Willen des Westens, in dieser Sache voranzukommen, und betone die gemeinsame westliche Überzeugung. Unbeschadet einer möglichen Ablehnung sei diese Tatsache eine eminent politische Tatsache, und daran sei die deutsche Seite interessiert. Man sei interessiert an guten Erklärungen von den drei westlichen Verbündeten, wobei er an die jüngsten Äußerungen Präsident Johnsons vor der Georgetown Universität[33] denke. Man sei ferner daran interessiert, daß der Westen als Ausdruck einer gemeinsamen Haltung und Politik gemeinsame Schritte unternehme ohne Rücksicht darauf, ob sie von der Sowjetunion akzeptiert würden. Hierdurch sollte man sich nicht entmutigen und zu dem Schluß verleiten lassen, daß allein deshalb solche Schritte wertlos seien. Genauso wie die Sowjets immer wieder ihre Position wiederholten, könne dies auch der Westen tun.

Botschafter *McGhee* äußerte erneut Zweifel an der Nützlichkeit eines solchen Vorgehens, wenn mit sowjetischer Ablehnung zu rechnen sei, und fragte den Herrn Minister, ob es ihm darum gehe, den Vorschlag von den Sowjets abgelehnt zu wissen.

Der Herr *Bundesminister* verneinte diese Frage und wies darauf hin, daß in dieser Sache etwas sein sollte, was etwas Breiteres darstelle. Er denke an ein Vier-Mächte-Gremium und bemerkte, daß auch heute noch die Sowjets gewisse Vier-Mächte-Zuständigkeiten anerkennen und sich darauf bezögen. Es handle sich bei der deutschen Anregung nicht um ein gigantisches Projekt, vielmehr um einen sehr bescheidenen Vorschlag. Wenn man annehme, daß er von sowjetischer Seite abgelehnt werde, was wahrscheinlich, wenn nicht sogar sicher sei, so wäre dies nicht so schlimm, weil dieser Vorschlag in den Augen der Weltöffentlichkeit als vernünftig erscheinen würde und deshalb auch keinen Rückschlag im Prestige des Westens mit sich brächte.

Der *Botschafter* wies darauf hin, daß man sich in einem Vier-Mächte-Gremium auch mit den Fragen auseinanderzusetzen hätte, die von den Sowjets aufgeworfen würden. Hierzu sei aber eine gemeinsame westliche Position unerläßlich.

Der Herr *Bundesminister* sagte, wenn der Vorschlag von der Sowjetunion angenommen würde und sie ihre Fragen auf den Tisch legten, dann könnte der Westen auch sagen, daß er über diese Fragen nicht sprechen wolle, und man brauche keineswegs auf alle sowjetischen Fragen zu antworten. Das habe man

---

[33] Anläßlich des 175. Jahrestages der Gründung der Georgetown University in Washington erklärte der amerikanische Präsident am 3. Dezember 1964: „In particular, our friends and comrades throughout Germany deserve assurance from their allies that there shall be no acceptance of the lasting threat to peace which is the forced division of Germany. No one seeks to end this grim and dangerous injustice by force. But there can be no stable peace in Europe while one part of Germany is denied the basic right to choose freely its own destiny and to choose, without threat to anyone, reunion with the Germans in the Federal Republic." Vgl. PUBLIC PAPERS, JOHNSON 1963/64, S. 1633.

in der Verhandlung schon in der Hand. Dem Westen stehe es genauso frei, den Sowjets nein zu sagen, wie diese sich frei fühlten, dem Westen nein zu sagen.

Der *Botschafter* bemerkte, die Vorschläge von Außenminister Rusk seien von der Absicht bestimmt, der deutschen Seite zu helfen und die Situation zu verbessern, doch könne er darüber noch nichts sagen, solange man die deutsche Reaktion und auch die Stellungnahme der Engländer[34] und Franzosen[35] noch nicht kenne. Wenn die deutsche Anregung in Bonn erörtert werden sollte, müßte dies aber vor einer Vier-Mächte-Außenministerkonferenz geschehen.

Auf Bitte des Herrn Bundesministers sagte der Botschafter zu, ihm eine Niederschrift des Background-Gesprächs von Außenminister Rusk zu übersenden.[36]

Der Herr *Bundesminister* betonte noch einmal die Notwendigkeit, die Dinge zunächst intern zu erörtern und zu einer gemeinsamen Position zu kommen, da er allein die Verantwortung nicht tragen könne.

Wie der *Botschafter* sagte, liege Außenminister Rusk daran, auf westlicher Seite ein Minimum an Übereinstimmung hinsichtlich des Inhalts und der Bedeutung einer Deutschland-Initiative zu erhalten. Man müsse zumindest eine gewisse Vorstellung darüber haben, wie das Mandat eines Vier-Mächte-Rats aussehen sollte, wie weit man gehen könne usw.

Der Herr *Bundesminister* verwies darauf, daß im Zusammenhang mit den Vorschlägen von 1963 einige dieser Fragen bereits behandelt worden seien.[37]

Der *Botschafter* betonte, daß es Herrn Rusk keineswegs darum gehe, schon heute von der Bundesregierung eine Entscheidung darüber zu bekommen, wie der künftige Grenzverlauf aussehen solle.

Auf die Frage der MLF eingehend sagte der Botschafter abschließend, die Vereinigten Staaten hätten ihre Position nicht geändert und seien am Zustandekommen einer solchen Streitmacht nach wie vor interessiert. Der einzige Unterschied zu früher bestehe darin, daß sie keinerlei Druck ausübten.[38]

---

[34] Zur britischen Haltung hinsichtlich einer Deutschland-Initiative vgl. Dok. 31.

[35] Zur französischen Haltung hinsichtlich einer Deutschland-Initiative vgl. Dok. 22 und Dok. 26.

[36] Für die auszugsweise Wiedergabe des Hintergrund-Pressegesprächs vom 30. Dezember 1964 vgl. VS-Bd. 8477 (Ministerbüro). Zu diesem Gespräch vgl. auch Anm. 10, 26 und 27.

[37] Der Vorschlag des Auswärtigen Amts vom 13. August 1963 zur Lösung des Deutschland-Problems wies einer Viermächte-Kommission die Aufgabe zu, „die Durchführung des Übereinkommens zu überwachen, alle vor Abschluß eines Friedensvertrags mit einem wiedervereinigten Deutschland gegebenenfalls entstehenden Streitfälle zu regeln sowie die [...] vorgesehenen europäischen Sicherheitsvorkehrungen zu prüfen". Vgl. AAPD 1963, II, Dok. 296.

[38] Aus einem Gespräch mit dem Abteilungsleiter im amerikanischen Außenministerium, Tyler, informierte Botschafter Knappstein, Washington, am 12. Januar 1965, durch die britischen ANF-Vorschläge hätten sich der Kreis der Teilnehmer und der „etwa anzuschließenden Waffensysteme" sowie der Zeitrahmen für die Umsetzung eines MLF-Projekts erweitert. Somit seien „die alten Termine hinfällig" geworden. Knappstein wies darauf hin, daß „die Änderung der amerikanischen Haltung noch eine dritte Komponente einschließe, nämlich das, was man [als] das Zuschieben des Schwarzen Peters an die Europäer bezeichnen könne". Vgl. den Drahtbericht Nr. 100; VS-Bd. 1352 (II A 7); B 150, Aktenkopien 1965.

Wie der Herr *Bundesminister* bemerkte, sei in der Öffentlichkeit allerdings der Eindruck entstanden, als ob die Vereinigten Staaten nicht mehr in gleichem Maße an der MLF interessiert seien wie früher.[39]

Der *Botschafter* regte an, daß die Besprechungen über dieses Thema fortgesetzt werden[40] und zu einer Konferenz führen sollten.

Die Unterredung endete gegen 13.25 Uhr.

VS-Bd. 8513 (Ministerbüro)

4

Aufzeichnung des Staatssekretärs Carstens

St.S. 3/65 streng geheim 7. Januar 1965

Betr.: Initiative in der Deutschland-Frage[1]

Auf Grund der Vorarbeiten des Planungsstabs[2] stelle ich folgenden Vorschlag zur Erwägung:

I. Die Bundesregierung sollte den drei Westmächten folgendes Konzept unterbreiten:

1) Die Bundesregierung ist bereit, ihren Alleinvertretungsanspruch[3] um ein bedeutendes Stück weiter zu entwickeln. Sie ist demgemäß bereit, mit dem Blick auf eine friedensvertragliche Gesamtregelung für Deutschland als Ganzes Teilabkommen mit früheren Kriegsgegnern des Deutschen Reiches über Gegenstände auszuhandeln, deren Regelung noch aussteht. Solche Verhandlungen sollten zunächst bilateral mit einzelnen ehemaligen Kriegsgegnern geführt werden, wofür die Bundesregierung die Zustimmung der drei westlichen Verbündeten im einzelnen und ihre diplomatische Unterstützung erbitten würde. Das Inkrafttreten dieser Vereinbarungen würde entweder von der Zustimmung gesamtdeutscher Organe oder von einem gesamtdeutschen Plebiszit abhängig gemacht werden, durch das die Bevölkerung Gesamtdeutschlands

---

[39] Bereits am 10. Dezember 1964 berichtete der Gesandte von Lilienfeld, Washington, der amerikanische Sicherheitsberater Bundy habe gegenüber dem CDU-Abgeordneten Blumenfeld ausgeführt, Präsident Johnson könne sich „angesichts der zunehmend kritischen Haltung der amerikanischen Öffentlichkeit und gewisser Kongreßkreise gegenüber der ursprünglichen MLF jetzt auf keinen Fall für diese, noch weniger jedoch etwa für ein bilaterales Zusammengehen mit uns oder eine ,special relationship' mit Großbritannien aussprechen". Vgl. den Drahtbericht Nr. 3620; VS-Bd. 1370 (II A 7); B 150, Aktenkopien 1964.
[40] Zur geplanten MLF/ANF vgl. weiter Dok. 8.

[1] Vgl. dazu Dok. 3, besonders Anm. 2.
[2] Vgl. die Aufzeichnung des Ministerialdirektors Müller-Roschach vom 7. Januar 1965; VS-Bd. 10422 (Planungsstab); B 150, Aktenkopien 1965.
[3] Vgl. dazu auch Dok. 56.

zugleich mit der Wahl einer gesamtdeutschen Volksvertretung die von der Bundesregierung abgeschlossenen Verträge billigen oder ablehnen könnte.

2) Die Bundesregierung wäre bereit, in solche bilateralen Verhandlungen folgende Gegenstände einzubeziehen:

a) die künftigen deutschen Grenzen;
b) Wiedergutmachungsleistungen für im einzelnen zu bestimmende Komplexe;
c) langfristige Waren- und Finanzierungsregelungen, die den bisherigen wirtschaftlichen Interessen der Vertragspartner an der Bundesrepublik Deutschland und an der SBZ entsprechen könnten.

3) Für einen späteren Zeitpunkt könnte die Einberufung einer Friedensvertrags-Vorkonferenz ins Auge gefaßt werden, an der die vier für Deutschland als Ganzes verantwortlichen Mächte, die Bundesrepublik Deutschland als Sprecherin für ganz Deutschland und eventuell alle oder einzelne der früheren Kriegsgegner des Deutschen Reiches teilnehmen würden. Auf dieser Konferenz wäre die Bundesregierung bereit, außer über Gegenstände der bereits in Ziffer 2) genannten Art über den künftigen militärischen Status Gesamtdeutschlands

a) hinsichtlich der konventionellen Bewaffnung,
b) hinsichtlich der atomaren Bewaffnung

zu verhandeln.

4) Mit derartigen die künftige Friedensvertragsregelung betreffenden Verhandlungen müßten parallel Verhandlungen der Vier Mächte mit der Bundesregierung über die Wiedervereinigung Deutschlands einhergehen.

Diese Verhandlungen müßten zum Ziele haben:

a) die Schaffung der Voraussetzungen für gesamtdeutsche freie Wahlen,
b) die Durchführung gesamtdeutscher Wahlen und
c) die Durchführung des in Ziffer 1 erwähnten Plebiszits.

Die Vier-Mächte-Vereinbarungen sollten vorsehen, daß die auf Grund der Vier-Mächte-Vereinbarung gewählte gesamtdeutsche Volksvertretung nur zusammentritt, falls das gesamtdeutsche Plebiszit die von der Bundesregierung stellvertretend für Gesamtdeutschland geschlossenen Verträge gebilligt hat; eventuell könnte hierfür sogar eine qualifizierte Mehrheit vorgesehen werden.

II. Die Vorteile eines solchen Vorschlags sehe ich in folgendem:

1) Wir führen ein neues Element in die Diskussion der deutschen Frage ein.

2) Wir entkräften den alliierten Vorwurf, daß wir uns bei unseren bisherigen Initiativen um die Beantwortung wichtiger Fragen, insbesondere der Frage der deutschen Grenzen, herumdrückten.[4]

3) Wenn uns gelingt, unsere westlichen Partner für diesen Gedanken zu gewinnen, würde der Westen in der Deutschland-Frage die Initiative zurückgewinnen.

---

[4] Vgl. dazu die Äußerungen des amerikanischen Außenministers Rusk vom 30. Dezember 1964; Dok. 3, Anm. 26 und 27.

4) Man muß zwar voraussehen, daß die Sowjetunion die vorstehend vorgeschlagenen Verhandlungen ablehnen und die Beteiligung beider Teile Deutschlands gleichberechtigt an diesen Verhandlungen verlangen wird. In diesem Falle würde man aber der Sowjetunion das Odium der Ablehnung einer westlichen Initiative zuschieben.

Es ist von entscheidender Bedeutung, daß die SBZ zu den vorgeschlagenen Verhandlungen nicht zugelassen wird.

5) Im derzeitigen Zeitpunkt dürfte es uns noch möglich sein, die Mehrzahl aller Staaten, die mit dem Deutschen Reich im Kriege gestanden haben, für unsere These vom Alleinvertretungsanspruch der Bundesrepublik Deutschland zu gewinnen. Ob uns dies angesichts der zunehmenden Konsolidierung der Position der SBZ in einigen Jahren noch gelingen wird, ist zweifelhaft.

III. Bedenken gegen den Vorschlag sehe ich vor allem in folgender Richtung:

1) Wir würden unseren Alleinvertretungsanspruch weit über den bisherigen Umfang ausdehnen und würden insbesondere erstmalig auf Grund unseres Alleinvertretungsanspruchs bereit sein, Vereinbarungen über die Grenzfrage zu treffen. Die Bedenken, die dagegen erhoben werden könnten, können aber entkräftet werden, wenn wir darauf hinweisen, daß alle von uns zu treffenden Vereinbarungen erst in Kraft treten, wenn sie durch ein gesamtdeutsches Plebiszit gebilligt worden sind.

2) Man könnte uns zum Vorwurf machen, daß wir, jedenfalls implizite, die Bereitschaft erkennen lassen, auf ehemals deutsches Gebiet zu verzichten. Darauf wäre zu antworten, daß wir diesen Verzicht nur bedingt erklären würden, nämlich nur vorbehaltlich der Zustimmung durch das gesamte deutsche Volk.

Überdies erscheint die Wiedervereinigung Deutschlands als ein Preis, der ein Opfer wert ist; jedenfalls erscheint es besser, ein Opfer zu bringen und dafür ein großes nationales Ziel zu erreichen, als zuzusehen, daß sich die Lage bezüglich der deutschen Gebiete jenseits von Oder und Neiße durch Zeitablauf verschlechtert.

3) Ein weiterer Einwand könnte daraus hergeleitet werden, daß nach dem gemachten Vorschlag die Bundesrepublik Deutschland die Verhandlungen selbst in die Hand nimmt. Darin könnte eine Schwächung des Prinzips der Vier-Mächte-Verantwortung[5] gesehen werden. Demgegenüber aber muß darauf hingewiesen werden, daß es offenbar zunehmend schwieriger wird, die drei Westmächte zu Initiativen in der Deutschland-Frage zu bewegen.[6] Angesichts der Spannungen zwischen den USA und Frankreich[7] könnte es sein, daß eine Einigung zwischen uns und allen drei Westmächten überhaupt nicht

---

[5] Die Vier-Mächte-Verantwortung ging zurück auf die Berliner Erklärung vom 5. Juni 1945, mit der die oberste Gewalt in Deutschland von den Regierungen der USA, Großbritanniens, Frankreichs und der UdSSR übernommen wurde, „von jedem in seiner eigenen Besatzungszone und gemeinsam in allen Deutschland als ein Ganzes betreffenden Angelegenheiten". Vgl. EUROPA-ARCHIV 1946, S. 241.

[6] Die drei westlichen Außenminister reagierten zurückhaltend auf den Vorschlag des Bundesministers Schröder vom 14. Dezember 1964. Vgl. dazu AAPD 1964, II, Dok. 387.

[7] Zur französischen Einstellung gegenüber den USA vgl. Dok. 26.
Zur amerikanischen Einschätzung des bilateralen Verhältnisses vgl. Dok. 69.

oder erst nach so langen Verhandlungen zustande kommt, daß uns günstig erscheinende Momente verpaßt werden.

Wir sind daher genötigt, Verhandlungen über den Deutschland-Komplex stärker, als wir es bisher getan haben, selbst in die Hand zu nehmen.

4) Schließlich müssen wir der Gefahr ins Auge sehen, daß, wenn wir den vorgeschlagenen Weg beschreiten, ein sehr starker Druck auf uns ausgeübt werden wird, die SBZ doch in irgendeiner Form an den Verhandlungen zu beteiligen. Hier allerdings müßte man sich von vornherein mit äußerster Entschlossenheit wappnen, und man müßte auch den westlichen Verbündeten klarmachen, daß wir uns von den in Frage kommenden Verhandlungen zurückziehen würden, falls die SBZ zugelassen würde. Auch eine Lösung, wie die im Jahre 1959 in Genf praktizierte[8], sollten wir nicht wiederholen.

Ich lege die vorstehend skizzierten Erwägungen hiermit dem Herrn Minister[9] vor. Ich schlage vor, daß ich die Tragfähigkeit dieser Überlegungen durch interne Besprechungen innerhalb des Hauses mit dem Planungsstab und Abteilung II[10] zunächst näher prüfe.[11]

Carstens

VS-Bd. 447 (Büro Staatssekretär)

---

[8] Die Delegationen der Bundesrepublik und der DDR nahmen an der Genfer Außenministerkonferenz vom 13. Mai bis 20. Juni und vom 13. Juli bis 5. August 1959 als Beobachter teil.

[9] Hat Bundesminister Schröder am 10. Januar 1965 vorgelegen, der handschriftlich für Staatssekretär Carstens vermerkte: „Mit dem Vorschlag interner Besprechungen bin ich einverstanden – einstweilen bin ich skeptisch, ob eine so komplizierte und an diese notwendigen Vorbedingungen geknüpfte Aktion möglich ist."

[10] Staatssekretär Carstens veranlaßte mit beigefügtem Vermerk die Weiterleitung je einer Abschrift an Staatssekretär Lahr, Ministerialdirektor Krapf, Ministerialdirigent Ruete und Ministerialdirektor Müller-Roschach, denen die Aufzeichnung am 15. Januar 1965 vorlag. Gleichzeitig bat Carstens mit handschriftlichem Vermerk Krapf, Ruete und Müller-Roschach um Rücksprache am 18. Januar 1965, 12.00 Uhr.
Am 18. Januar 1965 vermerkte Carstens handschriftlich für Krapf: „Unter Bezug auf die heutige Besprechung bitte ich a) um Vorlage einer Aufz[eichnung], b) Sicherung der Geheimhaltung. Zu b) bitte ich, die Bediensteten, die mit der Sache befaßt werden, sofort zu bestimmen und jeden zu unterrichten, wer außer ihm mit der Sache befaßt ist. Gespräche dürfen nur in diesem Kreis geführt werden." Vgl. VS-Bd. 447 (Büro Staatssekretär); B 150, Aktenkopien 1965.

[11] Zur Frage einer Deutschland-Initiative vgl. weiter Dok. 7.

5
Gespräch des Bundesministers Schröder mit dem japanischen Botschafter Narita

Z A 5-2.A/65 geheim 8. Januar 1965[1]

Der Herr Bundesminister des Auswärtigen empfing am 8. Januar 1965 um 18.00 Uhr den japanischen Botschafter zu einem Gespräch.

Der *japanische Botschafter* erklärte einleitend, auf dem Rückflug von Washington werde sein Außenminister in London zu Konsultationen Halt machen[2] und habe ihn gebeten, zur Berichterstattung dorthin zu kommen. Der Außenminister habe dieses Mal leider nicht die Zeit, auch Bonn oder Paris in sein Programm einzubeziehen, beabsichtige jedoch, im Mai hierher zu kommen. Der Botschafter fragte dann nach dem Stand der Deutschland-Frage und insbesondere, ob die Bundesregierung mit der amerikanischen Haltung hinsichtlich einer deutschen Initiative[3] zufrieden sei. Nach Zeitungsberichten habe Außenminister Rusk außerdem erklärt, falls sich die internationale Lage verbessere, müsse die Frage der Anwesenheit der amerikanischen Truppen in Deutschland überprüft werden.[4]

Der Herr *Minister* erwiderte, die Gespräche mit den drei Westalliierten über eine mögliche Initiative gegenüber der Sowjetunion seien noch nicht beendet. Amerika habe gerade jetzt angeboten, die Gespräche fortzusetzen, möglicherweise in Bonn. Das sei aber noch nicht endgültig geklärt. Die Bundesregierung begrüße die grundlegenden und sehr guten Erklärungen zur Deutschland-Frage, wie sie Präsident Johnson insbesondere in seiner Rede vor der Georgetown University[5] abgegeben habe. Dasselbe gelte für die State of the

---

[1] Die Gesprächsaufzeichnung wurde vom Vortragenden Legationsrat Kusterer am 14. Januar 1965 gefertigt.
Hat Bundesminister Schröder am 16. Januar 1965 vorgelegen, der auf dem Begleitvermerk von Kusterer handschriftlich für Ministerialdirigent Simon vermerkte: „Verteiler?" Am 21. Januar 1965 ergänzte Schröder: „Keine Verteilung."

[2] Etsusaburo Shiina traf am 14. Januar 1965 zu Gesprächen mit der britischen Regierung in London ein. Vgl. dazu THE TIMES, Nr. 56 220 vom 15. Januar 1965, S. 10.

[3] Vgl. dazu Dok. 3.

[4] Am 3. Januar 1965 erklärte Außenminister Rusk in einem Interview mit dem amerikanischen Fernsehsender NBC auf die Frage nach einer möglichen Reduzierung der amerikanischen Truppenstärke in Europa: „Well, our general view has been that these forces should be there for as long as necessary and that we have felt that they at least thus far have been necessary. [...] Now, if some of these political questions such as Germany and Berlin either can be settled or it can be made clear that they are not going to be made the subject of a crisis, and there can be some easing off of the military confrontation of the two power groups, then perhaps this matter can be reviewed." Vgl. DEPARTMENT OF STATE BULLETIN, Bd. 52, 1965, S. 71.
Zum Echo in der deutschen Presse vgl. den Artikel „Die Bundesregierung hält nichts von Angeboten aus Moskau"; FRANKFURTER ALLGEMEINE ZEITUNG, Nr. 3 vom 5. Januar 1965, S. 1.

[5] Zur Rede vom 3. Dezember 1964 vgl. Dok. 3, Anm. 33.

Union Message.⁶ Im Augenblick sei es natürlich schwierig, den Sowjets irgendwelche Pläne vorzulegen. Andererseits sei es erforderlich, daß die hauptbeteiligten Mächte jede mögliche Gelegenheit benutzten, um die Wiedervereinigung zu begünstigen. Was die amerikanischen Streitkräfte anbelange, so habe Rusk erklärt, diese würden so lange verbleiben, als es die Lage in Deutschland und Berlin erfordere, das heißt also für eine nicht absehbare Zukunft. Nur in einem zweiten Satz habe Rusk hinzugefügt, eine Überprüfung dieser Frage könne auch erfolgen, falls die militärische Lage sich ändere. Die Bundesregierung betrachte jedoch den ersten Satz als den wichtigsten, der davon spreche, daß die Anwesenheit amerikanischer Truppen nicht nur mit der Sicherheitsfrage zusammenhänge, sondern auch mit dem Deutschland-Problem. Die Bundesregierung sei sicher, daß die Vereinigten Staaten noch auf lange Zeit eine Anwesenheit für erforderlich hielten.

Der *japanische Botschafter* fragte dann, ob bei der weiteren Behandlung einer deutschen Initiative von amerikanischer Seite an die Bundesregierung der Wunsch herangetragen werde, konkrete Pläne für die Sicherheit, die Abrüstung und die Grenzfrage vorzulegen.

Der Herr *Minister* erwiderte, diese Frage sei noch offen. Bei einem Informationsgespräch habe Rusk erklärt, alle Fragen müßten natürlich auf westlicher Seite vorbesprochen werden, damit der Westen schon eine gemeinsame Haltung habe, falls die Sowjets solche Fragen aufwürfen.⁷ Es sei aber noch offen, um welche Position es sich handeln sollte. Weiterhin sei unklar, ob überhaupt auf die russische Reaktion hin eine Position eingenommen werden müsse. Eine solche Vorbesprechung im Kreise der westlichen Mächte wäre daher mit anderen Worten ziemlich theoretisch, da die Sowjetunion zwar bereit sei, über Abrüstung, Denuklearisierung, Grenzen und Truppenabzug zu sprechen, dies jedoch ohne jegliche Verbindung mit der Wiedervereinigung tun wolle. Für die Bundesregierung aber seien alle diese Fragen nur im Zusammenhang mit einem Wiedervereinigungsvorschlag interessant. Es werde wohl noch eine lange Zeit dauern, bis die Sowjets zum Gespräch bereit seien, und somit sei die Erarbeitung konkreter westlicher Positionen zu Einzelfragen eine langfristige Angelegenheit.

---

⁶ In der „State of the Union Message" betonte Präsident Johnson am 4. Januar 1965 vor dem amerikanischen Kongreß: „A great unfinished task is the reunification of Germany through self-determination." Vgl. PUBLIC PAPERS, JOHNSON 1965, S. 3.

⁷ Im Hintergrund-Pressegespräch am 30. Dezember 1964 erklärte der amerikanische Außenminister Rusk: „In the first place, I am inclined to think that when an initiative is taken the situation changes, and you just can't sort of take an initiative and sort of forget it the next morning. [...] And I am rather naive to believe that when you start something, you ought to know where you are going. [...] Although we can easily envisage the first speech that you make at such a Four-Power meeting, unless we are agreed on the second and third and fourth speech when the other tough questions come up, then you have got a problem on your hands." Vgl. den Drahtbericht Nr. 3783 des Botschafters Knappstein, Washington, vom 31. Dezember 1964; VS-Bd. 3145 (I A 6); B 150, Aktenkopien 1964.

Der *japanische Botschafter* fragte, ob die grundlegende Politik der Bundesregierung immer noch in dem Vorschlag von 1963[8] zu sehen sei, das heißt einer Revision des Herter-Plans.[9]

Der Herr *Minister* erklärte, im August 1963 habe die Bundesregierung einen diesbezüglichen Plan vorgelegt, der tatsächlich noch nicht endgültig durchdiskutiert sei. Er sei bis vergangenen Mai sehr aktiv diskutiert worden.[10] Inzwischen sei eine verkürzte Fassung erarbeitet worden, die nur noch von einem Vier-Mächte-Gremium spreche.[11] Nunmehr hätten die Amerikaner den Gedanken aufgebracht, daß auch andere Elemente erörtert werden müßten.[12] Er müsse jedoch klarstellen, daß die Vereinigten Staaten selbst noch keine konkrete Position vorgetragen hätten, von der sie wünschten, daß die Bundesregierung sie annehme. Sie hätten nur auf die Notwendigkeit hingewiesen, daß in Verhandlungen mit der Sowjetunion eine gemeinsame westliche Position vorhanden sein müsse.

Der *japanische Botschafter* fragte, ob der unmittelbare Kontakt zwischen Ost- und Westdeutschland und der Gedanke humanitärer Kommissionen Teil eines solchen Planes seien.

Der Herr *Minister* bemerkte, dies sei Teil des Planes gewesen, wobei solche Kommissionen unter dem Dach eines Vier-Mächte-Gremiums eingesetzt werden sollten.

Der *japanische Botschafter* kam dann auf die Nuklearstreitmacht zu sprechen und fragte, welchen nächsten Schritt die Bundesregierung zu tun beabsichtige.

Der Herr *Minister* erklärte, die beteiligten Regierungen stünden zur Zeit in Gesprächen über die Möglichkeit, das Projekt einer Nuklearstreitmacht voranzubringen. Eine Einigung sei hierüber noch nicht erzielt worden. Er halte die Sache auch noch nicht in unmittelbarer Zukunft für konferenzreif. Letztlich gehe es um das Problem, wie weit das schon ziemlich herangereifte Projekt der MLF mit dem britischen ANF-Vorschlag[13] kombiniert werden könnte. Dies sei natürlich eine sehr komplizierte Angelegenheit.

Der *japanische Botschafter* fragte, wie stark die Bundesregierung an der ANF interessiert sei.

---

[8] Für den Vorschlag des Auswärtigen Amts vom 13. August 1963 vgl. AAPD 1963, II, Dok. 296. Zu den Vorbehalten des Bundeskanzlers Adenauer vgl. AAPD 1963, II, Dok. 321.

[9] Für den Wortlaut des Friedensplans, der vom amerikanischen Außenminister Herter am 14. Mai 1959, während der Außenministerkonferenz der Vier Mächte in Genf als gemeinsamer Vorschlag der Westmächte vorgelegt wurde, vgl. DzD IV/2, S. 74–82.

[10] Zu den Erörterungen in der Washingtoner Botschaftergruppe und am 11./12. Mai 1964 in Den Haag über eine mögliche Initiative in der Deutschland-Frage vgl. AAPD 1964, I, Dok. 101, Dok. 124 und Dok. 126.

[11] Zum Vorschlag des Bundesministers Schröder vom 14. Dezember 1964 vgl. Dok. 3, Anm. 2.

[12] Zu den Ausführungen des amerikanischen Außenministers Rusk, daß auch über Grenz- und Sicherheitsfragen gesprochen werden müsse, vgl. Dok. 3, Anm. 26.

[13] Am 11. Dezember 1964 informierte der britische Außenminister Gordon Walker Bundesminister Schröder über das Konzept einer Atlantic Nuclear Force als Alternative zur MLF. Vgl. dazu AAPD 1964, II, Dok. 393. Vgl. dazu weiter Dok. 20, besonders Anm. 9–12.

Der Herr *Minister* wies darauf hin, daß die Bundesregierung es für möglich halte, eine atlantische Streitmacht aufzustellen, die sich aus gemischten Überwasserschiffen, britischen und möglicherweise amerikanischen U-Booten und den britischen V-Bombern zusammensetze. In der Frage der gemischten Bemannung sei Großbritannien bisher hinsichtlich der Überwasserschiffe sehr negativ gewesen.[14] Außerdem bestehe noch die Frage der Organisation und Unterstellung.[15]

Der *japanische Botschafter* fragte, ob Deutschland an der gemischten Bemannung interessiert sei.

Der Herr *Minister* erwiderte, die gemischte Bemannung bilde nach deutscher Auffassung ein wesentliches Element einer solchen Streitmacht.

Der *japanische Botschafter* bemerkte, die Bundesregierung wolle sicherlich nichts tun, ohne daß die französische Regierung dem zustimme.

Der Herr *Minister* erwiderte, man könne darüber noch nichts Endgültiges sagen. Die Bundesregierung wünsche ein Projekt, dem Frankreich zumindest nicht widerspreche. Wie man aber die französischen Wünsche berücksichtigen könne, sei schwer zu sagen. Theoretisch könne man sich eine gewisse Verbindung zwischen der force de frappe und der neuen atlantischen Streitmacht vorstellen.

Der *japanische Botschafter* sagte, jeder Plan werde wohl eine Bestimmung für einen möglichen späteren Beitritt Frankreichs zum Inhalt haben.

Der Herr *Minister* bemerkte, die Bundesregierung hielte einen Plan für gut, der so konstruiert sei, daß Frankreich später beitreten könne, oder mit dem Frankreich zumindest zusammenarbeiten könne.

Der *japanische Botschafter* fragte dann nach dem Stand der europäischen Einigungsbestrebungen.

Der Herr *Minister* erklärte, in wenigen Tagen werde man in Paris den letzten Stand der Angelegenheit erfahren können.[16] Nach deutscher Auffassung sollten nunmehr, da die landwirtschaftlichen und sonstigen Probleme gelöst seien[17], ernsthafte Schritte unternommen werden, um mit einer politischen Union einschließlich gewisser institutioneller Abmachungen zumindest zu beginnen. Darüber werde in Paris zu sprechen sein, und er hoffe, daß man

---

[14] Seit Beginn der Planungen für eine MLF unterstützte Großbritannien das Konzept einer multinationalen Streitmacht, die sich aus Schiffen der einzelnen Teilnehmerstaaten mit jeweils national homogener Mannschaft zusammensetzen sollte. Das Abkommen von Nassau vom 21. Dezember 1962 beinhaltete sowohl diese Konzeption als auch die von den USA und der Bundesrepublik befürwortete multilaterale Variante, die auf den einzelnen Schiffen national gemischte Besatzungen vorsah. Vgl. dazu AAPD 1963, I, Dok. 12 und Dok. 93.

[15] Vgl. dazu die Stellungnahme der Bundesregierung vom 18. Januar 1965 zum britischen ANF-Vorschlag; Dok. 21.

[16] Zu den deutsch-französischen Konsultationsbesprechungen am 19./20. Januar 1965 vgl. Dok. 22, Dok. 23, Dok. 26 und Dok. 27.

[17] Zum Entschluß der Bundesregierung vom 24. November 1964, den Vorschlägen der EWG-Kommission für eine Regelung des Getreidepreises zuzustimmen, und zur Einigung des EWG-Ministerrats am 15. Dezember 1964 auf einen gemeinsamen Preis vgl. AAPD 1964, II, Dok. 358.

zumindest sich einigen könne über einen Anfang vermittels eines Minimums an Institution und Prozedur zwischen den Sechs.

Der *japanische Botschafter* stellte die Frage, welche Einwände die französische und die übrigen Regierungen erhöben.

Der Herr *Minister* erklärte, das sei schwer zu sagen. Es lägen deutsche Vorschläge[18] und ziemlich ähnliche italienische[19] und auch belgische[20] Vorschläge vor. Die Haltung Hollands, Frankreichs und Luxemburgs sei noch nicht ganz klar. Holland scheine dazu zu neigen, etwas zu tun, auch ohne daß die England-Frage[21] vorher gelöst sei.[22] Auch Frankreich scheine eine gewisse Neigung dafür zu zeigen, entweder den deutschen, oder den italienischen oder den Fouchet-Plan[23] neu zu beleben und etwas Gemeinsames auf

---

[18] Die Europa-Initiative der Bundesregierung vom 4. November 1964 sah ein Abkommen zwischen den EWG-Staaten vor, aufgrund dessen ein „beratender Ausschuß" aus Vertretern der einzelnen Regierungen einen Vertrag über die Europäische Politische Union ausarbeiten sollte. Während dieser „vorbereitenden Phase" von drei Jahren sollte es regelmäßige Treffen der Regierungschefs, der Außen-, Verteidigungs- und Kultus- bzw. Erziehungsminister geben, in die auch das Europäische Parlament einbezogen werden sollte. Vgl. BULLETIN 1964, S. 1511. Vgl. dazu auch AAPD 1964, II, Dok. 368.

[19] Der italienische Vorschlag vom 26. November 1964 sah eine formlose Aufnahme der politischen Zusammenarbeit auf der Basis einer „gemeinsamen Deklaration" der Staats- und Regierungschefs der EWG-Staaten innerhalb eines „Versuchszeitraums der Politischen Union" vor. Es sollte eine „Politische Kommission" aus Regierungsvertretern gebildet werden, der ein Sekretariat an die Seite gestellt wäre. In die Beratungen der „Politischen Kommission" sollte das Europäische Parlament nur in Ausnahmefällen einbezogen werden. Es würden ebenfalls regelmäßige Zusammenkünfte der Regierungschefs und der Außenminister stattfinden, jedoch keine eigenständigen Treffen der Verteidigungs- und Kultusminister. Aufgabe der Kommission wäre es, diese Konsultationen vorzubereiten und zur Ausarbeitung von „gemeinsamen Politiken" beizutragen. Vgl. EUROPA-ARCHIV 1965, D 8–11. Vgl. dazu auch AAPD 1964, II, Dok. 368.

[20] Der Vorschlag des belgischen Außenministers Spaak vom 27. Juli 1964 sah ebenfalls ein Abkommen vor, in dem sich die Regierungen der EWG-Mitgliedstaaten verpflichteten, in möglichst kurzer Zeit eine Staatenunion vorzubereiten. In dieser Vorbereitungszeit sollte eine Angleichung der Politik der Mitgliedstaaten angestrebt werden. Ein Ministerausschuß, gebildet von den Außenministern der sechs Staaten, sollte mindestens dreimal jährlich zu Konsultationen zusammentreffen. Er würde eine Exekutivkommission ernennen, der ein Generalsekretariat zur Seite gestellt wäre und die den Vertrag über die Staatenunion auszuarbeiten hätte. Vgl. dazu die Aufzeichnung des Referats I A 1 vom 11. Januar 1965; VS-Bd. 2471 (I A 1); B 150, Aktenkopien 1965. Vgl. dazu auch AAPD 1964, I, Dok. 197 und Dok. 198. Vgl. dazu auch das Rundfunkinterview von Spaak vom 10. September 1964; EUROPA-ARCHIV 1964, D 494–496.

[21] Die Verhandlungen über einen Beitritt Großbritanniens zur EWG scheiterten am 28./29. Januar 1963. Vgl. dazu AAPD 1963, I, Dok. 60.
Zur Haltung der britischen Regierung zu einer europäischen politischen Zusammenarbeit vgl. weiter Dok. 47.

[22] Zur niederländischen Haltung bezüglich einer europäischen politischen Zusammenarbeit vgl. Dok. 166.

[23] Die Regierungschefs der EWG-Staaten beschlossen während ihrer Zusammenkunft am 10./11. Februar 1961 in Paris die Einsetzung einer vom französischen Botschafter Fouchet geleiteten Kommission, die Vorschläge für die Durchführung der angestrebten Gründung einer „Union der Europäischen Völker" ausarbeiten sollte. Während der am 2. November 1961 von der Kommission vorgelegte Entwurf als Ziel dieser Union, die neben den vertragschließenden Staaten auch weiteren europäischen Staaten offenstehen sollte, eine gemeinsame Außen- und Verteidigungspolitik proklamierte, war die Zielsetzung des zweiten Fouchet-Plans vom 18. Januar 1962 begrenzter. Der Hinweis auf die Bereitschaft, weitere Staaten in die Europäische Politische Union aufzunehmen, fehlte, und bezüglich der gemeinsamen Politik war nur noch von einer Annäherung, Koordinierung und Vereinheitlichung der Außen-, Wirtschafts-, Kultur- und Verteidigungspolitik

die Beine zu stellen. Die Positionen müßten aber noch näher definiert werden.

Der *japanische Botschafter* sagte, soweit er wisse, wolle Frankreich auch die Verteidigungsfrage in eine solche politische Union mit einbeziehen.

Der Herr *Minister* erwiderte, Italien habe diesen Punkt in seinem Vorschlag nicht mit aufgenommen. Nach deutscher Auffassung sollte in gewissem Umfang auch über Verteidigungsfragen gesprochen werden, allerdings immer im Einvernehmen mit dem atlantischen Bündnis.

Der *japanische Botschafter* fragte dann, welche Haltung Frankreich in der Verteidigungsfrage einnehme.

Der Herr *Minister* erwiderte, Frankreich scheine gewisse Vorstellungen über eine Veränderung des atlantischen Bündnisses zu haben, nach denen die Integration aufgelöst werden solle.[24] Näheres über diese Vorstellungen sei ihm nicht bekannt. Eine Auflösung der Integration könne die Bundesregierung jedoch nicht akzeptieren. Es sei aber möglich, daß die sechs europäischen Länder in gewissen Verteidigungsfragen eine gemeinsame Position erarbeiteten, ohne die NATO zu schädigen.

Das Gespräch endete gegen 19.00 Uhr.

VS-Bd. 8513 (Ministerbüro)

Fortsetzung Fußnote von Seite 31

der Vertragspartner die Rede. Für den Wortlaut der beiden Fouchet-Pläne vgl. EUROPA-ARCHIV 1961, D 128 f., und EUROPA-ARCHIV 1964, D 466–484. Vgl. dazu auch COUVE DE MURVILLE, Politique Étrangère, S. 363–371; OSTERHELD, Kanzlerjahre, S. 97.

Zum Scheitern der Fouchet-Pläne vgl. auch Dok. 22, Anm. 15.

[24] Zur französischen Haltung gegenüber der NATO vgl. weiter Dok. 26.

6

Aufzeichnung des Ministerialdirektors Meyer-Lindenberg

I A 1-80.00/MLF/10/65 geheim   8. Januar 1965[1]

Betr.: Abkommen über die Nuklearstreitmacht[2];
        hier: Europäisierungsklausel[3]

Bezug: Vermerk des Herrn Staatssekretärs auf dem Fernschreiben vom 5. Januar 1965 – St.S.-7/65 geheim[4] –

Zu der von der italienischen Regierung übermittelten Formulierung für eine Europäisierungsklausel[5] nehme ich wie folgt Stellung:

1) Absatz 1 des italienischen Vorschlags:

Nach meiner Auffassung müssen wir Wert darauf legen, daß die Europäisierungsklausel in dem Abkommen auch dann zur Anwendung kommt, wenn wir uns noch im Vorstadium der Bildung einer[6] Europäischen Politischen Union befinden. Die Einbeziehung des Bereichs der Verteidigung in die europäische

---

[1] Die Aufzeichnung wurde von Legationsrat I. Klasse Lang konzipiert.

[2] Zur geplanten MLF/ANF vgl. Dok. 20.

[3] Bereits im Sommer 1963 regte die italienische Regierung an, in ein Abkommen über eine multilaterale Atomstreitmacht eine Klausel aufzunehmen, die die Anpassung einer MLF-Charta an eine zukünftige politische und militärische Einigung Europas ermöglichen würde. Vgl. dazu AAPD 1963, II, Dok. 222 und AAPD 1963, III, Dok. 414.
Am 20. Oktober 1964 faßte Botschafter Grewe, Paris (NATO), die Grundtendenzen in der Diskussion über eine Europäisierungsklausel zusammen: Zum einen werde daran gedacht, „die MLF automatisch in dem Sinne zu ‚europäisieren‘, daß die Vereinigten Staaten ausscheiden". Nach Überzeugung von Grewe würden sich die USA jedoch nicht „darauf einlassen, im Falle der Bildung einer Europäischen Union automatisch aus der MLF auszuscheiden und dieser noch dazu die volle Verfügungsgewalt und das volle Eigentum an den eingebrachten Polaris-Raketen zu belassen. [...] Andere Überlegungen möchten im Falle der Bildung einer Europäischen Union [...] das amerikanische Veto bei der Entscheidung über den Waffeneinsatz beseitigt sehen." Vgl. den Drahtbericht Nr. 1425, VS-Bd. 1369 (II A 7); B 150, Aktenkopien 1964.
Zum Stand der Erörterung Ende 1964 vgl. AAPD 1964, II, Dok. 330.

[4] Ministerialdirektor Meyer-Lindenberg wurde von Staatssekretär Carstens um Prüfung gebeten, „ob wir die anliegende Europaklausel akzeptieren können, und um entsprechende Unterrichtung des italienischen Botschafters". Vgl. den Drahterlaß Nr. 30 von Carstens an die Ständige Vertretung bei der NATO in Paris; VS-Bd. 2471 (I A 1); B 150, Aktenkopien 1965.

[5] Am 5. Januar 1965 übermittelte der italienische Botschafter Luciolli Staatssekretär Carstens folgenden Vorschlag: „Should the European States parties to the present Charter, as well as non-participating states, reach an agreement to establish a European Union having authority in the field of defense, the contracting parties shall negotiate such adaptations to the Charter as will become advisable to meet the new circumstances.
In particular, the European Parties who are also members of such Union shall negotiate with the other members of the Force the appropriate modifications of the Charter directed to create a partnership between the U.S. and the European Union in the organization of a common defense in the field of nuclear weapons." Vgl. den Drahterlaß Nr. 30 von Carstens an die Ständige Vertretung bei der NATO in Paris vom 5. Januar 1965; VS-Bd. 2471 (I A 1); B 150, Aktenkopien 1965.

[6] Der Passus „noch ... einer" wurde von Staatssekretär Carstens unterschlängelt. Dazu Fragezeichen.

politische Zusammenarbeit schon während der Vorbereitungszeit[7] macht eine Klärung des Verhältnisses dieser Zusammenarbeit zu der Nuklearstreitmacht unumgänglich, zumal dabei immerhin an einen Zeitraum von drei bis fünf Jahren gedacht wird.

Wir sollten auch die ursprüngliche italienische Einführung der Klausel „Should all or some of the European States ..." beibehalten.[8] Die neuen Einführungsworte „Should the European States ..." würden eine Festlegung in dem Sinne bedeuten, daß die Europäisierungsklausel nur dann zur Anwendung kommt, wenn alle europäischen Teilnehmerstaaten der Europäischen Politischen Union angehören.[9] Da unter Umständen aber auch Griechenland und die Türkei[10] Mitglieder der Nuklearstreitmacht sein werden und diese Staaten nicht zur Europäischen Politischen Union gehören würden, wäre die Europäisierungsklausel damit praktisch gegenstandslos.[11]

Schließlich sollte auch nicht die Formulierung gebraucht werden: „the contracting parties shall negotiate such adaptations to the Charter as will become advisable to meet the new circumstances", sondern es sollte von einer Überprüfung (review) des Abkommens gesprochen werden.[12]

Ich schlage deshalb folgenden Wortlaut vor:

„Sollten alle oder einige der europäischen Teilnehmerstaaten dieser Charter unter sich oder mit anderen europäischen Staaten Vereinbarungen über eine europäische politische Zusammenarbeit treffen, die auch das Gebiet der Verteidigung umfassen, so soll die Charter auf Antrag eines Partnerstaates dieser Charter überprüft werden."

---

[7] Zur Europa-Initiative der Bundesregierung vom 4. November 1964 vgl. Dok. 5, Anm. 18.

[8] Der italienische Vorschlag vom 24. September 1964 für eine Europäisierungsklausel wurde mit dem Satz eingeleitet: „Should all or some of the European States parties to the present charter, as well as non-participating states, reach an agreement to establish a European Union, having authority in the field of defence, the contracting parties shall negotiate such adaptations to the charter as will become advisable to meet the new political circumstances." Vgl. den Drahterlaß Nr. 1156 des Legationsrats I. Klasse Arnold vom 13. Oktober 1964 an die Ständige Vertretung bei der NATO in Paris; VS-Bd. 1369 (II A 7); B 150, Aktenkopien 1964.

[9] Dazu vermerkte Staatssekretär Carstens handschriftlich: „r[ichtig]".
Auf die Formulierung „Should the European States ..." hatten sich Botschafter Grewe und der Generalsekretär im italienischen Außenministerium, Cattani, am 13. November 1964 verständigt, da die Worte „Should all or some of the European States ..." auf Kritik vor allem von niederländischer Seite gestoßen waren. Vgl. AAPD 1964, II, Dok. 330.
Bereits am 30. November 1964 teilte jedoch Ministerialdirigent Ruete der Ständigen Vertretung bei der NATO in Paris mit, daß bei weiteren Erörterungen des italienischen Vorschlags doch den einleitenden Worten „Should all or some of the European States" der Vorzug gegeben werden solle. Vgl. VS-Bd. 1369 (II A 7); B 150, Aktenkopien 1964.

[10] Zur türkischen Haltung bezüglich einer Teilnahme an einer MLF/ANF vgl. Dok. 14.

[11] Zum Passus „wäre ... gegenstandslos" vermerkte Staatssekretär Carstens handschriftlich: „r[ichtig]".

[12] Dieser Absatz wurde von Staatssekretär Carstens durch Fragezeichen hervorgehoben.

2) Absatz 2 des italienischen Vorschlags:

Dieser Vorschlag begegnet aus zwei Gründen Bedenken:

a) Er geht ebenfalls davon aus, daß alle europäischen Teilnehmerstaaten der Nuklearstreitmacht zugleich Mitglieder der Europäischen Politischen Union sind. Hierzu verweise ich auf die Ausführungen zu Ziffer 1).[13]

b) Er enthält den Gedanken, daß die europäischen Teilnehmerstaaten, die zugleich der Europäischen Politischen Union angehören, mit den übrigen Partnern über Anpassungen des Abkommens verhandeln, um eine Partnerschaft zwischen den USA und der Europäischen Politischen Union auf dem Gebiet der Nuklear-Verteidigung herbeizuführen.

Eine derartige Konstruktion dürfte sich in der Praxis als undurchführbar erweisen, da davon auszugehen ist, daß sich zumindest Frankreich[14], sicherlich aber auch andere Mitgliedstaaten einer Europäischen Politischen Union, an dem Abkommen nicht beteiligen werden. Über eine Partnerschaft im Bereich der Nuklear-Verteidigung zwischen der Europäischen Politischen Union und den USA kann aber nur von allen Mitgliedstaaten der Europäischen Politischen Union verhandelt werden. Einem Teil der Mitgliedstaaten, nämlich denjenigen, die gleichzeitig an dem Abkommen über die Nuklearstreitmacht beteiligt sind, würde die Legitimation fehlen, für die Europäische Politische Union zu verhandeln. Außerdem kann diese Entscheidung letztlich nur von der Europäischen Politischen Union selbst getroffen und deshalb nicht schon in einem Abkommen zwischen anderen Staaten präjudiziert werden.

Andererseits ist dem Gedanken einer Partnerschaft zwischen den USA und einer Europäischen Politischen Union oder in ihrem Vorstadium denjenigen Staaten, die sich zu einer Verteidigungszusammenarbeit zusammengeschlossen haben, im Bereich der Nuklearverteidigung zuzustimmen. Zu seiner Verwirklichung bedarf es jedoch auch der Mitwirkung derjenigen Staaten, die nicht an dem Abkommen über die Nuklearstreitmacht beteiligt sind.

Unter Berücksichtigung dieser Überlegungen schlage ich folgende Formulierung vor:

„Ziel dieser Überprüfung sollte es insbesondere sein, daß diejenigen europäischen Staaten, die Vereinbarungen über eine europäische politische Zusammenarbeit getroffen haben, die auch das Gebiet der Verteidigung umfassen, mit den übrigen Staaten der Charter über die Organisation einer Partnerschaft zwischen diesen europäischen Staaten und den USA auf dem Gebiet der gemeinsamen Nuklearverteidigung verhandeln."[15]

---

[13] Zu diesem Absatz vermerkte Staatssekretär Carstens handschriftlich: „r[ichtig]".

[14] Staatspräsident de Gaulle wies das Angebot des Präsidenten Kennedy, an einer MLF teilzunehmen, bereits am 14. Januar 1963 zurück. Vgl. dazu AAPD 1963, I, Dok. 21.
Ende 1964 verschärfte sich die französische Ablehnung gegenüber der geplanten MLF. Vgl. dazu AAPD 1964, II, Dok. 377.

[15] Am 7. Januar 1965 schlug Legationsrat I. Klasse Arnold als Reaktion auf den Drahterlaß des Staatssekretärs Carstens vom 5. Januar 1965 vor, dem italienischen Botschafter Luciolli mitzuteilen, daß die Bundesregierung eine Europäisierungsklausel grundsätzlich befürworte, jedoch daran interessiert sei, „eine Wiedervereinigungsklausel mit gleichem Rang wie die Europaklausel als

Abteilung II hat Durchdruck erhalten.

Hiermit dem Herrn Staatssekretär[16] vorgelegt.

Meyer-Lindenberg

VS-Bd. 2471 (I A 1)

7

Botschafter Knappstein, Washington, an das Auswärtige Amt

Z B 6-1-148/65 geheim Aufgabe: 8. Januar 1965, 13.30 Uhr[1]
Fernschreiben Nr. 60 Ankunft: 8. Januar 1965, 20.32 Uhr
Citissime mit Vorrang

Betr.: Gespräch mit Außenminister Rusk am 7.1.65
hier: Deutschland-Frage[2]

I. Außenminister Rusk empfing mich gestern zu einem einstündigen Gespräch, das ich erbeten hatte, um zu Beginn des Jahres eine Tour d'horizon mit ihm zu machen. Die Unterhaltung ging überwiegend um die Deutschland-Frage und wandte sich abschließend dem Problem der MLF zu. Über diesen letzten Teil berichte ich gesondert.[3]

II. Ich habe einleitend darauf hingewiesen, daß mir nicht daran gelegen sei, auf die Beunruhigung einzugehen, die das Background-Gespräch des amerikanischen Außenministers vom 30.12. in der deutschen Öffentlichkeit wachgerufen habe.[4] Diese Angelegenheit dürfte durch das Gespräch von Botschafter

---

Fortsetzung Fußnote von Seite 35

Revisionstatbestand in die Charta aufzunehmen". Ferner würde sie es begrüßen, wenn die Beratungen über eine Europäisierungsklausel zukünftig im Rahmen der MLF-Arbeitsgruppe stattfinden würden. Vgl. VS-Bd. 1369 (II A 7); B 150, Aktenkopien 1965.

[16] Hat Staatssekretär Carstens am 12. Januar 1965 vorgelegen, der für Ministerialdirektor Krapf handschriftlich vermerkte: „Ich bitte Sie, die Sache mit [Abteilung] I zu erörtern. Mir liegt daran, daß wir uns mit den Italienern einigen."
Am 8. Januar 1965 informierte Krapf die Ständige Vertretung bei der NATO in Paris, er habe dem italienischen Botschafter mitgeteilt, daß der Vorschlag vom 5. Januar 1965 für eine Europäisierungsklausel in der „Grundtendenz" den Vorstellungen der Bundesregierung entspreche. Erforderlich sei allerdings, auch eine Wiedervereinigungsklausel in ein MLF-Abkommen aufzunehmen. Weiterhin habe er Luciolli davon unterrichtet, daß er noch nicht im einzelnen zu dem Vorschlag Stellung nehmen wolle, um nicht dem mit der Verhandlungsführung beauftragten Botschafter Grewe vorzugreifen. Er werde ihm jedoch nach dem Besuch des Premierministers Wilson in Bonn die Stellungnahme der Bundesregierung zur Europäisierungsklausel übermitteln. Vgl. VS-Bd. 1369 (II A 7); B 150, Aktenkopien 1965.

[1] Hat Bundesminister Schröder vorgelegen.
[2] Zum Vorschlag einer Deutschland-Initiative vgl. zuletzt Dok. 4.
[3] Vgl. Dok. 8.
[4] Zum Hintergrund-Pressegespräch des amerikanischen Außenministers Rusk vgl. Dok. 3, besonders Anm. 10, 26 und 27, sowie Dok. 5, Anm. 7.
Zum Echo in der Presse vgl. den Artikel „Stets gewarnt"; DER SPIEGEL, Nr. 3 vom 13. Januar 1965, S. 19f.

McGhee mit dem Bundeskanzler[5] inzwischen abgeschlossen worden sein. Worauf es mir ankomme, sei, den Blick nach vorn zu richten. In der ganzen deutschen Öffentlichkeit und infolgedessen in allen Parteien sei eine zunehmende tiefe Unruhe über den Stillstand in der deutschen Frage zu spüren, zumal da die Spaltung jetzt in das zwanzigste Jahr gehe. Dabei werde durchaus begriffen, daß ihre Lösung weder leicht noch umsonst zu haben sei. Ich bäte den amerikanischen Außenminister, mir zu sagen, wie er sich den weiteren Verlauf vorstelle.

Rusk zeigte zunächst eine gewisse Verstimmung über die Reaktionen in der deutschen Öffentlichkeit auf seine Äußerungen vom 30.12. und allgemein über die häufigen „Mißverständnisse" und Empfindlichkeiten (sensitivities). Man könne die deutsche Ungeduld und die deutsche Empfindlichkeit zwar verstehen, aber, soweit die letztere Vorwürfe gegen die USA enthielte, sie nicht als gerechtfertigt anerkennen. Es sei ein Punkt erreicht worden, an dem eine amerikanische „Gegenempfindlichkeit" entstehe – dies sei nicht gut. Die Vereinigten Staaten – und von den Alliierten sie allein – hätten, wie Rusk nachdrücklich unterstrich, sich stets wirklich für die Wiedervereinigung eingesetzt und seit jeher eine konsequente Politik in der deutschen Frage verfolgt. Er selbst habe seit Jahren ausnahmslos in allen Gesprächen mit sowjetischen Vertretern und besonders mit Gromyko auf die Lösung der deutschen Frage gedrängt und versucht, ihnen klarzumachen, daß dies auch in ihrem Interesse liege. Rusk betonte sodann mehrfach, daß die Regierung der Vereinigten Staaten auch heute jederzeit bereit sei, in ein neues Gespräch mit den Sowjets über die deutsche Frage einzutreten und auch die damit verbundenen Risiken auf sich zu nehmen. Allerdings sei es unerläßlich, daß man sich dabei über folgendes im klaren sei:

1) Gromyko habe sich in seinen letzten Gesprächen mit ihm selbst und mit dem Präsidenten unzugänglicher und negativer gezeigt denn je. Im vollen Bewußtsein der in Deutschland bestehenden Unruhe habe Gromyko unterstrichen, daß man nicht die Illusion erzeugen dürfe, als bewege man sich auf die Wiedervereinigung zu.[6] Eine solche Bewegung gebe es nicht. Er habe lediglich die Bereitschaft angedeutet, über solche Fragen zu sprechen wie die Anwesenheit alliierter Truppen in Berlin.[7] Allen anderen Themen und Fragen sei er ausgewichen oder er habe negativ darauf reagiert. Er habe insgesamt den klaren Eindruck hinterlassen, daß die Sowjets nicht bereit seien, die Frage der Wiedervereinigung auch nur zu erörtern.

Man dürfe sich jedoch nicht darauf verlassen, daß die Sowjets das Gespräch lediglich ablehnen würden. Es sei vielmehr durchaus möglich, daß sie eine

---

5 Zur Unterredung vom 5. Januar 1965 vgl. Dok. 3, Anm. 3.
6 Vgl. dazu Dok. 3, Anm. 30.
7 Am 8. Januar 1965 hielt Ministerialdirektor Krapf fest, daß der sowjetische Außenminister im November/Dezember 1964 gegenüber seinen amerikanischen Gesprächspartnern bemerkt habe, „es gebe gewisse Probleme, für die man noch keine gemeinsame Sprache gefunden habe, wie die Anwesenheit alliierter Truppen in West-Berlin und die Regelung des Zugangs nach West-Berlin. Gromyko schlug vor, die Sondierungsgespräche dort wieder aufzunehmen, wo sie 1962 stehengeblieben seien." Vgl. VS-Bd. 3963 (II A 4); B 150, Aktenkopien 1965.

nachdrückliche Initiative des Westens damit beantworteten, daß sie auf ihre Position von 1958/61[8] zurückgingen. Sie könnten etwa fordern, daß die Alliierten ihre Truppen aus Berlin zurückzögen und damit eine neue Krise eröffnen. Rusk erinnerte daran, daß die damalige Berlin-Krise den amerikanischen Rüstungshaushalt mit Mehrausgaben von 6 Milliarden Dollar belastet und ihn selbst eineinhalb Jahre Verhandlungen mit den Sowjets gekostet habe. Die Vereinigten Staaten seien bereit, ein solches Risiko erneut auf sich zu nehmen, jedoch nur dann, wenn sie sich darauf verlassen könnten, daß diese Bereitschaft auch bei den anderen alliierten Mächten und bei uns bestünde. Andernfalls müsse das Entstehen einer neuen Krise unausweichlich dazu führen, daß die amerikanische Öffentlichkeit ihre Regierung frage, ob dies alles nötig gewesen sei. Initiativen zwischen Großmächten könnten nicht beliebig eingeleitet und beliebig „wie ein Wasserhahn" wieder zugedreht werden.

2) Auch materiell sei die Wiedervereinigung Deutschlands ein komplexes Problem, und es stelle sich als erstes die Frage, was denn wiedervereinigt werden solle, d.h. die Frage der deutschen Grenzen. Man könne sich nicht einfach auf den Standpunkt stellen, daß die Lösung einer friedensvertraglichen Regelung vorbehalten bleiben müsse, denn mit der Verhandlung über die Wiedervereinigung befände man sich praktisch bereits in der Verhandlung über den Friedensvertrag. Als weitere Fragen seien die der europäischen Sicherheit und der „arms control" untrennbar mit der Wiedervereinigung verknüpft.

Auch in diesen Dingen gelte es, klar zu sehen. Er habe den Eindruck, daß die deutsche Aufmerksamkeit häufig nur auf die eigentlich deutsche Problematik gerichtet sei, d.h. die Wiedervereinigung im engsten Sinne, während er sich nicht sicher darüber sei, ob man in Deutschland auch bereit wäre, alle die anderen Fragen tatsächlich zu erörtern, die in einer Verhandlung über die Wiedervereinigung unausweichlich aufkämen.

3) Schließlich komme es darauf an, daß es in allen diesen Fragen wenigstens in den Grundzügen eine übereinstimmende westliche Haltung gebe. Die Regierung der Vereinigten Staaten werde sich nur dann zu einer neuen Verhandlungsinitiative mit den Sowjets bereitfinden, wenn diese auf der Grundlage einer gemeinsamen westlichen Position unternommen werden könnte. Rusk wies in diesem Zusammenhang darauf hin, daß die französische Haltung nach den Beobachtungen, die er während der Zusammenkunft der vier Außenminister in Paris[9] habe machen können, unverändert reserviert sei.

Rusk knüpfte an diese Feststellung zwei Anregungen: Besonders wichtig erscheine es ihm, daß der Bundeskanzler bei seinem bevorstehenden Besuch in

---

[8] Am 27. November 1958 forderte die UdSSR in einer Note an die Drei Mächte, „daß die Frage Westberlin gegenwärtig durch Umwandlung Westberlins in eine selbständige politische Einheit – eine Freistadt – gelöst werde, in deren Leben sich kein Staat, darunter auch keiner der bestehenden zwei deutschen Staaten, einmischen würde". Die „Freistadt" sollte „entmilitarisiert" und es dürften „daselbst keine Streitkräfte stationiert werden". Dieser Status müßte durch die Vier Mächte, die UNO oder die beiden deutschen Teilstaaten garantiert werden. Vgl. DzD IV/1, S. 174f.

[9] Zum Treffen vom 14. Dezember 1964 vgl. AAPD 1964, II, Dok. 387.

Paris[10] Gelegenheit nähme, eine sehr ernsthafte, persönliche und in die Tiefe gehende Aussprache mit General de Gaulle über diese Fragen zu führen. Dies, so setzte Rusk hinzu, sage er uns im Lichte der Gespräche, die er selbst kürzlich mit dem französischen Staatspräsidenten geführt habe.[11]

Zum anderen frage er sich, ob der Bundesaußenminister nicht während der zweiten Phase der VN-Vollversammlung[12] in die Vereinigten Staaten kommen könne, um so die Möglichkeit eines neuen Gesprächs unter den vier Ministern zu eröffnen. Natürlich hänge dies u. a. davon ab, wann die Vollversammlung in der Lage sein werde, ihre normale Tagesordnung aufzunehmen. Bekanntlich sei das Problem des Artikel 19 der VN-Charter[13] noch nicht gelöst. Im übrigen habe er diese Anregung auch noch nicht mit der britischen und französischen Regierung erörtert und wisse darum nicht, ob die beiden Mächte zustimmen würden.

III. Den Eindruck, den ich von diesem Teil meines Gesprächs mitgenommen habe, möchte ich wie folgt zusammenfassen:

Trotz stärkster Zweifel an der Gesprächsbereitschaft der Sowjets und einer gewissen Besorgnis über deren mögliche Reaktionen, (die ich allerdings nicht überbewerten möchte), besteht auf amerikanischer Seite die grundsätzliche Bereitschaft, Vier-Mächte-Verhandlungen über die deutsche Frage aufzunehmen. Dies gilt allerdings nur unter einigen wesentlichen Voraussetzungen und Einschränkungen. Die amerikanische Regierung ist offenbar nicht gewillt, sich auf einen lediglich prozeduralen Test einzulassen, und sie scheint zur Zeit auch nicht bereit zu sein, ihr relativ entspanntes Verhältnis zu den Sowjets durch eine Initiative zu belasten, die sich darauf beschränken würde, eine Dachorganisation der Vier Mächte für innerdeutsche Kontakte[14] zu schaffen. Sie will im bilateralen Gespräch mit den Sowjets oder auf Vier-Mächte-Ebene nur dann einen erneuten Versuch machen, Bewegung in die deutsche Frage zu bringen, wenn auf westlicher Seite die von Rusk genannten

---

10 Für die Konsultationsbesprechungen des Bundeskanzlers Erhard mit Staatspräsident de Gaulle am 19./20. Januar 1965 in Rambouillet vgl. Dok. 22, Dok. 26 und Dok. 27.

11 Am Rande der NATO-Ministerratstagung in Paris trafen am 14. und 16. Dezember 1964 der amerikanische Außenminister und der französische Staatspräsident zusammen. Botschafter Knappstein, Washington, teilte dazu am 8. Januar 1965 mit, daß dies in der amerikanischen Presse „vielfach als Beginn einer neuen Phase in den amerikanisch-französischen Beziehungen" gewertet werde, da de Gaulle dem Gedanken einer „gemeinsamen amerikanisch-französischen nuklearen Zielplanung eine gewisse Sympathie" entgegengebracht habe. Das amerikanische Außenministerium bewerte die Gespräche allerdings skeptischer. Vgl. den Drahtbericht Nr. 67; VS-Bd. 3146 (II A 6); B 150, Aktenkopien 1965.
Vgl. dazu auch den Artikel „Le général de Gaulle reçoit M. Dean Rusk"; LE MONDE, Nr. 6195 vom 15. Dezember 1964, S. 1.

12 Die 19. Sitzung der UNO-Generalversammlung, die am 1. Dezember 1964 eröffnet und am 30. Dezember 1964 vertagt worden war, trat am 18. Januar 1965 erneut zusammen.

13 Artikel 19 der UNO-Charta (Fassung vom 26. Juni 1945): „A Member of the United Nations which is in arrears in the payment of its financial contributions to the Organization shall have no vote in the General Assembly if the amount of its arrears equals or exceeds the amount of the contributions due from it for the preceding two full years. The General Assembly may, nevertheless, permit such a Member to vote if it is satisfied that the failure to pay is due to conditions beyond the control of the Member." Vgl. CHARTER OF THE UNITED NATIONS, S. 190.
Zur Finanzkrise der UNO vgl. auch AAPD 1964, II, Dok. 353. Vgl. dazu weiter Dok. 60.

14 Zum Vorschlag des Bundesministers Schröder vom 14. Dezember 1964 vgl. Dok. 3, Anm. 2.

Voraussetzungen geschaffen werden können, um eine umfassende Verhandlung über das mitteleuropäische Problem anzubieten.

Die Hindernisse auf diesem Wege werden natürlich in erster Linie bei den Sowjets, aber auch bei uns und in Frankreich gesehen. Es bestehen offensichtlich Zweifel daran, daß die Bundesregierung zur Zeit die Absicht haben könnte, die deutsche Frage in ihrer ganzen Breite aufzurollen. Desgleichen hat Rusk, und zwar insbesondere aus seinen Gesprächen mit General de Gaulle, unverkennbar den Eindruck aus Paris mitgebracht, daß die französische Regierung den Zeitpunkt für eine solche Verhandlung noch nicht für gekommen hält.

In dieser Lage schlägt die amerikanische Regierung eine Taktik ein, die charakteristisch für Johnson ist und die in ihrem Verhalten zum Problem der MLF eine interessante Parallele findet. Während wir in der letzteren Frage darauf hingewiesen werden, daß es zunächst an uns sei, ein Einvernehmen mit Großbritannien und Italien herzustellen[15], werden wir in der deutschen Frage darauf verwiesen, daß es in erster Linie an uns selbst liege, unseren französischen Partner für ein realistisches Verhandlungsprogramm über die deutsche Frage zu gewinnen. Die Insistenz, mit der Rusk in unserem Gespräch mehrfach auf diesen Gedanken zurückkam, war bemerkenswert.

Ich neige deshalb dazu, die Befolgung der beiden von Rusk gegebenen Anregungen, nämlich des Gesprächs mit General de Gaulle und eines erneuten Treffens der vier Außenminister, als erste Voraussetzung dafür anzusehen, daß wir überhaupt weiterkommen.[16]

Sollte eine interne Abstimmung unter den vier Alliierten nicht zu erreichen sein, so würde dies wohl die Amerikaner dazu veranlassen, einen Vorstoß in der deutschen Frage bis nach den Bundestagswahlen zurückzustellen. Das würde der Tendenz des Präsidenten entsprechen, im Hinblick auf die zahlreichen anderen Probleme, die zur Zeit die amerikanische Regierung belasten (vor allem Vietnam[17]), nicht ohne zwingenden Grund „schlafende Hunde zu wecken".

[gez.] Knappstein

VS-Bd. 8477 (Ministerbüro)

---

[15] Vgl. dazu AAPD 1964, II, Dok. 401.
[16] Zur Frage einer Deutschland-Initiative vgl. weiter Dok. 12.
[17] Zum Vietnam-Konflikt berichtete Botschafter Knappstein, Washington, am 8. Januar 1965, daß die Welle der Kritik an der amerikanischen Vietnam-Politik ein „bislang unerreichtes Ausmaß" angenommen und nun auch den amerikanischen Senat erfaßt habe. Bei den mit dem Vietnam-Konflikt befaßten Stellen mache sich auf der Arbeitsebene „zunehmend Mutlosigkeit und Frustration" bemerkbar, die ihre Ursache offenbar darin habe, daß „alle Vorschläge für ein energischeres Vorgehen [...] gegen Nordvietnam im Weißen Haus [...] verworfen werden". Vgl. den Drahtbericht Nr. 69; Referat I B 5, Bd. 160.

8

Botschafter Knappstein, Washington, an das Auswärtige Amt

Z B 6-1-154/65 geheim Aufgabe: 8. Januar 1965, 16.45 Uhr[1]
Fernschreiben Nr. 63 Ankunft: 8. Januar 1965, 23.27 Uhr
Cito

Betr.: Gespräch mit Rusk am 7.1.65;
hier: Erörterung der MLF

In meinem gestrigen Gespräch mit Dean Rusk, über dessen die deutsche Frage betreffenden Teil ich gesondert berichtet habe[2], kam auch das Problem der MLF zur Sprache.

Ich habe darauf hingewiesen, daß die Bundesregierung in eine gewisse Schwierigkeit geraten sei, weil fast gleichzeitig mit der Auseinandersetzung über eine Deutschlandinitiative auch die amerikanische Haltung zur MLF verändert erscheine.[3] Die Bundesregierung sehe sich der Frage ausgesetzt, ob sie nicht etwa auf einem Projekt weiterhin beharre, an dem auf amerikanischer Seite bereits Zweifel aufgekommen seien.

Rusk hob in seiner Entgegnung mehrfach und mit besonderer Betonung hervor, daß durch die Bereitschaft der Labour-Regierung, das britische nukleare Potential in die NATO einzubringen[4], ein überaus wichtiges neues Element in die Debatte eingeführt worden sei.

In gegenwärtiger Lage komme es nun vor allem darauf an, ein gewisses Einvernehmen zwischen Großbritannien, Italien und der Bundesrepublik herzustellen. Man könne nur schwer sehen, wie sonst weiter verfahren werden solle.[5] Auf meine Frage, was geschehen solle, wenn wir uns mit London nicht einigen könnten, und ob wir uns dann vor die Alternative gestellt sehen würden, auf das ganze Projekt zu verzichten, sagte er, er meine nicht, daß es unbedingt auf eine zweiseitige Verständigung zwischen England und Deutschland ankomme. Er rate uns vielmehr zu einem intensiven Gespräch mit der italienischen Regierung und zu dem Versuch, einen vereinbarten deutsch-italienischen Vorschlag zu erarbeiten, der unter Berücksichtigung (in the light of) der britischen Vorschläge formuliert werden sollte. Wenn es gelänge, eine deutsch-italienische Position unter Berücksichtigung der britischen Vorschläge zustandezubringen, dann wäre der Weg für eine Weiterführung der Verhandlungen freigelegt.

[1] Hat Bundesminister Schröder vorgelegen.
[2] Vgl. Dok. 7.
[3] Vgl. dazu Dok. 3, Anm. 39.
[4] Zum britischen Vorschlag einer ANF, der der amerikanischen Regierung seit dem 8. Dezember 1964 vorlag, vgl. Dok. 20, besonders Anm. 9–12.
[5] In diesem Sinne äußerte sich bereits der amerikanische Sicherheitsberater Bundy am 10. Dezember 1964. Vgl. dazu den Drahtbericht Nr. 3620 des Gesandten von Lilienfeld, Washington, vom 10. Dezember 1964; VS-Bd. 1370 (II A 7); B 150, Aktenkopien 1964.
Vgl. dazu weiter Dok. 49.

Ohne eine solche Vorbereitung durch bilaterale Kontakte erscheine es aber nicht opportun, eine Konferenz der fünf Minister oder auch nur eine Konferenz ihrer Stellvertreter oder von Experten der fünf Mächte einzuberufen, denn es wäre höchst mißlich, wenn ein solches Treffen stattfände, ohne daß es zu einer Einigung käme.

Er glaube im übrigen, daß die britischen Vorschläge nicht unveränderlich seien, sondern Raum für eine Diskussion („for a palaver") enthielten.

Auf meine Frage, ob er während seiner kürzlichen Gespräche in Paris[6] eine Änderung der französischen Haltung zur MLF habe feststellen können, erwiderte Rusk lediglich, er empfehle uns, die französische Position eingehend zu explorieren. Die französischen Einwendungen gegen die MLF seien nach seinem Eindruck nicht in erster Linie an die amerikanische Adresse gerichtet gewesen.[7]

In der amerikanischen Haltung sei kein grundsätzlicher Wandel eingetreten. Die Regierung der Vereinigten Staaten sei heute ebenso wenig bereit wie bisher, General de Gaulle ein Vetorecht in dieser Sache einzuräumen. Sie sei zunächst an einer Übereinstimmung zwischen England, Italien und Deutschland interessiert.

Rusk setzte hinzu, daß ernste Schwierigkeiten im Kongreß entstehen würden, wenn es sich zeigen sollte, daß das Projekt ein Element der Spaltung in die Allianz hineintrüge. Gerade deshalb sei eine Übereinstimmung zwischen Bonn, London und Rom so wichtig.

Man dürfe im übrigen nicht vergessen, daß die Nuklearfrage eine Frage der Allianz als solcher sei, denn hier gehe es um Krieg oder Frieden. Man könne überlegen, ob nicht im Rahmen der NATO ein Exekutivausschuß des bereits bestehenden Ausschusses für Nuklearfragen[8] gebildet werden sollte, dem die fünf Mächte USA, England, Frankreich, Deutschland und Italien angehören würden. Man werde irgendwann eine Formel finden müssen, die die Tür für Frankreich offen ließe. Die ANF mit der MLF als ein Bestandteil, die amerikanischen Nuklearwaffen und „was immer die Franzosen selbst hätten", müßten Elemente eines solchen Systems sein.

Ich möchte nicht unterlassen hinzuzufügen, daß Tyler schon während des Gesprächs und im Anschluß daran Zweifel daran äußerte, ob es opportun und praktisch möglich sein würde, eine Art von priviligiertem engeren Ausschuß für Nuklearfragen innerhalb der Allianz zu bilden.

Ich habe schließlich darauf hingewiesen, daß sich mit der neuen Konzeption der ANF u. a. zwei Probleme für uns stellten. Einmal sei das Gewicht unserer Stimme in diesem erweiterten Rahmen wohl geringer als in der MLF, zum anderen trete der Gesichtspunkt der Non-Proliferation stärker in den Vorder-

---

[6] Zu den Treffen des amerikanischen Außenministers mit Staatspräsident de Gaulle vgl. Dok. 7, Anm. 11.

[7] Zur französischen Haltung hinsichtlich einer Beteiligung der Bundesrepublik an einer MLF/ANF vgl. AAPD 1964, II, Dok. 359 und Dok. 377. Vgl. dazu weiter Dok. 26.

[8] Zum Vorschlag eines „select committee" vgl. weiter Dok. 232.

grund. Während sie im Konzept der MLF mehr als ein Element in der Präambel[9] in Erscheinung getreten sei, würde sie jetzt zu einem Zentralpunkt des Vertrages selbst.[10]

Rusk stellte daraufhin die Frage, ob dieser letzte Punkt in Deutschland Schwierigkeiten machen würde. Falls dies der Fall sein sollte, könne daraus ein Problem erwachsen. Ich habe in meiner Antwort ausgeführt, daß eine vertragliche Verpflichtung zur Non-Proliferation der Bundesregierung eine wesentliche Verhandlungsposition im Rahmen von Wiedervereinigungsverhandlungen wegnehmen könnte. Man würde damit eine wichtige Konzessionsmöglichkeit ohne Eigenleistung in der deutschen Frage verlieren.

In seiner Entgegnung wies Rusk darauf hin, daß der Vertrag unter drei Revisionsklauseln stehen würde, von denen sich eine auf die Wiedervereinigung[11] und eine andere auf die Einigung Europas[12] bezöge, während die dritte den Fall einer entscheidenden Veränderung im Bereich der Abrüstung[13] decke.

Übrigens habe Gromyko die MLF als ein Hindernis für die Wiedervereinigung bezeichnet[14]; auf seine, Rusks, Gegenfrage, ob die Sowjetunion also zu ernst-

---

[9] In der Sitzung der MLF-Arbeitsgruppe vom 15. Oktober 1964 wurde beschlossen, in Ziffer 5 der Präambel einer MLF-Charta folgenden Passus aufzunehmen: „desiring to bring about an increased sharing of responsibility for the nuclear defense of the alliance by joining in a common and integrated effort to own, man, and control an important contribution to that defense, in such a manner as will avoid the proliferation of national nuclear forces." Vgl. den Drahtbericht Nr. 1409 des Botschafters Grewe, Paris (NATO), vom 16. Oktober 1964; VS-Bd. 1368 (II A 7); B 150, Aktenkopien 1964.

[10] Vgl. dazu Dok. 20, besonders Anm. 12.

[11] Zu den möglichen Gründen für eine Änderung der MLF-Charta sollte gehören, daß ein „Partnerstaat im Falle des Vorliegens ‚vernünftiger Gründe'" aus der MLF ausscheiden dürfe, falls der „Board of Governors" die Zustimmung erteilt. Vgl. den Drahtbericht Nr. 1425 des Botschafters Grewe, Paris (NATO), vom 20. Oktober 1964; VS-Bd. 1369 (II A 7); B 150, Aktenkopien 1964.
Am 14. Oktober 1964 erläuterte Staatssekretär Carstens gegenüber der Ständigen Vertretung bei der NATO in Paris das Interesse der Bundesregierung an einer allgemeinen Formulierung einer solchen Klausel: „Wir halten es für erforderlich, daß für den Fall einer Wiedervereinigung die deutsche Mitgliedschaft in der MLF negotiabel bleibt. Da wir jedoch vermeiden wollen, daß durch Aufnahme einer allgemeinen oder einer in dieser Richtung spezifizierten Austrittsklausel ein Element der Unruhe in den MLF-Vertrag gebracht wird, wollen wir diesem Erfordernis mit der Verpflichtung der MLF-Partner gerecht werden, gegebenenfalls ‚the present Charter' zu überprüfen (im Gegensatz zu der in Art. X des Deutschlandvertrages vorgesehenen, eingeschränkteren Überprüfung von ‚the terms of the present Convention'). Es erscheint uns ferner erforderlich, daß die Wiedervereinigungs-Klausel im MLF-Vertrag das gleiche Gewicht hat wie die Europäisierungs-Klausel." Vgl. den Drahterlaß Nr. 1175; VS-Bd. 1369 (II A 7); B 150, Aktenkopien 1964.

[12] Zur Diskussion über eine Europäisierungsklausel vgl. Dok. 6.

[13] Dazu teilte Botschafter Grewe, Paris (NATO), am 20. Oktober 1964 mit, daß auch der Abschluß von Abrüstungsabkommen als möglicher Revisionsgrund für eine MLF-Charta gelten solle. Eine solche Regelung werde vor allem von den USA befürwortet, während die Bundesregierung die Ansicht vertrete, „daß es genügen würde, die Vereinbarkeit der MLF mit Abrüstungsprojekten in der Präambel zu betonen und darüber hinaus in einer Klausel, die sich mit dem Verhältnis der Charter zu anderen künftigen Verträgen befaßt, solchen Abrüstungsabkommen einen Vorrang einzuräumen, denen alle MLF-Partner zugestimmt haben." Vgl. den Drahtbericht Nr. 1425; VS-Bd. 1369 (II A 7); B 150, Aktenkopien 1964.

[14] Zum Gespräch des amerikanischen Außenministers mit seinem sowjetischen Kollegen am 2. Dezember 1964 in New York vgl. den Drahtbericht Nr. 3594 des Gesandten von Lilienfeld, Washington, vom 8. Dezember 1964; VS-Bd. 8477 (Ministerbüro); B 150, Aktenkopien 1964.

haften Wiedervereinigungsverhandlungen bereit sein würde, wenn man die MLF fallen ließe, habe Gromyko allerdings eilends mit „Nein" geantwortet.

[gez.] Knappstein

VS-Bd. 8477 (Ministerbüro)

9

Aufzeichnung des Ministerialdirektors Meyer-Lindenberg

I B 4-82.21/90.35/1666^II/64 geheim   11. Januar 1965[1]

Betr.: Vorbereitung des Nasser-Besuchs[2]
Fortsetzung des Gesprächs von Bundestagspräsident D. Dr. Gerstenmaier mit Präsident Nasser[3]

Die Unterredung zwischen dem Herrn Bundestagspräsidenten Dr. Gerstenmaier und Präsident Nasser hat ein politisches Gespräch über unsere Beziehungen zu den arabischen Staaten und Israel eingeleitet. Der Staatsbesuch Präsident Nassers in der Bundesrepublik sollte den Abschluß dieses Gesprächs bringen. Es wurde zwischen dem Herrn Bundestagspräsidenten und Präsident Nasser vereinbart, daß unser Botschafter in Kairo[4] Präsident Nasser die Vorstellungen der Bundesregierung über den Gesamtkomplex darlegen werde, um eine beide Teile befriedigende Lösung zu finden.

Die miteinander in enger Verflechtung stehenden Themen sind:

1 a) die Waffenlieferungen der Bundesrepublik an Israel[5]
  b) deutsche Wissenschaftler und Experten in der VAR[6]

2 a) Normalisierung der Beziehungen zwischen der Bundesrepublik und Israel[7]

---

[1] Die Aufzeichnung wurde vom Vortragenden Legationsrat I. Klasse Schirmer konzipiert.
[2] Zur Einladung des ägyptischen Präsidenten in die Bundesrepublik und zur Vorbereitung des Besuchs von Nasser vgl. AAPD 1964, II, Dok. 394.
Für das Einladungsschreiben des Bundeskanzlers Erhard vom 12. November 1964 vgl. AAPD 1964, II, Dok. 326.
[3] Bundestagspräsident Gerstenmaier hielt sich auf Einladung des ägyptischen Präsidenten vom 20. bis 23. November 1964 in der VAR auf. Zu seinem Gespräch mit Nasser am 22. November 1964 vgl. AAPD 1964, II, Dok. 352. Vgl. dazu auch AAPD 1964, II, Dok. 385.
[4] Georg Federer.
[5] Vgl. dazu Dok. 2.
[6] Zur Tätigkeit deutscher Experten in der ägyptischen Rüstungsindustrie und zu Überlegungen, gesetzliche Maßnahmen gegen die Mitwirkung Deutscher an der Waffenproduktion fremder Staaten zu ergreifen, vgl. Dok. 1, Anm. 10.
[7] Bundestagspräsident Gerstenmaier argumentierte während seines Aufenthaltes vom 20. bis 23. November 1964 in der VAR, „daß die ‚Normalisierung unserer Beziehungen zu Israel' nicht nur für die Deutschen eine Notwendigkeit sei, indem es ihnen die Handlungsfreiheit wiedergibt, sondern daß es im Grunde auch für die Ägypter nur von Vorteil sein könne, die Bundesrepublik

b) Stellung der arabischen Staaten zur SBZ[8]

3 a) wirtschaftliche Leistungen der Bundesrepublik an Israel[9]

b) Beteiligung der Bundesrepublik an der wirtschaftlichen Entwicklung der VAR[10] und der anderen arabischen Staaten.

Zu 1)

a) Die Waffenlieferungen an Israel sind im deutsch-arabischen Verhältnis eine ständige Quelle der Beunruhigung und des Mißtrauens[11], zumal sie im Gegensatz zu allen offiziellen Erklärungen der Bundesregierung über Nichtbelieferung von Spannungsgebieten[12] stehen. Sie werden von den arabischen Staaten als ein Beweis dafür gewertet, daß die Bundesregierung in dem Verhältnis Israel – arabische Staaten einseitig für Israel Partei nimmt. In Verbindung mit den Gerüchten, daß die Bundesregierung diplomatische Beziehungen mit Israel aufzunehmen gedenkt, befürchtet man in den arabischen Staaten, daß die Bundesregierung im Begriffe ist, ihr politisches und wirtschaftliches Gewicht auf die Seite Israels zu legen.

Fortsetzung Fußnote von Seite 44

in Tel Aviv vertreten zu wissen". Vgl. den Drahtbericht Nr. 1067 des Botschafters Federer, Kairo, vom 25. November 1964; VS-Bd. 2306 (I B 4); B 150, Aktenkopien 1964.

[8] Von den arabischen Staaten unterhielten Anfang 1965 die VAR, Syrien, der Irak und der Jemen konsularische Beziehungen mit der DDR, ohne jedoch durch Konsulate in Ost-Berlin vertreten zu sein.

[9] Zur geheimgehaltenen Gewährung von Krediten an Israel im Rahmen der Aktion „Geschäftsfreund" vgl. AAPD 1964, I, Dok. 76.
Zur Vorgeschichte der Aktion „Geschäftsfreund" vgl. Dok. 2, besonders Anm. 7. Vgl. dazu weiter Dok. 103.

[10] Im Regierungsabkommen vom 3. April 1963 räumte die Bundesrepublik der VAR eine Kapitalhilfe in Höhe von 230 Mio. DM mit einem Zinssatz von 3% und einer Laufzeit von 12 bis 16 Jahren ein. Dieser Rahmenbetrag war Anfang 1965 bereits vollständig für einzelne Projekte verplant; 140 Mio. DM waren schon ausgezahlt. Ein ebenfalls im Regierungsabkommen vom 3. April 1963 zugesagter privater, jedoch bundesverbürgter Bankkredit in Höhe von 80 Mio. DM war vollständig ausgezahlt. Vgl. dazu die Aufzeichnung des Ministerialdirektors Sachs vom 17. Februar 1965; VS-Bd. 8420 (Ministerbüro); B 150, Aktenkopien 1965.
Am 17. November 1964 regte Botschafter Federer, Kairo, an, der ägyptischen Regierung einen Kredit in Höhe von 50 bis 80 Mio. DM zur Verfügung zu stellen, um auf diese Weise das politisch-wirtschaftliche „Instrumentarium" der Bundesrepublik gegenüber der VAR zu erweitern. Vgl. AAPD 1964, II, Dok. 345.
Zu Überlegungen der Bundesregierung, die Wirtschaftshilfe an arabische Staaten aufzustocken, vgl. Dok. 32.

[11] Dazu erläuterte Botschafter Federer, Kairo, am 25. November 1964: „Das Pendant sozusagen zu unserem Verlangen nach ‚Normalisierung der Beziehungen zu Israel' ist das Verlangen der Ägypter und aller von Israel sich bedroht fühlenden arabischen Staaten, daß die deutsche Waffenhilfe an Israel (ohne Bezahlung) sofort ein Ende findet." Federer legte dar, die Tatsache, daß die Bundesregierung keine öffentliche Erklärung zur Ausrüstungshilfe an Israel abgegeben habe, sondern es ‚völlig in der Schwebe" lasse, „welchen Umfang die deutschen Waffenlieferungen an Israel annehmen werden", werde in den arabischen Staaten zu „einer gefährlichen Unruhe führen". Vgl. den Drahtbericht Nr. 1067; VS-Bd. 2306 (I B 4); B 150, Aktenkopien 1964.
Am 25. Januar 1965 plädierte Ministerialdirektor Meyer-Lindenberg für eine sofortige Einstellung der Waffenlieferungen an Israel, „da aus den früheren Verpflichtungen noch laufenden Bindungen nicht vor Ende 1966 abgewickelt sein werden und von dem Gesamtbetrag von 270 Mio. DM bis Ende 1964 erst Gerät im Werte von rund 100 Mio. DM geliefert wurde". Vgl. VS-Bd. 2628 (I B 4); B 150, Aktenkopien 1965.

[12] Zur Erklärung des Auswärtigen Amts vom Dezember 1957 vgl. Dok. 1, Anm. 6.

Präsident Nasser hat daher die Erklärung des Bundestagspräsidenten, daß er die geheimen Waffenlieferungen an Israel auf das schärfste verurteile, mit großer Genugtuung aufgenommen. Das in Aussicht genommene Embargo auf die Lieferung von Waffen (wie eng oder weit der betroffene Staatenkreis zu ziehen ist, müßte einstweilen wohl offen bleiben)[13] ist daher ein Hauptbestandteil eines „Arrangements" mit Nasser. Aber ein Embargo ex nunc genügt natürlich nicht, solange die Ägypter im unklaren gelassen werden, welche Verpflichtungen zur Waffenlieferung noch aus dem Geheimabkommen mit Israel zu erfüllen sind. Am besten wäre ohne Zweifel, die Bundesregierung würde sich – sei es freiwillig durch Kabinettsbeschluß, sei es unter dem Zwang eines Gesetzes – entschließen, die Waffenlieferungen an Israel sofort einzustellen. Da dies wahrscheinlich nicht möglich sein wird, sollte man dies gegenüber Präsident Nasser offen zugeben und ihm dabei einen äquivalenten Ausgleich (sei es ebenfalls durch Waffenlieferung oder durch andere Leistungen) anbieten.[14]

b) Solange die Israelis auf Grund des Geheimabkommens von uns Waffen erhalten, können wir nicht an Präsident Nasser das Ansinnen stellen, uns bei der Entfernung der deutschen Wissenschaftler aus Ägypten behilflich zu sein. Nur wenn wir die Waffenhilfe an Israel sofort einstellen, könnten wir als Äquivalent Präsident Nasser zumuten, sich mit dem Weggang der deutschen Wissenschaftler abzufinden. Insofern besteht also ein Junktim zwischen unseren Waffenlieferungen an Israel und der Tätigkeit der deutschen Wissenschaftler in der VAR.

Andererseits sind bereits wirksame Gegenmaßnahmen angelaufen, um die deutschen Experten aus der VAR abzuziehen.[15] Die Professoren Görcke und Kleinwächter haben die VAR bereits verlassen, und Professor Pilz dürfte in Kürze ebenfalls zurückkehren.[16] Der Abzug der deutschen Wissenschaftler aus der VAR sollte auf die Raketenspezialisten beschränkt bleiben. Für unser

---

[13] Zum Vorschlag des Bundestagspräsidenten Gerstenmaier, Waffenexporte nur noch an NATO-Staaten zuzulassen, vgl. AAPD 1964, II, Dok. 352. Vgl. dazu weiter Dok. 10.

[14] Dazu vermerkte Staatssekretär Carstens handschriftlich für Abteilung I: „Hier muß zunächst Kab[inetts]beschluß ergehen."
Zur Sitzung des Bundeskabinetts vom 27. Januar 1965 vgl. Dok. 40.

[15] Dazu vermerkte Staatssekretär Carstens handschriftlich für Abteilung I: „Wer betreibt diese Sache?"
Ministerialdirektor Jansen schlug in diesem Zusammenhang am 3. November 1964 ein Junktim – Einstellung der deutschen Waffenlieferungen an Israel gegen unbehinderte Abreise der Raketenexperten aus der VAR – vor. Vgl. VS-Bd. 2314 (I B 4); B 150, Aktenkopien 1964.

[16] Zur Beschäftigung der Ingenieure Görcke, Kleinwächter und Pilz in der ägyptischen Rüstungsindustrie vgl. AAPD 1964, I, Dok. 54.
Zur Rückkehr der Raketenexperten führte Staatssekretär Carstens am 21. Januar 1965 in der Fragestunde des Bundestages aus: „Bis Ende 1964 sind über 100 ausländische Techniker aus ihren Arbeitsverhältnissen in der VAR ausgeschieden. In dieser Zeit und danach haben Anwerber […] im süddeutschen Raum versucht, neue Kräfte anzuwerben. Diesen Bemühungen ist jedoch bisher nur ein geringer Erfolg beschieden gewesen. Eine dieser Aktionen wurde durch das Deutsche Fernsehen bekannt, das über die Abreise von 12 Flugzeugbauspezialisten berichtete, die wohl Ende 1964 ausgereist sind. Eine weitere Gruppe von etwa 15 Spezialisten soll bereits früher ausgereist sein. Von Ausreisen in jüngster Zeit ist den amtlichen Stellen nichts bekannt." Vgl. BT STENOGRAPHISCHE BERICHTE, Bd. 57, S. 8350.

Verhältnis zu Israel ist nur eine deutsche wissenschaftliche Mithilfe bei dem Raketenbau – vorwiegend aus psychologisch-politischen Gründen – eine Belastung.

Zu 2)

In einem gleichmäßig angewendeten Waffenembargo würde der politische Wille der Bundesregierung zum Ausdruck kommen, in ihren Beziehungen zu den Staaten des Nahen Ostens das Prinzip der gleichen Behandlung anzuwenden.[17] Voraussetzung für die Anwendung eines solchen Prinzips wäre jedoch, daß die Bundesregierung zu allen Staaten dieses Bereichs gleichartige Beziehungen unterhält. Dies bedeutet logischerweise die Aufnahme diplomatischer Beziehungen zu Israel.

Die Bundesregierung hat daher auch immer betont, daß die Frage der Aufnahme diplomatischer Beziehungen zu Israel nicht eine Frage des „Ob", sondern lediglich des „Wann" sei.[18]

Diese grundsätzliche Haltung sollte auch gegenüber Präsident Nasser immer wieder hervorgehoben werden mit dem Ziel, einen gangbaren, beide Teile befriedigenden Weg zu finden. Dieser gangbare Weg könnte u. U. darin bestehen, daß die Aufnahme von Beziehungen zu Israel in Etappen erfolgt (Handelsvertretung, später Generalkonsulat, später Botschaft).

Der Herr Bundeskanzler hat bereits im Dezember 1964 auf einer Pressekonferenz angedeutet, daß wir bereit seien, eine Handelsvertretung in Israel zu eröffnen.[19] Es kann vorausgesetzt werden, daß die arabischen Staaten sich damit, wie auch mit einer andersartigen nichtdiplomatischen Vertretung, abfinden würden.

Die arabische Reaktion auf die Aufnahme voller diplomatischer Beziehungen wäre jedoch – unabhängig von dem persönlichen Willen und Verständnis Präsident Nassers – die Aufnahme diplomatischer Beziehungen zur SBZ. Die syrische Baath-Partei und auch der irakische Präsident Aref haben das wiederholt öffentlich und in diplomatischen Gesprächen mit uns erklärt.[20] Präsident Nasser befindet sich daher in einer Zwangslage und müßte seinerseits eben-

---

[17] Dazu vermerkte Staatssekretär Lahr handschriftlich: „Ein vollständiges Waffenembargo würde ich nicht unterstützen. Die richtig angewandte Ausrüstungshilfe und Waffenlieferung sind nützliche Instrumente der Außenpolitik."

[18] Auf einer Pressekonferenz am 3. Dezember 1964 antwortete Bundeskanzler Erhard auf die Frage nach der Aufnahme diplomatischer Beziehungen zu Israel, entscheidend für das bilaterale Verhältnis sei die deutsche Pflicht zu Wiedergutmachung. „Die diplomatischen Beziehungen seien im Vergleich dazu von untergeordneter Bedeutung, zumal die Frage nicht sei, ob, sondern wann sie aufgenommen würden." Vgl. den Artikel „Erhard nennt Protestmarsch der Kriegsopfer schlechten Stil"; FRANKFURTER ALLGEMEINE ZEITUNG, Nr. 281 vom 4. Dezember 1964, S. 1 und 4.

[19] Zum Vorschlag vom 15. Dezember 1964 vgl. Dok. 1, Anm. 9.
Vgl. dazu weiter Dok. 33.

[20] Legationsrat I. Klasse Mirow übermittelte am 2. und 3. November 1964 die vom irakischen Minister für Kultur und Informationswesen, Tubdul Kerim Farhan, und zwei Abteilungsleitern im irakischen Außenministerium ausgesprochene Warnung, daß die „sofortige Reaktion" auf die Aufnahme diplomatischer Beziehungen zwischen der Bundesrepublik und Israel die Anerkennung der DDR sein würde. Vgl. die Drahtberichte Nr. 367, 368 und 370; Referat I B 4, Bd. 104.
Zur syrischen und zur irakischen Haltung vgl. Dok. 134, Anm. 2.

falls handeln, um nicht das Gesicht zu verlieren. Der VAR-Botschafter in Bonn hat das Auswärtige Amt ausdrücklich hierauf hingewiesen.[21]

Zu 3)
Falls die Bundesregierung entschlossen ist, die unter 1) und 2) skizzierte Thematik im Gespräch mit Präsident Nasser zu verfolgen, müßte das den arabischen Staaten zugemutete Zugeständnis eine Kompensation auf dem Felde der wirtschaftlichen Leistungen der Bundesrepublik finden. Die Ägypter haben gebeten, die Verhandlungen über die Beteiligung der Bundesregierung an dem zweiten Fünfjahresplan, für die bereits eine grundsätzliche Zusage gegeben worden ist, Mitte Februar in Kairo zu beginnen. Es besteht die Absicht, die Verhandlungen Staatssekretär Lahr zu übergeben, was bedeuten würde, daß die Verhandlungen in Bonn stattfinden müßten, womit die Ägypter sich m. E. einverstanden erklären würden.[22]

Diese Verhandlungen müßten jedoch auf zwei Ebenen geführt werden. Die eine Ebene wäre, was man unsere normale Beteiligung am zweiten ägyptischen Fünfjahresplan nennen könnte, die andere wäre unsere wirtschaftliche Sonderleistung im Hinblick auf die „Neugestaltung" unseres Verhältnisses zum Nahen Osten. Während für die erste Ebene die finanziellen Mittel bereitstehen, müssen sie für die zweite durch Kabinettsbeschluß bewilligt werden.[23]

Hiermit dem Herrn Staatssekretär[24] vorgelegt.

Meyer-Lindenberg

VS-Bd. 2306 (I B 4)

---

[21] Zu Punkt 2) der Aufzeichnung vermerkte Staatssekretär Carstens handschriftlich für Abteilung I: „Bitte hierzu Kab[inetts]vorlage (wie besprochen)."
Zu den diesbezüglichen Äußerungen des ägyptischen Botschafters Mansour vgl. AAPD 1964, II, Dok. 394.

[22] Zu Punkt 3) der Aufzeichnung vermerkte Staatssekretär Carstens handschriftlich für die Abteilungen I und III: „Bitte hierzu Kab[inetts]vorlage (wie besprochen)."
Vgl. dazu weiter Dok. 32.

[23] Dazu vermerkte Staatssekretär Lahr handschriftlich: „Es geht außer um ‚Kompensation' auch um eine sorgfältige, auf längere Frist abgestellte Abwägung der einerseits Israel und andererseits den arabischen Staaten zu gewährenden Entwicklungshilfe."
Zum Fortgang vgl. Dok. 10.

[24] Hat den Staatssekretären Carstens und Lahr am 13. Januar 1965 vorgelegen.
Ministerialdirektor Meyer-Lindenberg leitete die Aufzeichnung am 13. Januar 1965 an Ministerialdirigent Böker weiter. Hat Böker am 14. Januar 1965 vorgelegen, der handschriftlich für das Referat I B 4 vermerkte: „B[itte] R[ücksprache] (vor meiner Reise) u[nd] weit[ere] Veranl[assung]."

10

Bundestagspräsident Gerstenmaier an Bundesminister Schröder

MB 451/65 geheim   11. Januar 1965[1]

Persönlich!

Sehr geehrter Herr Außenminister!

Bei Gelegenheit des Neujahrsempfangs hat mich der Herr Bundespräsident um eine Besprechung gebeten, bei der die Einladung des Präsidenten der Vereinigten Arabischen Republik[2] erörtert werden soll. Aus dem Gespräch mit dem Herrn Bundespräsidenten habe ich entnommen, daß die formelle Einladung noch gar nicht herausgegangen ist[3], obwohl sie am 22. November 1964 unserem Botschafter in Kairo schon angekündigt und er ermächtigt wurde, Präsident Nasser davon Mitteilung zu machen.[4]

Wie Sie aus den Berichten des Botschafters sicherlich wissen, hat Nasser die Einladung auch angenommen[5] und den von mir damit verbundenen Vorschlag akzeptiert, im Wege diplomatischer Verhandlungen den Versuch zu machen, zu Übereinstimmungen zu gelangen, die es uns ermöglichen sollen, die Belastungen auf ein Minimum zu reduzieren, die uns aus der Normalisierung der Beziehungen zu Israel möglicherweise erwachsen würden.

Zu meinem großen und schmerzlichen Bedauern höre ich nun, daß seit meinem Besuch bei Nasser in dieser Sache überhaupt nichts mehr erfolgt sei. Die Botschaft in Kairo hat offenbar bis jetzt keinerlei Instruktionen erhalten, obwohl ich den Eindruck hatte, daß Sie mit dem Konzept des Ganzen einverstanden sind. Der Herr Bundeskanzler hat mir jedenfalls am 7. Dezember 1964 ausdrücklich gesagt, daß er meinen Vorschlag zur Behandlung der Sache für richtig halte.[6] Ich habe auf Grund des Gesprächs mit Nasser vorgeschlagen,

---

[1] Hat Bundesminister Schröder am 13. Januar 1965 vorgelegen, der handschriftlich Staatssekretär Carstens um den Entwurf eines Antwortschreibens bat und vermerkte: „Eilt!"
Hat Carstens am 14. Januar 1965 vorgelegen, der handschriftlich für den Vortragenden Legationsrat I. Klasse Schirmer vermerkte: „Bitte A[ntwort]e[ntwurf] (zwei Briefe)."
Hat Ministerialdirektor Meyer-Lindenberg am 15. Januar 1965 vorgelegen.

[2] Zur Einladung des Präsidenten Nasser in die Bundesrepublik vgl. Dok. 9.

[3] Dazu vermerkte Staatssekretär Carstens handschriftlich: „Das kann erst geschehen, wenn Einigkeit über den Termin besteht."

[4] Am 20. November 1964 übermittelte Staatssekretär Carstens Botschafter Federer, Kairo, den Wortlaut des Einladungsschreibens an Präsident Nasser. Vgl. dazu VS-Bd. 422 (Büro Staatssekretär); B 150, Aktenkopien 1964.
Am 23. November 1964 überreichte Federer im Verlauf des Abschlußgesprächs zwischen Bundestagspräsident Gerstenmaier und Nasser „weisungsgemäß die Botschaft des Herrn Bundeskanzlers". Vgl. den Drahtbericht Nr. 1046; Referat I B 4, Bd. 77.
Zwei Tage später berichtete Federer mit Drahtbericht Nr. 1065, daß die Einladung von Nasser bereits lebhaft in der ägyptischen Presse diskutiert werde, obwohl das offizielle Einladungsschreiben noch nicht übergeben worden sei. Vgl. dazu Referat I B 4, Bd. 72.

[5] Zur Bereitschaft des Präsidenten Nasser zu einem Besuch in der Bundesrepublik vgl. AAPD 1964, II, Dok. 352.

[6] Im Rückblick hielt Bundestagspräsident Gerstenmaier zu dieser Unterredung fest, daß Bundeskanzler Erhard „schwankte, ob er auch ohne israelische Zustimmung die Waffenlieferungen

eine Verständigung mit den Arabern insgesamt, vor allem aber mit Präsident Nasser auf dem Wege zu suchen, daß einige Fragen gebündelt behandelt und die dabei erzielten Kompromisse in einem Schlußprotokoll zusammengefaßt werden, das bei dem Besuch Nassers in Bonn von der Bundesregierung und dem ägyptischen Staatschef unterzeichnet werden soll. Ich habe vorgeschlagen:

1) dabei davon auszugehen, daß deutsche Waffenhilfen in Zukunft nur noch im Rahmen der NATO erfolgen dürfen. Dazu hat der Herr Bundeskanzler sein Einverständnis erklärt. Auf meine Frage hin hat er vorgeschlagen, durch eine gesetzliche Bestimmung eine entsprechende Klarstellung zu treffen. Ich hatte in Kairo den Eindruck, daß eine solche Klärung von großer Bedeutung für alle weiteren Verhandlungen in Kairo und mit anderen arabischen Staaten sein würde.

2) Die der VAR gemachte Zusage, ihren zweiten Fünfjahresplan zu unterstützen[7], müßte im Rahmen der von mir vorgeschlagenen Verhandlungen konkretisiert und präzisiert werden. Einer wie auch immer gearteten Hilfeleistung ohne politische Gegenleistungen würde ich entschieden widerraten, so wie die Dinge stehen.

3) sollte in den Verhandlungen Klarheit darüber geschaffen werden, wie Nasser und die Liga der arabischen Staaten auf die Aufnahme diplomatischer Beziehungen zu Israel (evtl. in Etappen) reagieren würden. Verbale Proteste können dabei von uns ohne weiteres hingenommen werden, wenn aber mehr erfolgt, müßte die Hallstein-Doktrin angewandt werden. Der Eindruck meines Gesprächs mit Nasser war, daß wir mindestens die Chance haben, damit durchzukommen, ohne ernsthafte Rückwirkungen befürchten zu müssen, immer vorausgesetzt, daß wir in anderen Fragen zu einem für Nasser attraktiven Kompromiß kommen.

4) In den Verhandlungen, das ist mein weiterer Vorschlag, sollte der Versuch gemacht werden, über den allgemeinen Horizont einer deutsch-arabischen Freundschaftspolitik sich zu verständigen. Gegen die wirtschaftlichen Engagements von Sowjetrußland[8] und anderer Ostblockstaaten in Ägypten und in der arabischen Welt hätte ich dabei keine weiteren Bedenken, wohl aber gegen geheime oder öffentliche Waffenbündnisse und ähnlich enge politische Verbindungen.

Fortsetzung Fußnote von Seite 49

sogleich beenden und den Israelis dafür Geld oder anderes anbieten solle. Ich plädierte, [...] den Vertrag korrekt zu erfüllen. [...] Schröder hatte sich für einen Stop ausgesprochen." Vgl. GERSTENMAIER, Streit und Friede, S. 502.

[7] Zur Wirtschaftshilfe für die VAR vgl. Dok. 9, Anm. 10.

[8] Am 25. Mai 1964 stellte die UdSSR der ägyptischen Regierung einen Kredit von 225 Millionen Rubel in Aussicht. Zur gemeinsamen Erklärung des Ministerpräsidenten Chruschtschow und des Präsidenten Nasser vgl. EUROPA-ARCHIV 1964, Z 133.
Diese Zusage wurde während des Besuchs des Stellvertretenden Vorsitzenden des Ministerrats der UdSSR vom 22. bis 29. Dezember 1964 in der VAR bestätigt. Schelepin gab bekannt, daß die sowjetische Regierung 252 Mio. Rubel zur Finanzierung von Industrieprojekten und 90 Mio. Rubel zur Fruchtbarmachung von Wüstenboden zur Verfügung stellen werde. Ferner werde sie ihre Waffenlieferungen sowie ihre Unterstützung für den Bau des Staudamms von Assuan fortsetzen. Vgl. dazu AdG 1965, S. 11618f. Vgl. dazu auch EUROPA-ARCHIV 1965, Z 19.

Da sich die politische und wirtschaftliche Position Nassers rapid verschlechtert, wird er auch verzweifelte Versuche nicht scheuen, aus der Klemme zu kommen. Ich möchte dringend empfehlen, diese Situation auszunützen. Es ist mir nicht verständlich, warum das Auswärtige Amt bis jetzt offenbar keinerlei Instruktionen erteilt hat, um die Verhandlungen auf diplomatischem Wege zu eröffnen. Ich verstehe zwar, daß Sie sich selber bei Ihrer außerordentlichen Inanspruchnahme nicht um jedes Detail selber kümmern können, aber ich habe kein Verständnis dafür, daß Ihr Amt offenbar jede Initiative in der Sache bis jetzt unterlassen hat.[9]

In einem Brief, den ich heute dem Herrn Bundeskanzler schrieb, habe ich darauf hingewiesen, daß der Bundestag vermutlich noch vor Ostern das Wiedergutmachungsschlußgesetz[10] verabschieden wird. Ich hoffe, daß es dabei bleibt, daß uns dieses schwierige Gesetz alles in allem nicht mehr als 4 1/2 Milliarden kosten wird. Diese Grenze zu halten wird in Anbetracht der Vorstellungen der Gegenseite nur möglich sein, wenn wir aus der trüben Position des zum politischen Schadensersatz Verpflichteten herauskommen, in der wir uns seit Jahr und Tag eben vor allem durch die bis jetzt unterlassene Normalisierung unserer Beziehungen zu Israel befinden.

Interessieren wird es Sie zu hören, daß sich inzwischen andere Staaten der arabischen Welt, so Marokko und Syrien, an mich offiziell gewandt haben und mir gegenüber zu verstehen gaben, daß eine Lösung des Problems über ihren Kopf hinweg allein mit Herrn Nasser nicht möglich sei. Sie haben, so insbesondere der marokkanische Botschafter[11], dabei klar zu erkennen gegeben, daß sie bereit wären, sich über das Ziel mit uns zu verständigen. Solche Reaktionen waren vorauszusehen. Sie unterstreichen nur, was sicher auch dem Auswärtigen Amt von Anfang an bewußt war, daß nämlich die mit Herrn Nasser zu führenden diplomatischen Verhandlungen harmonisiert werden müßten mit entsprechenden Bemühungen unserer Botschafter in den anderen Staaten der arabischen Liga.

Ich halte es für möglich, daß auch großzügige und energisch geführte Verhandlungen mit Nasser und mit den Arabern überhaupt uns nicht den politi-

---

[9] Am 13. Januar 1965 richtete der Bundestagspräsident ein weiteres Schreiben an Bundesminister Schröder. Gerstenmaier drückte darin die Befürchtung aus, daß „die ganzen Bemühungen in Kairo vergeblich waren und eine Mitschuld auf uns, d. h. in diesem Fall die Untätigkeit Ihres Amtes zurückfällt. [...] Da ich in einer vertraulichen Sitzung die Fraktionen des Bundestages von meinen Gesprächen und Vorschlägen schon vor Wochen unterrichtet habe (Herr Schirmer, der in dieser Sache immer fleißig an der Arbeit war, sich aber offensichtlich nicht durchsetzen konnte, war auch dabei), fürchte ich, daß sehr bald sehr unangenehme Rückfragen auch im Bundestag kommen." Vgl. VS-Bd. 8420 (Ministerbüro); B 150, Aktenkopien 1965.
Im Rückblick schrieb Gerstenmaier über die deutsch-arabischen Beziehungen im Januar 1965: „Der betroffenen Bürokratie hätte ich gerne zugerufen: Schlaft schneller Genossen! [...] Noch ehe der Januar 1965 vergangen war, hatten wir die Folgen dieser [...] unbegreiflichen Zeitvergeudung vor uns." Vgl. GERSTENMAIER, Streit und Friede, S. 502.

[10] Das „Zweite Gesetz zur Änderung des Bundesentschädigungsgesetzes" (BEG-Schlußgesetz) wurde erst am 14. September 1965 verabschiedet. Für den Wortlaut vgl. BUNDESGESETZBLATT 1965, Teil I, S. 1315–1340.

[11] Mehdi Abdeljalil.
Zu den marokkanischen Befürchtungen, die Bundesregierung könne versuchen, ihre „Israel-Probleme im Alleingang mit Nasser zu regeln", vgl. auch AAPD 1964, II, Dok. 378.

schen Erfolg bringen, den wir erstreben müssen, aber ich würde es für einen unvertretbaren Fehler halten, wenn diese Bemühungen gar nicht oder nicht ausreichend, nicht entschieden und nicht großzügig genug durchgeführt würden.[12] Herr Nasser hat sich jedenfalls mir gegenüber bindend bereit erklärt, an einem solchen Versuch des Ausgleichs teilzunehmen. Deshalb möchte ich Sie noch einmal herzlich und inständig bitten, darauf zu drängen, daß unserem Botschafter in Kairo, aber auch in den anderen arabischen Ländern, nunmehr schleunigst klare Instruktionen dafür erteilt werden.[13]

Mit verbindlicher Begrüßung bin ich

Ihr sehr ergebener
Gerstenmaier

VS-Bd. 8420 (Ministerbüro)

11

Runderlaß des Staatssekretärs Carstens

St.S. 50/65 geheim
Fernschreiben Nr. 95 Plurex   Aufgabe: 11. Januar 1965, 20.27 Uhr[1]

Der kanadische Botschafter[2] übergab mir heute zwei Papiere zur MLF/ANF[3], die ich in Fotokopie mit Kurier übersenden werde.

Ich habe ihm folgendes geantwortet:
Wir seien ebenso wie die Kanadier dafür, daß die geplante Nuklearstreitmacht der NATO assigniert werden sollte, und zwar nach unserer Vorstellung SACEUR.

In der Frage der Nichtverbreitung von Kernwaffen sei Deutschland im WEU-Vertrag einen großen Schritt vorangegangen, indem wir auf die Produktion von ABC-Waffen verzichtet und uns insoweit internationaler Kontrolle unterworfen hätten.[4] Kein Land der Welt sei uns auch nur insoweit gefolgt. Bevor

---

[12] Mit Schreiben vom 18. Januar 1965 an den Bundestagspräsidenten äußerte sich Bundesminister Schröder zu der von Gerstenmaier angesprochenen „Schuldfrage, die eine Untätigkeit meines Amts unterstellt". Schröder erläuterte, daß eine schriftliche Einladung an Präsident Nasser erst dann übergeben werden könne, wenn der Termin für den Besuch feststehe; Gespräche darüber seien zwischen der Botschaft in Kairo und dem ägyptischen Außenministerium im Gange. Vgl. VS-Bd. 8420 (Ministerbüro); B 150, Aktenkopien 1965.
[13] Zur Einladung an Präsident Nasser vgl. weiter Dok. 30.

[1] Hat im Durchdruck Bundesminister Schröder vorgelegen. Vgl. VS-Bd. 8481 (Ministerbüro); B 150, Aktenkopien 1965.
[2] John K. Starnes.
[3] Dem Vorgang beigefügt. Vgl. VS-Bd. 433 (Büro Staatssekretär).
[4] Die Bundesrepublik verzichtete in einer auf der Londoner Neunmächte-Konferenz (28. September bis 3. Oktober 1954) von Bundeskanzler Adenauer abgegebenen Erklärung auf die Herstel-

wir weitere Bindungen eingingen, möchten wir mit unseren Partnern folgendes Problem erörtern:

Offenbar hätten die Sowjets ein sehr großes Interesse daran, daß die Bundesrepublik Deutschland eine weitere Verpflichtung über die Nichtverbreitung von Kernwaffen übernähme. Könnte man nicht dieses sowjetische Interesse in den Dienst unserer gemeinsamen westlichen Deutschland-Politik stellen und unseren Beitritt zu einem solchen Abkommen mit Fortschritten in der Deutschland-Frage zu koppeln suchen?[5]

Gegen eine Erörterung des gesamten nuklearen Fragenkomplexes im NATO-Rat hätten wir nichts einzuwenden, allerdings sei es unser Eindruck, daß die Franzosen dem nicht zustimmen würden. Aus diesem Grunde sei es aber offensichtlich unmöglich, die Verhandlungen über die MLF/ANF in den NATO-Rat zu verlegen. Uns erscheine[6] dafür nach wie vor die bereits bestehende Arbeitsgruppe[7] als das geeignete Gremium, die natürlich um Kanada erweitert werden könnte, wenn Kanada sich beteiligen wollte. Zunächst würden aber wohl einige bilaterale Kontakte notwendig sein.

Der Botschafter betonte im Laufe des Gesprächs, daß man auf kanadischer Seite gar keine Eile habe.

Auf seine Frage nahm ich kurz zu den britischen Vorschlägen Stellung und sagte etwa, sie enthielten positive Elemente, so die Unwiderruflichkeit des Beitrages, die Betonung der Notwendigkeit der Integration der Verteidigung von USA und Europa; auch die Bereitstellung von Polaris-U-Booten sei durchaus erwägenswert, doch dürfe dadurch keine wesentliche Verminderung der Zahl der Schiffe der Überwasserstreitmacht eintreten.

Einige andere Punkte erschienen weniger überzeugend, so die Einbringung von V-Bombern, die wohl bald veraltet sein würden; vor allem aber auch der Gedanke, daß außer den Amerikanern die Briten und wir und womöglich weitere Staaten ein Veto ausüben sollten. Dadurch würde die Glaubwürdigkeit der Streitmacht in Frage gestellt. Auch die Bildung einer eigenen nuklearen Kommandobehörde neben SACEUR erscheine uns problematisch.

Ich bitte, meine Ausführungen als vorläufige Sprachregelung[8] anzusehen.

Carstens[9]

VS-Bd. 433 (Büro Staatssekretär)

Fortsetzung Fußnote von Seite 52
  lung von atomaren, biologischen und chemischen Waffen. Diese Erklärung fand Eingang in die Pariser Verträge vom 23. Oktober 1954. Für den Wortlaut vgl. EUROPA-ARCHIV 1954, S. 6979f.
[5] Der Passus „und unseren Beitritt ... suchen?" wurde von Staatssekretär Carstens handschriftlich eingefügt. Dafür wurde gestrichen: „Der Botschafter sagte, dies sei ein interessanter Gedanke."
[6] Dieses Wort wurde von Staatssekretär Carstens handschriftlich eingefügt. Dafür wurde gestrichen: „schiene".
[7] Zur MLF-Arbeitsgruppe im Rahmen der NATO vgl. Dok. 20, Anm. 8.
[8] Für die abschließende Stellungnahme der Bundesregierung vom 18. Januar 1965 zu den britischen ANF-Vorschlägen vgl. Dok. 21.
[9] Paraphe vom 11. Januar 1965.

12

Aufzeichnung des Staatssekretärs Carstens

St.S. 60/65 geheim   12. Januar 1965[1]

Botschafter McGhee suchte mich am 11. Januar 1965 auf seinen Wunsch auf. Ich führte ein etwa einstündiges Gespräch mit ihm.[2]

1) Zweck seines Besuchs war, uns im wesentlichen zu beruhigen wegen der amerikanischen Haltung

a) in der Deutschland-Frage[3],
b) in der Frage MLF/ANF.[4]

zu a)

McGhee erklärte, daß die Amerikaner bereit seien, einen neuen Schritt gegenüber den Sowjets zu unternehmen, und daß sie auch bereit seien, den Vorschlag der Einsetzung eines Vier-Mächte-Rates[5] zu machen. Nur wollten sie zuvor in Gesprächen mit uns und den beiden anderen Westmächten klären, wieweit wir uns bei der weiteren Behandlung dieses Vorschlags einig seien. Es sei keine Rede davon, daß sie von uns verlangten, jetzt auf die deutschen Ostgebiete zu verzichten. Dies habe Rusk auch in seinem Hintergrundgespräch mit den deutschen Journalisten[6] gesagt. Er sei hier mißverstanden und falsch zitiert worden.

zu b)

Es könne keine Rede davon sein, daß sich die Amerikaner an dem Projekt desinteressierten. Auch sei es völlig abwegig, wenn man sagte, die Amerikaner verlangten von uns, daß wir uns mit den Engländern einigen sollten.[7] Tatsächlich hätten die Amerikaner selbst ganz klar zu den englischen Vorschlägen Stellung bezogen, und sie hätten auch den Engländern erklärt, daß sie gewisse Teile ihrer Vorschläge nicht annehmen könnten.[8] Es sei bedauerlich, daß anscheinend Wilson den Eindruck erwecke, als wenn er Washington zur völligen Annahme seiner Vorschläge bewogen habe.[9] Auch sei die Akzentsetzung

---

[1] Durchschlag als Konzept.
[2] Für eine weitere Gesprächsaufzeichnung vgl. Bundeskanzleramt, AZ: 21-30 100 (56), Bd. 12; B 150, Aktenkopien 1965
[3] Zur amerikanischen Haltung zum Vorschlag einer Deutschland-Initiative vgl. Dok. 7.
[4] Zur amerikanischen Haltung bezüglich der geplanten MLF/ANF vgl. Dok. 8.
[5] Zum Vorschlag des Bundesministers Schröder vom 14. Dezember 1964 vgl. Dok. 3, Anm. 2.
[6] Vgl. dazu Dok. 3, hier besonders Anm. 26 und 27.
[7] Zu dieser Forderung des Präsidenten Johnson vgl. AAPD 1964, II, Dok. 401.
[8] Am 8. Dezember 1964 gab der Gesandte von Lilienfeld, Washington, die Information des Leiters der Europa-Abteilung im amerikanischen Außenministerium, Tyler, weiter, die amerikanische Regierung habe in den Gesprächen mit Premierminister Wilson über die MLF „am Prinzip der gemischt bemannten Überwasserschiffe in ausreichender Zahl und deren Unterstellung unter SACEUR festgehalten". Vgl. den Drahtbericht Nr. 3596; VS-Bd. 1370 (II A 7); B 150, Aktenkopien 1964.
Für den Wortlaut der schriftlichen amerikanischen Stellungnahme vom 8. Dezember 1964 zum britischen ANF-Vorschlag vgl. VS-Bd. 8419 (Ministerbüro).
[9] So wurde in dem Artikel „Mr. Wilson Persuades US to Revise Its Ideas" ausgeführt: „A State De-

Healeys falsch, der das ganze als ein Abrüstungsprojekt präsentieren wollte.[10] Die USA würden sich auch keineswegs in ihrer Haltung von Frankreich abhängig machen; wohl werde man für Frankreich einen Stuhl freihalten.[11]

Ich dankte dem Botschafter für seine Mitteilungen und antwortete, ich selbst hätte keine Bedenken hinsichtlich der amerikanischen Politik in der Deutschland-Frage. Ich müßte allerdings zugeben, daß durch eine Koinzidenz mehrerer Ereignisse auch bei mir der Eindruck entstanden sei, als ob sich die Amerikaner in der Frage der MLF/ANF größere Zurückhaltung auferlegen wollten, und ich freute mich, daß ich aus den Worten des Botschafters entnehmen könnte, daß dies nicht der Fall sei.[12]

2) Das Gespräch wandte sich dann noch zwei konkreten Fragen zu:

a) Deutsche Beteiligung an der force de frappe[13]

Fortsetzung Fußnote von Seite 54

partment spokesman admitted that Mr. Wilson had succeeded in changing what he called the official American mood. The Americans now thought that there was less need for haste in pursuing the goal of nuclear multilateralism." Vgl. THE TIMES, Nr. 56 190 vom 9. Dezember 1964, S. 12.

[10] Am 7. Januar 1965 erklärte der britische Verteidigungsminister, daß mit dem britischen ANF-Vorschlag „weder eine Weitergabe nuklearer Waffen an Nicht-Nuklearmächte noch eine Erhöhung des nuklearen Potentials der Allianz verbunden sein dürfe. Zum ersten Mal werde die Abrüstung, die als grundsätzlich zu erreichendes Ziel anzusehen sei, bei der Ausarbeitung der britischen Verteidigungspolitik besonders berücksichtigt." Vgl. den Schriftbericht des Botschafters von Etzdorf, London, vom 11. Januar 1965; VS-Bd. 1370 (II A 7); B 150, Aktenkopien 1965.
Zur Rolle der Nichtverbreitung im Vorschlag einer ANF vgl. Dok. 20, Anm. 12.

[11] Am 17. Dezember 1964 unterzeichnete Präsident Johnson eine Weisung an die Mitglieder der amerikanischen Regierung und das diplomatische Korps, in der nicht nur jede Art von „Druck" auf die Verbündeten als Mittel zur Durchsetzung des Projekts einer MLF ausgeschlossen, sondern auch die Notwendigkeit einer Verständigung mit Frankreich hervorgehoben wurde: „President Johnson will approve no defense plan that is not acceptable to both Britain and Germany, and specifically, will not agree to any program that is not discussed in advance and in detail with France. [...] The United States is not interested in establishing ‚special arrangements' with any single ally or in confronting anybody with any ‚deadlines' for acceptance of United States proposals. Specifically, the President will approve of no plan that does not leave an ‚open door' for any ally to join in the defense of the Atlantic at any time in the future, and this applies particularly to France." Vgl. den Artikel von James Reston: „Johnson Orders Drive to Reunite Western Allies"; THE NEW YORK TIMES, International Edition, Nr. 39 049 vom 22. Dezember 1964, S. 1 f.

[12] Am 15. Januar 1965 teilte Staatssekretär Carstens der Botschaft in Washington mit: „[Die] Amerikaner sind hier sehr bemüht, den Eindruck zu zerstreuen, als wenn ihr Interesse an der Realisierung des MLF/ANF-Projekts zurückgegangen sei. [...] Ich glaube, daß die derzeitigen Bemühungen der Amerikaner ernst zu nehmen sind, doch kann man sie von dem Vorwurf nicht ganz freisprechen, daß sie einige Wochen lang, zumindest in der Öffentlichkeit, den Eindruck erweckten, als wenn ihr Interesse stark zurückgegangen sei. Wir haben daher den Amerikanern auch gesagt, daß es in erster Linie darauf ankomme, den entstandenen öffentlichen Eindruck zu korrigieren." Vgl. VS-Bd. 2471 (I A 1); B 150, Aktenkopien 1965.

[13] Das französische Konzept einer eigenen Atomstreitmacht, der Force de frappe, wurde von Staatspräsident de Gaulle in einer Rede am 3. November 1959 vor der französischen Militärakademie erläutert. Für den Wortlaut vgl. DE GAULLE, Discours et messages, Bd. 3, S. 125–129.
Ende 1964 war der Aufbau der Streitmacht so weit fortgeschritten, daß nach einer Äußerung des französischen Botschafters Frankreich ab Mitte 1965 in der Lage sein würde, im Kriegsfall sowjetische Großstädte mit Atombomben zu zerstören. De Margerie versicherte in diesem Zusammenhang, daß die Force de frappe auch im Falle eines sowjetischen Angriffs auf die Bundesrepublik eingesetzt würde. Vgl. dazu die Aufzeichnung des Staatssekretärs Carstens vom 8. Januar 1965; VS-Bd. 2472 (I A 1); B 150, Aktenkopien 1965.
Zum französischen Verteidigungsprogramm für die Jahre 1965 bis 1970, das von der Nationalversammlung am 2. Dezember 1964 verabschiedet wurde, vgl. AAPD 1964, II, Dok. 370, Anm. 2.

Der Botschafter schien die Sorge zu haben, daß wir aus Mißstimmung über die amerikanische Haltung auf ein etwaiges französisches Angebot einer deutschen Beteiligung an der force de frappe eingehen könnten.

Ich sagte, daß bisher ein konkretes französisches Angebot nicht vorläge.[14] Sollte, was ich für unwahrscheinlich halten würde, ein solches Angebot gemacht werden, so würde nach meiner Auffassung die Bundesregierung darauf hinweisen, daß sie sich nur an einer nuklearen Streitmacht beteiligen könne, die Teil des gemeinsamen atlantischen Verteidigungssystems sei. Wir würden also unseren Einfluß sicher in derselben Richtung geltend machen, in der auch die Amerikaner eine Lösung suchten, nämlich die Herstellung einer Verbindung zwischen der force de frappe und den übrigen atlantischen nuklearen Komponenten.

Im Laufe dieses Gesprächsteils erklärte der Botschafter, daß eine Beteiligung Deutschlands an der force de frappe sicher zu einer Überprüfung der amerikanischen Entscheidungen in Verteidigungsfragen führen würde. Er glaubte nicht, daß die Amerikaner in diesem Falle ihre Truppen noch in Europa lassen würden, denn es bestünde dann die Gefahr, daß diese Truppen durch die force de frappe gegen den Willen der Vereinigten Staaten in einen Krieg verwickelt würden.[15]

b) Ein längerer Teil des Gesprächs drehte sich um die Frage eines Beitritts Deutschlands zu einem etwaigen Abkommen über die Nichtverbreitung nuklearer Waffen.[16] Der Botschafter meinte, daß wir wohl bereit seien, einem solchen Abkommen beizutreten, falls die MLF oder ANF zustande komme. Ich führte aus, wir würden gern mit den Amerikanern über diese Frage sprechen.

Man müsse dabei berücksichtigen, daß die Sowjets ein vitales Interesse an der Denuklearisierung Deutschlands hätten. Es sei daher die Frage, ob man nicht den Versuch machen sollte, einen Beitritt der Bundesrepublik Deutschland zu einem Nichtverbreitungsabkommen von Fortschritten in der Deutschland-

---

[14] Am 17. Februar 1965 hielt Legationssekretär Bräutigam zur Frage einer deutsch-französischen nuklearen Zusammenarbeit fest: „Soweit ersichtlich, hat das Auswärtige Amt zweimal Hinweise erhalten, daß im Jahr 1958 zwischen dem damaligen Bundesverteidigungsminister Strauß und seinem französischen Amtskollegen Chaban-Delmas (Kabinett Gaillard) eine geheime Absprache über eine deutsch-französische nukleare Zusammenarbeit getroffen worden sein soll. [...] Der einen Meldung zufolge [...] haben die beiden Minister vereinbart, daß die Bundesregierung der französischen Regierung Geld und Techniker für die Herstellung nuklearer Waffen zur Verfügung stellen wird. Als Gegenleistung sollte die französische Regierung der Bundesregierung gewisse nukleare Waffen überlassen. [...] Diese Vereinbarung ist offenbar nicht ausgeführt worden. Der jetzige französische Verteidigungsminister Messmer hat dem früheren NATO-Generalsekretär Stikker [...] von der Angelegenheit berichtet und dabei erklärt, er, Messmer, habe eine Erfüllung der Vereinbarung verweigert. Auf Drängen von Strauß sei diese Frage Präsident de Gaulle vorgelegt worden. Dieser habe entschieden, daß ein derartiges Abkommen nicht in Betracht komme." Vgl. VS-Bd. 8420 (Ministerbüro); B 150, Aktenkopien 1965.
Im Verlauf des Jahres 1964 erfolgten von französischer Seite eine Reihe von Andeutungen zu einer möglichen Beteiligung der Bundesrepublik an der Force de frappe. Vgl. dazu AAPD 1964, II, Dok. 343. Am 14. Dezember 1964 betonte jedoch der französische Außenminister Couve de Murville gegenüber seinem britischen Kollegen Gordon Walker, daß Frankreich nicht beabsichtige, der Bundesrepublik und Italien ein Mitspracherecht bei der Force de frappe einzuräumen. Vgl. dazu AAPD 1964, II, Dok. 389.

[15] Dieser Absatz wurde vom Legationsrat I. Klasse Pfeffer hervorgehoben.

[16] Zur Diskussion über ein Nichtverbreitungsabkommen vgl. Dok. 36.

Frage abhängig zu machen. Hier sei vielleicht ein Punkt, wo man einen gewissen Druck auf die Sowjets ausüben könnte.

Der Botschafter antwortete, man solle diese Einwirkungsmöglichkeit nicht überschätzen. Die Sowjets stünden auf dem Standpunkt, daß Deutschland in keinem Falle nukleare Waffen erhalten würde. Außerdem könnte man ja in den Vertrag eine Klausel aufnehmen, die eine Überprüfung für den Fall der Wiedervereinigung Deutschlands vorsähe.

Ich wies den Botschafter darauf hin, daß eine solche Klausel etwa den entgegengesetzten Effekt wie das von mir beabsichtigte Vorgehen erzielen würde. Falls wir einem Nichtverbreitungsabkommen beiträten, wären die Sowjets zufrieden und sie hätten kein Interesse, diese Frage durch eine Wiedervereinigung Deutschlands erneut aufzurollen. Falls wir dagegen unseren Beitritt zu einem Nichtverbreitungsabkommen von Fortschritten in der Deutschland-Frage abhängig machten, aktivierten wir auf diese Weise das sowjetische Interesse an der Lösung der Deutschland-Frage.

3) Abschließend berührte der Botschafter die Reisepläne Präsident Johnsons. Er meinte, der Präsident würde sicher im Frühjahr kommen, doch stehe genaueres noch nicht fest.[17]

4) Mir scheint es wichtig zu sein, daß der Herr Bundeskanzler über den angestrichenen Teil meines Gesprächs unterrichtet wird.[18]

Hiermit dem Herrn Minister mit dem Vorschlag der Unterrichtung des Herrn Bundeskanzlers vorgelegt.

Carstens[19]

VS-Bd. 431 (Büro Staatssekretär)

---

[17] Zu den Planungen für einen Besuch des amerikanischen Präsidenten in Europa vgl. den Artikel „Johnson May Visit Paris, London, Bonn and Rome"; THE NEW YORK TIMES, International Edition, Nr. 39 065 vom 7. Januar 1965, S. 1f. Johnson kam jedoch erst im April 1967, anläßlich der Beisetzung des ehemaligen Bundeskanzlers Adenauer, nach Europa.

[18] Vgl. Anm. 15.
Zur Frage einer Deutschland-Initiative vgl. weiter Dok. 22.

[19] Paraphe.

13

Aufzeichnung des Staatssekretärs Carstens

St.S. 69/65 geheim 13. Januar 1965[1]

Der britische Botschafter[2] suchte mich heute auf, um den bevorstehenden Wilson-Besuch[3] mit mir zu besprechen.

Der Botschafter äußerte zunächst seine Besorgnis wegen der in der Presse erschienenen Artikel, aus denen der Eindruck hervorgehe, als wolle die Bundesrepublik Deutschland sich mit Frankreich um jeden Preis arrangieren[4], als sei der Wilson-Besuch gegenüber der Paris-Reise des Herrn Bundeskanzlers das weniger wichtige Ereignis[5], als sei Deutschland an der Verfolgung des MLF/ANF-Projektes nicht mehr interessiert[6] und als seien Großbritannien und Amerika daran schuld, daß es zu keiner Deutschland-Initiative komme.[7]

Ich antwortete dem Botschafter, daß ich nicht für das verantwortlich sei, was in der Presse geschrieben werde. Die Meinung der Bundesregierung decke sich nicht mit dem, was der Botschafter soeben ausgeführt habe. Wir mäßen dem Wilson-Besuch große Bedeutung bei. Es sei auch keine Rede davon, daß wir uns mit den Franzosen um jeden Preis arrangieren würden, vielmehr würde die Bundesregierung unter allen Umständen an ihren Vorstellungen

---

[1] Durchschlag als Konzept.

[2] Sir Frank K. Roberts.

[3] Der für den 21./22. Januar 1965 geplante Aufenthalt des britischen Premierministers in Bonn wurde aufgrund der schweren Erkrankung des ehemaligen Premierministers Churchill am 15. Januar 1965 verschoben.
Zum Besuch von Wilson am 8./9. März 1965 vgl. Dok. 122.

[4] Dazu die Ausführungen in dem Artikel „High Importance Attached to de Gaulle – Erhard Meeting": „The Federal Government feels itself let down by Washington both over the multilateral nuclear force (which was originally an American idea) and over the German problem [...]. So the case for revising the ‚Atlantic' line, which has paid such poor dividends, and drawing closer again to France, seems overwhelming." Vgl. THE TIMES, Nr. 56 215 vom 9. Januar 1965, S. 7.

[5] Zu den Konsultationsbesprechungen des Bundeskanzlers Erhard am 19./20. Januar 1965 in Rambouillet vgl. Dok. 22, Dok. 26 und Dok. 27.
In dem Artikel „Germans Sense Disengagement in Atlantic Force Plan" wurde dazu ausgeführt: „The announcement yesterday that the Chancellor, Dr. Erhard, would travel to Paris to meet President de Gaulle before his talks here with Mr. Harold Wilson has further reduced the significance of the Anglo-German meeting, according to informed circles here. [...] General de Gaulle insisted on meeting Dr. Erhard before Mr. Wilson came to Bonn (originally they were to have met afterwards); and the Chancellor, much to the chagrin of his Foreign Minister [...] agreed." Vgl. THE TIMES, Nr. 56 214 vom 8. Januar 1965, S. 8.

[6] Am 8. Januar 1965 hob die britische Tageszeitung „The Times" hervor, „that Dr. Erhard has come to appreciate that wisdom lies in allowing the nuclear problem to rest for a while". Vgl. Nr. 56214, S. 8.
Zum Bemühen von Erhard, während des Bundestagswahlkampfes das Thema einer MLF ruhen zu lassen, vgl. Dok. 206, besonders Anm. 37 und 51.

[7] Zur Deutschland-Initiative vgl. Dok. 7.
Vgl. dazu auch den Artikel „Disenchantment in Germany over Reunification"; THE TIMES, Nr. 56 211 vom 5. Januar 1965, S. 7.

über die Notwendigkeit einer integrierten atlantischen Verteidigung festhalten, und das sei ja bekanntlich eine Frage, in der die Bundesregierung und die britische Regierung völlig miteinander übereinstimmten. Es sei schwer, sich vorzustellen, daß es noch eine wichtigere Frage als diese gebe.

Zu den einzelnen Gesprächsthemen des Wilson-Besuchs übergehend, führte ich folgendes aus:

1) MLF/ANF

Die Notwendigkeit einer Lösung dieses Problemkomplexes werde nach wie vor von der Bundesregierung bejaht. Die Gründe, die uns veranlaßt hätten, das MLF-Projekt seinerzeit zu unterstützen, seien nach wie vor gültig. Nach wie vor sei es notwendig, die Zusammenarbeit zwischen Amerika und den europäischen Partnern der Allianz zu verstärken.

Was die britischen Vorschläge anlange, so könne ich dem Botschafter heute dazu nur eine vorläufige Meinung sagen.[8] Die britischen Vorschläge enthielten[9] einige positiv zu bewertende Punkte, mit denen wir voll übereinstimmten, so der Gedanke der Unwiderruflichkeit des britischen Beitrags, so auch die enge Verbindung zwischen der amerikanischen und europäischen Komponente, auch die Zurverfügungstellung von Polaris-U-Booten sei an sich zu begrüßen, wenn man wohl auch versuchen müsse, das Prinzip der gemischten Bemannung auf diesen Bereich auszudehnen.

Schwierigkeiten bereiteten dagegen andere Teile der britischen Vorschläge. Über die militärische Bedeutung der V-Bomber könnte ich mich nicht abschließend äußern. Immerhin seien hier einige Zweifel laut geworden, insbesondere soweit es sich um den Zeitraum handele, in dem die MLF/ANF voraussichtlich existent werde. Daß Großbritannien für sich ein Veto beanspruche und dementsprechend auch anderen europäischen Staaten das Veto konzedieren wolle, hielten wir für wenig glücklich, denn durch zu viele Vetorechte würde die Glaubwürdigkeit der Streitmacht in Frage gestellt. Ganz besonders schwierig aber sei das Problem eines deutschen Beitritts zu einem Abkommen über die Nichtverbreitung von Kernwaffen. Hier müßten wir mit den Engländern, Amerikanern und Franzosen über die Frage sprechen, inwieweit eine solche Verpflichtung gekoppelt werden könnte mit einem Fortschritt in der Wiedervereinigungsfrage.[10] Es sei offensichtlich, daß die Sowjets ein sehr großes Interesse an zusätzlichen Bindungen der Bundesrepublik Deutschland im nuklearen Bereich hätten. Sollte man nicht dieses Interesse für die Wiedervereinigung nutzbar machen?

Der Botschafter fragte, ob er damit rechnen könnte, daß wir zu den britischen Vorschlägen noch vor dem Wilson-Besuch Stellung nehmen würden.

---

[8] Für eine ausführlichere Stellungnahme der Bundesregierung vgl. Dok. 21.
[9] Dieses Wort wurde von Staatssekretär Carstens handschriftlich eingefügt. Dafür wurde gestrichen: „hätten".
[10] Zu diesen Überlegungen vgl. zuletzt Dok. 12.

Ich sagte, wir würden dies versuchen, ich könne es nicht fest versprechen.[11] Der Botschafter wies darauf hin, daß die Amerikaner[12] und die Italiener[13] bereits schriftlich Stellung genommen hätten.

Zu den prozeduralen Fragen führte ich aus, daß wir die britische Idee, den MLF/ANF-Komplex im NATO-Rat zu verhandeln, für nicht zweckmäßig hielten, denn es sei unmöglich, Verhandlungen in Gegenwart von Partnern zu führen, die das Verhandlungsziel als solches ablehnten. Das bedeute nicht, daß wir Einwendungen gegen eine Erörterung des Fragenkomplexes im NATO-Rat hätten. Allerdings scheine es so zu sein, daß die Franzosen dagegen Bedenken anmelden würden.

Das geeignete Verhandlungsgremium sei nach meiner Auffassung die alte MLF-Arbeitsgruppe, die um Kanada erweitert werden könnte.[14] Sie biete den großen Vorteil, daß sie mit der Materie vertraut sei. Außerdem sei die Diskretion von Verhandlungen an kaum einer Stelle so gut zu wahren wie im NATO-Gebäude in Paris.

Aus der Antwort des Botschafters schien hervorzugehen, daß die Engländer keine starken Einwendungen gegen diese von mir entwickelten prozeduralen Gedankengänge haben.

2) Deutschland-Frage

Hier legte ich dem Botschafter dar, daß ein starkes und, wie ich glaubte, berechtigtes deutsches Interesse daran bestehe, die Deutschland-Frage nicht von der internationalen Tagesordnung verschwinden zu lassen. Deswegen müßten unter Umständen auch dann Vorschläge gemacht werden, wenn man befürchten müsse, daß sie von der sowjetischen Seite abgelehnt würden.

---

[11] Die Stellungnahme der Bundesregierung zum ANF-Vorschlag wurde der britischen Regierung am 18. Januar 1965 zugeleitet. Vgl. dazu Dok. 21, Anm. 22.

[12] Für die amerikanische Stellungnahme vom 8. Dezember 1964 vgl. VS-Bd. 8419 (Ministerbüro).

[13] Eine erste italienische Stellungnahme erfolgte bereits Ende November 1964. Darin wurde hervorgehoben, daß eine integrierte Nuklearstreitmacht SACEUR unterstellt werden müsse, ein britisches Veto nicht akzeptiert werden könne und ein „europäisches Element der MLF" erhalten bleiben müsse. Ferner müsse die MLF eine „multilaterale schwimmende Überwasserstreitmacht" bleiben. Vgl. AAPD 1964, II, Dok. 357.
Am 13. Januar 1965 informierte Ministerialdirigent Ruete die Ständige Vertretung bei der NATO in Paris sowie die Botschaften in Washington, London, Paris, Rom und Den Haag, daß die italienische Regierung vor allem an den folgenden Punkten des ANF-Vorschlags Kritik übe: „Die britischen Vorschläge brächten eine ‚gewisse Verwirrung' zwischen den drei Kategorien nuklearer Streitkräfte, den nationalen, den ‚bilateralen' (gemeint sind Trägerwaffen eines europäischen Staates mit amerikanischen Sprengköpfen) und den multilateralen Streitkräften." Daher solle die britische Regierung um Aufklärung gebeten werden, „ob beabsichtigt sei, die einzubringenden nationalen Kontingente weiterhin in einer gewissen nationalen Bindung zu halten, und wieweit sich die Kontrollgewalt der ‚authority' der ANF auf diese nationalen Elemente erstrecken solle." Ferner würden für das „gemischt-bemannte Element" Überwasserschiffe oder U-Boote landgebundenen Waffen vorgezogen. Die italienische Seite sei zudem nur bereit, die Einbringung von V-Bombern als zeitlich befristete Lösung und unter der Voraussetzung, daß Großbritannien auch an den gemischt bemannten Streitkräften teilnehmen werde, zu prüfen. Vgl. den Runderlaß Nr. 140; VS-Bd. 1370 (II A 7); B 150, Aktenkopien 1965.

[14] Zur MLF-Arbeitsgruppe vgl. Dok. 20, Anm. 8. Zu einer möglichen Beteiligung von Kanada vgl. bereits Dok. 11.

3) Ost-West-Beziehungen

Der Botschafter erklärte, Wilson würde über den bevorstehenden Kossygin-Besuch[15] sowie über die britischen Beziehungen zu den anderen osteuropäischen Staaten sprechen wollen.

Ich erklärte, auch wir würden uns gern dazu äußern. Der Meinungsaustausch würde sicherlich nützlich sein.

4) Ausgleichsverhandlungen[16]

Der Botschafter wies darauf hin, daß der Stand der Verhandlungen unbefriedigend sei.[17] Mr. Wilson würde sicher darauf zu sprechen kommen. Der Botschafter erwähnte in dem Zusammenhang auch die Möglichkeit eines Kaufs des Flugzeugtyps BAC 1-11 durch die Deutsche Lufthansa[18] und wies darauf hin, daß amerikanische Luftfahrtgesellschaften 60 bis 80 Stück dieses Typs gekauft hätten.

Ich erklärte, ich könne mich zu dem Komplex jetzt nicht abschließend äußern. Die Erklärungen, die der „Spiegel" Ministerialdirektor Kreipe in den Mund gelegt habe, seien tief zu bedauern.[19] Ich hoffte, daß es sich um eine, bekannt-

---

[15] Am 16. Dezember 1964 informierte Premierminister Wilson das britische Unterhaus, daß Ministerpräsident Kossygin eine Einladung nach London für das kommende Frühjahr angenommen habe. Vgl. dazu HANSARD, Bd. 704, Spalte 429.

[16] Am 27. Juli 1964 wurde ein deutsch-britisches Devisenausgleichsabkommen unterzeichnet. Darin erklärte sich die Bundesrepublik bereit, die durch die Stationierung britischer Truppen entstehenden Ausgaben in Pfund Sterling „soweit wie möglich auszugleichen und dadurch die Zahlungsbilanz des Vereinigten Königreichs in der Zeit vom 1. April 1964 bis zum 31. März 1966 zu entlasten". Dies sollte durch „Rüstungskäufe und Käufe auf dem zivilen Sektor" geschehen, worunter auch Käufe für Drittländer fielen, die von der Bundesregierung veranlaßt wurden und sich auf die britische Zahlungsbilanz günstig auswirkten. Vgl. BULLETIN 1964, S. 1125.
Vgl. dazu auch AAPD 1964, II, Dok. 208.

[17] Zur Behandlung von Fragen im Zusammenhang mit der Durchführung des Protokolls über den Devisenausgleich wurde eine deutsch-britische Gemischte Kommission eingesetzt. Am 8. Dezember 1964 berichtete der Abteilungsleiter im Bundesministerium der Finanzen, Féaux de la Croix, von Verhandlungen der Kommission in London, „daß eine angemessene Erfüllung des Offset-Abkommens für die neue Regierung angesichts ernster Devisenlage ein Politikum ersten Ranges geworden sei. Gegenüber einer errechneten Devisenlast der Rheinarmee von 1,8 Milliarden DM für zwei Jahre sind seit 1.4. d. Jhrs. aus dem militärischen und zivilen Sektor nur rund 260 Mio. DM in Auftrag gegeben und hiervon nur 100 Mio. DM effektiv gezahlt worden. Soweit zur Zeit voraussehbar, wird bis zum Ablauf des Abkommens (31.3.1966) insgesamt nur ein Volumen von 770 Mio. DM zu schaffen sein. [...] Dies würde bedeuten, daß nur rund 40% des britischen Devisenaufwands gedeckt sind." Vgl. den Drahtbericht Nr. 1323 aus London, Referat III A 4, Bd. 397.

[18] Am 10. Dezember 1964 hielt Ministerialdirigent Graf von Hardenberg zu den deutsch-britischen Gesprächen über einen Devisenausgleich fest, daß „bei der derzeitigen Lage [...] nur ein Ankauf der BAC 1-11 (22 Stück 276 Mio. DM) eine fühlbare Entlastung bringen" könne.
Ebenfalls am 10. Dezember 1964 wurde allerdings seitens des Referats III A 4 darauf hingewiesen, daß sich die „Lufthansa" aus technischen Gründen seit längerem für den Ankauf von amerikanischen Flugzeugen entschieden habe und sich „gegen eine politische Beeinflussung ihrer wirtschaftlichen Entscheidungen über die Erneuerung ihres Flugzeugparks" verwahre. Vgl. Referat III A 4, Bd. 397.
Vgl. dazu weiter Dok. 47.

[19] In dem Artikel „Soviel Blödsinn" wurde der Abteilungsleiter im Bundesministerium für Verkehr mit den Worten zitiert: „Es sollte doch in erster Linie um deutsche Rüstungskäufe gehen, und nun sind sie auf die gloriose Idee gekommen, uns ihre verdammte BAC 1-11 anzudrehen." Kreipe, selbst Mitglied des Aufsichtsrats der „Lufthansa", habe darauf hingewiesen, daß der Erwerb der britischen Flugzeuge die Fluggesellschaft, die 1963 und 1964 erstmals Gewinne erzielt habe, er-

lich oft zu beobachtende, unrichtige Berichterstattung des „Spiegel" handele. Ich hätte das Verkehrsministerium um eine Äußerung gebeten.[20]

5) Europäische politische und wirtschaftliche Zusammenarbeit[21]

Der Botschafter erklärte, daß Mr. Wilson sich sehr dafür interessieren würde zu erfahren, wie weit die einzelnen europäischen Projekte gediehen seien.

6) Lage der britischen Wirtschaft

Der Botschafter erklärte, hierzu würde Mr. Wilson sicherlich gerne Ausführungen machen.

7) Lage in Asien

Auch hier erklärte der Botschafter, daß Mr. Wilson den englischen Standpunkt darlegen würde. Im Mittelpunkt würde sicherlich der Komplex Malaysia-Indonesien[22] stehen, schon im Hinblick auf seine Rückwirkungen auf die britische Truppenpräsenz in Deutschland.[23]

Hiermit dem Herrn Minister vorgelegt. Ich habe veranlaßt, daß ein Durchdruck dieser Aufzeichnung Abteilung I, der Botschaft London sowie der NATO-Botschaft Paris zugeleitet wird, und ich darf vorschlagen, die Aufzeichnung dem Herrn Bundeskanzler vorzulegen.

gez. Carstens

VS-Bd. 421 (Büro Staatssekretär)

Fortsetzung Fußnote von Seite 61

neut ins Defizit treiben würde. Auf die Frage, ob er einen Beschluß des Bundeskabinetts zum Kauf der BAC 1-11 für möglich halte, habe er geantwortet: „Mit dem Geld wird soviel Blödsinn gemacht in der Bundesrepublik, daß ich mich auch darüber nicht wundern würde." Vgl. DER SPIEGEL, Nr. 1 vom 6. Januar 1965, S. 26 f.

[20] Am 13. Januar 1965 teilte der Staatssekretär im Bundesministerium für Verkehr mit, daß Ministerialdirektor Kreipe gegenüber dem Nachrichtenmagazin „Der Spiegel" telefonisch zu den Kaufverhandlungen der „Lufthansa" Stellung genommen habe. Seiermann zeigte sich überzeugt, daß Kreipe „seine Äußerungen in einer gewissen saloppen Art gemacht hat. Es ist aber nicht richtig, daß die Äußerungen in der vom ‚Spiegel' wiedergegebenen Form gefallen sind. Der ‚Spiegel' hat vielmehr Bemerkungen in dem Gespräch aus dem Zusammenhang gerissen und in bekannter ‚Spiegel'-Manier in der von ihm erwünschten Weise dargestellt."
In diesem Sinne unterrichtete am 12. Februar 1965 Ministerialdirektor Sachs den britischen Gesandten Melville und sicherte zu, „daß die Bundesregierung für eine unvoreingenommene Prüfung der für die Lufthansa in Frage kommenden Flugzeugmodelle Sorge tragen" werde. Vgl. Referat III A 4, Bd. 397.

[21] Zu den Plänen für eine europäische politische Union vgl. Dok. 5, Anm. 18–20.

[22] Vgl. dazu weiter Dok. 24, Anm. 18 und 19.

[23] Eine Erörterung der angesprochenen Themen mit Premierminister Wilson fand bereits am 30. Januar 1965 statt, anläßlich der Teilnahme des Bundeskanzlers Erhard an der Beisetzung des früheren Premierministers Churchill. Vgl. Dok. 47.

14

Staatssekretär Carstens an die Botschaft in Ankara

St.S. 79/65 geheim 13. Januar 1965
Cito

Türkischer Botschafter[1] teilte mir soeben mit, daß seine Regierung beschlossen habe, an den Arbeiten der MLF-Arbeitsgruppe[2] künftig nicht mehr teilzunehmen.[3] Hierfür seien folgende Gründe maßgebend:

1) Die damit verbundenen Kosten überstiegen die finanziellen Möglichkeiten der Türkei;

2) die Türkei zweifele, ob ein zusätzlicher militärischer Faktor durch die MLF entstehen würde;

3) das Projekt habe sich ganz erheblich geändert.

Ich antwortete, daß ich die türkische Entscheidung sehr bedauere und die türkische Regierung dringend bitte, sie nicht öffentlich bekanntzugeben, bevor wir nicht noch einmal Gelegenheit gehabt hätten, mit der türkischen Seite über die Sache zu sprechen.[4] Was die einzelnen Argumente anlange, die der Botschafter vorgetragen habe, so könne ich darauf folgendes antworten:

zu 1) Was die Kostenfrage anlange, so seien wir immer davon ausgegangen, daß die Türkei einen wesentlichen finanziellen Beitrag nicht würde leisten können.

zu 2) Die militärischen Sachverständigen seien der Meinung, daß die MLF einen zusätzlichen militärischen Wert darstelle.

zu 3) Es sei richtig, daß die britischen Vorschläge[5] von dem ursprünglichen Projekt abwichen, doch sei bisher keineswegs entschieden, ob sie angenom-

---

[1] Ziya Müezzinoglu.
[2] Zur MLF-Arbeitsgruppe in Paris vgl. Dok. 20, Anm. 8.
[3] Botschafter von Walther, Ankara, informierte dazu am 8. Januar 1965 aus einer Unterredung mit dem türkischen Außenminister, daß Erkin beabsichtige, in der folgenden Woche vor dem Parlament die Entscheidung der türkischen Regierung bekanntzugeben, sich aus dem MLF-Projekt zurückzuziehen. Die USA hätten ihre Bedenken gegen eine solche Erklärung, die sie noch im November 1964 geltend gemacht hätten, zurückgestellt. Vgl. den Drahtbericht Nr. 19; VS-Bd. 433 (Büro Staatssekretär); B 150, Aktenkopien 1965.
[4] Bereits am 11. Januar 1965 erteilte Staatssekretär Carstens Botschafter von Walther, Ankara, die Anweisung, den türkischen Außenminister Erkin zu bitten, „in dieser Sache keine überstürzten Entscheidungen zu treffen". Vgl. den Drahterlaß Nr. 15; VS-Bd. 433 (Büro Staatssekretär); B 150, Aktenkopien 1965.
Am 15. Januar 1965 antwortete Walther, er habe schon am 10. Januar 1965 mit Erkin „im angegebenen Sinne" gesprochen. Der Außenminister habe bestätigt, daß der Entschluß der türkischen Regierung „definitiv" sei. Walther äußerte die Ansicht, Einfluß auf die Entscheidung hätten „außer der schweren Verbitterung über die amerikanische Haltung in der Zypernkrise auch gewisse Ressentiments in der Frage der Aufstellung der Jupiter-Raketen" gehabt. Vgl. den Drahtbericht Nr. 30 aus Ankara; VS-Bd. 1352 (II A 7); B 150, Aktenkopien 1965.
[5] Zum Vorschlag einer ANF vgl. Dok. 20, besonders Anm. 9–12.

men würden; im Gegenteil hätten Amerikaner[6], Italiener[7] und wir[8] gegen gewisse Teile der britischen Vorschläge Bedenken.

Ferner möge die Türkei bedenken, daß auch unsere Mitwirkung an der MLF Gegenstand schwieriger Auseinandersetzungen während der jüngsten Zeit gewesen sei.[9] Wenn sich die Türkei jetzt von der MLF zurückziehe, während wir an dem Projekt festhielten, könnte daraus der Eindruck erwachsen, als wenn sich die türkische Entscheidung gegen uns richtete. Dies würden wir sehr bedauern, um so mehr als gerade wir, wie wohl kaum ein anderes Land der NATO, die Türkei sowohl bei ihrem wirtschaftlichen Aufbau wie auch militärisch stets unterstützt hätten.[10] Es komme hinzu, daß, wenn die türkische Entscheidung jetzt bekanntgegeben würde, der sicherlich falsche Eindruck entstehen würde, als ob diese Entscheidung mit dem kürzlichen Besuch einer sowjetischen Delegation in Ankara in Zusammenhang stände.[11]

Der Botschafter erwiderte, das letztere sei sicher nicht der Fall. Die türkische Entscheidung sei bereits im Oktober getroffen worden.[12] Es sei auch beabsichtigt, ausdrücklich klarzumachen, daß die Türkei keine Bedenken dagegen hätte, daß andere Partnerstaaten der NATO die MLF verwirklichten. Die türkische Entscheidung hätte in etwa zwei Wochen bekanntgegeben werden

---

[6] Vgl. dazu Dok. 12, Anm. 8.

[7] Vgl. dazu Dok. 13, Anm. 13.

[8] Zu ersten Reaktionen vgl. Dok. 11 und Dok. 13. Zur Stellungnahme der Bundesregierung vgl. weiter Dok. 21.

[9] Auf der Sitzung des Bundeskabinetts vom 2. Dezember 1964 hob Bundesminister Schröder hervor, daß der MLF „größte Bedeutung" zukomme. Er betonte: „Wenn die MLF scheitert, werden wir international eineinhalb Stufen niedriger rangieren. Ohne sie haben wir keine Sicherheit und werden zum Spielball der Weltpolitik." Die Bundesminister Krone und Lücke widersprachen dieser Ansicht und bezweifelten, daß eine MLF „wirklich mehr Sicherheit gebe".
Zu einer weiteren verteidigungspolitischen Diskussion kam es auf der Ministerbesprechung vom 15. Januar 1965. Der in Vertretung von Schröder anwesende Staatssekretär Carstens wies auf das Angebot des Staatspräsidenten de Gaulle zur Mitarbeit bei der Force de frappe als einer Alternative zur MLF hin. Gegen eine Beteiligung an der französischen Atomstreitmacht äußerte jedoch Bundesminister von Hassel Bedenken; „sie wäre ein ‚Politikum höchsten Ranges'". Vgl. OSTERHELD, Außenpolitik, S. 123f. und S. 136f.

[10] Zur Waffen- und Wirtschaftshilfe für die Türkei vgl. AAPD 1964, II, Dok. 333 und Dok. 392.

[11] Vom 4. bis 13. Januar 1965 besuchte der Sekretär des ZK der KPdSU, Podgornyj, an der Spitze einer Delegation des Obersten Sowjet die Türkei. Er kündigte eine Verbesserung der sowjetisch-türkischen Beziehungen an. Vgl. dazu EUROPA-ARCHIV 1965, Z 30.
In einem Artikel der türkischen Tageszeitung „Milliyet" vom 10. Januar 1965 wurde die Auffassung vertreten, es habe ein Junktim zwischen dem türkischen Verzicht auf Teilnahme an der MLF und dem Besuch von Podgornyj bestanden. Vgl. dazu den Drahtbericht Nr. 30 des Botschafters von Walther, Ankara, vom 15. Januar 1965; VS-Bd. 1352 (II A 7); B 150, Aktenkopien 1965.

[12] Dazu teilte Botschafter von Walther, Ankara, am 15. Januar 1965 mit: „Wie der Beschluß damals im einzelnen gelautet hat, ist nicht mehr festzustellen. Mir gegenüber haben damals weder Erkin noch Inönü von einem gültigen Verzicht gesprochen. Dahingegen hat Erkin offenbar Finletter bei der NATO-Ratssitzung im November gegenüber eindeutig den endgültigen Verzicht zum Ausdruck gebracht, worauf Finletter lediglich die Herausschiebung der Publikation erbeten hat, die ihm zugesagt wurde." Vgl. den Drahtbericht Nr. 30; VS-Bd. 1352 (II A 7); B 150, Aktenkopien 1965.

sollen. Er werde nicht verfehlen, meine Bitte an die türkische Regierung weiterzuleiten.[13]

Carstens[14]

VS-Bd. 433 (Büro Staatssekretär)

15

Gespräch des Bundesministers Schröder mit dem amerikanischen Botschafter McGhee

Z A 5-158.A/64 geheim   14. Januar 1965[1]

Der Herr Bundesminister des Auswärtigen empfing am 14. Januar 1965 um 12.30 Uhr den amerikanischen Botschafter, Herrn McGhee, zu einem Gespräch, an dem Staatssekretär Professor Carstens teilnahm.

Der Botschafter überreichte dem Herrn Minister zunächst ein Schreiben von Außenminister Rusk.[2]

Der Herr *Bundesminister* bezeichnete das Schreiben als nützlich und sagte, er habe mit Befriedigung davon Kenntnis genommen, daß sich die grundlegende Haltung der Vereinigten Staaten bezüglich der MLF und der damit verbundenen Gedanken nicht geändert habe und sie an den in diesem Sinne zu den britischen Vorschlägen am 8. Dezember gegebenen Kommentaren festhielten.[3]

Was die deutsche Haltung angehe, so sei man seit Aufkommen der britischen Vorschläge der Auffassung gewesen, daß ohne Kompromiß mit den britischen Vorstellungen ein Erfolg des ursprünglichen Projekts ausgeschlossen sei. Des-

---

[13] Nach Informationen des Botschafters von Walther, Ankara, beschloß das türkische Kabinett bereits am 9. Januar 1965, von der geplanten Erklärung vor dem Parlament abzusehen. Dagegen gab die amerikanische Regierung am 14. Januar 1965 eine Erklärung über den endgültigen Verzicht der Türkei auf Mitarbeit an der MLF ab. Vgl. dazu den Drahtbericht Nr. 30 vom 15. Januar 1965; VS-Bd. 1352 (II A 7); B 150, Aktenkopien 1965.
Aus dem Verhalten der USA schloß Walther am 16. Januar 1965, „daß [die] Amerikaner bewußt auf eine Verhinderung der Realisierung des MLF-Projekts auf [dem] Umweg über [die] Türken hingearbeitet haben. Wenn sie auch zweifellos nicht die Türkei in irgendeiner Form zum Verzicht ermutigt haben, so dürften sie doch die Gelegenheit wahrgenommen haben, [das] MLF-Projekt auch auf diesem Wege zum Scheitern zu bringen." Vgl. den Drahtbericht Nr. 38; VS-Bd. 433 (Büro Staatssekretär); B 150, Aktenkopien 1965.

[14] Paraphe vom 15. Januar 1965.

[1] Die Gesprächsaufzeichnung wurde vom Vortragenden Legationsrat Weber am 15. Januar 1965 gefertigt.
Hat Bundesminister Schröder am 16. Januar 1965 vorgelegen, der auf dem Begleitvermerk von Weber handschriftlich vermerkte: „Zu meinen Akten. Keine Verteilung."

[2] Dem Vorgang nicht beigefügt. Für den Wortlaut vgl. VS-Bd. 1371 (II A 7).

[3] Zum Vorschlag einer ANF vgl. Dok. 20, besonders Anm. 9–12.
Zur amerikanischen Reaktion auf den britischen Vorschlag vgl. auch Dok. 12, Anm. 8.

halb habe man die amerikanische Stellungnahme vom 8. Dezember 1964 begrüßt und selbst die gleiche Haltung eingenommen.[4] Seit jener Zeit sei aber die taktische und verfahrensmäßige Behandlung der Angelegenheit sehr viel komplizierter geworden. In der Zwischenzeit sei ohne Zweifel der Eindruck aufgekommen, daß die Vereinigten Staaten an der Angelegenheit sehr viel weniger interessiert seien[5], ein Eindruck, den Außenminister Rusk in seinem Schreiben als unbegründet zurückweise. Er verstehe durchaus die amerikanische Haltung, wenn in dem Schreiben gesagt werde, die amerikanische Regierung wolle nicht in den Ruf kommen, den Europäern gewisse Vorschläge aufzuzwingen oder die Europäer gewissermaßen zu ihrem Glück zu zwingen. Dennoch entstehe eine schwierige Situation, wenn der größte von verschiedenen Partnern es sehr stark den anderen Partnern überlasse, sich zusammenzutun – was in diesem Falle für die Italiener, die Deutschen und die Briten gelte –, weil hierdurch eine verquere Situation geschaffen werde.[6] Die Lage sei deshalb so schlimm, weil geographisch und politisch zwischen den drei Partnern eine vierte Partei stehe, die ein glühender Opponent gegen die Vorschläge sei. Es sei nun der Eindruck entstanden, ein sehr hinderlicher Eindruck, daß sich im Grunde die amerikanische Zurückhaltung weitgehend auf eine Rücksichtnahme auf diese vierte Partei stütze[7], wobei diese vierte Partei ihrerseits zu der Schlußfolgerung gelangt sei, daß die Vorschläge mangels genügender amerikanischer Aktivität abgestorben seien.[8] So sehe er die eigentliche Erschwerung im gegenwärtigen Zeitpunkt.

Die deutsche Seite habe dieses Projekt immer unter entsprechender Berücksichtigung des deutsch-französischen Verhältnisses betrieben und gehofft, daß einmal die Zeit in einer späteren Phase der Entwicklung kommen werde, wenn eine Übereinstimmung auch mit Frankreich möglich sein werde. Dies sei während der ganzen Zeit die deutsche Haltung gewesen. In der Öffentlichkeit sei aber der sehr starke Eindruck entstanden, gerade durch die spezifische Haltung, welche die Vereinigten Staaten während der letzten Wochen eingenommen hätten, daß de Gaulle mehr oder weniger der Schiedsrichter über dieses Projekt geworden sei. Dies habe in Deutschland eine gewisse Wirkung gehabt. Wenn der Bundeskanzler nun nächste Woche in Paris an-

---

[4] Zu ersten Reaktionen vgl. Dok. 11 und Dok. 13. Für die Stellungnahme der Bundesregierung vom 18. Januar 1965 vgl. weiter Dok. 21.
Am 12. März 1965 wurde vom Referat II 7 ein zustimmender Kommentar zu der amerikanischen Stellungnahme vom 8. Dezember 1964 zusammengestellt. Vgl. VS-Bd. 1371 (II A 7); B 150, Aktenkopien 1965.

[5] Vgl. dazu Dok. 3, Anm. 38 und 39.

[6] Dazu führte Bundesminister Schröder mit Schreiben vom 10. Februar 1965 an den amerikanischen Außenminister Rusk aus: „Der Wunsch der amerikanischen Regierung, alles zu vermeiden, was als eine Pression auf deren europäische Partner ausgelegt werden könnte, ist verständlich. Eine befriedigende Lösung der nuklearen Probleme wird sich nach unserer Auffassung jedoch nur erreichen lassen, wenn die Vereinigten Staaten an allen Phasen der bevorstehenden Gespräche und Verhandlungen ständig aktiv teilnehmen." Vgl. VS-Bd. 8481 (Ministerbüro); B 150, Aktenkopien 1965.

[7] Zu amerikanischen Bemühungen um Einbeziehung Frankreichs in das MLF-Projekt vgl. Dok. 12, Anm. 11.

[8] Zur französischen Haltung gegenüber dem Projekt einer MLF vgl. AAPD 1964, II, Dok. 377. Vgl. dazu weiter Dok. 27.

komme⁹, so werde zumindest bei der Ankunft – ob es für die Abreise auch noch gelte, lasse er dahingestellt – de Gaulle davon ausgehen, daß das Projekt undurchführbar und deswegen Raum für andersartige Überlegungen geschaffen sei.

Der Inhalt des Schreibens müßte als die amerikanische Politik in dieser Angelegenheit öffentlich bekannt werden. Sei dies nicht der Fall, so drohe die Sache im Sande zu verlaufen, und der bereits in das Getriebe geratene Sand könne nicht mehr entfernt werden. Er verstehe es durchaus, wenn die amerikanische Politik auf Frankreich Rücksicht nehme, wie dies die deutsche Politik sicher auch tue, und wenn man den Europäern nichts aufzwingen wolle. Entscheidend sei aber, ob die Vereinigten Staaten auch heute das Projekt als ein gutes, nützliches und praktikables Projekt betrachteten. Davon müßte die Öffentlichkeit überzeugt werden. Derzeit sei sie davon nicht überzeugt und stehe unter dem Eindruck, daß die neue amerikanische Administration, wenn man sie einmal so nennen wolle, der Angelegenheit nicht mehr die gleiche Bedeutung beilege wie noch im Juni vergangenen Jahres in Washington, als der Präsident und der Bundeskanzler übereinstimmend festgestellt hätten, daß ein Abkommen bis Ende des Jahres unterzeichnet werden sollte.[10] Diese Situation habe in Deutschland eine verteufelte Lage geschaffen.

Der *Botschafter* wies darauf hin, daß sich die amerikanische Haltung in der MLF-Frage nicht geändert habe. Man bedaure, daß ein falscher Eindruck entstanden sei, doch habe man amerikanischerseits der Bundesregierung immer wieder die amerikanische Haltung erläutert. Dies sei anläßlich des Besuchs des Herrn Bundesministers in Washington[11] der Fall gewesen, und ebenso habe er den Herrn Bundesminister nach seiner eigenen Rückkehr aus den Vereinigten Staaten hierüber unterrichtet.[12] Die grundsätzliche Haltung habe sich nicht geändert, die einzige Änderung bestehe darin, daß der Präsident den Eindruck vermeiden wolle, als gehe es den Amerikanern darum, den europäischen Verbündeten etwas aufzuzwingen. Der Grund hierfür bestehe in gewissen Bedenken, die im Kongreß laut geworden seien, wo man behauptet habe, wenn man den Verbündeten etwas aufzwingen müsse, sei dies nicht gut.[13] Der Präsident habe den Vertretern des Kongresses

---

9 Zu den Konsultationsbesprechungen des Bundeskanzlers Erhard am 19./20. Januar 1965 in Rambouillet vgl. Dok. 22, Dok. 26 und Dok. 27.

10 Im Kommuniqué über das Treffen des Bundeskanzlers Erhard mit Präsident Johnson vom 12. Juni 1964 wurde zur MLF ausgeführt, „daß weiterhin alle Anstrengungen unternommen werden sollten, um zum Ende dieses Jahres ein Abkommen zur Unterzeichnung fertigzustellen". Vgl. BULLETIN 1964, S. 865.

11 Bundesminister Schröder hielt sich vom 22. bis 27. November 1964 in Washington auf. Zur Diskussion der MLF bei diesem Besuch vgl. AAPD 1964, II, Dok. 361 und Dok. 363.

12 Vgl. Dok. 3.

13 Zu den Bedenken im Kongreß hinsichtlich der geplanten MLF/ANF vgl. AAPD 1964, II, Dok. 401. Am 30. März 1965 hielt Botschafter Grewe, Paris (NATO), fest, Präsident Johnson habe „augenscheinlich" bald nach den Wahlen vom 3. November 1964 festgestellt, daß es im amerikanischen Parlament keine Mehrheit für die Verabschiedung der für die Realisierung einer MLF/ANF „notwendigen Gesetzgebung (Änderung d[es] MacMahon-Act betr[effend] Überlassung von nuklearen Gefechtsköpfen in multilaterales Eigentum)" gebe. Eine entscheidende Rolle hätten dabei „so einflußreiche und zum ‚disengagement' neigende Senatoren wie Mansfield und Fulbright" gespielt. Darüber hinaus vermittelten „die im November und Dezember aus Europa zurückkehren-

dargelegt, daß es sich um etwas handle, was die Europäer selbst wünschten.

Zu den Vorstellungen der Briten bemerkte der Botschafter, daß die amerikanische Regierung darauf nicht eingegangen sei, worin auch der Grund für die Verzögerung über das Jahresende hinaus zu sehen sei. Wenn sich die europäischen Verbündeten einigen könnten, wäre man amerikanischerseits bereit, mit der Verwirklichung des Vorhabens schon morgen zu beginnen. Man denke aber nicht an einen Kompromiß mit den britischen Vorschlägen in entscheidenden Fragen. Der offensichtlich in Großbritannien entstandene Eindruck, daß die amerikanische Regierung mit den ANF-Vorschlägen einverstanden sei[14], sei unrichtig. Vielmehr trete die amerikanische Regierung dafür ein, daß in den Gesprächen zwischen den europäischen Partnern eine Übereinstimmung erzielt werde, damit man zu einem echten multilateralen Rahmen komme. Offensichtlich sei man das Opfer von Pressegerüchten geworden, die aus Quellen mit den verschiedensten Interessen stammten. Die amerikanische Haltung könne nicht klarer dargelegt werden, als dies in dem Brief von Außenminister Rusk geschehen sei.

Der Herr *Bundesminister* bemerkte, er persönlich neige dazu, den Darlegungen des Botschafters zu folgen, doch könne nicht geleugnet werden, daß nach einem gewissen Widerstand seitens der amerikanischen Presse[15] und des amerikanischen Kongresses der Präsident eine kräftige taktische Akzentverschiebung vorgenommen habe. Dadurch werde diese Sache so schwierig und gefährlich, da man den Akzent nicht nur so weit verschieben könne, wie dies wünschenswert erscheine, um dem amerikanischen Kongreß Rechnung zu tragen, ohne gleichzeitig das Risiko einzugehen, so interpretiert zu werden, wie dies tatsächlich in der ganzen Welt geschehen ist. Als Ergebnis habe sich dann der Eindruck verbreitet, als ob eine tatsächliche Akzentverschiebung erfolgt sei. Immer wieder sei darauf hingewiesen worden, daß auf der Dezembersitzung des nationalen Sicherheitsrats Weisung an alle amerikanischen Stellen ergangen sei, in der Angelegenheit keinen Druck auszuüben.[16] Sicher sei nur an einen limitierten Druck gedacht gewesen ohne Beschädigung des Vorschlages selbst, doch habe dieses Verfahren dennoch zu einer solchen Beschä-

---

Fortsetzung Fußnote von Seite 67

den Senatoren und Kongreßabgeordneten (NATO-Parlamentarier, Teilnehmer an der Berliner Tagung der Atlantic Bridge, usw.) [...] dem Präsidenten offenbar den Eindruck, daß in Europa keinerlei Enthusiasmus für das MLF-Projekt bestehe, daß es aber geeignet sei, die Allianz in ein neues Zerwürfnis zu stürzen." Vgl. VS-Bd. 1353 (II A 7); B 150, Aktenkopien 1965.

[14] Vgl. dazu Dok. 12, Anm. 9. .

[15] Vgl. dazu den Artikel von Drew Middleton: „A-Force Quarrel Disrupts NATO; Ministers Split"; THE NEW YORK TIMES, International Edition, Nr. 39 043 vom 16. Dezember 1964, S. 1 und 3.
Zum Ende des Jahres 1964 berichtete der amerikanische Journalist Gruson aus London, daß es auf britischer Seite keine ernsthaften Hoffnungen mehr gebe, „that renewed discussion within the Council can bridge the wide gap among the allies, specifically between France on the one hand and the United States and Britain on the other [...]. A considerable lessening of optimism has become apparent here in the past week, or since the contents of President Johnson's memorandum to the National Security Council on nuclear defense became known." Vgl. den Artikel „British Discuss New NATO Talks"; THE NEW YORK TIMES, International Edition, Nr. 39 057 vom 30. Dezember 1964, S. 1 und 3.

[16] Vgl. dazu Dok. 12, Anm. 11.

digung geführt. Dies könne nicht verneint werden. Somit stelle sich die Frage, wie von dem Inhalt des Schreibens öffentlich Gebrauch gemacht werden könne oder, was er noch vorziehen würde, ob eine autoritative amerikanische Stelle, das heißt der Präsident oder der Außenminister selbst, in aller Öffentlichkeit klarmachen könnte, daß keine Änderung in der amerikanischen Haltung eingetreten sei. Bisher sei dies immer nur unter der diplomatischen Decke, nie aber öffentlich gesagt worden.

Der Herr Bundesminister fragte sodann den Botschafter, ob vorgesehen sei, daß er mit dem Herrn Bundeskanzler vor seiner Paris-Reise zusammentreffe.

Der *Botschafter* bejahte diese Frage und wies darauf hin, daß er am folgenden Tage um 17.30 Uhr mit dem Herrn Bundeskanzler zusammentreffen werde.[17]

Der Herr *Bundesminister* hielt es für unerläßlich, daß der Herr Bundeskanzler mit dem Inhalt des Schreibens unverzüglich vertraut gemacht werde. Der Herr Bundeskanzler brauche insgesamt die Überzeugung, beziehungsweise die Bekräftigung seiner Überzeugung, daß die gesamte Deutschland- und Verteidigungspolitik der Vereinigten Staaten sich nicht um ein Jota geändert habe, da er in Paris mit sehr andersartigen Ansichten konfrontiert werde.

Wie der *Botschafter* bemerkte, hoffe er in der Lage zu sein, dem Herrn Bundeskanzler am folgenden Tag eine sehr nachdrückliche Erklärung abgeben zu können. Die amerikanische Haltung habe sich nicht geändert, die amerikanischen Streitkräfte blieben hier, die nuklearen Waffen würden, falls erforderlich, eingesetzt werden, und die Bundesrepublik bleibe auch weiterhin ein sehr wichtiger und wertvoller Verbündeter der Vereinigten Staaten.

Auf die Frage des Botschafters nach den Befürchtungen, die der Herr Bundeskanzler im Zusammenhang mit der bevorstehenden Paris-Reise habe, erwiderte der Herr *Bundesminister*, es sei nie schwieriger, einen Menschen und seine Ansichten zu interpretieren, als wenn er den verschiedensten entgegengesetzten und massiven Einflüssen ausgesetzt werde. Es sei der Wunsch des Herrn Bundeskanzlers, für die Öffentlichkeit sichtbar, mit einem möglichst guten Stand der deutsch-französischen Beziehungen nach Hause zurückzukommen. Dabei sei sein vordringlichster Wunsch, Fortschritte bei der europäischen politischen Einigung zu erzielen[18] und dies auch von den Franzosen attestiert zu bekommen. Ferner sei er darum bemüht, in gewissen Punkten, in denen klare und derzeit unüberwindbare Differenzen zwischen den Deutschen und Franzosen bestünden, eine Art der Präsentation zu finden, welche die Differenzen als möglichst klein, die Übereinstimmung aber als möglichst groß erscheinen lasse. Mehr als diese etwas kryptischen Äußerungen könne er nicht sagen.

Der *Botschafter* betonte, daß die amerikanische Regierung der deutsch-französischen Begegnung großen Wert beimesse und daß es ihr selbst ebenfalls um ein besseres amerikanisch-französisches Verhältnis gehe. Er versicherte, daß eine Verbesserung des amerikanisch-französischen Verhältnisses in keiner Weise gegen die Bundesrepublik gerichtet sei.

[17] Vgl. Dok. 17.
[18] Zum Stand der Diskussion über eine europäische politische Einigung vgl. Dok. 5, Anm. 18–20. Zur Erörterung des Themas in Rambouillet vgl. Dok. 22.

Der Herr *Bundesminister* sagte, er akzeptiere dies und glaube auch sagen zu können, daß in der deutschen Öffentlichkeit eine solche Befürchtung nicht bestehe. Er wolle aber nicht unerwähnt lassen, daß man deutscherseits den Eindruck habe, im Zusammenhang mit den Besuchsarrangements seien die Amerikaner dabei, den französischen Wunsch oder die französische Forderung zu akzeptieren, daß der Besuch Johnsons bei de Gaulle als ein isoliertes und von den Besuchen in anderen europäischen Ländern getrenntes Ereignis anzusehen sei.[19] Bei der Gefühlslage des Herrn Bundeskanzlers wäre dies für ihn sehr häßlich.

Der *Botschafter* bemerkte, er habe davon auch gehört. Am Vortag sei er mit Herrn Lucet zusammengetroffen und habe mit ihm auch darüber gesprochen, doch habe dieser keine besonderen Wünsche zu erkennen gegeben. Er habe über die Angelegenheit aber bereits unmißverständlich nach Washington berichtet.

Der Herr *Bundesminister* sagte, seine Politik beruhe darauf, daß er seinen Freunden immer wieder sage, für die Bundesrepublik komme in ihrem Verhältnis zu ihren Partnern und besonders zu Frankreich nur eine Politik der Gleichberechtigung in Frage. Man könne und werde sich auf nichts anderes einlassen als auf eine solche Politik der Gleichberechtigung. Ein Besuchsarrangement der geschilderten Art würde sehr stark zwischen Partnern gleicher Bedeutung und Stellung differenzieren und wäre somit ein sehr ernst zu nehmender Schlag gegen die Politik der Gleichberechtigung.

Der *Botschafter* fragte, ob nicht auch der Bundesregierung an einem besseren Verhältnis zwischen den Vereinigten Staaten und Frankreich gelegen sei und ob sie etwa etwas gegen eine vertrauliche und offene Aussprache zwischen Johnson und de Gaulle habe.

Der Herr *Bundesminister* erwiderte, man sei ebenso sehr für eine Begegnung Johnson – de Gaulle wie man für eine Begegnung Johnson – Erhard sei, doch müsse die Frage der Gleichberechtigung immer sehr ernsthaft im Auge behalten werden. Es handle sich keineswegs um einen Nebenpunkt.

Wie der *Botschafter* sagte, verstehe er das besondere Dilemma, in dem sich die Bundesregierung befinde, das sich einerseits aus dem Fehlen einer öffentlichen amerikanischen Zusicherung und andererseits aus der noch unklaren britischen Position ergebe. Er selbst sei allerdings davon überzeugt, daß die Briten ihre Vorschläge mit der Absicht formuliert hätten, für die Verhandlungen eine gute Ausgangsposition zu haben, und er glaube, wenn man den Briten zusetze, seien sie auch bereit nachzugeben. Es könne jedenfalls nicht die Rede davon sein, daß die Amerikaner den Engländern Konzessionen gemacht hätten.

Noch einmal auf die bevorstehende Paris-Reise eingehend, bemerkte der Botschafter, die amerikanische Regierung sei keineswegs darüber beunruhigt, was der Herr Bundeskanzler dort sagen könnte. Es wäre jedoch ein sehr

---

[19] Zu Planungen für einen Besuch des Präsidenten Johnson in Europa vgl. Dok. 12, Anm. 17.

ernsthafter Fehler, wenn der Herr Bundeskanzler den Franzosen ein Vetorecht über die deutsche Nuklearpolitik zugestehen würde.

Wie der Herr *Bundesminister* bemerkte, sehe sich der Herr Bundeskanzler einem starken Druck ausgesetzt, vor den Wahlen die Aktivität im Zusammenhang mit der Gestaltung nuklearer Organisationen, sei es MLF, sei es ANF, möglichst gering zu halten. Die Kreise, die hierfür einträten, wünschten dies, teils aus sachlichen Motiven, teils auch deswegen, um eine deutsch-französische Kontroverse in dieser Zeit zu vermeiden. Von diesen Leuten könne man das Argument hören, man dürfe jetzt keinen Kollisionskurs steuern. Dieser Druck, dem sich der Bundeskanzler ausgesetzt sehe, sei nicht unerheblich, und de Gaulle wisse das und werde sein Äußerstes versuchen, um aus dieser Situation Vorteile zu ziehen. Diese Angelegenheit könne nicht ohne Besorgnis gesehen werden. Aus diesen Überlegungen würde er es für sehr gut halten, wenn der Botschafter in klaren Worten mit dem Herrn Bundeskanzler spräche und ihm darlegte, daß die Gewährung eines französischen Vetos der größte Fehler der Welt wäre. Dieser Punkt könne nicht genügend betont werden. Er bat den Botschafter, seine Darlegungen als seine persönliche Betrachtung der Lage aufzufassen, die es erforderlich mache, dem Bundeskanzler die stärkstmöglichen Zusicherungen zu geben, weil er aus den erörterten Gründen in eine sehr schwierige Situation in Paris geraten wird.

Der *Botschafter* bemerkte, für einen Außenseiter stelle sich das deutsch-französische Verhältnis oft als sehr merkwürdig dar. Wenn es Meinungsverschiedenheiten gebe, seien immer die Deutschen schuld daran. Jedermann habe Sorge, was de Gaulle auf seiner Pressekonferenz sagen könne, niemand denke aber daran, daß auch der Bundeskanzler auf einer Pressekonferenz etwas sagen könnte. Wenn Meinungsverschiedenheiten bestünden, verlangten die Franzosen immer, daß ihr Standpunkt als der richtige anerkannt würde. Es scheine nicht möglich zu sein, wie dies unter gleichberechtigten Partnern üblich sei, auch einmal darin übereinzustimmen, daß man nicht übereinstimme. Dies sei eine schockierende Situation.

Der Herr *Bundesminister* bemerkte, daß sich die derzeitige Lage auch durch das Mitverschulden der Amerikaner ergeben habe. Da sie bei der taktischen Behandlung der anstehenden Frage auf Frankreich Rücksicht nehmen wollten und sich darum bemühten, mit den Franzosen zu einem modus vivendi zu gelangen, nütze de Gaulle diese Situation aus, was sich wiederum in einem Druck auf die Deutschen auswirke.

Abschließend versicherte der *Botschafter*, die amerikanische Politik denke nicht daran, das amerikanisch-französische Verhältnis auf Kosten der Bundesrepublik zu verbessern und nach der Herstellung normaler Beziehungen zu Frankreich die Deutschen fallen zu lassen. Die amerikanische Politik gegenüber Deutschland habe sich nicht geändert.

Die Unterredung endete gegen 13.30 Uhr.

VS-Bd. 8513 (Ministerbüro)

16

Aufzeichnung des Ministerialdirigenten Böker (Entwurf)

I B 3-82.00-90.34/80/65 VS-vertraulich 14. Januar 1965[1]

Betr.: Reise Bundesminister Scheels nach Daressalam[2]
hier: Verhandlungsziel

Es ist auszugehen von der in der Aufzeichnung über die politische Entwicklung Tansanias aufgestellten Arbeits-Hypothese:[3] Die Union wird sich durchsetzen.[4] Dann wird das Gewicht Sansibars in der Union abnehmen. Damit verliert die Position der SBZ auf Sansibar[5] an Bedeutung. Entscheidend wird sein, daß ihr der Durchbruch nach Daressalam nicht gelingt.[6]

I. Hauptverhandlungsziel sollte daher eine Bestätigung Nyereres sein, daß die SBZ auf einen Status in der Union verzichten müsse (Erklärung Nyereres gem. Drahtbericht Nr. 246 vom 25.8.).[7]

---

[1] Der Entwurf wurde vom Vortragenden Legationsrat I. Klasse Graf von Posadowsky-Wehner und Legationsrat Müller-Chorus konzipiert.

[2] Bundesminister Scheel und Ministerialdirigent Böker hielten sich vom 21. bis 23. Januar 1965 in Tansania auf.

[3] Die Worte „aufgestellten Arbeits-Hypothese:" wurden von Ministerialdirigent Böker handschriftlich eingefügt. Dafür wurde gestrichen: „gemachten Prognose:".

[4] Am 15. Januar 1965 umriß Ministerialdirigent Böker die jüngste politische Entwicklung auf Sansibar. Dort sei am 11. Januar 1964, nur vier Wochen nach Erlangung der staatlichen Unabhängigkeit, eine „Revolution" gegen den regierenden Sultan ausgebrochen, die „von wenigen in Peking, Moskau und Kuba geschulten linksextremen Nationalisten geschickt ausgenutzt" worden sei, „um sich in den Besitz der Macht zu setzen". Dieses „massive Eindringen des Ostblocks auf Sansibar" habe vor allem im benachbarten Staat Tanganjika zur Beunruhigung geführt. Auf die Bitte des Präsidenten Nyerere um Ausrüstungs- und Ausbildungshilfe habe die Bundesrepublik eine „prinzipielle Zusage" erteilt. Um die Lage unter Kontrolle zu bringen, habe Nyerere mit dem Präsidenten von Sansibar, Karume, am 22. April 1964 ein Abkommen über eine Union beider Staaten abgeschlossen, die sich seit dem 29. Oktober 1964 Vereinigte Republik Tansania nenne. Böker wies auf die noch unzureichende verfassungs- und verwaltungsmäßige Integration der beiden Staatsteile hin und machte auf „gefährliche Schwankungen" in der Politik der Union aufmerksam, die darauf zurückzuführen seien, daß Nyerere auf die „radikalen Kräfte" in Sansibar Rücksicht nehmen müsse. Er äußerte jedoch abschließend einen „vorsichtigen Optimismus", daß der staatliche Zusammenschluß gelingen werde. Vgl. VS-Bd. 2544 (I B 3); B 150, Aktenkopien 1965.

[5] Zur gegenseitigen Anerkennung von Sansibar und der DDR am 29. Januar 1964 vgl. AUSSENPOLITIK DER DDR XII, S. 1123.
Am 8. Februar 1964 eröffnete die DDR eine Botschaft auf Sansibar. Vgl. dazu auch AAPD 1964, I, Dok. 40.

[6] Dieser Satz ging auf Streichungen und handschriftliche Einfügungen des Ministerialdirigenten Böker zurück. Vorher lautete er: „Entscheidend wird, ob ihr der Durchbruch nach Daressalam gelingt."
Nach dem Zusammenschluß von Tanganjika und Sansibar vom 22. April 1964 strebte die DDR die Eröffnung einer Vertretung in Daressalam an. Die Bundesregierung bemühte sich dagegen, diese Entwicklung zu verhindern und eine Herabstufung der Botschaft auf Sansibar zu erreichen. Vgl. dazu AAPD 1964, I, Dok. 118, und AAPD 1964, II, Dok. 228.

[7] Botschafter Schroeder, Daressalam, berichtete am 25. August 1964 von einer Mitteilung des tanganjikanischen Präsidenten, er habe der DDR die „seiner Ansicht nach für sie optimale Regelung" einer Zulassung in der Vereinigten Republik von Tanganjika und Sansibar auf konsulari-

Dabei wäre auf eine Zusage hinzuwirken, daß sich die Erklärung nicht nur auf ein Konsulat (1), sondern auch auf eine amtliche Handelsvertretung (2) bezieht. Unser Bemühen um eine solche Zusage sollte Priorität gegenüber der Regelung der Frage der SBZ-Vertretung auf Sansibar (vgl. unter II.) genießen.

1) Daß ein Konsulat in Daressalam nicht in Frage kommt, braucht den tansanischen Verhandlungspartnern nicht unbedingt ausdrücklich gesagt werden. Unsere Haltung könnte indirekt durch unseren Widerstand gegen die amtliche Handelsvertretung (vgl. unter 2) deutlich gemacht werden. Für den Fall aber, daß Nyerere von sich aus die Frage eines Konsulats in Daressalam aufwirft und sich dabei auf das Vorbild Kairo[8] beruft, sollte ihm entgegengehalten werden, daß sich die deutsche Haltung seit der Zulassung eines SBZ-Konsulats in Kairo durch den unmenschlichen Bau der Berliner Mauer am 13.8.1961 verhärtet hat. Außerdem müßte darauf hingewiesen werden, daß unser Verhältnis zu den arabischen Ländern durch das Israel-Problem kompliziert ist. Wir könnten daher in einem schwarzafrikanischen Land keinesfalls eine SBZ-Vertretung à la Kairo hinnehmen; vielmehr seien wir mit der VAR wegen einer Einschränkung des Status und der Aktivität der dortigen Zonenvertreter im Gespräch.[9] Statt eines Vergleichs mit der VAR sollte unsererseits vielmehr auf den Fall Ceylon[10] hingewiesen werden.

2) In Abänderung der in der Besprechung am 10. August gefaßten Entscheidung (vgl. Punkt 6 des Protokolls)[11], die die Einräumung einer amtlichen SBZ-Handelsvertretung als letzte Rückzugslinie bei Verhandlungen andeutet, sollte diese Linie mit Rücksicht auf die gestärkte Position Nyereres innerhalb der Union nicht bezogen werden.

Die Folgen eines Nachgebens wären für uns in weiten Teilen Afrikas verhängnisvoll. Die Zulassung von SBZ-Handelsvertretungen vor allen Dingen in Nairobi, Kampala, Lusaka, Mogadischu wäre für uns schwer zu verhindern, da man dort der Devise folgen wird, „Was Nyerere recht ist, ist uns billig". Die SBZ-Vertretung auf Sansibar hat demgegenüber keine Präzedenzwirkung, da

Fortsetzung Fußnote von Seite 72

    scher Ebene vorgeschlagen. Nachdem die DDR abgelehnt habe, so Nyerere, „müßte sie eben auf einen Status in der Union, d.h. eine Vertretung in Daressalam, verzichten". Auch Außenminister Kambona habe betont, er werde dieses Angebot nicht wiederholen. Vgl. VS-Bd. 2182 (I B 3); B 150, Aktenkopien 1964.

8 In Kairo unterhielt die DDR seit 1959 ein Generalkonsulat, dem allerdings von der ägyptischen Regierung kein Exequatur erteilt wurde.

9 Der Passus „Außerdem ... im Gespräch" wurde von Ministerialdirigent Böker handschriftlich eingefügt. Dafür wurde gestrichen: „Durch ein Netz von Konsulaten und amtlichen Vertretungen möchte Ulbricht eine de facto Anerkennung erreichen, um die Teilung Deutschlands im Sinne der kommunistischen Ideologie und der Machtinteressen der Sowjetunion zu verewigen."
Zur Kritik der Bundesrepublik an den Vertretungen der DDR in Kairo vgl. AAPD 1964, II, Dok. 280.

10 Nachdem die ceylonesische Regierung am 14. Februar 1964 die Umwandlung der Handelsmission der DDR in Colombo in ein Generalkonsulat angekündigt hatte, beschloß die Bundesregierung am 19. Februar 1964 die Einstellung der Entwicklungshilfe für Ceylon. Vgl. dazu AAPD 1964, I, Dok. 53, Anm. 8.

11 Punkt 6 des Protokolls über die Besprechung vom 10. August 1964: „Die SBZ lediglich mit einem Konsulat in Sansibar zu belassen, widerspricht auf die Dauer dem Unionsgedanken. Daher kämen wir nicht umhin, in diesem Falle auch eine Handelsvertretung in Daressalam hinzunehmen." Vgl. VS-Bd. 2182 (I B 3); B 150, Aktenkopien 1964.

sie als Erbschaft aus der Zeit der Volksrepublik Sansibar und zunehmend als Kuriosum angesehen wird. Eine SBZ-Handelsvertretung in Daressalam wäre[12] dagegen eher ein Neuanfang als eine Erbschaft.[13]

Nyerere wird für die SBZ-Handelsvertretung in Daressalam ins Feld führen, daß das Angebot einer solchen Vertretung das Mindeste ist, um die SBZ und die Sansibaris, die sie unterstützen, zur freiwilligen Herabstufung der SBZ-Botschaft auf Sansibar zu bewegen.

Dem wäre entgegenzuhalten, daß eine Einigung mit der SBZ auf dieser Basis wegen der Präzedenzwirkung unsere Interessen auf das Schwerste beeinträchtigt und man deshalb besser auf eine Einigung verzichten sollte. Wir hätten den Eindruck, daß die Unterstützung für die SBZ aus den Reihen der Sansibaris immer schwächer werde und daß man bei einer Einigung jetzt auf der Basis einer SBZ-Handelsvertretung in Daressalam einen zu hohen Preis zahle, über den man sich in einigen Wochen oder Monaten nur ärgern werde.

II. Das zweite Verhandlungsziel sollte es sein, die Weichen für eine allmähliche Herabstufung der SBZ-Botschaft auf Sansibar zu stellen. Die Interessen Nyereres werden in dieselbe Richtung gehen, da er die in der SBZ-„Botschaft" liegende ständige Herausforderung gegen die Unionshoheit auf außenpolitischem Gebiet auf die Dauer nicht dulden kann. Darüber hinaus hätten wir mit dem Angebot, sämtliche SBZ-Entwicklungsprojekte auf Sansibar zu übernehmen oder die Unionsregierung in die Lage zu versetzen, diese weiterzuführen, ein starkes Druckmittel in der Hand, das freilich vorsichtig gehandhabt werden sollte. Wir sollten, wofür auch die Botschaft plädiert, (vgl. Bericht vom 29.12.64 Nr. 1203/64[14]) Nyerere eher[15] Zeit lassen, die Frage der SBZ-Vertretung in unserem Sinne zu lösen. Dazu müßte aber in diesem Stadium Sicherheit darüber erlangt werden, daß er grundsätzlich hierzu bereit ist.[16]

Die Freigabe entsprechender Mittel, die in diesen Tagen von der Unionsregierung für das Hausbauprojekt in Sansibar erbeten wurde (vgl. Drahtbericht Nr. 3 vom 5.1.[17]), braucht[18] daher nicht unbedingt von einer sofortigen zufriedenstellenden Regelung der SBZ-Vertretungsfrage abhängig gemacht werden. Es würde z.B. genügen, wenn eine Zusage erfolgt,

a) den Status der SBZ-Vertretung nicht zu fixieren und zu legalisieren – wie es durch ein mit der Unionsregierung ausgehandeltes Konsulat auf Sansibar geschähe –,

---

[12] Dieses Wort wurde von Ministerialdirigent Böker handschriftlich eingefügt. Dafür wurde gestrichen: „ist".

[13] An dieser Stelle wurde von Ministerialdirigent Böker gestrichen: „Sie als Erbschaft aus Sansibar darzustellen, um ihre Präzedenzwirkung auszuschließen, wird uns auf die Dauer ebenso wenig gelingen, wie im Falle des Generalkonsulats Kairo, das man als eine Erbschaft aus Syrien bezeichnet hat, von dem aber gleichwohl eine unheilvolle Präzedenzwirkung ausgeht."

[14] Für den Schriftbericht des Botschafters Schroeder, Daressalam, vgl. Referat I B 3, Bd. 526.

[15] Dieses Wort wurde von Ministerialdirigent Böker handschriftlich eingefügt.

[16] Dieser Satz wurde von Ministerialdirigent Böker handschriftlich eingefügt.

[17] Für den Drahtbericht des Botschafters Schroeder, Daressalam, vgl. Referat I B 3, Bd. 608.

[18] Dieses Wort wurde von Ministerialdirigent Böker handschriftlich eingefügt. Dafür wurde gestrichen: „sollte".

b) bis zu einer angemessenen Frist (etwa 3 Monate) nach dem endgültigen Inkrafttreten des Unionsvertrages (25. 4. 1965) eine Entfernung der Schilder und Insignien der SBZ-Botschaft auf Sansibar sicherzustellen.

Mit dem Weiterbestehen einer personell, aufgabenmäßig und territorial begrenzten SBZ-Handelsvertretung auf Sansibar könnten wir uns allenfalls abfinden.[19] Notfalls könnte als letzte Rückzugslinie auch die Zulassung eines SBZ-Konsulats auf Sansibar zeitweilig hingenommen werden, wenn folgende Bedingungen im Sinne der Weisung des Herrn Staatssekretärs vom 1. 7. erfüllt werden. {Einsetzen wie Vermerk vom 1. 7. Seite 2 ff.}[20]

Sobald die Herabstufung geschehen ist, sollte in angemessenem zeitlichen Abstand unsere Forderung nach Eröffnung eines eigenen Konsulats oder einer Außenstelle der Botschaft Daressalam in Sansibar durchgesetzt und schließlich mit der eventuellen Übernahme weiterer SBZ-Projekte auf Sansibar die weitere Herabstufung der SBZ-Vertretung betrieben werden.

III. Mit dem abnehmenden innenpolitischen Widerstand von Seiten der radikalen sansibarischen Politiker gegen eine Zurücksetzung der SBZ wächst die relative Bedeutung des außenpolitischen Widerstandes. Schützenhilfe erfährt die SBZ nicht nur von Seiten des Ostblocks, sondern auch aus dem Lager der Neutralisten (vgl. Drahtbericht Nr. 422 vom 24. 12.[21]). Am schwierigsten wird es für Nyerere sein, dem Vorwurf zu begegnen, mit der Parteinahme für die Bundesrepublik Deutschland verlasse er die Politik des non-alignment. Für die Auseinandersetzung mit diesem Vorwurf sollte man Nyerere folgende Argumente an die Hand geben:

a) Gerade die Politik der Bundesregierung, die die nationale Wiedervereini-

---

19 Dieser Satz wurde von Ministerialdirigent Böker handschriftlich eingefügt.
20 Am 1. Juli 1964 formulierte Staatssekretär Carstens folgende Konditionen: „1) Beschränkung des Amtsbereichs des SBZ-Konsulats auf die Inseln Sansibar und Pemba. 2) Nichterteilung eines Exequaturs und Begrenzung des Personals des Konsulats auf eine zahlenmäßige Stärke, die der Größe und der wirtschaftlichen Stärke des Amtsbereichs entspricht. 3) Beschränkung der dienstlichen und persönlichen Reisetätigkeit des Konsulatspersonals auf die beiden Inseln. 4) Verbot aller gegen die Bundesrepublik Deutschland gerichteten Aktionen des SBZ-Konsulats, insbesondere der Propaganda. 5) Zusicherung der Unions-Regierung, keine irgendwie geartete andere amtliche Vertretung der SBZ für das Gebiet von Tanganjika zuzulassen. 6) Öffentliche Verlautbarung der Unionsregierung, in der die Bundesregierung als die allein legitimierte, aus freien Wahlen hervorgegangene Vertretung des deutschen Volkes bezeichnet und die Hoffnung auf Wiedervereinigung in Frieden und Freiheit ausgesprochen wird. 7) Erklärung der Unionsregierung auf der Gipfelkonferenz in Kairo Mitte Juli, in der sie unsere Haltung als ein Zugeständnis an die afrikanische Einheit erläutert, für unseren Standpunkt in der Deutschlandfrage eintritt und andere afrikanische Regierungen vor einer Annäherung an die SBZ warnt. Dabei wir Präsident Nyerere, klar zum Ausdruck zu bringen, daß wir in anderen etwa auftretenden Fällen, in denen die besonderen Umstände der Lage auf Sansibar nicht vorlägen, mit derselben oder noch größerer Schärfe vorgehen würden als im Falle Ceylon." Vgl. VS-Bd. 2182 (I B 3); B 150, Aktenkopien 1964.
21 Botschafter Schroeder, Daressalam, berichtete, daß sich der Botschafter der DDR in Sansibar bei Präsident Nyerere für die Zulassung einer „SBZ-Botschaft" für „Gesamt-Tansania" eingesetzt habe. Dabei habe Fritsch argumentiert, daß auch die VAR eine Aufnahme diplomatischer Beziehungen zwischen Tansania und der DDR befürworte. Vgl. VS-Bd. 2182 (I B 3); B 150, Aktenkopien 1964.

gung anstrebt, liegt im Sinne der Schlußerklärung der Kairoer Konferenz der Neutralisten vom Oktober 1964.[22]

b) Tansania mag durch Anerkennung des Alleinvertretungsanspruchs der Bundesrepublik Deutschland vielleicht in den Augen mancher als weniger neutral erscheinen; dies wird aber in den Augen derselben durch die Anerkennung der Alleinvertretung Chinas durch Peking mehr als[23] ausgeglichen. (Hinweis auf Argument Kaundas)[24].

IV. Bei aller Festigkeit im Vertreten unserer Position muß vermieden werden, daß Nyerere den Eindruck gewinnt, wir verlangten zuviel von ihm. Dies könnte nämlich zu einer Politik der „Flucht nach vorn" von seiner Seite führen, was im Hinblick auf die bevorstehende afro-asiatische Konferenz in Algier[25] und die Möglichkeit kollektiver Absprachen gefährliche Auswirkungen haben müßte.[26]

Böker[27]

VS-Bd. 2544 (I B 3)

---

[22] Der Passus „liegt in Sinne ... Oktober 1964" ging auf Streichungen und handschriftliche Einfügungen des Ministerialdirigenten Böker zurück. Vorher lautete er: „ist mit den Erklärungen der Kairoer Konferenz der Neutralisten vom Oktober 1964 vereinbar".
Die Konferenz der blockfreien Staaten fand vom 5. bis 10. Oktober 1964 statt. Vgl. dazu AAPD 1964, II, Dok. 275.

[23] Die Wörter „mehr als" wurden von Ministerialdirigent Böker handschriftlich eingefügt.

[24] Die Wörter in Parenthese wurden von Ministerialdirigent Böker handschriftlich eingefügt.
Der Präsident Kaunda erklärte nach der Unabhängigkeitsfeier der Republik Sambia, des vormaligen britischen Protektorats Nordrhodesien, am 25. Oktober 1964 auf die Frage, warum seine Regierung verschiedene Staaten nicht anerkenne, „die Anerkennung anderer Länder werde einzig nach Fakten erwogen. So werde die Volksrepublik China anerkannt, weil sie mit ihren 70 Millionen Einwohnern wesentlich größer sei als Nationalchina. Der gleiche Fall liege in Deutschland vor, wo die Bundesrepublik mit fast 60 Millionen Menschen die Mehrheit repräsentiere." Vgl. den Artikel „Kaunda als erster Präsident Sambias vereidigt"; FRANKFURTER ALLGEMEINE ZEITUNG, Nr. 249 vom 26. Oktober 1964, S. 3.

[25] Zur geplanten Zweiten Afro-asiatischen Konferenz in Algier vgl. Dok. 1, Anm. 5.

[26] Die Gespräche des Bundesministers Scheel vom 21. bis 23. Januar 1965 mit Präsident Nyerere bzw. dem tansanischen Außenminister Kambona verliefen zwar in der Sache ergebnislos, machten jedoch, so Botschafter Schroeder, Daressalam, „den Ernst der Lage eindeutig klar". Scheel selbst teilte am 22. Januar 1965 über seine Unterredungen mit Nyerere mit, er habe den Vorschlag des Präsidenten, daß die „tansanische Regierung gleichzeitig [eine] Nichtanerkennungserklärung abgibt und [die] Einrichtung [eines] Generalkonsulats [der] Zone in Sansibar, aber zuständig für gesamtes Staatsgebiet, zuläßt", als „nicht akzeptabel" zurückgewiesen. Vgl. den Drahtbericht Nr. 28 von Schroeder, Daressalam, vom 23. Januar 1965, sowie den Drahtbericht Nr. 27 von Scheel, z. Z. Daressalam, vom 22. Januar 1965; VS-Bd. 3566 (II A 1); B 150, Aktenkopien 1965.
Zum Fortgang vgl. Dok. 45.

[27] Paraphe vom 14. Januar 1965.

17

Gespräch des Bundeskanzlers Erhard
mit dem amerikanischen Botschafter McGhee

Z A 5-5.A/64 VS-vertraulich   15. Januar 1965[1]

Der Herr Bundeskanzler empfing am 15. Januar 1965 um 16.30 Uhr den amerikanischen Botschafter McGhee zu einem Gespräch, bei dem außerdem der Chef des Bundeskanzleramtes und Ministerialdirigent Dr. Osterheld zugegen waren.

Der Bundeskanzler übergab dem amerikanischen Botschafter einleitend den Wortlaut seiner Rede in Berlin und ließ den Absatz über die MLF übersetzen.[2]

Botschafter *McGhee* erwiderte darauf, dies sei genau der richtige Ton, denn im Augenblick lasse sich noch nicht absehen, wie die Dinge im einzelnen gestaltet werden könnten. Es sei wohl notwendig, mit Großbritannien zu verhandeln, und er habe die Hoffnung, daß Großbritannien auch dazu bereit sei. Die Ausführungen des Herrn Bundeskanzlers in Berlin entsprächen genau der Auffassung des Präsidenten, der entschlossen sei, das Ziel weiterhin anzustreben, ohne jedoch jetzt über die präzise Form oder ein präzises Datum[3] etwas sagen zu können. Der Herr Bundeskanzler kenne sicherlich den Brief von Herrn Rusk an Außenminister Schröder.[4] Darin werde klargestellt, daß sich die amerikanische Haltung keineswegs geändert habe. Er bedaure, daß es in der Presse zu anderen Auslegungen gekommen sei.[5] Das Interesse Amerikas an der MLF sei nicht geringer geworden. Natürlich stellten die britischen Vorschläge[6] ein Problem dar; Amerika werde es aber Deutschland nicht allein überlassen, mit den Engländern klarzukommen.

Der Herr *Bundeskanzler* entgegnete, daß auch wir verhandeln wollten; nicht allein mit England, die Beteiligung müsse breiter sein (etwa mit Holland[7] und

---

[1] Die Gesprächsaufzeichnung wurde vom Leiter des Außenpolitischen Büros im Bundeskanzleramt, Osterheld, am 25. Januar 1965 gefertigt.
[2] Bundeskanzler Erhard führte am 12. Januar 1965 bei einer Kundgebung der CDU im Berliner Sportpalast aus: „Wir Deutsche […] haben niemals die Verfügung über Atomwaffen gefordert; aber wir möchten uns mit den gleichen Waffen verteidigt wissen, die uns bedrohen. […] Deshalb haben wir uns bereit erklärt – auch weil wir uns vielleicht mehr als jedes andere Land in Europa bedroht fühlen müssen –, Lasten und Verantwortung mitzutragen." Weiter hob Erhard hervor: „Wer für eine Atomstreitmacht in Europa mit dem Argument eintritt, damit wäre die größte Sicherheit gegeben, daß die Bundesrepublik nicht in die Verfügung nuklearer Waffen gerate, der stößt auf unsere entschiedene Ablehnung. Das ist kein Argument, sondern eine Diffamierung!" Vgl. BULLETIN 1965, S. 59.
[3] Der Abschluß eines MLF-Abkommens war ursprünglich für Ende 1964 ins Auge gefaßt worden. Vgl. dazu Dok. 15, Anm. 10.
Zur Änderung des Zeitrahmens als Folge des britischen Vorschlags einer ANF vgl. Dok. 3, Anm. 38.
[4] Für den Wortlaut des Schreibens vom 14. Januar 1965 vgl. VS-Bd. 1371 (II A 7). Zur Übermittlung vgl. Dok. 15.
[5] Vgl. dazu Dok. 12, Anm. 9.
[6] Zum Vorschlag einer ANF vgl. Dok. 20, besonders Anm. 9–12.
[7] Zur niederländischen Reaktion auf die britischen ANF-Vorschläge vgl. Dok. 20, Anm. 20.

Italien[8]). Hinzu komme ein Zeitfaktor. Man nähere sich der Bundestagswahl. Der Bundestag gehe am 1. Juli in Ferien, so daß ohnehin nicht mehr genügend Zeit vorhanden sein würde, um den Vertrag zu ratifizieren. Er wolle jedoch auch verhindern, daß die MLF ein täglicher Gesprächs- und Zündstoff in seiner Partei sei. Dies habe mit der Haltung der Bundesregierung nichts zu tun, die er deutlich in seiner Rede zum Ausdruck gebracht habe. Genauso wie der amerikanische Präsident in letzter Zeit nicht besonders gedrängt habe, nehme auch er die Haltung ein, daß das Datum nicht so wichtig sei wie die Tatsache, daß die Bundesregierung zu dem Projekt stehe. In einem Gespräch mit Botschafter Knappstein habe Präsident Johnson vor kurzem die Versicherung ausgesprochen, daß er zu den Abmachungen von Texas stehen werde.[9] Er (der Herr Bundeskanzler) bitte Botschafter McGhee, dem Präsidenten zu sagen, wie sehr er diese Versicherung schätze und die persönliche Freundschaft, und daß sich auch an der Verbundenheit der deutschen Regierung mit den Vereinigten Staaten nichts geändert habe; wir stünden auch zu den USA! Er glaube nicht, daß de Gaulle die heißesten Eisen anpacken werde; auf jeden Fall aber seien drei Punkte für uns unabdingbar:

1) das Atlantische Bündnis, welche Form es auch einnehme, dürfe nicht desintegriert werden;

2) Deutschland könne auf den nuklearen Schutz Amerikas nicht verzichten;

3) Deutschland könne nicht auf die Anwesenheit amerikanischer Truppen in Deutschland verzichten.

Über diese drei Punkte bestehe in Deutschland völlige Einigkeit, und das werde er auch de Gaulle sagen.

Botschafter *McGhee* erwiderte, daß die USA volles Vertrauen in den Herrn Bundeskanzler setzten und für diese Worte sehr dankbar seien.

Der Herr *Bundeskanzler* sagte dann, daß während der letzten NATO-Konferenz hinsichtlich der Deutschlandfrage nicht alles gut gelaufen sei.[10] Ende des Jahres seien auch gewisse Kommentare von Amerika herübergekommen[11]; er sei aber sicher, daß sich im Grunde wohl nichts geändert habe. Der Herr Bundeskanzler fragte sodann, ob die amerikanische Regierung eine NATO-Lösung für möglich halte, die de Gaulle gerade noch hinnehmen könne oder gegen die er zumindest nicht Sturm laufe. Botschafter *McGhee* bezweifelte das. Hinsichtlich der NATO seien sich Deutschland und die USA einig. Es sei gut möglich, daß Frankreich 1969 aus der NATO ausscheide.

---

8 Zu Gesprächen mit der italienischen Regierung über die geplante MLF/ANF vgl. Dok. 81.

9 Am 14. Januar 1965 ließ Präsident Johnson über Botschafter Knappstein, Washington, dem Bundeskanzler die folgende Botschaft zukommen: „Ich habe ihm vor einem Jahr zu Weihnachten in Texas versprochen, daß ich mit niemandem eine Verabredung treffen würde, die Deutschland beträfe, weder mit den Alliierten, noch mit sonst jemandem, ohne ihn vorher konsultiert zu haben. Sagen Sie Herrn Erhard, daß ich dieses Versprechen gehalten hätte." Vgl. den Drahtbericht Nr. 139 von Knappstein; VS-Bd. 8477 (Ministerbüro); B 150, Aktenkopien 1965.

10 Zum Vorschlag einer Deutschland-Initiative auf dem Treffen der Vier Außenminister am 14. Dezember 1964 in Paris vgl. Dok. 3, Anm. 2.

11 Vgl. dazu Dok. 3, besonders Anm. 26 und 27.

Der Herr *Bundeskanzler* warf dann eine andere Frage auf. Die Präsidenten Kennedy und Johnson hätten wiederholt erklärt, Europa solle sich um Einigung bemühen; dann werde es auch für die Vereinigten Staaten einfacher, die dann nicht immer mit einer Vielzahl von Einzelstaaten zu verhandeln hätten. Er sei nicht so kühn zu behaupten, daß man das bei de Gaulle durchsetzen könne, wenn man ihm nicht eine Art Hegemonie einräume. Dennoch wolle er jetzt versuchen, mehr politische Bindungen zu erzielen, und glaube, daß es deshalb mit den Vereinigten Staaten keine Meinungsverschiedenheiten gäbe. Ein ins einzelne gehendes Gespräch mit de Gaulle über die Entwicklung Europas solle nur nicht so verstanden werden, als wolle er von den Vereinigten Staaten abrücken; er hoffe im Gegenteil, so im Sinne Johnsons zu handeln.

De Gaulle könnte auch anderes vorbringen. Er mache ja bekanntlich einen Unterschied zwischen der NATO und dem westlichen Bündnis als solchem. Er erkläre immer, er sei der treueste Anhänger des westlichen Bündnisses, wolle aber von dessen Organisation nichts wissen. Er habe schon einmal angedeutet, Europa solle sich zusammenschließen und dann seinerseits mit Amerika ein Bündnis eingehen.[12] Er, der Herr Bundeskanzler, wüßte gern, ob diese Überlegungen schon einmal in Amerika geprüft worden seien; sie liefen letztlich darauf hinaus, daß die NATO auf zwei Pfeilern ruhen werde. Er glaube übrigens nicht, so fuhr der Herr Bundeskanzler fort, daß de Gaulle bei diesem Besuch die deutsch-französische Freundschaft zerschlagen wolle. Er wäre aber auch sehr besorgt, wenn Frankreich und Deutschland sich auseinanderlebten; das hätte Auswirkungen auf die EWG, und auch die NATO stehe dann natürlich vor einer bösen Zukunft. Deswegen versuche man deutscherseits immer, de Gaulle nach Möglichkeit an die NATO zu binden.

Botschafter *McGhee* erwiderte, die USA würden nicht über die deutschen Interessen hinweggehen, wenn wir in Schwierigkeiten gerieten. Die USA seien auch für die deutsch-französische Freundschaft und für besonders enge Beziehungen zwischen beiden Ländern. Diese besonderen Bindungen seien für Europa und die freie Welt sehr wichtig. Wenn sie nicht schon bestünden, müßten sie geschaffen werden.

Der Herr *Bundeskanzler* sagte dann, soweit ihm bekannt sei, habe Präsident Johnson einmal gesagt, ehe man an eine endgültige Regelung der multilateralen Atom-Streitmacht herangehe, werde man nochmals versuchen, mit de Gaulle zu sprechen, um zumindest eine Konsultation sicherzustellen.[13] Botschafter *McGhee* bejahte dies. Der Herr *Bundeskanzler* fragte daraufhin, ob man sich eine Verteidigung der freien Welt mit nuklearen Waffen vorstellen könne, in die Amerika seine Strategic Air Command einbringe, wobei es außerdem die MLF oder etwas Ähnliches gäbe, und in die de Gaulle seine Force de frappe einbringen könnte, die zwar in gewissem Umfang unabhängig bliebe, aber doch vertraglich als Bestandteil des Bündnisses vorhanden wäre.

Der *Botschafter* erwiderte, daß er sich das sehr gut vorstellen könne.

---

[12] Vgl. dazu das Gespräch des Bundeskanzlers Erhard mit Staatspräsident de Gaulle am 3. Juli 1964; AAPD 1964, II, Dok. 180.

[13] Zu den Bemühungen um Einbeziehung Frankreichs in die geplante MLF/ANF vgl. auch Dok. 12, Anm. 11.

Der Herr *Bundeskanzler* fragte, ob Botschafter McGhee wisse, wie weit Frankreich bei der Entwicklung seiner Mittelstreckenraketen, des ganzen Trägersystems sowie der nuklearen Sprengköpfe gekommen sei.[14] Frankreich beabsichtige ja, auch U-Boote zu bauen. Botschafter *McGhee* erwiderte, er könne dies nicht sagen, doch werde er gerne in Washington noch einmal nachfragen. Der Herr *Bundeskanzler* sagte dann, bei rein theoretischem Durchdenken der Möglichkeiten könnte de Gaulle z.B. sagen, Deutschland solle sich doch an der Entwicklung der französischen Mittelstreckenraketen oder U-Boote beteiligen, natürlich nicht der nuklearen Sprengköpfe, was die Bundesrepublik auch gar nicht wolle. Wenn dann Deutschland darauf antworten würde, dafür solle Frankreich die Raketen bzw. U-Boote in ein integriertes Bündnis einbringen, ergäbe sich doch daraus, daß Frankreich wieder stärker in der NATO drin wäre. All das seien natürlich reine Spekulationen, aber vorstellbar sei immerhin, daß Frankreich einen Vorteil darin sehen könnte, seine nukleare Streitkraft schneller aufstellen zu können, wenn Deutschland daran mithelfe. Deutschland könne etwas Derartiges natürlich immer nur unter der Bedingung tun, daß de Gaulle diese Streitmacht in ein integriertes Bündnis einbringe.

Aber all das sei natürlich nicht sehr ernst zu nehmen; wirtschaftlich sei es auch auf keinen Fall, denn Amerika verfüge ja schon über alle Waffen, und es sei nicht sehr sinnvoll, viel Geld aufzubringen, um dasselbe noch einmal zu entwickeln.

Herr *McGhee* meinte, es sei eine gute Sache, wenn es auf eine solche Weise gelinge, Frankreich wieder näher an NATO heranzubringen und es dann dort zu halten. Er glaube aber nicht, daß de Gaulle dazu bereit sein werde. De Gaulle wolle die absolute Kontrolle behalten und entscheiden, wann wohin geschossen werde. Aber der Herr Bundeskanzler könne de Gaulle ja immerhin fragen.[15] Der Herr *Bundeskanzler* fragte dann nach dem beabsichtigten Besuch von Präsident Johnson in Europa. Botschafter *McGhee* erklärte, dem Präsidenten liege sehr daran, nach Europa zu kommen, voraussichtlich nach London, Paris, Bonn und Rom.[16] Der Herr *Bundeskanzler* bemerkte, er habe Gerüchte gehört, wonach de Gaulle den amerikanischen Präsidenten zwar gerne begrüßen würde, doch sollte ein solcher Besuch nicht eine von mehreren Stationen in Europa sein; Johnson müsse nach dem Paris-Besuch nach Washington zurückkehren. Er, der Herr Bundeskanzler, nehme nicht an, daß Präsident Johnson das machen wolle; es wäre für Deutschland sehr schwierig. Präsident Johnson möge mehrere europäische Hauptstädte besuchen, wobei er ja aus Höflichkeitsgründen mit Paris anfangen könne; als alleräußerste Möglichkeit könnte Johnson zuerst Bonn, London und Rom besuchen und dann nach einiger Zeit getrennt nach Paris fahren. Der Botschafter könne dem Präsidenten ähnliches ausrichten wie das, was dieser zu Botschafter Knappstein gesagt habe, nämlich, daß Deutschland sich als der treueste Verbündete Amerikas fühle.

[14] Zum Entwicklungsstand der Force de frappe vgl. Dok. 12, Anm. 13.
[15] Zur Erörterung der geplanten MLF/ANF während des Besuchs des Bundeskanzlers Erhard in Rambouillet vgl. Dok. 26 und Dok. 27.
[16] Zu den Planungen für einen Besuch des Präsidenten Johnson in Europa vgl. Dok. 12, Anm. 17.

Botschafter *McGhee* sagte, daß Präsident Johnson dafür sehr dankbar sei und daß er bei allem, was er tue, Deutschland immer im Auge habe.

Zur Frage einer Wiedervereinigungsinitiative bemerkte der Herr *Bundeskanzler*, er glaube, daß Frankreich bereit sei, zuzustimmen.[17] Botschafter *McGhee* wies darauf hin, daß Außenminister Rusk dasselbe an Bundesminister Schröder geschrieben und auch erklärt habe, Amerika sei bereit, die Gespräche in Bonn abzuhalten.

Der Herr *Bundeskanzler* kam dann auf das Hintergrundgespräch von Herrn Rusk[18] zu sprechen. Die Präsentation und die Auslegung in Deutschland seien leider sehr schlecht gewesen. Die Bundesregierung wisse natürlich, daß sie zur Behandlung der einschlägigen Fragen bereit sein und daß sie auch etwas machen müsse, sobald sich bessere Aussichten für den Erfolg einer Wiedervereinigung abzeichneten (hier warf Herr Bundesminister *Westrick* ein: „aber nicht vorher"). Man dürfe nur die Dinge nicht umkehren und sagen, man solle zuerst über die deutschen Grenzen, die Abrüstung, das Disengagement usw. sprechen; wenn all das dann geschehen wäre, würden die Sowjets nämlich erklären, eine Wiedervereinigung komme nicht in Frage. Die Überschrift müsse lauten, „unter welchen Bedingungen ist die Sowjetunion bereit, der Wiedervereinigung auf der Grundlage der Selbstbestimmung zuzustimmen". In einem solchen Gespräch wäre die Bundesregierung natürlich dann zur Diskussion der anderen Fragen bereit.

Der Herr *Bundeskanzler* fuhr fort, er sei sich bewußt, daß die Gespräche mit de Gaulle[19], wie Präsident Johnson zu Herrn Knappstein gesagt hat, vorsichtig geführt werden müßten, schon aus nationalem Interesse. Eine Entspannung im deutsch-französischen Verhältnis wäre aber für alle Fragen nützlich, die uns, die NATO, die Nuklearverteidigung usw. beträfen. Er habe jedoch seine Aufgeschlossenheit klarmachen müssen, damit nach seiner Rückkehr keine falsche Reaktion in Deutschland entstehe. Würde de Gaulle europäischen Gesprächen über die Politische Union zustimmen, dann verschwände auch der bilaterale Charakter aus dem deutsch-französischen Verhältnis.

Hier warf Bundesminister *Westrick* ein, der Botschafter habe ja schon gesagt, daß die USA die deutsch-französische Freundschaft sehr begrüßten und wünschten.

Der *Botschafter* bestätigte das; die USA wünschten, daß die Beziehungen zwischen Deutschland und Frankreich möglichst eng und freundschaftlich seien.

Der Herr *Bundeskanzler* fragte, wie Amerika die wirtschaftliche Lage Großbritanniens beurteile. Botschafter *McGhee* sagte dazu, Großbritannien habe mehr als die Hälfte der ihm gewährten Stützung[20] bereits abgerufen, und es

---

[17] Zur französischen Haltung während des Außenminister-Treffens am 14. Dezember 1964 in Paris vgl. Dok. 3, Anm. 19. Vgl. dazu weiter Dok. 26.

[18] Zum Hintergrund-Pressegespräch des amerikanischen Außenministers Rusk vom 30. Dezember 1964 vgl. Dok. 3, besonders Anm. 10, 26 und 27, sowie Dok. 5, Anm. 7.

[19] Für die Konsultationsbesprechungen am 19./20. Januar 1965 in Rambouillet vgl. Dok. 22, Dok. 26 und Dok. 27.

[20] Im November 1964 gewährten eine Reihe von Zentralbanken, darunter auch die Bundesbank, der

sei immer noch keine Aussicht auf eine wesentliche Verbesserung der britischen Wirtschaftslage. Er habe gehört, Großbritannien werde wahrscheinlich um eine weitere Stützung in Höhe von 3–4 Milliarden bitten[21]; es habe seine Exporte nicht steigern können.[22]

Der Herr *Bundeskanzler* fragte, wie Wilson es denn unter diesen Bedingungen wagen könne, Wahlen auszuschreiben. Botschafter *McGhee* erwiderte, er halte Wilsons Lage im Augenblick für schlecht. Er habe allerdings auch nichts davon gehört, daß in nächster Zeit Wahlen stattfinden sollten.

Der Herr *Bundeskanzler* bemerkte noch, wenn er zwischen der MLF und der ANF in ihrer jetzigen Form zu wählen hätte, würde er die MLF wählen, da sie den europäischen Charakter durch die Unterstellung unter SACEUR, die gemischte Bemannung usw. sehr viel klarer zum Ausdruck bringe. In der ANF gebe es keine Europäisierungsklausel.[23] Es bestünden auch weitere Bedenken. Er hielte es nicht für gut, sich dem britischen Vorschlag in seiner jetzigen Form anzuschließen.

Herr *McGhee* stimmte dem zu. Eine Lösung sei für die USA erst annehmbar, wenn sie das auch für Deutschland sei.

Das Gespräch endete gegen 17.45 Uhr.

Bundeskanzleramt, AZ: 21-30 100 (56), Bd. 12

Fortsetzung Fußnote von Seite 81

Bank von England einen Kredit in Höhe von 3 Mrd. Dollar zur Stützung der britischen Währung. Vgl. dazu den Artikel „$ 3,000 m Aid for the Pound"; THE TIMES, Nr. 56 179 vom 26. November 1964, S. 18. Vgl. dazu auch AAPD 1964, II, Dok. 361.

[21] Anfang Februar 1965 stimmten die Präsidenten der europäischen Zentralbanken einer Verlängerung des Großbritannien im November 1964 gewährten Kredits für weitere drei Monate zu. Vgl. den Artikel „Währungshilfe für England verlängert"; FRANKFURTER ALLGEMEINE ZEITUNG, Nr. 34 vom 10. Februar 1965, S. 21.

[22] Im Oktober 1964 gingen britische Schätzungen davon aus, daß sich das Zahlungsbilanzdefizit für 1964 auf 700–800 Mio. Pfund Sterling belaufen werde. Vgl. dazu den Artikel „Twelve Months that Went Amiss"; THE TIMES, Nr. 56 152 vom 26. Oktober 1964, Annual Financial and Commercial Review, Home Section, S. IV.

[23] Zu den Vorschlägen für eine Europäisierungsklausel in einem MLF-Abkommen vgl. Dok. 6.

18

Botschafter Groepper, Moskau, an das Auswärtige Amt

Z B 6-1-392/65 VS-vertraulich　　　　　　　Aufgabe: 15. Januar 1965, 21.35 Uhr
Fernschreiben Nr. 52　　　　　　　　　　　Ankunft: 15. Januar 1965, 21.14 Uhr
Citissime mit Vorrang

Mit Beziehung auf Drahtbericht Nr. 965 vom 5.11.1964 VS-vertraulich[1]
Betr.: Sowjetisch-deutsche Wirtschaftsverhandlungen[2]

I. Stellvertretender Außenhandelsminister Kusmin bat mich heute mittag zu sich und übergab mir ein Aide-mémoire, dessen Inhalt in deutscher Übersetzung wie folgt lautet:

„Die sowjetische Seite nimmt das mit Aide-mémoire der Regierung der Bundesrepublik Deutschland vom 5. November 1964 mitgeteilte Einverständnis der Regierung der Bundesrepublik Deutschland zur Durchführung eines Meinungsaustausches zwischen den Experten der UdSSR und der Bundesrepublik Deutschland bezüglich der Fragen des Handels zwischen den beiden Ländern zur Kenntnis.[3]

Die sowjetische Seite ist bereit, den erwähnten Meinungsaustausch zwischen den Experten der UdSSR und der Bundesrepublik Deutschland über die Frage, die den Warenverkehr zwischen beiden Ländern im Jahre 1965 betreffen, im Februar/März 1965 durchzuführen.

Dieser Meinungsaustausch könnte in Moskau stattfinden."

Im Anschluß an die Verlesung des Aide-mémoires bemerkte Herr Kusmin ergänzend, daß man sowjetischerseits an eine Expertengruppe von 6–7 Sachverständigen denke. Leiter der Gruppe solle entweder der Leiter der Verwaltung (gemeint ist: Leiter der Verwaltung für den Handel mit den westlichen Ländern, etwa Ministerialdirigent entsprechend) oder sein Stellvertreter sein.

---

[1] Botschafter Groepper, Moskau, teilte mit, er habe das Aide-mémoire der Bundesregierung zu den geplanten Wirtschaftsverhandlungen dem sowjetischen Stellvertretenden Außenhandelsminister Kusmin übergeben und seine Erwartung ausgedrückt, die Gespräche könnten „sicherlich in drei bis vier Wochen" beginnen. Kusmin habe allerdings bezweifelt, daß die Verhandlungen noch 1964 aufgenommen werden könnten, „da der Terminkalender bereits völlig besetzt sei". Vgl. VS-Bd. 8380 (III A 6); B 150, Aktenkopien 1964.

[2] Das Abkommen mit der UdSSR vom 31. Dezember 1960 über den Waren- und Zahlungsverkehr war mit dem Jahr 1963 abgelaufen. Anfang 1964 lehnte die sowjetische Regierung neue Verhandlungen ab und schlug vor, den Handel im Rahmen der in der abgelaufenen Vereinbarung festgelegten Kontingente fortzuführen. Vgl. dazu AAPD 1964, I, Dok. 19.
Für den Wortlaut des Abkommens vgl. BUNDESANZEIGER, Nr. 12 vom 18. Januar 1961, S. 1–3 (mit Warenlisten).

[3] Die Bundesregierung teilte am 5. November 1964 weiterhin mit, daß sie mit einem Beginn der Gespräche auf Expertenebene im Herbst 1964 einverstanden sei. Das Aide-mémoire schloß mit dem Satz, daß die Verhandlungen beiden Seiten Gelegenheit bieten sollten, „alle sie interessierenden Fragen zu erörtern". Für den Wortlaut vgl. den Drahterlaß Nr. 733 des Staatssekretärs Lahr vom 30. Oktober 1964 an die Botschaft in Moskau; VS-Bd. 3119 (II A 4); B 150, Aktenkopien 1964.

Hierüber sei noch nicht entschieden. Sobald die Namen der Experten sowie des Leiters feststünden, würden sie uns unverzüglich mitgeteilt werden.

Ich dankte Kusmin für seine Mitteilung und seine ergänzenden Erläuterungen und erinnerte ihn (entsprechend der Weisung des Drahterlasses Nr. 733 vom 30.10.1964 VS-vertraulich[4]) unter Hinweis auf das von mir am 5. November 1964 übergebene Memorandum daran, daß nach unserer Auffassung zu den Fragen, die im Sinne des Aide-mémoires bei den Verhandlungen sollten besprochen werden können, auch die Frage des Geltungsbereiches des Abkommens gehöre. Auf die Frage Kusmins, was ich darunter verstünde, erläuterte ich ihm meine Bemerkung dahin, daß ich ganz allgemein an die Frage des Geltungsbereichs des Abkommens dächte; es sollten eben, wie wir in unserem Aide-mémoire dargelegt hätten, alle interessierenden Fragen angeschnitten werden können, und nach unserer Auffassung gehöre hierzu ebenfalls die Frage des Geltungsbereichs.

Kusmin erwiderte hierauf, sowjetischerseits sei man der Meinung, daß die beiderseitigen Expertengruppen Fragen besprechen sollten, die den Handel zwischen beiden Ländern im Jahre 1965 beträfen. Dabei sollten die Gespräche auf dem Abkommen von 1958[5] basieren. Man beabsichtige aber nicht, etwas Neues zu erörtern.

Auf meine Entgegnung, daß auch wir nur eine Erörterung der gleichen Fragen, die im Jahre 1958 erörtert worden seien, anstrebten und daß hierzu eben auch die Frage des Anwendungsbereichs des Abkommens gehöre, faßte Kusmin (nach einigen weiteren, das Gesagte mehr oder weniger wiederholenden Bemerkungen beider Seiten) seinen Standpunkt wie folgt zusammen:

Die grundsätzlichen Fragen eines beiderseitigen Handelsabkommens seien bereits 1958 geklärt worden. Sowjetischerseits beabsichtige man nicht, hierauf zurückzukommen. Gegenwärtig gehe es darum, den Umfang des beiderseitigen Handels zu bestimmen und festzulegen, welche Waren beide Seiten zu liefern hätten. Darüber hinaus seien die Ergebnisse des Handels im abgelaufenen Jahr zu analysieren, um an Hand dessen zu einer Vorausschau für 1965 zu gelangen. Ferner seien die Möglichkeiten zu klären, wie die beiderseitigen Verpflichtungen erfüllt werden könnten.

Alle rechtlichen Fragen eines Abkommens seien hingegen bereits geregelt. Sowjetische Gesprächsthemen seien das Handelsvolumen, die Warenlisten, die Qualität der Waren, kurz alles, was den eigentlichen Handel betreffe. Zu Gesprächen über darüber hinausgehende Themen seien die sowjetischen Experten jedoch weder in der Lage noch bereit.

---

[4] Staatssekretär Lahr wies Botschafter Groepper, Moskau, an, anläßlich der Überreichung des Aide-mémoire eine Einigung mit der sowjetischen Seite darüber herbeizuführen, daß „während der Verhandlungen auch über den Anwendungsbereich des künftigen Abkommens gesprochen werden kann". Als mindestes sollte jedoch „unmißverständlich" klargestellt werden, „daß die Bundesregierung in dem Anwendungsbereich des künftigen Abkommens eine der sie interessierenden Fragen im Sinne des letzten Satzes des Aide Mémoire sieht". Vgl. VS-Bd. 3119 (II A 4); B 150, Aktenkopien 1964.

[5] Für den Wortlaut des Abkommens mit der UdSSR vom 25. April 1958 über Allgemeine Fragen des Handels und der Seeschiffahrt vgl. BUNDESGESETZBLATT 1959, Teil II, S. 222–231.
Für den Wortlaut des Protokolls vom 31. Dezember 1960, mit der die Geltungsdauer des Abkommens verlängert wurde, vgl. BUNDESGESETZBLATT 1961, Teil II, S. 1086–1091.

Kusmin kam auf diesen Gedanken noch in mehreren, inhaltlich gleichbedeutenden Redewendungen zu sprechen. Als er zuletzt nochmals bat, sich nur auf die Fragen des Handels zu beschränken, ergänzte der stellvertretende Leiter der Verwaltung für den Handel mit den westlichen Ländern, Iwanow, die Bitte Kusmins mit den Worten „und sich nicht mit der Frage des Anwendungsbereichs zu befassen, die bereits im Jahre 1958 gelöst wurde".[6]

Ich habe Kusmin abschließend gesagt, daß ich das Aide-mémoire sowie seine mündlichen Erklärungen meiner Regierung übermitteln würde.

II. Aus den Erklärungen Kusmins ergibt sich zumindest, daß die Sowjets nicht bereit sind, sich bereits vor den Verhandlungen darauf festlegen zu lassen, daß auch die Frage des Geltungsbereichs, d.h. die Frage der Einbeziehung Berlins in das Abkommen, Gegenstand der Erörterungen sein kann. Dies braucht nicht unbedingt zu bedeuten, daß sie sich auch in den Verhandlungen selbst einer entsprechenden Erörterung a limine entziehen werden. Auszuschließen ist dies aber nicht.

Daß sich die Sowjets demnächst in Verhandlungen mit einer Einbeziehung Berlins durch Entgegennahme eines entsprechenden Briefes der deutschen Seite (wie 1958 und 1961)[7] wenn auch nur stillschweigend einverstanden erklären würden, war ohnehin kaum anzunehmen, nachdem sie bei dem letzten Warenabkommen die Einbeziehung unseres Briefes in den Ratifikationsvorgang ablehnten.[8] Andererseits hat es Semjonow (vgl. Drahtbericht 975 vom 10.11.64[9]) mir gegenüber als vielleicht mögliche Lösung bezeichnet, daß man

---

[6] Das Abkommen vom 25. April 1958 über Allgemeine Fragen des Handels und der Seeschiffahrt enthielt keine Klausel über die Einbeziehung von Berlin (West). Der sowjetische Delegationsleiter Kumykin gab aber eine mündliche Erklärung ab, „daß die Abkommen stillschweigend auch in Berlin angewandt werden würden". Vgl. die Aufzeichnung des Vortragenden Legationsrats I. Klasse von Schenck vom 4. November 1963; VS-Bd. 8380 (III A 6); B 150, Aktenkopien 1963.

[7] Dem Protokoll vom 31. Dezember 1960, mit dem die Geltungsdauer des Abkommens vom 25. April 1958 über Allgemeine Fragen des Handels und der Seeschiffahrt verlängert werden sollte, war ein Schreiben des Staatssekretärs van Scherpenberg beigefügt, in dem festgestellt wurde, daß der Anwendungsbereich des verlängerten Abkommens wie auch des „neuen" Abkommens über den Waren- und Zahlungsverkehr vom 31. Dezember 1960 „keine Änderung" erfahre. Für den Wortlaut des Schreibens vom 31. Dezember 1960 vgl. MOSKAU-BONN I, S. 694. Die Annahme dieses Schreibens wurde seitens des sowjetischen Ersten Stellvertretenden Außenhandelsministers Borissow verweigert.
Erst nach einem Gespräch des Bundeskanzlers Adenauer mit dem sowjetischen Botschafter Smirnow am 28. Dezember 1960 konnten die Differenzen beigelegt werden. Mit Erlaß vom 21. Februar 1961 ratifizierte das Präsidium des Obersten Sowjet der UdSSR das Protokoll vom 31. Dezember 1960. Vgl. dazu die Drahtberichte Nr. 1790 und Nr. 222 des Botschafters Kroll, Moskau, vom 29. Dezember 1960 bzw. vom 23. Februar 1961; Referat III A 6, Bd. 210.

[8] Beim Austausch der Ratifizierungsurkunden wurde von sowjetischer Seite behauptet, Berlin (West) gehöre nicht zum Geltungsbereich des Abkommens vom 31. Dezember 1960 über den Waren- und Zahlungsverkehr. Die Annahme eines sowjetischen Aide-mémoire vom 26. Juli 1962, in dem diese Ansicht zum Ausdruck gebracht wurde, wurde von der Bundesrepublik abgelehnt. Seit diesem Zeitpunkt bestand zwischen der Bundesrepublik und der UdSSR ein offener Dissens über die Einbeziehung von Berlin (West) in das Abkommen über den Waren- und Zahlungsverkehr. Vgl. dazu AAPD 1963, III, Dok. 408.

[9] Botschafter Groepper, Moskau, berichtete von einer Unterredung mit dem sowjetischen Stellvertretenden Außenminister vom 7. November 1964. Auf die Bemerkung von Groepper, bei den geplanten Verhandlungen müsse auch über den Anwendungsbereich eines deutsch-sowjetischen Handelsabkommens gesprochen werden, habe Semjonow zwar zunächst betont, die sowjetische

auf die gleiche Regelung wie beim letzten Mal zurückkomme. Er hatte diesen Gedanken allerdings nicht näher präzisiert, im übrigen aber betont, daß die Sowjetregierung nicht gegen vertragliche Verpflichtungen (Freundschaftsvertrag mit der „DDR")[10] verstoßen könne. Die Reaktion Semjonows in meinem Gespräch mit ihm über die Ratifizierung des Testbannabkommens[11] am 28. November 1964 hat dann jedoch gezeigt, daß er praktisch in der Berlin-Frage heute einen absolut unnachgiebigen Standpunkt vertritt.[12] Die Chance, durch ein Gespräch mit ihm über die bestehenden Schwierigkeiten hinwegzukommen, dürfte daher nur verschwindend gering sein.

Mit Kusmin selbst nochmals über den Fragenkomplex zu sprechen, halte ich für so gut wie aussichtslos, wenn man den Sowjets nicht eine gangbare Brücke baut. Die Formulierung des sowjetischen Aide-mémoires zeigt immerhin bereits deutlich, daß man sowjetischerseits das Gespräch auf den eigentlichen Warenverkehr beschränken will.

Unter den gegebenen Umständen bedarf die Frage des weiteren Procedere sorgfältiger Überlegung.[13] Ich möchte deshalb hierzu heute kein abschließendes Votum abgeben.

Man könnte natürlich bis auf weiteres bei dem bisherigen Verfahren der jeweiligen einseitigen Übertragung der Warenlisten des Vorjahres auf den neuen Zeitabschnitt verbleiben. In diesem Falle hätten wir jedoch wohl kaum eine Möglichkeit, generell auf die Gestaltung des Handels mit der Sowjetunion, insbesondere auch durch eine gegebenenfalls revidierte Haltung in der

---

Fortsetzung Fußnote von Seite 85

Haltung zur Berlin-Frage ergebe sich aus dem Freundschaftvertrag vom 12. Juni 1964 mit der DDR, dann jedoch hinzugefügt, „nach seiner Auffassung könne man vielleicht auf die gleiche Regelung zurückkommen wie beim letzten Mal". Groepper legte dar, daß es ihm angesichts des Dissenses, der sich in dieser Frage bei der Ratifizierung des Abkommens von 1960 ergeben habe, nicht zweckmäßig erschienen sei, „Semjonow um nähere Präzisierung seines Gedankens zu bitten". Vgl. VS-Bd. 8380 (III A 6); B 150, Aktenkopien 1964.

[10] Für den Wortlaut des Vertrags vom 12. Juni 1964 zwischen der UdSSR und der DDR über Freundschaft, gegenseitigen Beistand und Zusammenarbeit vgl. DzD IV/10, S. 717–723.

[11] Für den Wortlaut des Teststopp-Abkommens vom 5. August 1963 vgl. DOCUMENTS ON DISARMAMENT 1963, S. 291–293.

[12] Am 28. Dezember 1964 lehnte der sowjetische Stellvertretende Außenminister Semjonow eine Entgegennahme der Ratifizierungsurkunde der Bundesrepublik zum Teststopp-Abkommen ab, da diese eine Klausel enthalte, wonach – so die sowjetische Begründung – „die Regierung der BRD die Wirksamkeit des Vertrages auf West-Berlin" auszudehnen versuche. Auf diese Weise versuche sie, „ihre widerrechtlichen Ansprüche auf West-Berlin" geltend zu machen. Vgl. die Mitteilung des Ministeriums für Auswärtige Angelegenheiten der UdSSR vom 28. Dezember 1964; DzD IV/10, S. 1149f.

[13] Ministerialdirektor Thierfelder gab mit Aufzeichnung vom 29. Januar 1965 folgende von Staatssekretär Lahr vorgeschlagene Formulierung zur Einbeziehung von Berlin (West) in ein Handelsabkommen mit der UdSSR wieder: „Die in der Anlage vereinbarten Kontingentslisten treten an die Stelle der Listen zu dem Abkommen vom 31. Dezember 1960, das zu diesem Zweck in der Zeit vom … bis … wieder angewandt wird.'" Thierfelder wies darauf hin, daß die vorgeschlagene Formel zwar ausreichen würde, um das abgelaufene Abkommen „wiederzubeleben", jedoch die bestehenden Meinungsverschiedenheiten über seinen Geltungsbereich nicht ausräumen würde. Er betonte, daß eine „klare Einigung" mit der sowjetischen Regierung über den Geltungsbereich der Vereinbarung, mit der das abgelaufene Warenabkommen wieder in Kraft gesetzt werden solle, „unerläßlich" sei. Vgl. VS-Bd. 5632 (V 1); B 150, Aktenkopien 1965.

Kreditfrage[14], regierungsseitig wesentlichen Einfluß zu nehmen. Dies wiederum könnte sich angesichts der starken und ständig zunehmenden Konkurrenz anderer westlicher Staaten, insbesondere Großbritanniens und Frankreichs, nicht nur vom kommerziellen Standpunkt unserer Industrie, sondern letztlich auch politisch nachteilig für uns auswirken. Denn je mehr unsere Beteiligung am Sowjethandel auf die Industrien unserer westlichen Bündnispartner verlagert würde, um so stärker würde im Ergebnis die sowjetische Hoffnung genährt werden, daß diese Länder sich mehr und mehr davor scheuen werden, sich wegen der Deutschlandfrage mit den Sowjets ernstlich anzulegen. Ein dem Außenministerium nahestehender Journalist hat mir im vergangenen Jahr unumwunden bedeutet, die Sowjets seien sich zwar durchaus über die Gegensätzlichkeit zwischen ihrer Auffassung und der unserer Alliierten in der Deutschlandfrage klar. Sie suchten diese Gegensätzlichkeit jedoch à la longue praktisch bedeutungslos zu machen, indem sie im Begriffe seien, ihre Interessen und die unserer Alliierten immer stärker miteinander zu verflechten. Auch dieser Aspekt sollte bei unseren weiteren Überlegungen nicht ganz außer acht gelassen werden.[15]

[gez.] Groepper

VS-Bd. 3119 (II A 4)

19

Aufzeichnung des Botschafters Freiherr von Mirbach

V 1-80.22/1-94.27-40/65 VS-vertraulich   16. Januar 1965

Betr.: Deutsch-tschechoslowakische Verhandlungen

Die bevorstehende Rückkehr des Vertreters des tschechoslowakischen Außenministeriums, Botschaftsrat Rezek, nach Prag wurde gestern dazu benutzt, um die noch offenen Fragen der politischen Seite der Verhandlungen[1] mit ihm in Gegenwart des tschechoslowakischen Delegationsführers Babaček durchzusprechen. Die sehr langwierige Erörterung ergab, daß sich eine für uns akzep-

---

[14] Zu Überlegungen, der UdSSR im Gegenzug zu politischen Zugeständnissen Kredite zu gewähren, vgl. Dok. 66.
[15] Zu den Verhandlungen mit der UdSSR vgl. weiter Dok. 94.

[1] Am 11. Dezember 1964 hatten sich die Verhandlungsdelegationen auf den vorläufigen Entwurf einer Vereinbarung über den Austausch von Handelsvertretungen geeinigt, in dem die politisch umstrittensten Themenbereiche ausgeklammert waren. Dazu gehörten außer der Frage der Einbeziehung von Berlin (West) in das Abkommen auch das Problem des freien Zugangs zu den Handelsvertretungen und die tschechoslowakische Forderung, daß die Handelsvertretung dem Außenhandelsministerium und nicht dem Außenministerium unterstellt werden solle. Vgl. dazu die Aufzeichnung des Legationsrats I. Klasse Jestaedt vom 14. Dezember 1964 und den Entwurf für ein Außenhandelsabkommen vom 14. Dezember 1964; VS-Bd. 8373 (III A 6); B 150, Aktenkopien 1964.

table Lösung dieser Fragen, insbesondere der Einbeziehung Berlins, noch nicht abzeichnet. Von tschechischer Seite wurde nachdrücklich der Wunsch geäußert, diese Fragen demnächst in Prag zu behandeln. Ich habe die Erfüllung dieses Wunsches, der zum Teil auf Prestigegründen zu beruhen scheint, für Anfang Februar in Aussicht gestellt, dabei aber betont, daß meine Reise sinnvoll sein, d. h. zur Lösung der genannten offenen Fragen beitragen müsse. Darauf erklärte Herr Babaček, eine solche Reise würde schon deshalb sinnvoll und der tschechoslowakischen Regierung sehr erwünscht sein, da es zahlreiche Fragen zwischen den beiden Regierungen zu erörtern gäbe, die in jedem Falle eine Besprechung auf entsprechend hoher Ebene rechtfertigen würden. Im einzelnen möchte ich folgende Punkte besonders hervorheben:

1) Einbeziehung Berlins

Bei der Erörterung der Berlinfrage wurde von tschechischer Seite mehrfach der Vorwurf erhoben, es läge uns nicht so sehr an der Errichtung einer Handelsvertretung als vielmehr daran, die tschechoslowakische Regierung zur Aufgabe ihres uns bekannten Standpunktes in der Berlinfrage zu veranlassen. Ich habe demgegenüber darauf hingewiesen, daß vier andere sozialistische Staaten, die in dieser Frage dieselbe politische Haltung verträten wie die tschechoslowakische Regierung, trotzdem einen Modus vivendi mit uns gefunden hätten.[2] Daraufhin erklärte der tschechoslowakische Delegationsleiter Babaček mit Nachdruck, eine gleichartige Lösung sei heute nicht mehr möglich, nachdem deutsche Politiker trotz der vereinbarten Vertraulichkeit zu häufig und zu deutlich in der Öffentlichkeit darauf hingewiesen hätten, daß verschiedene osteuropäische Staaten einer Einbeziehung Berlins in die Verträge mit der Bundesrepublik Deutschland zugestimmt hätten. Herr Babaček erwähnte in diesem Zusammenhang insbesondere eine Pressekonferenz des Herrn Bundeskanzlers Anfang Oktober 1964 in Berlin.[3]

2) Status der Handelsvertretungen

Nachdem wir den tschechischen Wunsch nach Errichtung einer „Vertretung" mit konsularischen Befugnissen abgelehnt haben, ist die tschechoslowakische Regierung nur noch zur Gewährung einer Handelsvertretung mit strikt auf die Durchführung des Handelsvertrages beschränkten Befugnissen und entsprechend minderem Status (etwa „Muster" Warschau[4]) bereit. Nach meinem Eindruck von den Besprechungen wird es nicht ausgeschlossen sein, daß die tschechoslowakische Regierung unsere Vertretung vom ersten Tage an bewußt in ihren Wirkungsmöglichkeiten sehr stark einschränken wird. Dies könnte zu erheblicher Kritik in der deutschen Öffentlichkeit führen.

---

[2] Berlin (West) wurde in die Abkommen mit Polen vom 7. März 1963, mit Rumänien vom 17. Oktober 1963, mit Ungarn vom 10. November 1963 und mit Bulgarien vom 6. März 1964 durch Währungsgebietsklauseln einbezogen. Vgl. dazu AAPD 1963, I, Dok. 183, und AAPD 1963, III, Dok. 470, sowie AAPD 1964, I, Dok. 62.
Zur Einbeziehung von Berlin (West) in Abkommen mit Ostblock-Staaten vgl. weiter Dok. 164.

[3] Zur Pressekonferenz des Bundeskanzlers Erhard vom 6. Oktober 1964 vgl. Die Welt, Nr. 234 vom 7. Oktober 1964, S. 1.

[4] Die Handelsvertretung der Bundesrepublik in Warschau hatte keine konsularischen Befugnisse. Zu ihrem Aufgabenbereich sowie zu den ihr gewährten diplomatischen Immunitäten vgl. das dem Handelsabkommen vom 7. März 1963 beigefügte Schreiben des Leiters der Delegation der Bundesrepublik Deutschland, Allardt, vom 7. März 1963; VS-Bd. 5653 (V 2); B 150, Aktenkopien 1963.

3) Übrige Punkte

Ich habe sodann den nach Prag zurückreisenden Botschaftsrat Rezek gebeten, in seinem Ministerium die folgenden, für uns besonders wichtigen Wünsche hinsichtlich des Status der Handelsvertretungen nochmals vorzutragen:

a) Zugang unserer Handelsvertretung auch zum tschechoslowakischen Außenministerium, nicht nur zum Außenhandelsministerium, wie die andere Seite es wünscht;

b) Befreiung aller Angehörigen der Handelsvertretungen von der Strafgerichtsbarkeit in amtlichen wie in privaten Angelegenheiten. (Die Tschechoslowaken wollen diese Befreiung nur dem „diplomatischen" Personal der Vertretung zugestehen);

c) Gewährung der Zollbefreiung ebenfalls auch an das Geschäftspersonal der Handelsvertretungen;

d) korrekte tschechische Übersetzung der Bezeichnung Bundesrepublik Deutschland.

Hiermit über D II dem Herrn Staatssekretär mit der Bitte um Weisung vorgelegt, ob die Entsendung einer kleinen Delegation nach Prag in Angriff genommen werden soll, selbst auf die Gefahr hin, daß sich nur eine Handelsvertretung nach dem Muster Warschau durchsetzen läßt oder daß die Verhandlungen überhaupt mangels Einbeziehung Berlins abgebrochen werden müssen.[5] Die Delegation würde aus LR I Dr. Jestaedt, LR I Frau Dr. Finke-Osiander, LR Dr. Frhr. von Marschall unter meiner Leitung bestehen.[6]

Mirbach

VS-Bd. 3135 (II A 5)

---

[5] Hat Ministerialdirektor Krapf am 16. Januar 1965 vorgelegen, der handschriftlich vermerkte: „Ich meine ja."
Hat Staatssekretär Carstens am 18. Januar 1965 vorgelegen, der handschriftlich vermerkte: „Ja" und die Weiterleitung an Staatssekretär Lahr und Bundesminister Schröder verfügte.
Hat Lahr am 19. und Schröder am 21. Januar 1965 vorgelegen.

[6] Am 22. Januar 1965 informierte Delegationsleiter Babaček Botschafter Freiherr von Mirbach, daß die tschechoslowakische Regierung es zwar bedauere, daß „sich sowohl auf der politischen wie auf der wirtschaftlichen Seite der Verhandlungen kein Entgegenkommen deutscherseits abzeichne", es aber trotzdem begrüßen würde, wenn eine kleine Delegation aus der Bundesrepublik Mitte Februar 1965 zu Verhandlungen nach Prag käme. Vgl. die Aufzeichnung von Mirbach vom 22. Januar 1965; VS-Bd. 3136 (II A 5); B 150, Aktenkopien 1965.
Zur Fortführung der Wirtschaftsverhandlungen in Prag vgl. weiter Dok. 87.

20

Aufzeichnung des Ministerialdirektors Krapf

II 7-81.08-5/233/65 geheim 18. Januar 1965[1]

Betr.: Besuch des britischen Premierministers[2];
hier: Atlantische Nuklear-Streitmacht[3]

Anlagen: 2

I. Die Amerikaner haben bereits vor Jahren die Bildung einer vollintegrierten multilateralen Atomstreitmacht (MLF) mit 25 Überwasserschiffen und 200 Polaris-Raketen vorgeschlagen.[4]

Die Bundesregierung hat diesen Plan von Anfang an aus folgenden militärischen und politischen Erwägungen unterstützt:[5]

– In unserer exponierten Lage suchen wir die Verteidigung des Bündnisses zu stärken.

– Wir streben dabei eine weitgehende Integration der Streitkräfte an.

– Wir suchen die Stellung SACEURs zu festigen und ihm die Mittel in die Hand zu geben, die er zur Verteidigung Westeuropas benötigt.

– SACEURs Forderung, bewegliche Mittelstreckenraketen in den europäischen Befehlsbereich einzuführen[6], ist so lange berechtigt, als die Sowjetunion eine große MRBM-Streitmacht gegen Westeuropa gerichtet hält.

– Die MLF sollte den Rahmen für eine unauflösbare Verknüpfung der Verteidigung der Vereinigten Staaten mit der Westeuropas bilden.

---

[1] Vervielfältigtes Exemplar.

[2] Zum Besuch von Wilson am 8./9. März 1965 in Bonn vgl. Dok. 122.

[3] Für den Wortlaut des britischen Vorschlags, über den die Bundesregierung am 11. Dezember 1964 unterrichtet wurde, vgl. VS-Bd. 8419 (Ministerbüro). Vgl. dazu auch AAPD 1964, II, Dok. 393.

[4] Vom 18. bis 21. Dezember 1962 trafen Präsident Kennedy und Premierminister Macmillan in Nassau (Bahamas) zusammen. Sie kamen überein, daß Großbritannien amerikanische Mittelstrecken-Raketen vom Typ Polaris zur Ausrüstung von U-Booten erhalten und diese Einheiten zusammen mit gleichwertigen amerikanischen Verbänden in eine multilaterale NATO-Atomstreitmacht (MLF) einbringen sollte. Für den Wortlaut des Kommuniqués und der gemeinsamen Erklärung von Kennedy und Macmillan (Nassau-Abkommen) vom 21. Dezember 1962 vgl. DEPARTMENT OF STATE BULLETIN, Bd. 48, 1963, S. 43–45; EUROPA-ARCHIV 1963, D 30-32. Vgl. dazu auch AAPD 1963, I, Dok. 16.
Im Frühjahr 1963 schlugen die USA vor, die MLF auf Überwasserschiffe statt auf U-Boote zu stützen. Vgl. dazu AAPD 1963, II, Dok. 120.

[5] Am 14. Januar 1963 sagte Bundeskanzler Adenauer die Teilnahme der Bundesrepublik an einer MLF zu. Vgl. dazu den Runderlaß des Staatssekretärs Carstens vom 14. Januar 1963; VS-Bd. 311 (Büro Staatssekretär); B 150, Aktenkopien 1963. Vgl. dazu auch OSTERHELD, Kanzlerjahre, S. 179f., und GREWE, Rückblenden, S. 614f.

[6] Um einer entsprechenden Bedrohung seitens der UdSSR entgegenwirken zu können, forderte der Oberbefehlshaber der NATO-Streitkräfte in Europa (SACEUR), General Lemnitzer, die Anschaffung von etwa 860–870 Mittelstreckenraketen für die NATO. Die Mehrzahl der MRBM (Medium Range Ballistic Missiles) sollte landgestützt in Westeuropa stationiert werden. Für die Aufstellung solcher Raketen hatte sich auch der Vorgänger von Lemnitzer, General Norstad, eingesetzt. Vgl. dazu AAPD 1963, III, Dok. 406. Vgl. dazu auch AAPD 1964, II, Dok. 366.

Die Bundesregierung ist der Überzeugung, daß unsere Teilnahme an der MLF auf lange Sicht der einzige gangbare Weg ist, Einfluß auf die westliche Nuklear-Strategie, besonders auf die der Amerikaner, zu erhalten. Dieser Einfluß ist für uns angesichts der Lage Deutschlands in Mitteleuropa und angesichts unserer Verantwortung für die Bevölkerung in der SBZ von entscheidender Bedeutung.

Dieses Ziel – Einfluß zu gewinnen – ist praktisch auf anderen Wegen nicht zu erreichen. Zwei denkbare Alternativen:

– Aufbau einer europäischen Atomstreitmacht und
– Beteiligung an der französischen force de frappe,

kommen bis auf weiteres nicht in Betracht.

Eine europäische Atomstreitmacht setzt einen europäischen politischen Willen, d. h. eine politische Union voraus. Auch wenn das erreicht ist, bliebe es ungewiß, wie weit damit Einfluß auf das für uns entscheidende amerikanische Potential genommen werden kann.

Eine Beteiligung an der force de frappe würde unseren Sicherheitsbedürfnissen nicht genügen. Sie würde die Amerikaner zu einer Überprüfung ihres militärischen Engagements in Deutschland veranlassen. Ein Abzug oder schon eine fühlbare Verringerung der amerikanischen Truppen in Deutschland würde uns gegenüber der sowjetischen Machtkonzentration in eine sehr schwierige Lage bringen.

Mit einer Beteiligung an der force de frappe – wobei sehr fraglich ist, wieviel Mitbestimmung wir dort erhielten[7] – würden wir jedenfalls keinen Einfluß auf das amerikanische Potential erhalten.

So bleibt die Teilnahme an der MLF/ANF für uns die einzige reale Möglichkeit, an der westlichen Nuklear-Strategie mitzuwirken.

II. Amerikaner, Italiener, wir und – mehr oder weniger – die übrigen an den MLF-Beratungen beteiligten Staaten[8] strebten dabei den Aufbau eines neuen, wirksamen und praktisch unverwundbaren Waffensystems an, das geeignet ist, die NATO-Verteidigung in Europa beträchtlich zu verstärken.

Die Briten dagegen möchten den Aufbau eines neuen Waffensystems, das sie für überflüssig halten, vermeiden. Sie wollen in der von ihnen vorgeschlagenen „Atlantic Nuclear Force" (ANF) nur eine Umgruppierung der in der NATO vorhandenen und ohnehin geplanten Kernwaffen vornehmen. Diese Waffen – strategische und taktische – wollen sie einem Sonderregime unterstellen, das unter der Aufsicht der ANF-Mitglieder mit den NATO-Befehlshabern nur koordiniert, aber in die NATO-Befehlshierarchie nicht eingegliedert

---

[7] Vgl. dazu Dok. 12, Anm. 14.
[8] Der MLF-Arbeitsgruppe der NATO, die am 11. Oktober 1963 in Paris ihre Tätigkeit aufnahm, gehörten die Bundesrepublik, die USA, Großbritannien, Belgien, Griechenland, Italien und die Türkei an. Im Herbst 1964 wurde der deutsch-amerikanische Entwurf vom 1. September 1964 für eine MLF-Charta erörtert. Zum Stand der Beratungen vgl. AAPD, II, Dok. 284. Für eine Analyse des Entwurfs vgl. die Aufzeichnung des Ministerialdirektors Müller-Roschach vom 30. September 1964; VS-Bd. 11569 (Planungsstab); B 150, Aktenkopien 1964.

wird. (Der britische Vorschlag und seine Motive sind in Anlage 1, Seite 1–6, im einzelnen dargelegt.)[9]

Sie hoffen, mit einer solchen Lösung

a) die Bedürfnisse der nicht-nuklearen Staaten, besonders Deutschlands, nach Beteiligung an der Nuklear-Strategie zu befriedigen;[10]

b) die Kompetenzen des NATO-Oberbefehlshabers Europa – SACEUR – zu verringern, indem er den Befehl über taktische Nuklearstreitkräfte verliert;[11]

c) die ANF-Staaten zu einer Verpflichtung zur Nicht-Verbreitung bzw. zum Nicht-Erwerb von Atomwaffen zu bewegen.[12] Damit meinen sie eine bessere Grundlage für entspannte West-Ost-Beziehungen schaffen zu können.

III. Demgegenüber sollten wir in den Besprechungen mit Premierminister Wilson so viel von dem alten Projekt der MLF zu erhalten versuchen, als möglich ist. Wir sollten daran erinnern, daß auch die britische Regierung es wünscht, der Bundesrepublik Deutschland einen gleichen Stand und Einfluß in der ANF zu geben, wie sie ihn für sich beansprucht. Das bedeutet, daß wir nicht nur bei der Entscheidung über den Einsatz der Waffen eine gleiche Stimme erhalten, sondern daß auch der substantielle Beitrag annähernd gleich ist. Entsprechendes gilt für die Beteiligung der übrigen europäischen

---

[9] Dem Vorgang beigefügt.
In der Aufzeichnung des Referats II 7 vom 16. Januar 1965 wurde der Aufbau einer ANF erläutert: „Acht britische V-Bomberstaffeln mit 64 Flugzeugen. Diese Bomber sollen mit Blue-Steel-Raketen ausgerüstet sein [...]; als deren Nachfolger ab 1968–1970 die britische Polaris-U-Boot-Flotte von 3–4 Booten [...]; einige interkontinentale Minuteman-Raketen der USA; gegebenenfalls taktische Nuklearwaffen in Europa (Jagdbomber und Pershing-Raketen); ein gewisses gemischt bemanntes ‚Element' im gemeinsamen Besitz, an welchem die nicht-nuklearen Mitglieder teilnehmen können; irgendwelche Streitkräfte, welche Frankreich beizusteuern wünscht. Die britischen und amerikanischen Polaris-U-Boote sollen national bemannt werden. Das Prinzip der gemischten Bemannung könnte auf die V-Bomberflotte angewendet werden. Als weitere gemischt bemannte Komponenten kämen die amerikanischen Minuteman-Raketen und eventuell die taktischen Nuklearwaffen in Europa in Betracht. [...] An einer Überwasserflotte wünscht die britische Regierung sich zu beteiligen." Vgl. VS-Bd. 8481 (Ministerbüro); B 150, Aktenkopien 1965.

[10] Hierzu führte das Referat II 7 am 16. Januar 1965 aus: „Alle Streitkräfte sollen einer ‚Authority' unterstehen, in der alle Mitgliedstaaten vertreten sind und in der die Vereinigten Staaten, Großbritannien und Frankreich a priori ein Veto-Recht über den Waffeneinsatz besitzen. Andere Mitglieder, welche an der gemischt bemannten Komponente teilnehmen, können ebenfalls ein Veto-Recht erhalten." Vgl. VS-Bd. 8481 (Ministerbüro); B 150, Aktenkopien 1965.

[11] Im britischen Vorschlag wurde zur Eingliederung der ANF in die NATO angeregt, „die Streitmacht nicht SACEUR zu unterstellen. [...] Vielmehr soll der ANF-Befehlshaber [...] eine unabhängige Stellung einnehmen und lediglich auf Zusammenarbeit mit den NATO-Kommandobehörden und dem amerikanischen Strategic Air Command angewiesen werden." Vgl. die Aufzeichnung des Referats II 7 vom 16. Januar 1965; VS-Bd. 8481 (Ministerbüro); B 150, Aktenkopien 1965.

[12] Diese Verpflichtung sollte sich auch auf „eine Staatengruppe erstrecken, welche die nicht-nuklearen Mitgliedstaaten bilden könnten". Vgl. die Aufzeichnung des Referats II 7 vom 16. Januar 1965; VS-Bd. 8481 (Ministerbüro); B 150, Aktenkopien 1965.
Die britische Regierung fügte zudem ihrem ANF-Vorschlag eine Erklärung vom 14. Dezember 1964 bei, mit deren Annahme jeder Staat zusichern würde, Kernwaffen weder an Einzelstaaten noch an überstaatliche Verbände weiterzugeben. Gleichzeitig würde er sich verpflichten, weder als Einzelstaat noch als Mitglied eines überstaatlichen Verbandes Atomwaffen herstellen oder erwerben zu wollen. Für den Wortlaut vgl. Matthias KÜNTZEL, Bonn und die Bombe. Deutsche Atomwaffenpolitik von Adenauer bis Brandt. Frankfurt, New York 1992, S. 81.

Partner. In den Zahlenbeispielen 1–4 der Anlage 1 (Seite 11 ff.) ist dargelegt, daß eine angemessene Gewichtsverteilung in der ANF nur mit dem Aufbau einer Überwasserflotte von 20 Schiffen zu erzielen ist, an der die USA sich mit 35%, Deutschland mit ca. 30%, Italien mit 20% usw. beteiligen, während Großbritannien zunächst 8 V-Bomberstaffeln und später drei Polaris-U-Boote einbringt.

(Der britische Wunsch, daß auch drei amerikanische Polaris-U-Boote eingebracht werden, würde die Relationen stark verzerren. Die Amerikaner wünschen vor allem, an der Überwasserflotte beträchtlich beteiligt zu sein; die Einbringung von interkontinentalen „Minuteman"-Raketen haben sie bereits abgelehnt.)[13]

Wir sollten als unverzichtbar bezeichnen:

– die Beschränkung der ANF auf strategische Waffen, d.h. V-Bomber, Polaris-Überwasserschiffe und Polaris-U-Boote. Keine Einbeziehung der taktischen Nuklearstreitkräfte SACEURs, wie Jagdbomber und Pershing-Raketen;

– den Aufbau einer Überwasserflotte von 20 Schiffen, die allein es den nichtnuklearen Partnern ermöglicht, sich substantiell zu beteiligen;

– die Anwendung des Prinzips der gemischten Bemannung auf die gesamte ANF;

– die spätere Unterstellung (Assignierung) der ANF unter den Befehl SACEURs.

Unsere Lage im Zentralabschnitt erfordert eine einheitliche und straffe Befehlsführung im europäischen Bereich durch SACEUR.

Als Konzession könnten wir den Briten anbieten:

– daß sie ihre acht V-Bomberstaffeln in die ANF einbringen (während die MLF bisher rein maritim geplant war);

– daß wir bereit sind, die britische Forderung nach einem Veto-Recht für den Waffeneinsatz der gesamten ANF wohlwollend zu prüfen, uns allerdings vorbehalten, eine entsprechende Forderung zu stellen;[14]

– daß wir bereit sind, das Thema einer zugleich mit dem Vertrag einzugehenden Verpflichtung, Atomwaffen nicht zu erwerben, mit unseren Verbündeten zu erörtern. Dabei müssen wir auf die besondere Bedeutung dieses Themas für die Deutschlandpolitik hinweisen;[15]

– für eine Übergangszeit könnte eine nationale Bemannung der drei britischen Polaris-U-Boote zugelassen werden.

---

[13] Am 15. Dezember 1964 erklärte der amerikanische Verteidigungsminister McNamara gegenüber Bundesminister von Hassel, daß er einer Einbeziehung der amerikanischen Minuteman-Raketen in eine gemischt bemannte ANF aus Gründen der Geheimhaltung „unter keinen Umständen" zustimmen werde. Vgl. die Aufzeichnung des Vortragenden Legationsrats I. Klasse Kutscher vom 28. Dezember 1964; VS-Bd. 1352 (II A 7); B 150, Aktenkopien 1964.

[14] Die Bundesregierung kam zu dem Schluß, daß zunächst nur die USA über ein Veto-Recht verfügen sollten. Vgl. dazu Dok. 116.

[15] Vgl. dazu Dok. 21, besonders Anm. 6, 20 und 21.

Die im einzelnen ausgearbeitete deutsche Stellungnahme zu den britischen Vorschlägen (Anlage 2)[16] ist der britischen Regierung zur Vorbereitung der Besprechungen mit Premierminister Wilson am 18. Januar übergeben worden.[17]

IV. Die amerikanische[18] und die italienische Regierung[19] teilen im wesentlichen unsere Ansicht. Die Niederländer haben sich noch nicht geäußert.[20] Die Amerikaner legen Wert darauf, daß die europäischen Regierungen bald zu einer Annäherung oder Einigung kommen.[21] Sie sind nach wie vor stark daran interessiert, daß das Projekt der multilateralen Nuklearstreitmacht der Allianz Realität wird.

Hiermit über den Herrn Staatssekretär dem Herrn Bundesminister vorgelegt mit dem Vorschlag der Weiterleitung an den Herrn Bundeskanzler.

gez. Krapf

VS-Bd. 8481 (Ministerbüro)

---

[16] Vgl. Dok. 21.
[17] Vgl. dazu Dok. 21, Anm. 22.
[18] Zur amerikanischen Stellungnahme vgl. Dok. 12, Anm. 8.
[19] Zur italienischen Reaktion auf die britischen Vorschläge vgl. Dok. 13, Anm. 13.
[20] Am 26. Januar 1965 informierte der niederländische Botschaftsrat Jalink Ministerialdirektor Krapf über die Position seiner Regierung zu den britischen ANF-Vorschlägen. Danach gebe es Bedenken, eine Verpflichtung auf den Nichterwerb von Kernwaffen „unilateral und ohne östliche Gegenleistung" abzugeben. Desgleichen bestehe wenig Hoffnung, daß Frankreich dem „gegenwärtigen Projekt" beitreten werde. Die Tatsache, daß Großbritannien das Prinzip der gemischten Bemannung nicht auf die U-Boote anwenden wolle und eine Überwasserflotte ablehne, habe in den Niederlanden Enttäuschung ausgelöst. „Starke" Bedenken gebe es gegen die geplante Sonderstellung der Streitmacht innerhalb der NATO, hier werde weiterhin eine Unterstellung unter SACEUR befürwortet. Keine grundsätzlichen Einwände bestünden gegen die Einbeziehung von britischen Bomber-Staffeln und U-Booten, doch werde befürchtet, daß auf diese Weise die „organisatorische Konstruktion" der Streitmacht belastet werde. Vgl. den Drahterlaß von Krapf vom 26. Januar 1965 an die Ständige Vertretung bei der NATO in Paris; VS-Bd. 4042 (II 8/II B); B 150, Aktenkopien 1965.
[21] Vgl. dazu auch Dok. 8.

21

Stellungnahme der Bundesregierung

Geheim 18. Januar 1965[1]

Atlantische Nuklear-Streitmacht

Stellungnahme der Regierung der Bundesrepublik Deutschland zu den am 11. Dezember 1964 überreichten Vorschlägen der britischen Regierung[2]:

1) Die Bundesregierung begrüßt den Gedanken, im Atlantischen Bündnis hinsichtlich der Kernwaffen Vereinbarungen zu treffen, welche

– die Stärke und Einigkeit im Bündnis erhöhen und

– den europäischen NATO-Staaten die Möglichkeit geben, an der Verantwortung für Kernwaffen und an der Ausarbeitung der nuklearen Strategie im Bündnis teilzunehmen.

Sie unterstützt den Wunsch nach vermehrter Konsultation unter den Bündnispartnern über die Grundsätze der Westmächte hinsichtlich des Gebrauchs von Kernwaffen.[3]

2) Auch die Bundesregierung sieht Vereinbarungen hinsichtlich der Kernwaffen der Allianz im Zusammenhang mit der Notwendigkeit, einem ungezügelten Wettrüsten in der Welt Schranken zu setzen und einer Weiterverbreitung der Verfügungsgewalt über Kernwaffen Einhalt zu gebieten.[4] Sie erinnert daran, daß sie bei ihrem Eintritt in die Westeuropäische Union und in das NATO-Bündnis ihren Verbündeten gegenüber auf die Herstellung von atoma-

---

[1] Vervielfältigtes Exemplar.
Ein Entwurf wurde Botschafter Grewe, Paris (NATO), am 15. Januar mit der Bitte um Stellungnahme übermittelt. Grewe äußerte am 18. Januar 1965 Bedenken, sich zum gegenwärtigen Zeitpunkt schriftlich festzulegen, da dies den Beginn eines Dialogs mit der britischen Regierung bedeuten würde. „Wir würden somit ihre Taktik akzeptieren, die offenbar darauf hinausläuft, mit jedem der möglichen Vertragspartner getrennt zu verhandeln. Dieses Verfahren gäbe ihnen nicht nur die Möglichkeit, die einzelnen Gesprächspartner gegeneinander auszuspielen, sondern würde auch uns eine beträchtliche Verhandlungslast aufbürden. Zur gleichen Zeit würde dies den Amerikanern […] erlauben, sich aus der Verhandlungsverantwortung herauszuhalten. Aus diesen Gründen würde ich es für zweckmäßiger halten, eine schriftliche deutsche Stellungnahme erst dann abzugeben, wenn sie mit den Amerikanern (und Italienern) auf höherer Ebene abgesprochen werden konnte. Wir würden damit die Amerikaner zwingen, wieder eine gemeinsame Politik zu erarbeiten." Vgl. den Drahtbericht Nr. 73; VS-Bd. 1370 (II A 7); B 150, Aktenkopien 1965.

[2] Zu den Vorschlägen für eine ANF vgl. Dok. 20, vor allem Anm. 9–12.

[3] Dazu regte Botschafter Grewe, Paris (NATO), eine Verstärkung der Konsultationsforderung an. Vgl. dazu den Drahtbericht Nr. 75 vom 18. Januar 1965; VS-Bd. 1370 (II A 7); B 150, Aktenkopien 1965.

[4] Zur Rolle der Nichtverbreitung im Vorschlag einer ANF vgl. Dok. 20, besonders Anm. 12.
Am 3. Februar 1965 führte das Referat II 7 zu diesem Punkt aus: „Die Briten sehen das gesamte Arrangement im wesentlichen unter dem Vorzeichen der ‚non-proliferation'. Sie haben hierzu als Teil des Vertrages eine detaillierte Abmachung vorgeschlagen, nach der die teilnehmenden Nuklearstaaten sich verpflichten, Kernwaffen nicht an nichtbesitzende Staaten weiterzugeben, und diese wiederum sich verpflichten, Kernwaffen weder selbst herzustellen noch zu erwerben. Diese Bindung soll auch für künftige Staatengruppierungen gelten." Vgl. VS-Bd. 1371 (II A 7); B 150, Aktenkopien 1965.

ren, biologischen und chemischen Waffen verzichtet[5] und sich einer internationalen Kontrolle hinsichtlich der Einhaltung dieser Verpflichtung unterworfen hat.[6]

3) Es müssen die Erfordernisse der Sicherheit der Allianz und besonders die exponierte Lage der Bundesrepublik Deutschland in Betracht gezogen werden. Das militärische Kräfteverhältnis in Europa und besonders die zahlreichen gegen Westeuropa gerichteten Mittelstreckenraketen der Ostblockstaaten haben die militärischen Organe der NATO bereits seit längerer Zeit veranlaßt, die Einführung von Mittelstreckenraketen in den europäischen Befehlsbereich der NATO zu fordern.[7]

4) Die Bundesregierung hat deshalb den seinerzeit von der Regierung der Vereinigten Staaten vorgelegten Plan begrüßt, im Rahmen der NATO eine multilaterale MRBM-Streitmacht in gemeinsamem Besitz und unter gemeinsamer Kontrolle zu schaffen.[8] In dieser Streitmacht sah sie folgende Ziele gewährleistet:

– Stärkung des Verteidigungspotentials der Allianz im europäischen Bereich und damit Erzielung eines besser ausgewogenen Kräfteverhältnisses in Europa, das der Erhaltung des Friedens dient;

– Stärkung der Einheit der Allianz durch volle Integration auf einem Teilgebiet der Verteidigung;

– Beteiligung der nicht-nuklearen Mitglieder der Allianz an den Lasten und an der Verantwortung für das nukleare Potential.[9]

5) Die Bundesregierung ist weiterhin bereit, an Vereinbarungen mitzuwirken, welche strategische Waffen in ein System gemeinsamer Verantwortung und unter gemeinsamen Befehl zusammenfassen.

---

[5] Vgl. dazu Dok. 11, Anm. 4.

[6] Botschafter Grewe, Paris (NATO), schlug am 18. Januar 1965 vor, diesen Satz zu streichen. Zum einen sollte sich die Bundesregierung nur mit „gewissen Qualifikationen" zum Grundsatz der Nichtverbreitung bekennen, zum anderen sollte der „deutsche Verzicht auf [die] Produktion von ABC-Waffen ... nicht ohne zwingende Notwendigkeit wiederholt und bekräftigt werden." Grewe hob hervor: „Wir haben allen Anlaß, uns zu fragen, ob nicht andere Teile des Pakets von 1954, zu dem er gehört, von anderen Vertragspartnern aufgegeben worden sind. Auf jeden Fall sollte der ABC-Verzicht nur im Sinne einer bereits erbrachten deutschen Vorleistung erwähnt werden, die uns das Recht gibt, bei weitergehenden neuen Verpflichtungen zunächst anderen den Vortritt zu lassen." Vgl. den Drahtbericht Nr. 74; VS-Bd. 4042 (II 8/II B); B 150. Aktenkopien 1965.

[7] Vgl. dazu Dok. 20, Anm. 6.
Botschafter Grewe, Paris (NATO), gab am 18. Januar 1965 in diesem Zusammenhang zu bedenken, ein Hinweis auf die Forderung von SACEUR nach Mittelstreckenraketen sei „gerade den Briten gegenüber nicht sehr beweiskräftig, da sie diese Forderung bisher immer als nicht gerechtfertigt abgelehnt haben. Zudem scheint SACEUR selbst diese Forderung nicht mehr mit gleichem Nachdruck aufrechterhalten zu wollen." Vgl. den Drahtbericht Nr. 75; VS-Bd. 1370 (II A 7); B 150, Aktenkopien 1965.

[8] Vgl. dazu Dok. 20, Anm. 5.

[9] Dazu wies Botschafter Grewe, Paris (NATO), am 18. Januar 1965 darauf hin, daß „nicht nur an technische ‚Verantwortung', sondern auch an politisches Mitspracherecht gedacht" werde. Vgl. den Drahtbericht Nr. 75; VS-Bd. 1370 (II A 7); B 150, Aktenkopien 1965.

Sie ist der Ansicht, daß solche Vereinbarungen eine „Atlantische Nuklear-Streitmacht" (ANF) schaffen könnten, welche sich nicht darauf beschränkt, vorhandene und geplante strategische Kernwaffen in eine neue Organisation zu gruppieren, sondern gemäß den oben erwähnten Sicherheitsbedürfnissen der Allianz eine reale Stärkung der NATO-Verteidigung im europäischen Bereich gewährleistet.

6) Bei ihren Überlegungen, wie diese Streitmacht am zweckmäßigsten zusammenzusetzen ist, geht die Bundesregierung davon aus, daß die substantiellen Beiträge der größeren Mitgliedstaaten in einem angemessenen Verhältnis zueinander stehen sollten.

Die Streitmacht könnte umfassen:

a) acht britische V-Bomberstaffeln (64 Flugzeuge);

b) zu deren Ersatz ab 1968/70 drei britische Polaris-U-Boote mit je 16 Raketen;

c) eine Überwasserflotte von 20 Schiffen mit je 8 Polaris-Raketen.

Die vorgeschlagene Größe ergibt sich aus folgenden Überlegungen:

– Die Überwasserflotte soll ein in sich wirksames, weitgehend unverwundbares Waffensystem bilden. Militärexperten der an den MLF-Beratungen teilnehmenden Staaten sind in dem Bericht der militärischen Untergruppe dem Ergebnis gekommen, daß eine Flotte von 25 Schiffen hierfür am besten geeignet ist.[10] Angesichts des vorgeschlagenen Beitrags von drei britischen Polaris-U-Booten kann vielleicht eine Verminderung der Zahl der Schiffe auf 20 in Erwägung gezogen werden. Eine weitere Verringerung würde die Wirkungsmöglichkeit, die Überlebenschance und damit den Abschreckungseffekt der Flotte in Frage stellen.[11]

– Die Überwasserflotte bildet für eine größere Zahl nicht-nuklearer NATO-Staaten die Möglichkeit, sich wirksam an der ANF zu beteiligen. Die Bundesregierung nimmt an, daß auch die Regierung der Vereinigten Staaten wünscht, in erster Linie in beträchtlichem Umfang an der Überwasserflotte teilzunehmen. Die Größe der Überwasserflotte ist daher von Bedeutung für die Verteilung der Gewichte innerhalb der ANF.[12]

---

[10] Bereits im März 1963 legte eine amerikanische Expertengruppe unter Führung des Sonderbeauftragten für Sicherheitsfragen, Merchant, der Bundesregierung einen Kostenvoranschlag für eine MLF vor. Danach würden bei einer Flottenstärke von 25 Überwasserschiffen für die Bundesregierung Ausgaben in Höhe von 6 Mrd. Dollar anfallen. Vgl. dazu AAPD 1963, I, Dok. 120.

[11] In diesem Zusammenhang machte der Ständige Vertreter bei der NATO in Paris am 18. Januar 1965 darauf aufmerksam, daß „die deutsche Stellungnahme soweit wie möglich Maximalforderungen enthalten sollte". Daher schlug Grewe vor, „bei 25 Schiffen zu bleiben und nur ‚gewisse' Verminderungen für möglich zu erklären". Vgl. den Drahtbericht Nr. 75; VS-Bd. 1370 (II A 7); B 150, Aktenkopien 1965.

[12] Dazu führte Botschafter Grewe, Paris (NATO), am 18. Januar 1965 aus: „Die Bemerkung, die Überwasserflotte biete ‚die Möglichkeit' zur Beteiligung nicht-nuklearer Mächte, kann zur Deutung Anlaß geben, daß Polaris-U-Boote diese Möglichkeit nicht bieten. Der Hinweis auf die ‚Verteilung' der Gewichte läßt vielleicht unser Interesse zu deutlich erkennbar werden. Der Satz könnte fortfallen, da gleicher Gedanke schon in dem ersten Satz von Ziffer 6 anklingt." Vgl. den Drahtbericht Nr. 75; VS-Bd. 1370 (II A 7); B 150, Aktenkopien 1965.

d) strategische Nuklear-Streitkräfte, welche die französische Regierung einzubringen wünscht.

Gegen die Einbeziehung taktischer nuklearer Streitkräfte – Jagdbomber und Kurzstreckenraketen – in die ANF hat die Bundesregierung Bedenken. Angesichts der exponierten Lage des Bundesgebiets muß die Bundesregierung auf den Zeitfaktor Rücksicht nehmen. Für diese Waffen besteht gegenwärtig ein Kontrollsystem, welches ihre rechtzeitige Freigabe gestattet, u. U. nach Konsultation im NATO-Rat. Sie bilden einen integralen Teil der Streitkräfte SACEURs und sind für das Zusammenwirken von Heer und Luftwaffe unerläßlich. Werden diese Waffen einem multilateralen Kontrollsystem unterstellt, in dem sie dem Veto der Mitgliedstaaten unterliegen, so könnte dies ihren Einsatz zur Abwehr eines Angriffs erheblich verzögern, u. U. auch verhindern. Der Abschreckungswert dieser Waffen wäre gemindert.

7) Für die ANF werden folgende Charakteristika vorgeschlagen:

a) Die Streitmacht steht im gemeinsamen Eigentum und unter gemeinsamer Leitung der ANF-Mitgliedstaaten. Die in der MLF-Arbeitsgruppe ausgearbeiteten Merkmale der MLF und ihre Organisation können weitgehend Anwendung finden.

b) Alle Einheiten werden der ANF für die Dauer ihres Bestehens zugeteilt. Es besteht kein Recht auf Rücknahme der Einheiten. Im Fall der Auflösung der ANF gehen die V-Bomber, die Polaris-U-Boote sowie die Raketen und Sprengköpfe in das Eigentum der Lieferstaaten zurück.

c) Für alle Einheiten, Stäbe und Basen der Streitmacht gilt das Prinzip der gemischten Bemannung. Für eine Übergangszeit kann für Polaris-U-Boote nationale Bemannung zugelassen werden. Alle Mitgliedstaaten stellen Personal für die gemischt bemannten Einheiten.

Die Bundesregierung versteht das Zögern der britischen Regierung, sich an einer gemischt bemannten Überwasserflotte zu beteiligen. Sie glaubt aber, es könnte auch im britischen Interesse liegen, zu vermeiden, daß sich in der Art der Beteiligung der Mitglieder grundsätzliche Unterschiede ergeben.

8) In den bisherigen MLF-Beratungen hat die Bundesregierung den Wunsch der Regierung der Vereinigten Staaten unterstützt, angesichts des speziellen amerikanischen Beitrags an Waffen die Freigabe dieser Waffen von der amerikanischen Zustimmung abhängig zu machen.[13] Im übrigen sollte nach deutscher Auffassung die Zustimmung der Mehrheit der Mitglieder erforderlich sein.[14] Eine solche Regelung hätte einen gewissen Wert für den Abschreckungseffekt der Streitmacht.

Die Bundesregierung versteht die britische Regierung dahin, daß sie für die Waffen der ANF ein Veto-Recht in Anspruch nimmt und es den anderen Mitgliedern anheimstellt, ein gleiches für sich zu fordern. Die Bundesregierung

---

[13] Zum Beharren der amerikanischen Regierung auf einem Veto betonte der amerikanische Sicherheitsberater Bundy am 14. Dezember 1964 in einem Fernsehinterview „that no proposal would be submitted to Congress without the very clear understanding that there would be no nuclear assault by the multilateral force without the decision of the President". Vgl. THE TIMES, Nr. 56 195 vom 15. Dezember 1964, S. 10.

[14] Diese Position vertrat die Bundesregierung bereits 1963. Vgl. dazu AAPD 1963, III, Dok. 475.

ist der Ansicht, daß diese Frage noch einer weiteren eingehenden Behandlung durch die interessierten Staaten bedarf.

9) Die britische Regierung schlägt vor, die Streitmacht nicht SACEUR zu assignieren, sondern dem Befehlshaber der Streitmacht, welcher allein der „Authority" der ANF verantwortlich sein soll, eine selbständige Stellung zu geben. Er soll lediglich auf Zusammenarbeit mit den NATO-Kommandobehörden angewiesen werden. Sie begründet ihren Vorschlag damit, daß im Fall der NATO-Unterstellung ein NATO-Mitgliedstaat, welcher der ANF nicht angehört, den Einsatz der Streitmacht durch sein Veto verhindern könnte.

Die Bundesregierung teilt diese Besorgnis nicht. Nach der gegenwärtigen Regelung wird zwar der NATO-Rat vor dem Einsatz der SACEUR assignierten taktischen Nuklearwaffen gemäß den in Athen vereinbarten „guide lines"[15] konsultiert. Das einzelne NATO-Mitglied kann aber deren Einsatz nicht durch sein Veto verhindern.

Nach vorherrschender Auffassung der an den MLF-Beratungen teilnehmenden Regierungen soll die Streitmacht im Rahmen der NATO in erster Linie der Verteidigung des europäischen NATO-Gebiets dienen. Es wäre daher konsequent, sie dem Befehl des NATO-Oberbefehlshabers Europa (SACEUR) zu unterstellen. SACEUR erhielte damit Mittel in die Hand, welche es ihm ermöglichen, gegen das gegnerische Potential zu wirken, von dem die Hauptbedrohung gegen Westeuropa ausgeht.

Eine Trennung des ANF-Befehlshabers von der Befehlsstruktur der NATO würde die einheitliche Befehlsführung im europäischen NATO-Bereich erheblich erschweren und vielleicht vereiteln. Eine „Zusammenarbeit" zwischen ANF-Befehlshaber und den NATO-Befehlshabern vermag dieses Problem nicht zu lösen.

Die einheitliche Befehlsführung in Europa ist ein wesentliches, angesichts der Schnelligkeit des modernen Kampfgeschehens vielleicht sogar entscheidendes Element einer wirksamen Verteidigung. Die Bundesregierung glaubt bei der gefährdeten Lage des Bundesgebiets im europäischen Zentralabschnitt auf dieses Erfordernis nicht verzichten zu können.

10) Der über die ANF zu schließende Vertrag sollte Bestimmungen enthalten, welche eine Anpassung seiner Vorschriften bei grundlegenden Änderungen der politischen Verhältnisse ermöglichen. Insbesondere denkt die Bundesregierung an die Fälle:

– der Wiedervereinigung Deutschlands,
– einer politischen Vereinigung europäischer Staaten,
– wesentlicher Fortschritte in einer weltweiten Abrüstung.[16]

---

[15] Die auf der Tagung des NATO-Ministerrats vom 4. bis 6. Mai 1962 beschlossenen Richtlinien regelten das Konsultationsverfahren im westlichen Bündnis für den Einsatz von Atomwaffen. Vgl. dazu den Drahterlaß des Legationsrats I. Klasse Scheske vom 10. Mai 1962 an die Botschaften in London, Paris und Washington; VS-Bd. 547 (II 7).

[16] Im Zusammenhang mit den Planungen für eine MLF-Charta wurde die Aufnahme von Klauseln in Erwägung gezogen, die eine Revision des Abkommens in den drei genannten Fällen ermöglichen würde. Zum Stand der Diskussion vgl. Dok. 6 sowie Dok. 8, Anm. 11 und 13.

11) Die britische Regierung hat schließlich vorgeschlagen, mit dem Vertrag eine Verpflichtung der Mitglieder über die Nichtweitergabe bzw. den Nichterwerb von Kernwaffen und von Kenntnissen zu deren Herstellung zu verbinden. Diese Verpflichtung soll sich auch auf künftige Staatenverbindungen nicht-nuklearer Staaten erstrecken.

Die Bundesregierung teilt die Auffassung, daß das Entstehen neuer nationaler Kernwaffenmächte nicht im Interesse der internationalen Sicherheit liegt.

Nach ihrer Ansicht wird die ANF als multilaterale Streitmacht, in der zumindest die Vereinigten Staaten über ein Veto verfügen, im Einklang mit der Resolution der UN-Vollversammlung vom 4. Dezember 1961[17] über die Nichtverbreitung von Kernwaffen stehen.[18]

Die Bundesregierung prüft die Frage, ob sie unter Berücksichtigung ihrer nationalen Verpflichtungen eine über den bisherigen Herstellungsverzicht hinausgehende Erklärung abgeben sollte, wenn die ANF eine den europäischen Sicherheitsbedürfnissen entsprechende Ausgestaltung erhält. Sie glaubt nicht, daß es möglich sein wird, solche Bindungen für künftige Staatengruppierungen einzugehen.[19]

Die Bundesregierung gibt ferner folgendes zu bedenken:

a) Es fragt sich, ob eine spezielle Vereinbarung unter den ANF-Staaten geeignet ist, die internationale Sicherheitslage zu verbessern. Das Problem der Nichtverbreitung von Kernwaffen ist in weltweitem Rahmen zu sehen.[20]

b) Die Bundesregierung weist auch darauf hin, daß die Sowjetregierung stets ein großes Interesse bekundet hat, die Bundesrepublik Deutschland auf dem Gebiet nuklearer Verteidigung weiteren Einschränkungen unterworfen zu sehen. Die Bundesregierung fragt sich, ob dieses sowjetische Interesse im Sinne

---

[17] Für den Wortlaut der UNO-Resolution 1665 vom 4. Dezember 1961, der „Irischen Resolution", vgl. UNITED NATIONS RESOLUTIONS, I/8, S. 237f., bzw. DOCUMENTS ON DISARMAMENT 1961, S. 694. Vgl. dazu auch Dok. 36.

[18] Dagegen wandte Botschafter Grewe ein, daß diese Formulierung „den Einklang der ANF mit der Irischen Resolution auf die Aufrecherhaltung des amerikanischen Vetos stützt. Damit würde implicite gesagt, daß eine europäische Atom-Streitmacht, in der das amerikanische Veto nicht mehr gilt, im Gegensatz zu dieser Resolution stehen würde. Wir sollten uns m. E. auf die Thesen stützen, daß sich die Nichtweitergabeverpflichtung lediglich auf einzelne Staaten, nicht aber auf Staaten-Gruppierungen bezieht – wie dies im übrigen auch in Ziffer 11 zum Ausdruck kommt." Vgl. den Drahtbericht Nr. 74 aus Paris (NATO) vom 18. Januar 1965; VS-Bd. 4042 (II 8/II B); B 150, Aktenkopien 1965.

[19] Botschafter Grewe hielt die Zusage, eine Abgabe weitergehender Erklärungen prüfen zu wollen, „für zu weitgehend, jedenfalls verhandlungstaktisch für verfrüht. Den qualifizierenden Bedingungen, die in Ziffer 11 im übrigen entwickelt werden (keine Bindungen für künftige Staatengruppierungen; weltweite Verpflichtungen; Zusammenhang mit Deutschlandpolitik) stimme ich zu. Sie sollten m. E. teilweise noch entschiedener formuliert werden." Vgl. den Drahtbericht Nr. 74 aus Paris (NATO) vom 18. Januar 1965; VS-Bd. 4042 (II 8/II B); B 150, Aktenkopien 1965.

[20] Dazu führte Vortragender Legationsrat I. Klasse Lahn am 15. Januar 1965 aus: „Es dürfte sich empfehlen, den Briten gegenüber zu erklären, daß nach unserer Auffassung die Frage eines Nichtverbreitungsvertrages nur als eine weltweite Rüstungskontrollmaßnahme behandelt werden könne [...]. Wollte man dieses Problem nur unter den Teilnehmern der ANF zu lösen versuchen, so könnte damit bei den Nuklearmächten der Anreiz, ein weltweites Abkommen zustande zu bringen, entfallen. Eine solche Teillösung würde im übrigen die an der ANF beteiligten nichtnuklearen Staaten gegenüber anderen Mächten diskriminieren." Vgl. VS-Bd. 4042 (II 8/II B); B 150, Aktenkopien 1965.

einer positiven Deutschlandpolitik der Allianz nutzbar gemacht werden könnte.[21]

12) Die Bundesregierung würde es begrüßen, wenn unter den interessierten Regierungen bald eine Verständigung über die ANF erzielt werden könnte.[22] Sie teilt die Ansicht, daß die französische Regierung über den Fortgang der Arbeiten laufend unterrichtet werden sollte.[23]

VS-Bd. 8481 (Ministerbüro)

22

Gespräch des Bundeskanzlers Erhard mit Staatspräsident de Gaulle in Rambouillet

Z A 5-8.A/65 geheim 19. Januar 1965[1]

Der Herr Bundeskanzler führte am 19. Januar 1965 um 16.30 Uhr im Schloß Rambouillet ein erstes Gespräch unter vier Augen mit dem französischen Staatspräsidenten de Gaulle.

Einleitend gab General *de Gaulle* seiner Freude Ausdruck, den Herrn Bundeskanzler bei sich zu haben, der für ihn die Bundesregierung und damit Deutschland repräsentiere. Es sei klarer als je zuvor, daß die beiden Länder ein gemeinsames Schicksal hätten. Ihr bisheriges Schicksal sei nicht immer glücklich gewesen, es sei aber immer gemeinsam gewesen, da die beiden Län-

---

[21] Dazu legte Staatssekretär Carstens bereits am 5. Januar 1965 dar: „Wir verlieren oder schmälern die wichtigste Konzession, die wir den Sowjets bei etwaigen Verhandlungen über die deutsche Wiedervereinigung machen können. Es ist kein Zweifel, daß die Sowjets ein dringendes Interesse an der Ausschaltung eines deutschen nuklearen Potentials haben. Dieses Interesse sollten wir für die Wiedervereinigung nutzbar machen." Vgl. VS-Bd. 1370 (II A 7); B 150, Aktenkopien 1965.

[22] Mit Aufzeichnung vom 21. Januar 1965 hielt Ministerialdirektor Krapf fest, daß am 18. Januar 1965 die Stellungnahme der Bundesregierung dem Stellvertretenden Leiter des „Western Organisations and Co-ordination Department" im britischen Außenministerium, Barnes, unter Hinweis auf ihren vorläufigen Charakter übergeben wurde. Dabei sei dargelegt worden, daß die Bundesregierung besonderen Wert auf das Zustandekommen einer Überwasserflotte von mindestens 20 Schiffen mit je acht Polaris-Raketen lege und nicht daran interessiert sei, „daß der ANF-Vertrag das Vorzeichen der Non-Proliferation erhalte".
Am 19. Januar 1965 unterrichtete Krapf Staatssekretär Carstens, z.Z. Paris, von der Übergabe. Er betonte, die von Botschafter Grewe vorgebrachten Argumente seien zu einem großen Teil berücksichtigt worden, zumeist durch mündliche Ausführungen gegenüber Barnes. Nicht geteilt werde dagegen die Ansicht von Grewe, daß der Zeitpunkt für eine schriftliche Stellungnahme zu den ANF-Vorschlägen noch nicht gekommen sei. Vielmehr könne die Bundesregierung bei der jetzigen Einstellung der amerikanischen Regierung, die „ausdrücklich darum gebeten hat, und nach der Demarche des britischen Botschafters einem Gespräch mit den Briten aus Anlaß des Besuchs von Premierminister Wilson nicht ausweichen". Hierzu sei eine unverbindliche schriftliche Unterlage notwendig. Für die Aufzeichnung vom 21. Januar 1965 und den Drahterlaß Nr. 69 vgl. VS-Bd. 1370 (II A 7); B 150, Aktenkopien 1965.

[23] Zur Unterrichtung Frankreichs vgl. Dok. 67.

[1] Die Gesprächsaufzeichnung wurde vom Vortragenden Legationsrat Kusterer gefertigt.

der benachbart und durch vieles aus Vergangenheit und Gegenwart verbunden seien. Die beiden Völker seien einander sehr ähnlich und stellten darüber hinaus das Herzstück Europas dar.

Der Herr *Bundeskanzler* wies darauf hin, daß er in eben diesem Geiste in einer Art Husarenritt das Problem des Getreidepreises[2] gelöst habe, da er wisse, daß dieser Schritt zur Verstärkung der europäischen Gemeinsamkeit ein wesentliches Element der freundschaftlichen Beziehungen zwischen beiden Ländern bilde. Er habe sich gegenüber dem General schon vor anderthalb Jahren zu diesem Ziel bekannt[3], doch hätten die sehr großen innenpolitischen Schwierigkeiten[4] eine solche Entscheidung erst zu einem späten Zeitpunkt und auch dann nur durch entschlossenes Handeln ermöglicht.

General *de Gaulle* versicherte dem Herrn Bundeskanzler, daß Frankreich und er selbst an erster Stelle die Verdienste des Herrn Bundeskanzlers und die politische Weitsicht, die er in dieser Entscheidung gezeigt habe, voll und ganz ermesse. Er habe das in seinem Schreiben auch zum Ausdruck gebracht[5] und wolle es hier noch einmal wiederholen. Diese Entscheidung sei ein wichtiger Schritt auf dem Wege zur endgültigen Regelung der Agrarfrage. Letztlich sei es darauf angekommen, welchen Willen der Herr Bundeskanzler zeige, und er verneige sich vor dem Beweis der Autorität des Herrn Bundeskanzlers.

Der Herr *Bundeskanzler* bemerkte, daß, obwohl es in der öffentlichen Diskussion manchmal etwas anders aussehe, er doch überzeugt sei, daß hinsichtlich der grundsätzlichen Politik keine echten Gegensätzlichkeiten bestünden.

[2] Am 4. November 1963 schlug der Vizepräsident der EWG-Kommission, Mansholt, vor, bis zum 1. Juli 1964 einen gemeinsamen Getreidepreis in der EWG zu schaffen („Mansholt-Plan"). Dabei sollten die Preise für alle deutschen Getreidearten um 11 bis 15% gesenkt werden. Geringere Preissenkungen waren in Italien und Luxemburg erforderlich, während die Getreidepreise in Frankreich und den Niederlanden erhöht werden sollten. In Belgien würden sich keine Veränderungen ergeben. Vgl. BULLETIN DER EWG 12/1963 (Sonderbeilage), S. 2–12. Vgl. dazu auch den Drahtbericht Nr. 1931 des Botschafters Harkort, Brüssel (EWG/EAG), vom 5. November 1963; Referat III A 2, Bd. 74.
In der Sitzung des Bundeskabinetts vom 24. November 1964 erklärte Bundeskanzler Erhard seine Entschlossenheit, „über [die] Getreidepreisfrage jetzt zu entscheiden und [die] deutsche Delegation bereits für [den] EWG-Ministerrat vom 30. November und 1. Dezember [1964] mit erforderlichen Weisungen zu versehen". Vgl. AAPD 1964, II, Dok. 358.

[3] Vgl. dazu die Äußerungen des damaligen Bundesministers Erhard auf der deutsch-französischen Regierungsbesprechung vom 4. Juli 1963; AAPD 1963, II, Dok. 218.

[4] Mit einer Senkung des Getreidepreises war ein Einnahmeverlust für die deutsche Landwirtschaft verbunden, dessen Höhe die EWG-Kommission mit 560 Mio. DM, das Bundesministerium für Ernährung, Landwirtschaft und Forsten jedoch mit 900 Mio. DM bezifferte. Entsprechend dem „Mansholt-Plan" sollten diese Einbußen durch Zahlungen aus Gemeinschaftsmitteln von 1966 an drei Jahre lang ausgeglichen werden. Vgl. dazu das Schreiben des Bundesministeriums für Verkehr vom 9. Dezember 1963 an das Auswärtige Amt; Referat III A 2, Bd. 58.
Bedenken gegen die Getreidepreis-Regelung äußerten – neben den Interessenverbänden der Bauern – die Bundesminister Dahlgrün, Schwarz und Schmücker. Auch die FDP sprach sich gegen eine Senkung des deutschen Getreidepreises aus. Zu den Konsultationen des Bundeskanzlers Erhard mit den Bundesministern sowie zu den Koalitionsbesprechungen am 23. November 1964 vgl. die Artikel „Bedenken in Bonn gegen die Forderungen der Bauern" und „Die FDP widersetzt sich der Senkung des Getreidepreises"; FRANKFURTER ALLGEMEINE ZEITUNG, Nr. 273 vom 24. November 1964, S. 1, bzw. Nr. 274 vom 25. November 1964, S. 3.
Vgl. dazu AAPD 1964, II, Dok. 355.

[5] Für das Schreiben vom 19. Dezember 1964 vgl. DE GAULLE, Lettres, notes et carnets. 1964–1966, S. 107 f.

Beide Länder trügen die Last der Geschichte und ihres nationalen Schicksals. Wenn demzufolge die Auffassungen auch nicht immer identisch seien, so erkenne man doch viele Gemeinsamkeiten, vor allem aber eine gemeinsame Aufgabe. Er sei entschlossen, alles zu tun, um Europa zu stärken und ihm in der Weltpolitik das ihm nach seiner geschichtlichen Leistung zukommende Gewicht zu verleihen. Teil der Gespräche werde es sein, mögliche Stationen auf diesem Weg herauszukristallisieren. Gleichzeitig dürfe man nicht übersehen, daß gewisse Dinge eines Reifeprozesses bedürften. Das Beispiel des Getreidepreises zeige aber, daß der rechte Schritt im rechten Augenblick getan werden könne. Es gebe Dinge, die einer Anlaufzeit bedürften, und bei denen es nicht so sehr auf eine Aktion als auf eine zielstrebige Entwicklung ankomme. Wenn er de Gaulle richtig verstehe, dann sehe dieser Europa in einer großen Vision; ein Europa, das man zwar fördern könne, das aber doch auch in seinem Werden eine Eigengesetzlichkeit besitze.

General *de Gaulle* erwiderte, er würdige das, was der Herr Bundeskanzler zu der Notwendigkeit eines Reifeprozesses gesagt habe, ganz besonders. Natürlich habe man es immer eilig, denn man werde gedrängt von der Politik und ganz allgemein von der öffentlichen Meinung, gedrängt von den Erfordernissen der Wahlen, wie es in Demokratien natürlich sei, gedrängt auch aus der eigenen Person her, denn viel Zeit habe niemand. Deswegen möchte man immer, daß die Dinge so schnell wie möglich vorankämen. Dennoch glaube er, daß diese ungeheuren Probleme nur in einem langfristigen Prozeß eine vollständige Lösung erfahren könnten. Es sei aber notwendig, den Weg zu einer solchen Lösung einzuschlagen. Was nun Europa anbelange, so scheine ihm doch das bereits Unternommene trotz aller Wechselfälle in Richtung auf das große Ziel zu gehen, obschon man wisse, daß dieses Ziel nicht über Nacht erreicht werden könne. Man müsse auf diesem Wege aber fortschreiten. Daher sollten Frankreich und Deutschland möglichst viel zusammen tun, und die unvermeidlichen Zwischenfälle und Ungewißheiten dürften die beiden Länder nicht daran hindern, sich auf demselben Wege zu treffen. Dieser Weg sei die Wiederbelebung des alten Kontinents trotz all der großen Schwierigkeiten, die sich diesem Bemühen entgegenstellten. Vieles sei hierbei schon gelungen.

Der Herr *Bundeskanzler* stimmte dieser Auffassung zu und bemerkte, er scheue keineswegs vor der Verantwortung zurück. So werde z. B. das Problem der Wiedervereinigung in Deutschland immer brennender, obschon jeder wisse, daß es nicht von einem Tag auf den anderen gelöst werden könne. Für ein gemeinsames Vorgehen und die Stärkung Europas böten sich seines Erachtens viele Ansatzpunkte. Er sei der Auffassung, daß man von innen nach außen gehen müsse; – mit anderen Worten, daß man die am weitesten gereiften Fragen als erste anpacken sollte. Das würde seine Rückwirkung auf das europäische Bewußtsein nicht verfehlen. General de Gaulle habe von den Wahlen gesprochen. Er habe keine Sorge, daß die CDU/CSU auch diese Bundestagswahl gewinnen werde. Dies sei bedeutsam für das Schicksal Europas, denn wenn die Bundesrepublik unter sozialistische Führung geriete, dann würde diese Denkweise, d.h. die sozialistische Gesellschafts- und Geschichtsauffassung in Europa so dominierend, daß das Ergebnis nur den Verfall der gemeinsamen Ideale bedeuten könnte.

Die Ereignisse in Brüssel[6] stimmten hoffnungsvoll. Er sei bereit, auf diesem Wege weiterzuschreiten. Die wirtschaftliche Zusammenarbeit habe ihre Früchte getragen und sollte nunmehr zu einer stärkeren politischen Zusammenarbeit führen, die er einmal mit dem Begriff „Politische Union" bezeichnen wolle, wobei der Name eines solchen Unterfangens selbst nicht ausschlaggebend sei. Wichtig sei es nur, daß eine Form engerer politischer Zusammenarbeit[7] gefunden werde. Er sei überzeugt, daß innerhalb einer solchen Zusammenarbeit das Gewicht Frankreichs und Deutschlands automatisch zum Tragen kommen werde. Er sehe hier viele Möglichkeiten, obschon die Ansätze vielleicht bescheiden anmuten mögen. Er hoffe, daß General de Gaulle jetzt dem Anfang einer Politischen Union zustimmen werde. Auch in der EWG seien die Ansätze bekanntlich bescheiden gewesen, aber dennoch habe sie sich als eine starke Kraft erwiesen.

General *de Gaulle* bemerkte, er sei gerne bereit, diese Frage mit dem Herrn Bundeskanzler zu besprechen. Er teile die Auffassung des Herrn Bundeskanzlers, daß der Beginn der wirtschaftlichen Zusammenarbeit, die ja noch nicht voll abgeschlossen sei, nunmehr als erfolgreich erscheine. Da man einmal diesen Weg eingeschlagen habe und die Ergebnisse gut seien, sollte man diesen Weg auch bis zum Ende gehen, das heißt mit anderen Worten, in den Brüsseler Gesprächen den Zeitplan für das erste Halbjahr 1965 einhalten. Wenn es gelinge, in dieser Zeit zu einer Einigung über Milch und Milchprodukte, Öle und Fette, Zucker, Fleisch und Finanzregelung zu gelangen[8], werde man einen entscheidenden Punkt in der Bildung Europas erreicht haben. Er kenne die Auffassung des Herrn Bundeskanzlers in der Frage der Politischen Union und wolle daran erinnern, daß Frankreich vor drei Jahren politische Vorschläge gemacht habe.[9] Er sei mit dem Herrn Bundeskanzler um so mehr einer Auffassung, als ein Fortschritt in der praktischen politischen Zusammenarbeit nach der Regelung der Wirtschaftsfragen erforderlich sei, und er nicht glaube, daß die wirtschaftliche Organisation der EWG gut und erfolgreich sein und bleiben könne, wenn sie auf den engen Rahmen der Brüsseler Gemeinschaft beschränkt bleibe. Der Herr Bundeskanzler habe selbst einmal darauf hingewiesen, wie unerfreulich es sei, daß sogar Fragen wie das Agrarproblem, die das Leben der Völker selbst angingen, in Brüssel ohne wirkliche

---

[6] Am 15. Dezember 1964 einigte sich der Ministerrat der EWG auf die Preise pro Tonne der einzelnen Getreidesorten sowie auf Ausgleichszahlungen für die deutsche, italienische und luxemburgische Landwirtschaft. Für einen Auszug aus dem Kommuniqué vom 15. Dezember 1964 vgl. BULLETIN DER EWG 1/1965, S. 5–7. Vgl. dazu auch BULLETIN DER EWG 2/1965, S. 9–21.

[7] Zum Stand der Diskussion über eine europäische politische Union vgl. die entsprechenden deutschen, italienischen und belgischen Vorschläge; Dok. 5, Anm. 18–20.

[8] Am 1. November 1964 traten in der EWG die Grundverordnungen für Milch- und Milcherzeugnisse sowie für Rindfleisch in Kraft.
Die vorliegenden Arbeitsprogramme für das erste Halbjahr 1965, die von der EWG-Kommission, der Bundesrepublik und Frankreich vorlegt wurden, sahen vor, bis zum 1. Juli 1965 die Grenzen des Orientierungspreises für Rindfleisch und des gemeinsamen Richtpreises für Milch für das Wirtschaftsjahr 1965/66 festzulegen, die Verordnung zur Errichtung einer gemeinsamen Marktorganisation für Zucker und Fette zu verabschieden, Beschlüsse zur Festsetzung eines ab 1967 geltenden gemeinsamen Preises für Rindfleisch, Milch, Zucker und Fette zu fassen sowie eine Verordnung über die Finanzierung der gemeinsamen Agrarpolitik zu beschließen. Für das Arbeitsprogramm vgl. Ministerbüro, Bd. 213.

[9] Zu den Fouchet-Plänen der Jahre 1961/62 vgl. Dok. 5, Anm. 23.

Beteiligung der Regierungen behandelt werden, d. h., daß zwar die nationalen Minister dabei seien, daß aber doch diese Dinge in einem Rahmen behandelt würden, der zwar für Verhandlungen nützlich sein möge, der aber nicht ausreiche, um die Beschlüsse in die Tat umzusetzen, weil die Verantwortung hierfür innerhalb der einzelnen Länder liege. Es handle sich dabei um Dinge wie die Festsetzung der Preise, die Finanzregelungen und die unausweichlichen Konsequenzen für das Verkehrswesen, die Zölle, die Steuern, die Soziallasten usw. Dafür reiche der Brüsseler Kreis nicht aus, vielmehr müßten die Regierungen sich miteinander zu diesen Themen auseinandersetzen. Auch für diese Fragen, ganz abgesehen von den rein politischen Fragen, sei Brüssel nicht voll legitimiert. Für deren Behandlung bedürfte es vielmehr der Regierungsbesprechungen etwa in der Form, wie sie zwischen der deutschen und französischen Regierung stattfänden. Dies gelte um so mehr für die rein politischen Fragen.

Der Herr *Bundeskanzler* bemerkte, er habe schon einmal seine Zweifel zum Ausdruck gebracht, ob mit dem automatischen Fortgang der EWG Europa politische Substanz gewinnen werde. Diesbezüglich sei er nach wie vor skeptisch. Dennoch müsse er sagen, daß zum Beispiel in der Getreidepreisfrage die Kommission eine sehr nützliche Rolle gespielt habe. Sie habe natürlich die letzte Verantwortung den Regierungen nicht nehmen können, doch sei es gut gewesen, daß die Kommission immer wieder mit neuen Vorschlägen gekommen sei und vermittelnd gewirkt habe.[10] Die Richtigkeit der Auffassung des Generals werde in der Getreidepreisfrage besonders deutlich, bei der er (der Herr Bundeskanzler) nur mit politischen Argumenten den Durchbruch habe erzielen können. Es sei notwendig gewesen, der Politik das Primat über die Wirtschaftspolitik einzuräumen und dabei auch das Gefühl der Freundschaft zu praktischer Auswirkung zu bringen. Dies werde sich sicherlich fortsetzen, da die Entscheidungen in der EWG immer schwieriger würden, wenn sie von keinem klaren politischen Willen getragen seien. Deshalb halte er es für notwendig, den Anfang einer politischen Zusammenarbeit zu machen, – auch deshalb, um in den wirtschaftlichen Fragen leichter voranzukommen. Er denke dabei an keine Institution oder Konstruktion, die einen stärkeren Souveränitätsverzicht der Staaten mit sich bringen würde, als das zum Beispiel in der EWG der Fall sei. Sicherlich darf dabei nicht vergessen werden, daß, historisch gesehen, ein gewisser Unterschied zwischen Frankreich und Deutschland bestehe. Das französische Volk besitze ein stark ausgeprägtes Nationalbewußtsein, das in der Person des Staatspräsidenten seinen sinnfälligen Ausdruck finde. In Deutschland sei dieses Nationalbewußtsein, insbesondere nach der Spaltung, gestört und einer gesicherten Grundlage beraubt worden. Er versuche indessen sein Möglichstes, um in Deutschland wieder ein echtes National- und Staatsgefühl zu wecken, das einen falsch verstandenen Nationalismus abwehrt. Dennoch dürfe man nicht übersehen, daß dieser Unterschied zwischen den beiden Völkern bestehe. Darum habe sich ja das deut-

---

[10] So schlug die EWG-Kommission am 12. Mai 1964 in einer revidierten Fassung des „Mansholt-Plans" vor, für das Wirtschaftsjahr 1964/65 einen die Mitgliedstaaten bindenden Höchst- und einen Mindestpreis festzulegen. Ein gemeinsamer Getreidepreis sollte nun erst ab dem 1. Juli 1966 gelten. Vgl. BULLETIN DER EWG 6/1964 (Sonderbeilage), S. 23–30.

sche Volk an die europäische Idee geradezu geklammert, weil es erkannt habe, daß hier die Möglichkeit winke, von einem nationalistischen Allmachtsstaat zu europäischen Formen gemeinsamen Handelns der Völker hin zu finden. Am Anfang möge man Blütenträume gehegt haben, doch glaube heute in Deutschland niemand mehr daran, daß in politisch absehbarer Zukunft eine echte Föderation zustande kommen könne. Dennoch wolle das deutsche Volk die europäische Idee sichtbarer erkennen können und diese Idee durch die beiden Länder gestützt sehen. Dessen müsse man eingedenk sein, wenn man die deutsche Haltung in dieser Frage ganz verstehen wolle.

General *de Gaulle* fragte, wie der Herr Bundeskanzler sich diese politische Organisation in Europa konkret vorstelle. „Politische Gestaltung Europas" sei natürlich ein großes Wort. Es werde sich in Wirklichkeit zunächst darum handeln, zwischen den sechs Regierungen einen politischen Kontakt herzustellen. Er kenne natürlich den deutschen Vorschlag und wolle gleich sagen, daß mit Ausnahme der Frage der Kommission, die Frankreich nicht so ganz behage, der deutsche Vorschlag ihm sehr vernünftig erscheine. Frankreich sei auch bereit, diesen Vorschlag gleichzeitig und zusammen mit Deutschland den Partnern gegenüber vorzutragen. Die Frage stelle sich aber, wie das alles in Gang gebracht werden könne.

Der Herr *Bundeskanzler* schlug vor, in einer Außenministerkonferenz sollte eine Art Statut erarbeitet werden, um die Formen für spätere Gespräche zwischen den Regierungen festzulegen. Er glaube, daß die übrigen Partner der Sechs dagegen keine Einwände hätten, nicht einmal Holland.[11] Die Frage einer Teilnahme Englands sei im Augenblick nicht so sehr akut. Deswegen meine er, daß auch Holland bereit wäre, zunächst im Sechserrahmen zu beginnen, weil ja für alle Gemeinschaften die Erklärung gilt, daß sie Dritten offen stehen sollen. In der Praxis spiele dies heute wohl keine so entscheidende Rolle.

Wenn die Außenminister diesen Anfang machten, werde natürlich darüber zu sprechen sein, ob ein Sekretariat oder eine politische Kommission eingesetzt werden sollte. Selbstverständlich bilde sich die Bundesregierung nicht ein, daß jeder ihrer Vorschläge automatisch angenommen werde. Darüber sei zu diskutieren. Die Bundesrepublik wünsche jedoch, daß der kommunautaire Gedanke erkennbar bliebe. Jedenfalls sollte ein Anfang gemacht werden. Auch für Deutschland wäre die Zukunft in vielen Dingen einfacher, wenn das deutsche Volk wieder stärker die Hoffnung hegen könnte, daß ein politisches Europa Wirklichkeit wird. Im Grundsatz teile er die Auffassung des Generals, der ein eigenständiges Europa wolle, das stark sei und mehr Gewicht habe. Genau das wolle er auch. Man werde dann selbstverständlich auch über die Frage der Beziehungen eines solchen Europa zu seiner Umwelt zu sprechen haben.

General *de Gaulle* bemerkte, um eine solche Außenministerkonferenz der Sechs zustande zu bringen, müsse natürlich irgend jemand die Initiative ergreifen. Er könnte sich vorstellen, daß dazu die deutsche Regierung oder viel-

---

[11] Zur niederländischen Haltung zu einer europäischen politischen Union vgl. Dok. 20, Anm. 20.

leicht die Herren Schröder und Couve de Murville gemeinsam ihre Kollegen zu einer Konferenz einladen könnten.

Der Herr *Bundeskanzler* bemerkte, nach dem Treffen in Rambouillet könnte vielleicht erklärt werden, daß die beiden Staats- bzw. Regierungschefs ein Treffen der Außenminister zur Erörterung dieses Themas wünschten.[12]

General *de Gaulle* fragte, ob das Thema die Einberufung einer Konferenz der Staats- und Regierungschefs der Sechs sein solle, oder ob der Herr Bundeskanzler ein größeres Thema im Auge habe.

Der Herr *Bundeskanzler* sagte, das Thema sollte zunächst wohl die Form der Zusammenarbeit in einer politischen Union sein, damit auf dieser Grundlage dann ein Gespräch der Staats- und Regierungschefs zustande kommen könne. Er halte es für zweckmäßig, wenn der Ansatz möglichst hoch liege, da er glaube, daß dieser politische Willensausdruck grundsätzlich von allen Partnern akzeptiert werde.

General *de Gaulle* faßte dahingehend zusammen, daß es der Wunsch des Herrn Bundeskanzlers sei, nach dem Treffen in Rambouillet zu erklären, sie seien sich einig in dem Wunsch, daß die sechs Außenminister zu gegebener Zeit zusammenträten, um gemeinsam zu prüfen, wie Treffen und Kontakte zwischen den sechs Regierungen eingerichtet werden könnten, damit diese über den Anfang einer organisierten Zusammenarbeit beschließen könnten. Er fragte dann, ob der Herr Bundeskanzler etwa auch sagen solle, daß die sechs Außenminister Kontakt aufnehmen sollten, um gemeinsam diesen Kontakt zwischen den sechs Regierungen zu organisieren, damit auf diesem Wege gemeinsame politische Fragen der sechs Regierungen geprüft werden könnten, das heißt ein Meinungsaustausch über politische Themen ohne besonderen organisatorischen Rahmen. Eine dritte Möglichkeit wäre, daß man vor der Erörterung der politischen Themen eine Art Organisation errichte.

Der Herr *Bundeskanzler* betonte, ein gewisser Rahmen sei für die politische Zusammenarbeit der Regierungschefs, der Außenminister, der Verteidigungsminister u. a. sicherlich notwendig. Dies sei der eine Punkt, an den er denke. Darüber hinaus aber sollte nach einer gewissen Vorklärung ein Treffen der Regierungschefs stattfinden, die sich dann nicht nur über Prozeduralfragen, sondern auch über die politische Zusammenarbeit und die politische Substanz zu unterhalten hätten. Er glaube, daß man Vertrauen in die eigengesetzliche Entwicklung einer solchen Form der Zusammenarbeit setzen könne. Das habe schon der Ablauf der EWG gezeigt, von der zu Beginn wohl niemand geglaubt hätte, daß so schnell, ja sogar beschleunigt Fortschritte erzielt würden. Aus der Tatsache, daß man miteinander spreche, ergebe sich notwendigerweise auch das Bedürfnis, sich zu einigen. Das dürfte den Staats- und Regierungschefs sicherlich nicht schwerer fallen als den Außenministern. Man könne

---

[12] Im gemeinsamen Kommuniqué vom 20. Januar 1965 wurde zur Europa-Politik ausgeführt, „daß, nachdem entscheidende Entschlüsse im Dezember 1964 in Brüssel auf dem Agrarmarkt getroffen worden sind, der Augenblick gekommen ist, um die Probleme der politischen Zusammenarbeit erneut zu prüfen. [...] Die beiden Regierungen schlagen vor, nunmehr Kontakt mit den übrigen Mitgliedsregierungen der Europäischen Gemeinschaften aufzunehmen, um die notwendigen Gespräche zu führen und um bald Sitzungen vorzusehen, die auf verschiedenen Ebenen stattfinden sollen." Vgl. BULLETIN 1965, S. 81.

auch ein Verfahren ins Auge fassen, wonach die Staats- und Regierungschefs etwa zweimal jährlich zusammenträten, die Minister jedoch häufiger. Er glaube dazu, daß in einem solchen Rahmen das deutsch-französische Verhältnis sich besonders bewähren werde.

General *de Gaulle* betonte, er habe dagegen natürlich keine Einwände. Der Herr Bundeskanzler wisse, daß ein Anfang im gleichen Geiste schon gemacht worden sei beim ersten Treffen der Regierungschefs in Paris.[13] Damals habe man allerdings nicht über Substanzfragen gesprochen, sondern sich darauf beschränkt, die Frage einer möglichen politischen Organisation zu prüfen. Eine Einigung sei damals nicht zustande gekommen. Auch in Bonn habe dann ein großes Treffen der Sechs stattgefunden, bei dem sogar Einigkeit zu bestehen schien, da man sich über die Godesberger Erklärung[14] geeinigt habe. Bei der weiteren Bearbeitung habe es jedoch nicht funktioniert wegen der Einwände von italienischer, belgischer und holländischer Seite.[15] Das heißt mit anderen Worten, daß man sich auf dem vom Herrn Bundeskanzler gewiesenen Weg schon einmal befunden habe. Natürlich könne man diesen Weg wieder aufnehmen. Der Herr Bundeskanzler denke dabei zunächst an ein Außenministertreffen. Dagegen habe er keine Bedenken. Es scheine ihm, daß, wenn es gelänge, die Brüsseler Fragen abzuschließen, im Juni eine große Freude unter den Sechs herrschen würde. Das dürfte auch seine Wirkung auf die übrige Welt nicht verfehlen, wenn es gelungen sei, die wirtschaftliche Organisation zu einem Abschluß zu bringen. Im Klima dieser öffentlichen Zufriedenheit könnten dann gerade die Außenminister die politischen Fragen aufgreifen, und einer solchen Außenministerkonferenz könnte Anfang Juli zum Beispiel in Rom ein Treffen der Staats- und Regierungschefs auf dem Fuße folgen.

Der Herr *Bundeskanzler* sagte, er könnte damit einverstanden sein, doch habe er hinsichtlich des Zeitplans daran gedacht, die Außenminister bereits früher zusammentreffen zu lassen. Er verhehle nicht, daß hier ein spezifisch deutsches Interesse mitspiele, da am 1. Juli der Bundestag in Ferien gehe und der Wahlkampf beginne. Es wäre daher wünschenswert, wenn die Außenminister schon im April oder Mai zusammenträten, worauf Anfang Juli dann ein Tref-

---

[13] Zur Einsetzung der Fouchet-Kommission am 10./11. Februar 1961 vgl. Dok. 5, Anm. 23.

[14] Für den Wortlaut der „Erklärung der Konferenz der Staats- bzw. Regierungschefs der sechs Mitgliedstaaten der EWG in Bonn vom 18. Juli 1961 über die Verstärkung der europäischen Zusammenarbeit", in der die Fouchet-Kommission beauftragt wurde, Vorschläge auszuarbeiten, die es ermöglichen sollten, der europäischen politischen Einigung „binnen kürzester Frist einen statuarischen Charakter zu geben", vgl. EUROPA-ARCHIV 1961, D 469f.

[15] Auf der Tagung am 17. April 1962 in Paris konnten die Außenminister der EWG-Staaten keine Einigung über die Bildung einer Europäischen Politischen Union erzielen, da sich die Niederlande und Belgien weigerten, dem vorliegenden Vertragsentwurf zuzustimmen, insbesondere solange Großbritannien der EWG nicht beigetreten sei. Vgl. dazu SPAAK. Combats Inachevés, S. 371.

Der daraufhin von Bundeskanzler Adenauer vorgebrachte Gedanke, die Europäische Politische Union zunächst nur mit einem Zusammenschluß Italiens, Frankreichs und der Bundesrepublik zu beginnen, wurde von Ministerpräsident Fanfani ebenso abgelehnt wie der auch von Staatspräsident de Gaulle unterstützte Vorschlag, eine Konferenz der Regierungschefs nach Rom einzuberufen. Vgl. dazu die Aufzeichnung des Ministerialdirektors Jansen vom 24. Juli 1962; Referat 201, Bd. 375.

Vgl. dazu auch das Schreiben von de Gaulle vom 10. Juli 1962 an den italienischen Ministerpräsidenten; DE GAULLE, Lettres, notes et carnets. 1961–1963, S. 246f. Vgl. dazu ebenso ADENAUER, Erinnerungen IV, S. 196f.

fen der Staats- und Regierungschefs folgen könne. Er glaube, daß heute die Bedingungen für eine Verständigung besser seien als bei den entsprechenden Treffen in Paris und Bonn, da von allen Seiten der Wunsch nach engerer Bindung lauter geworden sei. Die Behandlung politischer Fragen würde das Gewicht Europas stärken, auch wenn nicht sofort Patentlösungen gefunden würden. Es wäre eine Demonstration des Willens zur Gemeinsamkeit.

General *de Gaulle* erklärte, er sei gerne damit einverstanden, mit dem Herrn Bundeskanzler nach diesem Treffen zu erklären, sie seien sich einig in dem Wunsch, daß die sechs Außenminister zum gegebenen Zeitpunkt (dabei denke er an Mai) zu einer Konferenz zusammentreten. Es wäre dann Aufgabe von Herrn Schröder und Couve de Murville, sich mit ihren Kollegen zu arrangieren, um ein solches Treffen im Mai zustande zu bringen.[16] Aufgabe eines solchen Treffens wäre, die Art und Weise festzulegen, wie politische Kontakte zwischen den sechs Regierungen eingerichtet werden könnten. Als ersten Schritt sollte dies zu einem Treffen der Staats- und Regierungschefs etwa am 1. Juli in Rom führen. Ein solcher Vorschlag hätte allerdings negative Folgen, wenn die sechs Außenminister sich über die Art der Einrichtung solcher Kontakte nicht einigen würden, beziehungsweise der eine oder andere Vorbedingungen etwa der Art stellen würde, daß man sich beispielsweise erst einer britischen Zustimmung vergewissern müsse oder daß die Frage zuerst von einer Kommission zu prüfen wäre, die nicht aus Regierungsvertretern zusammengesetzt wäre, sondern aus Weisen, die in Wirklichkeit keinem Staat angehörten. Bestünde eine solche Uneinigkeit, so wäre dies natürlich unerfreulich, nachdem der deutsche und der französische Regierungschef diesen Wunsch zum Ausdruck gebracht hätten. Er persönlich und die französische Regierung würden es allerdings überstehen, wenn wieder eine solche Lage einträte, was bedauerlich wäre.

Der Herr *Bundeskanzler* betonte, je stärker der politische Wille zum Ausdruck komme, desto mehr seien die Außenminister auch gehalten, sich zu einigen. Auch er würde davor warnen, sich ausschließlich in die Hände von Weisen oder Technikern zu begeben. Es bedürfe der politischen Orientierung. Natürlich sei ein Risiko niemals ganz auszuschließen. Er sei jedoch der Auffassung, daß, wenn irgendein Land Einwände erheben würde oder eine Beteiligung nicht in Betracht ziehen könnte, dann gegebenenfalls eine moralische Grundlage gegeben sei, zunächst in einem kleineren Kreis weiterzuarbeiten.

General *de Gaulle* war damit einverstanden.

Der Herr *Bundeskanzler* fügte hinzu, er glaube jedoch nicht, daß es einen krassen Außenseiter gebe.

General *de Gaulle* sagte, er frage sich (ohne von vornherein gegen irgend jemand irgend etwas sagen zu wollen, vielmehr sei seine Frage ganz instinktiv), ob der eine oder andere Außenminister nicht fordern werde, man müsse sich vor der Abhaltung eines großen Treffens erst einig sein über die Themen, die Gegenstand von solchen Kontakten bilden sollten. Es sei vorstellbar, daß der eine oder andere damit ein großes Treffen hinauszuzögern versuchen würde. Um es deutlich zu sagen, traue er insbesondere den Holländern nicht ganz, die

---

[16] Vgl. dazu weiter Dok. 23.

ihre eigenen Gedanken hegten und versuchen könnten, Themen aufzuwerfen, die ein Treffen verhindern könnten. Dasselbe gelte vielleicht auch abgemildert für Italien aus innerpolitischen Gründen. Frankreich aber sei bereit, dieses Risiko einzugehen.

Der Herr *Bundeskanzler* bemerkte, auch er sei zu diesem Risiko bereit. Natürlich könne er für Holland nicht garantieren, doch glaube er, daß die derzeitige politische Struktur in England keinen Anreiz dafür biete, die Vorbedingung einer Beteiligung Großbritanniens in besonderem Maße aufzuwerfen.

General *de Gaulle* stimmte dieser Auffassung zu. Er fragte dann, wie der Herr Bundeskanzler die Prüfung gemeinsamer politischer Probleme im Rahmen solcher Kontakte dann sehen würde und insbesondere, an welche politischen Probleme er denke. Einigkeit sei erzielt worden über die Art und Weise, wie solche Kontakte organisiert werden könnten. Seien sie aber einmal organisiert, was werde dann nach Auffassung des Herrn Bundeskanzlers tatsächlich passieren und über welche Probleme sollten die Regierungen sich dann unterhalten?

Der Herr *Bundeskanzler* sagte, er könne hier natürlich nur die großen Linien aufzeigen. Der deutsche Vorschlag sehe in Anlehnung an die französischen Überlegungen als Themenbereiche die Außenpolitik, die Verteidigung und das weite Feld der Kulturpolitik vor. Man sollte auch nicht vor diesen Themen zurückschrecken, obwohl es sicherlich nicht in allen Bereichen sofort gemeinsame Positionen geben werde. Trotzdem sollte man sie diskutieren, denn sonst verdiene eine solche Organisation nicht den Namen „Politische Union". Er selbst habe den Mut, auch heiße Eisen anzupacken. General *de Gaulle* erwiderte, er stimme mit dem Herrn Bundeskanzler hierin überein. Das bloße Anpacken großer politischer Fragen wie der Außenpolitik, der Verteidigungspolitik der Sechs und auch der Beziehungen der sechs Staaten zu ihrer Umwelt (insbesondere mit dem Osten), mit der neutralen Welt und mit den Entwicklungsländern werde sicherlich keine sofortige Einigung bringen. Das sei aber kein Grund, das Gespräch darüber als Europäer nicht zu führen. Wenngleich es weder dieses noch nächstes Jahr gelingen werde, gemeinsame Lösungen zu finden, wäre doch schon viel erreicht, wenn diese Themen auf europäischer Grundlage diskutiert würden.

Der Herr *Bundeskanzler* sagte, er vertraue auch auf die Funktion der menschlichen Sprache, die ja nicht dazu da sei, sich auseinander zu reden, sondern sich zu verständigen. Das gelte sicherlich für die sechs Länder, wenn sie miteinander im Gespräch seien. Er glaube auch an die menschliche Vernunft und Einsicht.

Das Verhältnis zum Osten[17] halte er für ein Problem, das auch aus europäischer Sicht einmal geprüft werden müsse, selbstverständlich nicht isoliert von der übrigen Welt. Das könne man in einem engeren Sinne tun, indem man nur den Ostblock und Rußland ins Auge fasse; man könne es aber auch in einem weiteren Felde begreifen, indem man das ganze Spannungsfeld zwischen Rußland und Rotchina und Südostasien mit einbeziehe. Jedenfalls wäre es gut,

---

[17] Vgl. dazu auch die Politik der Bundesregierung gegenüber der UdSSR, der Tschechoslowakei, Polen und Ungarn; Dok. 18, Dok. 19, Dok. 29 und Dok. 99.

darüber zu sprechen, weil sich mit jedem solchen Gespräch die Vorstellungen verdichteten. Europa habe leider keine gemeinsame Konzeption in diesen Fragen.

Ein weiteres Thema, das der Erörterung wert wäre, sei zum Beispiel das Verhältnis zwischen der arabischen Welt und Israel.[18] An Themen fehle es nicht, die nicht unmittelbar Dynamit enthielten. Je stärker sich die politische Zusammenarbeit manifestiere, desto mehr würden auch die übrigen Länder des freien Europa (Skandinavien, Spanien, Portugal, Neutrale) ihr Verhältnis zu diesem Europa ordnen wollen. Dadurch könne eine Evolution in ganz Europa eingeleitet werden.

General *de Gaulle* bemerkte: „Na, denn los!"

Der Herr *Bundeskanzler* kam dann auf das Deutschland-Problem zu sprechen und betonte, die Spaltung werde in Deutschland von Tag zu Tag immer brennender empfunden. General de Gaulle könne gewiß sein, daß kein vernünftiger Deutscher daran glaube, daß zur Zeit eine ernsthafte Verhandlung über die Wiedervereinigung aufgrund der Selbstbestimmung wirklich möglich sei, ohne gleichzeitig Probleme wie die deutschen Grenzen, die Sicherheit und Ordnung in Mitteleuropa aufzuwerfen.

Man sei in Deutschland gleichwohl der Auffassung, daß ein neuer Versuch unternommen werden müsse, um die Vier-Mächte-Verantwortung wieder einmal sichtbar werden zu lassen.[19] Er persönlich hege keine Illusionen und glaube auch nicht, daß die Sowjets zur Zeit zu einem ernsthaften Gespräch mit den drei Westmächten bereit seien. Er gebe gerne zu, daß es natürlich auch keine Lösung sei, erneut festzustellen, daß der gute Wille nicht ausreiche, um die Sowjets zu einer ernsthaften Verhandlung zu bewegen. Dennoch werde die Frage im deutschen Volk immer brennender aufgeworfen, obwohl niemand daran denke, diese Frage mit Gewalt regeln zu wollen. Wenn sie aber fortschlummere, dann mache sich im deutschen Volk ein Gefühl der Verlassenheit und der Hoffnungslosigkeit breit. Man dürfe auch das wache Gefühl der Zusammengehörigkeit der Deutschen auf beiden Seiten des Stacheldrahts und der Mauer nicht aus dem Auge verlieren. Die Deutschen in der Zone lebten seit 1933 unter der Tyrannei. Es sei daher Aufgabe jeder deutschen Regierung, das Wiedervereinigungsproblem als das wichtigste Anliegen der deutschen Politik herauszustellen. Dies geschehe ohne jegliche romantische Vorstellungen. Dies sei natürlich auch nicht die einzige Aufgabe der deutschen Politik. Vielmehr gehöre zu diesen Zielen auch die Einigung Europas. Dennoch müsse zur Frage der Wiedervereinigung wieder etwas Grundsätzliches gesagt werden.

Für das deutsche Volk wäre es ein großer Ansporn im Hinblick auf alle gemeinsamen deutsch-französischen Unternehmungen, wenn General de Gaulle in seiner Pressekonferenz zu erklären bereit wäre, daß der Zustand eines gegen seinen Willen geteilten Deutschland unerträglich und die Wiedervereinigung im Interesse von Ruhe und Frieden in Europa unverzichtbar sei und daß die Freunde Deutschlands die Verantwortung spürten, an einer Lösung mitzu-

---

[18] Zur sich anbahnenden Nahost-Krise vgl. Dok. 10 und weiter Dok. 30.
[19] Zur Frage einer Deutschland-Initiative vgl. Dok. 7.

helfen.[20] Es sollte deshalb ungeachtet der Chancen der Vorschlag gemacht werden, auf Viermächtebasis dieses Thema erneut zu behandeln. Sei Rußland zu dieser Mitarbeit nicht bereit, so habe der Westen doch zumindest seinen Willen demonstriert. Vielleicht werde der seelische Zustand des deutschen Volkes von außen nicht immer ganz verstanden. Er sei aber eine Realität, und daher wäre er General de Gaulle dankbar, wenn er die Bundesrepublik in diesen Bemühungen unterstützen würde. Deutschland werde es trotzdem an Geduld nicht fehlen lassen, aber es wolle auch die vier Mächte aus ihrer selbstgesetzten Verantwortung[21] nicht entlassen. Die Bundesregierung sei in diesem Zusammenhang zu einem ernsten und vertraulichen Gespräch mit ihren Freunden bereit, was Deutschland für den Fall einer Wiedervereinigung zu tun bereit wäre. Die Deutschen seien keine Träumer und nähmen nicht an, sie könnten zuerst die Wiedervereinigung bekommen, und erst dann würde mit einem Friedensvertrag über neuralgische politische Fragen gesprochen werden. Er wisse genau, daß all diese Fragen zusammen erörtert werden müßten, daß sie ein Ganzes bilden. Die Bundesregierung werde dann nicht in einer sterilen Starrheit verharren, sondern sei zu konstruktiver Mitarbeit bereit. Er hege, [um] das zu wiederholen, keinerlei Illusionen, daß die Sowjets derzeit zur Gewährung des Selbstbestimmungsrechts und zur Wiedervereinigung gewillt seien, doch wolle er gerne einmal wissen, unter welchen Bedingungen die Sowjetunion überhaupt jemals zu einem solchen ernsthaften Gespräch bereit wäre. Die Wiedervereinigung sei auch kein isoliertes deutsches Problem, sondern Teil der europäischen Politik, denn die Deutschland-Frage sei ein europäisches Problem, ohne dessen Lösung Ruhe und Frieden in Europa nicht einkehren werden.

General *de Gaulle* erklärte, das deutsche Problem und insbesondere die Frage der Einheit Deutschlands sei die europäische Frage par excellence. Er wolle dem Herrn Bundeskanzler in aller Offenheit seine Auffassungen dazu darlegen. Der Herr Bundeskanzler habe diese Frage ein europäisches Problem genannt, und er (de Gaulle) stimme damit voll und ganz überein. Das deutsche Problem sei seit jeher ein europäisches Problem. Es sei ein europäisches Problem, seitdem das Römische Reich die Gestade des Mittelmeers verlassen habe und an den Rhein gekommen sei. Damals sei das deutsche Problem eine große europäische Frage geworden und seither geblieben. Es sei ein Problem, weil Deutschland zwischen den Galliern, den Slawen, den lateinischen und den nordischen Völkern im Herzen Europas liege. Es sei ein Problem, weil das deutsche Volk ein großes Volk sei, eine große wirtschaftliche, wissenschaftliche, technische und militärische Kapazität darstelle. Das deutsche Volk sei im wahrsten Sinne des Wortes ein großes Volk. Das Problem sei europäisch, weil Deutschland seit jeher Beziehungen zu seinen Nachbarn gehabt habe, Beziehungen, die oft rüde gewesen seien und von denen bei allen Nachbarn Deutschlands viele Wunden, viele Hintergedanken, viel Nachtragen übrig ge-

---

[20] Für den Wortlaut der Pressekonferenz vom 4. Februar 1965, auf der Staatspräsident de Gaulle die Überwindung der deutschen Teilung als gesamteuropäische Aufgabe bezeichnete, vgl. DE GAULLE, Discours et messages, Bd. 4, S. 325–342. Für einen Auszug vgl. Dok. 64, Anm. 16.

[21] Die Vier-Mächte-Verantwortung ging zurück auf die Berliner Erklärung vom 5. Juni 1945. Vgl. dazu Dok. 4, Anm. 5.

blieben seien. Das Problem sei noch verschärft, noch brennender und schwieriger geworden nach den Ereignissen der ersten Hälfte dieses Jahrhunderts. Man komme nicht darum herum: Es habe den Ersten Weltkrieg gegeben mit dem deutschen Vorgehen in Osten, Westen, Süden und Norden, das in ganz Europa eine tiefe Erschütterung ausgelöst habe. Es habe dann den Zweiten Weltkrieg gegeben, jene furchtbare Prüfung für ganz Europa, jenes ungeheure Unterfangen des Dritten Reiches, dessen Armeen am Kanal, am Atlantik, an den Pyrenäen, auf den beiden Ufern des Mittelmeers, an der Adria, ja in der Arktis, an den Toren Moskaus, im Herzen des Kaukasus, am Schwarzen Meer und an der Ägäis gestanden hätten. Seit Napoleons Zeiten sei dies die größte Erschütterung des ganzen Europa gewesen. Man dürfe daher nicht überrascht sein, wenn heute trotz der Prüfungen, die auch Deutschland durchgemacht habe, trotz der höchst geschickten und vernünftigen Politik ganz besonders von Dr. Adenauer und des Herrn Bundeskanzlers, trotz der Vernunft und Klugheit dieser Politik noch viel von dieser Geschichte übrig geblieben sei. Das könne Deutschland nicht verhindern, sondern diese Tatsache müsse man hinnehmen. Natürlich habe die Sowjetunion, deren Bestreben ja die Beherrschung Europas sei, in dieser Geschichte Argumente gefunden, um zunächst sich selbst, dann aber auch die Satelliten aufzuhetzen, ihnen die Angst vor einer deutschen Revanche einzujagen, die Furcht davor, daß all dies wieder von neuem beginnen könne. Und natürlich habe es auch im Westen, in England, Frankreich, dazu in Belgien und Holland, ja in gewissem Maße sogar in Italien die Vorstellung gegeben, daß die Wiedergewinnung der Wirtschaftsmacht Deutschland, sein politisches und militärisches Wiederaufleben, Nachteile haben könne. Dies sei die Wirklichkeit, dies sei heute die Grundlage des Problems. Und trotz alledem könne man es doch nicht hinnehmen, daß Deutschland sich immer in der Situation von heute befinde, daß es immer geteilt bleibe. Nähme man es hin, dann hielte man auf ewige Zeiten im Herzen Europas ein ungelöstes und ungeheures Problem am Leben. Das sei keine Lösung. Es sei auch keine Lösung für die Deutschen, und daher würden sie eines Tages wieder in Unruhe geraten, und kein Mensch vermöchte zu sagen, wie weit die Deutschen gehen könnten, wenn sie einmal in Unruhe seien. Frankreich habe es erlebt. Es könne aber auch keinen Frieden und keine normalen Beziehungen in ganz Europa, auch nicht in der Welt, geben, solange dieses Problem ungelöst sei. Daher könne man nicht zugeben, daß dieses Problem ungelöst bleibe. Um aber eine Lösung zu finden, dürfe man das Vergangene nicht außer acht lassen. General de Gaulle bemerkte, er erlaube sich, dem Herrn Bundeskanzler in aller Offenheit darzutun, wie er sich eines Tages eine Lösung vorstellen könne.

Nach dem Kriege habe es manche Leute gegeben, die der Auffassung gewesen seien, man könne das deutsche Problem lösen, indem man Deutschland zerstöre oder zerstückele.[22] Er müsse sagen, daß auch in Frankreich dies die erste Idee gewesen sei. Sie habe sich später als unrichtig und unpraktikabel herausgestellt, weil insbesondere die Macht Rußlands am Horizont erschienen sei.

---

[22] So forderte beispielsweise General de Gaulle 1944 die Auflösung der staatlichen Einheit Deutschlands und insbesondere die Abtrennung des Rhein- und des Saarlandes. Vgl. dazu DE GAULLE, Mémoires de guerre. Le salut 1944–1946, Paris 1959, S. 57.

Damit sei es notwendig geworden, Deutschland lebendig zu haben, weil sonst die Sowjets Europa überflutet hätten. Deshalb habe Frankreich an dieser Vorstellung nicht festgehalten, sondern ganz aufrichtig die Aussöhnung mit Deutschland gesucht und, mehr noch, ein gemeinsames Weiterschreiten auf dem Weg der Geschichte gewollt. Es habe eine Zeit gegeben, wo die Sowjets den Anschein erweckt hätten, als lösten sie die Frage, indem sie Osteuropa überfluteten und Deutschland sowjetisierten. Die Sowjets hätten dies nicht durchführen können, denn dazu wäre ein Krieg notwendig gewesen, und diesen Krieg hätten sie nicht geführt, ja gar nicht führen können. Hinzu komme der erfolgreiche wirtschaftliche und soziale Wiederaufbau der Bundesrepublik und die tiefe Abneigung des deutschen Volkes gegen den Kommunismus, hinzu komme schließlich das Atlantische Bündnis[23]; all das habe den russischen Vormarsch aufgehalten. Deswegen aber sei das Problem noch keineswegs gelöst. Die Amerikaner hätten eine Zeitlang, insbesondere unter Dulles, geglaubt, es genüge, die NATO zu stärken, um die Sowjetunion zum Rückzug zu zwingen und den Deutschen ihre Einheit wiederzugeben. Aber auch dazu wäre ein Krieg notwendig gewesen, den Amerika nicht gewollt habe, und somit sei eine Lösung nicht möglich gewesen. Was aber könne man nun tun?

General de Gaulle fuhr fort, er glaube, daß eine Wiedervereinigung Deutschlands (wenn man nicht Krieg führen wolle, was man nicht tun werde, denn die atomare gegenseitige Abschreckung verhindere einen solchen Krieg) nur erreicht werden könne, wenn alle Nachbarn Deutschlands in Ost und West damit einverstanden seien. Deshalb stelle sich heute die Frage, ob nicht eines Tages der Osten und insbesondere Rußland einen größeren Vorteil darin erblicken, die Wiedervereinigung Deutschlands anzunehmen, als sie abzulehnen. Darum gehe es letztlich. Um nun eines Tages die Sowjets oder deren Nachfolger, kurz gesagt also die Russen, zur Annahme und Beteiligung an der Wiedervereinigung zu bewegen, wäre denkbar eines Tages eine Einigung zwischen Rußland und Amerika. Er (de Gaulle) glaube nicht daran. Solange man sich die Wiedervereinigung aufgrund eines Abkommens zwischen Moskau und Washington vorstelle, werde diese Wiedervereinigung nicht kommen. Sicherlich wollten die Sowjets freundlichere Beziehungen zu den Amerikanern und umgekehrt, aber im Grunde seien Russen und Amerikaner heute die großen Rivalen. Die Russen hätten nicht genügend Vertrauen in die Amerikaner und würden deshalb aufgrund einer Absprache mit Amerika niemals eine freiheitliche demokratische Wiedervereinigung Deutschlands zulassen. Wenn aber die Dinge so seien, dann könnten sie auf immer so bleiben. Deswegen glaube er, daß sich die Wiedervereinigung am ehesten in einem europäischen Rahmen vorbereiten lasse und daß es am ehesten in einem europäischen Rahmen möglich sein werde, die Sowjetunion, die sich entwickle, genauso wie die Satelliten sich entwickelten, zu einer Hinnahme der Wiedervereinigung zu bewegen, ja sogar dazu, daß sie eine solche Wiedervereinigung selbst wollten, vorausgesetzt, daß sie darin ihren Vorteil finden. Welchen Vorteil aber könnte Rußland darin finden? Er (de Gaulle) sehe keinen anderen Vorteil darin als eine vollständige europäische Entente vom Osten bis zum Westen Europas. Außerdem gehörten dazu eine Menge Bedingungen. Zu diesen Bedingungen

---

[23] Für den Wortlaut des NATO-Vertrags vom 4. April 1949 vgl. EUROPA-ARCHIV 1949, S. 2071–2073.

zählten natürlich die deutschen Grenzen und eine Regelung der Bewaffnung Deutschlands. Es gehöre auch dazu eine Organisation europäischer Zusammenarbeit, die ganz Europa umfasse, und die insbesondere wirtschaftlicher Art sei, das heißt, darauf hinauslaufe, das ganze Europa auszubauen, eine gesamteuropäische Aktion in der Welt zu erzielen, insbesondere gegenüber der Außenwelt, das heißt vor allem Chinas, aber auch der Dritten Welt. Nur in einem solchen Rahmen könnten die Russen eines Tages ihren Vorteil finden. Eine andere Lösung sehe er nicht, es sei denn den Krieg. So lägen die Dinge. Der Herr Bundeskanzler habe ihn gebeten, Frankreich möge sich zugunsten des Prinzips der Wiedervereinigung Deutschlands aussprechen. Er werde dies tun. Um dieses Prinzip aber in die Tat umzusetzen, könne er keine andere friedliche Möglichkeit finden, als daß Rußland sich damit einverstanden erkläre.

Der Herr *Bundeskanzler* bedankte sich für diese Analyse, mit der er auf weiten Gebieten einig gehen könne. Er wolle hinzufügen, daß Deutschland, und insbesondere sein Vorgänger[24] und er selbst, durch persönliche Erfahrungen sich der furchtbaren Verbrechen Hitlers nur zu bewußt seien. Er verstehe auch Furcht und Mißtrauen in der Welt und insbesondere bei den Nachbarn Deutschlands. Deutschland aber wolle alles in seiner Macht Stehende tun, um die Wunden zu heilen. Es habe gesühnt, wo immer die Möglichkeit dazu gegeben gewesen ist. Das deutsche Volk aber könne nicht seinen menschlichen Stolz und die Nation nicht ihre Würde preisgeben, nur weil es Hitler gegeben habe. Die deutsche Geschichte weiß auch um echte Werte und Verdienste. Wenn er davon gesprochen habe, daß sich das deutsche Volk nach Europa sehne, weil es ein vertieftes Nationalbewußtsein noch nicht wiedererlangt habe, dann deshalb, weil es damit dartun wollte, daß es einer verderblichen Machtpolitik entsagt habe und das Schicksal Deutschlands in einen größeren Völkerrahmen stellen wolle. Deswegen auch habe sich das System des Atlantischen Bündnisses Deutschland geradezu angeboten[25], weil es geeignet war, eine latente Furcht von den Nachbarn zu nehmen, die sehr wohl wußten, daß Deutschland einen Alleingang gar nicht wagen könne. Dies sei auch der Grund, warum Deutschland auf ABC-Waffen verzichtet habe.[26] Das ist der Grund, warum es nicht eigenständig über nukleare Waffen verfügen wolle[27], auch wenn es mit den gleichen Waffen verteidigt werden wolle. Das deutsche Volk wolle wieder Vertrauen für Deutschland in der Welt gewinnen. General de Gaulle habe von der weltpolitischen Evolution und Konstellation gesprochen und auch den Gedanken geäußert, daß die deutsche Frage nur friedlich aufgerollt werden könnte, da ein Krieg wegen der Abschreckung, aber auch wegen des allgemeinen Friedenswillens gar nicht möglich sei. Er sei mit der Auffassung einverstanden, daß die Lösung dieser Frage zuerst ein europäisches Problem sei, auch wenn wir einsehen müssen, daß ein Gelingen die west-

---

[24] Konrad Adenauer.

[25] Der Beitritt der Bundesrepublik zur NATO erfolgte im Rahmen der Pariser Verträge vom 23. Oktober 1954. Für den Wortlaut des „Protocol to the North Atlantic Treaty on the Accession of the Federal Republic of Germany" vgl. DOKUMENTE DES GETEILTEN DEUTSCHLAND, Bd. 1, S. 253–255.

[26] Vgl. dazu bereits Dok. 11, Anm. 4.

[27] Am 16. September 1964 erklärte die Bundesregierung, „daß sie keine nationale Verfügungsgewalt über Atomwaffen zu erlangen wünscht". Vgl. BULLETIN 1964, S. 1320.

liche Allianz im Ganzen voraussetzt. Er sei aber gerne bereit, das Gespräch auf dieser Grundlage fortzuführen.

Man müsse nur auch die Ungeduld der Herzen erkennen, obwohl auch das deutsche Volk sich frage, ob die Lösung der Deutschland-Frage eines Tages möglicherweise mittels einer stärkeren Freiheit der Satelliten und einer Verbürgerlichung in der Sowjetunion zu bewerkstelligen sei. Auf solche Weise könnte mindestens der Boden für eine Verständigung vorbereitet werden. Eine solche Verständigung müsse gewiß viele Fragen einbeziehen. Deutschland aber wolle keine Nation zweiten oder dritten Grades sein, es wolle Vorstellungen eines Disengagement nicht praktiziert sehen, und es wolle in der Welt nicht geächtet dastehen. Gerade deshalb habe sich die Bundesrepublik so eng mit der übrigen Welt verbunden, um die Furcht zu beheben, denn die Welt wisse, daß wenn die Deutschen auch nur davon träumen würden, das Deutschland-Problem im Alleingang zu lösen, dann die Verbündeten Deutschlands selbst den Deutschen auf die Finger klopfen würden. Deutschland sei nicht in der Lage, sein Problem allein zu lösen, es bedürfe dazu der Freunde, und es bedürfe eines selbstbewußten und starken Europa. Zwar möge der General recht haben, daß die Entwicklung so verlaufen werde, wie er das aufgezeichnet hat. Dies aber sei ein säkularer Prozeß. Die Ungeduld der Herzen fordere jedoch Nahrung für ihre Hoffnung und für ihren Glauben. Die Deutschen auf beiden Seiten des Eisernen Vorhangs müßten das Gefühl haben, daß sie nicht abgeschrieben seien, sondern daß sie in engster Freundschaft mit anderen verbunden seien. Man dürfe ihnen nicht sagen, daß das alles vielleicht in dreißig oder vierzig Jahren so weit sein werde, sondern man müsse ihnen noch eine erlebbare Hoffnung geben. Wenn General de Gaulle dies berücksichtige, könne man zu einer gemeinsamen Politik gelangen, die unseren anderen Freunden gegenüber keineswegs feindlich zu sein brauche, die aber dennoch in ihrer Substanz europäisch sein könne.

General *de Gaulle* betonte, er könne die Bedeutung dieser Frage für das deutsche Volk voll und ganz ermessen. Frankreich und er persönlich verstünden voll und ganz den Wunsch des deutschen Volkes nach Einheit, ja, er gehe sogar soweit, zu sagen, daß es katastrophal wäre, wenn Deutschland sich selbst aufgäbe. Er habe dem Herrn Bundeskanzler gesagt, was Frankreich vom deutschen Volk halte und daß es wisse, daß Europa heute angesichts der sowjetischen Bedrohung und all der übrigen Faktoren nicht vorstellbar wäre, wenn Deutschland nicht fest auf seinen Beinen stehe. Dem wolle sich Frankreich in keiner Weise entgegenstemmen, ganz im Gegenteil. Das deutsche Volk müsse seinen nationalen Stolz haben, ja sogar seinen Ehrgeiz für seine eigene Zukunft. Was er über die Möglichkeit einer Lösung des Deutschlandproblems in einem europäischen Rahmen gesagt habe, sei eine Entwicklung, für die sehr viele Elemente sprächen. Man habe zwar noch nicht deutlich erkennbare Zeichen, aber doch das Gefühl einer Entwicklung im Osten und ganz allgemein einer Entwicklung, die sich auf den Frieden zubewege. Friede, das heiße notwendigerweise auch Lösung der deutschen Frage. Zunächst scheinen die Völker im Osten jeden Tag ein bißchen mehr eigene Persönlichkeit wiederzugewinnen trotz des kommunistischen Regimes, das auf ihnen laste, und im Grunde seien die Völker für einen Frieden im Osten und mit Westeuropa. Weiterhin stelle man in den Satellitenstaaten eine Bewegung in Richtung auf ein allmähliches Befreien von der sowjetischen Beherrschung fest. Das gelte für die Rumänen[28], das habe er gerade jetzt bei den Ungarn feststellen können[29], das sei richtig für die Polen. Im Osten sei eine natürliche Bewegung im Gang, die dem Frieden in Europa nur nützen kann, damit also auch der Möglichkeit einer ehrbaren Lösung des deutschen Problems. Hinzu komme die Chinafrage, die nach französischer Auffassung dazu führen werde, daß die Sowjets sich von der chinesischen Expansion und Haltung[30] immer stärker bedroht fühlen werden, darum also gezwungen sind, eines Tages sich den Rücken freizumachen. Und wenn schließlich Westeuropa politische Konsistenz gewinne, dann erscheine die Möglichkeit eines ausgeglichenen Europa wieder am Horizont. Dann werde auch Osteuropa einsehen, daß seine eigene Entwicklung und seine Beziehungen zur Welt nicht nur eine Einigung mit Westeuropa, sondern sogar eine immer steigendere Zusammenarbeit mit Westeuropa vor allem auf dem wirtschaftlichen Gebiet erfordert. Die Deutschen aber wüßten, daß sie über mächtige wirtschaftliche Mittel verfügten und hätten in einem Gesamteuropa sicherlich ihre eigene Karte auszuspielen. Dieser europäische Rahmen sei also keineswegs unvorstellbar. Er (de Gaulle) halte ihn sogar für den einzig möglichen Rahmen. In dieser Perspektive könne Frankreich dann sehr nützlich sein, denn die Russen hätten noch niemals Mißtrauen gegen Frankreich gehegt, sie wüßten, daß Frankreich keine territorialen Ansprüche habe und daß es eigentlich (abgesehen von den ideologischen Meinungsverschiedenheiten) keine politischen Gegensätzlichkeiten mit Frankreich gebe. Die Russen ließen dies sogar gegenüber Frankreich deutlich erkennen.[31] Noch weniger hätten die Satellitenstaaten irgend etwas gegen Frankreich. Bei dem Bemühen, diese Länder zur Vernunft zu bringen, mit ihnen zu sprechen, könne Frankreich nur nützlich sein. Er sei nicht einmal sicher, ob nicht heute schon dieser Wunsch in Ansätzen im Osten erkennbar sei.

Der Herr *Bundeskanzler* stimmte damit überein, bemerkte jedoch, daß man unterscheiden müsse zwischen den Satellitenstaaten und der SBZ, die eine reine Kreatur der Sowjetunion sei.

---

[28] Am 11. Januar 1965 wurde ein rumänisch-französisches Kulturabkommen unterzeichnet. Vgl. dazu EUROPA-ARCHIV 1965, Z 26. Vgl. dazu auch den Artikel „Kulturabkommen zwischen Frankreich und Rumänien"; FRANKFURTER ALLGEMEINE ZEITUNG, Nr. 9 vom 12. Januar 1965, S. 3.

[29] Der ungarische Außenminister Peter hielt sich vom 11. bis 13. Januar 1965 in Paris auf. Vgl. dazu EUROPA-ARCHIV 1965, Z 26.
Peter schlug der französischen Regierung den Abschluß eines Handelsabkommens mit fünfjähriger Laufzeit vor. Weiterhin wurden Verhandlungen über ein Kultur- und ein Konsularabkommen in Aussicht genommen. Vgl. dazu die Drahtberichte Nr. 79 und Nr. 85 des Botschafters Klaiber, Paris, vom 15. bzw. 16. Januar 1965; Referat II A 5, Bd. 288.
Zum Aufenthalt von Peter in Paris vgl. Dok. 23, Anm. 10, 12 und 13.

[30] Zu den Grenzkonflikten der Volksrepublik China mit Indien und Pakistan vgl. Dok. 24.
Zum ideologischen Konflikt zwischen der UdSSR und der Volksrepublik China vgl. Dok. 26, Anm. 18.

[31] In einer Unterredung mit dem französischen Botschafter in Moskau, Baudet, vom 23. Dezember 1964 betonte Ministerpräsident Kossygin den sowjetischen Wunsch nach Verbesserung der Beziehungen zu Frankreich. Dabei hob er die „unabhängige Politik" hervor, die „Frankreich in einer Reihe von Fragen, auch gegenüber seinen Verbündeten, verfolge". Vgl. den Drahtbericht Nr. 72 des Botschafters Groepper, Moskau, vom 22. Januar 1965; VS-Bd. 2500 (I A 3); B 150, Aktenkopien 1965.

General *de Gaulle* warf ein, von der SBZ rede er gar nicht.

Der Herr *Bundeskanzler* fragte dann, ob denn nicht unbeschadet dieses Prozesses heute schon etwas getan werden könnte. Wenn man zum Beispiel versuchen würde, einen Viermächterat einzurichten, würde die Sowjetunion im Zweifelsfalle negativ reagieren. Ehe man aber die Sowjetunion spreche, könnten doch die westlichen Verbündeten diese Probleme einmal diskutieren. Der amerikanische Außenminister habe, allerdings am falschen Ort und zur falschen Zeit, erklärt, daß unbequeme Fragen dann auf Deutschland zukämen.[32] Dies wisse Deutschland sehr wohl. Es sei aber bereit, unbequeme Fragen mit seinen Freunden zu diskutieren, doch dürfe eine solche Diskussion nicht auf dem offenen Markt ausgetragen werden. Er glaube also, daß die Vision des Generals und gewisse sofortige Schritte sich gegenseitig keineswegs ausschlössen. Man sollte den Versuch machen, sich im Westen zu einigen, wie man möglicherweise die Sowjetunion ansprechen könnte. Sei die Sowjetunion dann nicht ansprechbar, so habe ein solches Unterfangen doch den Vorteil, wieder einmal Klarheit im Westen geschaffen zu haben. Deswegen halte er einen solchen Schritt für notwendig, denn für Deutschland sei die Freundschaft mit anderen Völkern ein Lebenselement, und diese Freundschaft müsse ihren Ausdruck darin finden, daß die westlichen Verbündeten mit der Bundesrepublik in dieser Frage zusammenstünden, obschon die Mehrheit der Menschen keine unmittelbare Hoffnung auf Wiedervereinigung daran knüpften. Das deutsche Volk sei sich auch völlig bewußt, daß Frankreich in den europäischen Fragen eine besondere Rolle zu spielen habe. Deutschland klammere sich aber daran, daß im Potsdamer Abkommen[33] und im Deutschlandvertrag Verpflichtungen eingegangen wurden, die nicht in Vergessenheit geraten dürfen. Daher seine Bitte, General de Gaulle möge doch einen solchen Schritt unterstützen oder möglicherweise sogar die Führung unternehmen.

General *de Gaulle* bemerkte, er nehme die Anregung des Herrn Bundeskanzlers gerne auf, die vor kurzem schon unter den vier Westmächten besprochen worden sei.[34] Die Ergebnisse seien allerdings nicht sehr ermutigend gewesen, da die Amerikaner sich offensichtlich wenig darum gekümmert hätten, die Engländer noch weniger interessiert gewesen seien. Die praktische Nutzwirkung einer solchen Unternehmung eines Vorschlags der drei Westmächte an die Sowjetunion (wobei schon eine Einigung unter den drei Westmächten schwierig sein dürfte) sei jedoch kaum zu erkennen, da die Sowjets einen solchen Vorschlag sicherlich nicht akzeptieren würden. Dennoch nehme er die Anregung des Herrn Bundeskanzlers gerne auf.

Der Herr *Bundeskanzler* bat, doch möglichst nach dem Abendessen das Gespräch über diesen Punkt vollends zu Ende zu führen.

Das erste Gespräch endete um 19.30 Uhr.

Es wurde am Abend desselben Tages um 23 Uhr fortgesetzt.

---

[32] Zum Hintergrund-Pressegespräch des amerikanischen Außenministers Rusk am 30. Dezember 1964 vgl. Dok. 3, besonders Anm. 10, 26 und 27, sowie Dok. 5, Anm. 7.

[33] Für den Wortlaut des Kommuniqués vom 2. August 1945 über die Konferenz von Potsdam (Potsdamer Abkommen) vgl. DzD II/1, S. 2101–2148.

[34] Zum Gespräch der vier westlichen Außenminister am 14. Dezember 1964 in Paris vgl. Dok. 3.

Der Herr *Bundeskanzler* faßte zusammen, der General möge recht haben, daß auf lange Frist seine Auffassung von der Wiedervereinigung Deutschlands realistischer sei als die Hoffnung, durch eine jetzt zu unternehmende Aktion etwas zu erreichen. Er (der Herr Bundeskanzler) habe jedoch versucht, dem General die Gründe vorzutragen, warum er dennoch angesichts der als edel zu bezeichnenden deutschen Reaktionen und Emotionen es für notwendig erachte, jetzt etwas zu unternehmen, was die Hoffnung stärke und zumindest erkennen lasse, daß das deutsche Problem nicht in Vergessenheit geraten sei. Er möchte wünschen, daß sich General de Gaulle an einer solchen Aktion beteilige. Er sei sicher, daß auch Amerika und England (wenn auch aus unterschiedlichen Motiven) zur Unterstützung eines solchen Schrittes bereit seien. Deswegen bitte er den General, sich dem nicht zu verschließen. Dabei würde es sich darum handeln, zunächst zwischen den drei Westalliierten und der Bundesrepublik die Aussichten und Konsequenzen eines solchen Schritts zu erörtern. Man könne bescheiden anfangen, zumal man feststellen müsse, daß der Kontakt zwischen den beiden getrennten Teilen Deutschlands immer schwieriger werde, und die andere Seite versuche, jede kleinste technische Frage und jeglichen humanitären Schritt zur Anerkennung der SBZ aufzubauschen. Auch deshalb sei der Versuch wünschenswert, auf Viermächtebasis jene Probleme zu behandeln, welche die beiden Teile Deutschlands berühren. Gelinge dies nicht, weil die Sowjets negativ darauf reagierten, so bliebe doch der Wert bestehen, daß man diese Probleme im Westen einmal tiefschürfender behandelt und sich nicht auf reine Deklamationen beschränkt habe. Es sei erforderlich, auf westlicher Seite zu klären, was notwendig sei, was Deutschland tun müsse, welche Bedingungen erfüllt sein müßten, um überhaupt mit nur einiger Aussicht eine Gesprächsbereitschaft der Sowjets zu finden. Man werde feststellen, daß bis zum Zeitpunkt der Bundestagswahl das Deutschlandproblem immer öfter und dringender angesprochen werde. Er wolle verhindern, daß schließlich der Schluß gezogen werde, Amerika und England wären eventuell zu einem solchen Gespräch bereit gewesen, doch habe sich der französische Staatspräsident, der von einer langfristigen Vision erfüllt sei, einem solchen Gespräch versagt. Wenn sich ein positiver Wille herausschäle, so wäre dies sicherlich ein Erfolg, selbst wenn dieser auf die positive Reaktion und eine innere Stärkung des deutschen Volkes beschränkt bliebe.

General *de Gaulle* betonte, Frankreich werde sich keineswegs einer Erörterung des Wiedervereinigungsproblems im Kreise der Westmächte widersetzen. Wenn England und Amerika dazu bereit seien, dann werde auch Frankreich daran teilnehmen. Er glaube dem Herrn Bundeskanzler, daß dies eine gewisse Bedeutung für die Gefühle der Bevölkerung in Deutschland haben könne. Er glaube allerdings nicht, daß selbst die Erarbeitung eines gemeinsamen Weges durch die Westmächte bei den Sowjets auf Gegenliebe stoßen würde. Er wiederhole aber, daß Frankreich sich einer Prüfung des Problems durch den Westen nicht widersetzen werde.

General de Gaulle kam dann auf die Bitte des Herrn Bundeskanzlers zu sprechen, er möge doch in seiner Pressekonferenz vom 4. Februar entsprechende Äußerungen tun. Er werde sicherlich, so sagte General de Gaulle, in der Pressekonferenz Fragen zum Thema der Wiedervereinigung Deutschlands und zur französischen Auffassung dazu erhalten. Es sei möglich, daß er bei dieser Gelegenheit dann dartue, daß die Wiedervereinigung Deutschlands nur in einem europäischen Rahmen denkbar sei und daß dies das Ziel der französischen Politik sei. In der Pressekonferenz werde er wohl kaum auf die Gespräche der Vier Mächte eingehen, da er deren Ausgang noch nicht absehen könne. Er habe aber gegen solche Gespräche nichts einzuwenden. Er werde aber zu diesem ungeheuer wichtigen Problem in der Pressekonferenz Stellung nehmen, seine Auffassung darlegen und vor allem erklären, daß Frankreich die Wiedervereinigung Deutschlands als für den Frieden notwendig erachte.

Der Herr *Bundeskanzler* bedankte sich dafür und fügte hinzu, es wäre sehr gut, wenn General de Gaulle auch erklären würde, daß Frankreich voll auf seiten Deutschlands stehe und bereit sei, unbeschadet eigener langfristiger Vorstellungen an Schritten mitzuwirken, die eine gemeinsame politische Willensbildung zur Wiedervereinigung Deutschlands erkennen ließen. Auch er glaube nicht, daß die Russen positiv reagieren würden. Das deutsche Volk brauche aber diese Willensbezeugung auf Seiten der Alliierten, daß dieses Problem nicht vergessen sei. Er erinnere an das, was er über die Ungeduld der Herzen gesagt habe. Sicherlich würde es der deutsch-französischen Freundschaft sehr zuträglich sein, wenn General de Gaulle zwar seine Konzeption vortragen würde, dem jedoch hinzufügen würde, daß er sich keiner Maßnahme widersetze, welche die Deutschen für notwendig erachteten.

General *de Gaulle* sagte, am nächsten Tage werde über diese Fragen ja noch weiter zu sprechen sein, das heißt, insbesondere über die nukleare Frage und die nukleare Organisation des Atlantischen Bündnisses.[35] Es könne kein Zweifel daran bestehen, daß das zeitliche Zusammenfallen der Wiederaufnahme des Wiedervereinigungsproblems und der Betonung des nuklearen Problems bedauerlich sei. Das eine schade sicherlich dem anderen.

Der Herr *Bundeskanzler* bemerkte, er sei höchst interessiert, die Auffassungen des Generals zur europäischen Verteidigung und zum westlichen Bündnis insgesamt kennenzulernen, womit natürlich auch das nukleare Problem angeschnitten sei.

Das Gespräch endete um 23.30 Uhr.

Bundeskanzleramt, AZ: 21-30 100 (56), Bd. 12

---

[35] Vgl. weiter Dok. 26.

23

Deutsch-französische Regierungsbesprechung in Paris

I A 1-80.11/205/65 VS-vertraulich   19. Januar 1965[1]

Betr.: Deutsch-französische Konsultationen im Rahmen des deutsch-französischen Vertrages vom 22. Januar 1963[2];
hier: Niederschrift über Besprechungen zwischen dem Herrn Bundesminister des Auswärtigen Dr. G. Schröder und dem französischen Außenminister Couve de Murville am 19. Januar 1965, 15.30 bis 17.00 Uhr, am Quai d'Orsay

Teilnehmer:
Außenminister Couve de Murville; M. Lucet, Leiter der Politischen Abteilung des französischen Außenministeriums; M. Wormser, Leiter der Finanz- und Wirtschaftsabteilung; M. Puaux, Leiter der Europa-Abteilung; M. Toffin, Deutschland-Referent; 2 weitere französische Teilnehmer

Bundesminister des Auswärtigen Dr. G. Schröder; Staatssekretär Professor Dr. Carstens; Ministerialdirektor Professor Dr. Meyer-Lindenberg; Ministerialdirigent Dr. Simon; Gesandter Knoke; Legationsrat I. Klasse Dr. Pfeffer; Legationsrat I. Klasse Dr. Schmidt-Schlegel, Protokollführer; Dolmetscherin Fräulein Bouverat

Eingangs begrüßte der *französische Außenminister* den Herrn Bundesminister des Auswärtigen und seine Begleitung und erklärte, daß er gern die von uns ihm vorgeschlagenen Themen erörtern werde, und stellte anschließend die Frage, ob deutscherseits noch andere Themen benannt würden.

Der Herr *Bundesminister* des Auswärtigen dankte dem französischen Außenminister für seinen Willkommensgruß und wies darauf hin, daß die Hauptunterhaltung in Rambouillet stattfinde[3] und daß es deshalb schwierig sei, gleichzeitig Parallelbesprechungen zu führen. Indessen glaube er, daß es nützlich sei, die von ihm benannten Themen zu erörtern. Er seinerseits möchte die Frage stellen, ob von französischer Seite Interesse an der Behandlung irgendwelcher Themen bestehe. Von deutscher Seite seien folgende Themen vorgeschlagen worden:

1) Besuch des ungarischen Außenministers Janos Peter in Paris.
2) Weitere Schritte auf dem Wege zur europäischen Union.
3) Künftige Entwicklung der EWG.
4) Einige Aspekte der Deutschland-Frage.

---

[1] Die Gesprächsaufzeichnung wurde von Legationsrat I. Klasse Schmidt-Schlegel gefertigt und von Ministerialdirigent Meyer-Lindenberg am 21. Januar 1965 Staatssekretär Carstens und Bundesminister Schröder zugeleitet.
Hat Carstens und Schröder am 21. Januar 1965 vorgelegen.

[2] Für den Wortlaut des deutsch-französischen Vertrags vom 22. Januar 1963 vgl. BUNDESGESETZ-BLATT 1963, Teil II, S. 706–710.

[3] Für die zeitgleich stattfindende Unterredung zwischen Bundeskanzler Erhard und Staatspräsident de Gaulle vgl. Dok. 22.

Begrüßen würde er es, wenn zu diesen Themen noch der in Aussicht genommene Besuch Titos in Ostberlin[4] erörtert werden könnte.

Der *französische Außenminister* erklärte sich mit dem Vorschlag einverstanden und sagte, französischerseits sei nicht beabsichtigt, weitere Themen zur Erörterung zu stellen.

1) Der Herr *Bundesminister* des Auswärtigen schlug seinerseits vor, daß zuerst die Besuche besprochen werden, und wies darauf hin, daß Besuche aus den Ostblockländern in Frankreich für die Bundesrepublik Deutschland von großem Interesse seien.

Dann erläuterte er das schwierige Verhältnis mit Jugoslawien. In den letzten Wirtschaftsabmachungen mit diesem Staat[5] sei der Wiedergutmachungskomplex wegen der jugoslawischen Anerkennung Ostberlins[6] ausgespart worden. Auf Grund der Wohlverhaltensklausel[7] seien die Jugoslawen verpflichtet, Schritte, die empfindliche Punkte der Deutschland-Politik der Bundesrepublik Deutschland berührten, zu vermeiden. Der geplante Besuch Titos in Ostberlin enthalte ein starkes Stück politischer Demonstration. Deshalb möchte er heute an den französischen Außenminister die Frage richten, ob die Franzosen bereit seien, ihren Einfluß auf Tito geltend zu machen und ihn darauf hinzuweisen, daß dieser in Aussicht genommene Besuch eine Erschwerung für die Beziehungen zwischen Jugoslawien und der Bundesrepublik Deutschland bedeuten werde und es deshalb zu begrüßen sei, wenn die Jugoslawen sich entschließen würden, von diesem Besuch abzusehen.[8]

Der *französische Außenminister* erklärte sich zu einer solchen Demarche bereit, und zwar aus zwei Gründen: einmal vertrete Frankreich die Interessen der Bundesrepublik Deutschland in Jugoslawien.[9] Deshalb könne es darauf hinweisen, daß das in der Wohlverhaltensklausel niedergelegte Prinzip gefährdet sei. Andererseits erscheine der geplante Besuch als politische Demonstration nicht opportun. Er störe nämlich die französische Entspannungspoli-

---

[4] Der jugoslawische Präsident gab im Dezember 1964 seine Einladung durch den Staatsratsvorsitzenden Ulbricht zu einem offiziellen Besuch in Ost-Berlin bekannt. Tito hielt sich vom 8. bis 13. Juni 1965 in der DDR auf. Vgl. dazu EUROPA-ARCHIV 1965, Z 126.

[5] Für den Wortlaut der 5. Zusatzvereinbarung vom 16. Juli 1964 zum Abkommen vom 11. Juni 1952 vgl. BUNDESANZEIGER, Nr. 17 vom 27. Januar 1965, S. 1–3. Vgl. dazu auch BULLETIN 1964, S. 1089.

[6] Die Anerkennung der DDR durch Jugoslawien am 10. Oktober 1957 führte zum Abbruch der diplomatischen Beziehungen zwischen der Bundesrepublik und Jugoslawien am 19. Oktober 1957.
Nach der Vereinbarung mit Jugoslawien vom 7. September 1963 über eine Entschädigung für Opfer von Menschenversuchen in der Zeit der Herrschaft des Nationalsozialismus lehnte die Bundesregierung weitere Wiedergutmachungsleistungen ab aufgrund der jugoslawischen Weigerung, die Bundesrepublik als alleinige Rechtsnachfolgerin des Deutschen Reiches anzuerkennen. Vgl. dazu AAPD 1964, II, Dok. 243.

[7] Zur „Wohlverhaltensklausel" vgl. Dok. 175, besonders Anm. 10.

[8] Dazu führte die Legationsrätin I. Klasse Rheker am 16. Januar 1965 aus, daß ein Versuch, über Frankreich Einfluß auf Präsident Tito zu nehmen, um ihn von einem Besuch in der DDR abzubringen, kaum erfolgversprechend sein würde. Darüber hinaus bestehe auch keine Möglichkeit, „Tito die Reiseabsicht ‚abzukaufen'". Die Bundesregierung könne nach den Vereinbarungen vom 16. Juli 1964 keine weiteren Angebote vorlegen, da dies die jugoslawische Seite nur zu „neuen Erpressungsversuchen auffordern" würde. Vgl. VS-Bd. 3128 (II A 5); B 150, Aktenkopien 1965.

[9] Nach dem Abbruch der diplomatischen Beziehungen zwischen der Bundesrepublik und Jugoslawien am 10. Oktober 1957 übernahm Frankreich die Aufgabe der Schutzmacht für die Interessen der Bundesrepublik gegenüber Jugoslawien.

tik in Osteuropa. Deshalb wolle er gern den Jugoslawen erklären, daß der Besuch ihnen keinen Vorteil einbringe, weil ein solcher Besuch nicht geeignet sei, die Beziehungen zwischen Ost- und Westeuropa zu verbessern. Er sei bereit, auf dieser Basis mit den Jugoslawen zu sprechen.

Der *Bundesminister* des Auswärtigen begrüßte diese französische Bereitschaft sehr, Einfluß auf die Jugoslawen in dem von dem französischen Außenminister angegebenen Sinne auszuüben.

Der *französische Außenminister* schlug dann vor, über die Ergebnisse des Besuches des ungarischen Außenministers Janos Peter zu berichten.[10] Der Herr *Bundesminister* des Auswärtigen wies darauf hin, daß der Besuch ein erhebliches Echo in Deutschland ausgelöst habe.[11] Nicht zuletzt wegen seiner früheren Tätigkeit als calvinistischer Bischof habe man ein besonderes Interesse in der Bundesrepublik Deutschland an seinem Besuch in Paris bekundet. *Couve de Murville* erwiderte darauf, daß Peter eine recht eigenartige Persönlichkeit (un personnage assez curieux) sei, er sei auch heute noch Kleriker, erst kürzlich sei er zum Bischof ernannt worden. Es gehe das Gerücht, – für das er, Couve de Murville, sich aber nicht verbürgen könne – daß Peter nicht Mitglied der kommunistischen Partei sei. Er beherrsche aufgrund seines in Paris an der theologischen Fakultät absolvierten Studiums die französische Sprache fließend, daher rühre auch seine Bekanntschaft mit Pfarrer Bögner, den er während seines Aufenthaltes in Paris besucht habe. Peter sei ein sehr intelligenter Mann. In seinen Gesprächen habe er besonderes Interesse für zwei Fragenkomplexe bekundet, nämlich für die EWG und Deutschland[12], während er zur Abrüstung eine originelle und von den Stellungnahmen anderer Ostblockpaktstaaten abweichende eigene Meinung vertreten habe.[13]

Zur Entwicklung der EWG habe Peter Bedenken wegen der Diskriminierung der osteuropäischen Staaten geäußert. Es sei zu befürchten, daß wegen dieser unterschiedlichen Behandlung zwischen Ländern der EWG und den osteuropäischen Ländern sich die Handelsbeziehungen zwischen Ost und West ungünstig entwickeln würden. Die französische Politik sei nach seiner Meinung widersprüchlich, einerseits befürworte sie die Annäherung zwischen ost- und

---

[10] Zum Aufenthalt des ungarischen Außenministers vom 11. bis 13. Januar 1965 in Frankreich vgl. auch Dok. 22, Anm. 29.
Botschafter Klaiber, Paris, betonte am 16. Januar 1965, daß Peter „mit bemerkenswerter Sympathie" begrüßt worden sei. Im französischen Außenministerium sei vor allem die „atmosphärische Bedeutung des Besuches, insbesondere für das ungarische Volk, für die Regierung Kadar, die damit ihre Position festige, und auch für Paris als westliches Mekka der Satellitenstaaten" hervorgehoben worden. Vgl. den Drahtbericht Nr. 86; Referat II A 5, Bd. 288.

[11] Vgl. dazu den Artikel „Kulturabkommen zwischen Frankreich und Rumänien" sowie den Kommentar von Hans Achim Weseloh, „Frankreichs Ostpolitik und Deutschland"; FRANKFURTER ALLGEMEINE ZEITUNG, Nr. 9 vom 12. Januar 1965, S. 3 bzw. Nr. 11 vom 14. Januar 1965, S. 2.

[12] Hinsichtlich der Deutschland-Frage brachte der ungarische Außenminister die „klassischen Einwände der Kommunisten" vor. Er forderte die französische Regierung auf, „mit demselben Realismus", mit dem sie diplomatische Beziehungen zur Volksrepublik China aufgenommen habe, die DDR anzuerkennen. Vgl. den Drahtbericht Nr. 86 des Botschafters Klaiber, Paris, vom 16. Januar 1965; Referat II A 5, Bd. 288.

[13] So bemerkte Außenminister Peter, es gebe Gemeinsamkeiten in der ungarischen und der französischen Haltung zur MLF. Vgl. dazu den Drahtbericht Nr. 86 des Botschafters Klaiber, Paris, vom 16. Januar 1965; Referat II A 5, Bd. 288.

westeuropäischen Staaten, andererseits fördere sie die diskriminierende Behandlung der osteuropäischen Länder. Er, der französische Außenminister, habe darauf hingewiesen, daß alle möglichen Länder über diese angebliche Diskriminierung Beschwerde führten, u. a. Länder Latein-Amerikas, Afrikas und Asiens, daß aber bisher von einer solchen Diskriminierung nicht die Rede sein könne, denn die Statistiken bewiesen eindeutig, daß zwischen der EWG und den osteuropäischen Staaten der Handel seit der Gründung der EWG wesentlich zugenommen habe. Indessen sei Peter bei seiner Meinung geblieben, daß für sie in Zukunft die Gefahr der Diskriminierung bestehen bleibe.

Befürchtungen habe Peter sodann hinsichtlich der Assoziation Österreichs mit dem Gemeinsamen Markt[14] geäußert und den Standpunkt vertreten, daß eine Assoziierung das Neutralitätsstatut[15] dieses Landes gefährde. Während eines Besuches des österreichischen Außenministers Kreisky in Budapest[16] habe er mit ihm die Beziehungen zwischen beiden Ländern ausführlich besprochen. Den Besuch von Kreisky in Budapest werde Peter demnächst erwidern.[17]

Recht ausführlich habe sich Peter über Deutschland geäußert und die französische Regierung darum gebeten, nach der Anerkennung von Peking[18] nunmehr auch Pankow anzuerkennen. Er, Couve de Murville, habe darauf erwidert, daß die französische Regierung nicht die Absicht habe, die „DDR" anzuerkennen. Beide Fälle seien keineswegs vergleichbar. China umfasse beinahe die Gesamtheit der chinesischen Bevölkerung, wenn man von der Bevölkerung Formosas absehe, während die Bundesrepublik Deutschland den größten Teil des deutschen Volkes repräsentiere. Schließlich trage das politische Regime in der „DDR" keinen repräsentativen Charakter, was indessen für die Bundesrepublik Deutschland zutreffe.

Was die bilateralen Beziehungen zwischen Frankreich und Ungarn betreffe, seien langfristige Handels- und Konsularabkommen in Aussicht genommen. Ein Kulturabkommen[19] sei während des Besuches von Peter in Paris unter-

---

[14] Die EWG führte seit 1963 Sondierungsgespräche mit Österreich über die Voraussetzungen für eine Assoziierung. Am 5. Juni 1964 legte die EWG-Kommission einen Zwischenbericht vor. Vgl. dazu BULLETIN DER EWG 7/1964, S. 21. Vgl. dazu AAPD 1964, II, Dok. 273.
[15] Für den Wortlaut des Staatsvertrags vom 15. Mai 1955 über die Wiederherstellung eines unabhängigen und demokratischen Österreich vgl. BUNDESGESETZBLATT FÜR DIE REPUBLIK ÖSTERREICH 1955, S. 725–810.
[16] Der österreichische Außenminister hielt sich vom 29. Oktober bis 1. November 1964 in Ungarn auf. Kreisky und sein ungarischer Amtskollege Peter unterzeichneten u. a. Abkommen über die Markierung der gemeinsamen Grenze und über die Untersuchung von Grenzzwischenfällen. Sie beschlossen, die gegenseitigen diplomatischen Vertretungen in den Rang von Botschaften zu erheben. Vgl. EUROPA-ARCHIV 1964, Z 248.
[17] Der ungarische Außenminister hielt sich vom 7. bis 9. April 1965 in Wien auf. Gesprächsthemen waren das „Problem der verminten Grenze" zwischen Österreich und Ungarn sowie Möglichkeiten einer Erweiterung des „kleinen Grenzverkehrs". Die Deutschland-Frage sei „eigentlich kaum" besprochen worden, jedoch habe Peter großes Interesse an einer Ausweitung des Handels mit der Bundesrepublik bekundet. Vgl. den Schriftbericht des Botschafters Löns, Wien, vom 15. April 1965; Referat II A 5, Bd. 288.
[18] Die völkerrechtliche Anerkennung der Volksrepublik China durch Frankreich erfolgte am 27. Januar 1964. Vgl. dazu auch AAPD 1964, I, Dok. 11.
[19] Zum Abkommen vom 11. Januar 1965 vgl. dazu Dok. 22, Anm. 29.

zeichnet worden. Recht merkwürdig sei die Entwicklung der Handelsbeziehungen zwischen den beiden Ländern in den letzten Jahren. Frankreich habe nämlich erhebliche Mengen Getreide an Ungarn, das bisher als Kornkammer gegolten habe, verkauft. Infolge dieser umfangreichen Getreidelieferungen sei die Handelsbilanz Ungarns im Verhältnis zu Frankreich passiv.

Der Herr *Bundesminister* des Auswärtigen dankte für diese Informationen und wies darauf hin, daß hier wohl zum ersten Male der Versuch einer Propaganda für Pankow von einem osteuropäischen Land in Paris gemacht worden sei. Der *französische Außenminister* erwiderte hierauf, daß es sich nicht um den ersten Versuch handele, denn in ähnlicher Weise hätten sich auch Vertreter anderer osteuropäischer Länder in Paris geäußert. Er denke in diesem Zusammenhang an den tschechischen Besuch.[20] Die Polen hätten noch keinen offiziellen Besuch in Paris abgestattet. Die ČSR würde auf jeden Fall sehr froh sein, wenn ähnliche wie die von dem ungarischen Außenminister angeregte Initiativen von der französischen Regierung ergriffen werden würden. Wenn die Vertreter Rumäniens[21] und Bulgariens[22] nicht ein solch großes Interesse an dem Deutschland-Problem während ihrer Besuche in Paris gezeigt hätten, hinge das wohl damit zusammen, daß sie von Deutschland geographisch weiter entfernt seien und sich deshalb weniger für das Deutschland-Problem interessierten.

Der Herr *Bundesminister* des Auswärtigen stellte sodann die Frage, ob die deutschen Bemühungen um eine Intensivierung der Handelsbeziehungen mit Ungarn[23] von Peter erwähnt worden seien. Außenminister *Couve de Murville* erwiderte hierauf, daß Peter in der Tat seine Genugtuung über die Entwicklung der Handelsbeziehungen zwischen der Bundesrepublik Deutschland und Ungarn und über die Errichtung einer deutschen Handelsmission in Budapest zum Ausdruck gebracht habe. Ähnliche Genugtuung hätten auch die rumänischen und bulgarischen Besucher über die Entwicklung der Handelsbeziehungen zur Bundesrepublik Deutschland[24] während ihrer Besuche in Paris geäußert.

Der Herr *Bundesminister* des Auswärtigen äußerte sich sodann auf Bitte des französischen Außenministers zu dem Stand der Verhandlungen über die Er-

---

[20] Der tschechoslowakische Außenminister David hielt sich vom 25. bis 28. November 1964 in Paris auf. Vgl. dazu EUROPA-ARCHIV 1964, Z 253.

[21] Vom 16. November bis zum 15. Dezember 1964 hielt sich der rumänische Stellvertretende Ministerpräsident Birladeanu zu Verhandlungen über ein rumänisch-französisches Wirtschaftsabkommen in Paris auf. Vgl. dazu EUROPA-ARCHIV 1965, Z 5.

[22] Am 28. November 1964 besuchte der bulgarische Außenminister Baschew Paris. Botschafter Klaiber, Paris, teilte am 1. Dezember 1964 mit, daß Baschew ausschließlich bilaterale Probleme angesprochen habe. In diesem Zusammenhang habe er „einige bulgarische Wünsche auf wirtschaftlichem Gebiet vorgebracht, die sich im üblichen Rahmen gehalten hätten". Vgl. Referat I A 3, Bd. 407.

[23] Auf der Basis des Handelsabkommens vom 10. November 1963 mit Ungarn eröffnete die Bundesrepublik am 15. Juli 1964 eine Handelsvertretung in Budapest. Zu den handelspolitischen Beziehungen zu Ungarn vgl. Dok. 99.

[24] Auf der Basis der Abkommen vom 17. Oktober 1963 mit Rumänien und vom 6. März 1964 mit Bulgarien eröffnete die Bundesrepublik am 13. Juli bzw. am 19. Oktober 1964 Handelsvertretungen in Bukarest und Sofia. Zu den handelspolitischen Beziehungen zu Rumänien und Bulgarien vgl. AAPD 1964, II, Dok. 219 bzw. AAPD 1964, I, Dok. 62.

richtung von Handelsmissionen mit der ČSR. Die Verhandlungen seien zur Zeit unterbrochen und würden voraussichtlich im Februar wieder aufgenommen werden.²⁵ Die Verhandlungen seien etwas ungünstig verlaufen, leider sei der optimale Zeitpunkt zum Abschluß dieser Verhandlungen schon vorüber. Es sei ungünstig, daß gleichzeitig mit den Verhandlungen mit Ungarn Parallelverhandlungen mit der Sowjetunion²⁶ stattfänden. Für die Verhandlungen mit den Sowjets wäre es viel günstiger, wenn die Verhandlungen mit der ČSR schon abgeschlossen seien. Bei den Verhandlungen spiele die Berlin-Klausel eine entscheidende Rolle. Eine weitere Belastung für die Verhandlungen mit der ČSR sei die von den Tschechen gestellte Frage nach dem Fortbestand des Münchener Abkommens.²⁷ Es sei schwer abzuschätzen, ob die Verhandlungen mit den Tschechen wegen der Berlin-Klausel scheitern würden. Offenbar sei das Regime in Pankow bemüht, stark auf die ČSR wegen der Verteidigung seines Standpunktes in der Frage der Berlin-Klausel einzuwirken. Nachdem andere osteuropäische Länder die Berlin-Klausel akzeptiert hätten²⁸, sei noch nicht zu übersehen, ob das neue sowjetische Regime²⁹ nicht einen härteren Standpunkt hinsichtlich der Berlin-Klausel einnehme. Es besteht Grund anzunehmen, daß das neue Regime in seiner Haltung härter sei. Hierzu stellte der *französische Außenminister* die Frage, ob die Verhandlungen mit der ČSR nicht vor dem Sturz Chruschtschows begonnen worden seien. Diese Frage bejahte der *deutsche Außenminister*.³⁰

Couve de Murville fragte sodann, ob die Absicht bestehe, mit Jugoslawien einen Handelsvertrag abzuschließen und eine Handelsmission zu errichten. Der *deutsche Außenminister* erwiderte hierauf, daß solche Schritte nicht geplant seien, und wies darauf hin, daß konsularische Beziehungen zwischen Jugoslawien und der Bundesrepublik Deutschland weiter bestünden und daß Handelsbeziehungen wohl den niedrigsten Grad der Beziehungen darstellten.

2) Der Herr Bundesminister des Auswärtigen regte sodann an, daß nunmehr die weiteren Schritte auf dem Wege zur europäischen Union erörtert werden würden. Während seines Besuches in Paris Anfang Dezember habe man darüber schon Gedanken ausgetauscht, und zwar seien die beiden Minister damals der Ansicht gewesen, daß zwei Arten von Schritten unternommen werden könnten, wovon die einen der öffentlichen Sichtbarkeit dienten und die anderen unsichtbare Schritte zur Förderung der politischen Union seien.³¹

---

[25] Zu den Verhandlungen mit der Tschechoslowakei vgl. Dok. 19.
[26] Vgl. dazu Dok. 18.
[27] Für den Wortlaut des Münchener Abkommens vom 29. September 1938 vgl. ADAP, D, II, Dok. 675. Zur Frage der Gültigkeit vgl. auch Dok. 28.
[28] Vgl. dazu Dok. 19, Anm. 2.
[29] Nikita Chruschtschow wurde auf der Plenartagung des Zentralkomitees der KPdSU vom 14. Oktober 1964 von seinem Amt als Erster Sekretär des ZK der KPdSU enthoben. Am 15. Oktober 1964 folgte seine Absetzung als sowjetischer Ministerpräsident. Seine Nachfolger wurden der Vorsitzende des Präsidiums des Obersten Sowjet der UdSSR, Breschnew, bzw. der Erste Stellvertretende Vorsitzende des Ministerrats der UdSSR, Kossygin. Vgl. EUROPA-ARCHIV 1964, Z 225.
[30] Zur Aufnahme der Verhandlungen im April 1964 vgl. AAPD 1964, I, Dok. 100.
[31] Für das Gespräch des Bundesministers Schröder mit dem französischen Außenminister Couve de Murville vom 9. November 1964 vgl. AAPD 1964, II, Dok. 377.

Unsichtbar auf diplomatischer Ebene weiterzuarbeiten, sei wohl die beste Art weiterzukommen, während das Verfahren der öffentlichen Sichtbarkeit, nämlich die Durchführung einer Regierungschef-Konferenz, dem Plane den endgültigen Stempel geben könne.

Ein Signal könne durch Einberufung einer Konferenz der Außenminister gegeben werden. Eine Ministerpräsidentenkonferenz könne kein Signal geben. Von ihr erwarte man Ergebnisse, während das bei einer Außenministerkonferenz weniger der Fall sei, da sie der Vorbereitung dieses Ergebnisses diene. Nach den bisherigen Sondierungen neigten die anderen Vier einer Außenministerkonferenz zu. Diese Frage werde wohl sicherlich in Rambouillet behandelt werden. Welches seien die Ansichten des französischen Außenministers hierzu?

Couve de Murville erklärte, auch er sei sicher, daß diese Frage in Rambouillet behandelt werde und daß man deshalb wohl die dortigen Ergebnisse abwarten müsse.

Der Zeitpunkt und die Gelegenheit für eine solche Initiative erschienen recht günstig, doch müsse man mit Vorsicht verfahren. Er möchte an dieser Stelle an die Schwierigkeiten erinnern, denen man vor zwei bis drei Jahren begegnet sei.[32] Nicht opportun erscheine ihm eine Konferenz der Staats- und Regierungschefs. Eine Konferenz der Außenminister sei nicht ausgeschlossen, sie müsse auf diplomatischem Wege wirksam vorbereitet werden. Indessen müsse man vorsichtig taktieren und nicht den Eindruck erwecken, als ob Deutschland und Frankreich eine Lösung unter sich ausgemacht hätten. Damit würde man die Empfindsamkeiten der anderen Vier erwecken. Mit den Italienern habe er, Couve de Murville, schon vor einigen Wochen sprechen wollen, dann sei die Wahl des Staatspräsidenten dazwischen gekommen, jetzt müsse man die Ernennung des Außenministers abwarten.[33] So bald wie möglich werde er nach Rom fahren, um mit den Italienern das am besten erscheinende Vorgehen zu besprechen.[34] Die Belgier seien wohl bereit mitzumachen und würden keine Schwierigkeiten bereiten[35], indessen würden die Holländer Holländer bleiben und ihre nationale Eigentümlichkeit nicht abstreifen (Zwischenbemerkung des Herrn Bundesministers des Auswärtigen, daß dies auch für die anderen Fünf zutreffe), die Holländer wollten nach Möglichkeit nichts tun und wären wohl nur bereit, etwas zu machen, wenn es nicht anders gehe.[36] Im Hinblick auf diese vorauszusehenden Schwierigkeiten vertrete er, Couve de Murville, den Standpunkt, daß es am besten sei, das einfachste Verfahren zur Erreichung des Zieles einer politischen Union anzuwenden (le plus simple il sera, le mieux il vaudra).

---

[32] Zu den Fouchet-Plänen der Jahre 1961/1962 vgl. Dok. 5, Anm. 23.

[33] Am 6. Dezember 1964 trat der italienische Staatspräsident von seinem Amt zurück. Nachfolger von Segni wurde am 28. Dezember 1964 der bisherige Außenminister Saragat. Am 5. März 1965 wurde Amintore Fanfani zum italienischen Außenminister ernannt. Vgl. dazu EUROPA-ARCHIV 1965, Z 6, Z 17 und Z 65.

[34] Zum Besuch des französischen Außenministers vom 26. bis 29. März 1965 in Rom vgl. Dok. 157.

[35] Zum belgischen Vorschlag vom 27. Juli 1964 für eine europäische politische Union vgl. Dok. 5, Anm. 20. Zur belgischen Haltung vgl. auch Dok. 80.

[36] Zur niederländischen Position vgl. auch Dok. 20, Anm. 20.

Der Herr *Bundesminister* des Auswärtigen stimmte mit dem französischen Außenminister überein, daß nicht vorsichtig genug vorgegangen werden könne. Er erinnerte an den Leidensweg vor mehreren Jahren und daran, daß man 1962 gerade hier im Quai d'Orsay nach den langwierigen Verhandlungen ergebnislos auseinandergegangen sei.[37] Der deutsche Plan[38] sei entsprechend den Gedanken von Couve de Murville wenig ehrgeizig. Die Vorschläge seien in Deutschland selbst ziemlich kritisiert worden, weil sie so bescheidene Maßnahmen darstellten.[39] Er sage dies deshalb, weil die Bundesrepublik Deutschland nicht sehr unter die Grenze dessen, was jetzt vorgeschlagen sei, gehen könne. Gut wäre es, wenn die Außenministerkonferenz gründlich vorbereitet würde, damit die Gefahr vermieden werde, daß diese Außenministerkonferenz ins Deklamatorische verfalle.

Der *französische Außenminister* erklärte hierzu, daß hinsichtlich des Verfahrens die französische Regierung allen Vorschlägen aufgeschlossen (avec un esprit ouvert) gegenüberstehe. Im Hinblick auf die öffentliche Meinung sei es wichtig, mit dem nächsten Schritt zu beweisen, daß man sich einig sei.

Der Herr *Bundesminister* des Auswärtigen machte nochmals darauf aufmerksam, daß die Konferenz einer gründlichen Vorbereitung bedürfe und daß man sich vorher einig sein müsse, welches Ergebnis eine solche Konferenz haben solle.

3) Anschließend schlug der Herr Bundesminister des Auswärtigen vor, daß nunmehr das nächste Thema, nämlich die künftige Entwicklung der EWG, gemeinsam erörtert werden könne und daß für die Brüsseler Arbeiten für 1965 ein Zeitplan aufgestellt werde. Deutscherseits erscheine es wichtig, daß, nachdem nach dem grundsätzlichen Einverständnis auf dem Agrarsektor[40] die Schaffung eines gemeinsamen Marktes für landwirtschaftliche Produkte in Aussicht stehe, es notwendig sei, auch auf den anderen Sektoren ähnliche Fortschritte zu erzielen. Das treffe auf dem Gebiet der Zoll-, Handels-, Verkehrs-, Währungs- und Steuerpolitik zu. Seien die Franzosen mit einem Auftakt auf diesen Gebieten einverstanden, und welche zeitlichen Vorstellungen hätten sie in dieser Hinsicht entwickelt?

Der *französische Außenminister* entgegnete, daß er grundsätzlich mit seinem deutschen Kollegen hinsichtlich der aufgeworfenen Fragen einer Meinung sei. Vorrang habe die Frage des vollständigen Zollabbaus. Hierzu liege der Vorschlag der EWG-Kommission vor.[41] Auf den anderen Gebieten seien bisher

---

[37] Zum Scheitern der Fouchet-Pläne am 17. April 1962 vgl. Dok. 22, Anm. 15.

[38] Zur Europa-Initiative der Bundesregierung vom 4. November 1964 vgl. Dok. 5, Anm. 18.

[39] Zur deutschen Kritik an der Europa-Initiative der Bundesregierung vom 4. November 1964 vgl. den Artikel von Nikolas Benckiser: „Welches Europa?"; FRANKFURTER ALLGEMEINE ZEITUNG, Nr. 264 vom 12. November 1964, S. 1.

[40] Zur Einigung vom 15. Dezember 1964 in der Getreidepreis-Frage vgl. Dok. 22, Anm. 6. Zur Zustimmung der Bundesregierung zum gemeinsamen Getreidepreis vgl. Dok. 22, Anm. 2.

[41] Am 30. September 1964 verabschiedete die EWG-Kommission unter dem Titel „Initiative 1964" eine Vorlage an den EWG-Ministerrat und an die Regierungen der Mitgliedstaaten, in der sie eine beschleunigte Verwirklichung der Zollunion bis zum 1. Januar 1967 forderte. Für Agrarprodukte war der Abbau der Zölle und der Abschöpfungen bis zum 1. Januar 1968 vorgesehen. Darüber hinaus unterbreitete die Kommission Vorschläge für die Schaffung eines gemeinschaftlichen Zollrechts beim Handel mit Drittstaaten und für die Abschaffung aller Grenzkontrollen im

Vorschläge noch nicht ausgearbeitet worden bzw. seien noch ohne nennenswertes Ergebnis geblieben. Der Ministerrat müsse nunmehr prüfen, welche Lösungen auf anderen Gebieten anzustreben seien. Als Vorsitzender des Ministerrates habe er die Absicht, am 1./2. Februar die Ausarbeitung einer Art Arbeitsprogramm für 1965 vorzuschlagen, dieses Programm müsse auch die Agrarfrage einschließen.[42]

Der Herr *Bundesminister* des Auswärtigen begrüßte diese Absicht, ein solches Arbeitsprogramm vorzubereiten, und schlug vor, daß in deutsch-französischer Zusammenarbeit zu den einzelnen Punkten Vorschläge ausgearbeitet würden. Er stimmte mit dem französischen Außenminister überein, daß auf vielen Gebieten Absicht und Realisierung noch weit auseinandergingen. Wichtig erschiene ihm ein grundsätzliches Übereinkommen, daß alle diese Fragen parallel zu den Agrarfragen behandelt würden.

Der *französische Außenminister* meinte hierzu, daß vor allem Fragen der gemeinsamen Handels- und Steuerpolitik langfristiger Natur seien, aber auch er sei der Meinung, daß man beginnen müsse, hierüber zu sprechen.

Der Herr *Bundesminister* des Auswärtigen bemerkte hierzu, daß vor allem die Behandlung der Steuerfragen ihm wichtig erschiene. Man solle deshalb große Energie für die Lösung der auf diesem Gebiet anfallenden Fragen aufwenden.

4) Zum Abschluß erklärte der Herr Bundesminister des Auswärtigen, daß die Zeit nicht mehr ausreiche, ausführlich auf die Deutschland-Frage einzugehen. Er wolle sich deshalb auf eine kurze Erklärung beschränken. Dieses Thema beherrsche nach wie vor die Öffentlichkeit sehr. Wahrscheinlich werde auch in Rambouillet ausführlich darüber gesprochen werden. Heute möchte er gern eine Sache klarstellen: In der Diskussion über diese Frage komme die Argumentation hinein, daß die Erörterung der Deutschland-Frage und der Vorschlag neuer Initiativen[43] einem Wahlbedürfnis entspreche. Richtig sei, daß alle wichtigen außen- und innenpolitischen Probleme einschließlich der deutschen Frage in einem Wahljahre sehr diskutiert würden. Was als neue deutsche Initiative vorgeschlagen worden sei, entspreche aber nicht nur einem nationalen, sondern auch einem internationalen Bedürfnis, und zwar unabhängig von den derzeitigen Erfolgsaussichten. Wichtig sei es, diese Frage in Gang zu halten. Die deutsche Frage müsse eine internationale Frage bleiben.

Fortsetzung Fußnote von Seite 128

Warenverkehr zwischen den Mitgliedstaaten. Schließlich kündigte sie zusätzliche Vorschläge für die Verwirklichung einer Währungsunion an und schlug eine Ausweitung der Kompetenzen des Sozialfonds vor. Vgl. dazu EUROPA-ARCHIV 1964, D 572–580.

[42] Am 4. Februar 1965 teilte Ministerialdirektor Meyer-Lindenberg zu der Sitzung des EWG-Ministerrats vom 1./2. Februar 1965 mit, daß u.a. über die von der EWG-Kommission, der Bundesrepublik und Frankreich vorgelegten Zeitpläne beraten worden sei. Zusätzlich zu den dort bereits festgelegten Terminen wurde über einen Vorschlag der EWG-Kommission zur Verwirklichung der Zollunion bis zum 1. Juli 1967 sowie zur Beseitigung der Steuergrenzen bis zum 1. Januar 1970 gesprochen. Während die deutsche Delegation beide Maßnahmen befürwortete, wurden von niederländischer und italienischer Seite Einwände gegen die Aufhebung der Steuergrenzen erhoben. Vgl. dazu den Drahtbericht von Meyer-Lindenberg vom 4. Februar 1965 an die Botschaften in Paris, Den Haag, Brüssel, Rom, London und Washington; Referat I A 2, Bd. 954.
Zu den Arbeitsprogrammen für das erste Halbjahr 1965 vgl. Dok. 22, Anm. 8.

[43] Zur Frage einer Deutschland-Initiative vgl. zuletzt Dok. 7.

Hierzu bemerkte der *französische Außenminister*, daß das deutsche Problem in der Tat ein nationales und ein internationales Problem sei und daß Deutschland und die Deutschen einen wichtigen Faktor in der internationalen Politik darstellten. Gerade die Gespräche mit den Ungarn und mit Vertretern anderer osteuropäischer Länder bewiesen, wie stark das Interesse am deutschen Problem sei. Eine wesentliche Frage sei allerdings, welche die beste bzw. die am wenigsten schlechte Methode sei, die deutsche Frage weiter zu behandeln. Frankreich sei durchaus bereit, die Frage wiederaufzunehmen, auch wenn man sich französischerseits und sicherlich auch deutscherseits keine Illusionen über den zu erwartenden Erfolg mache. Die Frage müsse in der Tat fortgesetzt behandelt werden.[44]

Abschließend dankte der Herr *Bundesminister* des Auswärtigen dem französischen Außenminister für die freimütige Aussprache und regte an, daß die Sprecher beider Regierungen[45] noch kurz über das Ergebnis der Besprechungen unterrichtet werden.

Entsprechend dieser Anregung wurden die beiden Sprecher hinzugezogen und von beiden Außenministern über das Ergebnis kurz informiert.

VS-Bd. 2388 (I A 1)

24

Aufzeichnung des Vortragenden Legationsrats I. Klasse Bassler

I B 5-82.21/92.32/40^{II}/65 geheim 19. Januar 1965[1]

Zusammenfassung der mit dem pakistanischen Außenminister Bhutto am 15. und 16. Januar 1965 in Bonn geführten Gespräche

Der pakistanische Außenminister Zulfikar Bhutto traf am 14. Januar 1965 zu einem zweitägigen Besuch in Bonn ein.

Am folgenden Tage, dem 15. Januar, fanden Besuche statt bei Herrn Bundesminister Dr. Schröder, der Bhutto am gleichen Tage ein Frühstück gab, Herrn Staatssekretär Professor Dr. Carstens, dem Herrn Bundespräsidenten, Herrn Bundesminister Dr. Krone, Altbundeskanzler Dr. Adenauer.

Am 16. Januar wurden der Herr Bundeskanzler und Staatssekretär Gumbel (BMVtg.) zu einem Meinungsaustausch aufgesucht.

Der Besuch in Bonn sollte, wie Bhutto erklärte, vor allem dazu dienen, den Standpunkt Pakistans zu den wesentlichen Problemen der Weltpolitik, insbe-

[44] Vgl. dazu weiter Dok. 26.
[45] Karl-Günther von Hase und Claude Lebel.

[1] Die Aufzeichnung hat gemäß Begleitvermerk vom 19. Januar 1965 Staatssekretär Carstens am 26. und Bundesminister Schröder am 27. Januar 1965 vorgelegen.

sondere zu den asiatischen Fragen, darzulegen. Was die deutsch-pakistanischen Beziehungen angehe, sei Pakistan interessiert, diese zu vertiefen und die bereits bestehende Zusammenarbeit[2] weiter auszubauen. In den mit Bhutto geführten Gesprächen nahm Bhutto zu folgenden Fragenkomplexen Stellung:

1) Pakistans Beziehungen zu den asiatischen Staaten und der westlichen Welt

Bhutto führte hierzu aus, daß er eine der Hauptaufgaben Pakistans darin sehe, daß sein Land sich zu einer eigenen „asiatischen Persönlichkeit" entwickeln müsse. Pakistan, das auf eine lange Geschichte zurückblicken könne, habe, nachdem es selbständig geworden sei[3], bisher keine Zeit gehabt, sich auf sich selbst zu besinnen. Es habe in enger Anlehnung an den Westen den Selbstwerdungsprozeß vernachlässigt und die auf pakistanischem Gebiet lebende, durch die britische Kolonialherrschaft desintegrierende Bevölkerung noch nicht genügend zu einer Einheit zusammenschließen können. Dies müsse nachgeholt werden. Dabei müsse sich Pakistan bewußt werden, daß es ein asiatischer Staat sei und daß diese Tatsache für Pakistans Beziehungen zu den übrigen asiatischen Staaten von erstrangiger Bedeutung sei. In diesem Zusammenhang müsse auch Pakistans Verhältnis zu China gesehen werden. Pakistan und China hätten beide das gleiche Interesse an einer Normalisierung ihrer Beziehungen gehabt.[4] Beide Regierungen seien überzeugt, daß die asiatischen Probleme nur in enger Zusammenarbeit mit den asiatischen Staaten gelöst werden könnten. Für die Erhaltung des Weltfriedens sei darüber hinaus eine Zusammenarbeit der Asiaten mit den Afrikanern notwendig. Auf die Frage, ob diese von Bhutto vertretene Linie nicht eine Kursänderung der pakistanischen Politik gegenüber dem Westen bedeute, erklärte Bhutto, daß Pakistan seine Orientierung zum Westen nicht zu ändern beabsichtige. Allerdings seien die bei der Zusammenarbeit mit dem Westen gemachten Erfahrungen nicht immer zufriedenstellend gewesen. Pakistan, das Mitglied zweier für die Verteidigung des Westens gebildeter Organisationen (SEATO[5] und CENTO[6]) sei, habe aus dieser Mitarbeit keinen Nutzen gezogen. Die USA hätten sich für Indien entschieden und gäben Delhi eine erhebliche Waffen-

---

[2] Am 15. Januar 1965 unterzeichneten Bundesminister Schröder und der pakistanische Außenminister Bhutto ein Abkommen über den Beitrag der Bundesrepublik „zur Finanzierung der Projekte des 5. Planjahres des II. pakistanischen Fünfjahresplans" in Höhe von insgesamt 152,5 Mio. DM. Dieser Betrag setzte sich aus einer Kapitalhilfe von 110 Mio. DM und aus Bürgschaften für Lieferantenkredite von 42,5 Mio. DM zusammen. Vgl. BULLETIN 1965, S. 65.

[3] Pakistan wurde, zeitgleich mit Indien, am 15. August 1947 als Dominion im Rahmen des British Commonwealth of Nations unabhängig.

[4] Am 28. Dezember 1962 beendeten Pakistan und die Volksrepublik China die seit dem 12. Oktober 1962 geführten Grenzverhandlungen mit der Unterzeichnung eines gemeinsamen Kommuniqués. Am 5. Januar 1963 wurde ein pakistanisch-chinesisches Handelsabkommen und am 29. August 1963 ein Luftverkehrsabkommen abgeschlossen, das u.a. der chinesischen Fluggesellschaft Landerechte in Pakistan einräumte. Vgl. dazu EUROPA-ARCHIV 1963, Z 13, Z 26 und Z 188.

[5] Die South East Asia Treaty Organization wurde auf der Konferenz von Manila vom 6. bis 8. September 1954 von Australien, Frankreich, Großbritannien, Neuseeland, Pakistan, den Philippinen, Thailand und den USA gegründet.

[6] Die Central Treaty Organization wurde am 24. Februar 1955 von der Türkei und dem Irak gegründet. Noch 1955 traten ihr Großbritannien und Pakistan, 1956 auch der Iran bei.

hilfe[7], die mindestens einen Wert von 500 Mio. US-Dollar habe. Auch bestehe wohl kein Zweifel, daß die Sympathien Großbritanniens nicht bei Pakistan, sondern bei Indien lägen, das bei der Vergebung von Waffenhilfe eindeutig von London bevorzugt werde.[8] Es sei daher kein Wunder, wenn sich die Beziehungen zu den USA und Großbritannien in den letzten zwei Jahren etwas abgekühlt hätten.

2) Die Beziehungen Pakistans zu Deutschland

Bhutto erklärte, daß die Beziehungen zu Deutschland gut seien. Das deutsch-pakistanische Verhältnis werde durch keine Probleme gestört. Die Deutschen erfreuten sich in Pakistan größter Beliebtheit. Pakistan habe sich – wofür gegenüber Herrn Bhutto vom Herrn Bundespräsidenten wie vom Herrn Bundeskanzler der Dank ausgesprochen wurde – stets für unsere Interessen eingesetzt und unseren Standpunkt in der Deutschland- und Berlinfrage rückhaltlos vertreten. Pakistan habe es deshalb auch im Gegensatz zu Indien abgelehnt, eine Handelsvertretung der SBZ zuzulassen. In diesem Zusammenhang glaubte er wohl sagen zu können, daß Deutschland Pakistan eigentlich noch etwas mehr hätte helfen sollen. Während Indien die Wünsche der SBZ weitgehend berücksichtige und vier SBZ-Vertretungen zugelassen habe[9], erhalte es von uns eine wesentlich größere Entwicklungshilfe als Pakistan. Die Bundesregierung nehme auch eine unnötige Rücksicht auf indische Empfindlichkeiten, wenn sie die Ausrüstungshilfe (15 000 Maschinengewehre) dem befreundeten Pakistan nicht gewähre. Dieses seien Punkte, die er hier in Bonn zur Sprache bringen müsse, da sie – wenn diese ungleiche Behandlung anhalte – sich doch auf unsere Beziehungen auswirken müßten. Pakistan werde seine Haltung in der SBZ-Frage einstweilen nicht ändern, es müsse aber sehen, daß es für seine eigene Verteidigung und Sicherheit in den Besitz von Waffen komme, und werde diese – falls es sie nicht von uns oder von einem anderen westlichen Staat bekomme – anderswo sich beschaffen, was wiederum nicht ohne Einfluß auf die allgemeine politische Orientierung Pakistans bleiben könne.

Diesen sehr deutlichen Hinweis auf eine Verstärkung der pakistanisch-chinesischen Zusammenarbeit hat Bhutto anscheinend selbst als zu weitgehend empfunden. In seinem Toast anläßlich des von Herrn Bundesminister Schröder gegebenen Frühstücks wie in dem Gespräch mit Herrn Bundesminister Krone erklärte er, daß man ihm seine offenen Worte nicht verübeln möge. Er

---

[7] Zur amerikanischen Ausrüstungshilfe für Indien während des indisch-chinesischen Grenzkonflikts 1962 vgl. den Artikel von A. M. Rosenthal, „U.S. Arms Sped at Nehru Plea as China Gains"; THE NEW YORK TIMES, International Edition, Nr. 38 265 vom 30. Oktober 1962, S. 1.
Referat I B 5 hielt dazu am 13. Januar 1965 fest, daß die Waffenlieferungen an Indien zu einer „empfindlichen Belastung" der amerikanisch-pakistanischen Beziehungen geführt hätten und Forderungen pakistanischer Politiker nach einem Austritt Pakistans aus UNO und CENTO hätten laut werden lassen. Vgl. VS-Bd. 2654 (I B 5); B 150, Aktenkopien 1965.

[8] Zur britischen Ausrüstungshilfe für Indien während des indisch-chinesischen Grenzkonflikts 1962 vgl. den Artikel „British Airlift of Arms"; THE TIMES, Nr. 55 554 vom 21. November 1962, S. 12.

[9] Die DDR erhielt 1954 das Recht, eine Handelsvertretung in Bombay mit einer Zweigstelle in Kalkutta zu gründen. 1956 eröffnete sie weitere Niederlassungen in Neu Delhi und in Madras.

habe sie ausgesprochen in der Meinung, daß er gegenüber guten Freunden auch die Dinge etwas überspitzt ausdrücken dürfe, wenn er seinen Standpunkt klar und zweifelsfrei darlegen wolle.

3) Deutsche Ausrüstungshilfe für Pakistan

Bhutto erklärte, daß er von Staatspräsident Ayub Khan beauftragt sei, die Bundesregierung auf die Dringlichkeit der Lieferung von 15 000 Maschinengewehren hinzuweisen. Für Pakistan handele es sich hier um die Modernisierung der Bewaffnung der pakistanischen Armee, die im Interesse der Verteidigung gegen indische Aggressionsabsichten unbedingt durchgeführt werden müsse. Bhutto wurden die Schwierigkeiten dargelegt, die einer solchen Lieferung entgegenstünden. Die Bundesregierung habe es während der chinesischen Aggression mit Rücksicht auf Pakistan abgelehnt, Indien Waffen zu liefern. Wenn sie an Pakistan Waffen in einem so großen Umfang liefere, werde sie größte Schwierigkeiten mit Indien bekommen. Bhutto schien dieses Argument nicht recht einsehen zu wollen. Er meinte jedenfalls, daß die Bundesregierung eine Verstimmung Indiens nicht sonderlich tragisch zu nehmen brauche, zumal Indien sich nicht wegen Waffenlieferungen an Pakistan beschweren könne, nachdem es selbst Waffen in größtem Umfang von den USA wie der Sowjetunion erhalten habe.

Mit Bhutto wurden dann Möglichkeiten besprochen, die Maschinengewehre über ein drittes Land zu liefern. Der Gedanke, sich dazu der Türkei zu bedienen, wurde von Bhutto abgelehnt. Pakistan sei zwar mit dem Iran und der Türkei durch den Istanbuler Vertrag[10] eng verbunden; dieser Vertrag betreffe jedoch nur die wirtschaftliche Zusammenarbeit. Wenn die Türkei als Zwischenlieferant für Waffen eingeschaltet würde, sei zu befürchten, daß die Ostblockpropaganda den Istanbuler Vertrag als Neuauflage der CENTO angreife. Da die CENTO längst gestorben sei, wäre es Pakistan höchst unerwünscht, in den Verdacht zu geraten, die CENTO auf anderem Wege wiederaufleben zu lassen. Er werde sich aber überlegen, welche Vorschläge er uns machen könne. Vielleicht müsse man Italien einschalten. Deutscherseits wurde keine Zusicherung gemacht, daß der Lieferung der Maschinengewehre zugestimmt werden würde. Herr Bundesminister Schröder, Staatssekretär Gumbel wie auch der Herr Bundespräsident beschränkten sich auf die Erklärung, daß wir gern bereit seien, Pakistan zu helfen; es müsse aber ein gangbarer Weg für die Durchführung der Lieferung gefunden werden. Diesen zu finden, könne der Bundesregierung nicht allein überlassen bleiben; auch Pakistan müsse sich dementsprechende Gedanken machen.

4) In mehreren Gesprächen berührte Bhutto das Verhältnis Pakistans zu Indien. Indien sei für Pakistan jetzt der Feind Nr. 1. Es verhindere eine Lösung der Kaschmir-Frage.[11] Es baue eine große Wehrmacht auf, die es Indien als

---

[10] Mit gemeinsamem Kommuniqué vom 5. Juli 1964 vereinbarten Pakistan, der Iran und die Türkei, die Zusammenarbeit auf wirtschaftlichem, technischem und kulturellem Gebiet auszubauen und zu diesem Zweck jährlich drei Außenministertreffen abzuhalten. Vgl. dazu AdG 1964, S. 11309.

[11] Seit der Unabhängigkeit von Pakistan und Indien am 15. August 1947 erhoben beide Staaten Ansprüche auf die Provinz Kaschmir, wobei von pakistanischer Seite das Argument der Selbstbestimmung der überwiegend moslemischen Bevölkerung von Kaschmir angeführt wurde. Nachdem indische Truppen den größeren südöstlichen und pakistanische Einheiten den kleineren nord-

viermal volkreicherem Staat ermögliche, das in zwei Teile getrennte Pakistan zu vernichten.

Bhutto appellierte an die Bundesregierung, die Bemühungen seines Landes um eine Lösung des Kaschmir-Problems zu unterstützen. Es wurde ihm erwidert, daß wir uns darauf beschränken müßten, die Forderung Pakistans auf Selbstbestimmung zu unterstützen. Diese Forderung sei für die Bundesregierung von ebenso grundlegender Bedeutung wie für Pakistan. Bei verschiedenen Begegnungen mit Nehru und Radhakrishnan sei der indischen Regierung die Anerkennung des Selbstbestimmungsrechts nahegelegt worden. Offensichtlich sehe Delhi in einer Anerkennung des Selbstbestimmungsrechts eine Gefahr für die Einheit Indiens.

Mit der angeblichen Bedrohung Indiens durch China[12] mache Neu Delhi ein ausgezeichnetes Geschäft. Es erhalte von den USA eine enorme Waffen- und Entwicklungshilfe, ohne daß im Ernst von einer Bedrohung Indiens durch China gesprochen werden könne. Nicht China, wie Bhutto mehrmals zu überzeugen versuchte, sei der Aggressor, sondern Indien. Indien habe versucht, chinesische Wachposten aus Grenzgebieten herauszudrängen, die einwandfrei chinesisches Territorium seien und nur unberechtigterweise von Indien beansprucht würden. Diese Maßnahme Indiens hätte dann zu Gegenangriffen Chinas geführt. China hätte nicht die Absicht, Indien wieder anzugreifen. Es würde jedoch zurückschlagen, falls Indien versuchen sollte, die chinesischen Posten im Grenzgebiet zu vertreiben.

5) Beziehungen Pakistans zur Sowjetunion

Bhutto bezeichnete die Beziehungen zu Moskau als im allgemeinen befriedigend. Das Verhältnis zu Moskau habe sich erst vor einigen Jahren langsam verbessert. Pakistan wolle aber zu allen Staaten normale Beziehungen haben. Es habe sich daher entschlossen, sich trotz der für Pakistan nicht hinnehmbaren Haltung Moskaus zum Kaschmir-Problem um eine Verbesserung der Beziehungen zur Sowjetunion zu bemühen. Das Gespräch über dieses Thema verstärkte den Eindruck, daß Bhutto besonders wegen der sich anbahnenden Annäherung zwischen Indien und der Sowjetunion an einem besseren Verhältnis mit Moskau interessiert ist. Er läßt sich von der Hoffnung leiten, daß eine solche Annäherung durch ein pakistanisches Werben um Moskau aufgehalten oder erschwert werden könnte.

Zur Lage der Sowjetunion meinte Bhutto, daß die Kremlmachthaber stark mit ihren politischen Problemen beschäftigt seien. Das Verhältnis zu China habe sich auch keineswegs verbessert; die Kluft zwischen beiden Staaten sei größer

---

Fortsetzung Fußnote von Seite 133

    westlichen Teil der Provinz besetzt hatten, wurde nach Vermittlung der UNO am 1. Januar 1949 ein Waffenstillstand geschlossen. Zur Zuspitzung des Konflikts im Verlauf des Jahres 1965 vgl. weiter Dok. 341.

[12] Der Konflikt zwischen Indien und der Volksrepublik China betraf die Grenzziehung zwischen beiden Staaten. Nach der Besetzung der beanspruchten Gebiete durch chinesische Truppen gab die chinesische Regierung am 21. November 1962 die Einstellung der Kampfhandlungen bekannt. Indien hielt die Waffenruhe ein, blieb aber bei der Forderung nach Wiederherstellung des Status quo ante.

denn je und würde sich durch den Machtkampf um die Führung der Kommunistischen Parteien in der Welt weiter verstärken.[13] China sei nicht mehr aufzuhalten, die stärkste Macht Asiens zu werden. Es sei daher ein Gebot der Klugheit, sich mit China gutzustellen. S.E. solle auch die Bundesregierung prüfen, ob sie nicht mit China Beziehungen aufnehmen wolle. Ein solcher Schritt könne sich – wie Bhutto gegenüber dem Herrn Altbundeskanzler Adenauer bemerkte – für die deutsche Politik günstig auswirken.

6) Lage in Südostasien

Die Lage in Südostasien beurteilte Bhutto äußerst pessimistisch.[14] Einen militärischen Sieg der USA hielt er für rundweg ausgeschlossen. Die Bevölkerung Süd-Vietnams habe die Hoffnung verloren, daß die USA sich noch militärisch durchsetzen könnten, gleich, wieviel Waffen und Kriegsmaterial sie in Zukunft noch nach Süd-Vietnam hineinbrächten. Es bleibe für die USA nichts mehr übrig, als sich zu einer politischen Lösung bereitzufinden. Je länger man damit warte, um so ungünstiger würden die Bedingungen und um so wahrscheinlicher würde eine Neutralisierung zur Machtübernahme durch die Kommunisten führen. Hinsichtlich der Auswirkungen einer solchen Entwicklung könne man – wie Bhutto meinte – keine Illusionen haben. Um so wichtiger sei, wenigstens zu versuchen, China in ein Netz von Pakten zu verstricken und Peking durch Aufnahme in die UNO[15] Verantwortung für die Erhaltung des Weltfriedens zuzuschieben.

Die Beziehungen Pakistans zu Indonesien bezeichnete Bhutto als freundschaftlich. Er versuchte, den Austritt Indonesiens aus der UNO[16] zu entschuldigen. Hierbei zeigte er weitgehend Verständnis für die Weigerung Sukarnos, Malaysia als Mitglied des Sicherheitsrates anzuerkennen. Sukarno sei zutiefst davon überzeugt, daß Malaysia ein Gebilde der Engländer sei.[17] England

---

[13] Zum ideologischen Konflikt zwischen der UdSSR und der Volksrepublik China vgl. Dok. 26, Anm. 18.

[14] Zur Situation in Vietnam vgl. auch Dok. 7, Anm. 17.
Zu einer ähnlich pessimistischen Einschätzung gelangten die Botschafter und Konsuln der Bundesrepublik in Süd- und Ostasien, die vom 1. bis 4. Februar 1965 zu einer Konferenz in Bonn zusammenkamen. Sie kamen zu dem Schluß, die einzig mögliche Lösung der Vietnam-Frage liege in „einer Kombination von verstärkter militärischer Anstrengung und von Verhandlungen mit sämtlichen politischen Kräften, einschließlich der kommunistischen Vietkong-Bewegung". Vgl. das Schreiben des Bundesministers Schröder vom 25. Februar 1965 an Bundeskanzler Erhard; VS-Bd. 2651 (I B 5); B 150, Aktenkopien 1965.

[15] Die Volksrepublik China gehörte der UNO nicht an, während die Republik China (Taiwan) seit dem 24. Oktober 1945 Mitglied war.

[16] Am 7. Januar 1965 gab Präsident Sukarno bekannt, daß Indonesien aus der UNO austreten werde, weil mit der Bundesstaat Malaysia in den UNO-Sicherheitsrat aufgenommen worden sei. Vgl. dazu EUROPA-ARCHIV 1965, D 351–353.

[17] Am 16. September 1963 wurde durch einen Zusammenschluß des Bundesstaates Malaya mit den britischen Kronkolonien Singapur, Sabah (zuvor: Nord-Borneo) und Sarawak der Bundesstaat Malaysia gegründet. Malaysia wurde von den Philippinen und Indonesien nicht anerkannt. Indonesien erhob territoriale Ansprüche auf die zur Insel Borneo gehörenden Provinzen Sabah und Sarawak, in denen indonesische Guerillas operierten. Vgl. dazu EUROPA-ARCHIV 1964, Z 26.
Am 7. Januar 1965 führte Sukarno dazu aus: „Der Kampf gegen die ausländischen Militärstützpunkte ist ein Teil des Kampfes gegen den Imperialismus. [...] ‚Malaysia' ist in der Tat ein ausländischer Militärstützpunkt, ein Instrument des Imperialismus und eine große Militärbasis, die ge-

habe militärisch in Südostasien nichts mehr zu suchen. Die jetzige britische Flottenzusammenziehung bei Singapur[18] bestätige Sukarno nur in seiner Auffassung, daß England sich aus diesem Raum zurückziehen müsse. Er sei sicher, daß Indonesien einen Krieg vermeiden würde. Die innenpolitische Entwicklung in Indonesien sei jedoch sehr ungünstig. Die Kommunistische Partei sei offensichtlich daran interessiert, ihre Machtstellung noch zu Lebzeiten Sukarnos durchzusetzen.[19]

Die Gespräche mit Bhutto verliefen in einer sehr freundschaftlichen, aufgeschlossenen Atmosphäre. Bhutto hat an dem Interesse Pakistans, enge und herzliche Beziehungen zur Bundesrepublik Deutschland zu unterhalten, keinen Zweifel gelassen und verschiedentlich seine Bereitschaft erklärt, unsere Anliegen bei den Regierungen zu unterstützen, zu denen Pakistan besonders gute Beziehungen habe. Herr Bundesminister Schröder hat Bhutto versichert, daß er die Gespräche mit ihm als sehr nützlich für die deutsch-pakistanischen Beziehungen betrachte und es wünschen würde, diese Gespräche wenn möglich in Karachi fortsetzen zu können.

Bassler

VS-Bd. 2654 (I B 5)

Fortsetzung Fußnote von Seite 135

    gen Indonesien und die neuaufstrebenden Kräfte in Südostasien eingesetzt wird. Wir sollten sie zerschmettern." Vgl. EUROPA-ARCHIV 1965, D 353.

[18] Am 28. Januar 1965 teilte der britische Botschafter Roberts Staatssekretär Carstens mit, aufgrund der Tatsache, daß Indonesien eine Armee von 380 000 Mann aufgestellt habe, die es „im Bereich von Sarawak und Sabah" konzentriere, sehe sich die britische Regierung veranlaßt, „etwa ein Drittel bis die Hälfte ihrer Gesamtflotte" in den Gewässern bei Borneo zu stationieren. Vgl. den Vermerk von Carstens vom 30. Januar 1965; VS-Bd. 2650 (I B 5); B 150, Aktenkopien 1965.

[19] Die Botschafter und Konsuln der Bundesrepublik kamen auf ihrer Konferenz vom 1. bis 4. Februar 1965 in Bonn zu dem Schluß, daß eine friedliche Lösung des Malaysia-Konflikts zur Zeit nicht in Sicht sei. Es sei das Ziel des Präsidenten Sukarno, „sämtliche malaiischen Völker unter der Führung Djakartas" zu vereinigen. Vgl. das Schreiben des Bundesministers Schröder vom 25. Februar 1965 an Bundeskanzler Erhard; VS-Bd. 2651 (I B 5); B 150, Aktenkopien 1965.
Zum Malaysia-Konflikt vgl. weiter Dok. 109.

25

Botschafter von Walther, Ankara, an das Auswärtige Amt

VS-NfD
Fernschreiben Nr. 47

19. Januar 1965
Aufgabe: 20. Januar 1965
Ankunft: 20. Januar 1965, 10.50 Uhr

Auf Drahterlaß Nr. 15 vom 11.1. StS 56/65 geheim[1] und Anschluß Drahtbericht Nr. 30 vom 15.1.65[2]

Hatte heute mit Generalsekretär des Außenministeriums Bayülken eineinhalbstündiges Gespräch über Möglichkeiten weitere Zypernentwicklung[3]:

1) Ich nahm eingangs zu der seinerzeitigen türkischen Bitte auf Befürwortung der türkischen Pläne gemäß vorbezeichnetem Drahterlaß Stellung und führte aus, daß Bundesregierung nicht geglaubt habe, türkischer Bitte Folge geben zu sollen. Man sei in eingehenden Besprechungen in Bonn zu dem Ergebnis gekommen, daß eine Propagierung der türkischen Pläne (Unabhängigkeit Zyperns und Föderalverfassung) sich so lange eher zum Schaden als zum Nutzen der Türkei auswirken würde, wie nicht die Zypern-Frage in den UNO-Sitzungen wirklich zur Verhandlung käme. Eine derartige Propagierung durch befreundete Regierung würde zweifellos von griechischer Seite gereizte Reaktion hervorrufen, durch die die Durchführung türkischer Pläne eher gestört werden könnten. Wir glaubten daher, man solle jede weitere Aktion solange zurückstellen, wie nicht ein besserer Überblick über die Entwicklung der UNO möglich sei. Ich glaube, daß ich Bayülken von der Richtigkeit dieser Ausführungen überzeugt habe.

2) Auf meine Frage, wie sich die Türken die Föderallösung vorstellen, erwiderte Bayülken, daß etwa ein Fünftel der Insel im Osten für die türkische Bevölkerung vorgesehen werden solle. Die Demarkationslinie soll den türkischen Teil von Nikosia einschließen. Die Voraussetzung für eine erfolgreiche Lösung sei die Umsiedlung, wobei man türkischerseits an die Umsiedlung von etwa 6000 griechischen und türkischen Familien denkt. Für griechische Bevöl-

[1] Vgl. VS-Bd. 433 (Büro Staatssekretär); B 150, Aktenkopien 1965.
[2] Botschafter von Walther, Ankara, teilte in einem Gespräch mit dem Schwiegersohn des Ministerpräsidenten Inönü, Toker, mit, die Türkei wolle ihre Beziehungen zur UdSSR verbessern. Dabei sei sich, so Walther, die türkische Regierung der sowjetischen Absicht bewußt, „durch Schaffung eines unabhängigen Zypern halbkommunistischer Prägung im Mittelmeer einen point neuralgique ähnlich wie in Berlin zu schaffen". Trotz dieser Erkenntnis überwiege „die Enttäuschung über die westlichen Alliierten und vor allem die tiefe Abneigung gegen die Griechen". Vgl. VS-Bd. 1352 (II A 7); B 150, Aktenkopien 1965.
[3] Im Dezember 1963 brachen auf Zypern, das 1960 von Großbritannien unabhängig geworden war, Kämpfe zwischen der griechischen und türkischen Bevölkerung aus. Präsident Makarios kündigte am 4. April 1964 die Garantie- und Bündnisverträge mit Griechenland und der Türkei und damit die bisherige verfassungsrechtliche Ordnung Zyperns. Im März 1964 ernannte die UNO einen Vermittler in der Zypern-Krise und entsandte erste Einheiten einer Friedensstreitmacht. Trotz Anwesenheit der UNO-Truppen kam es zu weiteren bewaffneten Auseinandersetzungen zwischen griechischen und türkischen Zyprioten, in die auch die türkische Armee eingriff. Vgl. dazu AAPD 1964, II, Dok. 348.

kerung sei Lösung sehr vorteilhaft, da der für die Türken vorgesehene Teil landwirtschaftlich weniger gut sei und insbesondere alle Bodenschätze und Industrien auf der griechischen Seite lägen. Von der Zentralregierung solle die Außenpolitik, das Militär, Zoll, Strafjustiz und einige andere Gebiete verwaltet werden. Der Präsident des Landes solle von den Griechen, der Vizepräsident von den Türken gestellt werden. Eine Skizzierung der türkischen Vorstellungen folgt mit nächstem Schriftbericht.

3) Bayülken teilte sodann mit, daß etwa in den nächsten 14 Tagen eine sowjetische Erklärung zu erwarten sei, durch die sich die Sowjetregierung in noch stärkerem Maße als durch die Podgornyj-Rede im türkischen Parlament[4] zugunsten der türkischen Föderallösung in Zypern erklären würde.[5] Im Anschluß hieran trug Bayülken die folgende Bitte an die Bundesregierung vor:

Türkische Regierung wäre dankbar für eine formlose mündliche Erklärung ihrer Freunde (d. h. insbesondere der Amerikaner, Engländer und Deutschen) dem türkischen Außenministerium gegenüber, daß sie grundsätzlich mit den türkischen Plänen hinsichtlich einer Föderallösung für Zypern übereinstimmen. Diese Erklärung soll die türkische Regierung in die Lage versetzen, dem türkischen Parlament gegenüber ohne nähere Angaben allgemein zu erklären, die Freunde und Alliierten der Türken teilten die türkischen Ansichten über eine Lösung in Zypern. Ich habe den Eindruck, daß die türkische Regierung die Kritik der parlamentarischen Opposition fürchtet, daß sie sich in ihrer Zypernpolitik nur auf die Russen stütze.

Ich erwiderte, daß ich ermächtigt sei, nochmals unsere volle Anerkennung über die Gültigkeit der Verträge von Zürich und London[6] in aller Form zu erklären. Mir persönlich schienen die türkischen Pläne nur eine Modifizierung dieser Verträge zu sein, die ja auch schon eine Föderallösung stipuliert hät-

---

[4] Zum Aufenthalt des Sekretärs des Zentralkomitees der KPdSU in der Türkei vgl. Dok. 14, Anm. 11.
Podgornyj hielt am 5. Januar 1965 eine Rede vor beiden Häusern des türkischen Parlaments, in der er für eine friedliche Lösung des Zypern-Konflikts plädierte, „auf der Grundlage der Anerkennung der Souveränität und territorialen Integrität der Republik Zypern und auf der Grundlage der Berücksichtigung der legitimen Rechte beider Volksgruppen". Vgl. EUROPA-ARCHIV 1965, Z 30.

[5] Am 21. Januar 1965 bekundete der sowjetische Außenminister Gromyko Unterstützung für die von türkischer Seite für Zypern geforderte Föderalverfassung, die jedoch keine Abschaffung der Zentralregierung mit sich bringen dürfe. Vgl. IZVESTIJA, Nr. 15 vom 21. Januar 1965, S. 2.
Damit, so Botschafter Groepper, Moskau, am 27. Januar 1965, sei Gromyko in entscheidender Weise von dem türkischen Konzept abgewichen. Groepper hob ferner die sowjetische Ablehnung des griechischen Konzepts der Enosis hervor, und erläuterte, daß eine Vereinigung Zyperns mit dem NATO-Mitglied Griechenland für die UdSSR die „nachteiligste aller Lösungen" darstellen würde. Vielmehr liege die „Beseitigung aller militärischen Rechte von NATO-Staaten auf Zypern" im sowjetischen Interesse. Vgl. den Drahtbericht Nr. 83; Referat I A 4, Bd. 326.

[6] Auf den Konferenzen von Zürich (5. bis 11. Februar 1959) und London (17. bis 19. Februar 1959) wurde eine Einigung über den künftigen Status von Zypern erzielt. In einem Memorandum vom 19. Februar 1959 nahmen Großbritannien, Griechenland und die Türkei die ausgearbeitete Verfassung, den Garantievertrag über die Unabhängigkeit Zyperns und den Bündnisvertrag zwischen Zypern, Griechenland und der Türkei an. Nach Klärung von Differenzen über den Fortbestand zweier britischer Militärbasen auf Zypern wurden die Dokumente am 7. Juli 1960 unterzeichnet. Vgl. dazu EUROPA-ARCHIV 1959, Z 20 und Z 26 f.; AdG 1959, S. 7573–7575; AdG 1960, S. 8500.

ten.⁷ Wenn auch die bisherige Föderallösung nur auf ethnischer Basis und nicht auf geographischer Basis vorgesehen gewesen sei, so schienen mir die jetzigen türkischen Pläne eine Modifizierung dieser Verträge, während der griechische Gedanke zur Zypernlösung, insbesondere der Gedanke der Enosis⁸, einen völligen Bruch mit den obigen Verträgen bedeute. Ich würde meiner Regierung die türkische Bitte unterbreiten und behielte mir weitere Nachricht vor.⁹

Da gerade vor mir englischer Botschafter¹⁰ bei Bayülken gewesen war, frug ich nach der englischen Einstellung zu der türkischen Bitte. Bayülken bezeichnet die britische Haltung als zurückhaltend, „da die Engländer nur ihre Basen auf Zypern im Auge hätten". Er nehme aber an, daß die englische Einstellung sich positiv entwickeln würde, nachdem die türkische Regierung immer wieder die Unantastbarkeit der Verträge über die englischen Basen anerkannt hätte.

4) Ich befrug sodann Bayülken über die türkischen Pläne für den Fall, daß vorläufig die UNO nicht arbeitsfähig sein und die weiteren Sitzungen auf September verschoben werden würden. Bayülken antwortete, daß türkische Regierung ernsthaft mit dem Gedanken umginge, den Vorschlag Nkrumahs mit dem Ziel einer Sechser-Sitzung (Türkei, England, Griechenland, türkischer Zypernvertreter, griechischer Zypernvertreter und Nkrumah als unparteiischer Vertreter) aufzunehmen. Nkrumah stünde grundsätzlich auf dem Boden der türkischen Vorschläge. Türkei sei weiterhin gewillt, jede Gewaltanwendung zu vermeiden, falls es nicht auf Zypern zu blutigen Zwischenfällen käme. Dazu sei aber wahrscheinlich Makarios nach den Erfahrungen auf Kokkina¹¹ zu klug.

---

⁷ Auf der Konferenz vom 5. bis 11. Februar 1959 in Zürich wurde vereinbart, daß Zypern eine unabhängige Republik werden solle mit einem Zyprioten griechischer Abstammung an der Spitze und einem Vertreter des türkischen Bevölkerungsteils als stellvertretendem Präsidenten. Jeder der beiden Bevölkerungsteile sollte ein eigenes Parlament erhalten; zusätzlich sollte ein gemeinsames Parlament geschaffen werden, in dem die griechischen und türkischen Zyprioten im Verhältnis 70:30 vertreten sein würden. Vgl. dazu EUROPA-ARCHIV 1959, Z 20.
Diese Beschlüsse wurden auf der Konferenz von London vom 17. bis 19. Februar 1959 bestätigt.

⁸ Griechisch: Vereinigung. Der Begriff „Enosis" ging in seiner politischen Bedeutung auf die im 19. Jahrhundert aus dem Widerstand gegen die osmanische Herrschaft entstandene Enosis-Bewegung der griechischen Bevölkerungsmehrheit auf Zypern zurück, die für eine staatliche Vereinigung mit Griechenland eintrat.

⁹ Die Bundesregierung stand dem türkischen Wunsch nach politischer Unterstützung, der bereits im November 1964 an sie herangetragen worden war, mit Skepsis gegenüber. Am 14. Dezember 1964 argumentierte Ministerialdirigent Voigt in dieser Frage, daß „eine Unterstützung der Föderallösung […] ein Aufgeben der bisherigen Linie der Bundesregierung bedeuten [würde], für keine der beiden Hauptbeteiligten Partei zu ergreifen". Es sei die Auffassung der Bundesregierung, „daß wir durch eine einseitige Unterstützung eines der beiden Hauptbeteiligten im Zypernkonflikt die Spannung nur vertiefen würden, indem wir […] die echte Gesprächs- und Konzessionsbereitschaft beeinträchtigen würden". Vgl. den Runderlaß Nr. 4396; VS-Bd. 2141 (I A 4); B 150, Aktenkopien 1964.

¹⁰ Sir Denis Allen.

¹¹ Vom 7. bis 9. August 1964 bombardierte die türkische Luftwaffe Dörfer in der Nähe der zyprischen Ortschaft Kokkina. Von türkischer Seite wurde die Aktion damit begründet, daß griechische Zyprioten die ursprünglich türkischen Siedlungen besetzt und die Einwohner vertrieben hätten. Diese hätten sich an die Küste und in die benachbarte Bucht von Mansura geflüchtet, wo sie jedoch in Gefahr gewesen seien, von den zahlenmäßig überlegenen Griechen überwältigt zu werden. Die türkischen Angriffe, bei denen Napalm-Bomben und Bordwaffen eingesetzt wurden,

5) Ein Memorandum zur Zypernfrage, das den türkischen Good-Will-Missionen als Unterlage dient, sowie obenerwähnte Skizzierung folgt mit nächstem Kurier.¹²

[gez.] Walther

VS-Bd. 2439 (I A 4)

26

**Gespräch des Bundeskanzlers Erhard
mit Staatspräsident de Gaulle in Rambouillet**

Z A 5-9.A/65 geheim   20. Januar 1965¹

Der Herr Bundeskanzler führte am 20. Januar 1965 um 9.30 Uhr auf Schloß Rambouillet ein zweites Gespräch mit dem französischen Staatspräsidenten de Gaulle. Bei der Besprechung war außerdem der Chef des Bundeskanzleramts, Bundesminister Westrick, zugegen.

General *de Gaulle* sagte einleitend, am Vorabend habe er mit dem Herrn Bundeskanzler über mögliche diplomatische Schritte zur Wiedervereinigung gesprochen.² Der Herr Bundeskanzler habe ihm dabei erklärt, daß er einen Kontakt der Westmächte wünsche, damit diese darüber diskutieren könnten, ob der Sowjetunion ein Vorschlag gemacht werden könnte. Er habe dabei erklärt, daß sich Frankreich einem solchen Verfahren nicht widersetzen werde. Er habe aber nicht verhehlt, daß es wohl zu keinen positiven Ergebnissen führen werde, selbst wenn man davon ausgehe, daß England und Amerika dieselbe Bereitschaft zeigten, einen solchen Schritt im derzeitigen Augenblick für angemessen zu erachten. Zur Substanz selbst seien alle Westmächte ja einig, die Frage sei nur, ob eine solche Prozedur jetzt opportun sei. Es sei also nicht wahrscheinlich, daß die Sowjets nunmehr zum Gespräch bereit seien. Es könnte allerdings sein, daß die Sowjets erklärten, natürlich müsse man das Deutschlandproblem lösen, und diese Lösung müsse in einem Friedensvertrag mit der Bundesrepublik und mit der DDR bestehen, müsse die gegenwärtig be-

---

Fortsetzung Fußnote von Seite 139

  kosteten vermutlich über hundert der „überraschten griechischen Kämpfer" und 53 Zivilisten das Leben. Vgl. den Schriftbericht des Botschafters Koenig, Nikosia, vom 8. Februar 1965; Referat I A 4, Bd. 326. Vgl. dazu auch EUROPA-ARCHIV 1964, Z 188.

¹² Für den Wortlaut des „Memorandum sur la Question de Chypre" sowie für eine Kurzfassung des türkischen Vorschlags für eine Föderalverfassung für Zypern vgl. Referat I A 4, Bd. 326.
  Zur Zypern-Krise vgl. weiter Dok. 71.

¹ Die Gesprächsaufzeichnung wurde vom Vortragenden Legationsrat Kusterer am 22. Januar 1965 gefertigt.
² Vgl. Dok. 22.

stehenden Grenzen anerkennen, müsse die Abrüstung von ganz Mitteleuropa im Rahmen des Rapacki-[4] (oder des sehr ähnlichen Wilson-[5]) Planes enthalten, mit anderen Worten ein Vakuum in Mitteleuropa schaffen. Eine solche Antwort von russischer Seite wäre natürlich nicht akzeptabel. Er selbst habe am Vortage die französische Auffassung dargelegt, daß die mögliche Perspektive für eine Wiedervereinigung Deutschlands eines Tages nur in einer europäischen Unternehmung bestehen könne. Dieser Zeitpunkt sei natürlich noch nicht gekommen, denn Europa und ganz besonders der Osten seien dafür noch nicht reif. Bei weiterer Entwicklung in Richtung auf den Frieden, bei weiterer Befreiung der Satellitenstaaten und bei wachsendem chinesischem Druck auf die Sowjets bzw. deren russische Nachfolger könne aber der Tag kommen, wo all diese Staaten wirklichen Frieden wünschten, und ein wirklicher Friede sei ohne Wiedervereinigung Deutschlands nicht denkbar. Es sei aber denkbar, daß dann die Sowjets oder deren Nachfolger bereit seien zu einem Gespräch mit einem totalen Europa im Sinne der Zusammenarbeit zwischen dem europäischen Osten und dem europäischen Westen und daß in diesem Zusammenhang Deutschland unter gewissen Bedingungen hinsichtlich seiner Grenzen und seiner Bewaffnung wiedervereinigt werde. Dies sei nicht unmöglich, und für Frankreich sei dies sogar der einzig vorstellbare Weg. Frankreich werde dies im Laufe der Zeit auch immer deutlicher erkennen lassen. Er wisse, daß dies ein langfristiger Prozeß sei. Er habe am Vorabend dann noch hinzugefügt, daß der verständliche deutsche Wunsch für eine Wiederaufnahme des Wiedervereinigungsproblems unglücklicherweise zusammenfalle mit der Frage der Beteiligung Deutschlands am Einsatz nuklearer Waffen[6], die ebenfalls von deutscher, aber auch von amerikanischer Seite aufs Tapet gebracht worden sei. Er erachte diese Koinzidenz der beiden Probleme als inopportun, da zweifellos ein Eintreten Deutschlands in das atomare Spiel die Prüfung der Wiedervereinigung störe. Er fasse noch einmal dahingehend zusammen, daß Frankreich keine Einwände habe, wenn Deutschland wünsche, daß die Westmächte untereinander und mit der Bundesrepublik in Kontakt träten, um möglicherweise den Sowjets einen Vorschlag zu machen.

Der Herr *Bundeskanzler* bedankte sich und sagte, die Zusammenfassung der gestrigen Gespräche scheine ihm richtig zu sein. Er sei auch dankbar für das Verständnis des Generals für den deutschen Wunsch einer Aktion des Westens, selbst wenn dieser Aktion wenig Aussicht auf Erfolg beschieden sei. Man dürfe über dem säkularen Prozeß die Tagespolitik nicht vergessen. Er wisse sehr wohl, daß das Deutschlandproblem ohne eine europäische Ordnung nicht lösbar sei. Eine solche Ordnung zu schaffen werde nicht einfach sein, da die gesellschaftlichen Prinzipien und politischen Vorstellungen der

---

[4] Zum Rapacki-Plan vgl. Dok. 152.

[5] Premierminister Wilson befürwortete, ebenso wie der polnische Außenminister Rapacki, die Schaffung einer kernwaffenfreien Zone in Mitteleuropa, knüpfte daran aber die Bedingungen, daß das militärische Gleichgewicht nicht gestört werden dürfe, daß alle beteiligten Staaten einverstanden sein müßten, daß „die betreffende europäische Zone bis auf die westliche Sowjetunion ausgedehnt und die Frage der Wiedervereinigung Deutschlands gleichzeitig mitbehandelt" werden sollten. Vgl. den Drahtbericht des Vortragenden Legationsrats I. Klasse Lahn, z.Z. London, Nr. 216 vom 24. Februar 1965; VS-Bd. 4072 (II 8); B 150, Aktenkopien 1965.

[6] Zur geplanten MLF vgl. Dok. 20.

betroffenen Länder sehr unterschiedlich seien und es zweifellos Schwierigkeiten machen werde, eine Synthese zwischen den gesellschaftlichen Lebensformen, den währungspolitischen Ordnungen u.a.m. herzustellen. Dieses Gespräch werde aber zu führen sein, und er glaube sogar, daß die Hindernisse nicht unüberwindlich sein müßten, sofern das Unabhängigkeitsgefühl in den Ländern des Ostens Gestalt gewinne. Er sei auch einer Auffassung mit General de Gaulle, daß es eine wesentliche Aufgabe Deutschlands und Frankreichs sei, ein freies Europa zu organisieren, es stärker und selbstbewußter zu machen. Damit werfe er das Problem der Organisation des westlichen Bündnisses auf. Man müsse sich natürlich im klaren sein, daß der Wille und der Weg zu einem stärkeren und bewußteren Europa größere Opfer von allen verlangen werde.

Hinsichtlich der nuklearen Verteidigung kenne General de Gaulle die Gründe, die seinen Vorgänger Adenauer und ihn bewogen hätten, positiv auf den Vorschlag der MLF zu reagieren. Inzwischen hätten sich jedoch verschiedene Entwicklungen ergeben, die zu einer gewissen Unsicherheit geführt hätten. Er wolle gleich sagen, daß er persönlich und seine Partei die britische Konzeption[7] nicht besonders schätzen, da sie zu wenig europäische Züge trage. Er habe im übrigen den Eindruck, daß die USA das Problem der nuklearen Verteidigung nicht im Widerspruch zu Frankreich oder zumindest ohne vorherige tiefgreifende Konsultation mit Frankreich entschieden sehen möchten.[8] Innenpolitisch könne er selbst zur Zeit das nukleare Problem gar nicht brauchen, weil dies einer Zerreißprobe gleichkäme.[9] Er wolle nicht sagen, daß Deutschland vom Prinzip bzw. der Notwendigkeit eines wirksamen nuklearen Schutzes für Europa abgehen wolle, sondern lediglich zu vermeiden suche, in der Folgezeit schließlich nur noch über nukleare Fragen zu sprechen. Angesichts der bestehenden Meinungsverschiedenheiten sei eine gemeinsame Basis jedenfalls noch nicht gewonnen, und es erscheine fraglich, ob die zu führenden bilateralen europäischen Gespräche zu einer Übereinstimmung führen werden. Es ist politisch auch schwer denkbar, daß die Bundesregierung, die ihrerseits in wenigen Monaten durch Wahlen erneut bestätigt werden müsse, einen Vertrag abschließe, den der Bundestag weder ratifizieren noch auch diskutieren könnte. Man könne daraus schließen, daß ohne unser Zutun und ohne bewußte Verschleppungstaktik das Problem noch nicht ganz spruchreif sei. Es bleibe also Zeit zur weiteren Diskussion.

Insbesondere interessiere ihn die Frage, wie sich General de Gaulle eine wirksame europäische Verteidigung vorstelle. Ganz allgemein glaube auch er, daß ein stärkeres und enger verbundenes Europa im Rahmen des westlichen Bündnisses mehr Einfluß und mehr Mitsprache gewinnen könne und solle. Vielleicht erscheine aus der Sicht des Generals das deutsche Volk zu sehr um seine Sicherheit besorgt, aber ein Volk, das so viel Tragik erlebt habe, müsse in erster Linie an seine Sicherheit denken. Gerade aus diesem Grund wolle

---

[7] Zum Vorschlag einer ANF vgl. Dok. 20, besonders Anm. 9–12. Für die Stellungnahme der Bundesregierung zu den britischen Vorschlägen vgl. Dok. 21.

[8] Vgl. dazu Dok. 12, Anm. 11.

[9] Zu den unterschiedlichen Positionen, die innerhalb der Bundesregierung zur geplanten MLF/ANF vertreten wurden vgl. Dok. 14, Anm. 9.

Deutschland ein würdiger und vertrauensvoller Verbündeter der Vereinigten Staaten bleiben. Das deutsche Volk wolle nicht vor die Notwendigkeit einer Wahl zwischen der Freundschaft mit Frankreich, die es ersehne, und der Freundschaft mit Amerika, ohne dessen Schutz es nicht in Sicherheit leben könne, gestellt werden. Er wisse natürlich auch, daß all diese Fragen mit der Wiedervereinigung zusammenhingen. Deutschland wolle hinsichtlich der Wiedervereinigung sich auf alle drei Westmächte verlassen können.

Zur Verteidigung sei zu sagen, daß in Weißrußland mindestens 900 Mittelstreckenraketen stünden, die auf Europa und nicht auf Amerika gerichtet seien. Unter den Europäern fühle sich Deutschland am meisten bedroht, und daraus ergebe sich die Frage, mit welchen Mitteln und auf welche Weise der beste Schutz gegen diese ständige Bedrohung gewährleistet werden könnte. Deutschland wolle nicht den Besitz nuklearer Waffen, sondern eine dieser Bedrohung angemessene wirksame Verteidigung gesichert wissen. Es gefalle Deutschland nicht, wenn es bei allen Überlegungen und Unternehmungen nuklearen Charakters so aussehe, als ob jedes System einer nuklearen Verteidigung primär dem Ziel dienen müsse, die Deutschen von nuklearen Waffen fernzuhalten. Deutschland erstrebe keinen Besitz und keine Verfügung über nukleare Waffen. Man brauche es nicht von diesen Waffen fernzuhalten. Deutschland wolle nur einen angemessenen Schutz, und es möchte zu diesem Zweck an der Planung und Strategie der Verteidigung Europas mitraten dürfen.

General *de Gaulle* erklärte, hinsichtlich der Frage der Verteidigung und der Zukunft Europas gebe es die Gegenwart und die Zukunft. Die Gegenwart, das heißt das Bisherige, sei die Bedrohung durch die Sowjets und das sowjetische Lager, eine Bedrohung, die sich schon aus der Weltherrschaftsideologie ergebe. Aus diesem Grunde habe Frankreich ebenso wie Deutschland, England und die übrigen Partner gerne das Atlantische Bündnis mit Amerika[10] geschlossen. Die Verteidigung gegen den ungeheuren sowjetischen Koloß liege im Einsatz der nuklearen Waffen. Dies sei die einzig wirksame Möglichkeit, eine Aggression zu verhindern, die Sowjets abzuschrecken und, falls es zu einer Aggression käme, die Sowjets zu zerstören, obwohl man selbst dabei den Tod erleiden könnte. Deswegen habe Frankreich das Atlantische Bündnis geschlossen und halte auch daran fest. Amerika seinerseits nun habe dieses Bündnis keineswegs geschlossen aus Liebe zu Deutschland oder Frankreich oder England, sondern weil die Verteidigung Europas gleichbedeutend sei mit der Verteidigung Amerikas. Amerika wisse, wenn Europa verschwände oder sowjetisiert würde, daß dann Amerika früher oder später verloren wäre, weil dann das kommunistische Gewicht überstark wäre gegenüber dem, was der amerikanische Kapitalismus auf die Beine stellen könne. Deswegen habe Amerika bis heute aufrichtig Europa verteidigen wollen. In die amerikanische Entschlossenheit zur Verteidigung Europas sei inzwischen aber ein neues Element getreten: die russischen Interkontinentalraketen, die Amerika erreichen könnten. Folglich schwankten die „armen" Amerikaner nun zwischen der Notwendigkeit einer Verteidigung Europas durch Einsatz nuklearer Waffen und dem Schrecken, daß ein solcher Einsatz auch die russischen Raketen auslösen

---

[10] Für den Wortlaut des NATO-Vertrags vom 4. April 1949 vgl. Europa-Archiv 1949, S. 2071–2073.

würde und somit Amerika zugleich mit Rußland zugrunde ginge. Die Amerikaner erfänden folglich alle möglichen Strategien, u.a. die „escalation"[11], die nichts anderes seien, als die Widerspiegelung dieser Ungewißheit. Deutschland dürfe nun aber nicht glauben, daß die bloße Aufnahme einiger deutscher Matrosen auf amerikanischen Schiffen[12] bedeute, daß Deutschland nun über den Einsatz nuklearer Waffen entscheiden könne. An diese Entscheidung werde Deutschland nicht herankommen, denn Amerika setze damit sein eigenes Leben aufs Spiel und behalte sich folglich die Entscheidung über diesen Einsatz, seine Bedingungen und seinen Zeitpunkt ganz alleine vor. Wenn deutsche Matrosen auf Schiffe gingen, die mit Polaris bestückt seien, so heiße das noch nicht, daß diese Raketen auch dann abgeschossen würden, wenn Deutschland es wolle. Sie würden nur abgeschossen, wenn Amerika es wolle, und keine noch so geartete MLF werde dies ändern. Die MLF aber habe den Nachteil, daß Deutschland dadurch den Anschein erwecke, als dringe es zum Einsatzbefehl vor. Angesichts der Vergangenheit, über die am Vortage gesprochen worden sei, angesichts der Furcht, welche aufgrund dieser Vergangenheit noch immer die Nachbarn Deutschlands beseele, sei auch der bloße Anschein, daß Deutschland Zugang zu der atomaren Entscheidung erhalte – Deutschland, das als einziges europäisches Land territoriale Forderungen habe, und zwar berechtigte territoriale Forderungen –, für fast alle Europäer unerträglich. Dies gelte natürlich für den Osten, es gelte aber auch weitgehend für den Westen. Da nun die MLF aber faktisch nichts einbringe, sei sie nicht der Mühe wert. Das sei die Gegenwart: die Verteidigung Europas mit amerikanischen Bomben. Es sei notwendig – und Frankreich versuche dies gerade –, Amerika davon zu überzeugen, daß es im Falle eines Angriffs auf Europa sofort all seine nuklearen Waffen einsetzen müsse.[13] Sei Amerika dazu bereit, dann würden die Russen zunächst schon gar nicht angreifen, und wenn sie angriffen, könnten sie doch Europa nicht überfluten. Das einzige, was man heute tun könne, sei, auf Amerika allen denkbaren Einfluß auszuüben, daß es seine nuklearen Waffen sofort einsetze, und zwar in Rußland und nicht nur bei den armen Ostdeutschen. Dies versuche Frankreich. Dies sei auch der Grund, warum Frankreich, das sich dies erlauben könne, atomare Waffen baue. Es wolle damit zumindest die Sicherheit haben, im Falle eines Angriffs auf Europa etwas Nukleares zum Abschuß bringen zu können. Angriff auf Europa, das bedeute Angriff auf Frankreich, denn wenn Deutschland angegriffen sei, sei im selben Augenblick auch Frankreich angegriffen und umgekehrt.

---

[11] Auf der Tagung des NATO-Ministerrats am 16./17. Dezember 1963 wurde ein vom Military Committee formulierter Entwurf MC 100/1 betreffend eine „Appreciation of the Military Situation as it Affects NATO up to 1970" diskutiert. In diesem Entwurf wurde eine Umstellung der vom Gedanken der „massive retaliation", d.h. der Erwiderung eines Angriffs unter sofortigem Einsatz des gesamten konventionellen und nuklearen Potentials, geprägten NATO-Strategie auf ein Konzept der „flexible response" befürwortet. Hiernach sollten begrenzte Angriffe zunächst konventionell und, falls notwendig, mit taktischen Nuklearwaffen abgewehrt werden. Lediglich bei einem Großangriff sollte das strategische nukleare Potential in angemessener Weise zum Einsatz kommen. Vgl. dazu die Aufzeichnung des Referats II 7 vom 18. Dezember 1963; VS-Bd. 3076 (II 6); B 150, Aktenkopien 1963.
Zur deutschen Kritik an diesem Konzept vgl. AAPD 1964, II, Dok. 290.
[12] Die geplante MLF sah das Prinzip der gemischten Bemannung von Überwasserschiffen vor.
[13] Zum Festhalten Frankreichs am Prinzip der „massive retaliation" vgl. AAPD 1964, II, Dok. 319.

Auf diese Weise könne Frankreich vielleicht dazu beitragen, die Russen an einer Aggression zu hindern, und könne darüber hinaus auf jeden Fall die Amerikaner dazu bewegen, ihre Atomwaffen zum Einsatz zu bringen. Das also sei das Heute: die Verteidigung.

Wenn man nun aber nicht Krieg führen werde (und man werde nicht Krieg führen, da niemand dies in Wirklichkeit heute wolle), dann müsse man zum Frieden kommen. Dieser Friede könne für die Europäer nicht auf der bloßen Grundlage eines Arrangements zwischen Rußland und Amerika beruhen, denn Russen und Amerikaner seien die Rivalen von heute, sie seien in der Geschichte jetzt an der Reihe, Rivalen zu sein. Deswegen würden sie sich niemals mit gutem Willen begegnen. Käme es je zu einer Abmachung zwischen den beiden, dann könnte es höchstens eine Abmachung des Typs „Jalta"[14] sein, d.h. zum gegenseitigen Vorteil, die aber nicht für Europa günstig wäre. Er glaube jedoch nicht, daß es zu einer solchen Abmachung komme, weil die beiden Länder Rivalen seien und sich auch weiterhin mit Mißtrauen begegnen würden. Natürlich käme es zu kleineren Absprachen, wie etwa dem Atomteststoppabkommen[15] (das die beiden Länder sehr leicht hätten schließen können, weil sie alle nuklearen Waffen hätten, die sie überhaupt brauchten, und deswegen keine Versuche mehr anstellen müßten), es könne auch zu manchen wirtschaftlichen Arrangements kommen (Lieferung von Chemiefabriken[16] oder amerikanischen Weizens[17] nach Rußland), aber eine wirkliche dauernde Einigung könne es nicht geben. Trotzdem bleibe die Notwendigkeit bestehen, zum Frieden zu kommen. Dieser Friede könne aber nur durch Westeuropa mit den Europäern des Ostens geschlossen werden. Dazu sei es natürlich erforderlich, daß der Osten dazu bereit sei, und sichere Anzeichen seien heute dafür noch nicht zu finden. Er glaube jedoch, daß es dazu kommen werde, denn die Schwierigkeiten im internationalen Spannungsfeld wüchsen für den Osten, es gebe innenpolitische Schwierigkeiten, Schwierigkeiten mit den Satelliten, Schwierigkeiten mit China[18], es gebe vor allem die Notwendigkeit für den

---

[14] An der Konferenz von Jalta vom 4. bis 11. Februar 1945 nahmen die USA, Großbritannien und die UdSSR teil.

[15] Für den Wortlaut des Teststopp-Abkommens vom 5. August 1963 vgl. DOCUMENTS ON DISARMAMENT 1963, S. 291–293.

[16] Zur amerikanischen Absicht, eine Kunstfaseranlage an die DDR zu liefern, vgl. AAPD 1964, II, Dok. 402.
Am 4. Januar 1965 trug Botschafter Knappstein, Washington, dem Staatssekretär im amerikanischen Außenministerium den Wunsch der Bundesregierung nach Stornierung des Liefervertrags vor. Ball wies darauf hin, daß die Exportlizenz bereits im Juni 1964 erteilt wurde und die vorbereitenden Arbeiten schon fortgeschritten seien. Vgl. den Drahtbericht Nr. 11; VS-Bd. 3567 (II A 1); B 150, Aktenkopien 1965.

[17] Am 8. November 1963 wurde eine amerikanisch-sowjetische Vereinbarung unterzeichnet, die den Rahmen darstellte für Weizenlieferungen privater amerikanischer Getreidehändler in die UdSSR. Das amerikanische Handelsministerium erteilte in der Zeit vom 26. Dezember 1963 bis 7. Februar 1964 Ausfuhrlizenzen für Weizenlieferungen an die UdSSR in Höhe von 291,8 Mio. $. Vgl. AdG 1964, S. 11056. Vgl. dazu auch AAPD 1963, III, Dok. 385.

[18] Die ideologische Auseinandersetzung zwischen der UdSSR und der Volksrepublik China flaute auch nach dem Rücktritt des Ministerpräsidenten Chruschtschow am 14. Oktober 1964 nicht ab. Die KPCh veröffentlichte einen Bericht über die „Verbrechen" von Chruschtschow, die angeblich zu dessen Sturz geführt hätten. Darüber hinaus wurde betont, daß „Reaktionäre" und „Revisioni-

Osten, wegen der Erfordernisse der eigenen Entwicklung umfangreiche Wirtschaftsbeziehungen mit der Welt und insbesondere mit Deutschland, auch mit Frankreich und Amerika, zu haben. Frankreich glaube also, daß sich der Friedenswille stärker durchsetzen werde. Dieser Prozeß dürfe von Westeuropa aber nicht behindert werden. Westeuropa dürfe keine Haltung einnehmen, die es eines Tages daran hindern würde, Frieden zu schließen, d.h. auch für Deutschland die Wiedervereinigung zu erlangen, denn ohne Wiedervereinigung sei ein echter Friede nicht vorstellbar. General de Gaulle bat den Herrn Bundeskanzler, ihm zu glauben, daß Frankreich Verbündeter der Vereinigten Staaten sein wolle. Es wolle aber nicht bloßes Instrument der Vereinigten Staaten sein. Wenn Westeuropa gegenüber dem Osten in jeder Beziehung nur eine Verlängerung der Vereinigten Staaten zu sein scheine, dann zähle es nicht, weil dann die Russen glaubten, Westeuropa sei bloßer Satellit Amerikas. Dann aber werde Rußland mit diesem Westeuropa niemals Frieden schließen. Dies sei der Grund, warum Frankreich zwar am Atlantischen Bündnis festhalte, von der Integration aber nichts wissen wolle. Es wolle nicht bloßes ausführendes Organ der amerikanischen Politik sein, noch auch eines Tages bloßes ausführendes Organ der amerikanischen Strategie. Es wolle seine eigene Persönlichkeit, seine eigene Rolle haben. Selbstverständlich bleibe das Bündnis bestehen, solange die Bedrohung bestehen bleibe. Alles, was heute Deutschland auch nur den Anschein gebe, als sinne es auf Rache, sei es auch indirekt, sei es auch ohne kategorische Verfahren, all das sei für die weitere Entwicklung nicht gedeihlich. Wenn er von Rache spreche, so meine er damit nicht, daß Deutschland etwa vergessen sollte, was ihm zustehe, nämlich seine Wiedervereinigung, noch auch, daß es auf seine Verteidigung verzichten solle. Was er damit meine, sei ein gewisser militärischer Aktivismus zur Erreichung dieser berechtigten Ziele.

Der Herr *Bundeskanzler* betonte, Deutschland sei in keiner Weise revanchelüstern. Es empfinde mindestens dieselbe Friedenssehnsucht wie jedes andere Land. Die Diskussion über die MLF in Deutschland sei nicht etwa deshalb geführt worden, weil Deutschland nukleare Waffen besitzen wolle, die es ohnehin nicht bekommen würde, sondern weil, wie gesagt, Deutschland einen gewissen Einfluß auf die Strategie und Planung der Verteidigung geltend machen wolle. Daraufhin hätten die Amerikaner hinsichtlich der MLF etwa erklärt: Ein Land wie die Bundesrepublik, das eine so erhebliche Last für die Verteidigung Europas auf sich genommen habe, dürfe nicht degradiert bzw. diskriminiert werden. Natürlich bekomme es keine nuklearen Waffen, aber es solle eine Form der Mitsprache gefunden werden. General de Gaulle wisse, welch große Bedenken die Bundesrepublik gegenüber manchen amerikanischen strategischen Vorstellungen, insbesondere gegenüber „Schwelle" und „Pause"[19] erhoben habe. Deutschland versuche, den Amerikanern klarzuma-

---

Fortsetzung Fußnote von Seite 145

sten" weiterhin versuchten, die Politik von Chruschtschow fortzusetzen. Vgl. dazu den Artikel „Why Khrushchov Fell"; PEKING REVIEW, Nr. 48 vom 27. November 1964, S. 6–9.

[19] Zu den Bemühungen des Bundesministeriums der Verteidigung, „die Amerikaner zur sofortigen Freigabe der nuklearen Gefechtsfeldwaffen und im Falle ihres erfolglosen Einsatzes zum soforti-

chen, daß die Sicherheit nicht gestärkt werde, wenn Zweifel an dem amerikanischen Gegenschlag aufkämen. Das deutsche Volk fühle sich indessen durch die Anwesenheit amerikanischer Streitkräfte in Deutschland in seiner Sicherheit gestärkt. Andererseits wisse er (der Kanzler), daß diese kein ewig dauernder Tatbestand sein werde. Vielmehr ist immer wieder betont worden, die Anwesenheit der amerikanischen Truppen in Deutschland sei solange verbürgt, als die Präsenz notwendig sei. Die Frage in Deutschland sei, welchen anderen ausreichenden Schutz es dann genießen werde. Wenn man davon ausgehe, daß die beiden atomaren Giganten sich gegenseitig nicht zerstören werden, dann blieben doch immer noch die russischen Mittelstreckenraketen über, die nur Europa bedrohen. Wie aber sehe die Lage Europas dann aus? Er würde es begrüßen, wenn General de Gaulle sich einmal äußern würde über seine Auffassung zur Verteidigung Europas. Deutschland werde sich auch nicht an Frankreich wenden wegen nuklearer Waffen. Er glaube aber, daß hinsichtlich des Trägersystems und der Elektronik manche Möglichkeiten der Zusammenarbeit bestünden. Ein Ansatzpunkt sei in gewissem Maße dazu schon in dem Institut in St. Louis[20] gegeben. All das aber sei untergeordnet der großen Konzeption. General de Gaulle habe gesagt, Amerika und Rußland würden sich niemals über die grundsätzlichen Fragen verständigen. Er wolle doch einmal fragen, ob sich nach Meinung des Generals nicht doch die Möglichkeit ergeben könnte, daß Amerika, gerade um Frieden zu bekommen, vielleicht doch bereit wäre, in der Entspannung weiter zu gehen, als nach deutscher Auffassung mit der Sicherheit der Bundesrepublik zu vereinbaren sei. Wodurch unterscheiden sich dann davon die französischen Versuche, das Verhältnis zum Ostblock und zur Sowjetunion zu verbessern und zu befrieden?

General *de Gaulle* warf hier sofort ein, daß es sehr wohl ein Arrangement zwischen Amerika und Rußland geben könne, nämlich das Arrangement der friedlichen Koexistenz, d. h. die Zementierung des Status quo. Es sei sehr wohl denkbar, daß die beiden Großmächte sich in dieser Beziehung arrangieren. Mehr jedoch könnten sie nicht tun. Ein wirksames Arrangement, das die Lösung der Deutschlandfrage mit sich bringe, könnten diese beiden Mächte nicht treffen. Die einzig denkbare Möglichkeit wäre ein Abkommen des Typs „Jalta", wo Europa das Opfer wäre, und in diesem Falle an erster Stelle Deutschland.

Der Herr *Bundeskanzler* fuhr dann fort, wenn Deutschland große konventionelle Anstrengungen unternommen habe, dann nicht etwa, weil es eine große Militärmacht werden wolle, sondern aus dem honorigen Gefühl heraus, daß man die Sicherheit Deutschlands nicht einfach den Alliierten überlassen dürfe, sondern selbst einen Beitrag leisten müsse. Wenn Deutschland glaube, daß das System der Integration ihm geradezu auf den Leib geschnitten sei, so zunächst deshalb, weil ein so geordnetes Europa die Anfangsposition von Schuman, Adenauer und de Gasperi gewesen sei, des weiteren aber auch, weil Deutschland von dem Geruch des Revanchismus um so freier ist, wenn es

Fortsetzung Fußnote von Seite 146

gen stragischen nuklearen Schlag gegen das sowjetische Hinterland" zu veranlassen, vgl. AAPD 1964, II, Dok. 290.

[20] In dem Institut in St. Louis im Elsaß arbeiteten deutsche und französische Rüstungsexperten.

nicht souverän über militärische Streitkräfte unter nationalem Oberbefehl verfüge, sondern diese der gemeinsamen Verantwortung der Allianz unterstelle.

General *de Gaulle* bemerkte, solange die ständige und unmittelbare Bedrohung bestanden habe, sei dies sicherlich das beste gewesen, d.h. mit anderen Worten, das amerikanische Protektorat zu akzeptieren, das denn auch das Schlimmste verhindert habe. Die Entwicklung der Interkontinentalraketen durch Rußland und eine gewisse Neuorientierung der Geister, die nicht mehr so sehr die Beherrschung im Sinne hätten als vielmehr den Wunsch nach Frieden, hätten jedoch einen grundsätzlichen Wandel hervorgerufen.

Der Herr *Bundeskanzler* sagte, das Wort Protektorat höre man in Deutschland nicht gerne, und Deutschland fühle sich auch keineswegs unter amerikanischem Protektorat. Dieser Begriff wecke die tragische Erinnerung an das, was unter Hitler mit der Tschechoslowakei geschah.[21] Deutschland sei dankbar für den amerikanischen Schutz. Das deutsche Volk würde es auch nicht gerne hören, wenn jemand behaupten wollte, die Bundesrepublik sei nicht unabhängig, sondern völlig von Frankreich abhängig. Solche Überlegungen seien schädlich. Deutschland nehme Rücksicht auf seine Freunde. Wo immer es möglich sei, versuche es Meinungsverschiedenheiten zu bereinigen. Er erinnerte an das Beispiel der Lieferung deutscher Röhren nach Algerien, worüber die Verträge schon praktisch abgeschlossen gewesen seien. Trotzdem habe die Bundesregierung ohne gesetzliche Handhabe der deutschen Industrie anempfohlen, darauf zu verzichten, nachdem in Erfahrung gebracht worden sei, daß Frankreich Bedenken angemeldet habe.[22] Die Bundesregierung habe nicht aus Abhängigkeit sondern aus Freundschaft so gehandelt. Wenn man es in diesem Lichte sehe, dann sei Deutschland frei von dem Verdacht, als werde es von irgendeiner Seite unter Druck gesetzt.

General *de Gaulle* sagte, Deutschland befinde sich auf dem Weg zu dieser Unabhängigkeit in derselben Weise wie Frankreich. Dieser Weg werde auch fast automatisch weitergehen, denn beide Länder hätten die Tendenz, unabhängige Staaten zu sein und miteinander ihre Angelegenheiten zu bereinigen. Dies sei vielleicht sogar der beste Weg, der am wenigsten Bitterkeit zurücklasse. Es sei eine glückliche Fügung, daß Deutschland und Frankreich so zusammenarbeiten könnten. Da die beiden Länder aufgehört hätten, sich zu bekriegen, hätten sie alles Interesse daran, sich zu arrangieren und zusammenzuarbeiten. Hinzu komme, daß in der derzeitigen Geschichtsepoche die Realität der beiden Länder gleichgewichtig sei, so daß alles auf diese Zusammenarbeit und Einigkeit hinstrebe. Daher rühre es, daß Deutschland unabhängig zu werden beginne gegenüber der größten Macht, nämlich den Vereinigten Staaten, wobei, wohl bemerkt, weder die Freundschaft noch das Bündnis verloren-

---

[21] Mit der Unabhängigkeitserklärung der Slowakei und der unter militärischem Druck des Deutschen Reiches erzwungenen Anerkennung eines deutschen „Reichsprotektorats" Böhmen und Mähren am 14. bzw. 16. März 1939 verlor die Tschecho-Slowakei ihre staatliche Existenz.

[22] Nachdem Frankreich im Februar 1964 Einwände gegen die Beteiligung von Firmen aus der Bundesrepublik am Bau einer Erdölleitung in Algerien erhoben hatte, wurden deren Anträge auf Gewährung von Hermes-Kreditbürgschaften am 4. März 1964 abgelehnt. Vgl. dazu AAPD 1964, II, Dok. 224.

gehen dürften. Diese Unabhängigkeit, auf die sich die beiden Länder zubewegten (wenn auch die MLF nicht gerade ein Fortbewegungsmittel auf diesem Weg sei!), werde dazu führen, daß die beiden Länder zusammenarbeiteten. Sie könnten um so mehr Rücksicht aufeinander üben, je mehr sie sich unabhängig wüßten.

Der Herr *Bundeskanzler* sagte, er sei gestern mit General de Gaulle einer Auffassung gewesen, daß es das Ziel Europas und insbesondere Frankreichs und Deutschlands sein müsse, Europa in sich stärker und seiner Geschichte und Aufgabe bewußter zu machen. Dasselbe gelte für die Politische Union. Er sei sicher, wenn einmal ein Anfang gemacht sei, werde auch diese Entwicklung eine Eigengesetzlichkeit erlangen.

Es gebe noch ein anderes Gebiet der wirtschaftlichen Zusammenarbeit, nämlich die Errichtung gemeinsamer Unternehmen, die auch größenmäßig kräftig genug wären, um konkurrenzfähig zu sein. Damit würde für fremdes Kapital weniger Anreiz gegeben sein, in Europa Anlage zu suchen. Es gebe dazu sehr viele Ansätze. Im letzten Gespräch[23] habe General de Gaulle erklärt, es sei gar nicht so wichtig, wieviel Waffen Frankreich bzw. Deutschland voneinander abkauften, vielmehr sei es wichtig, die Zusammenarbeit schon im Stadium der Forschung und Entwicklung zu beginnen. Vielleicht gebe es Möglichkeiten auf dem Raketensektor, wobei man gar nicht an militärische oder gar nukleare Dinge zu denken brauche. Auf dem Gebiet der Elektronik haben beide Länder viel aufzuholen. Der Grund, warum Deutschland trotz gewisser Besorgnisse das amerikanische Kapital nicht abwehre, liege darin, weil damit die modernste Technik nach Deutschland hereinkomme. Das bedeute aber nicht, daß man nicht auch gemeinsam mit Frankreich und anderen Partnern alle Anstrengungen unternehmen sollte, um den Rückstand aufzuholen. Das Farbfernsehen könnte ein weiteres Feld der europäischen Zusammenarbeit bilden.[24] Diese Dinge nähmen sich zunächst wie technische Probleme aus, doch erkenne er darin ebenso den politischen Wert. Er glaube, daß die deutsche Industrie jederzeit zur Zusammenarbeit mit Frankreich bereit sei. Wenn diese Zusammenarbeit von den Regierungen unterstützt werden würde, könne sich daraus Frucht entwickeln. Er glaube, daß eine solche Entwicklung dann auch Eigengesetzlichkeit annehmen werde. Er fühle sich nicht als Satellit der Vereinigten Staaten, sondern wolle alles tun, um die Zusammenarbeit in allen Bereichen (Entwicklungshilfe, industrielle Zusammenarbeit usw.) zu stärken.

General *de Gaulle* bemerkte, er habe diesen Darlegungen des Herrn Bundeskanzlers mit viel Interesse und Befriedigung zugehört, denn es sei sehr wichtig, daß auch außerhalb des Systems der Sechs, die im wesentlichen einen Markt organisierten, eine aktive Zusammenarbeit zwischen Deutschland und Frankreich höchst nützlich wäre, insbesondere in den Schlüsselindustrien. Zweifellos hätten die beiden Industrien noch nicht genügend Gemeinsames getan. Diese Frage müsse daher vertieft werden, und Frankreich sei gerne

---

[23] Für das Gespräch vom 4. Juli 1964 vgl. AAPD 1964, II, Dok. 187.
[24] Zur Einführung des Farbfernsehens in Europa und den konkurrierenden technischen Systemen PAL und SECAM vgl. Dok. 184.

dazu bereit. Die Treffen der Herren Berg und Villiers[25] seien höchst nützlich, und ihre Zusammenarbeit sei ein gutes Zeichen, das Frankreich nur begrüße. Es sei auch sehr richtig, daß die Zusammenarbeit schon im Augenblick der Studien einsetzen müsse, denn sonst sei die technische Entwicklung auf der einen und anderen Seite schon so weit gediehen, daß es kaum mehr möglich sei, etwas Gemeinsames zu erarbeiten.

Der Herr *Bundeskanzler* verwies darauf, daß z. B. die Amerikaner in Deutschland ein weiteres großes Ford-Werk hätten errichten wollen. Deutschland hätte aber den Wünschen und Vorstellungen nicht genügen können, worauf die Amerikaner zu erkennen gaben, daß sie dann eben nach Belgien gingen –, offensichtlich in der Hoffnung, daß dieser Hinweis ausreichen würde, die Deutschen zu gewinnen.[26] Deutschland habe indessen seine Haltung nicht geändert. Er erzähle dies nur, um darzutun, daß Deutschland sehr wohl seine Unabhängigkeit zu wahren wisse.

General *de Gaulle* bemerkte dazu, im Gemeinsamen Markt sei es allerdings so, daß, wenn sich die Amerikaner in irgendeinem der sechs Länder niederließen, sie freien Zugang zu allen übrigen Ländern hätten. Die Frage des amerikanischen Kapitals bedürfe ebenfalls der Besprechung zwischen den beiden Regierungen. Das Hauptelement scheine ihm darin zu liegen, daß Amerika frei seine Dollar exportieren könne, ohne die Zahlungsbilanz durch Gold regeln zu müssen. Somit zeige die amerikanische Zahlungsbilanz immer einen negativen Abschluß, was aber unerheblich sei, da alle übrigen Länder ja die Dollars absorbierten und das ganze nur darauf hinauslaufe, die amerikanische Inflation in die eigenen Länder zu importieren.

Der Herr *Bundeskanzler* bemerkte, die internationale Währungsordnung sei zweifellos nicht vollkommen, ja kaum befriedigend. Ein Grund für private amerikanische Investitionen in Europa sei in der amerikanischen Steuergesetzgebung begründet, über die man mit den Amerikanern immer wieder sprechen müsse. Man stelle übrigens fest, daß die Amerikaner gezielt in bestimmte Industriezweige eindringen, in denen sie technische Lücken ausfüllen können. Es sei also notwendig, auf der ganzen Breite der industriellen Technik den Anschluß an den höchsten Standard zu finden. Er sei überzeugt, daß die deutschen und französischen Wissenschaftler dazu fähig seien, wenn die Zusammenarbeit praktiziert werde. Großes Ärgernis errege in Deutschland auch,

---

[25] Am 23./24. Januar 1965 fand in Paris das traditionelle Jahrestreffen zwischen dem Bundesverband der deutschen Industrie (BDI) und dem französischen Unternehmerverband (Conseil National du Patronat Français) unter Leitung der beiden Vorsitzenden Fritz Berg und Georges Villiers statt. Vgl. dazu den Artikel „Couve de Murville kündigt ein Europa der Marktwirtschaft an"; FRANKFURTER ALLGEMEINE ZEITUNG, Nr. 20 vom 25. Januar 1965, S. 13.

[26] Bezüglich der Auslandsinvestitionen amerikanischer Firmen hielt Ministerialdirektor Sachs am 16. Februar 1965 fest, daß zunehmend EWG-Staaten bevorzugt würden. Er führte aus: „Auch dem Fahrzeugbau haben sich amerikanische Firmen in Frankreich, Italien und Belgien/Luxemburg bevorzugt zugewandt." Sachs bewertete diese Entwicklung positiv: „Das Argument der Überfremdung läßt sich demnach ökonomisch kaum rechtfertigen. Es ist im wesentlichen emotional begründet. Dazu kommt noch der politische Aspekt, der in einer Bindung an Amerika gleich eine Abhängigkeit sieht. Es ist nicht recht zu verstehen, warum die Kapitalverflechtung mit größerer Abhängigkeit verbunden sein sollte als die Handelsverflechtung, gegen deren Intensivierung kaum Bedenken erhoben werden können." Vgl. Referat III A 5, Bd. 434.

daß die Amerikaner die besten ausgebildeten Deutschen durch hohe Gehälter anzögen, die Deutschland einfach nicht zahlen könne. Wenn Frankreich und Deutschland zusammenarbeiteten, so ergäben sich für diese jungen Wissenschaftler sicherlich sehr viel bessere Möglichkeiten für die praktische Anwendung und Auswertung ihrer Kenntnisse, so daß dieser Aderlaß an Intelligenz gebremst und schließlich gestoppt werden könne. Es gebe da ja die verschiedensten Formen.[27]

Das Gespräch endete um 11.30 Uhr.

Bundeskanzleramt, AZ: 21-30 100 (56), Bd. 12

27

Gespräch des Bundeskanzlers Erhard mit Staatspräsident de Gaulle in Rambouillet

I A 1-80.11/89/65 geheim   20. Januar 1965[1]

Schlußbesprechung

Präsident *de Gaulle*: Der direkte intensive Kontakt mit dem Bundeskanzler sei eine sehr gute Sache gewesen. Dem Besuch komme die größte Bedeutung zu. Die französische Seite empfinde die Begegnung als sehr befriedigend.

In den Gesprächen mit dem Bundeskanzler sei zunächst die Frage der politischen Zusammenarbeit in Europa erörtert worden.[2] Nach den Fortschritten des europäischen Zusammenschlusses auf wirtschaftlichem Gebiet[3] sei es erforderlich und sehr wünschenswert, nunmehr auch die engere politische Zusammenarbeit zu fördern.[4] Im Bereich des Gemeinsamen Marktes seien noch wichtige Entscheidungen zu treffen, z.B. über Preise, monetäre Fragen, Abschöpfungen, Überweisungen, Steuern und Sozialleistungen. Die Verantwortung liege bei den beteiligten Regierungen. Die Brüsseler Organe könnten zwar für die Ausarbeitung von Vorschlägen und auch für Verhandlungen nützliche Dienste leisten, sie reichten aber für wirkliche Entscheidungen nicht aus. Die wirtschaftliche Zusammenarbeit (der Regierungen) sei ebenso unabdingbar wie die politische. Die Wiederingangsetzung der Bemühungen um eine politische Zusammenarbeit sei notwendig. Das deutsche Projekt sei

---

[27] Für die Schlußbesprechung zwischen Bundeskanzler Erhard und Staatspräsident de Gaulle vgl. weiter Dok. 27.

[1] Die Gesprächsaufzeichnung wurde von Ministerialdirektor Meyer-Lindenberg gefertigt. Hat Bundesminister Schröder am 4. Februar 1965 vorgelegen.

[2] Vgl. Dok. 22.

[3] Zur Einigung vom 15. Dezember 1964 auf einen gemeinsamen Getreidepreis vgl. Dok. 22, Anm. 6.

[4] Vgl. dazu den deutschen, belgischen und italienischen Vorschlag für die Vorbereitung einer europäischen politischen Union; Dok. 5, Anm. 18–20.

für Frankreich befriedigend, es sei in den Grundzügen den Gedanken ähnlich, die Frankreich selbst der Bundesregierung vorgeschlagen habe.[5] Nur gegenüber dem von der Bundesregierung in Aussicht genommenen „Rat der Weisen"[6] bestünden auf französischer Seite Bedenken. Fortschritte auf dem Wege zu einer engeren europäischen politischen Zusammenarbeit seien vor allem von Belgien, Italien und Holland aufgehalten worden.[7] Der Bundeskanzler habe ihm, dem Präsidenten, gesagt, daß auch diese Staaten nunmehr eine Bereitschaft zum weiteren Vorgehen erkennen ließen. Er, de Gaulle, sei mit dem Vorschlag des Bundeskanzlers einverstanden, daß die sechs Außenminister Kontakt aufnehmen, um eine Konferenz der Regierungschefs vorzubereiten, denn selbstverständlich müsse die Organisation der Kontakte bei den Regierungen liegen. Zunächst sollten bis Juni die noch offenen Agrarfragen gelöst werden, insbesondere die Verhandlungen über Milch, Milchprodukte, Fleisch, Fette, Öle, Finanzregelung.[8] Aus der Lösung dieser Fragen würde sich eine allgemeine Befriedigung und eine Euphorie wegen der auf wirtschaftlichem Gebiet erzielten Fortschritte ergeben. Im Juli könnten sodann die Regierungschefs zusammentreten. Die vorbereitende Zusammenkunft der Außenminister könne für Mai in Aussicht genommen werden.[9]

Bundeskanzler *Erhard*: Die Begegnung mit dem Staatspräsidenten erfülle ihn mit großer Genugtuung. Die Gespräche hätten in einer Atmosphäre der Aufgeschlossenheit und des guten Verstehens stattgefunden. Er sei über den Gang der Verhandlungen und deren Ergebnisse außerordentlich zufrieden. Zum Europakomplex wolle er feststellen, daß die deutsche Entscheidung über den Getreidepreis eine politische Entscheidung gewesen sei.[10] Nur wegen ihres politischen Charakters habe er die Entscheidung in dieser Weise treffen können. Auch künftig sei innerhalb der EWG ein politischer Wille notwendig. Für die Brüsseler Gemeinschaften bestehe eine innere Gesetzmäßigkeit. Niemand habe zunächst an einen so raschen Fortschritt und Beschleunigung geglaubt. Die Bedeutung der Kommission solle man nicht unterschätzen, wenn auch die letzte Verantwortung bei den Regierungen liege. Der deutsche Vorschlag für einen europäischen politischen Zusammenschluß sei kommunitär, nicht supranational; er enthalte keine Souveränitätsverzichte über die in der EWG bereits vereinbarten hinaus. Für den Zusammenschluß des freien Europa müsse das politische Element stark betont werden. Nach dem Zusammenbruch des deutschen Staatsbewußtseins als Folge der Kapitulation beim Ende des 2. Weltkriegs sei Europa für Deutschland eine rettende Idee gewesen. Das europäische Bewußtsein sei im deutschen Volk lebendig und stärke seine Bin-

---

[5] Vgl. dazu das Gespräch des Bundeskanzlers Erhard mit Staatspräsident de Gaulle am 4. Juli 1964; AAPD 1964, II, Dok. 187.

[6] Die Europa-Initiative der Bundesregierung vom 4. November 1964 sah einen „beratenden Ausschuß" aus Vertretern der einzelnen Regierungen vor, der einen Vertrag über die Europäische Politische Union ausarbeiten sollte. Vgl. dazu die Aufzeichnung des Referats I A 1 vom 11. Januar 1965; VS-Bd. 2471 (I A 1); B 150, Aktenkopien 1965.

[7] Zum Scheitern der Fouchet-Pläne im April 1962 vgl. Dok. 22, Anm. 15.

[8] Zum Arbeitsprogramm des EWG-Ministerrats für das erste Halbjahr 1965 vgl. Dok. 22, Anm. 8.

[9] Vgl. dazu weiter Dok. 80.

[10] Zum Entschluß der Bundesregierung vom 24. November 1964, den Vorschlägen der EWG-Kommission für eine Regelung des Getreidepreises zuzustimmen, vgl. Dok. 22, Anm. 2.

dungen zu Europa und zur freien Welt. Man solle die Termine für die politische Zusammenarbeit nicht zu lange hinauszögern. Die öffentliche Meinung fordere einen Fortschritt. Auch die Wahlen spielten dabei eine wichtige Rolle. Ab 1. Juli würden sich die deutschen Politiker auf Wahlreisen befinden. Fortschritte in der politischen Zusammenarbeit und eine weitgehende Übereinstimmung der Auffassungen müßten schon vorher klar erkennbar sein.

Präsident *de Gaulle*: Er habe die Haltung des Bundeskanzlers in der Getreidepreisfrage gewürdigt und bewundert. Dieser Vorgang sei ein weiterer Beweis für die zentrale Rolle der Regierungen auch im Bereich der europäischen Wirtschaft. Gewiß habe sich auch die Kommission Verdienste erworben. Er frage sich, was der Öffentlichkeit im Anschluß an diese Besprechung über die Europafrage gesagt werden solle.[11]

Bundeskanzler *Erhard*: Der Gedanke der politischen Zusammenarbeit Europas lasse sich gut in den Grundsatz eingliedern, daß Europa eine stärkere Position mit größerem Selbstbewußtsein innerhalb der westlichen Allianz haben müsse. Um dieses Ziel zu erreichen, seien zusätzliche Anstrengungen erforderlich. Es gehe um die Gleichberechtigung der Partner innerhalb der atlantischen Allianz. Zwar seien wir wirtschaftlich schwächer als die USA; die politische Zusammenarbeit werde jedoch eine zentripetale Wirkung ausüben, z.B. auf die EFTA, Spanien, Portugal und andere europäische Länder. Westliche Schritte zur politischen Gestaltung Europas drängten sich auf.

Präsident *de Gaulle*: Er habe mit dem Bundeskanzler über ein weiteres zentrales Thema gesprochen: die Deutschlandfrage.[12] Die Franzosen sähen darin ein entscheidendes Problem für ganz Europa, das alles und alle beherrsche. Es handele sich um ein Problem, das durch die Auswirkungen der beiden Weltkriege, besonders für die Nachbarstaaten, nur um so brennender geworden sei. Das Problem sei schwierig und von größter Bedeutung für den Frieden. Ohne Lösung des Deutschlandproblems werde es keinen Frieden für Europa und die Welt geben. Die Lösung müsse für alle europäischen Völker akzeptabel sein. Ohne eine solche Lösung werde die ganze Welt leiden. Die Wiedervereinigung der beiden Zonen sei unerläßlich. Das könne lange dauern. Durch die Entwicklung der Atomwaffen in Ost und West sei ein atomares Gleichgewicht entstanden. Viele Menschen fänden sich damit ab und seien der Ansicht, daß die friedliche Koexistenz nicht gestört werden solle. Die deutsche Wiedervereinigung könne lange auf sich warten lassen, der gegenwärtige Zustand dürfe aber nicht auf die Dauer fortbestehen. Zwischen den beiden Kolossen, Amerika und Rußland, werde es zu keinem Arrangement kommen, denn Amerika und Rußland seien Rivalen, die zwar auf Teilgebieten, wie Wirtschaft[13] und Atomversuche[14], zu einem gewissen vorübergehenden Modus

---

[11] Auf der Pressekonferenz vom 22. Januar 1965 gab der Chef des Presse- und Informationsamtes, von Hase, bekannt: „Die Bundesregierung wird sich weiter dafür einsetzen, daß es nunmehr gelingt, in einer Reihe von Konferenzen der EWG-Mitgliedstaaten die Zusammenarbeit Europas in einer politischen Union zu begründen." Vgl. BULLETIN 1965, S. 97.

[12] Vgl. Dok. 22 und Dok. 26.

[13] Zu den amerikanischen Getreidelieferungen an die UdSSR vgl. Dok. 26, Anm. 17.

[14] Am 5. August 1963 schlossen die USA, die UdSSR und Großbritannien einen Vertrag, der nu-

vivendi kommen könnten, die aber zu einer wirklichen Lösung der substantiellen Fragen, zu denen die deutsche gehöre, nicht imstande seien. Sollten sie sich dennoch zu einer Lösung dieser substantiellen Fragen bereit finden, so würde es zu einer Lösung à la Jalta[15], d.h. zum Schaden Europas und Deutschlands, kommen. Es sei nicht unvorstellbar, daß das deutsche Problem im Rahmen eines ganzen Europa (Europe totale) gelöst werden könne. Auch die Russen und die Osteuropäer hätten letzten Endes ein Interesse daran, im Frieden – ohne Spannung und Kriegsgefahr – zu leben. Hier zeichne sich ein langfristiger Prozeß ab, dessen Beginn bereits erkennbar sei. Sowohl Rußland als auch die Satellitenstaaten hätten begonnen, sich ihrer Eigenpersönlichkeit zu besinnen. Für Rußland spiele der China-Konflikt[16] eine beträchtliche Rolle. Der zunehmende Druck auf die Russen könne diese veranlassen, sich ihrerseits Europa zu nähern. Er wiederhole, daß eine Lösung der deutschen Frage durch ganz Europa nicht unerreichbar erscheine. Frankreich könne dabei eine besonders nützliche Hilfe leisten. In den Ostblockstaaten, auch in der Sowjetunion, bestehe kein Haß gegen Frankreich, vielmehr Interesse an guten Beziehungen zu Frankreich. Das Ziel der deutschen Wiedervereinigung dürfe nicht aus den Augen verloren werden. Zu gegebener Zeit, nicht notwendig am Anfang, müßte auch die Frage, unter welchen Bedingungen die Wiedervereinigung erfolgen könne, z.B. die Frage der Bewaffnung und der Grenzen, geprüft werden. Der Bundeskanzler habe ihm gesagt, daß man auch in Deutschland die Realitäten in der Politik nicht übersehe. Der Bundeskanzler habe in diesem Zusammenhang auch auf die Wahlsituation hingewiesen und gefordert, daß die beteiligten westlichen Mächte sich über gemeinsame Formulierungen, die den Sowjets vorgelegt werden könnten, einigen. Frankreich erhebe keine grundsätzlichen Einwendungen gegen solche Kontakte der vier Westmächte. Er, de Gaulle, beurteile die praktischen Auswirkungen solcher Vorschläge wegen der sowjetischen Haltung skeptisch. Die Sowjets würden solche Vorschläge voraussichtlich schon deshalb zurückweisen, weil hinter ihnen auch die Amerikaner stünden. Sie würden ferner sagen: es müsse ein Friedensvertrag mit beiden deutschen Staaten abgeschlossen werden[17], die deutsche Wiedervereinigung müsse zwischen West- und Ostdeutschland ausgehandelt werden.[18] Außerdem müsse eine Neutralisierung, etwa im Geiste des Rapacki-Planes[19], erfolgen. Dennoch halte auch er, de Gaulle, Kontakte zwischen den Westmächten für richtig, um zu beweisen, daß wir die deutsche Frage nicht aus den Augen verlieren.

Fortsetzung Fußnote von Seite 153
   kleare Versuchsexplosionen in der Atmosphäre, im Weltraum und unter Wasser untersagte. Für den Wortlaut des Teststopp-Abkommens vgl. DOCUMENTS ON DISARMAMENT 1963, S. 291-293.
[15] An der Konferenz von Jalta vom 4. bis 11. Februar 1945 nahmen die USA, Großbritannien und die UdSSR teil.
[16] Zum ideologischen Konflikt zwischen der UdSSR und der Volksrepublik China vgl. Dok. 26, Anm. 18.
[17] Zum sowjetischen Vorschlag separater Friedensverträge mit der Bundesrepublik und der DDR vgl. Dok. 3, Anm. 29.
[18] Vgl. dazu Dok. 3, Anm 28.
[19] Vgl. dazu auch Dok. 152.

Bundeskanzler *Erhard*: Er danke dem Präsidenten für sein Verständnis in der deutschen Frage; dies bedeute eine Stärkung für das deutsche Volk. Die Ausführungen des Präsidenten über die Wege zur Wiedervereinigung hätten ihn sehr interessiert. Auch er teile die Auffassung, daß die wirtschaftlichen Kontakte mit Osteuropa der Lösung der deutschen Frage förderlich sein könnten. Nicht zuletzt mit dieser Zielsetzung seien die deutschen Handelsvertretungen in den Ostblockstaaten[20] errichtet worden. Die Wiedervereinigung sei ein Anliegen des gesamten deutschen Volkes. Nach 20 Jahren des Stillstands in der Deutschlandfrage breite sich im deutschen Volk eine Ungeduld des Herzens aus. Auch wir gäben uns keinen Illusionen über eine rasche Verwirklichung der Wiedervereinigung hin. Die mit der Wiedervereinigung verbundenen schwierigen Fragen müßten unter uns Freunden im Westen erörtert werden, möglichst nicht in der Öffentlichkeit. Es wäre falsch, der östlichen Seite als ersten Schritt Angebote zu machen, die ohne Gegenleistung als solche kassiert würden. Zunächst müsse die Fragestellung erörtert werden. Wir könnten auf die Viermächteverantwortung nicht verzichten. Das deutsche Volk wisse von ihr, ebenso von der Verpflichtung der Westmächte aus dem Deutschlandvertrag.[21] Es erwarte, daß die drei Westmächte es wirksam unterstützten. Auch er sei für die Erfolgsaussichten in naher Zukunft nicht sehr hoffnungsvoll. Es dürfe sich jedoch kein Fatalismus ausbreiten. Im deutschen Volk dürfe nicht die Vorstellung aufkommen, daß sich unsere westlichen Freunde mit der gegenwärtigen Situation abfinden und Deutschland zu einer Art politischen Niemandslands machen würden, für das niemand eine politische Aktion einleiten wolle. Frankreich komme für die Lösung der deutschen Frage gewiß eine überaus bedeutsame Rolle zu. Er habe das Bekenntnis des Generals zur Wiedervereinigung sehr dankbar empfunden. Auch in Deutschland hätten sich Status quo-Befürchtungen gerade im Zusammenhang mit gewissen amerikanischen Entspannungsvorstellungen verstärkt, obwohl Präsident Johnson sehr positive Erklärungen zur Wiedervereinigung[22] abgegeben habe. Für das deutsche Volk werde es keine große Überraschung sein, wenn die Sowjetunion Schritte zur Wiedervereinigung zunächst ablehne, aber es wäre für das deutsche Volk eine sehr große Enttäuschung, wenn in dieser Frage die westliche Unterstützung ausbliebe, auch gegenüber sowjetzonalen Bemühungen, die Position der SBZ auszubauen. Bekanntlich nutze die Zone jede selbst humanitäre Geste zu ihrem Vorteil aus.

---

[20] Auf der Basis der Abkommen vom 7. März 1963 mit Polen, vom 17. Oktober 1963 mit Rumänien, vom 10. November 1963 mit Ungarn und vom 6. März 1964 mit Bulgarien eröffnete die Bundesrepublik Handelsvertretungen in Warschau (18. September 1963), in Bukarest (13. Juli 1964), in Budapest (15. Juli 1964) und in Sofia (19. Oktober 1964).

[21] Artikel 7, Absatz 2, des Deutschland-Vertrags vom 23. Oktober 1954: „Bis zum Abschluß der friedensvertraglichen Regelung werden die Unterzeichnerstaaten zusammenwirken, um mit friedlichen Mitteln ihr gemeinsames Ziel zu verwirklichen: Ein wiedervereinigtes Deutschland, das eine freiheitlich-demokratische Verfassung, ähnlich wie die Bundesrepublik, besitzt und das in die europäische Gemeinschaft integriert ist." Vgl. DOKUMENTE DES GETEILTEN DEUTSCHLAND, Bd. 1, S. 232.

[22] Zur Rede vor der Georgetown Universität am 3. Dezember 1964 und zur Erklärung vor dem amerikanischen Kongreß am 4. Januar 1965 vgl. Dok. 3, Anm. 33, und Dok. 5, Anm. 6.

Präsident *de Gaulle*: Im Zusammenhang mit der Deutschlandfrage seien auch Verteidigungsfragen erörtert worden.[23] Mit der Wiedervereinigung stelle sich die Frage der atomaren Verteidigung. Das Zusammentreffen des deutschen Verlangens nach einer Wiedervereinigungsinitiative mit dem deutschen Wunsch, an den Atomwaffen beteiligt zu werden[24], sei inopportun. Ein deutscher Einfluß auf die nukleare Strategie und auf den Einsatz der Atomwaffen werde ohnehin durch eine deutsche Teilnahme an der multilateralen Atomstreitmacht nicht erreicht werden. Auch im Falle einer etwaigen Beteiligung deutscher Matrosen auf mit Polarisraketen bestückten Schiffen würden die Amerikaner über den Einsatz der Atomwaffen allein entscheiden, und zwar unter den von ihnen gesetzten Bedingungen. Dennoch würde der Anschein erweckt, als ob Deutschland atomare Absichten habe. Dies müsse im Zusammenhang mit den deutschen territorialen Absichten gesehen werden, die, insoweit sie die Wiedervereinigung beträfen, gerechtfertigt seien. Aus diesem Zusammenhang ergäben sich schwerwiegende Folgen für die Beurteilung des Problems im Osten, aber auch im Westen. Diese Diskussion sei bedauerlich. Dennoch erhebe er, wie bereits gesagt, keine Einwendungen gegen die in Aussicht genommenen Kontakte in der Deutschlandfrage. Der Bundeskanzler habe ihm gesagt, Deutschland habe ein Recht auf Verteidigung, einschließlich der atomaren Verteidigung. Er, de Gaulle, erkenne an, daß Deutschland das Recht habe, verteidigt zu werden. Hierfür sei selbstverständlich auch eine starke amerikanische Atommacht, die dem Gleichgewicht und der Abschreckung diene, erforderlich. Die Atomvergeltung müsse aber zum Schutz Europas gegen einen russischen Angriff total erfolgen. Leider bestünden Zweifel über den Zeitpunkt, die Bedingungen und die Entschlossenheit für einen Einsatz der amerikanischen Nuklearwaffen zur Verteidigung Europas. Wir befänden uns nicht mehr im heroischen Zeitalter der atlantischen Allianz, als die russischen Atomwaffen noch nicht nach den USA reichten. Heute träten neue Elemente hinzu, vor allem die Tatsache, daß der Einsatz amerikanischer Atomwaffen zur Verteidigung gegen einen sowjetischen Angriff auf Europa einen atomaren russischen Schlag auf Amerika und ein Massensterben in Amerika (mort américaine) auslösen würde. Dies habe die Natur des Problems gewandelt. Hieran würde auch eine deutsche Beteiligung an einer multilateralen Nuklearstreitmacht, nämlich die Anwesenheit deutscher Matrosen auf mit Polarisraketen bestückten Schiffen, nichts ändern. Frankreich versuche, die Amerikaner zum sofortigen Einsatz ihrer Atomwaffen im Falle eines russischen Angriffs auf Europa zu bestimmen.[25] Die Amerikaner setzten dem aber ihre escalation-Vorstellungen[26] entgegen. Frankreich entwickele daher zur Abschreckung seine eigenen Atomwaffen. Diese französischen Atomwaffen würden im Falle eines sowjetischen Angriffs auf Europa sofort eingesetzt werden. Dies wüßten die Russen. Da auch die Amerikaner wüßten, daß Frankreich im Ernstfall zum sofortigen Einsatz seiner Atomwaffen entschlossen sei, könnten dadurch auch die Amerikaner zum sofortigen Einsatz ihrer atomaren Waffen

---

[23] Vgl. Dok. 26.
[24] Zur geplanten MLF vgl. Dok. 20.
[25] Zum Festhalten Frankreichs am Prinzip der „massive retaliation" vgl. AAPD 1964, II, Dok. 319.
[26] Zum Konzept der „flexible response" vgl. Dok. 26, Anm. 11.

bestimmt werden. Dies bedeute eine Erhöhung der Abschreckungswirkung. Er wiederhole, daß der Anschein einer deutschen Aktivität auf atomarem Gebiet der Lösung des Deutschlandproblems abträglich sei.

Bundeskanzler *Erhard*: Er wolle sich nicht über die Einzelheiten der nuklearen Strategie äußern, zumal er auf diesem Gebiet nicht über die Fachkenntnisse des Generals verfüge. Er wolle aber feststellen, daß Deutschland nicht den Wunsch habe, einen Eigenbesitz an nuklearen Waffen zu erwerben oder an die Atomwaffen selbst heranzukommen.[27] Deutschland habe jedoch den Wunsch, gegenüber der östlichen Bedrohung geschützt zu sein. Selbst den konventionellen Beitrag hätten wir nur aus einer Haltung heraus geleistet, die man wohl honorig nennen müsse, daß nämlich die Lasten unserer Verteidigung nicht allein unseren Verbündeten aufgebürdet werden könnten. Selbst die Sowjets hätten wohl keine echte Sorge, daß Deutschland zu nahe an die Atomwaffen herankomme, da Deutschland weder den Besitz noch eine autonome Entscheidung über den Einsatz solcher Waffen anstrebe. Deutschland sei vor allem durch 900 sowjetische Mittelstreckenraketen bedroht. Zur Verteidigung seien daher nicht nur konventionelle, sondern auch atomare Waffen erforderlich. Die Bedrohung Deutschlands sei im Zeitalter des Atompatts noch größer geworden. Wir seien durchaus nicht mit allen amerikanischen Vorstellungen im strategischen Bereich (z. B. über die Pausen und Schwellen der Verteidigung) einverstanden.[28] Wir machten uns Sorgen um die Strategie der europäischen Verteidigung. Es sei daher doch wohl ein berechtigtes deutsches Anliegen, bei der Planung des nuklearen Einsatzes und der Atomstrategie mitzusprechen. Er, der Bundeskanzler, wolle die nuklearen Fragen möglichst aus dem Wahlkampf heraushalten. Die Erregung über die sowjetische Behauptung, man plane einen Minengürtel an der Zonengrenze[29], habe gezeigt, wie unerwünscht solche Diskussionen seien. Jeder militärische Aktivismus liege uns nach den leidvollen Erfahrungen der Vergangenheit fern. Außerdem habe Deutschland den Westmächten gegenüber auf militärischem Gebiet bestimmte Verpflichtungen übernommen.[30] Wir fühlten uns jedoch mit gutem Grunde am meisten bedroht, wenn auch die Bedrohung die gesamte westliche Welt gemeinsam betreffe. Der höchste Grad der Abschreckung sei erforderlich, worin er sich mit dem Präsidenten einig wisse. Übrigens seien in

---

[27] Zur Erklärung vom 16. September 1964 vgl. Dok. 22, Anm. 27.
[28] Vgl. dazu Dok. 26, Anm. 19.
[29] Am 16. Dezember 1964 schlug der Generalinspekteur der Bundeswehr, Trettner, auf der NATO-Ministerratstagung in New York vor, entlang der innerdeutschen Grenze solle ein Gürtel von Atomminen verlegt werden. Vgl. dazu den Artikel von Drew Middleton: „U.S. and France Make Progress"; THE NEW YORK TIMES, International Edition; Nr. 39044 vom 17. Dezember 1964, S. 1 und 3.
Vgl. dazu auch die sowjetischen Protestnoten vom 18. Januar 1965 an die Bundesrepublik und an die USA, Großbritannien und Frankreich; DzD IV/11, S. 76–78.
[30] Mit dem am 23. Oktober 1954 vollzogenen Beitritt zum NATO-Vertrag vom 4. April 1949 übernahm die Bundesrepublik die in Artikel 5 niedergelegte Verpflichtung, jeden bewaffneten Angriff auf eines der Mitglieder als Angriff auf ihr eigenes Gebiet zu betrachten und dem angegriffenen Staat zur Hilfe zu kommen, „by taking forthwith [...] such action as it deems necessary, including the use of armed force, to restore and maintain the security of the North Atlantic area". Für den Wortlaut vgl. EUROPA-ARCHIV 1949, S. 2072.

dem deutschen Vorschlag zur politischen Union Europas auch die Verteidigungsfragen eingeschlossen.

Präsident *de Gaulle*: Er sei keineswegs dagegen, daß Deutschland und auch andere Alliierte an der atomaren strategischen Planung beteiligt würden. Aber das System der nuklearen Integration sei nicht das beste, um uns und unseren Verbündeten eine Beteiligung an der strategischen Planung zu ermöglichen. Für den Wunsch Deutschlands, an der Planung der atomaren Verteidigung beteiligt zu werden, habe er Verständnis, einmal weil wir zu einer solchen Mitwirkung bereit seien und zum zweiten wegen unseres großen militärischen Beitrags im konventionellen Bereich.

Er wolle nunmehr nochmals auf die wirtschaftlichen Fragen zurückkommen und das Eindringen der amerikanischen Industrie in Europa zur Sprache bringen. Dieses Eindringen erfülle ihn und besonders Ministerpräsident Pompidou mit Sorge. Zwar fänden hierüber wohl bereits Gespräche zwischen den beteiligten deutschen und französischen Wirtschaftskreisen[31] statt; er halte es aber für notwendig, hierüber eine engere deutsch-französische Zusammenarbeit in die Wege zu leiten. Zu diesem Zweck sollten Regierungsgespräche aufgenommen werden.

Bundeskanzler *Erhard* erklärte sich bereit, die Regierungsgespräche über deutsche und französische Wirtschaftsprobleme fortzuführen.[32] Man müsse insbesondere für die größeren Räume, in denen sich die Unternehmen beider Staaten zu betätigen hätten, nach einer angemessenen Größe dieser Unternehmen suchen. Man solle die optimale Anwendung technischer und naturwissenschaftlicher Erkenntnisse sicherstellen und damit auch dem unerfreulichen Exodus der Wissenschaftler aus unseren Ländern entgegenwirken.

Der Staatspräsident und der Bundeskanzler schlossen mit dem Ausdruck des Dankes für die erfolgreiche Begegnung. Der *Staatspräsident* bezeichnete sie als interessant, wichtig und nützlich. Über die europäischen Fragen, die Deutschlandfrage und die Verteidigungsprobleme habe ein eingehender Gedankenaustausch stattgefunden. Man habe (für die europäischen Fragen) Gespräche der sechs Partner und (für das Deutschlandproblem) gemeinsame Gespräche mit den Engländern und den Amerikanern in Aussicht genommen. So werde es auch weiterhin zu einer engen Zusammenarbeit zwischen Frankreich und Deutschland kommen. Dies liege im gemeinsamen Interesse beider Länder und ergebe sich aus der geographischen Lage und dem gesunden Menschenverstand. Der *Bundeskanzler* stimmte mit dem Präsidenten in dieser Beurteilung überein und betonte, daß ein starkes und politisch geeintes Europa wegen dessen historischer Verantwortung im Rahmen des westlichen Bündnisses notwendig sei.

VS-Bd. 8440 (Ministerbüro)

---

[31] Zu den Gesprächen zwischen dem deutschen und dem französischen Unternehmerverband vgl. Dok. 26, Anm. 25.
[32] Vgl. dazu weiter Dok. 246.

28

Aufzeichnung der Legationsrätin I. Klasse Finke-Osiander

II 5-82.30/94.27/63/65 VS-vertraulich 21. Januar 1965

Betr.: Münchener Abkommen[1]
hier: Gespräch mit Herrn Rezek, Stellvertretender Sektionschef im tschechoslowakischen Außenministerium am 14.1.1965

Teilnehmer: Sektionschef Rezek, LR Dr. Freiherr von Marschall, LR I Dr. Finke-Osiander

Im Rahmen der laufenden deutsch-tschechoslowakischen Verhandlungen[2] bat Herr Rezek, ihm in der Arbeitsgruppe, die sich mit dem Austausch von Handelsvertretungen befaßt, Gelegenheit zu geben, noch einmal den Standpunkt seiner Regierung zur Frage des Münchener Abkommens zu erläutern.

Er führte folgendes aus:

Wie Herr Vizeminister Kohout bereits in der Eröffnungssitzung der Verhandlungen erläutert habe, betrachte die tschechoslowakische Regierung eine befriedigende Erklärung der Bundesregierung zum Münchener Abkommen nicht als Voraussetzung für den Abschluß einer Vereinbarung über den Austausch von Handelsvertretungen, wohl aber als Voraussetzung für eine volle Normalisierung der Beziehungen zwischen beiden Staaten.[3]

Die bisherigen Äußerungen der Bundesregierung seien widersprüchlich. Nach tschechoslowakischer Auffassung sei die Erklärung, es bestünden keine territorialen Forderungen gegenüber der ČSSR[4], mit der Forderung auf Heimatrecht für die Sudetendeutschen[5] unvereinbar.

Die tschechoslowakische Regierung wünsche eine Erklärung der Bundesregierung, daß sie das Münchener Abkommen als von Anfang an nichtig betrachte. Dies sei die Auffassung aller übrigen Staaten. Herr Rezek zitierte

---

[1] Für den Wortlaut des Münchener Abkommens vom 29. September 1938 vgl. ADAP, D, II, Dok. 675.
[2] Vgl. dazu Dok. 19.
[3] Vgl. dazu auch AAPD 1964, II, Dok. 256.
[4] Dazu führte Bundeskanzlers Erhard am 11. Juni 1964 vor dem Council on Foreign Relations in New York aus: „Der einzige unmittelbare Nachbar der Bundesrepublik unter den osteuropäischen Staaten ist heute die Tschechoslowakei. Die Politik der Bundesrepublik Deutschland diesem Staat gegenüber ist in letzter Zeit bedauerlicherweise ins Zwielicht geraten. Ich erkläre daher hier ausdrücklich und eindeutig: Das Münchener Abkommen vom Jahre 1938 ist von Hitler zerrissen worden. Die Bundesregierung erhebt gegenüber der Tschechoslowakei keinerlei territoriale Forderungen und distanziert sich ausdrücklich von Erklärungen, die zu einer anderen Deutung geführt haben." Vgl. BULLETIN 1964, S. 851.
[5] Der Sprecher der Sudetendeutschen Landsmannschaft, Bundesminister Seebohm, forderte am 17. Mai 1964 auf dem Pfingsttreffen in Nürnberg die Rückgabe des Sudetenlandes an das „sudetendeutsche Heimatvolk" und beharrte auf der Gültigkeit des Münchener Abkommens. Für den Wortlaut der Rede vgl. DzD IV/10, S. 566–585.
Diese Forderungen wiederholte Seebohm am 11. Oktober 1964 in Burgkunstadt. Vgl. dazu den Artikel „Erhard über Seebohm unwillig"; FRANKFURTER ALLGEMEINE ZEITUNG, Nr. 238 vom 13. Oktober 1964, S. 3.

insbesondere die beiden Erklärungen, die Frankreich 1942 und 1944 in diesem Sinne abgegeben habe.[6]

(Herr von Marschall widersprach dieser Argumentation unter Hinweis auf die abweichende Auffassung der britischen Regierung[7] und des neutralen Schweizer Völkerrechtlers Guggenheim[8], die das Abkommen als gültig zustande gekommen, jedoch durch Vertragsbruch ungültig geworden ansehen. Herr Rezek räumte ein, ihm sei bekannt, daß es in dieser Frage zwei Schulen gebe.)

Mehr noch als auf eine weltweite Erklärung würde es der tschechoslowakischen Regierung darauf ankommen, daß die Bundesregierung aus einer solchen Auffassung zum Münchener Abkommen praktische Konsequenzen ziehen würde, indem sie klarstelle, daß die feindselige Tätigkeit revanchistischer Organisationen gegen die ČSSR von ihr nicht gebilligt werde. Eine solche Tätigkeit würde sowohl von der Sudetendeutschen Landsmannschaft wie von Emigrantenorganisationen (Herr Rezek nannte als einziges Beispiel die deutsch-slowakische Gesellschaft) betrieben. Zu den praktischen Konsequenzen würde nach tschechoslowakischer Vorstellung gehören, daß die Bundesregierung diesen Organisationen ihre Unterstützung entziehe und deren Tätigkeit einschränke bzw. verbiete.

Auf diese Darlegungen wurde von den deutschen Gesprächspartnern folgendes erwidert:

Die Bundesregierung habe stets erklärt, daß sie keine territorialen Ansprüche gegenüber der Tschechoslowakei habe. Mit dieser Erklärung sei indirekt bereits klargestellt, daß die Bundesregierung das Münchener Abkommen als ungültig betrachte und nicht die Absicht habe, sich auf dieses Abkommen zu berufen. Aufgrund der öffentlichen Diskussion, die im vergangenen Jahr um das Münchener Abkommen entstanden sei[9], habe der Bundeskanzler im Juni 1964

---

[6] Für den Wortlaut der Note des Französischen Nationalkomitees vom 29. September 1942 an die tschechoslowakische Exilregierung vgl. WAR AND PEACE AIMS OF THE UNITED NATIONS, hrsg. von Louise W. Holborn, Boston 1943, S. 574.
Die Ungültigkeit des Münchener Abkommens wurde erneut bestätigt in der gemeinsamen Erklärung der französischen und der tschechoslowakischen Exilregierung vom 22. August 1944. Für den Wortlaut vgl. MEMOIRS OF DR. EDUARD BENEŠ. From Munich to New War and New Victory, London 1954, S. 236 f.

[7] Zur britischen Ansicht, das Münchener Abkommen sei erst mit dem deutschen Einmarsch in Prag und der Proklamation des „Reichsprotektorats" Böhmen und Mähren am 15./16. März 1939 hinfällig geworden, vgl. das Schreiben des britischen Außenministers Eden vom 5. August 1942 an den Außenminister der tschechoslowakischen Exilregierung, Masaryk; DzD I/3, S. 649.
Der britische Außenminister Stewart bekräftigte diese Auffassung während seines Besuchs vom 22. bis 24. April 1965 in Prag. Er betonte, daß es „zwei verschiedene Dinge seien, ob ein Vertrag ungerecht sei, oder ob er niemals abgeschlossen worden sei". Vgl. die Aufzeichnung des Ministerialdirektors Meyer-Lindenberg vom 17. September 1965, Referat V 1, Bd. 1016.

[8] Der Richter am Internationalen Gerichtshof in Den Haag, Guggenheim, vertrat die Ansicht, daß das Münchener Abkommen zum Zeitpunkt seines Zustandekommens völkerrechtlich verbindlich gewesen sei, obwohl ihm das tschecho-slowakische Parlament nicht mit der in der Verfassung von 1920 vorgeschriebenen Mehrheit von drei Fünfteln der Mitglieder zugestimmt habe. Vgl. dazu Guggenheim-Marek, Völkerrechtliche Verträge; in: STRUPP-SCHLOCHAUER, Wörterbuch des Völkerrechts, Bd. III, Berlin 1962, S. 533.

[9] Zu den Reaktionen in der Bundesrepublik und in der Tschechoslowakei auf die Rede des Bundesministers Seebohm am 17. Mai 1964 auf dem Pfingsttreffen der Sudetendeutschen Landsmannschaft vgl. AAPD 1964, I, Dok. 140.

noch einmal ausdrücklich erklärt, daß die Bundesregierung das Münchener Abkommen als „von Hitler selbst zerrissen" betrachte.

(Hier warf Herr Rezek ein, diese Erklärung könne man so interpretieren, das Münchener Abkommen sei ursprünglich gut und richtig und gültig zustande gekommen und würde auch weiterhin bestehen, wenn es Hitler nicht gegeben hätte. Unsererseits wurde richtiggestellt, dieser Erklärung sei lediglich wertungsfrei zu entnehmen, das Münchener Abkommen sei ursprünglich gültig gewesen. Sie beinhalte nicht die Billigung des Abkommens und die Weise seines Zustandekommens.)

Sprecher aller drei im Bundestag vertretenen Parteien hätten überdies in einer Sendung des Deutschen Fernsehens Anfang November 1964[10] klargestellt, daß keine der Parteien die Absicht habe, auf das Münchener Abkommen gestützte Forderungen zu erheben.

Wir glaubten, daß diese Erklärungen den verständlichen Interessen des tschechoslowakischen Staates Rechnung trügen. Die Forderung nach einer weitergehenden Erklärung zum Münchener Abkommen erschiene angesichts der geschichtlichen Komplexität der Sudetenfrage lediglich geeignet, die Aussöhnung zwischen unseren beiden Völkern zu erschweren.

Außerdem sprächen gegen eine Nichtigkeitserklärung zwei gewichtige rechtliche Gründe:

1) Die Bundesregierung teile die völkerrechtliche Auffassung, daß das Münchener Abkommen zwar gültig zustande gekommen, jedoch durch Vertragsbruch[11] der damaligen deutschen Regierung hinfällig geworden sei.

2) Selbst wenn man sich über alle Bedenken hinwegsetze, würde eine Nichtigkeitserklärung weitreichende, von uns im Augenblick nicht zu übersehende rechtliche Konsequenzen, insbesondere in Staatsangehörigkeitsfragen, nach sich ziehen können, durch die einem großen Personenkreis unverschuldet erhebliche Nachteile entstehen würden. Eine etwaige Nichtigkeitserklärung müsse daher in jedem Falle mit einer umfassenden bilateralen Regelung aller davon berührten Fragen (Staatsangehörigkeitsfragen, Eigentumsrechte und Entschädigungsfragen) verbunden sein.[12]

---

10 Zu den Ausführungen des CDU-Abgeordneten Majonica, des SPD-Abgeordneten Wehner und des FDP-Abgeordneten Zoglmann am 2. November 1964 in der Sendereihe „Report" vgl. Archiv des Presse- und Informationsamtes der Bundesregierung; Abteilung Nachrichten, Rundfunkaufnahme, DFS/2.11.64.

11 Dazu erläuterte Ministerialdirigent Meyer-Lindenberg am 1. Juni 1964: „Denn wenn auch das Abkommen zunächst wirksam zustande gekommen war, so wurde ihm doch später, mit der Einverleibung Böhmens und Mährens am 16. März 1939 als Reichsprotektorat in das Deutsche Reich, die Grundlage entzogen, auf der es beruhte." Vgl. AAPD 1964, I, Dok. 147.

12 Abteilung V erläuterte in einem Rechtsgutachten vom 30. August 1965 über die Gültigkeit des Münchener Abkommens, daß eine entsprechende Erklärung seitens der Bundesrepublik die Nichtigkeit des am 20. November 1938 zwischen dem Deutschen Reich und der Tschecho-Slowakei geschlossenen Vertrags über Staatsangehörigkeit und Optionsfragen feststellen und somit die rückwirkende Aufhebung der deutschen Gesetzgebung bedeuten würde, durch die die Sudetendeutschen die deutsche Staatsangehörigkeit erhalten hatten. Als Folge müßten Enteignung und Vertreibung von Sudetendeutschen als innerstaatliche Vorgänge der Tschechoslowakei gelten; die Vertriebenen könnten von der Regierung in Prag als tschechoslowakische Staatsbürger angesehen und so möglicherweise wegen Zugehörigkeit zur deutschen Wehrmacht angeklagt wer-

Zwischen der Erklärung, daß keine territorialen Ansprüche gegenüber der ČSSR bestehen, und dem Postulat des Heimatrechts der Sudetendeutschen ergebe sich nach unserer Auffassung kein Widerspruch. Wie Herr Staatssekretär Carstens kürzlich bereits in einem Gespräch mit tschechoslowakischen Journalisten ausgeführt habe, sei angesichts des von der Bundesrepublik Deutschland ausgesprochenen Gewaltverzichts eine Rückkehr der Sudetendeutschen nur im Rahmen einer vertraglichen Regelung denkbar, die der tschechoslowakischen Regierung Gelegenheit geben würde, sich gegen etwaige Anschlußbestrebungen zu sichern.

Im übrigen wurde von den deutschen Gesprächsteilnehmern zum Problem der Vertreibung folgendes ausgeführt:

Die Bundesregierung halte generell die gewaltsame Aussiedlung von Volksgruppen für einen völkerrechtlichen Unrechtstatbestand und befürworte das Recht des einzelnen auf Heimat als Bestandteil der menschlichen Grundrechte. Die Vertreibung der Sudetendeutschen sei menschlich und völkerrechtlich ein Unrecht, das auch durch das von deutscher Seite begangene Unrecht nicht gerechtfertigt werden könne.

(Herr Rezek vertrat hierzu den Standpunkt, die „Umsiedelung" könne völkerrechtlich nicht als Unrecht angesehen werden, da sie in Potsdam von den Siegermächten beschlossen worden sei.[13] Auch unter menschlichen und moralischen Gesichtspunkten sei die Vertreibung kein Unrecht, da sie nur eine gerechte Reaktion auf das der Tschechoslowakei zugefügte faschistische Unrecht darstelle. Die Diskussion zeigte, daß jede gemeinsame Ausgangsbasis fehlt, um in der Frage, ob die Vertreibung ebenfalls ein Unrecht gewesen sei, zu einer Verständigung zu gelangen.)

Wir glaubten, daß von deutscher Seite mit der unter erheblichem finanziellen Aufwand durchgeführten wirtschaftlichen Eingliederung der Vertriebenen ein wesentlicher Beitrag zur Entschärfung dieser Frage geleistet worden sei. Es wäre nach unserer Auffassung zu begrüßen, wenn die tschechoslowakische Regierung ihrerseits denjenigen Sudetendeutschen, die dies wünschten und die bereit seien, loyale Bürger des tschechoslowakischen Staates zu werden, die Rückkehr gestatten würde. Der Standpunkt der Bundesregierung zur Frage des Heimatrechts der Sudetendeutschen sei im übrigen von der Frage des Münchener Abkommens unabhängig.

Entgegen der von Herrn Rezek vorgetragenen Auffassung habe die Bundesregierung im Rahmen unseres Verfassungssystems einer parlamentarischen Demokratie rechtlich nicht die Möglichkeit, die Äußerungen aus Vertriebenenkreisen zu beschränken oder zu verbieten. Nach unserer Auffassung wäre ein

---

Fortsetzung Fußnote von Seite 161

den. Vgl. Referat V 1, Bd. 1016.
Für den Wortlaut des Vertrags vom 20. November 1938 vgl. REICHSGESETZBLATT 1938, Teil II, S. 895.

[13] Im Abschnitt „Orderly Transfers of German Populations" des Kommuniqués vom 2. August 1945 über die Konferenz von Potsdam (Potsdamer Abkommen) wurde festgestellt „that the transfer to Germany of German populations, or elements thereof, remaining in Poland, Czechoslovakia and Hungary, will have to be undertaken". Hinzugefügt wurde, „that any transfers that take place should be effected in an orderly and humane manner". Vgl. DzD II/1, S. 2121 f.

solches Verbot auch nicht einmal sinnvoll, da es leicht zu einer politischen Radikalisierung bestimmter Bevölkerungsgruppen führen könne. Es schiene uns wichtig, daß die Bundesregierung sich das Vertrauen der Vertriebenen und damit die Möglichkeit einer Einflußnahme auf diese Bevölkerungsgruppe erhalte.

Abschließend betonte Herr Rezek nochmals, daß sich an seine Ausführungen kein konkretes Petitum knüpfe, sondern daß er lediglich die Erwartungen dargelegt habe, die die tschechoslowakische Regierung mit einer vollen Normalisierung der Beziehungen verbinde.

Deutscherseits wurde in gleichem Sinne erwidert, daß es auch aus unserer Sicht einige Anliegen gäbe:

1) Die Abwicklung der laufenden Anträge auf Familienzusammenführung. Wie Herr Botschafter von Mirbach bereits am Rande der Verhandlungen ausgeführt habe, begrüßten wir, daß sich die Zahl der in der Bundesrepublik Deutschland eintreffenden Umsiedler im vergangenen Jahr erhöht habe. Nach den Unterlagen des Deutschen Roten Kreuzes stünden jedoch immer noch einige 10 000 Umsiedlungsanträge offen.[14]

2) Die rechtliche Gleichstellung der in der ČSSR verbleibenden deutschen Volksgruppe mit den übrigen Minderheiten durch Gewährung eines entsprechenden Minderheitenstatuts.

Eine befriedigende Regelung dieser beiden Fragen würde nach unserer Auffassung die von beiden Seiten gewünschte Besserung der Beziehungen wesentlich erleichtern.[15]

Hiermit Herrn Botschafter z.b.V.[16] vorgelegt.

Finke-Osiander

VS-Bd. 3136 (II A 5)

---

[14] Mit Schreiben vom 5. Januar 1965 an den Sprecher der Sudetendeutschen Landsmannschaft, Seebohm, führte Staatssekretär Carstens aus, daß dem Deutschen Roten Kreuz am 31. Dezember 1963 54 503 Anträge von Deutschen aus der Tschechoslowakei auf Übersiedlung in das Bundesgebiet vorgelegen hätten. Die Zahl der Aussiedler habe sich seit 1955 jährlich gesteigert, von Januar bis Oktober 1964 seien insgesamt 2 146 Personen aus der Tschechoslowakei eingereist. Carstens gab seiner Hoffnung Ausdruck, „daß nach den im Sommer 1964 geführten Gesprächen zwischen dem Deutschen und dem Tschechoslowakischen Roten Kreuz die Familienzusammenführung […] sich weiterhin günstig entwickelt". Vgl. Referat V 1, Bd. 1016.

[15] Zu den Verhandlungen mit der Tschechoslowakei vgl. weiter Dok. 87.

[16] Hat Botschafter Freiherr von Mirbach am 25. Januar 1965 vorgelegen.

29

Aufzeichnung des Botschafters von Walther, z. Z. Bonn

Streng geheim 21. Januar 1965[1]

Am Mittwoch, dem 20.[2] Januar 1965, rief mich mein Gesprächspartner an und bat um eine Unterredung.[3] Die Unterredung fand Donnerstagmorgen, 10.15 Uhr, statt und dauerte etwa eine halbe Stunde.

Nach einigen einleitenden Worten teilte er mir mit, daß er eine schriftliche Weisung aus Warschau bekommen hätte, die er mir auf englisch vorlas. Ich glaube, daß die Weisung schon in englischer Formulierung aus Warschau gekommen ist.

„Die polnische Regierung hat unsere Mitteilung mit großem Interesse zur Kenntnis genommen und untersucht. Sie ist zu Gesprächen bereit. Die Voraussetzung zu solchen Gesprächen aber ist, daß die folgenden vier Punkte grundsätzlich von der Bundesrepublik Deutschland angenommen werden:

1) Die Bundesrepublik Deutschland erkennt die Oder-Neiße-Grenze an.

2) Die Bundesrepublik Deutschland stellt jetzt und in Zukunft keine territorialen Forderungen an Polen.

3) Zwischen der Bundesrepublik Deutschland und Polen werden ordentliche diplomatische Beziehungen hergestellt.

4) Die Existenz zweier Deutschlands steht nicht zur Diskussion.

Im übrigen weist die polnische Regierung darauf hin, daß von ihr Vorschläge zur Regelung des nuklearen Status in Europa gemacht worden sind.[4] Falls die Bundesregierung zu diesen Vorschlägen glaubt, weitere nützliche Vorschläge machen zu können, so ist die polnische Regierung bereit, in Ankara darüber zu sprechen.

Alle wirtschaftlichen Probleme können mit der Handelsvertretung der Bundesrepublik Deutschland in Warschau besprochen werden.

Alle kulturellen Beziehungen können über die internationalen Institutionen geregelt werden."

Ich erwiderte meinem Gesprächspartner, daß, wie ich ihm schon in meinem letzten Gespräch gesagt hatte, die Bundesrepublik Deutschland über die Oder-Neiße-Linie so lange nicht sprechen könne, bis nicht diese Frage und die

---

[1] Durchschlag als Konzept.
[2] Die Zahl „20" wurde von Staatssekretär Carstens handschriftlich eingefügt.
[3] Am 23. Dezember 1964 wies Bundesminister Schröder Botschafter von Walther, Ankara, an, unter Wahrung strenger Geheimhaltung mit dem polnischen Botschafter Gebert Kontakt aufzunehmen und herauszufinden, ob die polnische Regierung zur Aufnahme von Sondierungsgesprächen über den Abschluß eines Nichtangriffsabkommens bereit sei. Vgl. AAPD 1964, II, Dok. 397.
Ein erstes Gespräch zwischen Walther und Gebert fand Ende Dezember 1964 statt. Vgl. dazu die Aufzeichnung des Vortragenden Legationsrats I. Klasse Schnippenkötter vom 12. Januar 1965; VS-Bd. 446 (Büro Staatssekretär); B 150, Aktenkopien 1965.
[4] Zu den polnischen Vorschlägen über die Sicherheit in Europa vgl. Dok. 152.

Frage der Wiedervereinigung Deutschlands durch einen Friedensvertrag geregelt seien.[5]

Er bestätigte mir, daß er meine damalige Bemerkung einwandfrei verstanden habe und daß bei dieser Sachlage die Warschauer Antwort eine klare Absage bedeutete.

Er war offenbar selber außerordentlich betroffen über die Warschauer Reaktion. Er ging so weit zu sagen: „Leider haben wir Botschafter wenig Einfluß auf unsere Ministerien; aber das ist ja wohl in allen Ländern so."

Ich schloß das Gespräch mit der Bemerkung ab, daß ich sowieso wahrscheinlich in den nächsten Tagen nach Bonn müsse. Ich würde seine Mitteilung dann meiner Regierung mitteilen.

Er kam sodann auf die Rede Erlers[6] zu sprechen und bat mich, wenn ich irgend etwas Mitteilenswertes aus Bonn mitbringen könne, möge ich ihn sofort unterrichten.[7]

Die mir seinerzeit mitgegebenen Schriftstücke werde ich vernichten, falls ich nicht andere Weisung erhalte.

Hiermit über Herrn Staatssekretär[8] dem Herrn Minister vorgelegt.

gez. v. Walther

VS-Bd. 446 (Büro Staatssekretär)

---

[5] Botschafter von Walther, Ankara, war für die Führung der Sondierungsgespräche dahingehend instruiert worden, daß – entsprechend dem Kommuniqué vom 2. August 1945 über die Konferenz von Potsdam (Potsdamer Abkommen) – nur eine gesamtdeutsche Regierung die Oder-Neiße-Linie anerkennen könne. Die Position, daß die Wiedervereinigung Deutschlands einer Regelung der Grenzfragen voranzugehen habe, wurde dagegen zugunsten der Ansicht aufgegeben, daß „die Regelung der Grenzfrage mit der Wiederherstellung der staatlichen Einheit Deutschlands einhergehen" müsse. Vgl. den Entwurf der Instruktion vom 4. Oktober 1964, VS-Bd. 446 (Büro Staatssekretär); B 150, Aktenkopien 1964.

[6] Am 14. Januar 1965 äußerte sich der stellvertretende Vorsitzende der SPD gegenüber Journalisten zur Deutschland-Frage. Erler führte aus, eine Wiedervereinigung werde nur dann die notwendige Zustimmung der „entscheidenden Mächte" finden, wenn Klarheit über den „Umfang" eines wiedervereinigten Deutschlands bestehe. Daher müsse die Bundesregierung ihre Bereitschaft deutlich machen, daß „im Zuge der Wiederherstellung der deutschen Einheit [...] das Grenzproblem nicht ausgeklammert werden kann". Erler vertrat die Ansicht, daß es in diesem Zusammenhang „nützlich wäre, wenn Deutsche und Polen einmal ohne fremde Vormünder diese delikate Frage auch miteinander erörterten". Vgl. DzD IV/11, S. 57–59 (Auszug).

[7] Am 25. Januar 1965 trafen Botschafter von Walther und der polnische Botschafter in Ankara auf einem Empfang erneut zusammen. Walther gab dabei die Information weiter, daß die Bundesregierung die polnische Reaktion mit Bedauern, jedoch ohne Überraschung aufgenommen habe, „da ja die Entwicklung den Augenblick der Kontaktaufnahme besonders ungünstig hatte werden lassen". Gebert stimmte dieser Einschätzung zu und erwiderte unter Anspielung auf das Projekt der MLF, „daß man über eine Leiche gestolpert sei und nicht wußte, daß sie schon tot war". Walther wies abschließend darauf hin, daß es sich bei dem Gesprächsangebot der Bundesregierung um eine „standing invitation" handele. Vgl. das Privatdienstschreiben von Walther, Ankara, vom 28. Januar 1965 an Staatssekretär Carstens; VS-Bd. 446 (Büro Staatssekretär); B 150, Aktenkopien 1965.

[8] Hat Staatssekretär Carstens vorgelegen, der handschriftlich vermerkte: „Original am 22.1. a[n] d[en] H[errn] Minister".

30

Botschafter Federer, Kairo, an Staatssekretär Carstens

Z B 6-1-608/65 geheim
Fernschreiben Nr. 62

Aufgabe: 21. Januar 1965[1]
Ankunft: 22. Januar 1965, 13.35 Uhr

Für Staatssekretär

Aus Anlaß meiner Rückkehr von Bonn suchte ich vorgestern Außenminister Mahmoud Riad zu einer Tour d'horizon auf. Es ging mir hierbei vor allem um zwei Fragen:

a) Termin des Nasser-Besuches in der Bundesrepublik,[2]
b) eventuelle Auswirkungen der Beschlüsse der kürzlichen arabischen Ministerpräsidenten-Konferenz[3] auf die deutsch-arabischen Beziehungen.

Einleitend drückte ich Mahmoud Riad unser Verständnis dafür aus, daß Präsident Nasser nicht vor den Präsidentschaftswahlen im März[4] nach Bonn kommen und daß er sich gegenwärtig auch noch nicht für einen Termin nach den Wahlen festlegen könne. Wir hätten nunmehr die erste Hälfte Juni für den Besuch ins Auge gefaßt, und es läge uns natürlich daran, möglichst rechtzeitig mit den Vorbereitungen für einen würdigen und interessanten Empfang in der Bundesrepublik zu beginnen. Mahmoud Riad meinte hierzu, er würde sich um eine Klärung der Terminfrage bemühen, wies aber gleichzeitig darauf hin, daß die ursprünglich für März dieses Jahres vorgesehene zweite afroasiatische Konferenz in Algier nach den ihm vorliegenden Informationen auf den Juni verschoben sei.[5]

Im weiteren Verlauf des Gespräches an eine Äußerung Mahmoud Riads anknüpfend, wonach der Besuch des Herrn Bundestagspräsidenten in der VAR[6] hier einen ausgezeichneten Eindruck hinterlassen hätte, stellte ich dem Minister unter Betonung, daß ich hierzu keinen amtlichen Auftrag hätte, die Frage, ob die VAR-Regierung das zwischen Präsident Nasser und Bundestagspräsident Dr. Gerstenmaier aufgenommene politische Gespräch fortzusetzen

---

[1] Hat Bundesminister Schröder vorgelegen.
[2] Zur Einladung des ägyptischen Präsidenten in die Bundesrepublik vgl. zuletzt Dok. 10.
[3] Vom 9. bis 12. Januar 1965 tagte der Rat der Staats- und Regierungschefs der Liga der Arabischen Staaten in Kairo. Im Kommuniqué vom 12. Januar 1965 wurde zur Deutschland-Frage erklärt, die arabischen Staaten seien entschlossen, „gegenüber jeder ausländischen Macht, die versuchen sollte, neue Beziehungen zu Israel anzuknüpfen und dessen aggressive militärische Aktivität zu unterstützen, eine einheitliche Politik zu verfolgen". Vgl. EUROPA-ARCHIV 1965, D 99. Ministerialdirektor Meyer-Lindenberg zog angesichts dieser Verlautbarung den Schluß, daß sich die arabische Haltung verhärtet habe, und nun kein Zweifel mehr bestehe, „daß die Mehrzahl der arabischen Staaten die Aufnahme diplomatischer Beziehungen mit Israel mit einer Anerkennung der SBZ beantworten würde". Vgl. die Aufzeichnung von Meyer-Lindenberg vom 25. Januar 1965; VS-Bd. 2686 (I B 4); B 150, Aktenkopien 1965.
[4] Am 15. März 1965 wurde Präsident Nasser in einer Volksabstimmung mit 99,99% der Stimmen im Amt bestätigt.
[5] Vgl. dazu Dok. 1, Anm. 5.
[6] Zum Besuch des Bundestagspräsidenten Gerstenmaier vom 20. bis 23. November 1964 in der VAR vgl. Dok. 9.

wünsche. Der Außenminister bejahte diese Frage, meinte aber, daß hierfür der nächste Schritt bei der Bundesregierung läge. Ich stimmte dem zu und unterrichtete Mahmoud Riad über einige diesbezügliche politische Gedankengänge im Auswärtigen Amt. Ich wies darauf hin, daß die beiden politischen Themen unserer Nah-Ost-Politik, nämlich ein „Waffen-Embargo"[7] und unsere Beziehungen zu Israel, zueinander im Verhältnis der Wechselwirkung stehen. Mahmoud Riad erkannte dies an und erklärte, daß die ägyptische Regierung es nur begrüßen würde, wenn hierüber ein Gespräch stattfände, selbst auf die Gefahr hin, daß man sich nicht voll werde einigen können.

Auf meine anschließende Frage, ob der Beschluß der arabischen Ministerpräsidenten-Konferenz ein solches deutsch-ägyptisches Gespräch präjudiziere, erwiderte Mahmoud Riad, daß die Frage unserer Beziehungen zu Israel natürlich nicht von Ägypten allein behandelt werden könne, sondern die arabische Liga angehe. Dies sei der wesentliche Inhalt dieses Beschlusses der Konferenz gewesen. Darüber hinaus habe man sich nicht im einzelnen auf Konsequenzen festgesetzt, die die arabischen Staaten gemeinsam aus einer Aufnahme von Beziehungen zwischen der Bundesrepublik und Israel ziehen würde. Hierüber gäbe es innerhalb der arabischen Liga verschiedene Meinungen.

Aus den Äußerungen Mahmoud Riads ergibt sich zweierlei: zum einen, daß man hier an einer Fortsetzung des Gesprächs über die künftige Gestaltung des Dreiecksverhältnisses Bonn – Kairo – Tel Aviv interessiert ist und eine deutsche Initiative erwartet, zum anderen, daß ein solches Gespräch aufgrund der durch die kürzlichen Ligabeschlüsse veränderten Lage nicht mehr allein von den Ägyptern mit uns geführt werden kann. Ich glaube daher, daß wir den ägyptischen Außenminister jetzt beim Wort nehmen und als nächsten Schritt ein Gespräch mit der arabischen Liga, d.h. dem Generalsekretär Hassouna, ins Auge fassen sollten. Dabei bin ich mir darüber im klaren, daß Hassouna – schon allein weil er ägyptischer Nationalität ist – sich nicht verbindlich für die 13 arabischen Staaten äußern kann. Auf der andern Seite ist dies im Augenblick meines Erachtens der einzige Hebel, den wir ansetzen können, um – nicht zuletzt auch als notwendige diplomatische Vorbereitung des Nasser-Besuchs – aus dem Teufelskreis gegenseitiger Erpressung, von Mißtrauen einerseits und geheimen Absprachen andererseits herauszukommen, der das deutsch-arabische Verhältnis in immer unerträglicherer Weise belastet. (Gerade dieser Tage sprach die ägyptische Presse von den „zwei Gesichtern Deutschlands", dem Gesicht nach außen, das die Freundschaft zu den Arabern herauskehrt, und dem andern, das die Araber durch Geheimabsprachen mit Israel[8] hinters Licht zu führen sucht.)

Nachdem der Herr Bundestagspräsident sich öffentlich für ein Waffen-Embargo gegenüber allen Ländern außerhalb der NATO ausgesprochen hat[9] und einen entsprechenden Gesetzentwurf vor den Bundestag bringen will, und nachdem die deutschen Waffenlieferungen an Israel gerade das Hauptärger-

---

[7] Zum Vorschlag, die Waffenlieferungen in den Nahen Osten einzustellen, vgl. Dok. 1.
[8] Zu den geheimgehaltenen Waffenlieferungen an Israel vgl. Dok. 2.
[9] Zum Vorschlag von Gerstenmaier vgl. Dok. 10.

nis für die Araber sind, halte ich es für denkbar, daß wir mit dem Vorschlag eines Verzichts auf weitere Waffenlieferungen eine gute Basis für ein Gespräch über die Normalisierung unserer Beziehungen zu Israel schaffen würden. Ich darf daher der dortigen Erwägung anheimgeben, ob ein Sondierungsgespräch mit Hassouna auf dieser Grundlage als möglich und zweckmäßig erscheint.

Für eine entsprechende Weisung – gegebenenfalls mündlich durch MDg Dr. Böker, den ich am 27. Januar bei seinem Zwischenaufenthalt in Kairo sehen werde – wäre ich dankbar.[10]

[gez.] Federer

VS-Bd. 8420 (Ministerbüro)

31

Gespräch des Bundeskanzlers Erhard mit dem britischen Botschafter Roberts

Z A 5-12.A/65 geheim 22. Januar 1965[1]

Der Herr Bundeskanzler empfing am 22. Januar 1965 um 17 Uhr den britischen Botschafter, Sir Frank Roberts, zu einem Gespräch. Bei der Unterredung waren außerdem zugegen: der Herr Bundesminister des Auswärtigen und Ministerialdirigent Dr. Osterheld.

Einleitend wurde kurz der Besuch des britischen Premierministers Wilson besprochen, wobei der *britische Botschafter* darauf hinwies, daß Wilson auf keinen Fall vor dem 13. Februar kommen könne.[2]

Der Herr *Bundeskanzler* berichtete dann über seine Gespräche in Rambouillet mit dem französischen Staatspräsidenten de Gaulle.[3] Drei Themen hätten

---

[10] Am 25. Januar 1965 antwortete Ministerialdirektor Meyer-Lindenberg mit Drahterlaß Nr. 46 auf den Vorschlag des Botschafters Federer, Kairo. Er führte aus, daß ein Gespräch mit Generalsekretär Hassouna zwar prinzipiell begrüßt werde, es aber nicht im Sinne der Bundesregierung sei, „wenn sich dadurch Schwerpunkt deutsch-arabischer Erörterungen auf Liga als Gesprächspartner verlagern würde, da es zweckmäßiger erscheint, unterschiedliche Haltung arabischer Einzelstaaten für uns nutzbar zu machen. Da Kabinett noch nicht über grundsätzliche Linie unserer künftigen Nahost-Politik entschieden hat, bitte wir bis auf weitere Weisung Vorsprachetermin offen zu halten." Vgl. VS-Bd. 2631 (I B 4); B 150, Aktenkopien 1965.
Zur weiteren Entwicklung der deutsch-ägyptischen Beziehungen vgl. Dok. 38.

[1] Die Gesprächsaufzeichnung wurde vom Vortragenden Legationsrat Kusterer am 26. Januar 1965 gefertigt.
Hat dem Leiter des Außenpolitischen Büros im Bundeskanzleramt, Osterheld, vorgelegen.

[2] Der für den 21./22. Januar 1965 geplante Aufenthalt des britischen Premierministers in Bonn wurde aufgrund der schweren Erkrankung des ehemaligen Premierministers Churchill am 15. Januar 1965 verschoben.
Zum Besuch von Wilson am 8./9. März 1965 vgl. Dok. 122.

[3] Vgl. dazu Dok. 22, Dok. 26 und Dok. 27.

168

zur Debatte gestanden: die Entwicklung der EWG und der mögliche Anfang einer politischen Union.[4] Dabei sei besonders betont worden, daß auch die politische Union so wie alle bisherigen europäischen Gemeinschaften dem Beitritt Dritter offenstehen solle. Zweites Thema sei das Deutschlandproblem gewesen, wo de Gaulle seine große Vision entwickelt habe, daß die Entwicklung im Ostblock eine Lösung eines Tages ermöglichen könne. Er selbst habe darauf hingewiesen, daß man diese Perspektiven nicht wirklich in der Hand habe. Der säkulare Prozeß dürfe die Tagespolitik nicht außer acht lassen. Es wäre für die Deutschen auf beiden Seiten des Eisernen Vorhangs unerträglich, wenn sie angesichts der absoluten Ablehnung im Osten eine Resignation im Westen feststellen müßten. De Gaulle habe über die Notwendigkeit der Wiedervereinigung gute Worte gefunden und sich im übrigen einverstanden erklärt, daß die drei Westmächte mit der Bundesrepublik die Frage prüfen, wie die Viermächte-Verantwortung sichtbarer gemacht werden könne.[5] Er (der Herr Bundeskanzler) habe darauf hingewiesen, wenn solche Gespräche geheim stattfinden könnten, würde die Bundesrepublik nicht in steriler Erstarrung verharren, sondern konstruktive Beiträge leisten, die allerdings kein Angebot an die Sowjetunion sein sollten. De Gaulle sei über die Aussichten sehr skeptisch gewesen. Diese Skepsis teile er, dennoch aber wäre eine westliche Initiative von hohem politischen Wert.

Danach sei über die Verteidigung gesprochen worden. Dieses Gespräch habe keine Beschlüsse zu fassen gehabt, sondern nur Meinungsaustausch sein sollen. De Gaulle habe entgegen der ursprünglichen Befürchtung nicht erklärt, jegliche deutsche Beteiligung an einer multilateralen Organisation werde das deutsch-französische Freundschaftsverhältnis zerschlagen. Er habe nur gesagt, Deutschland solle sich wohl überlegen, ob ein solcher Schritt nützlich für Deutschland wäre, weil ein Gespräch über eine deutsche Beteiligung an nuklearen Waffen das Wiedervereinigungsproblem nicht gerade erleichtern würde. Er habe de Gaulle darauf hingewiesen, daß Deutschland keineswegs glaube, nukleare Waffen zu bekommen oder über den Einsatz nuklearer Waffen bestimmen zu können. Kein Land sei bereit, seine Waffen oder den Einsatzbefehl darüber weiterzugeben. Dies habe er insbesondere im Hinblick auf die Force de frappe gesagt. De Gaulle habe das denn auch verneint. Angesichts des Gleichgewichts der beiden Atomgiganten verblieben doch immer noch 900 Mittelstreckenraketen in Rußland, die auf Europa gezielt seien, und somit stelle sich die Frage, welcher Schutz dagegen vorgesehen werden könne. Das sei der Grund, warum Deutschland sich für die MLF ausgesprochen habe.[6] Angesichts der deutschen Verteidigungsanstrengungen im Interesse der Verteidigung Europas habe Deutschland zumindest auch ein Recht, auf die Planung und Strategie der nuklearen Waffen Einfluß zu nehmen. De Gaulle habe dem nicht widersprochen, sondern nur wiederholt, Deutschland solle sich solche Schritte wohl überlegen. Er habe aber keine bedrohliche Hal-

---

[4] Zum Stand der Diskussion vgl. den Vorschlag der Bundesregierung vom 4. November 1964 für eine Europa-Initiative sowie den italienischen und belgischen Vorschlag für eine europäische politische Union; Dok. 5, Anm. 18–20.

[5] Zum Vorschlag einer Deutschland-Initiative durch Bundesminister Schröder vgl. Dok. 3, besonders Anm. 2.

[6] Vgl. dazu Dok. 20, Anm. 5.

tung eingenommen. Der Herr Bundeskanzler fuhr fort, der Zeitplan gestatte eine Verabschiedung eines multilateralen Projekts vor den Bundestagswahlen nicht mehr. Darüber hinaus habe Deutschland kein Interesse, daß die nuklearen Waffen Wahlkampfthema würden. De Gaulle habe die Bedeutung des westlichen Bündnisses hervorgehoben. Seine Kritik gelte vor allem der Organisation. Der Herr Bundeskanzler habe klargemacht, daß Deutschland für die Integration sei, weil damit die Furcht vor Deutschland in aller Welt verringert werde.

Der Herr Bundeskanzler fuhr fort, hinsichtlich der beiden Themen, die ihm besonders am Herzen gelegen hätten: Fortsetzung der politischen Zusammenarbeit in Europa und Initiative der Westmächte in der Deutschlandfrage, sei de Gaulle recht aufgeschlossen gewesen. Das Gespräch mit dem britischen Premierminister sei also nicht belastet.

Sir Frank *Roberts* fragte, ob de Gaulle eine Verbindung zwischen der Verteidigung einerseits und den Europaplänen sowie der Wiedervereinigung andererseits hergestellt habe.

Der Herr *Bundeskanzler* erwiderte, nein, dies sei nicht zum Ausdruck gekommen. Er glaube auch nicht an eine solche Verbindung, denn de Gaulle habe wiederholt die Notwendigkeit des westlichen Bündnisses betont. Ob de Gaulle natürlich eine Beteiligung Deutschlands an der MLF gefalle, sei eine andere Frage. Sicherlich werde de Gaulle hier ziemlich skeptisch sein.[7]

Sir Frank *Roberts* sagte, das Gespräch sei also letztlich auf den früheren Zustand hinausgelaufen, daß de Gaulle die besondere Lage Deutschlands verstehe, die sich von der Frankreichs unterscheide. Hinsichtlich der europäischen Fragen wolle er darauf hinweisen, daß Großbritannien sein großes Interesse wiederholt betont habe. Sollten sich hier Fortschritte abzeichnen, so werde Großbritannien zwar auf keiner Beteiligung bestehen, wolle aber doch außerhalb dieser Konstruktion Gesprächsmöglichkeiten haben.

Der Herr *Bundeskanzler* bemerkte, darüber werde er insbesondere mit dem Premierminister zu sprechen haben. Er habe den Eindruck gewonnen, daß Großbritannien in seiner Haltung vom Gemeinsamen Markt etwas weiter abgerückt sei.

Sir Frank wies darauf hin, Großbritannien meine, daß die Tür immer noch verschlossen sei und England daher keine Gelegenheit zu einem Gespräch habe, da es sich nicht der Gefahr eines zweiten Nein[8] aussetzen wolle.

Der Herr Bundeskanzler sagte, er verstehe dies.

Sir Frank sagte, es sei richtig, daß für England diese Frage zur Zeit nicht an erster Stelle rangiere.

Der Herr *Bundeskanzler* bemerkte, für Deutschland habe diese Frage großen Vorrang, da die Deutschen der europäischen Idee bedürften und die Zusammenarbeit in der heutigen Welt für absolut notwendig hielten.

---

[7] Zur ablehnenden Haltung des französischen Staatspräsidenten hinsichtlich einer deutschen Beteiligung an einer MLF vgl. auch Dok. 26.
[8] Auf der Ministerkonferenz der EWG am 28./29. Januar 1963 in Brüssel scheiterten die Verhandlungen über den Beitritt Großbritanniens zur EWG. Vgl. dazu AAPD 1963, I, Dok. 60.

Sir Frank *Roberts* bemerkte, man müsse natürlich unterscheiden zwischen einer Mitgliedschaft im Gemeinsamen Markt, für die England im Augenblick keine Möglichkeit sehe, und Fortschritten auf dem politischen Sektor, an denen England sehr interessiert sei. Es befürchte Schwierigkeiten, falls die Gespräche zwischen den Sechs ohne britische Beteiligung sehr weit gingen.

Der Herr *Bundeskanzler* bemerkte, wenn de Gaulle mit sich selbst konsequent sei, dann sei seine Vision eines starken Europa (das eines Tages sogar den Ostblock einbeziehe) unvorstellbar, wenn man Dänemark und andere Länder zum Beispiel ausgliedere.

Sir Frank *Roberts* betonte, theoretisch sei die britische Haltung, daß Großbritannien von Anfang an bei Gesprächen beteiligt sein wolle. Dem stellten sich allerdings praktische Schwierigkeiten in den Weg.

Der Herr *Bundeskanzler* bemerkte, diese politische Zusammenarbeit habe zunächst einen bloßen Kontakt der Sechs zum Inhalt. Selbstverständlich würde England im Rahmen der WEU über diese Kontakte informiert.[9]

Der *britische Botschafter* warf ein, natürlich sei auch eine bilaterale Information notwendig, da die WEU nur selten tage.[10]

Zum Deutschlandproblem sagte Sir Frank, auch Großbritannien habe volles Verständnis für diese Frage, und der frühere Außenminister Butler habe in Moskau schon versucht, Gromyko für ein Viermächtegremium zu interessieren.[11]

Der Herr *Bundeskanzler* bemerkte, man müsse hier zwei Stationen unterscheiden. Die erste Station wäre eine Verständigung auf Seiten der Westmächte über die Möglichkeiten und das Verfahren, wobei schon diese Station nützlich wäre, weil sie klärend wirke und vor allem in Deutschland den Eindruck verhindere, als rühre der Westen sich nicht. Erst die zweite Station wäre das Gespräch mit Rußland. Die Wiedervereinigung sei die oberste Aufgabe der deutschen Politik, wenn sie auch nicht die einzige Aufgabe sei.

Sir Frank *Roberts* unterstrich, England wolle keine Schwierigkeiten machen. Wenn Gromyko nach London komme[12], ergebe sich vielleicht wieder eine Möglichkeit zu einem Gespräch über diese Frage.

---

9   Nach dem Scheitern der Verhandlungen am 28./29. Januar 1963 über einen britischen Beitritt zur EWG wurde der Kontakt zwischen Großbritannien und der Europäischen Gemeinschaft über die WEU aufrecht erhalten. Vgl. dazu AAPD 1963, I, Dok. 77 und Dok. 79.

10 Neben der jährlichen WEU-Vollversammlung, die in zwei zeitlich voneinander getrennten Sitzungen abgehalten wurde, fanden vier Außenministertreffen statt, die seit 1963 in der Regel gleichzeitig als „Kontaktkonferenzen" zwischen der EWG und Großbritannien fungierten. Solche Zusammenkünfte fanden 1964 am 23./24. Januar, am 16./17. April, am 16./17. Juli und am 16./17. November statt. Die erste Kontaktkonferenz des Jahres 1965 fand am 9./10. März 1965 in Rom statt.

11 Der britische Außenminister hielt sich vom 28. Juli bis 1. August 1964 in der UdSSR auf. Gespräche mit seinem sowjetischen Amtskollegen Gromyko führte Butler am 28. und 31. Juli 1964. Vgl. dazu THE TIMES, Nr. 56076 vom 29. Juli 1964, S. 10; Nr. 56079 vom 1. August 1964, S. 6, und Nr. 56080 vom 3. August 1964, S. 7.

12 Der sowjetische Außenminister Gromyko hielt sich vom 16. bis 20. März 1965 in Großbritannien auf. Vgl. dazu Dok. 160, Anm. 7, 17 und 19. Vgl. dazu ferner WILSON, The Labour Government 1964–1970, S. 85.

Der *Bundeskanzler* sagte, er freue sich auf sein bevorstehendes Treffen mit dem britischen Premierminister.

Sir Frank *Roberts* erklärte zur Verteidigungsfrage, die Auffassungen Deutschlands und Englands seien einander sehr ähnlich, und es gehe jetzt nur noch um die Frage, wie man am besten vorgehen solle. Es gebe britische[13] und amerikanische Vorschläge. Zu den britischen Vorschlägen hätten die Amerikaner[14] und auch die Italiener[15] schon Stellung genommen. England sei nun besonders an den Auffassungen Deutschlands[16] interessiert.

Der Herr *Bundeskanzler* wies darauf hin, daß diese Gedanken sicherlich in den Gesprächen mit dem Premierminister eine große Rolle spielen werden.

Der Herr Bundeskanzler fragte dann, ob es richtig sei, daß der Premierminister in der nächsten Woche neue wirtschaftliche Schritte vorhabe.

Sir Frank *Roberts* erwiderte, ursprünglich sei diese Erklärung für den 9. Januar vorgesehen gewesen. Diese Erklärung werde vor allem zwei Dinge beinhalten[17]:

1) Neue Methoden für die Exportsteigerung (ohne Subventionen) und

2) der Hinweis, daß für Großbritannien die fünfzehnprozentige Besteuerung der Importe[18] nur eine Notbremse sei, die England so schnell wie möglich wieder abschaffen wolle.

Der Herr *Bundeskanzler* sagte, er wünsche England allen Erfolg, da immer noch ein großer Teil des Welthandels in Pfund Sterling abgerechnet werde.

Sir Frank *Roberts* erklärte, England denke nicht an eine Pfundabwertung.

Der Herr *Bundeskanzler* fragte, ob man in England an Methoden der Preisüberwachung denke.

Sir Frank *Roberts* erwiderte, er habe davon nichts gehört. Sehr viel Wert messe die britische Regierung der Einigung über die Einkommenspolitik zwischen den Sozialpartnern bei.

Sir Frank Roberts sagte dann, trotz der augenblicklichen Schwierigkeiten sei es nun möglich, den Finanzminister[19] zur Gewährung von etwas Geld für den Jugendaustausch[20] zu gewinnen.

---

[13] Zum Vorschlag einer ANF vgl. Dok. 20, besonders Anm. 9–12.

[14] Zur amerikanischen Stellungnahme zum britischen ANF-Vorschlag Dok. 12, Anm. 8.

[15] Zur italienischen Haltung zur ANF vgl. Dok. 13, Anm. 13. Vgl. dazu weiter Dok. 81.

[16] Zur Stellungnahme der Bundesregierung vom 18. Januar 1965 vgl. Dok. 21.

[17] Vgl. dazu den Artikel „Government Export Plan Released Today"; THE TIMES, Nr. 56230 vom 27. Januar 1965, S. 5.

[18] Am 26. Oktober 1964 gab der britische Schatzkanzler Callaghan Maßnahmen zur Belebung der britischen Wirtschaft bekannt, die in erster Linie eine Drosselung der Importe und eine Förderung von Ausfuhren zum Ziel hatten. Dazu gehörte auch eine zusätzliche Abgabe in Höhe von 15% auf alle Importwaren mit Ausnahme von Nahrungsmitteln, Rohtabak und Rohstoffen. Vgl. dazu THE TIMES, Nr. 56153 vom 27. Oktober 1964, S. 10.
Auf der Tagung des Ministerrates der EFTA am 22. Februar 1965 in Genf teilte der britische Wirtschaftsminister Brown mit, die Importabgabe werde mit Wirkung vom 26. April 1965 auf 10 Prozent reduziert. Vgl. NEUE ZÜRCHER ZEITUNG, Fernausgabe, Nr. 54 vom 24. Februar 1965, Bl. 1.

[19] James Callaghan.

[20] Im April 1964 hatte die Gemischte Deutsch-Britische Kulturkommission einen verstärkten Ju-

Der Herr *Bundeskanzler* sagte, die Bundesrepublik stehe dem sehr positiv gegenüber, da sie hier keinerlei Exklusivität mit Frankreich habe. Zur Verteidigungsfrage bemerkte der Herr Bundeskanzler, er befürchte, daß in den Fragen der Denuklearisierung und des Disengagement die britische Regierung nicht immer die richtige Haltung einnehme.

Sir Frank betonte, Großbritannien denke keineswegs an eine Denuklearisierung oder ein Disengagement, im Gegenteil. England sei für die Stärkung der Einheit in der NATO und für die Gleichberechtigung der europäischen Partner. Das einzige, was England auf alle Fälle verhindern wolle, seien irgendwelche Schritte in Richtung auf die Verbreitung nuklearer Waffen.[21] Hier seien aber die Amerikaner derselben Auffassung.

Der Herr *Bundeskanzler* bemerkte, auch de Gaulle teile diese Auffassung.

Der Herr *Bundesaußenminister* bemerkte noch, soweit er wisse, sei der britischen Regierung schon eine deutsche Stellungnahme zu ihren ANF-Vorschlägen zugegangen.[22] Auf den Einwurf von Sir Frank *Roberts*, es handle sich hierbei seines Wissens nur um vorläufige Erklärungen, bemerkte der Herr *Minister*, es handle sich um ein vollwertiges Arbeitspapier, wobei er auf die Bemerkung von Herrn *Osterheld*, die Stellungnahme sei den Alliierten tatsächlich nur als „unverbindlicher Referentenentwurf" übermittelt worden, ergänzte:[23] mit dem einzigen Vorbehalt, daß die Bundesregierung nicht auf jeden einzelnen Punkt dieses Papiers festgelegt sein wolle; der Botschafter könne ihn schon als eine Art deutschen Kommentar betrachten.[24]

Das Gespräch endete um 17.40 Uhr.

Bundeskanzleramt, AZ: 21-30 100 (56), Bd. 12

Fortsetzung Fußnote von Seite 172

    gendaustausch befürwortet, für den beide Staaten ab 1965 jeweils 1 800 000 DM bzw. 150 000 Pfund Sterling bereitstellen sollten. Dazu bereitete das Bundesministerium für Familie und Jugend einen Austausch-Plan vor, der von der Kulturabteilung des britischen Außenministeriums positiv aufgenommen wurde. Vgl. dazu die Aufzeichnung des Referats IV 5 vom 4. Dezember 1964 sowie die Ausarbeitung des Bundesministeriums für Familie und Jugend; VS-Bd. 2265 (I A 5); B 150, Aktenkopien 1964.
    Mit Aufzeichnung vom 29. März 1965 teilte der Gesandte Freiherr von Ungern-Sternberg, London, mit, daß die britische Regierung daran interessiert zu sein scheine, „das Gebiet des Jugendaustausches aktiv zu fördern und entsprechende Mittel dafür zur Verfügung zu stellen. Auf lange Sicht gesehen schwebt der britischen Regierung die Errichtung eines deutsch-britischen Jugendplanes ähnlich dem deutsch-französischen Jugendplan vor." Vgl. Referat I A 5, Bd. 289.

[21] Zur Nichtverbreitung von Atomwaffen als Ziel des britischen ANF-Vorschlags vgl. Dok. 12, Anm. 10. Vgl. dazu auch Dok. 20.
[22] Zur Übermittlung der Stellungnahme der Bundesregierung am 18. Januar 1965 vgl. Dok. 21, Anm. 22.
[23] Der Passus „wobei er ... ergänzte:" wurde von Ministerialdirigent Osterheld handschriftlich eingefügt.
[24] Der Passus „der Botschafter ... betrachten" wurde von Ministerialdirigent Osterheld handschriftlich angefügt.

32

Kabinettsvorlage des Auswärtigen Amts

III B 6-87.00-92.19/90-12/65 VS-vertraulich 25. Januar 1965[1]

Betr.: Ausgewogene Entwicklungshilfe an Israel und den arabischen Raum

Auf Grund des israelischen Wiedergutmachungsabkommens vom September 1952[2] haben wir uns verpflichtet, an Israel in jährlichen Raten bis zum Jahre 1965 einen Betrag von 3,45 Mrd. DM in Form von Warenlieferungen und Dienstleistungen zu bezahlen. Die beträchtlichen Leistungen zugunsten israelischer Staatsangehöriger, die sich aus den laufenden Zahlungen auf Grund des Bundesrückerstattungs[3]- und Bundesentschädigungsgesetzes[4] ergeben, sind in diesem Betrag nicht enthalten. Ferner sind bei obigem Betrag die weiteren mit Israel getroffenen geheimen Vereinbarungen über Waffenlieferungen[5] und andere finanzielle Leistungen[6] nicht berücksichtigt.

Stoßen schon die Leistungen im Rahmen des Wiedergutmachungsvertrages auf erheblichen Widerstand der arabischen Länder, muß befürchtet werden, daß eine Fortsetzung der Hilfe an Israel, die letztlich ebensowenig geheim bleiben wird wie die mit besonderem Geheimschutz umgebenen Waffenlieferungen, von den arabischen Staaten – wenn überhaupt – nur mit entsprechenden Gegenleistungen für sie hingenommen werden wird. Auch die von der Bundesregierung verfolgte Konsolidierung ihrer Beziehungen zu Israel werden die arabischen Staaten nur dann nicht mit der Aufnahme diplomatischer Beziehungen zur Sowjetzone beantworten, wenn die Bundesregierung bei der Hergabe von Entwicklungshilfe den tatsächlichen wirtschaftlichen und geographischen Gegebenheiten des arabischen Raums und Israel ausgewogener als bisher Rechnung trägt. Es sei mit Nachdruck darauf hingewiesen, daß die-

---

[1] Bundesminister Schröder leitete die Kabinettsvorlage dem Chef des Bundeskanzleramtes, Westrick, zu. Im Begleitvermerk vom 25. Januar 1965 machte er darauf aufmerksam, daß Länder und Gemeinden durch den Vorschlag des Auswärtigen Amts nicht mit zusätzlichen Kosten belastet würden. Am 27. Januar 1965 vermerkte Schröder auf dem Begleitvermerk handschriftlich für Westrick: „Kab[inett] grundsätzlich zustimmend." Vgl. VS-Bd. 8420 (Ministerbüro); B 150, Aktenkopien 1965.

[2] Für den Wortlaut des Abkommens vom 10. September 1952 zwischen der Bundesrepublik und Israel über die Wiedergutmachung vgl. BUNDESGESETZBLATT 1953, Teil II, S. 37–97.

[3] Für den Wortlaut des Gesetzes zur Regelung der rückerstattungsrechtlichen Geldverbindlichkeiten des Deutschen Reiches und gleichgestellter Rechtsträger (Bundesrückerstattungsgesetz) vom 19. Juli 1957 vgl. BUNDESGESETZBLATT 1957, Teil I, S, 734–742.

[4] Für den Wortlaut des Gesetzes zur Entschädigung für Opfer der nationalsozialistischen Verfolgung (Bundesentschädigungsgesetz) vom 18. September 1953 vgl. BUNDESGESETZBLATT 1953, Teil I, S. 1387–1408.
Am 26. Mai 1965 fand im Bundestag die Debatte zum Schlußgesetz des Bundesentschädigungsgesetzes statt. Vgl. dazu BT STENOGRAPHISCHE BERICHTE, Bd. 59, S. 9466–9480.

[5] Vgl. dazu Dok. 2, besonders Anm. 10.

[6] Zur geheimgehaltenen Gewährung von Krediten an Israel im Rahmen der Aktion „Geschäftsfreund" vgl. AAPD 1964, I, Dok. 76. Zur Entstehung der Aktion „Geschäftsfreund" vgl. Dok. 2, besonders Anm. 7.
Zu den Leistungen der Bundesrepublik gegenüber Israel vgl. Dok. 103.

ses Gebiet, das in jüngster Zeit im verstärkten Maße von der Sowjetunion und China umworben wird, von erheblicher entwicklungspolitischer Bedeutung ist. Der arabische Raum ist im übrigen schon immer von besonderem politischem und wirtschaftlichem Interesse für Deutschland gewesen. Eine Störung der freundschaftlichen Beziehungen zu diesem Raum wäre für uns, aber auch für den gesamten Westen im Hinblick auf die labile Lage, in der sich der Südabschnitt der westlichen Allianz ohnehin schon befindet, besonders abträglich.

Im übrigen gehört der arabische Raum zu unseren traditionellen Märkten; durch seinen immer größer werdenden Anteil an der Welterdölförderung gewinnt er noch an Bedeutung. Die ungestörte Ölzufuhr aus diesem Raum sicherzustellen, liegt im gesamten westlichen und unserem eigenen Interesse.

Unsere Leistungen (Zusagen) – Kapitalhilfe und Technische Hilfe – an den arabischen Raum haben sich insgesamt bis zum Jahre 1964 auf ca. 1125 Mio. DM belaufen, hiervon ca. 960 Mio. DM Kapitalhilfe und 165 Mio. DM Technische Hilfe. (Aus der beiliegenden Aufstellung ergibt sich die Verteilung der Beträge auf die einzelnen arabischen Staaten.)[7]

Wegen unseres Prinzips der projektgebundenen Entwicklungshilfe haben die arabischen Länder erst knapp 40% dieses Betrages erhalten.

Für 1965 waren in der Vorplanung für den arabischen Raum 162 Mio. DM vorgesehen, hiervon 12 Mio. Technische Hilfe. Durch die im Haushaltsausschuß des Bundestages beschlossene Kürzung des im Haushaltsplan 1965 ursprünglich vorgesehenen Betrages für Kapitalhilfe von 700 auf 600 Mio. DM wird sich der für den arabischen Raum vorgesehene Betrag anteilmäßig um ca. 13% auf 145 Mio. DM verringern.

Nach Ansicht des Auswärtigen Amts sollte unsere Hilfe an die 11 entwicklungsbedürftigen arabischen Staaten[8] unter Berücksichtigung des Gebietsumfangs vom 8 922 000 km² zu 20 700 km², der Bevölkerungszahl von 85 Mio. Arabern zu 2,3 Mio. Israelis und des Grads der Hilfsbedürftigkeit mindestens dreimal so viel betragen wie unsere Hilfe an Israel. Da eine Aufstockung unserer für den arabischen Raum vorgesehenen Beträge wegen der insgesamt beschränkt zur Verfügung stehenden Mittel aus dem laufenden Haushaltsjahr für Entwicklungshilfe nicht möglich sein wird, schlägt das Auswärtige Amt vor, das Kabinett möge beschließen, aus den oben angeführten politischen Gründen Sondermittel für den arabischen Raum in Höhe von zunächst 285 Mio. DM bereitzustellen. Mit dem auf Grund der Vorplanung aus der Bindungsermächtigung 1965 oben erwähnten Betrag von ca. 145 Mio. DM und dem aus der Bindungsermächtigung 1961 noch nicht verplanten Betrag von 70 Mio. DM (Rückfluß aus dem Boghdadi-Euphrat-Abkommen[9]) würde für den arabischen Raum ein Betrag von 500 Mio. DM einschließlich Technischer Hilfe disponibel sein.[10]

---

[7] Dem Vorgang beigefügt. Vgl. VS-Bd. 8420 (Ministerbüro); B 150, Aktenkopien 1965.

[8] Dabei handelte es sich um die VAR, den Jemen, den Sudan, den Libanon und den Irak sowie um Algerien, Jordanien, Marokko, Syrien, Tunesien und Libyen.

[9] Zum Protokoll vom 5. Juli 1961, das von Bundesminister Erhard und dem ägyptischen Vizepräsidenten Boghdadi unterzeichnet wurde, vgl. Dok. 50, Anm. 2.

[10] Mit Aufzeichnung vom 29. Januar 1965 schlug Ministerialdirektor Meyer-Lindenberg zudem hö-

Besonders eilbedürftig ist eine Entscheidung wegen der bevorstehenden Wirtschaftsbesprechungen mit der VAR, die als Vorbereitung des Deutschlandbesuches von Präsident Nasser[11] noch im Monat Februar anfangen sollen.[12] Über die Höhe der der VAR anzubietenden neuen Wirtschaftshilfe behält sich das Auswärtige Amt nach Vorliegen der Ende des Monats erwarteten Wünsche der VAR eine gesonderte Kabinettsvorlage vor.

Nach hier vorliegenden Meldungen steht die SBZ im Begriff, der VAR erstmalig eine Entwicklungshilfe in Höhe von etwa 270 Mio. DM zu gewähren.[13] Zur Durchsetzung unserer politischen Ziele in der VAR wird es erforderlich sein, mit unserer Entwicklungshilfe an die VAR über die Leistungen der SBZ hinauszugehen.[14]

VS-Bd. 8420 (Ministerbüro)

33

Aufzeichnung des Staatssekretärs Carstens

St.S. 153/65 geheim   25. Januar 1965

Betr.: Beziehungen zwischen der Bundesrepublik Deutschland und Israel
Bezug: Kabinettsvorlage vom 19. Januar 1965[1]

In der Kabinettsvorlage schlagen wir vor, den Israelis den Austausch von Handelsmissionen anzubieten. Gegen diesen Vorschlag werden von israelischer Seite zwei Einwände erhoben werden:

Sie werden einmal sagen, daß sie *volle* diplomatische Beziehungen mit uns herzustellen wünschen.[2] Ferner werden sie hervorheben, daß eine israelische

Fortsetzung Fußnote von Seite 175

    here finanzielle Zuwendungen an die UNO-Organisation für Palästina-Flüchtlinge vor, um „die arabischen Staaten von unserer materiellen Hilfsbereitschaft zu überzeugen". Eine Unterstützung der UNRWA würde zur „Befriedung im Nahen Osten" beitragen und würde deshalb sowohl den arabischen Flüchtlingen als auch indirekt Israel nützen. Vgl. VS-Bd. 2595 (I B 1); B 150, Aktenkopien 1965.

[11] Zur Einladung des ägyptischen Präsidenten zu einem Besuch in der Bundesrepublik vgl. Dok. 30.
[12] Derartige Verhandlungen fanden nicht statt. Vgl. dazu Dok. 48, Anm. 5.
[13] Zur Wirtschaftshilfe der DDR an die VAR vgl. Dok. 116, Anm. 26.
[14] Zur Beratung des Bundeskabinetts über die Vorlage vgl. Dok. 40.

[1] Erläutert wurde, daß sich die Bundesregierung seit Jahren wachsendem Druck ausgesetzt sehe, Israel die Aufnahme diplomatischer Beziehungen anzubieten. Deutschlandpolitische Erwägungen verhinderten jedoch, diesem Wunsch nachzukommen. Als ein „erster Schritt in Richtung auf eine spätere, völlige Normalisierung der Beziehungen" solle aber nun ein Austausch von Handelsvertretungen, „eventuell mit gewissen konsularischen Befugnissen, analog zu denen der Israel-Mission in Köln", vorgeschlagen werden. Vgl. VS-Bd. 8420 (Ministerbüro); B 150, Aktenkopien 1965.
[2] Zweifel an einem israelischen Einverständnis mit dem Austausch von Handelsvertretungen äußerte auch Ministerialdirektor Meyer-Lindenberg. Er verwies auf ein Interview des israelischen

Handelsmission in Bonn schlechter gestellt sein würde als die derzeitige israelische Mission, die in der Diplomatenliste unter dem Rubrum „Andere Vertretungen" erscheint und deren Leiter an den Empfängen des Bundespräsidenten teilnimmt, während dies für die Leiter der Handelsmissionen, etwa der osteuropäischen Staaten, nicht gilt. (Gegenwärtig wird außer dem Leiter der Israel-Mission[3] nur der Leiter der ebenfalls im Anhang der Diplomatenliste aufgeführten Finnischen Handelsvertretung[4] zu diesen Empfängen zugelassen.[5])

Wir haben daher erwogen, daß den Israelis alternativ angeboten werden könnte, den bisherigen Zustand zu verlängern. Das würde voraussichtlich den Abschluß eines neuen Abkommens erforderlich machen, durch welches die Rechtsgrundlage der bisherigen Israel-Mission auch über den Ablauf des Wiedergutmachungsvertrages hinaus verlängert wird.[6] Wir würden in diesem Fall weiterhin darauf verzichten, in Israel vertreten zu sein.

Vielleicht würden die Israelis diese letztere[7] Lösung vorziehen. Von unserem Standpunkt hätte sie den Vorteil, daß die Araber leichter veranlaßt werden könnten, in ihren Beziehungen zu Pankow keine Veränderungen eintreten zu lassen. Falls wir die gegenseitige Errichtung von Handelsvertretungen mit Israel vereinbaren, besteht die Gefahr, daß die arabischen Staaten nachziehen und in Pankow Handelsvertretungen errichten.

Ich darf vorschlagen, auch diesen Gedankengang bei der Diskussion im Kabinett am Mittwoch, dem 27. Januar 1965, zu verwenden.[8]

Hiermit dem Herrn Minister[9] vorgelegt.

Carstens

VS-Bd. 422 (Büro Staatssekretär)

Fortsetzung Fußnote von Seite 176

Ministerpräsidenten am 5. Januar 1965 im Zweiten Deutschen Fernsehen, in dem Eshkol betont habe, daß nur „uneingeschränkte, volle Beziehungen" in Frage kämen, „wie es dem Rang Deutschlands und wie es der Ehre des uralten Volkes Israel [...] zusteht". Vgl. die Aufzeichnung von Meyer-Lindenberg vom 25. Januar 1965; VS-Bd. 2628 (I B 4); B 150, Aktenkopien 1965.

[3] Felix E. Shinnar.
[4] Kaarlo Veikko Mäkelä.
[5] Zum rechtlichen Status der finnischen Handelsvertretung vgl. Dok. 56, Anm. 5.
[6] Das Abkommen vom 10. September 1952 zwischen der Bundesrepublik Deutschland und Israel stellte die rechtliche Basis für die Errichtung der Israel-Mission in Köln dar. Ihre Aufgabe war die Überwachung und Abwicklung der Wiedergutmachungsleistungen. Mit dem Auslaufen der deutschen Verpflichtungen am 31. März 1966 entfiel auch die Aufgabe der Israel-Mission. Für den Wortlaut des Wiedergutmachungsabkommens vgl. BUNDESGESETZBLATT 1953, Teil II, S. 37–97.
[7] Dieses Wort wurde von Staatssekretär Carstens handschriftlich eingefügt.
[8] Vgl. dazu Dok. 40.
[9] Hat Bundesminister Schröder am 26. Januar 1965 vorgelegen.

34

Aufzeichnung des Ministerialdirigenten Pauls

III A 4-81.00-18/65 geheim 25. Januar 1965[1]

Betr.: Zielsetzung, Grundsätze und Umfang der deutschen Ausrüstungshilfe für Entwicklungsländer[2]

I. Folgende Gesichtspunkte veranlaßten die Bundesregierung zur Gewährung von Ausrüstungs- und Ausbildungshilfe; sie sprechen auch für die Fortführung dieser Art von Unterstützung für Entwicklungsländer in politisch begründeten Einzelfällen:

a) Die jungen Nationalstaaten benötigen eigene Sicherungs- oder Streitkräfte nicht nur zum Schutz ihrer Grenzen und aus Prestigegründen, sondern auch zur Aufrechterhaltung ihrer inneren Sicherheit und politischen Stabilität, die unabdingbare Voraussetzungen auch der wirtschaftlichen Entwicklung und Kräftigung sind. Polizei oder Armee sind in Entwicklungsländern häufig das einzige, das ganze Land durchziehende Verwaltungsnetz mit direktem Befehlsstrang von der Hauptstadt zu Provinzen und Grenzgebieten. Die Streitkräfte sind zugleich ein wichtiger Kristallisierungskern des fehlenden Nationalbewußtseins.

b) Der Ostblock hat dies erkannt und gewährt, falls der Westen ihm nicht zuvorkommt, Ausrüstungs- und Ausbildungshilfen, die er bewußt zur Erhöhung seines politischen Einflusses und zur Unterwanderung der Ordnungskräfte benutzt.

c) Die jungen Nationen wenden sich häufig aus psychologischen oder innenpolitischen Gründen mit der Bitte um Ausrüstungshilfe nicht oder nicht ausschließlich an ihre früheren Kolonialherren oder an die Hauptmacht des westlichen Lagers; sie ziehen eine Hilfe von den in dieser Hinsicht unbelasteten Staaten vor, unter denen aus mannigfachen Gründen Deutschland nach dem Urteil der Entwicklungsländer die besten Voraussetzungen für eine wirksame und politisch nicht gebundene Hilfe mitbringt. Deutschland dient daher auch den Interessen seiner Alliierten und des Westens, wenn es in politisch begründeten und vertretbaren Fällen die erbetene Hilfeleistung übernimmt. Zudem erwarten auch unsere Verbündeten – insbesondere die USA-Regierung –, die selbst in erheblichem Umfang Militärhilfe aller Art leisten, daß wir uns unseren Verpflichtungen gegenüber der Freien Welt auch auf diesem Gebiet nicht entziehen.

---

[1] Die Aufzeichnung wurde vom Vortragenden Legationsrat I. Klasse Middelmann konzipiert. Middelmann vermerkte am 30. Januar 1965 handschriftlich: „Vorlage zur Mitzeichnung bei Abt[eilung] I war leider wegen der Dringlichkeit nicht möglich. Weisung erfolgte am Samstag, 23. I. abends. Abgabefrist Montag, 25. I., 10.30 [Uhr]."
Hat in anderer Ausfertigung Meyer-Lindenberg am 25. und Ministerialdirigent Böker am 30. Januar 1965 vorgelegen. Vgl. VS-Bd. 2469 (D I/Dg I A); B 150, Aktenkopien 1965.

[2] Zur Ausrüstungshilfe der Bundesrepublik für afrikanische und asiatische Staaten vgl. AAPD 1964, I, Dok. 18 und Dok. 41.

d) Die Ausrüstungshilfe kann, wenn sie mit politischem Takt und mit Umsicht durchgeführt wird, wirksam zur Vertiefung unserer Beziehungen zu den Empfängerländern beitragen, weil die mit der Ausrüstungshilfe immer verbundene Ausbildung von Angehörigen der Streit- oder Polizeikräfte einen zwar zahlenmäßig kleinen, aber einflußreichen Teil der Bevölkerung ein zutreffendes Deutschlandbild und ein tieferes Verständnis unserer Probleme vermittelt. Da die in Deutschland ausgebildeten Spezialisten oder Offiziere häufig in Schlüsselpositionen aufrücken, ist zu erwarten, daß sich ihre positive Haltung zu Deutschland auch auf lange Sicht günstig auswirkt.

e) Zusätzlich bietet die Ausrüstungshilfe auch für die deutsche Volkswirtschaft Vorteile (Ersatzteillieferungen, Nachbestellungen sowie Verwertung überzähligen Bundeswehrmaterials).

f) Ein plötzlicher Stop der Ausrüstungshilfe wäre den Empfängerländern gegenüber kaum zu rechtfertigen, da er die laufenden Ausbildungsprogramme unterbrechen und nachträglich sinnlos machen würde. Die durch unsere Ausrüstungshilfe veranlaßte Umstellung fremder Polizei- und Streitkräfte auf deutsche Waffen, deutsches technisches Gerät und deutsche Ausbildungsmethoden würde zu einer „völligen Fehlinvestition", und die daraus sich ergebende unvermeidliche Verärgerung und innenpolitische Schwächung der für eine Zusammenarbeit mit Deutschland verantwortlichen Kreise und Personen würde den bisherigen Erfolg unserer Hilfe in sein Gegenteil verkehren.

II. Folgende Richtlinien waren bisher für die Gewährung unserer Ausrüstungshilfe maßgebend; sie sollten als bewährt beibehalten, notfalls vervollkommnet werden:

a) Ausrüstungshilfe wird nur auf Antrag der fremden Regierung, aber nicht initiativ gewährt; sie soll in einem ausgewogenen Größenverhältnis zu der dem gleichen Land gewährten deutschen Wirtschaftshilfe stehen;

b) materielle und formelle Trennung von der zivilen Entwicklungshilfe;

c) keine Lieferung von Waffen und Kriegsgerät in Gebiete akuter politischer Spannung[3];

d) keine Verbindung mit politischen und strategischen Auflagen;

e) Abstimmung mit denjenigen unserer Verbündeten, die im jeweiligen Empfängerland gewichtige politische Interessen zu wahren haben oder ihm ebenfalls Ausrüstungshilfe gewähren[4];

f) jedes neue Hilfsprogramm ist durch den Bundesverteidigungsrat zu genehmigen.

III. Die als Anlage beigefügten Einzelangaben über Höhe, Art und Laufzeit der Ausrüstungshilfsprogramme (Quelle der Zahlen: BMVtg) beschränken

---

[3] Zur Erklärung des Auswärtigen Amts vom Dezember 1957 vgl. Dok. 1, Anm. 6. Vgl. dazu weiter Dok. 39.

[4] Zur Koordinierung der Ausrüstungshilfe der Bundesregierung mit amerikanischen Projekten vgl. AAPD 1963, I, Dok. 166, und AAPD 1963, III, Dok. 378.

sich auf die Ausrüstungshilfe für Entwicklungsländer.[5] Sie schließen daher nicht ein:

a) Die Verteidigungshilfe im Rahmen unserer NATO-Verpflichtungen an Griechenland (68 Mio. DM) und die Türkei (50 Mio. DM);[6]

b) das Projekt „Frank/Kol"[7], dessen Anlaß (Wiedergutmachung) und Umfang es zu einem einmaligen Sonderfall machen.

Ohne die unter a) und b) aufgeführten besonderen Programme sind aus dem Titel für Ausrüstungshilfe im Haushalts-Einzelplan des Bundesministeriums der Verteidigung bisher gezahlt worden:

		Mio. DM
Im Haushaltsjahr	1962	12,7
" "	1963	40,6
" "	1964 (vorläufige Ziffer)	77,9
	demnach insgesamt	131,2

im Haushaltsjahr 1965 sind vom BMVtg als voraussichtlich fällig werdende Beträge verplant 68,5 Mio. DM, so daß sich die Gesamtkosten für Ausrüstungshilfe für Entwicklungsländer von 1962 bis Ende 1965 auf rund 200 Mio. DM belaufen werden. Die Zahlungen für die Programme a) und b) dürften während der gleichen Zeit 118 + 156,6 = rund 275 Mio. DM erreichen.

IV. Außer den im Rahmen der Ausrüstungshilfe durchgeführten Lieferungen von Waffen und Gerät spielen auch der Weiterverkauf von gebrauchtem, bei der Bundeswehr nicht mehr verwendbarem Gerät[8] sowie die kommerzielle Ausfuhr von Rüstungsgütern durch deutsche Herstellerfirmen eine gewisse Rolle. So berechtigt der fiskalische Gesichtspunkt ist, das aussortierte Bundeswehrmaterial möglichst über den Schrottwert zu verkaufen, und so verständlich das Interesse der deutschen Firmen daran ist, durch Vergrößerung des Kundenkreises die Entwicklungs- und die Herstellungskosten zu senken, so müssen doch beide Komplexe unter dem gleichen strengen Maßstab politischer Zweckmäßigkeit geprüft werden, wie die Lieferungen im Rahmen der Ausrüstungshilfe. Soweit ausländische Regierungen bei der Bundeswehr direkt gebrauchtes Rüstungsmaterial kaufen, wird die Politische Abteilung des Auswärtigen Amtes jeweils vorher um ihre Stellungnahme gebeten. Bei den

---

[5] Dem Vorgang beigefügt.
Aus der Aufstellung ging hervor, daß der Sudan derjenige Staat in Afrika war, der die umfangreichste Ausrüstungshilfe – in Höhe von 120 Mio. DM – erhielt. Zu den damit von der Bundesregierung geförderten Vorhaben gehörten die Ausrüstung von Grenzschutzverbänden, die Modernisierung eines Militärflughafens und einer Munitionsfabrik sowie die Lieferung von Handfeuerwaffen, Munition, Stahlhelmen, Kraftfahrzeugen, Pionier- und Fernmeldegerät sowie von Flugzeughallen. Auf den Sudan folgten, in der Reihenfolge der Höhe der Ausrüstungshilfe, die sie aus der Bundesrepublik bezogen, Tansania, Guinea und Äthiopien. Vgl. dazu VS-Bd. 2469 (D I/Dg I A); B 150, Aktenkopien 1965.

[6] Zur Verteidigungshilfe an Griechenland und die Türkei vgl. AAPD 1964, I, Dok. 114, und AAPD 1964, II, Dok. 333 und Dok. 392.

[7] Zur Ausrüstungshilfe an Israel unter dem Decknamen „Frank[reich]/Kol[onien]" vgl. AAPD 1964, II, Dok. 396.

[8] Vgl. dazu auch das Vorhaben, Flugzeuge an Portugal zu verkaufen; Dok. 55.

kommerziellen Verkäufen deutscher Firmen erfolgt die Prüfung im Rahmen der Ausfuhrkontrolle (Ref. III A 6).

Hiermit über Herrn Staatssekretär[9] Herrn Bundesminister[10] als Unterlage für das geplante Ministergespräch über Ausrüstungshilfe vorgelegt.

Pauls

VS-Bd. 5100 (III A 4)

35

Aufzeichnung des Vorstandsmitglieds Hufnagel, Mannesmann

Anlage zu II 5-196/65 VS-vertraulich　　　　　　　　　　　25. Januar 1965[1]

Niederschrift über Gespräch mit Handelsrat Mo Cheng-Kuei am 21.1.1965 in Bern

Teilnehmer: Herr H. Hufnagel, Herr H. J. Ehrhardt-Renken, Herr E. W. von Carnap, Herr Audouard, chinesischer Dolmetscher.

Herr Hufnagel stellt die einzelnen Delegationsmitglieder vor und gibt einen Überblick über Funktion und Tätigkeit des Ostausschusses, Arbeitskreis China. Betonung, daß Tätigkeit des Ostausschusses im Auftrag von und im Einvernehmen mit Ressorts der Bundesregierung erfolgt.

Rückblick auf Verhandlung, Abschluß und Entwicklung des Abkommens von 1957.[2]

Wenn das Abkommen auch in der Durchführung nicht allseitig befriedigt hat, bot es eine Basis für die Berücksichtigung beiderseitiger Interessen.

Seit Auslaufen des Abkommens dauernde Bemühungen, vor allem auf deutscher Importseite, Erleichterungen zu schaffen.

Wie sieht Arbeitskreis China die Zukunft:

Eine wie immer geartete Vereinbarung, auch in loser Form, könnte Schwierigkeiten ausräumen und Grundlage für erweiterten Warenaustausch bieten; z.B.

---

[9] Hat Staatssekretär Lahr am 25. Januar 1965 vorgelegen, der handschriftlich vermerkte: „Ich halte die Ausrüstungshilfe für ein wertvolles Instrument unserer Außenpolitik, das wir keinesfalls aufgeben sollten. Ärger hat es bisher nur gegeben, wenn wir von unserer eigenen Richtlinie abgewichen sind, nicht in Spannungsgebiete zu liefern."

[10] Hat Bundesminister Schröder vorgelegen.

[1] Durchdruck.
Hat Ministerialdirektor Krapf und Staatssekretär Carstens am 29. Januar 1965 vorgelegen. Carstens verfügte die Weiterleitung an Bundesminister Schröder.
Hat Schröder am 1. Februar 1965 vorgelegen.

[2] Die Vereinbarung zwischen dem Ostausschuß der deutschen Wirtschaft und dem China-Komitee zur Förderung des Internationalen Handels wurde am 27. September 1957 abgeschlossen und war bis 1960 in Kraft. Sie wurde danach nicht wieder verlängert. Vgl. dazu AAPD 1964, I, Dok. 69.

Kontinuität in der Belieferung des deutschen Marktes, Expertenaustausch, Unterstützung bei Visa-Erteilung.

Zur Erläuterung Hinweis auf das wegbereitende Wirken der anderen Arbeitskreise[3] des Ostausschusses.

Abschließend zusammenfassender Überblick über den Warenaustausch der letzten Zeit mit Erwähnung des zunehmenden chinesischen Aktivsaldos.[4]

Audouard: Bei dem Besuch in Peking Ende 1963[5] haben sich CCPIT und die Einfuhrgesellschaften an deutschen Investitionsgütern außerordentlich interessiert gezeigt. Zwischenzeitlich sind interessante Geschäfte zwischen den chinesischen Gesellschaften und deutschen Lieferanten abgeschlossen worden.[6] Man hat im AK China Überlegungen darüber angestellt, wie man diese Beziehungen zum Nutzen beider Länder ausbauen kann. Der AK China weiß, daß die Corporations sehr wohl in der Lage sind, ihre kaufmännischen Partner zu finden. Er hat jedoch erwogen, ob er bei der Organisation von Austauschen technischer Experten Hilfe leisten kann. Ingenieure und Fachleute auf dem Gebiet der Landwirtschaft, der Ausrüstungen der chemischen Industrie, des Werkzeugmaschinenbaus u.a.m. dürften sicherlich zum Gedankenaustausch und zu Besuchen in China bereit sein. Auch für diese technischen Wirtschaftsbeziehungen wäre eine vertragliche Basis zwischen den beiden Ländern von Nutzen.

Ehrhardt-Renken: Steigerung des deutschen Importes aus VR China à conto größerer Angebote, insbesondere auf Kanton-Messe.[7] Dies könnte noch ver-

---

[3] Weitere Arbeitskreise des Ostausschusses der deutschen Wirtschaft waren der Arbeitskreis UdSSR und der Arbeitskreis Europäische Ostblockstaaten.

[4] Vortragender Legationsrat I. Klasse Klarenaar hielt dazu am 19. Januar 1965 fest, daß der Handel mit der Volksrepublik China sich im Jahre 1958 mit einem Gesamtvolumen von 927 Mio. DM auf seinem Höhepunkt befand. Danach entwickelte er sich rückläufig und erreichte seinen niedrigsten Stand im Jahr 1963 mit einem Umfang von nur 223,9 Mio. DM. 1964 konnte dagegen wieder ein Anstieg sowohl der Ein- als auch der Ausfuhren verzeichnet werden. Vgl. dazu Referat III A 6, Bd. 214.
Ebenso wurde in einer Aufzeichnung des Arbeitskreises China im Ostausschuß der deutschen Wirtschaft vom 19. Mai 1964 dargelegt, daß seit 1961 der bilaterale Warenaustausch zugunsten der Volksrepublik China aktiv war, und es wurden Vorschläge für eine Steigerung des Imports chinesischer Waren vorgelegt. Vgl. dazu Referat III A 6, Bd. 214.

[5] Auf Einladung des China Council for the Promotion of International Trade (CCPIT) hielten sich das Vorstandsmitglied und der Geschäftsführer des Arbeitskreises China im Ostausschuß der deutschen Wirtschaft, Schulz und Audouard, vom 10. November bis 1. Dezember 1963 in der Volksrepublik China auf. Sie kamen zu der Ansicht, daß die chinesische Seite bereit sei, ein neues Warenabkommen mit der Bundesrepublik zu schließen. Diesbezügliche Vorschläge brauchten nicht „über Bern vorgelegt zu werden, sondern sollen unmittelbar an die CCPIT gerichtet sein". Vgl. die Aufzeichnung von Schulz vom 3. Dezember 1963; Referat III A 6, Bd. 160.

[6] So erhielt die Firma Lurgi GmbH im Jahr 1964 aus der Volksrepublik China „einen Großauftrag im Wert von 50 Mio. DM für den Bau einer Rohöl-Krack- und Olefin-Trennungsanlage", die Firma Uhde „einen Kontrakt über die Lieferung einer Kunstfaseranlage im Werte von 7 Mio. DM". Vgl. die Aufzeichnung des Vortragenden Legationsrats I. Klasse Klarenaar vom 19. Januar 1965; Referat III A 6, Bd. 214.

[7] In der südchinesischen Stadt Kanton fand jeweils im Frühjahr und im Herbst eines Jahres eine internationale Messe statt. Bei der Herbstmesse 1964 waren circa 50 Deutsche anwesend, die mit den „getätigten Käufen chinesischer Produkte und Verkäufen von Stahlrohren, Maschinen und Chemikalien" zufrieden gewesen seien. Vgl. den Schriftbericht des Generalkonsuls Bünger, Hongkong, vom 2. Dezember 1964; Referat III A 6, Bd. 160.

bessert werden, wenn eine Vereinbarung bestehen würde, da China auch in vielen Produkten mit Ländern konkurriert, mit denen Verträge bestehen. Für gewisse Warenarten sind „Zufallsgeschäfte" nicht möglich, da sie Kontinuität erfordern, die nur mit einer vertraglichen Basis erreicht werden kann (z.B. Bettfedern, Tungöl etc.).

Als Beweis für die ständigen Bemühungen des AK wird auf Ausschreibungen für Honig, Tapiocawurzeln etc. verwiesen.

Mo Cheng-Kuei: Erkennt die Bemühungen und sogar Erfolge der Arbeiten des AK China an. Für 65 wird Erweiterung des Außenhandels erwartet aufgrund eines rapiden Wachstums von chinesischer Industrie und Landwirtschaft (1964 größte Ernte in der Geschichte, 15% Steigerung der Industrieproduktion).

Zurückweisung einer getrennten Betrachtung von Politik und Wirtschaft; unfreundliche Einstellung der Bundesregierung zur VR China beeinflußt die Wirtschaftsbeziehungen negativ. Man ist sich in China klar, daß Druck von außen (USA) auf die Regierung ausgeübt wird.

Industrie und AK hätten sich um Änderung der Regierungshaltung bemüht, leider ohne Erfolg. Man habe zwar vor einiger Zeit die Möglichkeit eines offiziellen Abkommens diskutiert, und zwar erst in der Schweiz, dann in London[8]; Verhandlungen gescheitert, da Bundesregierung ein „inoffizielles" Abkommen haben wollte. Dagegen offizielle unfreundliche Äußerungen führender deutscher Persönlichkeiten, z.B. F.J. Strauß in Taiwan. Strauß sei zwar nicht mehr im Kabinett, aber er sei eine namhafte Persönlichkeit. Es ist keine Tendenz zur Normalisierung der politischen Beziehungen VR China/BRD erkennbar gewesen. 1964 habe BRD ein offizielles Abkommen in Aussicht gestellt. Besonders mit Mißfallen wurde vermerkt, daß die Bundesregierung im Frühjahr 1964 erklärt habe, daß die Frage einer Handelsmission erst nach den amerikanischen Wahlen[9] wieder diskutiert werden könne.[10] Dies bezeuge, daß die Bundesregierung in bezug auf China eine reine von USA beeinflußte Politik treibe. Nichtoffizielles Abkommen eröffnet den Aspekt der Trennung von Wirtschaft und Politik, die China nicht wünscht. Der bestehende Handel ist geeignet, zum Verstehen der Völker beizutragen. Im konkreten Geschäftsverkehr kann der Ostausschuß sicherlich sehr behilflich sein. Das Nichtvorhandensein eines Abkommens hat einen negativen Einfluß auf den gegenseitigen Handel.

Hufnagel: Über frühere Gespräche sind wir orientiert. Wir haben den Eindruck, daß Kreise in Bonn ihrerseits der Meinung sind, daß die VR China im

---

[8] Vgl. dazu AAPD 1964, II, Dok. 206 und Dok. 236.
[9] Die amerikanischen Präsidentschaftswahlen fanden am 3. November 1964 statt.
[10] Am 6. Juli 1964 teilte Staatssekretär Carstens der Botschaft in Bern, über die die Verhandlungen mit der Volksrepublik China geführt wurden, mit, in den Gesprächen sollte eine „kleine Pause" eintreten. Vgl. VS-Bd. 3968 (II A 5); B 150, Aktenkopien 1964.
Die USA beurteilten die Gespräche zwischen der Bundesrepublik und der Volksrepublik China „zurückhaltend bis negativ". Vgl. AAPD 1964, I, Dok. 131. Zur amerikanischen Reaktion vgl. auch die Äußerungen des Präsidenten Johnson am 12. Juni 1964 gegenüber Bundeskanzler Erhard; AAPD 1964, I, Dok. 161.

Augenblick an einer Handelsvereinbarung nicht mehr das frühere Interesse zeigt.

Es gibt auch sehr positive Äußerungen zur China-Politik in der BRD (Zitat der Notiz DWD 18.12.64).[11]

Mit allen Staatshandelsländern Europas haben wir Handelsvereinbarungen[12], aber nur mit der UdSSR diplomatische Beziehungen. Bei dem Aufbau der Handelsbeziehungen mit den europäischen Ostblockstaaten hat der Ostausschuß erhebliche Vorarbeiten geleistet und den Weg zum offiziellen Vertrag geebnet. Eine Vereinbarung zwischen AK China und CCPIT sollte nicht als Ersatz, sondern als „Vorstufe" zu einem Abkommen gesehen werden.

Mo: Bei der Bundesregierung ist man der Meinung, daß man Wirtschaft und Politik trennen muß. Vergleiche mit Österreich und Italien seien nicht möglich, da BRD im Gefolge der USA eine unfreundliche Politik gegen China betreibe.

Die Lage der BRD sei komplizierter als die anderer Staaten. Da sei z. B. Westberlin. In dieser Frage könne die VR China nicht die gleiche Regelung annehmen, die andere europäische sozialistische Länder angenommen hätten.

Hufnagel: Auch der AK China kann nur im Einvernehmen und Auftrag der Bundesregierung handeln. Eine Behandlung Berlins muß genau so sein wie mit den europäischen Staatshandelsländern.

Nicht befugt und gewillt politisch zu sprechen, aber Annahme, daß gerade die Chinesen für unsere Lage Verständnis haben, da sie selbst das Problem Taiwan hätten.

Mo: Die Probleme Taiwan und Berlin können nicht verglichen werden. Taiwan sei von US besetzt, Berlin unterliege einem Viermächte-Abkommen.[13]

Hufnagel und Renken: Wenn schon Taiwan als von US besetzt angesehen wird, dann sei ein Vergleich zu Mittel- und Ostdeutschland am Platze, das von der UdSSR besetzt gehalten werde.

Mo: Die Aussichten auf ein „inoffizielles" Abkommen seien sehr gering. Es sei auch unrealistisch, auf ein „offizielles" Abkommen mit Berlin-Klausel zu rechnen, chinesischerseits sei man nicht interessiert.

Auf Hufnagels Frage, woran man interessiert sei, Mo: ganz allgemeine Förderung des Handels, und auf die Gegenfrage, wie er sich dies vorstelle: Ein „offi-

---

[11] Die Nachrichtenagentur „Deutscher Wirtschaftsdienst" meldete unter der Überschrift „Verhandlungen mit der VR China können beginnen": „Die Bundesregierung dürfte über kurz oder lang Verhandlungen mit Rotchina über den Abschluß eines Handelsabkommen aufnehmen. Nach offiziellen Äußerungen in den letzten Tagen darf man davon ausgehen, daß die politischen Hindernisse, die solchen Verhandlungen mit Peking in den letzten Monaten im Wege standen, ausgeräumt worden sind." Vgl. DIE AUSSENWIRTSCHAFT, Heft 50 vom 18. Dezember 1964, S. 9f.

[12] Die Bundesrepublik hatte lediglich mit Polen (7. März 1963), mit Rumänien (24. Dezember 1963), mit Ungarn (10. November 1963) und mit Bulgarien (6. März 1964) gültige Warenabkommen. Zu den laufenden Verhandlungen mit der Sowjetunion und der Tschechoslowakei vgl. Dok. 18 und Dok. 19.

[13] Vgl. dazu das Londoner Protokoll vom 12. September 1944 betreffend die Besatzungszonen in Deutschland und die Verwaltung von Groß-Berlin; DOKUMENTE DES GETEILTEN DEUTSCHLAND, Bd. 1, S. 25–27.

zielles" Abkommen einschließlich Berlin komme nicht in Frage, da Berlin nicht Teil der BRD sei, ein „inoffizielles" Abkommen sei uninteressant. Die Kernfrage sei und bleibe die Haltung der Bundesregierung, die z.Z. unfreundlich sei. Man möge sich das wohl überlegen. Eine Stellungnahme der chinesischen Regierung werde nicht erfolgen, ehe nicht eine Stellungnahme der Bundesregierung erfolgt sei. Im übrigen möge der AK China, wie bisher, zur Förderung der chinesisch-deutschen Wirtschaftsbeziehungen beitragen.

Auf die Frage, ob hierzu auch die Entsendung von technischen Fachleuten gehöre, hieß es, daß die Corporations dies behandeln würden.

Verabschiedung: zivil und freundlich.

Kommentar und Resumé:

1) Der Gedanke an ein Abkommen AK China – CCPIT kann z.Z. zu den Akten genommen werden. Er kann nur unter ganz bestimmten politischen Bedingungen wiedererstehen.

2) Laut Mo Cheng-Kuei, der fraglos von oben instruiert war, wäre die Berlin-Klausel der Kardinalpunkt eines „offiziellen" Abkommens.

3) Natürlich trennen die Chinesen in der Praxis ganz bewußt Politik und Wirtschaft, auch gerade in der Berlin-Frage, denn sie müssen wissen, wieviel Berlin-Fertigungen in einigen für sie hochinteressanten Lieferungen stecken. Dies konnte und durfte natürlich nicht in dem Gespräch erwähnt werden.

4) Es hat sich der Eindruck verschärft, daß man nur im äußersten Notfall in der BRD kauft.

5) Allem Anschein nach gewinnen die „Corporations" ständig an Einfluß. Das ist die einzige Ecke, aus der eine gewisse Auflockerung kommen könnte.

6) Die Verstimmung der Chinesen ist offenkundig. Man muß annehmen, daß bei den Kontaktaufnahmen in der Schweiz und in London gewisse Zugeständnisse oder Versprechungen gemacht worden sind, die im deutlichen Gegensatz zu den Äußerungen in der Presse gestanden haben.

7) Es besteht der unmißverständliche Eindruck, daß Handelsrat Mo gut unterrichtet war und daß er höheren Orts eine Rückendeckung für seine Äußerungen hat.[14]

Hufnagel

VS-Bd. 3142 (II A 5)

[14] Zu den wirtschaftspolitischen Beziehungen zur Volksrepublik China vgl. weiter Dok. 460.

36

Drahterlaß des Staatssekretärs Carstens

II 8-82-12/276/65 geheim Aufgabe: 25. Januar 1965, 15.59 Uhr[1]
Fernschreiben Nr. 285 Plurex
Cito

Auf Drahtberichte Nr. 92[2] und 97[3] vom 21.1. von Natogerma und Drahtbericht Nr. 198 vom 19.1. aus Washington[4] sowie Drahtbericht Nr. 35 vom 19.1. von Unogerma New York[5]

In der Sitzung des Politischen Ausschusses am 26. Januar[6] (für Washington und Unogerma: In Gesprächen mit der amerikanischen Regierung und mit dem Leiter der amerikanischen Abrüstungsbehörde Foster) bitte ich Sie, zum Irischen Resolutionsentwurf betreffend die Nichtverbreitung von Kernwaffen[7] wie folgt Stellung zu nehmen:

1) Die Bundesregierung begrüßt die von der Irischen Delegation mit amerikanischer Unterstützung ergriffene Initiative, einen eigenen Resolutionsentwurf

---

[1] Drahterlaß an die Ständige Vertretung bei der NATO in Paris, den Beobachter bei der UNO in New York sowie an die Botschaft in Washington.
Der Drahterlaß wurde vom Vortragenden Legationsrat I. Klasse Lahn und Ministerialdirektor Krapf am 25. Januar 1965 mitgezeichnet. Dazu handschriftlicher Vermerk des Staatssekretärs Carstens: „Nach Abgang d[em] H[errn] Min[ister] z[ur] g[efälligen] K[enntnisnahme] (wegen Ziffern 3, 4, 5)."
Hat Bundesminister Schröder am 26. Januar 1965 vorgelegen. Vgl. dazu auch die beigefügte handschriftliche Notiz des Ministerialdirigenten Simon vom 25. Januar 1965 für Carstens: „Der beiliegende Vorgang traf beim Herrn Minister ein, als er das Haus bereits verlassen hatte. Da ungewiß ist, wann die 14.30 beginnende Fraktionsvorstandssitzung endet, bitte ich zu entscheiden, ob Telegramm ohne Vorlage beim Minister abgesandt werden soll." Carstens vermerkte dazu handschriftlich: „Absenden." Vgl. VS-Bd. 4038 (II 8); B 150, Aktenkopien 1965.
[2] Vgl. VS-Bd. 4038 (II 8); B 150, Aktenkopien 1965.
[3] Vgl. VS-Bd. 4038 (II 8); B 150, Aktenkopien 1965.
[4] Vgl. VS-Bd. 8500 (Ministerbüro); B 150, Aktenkopien 1965.
[5] Vgl. VS-Bd. 8500 (Ministerbüro); B 150, Aktenkopien 1965.
[6] Vgl. dazu weiter Dok. 43.
[7] Als Alternative zu dem indischen Entwurf einer Resolution über die Nichtverbreitung von Kernwaffen, die am 10. Oktober 1964 der UNO-Generalversammlung vorgelegt wurde, erarbeitete die irische Regierung einen Vorschlag für eine UNO-Resolution zur Frage der Non-Proliferation. Am 19. Januar 1965 berichtete Botschafter Freiherr von Braun, New York (UNO), die irische Regierung habe den Entwurf einer Resolution über die Nichtverbreitung von Kernwaffen fertiggestellt und den USA übergeben. Vgl. den Drahtbericht Nr. 35; VS-Bd. 8500 (Ministerbüro); B 150, Aktenkopien 1965.
Am gleichen Tag informierte Botschafter Knappstein, Washington, darüber, daß ihm von amerikanischer Seite der Entwurf der irischen Resolution zur Nichtverbreitung von Kernwaffen „mit der Bitte um besonders vertrauliche Behandlung" zur Kenntnis gegeben worden sei, und übermittelte den Wortlaut des Entwurfs. Vgl. den Drahtbericht Nr. 198; VS-Bd. 8500 (Ministerbüro); B 150, Aktenkopien 1965.
Am 21. Januar 1965 teilte Botschafter Grewe, Paris (NATO), mit, daß die amerikanische Ständige Vertretung den irischen Resolutionsentwurf an die übrigen NATO-Staaten weitergeleitet habe, und bat um Weisung, welche Stellung er dazu beziehen solle. Vgl. den Drahtbericht Nr. 92; VS-Bd. 4038 (II 8); B 150, Aktenkopien 1965.

in der Frage der Nichtverbreitung (NV) einzubringen, weil auch nach unserer Auffassung nur auf diese Weise dem Indischen Resolutionsentwurf, der sich auch gegen die gemeinsame Aufstellung nuklearer Streitkräfte durch ein Allianzsystem[8] richtet, mit Aussicht auf Erfolg entgegengetreten werden kann.

2) Die in Ziffer 2 des operativen Teils des Entwurfs enthaltene Absichts- und Bereitschaftserklärung[9] betrifft uns als Nichtmitglied der Vereinten Nationen zwar nicht unmittelbar, jedoch halten wir es dem Wunsche unserer Verbündeten entsprechend für nützlich, unsere Einstellung zu einem solchen Nichtverbreitungsabkommen darzulegen, wie es bereits in verschiedenen diplomatischen Gesprächen getan worden ist.

Die Bundesregierung hat sich immer für alle Bemühungen ausgesprochen, die darauf abzielen, die weitere Verbreitung von Kernwaffen in die Verfügungsgewalt einzelner Staaten zu verhindern. Der Grundgedanke des in Ziffer 4 des Irischen Entwurfs ausgesprochenen Appells[10] hat seit jeher die Politik der Bundesregierung auf diesem Gebiete bestimmt. Wir erblicken in einem Abkommen über die NV auf der Grundlage der Irischen Resolution von 1961[11] einen geeigneten Weg, dem Ziele der NV näherzukommen.

3) Die Bundesregierung hat bekanntlich schon vor zehn Jahren einen entscheidenden Schritt in dieser Richtung getan, indem sie auf die Herstellung atomarer Waffen verzichtete und sich insoweit einer internationalen Kontrolle unterwarf.[12] Kein Land der Welt ist bisher diesem Beispiel gefolgt. Auch unsere Hoffnung, daß unser damaliger Verzicht eine Lösung der Deutschlandfrage erleichtern könnte, hat sich nicht erfüllt. Wir stehen vielmehr der Tatsache gegenüber, daß sich die Sowjetunion unverändert weigert, dem von ihr besetzten Teil Deutschlands das Selbstbestimmungsrecht zu gewähren. Andererseits zeigt die Sowjetunion ein zunehmendes Interesse daran, daß die Bundesrepublik Deutschland weitere Verzichtserklärungen im nuklearen Bereich abgibt.[13] Es erhebt sich daher die Frage, ob dieses sowjetische Interesse in den

---

[8] Am 14. Dezember 1964 legte Indien der UNO-Generalversammlung den Entwurf eines Nichtverbreitungsabkommens vor. Ziel dieses Vorschlags war es, die Irische Resolution vom 4. Dezember 1961 dahingehend zu präzisieren, daß auch die Weitergabe von Kernwaffen an Staatengruppen untersagt werden sollte. Vgl. dazu die Aufzeichnung des Vortragenden Legationsrats I. Klasse Kutscher vom 16. Dezember 1964; VS-Bd. 4037 (II 8); B 150, Aktenkopien 1964.

[9] Der entsprechende Passus des irischen Resolutionsentwurfs lautete: „The General Assembly [...] welcomes the fact that the member states voting for this resolution which do not possess nuclear weapons hereby declare that they do not intend to manufacture or otherwise acquire control of nuclear weapons; and that they are ready to undertake, through an international agreement to be concluded under United Nations auspices, not to manufacture or otherwise acquire control of nuclear weapons". Vgl. den Drahtbericht Nr. 198 des Botschafters Knappstein, Washington, vom 19. Januar 1965; VS-Bd. 8500 (Ministerbüro); B 150, Aktenkopien 1965.

[10] Im irischen Resolutionsentwurf wurden alle Staaten dazu aufgerufen, „pending the coming into force of an international agreement, to pursue policies leading toward the earliest possible attainment of the objective of this resolution". Vgl. den Drahtbericht Nr. 198 des Botschafters Knappstein, Washington, vom 19. Januar 1965; VS-Bd. 8500 (Ministerbüro); B 150, Aktenkopien 1965.

[11] Für den Wortlaut der UNO-Resolution 1665 vom 4. Dezember 1961 vgl. UNITED NATIONS RESOLUTIONS, I/8, S. 237 f., bzw. DOCUMENTS ON DISARMAMENT 1961, S. 694.

[12] Zum Verzicht der Bundesrepublik auf die Herstellung von atomaren, biologischen und chemischen Waffen vgl. Dok. 11, Anm. 4.

[13] So hob der sowjetische Außenminister Gromyko in seinem Gespräch mit dem amerikanischen Außenminister Rusk am 2. Dezember 1964 hervor, daß das „Projekt der MLF, das der Bundesre-

Dienst der gemeinsamen westlichen Deutschlandpolitik gestellt werden könnte, etwa in dem Sinne, daß der Versuch gemacht würde, in Verhandlungen mit der Sowjetunion als Gegenleistung für unseren Beitritt zum NV-Abkommen Fortschritte in der Deutschlandfrage zu erlangen (vgl. mein Gespräch mit kanadischem Botschafter, Drahterlaß Plurex 95 vom 11.1. geheim[14]).

4) Naturgemäß muß ein Land wie die Bundesrepublik Deutschland, die im besonderen Maße militärisch exponiert ist, der Frage große Bedeutung beimessen, welche Auswirkungen ein NV-Abkommen auf die Sicherheit Europas hat. Die Bundesregierung hat mehrfach erklärt, daß nach ihrer Auffassung der Abschluß eines solchen Abkommens mit der Schaffung einer multilateralen atlantischen nuklearen Streitmacht einhergehen sollte und daß sie einen Beitritt zu einem NV-Abkommen nur in Erwägung ziehen könnte, wenn zuvor das MLF-Projekt oder ein gleichwertiges Projekt verwirklicht wäre.[15]

5) Wir legen weiter Wert darauf, daß möglichst die Teilnahme aller Nuklearmächte und aller potentiellen Kernwaffenmächte an einem solchen Vertrag sichergestellt sein müßte. Um den Charakter eines wirklich weltweiten Abkommens zu gewährleisten und die mögliche heimliche Weitergabe von Kernwaffen an nichtbesitzende Staaten zu verhindern, sollte daher nach unserer Auffassung in den Vertragsentwurf eine Klausel aufgenommen werden, wonach der Vertrag erst in Kraft tritt, wenn er von allen namentlich aufzuführenden Nuklearmächten und potentiellen Kernwaffenmächten ratifiziert worden ist. Mit diesem Vorschlag glauben wir uns in Übereinstimmung mit der amerikanischen Forderung, wie sie in Ziffer 5 des Auslegungsprotokolls (minute of interpretation)[16] zu dem amerikanischen Erklärungsentwurf vom 14. Februar 1963[17] zum Ausdruck gekommen ist.

6) Da das NV-Abkommen allen Staaten zum Beitritt offenstehen soll (vgl. Ziffer 5 des operativen Teils[18]), halten wir es für notwendig, wegen des Problems der etwaigen Teilnahme der SBZ an diesem Vertrag eingehend konsultiert zu werden. Wir denken unter anderem daran, einer Aufwertung der Zone durch eine geeignete Disclaimer Clause entgegenzuwirken.

7) Zur Klarstellung möchten wir darauf hinweisen, daß wir den im Text des Entwurfs verwendeten Begriff „relinquish or acquire control"[19] in dem auch in

Fortsetzung Fußnote von Seite 187
publik Zugang zu nuklearen Waffen eröffne," eine „weitere Erschwerung" auf dem Weg zu einer Wiedervereinigung darstelle. Vgl. den Drahtbericht Nr. 3594 des Gesandten von Lilienfeld, Washington, vom 8. Dezember 1964; VS-Bd. 8477 (Ministerbüro); B 150, Aktenkopien 1964.
14 Vgl. Dok. 11.
15 Vgl. dazu Dok. 20 und Dok. 21.
16 Für den Wortlaut vgl. VS-Bd. 4036 (II 8).
17 Für den Wortlaut vgl. VS-Bd. 4036 (II 8).
   Zur Einschätzung des amerikanischen Vorschlags vgl. AAPD 1963, I, Dok. 100.
18 Für den Wortlaut vgl. den Drahtbericht des Botschafters Knappstein, Washington, Nr. 198 vom 19. Januar 1965; VS-Bd. 8500 (Ministerbüro); B 150, Aktenkopien 1965.
19 Dazu der einleitende Passus des irischen Resolutionsentwurfs: „The General Assembly, [...] concerned that it has not as yet been possible to conclude an international agreement as called for in resolution 1665 (XVI) whereby the nuclear states would undertake to refrain from relinquishing control of nuclear weapons and from transmitting the information necessary for their manufac-

der Irischen Resolution von 1961 gebrauchten Sinne verstehen, daß nämlich damit nur die nationale Verfügungsgewalt über Kernwaffen gemeint ist; jede multilaterale Konstruktion würde daher nicht betroffen werden.

Carstens[20]

VS-Bd. 4038 (II 8)

37

Aufzeichnung des Staatssekretärs Carstens

St.S. 163/65 geheim   26. Januar 1965

Betr.: Besprechung zwischen den Botschaftern der drei Westmächte[1] und mir am 26. Januar 1965

Die Botschafter brachten zunächst eine längere Liste von Beschwerdepunkten vor:

1) Sitzungen der obersten Bundesorgane in Berlin[2]

Die Botschafter wiesen darauf hin, daß solche Erklärungen, wie Herr Bundesminister Mende sie vor der Presse abgegeben habe, gefährlich seien und dazu führen könnten, daß der stillschweigende Waffenstillstand zwischen den Westmächten und der Sowjetunion bezüglich Berlins von der Sowjetunion plötzlich aufgehoben würde. Herr Bundesminister Mende habe öffentlich eine Sitzung des Bundestages in Berlin gefordert und dabei zum Ausdruck gebracht, daß man sich notfalls über Bedenken der Westmächte hinwegsetzen sollte.[3]

Fortsetzung Fußnote von Seite 188

    ture to states not possessing such weapons and whereby states not possessing nuclear weapons would undertake not to manufacture or otherwise acquire control of such weapons:" Vgl. den Drahtbericht Nr. 198 des Botschafters Knappstein, Washington, vom 19. Januar 1965; VS-Bd. 8500 (Ministerbüro); B 150, Aktenkopien 1965.

[20] Paraphe vom 25. Januar 1965.

[1] George McGhee (USA), Frank K. Roberts (Großbritannien) und Roland de Margerie (Frankreich).

[2] In der Woche vom 11. bis 15. Januar 1965 nahm der Bundestag nach der Weihnachtspause seine Tätigkeit mit einer „Arbeitswoche der Fraktionen und Ausschüsse" in Berlin (West) auf. Neben einer Zusammenkunft des Bundeskabinetts am 13. Januar 1965 fanden Sitzungen fast aller Ausschüsse des Bundestages statt. Vgl. dazu den Artikel „Erhard hält in Berlin eine Ministerbesprechung ab"; FRANKFURTER ALLGEMEINE ZEITUNG, Nr. 9 vom 12. Januar 1965, S. 1.

[3] Auf dem Stuttgarter Dreikönigstreffen der südwestdeutschen FDP forderte der Parteivorsitzende Mende eine entschiedenere Deutschland-Politik der Bundesregierung. Er hob hervor, die Bundesregierung müsse „selbständiger und selbstbewußter die Kräfte der Bundesrepublik ins Spiel bringen". Es sei nicht ihre Aufgabe, „die Interessen anderer wahrzunehmen, sondern die eigenen Interessen zu vertreten". Vgl. FRANKFURTER ALLGEMEINE ZEITUNG, Nr. 5 vom 7. Januar 1965, S. 1.
Am 12. Januar 1965 regte die FDP-Bundestagsfraktion unter ihrem amtierenden Vorsitzenden Mischnick an, Bundestagspräsident Gerstenmaier solle noch während der Arbeitswoche der

Ich erklärte, mir sei nicht in Erinnerung, daß Herr Bundesminister Mende derartige Äußerungen gemacht habe. In der Sache selbst stimme die Bundesregierung mit den drei Westmächten insoweit überein, als Sitzungen der obersten Bundesorgane in Berlin nicht den Charakter einer politischen Demonstration haben sollten.

Ich erklärte, ich würde die Angelegenheit auch mit Herrn Bundesminister Mende besprechen.

Die Botschafter beanstandeten sodann, daß ihre Zustimmung zu der letzten Sitzung des Bundeskabinetts in Berlin nicht vorher eingeholt worden sei.[4] Außerdem sei diesem letzten Treffen des Kabinetts in Berlin eine starke Publizität gegeben worden.[5] Auch das habe mit den früher zwischen ihnen und der Bundesregierung getroffenen Vereinbarungen im Widerspruch gestanden.[6] Besonderen Wert legten sie darauf, daß bei Sitzungen des Bundeskabinetts in Berlin nicht gerade Berlin oder Deutschland als Ganzes betreffende Fragen erörtert würden.

Ich bin in meiner Antwort auf die alliierte Behauptung, sie müßten ihre Zustimmung zu Sitzungen des Bundeskabinetts in Berlin geben (dies war ein Standpunkt, den der französische Botschafter besonders stark zum Ausdruck brachte), nicht eingegangen und antwortete, daß die Bundesregierung nach wie vor die Absicht habe, den Sitzungen, die sie in Berlin veranstalte, keinen politisch demonstrativen Charakter zu geben. Diesem Wunsch der Alliierten sei auch bei der letzten Sitzung Rechnung getragen worden.

Fortsetzung Fußnote von Seite 189

Fraktionen und Ausschüsse den Bundestag zu einer Plenarsitzung nach Berlin (West) einberufen. Dieser Vorschlag stieß bei CDU/CSU und der SPD auf Ablehnung. Vgl. dazu den Artikel „Streit der Parteien in Berlin über eine Plenarsitzung"; FRANKFURTER ALLGEMEINE ZEITUNG, Nr. 10 vom 13. Januar 1965, S. 1.

[4] Dazu hielt Vortragender Legationsrat I. Klasse Oncken am 9. Januar 1965 fest, daß „die drei Verbündeten [...] in der Konsultationsbesprechung vom 6. Januar 1965 weisungsgemäß von der geplanten Kabinettssitzung in Berlin unterrichtet" wurden. Vgl. VS-Bd. 3559 (II A 1); B 150, Aktenkopien 1965.

[5] Vgl. dazu den Artikel „Die Parteien einig: Wieder Plenarsitzungen in Berlin"; FRANKFURTER ALLGEMEINE ZEITUNG, Nr. 8 vom 11. Januar 1965, S. 3.
Am 13. Januar 1965 erklärte der Chef des Presse- und Informationsamtes, von Hase, daß die Kabinettsitzung vom gleichen Tage die Deutschland-Politik zum Gegenstand hatte. Er verzichtete zudem darauf, die Kabinettssitzung – wie bislang bei Zusammenkünften des Bundeskabinetts in Berlin (West) üblich – als „Ministerbesprechung" zu bezeichnen. Vgl. dazu FRANKFURTER ALLGEMEINE ZEITUNG, Nr. 11 vom 14. Januar 1965, S. 1.

[6] Am 1. Oktober 1964, im Vorfeld einer Sitzung des Bundeskabinetts in Berlin (West), gab der französische Botschafter de Margerie gegenüber Staatssekretär Carstens eine mündliche Stellungnahme ab. Darin forderten die Verbündeten „das Unterbleiben öffentlicher Ankündigungen, amtlicher Verlautbarungen und überhaupt jeglicher Publizität". Weiterhin sollten Fragen, die Berlin und Deutschland als Ganzes beträfen, nicht behandelt werden. Schließlich wurde hervorgehoben, „ein einmal gegebenes Einverständnis der Alliierten mit einer Sitzung des Bundeskabinetts in Berlin sei nicht als Zustimmung zu weiteren Sitzungen zu interpretieren. Ob eine neue Sitzung abgehalten werden könne, müsse jeweils im Licht der politischen Lage geprüft werden." Vgl. die Aufzeichnung des Vortragenden Legationsrats I. Klasse Oncken vom 9. Januar 1965; VS-Bd. 3559 (II A 1); B 150, Aktenkopien 1965.
Vgl. dazu auch AAPD 1964, II, Dok. 267.

2) Teilnahme von Generälen an Sitzungen des Bundestages in Berlin

Alle drei Botschafter beanstandeten, daß die Generäle Kuntzen und Panitzki an der letzten Sitzung des Verteidigungsausschusses in Berlin[7] teilgenommen hätten. Die Botschafter beanspruchten, unterrichtet zu werden, bevor hohe Offiziere nach Berlin führen, und es war weiter ganz deutlich, daß sie für sich das Recht in Anspruch nahmen, solchen Reisen gegebenenfalls ihre Zustimmung zu versagen. Sie wiesen darauf hin, daß sie bisher nur zu Veranstaltungen aus Anlaß des 20. Juli ihre Zustimmung zu Reisen hoher Offiziere der Bundeswehr nach Berlin gegeben hätten. Sie brachten zum Ausdruck, daß sie im Falle einer Wiederholung dieses Vorgangs erhebliche Komplikationen mit der Sowjetunion befürchteten.

Ich habe lediglich geantwortet, ich würde den Sachverhalt prüfen, ohne dem alliierten Rechtsstandpunkt und der alliierten Kritik zuzustimmen.

3) Ausgabe von Bundespässen an sowjetzonale Rentner

Die drei Botschafter beanstandeten, daß einer Anzahl sowjetzonaler Rentner während ihres Aufenthalts in der Bundesrepublik Deutschland Bundespässe für Reisen in das Ausland ausgestellt worden seien.

Ich bestritt zunächst irgendeine Legitimation der drei Botschafter zu dieser Beanstandung. Es handele sich nicht um Vorgänge, die Berlin beträfen. Sie fielen daher nicht unter die alliierte Verantwortlichkeit. Die drei Botschafter erklärten sodann, daß unsere Maßnahmen immerhin die NATO-Entscheidung über die Ausstellung von TTDs[8] berühre und daß sie deshalb in ihrer Eigenschaft als NATO-Mächte konsultiert werden möchten.

Ich bestritt auch dies und erklärte, es sei, soweit ich den Vorgang kenne, keinem Rentner ein Paß gegeben worden, der nach den TTD-Bestimmungen nicht in das Ausland reisen durfte.

Darauf erklärten die Botschafter, selbst wenn dies so wäre, wären sie dankbar, wenn sie konsultiert worden wären, denn man müsse damit rechnen, daß die geltenden TTD-Beschlüsse demnächst im NATO-Rat einer scharfen Kritik unterzogen würden.[9] Die Bundesregierung wünsche, daß die drei Westmächte sie bei dieser Diskussion unterstützten, dann aber sei es nicht mehr als recht und billig, daß man sie auch über die getroffenen Entscheidungen unterrichtete, ja selbst möglichst vorher konsultiere.[10]

---

[7] Der Verteidigungsausschuß des Bundestages tagte am 13. Januar 1965. Vgl. dazu den Artikel von Peter Koch: „Kein Plenum des Bundestages in Berlin"; SÜDDEUTSCHE ZEITUNG, Nr. 11 vom 13. Januar 1965, S. 1 f.

[8] Als Reaktion auf den Bau der Mauer in Berlin ab 13. August 1961 beschlossen die NATO-Staaten aufgrund eines Vorschlags der drei Westmächte und der Bundesrepublik vom 26. August 1961, Einwohnern der DDR, die unter die Kategorien „Trade, Political, Professional, Cultural, Sport, Tourism, Press, Religious Affairs" sowie „Private Visits" fielen, im Prinzip keine Einreisegenehmigungen (Temporary Travel Documents) zu erteilen. Am 2. Mai 1963 wurde diese Regelung dahingehend modifiziert, daß Angehörigen der Sparten Kultur, Medizin und Wissenschaft sowie Sport TTDs auch in solchen Fällen erteilt werden konnten, in denen die Bildung einer gesamtdeutschen Delegation oder Mannschaft möglich war. Vgl. dazu AAPD 1963, I, Dok. 163, und AAPD 1964, II, Dok. 255.

[9] Vgl. dazu weiter Dok. 44.

[10] Dazu Vermerk des Staatssekretärs Carstens: „Botschafter Roberts sagte mir am 28.1.1965 mit

Ich erklärte mich bereit, die von den Alliierten aufgeworfene Frage unter diesem Gesichtspunkt zu prüfen.

Hiermit Herrn D II mit der Bitte um weitere Veranlassung.[11]

Carstens

VS-Bd. 3717 (II A 1)

38

Botschafter Federer, Kairo, an Staatssekretär Carstens

Z B 6-1/705/65 geheim Aufgabe: 26. Januar 1965, 19.22 Uhr[1]
Fernschreiben Nr. 75 Ankunft: 26. Januar 1965, 18.54 Uhr
Citissime

Im Anschluß an Nr. 74 vom 26.[2]
Für Staatssekretär

Ich habe den Eindruck, daß man in hiesigen amtlichen Kreisen (die Presse hält sich noch zurück), sofern sie überhaupt von der Absicht wissen, die Unterzeichnung der drei Wirtschaftsverträge mit der SBZ durch Herrn Ulbricht Ende Februar in Kairo vollziehen zu lassen[3], sich nicht vergegenwärtigt, wie

---

Fortsetzung Fußnote von Seite 191

Bezug auf Ziffer 3 der vorstehenden Aufzeichnung, er habe inzwischen festgestellt, daß die drei Botschafter konsultiert worden seien; er habe dies am 26.1.1965 nicht gewußt.
Tatsächlich sind die Westmächte mehrfach konsultiert worden. Ich werde die Angelegenheit bei der nächsten Zusammenkunft mit den drei Botschaftern klarstellen."

[11] Hat Ministerialdirektor Krapf am 8. und Ministerialdirigent Ruete am 9. Februar 1965 vorgelegen. Hat Vortragendem Legationsrat I. Klasse Oncken am 10. Februar 1965 vorgelegen, der handschriftlich vermerkte: „Die in der Niederschrift behandelten Punkte sind bereits durch den Herrn St[aats]S[sekretär] gegenüber den in Frage kommenden Ressorts aufgenommen worden. Daher ist nichts zu veranlassen."
Ein Durchdruck der Aufzeichnung wurde am 5. Februar 1965 Bundesminister Mende zugeleitet.
Eine Plenarsitzung des Bundestages in Berlin (West) fand am 7. April 1965 statt. Vgl. dazu Dok. 171, besonders Anm. 1.

[1] Hat Bundesminister Schröder vorgelegen.
[2] Botschafter Federer, Kairo, berichtete, am Abend des 25. Januar 1965 habe ihm der ägyptische Vizepräsident Amer über Brigadegeneral Khalil ausrichten lassen, daß ein Besuch des Staatsratsvorsitzenden Ulbricht in der VAR für die letzte Februarwoche vorgesehen sei. Federer machte darauf aufmerksam, daß „nicht viel mehr als zehn Tage für Versuche, den Besuch zu verhindern", zur Verfügung stünden. Vgl. VS-Bd. 8448 (Ministerbüro); B 150, Aktenkopien 1965.
Diese Mitteilung bestätigte die Aussage von Amer vom 24. Januar 1965 gegenüber dem sich in der VAR aufhaltenden CDU-Abgeordneten Werner. Vgl. dazu den Drahtbericht Nr. 66 von Federer vom 25. Januar 1965; VS-Bd. 8448 (Ministerbüro); B 150, Aktenkopien 1965.
[3] Während des Besuchs des Staatsratsvorsitzenden der DDR vom 24. Februar bis 2. März 1965 in Kairo wurden von Ulbricht und Präsident Nasser Abkommen über wirtschaftliche Zusammenarbeit unterzeichnet.
Der ägyptische Vizepräsident Amer teilte dem CDU-Abgeordneten Werner dazu mit, die VAR sei

dies auf die Bundesrepublik wirken wird. So wurde der Botschaft heute „in aller Harmlosigkeit" vom Kulturministerium mitgeteilt, daß die Einweihung des Kalabscha-Tempels[4] nunmehr auf den 18.2. festgesetzt sei und daß Präsident Nasser selbst die Einweihung vornehmen würde. So hat mir Außenminister Mahmoud Riad in der Unterredung in der vorigen Woche – über die ich berichtet habe[5] – nicht einmal eine Andeutung über die Möglichkeit eines Besuchs Ulbrichts gemacht, wozu ihn Charakter und Tonart unseres Gesprächs verpflichtet hätten.

Es ist möglich, erscheint mir sogar wahrscheinlich, daß Nasser aus unserem bisherigen Verhalten schließen zu können glaubt, daß die Bundesregierung die aus einem Besuch Ulbrichts in Kairo drohende Gefahr ebenso dilatorisch behandeln wird wie die arabischen Proteste gegen unsere Waffenlieferungen an Israel.[6] Auf jeden Fall zeigten sich Marschall Amer wie Brigadegeneral Mahmoud Khalil erstaunt, als ich mit allen Zeichen der Bestürzung auf die schlimmen Konsequenzen eines Ulbricht-Besuchs für das deutsch-ägyptische Verhältnis hinwies.[7]

Da die VAR-Regierung vermutlich damit rechnet, daß wir

a) den Besuch Ulbrichts mit einem formalen Protest quittieren,
b) die uns in Aussicht gestellte Erklärung, wonach die Politik der VAR in der Frage der Wiedervereinigung sich nicht ändere[8], als der Hallstein-Doktrin Genüge leistend akzeptieren und
c) im übrigen alles beim alten lassen werden,

Fortsetzung Fußnote von Seite 192

„seit mehr als einem Jahr von der Sowjetzone zu dieser Einladung gedrängt worden. Sie habe diesem Drängen aber erst nachgegeben, nachdem die deutsche Waffenhilfe an Israel bekannt geworden sei und nachdem die Bundesregierung in den seit Bekanntwerden dieser Tatsache verstrichenen Monaten keinerlei Erklärung zu dieser [...] Handlungsweise abgegeben habe." Vgl. den Drahtbericht Nr. 66 des Botschafters Federer, Kairo, vom 25. Januar 1965; VS-Bd. 8448 (Ministerbüro); B 150, Aktenkopien 1965.
Zur Wirtschaftshilfe der DDR an die VAR vgl. weiter Dok. 116, Anm. 26.

[4] Der Tempel von Kalabscha gehörte zu denjenigen archäologischen Stätten in Oberägypten, die infolge der Inbetriebnahme der ersten Staustufe des Assuan-Dammes im Mai 1964 überflutet worden wären und daher abgebrochen und an geschützter Stelle wiederaufgebaut wurden. Die Finanzierung dieses Projekts hatte die Bundesrepublik übernommen.
Am 26. Januar 1965 teilte Botschafter Federer, Kairo, mit, er beabsichtige, die Vorbereitungen für die Einweihungsfeier weitergehen zu lassen, stellte aber in Frage, ob angesichts der jüngsten Entwicklung „die Feier in Anwesenheit eines deutschen Ministers stattfinden sollte". Vgl. den Drahtbericht Nr. 74; VS-Bd. 8448 (Ministerbüro); B 150, Aktenkopien 1965.

[5] Vgl. Dok. 30.

[6] Zu den Waffenlieferungen an Israel vgl. Dok. 2 und weiter Dok. 40.
Zur arabischen Reaktion vgl. Dok. 30, Anm. 3.

[7] Am 25. Januar 1965 unterrichtete Botschafter Federer, Kairo, gemeinsam mit dem CDU-Abgeordneten Werner den ägyptischen Vizepräsidenten Amer, daß die Bundesregierung einen Besuch des Staatsratsvorsitzenden Ulbricht in der VAR als „konkludente Handlung im Sinne der Hallstein-Doktrin" verstehen würde. Vgl. den Drahtbericht Nr. 67 von Federer vom 25. Januar 1965; VS-Bd. 8448 (Ministerbüro); B 150, Aktenkopien 1965.

[8] Vgl. dazu den Drahtbericht Nr. 74 des Botschafters Federer, Kairo, vom 26. Januar 1965; VS-Bd. 8448 (Ministerbüro); B 150, Aktenkopien 1965.
Zur Weigerung des Präsidenten Nasser, eine solche Erklärung abzugeben, vgl. Dok. 48.

so sollten wir ihr meines Erachtens so schnell wie möglich diese Illusionen nehmen. Andernfalls ist der Riß im Damm der Hallstein-Doktrin nicht mehr zu schließen.

Ich sehe daher nur zwei Möglichkeiten der Reaktion: Entweder die Bundesregierung erklärt einen Besuch Ulbrichts für eine untragbare Zumutung und droht mit den Konsequenzen der Hallstein-Doktrin in all ihren Schattierungen (selbstverständlich muß hinter der Drohung der Entschluß, sie wahrzumachen stehen), oder die Bundesregierung erklärt, daß sie bereit sei, sofort mit der VAR in eine Verhandlung über das dort bekannte „package deal"[9] einzutreten, sofern der Besuch Ulbrichts abgesagt wird.

Die erste Alternative enthält ohne Zweifel auch für die VAR sehr ernste Konsequenzen. Ihre größte Sorge, die Stärkung Israels, wird in diesem Fall erheblich vermehrt, ganz abgesehen von den gerade im Augenblick besonders bitteren wirtschaftlichen Konsequenzen. Aber ich wage nicht zu prophezeien, ob Nasser sich dieser Drohung beugen würde, selbst wenn er davon überzeugt werden könnte, daß wir sie wahrmachen.

Die zweite Alternative eröffnet dagegen nach meiner Ansicht eine Chance, die Rückkehr zur ersten Alternative bleibt immer noch offen, falls die Verhandlungen scheitern. Im Zentrum des „package deal" muß – worauf ich immer wieder hingewiesen habe – die Einstellung der Waffenhilfe an Israel stehen. Dies ist der neuralgische Punkt. Mit Bestimmtheit wird mir dies entgegengehalten werden, sollte ich lediglich den Auftrag bekommen, gegen die Einladung Ulbrichts als unzumutbare Zumutung zu protestieren. In ägyptischen Augen sind unsere Waffenlieferungen an Israel ebensowenig zumutbar.

Gelingt uns die zweite Alternative, dann ist nicht nur der Fortbestand der Hallstein-Doktrin für einen weiteren Abschnitt gesichert, sondern dann wäre unser Verhältnis zur VAR auf eine neue, von Erpressungen und Verdächtigungen freie Grundlage gestellt.

Wir sind nach meiner Auffassung an einem Scheideweg, nicht nur unserer Nahost-Politik, sondern unserer Deutschland-Politik angelangt. Ich fürchte aber, daß wir die Entscheidung nicht mehr lange in der Hand haben.

[gez.] Federer

VS-Bd. 8448 (Ministerbüro)

---

[9] Ein „package deal" für die Gespräche mit der VAR war erstmals von Bundestagspräsident Gerstenmaier am 11. Dezember 1964 vorgeschlagen worden. Danach sollten alle Waffenlieferungen in den Nahen Osten eingestellt und auf diplomatischem Wege geklärt werden, „welches Maß von Normalisierung der deutsch-israelischen Beziehungen" von den arabischen Staaten ohne Gefährdung des Alleinvertretungsanspruchs der Bundesrepublik hingenommen werden könnte und welche „wirtschaftlichen Zugeständnisse zur Herbeiführung dieser arabischen Bereitschaft" für die Bundesrepublik tragbar wären. Vgl. AAPD 1964, II, Dok. 385.
Ein ähnliches Verhandlungspaket wurde auch von Ministerialdirektor Krapf am 27. Januar 1965 befürwortet. Vgl. Dok. 41.

39

Staatssekretär Carstens an Botschafter Federer, Kairo

St.S. 176/65 geheim   Aufgabe: 27. Januar 1965, 12.05 Uhr[1]
Fernschreiben Nr. 315

Für Botschafter

1) Zu dem Komplex deutsche Waffenlieferungen an Israel[2] hat der Herr Bundeskanzler am 26. Januar 1965 folgendes entschieden:

Im Bundestag sind bekanntlich Bestrebungen im Gange, ein allgemeines Waffenausfuhrverbot aus der Bundesrepublik Deutschland in dritte Länder gesetzlich zu verankern; ausgenommen würden nur NATO-Staaten sein.[3]

Bei Abwägung des Für und Wider sieht die Bundesregierung manche Vorteile in der Verabschiedung eines solchen Gesetzes, allerdings muß die Frage noch genauer geprüft werden. Daraus ergibt sich, daß die Bundesregierung bestrebt ist, eindeutige und praktikable Regeln für Waffenlieferungen aufzustellen und insbesondere zu verhindern, daß Waffen in Spannungsgebiete geliefert werden.[4]

Von einem solchen gesetzlichen Verbot würden auch eindeutig alle Waffenlieferungen nach Israel erfaßt werden. Schon vor Abschluß der Beratungen über die geplante Gesetzesinitiative wird die Bundesregierung mit sofortiger Wirkung keine neuen Verpflichtungen zur Lieferung von Waffen an Israel eingehen.[5]

2) Bisher sind mit Israel Vereinbarungen über Lieferung von Waffen in Höhe von insgesamt 239 Mio. DM (Verkaufswerte) getroffen worden. Ferner werden von uns 150 Panzer des amerikanischen Typs M 48 A 1, ohne Geschütze und ohne Motor an ein drittes Land geliefert und von dort umgerüstet nach Israel weitergeliefert.[6]

---

[1] Hat Bundesminister Schröder am 27. Januar 1965 vorgelegen.
[2] Vgl. dazu Dok. 2.
[3] Zu den diesbezüglichen Vorschlägen des Bundestagspräsidenten Gerstenmaier vgl. Dok. 10. Zum Scheitern der Initiative vgl. Dok. 40, besonders Anm. 11.
[4] Zur Erklärung des Auswärtigen Amts vom Dezember 1957 vgl. Dok. 1, Anm. 6.
[5] Dieser Satz ging auf Streichungen und handschriftliche Einfügungen des Staatssekretärs Carstens zurück. Vorher lautete er: „Im übrigen wird die Bundesregierung schon vor Abschluß der Beratungen über die geplante Gesetzesinitiative keine neuen Verpflichtungen zur Lieferung von Waffen an Israel eingehen."
Vgl. dazu auch die Beratungen vom 27. Januar 1965 im Bundeskabinett; Dok. 40.
[6] Dieser Satz ging auf Streichungen und handschriftliche Einfügungen des Staatssekretärs Carstens zurück. Vorher lautete er: „Hinzukommt eine Lieferung von 150 Panzern vom amerikanischen Typ M 48 A 1, die von uns ohne Geschütze und ohne Motor an ein drittes Land geliefert und erst von dort umgerüstet nach Israel weitergeliefert werden."
Zum amerikanischen Vorschlag, die Bundesregierung solle im Auftrag der USA Panzer an Israel liefern, vgl. die Gesprächsaufzeichnung des Botschaftsrats I. Klasse Blomeyer-Bartenstein, Washington, vom 13. Juni 1964 über die Unterredung des Bundeskanzlers Erhard mit dem amerikanischen Verteidigungsminister McNamara vom 12. Juni 1964; VS-Bd. 446 (Büro Staatssekretär).
Bundeskanzler Erhard gab seine Zustimmung unter der Voraussetzung, daß die Lieferung über

Von den vereinbarten Lieferungen sind 161 Mio. DM abgewickelt; dabei handelt es sich um 2 Rohrflakbatterien, 42 Flugzeuge (Sikorsky und Noratlas), 24 Schulflugzeuge, 10 Do-27, 500 3-Tonnen-Ford-Lkw, 470 Anhänger, dazu 1600 Panzerabwehrraketen, 1500 Fallschirme, diverse Munition.

Ferner sind von den genannten Panzern 60 Stück an das dritte Land geliefert.

Noch nicht abgewickelt sind 78 Mio. DM. Dabei handelt es sich um 6 Schnellboote, 2 alte britische U-Boote, die zurzeit auf britischen Werften umgebaut werden, 3 Do-28.

Ferner sind 90 der genannten Panzer noch nicht ausgeliefert.

Der Herr Bundeskanzler hat entschieden, daß Gespräche mit der israelischen Seite aufgenommen werden sollen. Dabei soll den Israelis klargemacht werden, daß sich die Verhältnisse seit Abschluß der Vereinbarungen verändert haben. Es soll der Versuch unternommen werden, die Auslieferung der noch nicht gelieferten Panzer oder jedenfalls etwa 50 dieser Panzer zu unterbinden. Ebenso soll die Auslieferung der Schnellboote unterbunden werden.[7]

Da wir hier jedoch eine Verständigung mit Israel anstreben[8], ist es fraglich, inwieweit es gelingen wird, auf diesem Gebiet weitere für das Gespräch mit den Arabern positiv verwertbare Momente herauszuholen.

3) Ich bitte Botschafter Federer, Nasser aufzusuchen und mit ihm ein offenes Gespräch zu führen. Ziel dieses Gesprächs sollte sein:

a) einen Besuch Ulbrichts in der VAR unter allen Umständen zu verhindern[9];

b) Nasser zu veranlassen, möglichst bald nach Deutschland zu kommen.[10]

Fortsetzung Fußnote von Seite 195

Italien erfolgen würde und die Panzer erst dort mit Geschützen ausgerüstet werden würden. Vgl. AAPD 1964, I, Dok. 161.

[7] Mit Blick auf die noch nicht gelieferten Waffen machte Botschafter Federer, Kairo, am 28. Januar 1965 darauf aufmerksam, daß es für seine Gespräche mit der ägyptischen Regierung hilfreich sein würde, wenn er „verbindlich" erklären könnte, „daß die Bundesregierung wenigstens auch einen Teil – wie groß auch immer – der noch nicht abgewickelten Waffenlieferungen einstellt". Vgl. den Drahtbericht Nr. 81; VS-Bd. 8448 (Ministerbüro); B 150, Aktenkopien 1965.
Bundesminister Westrick wies Staatssekretär Carstens jedoch darauf hin, daß Bundeskanzler Erhard mit der Abgabe einer solchen Erklärung in Kairo nicht einverstanden sei, da die Einstellung der noch nicht durchgeführten Waffenlieferungen Gegenstand eines Gesprächs mit dem Leiter der Israel-Mission, Shinnar, sein solle. Vgl. dazu das Schreiben von Westrick vom 29. Januar 1965; VS-Bd. 8420 (Ministerbüro); B 150, Aktenkopien 1965.

[8] Der Passus „Da ... anstreben" ging auf Streichungen und handschriftliche Einfügungen des Staatssekretärs Carstens zurück. Vorher lautete er: „Da wir uns jedoch hier auf den Weg einer Verständigung mit Israel begeben".

[9] Am 27. Januar 1965 übermittelte Staatssekretär Carstens an Botschafter Federer, Kairo, den Wunsch des Bundeskanzlers Erhard, gegenüber Präsident Nasser „zum Ausdruck zu bringen, daß die Bundesregierung über die Nachrichten einer Einladung Ulbrichts in die VAR aufs äußerste befremdet sei." Vgl. den Drahterlaß Nr. 59; VS-Bd. 422 (Büro Staatssekretär); B 150, Aktenkopien 1965.
Zur Einladung des Staatsratsvorsitzenden Ulbricht durch Präsident Nasser vgl. Dok. 38. Zum Besuch vom 24. Februar bis 2. März 1965 in der VAR vgl. Dok. 104.

[10] Zu den Planungen für einen Besuch des ägyptischen Präsidenten in der Bundesrepublik vgl. zuletzt Dok. 30.

Von den in Ziffer 1) und 2) mitgeteilten Entscheidungen bitte ich nach dortigem Ermessen Gebrauch zu machen. Mir scheint, daß die in Ziffer 1) mitgeteilte Entscheidung in einem Gespräch mit Nasser nutzbringend verwendet werden kann.[11] Wenn Sie von diesem Argument Gebrauch machen, müßten Sie damit eindeutig die Forderung verbinden, daß Ulbrichts Besuch nicht stattfinden dürfe.

Sie können hinzufügen, daß, wenn Ulbrichts Besuch zustande käme, ein neues Moment eintreten würde, das eine Überprüfung der getroffenen Entscheidung zur Folge haben könnte.[12]

Ob Sie bei dieser Gelegenheit Nasser über den Stand unserer Waffenlieferungen an Israel aufklären wollen, überlasse ich Ihnen.[13] Vielleicht wird dies notwendig sein, um die in Ziffer 1) umschriebene Position glaubhaft zu machen und um den Eindruck zu verhindern, als wenn wir uns hinter fadenscheinigen und doppeldeutigen Erklärungen verstecken wollten.

Sie können im Laufe dieses Gesprächs Nasser weiterhin sagen, daß wir uns Gedanken über eine namhafte Wirtschaftshilfe an die VAR machen und daß unsere Vorstellungen in dieser Beziehung Gestalt gewinnen.[14]

Natürlich würden auch diese Überlegungen sehr stark von dem ägyptischen Verhalten beeinflußt werden; ein Besuch Ulbrichts in der VAR würde in dieser Hinsicht sehr ungünstige Folgen haben.[15]

4) Ich bitte Botschafter Federer, den gesamten Komplex an Hand dieses Erlasses auch selbständig zu durchdenken und für den Fall, daß er eine andere Gesprächsführung empfiehlt, entsprechende Vorschläge zu machen.[16]

---

[11] Am 28. Januar 1965 äußerte sich Botschafter Federer, Kairo, erfreut, daß er in seinen Gesprächen mit der ägyptischen Regierung die Zusage geben könne, es würden keine neuen Verpflichtungen gegenüber Israel eingegangen. Damit habe er „ein gutes Argument an der Hand". Vgl. den Drahtbericht Nr. 81; VS-Bd. 8448 (Ministerbüro); B 150, Aktenkopien 1965.

[12] Dieser Satz wurde von Staatssekretär Carstens handschriftlich eingefügt.

[13] Am 28. Januar 1965 teilte Staatssekretär Carstens Botschafter Federer, Kairo, mit, daß er von den in Ziffer 2) wiedergegebenen Einzelheiten „keinen Gebrauch" machen dürfe. Dagegen könne er, falls dies nötig sein sollte, „die in Frage kommenden Globalsummen (Höhe unserer Gesamtzusage über Waffenlieferungen an Israel, Höhe des bereits ausgelieferten, Höhe des noch auszuliefernden Teiles, jeweils in DM) nennen". Vgl. den Drahterlaß Nr. 59; VS-Bd. 422 (Büro Staatssekretär); B 150, Aktenkopien 1965.

[14] Vgl. dazu Dok. 32.

[15] Botschafter Federer, Kairo, sicherte am 28. Januar 1965 zu, er werde Präsident Nasser „eindeutig zu verstehen geben, daß alle unter 1) bis 3) gemachten Zusagen hinfällig würden für den Fall, daß Ulbricht nach Kairo kommt. Darüber hinaus werde ich nicht nur gegenüber Nasser, sondern jedem, der es hören will, erklären, ohne ins Detail zu gehen, daß die weiteren Konsequenzen unabsehbar seien." Vgl. den Drahtbericht Nr. 81; VS-Bd. 8448 (Ministerbüro); B 150, Aktenkopien 1965.
Zu den möglichen politischen Konsequenzen des Besuchs vgl. weiter Dok. 41.

[16] Am 28. Januar 1965 schlug Botschafter Federer, Kairo, vor, Präsident Nasser zuzusichern, daß der Beitrag der Bundesrepublik zum ägyptischen Fünfjahresplan „auf jeden Fall ein mehrfaches des Beitrages der Sowjetzone (rd. 300 Mio. DM) ausmachen wird." Ferner regte er die Zusage an, daß die Bundesregierung vor den nächsten Bundestagswahlen am 19. September 1965 keine diplomatischen Beziehungen zu Israel aufnehmen werde. Vgl. den Drahtbericht Nr. 81; VS-Bd. 8448 (Ministerbüro); B 150, Aktenkopien 1965.

5) Zu den beiden weiteren Fragenkomplexen, Treffen Bundeskanzler – Eshkol[17] und künftige Gestaltung unserer amtlichen Beziehungen zu Israel, kann ich heute noch nichts Endgültiges sagen. Ich halte es für ausgeschlossen, daß sich die Bundesregierung im derzeitigen Stadium für die Aufnahme diplomatischer Beziehungen zu Israel entscheiden wird.[18]

6) Den Botschaftern in den übrigen arabischen Staaten geht dieser Erlaß zunächst nur zur eigenen Unterrichtung zu.[19]

Carstens

VS-Bd. 422 (Büro Staatssekretär)

---

[17] Zu den Überlegungen für ein Treffen der beiden Regierungschefs vgl. AAPD 1964, II, Dok. 312 und Dok. 313.
Auf Wunsch des Chefs des Bundeskanzleramtes, Westrick, teilte Vortragender Legationsrat I. Klasse Schirmer am 27. Januar 1965 der Botschaft in Kairo mit, daß Vermutungen, der israelische Ministerpräsident solle in der Bundesrepublik empfangen werden, „falsch" seien. Ein Termin für ein Zusammentreffen des Bundeskanzlers Erhard mit Eshkol stehe noch nicht fest. Außerdem sei „niemals erwogen worden, daß eine solche Zusammenkunft innerhalb der Grenzen der Bundesrepublik Deutschland stattfindet. Sollte eine Aussprache in unbestimmter Zukunft zustandekommen, würde sie an drittem Ort durchgeführt werden." Vgl. den Drahterlaß Nr. 58; Referat I B 4, Bd. 190.

[18] Am 29. Januar 1965 teilte Bundesminister Schröder Botschafter Federer, Kairo, mit, er könne gegenüber Präsident Nasser erklären, „daß die Bundesrepublik sicher nicht bis zu den Wahlen in Deutschland diplomatische Beziehungen mit Israel aufnehmen wird". Vgl. den Drahterlaß Nr. 63; VS-Bd. 8448 (Ministerbüro); B 150, Aktenkopien 1965.
Mit handschriftlicher Notiz vom 18. Mai 1965 hielt Staatssekretär Carstens dazu fest: „Die Ermächtigung, den Arabern zu erklären, daß bis zu den Wahlen keine diplomatischen Beziehungen mit Israel aufgenommen würden, hat der H[err] B[undes]k[anzler] am 28.1.1965 in seinem Dienstzimmer gegeben. B[undes]min[ister] Schröder und ich waren anwesend." Vgl. VS-Bd. 422 (Büro Staatssekretär); B 150, Aktenkopien 1965.
Zur Unterredung von Federer am 31. Januar 1965 mit Nasser vgl. weiter Dok. 48.

[19] Zusätzlich unterrichtete Staatssekretär Carstens am 28. Januar 1965 die Botschaften in Paris, Rom, Washington und London über die geplanten Maßnahmen der Bundesregierung zur Verhinderung eines Besuchs des Staatsratsvorsitzenden Ulbricht in der VAR und forderte sie auf, bei den jeweiligen Regierungen um Unterstützung zu bitten. Vgl. dazu den Drahterlaß Nr. 342; Ministerbüro, Bd. 219.

40

Aufzeichnung des Staatssekretärs Carstens

St.S. 193/65 geheim   27. Januar 1965

Betr.: Israel

In der heutigen Kabinettssitzung stellte der Herr Minister folgende Anträge:
- Wir sollten keine weiteren Waffen an Israel liefern.[1]
- Wir sollten Israel weiter Wirtschaftshilfe[2] gewähren.
- Wir sollten unsere Beziehungen zu Israel auf die Basis eines Austausches von Handelsvertretungen stellen oder eventuell die derzeitige Israel-Mission[3] verlängern und eine eigene Mission in Jerusalem errichten.[4]
- Wir sollten wirtschaftliche Hilfe an die arabischen Staaten leisten, und zwar in einer Größenordnung des dreifachen Betrages unserer Wirtschaftshilfe an Israel; das würde heißen: 500 Mio. DM jährlich für wirtschaftliche Projekte.[5]
- Wir sollten uns für das Zustandekommen des Nasser-Besuchs[6] in Deutschland einsetzen.[7]

Die sehr ausführliche Diskussion im Kabinett, in der insbesondere auch die Einladung Ulbrichts in die VAR[8] erörtert wurde, führte nach meinem Eindruck zu folgenden Ergebnissen:

Es bestand wenig Neigung im Kabinett, sich in der Frage der künftigen Gestaltung unserer amtlichen Beziehungen zu Israel schon jetzt festzulegen. Die überwiegende Meinung im Kabinett ging dahin, daß die vereinbarten Waffenlieferungen an Israel fortgesetzt werden sollten. Dies war auch der Standpunkt, den der Herr Bundeskanzler vertrat. Der Herr Bundeskanzler erklärte ferner, wir hätten keine Absicht, neue Verträge über Waffenlieferungen mit Israel abzuschließen[9], allerdings hinge das auch von der Haltung Ägyptens ab.

---

[1] Vgl. dazu die Kabinettsvorlage des Auswärtigen Amts vom 4. Januar 1965; Dok. 1. Zu Waffenlieferungen an Israel vgl. Dok. 39.

[2] Zur Vorgeschichte der Aktion „Geschäftsfreund" vgl. Dok. 2, besonders Anm. 7. Zur Wirtschaftshilfe an Israel vgl. Dok. 103.

[3] Zum Status der Israel-Mission vgl. Dok. 33, Anm. 6.

[4] Zur Kabinettsvorlage des Auswärtigen Amts vom 19. Januar 1965 vgl. Dok. 33.

[5] Vgl. dazu die Kabinettsvorlage des Auswärtigen Amts vom 25. Januar 1965; Dok. 32.

[6] Zur Einladung des ägyptischen Präsidenten in die Bundesrepublik vgl. zuletzt Dok. 30.

[7] Im Rückblick hielt der Leiter des Außenpolitischen Büros im Bundeskanzleramt, Osterheld, fest, daß sich das Kabinett jedoch mehrheitlich gegen diesen Vorschlag des Bundesministers Schröder ausgesprochen habe, denn „die unverschämte Einladung Nassers an Ulbricht dürfe nicht auch noch prämiert werden". Während Bundeskanzler Erhard und Bundesminister Westrick dafür plädierten, gegenüber der VAR der „äußersten Empörung" der Bundesregierung Ausdruck zu verleihen, habe Staatssekretär Carstens von „massiven Schritten" abgeraten, „zumal Form und Art der Einladung noch nicht bekannt seien". Vgl. OSTERHELD, Außenpolitik, S. 152.

[8] Zur Einladung des Staatsratsvorsitzenden Ulbricht vgl. Dok. 38, besonders Anm. 3.

[9] Zur Entscheidung des Bundeskanzlers Erhard vgl. Dok. 39.
Am 28. Januar 1965 erörterte der zuständige Unterausschuß des Auswärtigen Ausschusses die Waffenlieferungen an Israel. In der Diskussion wurde festgestellt, daß „in Zukunft keine neuen

Dieser Formulierung schienen einige Kabinettsmitglieder widersprechen zu wollen.

Der Herr Bundeskanzler erklärte weiter, daß innerhalb der Margen der von dem Herrn Bundesminister des Auswärtigen vorgetragenen Vorschläge das Auswärtige Amt Gespräche führen sollte.[10]

Eine längere Diskussion fand über die Frage statt, ob die Bundesregierung sich für die Verabschiedung eines Gesetzes einsetzen sollte, durch das der Bundesrepublik Deutschland die Lieferung von Waffen an andere als NATO-Staaten generell untersagt wird.[11]

Die negativen Stimmen überwogen.

Herr Bundesminister Lenz warf die Frage auf, wie sich das Kabinett zu der Errichtung von Süßwassergewinnungsanlagen in der VAR[12] durch deutsche Firmen stelle.

Das Kabinett war der Meinung, daß über diesen Komplex verhandelt werden sollte. Ein wesentlicher Punkt dabei ist, daß die Ägypter sich bereit erklären, das in dem Atomreaktor anfallende Plutonium zurückzugeben.

Hiermit dem Herrn Minister[13] vorgelegt.

Carstens

VS-Bd. 8420 (Ministerbüro)

Fortsetzung Fußnote von Seite 199

Waffenlieferungsverpflichtungen gegenüber Israel eingegangen werden sollen". Vgl. den Drahterlaß Nr. 59 des Staatssekretärs Carstens an Botschafter Federer, Kairo, vom 28. Januar 1965; VS-Bd. 8448 (Ministerbüro); B 150, Aktenkopien 1965.

[10] Zu den weiteren Gesprächen mit der VAR und Israel vgl. Dok. 48 und Dok. 57.

[11] Zum Vorschlag des Bundestagspräsidenten Gerstenmaier vgl. Dok. 10.
Zu einer diesbezüglichen Initiative im Bundestag kam es jedoch nicht. Zu den übereinstimmenden Äußerungen der parlamentarischen Geschäftsführer der CDU/CSU und der SPD, Rasner und Mommer, vom 9. Februar 1965, die unter Hinweis auf die bereits vorhandenen Gesetze betonten, daß es voraussichtlich keine parlamentarische Initiative „zur gesetzlichen Regelung deutscher Waffenlieferungen in fremde Länder" geben werde, vgl. den Artikel „Kein Gesetz gegen Waffenlieferungen"; FRANKFURTER ALLGEMEINE ZEITUNG, Nr. 34 vom 10. Februar 1965, S. 3.

[12] Zu den Überlegungen der Bundesregierung, im Interesse einer Entspannung der deutsch-ägyptischen Beziehungen die Finanzierung einer atomar betriebenen Meerwasserentsalzungsanlage in der VAR zu übernehmen, vgl. AAPD 1964, II, Dok. 332.

[13] Hat Bundesminister Schröder am 29. Januar 1965 vorgelegen.

41

Aufzeichnung des Ministerialdirektors Krapf

S.L. 92/1/65 streng geheim 27. Januar 1965

Betr.: Ulbricht-Besuch in der VAR[1]

Wenn der Ulbricht-Besuch in der VAR tatsächlich so durchgeführt werden sollte, wie es aus den Berichten unseres Botschafters in Kairo hervorgeht (Einladung durch die Regierung, Unterzeichnung von Wirtschaftsverträgen), dann wird sich die bisher schwierigste Lage für unsere Politik des Alleinvertretungsanspruchs ergeben.

Ulbricht ist ein Symbol all dessen, was wir an der SBZ ablehnen. Keine andere prominente Figur der Zone kann mit ihm hierin verglichen werden. Ulbricht wird, wenn ihm einmal dieser Schritt gelungen ist, bei weiteren solchen Schritten keine großen Schwierigkeiten mehr zu überwinden haben. Das, was wir der VAR erlauben, wird bekanntlich von einer Reihe ungebundener Staaten als Richtschnur genommen. Zu glauben, daß die hieraus entstehenden Direktkontakte des Symbols Ulbricht mit fremden Regierungen sich von der Aufnahme diplomatischer Beziehungen zu diesen Regierungen in ihrer politischen Wirkung noch unterscheiden, wäre eine gefährliche Selbsttäuschung.

Wir sind also gezwungen, unser Möglichstes zu tun, um den Besuch Ulbrichts in Ägypten zu verhindern. Wenn uns dies nicht gelingt, sollten wir auf Verschiebung hinarbeiten, da ein Zeitgewinn die Ausgangslage für uns wesentlich verändern könnte.[2] Wenn auch eine Verschiebung nicht gelingt, so müssen wir mindestens eine solche Änderung der Form des Besuches zu erreichen versuchen, daß es glaubhaft wird, wenn wir ihn in seiner Bedeutung gegenüber unserer und der Weltöffentlichkeit herunterspielen.

Man könnte versucht sein, der VAR im Fall der Durchführung des Besuches mit massiven Gegenmaßnahmen zu drohen, d.h. entweder mit dem Abbruch der Beziehungen oder mit der Aufnahme diplomatischer Beziehungen zu Israel. Wahrscheinlich würde aber die Ausführung einer solchen Drohung die Aufnahme voller Beziehungen zwischen der VAR und vielleicht noch anderen arabischen Staaten und der SBZ auslösen. Per Saldo würde also eine derartige Politik in einem Minus für uns enden.[3]

Es erscheint unter diesen Umständen besser, von Drohungen abzusehen und zu versuchen, ein „package deal"[4] mit Nasser auszuhandeln, durch das wir die Lage stabilisieren können. Der Zeitgewinn hat allerdings nur dann einen Sinn, wenn wir ihn benutzen, um durch eigene politische Schritte, auf die ich

---

[1] Zur Einladung des Staatsratsvorsitzenden Ulbricht durch Präsident Nasser vgl. Dok. 38. Zum Besuch vom 24. Februar bis 2. März 1965 in der VAR vgl. Dok. 104.
[2] Dazu handschriftlicher Vermerk des Staatssekretärs Carstens: „r[ichtig]."
[3] Dazu handschriftlicher Vermerk des Staatssekretärs Carstens: „r[ichtig]."
[4] Zum Vorschlag eines Verhandlungspakets, den Bundestagspräsident Gerstenmaier Präsident Nasser vortrug, vgl. Dok. 38, Anm. 9.

gesondert eingehen werde, aus der jetzigen Erpressungssituation herauszukommen. Bei einem „package deal" müssen wir auch Israel berücksichtigen, das in seiner Erpressungstaktik nicht hinter der VAR zurücksteht.

Folgende Schritte scheinen hierzu geeignet:

- Sofortiger Waffenlieferungsstop für Israel[5] (Befriedigung einer arabischen Forderung),
- Maßnahmen zur Unterbindung der Tätigkeit der deutschen Wissenschaftler in der VAR[6] (Befriedigung einer israelischen Forderung),
- vorläufiger Verzicht auf den Ausbau amtlicher Beziehungen zu Israel[7] (Befriedigung einer arabischen Forderung),
- Verlängerung der Strafverfolgungsfrist für NS-Straftaten[8] (Befriedigung einer israelischen Forderung).[9]

Die genannten Punkte schließen selbstverständlich eine Anreicherung des Paketes in beiden Richtungen nicht aus, die besonders im arabischen Fall, wo wir unter großem Zeitdruck stehen, notwendig sein mag.

Die bei der Besprechung im Bundeskanzleramt am 26. Januar 1965 gefaßten Beschlüsse[10] scheinen mir nicht ausreichend, um unsere Stellung im Nahen Osten zu halten. Damit wäre eine Fortführung unserer Anerkennungspolitik stark gefährdet.

Hiermit über den Herrn Staatssekretär[11] dem Herrn Bundesminister[12] vorgelegt.

Krapf

VS-Bd. 3552 (II A 1)

---

[5] Vgl. dazu Dok. 40.
[6] Zu den Bemühungen, die deutschen Rüstungsexperten in der VAR zu einer Rückkehr in die Bundesrepublik zu bewegen, vgl. Dok. 1, Anm. 10, sowie Dok. 9, Anm. 16.
[7] Zur Kabinettsvorlage vom 19. Januar 1965 mit dem Vorschlag, Israel den Austausch von Handelsmissionen anzubieten, vgl. Dok. 33.
[8] Vgl. dazu Dok. 53.
[9] Dazu handschriftlicher Vermerk des Staatssekretärs Carstens: „Die Anregungen werden bei der weiteren Behandlung der Angelegenheit verwertet werden."
[10] Vgl. Dok. 39.
[11] Hat Staatssekretär Carstens am 27. Januar 1965 vorgelegen.
[12] Hat Bundesminister Schröder am 29. Januar 1965 vorgelegen.

42

Aufzeichnung des Ministerialdirektors Krapf

S.L. 92/2/65 streng geheim 28. Januar 1965

Betr.: Herstellung der Bewegungsfreiheit in der Deutschland-Politik
Bezug: Aufzeichnung D II vom 27.1.1965 – II 1/1/65 streng geheim[1]

Das Verhalten Tansanias[2], Indonesiens[3], Ghanas[4] und besonders der VAR[5] gegenüber dem SBZ-Regime läßt befürchten, daß Pankow in absehbarer Zeit der Einbruch in unsere Politik der Nichtanerkennung gelingen könnte. Die Folgen für das Prestige der Bundesrepublik Deutschland und damit für ihre politische Stellung liegen auf der Hand.

In dieser Situation erscheint es mir unerläßlich, daß die Bundesregierung nunmehr Schritte vorbereitet, durch die sie vor der eigenen und der Weltöffentlichkeit klarstellt, daß sie selbst ihre Politik bestimmt und daß sie sich diese nicht von der SBZ oder dritten Staaten durch Erpressung aufzwingen läßt.

Ich schlage dazu vor, daß wir uns darauf einrichten, jederzeit diplomatische Beziehungen zu einer Reihe von osteuropäischen Staaten aufnehmen zu können. Geeignet hierzu wären: Rumänien, Ungarn, Bulgarien und vielleicht auch Jugoslawien.

Dieser Schritt erscheint mir unter den gegebenen Voraussetzungen als das beste Mittel, um das Ausmaß eines Rückschlages in unserer Alleinvertretungspolitik in erträglichen Grenzen zu halten. Zu begründen wäre dieser Schritt damit, daß das Hauptziel unserer Osteuropa-Politik die Entspannung des Verhältnisses zwischen uns und den osteuropäischen Ländern ist. Wir leisteten damit einen wesentlichen Beitrag zur Entspannung in Europa überhaupt. Unser erster Schritt in dieser Richtung sei die Herstellung amtlicher Beziehungen mit der Errichtung von Handelsvertretungen[6] gewesen. Inzwischen habe sich das Verhältnis zu einigen dieser Länder so entwickelt, daß uns die Aufnahme diplomatischer Beziehungen gerechtfertigt erscheine. Die Aufnahme diplomatischer Beziehungen zu diesen Staaten stehe nicht im Widerspruch zu

---

[1] Vgl. Dok. 41.
[2] Zur Haltung von Tansania in der Deutschland-Frage vgl. Dok. 45.
[3] Zu den Versuchen der DDR, Indonesien zur Eröffnung eines Generalkonsulats in Ost-Berlin zu veranlassen, und zu den diplomatischen Bemühungen der Bundesregierung, die indonesische Regierung von einem solchen Schritt abzuhalten, vgl. den Drahterlaß Nr. 238 des Staatssekretärs Lahr an die Botschaft in Neu Delhi vom 18. Januar 1965; VS-Bd. 2655 (I B 5); B 150, Aktenkopien 1965, sowie den Drahtbericht Nr. 31 des Botschafters Werz, Djakarta, vom 26. Januar 1965; VS-Bd. 3723 (II 1); B 150, Aktenkopien 1965.
Zur Entwicklungshilfe der DDR an Indonesien vgl. Dok. 60, Anm. 13.
[4] Zur Errichtung einer ghanaischen Handelsvertretung in Ost-Berlin im September 1963 vgl. AAPD 1963, II, Dok. 347. Vgl. dazu auch AAPD 1964, II, Dok. 233.
[5] Vgl. dazu zuletzt Dok. 38.
[6] Zur Errichtung von Handelsvertretungen in Ostblock-Staaten in den Jahren 1963/1964 vgl. Dok. 27, Anm. 20.

unserer Deutschlandpolitik. Die Tatsache, daß diese Staaten die SBZ seinerzeit aus Gründen anerkannt hätten, die nicht von ihnen zu vertreten seien, könne ihnen nicht als unfreundlicher Akt gegen uns ausgelegt werden.

Die Aufnahme diplomatischer Beziehungen zu osteuropäischen Staaten müßte mit einer diplomatischen Aufklärungsaktion unter Verwendung der obengenannten Begründung eingeleitet werden. Sie wäre mit dem dringenden Appell an die Staaten der nichtgebundenen Welt zu verbinden, uns bei diesem Schritt, den wir im Interesse des Weltfriedens täten, nicht durch Anerkennung der SBZ in den Rücken zu fallen. Wir würden dies gerade in einem solchen Augenblick als besonders unfreundlichen Akt ansehen.

Es ist wahrscheinlich – aber dies müßte noch einmal überprüft werden –, daß die Mehrheit der ungebundenen Staaten unseren Schritt verstehen und nicht sofort mit einer Änderung ihres eigenen Verhältnisses zur SBZ beantworten würde. Andererseits müssen wir aber auch damit rechnen, daß eine Reihe derjenigen, die schon jetzt zusehends unsicherer werden, dies als willkommenen Anlaß zur Aufnahme der diplomatischen Beziehungen mit der SBZ benutzen.

Wir stünden dann aber vor einer Lage, die sich von der heutigen wesentlich unterscheidet. Die Entwicklung wäre auf Grund einer Aktion von uns ausgelöst worden, die in eine positive Richtung weist. Das, was daraus resultiert, würde daher weit weniger als ein Erfolg von Pankow interpretiert werden können. Die Gefahr eines Gesichtsverlusts für uns wäre jedenfalls vermieden. Da wir selbst die Entwicklung ausgelöst haben, wären wir in der Wahl unserer Maßnahmen gegen Staaten, die die SBZ dann anerkennen, viel freier als jetzt. Wir stünden nicht mehr unter dem Zwang, die Beziehungen unter allen Umständen mit ihnen abzubrechen. Wir könnten dann, wenn uns der Abbruch der Beziehungen politisch nicht ratsam erscheint, das Argument verwenden, daß der betreffende Staat seinen Schritt nur auf Grund einer falschen Interpretation unseres vorausgegangenen Schrittes getan habe. Hierfür könnte ein anderes Strafmaß angewandt werden, das – weil wahrscheinlich auf dem Gebiet der Kreditgewährung und der Entwicklungshilfe liegend – nicht zur Selbstausschließung der Bundesrepublik Deutschland aus dem in Frage kommenden Land führen würde.

Vorstehende Hinweise gehen – ich wiederhole dies – von der Überlegung aus, daß eine für uns nachteilige Entwicklung nicht aufgehalten werden kann und daß es darauf ankommt, ihre negativen Effekte in Grenzen zu halten, indem wir im Rahmen des Möglichen eine Gewinnmitnahme aus diesem Vorgang zu realisieren suchen. Ich bin jedenfalls der Auffassung, daß mit dem vorgeschlagenen Schritt, wenn er rechtzeitig getan würde, eine Reihe Vorteile verbunden werden könnten. Bei den osteuropäischen Staaten würde er eine günstige Wirkung haben und unsere Position wesentlich stärken. Bei den nichtgebundenen und anderen Staaten kämen wir aus der Position des Erpreßten heraus. Wir gewännen Bewegungsfreiheit, und wir würden wohl auch Geld sparen.

Eine interne Vorbereitung auf die von mir angedeutete Eventualität halte ich jedenfalls unter den gegebenen Verhältnissen für unerläßlich. Der Schritt darf sicher nicht zu früh erfolgen, aber viel schlimmer wäre es, wenn er zu spät kommt.[7]

Hiermit über den Herrn Staatssekretär[8] dem Herrn Bundesminister[9] vorgelegt.

Krapf

VS-Bd. 3595 (II A 1)

43

Botschaftsrat I. Klasse Sahm, Paris (NATO), an das Auswärtige Amt

II 8-82-13/464/65 geheim 28. Januar 1965[1]

Betr.: Irischer Resolutionsentwurf über Nichtverbreitung von Atomwaffen[2]
Bezug: Drahterlaß Nr. 285 geheim Plurex vom 25.1.1965[3]

Im Politischen Ausschuß der NATO fand am 26. Januar 1965 ein erster Meinungsaustausch über den irischen VN-Resolutionsentwurf über die Nichtverbreitung von Atomwaffen statt.

I. Der britische und der italienische Vertreter teilten mit, daß ihre Regierungen beabsichtigten, in den Vereinten Nationen Änderungsvorschläge zu einzelnen Punkten des irischen Entwurfs einzubringen.

1) Die britische Regierung wolle für Ziffer 2 des Entwurfs[4] folgenden Wortlaut vorschlagen:

„Calls upon states which do not possess nuclear weapons to declare that they do not intend …".

Diese Formulierung solle die Resolution für die nichtnuklearen Staaten annehmbarer machen, da sie mit der Billigung dieses Wortlauts keine Bindungen eingehen würden, solange sie keine weitere Erklärung abgegeben oder ein entsprechendes Abkommen unterzeichnet hätten. Die Briten würden es außer-

---

[7] Vgl. dazu weiter Dok. 52.
[8] Hat Staatssekretär Carstens am 29. Januar 1965 vorgelegen, der handschriftlich vermerkte: „Gegenwärtiger Zeitpunkt wäre für Aufnahme diplomatischer Beziehungen zu Rumänien m[eines] E[rachtens] nicht geeignet. Interne Vorbereitung erscheint mir zweckmäßig."
[9] Hat Bundesminister Schröder am 30. Januar 1965 vorgelegen.
[1] Hat Vortragendem Legationsrat I. Klasse Lahn sowie Ministerialdirigent Ruete am 1. Februar 1965 vorgelegen. Hat Ministerialdirektor Krapf vorgelegen.
[2] Für den Wortlaut vgl. den Drahtbericht Nr. 198 des Botschafters Knappstein, Washington, vom 19. Januar 1965; VS-Bd. 8500 (Ministerbüro); B 150, Aktenkopien 1965. Für eine auszugsweise Wiedergabe vgl. Dok. 36, Anm. 9, 10 und 19.
[3] Vgl. Dok. 36.
[4] Für den Wortlaut vgl. Dok. 36, Anm. 9.

dem begrüßen, wenn in Ziffer 5 des Entwurfs ein Termin festgesetzt würde, bis zu dem die Genfer Achtzehn-Mächte-Konferenz über ihre Arbeiten an dem Entwurf eines Abkommens berichten sollte.[5] Die britische Regierung wolle beide Abänderungsvorschläge in den Vereinten Nationen einbringen, möchte deren Annahme aber nicht zur Bedingung für ihre Unterstützung des irischen Entwurfs machen.

2) Der italienische Vertreter kündigte folgenden Änderungsvorschlag seiner Regierung für Ziffer 3 des irischen Entwurfs[6] an:

„Welcomes the fact that Member States voting for this Resolution which possess nuclear weapons hereby declare their readiness to undertake to refrain from relinquishing control of such weapons and from transmitting the information necessary for their manufacture to States not possessing nuclear weapons and to respect and conform to the terms of this Resolution, in particular to the declaration and undertaking in operative paragraph 2."

Nach italienischer Auffassung würde es der jetzt vorliegende irische Entwurf erlauben, daß Nichtnuklearstaaten, die der Resolution nicht zugestimmt haben, von Nuklearstaaten, die die Resolution angenommen hätten, atomare Waffen erwerben könnten, ohne daß dadurch weder der Erwerberstaat noch der Lieferstaat ein internationales Abkommen verletzten. Der italienische Änderungsvorschlag sollte eine derart paradoxe Situation verhindern.

II. Aus der allgemeinen Diskussion ist noch folgendes hervorzuheben:

1) Der amerikanische, britische, italienische, norwegische, kanadische, dänische, griechische und isländische Vertreter teilten mit, daß ihre Regierungen dem irischen Resolutionsentwurf grundsätzlich zustimmen könnten. Von mehreren Seiten wurden jedoch starke Zweifel geäußert, ob er in der Generalversammlung der Vereinten Nationen eine tragfähige Mehrheit finden würde. Man werde wohl auf jeden Fall noch mit einer Reihe von Abänderungsvorschlägen rechnen müssen. Der norwegische Vertreter äußerte sich besonders pessimistisch. Er rechnete nicht damit, daß der gegenwärtige irische Entwurf von der Sowjetunion akzeptiert würde.[7] Es sei möglich, daß die Sowjetunion Änderungsvorschläge einbringen würde, möglicherweise unterstützt von einer Reihe neutraler Staaten, die für die Nuklearstaaten der NATO nicht annehmbar wären. Man müsse sich deshalb in der Tat fragen, welchen Zweck es habe, für eine Resolution zu kämpfen, von der nicht anzunehmen sei, daß sie mit ausreichender Mehrheit angenommen werden würde.

---

[5] In dem entsprechenden Passus des irischen Resolutionsentwurfs hieß es, daß die 18-Mächte-Abrüstungskommission ein internationales Abkommen über die Nichtverbreitung von Kernwaffen „on an urgent basis" vorbereiten sollte. Vgl. den Drahtbericht Nr. 198 des Botschafters Knappstein, Washington, vom 19. Januar 1965; VS-Bd. 8500 (Ministerbüro); B 150, Aktenkopien 1965.

[6] Ziffer 3: „The General Assembly [...] welcomes the fact that the member states voting for this resolution which possess nuclear weapons hereby declare their readiness to respect and conform to the terms of this resolution and in particular to the declaration in operative par[agraph] 2 by states which do not possess such weapons." Vgl. den Drahtbericht Nr. 198 des Botschafters Knappstein, Washington, vom 19. Januar 1965; VS-Bd. 8500 (Ministerbüro); B 150, Aktenkopien 1965.

[7] Über die sowjetische Haltung zum irischen Resolutionsentwurf teilte Botschafter Freiherr von Braun, New York (UNO), am 19. Januar 1965 mit, daß sich die UdSSR „vollkommen ablehnend" geäußert habe, „insbesondere, da in dem Entwurf von der MLF nicht gesprochen werde". Vgl. den Drahtbericht Nr. 35; VS-Bd. 8500 (Ministerbüro); B 150, Aktenkopien 1965.

2) Der amerikanische Vertreter äußerte sich am positivsten über den irischen Entwurf und brachte die Erwartung seiner Regierung zum Ausdruck, daß möglichst viele NATO-Staaten dafür stimmen würden. Es sei jedoch zweckmäßig, in der Generalversammlung der Vereinten Nationen nicht den Eindruck einer gemeinsamen Front der NATO-Staaten zu erwecken.

Die amerikanische Regierung unterstütze den irischen Entwurf vor allem deswegen, weil sie in ihm einen bedeutsamen Schritt auf dem Wege zur Nonproliferation nuklearer Waffen sehe. Der Abschluß eines Abkommens des in dem Entwurf geforderten Inhalts würde zugleich der Sowjetunion die Gewißheit geben, daß die Gründung einer MLF oder ANF nicht zu einer weiteren Dissemination nuklearer Waffen führen würde. Die amerikanische Regierung sei insbesondere damit einverstanden, daß die Genfer Abrüstungskonferenz mit der Ausarbeitung eines Abkommens beauftragt werden solle, da sie eine weltweite Konferenz vermeiden wolle. Kurz gefaßt verfolge die amerikanische Regierung mit ihrer Unterstützung des irischen Entwurfs folgende Ziele:

– das Prinzip der Nonproliferation sollte gefördert werden;

– die Nuklearstaaten und potentiellen Nuklearstaaten sollten einbezogen werden;

– die Sicherheitsinteressen der Atlantischen Allianz sollten berücksichtigt werden.

Der irische Entwurf decke zumindest den ersten und den letzten Punkt.

3) Der deutsche Vertreter verlas die deutsche Stellungnahme gemäß der im Bezugserlaß übermittelten Weisung. Der Ausschußvorsitzende dankte für diese Stellungnahme mit dem Bemerken, daß sie in besonderem Maße auf die grundsätzlichen Aspekte der mit dem irischen Entwurf zusammenhängenden Probleme eingehe. Anschließend erklärten der kanadische, dänische und griechische Vertreter, daß sie sich der deutschen Interpretation anschlössen, wonach sich der irische Entwurf nur auf die Weitergabe von Nuklearwaffen an einzelne Staaten, nicht aber an Staatengruppen, beziehen könne. Der griechische Vertreter erklärte ausdrücklich, daß für seine Regierung nur eine solche Resolution akzeptabel sei, die die Schaffung einer multilateralen Nuklearstreitmacht nicht unmöglich mache.

4) Auch der niederländische Vertreter führte aus, daß ein Nondisseminations-Abkommen sich nur auf die Weitergabe von Nuklearwaffen an einzelne Staaten beziehen könne. Darüber hinaus fände es seine Regierung aber auch bedenklich, den ersten Teil von Ziffer 2 des irischen Entwurfs anzunehmen. Nach dem jetzigen Wortlaut würden die Nichtnuklearstaaten einseitige Verpflichtungen übernehmen, denen keine entsprechenden Bindungen der Nuklearstaaten gegenüberstünden.

Der britische Vertreter bemerkte hierzu, daß der von seiner Regierung beabsichtigte Änderungsvorschlag gerade diesen Bedenken Rechnung tragen sollte. Der amerikanische Vertreter meinte, daß nach dem jetzigen Wortlaut des irischen Entwurfs die von den Niederländern befürchtete rechtliche Bindung gar nicht entstünde, während der dänische Vertreter der Ansicht war, daß die in Ziffer 2 enthaltene Verpflichtung am Verhalten der anderen Staaten zu messen und deshalb ganz besonders der clausula rebus sic stantibus unterworfen sei.

5) Schließlich stellte der niederländische Vertreter noch fest, daß ein weltweites Abkommen nur Sinn habe, wenn es von einer möglichst großen Zahl von Staaten abgeschlossen würde. Er verwies hierbei auf die Rede des norwegischen Außenministers Lange vor der Generalversammlung der Vereinten Nationen am 21. Januar 1965, in der dieser den Gesichtspunkt der Universalität hervorgehoben habe.[8] Die niederländische Regierung würde sich schwerlich in der Lage sehen, einem Nondisseminations-Abkommen beizutreten, das diese Bedingung der Universalität nicht erfülle. Die niederländische Regierung würde es vorziehen, wenn eine Resolution der Vereinten Nationen folgende Punkte umfasse:

– Bestätigung der Irischen Resolution vom 4. Dezember 1961[9];

– Forderung nach einem internationalen Abkommen, das alle Staaten, nukleare und nichtnukleare, binde;

– Auftrag an die Genfer Konferenz zur Ausarbeitung dieses Abkommens.

Der britische Vertreter teilte mit, daß eine Stellungnahme der indischen Regierung[10] zum irischen Resolutionsentwurf bisher noch nicht vorliege. Die Briten hofften jedoch, die indische Zustimmung zu diesem Entwurf zu gewinnen.

Die Diskussion über den irischen Resolutionsentwurf wird am 2. Februar 1965 im Politischen Ausschuß der NATO weitergeführt werden.[11]

i. V. Sahm

VS-Bd. 4038 (II 8)

---

[8] Vgl. dazu den Artikel „Fortsetzung der Generaldebatte in der UN"; NEUE ZÜRCHER ZEITUNG, Fernausgabe, Nr. 22 vom 23. Januar 1965, Bl. 2.
[9] Für den Wortlaut der UNO-Resolution 1665 vgl. UNITED NATIONS RESOLUTIONS, I/8, S. 237 f., bzw. DOCUMENTS ON DISARMAMENT 1961, S. 694.
[10] Zum indischen Resolutionsentwurf vgl. Dok. 36, Anm. 8.
[11] Vgl. dazu weiter Dok. 46.

44

Botschaftsrat I. Klasse Sahm, Paris (NATO), an das Auswärtige Amt

Z B 6-1-765/65 geheim
Fernschreiben Nr. 124

Aufgabe: 28. Januar 1965, 13.20 Uhr
Ankunft: 28. Januar 1965, 15.18 Uhr

Im Anschluß an Drahtbericht Nr. 122 vom 28.1.[1]
Betr.: TTD-Bestimmungen[2]

Im einzelnen ist über die Erörterung in der Sitzung des Natorats vom 27.1. folgendes zu berichten:

Unter Bezugnahme auf die von Botschafter Grewe am 29.11. im Rat abgegebene Erklärung[3] führte niederländischer Botschafter aus, daß jetzt im Rahmen der „trial period" die Zeit gekommen sei, die seit der Einführung der Neuregelung[4] gehandhabte Praxis zu überprüfen. Er bestätigte, daß gewisse Reisebeschränkungen für Bewohner der Ostzone nach wie vor notwendig seien, stellte zugleich jedoch die Frage, ob mit der bisherigen Praxis bereits die Grenze erreicht worden sei, über die hinaus weitere Lockerungen nicht möglich wären. Allerdings müsse Pankow gegenüber der Eindruck vermieden werden, als ob der Westen seine grundsätzliche Einstellung geändert habe. Daher sei seine Regierung auch der Auffassung, daß an dem System der TTD-Restriktionen selbst festgehalten werden solle, aber Wege zur flexibleren Anwendung gefunden werden müßten. Dies beziehe sich auf Kategorie 8[5] und Kategorie 1[6]. Trotz

---

[1] Vgl. VS-Bd. 3720 (II A 1); B 150, Aktenkopien 1965.

[2] Zu den seit 1961 geltenden Bestimmungen für die Einreise von Bewohnern der DDR in NATO-Staaten vgl. Dok. 37, Anm. 8.

[3] Am 29. November 1963 schlug Botschafter Grewe, Paris (NATO), im Ständigen NATO-Rat vor: „a) Lockerung der TTD-Sperre in gewissen Fällen (insbes. Wissenschaftler, Künstler, Sportler, soweit sie nicht ‚nationalen' Delegationen angehören); b) dafür (als Gegengewicht) Verschärfung der politischen Restriktionen für das Tätigwerden der SBZ im NATO-Bereich; c) Berücksichtigung des Gesichtspunktes von Gegenleistungen im Falle einer Lockerung (z.B. auf dem Gebiet der Handhabung von Einreisen aus Berlin (West) nach Ostberlin und in die Zone sowie von Ausreisen aus der Zone)". Vgl. den Runderlaß des Ministerialdirigenten Reinkemeyer vom 9. Dezember 1963; VS-Bd. 5572 (D V); B 150, Aktenkopien 1963.

[4] Am 18. März 1964 beschloß der Ständige NATO-Rat, daß Temporary Travel Documents an Wissenschaftler, Künstler und Sportler aus der DDR erteilt werden könnten, solange diese nicht als Vertreter der DDR aufträten oder „nationale" Spitzenorganisationen der DDR repräsentierten. Dabei wurde ihnen jede politische Betätigung in den NATO-Staaten zugunsten der DDR untersagt. Vgl. AAPD 1964, I, Dok. 91.

[5] Nach Kategorie 8 der TTD-Richtlinien wurden solchen Delegationen oder Sportmannschaften die Einreise untersagt, die als „nationale" Vertretungen der DDR aufträten.
Eine flexible Handhabung dieser Sperrbestimmung wurde auch innerhalb der Bundesregierung in Erwägung gezogen. So hielt Staatssekretär Carstens mit Aufzeichnung vom 25. Januar 1965 fest, daß sowohl das Auswärtige Amt als auch das Bundesministerium des Innern bereit seien zuzustimmen, „daß SBZ-Mannschaften an internationalen Sportveranstaltungen in der Bundesrepublik Deutschland teilnehmen dürfen, selbst wenn sie einen SBZ-Spitzenverband repräsentieren […]. Das Zeigen von Emblemen, Flaggen sowie das Abspielen der Becher-Hymne und jegliche politische Aktivität sollen nach wie vor unterbunden werden." Vgl. VS-Bd. 3720 (II A 1); B 150, Aktenkopien 1965.

[6] Kategorie 1 der TTD-Richtlinien: „Trade".

ansteigender Quote in Kategorie 1 (laut ATO-Bericht[7]) blieben manche Bewohner der Ostzone ausgeschlossen, weil sie nach der heutigen Regelung als „officials" angesehen würden und damit nicht unter die Kategorie „trade" fielen. Boon unterstrich im Hinblick auf Abs. 7 des ATO-Berichts[8] die Notwendigkeit, zu engerer Zusammenarbeit mit dem ATO zu kommen. Die Vertretungen der NATO-Staaten in West-Berlin sollten in Zukunft nicht nur informiert, sondern vor Entscheidung über den TTD-Antrag bzw. vor Eingruppierung des Bewerbers in eine der Kategorien vom ATO konsultiert werden.

Norwegischer[9] und belgischer Botschafter[10] sowie dänischer Vertreter[11] schlossen sich in längeren Darlegungen den Ausführungen Boons an, ohne jedoch die Notwendigkeit, das TTD-System als solches nicht anzutasten, zu betonen.

Dabei verwies belgischer Botschafter entsprechend seinen Vorhaltungen im vergangenen Winter in den der Neuregelung vorangegangenen Ratssitzungen 1963/64[12] erneut auf das „Phänomen" der Freizügigkeit zwischen beiden Teilen Deutschlands. Wenn schon gemeinsame Regeln aufgestellt worden seien, müßten sie auch für alle (d.h. auch für die Bundesrepublik) gelten. Botschafter Grewe wies diesen Einwurf mit den bekannten Begründungen zurück und stellte im übrigen fest, daß die Freizügigkeit für politische Persönlichkeiten aus der Sowjetzone wegen der Sicherheitsmaßnahmen in der Bundesrepublik nur theoretischen Charakter habe.

Italienischer[13], kanadischer[14], portugiesischer[15] und isländischer Botschafter[16] sowie luxemburgischer Vertreter[17] schlossen sich den niederländischen Ausführungen ebenfalls an, wobei auch sie auf Paragraph 7 des ATO-Berichts verwiesen und betonten, daß am System nichts geändert werden solle.

Türkischer[18] und griechischer Botschafter[19] stimmten vollauf mit dem ATO-Bericht überein und sahen grundsätzlich keinen Anlaß, die bisherige Handha-

---

[7] Für den Bericht „Review of Current NATO TTD Policy" des „Allied Travel Office" (ATO) in Berlin (West), das für die Ausgabe der Einreisegenehmigungen zuständig war, vgl. den Runderlaß des Vortragenden Legationsrats I. Klasse Oncken vom 18. Januar 1965; VS-Bd. 3720 (II A 1); B 150, Aktenkopien 1965.

[8] Absatz 7 des ATO-Berichts: „In order to improve coordination between NATO governments and the ATO, the ATO is taking steps to provide Consular Offices of the NATO powers in Berlin (or, when necessary, in other places) with lists of applications for TTDs. These lists will indicate the category whether banned or not into which the applicant has been placed." Vgl. den Runderlaß des Vortragenden Legationsrats I. Klasse Oncken vom 18. Januar 1965; VS-Bd. 3720 (II A 1); B 150, Aktenkopien 1965.

[9] Georg Kristiansen.

[10] André de Staercke.

[11] O. Borch.

[12] Vgl. dazu auch die Diskussion in der Bonner Botschaftergruppe vom 18. Dezember 1963; AAPD 1963, III, Dok. 476.

[13] Adolfo Alessandrini.

[14] George Ignatieff.

[15] Vasco da Cunha.

[16] Petur Thorsteinsson.

[17] A. Meisch.

[18] Muharrem Nuri Birgi.

[19] Christian X. Palamas.

bung des Systems zu ändern; auch sie verwiesen auf Absatz 7 des Berichts. Trotz ihres Einverständnisses mit dem Bericht und der Argumentation der drei Alliierten, wie sie in der amerikanischen Erklärung enthalten war, machten sie keine Einwendungen gegen eine weitere Erörterung im Politischen Ausschuß über die weitere Durchführung der TTD-Regelung. Dabei schränkte türkischer Botschafter seine Zustimmung dahingehend ein, daß erstens nichts getan werden dürfe, was zu einer Änderung der jetzigen politischen Linie führe; daß zweitens irgendwelche neuen Auslegungsregeln keine Schwierigkeiten für die Bundesrepublik, für die das TTD-System ein besonderes Anliegen sei, mit sich bringen dürfe; daß ferner auch in Zukunft Einmütigkeit über die Anwendung des TTD-Systems bestehen müsse.

Beide Botschafter schlossen sich vollen Umfangs Seydoux an, der ein brilliantes Plädoyer zur Verteidigung des TTD-Systems und seiner Handhabung gehalten und etwa folgendes ausgeführt hatte:

Nach der kurzen Zeit, die das ATO seit Frühjahr 1964 zur Verfügung gehabt habe, um Erfahrungen zu sammeln, sei es verfrüht, jetzt schon an eine Überprüfung der bisherigen Handhabung bei der Ausgabe der TTDs zu denken. Jede Änderung oder Auflockerung würde unverzüglich im Osten bekannt werden, der dies sofort für sich ausnutzen würde. Deshalb bitte er seine Kollegen, nicht nur daran zu denken, welche Wirkungen eine Änderung der Praxis auf die öffentliche Meinung in ihren Ländern haben werde, sondern auch die Wirkung im Osten in Rechnung zu ziehen. Gegenüber dem Druck der öffentlichen Meinung in den verschiedenen NATO-Ländern sei es notwendig, auf die Philosophie und die Zusammenhänge des TTD-Systems zu verweisen und nicht am Einzelfall hängen zu bleiben. Wenn die Einreisen von der Sowjetzone in NATO-Länder erschwert würden, sei dies ausschließlich auf die Politik Ulbrichts zurückzuführen. Er verkenne nicht, daß sich auf dem Handelssektor in manchen Ländern Schwierigkeiten ergeben könnten, aber auch hierauf könne er nur antworten, daß es in Pankows Hand liege, sich entsprechend dem TTD-System zu verhalten. Im Rat sei jetzt allgemein festgestellt worden, daß nicht am System, sondern höchstens an seiner Handhabung etwas geändert werden solle. Trotzdem weise er auf die Gefahr hin, daß jede Diskussion über die Praxis auch zu einer Diskussion über das System selbst führen könne.

Britischer Botschafter[20] schloß sich vollauf der amerikanischen Stellungnahme[21] und den Ausführungen seines französischen Kollegen an und wies ebenfalls darauf hin, daß nach Auffassung seiner Regierung die Zeit für eine Überprüfung der bisherigen Praxis noch nicht gekommen sei. Kategorie 8 und Kategorie 1 könnten nicht weiter verwässert werden, ohne daß sie damit praktisch bedeutungslos würden. Auf seine bezüglich Absatz 7 des ATO-Berichts an den niederländischen Botschafter gerichtete Frage, ob er wirklich daran dächte, daß die Verantwortlichkeit der ATO-Mächte[22] mit den anderen NATO-Ländern geteilt werden solle, erwiderte niederländischer Botschafter, daß die Regeln von allen NATO-Mitgliedern gemeinsam aufgestellt worden seien und sie somit auch eine gewisse Verantwortung bei der Durchführung treffe, wenn

---

[20] Sir Evelyn Shuckburgh.
[21] Für den Wortlaut vgl. VS-Bd. 3720 (II A 1).
[22] Das Allied Travel Office in Berlin (West) wurde von den drei Westmächten betrieben.

auch die letzte Entscheidung natürlich bei den ATO-Mächten bleibe. Soweit die anderen Botschafter zu diesem Punkt Stellung genommen hatten, waren auch sie der Meinung, daß auch bei eingehender Konsultation zwischen ATO und den Vertretern der West-Mächte in West-Berlin die Verantwortung für die Durchführung der TTD-Restriktion beim ATO bleiben müsse.

Botschafter Grewe schloß sich unter Bezugnahme auf den ATO-Bericht und die amerikanische Erklärung den Ausführungen des französischen Botschafters an und wies den Rat auf die Gefahren hin, die eine etwaige Diskussion über das TTD-System als solches mit sich bringen würde. Gegen die vom niederländischen Botschafter vorgeschlagene Überprüfung der Anwendung der Kategorie 8 und 1 erhebe er keine grundsätzlichen Einwendungen, eine etwaige weitere Auslegung finde allerdings ihre klaren Grenzen dort, wo damit eine Aufwertung des SBZ-Regimes verbunden sei. Es sei nicht notwendig, hohen Funktionären die Einreise zu erlauben, um Handelsgespräche zu führen; wenn Pankow an bestimmten Verhandlungen im Ausland interessiert sei, werde es auch bereit sein, untergeordnete Persönlichkeiten zu entsenden, die unter die Kategorie „trade" fielen.

Schließlich wies Botschafter Grewe mit Nachdruck auf die Gefahren hin, die dadurch entstehen würden, wenn über die jetzige Diskussion im NATO-Rahmen irgend etwas in die Öffentlichkeit dringe. Soweit dies im Hinblick auf Fragen in Parlamenten nicht zu vermeiden sei, bitte er zu betonen, daß Einmütigkeit in der NATO darüber bestehe, daß am System nichts geändert würde und daß sich die Diskussion lediglich auf eine Überprüfung der bisherigen Praxis beziehe.

Die Aussprache wird im Politischen Ausschuß am 2. Februar fortgesetzt.[23] Um Weisung wird gebeten.[24]

[gez.] i. V. Sahm

VS-Bd. 3720 (II A 1)

---

[23] Auf der Sitzung des Ständigen NATO-Rats vom 2. Februar 1965 stand wiederum die amerikanische, britische, französische und deutsche Position für eine Beibehaltung der bisher gültigen TTD-Regelung dem von niederländischer, belgischer, norwegischer und dänischer Seite vorgebrachten Wunsch nach einer großzügigeren Anwendung der Kategorien 1 und 8 sowie nach verstärkten Konsultationen vor der Ausgabe der Einreisegenehmigungen durch das ATO gegenüber. Vgl. dazu den Drahtbericht Nr. 154 des Botschaftsrats I. Klasse Sahm, Paris (NATO), vom 3. Februar 1965; VS-Bd. 3720 (II A 1); B 150, Aktenkopien 1965.

[24] Am 29. Januar 1965 informierte Ministerialdirektor Krapf mit Drahterlaß Nr. 376, daß im Augenblick eine Überprüfung der Kategorie 1 nicht für opportun gehalten werde. Hinsichtlich der Sparte 8 könne in einem „späteren Stadium des Meinungsaustauschs" geprüft werden, inwieweit eine „elastischere Handhabung" möglich sei. Es dürfe jedoch kein Zweifel darüber aufkommen, daß „eine TTD-Erteilung für Angehörige eindeutig ‚nationaler' Vertretungen wie SBZ-Fußballmannschaften" ausgeschlossen bleiben müsse. Nur zur „vertraulichen Unterrichtung" teilte Krapf mit, daß die Bundesregierung gegebenenfalls zu einer veränderten Auslegung der Kategorie 8 bereit sei, da die bisherige Handhabung vielfach dazu geführt habe, daß Veranstaltungen aus NATO-Staaten in blockfreie oder kommunistische Staaten verlegt worden seien. Diese Bereitschaft solle jedoch noch nicht deutlich werden, da die Bundesregierung beabsichtige, sich ihr Entgegenkommen „von den Verbündeten durch bestimmte Leistungen im Bereich der TTD-Politik honorieren zu lassen". Vgl. VS-Bd. 3720 (II A 1); B 150, Aktenkopien 1965.
Zur Diskussion über eine Lockerung der TTD-Richtlinien vgl. weiter Dok. 137.
Zur Behandlung der TTD-Frage im Ständigen NATO-Rat vgl. Dok. 225.

45

Gespräch des Bundesministers Schröder mit dem tansanischen Außenminister Kambona

Z A 5-17.A/65 geheim 29. Januar 1965[1]

Der Herr Bundesminister des Auswärtigen empfing am 29. Januar 1965 um 12.15 Uhr den Außenminister von Tansania, Herrn Kambona, zu einem Gespräch, an dem von deutscher Seite Staatssekretär Professor Carstens, Ministerialdirektor Professor Meyer-Lindenberg und Ministerialdirigent Böker teilnahmen.

Unter Bezugnahme auf das Gespräch beim Herrn Bundeskanzler[2] bemerkte der Herr *Minister*, Herr Kambona habe, als der Herr Bundeskanzler von seiner Enttäuschung gesprochen habe, darauf hingewiesen, daß Präsident Nyerere sicher auch enttäuscht sei, wenn er höre, daß man die von ihm vorgeschlagene Lösung[3] deutscherseits nicht als befriedigend betrachte. Vielleicht habe man etwas aneinander vorbeigeredet, denn im Grunde begrüße man die Entscheidung, daß Pankow nicht anerkannt werden solle. Damit habe sich der Zustand geändert, der bisher für Sansibar geherrscht habe.[4] Man nehme mit Befriedigung davon Kenntnis, daß die Unionsregierung nicht beabsichtige, Pankow anzuerkennen. Was man aber deutscherseits beklage und worüber man unglücklich sei, sei die Art der zu Pankow vorgesehenen Beziehungen. Er verstehe durchaus, wenn sich die Regierung Tansanias auf diese Art und Weise bemüht habe, das besondere Problem, das gegenüber Sansibar bestanden habe, zu regeln, doch sei in deutschen Augen die Regelung der Angelegenheit dadurch erfolgt, daß das Problem von einem relativ kleinen Gebiet nunmehr auf ein relativ großes Gebiet übertragen worden sei. Dies sei der entscheidende Punkt. Bei dem letzten Besuch des Ministers in Bonn[5] sei über etwas andere Vorstellungen gesprochen worden. Es wäre in der Tat ein Irrtum, wollte man annehmen, daß die Bundesregierung durch die vorgesehene

---

[1] Die Gesprächsaufzeichnung wurde vom Vortragenden Legationsrat Weber am 3. Februar 1965 gefertigt.
Hat Bundesminister Schröder am 4. Februar 1965 vorgelegen.

[2] Am 29. Januar 1965 wurde der tansanische Außenminister von Bundeskanzler Erhard empfangen. Vgl. dazu EUROPA-ARCHIV 1965, Z 35.

[3] Für den Wortlaut des Schreibens des tansanischen Präsidenten vom 24. Januar 1965 an Bundeskanzler Erhard vgl. VS-Bd. 2544 (I B 3). Zum Inhalt vgl. Dok. 68.
Vgl. dazu auch die Äußerungen von Nyerere gegenüber Botschafter Schroeder, Daressalam, bzw. Bundesminister Scheel; Dok. 16, Anm. 7 und 26.

[4] Zur gegenseitigen Anerkennung von Sansibar und der DDR am 29. Januar 1964 vgl. AUSSENPOLITIK DER DDR XII, S. 1123.
Am 8. Februar 1964 eröffnete die DDR eine Botschaft auf Sansibar. Vgl. dazu auch AAPD 1964, I, Dok. 40.

[5] Außenminister Kambona besuchte vom 2. bis 9. Mai 1964 die Bundesrepublik und führte Gespräche mit Bundeskanzler Erhard, Bundesminister von Hassel und Staatssekretär Carstens. Erörtert wurden in erster Linie der staatliche Zusammenschluß zwischen Tanganjika und Sansibar sowie Fragen der Entwicklungs- und Ausbildungshilfe. Vgl. BULLETIN 1964, S. 676.

Errichtung eines Generalkonsulats und einer Handelsvertretung positiv berührt sei. Vielmehr erblicke man darin eine unglückselige und folgenreiche Entwicklung, die man keineswegs begrüßen könne. In seinen Gesprächen mit der tansanischen Regierung habe Herr Minister Scheel von der Möglichkeit einer begrenzten Handelsvertretung auf Sansibar gesprochen, die später vielleicht abgebaut werden könnte.[6] Die Errichtung eines Generalkonsulats in Daressalam könne man keineswegs für gut halten. Deshalb sei man in den beiderseitigen Auffassungen sehr weit auseinander. Aus diesem Grunde bitte er auch um Verständnis, daß die in der Botschaft des Präsidenten vorgesehene konkrete Regelung mit den deutschen Wünschen und Überlegungen nicht vereinbar sei.

Staatssekretär Professor *Carstens* gab sodann einen Überblick über die im Frühjahr 1964 mit Herrn Kambona in Bonn geführten Gespräche. Dabei hob er insbesondere hervor, daß alle von der SBZ errichteten Stellen vorwiegend den Zweck hätten, gegen die Bundesrepublik und ihre Interessen zu arbeiten. Deshalb habe er in jenem Gespräch darauf hingewiesen, daß man es begrüßen würde, wenn die Botschaft der SBZ auf Sansibar zum Verschwinden gebracht werden könnte, um den Zustand wiederherzustellen, wie er vor der Union zwischen Tanganjika und der Bundesrepublik bestanden habe. Deutscherseits habe man durchaus Verständnis für die internen Schwierigkeiten gehabt. Damals habe er ferner gesagt, daß temporär eine Vertretung der SBZ vielleicht als Handelsvertretung auf Sansibar vorgesehen werden könnte. Man habe aber niemals davon gesprochen oder daran gedacht, daß eine Vertretung in Daressalam errichtet würde, weil dadurch der SBZ die Möglichkeit gegeben würde, ihre Tätigkeit über das ganze Land zu verbreiten.

Außenminister *Kambona* dankte zunächst für die freundliche Aufnahme bei seinem letzten Besuch und gab seinem Bedauern darüber Ausdruck, daß der Herr Minister damals nicht in Bonn gewesen sei.[7] Er würde sich aber freuen, den Herrn Minister einmal in seinem Lande begrüßen zu dürfen.

Auf den Gesprächsgegenstand eingehend bemerkte Herr Kambona, daß sich die Schwierigkeiten erst durch den Zusammenschluß[8] ergeben hätten. Tanganjika sei an dem Zusammenschluß interessiert gewesen, weil Sansibar nur 25 Meilen vor dem Festland liege und die Vorgänge auf Sansibar sich immer sehr störend auch auf dem Festland bemerkbar gemacht hätten. Darunter habe Tanganjika gelitten. Es gebe ein arabisches Sprichwort, das sage, wenn auf Sansibar die Flöten gespielt würden, dann tanze man auf dem Festland. Während der Unruhen auf Sansibar habe sich die Gefahr ergeben, daß sich

---

[6] Am 22. Januar 1965 bot Bundesminister Scheel dem tansanischen Präsidenten an, für die Tolerierung einer Handelsvertretung der DDR mit Sitz in Sansibar, jedoch ohne klare Definition des Amtsbereichs, einzutreten, sofern die tansanische Regierung eine Erklärung über die Nichtanerkennung abgebe und zusichere, daß die Vertretung der DDR „schrittweise in Status und Bedeutung reduziert werden soll". Nyerere lehnte dies ab. Vgl. den Drahtbericht Nr. 27 des Botschafters Schroeder, Daressalam, vom 22. Januar 1965; VS-Bd. 3566 (II A 1); B 150, Aktenkopien 1965.

[7] Bundesminister Schröder begleitete Bundespräsident Lübke auf dessen Staatsbesuchen vom 24. April bis 14. Mai 1964 in Peru, Chile, Argentinien und Brasilien. Vgl. dazu BULLETIN 1964, S. 603.

[8] Zur Gründung der Vereinigten Republik von Tanganjika und Sansibar am 22. April 1964 vgl. Dok. 16, Anm. 4.

der Osten dort festsetze, die Früchte der Revolution für sich in Anspruch nehme und auf die Dauer einen gegen Afrika gerichteten Stützpunkt gewinne. Aus all diesen Überlegungen sei ein Zusammenschluß für Tanganjika unerläßlich gewesen.

Dabei sei man sich im klaren gewesen, daß dieser Zusammenschluß aufgrund einer freien Entscheidung der beteiligten Bevölkerung erfolgen müsse. Man arbeite noch an einer Verfassung, nach deren Verabschiedung Wahlen stattfinden würden.[9] Auf diese Weise werde der Welt gegenüber demonstriert, daß es sich in der Tat um einen freiwilligen Zusammenschluß handele.

Während der Übergangszeit hätten sich gewisse Schwierigkeiten ergeben, die es erforderlich gemacht hätten, daß Präsident Nyerere sehr vorsichtig und mit viel Geduld habe operieren müssen. Diese Periode sei nunmehr überwunden. Das Ziel sei nunmehr die Integration zwischen Tanganjika und Sansibar und die Schaffung eines einzigen Landes. Solange es aber zwischen Tanganjika und Sansibar noch Meinungsverschiedenheiten in einzelnen Frage gebe, könne von einem echten Zusammenschluß noch nicht gesprochen werden.

Im Zeitpunkt des Zusammenschlusses habe Sansibar die SBZ bereits anerkannt gehabt. Die Union sei somit vor der Frage gestanden, ob sie nunmehr die SBZ ebenfalls anerkennen solle. Aus den vom Herrn Bundesminister dargelegten Gründen habe Nyerere sich gegen eine Anerkennung ausgesprochen. Bei seinem ersten Besuch in Bonn sei es deshalb auch nur um die Frage der Anerkennung oder Nichtanerkennung, nicht aber um die Frage einer Handelsmission gegangen. Die internen Auseinandersetzungen hätten acht Monate gedauert, doch sei es Nyerere gelungen, Sansibar dazu zu bewegen, die Argumente gegen eine Anerkennung zu akzeptieren. Somit liege nun der Beschluß der Unionsregierung vor, die SBZ nicht anzuerkennen.

Bei der Behandlung dieser Frage dürfe man nicht vergessen, daß auch in Tansania nach Verabschiedung der Verfassung Wahlen stattfänden, und was Wahlen für einen Politiker bedeuteten, wisse der Herr Bundesminister selbst. Nachdem zwischen Nyerere und Karume nunmehr diese Einigung zustande gekommen sei, müsse er nach Hause berichten, daß Bonn nicht nur die Nichtanerkennung, sondern darüber hinaus die Handelsmission nur auf Sansibar beschränkt sehen wolle. Karume befinde sich auch in einer schwierigen Position auf Sansibar und müßte sich dort seinen Leuten gegenüber immer durchsetzen. In Daressalam sei man daran interessiert, ihn dabei zu unterstützen. Wenn die Bundesregierung sage, der neue Vorschlag enttäusche sie, so sei seine eigene Enttäuschung noch größer, denn im Grunde laufe das darauf hinaus, daß man Karume desavouieren müsse.[10]

---

[9] Am 5. Juli 1965 verabschiedete die tansanische Nationalversammlung eine neue provisorische Verfassung und schrieb Parlaments- und Präsidentschaftswahlen für den 21. September 1965 aus. Vgl. dazu EUROPA-ARCHIV 1965, Z 148.

[10] Am 1. Februar 1965 gab Botschafter Schroeder, Daressalam, die Mitteilung des tansanischen Ministers für Regionalverwaltung und Wohnungsbau, Shaba, weiter, Präsident Nyerere habe „alles versucht, um Karume und den wichtigsten Leuten in Sansibar das Deutschlandproblem klarzumachen und hatte auch geglaubt, damit durchgekommen zu sein. Es scheine jedoch, daß Karume nach wie vor die Frage nicht begreife." Vgl. den Drahtbericht Nr. 43 vom 1. Februar 1965; VS-Bd. 2617 (I B 3); B 150, Aktenkopien 1965.

Es sei verständlich, wenn man deutscherseits eine Beschränkung der SBZ-Vertretung auf Sansibar wünsche, doch stelle sich für Tansania das Problem in anderer Sicht. Seine Regierung hätte die Handelsvertretung und das Generalkonsulat lieber in Daressalam, weil sich dort die SBZ-Tätigkeit besser kontrollieren lasse. Wenn die Vertretungen auf Sansibar blieben, entstünde nach außen der Eindruck, als habe Nyerere auf Sansibar nichts zu sagen.

Der Herr *Bundesminister* bezeichnete die Darlegungen Herrn Kambonas als eindrucksvoll. Er bemühe sich durchaus, die Position der tansanischen Regierung zu verstehen. Wenn von Wahlen und Politikern gesprochen worden sei, so bedaure er nur, daß er den Außenminister nicht in den Bundestag nehmen könne. Er sei davon überzeugt, daß das Votum des Parlaments negativ wäre und mit Recht darauf hingewiesen würde, daß durch diese Regelung die Sache von einer kleinen Insel in ein großes und bedeutsames Land übertragen werde. Man müsse davon ausgehen, daß die Reaktion des Parlaments und auch der öffentlichen Meinung außergewöhnlich unfreundlich wäre. Durch die Verlagerung nach Daressalam wäre es der SBZ gelungen, Sansibar als Sprungbrett zu benutzen. Dies sei eine Einstellung, die schwer ad absurdum zu führen sei.

Das Ergebnis wäre, daß sich der Status von Tanganjika und Sansibar verschlechtert hätte, denn im Gegensatz zu früher, wo Tanganjika überhaupt keine Beziehungen mit der SBZ gehabt habe, wäre es jetzt so, daß Tansania als Ganzes sowohl konsularische wie Handelsbeziehungen mit der Zone hätte.

Man sei sich durchaus der internen Schwierigkeiten bewußt, doch stelle sich die Frage, ob das zur Diskussion stehende Problem überhaupt für einen Kompromiß geeignet gewesen sei, oder ob nicht vielmehr die einzige Lösung darin bestanden hätte, die Einstellung des größeren Teils der Union zur ausschlaggebenden zu machen. Mit der jetzt vorgesehenen Entscheidung sei es Sansibar gelungen, seine Politik, wenn auch nicht ganz, so doch weitgehend der Union aufzuzwingen. So werde die Sache in Deutschland gesehen. Er sei davon überzeugt, daß die Reaktion des Parlaments und der öffentlichen Meinung ungünstig ausfielen und die Bundesregierung in eine schwierige Lage gerate, in der von ihr Maßnahmen erwartet würden, die sie nur ungerne treffen würde. In Wirklichkeit sei der angebliche Erfolg nur ein begrenzter Erfolg, für den man einen sehr hohen Preis gezahlt habe.

Außenminister *Kambona* bemerkte, der Preis, den die Bundesregierung nun verlange, bestehe praktisch darin, die Union wieder aufzulösen.

Der Herr *Bundesminister* widersprach nachdrücklich dieser Auffassung. Unter Hinweis auf die Bemerkung Herrn Kambonas, daß man im Ringen mit Sansibar an Boden gewonnen habe und weiter gewinnen werde, fragte er den Minister, ob es nicht möglich sei, die Frage noch eine Zeitlang in der Schwebe zu halten, weil sie sich dann später vielleicht besser lösen ließe.

Herr *Kambona* erwiderte darauf, daß es gerade diese Frage sei, die einer vollen Integration im gewünschten Sinn noch im Wege stehe.

Der Herr *Bundesminister* bemerkte, daß er während der heutigen Fragestunde im Bundestag gefragt worden sei, ob er und die Bundesregierung glaubten, daß das Parlament noch einen Pfennig für Entwicklungsländer bewilligen würde, die in der Frage der Beziehungen zur SBZ einen Kurs steuerten, der von Bonn aus als negativ angesehen werden müsse.[11] Er selbst sei in sehr, sehr ernster Sorge, was die weitere Entwicklung der wirtschaftlichen Beziehungen und der Gewährung von Hilfe auch auf anderen Gebieten angehe.[12]

Außenminister *Kambona* erwiderte, wenn man wegen der Unterstützung, die man aus der Bundesrepublik erhalte, die Union wieder auflöse, so werde Sansibar ein souveräner Staat werden und durch Infiltration und Subversion Tanganjika aufs ernsteste bedrohen. Was nütze Entwicklungshilfe, wenn man sich damit der Gefahr eines Umsturzes aussetze.

Dem Hinweis des Herrn *Ministers*, daß auch andere Länder auf Sansibar Konsulate hätten, begegnete Herr *Kambona* mit der Bemerkung, daß diese Länder in Daressalam durch Botschaften vertreten seien.

Der Herr *Minister* sagte abschließend, man werde die Botschaft Präsident Nyereres beantworten[13] und den ganzen Fragenkomplex noch einmal sorgfältig prüfen, doch sei er wegen der weiteren Entwicklung in ernster Sorge. Er betrachte aber den Besuch Herrn Kambonas als ein Zeichen dafür, daß die tansanische Regierung weiterhin mit der Bundesregierung im Gespräch bleiben wolle, von dem er hoffe, daß es noch nicht zu einem endgültigen Abschluß gekommen sei.

Staatssekretär *Carstens* betonte, das Problem sei deshalb besonders schwierig, weil man kaum zu einem anderen Lande so freundschaftliche Beziehungen unterhalte wie zu Tanganjika.

Herr *Kambona* bat noch einmal darum, die Lage seiner Regierung richtig zu verstehen, und betonte, daß die Angelegenheit die Existenz der Union unmittelbar berühre.

Der Herr *Minister* versicherte, daß man deutscherseits größte Sympathie und viel Verständnis habe, bat aber darum, auch auf tansanischer Seite die Ange-

---

[11] Am 29. Januar 1965 stellte der SPD-Abgeordnete Mommer im Bundestag die Frage, ob sich die Bundesregierung darüber im klaren sei, „daß der Bundestag keinen Pfennig Entwicklungshilfe an Länder genehmigen wird, die den Spalter der deutschen Nation als Gast empfangen?" Bundesminister Schröder antwortete darauf: „Ich möchte vermuten, daß Sie recht haben, Herr Kollege Mommer." Vgl. BT STENOGRAPHISCHE BERICHTE, Bd. 57, S. 7878.

[12] Am 27. Januar 1965 hielt Ministerialdirigent Pauls fest, daß Tansania Entwicklungshilfe, technische Hilfe und Ausrüstungshilfe aus der Bundesrepublik im Gegenwert von 129,4 Mio. DM erhalte – mehr als „irgend ein anderes Land in Afrika südlich der Sahara". Er äußerte die Vermutung, daß Präsident Nyerere sich „weder über die tatsächliche Bedeutung der deutschen Entwicklungshilfe" noch darüber klar sei, daß er diese „bei einer Anerkennung Pankows oder einem anerkennungsähnlichen Verhalten" verlieren werde. Vgl. VS-Bd. 2544 (I B 3); B 150, Aktenkopien 1965.
Ähnlich argumentierte auch Botschafter Schroeder, Daressalam, der zu bedenken gab, daß eventuell zu treffende Maßnahmen „schnell, hart und laut" erfolgen müßten, da das „Beispiel Colombo" in Tansania „nicht angekommen" sei. Nur die Einstellung bereits laufender Projekte würde den gewünschten Eindruck hinterlassen, „während die Zurücknahme von Zusagen in Geldwert weniger wirksam wäre, weil das das Vorstellungsvermögen der Afrikaner übersteigt". Vgl. den Drahtbericht Nr. 49 vom 3. Februar 1965; VS-Bd. 2545 (I B 3); B 150, Aktenkopien 1965.

[13] Für das Antwortschreiben des Bundeskanzlers Erhard vom 11. Februar 1965 vgl. Dok. 68.

legenheit mit Aufgeschlossenheit und Ernst betrachten zu wollen, da es sich für die Bundesrepublik um ein lebenswichtiges Problem handle.

Die Unterredung endete gegen 13.20 Uhr.

VS-Bd. 8513 (Ministerbüro)

46

Ministerialdirektor Krapf an die Ständige Vertretung bei der NATO in Paris

II 8-82-13/427/65 geheim
Fernschreiben Nr. 385 Plurex
Citissime

29. Januar 1965[1]
Aufgabe: 1. Februar 1965, 11.30 Uhr

Auf Drahtbericht Nr. 130 vom 28.1.[2]

Betr.: Irischer Resolutionsentwurf über Nichtverbreitung von Kernwaffen[3]

Bei Fortsetzung der Diskussion im Politischen Ausschuß[4] bitte ich, gegenüber den britischen und italienischen Änderungsvorschlägen zunächst eine abwartende Haltung einzunehmen, vor allem bitte ich abzuwarten, ob[5] die britische Anregung auch von den anderen Delegierten aufgegriffen wird. Da der irische Entwurf – besonders im operativen Teil – auf amerikanische Initiative und Diktion zurückgeht, besteht Aussicht, was möglicherweise vor der Sitzung mit amerikanischem Vertreter geklärt werden könnte, daß auch die Amerikaner den britischen Vorschlag nicht billigen.

1) Sollte sich jedoch die Mehrheit des Ausschusses für den britischen Änderungsvorschlag zu Ziffer 2 aussprechen, bitte ich, sinngemäß folgendes zu erklären:

[1] Der Drahterlaß wurde vom Vortragenden Legationsrat I. Klasse Lahn konzipiert.
  Hat Ministerialdirigent Ruete zur Mitzeichnung am 30. Januar und Staatssekretär Carstens am 1. Februar 1965 vorgelegen.
[2] Für den Drahtbericht des Botschaftsrats I. Klasse Sahm, Paris (NATO), in dem eine knappe Zusammenfassung der Sitzung des Politischen Ausschusses der NATO vom 26. Januar 1965 übermittelt wird, vgl. VS-Bd. 4038 (II 8); B 150, Aktenkopien 1965.
  Für einen ausführlicheren Bericht über diese Sitzung vgl. Dok. 43.
[3] Für den Wortlaut vgl. den Drahtbericht des Botschafters Knappstein, Washington, Nr. 198 vom 19. Januar 1965; VS-Bd. 8500 (Ministerbüro); B 150, Aktenkopien 1965. Für Auszüge vgl. Dok. 36, Anm. 9, 10 und 19, sowie Dok. 43, Anm. 6.
[4] Der Politische Ausschuß der NATO befaßte sich erneut am 9. Februar 1965 mit dem irischen Resolutionsentwurf. Zum Abschluß der Diskussion wurde auf amerikanische Anregung beschlossen, „den Meinungsaustausch vorerst auszusetzen, da wegen der ungeklärten Lage in den Vereinten Nationen zur Zeit nicht mit der Einbringung von Resolutionen in der Generalversammlung zu rechnen sei". Vgl. den Schriftbericht des Botschafters Grewe, Paris (NATO), vom 11. Februar 1965; VS-Bd. 4038 (II 8); B 150, Aktenkopien 1965.
[5] Der Passus „vor allem ... ob" ging auf Streichungen und handschriftliche Einfügungen des Ministerialdirigenten Ruete zurück. Vorher lautete er: „wobei zu berücksichtigen wäre, ob vor allem".

Die in Ziffer 2 des Irischen Entwurfs[6] selbst enthaltene Absichts- und Bereitschaftserklärung betrifft nur die für die Resolution stimmenden Mitglieder der VN; nur diese würden sich also durch ihre Zustimmung zu der Resolution bereit erklären, einem späteren NV-Abkommen beizutreten. Nach der von den Briten angeregten Änderung würde dagegen an alle Nichtnuklearmächte appelliert werden zu erklären, daß sie nicht beabsichtigen, Kernwaffen herzustellen oder nationale Verfügungsgewalt über diese zu erwerben, und daß sie weiter bereit seien, diese Verpflichtungen im Rahmen eines internationalen NV-Abkommens zu übernehmen.

Die Bundesregierung würde einem solchen ohne Bedingungen und Einschränkungen formulierten Appell nicht zustimmen und eine verbindliche Erklärung des genannten Inhalts nicht abgeben können; sie legt Wert auf Berücksichtigung der in Plurex 285 vom 25.1.[7] niedergelegten Gedanken, die dort am 26.1. vorgetragen worden sind.

Wir befürchten, daß ein von den VN verabschiedeter und an „alle Staaten" gerichteter Appell einen fast unwiderstehbaren Druck zum vorbehaltlosen Beitritt zu einem NV-Abkommen ausüben würde. Es dürfte dann schwer sein, sich diesem Druck der Weltmeinung mit der Begründung zu entziehen, daß zunächst die nuklearen Verteidigungsprobleme innerhalb der Allianz (ANF – MLF) gelöst werden müßten und daß weiter zumindest der Versuch unternommen werden sollte, gleichzeitig und in Verbindung mit dem Problem der NV-Verhandlungen mit der Sowjetunion über die Deutschlandfrage einzuleiten.

Der britische Vorschlag (Appell an alle Staaten, sich zum Abschluß eines NV-Vertrages bereit zu erklären) geht auch über die Irische Resolution von 1961[8] hinaus, in der alle Staaten nur aufgefordert worden waren, „to use their best endeavours to secure the conclusion" eines NV-Abkommens.

2) Dem zweiten britischen Änderungsvorschlag (Terminsetzung für Berichterstattung durch die 18-Mächte-Konferenz) kann zugestimmt werden.

3) Das gleiche gilt vom italienischen Vorschlag der Änderung der Ziffer 3.

Krapf[9]

VS-Bd. 4038 (II 8)

---

[6] Für den Wortlaut vgl. Dok. 36, Anm. 9.
[7] Vgl. Dok. 36.
[8] Für den Wortlaut der UNO-Resolution 1665 vom 4. Dezember 1961 vgl. UNITED NATIONS RESOLUTIONS, I/8, S. 237 f., bzw. DOCUMENTS ON DISARMAMENT 1961, S. 694.
[9] Paraphe vom 30. Januar 1965.

47

Gespräch des Bundeskanzlers Erhard
mit Premierminister Wilson in London

Z A 5-18.A/65 VS-vertraulich 30. Januar 1965[1]

Der Herr Bundeskanzler führte am 30. Januar 1965 um 16.30 Uhr in 10, Downing Street ein Gespräch mit dem britischen Premierminister Wilson.

Eingangs würdigte der Herr *Bundeskanzler* die Gestalt von Sir Winston Churchill. Premierminister *Wilson* betonte, welche Bedeutung man im ganzen Land nicht nur der Anwesenheit des Herrn Bundeskanzlers bei Churchills Beisetzung[2], sondern auch den zahlreichen Tributen, die in Deutschland Churchill gezollt worden seien, beimesse.

Der Herr *Bundeskanzler* kam dann auf den Gemeinsamen Markt zu sprechen und sagte, dieses Thema sei im Augenblick zwar nicht aktuell, doch wolle er klarmachen, daß er niemals aufhören werde, ein größeres Europa zu wollen. Natürlich besitze für ihn die Gemeinschaft der Sechs einen Wert, aber sie sei nicht Europa. Er hoffe, daß man in der zukünftigen nationalen und europäischen Geschichte Mittel und Wege finden werde, mit England enger zusammenzukommen.

Hinsichtlich seines neulichen Gesprächs mit General de Gaulle in Rambouillet[3] hob der Herr Bundeskanzler hervor, daß de Gaulle im Gegensatz zum vergangenen Juli[4] dieses Mal nicht mehr von einem isolierten bilateralen deutsch-französischen Verhältnis gesprochen habe, sondern den europäischen Aspekt sehr stark nach vorne geschoben habe. De Gaulle habe klargemacht, er wolle zwar ein starkes und geschichtsbewußtes Europa, aber nicht als isolierte Kraft, sondern als wertvollen gleichwertigen Partner im westlichen Bündnis. Er fragte Mr. Wilson, ob dieser aus seinem Gespräch mit de Gaulle[5] denselben Eindruck gewonnen habe.

Premierminister *Wilson* bedankte sich zunächst für den umfassenden Bericht, den der Herr Bundeskanzler über seine Eindrücke in Paris dem britischen Botschafter habe zukommen lassen.[6] Er wolle sofort sagen, England nehme eine ebenso stark atlantische Haltung ein wie die Bundesrepublik. Es möge zwar Streitigkeiten geben, wie eine solche Entwicklung am schnellsten erreicht werden könnte (Streitigkeiten z.B. wirtschaftlicher Art in der Kennedy-

---

[1] Die Gesprächsaufzeichnung wurde vom Vortragenden Legationsrat Kusterer am 3. Februar 1965 gefertigt.
[2] Der ehemalige britische Premierminister Churchill verstarb am 24. Januar 1965 im Alter von 90 Jahren. Der Trauergottesdienst fand am 30. Januar 1965 in St. Paul's Cathedral statt.
[3] Vgl. Dok. 22, Dok. 26 und Dok. 27.
[4] Für die Gespräche vom 3./4. Juli 1964 vgl. AAPD 1964, II, Dok. 180 und Dok. 187.
[5] Zum Treffen zwischen Premierminister Wilson und Staatspräsident de Gaulle am 29. Januar 1965 vgl. den Artikel „The Queen Receives President de Gaulle"; THE TIMES, Nr. 56233 vom 30. Januar 1965, S. 8.
[6] Für das Gespräch mit Botschafter Roberts am 22. Januar 1965 vgl. Dok. 31.

Runde[7] oder militärischer Art hinsichtlich der notwendigen Schritte zur Stärkung der Verteidigung des Bündnisses), aber die neue britische Regierung sei voll und ganz vom atlantischen Geist inspiriert. Sie wolle gleichzeitig die engstmöglichen Verbindungen mit Europa. Auch er sei der Meinung, daß das Thema Gemeinsamer Markt im Augenblick nicht aktuell sei, sofern es sich um einen britischen Beitritt handle. Dieser Eindruck sei durch sein Gespräch mit de Gaulle im übrigen noch verstärkt worden. England stehe trotzdem aber dem Gemeinsamen Markt nicht etwa neutral gegenüber. Wilson erinnerte an die Erklärung seiner Partei zur Außenpolitik im Zusammenhang mit einem möglichen britischen Beitritt zum Gemeinsamen Markt[8], die mit der einstimmigen Feststellung eingeleitet worden sei, daß die Bildung der europäischen Wirtschaftsgemeinschaft ein historischer Meilenstein in der europäischen und Weltgeschichte sei. Dieser Feststellung sei die Versicherung gefolgt, daß ein engeres europäisches Gemeinschaftsdenken und insbesondere eine engere deutsch-französische Zusammenarbeit einen ungeheuren Schritt nach vorne darstellten. Seine Partei habe niemals den Gemeinsamen Markt zu verhindern versucht. Er selbst habe vor etwa sechs Jahren seine Vorgänger ja gerade kritisiert wegen der in den Maudling-Verhandlungen[9] verfolgten Methode, der seines Erachtens die Erkenntnis gefehlt habe, daß der europäische Gedanke in den sechs Ländern seine Eigendynamik habe. Schon damals habe er die Auffassung vertreten, daß jeder Versuch, Alternativen zu schaffen (mit anderen Worten, das Zustandekommen des Gemeinsamen Marktes zu verhindern) falsch sei.

Premierminister Wilson fuhr fort, er stimme mit dem Herrn Bundeskanzler darin überein, daß der Gemeinsame Markt nicht das ganze Europa darstelle. England wünsche insbesondere hinsichtlich einer politischen Union[10] in ganz enger Verbindung mit dem Kontinent zu bleiben. Es wolle auch alle möglichen Schritte unternehmen, um unter Berücksichtigung der bereits bestehenden Institutionen, z.B. den Handel zwischen der Gemeinschaft und den dritten Ländern zu verstärken. In der Verteidigung wolle England die Entwicklung der atlantischen Partnerschaft und die Stärkung ihrer Institutionen, d.h. der

---

[7] Die als Kennedy-Runde bezeichnete Verhandlungsserie im Rahmen des GATT wurde durch den Trade Expansion Act vom 11. Oktober 1962 ermöglicht, der die amerikanische Regierung zu drastischen Zollsenkungen und Verhandlungen mit der EWG über den Abbau der Außenzölle ermächtigte. Das Ziel war, den wechselseitigen Zugang zu den Märkten zu erleichtern. Die Verhandlungen der GATT-Vertragsparteien begannen im Mai 1964 und wurden mit der Unterzeichnung der Schlußakte am 30. Juni 1967 abgeschlossen.
Zur Kennedy-Runde vgl. AAPD 1964, I, Dok. 122.

[8] Zu den am 28./29. Januar 1963 gescheiterten Verhandlungen über einen Beitritt Großbritanniens zur EWG vgl. AAPD 1963, I, Dok. 60.

[9] Mit Beschluß des Rats der OEEC vom 17. Oktober 1957 wurde eine zwischenstaatliche Kommission unter Vorsitz des Sonderbeauftragten der britischen Regierung, Maudling, mit Verhandlungen über die Errichtung einer Freihandelszone beauftragt. Ziel war der Abbau von Zollschranken und Kontingentierungen zwischen den Mitgliedsstaaten, denen aber – anders als in der mit gemeinsamen Außenzöllen operierenden EWG – die Zollautonomie gegenüber Drittstaaten belassen werden sollte. Da die französische Regierung diesen Vorstellungen nicht zustimmte, wurden die Gespräche im November 1958 abgebrochen. Vgl. BULLETIN DER EWG 1/1958, S. 23f. Vgl. auch COUVE DE MURVILLE, Politique Étrangère, S. 42f.

[10] Zum Stand der Diskussion vgl. die Europa-Initiative der Bundesregierung sowie den italienischen und den belgischen Plan für eine europäische politische Union; Dok. 5, Anm. 18–20.

NATO, die in den vergangenen Monaten schwere Schläge habe einstecken müssen.

Der Herr *Bundeskanzler* verwies darauf, daß de Gaulle eine ganz interessante Unterscheidung treffe zwischen dem westlichen Bündnis, dessen treuester Anhänger er sei, und der NATO als Organisationsform, der seine Kritik gelte. Deutschland stimme mit de Gaulle insofern nicht überein, als dieser die Desintegration wünsche, während der Bundesrepublik die Integration geradezu auf den Leib geschrieben scheine, da sie ein geeignetes Mittel sei, den Verdacht zu beheben, als verfolge Deutschland nationale Ambitionen. Dennoch habe er in seinem Gespräch in Rambouillet festzustellen geglaubt, daß de Gaulle, der im Juli gegenüber Amerika und England Worte des Mißtrauens gebraucht habe, nun nichts mehr davon gesagt habe. Es interessiere ihn zu erfahren, ob Premierminister Wilson in seinem Gespräch mit de Gaulle denselben Eindruck gewonnen habe. Natürlich sei de Gaulle nicht in allem mit der NATO einverstanden, vielleicht auch nicht mit der amerikanischen Strategie[11], vielleicht auch nicht in den nuklearen Fragen. Dennoch sei de Gaulle der Auffassung, das westliche Bündnis sei unverzichtbar, weil nur dadurch die gegenseitige nukleare Abschreckung zwischen Amerika und Rußland erreicht werde. Natürlich sei es notwendig, eine Strategie für die Verteidigung Europas gegen die in Weißrußland stationierten russischen Mittelstreckenraketen zu entwickeln.

Der Herr Bundeskanzler fuhr fort, es sei sicherlich kein Zufall, wenn in den vergangenen Monaten in Frankreich immer wieder zu hören gewesen sei, eine deutsche Beteiligung an einer multilateralen nuklearen Verteidigung sei unvereinbar mit dem deutsch-französischen Freundschaftsvertrag.[12] De Gaulle habe diesen Gedanken jedoch nicht ausgesprochen. Er (der Herr Bundeskanzler) habe sogar darauf hingewiesen, daß Deutschland die bilateralen Verhandlungen mit den europäischen Partnern und mit Amerika fortsetzen werde. Auch hinsichtlich des deutschen Vorschlages einer politischen Union, gegen den de Gaulle sich noch im Juli gewendet habe mit dem Argument, zunächst müsse man sich über alle Fragen der Verteidigung und der Außenpolitik einigen, habe de Gaulle nunmehr die Bereitschaft zu einem Anfang gezeigt, auch wenn diese Einigung über die Substanzfragen noch nicht vorher gegeben sei.

Premierminister *Wilson* sagte, tatsächlich sei die Haltung Englands und Deutschlands in den Fragen des Bündnisses sehr ähnlich. Hinsichtlich der französischen Unterscheidung zwischen Bündnis einerseits und NATO andererseits könne er nur sagen, das Bündnis könne nur dann eine Realität werden, wenn man die NATO stärke. Dies sei aber unmöglich, wenn nicht gleichzeitig einige der ausstehenden nuklearen Probleme gelöst würden. Er wolle betonen, was immer man auf nuklearem Gebiet tue, müsse eine vollständige deutsche Beteiligung einschließen. Dem Bericht über das Gespräch in Rambouillet habe er entnommen, daß de Gaulle darauf keinen besonderen Wert gelegt zu haben scheine und nicht ausdrücklich erklärt habe, einer irgendwie

---

11 Zum Konzept der „flexible response" vgl. Dok. 26, Anm. 11.
12 Für den Wortlaut des deutsch-französischen Vertrags vom 22. Januar 1963 vgl. BUNDESGESETZBLATT 1963, Teil II, S. 706–710.

gearteten deutschen Beteiligung könne er nicht zustimmen. Es möge stimmen, daß de Gaulle auf diesem Punkt nicht bestanden habe. Er habe es auch in seinem Gespräch mit Wilson am Vorabend nicht getan. In diesem Gespräch habe eine Art stillschweigender Übereinstimmung geherrscht, in die schwierigen Fragen nicht einzutreten. Vielleicht sei derselbe Gedanke auch bei dem Gespräch de Gaulles mit dem Herrn Bundeskanzler ausschlaggebend dafür gewesen, daß de Gaulle diese Probleme nicht in scharfer Form aufgeworfen habe. Großbritannien jedenfalls wünsche die Fortsetzung der bilateralen Gespräche über einen nuklearen Vorschlag innerhalb der NATO. Nach britischer Auffassung könnten die Dinge nicht so bleiben, wie sie im Augenblick seien. Die NATO gehe entweder voran oder sie mache Rückschritte. England halte es für notwendig, daß die NATO voranschreite. Einzelheiten hierzu seien zu diskutieren, wobei es vielleicht am einen oder anderen Randpunkt eine Uneinigkeit zwischen England und Deutschland gebe. Auch die zeitliche Staffelung sei zu diskutieren. Großbritannien sei sehr darauf bedacht, Fortschritte zu erzielen, erkenne aber andererseits, daß man vielleicht nicht so schnell werde vorankommen können, wie England dies eigentlich wünsche. Es wolle aber jedenfalls mit Deutschland und Amerika und anderen gleichgesinnten Partnern vorankommen. Was Frankreich anbelange, so habe die britische Regierung in ihrem Gespräch mit den Amerikanern[13] ganz klargemacht (und Amerika habe dies besonders begrüßt), selbst wenn Frankreich im Augenblick einem Nuklearvorschlag nicht beitreten könne, so dürfe man es nicht dabei bewenden lassen, für Frankreich bloß einen leeren Platz zu reservieren, sondern man müsse vielmehr den Vorschlag so zuschneiden, daß Frankreich sich später leicht daran beteiligen könne. Der Vorschlag müsse mit anderen Worten nicht nur auf die amerikanischen, deutschen und britischen Erfordernisse zugeschnitten sein, sondern auch die möglichen französischen Erfordernisse berücksichtigen. Er habe dies de Gaulle auch gesagt. Er habe aus dem Gespräch mit de Gaulle allerdings leider nicht den Eindruck gewonnen, als habe de Gaulle seine Haltung verändert.

Der Herr *Bundeskanzler* bemerkte, sicherlich habe de Gaulle seine Auffassung nicht geändert, soweit es sich um eine Beteiligung an einer multilateralen nuklearen Streitmacht handle. Daran denke de Gaulle sicherlich nicht. So wie er de Gaulle kenne, werde dieser auch keinen freien Platz besetzen, selbst wenn man ihm einen solchen Sitz reserviere. Das passe einfach nicht in seine Konzeption. Es sei aber eine andere Frage, ob man nicht in der NATO zu einem umfassenden System der nuklearen Verteidigung kommen könnte, welche die amerikanischen Nuklearwaffen, eine multilaterale Streitmacht und die Force de frappe umfassen könnte. Ihm scheine die Erarbeitung eines solchen umfassenden Systems eine mögliche Lösung zu bieten. Das allerdings sei im Augenblick reine Spekulation und noch keine politische Realität. Insgesamt habe de Gaulle jedoch in seiner Haltung gegenüber Deutschland Verständnis dafür gezeigt, daß Deutschland eine Beteiligung an der Strategie und

---

[13] Der britische Premierminister hielt sich vom 7. bis 9. Dezember 1964 in Washington auf. Für die gemeinsame Erklärung von Wilson und Präsident Johnson vom 8. Dezember 1964 zu Fragen der nuklearen Verteidigung vgl. PUBLIC PAPERS, JOHNSON 1963/64, S. 1649f. Vgl. dazu auch AAPD 1964, II, Dok. 383.

Planung der Nuklearwaffen wünsche. Es könne keine Rede davon sein, daß irgend jemand in Deutschland nukleare Waffen besitzen oder über sie verfügen wolle. Deutschland wolle auch von keinem Land ein Rezept für die Herstellung dieser Waffen. Auf seine Frage, daß doch wohl kein Land, das Nuklearwaffen besitze, diese an dritte Länder weiterzugeben bereit sei, habe de Gaulle ebenfalls bejahend geantwortet. Deutschland habe auch niemals irgendeine deutsche Beteiligung (und sei sie auch nur finanzieller Art) an der Force de frappe ins Auge gefaßt. Darüber sei nie auch nur ein einziges Wort gefallen. Für de Gaulle sei die Force de frappe eine rein französische Angelegenheit. Er (der Herr Bundeskanzler) glaube jedoch, daß de Gaulle zunächst zuwarte, was bei den Verhandlungen über eine nukleare multilaterale Streitmacht herauskomme. Er habe aber gegenüber Deutschland in diesem Zusammenhang keine drohende Haltung eingenommen.

Premierminister *Wilson* erklärte, dies sei sehr beruhigend. Er hoffe, bei seinem Bonn-Besuch[14] die nuklearen Fragen voll und ganz diskutieren zu können, einschließlich möglicher Vorstellungen auf deutscher Seite in Richtung dessen, was der Herr Bundeskanzler soeben ausgeführt habe. Bei seinem Besuch in Bonn seien auch noch eine Reihe anderer Fragen zu diskutieren. Ganz offensichtlich gehöre dazu die Frage der Wiedervereinigung, die in letzter Zeit in der alliierten Diskussion stärker in den Vordergrund gerückt sei.[15] Er habe am Vorabend ein kurzes Gespräch mit Rusk geführt und sei gerne bereit, in Bonn die deutschen Vorstellungen über einen möglichen nächsten Schritt zu diskutieren. Er hoffe auch, nach Berlin gehen zu können. Auch die Berlinfrage werde wohl zu diskutieren sein. Er wolle gleich sagen, daß die britische Haltung absolut kategorisch sei. Die westliche Stellung in Berlin dürfe in keiner Weise geschmälert werden, und sei es auch nur zu Verhandlungszwecken.

Premierminister Wilson fuhr fort, zwei weitere Fragen würde er gerne in Bonn diskutieren. Das eine sei die uralte und für England höchst ernste Frage der Stationierungskosten.[16] Die britischen Hoffnungen auf deutsche Einkäufe hätten sich bislang noch nicht realisiert.[17] Andererseits sei die Last für Großbritannien in diesem Jahr wesentlich stärker, dies verglichen zum letzten Jahr, wo die Lösung auch nicht ganz zufriedenstellend gewesen sei. Zu erörtern sei weiterhin der mögliche Kauf des Flugzeugs BAC 1/11 durch die Deutsche Lufthansa.[18] Dieses Flugzeug werde von Amerika bereits in großem Umfang gekauft. Des weiteren möchte er über die Möglichkeit gemeinsamer Forschung und Entwicklung auf dem Gebiet der Militärluftfahrt mit der Bundesregierung sprechen. Seine Vorgängerregierung[19] habe den Senkrechtstarter P 1127 entwickelt, und er selbst habe nunmehr beschlossen, dieses Flugzeug zu produzieren. Zunächst hoffe England auf deutsche Einkäufe. Darüber hin-

---

14 Zum Besuch vom 8./9. März 1965 vgl. Dok. 122.
15 Zu den Bemühungen der Bundesregierung um eine Deutschland-Initiative der drei Westmächte gegenüber der UdSSR vgl. zuletzt Dok. 22 und Dok. 27.
16 Zum deutsch-britischen Devisenausgleich vgl. Dok. 13, Anm. 16.
17 Vgl. dazu Dok. 13, Anm. 17.
18 Vgl. dazu Dok. 13, Anm. 18–20.
19 Bis zum Wahlsieg der Labour Party vom 15. Oktober 1964 stellte die Konservative Partei die Regierung in Großbritannien, zuletzt unter Premierminister Douglas-Home.

aus aber wolle es eine weitere gemeinsame Forschung und Entwicklung vorschlagen, die anfangen könnte mit der Entwicklung des P 1127 auf Überschallbasis. Hinzu kämen ein paar andere Projekte von geringerer Ausgabenhöhe. England sei nicht nur daran interessiert, diese Dinge an Deutschland zu verkaufen, sondern vor allem eine gemeinsame Forschung und Entwicklung zu betreiben, die dann natürlich ganz am Anfang einsetzen müsse.

Der Herr *Bundeskanzler* faßte zusammen, die nuklearen Fragen müßten sorgfältig untersucht werden, doch wolle er gleich sagen, daß Deutschland auch weiterhin an dem Gedanken einer solchen Streitmacht festhalte. Im vergangenen Juli hätte er einen Vertrag sofort unterzeichnen können. Nun seien aber neue britische Vorstellungen[20] gekommen, und auch die amerikanische Haltung sei etwas zwielichtig.[21] Dies wäre dann in Bonn zu diskutieren. Hinsichtlich der Wiedervereinigung habe er ebenfalls mit de Gaulle ein langes Gespräch geführt. De Gaulle habe seine große Vision eines Gesamteuropa unter Einschluß des Ostblocks dargelegt. Im Rahmen eines solchen langfristigen Prozesses sehe de Gaulle auch die Möglichkeit, daß der Ostblock selbst an der Wiedervereinigung interessiert sein könnte. Die Bundesrepublik sei natürlich realistisch genug zu wissen, daß sie bei einer solchen Diskussion nicht in steriler Erstarrung verharren könne, sondern daß man über viele Fragen werde sprechen müssen. Andererseits aber könne man den Deutschen auf beiden Seiten des Eisernen Vorhanges nicht zumuten, sich auf 30 oder 40 Jahre vertrösten zu lassen, bis ein Prozeß einsetze, der dann vielleicht eine Wiedervereinigung ermögliche. De Gaulle habe anerkannt, daß der Westen keine Lethargie zeigen dürfe, daß man sich zwar auf den langfristigen Prozeß verlassen könne, daß aber doch ein Gespräch zwischen den drei Westmächten und der Bundesrepublik erforderlich sei mit dem Ziel, einmal festzustellen, ob die Viermächteverantwortung wieder sichtbarer gemacht werden könne. De Gaulle halte die Aussichten einer sowjetischen Mitarbeit für äußerst gering, und auch er selbst (der Herr Bundeskanzler) sei hier sehr skeptisch. Dennoch sei die gemeinsame Haltung der drei Westmächte, die mit den deutschen Vorstellungen vereinbar sei, von großem politischen Wert. In der Berlinfrage sei die Bundesregierung der britischen Regierung stets sehr dankbar gewesen für ihre klare Haltung. Hinsichtlich der Rheinarmee kenne er die Schwierigkeiten, die auf beiden Seiten vorlägen. Er wolle allerdings sagen, daß Deutschland bei der Stützungsaktion für das Pfund[22] keinen Augenblick gezögert habe und darüber hinaus mit einem unverhältnismäßig großen Anteil beteiligt sei. Deutschland wisse um die Bedeutung des Pfundes und sei sich der Verantwortung bewußt, daß die Weltwirtschaft nicht wieder demontiert werden dürfe, wie dies in den dreißiger Jahren der Fall gewesen sei. Man müsse hier Solidarität zeigen, gleichgültig, ob man nun die von einer anderen Regierung unternommenen Schritte immer für richtig halte oder nicht. Was das Flugzeug BAC 1/11 anbelange, so habe die Bundesregierung nun einen von der Lufthansa unabhängigen Sachverständigen mit der Prüfung der Frage befaßt, um

---

[20] Zum Vorschlag einer ANF vgl. Dok. 20, besonders Anm. 9–12.
[21] Zur nachlassenden amerikanischen Unterstützung für die geplante MLF vgl. Dok. 12.
[22] Vgl. dazu Dok. 17, Anm. 20.

zu einer objektiven Feststellung zu kommen.[23] Hinsichtlich der gemeinsamen Forschung und Entwicklung auf dem Gebiet der Militärluftfahrt wolle er die Frage stellen, ob Mr. Wilson es nicht für möglich halte, hier eine Zusammenarbeit zwischen England, Frankreich und Deutschland zustande zu bekommen. Damit wäre diese Angelegenheit sehr viel leichter zu behandeln und auch praktischer durchzuführen.

Premierminister *Wilson* bedankte sich und betonte, England sei für eine solche Zusammenarbeit zwischen den drei Ländern jederzeit aufgeschlossen.

Hinsichtlich der Stützungsaktion unterstrich Wilson zunächst, wie dankbar die britische Regierung der Bundesrepublik für ihre Unterstützung sei. Als er die Regierung übernommen habe, sei die Handelslücke[24] bedrohlich gewesen, und damit sei es notwendig gewesen, einige unangenehme Notmaßnahmen[25] zu treffen. Großbritannien habe nicht nur die Schnelligkeit, sondern auch den Umfang der deutschen Stützungsaktion für das Pfund sehr begrüßt. Die Bundesregierung werde auch feststellen, daß sie ihr Vertrauen nicht an der falschen Stelle eingesetzt habe. Es gebe bereits wachsende Anzeichen für eine Stärkung des Pfundes. Zwar sei Großbritannien noch nicht aus dem Schlimmsten heraus, aber es gehe doch aufwärts. Auch die Maßnahmen zur Stärkung der Wirtschaft würden bald Frucht tragen. Hinsichtlich der möglichen Meinungsunterschiede über das, was die Regierungen unternähmen, könne er sich schon ein paar glückliche Stunden in Bonn vorstellen, wo zwei frühere Volkswirtschaftler[26] über dieselben Dinge sich unterhielten. Er hoffe auch, daß die beiden selben früheren Volkswirtschaftler einen nützlichen und möglichst auch technischen Gedankenaustausch über die Weltliquidität haben könnten.

Premierminister Wilson übergab dann ein von ihm als dringlich bezeichnetes Aide-mémoire über die Lieferung von Flugzeugen nach Indonesien.[27]

Der Herr *Bundeskanzler* bat den britischen Premierminister, der Bundesrepublik doch soweit irgendwie möglich in der augenblicklichen schwierigen Lage in Ägypten Schützenhilfe zu leisten.

Premierminister *Wilson* versprach dies.

Über das Datum des Besuchs des britischen Premierministers in Bonn konnte noch keine Einigkeit erreicht werden. Das Datum soll auf diplomatischem

---

[23] Dazu hielt die Mitarbeiterin des Referats III A 4, Stübel, am 22. Dezember 1964 fest: „Die Frage eines unabhängigen Gutachter-Gremiums, das die drei zur Wahl stehenden Flugzeugtypen Boeing 737, BAC 1-11 und Douglas DC 9 miteinander vergleichen soll, wird erst Mitte Januar vors Kabinett kommen." Vgl. Referat III A 4, Bd. 397.
Zur Entscheidung der „Lufthansa" vom 19. Februar 1965 vgl. Dok. 93, Anm. 3.

[24] Zur wirtschaftliche Situation Großbritanniens vgl. Dok. 17, Anm. 22.

[25] Zu den am 26. Oktober 1964 verkündeten Maßnahmen zur Belebung der britischen Wirtschaft vgl. Dok. 31, Anm. 18.

[26] Harold Wilson studierte in Oxford Philosophie, Politische Wissenschaft und Nationalökonomie und war von 1937 bis 1939 als Dozent für Wirtschaftswissenschaften tätig.

[27] Dem Vorgang nicht beigefügt.
Zum Verkauf von Dornier-Flugzeugen an die indonesische Regierung vgl. Dok. 109.

Wege festgelegt werden.²⁸ Wilson sagte, er wolle sobald wie möglich kommen und nehme an, daß es Ende Februar oder Anfang März möglich sein werde. Das Gespräch endete gegen 18 Uhr.

Bundeskanzleramt, AZ: 21-30 100 (56), Bd. 12

48

Botschafter Federer, Kairo, an das Auswärtige Amt

Z B 6-1-890/65 geheim Aufgabe: 1. Februar 1965, 14.10 Uhr¹
Fernschreiben Nr. 101 Ankunft: 1. Februar 1965, 14.14 Uhr
Citissime mit Vorrang

Im Anschluß an Drahtbericht Nr. 95 vom 31.1. geheim²

Nachstehend Aufzeichnung über mein gestriges Gespräch mit Präsident Nasser:

Das Gespräch fand in der privaten Residenz statt, in demselben Raum, in dem Ende des vorigen Jahres das Gespräch mit Präsident Gerstenmaier³ stattgefunden hatte. Ich begann das Gespräch mit dem Hinweis auf jene Unterredung, die von unserer Seite in der Hoffnung geführt worden sei, die Beziehungen zwischen unseren beiden Ländern auf eine neue Ebene zu stellen. Gerade gestern hätte ich noch von Bundestagspräsident Gerstenmaier gehört, daß es seinen Bemühungen gelungen sei, eine Mehrheit im Bundestag für ein Gesetz gegen Lieferungen von Waffen in Nicht-NATO-Länder⁴ zusammenzubekommen. Wir stünden im Begriff, in Wirtschaftsverhandlungen einzutreten mit dem Ziel, wieder einen namhaften Beitrag zum zweiten 5-Jahresplan der VAR zu leisten.⁵ Auch sei es uns eine Freude gewesen, in der damaligen Unterredung dem Präsidenten die Einladung der Bundesregierung überbringen zu können, die der Präsident auch angenommen habe.⁶ Präsident Nasser sagte, er

---

²⁸ Zur Vorbereitung des Besuchs des britischen Premierministers in der Bundesrepublik vgl. Dok. 93.

¹ Hat Bundesminister Schröder vorgelegen.

² Botschafter Federer, Kairo, faßte in einem ersten Drahtbericht über das Gespräch mit Präsident Nasser nur das Ergebnis zusammen und ging nicht auf den Verlauf der Unterredung ein. Vgl. dazu VS-Bd. 8448 (Ministerbüro); B 150, Aktenkopien 1965.

³ Zur Unterredung des Bundestagspräsidenten mit dem ägyptischen Präsidenten am 22. November 1964 vgl. AAPD 1964, II, Dok. 352. Zum Besuch von Gerstenmaier in der VAR vgl. auch Dok. 10.

⁴ Zum Scheitern dieser Initiative des Bundestagspräsidenten vgl. Dok. 40, Anm. 11.

⁵ Zur Wirtschaftshilfe der Bundesrepublik an die VAR vgl. Dok. 9, Anm. 10.
Zum Vorschlag, die Leistungen an arabische Staaten aufzustocken, vgl. auch Dok. 32. Die geplanten Wirtschaftsverhandlungen fanden allerdings infolge der sich zuspitzenden Nahost-Krise nicht statt. Vgl. dazu den Artikel „Minister Scheel sagt die Reise nach Kairo ab"; FRANKFURTER ALLGEMEINE ZEITUNG, Nr. 29 vom 4. Februar 1965, S. 1 und 4.

⁶ Vgl. dazu Dok. 10, besonders Anm. 4.

habe sich noch nicht zu dem Termin äußern können. Ich erwiderte, daß die Einladung trotz der Unruhe, die die Nachricht über das Kommen Ulbrichts nach Kairo[7] in der Bundesrepublik verursacht habe, bestehe, daß natürlich im Augenblick eine solche Reise nicht opportun sei, weil diese Unruhe erst abklingen müsse. Alles würde sich natürlich total verändern, falls es bei dem bliebe, was mir gerade heute vor einer Woche Marschall Amer gesagt habe[8], nämlich, daß Ulbricht nach Kairo komme. Präsident Nasser erwiderte hierauf, daß dies zuträfe und daß daran nichts mehr zu ändern sei. Wenn ich mich nicht verhört habe, nannte er den 24. Februar als Besuchstermin.

Hierauf sagte ich dem Präsidenten, daß ich beauftragt sei, ihm zu erklären, daß die Bundesregierung dies als einen unsere Beziehungen sehr belastenden Schritt ansehe, dessen Konsequenzen unabsehbar seien.[9] Darüber hinaus aber sei das deutsche Volk auf das tiefste empört. Er, Präsident Nasser, wisse vielleicht nicht, daß Ulbricht in der Bundesrepublik und in der Zone – wenn die Menschen auch dort nicht die Möglichkeit hätten, es auszusprechen – der bestgehaßte Mann sei. Insofern könnte ich auch nicht seinen Einwand (auf dem Präsident Nasser allerdings nicht weiter beharrte) gelten lassen, daß wir doch vor Jahren den Besuch Grotewohls[10], ohne uns aufzuregen, hingenommen hätten. Es handele sich bei Ulbricht, der beanspruche, Staatsoberhaupt zu sein, um einen ganz anderen Fall.

Nasser begann nun – und zwar in erregt-verbittertem Ton – darauf hinzuweisen, daß wir immer nur an die Sorgen dächten, die uns die DDR bereite, daß wir aber nie Rücksicht auf die Sorgen nähmen, die Israel den Arabern bereite. Wir seien durch dick und dünn mit Israel verbunden. Wir lieferten nicht nur Waffen, sondern wir unterstützten auch die Wirtschaft Israels[11] und räumten Israel einen politischen Einfluß in der Bundesrepublik ein. Dies habe ihn nunmehr veranlaßt, dem jahrelangen Drängen Ulbrichts, ihn nach Kairo einzuladen, nachzugeben.

Ich entgegnete, daß nicht nur ich Verständnis für seinen Einwand gegen unsere Waffenlieferungen an Israel hätte. Er habe ja schon von Bundestagspräsident Gerstenmaier gehört, daß die Waffenlieferungen an Israel keineswegs die Billigung aller Deutschen fänden. Es sei dies eine Verpflichtung gewesen, die die jetzige Regierung aus der Regierungszeit Adenauers übernommen

---

[7] Zur Einladung des Staatsratsvorsitzenden Ulbricht durch Präsident Nasser vgl. zuletzt Dok. 41. Zum Besuch vom 24. Februar bis 2. März in der VAR vgl. Dok. 104.
[8] Zum Gespräch des CDU-Abgeordneten Werner mit dem ägyptischen Vizepräsidenten vom 25. Januar 1965, bei dem auch Botschafter Federer, Kairo, anwesend war, vgl. Dok. 38, Anm. 3 und 7.
Im Verlauf dieser Unterredung gab Amer auf die Frage, ob die Bundesrepublik noch Möglichkeiten habe, „durch entsprechende Handlungen" einen Besuch des Staatsratsvorsitzenden Ulbricht in der VAR zu verhindern, keine Auskunft, sondern sagte eine Antwort „für die nächsten Tage" zu. Vgl. den Drahtbericht Nr. 67 von Federer vom 25. Januar 1965; VS-Bd. 8448 (Ministerbüro); B 150, Aktenkopien 1965.
[9] Zu den Instruktionen, die Botschafter Federer, Kairo, für dieses Gespräch erhielt, vgl. Dok. 39.
[10] Zum Besuch des Ministerpräsidenten der DDR vom 4. bis 8. Januar 1959 in der VAR vgl. AUSSENPOLITIK DER DDR VII, S. 560.
[11] Zur Wirtschaftshilfe an Israel vgl. Dok. 103.

habe.¹² Im übrigen sei ihm ja bekannt, wie kompliziert und belastet unser Verhältnis zu Israel nun einmal sei.

Die Bundesregierung habe keineswegs einseitig für Israel Partei ergriffen, sondern habe in gleicher Weise die arabischen Anliegen im Auge. Daher wolle sie keine weiteren Waffenlieferungsverträge mit Israel abschließen und sich mit einem namhaften Betrag am Aufbau der ägyptischen Wirtschaft beteiligen. Wir hätten in der Vergangenheit bewiesen – vor allem durch die vielen Projekte der technischen Hilfe –, daß unsere Beteiligung am Aufbau der VAR nicht nur eine kapitalistische Unternehmung (Präsident Nasser hatte nämlich eingeworfen, daß die VAR ihre Verpflichtung aus den mit uns abgeschlossenen Finanzverträgen erfüllt habe) gewesen sei, sondern Ausdruck unseres politischen Interesses an der VAR.

Diese Haltung der Bundesregierung, so fuhr ich fort, würde aber hinfällig werden mit dem Tage, an dem Ulbricht in Kairo erschiene.

Hiermit, so sagte ich, sei der amtliche Teil meines Besuches zu Ende, was ich jetzt sagen würde, befände sich außerhalb meiner Instruktion. Ich sei in dieses Land gekommen, nicht nur, um als Botschafter einen Erfolg zu haben, sondern weil ich dieses Land und seine Bevölkerung gern hätte. Es sei natürlich nicht meine Aufgabe, Präsident Nasser Ratschläge für das Wohl Ägyptens zu geben. Mit dem Besuch Ulbrichts füge er, Präsident Nasser, unserer Politik einen großen Schaden zu. Ich stünde nicht an, dies zuzugeben. Ich glaube aber, daß die weitere Entwicklung auch nicht zum Segen des ägyptischen Volkes ausschlagen würde. Ich würde ihn daher sehr eindringlich noch einmal fragen, ob es nicht doch noch eine Möglichkeit gäbe, wie wir diesen, unseren beiden Völkern entstehenden Schaden abwenden könnten. Präsident Nasser, der diesen, meinen persönlichen Appell durchaus freundlich aufgenommen hatte, sah mich eine Weile an und gab keine Antwort.

Hierauf kam das Gespräch noch einmal auf die politische Bedeutung des Besuches von Ulbricht. Präsident Nasser sagte, daß er keine Anerkennung der DDR bedeute. Er wisse wohl, daß Marschall Amer mir eine diesbezügliche Erklärung der VAR-Regierung vor dem Besuch in Aussicht gestellt habe.¹³ Er sei aber nicht bereit, eine solche Erklärung abzugeben. Die VAR-Politik zur Frage des geteilten Deutschlands habe sich nicht geändert. Man habe nicht mit der DDR über eine formelle Anerkennung verhandelt. Wenn wir aber weiterhin Israel in der Weise, in der wir es täten, unterstützten, vor allem durch Waffenlieferungen, müßte er sich auch vorbehalten, Ulbricht die formelle Anerkennung zu gewähren. (Ulbricht habe seit 3 Jahren auf eine Einladung gedrängt.) Um ganz sicher zu sein, daß ich mich nicht verhört hätte, sagte ich dem Präsidenten: „Also wollen Sie uns zuerst den Besuch Ulbrichts in Kairo zumuten und später, wenn die Waffenlieferungen an Israel weitergehen, sich vorbehalten, auch noch die Anerkennung auszusprechen." Präsident Nasser bejahte dies. Hierauf erhob ich mich und erklärte, daß ich damit meinen Auf-

---

¹² Vgl. dazu Dok. 2.
¹³ Zu der diesbezüglichen Mitteilung des ägyptischen Vizepräsidenten, die von Brigadegeneral Khalil übermittelt wurde, vgl. den Drahtbericht Nr. 74 des Botschafters Federer, Kairo, vom 26. Januar 1965; VS-Bd. 8448 (Ministerbüro); B 150, Aktenkopien 1965.

trag als beendet betrachte. Er schüttelte mir die Hand und fragte mich, ob ich nach Bonn führe, woraufhin ich ihm erwiderte, daß dies von einer Weisung meiner Regierung abhinge.

Ich hatte bei dem Gespräch von Anfang an den Eindruck, daß der Besuch Ulbrichts eine völlig entschiedene Sache war.[14] Die Information, die ich vor einer Woche von Marschall Amer und dem Brigadier Mahmoud Khalil bekommen hatte, daß die Entscheidung noch nicht irrevokabel sei, muß offensichtlich falsch gewesen sein.[15] Ich hatte den Eindruck, daß Nasser den Konsequenzen dieses Schrittes unberührt entgegensieht. In seiner Argumentation gab er sich auch gar nicht die Mühe, meine Einwände wirklich zu entkräften. Es war offensichtlich, daß er fest gebunden war. Nach meinem Eindruck hat hierbei der Besuch Schelepins in Kairo am Jahresende[16] eine entscheidende Rolle gespielt.

Bericht mit politischer Beurteilung folgt.[17]

[gez.] Federer

VS-Bd. 8448 (Ministerbüro)

---

[14] Am 6. Februar 1965 informierte Staatssekretär Carstens die Botschaften im Nahen und Mittleren Osten, das Gespräch des Botschafters Federer, Kairo, mit Präsident Nasser habe ergeben, daß nun fest mit einem Besuch des Staatsratsvorsitzenden Ulbricht in der VAR gerechnet werden müsse. Die Bundesregierung plane jedoch, in der Woche vom 14. bis 21. Februar 1965 „in einige oder alle arabischen Länder – außer VAR – Sonderbotschafter zur Erläuterung unseres Standpunktes und zur Bekräftigung unseres Willens zur deutsch-arabischen Zusammenarbeit zu entsenden". Vgl. den Runderlaß Nr. 499; VS-Bd. 2637 (I B 4); B 150, Aktenkopien 1965.
Vgl. dazu weiter Dok. 61.

[15] Noch am 30. Januar 1965 berichtete Botschafter Federer, Kairo, eine „Präsident Nasser nahestehende Persönlichkeit" habe ihm mitgeteilt, daß „doch noch eine Chance" bestünde, den Besuch des Staatsratsvorsitzenden Ulbricht in der VAR zu verhindern, „sofern wir Nasser zu einem politischen Erfolg verhelfen, der [eine] Brüskierung der DDR vor arabischer Welt rechtfertigen würde". Ein solcher Erfolg würde die umgehende Einstellung aller Waffenlieferungen an Israel bedeuten. In diesem Zusammenhang bedauerte Federer die am 29. Januar 1965 an ihn ergangene Weisung des Bundesministers Schröder, er könne gegenüber Nasser nicht erklären, daß ein Teil der mit Israel vereinbarten Waffenlieferungen nicht ausgeführt würde. Diese Entscheidung, so Federer, gebe ihm „keine Möglichkeit mehr, obige Chance wahrzunehmen". Für den Drahtbericht Nr. 89 sowie den Drahterlaß Nr. 63 vgl. VS-Bd. 8448 (Ministerbüro); B 150, Aktenkopien 1965.

[16] Zum Besuch des Stellvertretenden Vorsitzenden des Ministerrats der UdSSR vom 22. bis 29. Dezember 1964 in der VAR und zur wirtschaftlichen Unterstützung der VAR durch die UdSSR vgl. Dok. 10, Anm. 8.

[17] Bundeskanzler Erhard rief Botschafter Federer, Kairo, zur Berichterstattung nach Bonn. Vgl. dazu BULLETIN 1965, S. 153.
Daher berichtete Federer am 1. Februar 1965 dem Bundeskanzler mündlich über sein Gespräch mit Staatspräsident Nasser. Vgl. dazu OSTERHELD, Außenpolitik, S. 154.

49

Botschafter Knappstein, Washington, an Staatssekretär Carstens

Z B 6-1-919/65 geheim
Fernschreiben Nr. 327
Cito

Aufgabe: 1. Februar 1965, 20.30 Uhr
Ankunft: 2. Februar 1965, 04.46 Uhr

Nur für Staatssekretär[1]

Betr.: MLF/ANF

Bezug: Drahtbericht 203 vom 21.1.65 VS-vertraulich[2]; Drahterlaß 88 vom 27.1.65 VS-vertraulich[3]

I. Die Äußerungen Rusks zur MLF/ANF gegenüber Außenminister Luns, über die ich am 21.1. berichtete, decken sich mit der in letzter Zeit von amerikanischer offizieller Seite eingenommenen Haltung. Dies gilt sowohl für die Betonung der vorwiegend innenpolitischen Motivation des Verhaltens des Präsidenten als auch hinsichtlich der Bedeutung, die der Non-Proliferationsgedanke für die amerikanische Außenpolitik gewonnen hat.[4]

Im State Department wie auch im Weißen Haus ist man zurzeit offensichtlich bemüht, den nach dem abrupten Wechsel der Gangart vom Dezember 1964[5] entstandenen Eindruck entgegenzuwirken, als ob sich das amerikanische Interesse an der MLF verringert hätte. Man ist sich wohl darüber klar geworden, welche schwerwiegenden Folgen eine solche Interpretation für die Verwirklichung dieses Projekts haben würde. Auch die sich in der hiesigen Öffentlichkeit in den letzten Wochen häufenden Vorwürfe an den Präsidenten, er lasse es an einer klaren außenpolitischen Führung fehlen, sind bei diesem

---

[1] Hat Staatssekretär Carstens am 2. Februar 1965 vorgelegen, der handschriftlich für das Ministerbüro vermerkte: „Entscheidung über Verteiler sollte d[er] H[err] Minister treffen." Darauf vermerkte Ministerialdirigent Simon am 2. Februar 1965 handschriftlich: „Die Entscheidung des Herrn Ministers wird nach Rückkehr aus Brüssel heute abend herbeigeführt."
Hat Bundesminister Schröder vorgelegen. Vgl. VS-Bd. 8481 (Ministerbüro); B 150, Aktenkopien 1965.
Hat Bundeskanzler Erhard vorgelegen, der mitteilen ließ, „daß man auch die deutschen innenpolitischen Motive berücksichtigen möge". Vgl. den Vermerk des Ministerialdirigenten Osterheld vom 9. März 1965; VS-Bd. 8481 (Ministerbüro); B 150, Aktenkopien 1965.

[2] Vgl. VS-Bd. 433 (Büro Staatssekretär).

[3] Staatssekretär Carstens erbat eine Stellungnahme der Botschaft in Washington zu den Äußerungen des amerikanischen Außenministers Rusk zum „MLF/ANF-Komplex". Vgl. VS-Bd. 433 (Büro Staatssekretär); B 150, Aktenkopien 1965.

[4] Zum Memorandum über die Nichtverbreitung von Kernwaffen, das von einem Komitee unter der Leitung des früheren Staatssekretärs im amerikanischen Verteidigungsministerium, Gilpatric, ausgearbeitet und am 21. Januar 1965 Präsident Johnson übergeben wurde, vgl. den Drahtbericht Nr. 213 des Botschafters Knappstein, Washington, vom 22. Januar 1965; VS-Bd. 4038 (II 8); B 150, Aktenkopien 1965. Vgl. dazu ferner den Artikel von William M. Blair: „President Gives Congress Chiefs a World Briefing"; THE NEW YORK TIMES, International Edition, Nr. 39 080 vom 22. Januar 1965, S. 1 f.

[5] Zur veränderten amerikanischen Politik bezüglich der geplanten MLF/ANF vgl. Dok. 12, besonders Anm. 11.

wohl nicht ganz ohne Wirkung geblieben. Da die amerikanische Regierung an einer Einigung über die Frage des nuklearen Problems in der Allianz dringend interessiert bleibt, erscheint ihr eine Lösung im Rahmen einer integrierten atlantischen Gemeinschaft nach wie vor als die zweckmäßigste.

Den verlorengegangenen Impetus versucht man inzwischen bis zu einem gewissen Grad durch entsprechende Äußerungen von verantwortlicher Stelle wiederherzustellen. Der Brief Rusks an den Bundesminister[6] und die Erklärungen des Botschafters McGhee[7] sowie die vorbereitete Presseerklärung des Präsidenten vom 16.1.[8] haben den Zweck, die europäischen Partner weiter zu einem Fortschreiten auf zunächst bilateralem Wege zu ermutigen.

Die Gefahren, die für das Projekt daraus entstehen könnten, daß auf europäischer Seite nicht genügend Eigenbewegung vorhanden wäre, sind hier wohl zunächst, angesichts der als sehr positiv empfundenen Äußerungen Wilsons[9], gering bewertet worden. Man ist nun aber bestrebt, ihnen dadurch entgegenzutreten, daß auch den Briten das amerikanische Interesse an einem Zustandekommen der integrierten Lösung zum Ausdruck gebracht worden ist. Gleichzeitig mit dem Bundesaußenminister hat auch der damalige Außenminister Gordon Walker einen ähnlichen Brief von Rusk erhalten.

Ich glaube, daß die auf Grund der britischen Vorstellungen erweiterte MLF/ANF weiterhin den Amerikanern als der beste Weg erscheint, den nicht-nuklearen NATO-Partnern ein gewisses Mitspracherecht an Einsatz und Kontrolle einer im gemeinsamen Eigentum befindlichen nuklearen Streitmacht zu gewähren und dem Wunsch der Kontinentaleuropäer nach Schaffung eines stärkeren unmittelbaren Gegengewichts gegen die sowjetische MRBM entgegenzukommen. Auch betrachtet man die MLF/ANF sicherlich als das beste Mittel zur Befriedigung des deutschen, als durchaus berechtigt anerkannten Strebens nach Beteiligung an nuklearen Verteidigungsentscheidungen für den europäischen Kontinent, und zwar unter für Kongreß und Öffentlichkeit akzeptablen Bedingungen. Sicher ist auch der Wunsch, den Briten auf diese Weise das Aufgeben ihres nationalen nuklearen Deterrent zu erleichtern, ein wichtiges Motiv, da man hier vielfach befürchtet, daß sich Wilson bei einem

---

[6] Für den Wortlaut des Schreibens vom 14. Januar 1965 vgl. VS-Bd. 8481 (Ministerbüro). Zur Übermittlung vgl. Dok. 15.

[7] Vgl. dazu Dok. 15 und Dok. 17.

[8] Im Verlauf der Pressekonferenz, die auf der Ranch des Präsidenten in Texas stattfand, teilte Johnson zum Thema MLF/ANF mit: „Well, as you know, when Prime Minister Wilson was here in Washington we considered the proposal he put for the multilateral force as an expansion of this concept and to the Atlantic nuclear force. Since then [...] several governments have been actively discussing these proposals in some detail. They will be further discussed in the days ahead [...]. I strongly hope in these talks there will be progress that will allow us to move on to fruitful multilateral discussions." Vgl. PUBLIC PAPERS, JOHNSON 1965, S. 57f.

[9] Der britische Premierminister hielt sich vom 7. bis 9. Dezember 1964 in Washington auf. Für die gemeinsame Erklärung von Wilson und Präsident Johnson vom 8. Dezember 1964 zu Fragen der nuklearen Verteidigung vgl. PUBLIC PAPERS, JOHNSON 1963/64, S. 1649f. Vgl. dazu auch AAPD 1964, II, Dok. 383.

Scheitern der MLF nicht mehr an seine entsprechenden Zusagen[10] gebunden fühlen könnte.

So hofft die Regierung in der Tat, daß sich aus den Gesprächen zwischen uns und den Briten[11] und möglichst auch mit den Italienern[12] und Holländern[13] eine gemeinsame Basis ergeben möge, der man hier wohl ohne Zaudern zustimmen würde und die man dann auch im Kongreß leicht durchsetzen zu können glaubt. Bei geringfügigen Meinungsverschiedenheiten wäre man sicherlich auch noch bereit, ausgleichend und unterstützend einzugreifen. Von großer Bedeutung im Rahmen der Gesamtpolitik Johnsons bleibt jedoch dabei der Non-Proliferationsgedanke, der in letzter Zeit im Rahmen der MLF/ANF-Überlegungen immer stärker in den Vordergrund gerückt ist. Sollte aber eine solche Einigung der vier oder wenigstens der zwei europäischen Hauptbeteiligten in den nächsten Wochen und Monaten nicht zustande kommen, halte ich es für recht fraglich, ob die amerikanische Seite von sich aus noch „dynamische Bemühungen" (Tyler zu mir am 12. Januar 1965, s. Drahtbericht 100 vom 12.1. geheim)[14] unternehmen wird. Der Widerstand im Kongreß[15] wäre dann zu groß, als daß Johnson sich dem aussetzen würde. Auch ist er wohl persönlich immer noch verstimmt darüber, daß einige nach seiner Ansicht „übereifrige" Ratgeber im State Department und Pentagon[16] versucht haben, ihn mit einem Projekt zu identifizieren, das er von Kennedy übernommen und sich selbst noch nicht wirklich zu eigen gemacht hatte und das eine heftige

---

[10] Großbritannien sicherte zu, daß bei Realisierung des ANF-Projektes die V-Bomber und die mit Polaris-Raketen bestückten U-Boote der NATO für die Dauer ihres Bestehens zur „absoluten Verfügung" gestellt würden. „Only the dissolution of the alliance would enable Britain and the other contributing countries to regain independent control of their contingents." Vgl. den Artikel „British Force for NATO as Long as It Exists"; THE TIMES, Nr. 56 198 vom 18. Dezember 1964, S. 14.

[11] Vgl. dazu weiter Dok. 93.

[12] Vgl. dazu weiter Dok. 81.

[13] Am 23. Februar 1965 informierte Botschafter Berger, Den Haag, über ein Gespräch mit dem Generalsekretär im niederländischen Außenministerium. Baron van Tuyll van Serooskerken teilte mit, die niederländische Regierung hoffe auf eine baldige britisch-deutsche Verständigung in der MLF/ANF-Frage. Sie selbst beabsichtige vorerst nicht, eine offizielle Stellungnahme abzugeben. Zwar würden die britischen Bedenken hinsichtlich der Verwundbarkeit der Überwasserschiffe geteilt, doch stehe „man bestimmten Vorstellungen der Engländer", wie zum Beispiel der Unterstellung der Streitmacht unter eine „gesonderte authority", kritisch gegenüber. Vgl. den Drahtbericht Nr. 59; VS-Bd. 1371 (II A 7); B 150, Aktenkopien 1965.

[14] Vgl. VS-Bd. 1352 (II A 7); B 150, Aktenkopien 1965.

[15] Zu den Bedenken im amerikanischen Kongress hinsichtlich der geplanten MLF/ANF vgl. Dok. 15, Anm. 13.

[16] Anfang Januar 1965 wurde der MLF-Arbeitsstab im amerikanischen Außenministerium aufgelöst; sein Leiter Gerard C. Smith trat zurück. Vgl. dazu den Artikel „State Department Will Close Nuclear Fleet Office"; THE NEW YORK TIMES, International Edition, Nr. 39 059 vom 2./3. Januar 1965, S. 3.
Am 7. Januar 1965 meldete dazu Botschafter Knappstein, Washington, daß der MLF-Arbeitsstab in die Europa-Abteilung des amerikanischen Außenministeriums eingegliedert werden solle. Er schlug vor, „die Umorganisation des MLF-Arbeitsstabes, die in der Öffentlichkeit vielfach als Auflösung und damit als Anzeichen für das Erlöschen des amerikanischen Interesses aufgefaßt worden ist, für die pressemäßige Behandlung deutlich als Eingliederung in die Europa-Abteilung zu kennzeichnen." Vgl. den Drahtbericht Nr. 52; VS-Bd. 1352 (II A 7); B 150, Aktenkopien 1965.

Auseinandersetzung in der Allianz sowie zunehmende Kritik zuhause ausgelöst hat.

Die amerikanische Tendenz würde dann eher dahin gehen, die Diskussion des Themas zunächst bis nach den Bundestagswahlen zurückzustellen, da man annimmt, daß man auch bei uns die MLF nicht erneut in den Parteienstreit hineingezogen sehen möchte. Man würde dann wohl erst im Herbst den ganzen Komplex neu überprüfen oder auch nach anderen Wegen suchen (ein manchmal hier geäußerter anderer Gedanke wäre z.B. eine Beteiligung der Europäer beim Einsatz und bei der Kontrolle amerikanischer Minutemen).

Fraglich bleibt außerdem nach wie vor, wie die Haltung des Präsidenten im Falle einer erneuten starken und dezidierten Opposition Frankreichs sein würde, selbst im Falle einer Einigung mit den Briten und uns. Voraussagen hierüber lassen sich schwer anstellen. Es wird bei der Veranlagung des Präsidenten in erster Linie auf die außen- und innenpolitische Situation des Augenblicks ankommen. Johnson würde sicher alles versuchen, um de Gaulle zu einer Änderung oder zu einer Modifizierung seiner Haltung zu bewegen. Auch in diesem Punkt setzt man nach dem Treffen von Rambouillet[17] wieder gewisse Hoffnungen auf uns.

II. Aus dem Gesamten ergibt sich m.E. für uns – immer aus hiesiger Sicht gesehen – folgendes:

Falls wir an einer MLF/ANF festhalten, sollten wir versuchen, in Gesprächen mit den Briten, Italienern und Holländern, die von möglichst wenig Publizität begleitet sein sollten, bald die Umrisse einer gemeinsamen Basis zu erarbeiten, um die hier im Augenblick zweifellos vorhandene Bereitwilligkeit zur Schaffung einer MLF/ANF auszunutzen. (Dabei könnte man wohl weiterhin davon ausgehen, daß die Amerikaner auf einer gewissen Beteiligung der Briten auch an einer gemischt-bemannten Überwasserflotte[18] bestehen würden.) Bei einem erneuten Verschieben auf den Herbst besteht dagegen die Gefahr, daß das hiesige Interesse dann tatsächlich erlahmt – vor allem, falls das Verhältnis zu den Sowjets sich auf anderen Gebieten, z.B. als Folge eines Besuchs der neuen sowjetischen Führer[19] in Washington, weiterhin entspannen sollte.

Wir sollten jedoch bei unseren Gesprächen alles vermeiden, was uns in der Öffentlichkeit als treibende Kraft erscheinen ließe, und sollten jeden Anschein der Möglichkeit eines etwaigen deutsch-amerikanischen Alleingangs – wenn auch nur aus taktischen Gründen – von vornherein ausschließen. Die Teilnahme der Briten und die Überwindung oder Milderung des französischen Widerstandes wären weiterhin unerläßlich dafür, daß sich der Präsident mit

---

[17] Für die Konsultationsbesprechungen des Bundeskanzlers Erhard mit Staatspräsident de Gaulle vom 19./20. Januar 1965 vgl. Dok. 22, Dok. 26 und Dok. 27.

[18] Zur britischen Ablehnung, sich an einer gemischt bemannten Überwasserflotte zu beteiligen, vgl. Dok. 20, Anm. 9.

[19] Zum Führungswechsel am 14./15. Oktober 1964 in der UdSSR vgl. Dok. 23, Anm. 29.

einem erweiterten oder abgewandelten MLF/ANF-Projekt voll identifizierte und damit die Voraussetzungen für eine Billigung durch den Kongreß geschaffen würden.[20]

[gez.] Knappstein

VS-Bd. 433 (Büro Staatssekretär)

50

Gespräch des Bundeskanzlers Erhard mit dem syrischen Botschafter Khabbaz

Z A 5-19.A/65 VS-vertraulich 2. Februar 1965[1]

Der Herr Bundeskanzler empfing am 2. Februar 1965 um 16.30 Uhr den syrischen Botschafter, Herrn Khabbaz, in Anwesenheit von Protokollchef Botschafter von Holleben zu seinem Antrittsbesuch.

Der Herr *Bundeskanzler* entschuldigte sich dafür, daß er Herrn Khabbaz erst jetzt empfangen könne, da gegenwärtig die politische Aktivität in Bonn besonders intensiv sei. Dies gelte auch für die Beziehungen zur arabischen Welt, insbesondere zu Ägypten. Es handle sich dabei um eine sehr schwierige Frage, aber er hoffe, daß Lösungen gefunden werden können, die der Freundschaft nicht schadeten. Die jüngsten Ereignisse seien um so bedauerlicher, als es bisher zwischen der arabischen Welt und Deutschland nie Spannungen gegeben habe. Er (der Herr Bundeskanzler) könne nicht verschweigen, daß er darüber enttäuscht und entrüstet sei. Diese Ausführungen bezögen sich allerdings nicht auf Syrien, denn gerade wenn sich die Beziehungen zu Ägypten verschlechtern sollten, würde die Bundesregierung um so mehr die Freundschaft zu den anderen arabischen Ländern pflegen und sie bei ihrer wirtschaftlichen Entwicklung unterstützen.

Botschafter *Khabbaz* erwiderte, er habe Verständnis dafür, daß der Herr Bundeskanzler sehr beschäftigt sei mit europäischen Problemen, die auch die ganze Welt angingen. Er habe in seiner Heimat die Bücher des Herrn Bundeskanzlers gelesen; dieser gelte auch in Syrien als Lehrer für die Volkswirtschaftler und Diplomaten. Was die arabische Welt und besonders sein eigenes Land betreffe, stellten sich – wenn man sich offen und klar äußern wolle – zwei Fragen: die arabische Welt, und daher auch Syrien, sei beunruhigt über die Hinwendung der deutschen Politik zu Israel: wer die Empfindlichkeit der arabischen Länder in dieser Hinsicht kenne, wisse, daß sie sich in ihrem Nationalgefühl getroffen sehe; in solchen Fällen würden die Araber vieles, ja fast alles vergessen. Er persönlich glaube, daß die Haltung Ägyptens eine Reaktion

[20] Vgl. dazu weiter Dok. 64.

[1] Die Gesprächsaufzeichnung wurde von Dolmetscherin Bouverat am 3. Februar 1965 gefertigt.

auf diese Politik der Bundesregierung sei. In Syrien jedoch, das historisch und traditionell gute Beziehungen mit Deutschland unterhalte, habe man den „absoluten Wunsch", diese Beziehungen zu vertiefen und weiterzuentwickeln. Bei der öffentlichen Meinung seines Landes sei aber, wie gesagt, eine Beunruhigung zu verspüren, einerseits wegen der deutschen Politik gegenüber Israel und andererseits besonders wegen der Behandlung des Euphrat-Projektes.[2] Das diesbezügliche Abkommen sei seit längerer Zeit unterzeichnet und man sei in Syrien zunächst sehr optimistisch und voller Vertrauen in die Loyalität und Korrektheit der Bundesregierung bei der Verwirklichung des Vertrages gewesen. Inzwischen seien aber Zweifel entstanden, die sich als Störungsfaktoren für die deutsch-syrischen Beziehungen erweisen könnten. Es bestünden tatsächlich Zweifel daran, daß die Bundesregierung die Durchführung des Vorhabens mit Ernst betreibe.[3]

Der Herr *Bundeskanzler* erwiderte, er habe seinerzeit das genannte Abkommen selbst mit Minister Boghdadi abgeschlossen, als Syrien noch mit Ägypten in der VAR vereinigt gewesen sei.[4] Das Problem, vor dem man jetzt stehe, sei nicht die Möglichkeit eines deutschen Rückzuges, sondern der Wunsch der Bundesregierung, die Gesamtfinanzierung gewährleistet zu sehen.[5] Das letzte Wort sei in dieser Angelegenheit aber noch nicht gefallen.

Was Israel betreffe, hätten Syrien und andere arabische Länder doch auch freundschaftliche Beziehungen zu Staaten, die diplomatische Beziehungen zu Israel unterhalten und ihm Kredite und Militärhilfe gewährten. Die arabische

---

[2] Am 5. Juli 1961 unterzeichneten der Bundesminister für Wirtschaft, Erhard, und der Vizepräsident der VAR, Boghdadi, ein Protokoll, in dem u.a. festgelegt wurde, daß die Bundesregierung „die Finanzierung des Fremdwährungsbedarfs" beim Bau eines Staudammes am Euphrat, der von deutschen Firmen durchgeführt werden sollte, übernehmen würde. Vgl. BULLETIN 1961, S. 1204.
Ersetzt wurde diese Übereinkunft durch das Abkommen vom 5. Februar 1963 mit Syrien, in dem sich die Bundesregierung bereiterklärte, „die Finanzierung des Fremdwährungsanteils an den Gesamtkosten der ersten Ausbaustufe des bei Tabqa in Syrien geplanten Euphrat-Staudamms bis zu einem Betrag von 350 Mio. DM sicherzustellen". Das Projekt umfaßte außer dem Damm ein Wasserkraftwerk, eine Verbundhochspannungsleitung und ein Kanalsystem für die Bewässerung landwirtschaftlicher Nutzflächen. Die Darlehen der Bundesregierung sollten nur für „Lieferungen und Leistungen deutscher, in der Bundesrepublik ansässiger Firmen" bestimmt sein. Vgl. BULLETIN 1963, S. 205 f.

[3] Von syrischer Seite wurden Verzögerungen, die bei der Erstellung eines Gutachtens durch die Kreditanstalt für Wiederaufbau über die Finanzierung des Euphrat-Damm-Projekts aufgetreten waren, in Verbindung mit der sich entwickelnden Nahost-Krise gebracht. Am 13. Januar 1965 bezeichnete Präsident Hafez auf einer Pressekonferenz gleichermaßen das Damm-Projekt und die deutsche Unterstützung Israels als „Hauptproblem" zwischen Syrien und der Bundesrepublik. Sollte die syrische Regierung nicht „innerhalb von eineinhalb Monaten eine positive Antwort" der deutschen Vertragspartner erhalten, so würde die „Verbindung mit Deutschland" abgebrochen. Hafez wies darauf hin, daß es „andere befreundete Staaten gebe, welche die Durchführung des Dammprojekts sicherstellen möchten". Vgl. die Aufzeichnung des Referats I B 4 vom 21. Januar 1965; Referat III B 6, Bd. 491.

[4] Nach dem Scheitern des politischen Zusammenschlusses von Syrien und Ägypten – dem ersten Versuch, eine „Vereinigte Arabische Republik" zu schaffen – konstituierte sich Syrien im September 1961 als „Arabische Republik Syrien".

[5] Voraussetzung für eine Verwirklichung des Euphrat-Damm-Projekts war eine erfolgreiche Prüfung der Gesamtfinanzierung durch die Kreditanstalt für Wiederaufbau. Vgl. dazu BULLETIN 1963, S. 205.

Welt müßte ferner Verständnis dafür haben, daß Deutschland gegenüber dem jüdischen Volk moralisch belastet sei angesichts der sechs Millionen durch Deutsche umgebrachten Juden. Er glaube, daß man die schwebenden Fragen viel besser hätte lösen können, als es jetzt den Anschein habe. Auch mit Israel habe die Bundesregierung einige Fragen zu regeln: zum Beispiel sollen in Zukunft keine Waffen mehr unentgeltlich in dieses Land geliefert werden.[6] Er persönlich (der Herr Bundeskanzler) glaube aber nicht, daß die Haltung von Präsident Nasser hierauf zurückzuführen sei. Nasser sei ja sogar zu einem offiziellen Besuch in die Bundesrepublik eingeladen worden[7], in dessen Verlauf man über diese Dinge hätte sprechen können. Vielmehr glaube er – dies sei aber nur eine subjektive Auffassung –, daß der russische Einfluß, nicht der von Ulbricht, entscheidend gewesen sei für die Einstellung Ägyptens.[8] Deutschland habe es im übrigen gegenüber den arabischen Staaten nie an Hilfe fehlen lassen. Im Grundsatz habe es auch den zweiten Fünfjahresplan Ägyptens gutgeheißen und wäre bereit, einen angemessenen Beitrag dazu zu leisten.[9]

Was die besondere Frage, die zwischen Syrien und der Bundesrepublik schwebt, betreffe, so seien die Verhandlungen noch nicht abgeschlossen, und man müsse sehen, wie die Dinge weitergingen. Für die Bemerkungen des syrischen Botschafters über das arabische Nationalgefühl habe er durchaus Verständnis; jedes Nationalgefühl verdiene Achtung, auch das deutsche. Infolgedessen könne er nicht begreifen, wie man einen Mann einladen könne, der dem deutschen Volk das Recht auf Selbstbestimmung verweigere, das ja ein Bestandteil jedes Nationalstolzes und Nationalgefühls sei.

Botschafter *Khabbaz* antwortete, als Reaktion auf die deutsche Politik gegenüber Israel sei die nationale Empfindlichkeit der arabischen Staaten ganz allgemein getroffen worden. Er wisse aber nicht, was die akute Reaktion Nassers ausgelöst habe. Was Syrien betreffe, müsse man die verschiedenen noch ungelösten Probleme zusammen in die Waagschale legen. Syrien sei ebenfalls ein Angelpunkt der arabischen Welt und ebenso tüchtig wie Ägypten. Die in seinem Land eingeleitete Revolution habe eine Verbesserung des wirtschaftlichen und sozialen Lebens der Bevölkerung zum Ziel, und sie könnte, da die politischen Verhältnisse dank der vom Volk getragenen Regierung stabil seien, konsequent fortgeführt werden, wenn der Euphratdamm gebaut werde. Die Verwirklichung des Projektes würde einen Niederschlag auf die gesamte Landwirtschaft Syriens haben. Man verstehe daher nicht, warum die Pläne, die seit nunmehr zwei Jahren in Bearbeitung ständen, immer noch nicht zum Abschluß gebracht würden. Jetzt gehe es darum, daß der Bericht der Kreditanstalt noch nicht beendet sei.[10] Er persönlich, der zum Teil an der Ausarbei-

---

[6] Vgl. dazu Dok. 40.
[7] Vgl. dazu Dok. 30.
[8] Zum sowjetischen Einfluß in der VAR vgl. Dok. 10, Anm. 8.
[9] Zur Wirtschaftshilfe der Bundesrepublik an die VAR vgl. Dok. 9, Anm. 10.
Vgl. dazu auch den Vorschlag, die Leistungen an arabische Staaten aufzustocken; Dok. 32.
[10] Ein vorläufiger Prüfungsbericht der Kreditanstalt für Wiederaufbau über die Gesamtfinanzierung des Euphrat-Damm-Projekts lag am 19. Januar 1965 in englischer Fassung vor. Am 30. Januar 1965 wurde das Gutachten im syrischen Außenministerium übergeben. Für den Bericht der

tung beteiligt gewesen sei, halte aber eine Zeitdauer von zwei Jahren für durchaus ausreichend und logisch. Ein baldiger Abschluß sei um so dringender, als am 7. Februar der Vertrag mit dem Konsortium[11] auslaufe. Er glaube nicht, daß die Frage der Finanzierung für Deutschland entscheidend sein sollte in einer Sache, die einen positiven Niederschlag auf die gesamte arabische Welt haben würde. Seine Hauptbedenken gegen das deutsche Zögern gälten insbesondere der Wirkung auf die öffentliche Meinung. Seit seiner Ankunft in Bonn sei man noch keinen einzigen Schritt vorwärts gekommen, er sei aber weiterhin optimistisch, denn wenn er kein Optimist wäre, hätte ihn seine Regierung nicht gerade wegen dieser Angelegenheit nach Bonn entsandt.

Der Herr *Bundeskanzler* wies darauf hin, daß er in zwei Tagen mit dem Vorstand der Kreditanstalt zusammentreffe und sich dann auch nach dem Euphrat-Projekt erkundigen werde. Die ägyptische Haltung werde möglicherweise Gegenstand von Erörterungen auch mit der übrigen arabischen Welt sein. Etwas Näheres könne er bei dieser Gelegenheit aber nicht sagen, da er den Besuch des deutschen Botschafters aus Kairo[12] erwarte.

Botschafter *Khabbaz* betonte abschließend, daß seine Regierung großen Wert auf die Fortführung und den weiteren Ausbau der Beziehungen zur Bundesrepublik lege. Sein Land, dessen Hauptziel die Vereinigung der arabischen Völker sei, habe großes Verständnis für den deutschen Wunsch nach Wiedervereinigung. Was das Euphrat-Projekt betreffe, habe er vor etwa zehn Tagen mit Staatssekretär Lahr darüber gesprochen[13], der ihm für die nächsten Tage nähere Auskunft zugesagt habe.

Bundeskanzleramt, AZ: 21-30 100 (56), Bd. 12

Fortsetzung Fußnote von Seite 237

Kreditanstalt für Wiederaufbau sowie für den Drahtbericht Nr. 32 des Legationsrats I. Klasse Heipertz, Damaskus, vom 2. Februar 1965 vgl. Referat III B 6, Bd. 491.
Mit Privatdienstschreiben vom 19. Januar 1965 an Vortragenden Legationsrat I. Klasse von Keiser räumte Botschafter Mangold, Damaskus, ein, daß die „Zeitverluste" beim Erstellen des Gutachtens, auf das die syrische Regierung schon seit zwei Monaten warte, „vorwiegend auf Kompetenzstreitigkeiten auf deutscher Seite" zurückzuführen seien. Vgl. Referat III B 6, Bd. 491.

[11] Am 7. Oktober 1964 schloß ein Konsortium von 17 Firmen aus der Bundesrepublik unter der Leitung des Vorstandsmitglieds der Hochtief A.G. (Essen), Hartmann, einen Vorvertrag mit der Euphrat-Behörde der syrischen Regierung ab, in dem es sich verpflichtete, ein verbindliches Angebot über die Durchführung des Projekts vorzulegen. Vgl. dazu die Schriftberichte des Botschafters Mangold, Damaskus, vom 21. September und 9. Oktober 1964; Referat III B 6, Bd. 439.
Für das Angebot des Firmenkonsortiums vom 29. Januar 1965, das am 7. Februar 1965 in Damaskus übergeben wurde, vgl. Referat III B 6, Bd. 491.

[12] Botschafter Federer, Kairo, hielt sich seit 1. Februar 1965 zur Berichterstattung in Bonn auf. Vgl. dazu Dok. 48, Anm. 17.

[13] Am 22. Januar bezeichnete der syrische Botschafter Khabbaz gegenüber Staatssekretär Lahr das Schicksal des Euphrat-Dammes als „entscheidend nicht nur für die deutsch-syrischen Beziehungen, sondern auch für die Zukunft seines Landes in wirtschaftlicher und politischer Beziehung sowie für den gesamten Nahen Osten". Vgl. die Aufzeichnung von Lahr vom 22. Januar 1965; Referat III B 6, Bd. 491.
Zu den Beziehungen zu Syrien vgl. weiter Dok. 333.

51

Aufzeichnung des
Vortragenden Legationsrats I. Klasse Schirmer

I B 4-83.00/90.35/162/65 geheim 2. Februar 1965

Betr.: Ulbricht-Besuch in der VAR[1]
hier: Vorsprache des Geschäftsträgers der VAR-Botschaft
am 2.2.1965

Der Geschäftsträger der VAR-Botschaft, Herr Mohamed Abd El Karim, der bereits zum zweiten Mal um einen Termin gebeten hatte, suchte mich heute auf. Herr Karim brachte seine Bestürzung darüber zum Ausdruck, daß die Einladung von Ulbricht in der Bundesrepublik so ernst genommen werde. Er betonte, daß eine Einladung an sich doch nicht so wichtig zu sein brauche. Wichtig würde sie erst durch die Bewertung. Die VAR-Botschaft habe durchaus festgestellt, daß die Bundesregierung bemüht gewesen sei, durch ihren offiziellen Sprecher[2] ein unnötiges Hochspielen der Angelegenheit zu vermeiden. Sie müsse jedoch beobachten, daß interessierte Kreise in Parlament und Presse offenbar bestrebt seien, die bestehende Krise zu verschärfen und auf einen Abbruch der Beziehungen hinzutreiben.

Ich erklärte Herrn Karim die Bedeutung, die Ulbricht für jeden Deutschen als Symbol der Unterdrückung unseres Volkes in der SBZ habe. Ich bat ihn, seine Regierung hierauf hinzuweisen und fügte hinzu, daß nach unserer Auffassung die Einladung Ulbrichts in keinem Verhältnis zu Waffenlieferungen an Israel[3] stehe. Präsident Nasser treibe die schwerbelasteten deutsch-arabischen Beziehungen durch diese Haltung in eine „escalation". Hiermit tue er genau das, was wir zu vermeiden suchten, und schade letztlich nicht nur dem deutsch-arabischen Verhältnis, sondern auch der VAR.

Herr Karim teilte mir offiziell mit, daß Nasser der Ansicht gewesen sei, nicht länger warten zu können, da der ägyptischen Seite zuverlässige, einwandfreie Informationen darüber vorlägen, daß zusätzlich zu den bereits eingegangenen Lieferverpflichtungen für M 48-Panzer eine israelische Offiziersdelegation in der Bundesrepublik kurz vor dem Abschluß über eine weitere Lieferung, diesmal von deutschen Leopard-Panzern, gestanden habe.

Die VAR rechne mit dem Ausbruch von Feindseligkeiten im Zusammenhang mit den arabischen Gegenmaßnahmen im Jordanquellgebiet für die allernächste Zukunft. Die ägyptische Armee verlege zur Zeit Einheiten nach dem Libanon und Jordanien. Der angekündigte israelische Gegenangriff gegen die arabischen Maßnahmen könne in ca. acht Wochen erfolgen.[4]

---

[1] Zur Einladung des Staatsratsvorsitzenden Ulbricht durch Präsident Nasser vgl. Dok. 48. Zum Besuch vom 24. Februar bis 2. März in der VAR vgl. Dok. 104.
[2] Karl-Günther von Hase.
[3] Zu den Waffenlieferungen an Israel vgl. zuletzt Dok. 39.
[4] Israel arbeitete seit 1955 an einem Projekt zur Bewässerung der Negev-Wüste. Das Wasser sollte durch Pipelines aus dem See Genezareth herangeführt werden. Von arabischer Seite wurde als

Für die arabische Seite sei es daher wesentlich, daß die deutschen Waffenlieferungen an Israel sofort eingestellt würden. Im Zusammenhang mit einem Konflikt würden sie das deutsch-arabische Verhältnis nicht nur vorübergehend, sondern auf die Dauer vieler Jahre aufs schwerste belasten.

Er wolle ausdrücklich feststellen, daß die Haltung Präsident Nassers erfolgt sei, nachdem der Präsident monatelang auf eine deutsche Klarstellung hinsichtlich des Abschlusses der Waffenlieferungen vergeblich gewartet habe. Präsident Nasser habe noch auf der Neutralistenkonferenz[5] schwere Auseinandersetzungen mit Tito und Frau Bandaranaike im Interesse der Aufrechterhaltung des Selbstbestimmungsrechts der deutschen Nation und der Ablehnung der Zweistaatentheorie auf sich genommen. Herr Karim sei selbst dabei gewesen. Der drohende arabisch-israelische Konflikt habe ihm keine andere Wahl gelassen, als uns durch Drohung mit der SBZ zur Besinnung zu bringen. Die Bundesrepublik handle auch nach Präsident Nassers Auffassung mit der Lieferung von Waffen an Israel gegen ihre eigenen Interessen. Es sei durchaus möglich, daß wir mit den Lieferungen an Israel einer Politik Vorschub leisteten, die letztlich darauf abziele, im Zusammenhang mit der arabischen Reaktion die Hallstein-Doktrin zu erledigen. Nach ägyptischer Auffassung liege dies im Sinne der Absprache zwischen Rusk und Gromyko. „Wir sollten in einen Brunnen gestoßen werden, der so glatt sei, daß wir nicht wieder herauskämen", sagte Herr Karim wörtlich. Die Anerkennung der SBZ durch die arabischen Staaten bringe automatisch die Anerkennung durch Tansania[6], Guinea, Mali[7] und Ghana[8] sowie Indonesien[9] mit sich. Wir müßten damit rechnen, daß mit Nasser 16 andere Staaten die SBZ anerkennen würden. Nach einem halben Jahr würden es 30 sein. Damit sei die Zweistaatentheorie endgültig etabliert und der Weg für eine Einigung zwischen den USA und der UdSSR auf unsere Kosten geebnet. Präsident Nasser mache sich deshalb über die Konsequenzen seines möglichen Schrittes keine großen Sorgen. Auch wirtschaftlich

Fortsetzung Fußnote von Seite 239

Gegenmaßnahme erwogen, die Quellflüsse des Jordans abzuleiten.
Auf der Konferenz der Staats- und Regierungschefs der Liga der arabischen Staaten vom 9. bis 12. Januar 1965 in Kairo wurde beschlossen, die zur Ableitung notwendige Pumpstation auf libanesischem Gebiet zu errichten. Nachdem Ministerpräsident Eshkol am 15. Januar 1965 diese Entscheidung als „Aggressionsakt" bezeichnet hatte, den Israel ebenso beantworten werde wie einen Angriff auf seine Staatsgrenzen, übertrug das jordanische Parlament der Regierung die Vollmacht, im Notfall Truppen dritter Staaten zur Hilfe ins Land zu rufen. Vgl. dazu EUROPA-ARCHIV 1965, Z 28 und 32. Vgl. dazu auch die Drahtberichte Nr. 14 und Nr. 17 des Botschafters Munzel, Beirut, vom 22. und 25. Januar 1965; Referat I B 4, Bd. 170.

[5] Zur Erörterung der Deutschland-Frage auf der Konferenz der blockfreien Staaten vom 5. bis 10. Oktober 1964 in Kairo vgl. Dok. 1, Anm. 4.

[6] Dieses Wort wurde vom Vortragenden Legationsrat I. Klasse Schirmer handschriftlich eingefügt. Dafür wurde gestrichen: „Sansibar".
Zur Haltung Tansanias in der Deutschland-Frage vgl. Dok. 45.

[7] Die DDR unterhielt in Guinea und Mali Handelsvertretungen mit konsularischen Befugnissen. Bilaterale Handels- und Zahlungsabkommen bestanden zwischen der DDR und Guinea seit dem 18. Januar 1960, zwischen der DDR und Mali seit dem 17. April 1961.

[8] Zur Eröffnung einer ghanaischen Handelsvertretung in Ost-Berlin im September 1963 vgl. AAPD 1963, II, Dok. 347.

[9] Zu den Beziehungen zwischen Indonesien und der DDR vgl. Dok. 42, Anm. 3. Vgl. dazu weiter Dok. 216.

würde die VAR durch die Kündigung unserer Wirtschaftshilfe[10] nicht schwer getroffen. Bereits heute verhandelten englische und französische Firmen[11] mit der ägyptischen Regierung, um in die durch das Ausscheiden der Bundesrepublik Deutschland freiwerdenden Kontrakte einzutreten. Im übrigen müsse die VAR bei Weiterlieferung deutscher Panzer an Israel zur Aufrechterhaltung des Rüstungsgleichgewichts laufend weitere Panzer von der Sowjetunion kaufen. Die deutsche Wirtschaftshilfe würde durch die hierdurch bedingten Ausgaben gewissermaßen annulliert.

Herr Karim schloß sein Plädoyer für den Standpunkt der VAR mit der dringenden Mahnung, doch umgehend die Waffenlieferungen an Israel einzustellen. Auch heute sei es noch nicht zu spät, die für uns äußerst gefährliche politische Entwicklung zu verhindern.

Ich betonte gegenüber Herrn Karim, daß es von jeher die Politik des Auswärtigen Amts gewesen sei, in Spannungsgebiete keine Waffen zu liefern[12], und daß wir nach wie vor für die Durchsetzung dieses Grundsatzes einträten.[13]

Hiermit über Herrn D I[14] dem Herrn Staatssekretär[15] vorgelegt.

Schirmer

VS-Bd. 2637 (I B 4)

52

Aufzeichnung des Ministerialdirektors Krapf

II 1-2^I/65 streng geheim 2. Februar 1965

Betr.: Herstellung der Bewegungsfreiheit in der Deutschland-Politik

Bezug: Aufzeichnung D II vom 28. Januar 1965 – II 1-2/65 streng geheim[1]

Die auf Grund meiner Aufzeichnung vom 28. Januar angeordnete interne Vorbereitung der Aufnahme diplomatischer Beziehungen zu Rumänien etc. ist innerhalb der Abteilung II angelaufen, soweit sie Maßnahmen betrifft, die vom Auswärtigen Amt auszugehen haben. Die Vorbereitung umfaßt aber auch den innenpolitischen Bereich. Auch hier sollte meines Erachtens unverzüglich be-

---

10 Zur Wirtschaftshilfe an die VAR vgl. Dok. 9, Anm. 10.
11 Zu den Verhandlungen von französischen Industriellen in der VAR vgl. Dok. 97, Anm. 2.
12 Zur Erklärung des Auswärtigen Amts vom Dezember 1957 vgl. Dok. 1, Anm. 6. Vgl. dazu auch Dok. 40
13 Vgl. dazu weiter Dok. 57, Anm. 2.
14 Hat Ministerialdirektor Meyer-Lindenberg am 3. Februar 1965 vorgelegen.
15 Hat Staatssekretär Carstens am 3. Februar 1965 vorgelegen, der handschriftlich vermerkte: „Dem Herrn Minister vorzulegen. (Die Aufz[eichnung] eignet sich nur teilweise hier zum Vortrag)."
Hat Bundesminister Schröder am 3. Februar 1965 vorgelegen.

1 Vgl. Dok. 42.

gonnen werden, da wir sonst Gefahr laufen, daß aus einer isolierten Betrachtung des VAR-Falles Entschlüsse gefaßt werden, die unsere spätere Bewegungsfreiheit noch mehr einschränken.

Nach der Unterredung Federer/Nasser[2] kann mit einer Nichtdurchführung oder einer Verschiebung des Ulbrichts-Besuchs[3] nicht mehr gerechnet werden. Es kommt jetzt darauf an, die Auswirkungen des Besuchs möglichst klein zu halten. Dies würde wahrscheinlich nicht gelingen, wenn wir schon wegen der Durchführung des Besuchs die Beziehungen zur VAR abbrechen würden. Die Aufnahme diplomatischer Beziehungen der VAR zu Pankow wäre dann automatisch die Folge. Dasselbe gilt für den Fall, daß wir unsererseits als Strafmaßnahme gegen die VAR diplomatische Beziehungen zu Israel aufnähmen. Hier wären die Auswirkungen voraussichtlich noch größer, da dann wohl auch andere arabische Staaten die Beziehungen zur SBZ aufnehmen und vielleicht auch mit uns abbrechen würden. Das Dringlichste scheint mir jetzt zu sein, daß wir es Nasser erschweren, mit dem Ulbricht-Besuch die offizielle Anerkennung der SBZ zu verbinden. Dies kann nach dem, was Nasser unserem Botschafter gesagt hat, nur dadurch erfolgen, daß wir die Waffenlieferungen nach Israel sofort einstellen.[4] Diese Maßnahme halte ich für äußerst dringlich, da selbstverständlich Ulbricht in den ihm noch zur Verfügung stehenden drei Wochen alles tun wird, um bei seinem Besuch auch die Anerkennung durch die VAR zu erreichen.

Die Frage der sofortigen Einstellung der Waffenlieferungen an Israel dürfte auch für den Erfolg oder den Mißerfolg unserer Einflußnahme auf andere arabische Regierungen entscheidend sein.[5]

Wenn es uns nicht gelingt, die Anerkennung Pankows während des Ulbricht-Besuchs zu verhindern, dann sind wir allerdings in einer sehr mißlichen Lage. Unsere ganze bisherige Deutschland-Politik wäre damit von Ulbricht zu Fall gebracht, und die Möglichkeit zu eigener Initiative wäre dann kaum mehr gegeben.

Wenn mit dem Ulbricht-Besuch in der VAR nicht auch seine Anerkennung verbunden wird, so bedeutet das für uns zwar auch einen schmerzlichen Prestigeverlust, aber die Möglichkeit für eigenes Handeln ist uns damit nicht genommen. Wir können der VAR auch ohne Abbruch der Beziehungen zu ihr unser Mißfallen deutlich und in einer Weise zeigen, die sie spürt. Dies würde wahrscheinlich auch auf die anderen arabischen Staaten seinen Eindruck nicht verfehlen. Bei diesen Staaten könnte außerdem noch durch positive Maßnahmen auf dem Gebiet der Entwicklungshilfe nachgeholfen werden.

---

[2] Zur Unterredung vom 31. Januar 1965 vgl. Dok. 48.

[3] Zum Besuch des Staatsratsvorsitzenden Ulbricht vom 24. Februar bis 2. März 1965 in der VAR vgl. Dok. 104.

[4] Vgl. dazu weiter Dok. 57, Anm. 2.

[5] Zu dieser Schlußfolgerung gelangten auch Botschafter Zapp, Algier, nach einem Gespräch mit dem Abteilungsleiter im algerischen Außenministerium, Mouloud Kacim, und der CDU-Abgeordnete Werner nach einer Unterredung mit dem syrischen Präsidenten Hafez. Vgl. dazu den Drahtbericht Nr. 37 von Zapp vom 2. Februar 1965; VS-Bd. 3566 (II A 1), B 150, Aktenkopien 1965. Vgl. dazu auch den Drahtbericht Nr. 30 des Botschafters Munzel, Beirut, vom 3. Februar 1965; VS-Bd. 8448 (Ministerbüro), B 150, Aktenkopien 1965.

Wenn die Dinge so, d.h. ohne Anerkennung der SBZ, ablaufen, sollten wir unseren positiven Schritt, d.h. die Aufnahme diplomatischer Beziehungen zu osteuropäischen Staaten, möglichst bald folgen lassen.[6] Ich würde es für falsch und gefährlich halten, hiermit dann noch etwa bis nach den Bundestagswahlen zu warten: für falsch deswegen, weil mit dem Näherrücken des Wahltermins die wahrscheinlich notwendige Herstellung eines Einvernehmens zwischen Regierung und Opposition schwierig wird, für gefährlich, weil es voraussichtlich nicht bei der einen Reise Ulbrichts nach der VAR bleiben wird. Wenn Ulbricht erst einmal eine Reihe von Staatsbesuchen in der ungebundenen Welt durchgeführt hat, dann wird unsere Manövrierfähigkeit immer mehr beschränkt.

Den innenpolitischen Kräften, die eine sofortige Aufnahme der diplomatischen Beziehungen mit Israel empfehlen[7], wäre zu sagen, daß sie damit unsere Ausgangslage in der Deutschland-Politik gefährden, indem sie Ulbricht zu einem großen Erfolg (Anerkennung durch eine Reihe arabischer Staaten) verhelfen. Es wäre ihnen ferner zu sagen, daß wir nach der Herstellung unserer eigenen Bewegungsfreiheit voraussichtlich an einen Punkt gelangen, wo unser eigenes Vorgehen in den osteuropäischen Staaten von einigen Staaten der nichtgebundenen Welt zum Anlaß für die Aufnahme von diplomatischen Beziehungen zur SBZ genommen wird. Im Verlauf dieser Entwicklung würden wir eines Tages auch in der Lage sein, die Israel-Frage zu lösen, ohne daß uns dies als Reaktion auf einen Mißerfolg unserer Nahost-Politik ausgelegt werden könnte.

Hiermit über den Herrn Staatssekretär[8] dem Herrn Bundesminister[9] vorgelegt.

Krapf

VS-Bd. 3595 (II A 1)

---

[6] Dazu vermerkte Staatssekretär Carstens handschriftlich: „Wir sollten dann zunächst in Budapest sondieren. Herstellung des Einvernehmens mit B[undes]K[anzler], Kabinett, Fraktionen wäre nötig."

[7] Vor allem aus Kreisen der Evangelischen Kirche, der Universitäten und der Gewerkschaften wurde die Forderung nach Aufnahme diplomatischer Beziehungen zu Israel laut. Vgl. dazu das Schreiben des Bevollmächtigten des Rats der Evangelischen Kirche in Deutschland am Sitz der Bundesrepublik Deutschland, Bischof Kunst, vom 27. Februar 1965 an Bundesminister Schröder; Ministerbüro, Bd. 220.
Vgl. dazu auch den von 14 Professoren unterzeichneten und am 16. November 1964 durch den Professor für Theologie in Berlin (West), Gollwitzer, übersandten „offenen Brief" an Bundestagspräsident Gerstenmaier, Bundeskanzler Erhard und Bundesminister Schröder; Ministerbüro, VS-Bd. 220.
Vgl. dazu ferner den Vermerk des Ministerialdirigenten Voigt vom 29. Januar 1965 über eine Unterschriftenaktion des Deutschen Gewerkschaftsbundes; Referat I B 4, Bd. 190.

[8] Hat Staatssekretär Carstens am 2. Februar 1965 vorgelegen.

[9] Hat Bundesminister Schröder am 3. Februar 1965 vorgelegen.

53

Aufzeichnung des Ministerialdirektors Krapf

II 1-80.00-198/65 VS-vertraulich 2. Februar 1965[1]

Betr.: Verlängerung der Verjährungsfristen für NS-Straftaten;[2]
hier: Folgen einer Nichtverlängerung für unsere Deutschland-Politik

Abteilung II hat im Zusammenhang mit unserer Nahost-Politik auf die Folgen aufmerksam gemacht, die sich aus einer Nichtverlängerung o. a. Verjährungsfristen für unsere gesamte Deutschland-Politik ergeben können.[3] Abteilung II sieht sich auf Grund der jüngsten politischen Entwicklung nochmals veranlaßt, auf diesen Sachverhalt zurückzukommen.

Die Bundesregierung registriert zur Zeit auf verschiedenen Fronten Rückschläge, so im Bereich ihrer Beziehungen zur VAR[4], Indonesien[5], Tansania[6] u.a. Gleichzeitig nimmt, wie die Berichterstattung unserer Auslandsvertretungen zeigt[7], die gegen uns gerichtete Agitation in der Frage der Verjährungsfristen zu. Zu den Rückschlägen unserer Alleinvertretungspolitik kommt damit eine Isolierung gegenüber der Öffentlichkeit befreundeter Länder zu einem Zeitpunkt, wo wir mehr als sonst auf eine vorbehaltlose Unterstützung dieser Länder angewiesen sind. Zumindest im psychologischen Bereich werden zwischen den kommunistischen und westlichen Ländern Bindungen wiederhergestellt, wie sie in der Zeit des Zweiten Weltkrieges bestanden haben. Seit bestimmten Reden zur Frage des Heimatrechts[8] hat sich nichts so nachteilig auf unsere Wiedervereinigungspolitik ausgewirkt wie die Forderung einer Nichtverlängerung der Verjährungsfrist.[9]

---

[1] Die Aufzeichnung wurde vom Vortragenden Legationsrat I. Klasse Oncken konzipiert.
[2] Die Verjährungsfrist für nationalsozialistische Gewaltverbrechen lief in der früheren britischen und französischen Zone am 8. Mai 1965 und in der ehemaligen amerikanischen Zone am 1. Juli 1965 ab. Vgl. dazu BULLETIN 1964, S. 1552f. Vgl. dazu auch den Schriftlichen Bericht der Bundesregierung vom 26. Februar 1965 über die Verfolgung nationalsozialistischer Straftaten; BT ANLAGEN, Bd. 96, Drucksache IV/3124.
Zu den Bemühungen jüdischer Interessenverbände, eine Verlängerung der Verjährungsfrist zu erreichen, vgl. AAPD 1964, II, Dok. 276.
[3] Vgl. dazu Dok. 41.
[4] Vgl. dazu Dok. 51.
[5] Zu den Beziehungen zwischen Indonesien und der DDR vgl. Dok. 42, Anm. 3.
[6] Zur Haltung von Tansania in der Deutschland-Frage vgl. Dok. 45.
[7] Dazu hielt Vortragender Legationsrat I. Klasse Gawlik am 17. Februar 1965 fest, daß in der Diskussion um den Ablauf der Verjährungsfrist die Argumente, die gegen eine Verlängerung vorgebracht würden, im Ausland „größtenteils auf überhaupt kein Verständnis" stießen. Dies gelte besonders „für die USA, Belgien und die Niederlande, die nordischen Staaten, Griechenland und Kanada". Allein die Auslandsvertretungen in Südamerika hätten berichtet, daß die öffentliche Meinung „verhältnismäßig indifferent" sei. Vgl. Referat V 4, Bd. 1260.
[8] Vgl. dazu die Reden des Sprechers der Sudetendeutschen Landsmannschaft, Seebohm; Dok. 28, Anm. 5.
[9] So sprach sich der Bundesministers der Justiz, Bucher, gegen eine Verlängerung der Verjährungsfrist aus. Vgl. dazu das Gutachten des Bundesministers der Justiz vom 20. August 1964 und

Unter diesen Voraussetzungen wird es zunehmend zweifelhaft, ob wir unsere moralische und politische Stellung in der Deutschland-Frage[10] ohne Korrektur unseres bisherigen Verhaltens in der Verjährungsfrage halten[11] können. Zur Besserung unserer Ausgangslage sollten wir daher versuchen – wo immer dies möglich ist – den schweren Druck zu beseitigen, der auf uns lastet. Der Bereich der „Verjährungsfrist" ist der einzige Bereich, in dem wir von uns aus zur Zeit, ohne auf die Hilfe Dritter angewiesen zu sein, im Interesse unserer Deutschland-Politik wirklich tätig werden können. Wir brauchen dringend diese Entlastung. Abteilung II macht in diesem Zusammenhang auch auf die Schwierigkeiten aufmerksam, die sich für die Angehörigen des Auswärtigen Dienstes bei der Darlegung unseres Standpunktes in der Deutschland-Frage ergeben, solange die Frage der Verjährungsfristen nicht befriedigend gelöst ist.

Abteilung II regt daher nochmals an, bei der endgültigen Entscheidung in dieser Frage auf eine Überprüfung der Vorentscheidung hinzuwirken.[12] Dabei geht Abteilung II nicht allein von der moralischen Verpflichtung in dieser Angelegenheit, sondern auch von der nicht weniger bedeutenden Verpflichtung aus, alles zu tun, um eine Wiedervereinigung in Freiheit herbeizuführen.

Alle anderen Überlegungen sollten gegenüber dieser Verpflichtung in den Hintergrund treten.[13]

Fortsetzung Fußnote von Seite 244

  das Rundschreiben von Bucher an seine Kollegen im Bundeskabinett vom 9. Oktober 1964; Referat V 4, Bd. 1258 und Bd. 1259.
  Bucher vertrat die Überzeugung, „daß jede rückwirkende Verlängerung der Verjährungsfrist für NS-Verbrechen vom Standpunkt der Rechtssicherung und der Rechtsstaatlichkeit aus bedenklich sei und ein gewisses verfassungsrechtliches Risiko einschließen würde". Vgl. die Aufzeichnung des Vortragenden Legationsrats I. Klasse Gawlik vom 20. Oktober 1964; Referat V 4, Bd. 1259.

[10] Der Passus „moralische ... Deutschland-Frage" wurde von Ministerialdirektor Krapf handschriftlich eingefügt. Dafür wurde gestrichen: „Deutschland-Politik".

[11] Dieses Wort wurde von Ministerialdirektor Krapf handschriftlich eingefügt. Dafür wurde gestrichen: „fortführen".

[12] Dazu hielt Ministerialdirektor Thierfelder aus einem Gespräch mit dem Staatssekretär im Bundesministerium der Justiz fest, daß das Thema einer Verlängerung der Verjährungsfrist auf der Sitzung des Bundeskabinetts am 10. Februar 1965 erneut angesprochen werden solle. Bülow teilte mit, daß sich bei einer Reihe von Kabinettsmitgliedern eine „Umorientierung" abzuzeichnen beginne, darunter beim Bundesminister des Innern, Höcherl, und bei Bundesminister Bucher, obwohl sich dessen Haltung nach „außen hin verhärtet" habe. Da Bundeskanzler Erhard „von Anfang an" für eine Verlängerung eingetreten sei, werde es vermutlich zu einer „ganz offenen Aussprache" kommen. Vgl. die Aufzeichnung von Thierfelder vom 9. Februar 1965; VS-Bd. 2386 (D I/Dg I A); B 150, Aktenkopien 1965.

[13] Am 20. Februar 1965 hielt Ministerialdirektor Thierfelder als „zuverlässige" Nachricht aus dem Bundesministerium der Justiz fest, es stünde „nunmehr außer Zweifel, daß der Bundesjustizminister am 24.2. dem Kabinett den Entwurf für einen Bericht an den Bundestag vorlegen wird, der zu dem Ergebnis kommt, daß noch Komplexe von NS-Mordtaten unaufgeklärt sind. [...] Im Bundesjustizministerium sieht man, daß die Verlängerung der Verjährung nunmehr unvermeidlich ist." Vgl. Referat V 4, Bd. 1260.
Zur Kabinettssitzung vom 24. Februar 1965 vgl. Dok. 96, Anm. 3.

Hiermit über den Herrn Staatssekretär[14] dem Herrn Bundesminister[15] vorgelegt.

Krapf

VS-Bd. 3551 (II A 1)

54

Bundeskanzler Erhard an Bundesminister Schröder

MB 478/65 VS-vertraulich   **5. Februar 1965**

Sehr geehrter Herr Schröder!

Ich komme auf Ihre Schreiben vom 17. September[1] und 18. Dezember 1964[2] wegen der Beteiligung deutscher Großfirmen an der Leipziger Frühjahrsmesse 1965[3] zurück. In den vergangenen Wochen und Monaten habe ich mehrfach mit maßgeblichen Vertretern der deutschen Industrie dieses Thema angeschnitten. Außerdem hat sich Herr Westrick wiederholt in meinem Auftrage bemüht, in den entsprechenden Kreisen die besondere politische Bedeutung einer starken Beteiligung der deutschen Industrie in Leipzig deutlich zu machen.[4]

Leider habe ich den Eindruck, daß diese Bemühungen ohne greifbaren Erfolg geblieben sind. Eine weitere massive Einflußnahme durch mich persönlich erscheint mir unter den gegebenen Umständen, insbesondere im Hinblick auf

---

[14] Hat Staatssekretär Carstens am 3. Februar 1965 vorgelegt, der handschriftlich vermerkte: „1) Auch ich neige dazu, für eine Verlängerung der Verjährungsfrist zu votieren. 2) [Abteilung] V ist um Zusammenstellung aller Auslandsreaktionen gebeten worden."

[15] Hat Bundesminister Schröder am 4. Februar 1965 vorgelegen.

[1] Der Bundesminister des Auswärtigen machte darauf aufmerksam, daß „die künftige Beschickung der Leipziger Messe durch westdeutsche Firmen" eine „unerfreuliche Entwicklung" zu nehmen drohe. „Während bisher namentlich die großen Firmen eine anerkennenswerte Zurückhaltung gezeigt haben, macht sich in jüngster Zeit ein Drang nach stärkerer Vertretung bemerkbar." Schröder führte aus, daß das für die Bundesregierung „annehmbare" Konzept eines Gemeinschaftsstandes der Stahlindustrie aus der Absicht der Firma Ferrostaal/Gutehoffnungshütte, „in größerem Umfange auszustellen", gescheitert sei. Daraufhin hätten andere Unternehmen aus der Bundesrepublik erklärt, daß sie sich auch nicht „weiter zurückhalten" könnten. Vgl. Büro Staatssekretär, Bd. 407.

[2] Bundesminister Schröder teilte mit, er sehe „die einzige Möglichkeit, eine vom Standpunkt unserer Deutschland-Politik sehr bedenkliche Entwicklung" aufzuhalten, in einer Fühlungnahme zwischen Erhard und „maßgebenden Vertretern der deutschen Industrie", nachdem eigene Bemühungen, auf die „betreffenden Industriellen einzuwirken", erfolglos geblieben seien. Vgl. VS-Bd. 438 (Büro Staatssekretär); B 150, Aktenkopien 1964.

[3] Die traditionelle Industrie-Ausstellung in Leipzig, die aus Anlaß der 800-Jahr-Feier der Stadt als Jubiläumsmesse veranstaltet wurde, fand vom 28. Februar bis 9. März 1965 statt.
Zur Leipziger Frühjahrsmesse 1965 und zur Frage der Teilnahme vgl. AAPD 1964, II, Dok. 322.

[4] Dazu teilte Staatssekretär Carstens Staatssekretär Lahr am 21. Oktober 1964 mit, der Chef des Bundeskanzleramtes habe „den in Betracht kommenden Industriellen in aller Deutlichkeit vom Besuch der Leipziger Messe abgeraten". Vgl. VS-Bd. 8387 (III A 6); B 150, Aktenkopien 1964.

die Verpflichtungen der Bundesregierung aus dem Interzonenhandelsvertrag von 1960[5] nicht tunlich.

Ich wäre Ihnen jedoch dankbar, wenn Sie gemeinsam mit Herrn Minister Schmücker auch weiterhin bemüht bleiben würden, in entsprechendem Sinn auf die in Betracht kommenden Großfirmen einzuwirken.[6]

Mit freundlichen Grüßen

Ludwig Erhard

VS-Bd. 438 (Büro Staatssekretär)

55

Aufzeichnung des
Vortragenden Legationsrats I. Klasse Middelmann

III A 4 81.SR/4-91.21-113/65 VS-vertraulich   5. Februar 1965[1]

Betr.: Verkauf in Kanada gebauter Flugzeuge an Portugal;
hier: Gespräch mit dem portugiesischen Botschafter

Der portugiesische Botschafter[2] eröffnete sein Gespräch mit Herrn Staatssekretär Lahr mit der Mitteilung, sein in Ottawa akkreditierter Kollege[3] habe beim kanadischen Außenminister[4] am Freitag vorgesprochen und um Zustimmung der kanadischen Regierung zum Verkauf der Sabre Flugzeuge an Portugal gebeten; der Erfolg der Demarche sei ihm noch unbekannt. Er habe Auftrag seiner Regierung, uns zu bitten, uns ebenfalls bei den Kanadiern dafür zu

---

[5] Das Abkommen vom 16. August 1960 galt als Bestandteil des Berliner Interzonen-Handelsabkommens vom September 1951. Seine Gültigkeitsdauer war unbefristet. Zudem sah es die Möglichkeit vor, einen Ausgleich des „Swing" durch Barzahlung in DM (West) zu erzielen, und beendete damit den bislang den innerdeutschen Handel belastenden Umstand, daß Warenschulden nur durch Warenlieferungen ausgeglichen werden konnten. Für den Wortlaut vgl. DOKUMENTE DES GETEILTEN DEUTSCHLAND, Bd. 1, S. 218–222.

[6] Hat Bundesminister Schröder am 11. Februar 1965 vorgelegen, der handschriftlich die Weiterleitung an Staatssekretär Lahr verfügte.
Am 15. Februar 1965 legte Lahr zur Frage der Leipziger Messe dar, daß ein weiteres Einwirken auf die betreffenden Firmen seines Erachtens keine Aussicht auf Erfolg haben werde, denn seine eigenen „zahlreichen Gespräche" hätten im „besonders kritischen Fall Gute Hoffnungshütte/Ferrostahl, der das hauptsächliche Ärgernis darstellt, keinen Erfolg gehabt. Diese Bemühungen noch einmal aufzugreifen, hat keine Chance". Mit handschriftlichem Vermerk vom 18. Februar 1965 schloß sich Schröder dieser Einschätzung an. Vgl. VS-Bd. 438 (Büro Staatssekretär); B 150, Aktenkopien 1965.

[1] Durchdruck. Die Aufzeichnung hat Ministerialdirektor Sachs am 15. Februar 1965 vorgelegen. Vgl. VS-Bd. 5053 (III A 4); B 150, Aktenkopien 1965.

[2] Manuel Homem de Mello.

[3] Eduardo Brazao.

[4] Paul J.J. Martin.

verwenden, daß die Genehmigung erteilt werde. Seine Regierung stehe auf dem Standpunkt, daß der Artikel 16 des Vertrages Canadair-Bundesverteidigungsministerium vom Jahre 1956[5] seinerzeit habe verhüten sollen, daß neue Flugzeuge in dritten Ländern verkauft würden; er habe infolge der inzwischen verstrichenen Zeit und des Umstandes, daß die fraglichen Flugzeuge veraltet seien, seinen Sinn und damit wohl auch weitgehend seine Verbindlichkeit verloren.

Staatssekretär Lahr unterrichtete den Botschafter zunächst über das am Vormittag geführte Gespräch mit dem kanadischen Botschafter. Dieser habe die in einer Verbalnote[6] Ende Januar übermittelte Stellungnahme seiner Regierung verschärft, obwohl er es selbst nur als eine Präzisierung bezeichnet habe.[7] Während ursprünglich die kanadische Regierung kein formelles Verbot des Weiterverkaufs der Flugzeuge ausgesprochen und nur schwere politische Bedenken geäußert habe, habe sie heute erklären lassen, daß sie ihre Zustimmung zu dem Verkauf nicht erteilen könne, ohne auf die Frage einzugehen, ob eine genauere Fassung der Endverbleibsklausel durch die portugiesische Regierung erwogen werde oder erreichbar sei.[8] Über den Sinn des Artikels 16 könne man verschiedener Meinung sein. Die rechtliche Verbindlichkeit stehe jedenfalls außer Zweifel, da er keine Zeitgrenze enthalte. Wir seien daher bei der Weitergabe der Flugzeuge an die kanadische Zustimmung gebunden.

Der kanadische Botschafter habe zugleich mitgeteilt, daß Gespräche seines Kollegen[9] im portugiesischen Außenministerium seiner Regierung mit an Sicherheit grenzender Wahrscheinlichkeit den Eindruck vermittelt hätten, die Flugzeuge sollten in Afrika eingesetzt werden. Er (Staatssekretär Lahr) habe dem kanadischen Botschafter darauf geantwortet, er sei von Staatssekretär Carstens unterrichtet worden, daß bei dem Aushandeln der von der portugiesischen Regierung gegebenen Endverbleibsklausel über deren Auslegung zwischen Herrn Staatssekretär Carstens und dem damaligen portugiesischen

---

[5] Artikel 16 des Vertrags vom 17. Dezember 1956 über den Ankauf von 225 Flugzeugen des Typs F-86 Sabre IV durch das Bundesministerium der Verteidigung: „Der Auftraggeber verpflichtet sich hiermit, daß er keines der Flugzeuge oder Teile derselben in Hoheitsgebiete, für die das Flugzeug durch die Regierungen von Canada oder der Vereinigten Staaten von Amerika nicht freigegeben worden ist, verkaufen, verleihen oder anderswie übergeben wird." Für den Wortlaut des Vertrags vgl. VS-Bd. 4890 (Ref. 406); B 150, Aktenkopien 1965.

[6] Für den Wortlaut vgl. VS-Bd. 5053 (III A 4).

[7] Am 4. Februar 1965 teilte Botschafter Starnes Staatssekretär Lahr mit, die Note vom 27. Januar 1965, in der die kanadische Regierung „jede Verantwortung für die Lieferung der Flugzeuge an Portugal für den Fall ablehne, daß sich die Bundesregierung zum Verkauf entschließen sollte, bedeute nicht, daß Portugal im Sinne des Artikels 16 des Vertrags vom 17. 12. 1956 [...] für die Belieferung mit den Flugzeugen freigegeben werde, weder direkt seitens der kanadischen Regierung noch indirekt als Übermittlung einer Freigabe der USA-Regierung". Vgl. die Aufzeichnung des Vortragenden Legationsrats I. Klasse Middelmann vom 4. Februar 1965; VS-Bd. 3144 (II A 5); B 150, Aktenkopien 1965.

[8] Bereits am 11. Januar 1965 brachte Botschafter Starnes gegenüber Staatssekretär Carstens die Bedenken der kanadischen Regierung gegen den geplanten Verkauf der Flugzeuge zum Ausdruck. Carstens wies auf die Endverbleibsklausel hin, „die die Portugiesen zu geben pflegten". Starnes erwiderte, „daß nach kanadischen Erfahrungen auf die Endverbleibserklärungen der Portugiesen kein Verlaß sei". Vgl. den Vermerk von Carstens vom 11. Januar 1965; VS-Bd. 437 (Büro Staatssekretär); B 150, Aktenkopien 1965.

[9] Jean Morin.

Botschafter Einvernehmen dahingehend geherrscht habe, daß der Einsatz des von uns zu liefernden Rüstungsmaterials in Afrika ausgeschlossen sei.[10] Mit dem kanadischen Botschafter habe er über die Möglichkeit einer Neufassung der Endverbleibsklausel nicht gesprochen, weil dieser nur den Auftrag hatte, zu klären, daß seine Regierung eine Zustimmung zu dem Verkauf nicht aussprechen könnte.

Der portugiesische Botschafter erwiderte darauf: Da die seinerzeitigen Besprechungen mit Herrn Carstens von seinem Vorgänger geführt worden seien, habe er in den letzten Tagen genau die darüber von seinem Vorgänger nach Lissabon gegebenen Berichte durchgesehen. Dabei habe er keinen Hinweis darauf finden können, daß ein derartiges Einvernehmen über die Endverbleibsklausel ausdrücklich abgesprochen worden sei. Er müsse persönlich daraus den Schluß ziehen, daß es sich hier vielleicht eher um die von Herrn Carstens vorausgesetzte Auslegung handele. Darin bestärke ihn der Gedanke, daß es nahegelegen hätte, eine entsprechend eng gefaßte Klausel auszumachen, falls man wirklich den Einsatz der Waffen in Afrika habe ausschließen wollen.

Darauf entgegnete Herr Staatssekretär Lahr, deutscherseits sei man auf ausdrücklichen portugiesischen Wunsch auf die flexible Formel gerade im festen Glauben eingegangen, daß über ihre Auslegung Einverständnis zwischen beiden Gesprächspartnern bestehe.[11] Staatssekretär Carstens habe ihm gesagt, er würde sich getäuscht fühlen, falls sich nunmehr herausstellen sollte, daß dieses Einverständnis nicht bestanden habe oder nicht mehr gegeben sei.[12] Er (Staatsekretär Lahr) bitte den Botschafter entsprechend an seine Regierung zu berichten, da eine Klärung dieser Frage erforderlich sei, wenn in Zukunft eine Verstimmung zwischen der protugiesischen Regierung und uns vermieden werden solle. Bisher gehe es ja nur um die Frage des kanadischen Materi-

---

[10] Im Jahr 1963 äußerte Portugal den Wunsch, in der Bundesrepublik gebaute Flugzeuge vom Typ Do[rnier] 27 zu erwerben. Nachdem die portugiesische Seite zunächst die Abgabe einer Zusicherung, daß die Flugzeuge nicht in Afrika eingesetzt werden würden, ablehnte, erklärte der portugiesische Botschafter Weinholtz de Bivar Brandeiro, „daß 30 Flugzeuge Do 27, die uns von der Bundeswehr überlassen werden, in Portugal verbleiben und zur Wahrnehmung der NATO-Interessen verwandt werden." Vgl. das Schreiben des Staatssekretärs Carstens vom 18. Oktober 1963 an den Staatssekretär im Bundesministerium der Verteidigung, Hopf; VS-Bd. 437 (Büro Staatssekretär); B 150, Aktenkopien 1963. Vgl. dazu auch AAPD 1963, III, Dok. 374 und Dok. 417.

[11] Mit Schreiben vom 24. Februar 1965 teilte Staatssekretär Carstens dem Staatssekretär im Bundesministerium der Verteidigung, Gumbel, mit, daß er in den Verhandlungen des Jahres 1963 dem Wunsch nach einer weniger präzisen Definition des Staatsgebiets von Portugal in der Endverbleibsklausel nur deshalb nachgegeben habe, weil der damalige portugiesische Botschafter erklärt habe, „daß seine Regierung keine Formulierung akzeptieren könne, die einen Unterschied zwischen dem europäischen und afrikanischen Mutterland beinhalte". In den Gesprächen sei er jedoch in klar erkennbarer Weise davon ausgegangen, „daß Waffen, die von uns an Portugal geliefert werden, nicht in Afrika eingesetzt werden". Weinholtz de Bivar Brandeiro habe dieser Auffassung „niemals widersprochen". Vgl. VS-Bd. 437 (Büro Staatssekretär); B 150, Aktenkopien 1965.

[12] Dazu teilte Staatssekretär Lahr Botschafter Homem de Mello mit, daß die Bundesregierung nun auf einer Endverbleibsklausel bestehen müsse, in der zugesichert werde, daß die Flugzeuge „im Gebiet Portugals im Sinne von Artikel 6 des NATO-Vertrages" verblieben. Vgl. den Drahterlaß von Lahr an die Botschaft in Lissabon, Nr. 9 vom 27. Januar 1965; VS-Bd. 437 (Büro Staatssekretär); B 150, Aktenkopien 1965.

als, bei dessen Weitergabe wir vertraglich an die Zustimmung Kanadas gebunden seien.

Der Botschafter versuchte daraufhin, seine frühere Darstellung leicht dadurch abzuschwächen, daß er am Beispiel der Spannung zwischen USA und Kuba erläuterte, schon der Ausdruck „Verwendung im NATO-Interesse" sei ja interpretationsfähig und nicht geographisch eng umschrieben; zudem käme ja auf jeden Fall bei Portugal nur der defensive Einsatz des Materials in Frage, dieser sei aber doch zweifellos, ganz gleichgültig, wo er erfolge, im NATO-Sinne legitim.

Staatssekretär Lahr bestand auf seiner Bitte, über das Gespräch nach Lissabon zu berichten und eine Klärung der seinerzeit zwischen Staatssekretär Carstens und dem Vorgänger des Herrn Botschafters getroffenen Absprache herbeizuführen. Er unterrichtete den portugiesischen Botschafter ferner, daß er den kanadischen Botschafter auf die Berichterstattung unserer Botschaft in Lissabon aufmerksam gemacht habe, wonach noch in den letzten Monaten des Jahres 1964 Angebote der Canadair an Portugal auf Lieferung von Flugzeugen des gleichen Typs vorgelegt worden seien.[13] Der kanadische Botschafter habe versprochen, dieser Sache nachzugehen.[14]

Abschließend sagte der portugiesische Botschafter, er werde um eine neue Unterredung, gegebenenfalls bei Herrn Staatssekretär Carstens, falls Herr Lahr nicht anwesend sei, bitten, sobald er eine Antwort aus Lissabon über den Erfolg der portugiesischen Demarchen in Ottawa habe und sobald eine Rückäußerung seiner Regierung auf seinen Bericht über den Inhalt der jetzigen Unterredung vorliege.[15]

gez. Middelmann

VS-Bd. 3144 (II A 5)

---

[13] Dazu übermittelte Botschafter Schaffarczyk, Lissabon, am 28. Januar 1965 die Information, daß im September 1964 seitens der „Canadair", die dem kanadischen Verteidigungsministerium unterstehen soll, der portugiesischen Luftwaffe „64 gebrauchte Sabre 6" angeboten worden seien. In diesem Zusammenhang hätten auch „Diskussionen zwischen dem Vizepräsidenten der Canadair und verschiedenen Angehörigen der portugiesischen Luftwaffe stattgefunden". Vgl. den Drahtbericht Nr. 20; VS-Bd. 5053 (III A 4); B 150, Aktenkopien 1965.

[14] Am 9. Februar 1965 teilte der kanadische Botschaftsrat Cook mit, daß „seit 1960 Kanada alle Ausfuhren nach Portugal einem strengen Genehmigungsverfahren" unterworfen habe. Es würden nur die „Ausfuhr von Ausrüstungsgegenständen, soweit sie keine militärische Bedeutung haben", und der Export von in Kanada selbst produzierten Ersatzteilen bewilligt. Vgl. die Aufzeichnung des Vortragenden Legationsrats I. Klasse Middelmann vom 9. Februar 1965; VS-Bd. 5053 (III A 4); B 150, Aktenkopien 1965.

[15] Am 15. Februar 1965 fand ein weiteres Gespräch zwischen Staatssekretär Lahr und dem portugiesischen Botschafter statt. Homem de Mello teilte mit, die kanadische Regierung vertrete die Ansicht, Portugal solle wegen des Flugzeugkaufs weiter mit der Bundesrepublik verhandeln. Ferner sei die portugiesische Regierung der Auffassung, daß Artikel 16 des Vertrages vom 17. Dezember 1956 mit Canadair nicht mehr bindend sei, „da er der Geheimhaltung technisch neuer Flugzeuge habe dienen sollen, die heute schon veraltet seien". Der seitens der Bundesregierung vorgeschlagenen engeren Fassung der Endverbleibsklausel könne aus „staatsrechtlichen Erwägungen" nicht zugestimmt werden. Vgl. den Schrifterlaß des Vortragenden Legationsrats I. Klasse Middelmann vom 16. Februar 1965 an die Botschaft in Lissabon; VS-Bd. 5053 (III A 4); B 150, Aktenkopien 1965.

56

Aufzeichnung des Ministerialdirektors Müller-Roschach

Pl 24/65 geheim 5. Februar 1965[1]

Kontinuierliche Deutschlandpolitik mit und ohne sog. „Hallstein-Doktrin"[2]

I. 1) Das Alleinvertretungsrecht nimmt einen zentralen Platz in unserer Deutschlandpolitik ein. Mit der Nichtanerkennungspolitik verfolgen wir das Ziel, daß der Alleinvertretungsanspruch eine möglichst umfassende Bestätigung im Verhalten der anderen Staaten findet. Die Deutschlandpolitik der anderen Staaten wird danach bewertet, ob sie die SBZ als einen Staat behandeln, insbesondere, ob sie Pankow diplomatisch anerkennen oder nicht.

2) Im Bereich der diplomatischen Anerkennung Pankows bestimmt die sog. „Hallstein-Doktrin" unser Verhalten gegenüber dritten Staaten: Mit den kommunistischen Staaten, die Pankow von Anfang an anerkannt hatten, haben wir – die Sowjetunion ausnehmend – keine diplomatischen Beziehungen hergestellt; wir brachen unsere diplomatischen Beziehungen zu Jugoslawien[3] und zu Kuba[4] ab, als diese Staaten Pankow diplomatisch anerkannten; wir erklären, daß die Aufnahme diplomatischer Beziehungen zu Pankow von uns als ein „unfreundlicher Akt" betrachtet werde, und lassen erkennen, daß dieser uns zum Abbruch der Beziehungen nötigen werde.

3) Im „Vorfeld" der sog. Hallstein-Doktrin gab es Sonderlösungen für die

---

[1] Dazu erläuterte Ministerialdirektor Müller-Roschach: „Im Zusammenhang mit einem Ulbricht-Besuch in Kairo hat der Planungsstab einige erste Überlegungen angestellt, welche Gegenmaßnahmen bei Verstößen nichtkommunistischer Länder gegen das Alleinvertretungsrecht der Bundesrepublik Deutschland für die Fortführung der Wiedervereinigungspolitik notwendig sind, und ob insbesondere die Anwendung der Hallstein-Doktrin in der bisherigen Art in allen Fällen zweckentsprechend sein kann." Vgl. den Begleitvermerk vom 5. Februar 1965; VS-Bd. 3716 (II A 1); B 150, Aktenkopien 1965.
Hat am 7. Februar 1965 Staatssekretär Carstens vorgelegen, der handschriftlich die Weiterleitung an Ministerialdirektor Krapf verfügte.
Hat Bundesminister Schröder am 10. Februar 1965 vorgelegen.
[2] Die Hallstein-Doktrin wurde 1955 nach der Aufnahme diplomatischer Beziehungen zwischen der Bundesrepublik und der UdSSR entwickelt.
Zu Entwicklung und Anwendung der Hallstein-Doktrin vgl. AAPD 1963, II, Dok. 251, und AAPD 1964, I, Dok. 171.
[3] Die Anerkennung der DDR durch Jugoslawien am 10. Oktober 1957 führte zum Abbruch der diplomatischen Beziehungen zwischen der Bundesrepublik und Jugoslawien am 19. Oktober 1957.
[4] Zum Abbruch der diplomatischen Beziehungen zu Kuba am 14. Januar 1963 vgl. AAPD 1963, I, Dok. 19.

Gestaltung unserer Beziehungen zu Staaten wie Finnland[5], Kambodscha[6], Israel[7] und Taiwan[8] (keine Beziehungen).

Im „Vorfeld" der diplomatischen Anerkennung Pankows durch dritte Staaten (und im Bereich der Teilnahme der SBZ an weltweiten Verträgen und an internationalen Organisationen) findet der sog. Aufwertungsprozeß statt. Er wurde u.a. begünstigt durch die Fortsetzung unserer konsularischen, wirtschaftlichen und vertraglichen Beziehungen zu Jugoslawien; er wurde u.a. gehemmt durch die Einstellung unserer Entwicklungshilfe im Falle Ceylon.[9]

Das Modell Ceylon hat unserer Nichtanerkennungspolitik im Vorfeld der sog. Hallstein-Doktrin ein wirksames Instrument hinzugefügt.

4) Die Wirksamkeit unserer Nichtanerkennungspolitik gegenüber den nichtkommunistischen Staaten außerhalb der westlichen Welt (Anwendung der Hallstein-Doktrin und Maßnahmen im Vorfeld der Hallstein-Doktrin) beruht auf einer Kombination von Abschreckung und Sanktion. Die abschreckende Wirkung geht sowohl von der Drohung mit der Sanktion wie von der exemplarischen Durchführung der Sanktion aus.

Im Bereich der sog. Hallstein-Doktrin waren die abschreckenden Exempel Belgrad und Havanna, im Vorfeld war es Colombo und wird es Kairo sein müssen, solange es beim Besuch Ulbrichts[10] bleibt und keine diplomatische Anerkennung Pankows erfolgt.

---

[5] Die Errichtung der finnischen Handelsvertretung in Köln erfolgte am 14. August 1952 durch Umwandlung des bereits bestehenden Generalkonsulats, das von der Alliierten Hohen Kommission zugelassen worden war. Seit 8. Februar 1954 führte der Leiter der finnischen Handelsvertretung den persönlichen Titel eines Generalkonsuls. Im März 1953 errichtete die Bundesrepublik eine Handelsvertretung in Helsinki. Da keine diplomatischen Beziehungen bestanden, konnte weder der finnischen noch der deutschen Vertretung ein formelles Exequatur erteilt werden. Es bestand jedoch gegenseitiges Einvernehmen, daß die Handelsvertretungen zur Ausübung konsularischer Befugnisse berechtigt seien und hinsichtlich der Privilegien wie diplomatische Vertretungen behandelt würden. Vgl. dazu die Aufzeichnung des Ministerialdirektors Freiherr von Welck vom 17. Dezember 1954; Referat 203, Bd. 9.

[6] Mit Kambodscha bestanden bis 1964 keine amtlichen Beziehungen. Im November 1956 wurde der Vorschlag der Bundesrepublik, den Botschafter in Bangkok gleichzeitig als Gesandten in Pnom Penh akkreditieren zu lassen, von der kambodschanischen Regierung mit der Begründung zurückgewiesen, „daß sie in Verfolgung ihrer ‚Neutralitätspolitik' mit geteilten Staaten keine diplomatischen Beziehungen aufnehmen möchte, um nicht einen Präzedenzfall gegenüber Vietnam und China zu schaffen, deren Minderheiten in Kambodscha eine nicht unbedeutende Rolle spielten". Vgl. die Aufzeichnung des Ministerialdirektors Duckwitz vom 30. Juni 1958; Referat 710, Bd. 1405.

[7] Zum rechtlichen Status der Israel-Mission in Köln vgl. Dok. 33, Anm. 6.

[8] Die Republik China war seit der Auflösung der beiden taiwanesischen Konsulate in Hamburg und Stuttgart im Jahr 1950 und der Übernahme ihres Zuständigkeitsbereichs durch das Generalkonsulat in Paris nicht mehr durch amtliche Vertretungen repräsentiert. Sie unterhielt jedoch eine nichtamtliche Verbindungsstelle – den „Freichina-Informationsdienst" – in Bad Godesberg. Zu den Bemühungen der Republik China um die Wiedereröffnung einer Vertretung in der Bundesrepublik, die allerdings bei der Bundesregierung auf Ablehnung stießen, vgl. Referat 708, Bd. 657a, und Referat II A 8, Bd. 825.

[9] Zum Beschluß der Bundesregierung vom 19. Februar 1964 vgl. Dok. 16, Anm. 10.

[10] Zur Einladung des Staatsratsvorsitzenden Ulbricht durch Präsident Nasser vgl. Dok. 51. Zum Besuch vom 24. Februar bis 2. März 1965 in der VAR vgl. Dok. 104.

II. 1) Die weitere Entwicklung nach dem Besuch Ulbrichts in Kairo kann es mit sich bringen, daß trotz der von uns im Vorfeld ergriffenen abschreckenden Maßnahmen Ägypten oder auch ein anderer in der Nichtanerkennungspolitik labiler Staat diplomatische Beziehungen zu Pankow aufnehmen.

Erst wenn dies geschieht, läge die Art von „unfreundlichem Akt" vor, den wir im Falle Belgrads und Havannas mit dem Abbruch unserer Beziehungen beantwortet haben. Es stellt sich dann die Frage, ob wir die Sanktion des Abbruchs der Beziehungen wieder verhängen sollen. Die Antwort ist Ja und wird im folgenden begründet.

2) Die bisherigen Fälle der sog. Anwendung der „Hallstein-Doktrin" spielten sich im Bereich der kommunistischen Staaten ab. Diese Staaten folgen der auf Teilung gerichteten Deutschlandpolitik Moskaus. „Normale" Beziehungen zu „beiden deutschen Staaten" sind der Ausdruck dafür, daß diese Staaten das Deutschlandproblem als durch Teilung gelöst ansehen wollen. Sie betreiben damit selbst eine aktive Teilungspolitik.

Die diplomatische Anerkennung Pankows durch Ägypten oder einen anderen Staat wäre der erste Fall, daß ein nichtkommunistischer Staat sich zu diesem Schritt entschließt. Dieser Umstand wiegt besonders schwer. Es ist nicht zu verkennen, daß unsere Nichtanerkennungspolitik damit eine schwere Einbuße erlitte. Unserer Politik stellt sich dann immer noch die Aufgabe, weitere nichtkommunistische Staaten von einer Nachahmung des Beispiels abzuhalten. Dies ist wiederum eine Frage der Abschreckungswirkung. Die stärkste Abschreckung ginge vom Abbruch unserer Beziehungen und den Vorfeld-Maßnahmen (wie Einstellung der Entwicklungshilfe) aus (Modell „Belgrad plus Ceylon").

Alle Bedenken, von denen unten noch die Rede sein wird, müßten hinter dem Ziel der Abschreckung der anderen Staaten zurückgestellt werden. Hat die abschreckende Wirkung des Exempels mit den beiden kommunistischen Staaten in dem angenommenen Fall auch versagt, so ist noch nicht erwiesen, daß ein erstes Exempel mit einem nichtkommunistischen Staat keine abschreckende Wirkung mehr entfalten wird.[11]

3) Es liegt in der Natur einer exemplarischen Sanktion, daß sie nur in einer begrenzten Zahl von Fällen politisch sinnvoll ist. Gibt es, sagen wir, fünfzig potentielle Fälle, dann hätte es keinen exemplarischen Sinn mehr, noch im 46., 47. und 48. Fall diejenige Sanktion zu verhängen, die sich in den vorangegangenen Fällen bereits als unwirksam erwiesen hätte. Bei einer fortschreitenden Kette von Fällen diplomatischer Anerkennung Pankows muß unsere Nichtanerkennungspolitik daher notgedrungen zu einem bestimmten Zeitpunkt zu anderen politischen Mitteln greifen. Dieser Zeitpunkt ist jedoch noch nicht gekommen, wenn der erste nichtkommunistische Staat Pankow diplomatisch anerkennen sollte.[12] Die Kraft der exemplarischen Sanktion im Bereich der nichtkommunistischen Staaten müßte erst noch erprobt werden. Erst wenn durch Häufung der Fälle oder durch den gleichzeitigen Schritt einer ganzen

---

[11] Dazu handschriftlicher Vermerk des Staatssekretärs Carstens: „Auch das Gegenteil nicht."
[12] Dazu handschriftlicher Vermerk des Staatssekretärs Carstens: „Es kommt auch darauf an, wer es ist."

Gruppe von Staaten ein „Einbruch" stattfände oder mit Sicherheit bevorstünde, wäre die abschreckende Kraft der Exempel dahin.[13] Die äußerste Grenze wäre erreicht, wenn etwa die Zahl der Pankow anerkennenden Staaten in der Vollversammlung der Vereinten Nationen eine Mehrheit zugunsten der Aufnahme der SBZ in die Vereinten Nationen ergeben würde (unbeschadet des Vetorechts der ständigen Mitglieder des Sicherheitsrats, von denen jeder einzelne die Aufnahme der SBZ und der Bundesrepublik dennoch blockieren könnte).[14]

Damit diese Situation nicht eintritt, muß unsere Nichtanerkennungspolitik ins Auge fassen, vorerst weitere Exempel zu statuieren, wenn z. B. ein arabischer Staat, ein afrikanischer Staat, ein asiatischer Staat trotz der Vorfeld-Sanktionen auch noch diplomatische Beziehungen zu Pankow aufnähme.

III. 1) Diese Politik würde der Behauptung unseres Alleinvertretungsanspruchs erst dann nicht mehr sinnvoll dienen, wenn auch von weiteren Exempeln in den verschiedenen Regionen der nichtkommunistischen Welt keine abschreckende Wirkung mehr ausginge. Der Abbruch unserer diplomatischen Beziehungen zu einer größeren Zahl von nichtkommunistischen Staaten aller Regionen würde vom Standpunkt unserer Deutschlandpolitik dann in Selbstverstümmelung umschlagen. Die nachstehenden Überlegungen gehen von diesem hypothetischen und auch mit einer Anerkennung Pankows durch Kairo noch keineswegs erreichten Fall aus, in dem unsere Politik schließlich andere Wege beschreiten müßte.

2) In der Deutschlandpolitik der Staaten sind drei Grundmodelle des Verhaltens zu unterscheiden:

a) Staaten, die das Alleinvertretungsrecht anerkennen und eine Politik (mehr oder weniger) unterstützen, die auf Wiedervereinigung durch Selbstbestimmung und friedensvertragliche Regelung mit Gesamtdeutschland gerichtet ist.

b) Staaten, die eine aktive Politik der Teilung Deutschlands betreiben.

c) Staaten, die gegenüber den möglichen Lösungen der Deutschlandfrage indifferent sind und sich demgemäß in ihrer Ostpolitik von übergeordneten eigenen Interessen oder von opportunistischen Erwägungen leiten lassen.

Nimmt ein Staat der dritten Kategorie amtliche Beziehungen zu Pankow auf, so ist das nicht notwendig damit gleichzusetzen, daß er seine Indifferenz gegenüber der Lösung der Deutschlandfrage aufgibt.

Kommt es in einem solchen Fall zu diplomatischen Beziehungen mit Pankow, so schlüge die Anwendung der sog. Hallstein-Doktrin zu unserem Nachteil aus, weil sie keinen Spielraum dafür läßt, daß die Indifferenz gegenüber der Deutschlandlösung, die „Neutralität in der Deutschlandfrage", ihren Ausdruck findet. Der Abbruch der diplomatischen Beziehungen würfe Staaten, die die Teilung wollen, und Staaten, denen die Art der Lösung der deutschen Frage gleichgültig ist, unterschiedslos in einen Topf.

---

[13] Dazu handschriftlicher Vermerk des Ministerialdirektors Krapf: „Dann ist es auch zu spät."
[14] Dazu Fragezeichen und handschriftlicher Vermerk des Ministerialdirektors Krapf: „Rein defensiv gedacht."

Solange die „Hallstein-Doktrin" nichtkommunistische Staaten von einer Anerkennung der Zone abschrecken soll, muß freilich anders argumentiert werden. Es muß gesagt werden, daß die Anerkennung nicht stattfinden dürfe, weil sie Ausdruck dafür sei, daß das Selbstbestimmungsrecht für das deutsche Volk nicht gelten solle. Versagt die Abschreckung aber in dem hier angenommenen Umfange, muß ein Weg gefunden werden, zwischen der Deutschlandpolitik derjenigen Staaten, die eine aktive Teilungspolitik betreiben, und derjenigen, die in der Frage der Teilung oder Wiedervereinigung durch Selbstbestimmung neutral sind, zu unterscheiden. Ja, es ist sogar denkbar, daß ein Staat der Lösung der Deutschlandfrage durch Selbstbestimmung und einer friedensvertraglichen Regelung mit Gesamtdeutschland den Vorzug geben möchte, aber sich dennoch, da und solange die Lösung nicht in Aussicht ist, auf eine Aufnahme amtlicher Beziehungen zu Pankow einläßt, wenn seine eigenen Interessen oder seine politische Lage ihm dies gebieten.

Wenn es gelingt, diese Unterschiede zu artikulieren und sichtbar zu machen, könnte unsere Politik größere Einbrüche in die derzeitige Nichtanerkennungspolitik überleben, ohne den Alleinvertretungsanspruch aufgeben zu müssen und das Ziel der Selbstbestimmung für das deutsche Volk und einer friedensvertraglichen Regelung mit Gesamtdeutschland zu verdunkeln.

IV. Von diesen Überlegungen ausgehend, wird eine Deutschlandpolitik ohne integrale Anwendung der sog. Hallstein-Doktrin vorstellbar. Sie würde der Tatsache Rechnung tragen, daß die Abschreckungswirkung der Drohung mit dem Abbruch der diplomatischen Beziehungen und weitere Exempel dieser Art eines Tages in einschneidendem Umfange versagen könnten, und würde von der unterschiedslosen Anwendung der sog. „Doktrin" Abstand nehmen. Als Kriterium für die Deutschlandpolitik der Staaten würde sie nicht nur die Frage der Aufnahme oder der Verweigerung von Beziehungen zu Pankow ansehen. Sie würde weitere Kriterien einführen und diesen in bestimmten Fällen Vorrang gegenüber dem der Beziehungen einräumen. Eines dieser Kriterien wäre, ob die Staaten die Forderung nach Selbstbestimmung für das deutsche Volk und das Streben nach einer friedensvertraglichen Regelung mit Gesamtdeutschland unterstützen oder nicht. In der Deutschlandpolitik der Staaten wäre also stärker zu differenzieren als bisher.

An Hand solcher Differenzierungen würde es sich um folgende Kategorien des politischen Verhaltens handeln:

1) Die Bundesregierung erklärt für sich eindeutig, daß sie die Zone niemals anerkennen wird, daß sie den Alleinvertretungsanspruch aufrecht erhält und an der Forderung nach „Selbstbestimmung für das deutsche Volk" festhält. Nach dem Grundgesetz muß es so sein.[15]

Die Politik der Bundesregierung muß aber auch glaubwürdig bleiben und deswegen in der „gesamtdeutschen" Politik der „kleinen Schritte", auch unter der

---

[15] Vgl. die Präambel des Grundgesetzes (Fassung vom 23. Mai 1949): „Das gesamte deutsche Volk bleibt aufgefordert, in freier Selbstbestimmung die Einheit und Freiheit Deutschlands zu vollenden."

Erpressung mit „humanitären" Forderungen, die Grenze zur Nichtanerkennung deutlich ziehen.[16]

Darüber hinaus muß die deutsche Politik eine modifizierte Nichtanerkennungspolitik einbetten in eine Deutschlandpolitik, die nicht statisch ist, sondern die die Mittel zur Überwindung der Spaltung entwickelt.[17]

2) Die Bundesregierung muß ihren Verbündeten klarmachen, daß deren Solidarität in der Nichtanerkennungspolitik eine Grundbedingung für die Solidarität der Bundesrepublik mit den Allianzpartnern ist und daß darüber hinaus die Annäherung an die gemeinsam fixierten Ziele der Selbstbestimmung für das deutsche Volk und einer friedensvertraglichen Regelung mit Gesamtdeutschland eine Politik der Quarantäne gegen die SBZ erfordert.

3) Die Bundesregierung muß proklamieren, daß sie die Nichtanerkennung der Zone weiterhin als die grundlegende Voraussetzung für normale, freundschaftliche Beziehungen zu dritten Staaten erachtet. Wird das deutsche Interesse in diesem Punkte nicht respektiert, müssen wir mit einer weniger freundlichen Gestaltung unserer Beziehungen zu diesen Staaten antworten. Wir dürfen in dem äußersten Falle der vollen diplomatischen Anerkennung Pankows nicht vor einer Politik zurückschrecken, die darauf angelegt ist, dem betreffenden Lande Belastungen aufzuerlegen, ja Schaden zuzufügen, um es dazu zu bringen, seine Haltung zu überprüfen. Da unsere Politik gegenüber einem nichtkommunistischen Staat, der Pankow anerkennt, nicht aufhören darf, sondern nur unter schwierigeren Bedingungen fortgesetzt werden muß, müssen wir grundsätzlich diplomatisch präsent bleiben. Nicht Abbruch der diplomatischen Beziehungen wäre die schärfste Sanktion, sondern eine dem betreffenden Lande abträgliche Politik auf allen Gebieten. Das schließt nicht aus, den Botschafter (vorübergehend und sogar auf längere Zeit) zurückzuordern oder abzuberufen und einen Geschäftsträger zu bestellen.

4) Die Bundesregierung muß als einen Grundsatz proklamieren, daß sie Entwicklungshilfe nur an solche Staaten zu geben bereit ist, die das deutsche Interesse an Nichtanerkennung der Zone respektieren. Es dürfen keine Entwicklungshilfe-Abkommen mehr ohne Wohlverhaltensklausel abgeschlossen werden. De facto-Anerkennung und konsularische Beziehungen mit der Zone sind kein Wohlverhalten.

5) Eine Ausnahme von der Politik zu 3) und 4) wird denjenigen Staaten gegenüber möglich, die zwar den Weg der Aufwertung und Anerkennung der Zone beschreiten, aber öffentlich und verbindlich erklären, daß sie damit nicht zugunsten der dauernden Teilung Deutschlands Stellung nehmen, sondern grundsätzlich eine Lösung der Deutschlandfrage mittels Ausübung der Selbstbestimmung durch das deutsche Volk und einer friedensvertraglichen Regelung mit Gesamtdeutschland befürworten. Dabei muß möglichst eindeutig eine „Wiedervereinigung" kommunistischer Machart (durch zwei deutsche Staaten) ausgeschlossen werden. Im Falle eines Vertragsabschlusses mit ei-

---

[16] Dazu handschriftlicher Vermerk des Ministerialdirektors Krapf: „B[er]l[i]n?"
[17] Dazu handschriftlicher Vermerk des Ministerialdirektors Krapf: „Wie?"

nem solchen Staat muß die echte[18] Berlin-Klausel[19] (nicht die Währungsklausel[20]) akzeptiert werden.

Die Modalitäten der amtlichen Beziehungen dieser Staaten zu Pankow sollten möglichst weitgehende Unterschiede gegenüber den Beziehungen mit der Bundesrepublik aufweisen. Die Beziehungen dürften tunlichst nicht über konsularische hinausgehen. Wenn diplomatische Beziehungen mit Pankow unvermeidlich werden, sollten nur Gesandtschaften ausgetauscht werden, während es im Verhältnis zur Bundesrepublik beim Austausch von Botschaften bleibt. Von solchen Staaten müssen wir verlangen, daß sie in internationalen Organisationen, insbesondere in den Sonderorganisationen der Vereinten Nationen (wo Mitgliedschaft der SBZ einen Beobachter-Status für die SBZ unvermeidlich machen würde), die Aufnahme der SBZ nicht befürworten und sich bei Abstimmungen mindestens der Stimme enthalten. Andernfalls sind wir zu einer Politik der Ziffern 3) und 4) genötigt.

6) Eine Ausnahme wird ferner demjenigen Staat gegenüber möglich, der Pankow anerkennen will und in seiner Deutschlandpolitik sich nicht wie unter 5) festlegen läßt, aber seine „Neutralität" in dieser Frage zu bekunden bereit ist. Die Deutschlandpolitik dieses Staates wäre etwa derjenigen Finnlands oder Kambodschas vergleichbar. Ist der Staat bereit, das Verhältnis zu Pankow unterhalb der diplomatischen Beziehungen zu belassen, sofern auch unsere Beziehungen auf diesen Stand heruntergesetzt werden, wäre dies als Lösung für uns akzeptabel. Besteht er auf diplomatischen Beziehungen zu Pankow, muß er zu einer verbindlichen Erklärung darüber bereit sein, daß er sich damit nicht die Politik der Teilung Deutschlands zu eigen macht. Mit Entwicklungshilfe werden wir in diesem Falle zurückhaltend sein müssen. Verweigert er die „Neutralitäts"-Erklärung, müssen wir ihm gegenüber die Politik zu 3) und 4) betreiben.

7) Der Abbruch unserer diplomatischen Beziehungen mit einem Staat, der Pankow diplomatisch anerkennt, wird nicht ausgeschlossen. Der Schritt wird jedoch von der (angedrohten) Regel zu der Ausnahme, die er auch im Verhältnis anderer Staaten untereinander ist. Er käme in Betracht, wenn ein nichtkommunistischer Staat die diplomatischen Beziehungen mit Pankow aufnähme, aber nicht bereit wäre, seine Deutschlandpolitik in einem die Selbstbestimmung unterstützenden Sinne oder im Sinne der Neutralität klarzustellen, und wenn er sich die Teilungspolitik Moskaus ausdrücklich zu eigen machte.

8) Eine letzte Kategorie bilden die kommunistischen Staaten, deren erklärtes Ziel die Anerkennung von zwei deutschen Staaten, also die Teilung Deutschlands ist, wobei an ihre Vereinigung allenfalls unter kommunistischen Vorzeichen gedacht wird. Diesen Staaten gegenüber kommt der Ausbau unserer amtlichen Beziehungen (konsularische, diplomatische und vertragliche) in dem

---

[18] Dieses Wort wurde von Ministerialdirektor Krapf unterschlängelt.
[19] Zur Einbeziehung von Berlin (West) in Abkommen der Bundesrepublik vgl. die Bestimmung der Alliierten Kommandantur vom 21. Mai 1952; Dok. 164, Anm. 8.
[20] Zu der Vorgehensweise, Berlin (West) in Abkommen der Bundesrepublik mit Ostblock–Staaten einzubeziehen, indem der Geltungsbereich des Abkommens als identisch mit dem Währungsgebiet der Deutschen Mark bezeichnet wurde, vgl. die Handelsvertragsverhandlungen mit Polen; AAPD 1963, I, Dok. 183.

Maße in Frage, in dem sie ihre Deutschlandpolitik zu modifizieren bereit sind. Wegen der entgegengesetzten Ausgangslage kann an diplomatische Beziehungen der Bundesrepublik mit einem Staat Osteuropas vielleicht schon dann gedacht werden, wenn dieser erkennbar werden läßt, daß er in seinen politischen Vorstellungen die absolute Teilungspolitik aufgibt und eine andere Lösung der Deutschlandfrage als durch Teilung in den Bereich seiner politischen Vorstellungen aufnimmt (etwa durch Mitwirken an einer Politik, die sich zum Ziel setzt, die préalables einer friedensvertraglichen Regelung mit Gesamtdeutschland zu klären und durch Vorverträge mit der Bundesrepublik über die bilateral lösungsfähigen Probleme, die Bestandteil einer friedensvertraglichen Regelung werden sollen). Das Einverständnis mit einer Währungsklausel für Berlin wäre dafür keinesfalls ein ausreichendes Indiz. Auch die Gewährung einer echten Berlin-Klausel würde noch kein Indiz dafür sein.

V. 1) Die Bundesregierung hat in ihren eigenen offiziellen Verlautbarungen über ihre derzeitige Nichtanerkennungspolitik bisher stets erklärt, daß die Anerkennung der Zone, die ein unfreundlicher Akt sei, uns zwingen werde, unsere Beziehungen zu überprüfen. Ihren vollen abschreckenden Gehalt erhielt diese nach Art der „flexible response" formulierte Politik durch das Exempel von Belgrad und später ergänzend durch das von Colombo. Die Formulierung selbst enthält Spielraum für eine Differenzierung bei der Anwendung von Sanktionen einschließlich derjenigen Schwenkung, zu der ein umfangreicher Einbruch in das Nichtanerkennungssystem uns eines Tages nötigen könnte.

2) Jedoch muß vor einem möglichen schwerwiegenden Mißverständnis ausdrücklich gewarnt werden. Die angestellten Überlegungen sollen eine Fortsetzung und Weiterentwicklung unserer Deutschlandpolitik möglich machen, wenn das Gebäude trotz unserer derzeitigen und noch fortzusetzenden Sanktionspolitik eines Tages einstürzen sollte.[21] Es wäre ein verhängnisvoller Fehler, diese Überlegungen schon anzuwenden, bevor die exemplarischen abschreckenden Sanktionen im nichtkommunistischen Bereich überhaupt versucht worden sind; denn ein derartiger politischer Fehler könnte zu einem vorzeitigen Zusammenbruch des ganzen Gebäudes der Nichtanerkennungspolitik führen. Das kann und darf nicht das Ziel der deutschen Politik sein.[22]

3) Der Fehler, die Schwenkung vorzeitig vorzunehmen, muß auch deswegen vermieden werden, weil die skizzierte zukünftige Nichtanerkennungspolitik viel schwerer zu handhaben wäre als die bisherige. Sie müßte im übrigen von unseren Verbündeten möglichst aktiv unterstützt werden. Erfolgreich kann sie auch nur dann sein, wenn sie nicht nur defensive Deutschlandpolitik ist, sondern wenn denjenigen Staaten, die sich für eine Wiedervereinigung mittels Selbstbestimmung, Beendigung der sowjetischen Einmischung und friedensvertraglicher Regelung mit Gesamtdeutschland aussprechen sollen, eine attraktive Vorstellung von der europäischen Friedensordnung gegeben werden

---

[21] Dieser Satz wurde von Ministerialdirektor Krapf hervorgehoben. Dazu handschriftliche Bemerkung: „Sehr gefährlich."
[22] Dazu handschriftlicher Vermerk des Staatssekretärs Carstens: „Der Zusammenbruch der eigenen Politik kann zu keinem Zeitpunkt das Ziel sein."

kann, für die die staatliche Einheit Deutschlands das Kernstück darstellen soll.[23]

Müller-Roschach

VS-Bd. 3716 (II A 1)

57

Staatssekretär Carstens an die Botschaft in Washington

St.S. 300/65 geheim   Aufgabe: 6. Februar 1965, 13.38 Uhr
Fernschreiben Nr. 130
Citissime

Staatssekretär Lahr hat am 4. Februar mit Shinnar gesprochen und ihm dargelegt, daß wir, nachdem die deutschen Waffenlieferungen an Israel öffentlich bekannt geworden seien[1], die bereits vereinbarten, aber noch nicht durchgeführten Lieferungen nicht würden erbringen können.[2] Die Notwendigkeit der Geheimhaltung sei bei Abschluß der Vereinbarungen ausdrücklich von beiden Seiten anerkannt worden. Es sei müßig zu fragen, wodurch die Indiskretionen entstanden seien.[3] Jedenfalls sei durch sie eine völlig veränderte Lage entstanden.

[23] Abschließend vermerkte Staatssekretär Carstens handschriftlich zu der Aufzeichnung: „Ich vermisse jede Analyse der inneren Verhältnisse in der Zone und ihrer vermutlichen künftigen Entwicklung."

[1] Zum Bekanntwerden der geheimen Waffenlieferungen an Israel vgl. Dok. 1, Anm. 3.

[2] Zum Vorschlag, die Waffenlieferungen an Israel sofort einzustellen, vgl. auch Dok. 52.
Am 3. Februar 1965 bekräftigte der Bundeskanzler, daß keine Waffen in Spannungsgebiete geliefert werden dürften, mit Ausnahme von Lieferungen an verbündete Staaten. Erhard legte ferner fest, daß der Nahe Osten als Spannungsgebiet in diesem Sinne anzusehen sei. Daher beauftragte er das Auswärtige Amt, „wegen der bereits vereinbarten, aber noch nicht durchgeführten Lieferungen an Israel mit der israelischen Regierung Verhandlungen aufzunehmen mit dem Ziel, diese Lieferungen abzulösen". Vgl. den Vermerk des Staatssekretärs Carstens vom 3. Februar 1965; VS-Bd. 8420 (Ministerbüro); B 150, Aktenkopien 1965.
Zur Besprechung bei Bundeskanzler Erhard am 3. Januar 1965, in der Bundesminister Schröder die Ansicht äußerte, die Bundesrepublik sei von Israel „eigentlich erpreßt" worden, vgl. OSTERHELD, Außenpolitik, S. 154.
Zur israelische Reaktion auf den Vorschlag, die noch ausstehenden Waffenlieferungen durch Geldzahlungen abzulösen, vgl. Dok. 65.

[3] Dazu teilte der Unterstaatssekretär im amerikanischen Außenministerium, Harriman, Botschafter Knappstein, Washington, am 2. Februar 1965 mit, „daß die erste Indiskretion über die Panzerverkäufe aus deutschen Regierungskreisen stamme, die dem Geschäft ablehnend gegenüberstünden". Auf Nachfrage von Knappstein, wer ihm diese „unwahrscheinlich erscheinende Nachricht" mitgeteilt habe, berief sich Harriman auf den Korrespondenten des Fernsehsenders CBS in Bonn, Schorr, der „als erster die Meldung über den deutschen Panzerverkauf an Israel veröffentlicht" und die entsprechende Information aus „deutschen Regierungskreisen erhalten habe". Knappstein äußerte demgegenüber die Vermutung, daß die Indiskretion im amerikanischen Verteidigungsministerium begangen worden sei. Vgl. den Drahtbericht Nr. 335 vom 2. Februar 1965; VS-Bd. 8420 (Ministerbüro); B 150, Aktenkopien 1965.

Staatssekretär Lahr hat sodann vorgeschlagen, daß wir uns mit den Israelis dahingehend verständigen, daß die noch nicht durchgeführten Lieferungen durch eine Geldzahlung abgelöst werden.

Ich habe heute hiervon Botschafter McGhee unterrichtet und ihm die[4] Bitte der Bundesregierung an die amerikanische Regierung übermittelt, daß die amerikanische Regierung im Sinne der Ausführungen von Staatssekretär Lahr gleichfalls auf die israelische Regierung einwirken möge.

Botschafter McGhee versprach, Washington sofort zu unterrichten und unsere Bitte zu unterstützen. Er erkannte als seine persönliche Meinung an, daß die Bundesregierung durch den seinerzeit an uns herangetragenen amerikanischen Wunsch[5] nunmehr in eine sehr schwierige Lage gekommen sei.

Ich bitte Sie, unseren Wunsch an die amerikanische Regierung[6] auch dort in geeigneter Weise vorzubringen.[7]

Carstens[8]

VS-Bd. 422 (Büro Staatssekretär)

58

Botschafter Knappstein, Washington, an das Auswärtige Amt

Z B 6-1-1128/65 geheim Aufgabe: 6. Februar 1965, 13.00 Uhr[1]
Fernschreiben Nr. 400 Ankunft: 6. Februar 1965, 19.28 Uhr
Citissime

Betr.: Waffenlieferungen an Israel

Bezug: Drahterlaß vom 6.2.65 Nr. 130 geheim[2]

Da sich mein bisheriger Gesprächspartner in dieser Sache, Harriman, in New Orleans befindet und sonst an höherer Stelle wegen des Samstags niemand zu erreichen war, habe ich heute morgen Creel unsere Entscheidung in der Waffenlieferungsfrage übermittelt und ihm gemäß Bezugserlaß die Bitte übermittelt, die amerikanische Regierung möge auf die israelische Regierung in dem genannten Sinne einwirken.

Creel, der offenbar noch kein Telegramm von Botschafter McGhee in der Sa-

---

[4] An dieser Stelle wurde von Staatssekretär Carstens gestrichen: „formelle".
[5] Zur Absprache über die Lieferungen amerikanischer Panzer durch die Bundesrepublik und zu den vereinbarten Modalitäten vgl. Dok. 39, Anm. 6.
[6] An dieser Stelle wurde von Staatssekretär Carstens gestrichen: „gleichfalls".
[7] Vgl. dazu weiter Dok. 58.
[8] Paraphe vom 6. Februar 1965.

[1] Hat Bundesminister Schröder vorgelegen.
[2] Vgl. Dok. 57.

che vorliegen hatte, nahm meine Mitteilungen entgegen und versprach eine Stellungnahme, sobald das State Department sich im einzelnen damit befaßt haben werde.[3]

Es ist in diesem Zusammenhang bemerkenswert, daß ich bereits gestern drei Interventionen von Leitern großer jüdischer Verbände hatte, die ihre „große Besorgnis" darüber zum Ausdruck brachten, daß, wie sie aus Bonn gehört hätten, die Bundesregierung beabsichtige, ihre Waffenlieferungen an Israel einzustellen. Es handelt sich bei den Interventionen um eine solche des Präsidenten des B'nai Brith, Herrn Label Katz, der dringend bei mir im Büro vorsprach. Am Nachmittag hatte ich dann aus Baltimore den Anruf des Herrn Jakob Blaustein, eines Ehrenpräsidenten des American Jewish Committee und am Abend noch einen Anruf aus Boston von Professor Lewis Weinstein, dem Präsidenten der „Conference of Presidents of Major American Jewish Organisations", der gleichen Organisation, vor der ich am 27. Januar in New York zur Verjährungsfrage[4] gesprochen hatte und die die Demonstrationen hier im Lande organisiert hatte.[5] Alle drei baten darum, ich möge ihre Besorgnisse nach Bonn weiterberichten.

Ich habe das zugesagt, aber die Herren höflich, aber in der Sache deutlich abgewiesen. Ich habe darauf aufmerksam gemacht, daß hier eines der wichtigsten Ziele der deutschen Außenpolitik, nämlich das Alleinvertretungsrecht, auf dem Spiele stehe und daß wir diesem Ziel alle anderen Überlegungen unterordnen müßten. Wenn sich ergeben sollte, daß durch Waffenlieferungen an Israel das wichtigste Ziel der deutschen Außenpolitik gefährdet würde, könnten wir solche Waffenlieferungen unter keinen Umständen fortsetzen. Im übrigen wachse aufgrund der Erfahrungen, die gemacht worden seien, in Deutschland die Stimmung, gesetzlich jeden Waffenexport zu verbieten, der nicht an NATO-Mitglieder gehe.[6] Wir hätten vollstes Verständnis dafür, daß Israel sich gegen etwaige Angriffe anderer Länder sichern müsse, aber es gebe ja große und reiche Länder mit einer enormen Waffenproduktion, die unschwer solche Waffen an Israel liefern könnten und die den Gegenmaßnahmen arabischer Länder nicht in gleichem Maße ausgesetzt seien wie die Bundesrepublik. Die Herren verstanden offenbar sofort, welche anderen „Länder" von mir gemeint waren.

Ich habe im übrigen darauf hingewiesen, daß wir in dieser Frage in ständiger enger Verbindung mit den Vertretern Israels in Bonn stünden und daß ich annähme, daß, falls Waffenlieferungen eingestellt würden, wir Israel auf andere Weise behilflich sein würden. Die Herren wußten nicht viel zu erwidern und baten lediglich nochmals darum, ihre Bitte nach Bonn weiterzuleiten.

---

[3] Zur amerikanischen Stellungnahme vgl. weiter Dok. 74.

[4] Zu den Bemühungen des Botschafters Knappstein, Washington, die Politik der Bundesregierung hinsichtlich einer Verlängerung der Verjährungsfrist für Gewaltverbrechen in der Zeit des Nationalsozialismus zu erläutern, vgl. den Artikel von Jan Reifenberg: „Verjährungsfrist und amerikanische Öffentlichkeit"; FRANKFURTER ALLGEMEINE ZEITUNG, Nr. 30 vom 5. Februar 1965, S. 2.
Zur Diskussion über die Verjährungsfrist vgl. bereits Dok. 53.

[5] Zu den Interventionen jüdischer Interessenverbände im Sinne einer Verlängerung der Verjährungsfrist für Gewaltverbrechen in der Zeit des Nationalsozialismus vgl. auch AAPD 1964, II, Dok. 276.

[6] Zum Scheitern der Initiative des Bundestagspräsidenten Gerstenmaier vgl. Dok. 40, Anm. 11.

Ich erwarte in nächster Zeit noch weitere solcher Interventionen.[7] Ich werde ihnen ebenso wie den bisherigen aufgrund der guten Position, die ich mir durch meine Einstellung in der Verjährungsfrage gerade in jüdischen Kreisen hier geschaffen habe, mit Nachdruck und Wirksamkeit entgegentreten können, zumal da unsere Argumente in der Waffenlieferungsfrage unwiderleglich sind.[8]

[gez.] Knappstein

VS-Bd. 8420 (Ministerbüro)

59

Botschafter Allardt, Madrid, an das Auswärtige Amt

Z B 6-1-1136/65 geheim Aufgabe: 7. Februar 1965, 21.50 Uhr[1]
Fernschreiben Nr. 26 Ankunft: 7. Februar 1965, 23.10 Uhr
Citissime mit Vorrang

Im Anschluß an Drahtbericht Nr. 22 vom 5. Februar[2] und Ferngespräch mit Staatssekretär Professor Carstens am 7.2.

I. Zweites Telegramm des Marques de Nerva, Kairo, lautet laut Mitteilung Generalsekretärs Außenministeriums an mich sinngemäß wie folgt:

„Nachdem ich gegenüber Ali Sabri meine Mission erläutert und auf die schweren Konsequenzen hingewiesen hatte, die eine Änderung der freundschaft-

---

[7] Am 15. Februar 1965 berichtete Botschafter Knappstein, Washington, von einer „neuen Welle von Protesten", die ihn und die Konsulate der Bundesrepublik in den USA erreicht hätte, nachdem die Bundesregierung ihre Entscheidung bekanntgegeben habe, keine weiteren Verpflichtungen über Waffenlieferungen in den Nahen Osten zu übernehmen. Vgl. den Drahtbericht Nr. 510; VS-Bd. 8420 (Ministerbüro); B 150, Aktenkopien 1965.
[8] Zu den Bemühungen der Bundesregierung, die Nahost-Politik gegenüber jüdischen Interessenverbänden in den USA zu erläutern, vgl. Dok. 106.
[1] Hat Bundesminister Schröder und Bundeskanzler Erhard vorgelegen.
[2] Botschafter Allardt, Madrid, übermittelte die Information des spanischen Vermittlers Marques de Nerva, er sei in Kairo freundlich empfangen worden. Von ägyptischer Seite sei zwar das Interesse an einer Verständigung mit der Bundesrepublik betont, doch ebenso darauf hingewiesen worden, daß es schwer sein würde, „noch eine Formel zu finden". Vgl. VS-Bd. 8448 (Ministerbüro); B 150, Aktenkopien 1965.
Anfang Februar hatte Spanien seine Vermittlung in der Nahost-Krise angeboten. Staatssekretär Carstens wies daraufhin Allardt am 2. Februar 1965 an, die spanische Regierung zu bitten, ob sie der Bundesrepublik nicht aufgrund „ihrer Beziehungen zur VAR in dieser Situation helfen könnte. Es komme in erster Linie darauf an, Nasser dahin zu bringen, den Ulbricht-Besuch abzusagen oder ihn zumindest zu verschieben." Vgl. den Drahterlaß Nr. 14; VS-Bd. 8448 (Ministerbüro); B 150, Aktenkopien 1965.
Die spanische Regierung entschloß sich, den Abteilungsleiter im spanischen Außenministerium, Marques de Nerva, als Vermittler nach Kairo zu entsenden. Vgl. dazu den Drahtbericht Nr. 17 von Allardt vom 3. Februar 1965; VS-Bd. 422 (Büro Staatssekretär); B 150, Aktenkopien 1965.

lichen Beziehungen zwischen VAR und der Bundesrepublik zwangsläufig nach sich ziehen müßten, ergriff Ali Sabri das Wort und führte folgendes aus:

1) Kairo habe Bundesrepublik stets als aufrichtigen Freund betrachtet und sich als aufrichtigen Freund Bundesrepublik angesehen.

2) Kairo habe dementsprechend sein ganzes Prestige eingesetzt, um bei der letzten Kairo-Konferenz der neutralistischen Welt eine Anerkennung der DDR zu verhindern.[3]

3) Obwohl Ulbricht seit drei Jahren auf seinen Besuch in Kairo dränge[4], habe ihn Nasser bisher stets abschlägig beschieden.

4) Die bisher VAR seitens der Bundesrepublik geleistete Hilfe[5] sei nicht sonderlich interessant, da sie viel zu teuer sei und auch nicht durch angemessene Käufe der Bundesrepublik in VAR kompensiert würde.[6]

5) Trotzdem habe VAR an der Freundschaft mit Bundesrepublik festgehalten. Bundesregierung hingegen habe 1960 ein umfangreiches[7] Militärhilfe-Abkommen mit Israel abgeschlossen[8] und dieses Abkommen soeben erst wieder um weitere 80 Mio. Dollar aufgestockt.[9] Obwohl Bundesrepublik de jure nicht einmal diplomatische Beziehungen mit Israel unterhalte, habe sie im Laufe der letzten Jahre de facto Beziehungen entwickelt, wie sie nur zwischen Alliierten üblich seien.

Bundesrepublik habe seit Jahren mit VAR und der arabischen Welt ein doppeltes Spiel getrieben, das nun niemanden mehr täuschen könne.

6) Falls Bundesregierung die diplomatischen Beziehungen zu VAR abbrechen sollte, würden sämtliche arabischen Länder und mit ihnen einige afrikanische Länder ihrerseits die Beziehungen zur Bundesrepublik abbrechen.

Ich entgegnete, daß mir der Moment günstig erscheine, um schleunigst eine Lösung des Problems zu finden. Mit der von Sabri angedeuteten Entwicklung sei niemandem, schon gar nicht den arabischen Staaten, gedient, da sie zwangsläufig zu einer weiteren Intensivierung der Beziehungen der Bundesregierung zu Israel führen müßte. Das beste sei doch wohl, den Besuch Ulbrichts hinauszuschieben, damit Bundesregierung ihrerseits Gelegenheit habe, ihre Beziehungen zu Israel zu überprüfen.[10]

---

[3] Zur Erörterung der Deutschland-Frage auf der Konferenz der blockfreien Staaten vom 5. bis 10. Oktober 1964 in Kairo vgl. Dok. 1, Anm. 4.

[4] Zur Einladung des Staatsratsvorsitzenden Ulbricht durch Präsident Nasser vgl. Dok. 51. Zum Besuch vom 24. Februar bis 2. März 1965 in der VAR vgl. Dok. 104.

[5] Zur Wirtschaftshilfe an die VAR vgl. Dok. 9, Anm. 10.

[6] Dazu Fragezeichen des Bundeskanzlers Erhard.

[7] Dazu Fragezeichen des Bundeskanzlers Erhard.

[8] Zu den Vereinbarungen zwischen Bundeskanzler Adenauer und Ministerpräsident Ben Gurion vom 14. März 1960 vgl. Dok. 2, Anm. 10.

[9] Dazu vermerkte Bundeskanzler Erhard handschriftlich: „Nach Auskunft des Verteidigungsministeriums ist dies nicht der Fall."

[10] Von spanischer Seite wurden die Chancen, Präsident Nasser zu einer Absage des Besuchs des Staatsratsvorsitzenden Ulbricht zu bewegen, als gering bewertet. Ein solcher Versuch, so der spanische Botschafter in Bonn, de Erice y O'Shea, „sei von vornherein zum Scheitern verurteilt und nehme der spanischen Unterstützung jede Erfolgsaussicht". Vgl. die Aufzeichnung des Ministerialdirigenten Voigt vom 3. Februar 1965; VS-Bd. 2637 (I B 4); B 150, Aktenkopien 1965.

Sabri entgegnete, er sähe folgende Möglichkeit einer Einigung: Falls die Bundesregierung unverzüglich Maßnahmen ergreife, die unmißverständlich erkennen ließen, daß sie ihre Haltung gegenüber Israel geändert habe, sei Regierung VAR bereit, sich zu verpflichten, DDR nicht anzuerkennen sowie Besuch Ulbrichts auf reine Courtoisie-Geste herunterzuspielen.

Nächste Besprechung ist in Erwartung Antwort Bundesregierung[11] auf Montag, 8.00 Uhr, festgesetzt."[12]

II. Generalsekretär fügte hinzu, nach Wortlaut des Telegramms scheine es Marques de Nerva und spanischem Botschafter[13] nicht ausgeschlossen, daß Nasser bei Verzicht Bundesregierung auf Fortsetzung Militärhilfe an Israel sogar bereit sei, Ulbricht-Besuch abzusagen.

III. Drahtbericht erwähnt, daß König Hussein von Jordanien Bundesregierung seine guten Dienste zur Vermittlung angeboten habe und in Kairo weile.[14]

IV. Weisung erbeten.[15]

[gez.] Allardt

VS-Bd. 8448 (Ministerbüro)

---

[11] Am 8. Februar 1965 teilte Staatssekretär Carstens Botschafter Allardt, Madrid, mit, der spanische Vermittler Marques de Nerva solle die ägyptische Regierung über die Entscheidung der Bundesregierung unterrichten, keine neuen Verpflichtungen über Waffenlieferungen an Israel mehr einzugehen. „Hinsichtlich der in der Vergangenheit vereinbarten, aber noch nicht voll ausgeführten Lieferungen kann gesagt werden, daß es sich nur noch um Restlieferungen, und zwar um Geräte ohne Armierung handele. Auch für diese werde eine Einstellung der Lieferung angestrebt, doch seien wir international nicht frei und könnten daher nicht allein entscheiden. [...] Nerva soll den Ägyptern ferner deutlich machen, daß wir den Ulbricht-Besuch unter keinen Umständen hinnehmen können, ohne zu reagieren. Nerva möchte die in Kairo vorhandenen Tendenzen zur Herabstufung des Besuchsverlaufs unterstützen [...]. Zugleich müßte Nerva verständlich machen, daß [...] eine Herabstufung des Besuchs sich allenfalls auf das Ausmaß unserer Reaktion auswirken würde. [...] Nur eine Absage oder unbefristete Verschiebung des Besuchs ist geeignet, schweren Schaden in den deutsch-ägyptischen Beziehungen abzuwenden." Vgl. den Drahterlaß Nr. 54; VS-Bd. 8448 (Ministerbüro); B 150, Aktenkopien 1965.

[12] Am 11. Februar 1965 übermittelte Botschafter Allardt, Madrid, Informationen über ein weiteres Gespräch des spanischen Vermittlers Marques de Nerva mit Ministerpräsident Ali Sabri. Danach nahm die ägyptische Regierung „Kenntnis von der Einstellung der Waffenlieferungen der Bundesregierung an Israel", teilte aber mit, sie werde angesichts „schon früher gegebener und nicht eingehaltener Zusicherungen der Bundesregierung" die Beachtung dieser Zusage „sorgfältig beobachten". Im Gegenzug erklärte die ägyptische Regierung, sie werde „den Besuch des Herrn Ulbricht zwar zum vereinbarten Zeitpunkt entgegennehmen, ihn jedoch als Courtoisie-Geste eines ‚distinguierten' Ausländers behandeln [...]. Ebenso wird Präsident Nasser es vermeiden, die zu erwartende Einladung für einen Gegenbesuch anzunehmen. Im übrigen wird die VAR die Politik der Nichtanerkennung Pankows [...] fortsetzen." Vgl. den Drahtbericht Nr. 36; VS-Bd. 8448 (Ministerbüro); B 150, Aktenkopien 1965.
Zur Vermittlertätigkeit des Marques de Nerva vgl. weiter Dok. 73.

[13] Miguel de Lojendio.

[14] Zu den Vermittlungsbemühungen des Königs von Jordanien vgl. Dok. 78.

[15] Dazu vermerkte Bundeskanzler Erhard handschriftlich: „Könnten wir bei Israel nicht erreichen, daß es eine Einstellung der Waffenhilfe nicht als eine feindselige Haltung empfindet, sofern wir das Abkommen umwandeln, ohne daß Israel daraus Schaden erwächst?"

60

Gespräch des Bundeskanzlers Erhard mit dem amerikanischen Botschafter McGhee

Z A 5-23.A/65 geheim 8. Februar 1965[1]

Der Herr Bundeskanzler empfing am 8. Februar 1965 um 11 Uhr den amerikanischen Botschafter McGhee zu einem Gespräch, bei dem außerdem der Chef des Bundeskanzleramts und Ministerialdirigent Osterheld zugegen waren.

Einleitend sagte der Herr *Bundeskanzler*, er möchte einige Worte zu der Pressekonferenz de Gaulles[2] sagen, weil die Kommentare darüber teilweise völlig unzutreffend seien. Für ihn sei diese Pressekonferenz besonders interessant gewesen, da er ja ein sehr langes Gespräch mit de Gaulle[3] gehabt habe und vielleicht am besten beurteilen könne, welche Auslegung richtig sei. Er wolle zunächst einmal wiederholen, daß de Gaulle eine starke Zurückhaltung gegenüber allen Ausdrücken geübt habe, die irgendeinen Angriff auf Amerika oder eine Feindseligkeit gegen die Vereinigten Staaten hätten sein können. De Gaulle habe eindeutig erklärt, der Friede sei nur gewahrt durch die starke amerikanische Nuklearmacht. Er habe auch deutlich gemacht, daß die Bedrohung Europas durch die russischen Mittelstreckenraketen ohne amerikanische Mitwirkung nicht abgeschreckt werden könne. De Gaulle habe sich selbst als treuer Partner des westlichen Bündnisses ausgegeben, wobei er allerdings an der Organisation der NATO gewisse Kritik übe, was ja nicht neu sei. De Gaulle wisse im übrigen, daß er in der Frage der Integration oder Desintegration der NATO eine von Deutschland unterschiedliche Haltung einnehme. Was de Gaulle über Europa gesagt habe, sei ebenfalls nicht neu. Man dürfe dabei nur nicht vergessen, daß die diesbezüglichen Ausführungen de Gaulles keine Politik, sondern vielmehr eine Vision seien. De Gaulle habe erklärt, was der Westen in diesem Zusammenhang tun könne, sei sehr wenig. Aufgrund einer natürlichen Entwicklung erwarte de Gaulle einen politischen Prozeß in Osteuropa, bei dem die Länder Osteuropas sich immer stärker europäisch fühlten, zur westlichen Kultur zugehörig empfänden, die kommunistische Idee immer stärker ablehnten und ganz allgemein unabhängiger und freier werden wollten. Aufgrund dieses Prozesses werde dann der Tag kommen, wo diese Länder sich wirklich europäisch fühlten und Europa Form gewinnen könne. Obschon es dabei auch der Diskussion unbequemer Fragen wie zum Beispiel der Grenzen und der Bewaffnung bedürfe, werde dann doch eine Wiedervereinigung nicht nur der Wunsch des deutschen Volkes, sondern auch Wunsch der östlichen Länder werden. Dies sei de Gaulles Vision. Das habe

---

[1] Die Gesprächsaufzeichnung wurde vom Vortragenden Legationsrat Kusterer am 9. Februar 1965 gefertigt.
[2] Für die Äußerungen des französischen Staatspräsidenten vom 4. Februar 1965 vgl. DE GAULLE, Discours et messages, Bd. 4, S. 325–342. Für Auszüge vgl. Anm. 23 sowie Dok. 62, Anm. 2 und 5, ferner Dok. 64, Anm. 16.
[3] Für die Konsultationsbesprechungen vom 19./20. Januar 1965 in Rambouillet vgl. Dok. 22, Dok. 26 und Dok. 27.

nichts mit der Tagespolitik zu tun. De Gaulle habe ja gesagt, man möge an eine solche Entwicklung glauben oder nicht, seine Überzeugung jedenfalls sei, daß dieser Prozeß sich abspielen werde. Die zum Teil in der deutschen, amerikanischen und auch britischen Presse gegebene Auslegung, als sage de Gaulle, die Wiedervereinigung gehe weder Amerika, noch England, noch die NATO, sondern nur die Europäer etwas an, sei daher ganz falsch.[4] Dies habe de Gaulle weder gesagt noch gemeint. De Gaulle wolle lediglich sagen, daß sich dieser Prozeß in Europa abspielen werde. Mit keinem einzigen Wort habe de Gaulle erklärt, die ganze Frage gehe nur die Europäer an. De Gaulle habe vielmehr die Dreimächteverantwortung betont und sich damit einverstanden erklärt, die Viermächteverantwortung wieder deutlicher sichtbar werden zu lassen. De Gaulle meine daher nicht, die Strategie, Verteidigung und Politik Europas gehe nur die Europäer an, sondern nur, daß sich dieser Prozeß in Europa abspielen werde.

Botschafter *McGhee* fragte, ob der Herr Bundeskanzler besorgt sei, weil de Gaulle mit keinem Wort die deutsche Initiative[5] erwähnt habe.

Der Herr *Bundeskanzler* erwiderte, dies habe ihm keine Sorge bereitet, da de Gaulle in seinen Pressekonferenzen nur ganz selten überhaupt auf politische Themen eingehe, vielmehr sich darauf beschränke, seine langfristigen Auffassungen darzutun. De Gaulle habe ihm ganz klar gesagt, falls England und Amerika damit einverstanden seien, sei er bereit, mit den vier Westmächten an einem Tisch zu sitzen und deutlich zu machen, daß die drei Westmächte zusammenstünden, möglichst auch, daß sie dieselbe Auffassung hätten, die mit der der Bundesrepublik übereinstimme. Die Frage, was de Gaulle sich davon verspreche, sei getrennt zu sehen. De Gaulle habe aber zugegeben, daß man das deutsche Volk nicht einfach auf 30 oder 40 Jahre vertrösten könne, sondern ihm heute die Gewißheit geben müsse, daß der Westen gegenüber dem scharfen russischen Nein nicht etwa in Fatalismus verfalle.

Der Herr Bundeskanzler fuhr fort, der Unterschied zwischen Rusks Ausführungen, der auch von der Notwendigkeit gesprochen habe, Antworten für unbequeme Fragen zu haben[6], und der Darstellung de Gaulles, daß im Falle der Wiedervereinigung ebenfalls die Grenzfragen und das Problem der Bewaffnung geregelt werden müsse, liege darin, daß bei Rusk die Frage aktuell erscheine und in Zusammenhang damit stehe, daß man sonst die Russen gar nicht an einen Konferenztisch bringen werde, während de Gaulle davon ausgehe, daß die Russen auf jeden Fall nein sagen würden, daß aber in diesem

---

[4] Zum internationalen Echo auf die Pressekonferenz des Staatspräsidenten de Gaulle vom 4. Februar 1965 vgl. den Artikel „Bonn Welcomes Gen[eral] de Gaulle's Remarks on German Issue"; THE TIMES, Nr. 56 239 vom 6. Februar 1965, S. 7.
Vgl. dazu auch den Artikel von Drew Middleton: „De Gaulle for U.N. Reform, with Peking Joining Talk; Johnson Rejects the Idea. U.S. Challenged – General Says Europe Alone Should Decide on German Unity"; THE NEW YORK TIMES, International Edition, Nr. 39 094 vom 5. Februar 1965, S. 1. Zu diesem in Washington bestehenden Eindruck vgl. auch Dok. 64.

[5] Zum Vorschlag des Bundesministers Schröder einer Deutschland-Initiative vgl. Dok. 3, Anm. 2.
Zur Erörterung der Deutschland-Frage am 19./20. Januar 1965 in Rambouillet vgl. Dok. 22 und Dok. 26.

[6] Zum Hintergrund-Pressegespräch des amerikanischen Außenministers vom 30. Dezember 1964 vgl. Dok. 3, besonders Anm. 10, 26 und 27, sowie Dok. 5, Anm. 7.

von ihm aufgezeichneten Reifeprozeß der Tag kommen werde, wo die Bereitschaft im Osten vorhanden sei, und dann müßten diese Fragen beantwortet werden. Es scheine faktisch dieselbe Frage zu sein, nur sei sie bei Rusk heute schon aktuell, während de Gaulle nicht glaube, daß man die Russen zu einem Gespräch bekommen könne, sondern vielmehr eine Entwicklung vorhersehe, die die Möglichkeit zu einem wirklichen Gespräch über die Wiedervereinigung erst erbringe, und dann seien die Fragen zu beantworten.

Botschafter *McGhee* wies darauf hin, seiner Ansicht nach habe Rusk es nicht so gesagt, wie der Herr Bundeskanzler es eben wiedergegeben habe. Rusk habe ja ein Background-Informationsgespräch geführt und seine Ausführungen absichtlich sehr vage gehalten. Rusk sei in der Presse in der Art zitiert worden, wie der Herr Bundeskanzler es gesagt habe. Aus dem dem Auswärtigen Amt übermittelten Verbatim[7] gehe jedoch hervor, daß Rusks Ausführungen tatsächlich den Auffassungen de Gaulles sehr viel näher seien, daß nämlich zu irgendeinem Zeitpunkt vor der Wiedervereinigung es notwendig werde, sich mit den Grenzfragen zu befassen.

Botschafter McGhee kam dann kurz auf die bereits über Bundesminister Westrick übermittelte Botschaft von Präsident Johnson zu sprechen. Darin bedanke sich der Präsident zunächst über den umfassenden Bericht, den ihm der Herr Bundeskanzler über seine Gespräche von Rambouillet habe zukommen lassen. Der Präsident habe diesen Bericht sehr sorgfältig gelesen und versichere den Herrn Bundeskanzler, daß der Bericht vertraulich behandelt werde. Außerdem erkläre der Präsident in dieser Botschaft, Amerika sei ohne jegliche Vorbedingung jederzeit zu einem Gespräch mit den übrigen drei Partnern bereit, um den deutschen Wiedervereinigungsvorschlag zu prüfen. Amerika stelle keineswegs das Ansinnen, daß zunächst irgendwelche Vorfragen beantwortet sein müßten. Botschafter McGhee übergab dem Herrn Bundeskanzler dann auch die Stellungnahme des State Department auf Fragen zur Viermächteverantwortung im Zusammenhang mit der Pressekonferenz de Gaulles.[8]

Der Herr *Bundeskanzler* bemerkte, er habe de Gaulle geradeheraus gefragt, welcher Unterschied denn zwischen den amerikanischen Bemühungen um eine Entspannung mit den Russen bestehe im Verhältnis zu den französischen Bemühungen um die Pflege der Ostkontakte in der Erwartung eines selbst in der Sowjetunion einsetzenden Prozesses, der dann ebenfalls zu einer Entspannung führen würde. De Gaulle habe erwidert, der Unterschied liege darin, daß das Ergebnis der amerikanischen Entspannung höchstens die Sicherung des Status quo (ohne Wiedervereinigung) sein könnte, während seine (de Gaulles) Auffassungen für eine Auflockerung im osteuropäischen Raum auch die Wiedervereinigung bringen würden.

---

[7] Für den Wortlaut vgl. VS-Bd. 8477 (Ministerbüro).

[8] Als Reaktion auf die deutschlandpolitischen Ausführungen des Staatspräsidenten de Gaulle vom 4. Februar 1965 erklärte das amerikanische Außenministerium am 5. Februar 1965: „The U.S., together with Britain, France and the Soviet Union remains responsible for the reunification of Germany." Vgl. den Artikel „US Emphazises 4 Powers' Role in German Unity"; THE NEW YORK TIMES, International Edition, Nr. 39 095 vom 6./7. Februar 1965, S. 1.

Botschafter *McGhee* sagte, de Gaulle habe sich im Verhältnis zur Bundesregierung und zu Amerika erst sehr spät zu dieser Auffassung bekehrt. Die Bundesrepublik habe diese Politik schon vor Jahren eingeleitet. In einer Rede vor dem Virginia Military Institute habe Johnson gerade dieses Thema zum Kernpunkt seiner Ausführungen gemacht.[9] Präsident Johnson habe jetzt auch einen Ausschuß von Geschäftsleuten eingesetzt, welche die Möglichkeiten einer Verstärkung des Osthandels[10] prüfen sollten, allerdings ohne Gewährung von Krediten. Er selbst (McGhee) habe in einer Hans Reuter-Vorlesung vor der Freien Universität[11] genau die Auffassungen de Gaulles dargetan, sogar noch viel konkreter als de Gaulle selbst. De Gaulle sei sozusagen ein Nachzügler in der Verfolgung dieser Politik.

Der Herr *Bundeskanzler* verwies darauf, er sei beiden Auffassungen gegenüber etwas skeptisch. Man müsse, wenn man vom Osten spreche, klar unterscheiden zwischen Rußland, den Satellitenstaaten und der SBZ. Die Bundesregierung kämpfe mit allen Mitteln um die Verhinderung einer Anerkennung der SBZ, zur Zeit zum Beispiel in Ägypten. Ähnliches zeichne sich in Indonesien ab.[12] Es liege im Interesse der gesamten westlichen Welt, wenn die SBZ nicht als Staat anerkannt werde, sondern die Bundesrepublik das Alleinvertretungsrecht besitze. Man müsse sich aber fragen, warum die SBZ plötzlich viel interessanter geworden sei, warum sie denn in der Lage sei, gezielt in Ägypten und Indonesien große Angebote[13] zu machen, die einer gewissen Anziehungskraft nicht entbehren. Natürlich habe sich die SBZ in gewissem Sinne auch durch eigene Anstrengungen gestärkt. Sie sei aber nicht zuletzt deswegen in der Lage, solche Angebote zu machen, weil sie von westlicher Seite stärkere Hilfe in Form von Krediten für die Entwicklung ihrer Wirtschaft erhalte. Dadurch werde die natürliche Verbindung zwischen den beiden Teilen Deutschlands geschwächt. Gewähre man der SBZ wirtschaftliche Hilfe, so werde das Regime nicht nur innenpolitisch gestärkt, sondern auch in seiner Aktionsfähigkeit gegenüber den übrigen Staaten.

---

[9] Am 23. Mai 1964 führte Präsident Johnson anläßlich der Einweihung der „George C. Marshall Research Library" in Lexington, Virginia, aus: „Today, we work to carry on the vision of the Marshall plan. First, to strengthen the ability of every European people to select and shape its own society. Second, to bring every European nation closer to its neighbors in the relationships of peace. [...] We will continue to build bridges across the gulf which has divided us from Eastern Europe." Vgl. PUBLIC PAPERS, JOHNSON 1963/64, S. 709.

[10] Zum Handel der USA mit Ostblock-Staaten vgl. Dok. 26, Anm. 17, sowie Dok. 95.

[11] In der Ernst-Reuter-Vorlesung am 11. November 1964 stellte der amerikanische Botschafter die These auf, daß „jede Kontaktzunahme zwischen Ost und West das Ulbricht-Regime isoliert und den Druck verstärkt, den die Bevölkerung der Sowjetzone auf dieses Regime ausübt, um wieder zu normalen Beziehungen zu ihren Landsleuten in der Bundesrepublik zu kommen". McGhee führte aus, daß der Westen Europas, vor allem durch seinen politischen und wirtschaftlichen Zusammenschluß, auf Osteuropa eine „meßbare magnetische Anziehungskraft" ausübe. „Im Maximalfall – und wir im Westen können viel dazu tun, zu bestimmen, ob diese Tendenz Maximalwirkung erzielen wird – wird der begonnene Prozeß weiterführen zur Wiedervereinigung Deutschlands innerhalb eines sich zusammenschließenden Europas." Vgl. DzD IV/10, S. 1105.

[12] Zur Haltung Indonesiens in der Deutschland-Frage vgl. Dok. 42.

[13] Zur Wirtschaftshilfe der DDR an die VAR vgl. Dok. 116, Anm. 26.
Zur Vergabe von Krediten der DDR an Indonesien, die für den Zeitraum von Juli bis Oktober 1964 eine Höhe von 22,2 Mio. Dollar erreichten, vgl. den Artikel „Die Zone ist in Indonesien aktiv geworden"; SÜDDEUTSCHE ZEITUNG, Nr. 10 vom 12. Januar 1965, S. 6.

Botschafter *McGhee* betonte, Amerika unterscheide ganz streng zwischen osteuropäischen Ländern und SBZ. Es gestatte seinen Geschäftsleuten nicht, zur Leipziger Messe zu reisen.[14] Der Handel mit der SBZ betrage weniger als zehn Millionen jährlich. Es habe niemals Kredite an die SBZ gegeben. Der Herr Bundeskanzler wisse natürlich von dem Fall der amerikanischen Firma, die über eine französische Mittlerfirma technische Kenntnisse auf nichtstrategischem Gebiet an die SBZ verkauft habe.[15] Dies beinhalte jedoch keinerlei Lieferung von Gütern aus Amerika noch die Gewährung irgendwelcher Kredite durch Amerika. Die Angelegenheit sei in den amtlichen Stellen routinemäßig erledigt worden, doch glaube er, daß die Sache auch heute in Deutschland eine bessere Perspektive genieße. Dies sei aber ein isolierter Fall.

Der Herr *Bundeskanzler* sagte, die amerikanische Regierung sei hier sicherlich gar nicht so sehr angesprochen. Es gebe andere europäische Partner, die sehr viel großzügiger seien.[16]

Botschafter *McGhee* fuhr fort, Botschafter Knappstein habe beim State Department zwei Demarchen unternommen.[17] Es handle sich zunächst um die vier Punkte für die Behandlung der SBZ. Er könne jetzt schon sagen, daß Amerika wahrscheinlich keine Schwierigkeiten haben werde, diesen vier Punkten zuzustimmen. Offiziell werde die Benachrichtigung jedoch vom State Department über Botschafter Knappstein erfolgen.[18] Botschafter Knappstein habe auch einen deutschen Vorschlag zur Kreditpolitik gegenüber der SBZ vorgelegt.[19] Er (McGhee) erwarte, daß Amerika sich der Fünfjahresfrist an-

---

[14] Die amerikanische Presse meldete dazu: „No United States exhibitors will be represented in Leipzig, at least not officially. This has been the case since the Communist regime erected the wall in Berlin in the summer of 1961. Last December, the Bureau on International Commerce of the Department of Commerce restated that it was discouraging United States companies or their foreign subsidiaries from participating in or attending the fair." Vgl. den Artikel „Leipzig Set for Fair"; THE NEW YORK TIMES, International Edition, Nr. 39 112 vom 23. Februar 1965, S. 6.

[15] Zum Verkauf einer Kunstfaseranlage an die DDR durch die französische Tochterfirma der amerikanischen „Litwin Engineering Company" vgl. den Drahterlaß des Ministerialdirektors Sachs vom 11. Januar 1965 an die Botschaft in Paris; VS-Bd. 8365 (III A 6); B 150, Aktenkopien 1965.

[16] So weitete Frankreich das für 1965 vorgesehene Handelsvolumen mit der DDR maßgeblich aus. Vgl. dazu AAPD 1964, II, Dok. 402.

[17] In einer ersten Demarche vom 4. Januar 1965 sprach Botschafter Knappstein, Washington, mit dem Staatssekretär im amerikanischen Außenministerium, Ball, angesichts der Lieferung einer Kunstfaseranlage in die DDR über die Frage der Erteilung von Lizenzen zugunsten der DDR. Vgl. dazu den Drahtbericht Nr. 11 von Knappstein vom 4. Januar 1965, VS-Bd. 3567 (II A 1); B 150, Aktenkopien 1965.
Eine weitere Unterredung zum Thema Ostkredite fand am 5. Februar 1965 zwischen Knappstein und dem stellvertretenden Abteilungsleiter im amerikanischen Außenministerium, Davis, statt. Vgl. dazu den Drahtbericht Nr. 389 aus Washington vom 5. Februar 1965; VS-Bd. 3555 (II A 1); B 150, Aktenkopien 1965.

[18] Am 13. Januar 1965 teilte der Abteilungsleiter im amerikanischen Außenministerium Tyler mit, die amerikanische Regierung sehe sich nicht in der Lage, die Genehmigung zum Export einer Kunstfaseranlage in die DDR zurückzuziehen. Er hob jedoch die Bereitschaft hervor, zusammen mit der Bundesregierung Richtlinien für künftige Fälle dieser Art zu erarbeiten. Vgl. dazu den Drahtbericht Nr. 121 des Botschafters Knappstein, Washington, vom 13. Januar 1965; VS-Bd. 8365 (III A 6); B 150, Aktenkopien 1965.

[19] Am 5. Februar 1965 übergab Botschafter Knappstein, Washington, dem stellvertretenden Abteilungsleiter im amerikanischen Außenministerium, Davis, den Inhalt der Punkte 2 und 3 des Drahterlasses Nr. 306 Plurex als Aide-mémoire. Gleichzeitig trug er vor, daß es der Bundesregierung durch die Politik ihrer westlichen Verbündeten unmöglich geworden sei, ihre Politik, von

schließen könne.[20] Auch dies werde noch offiziell über die deutsche Botschaft in Washington mitgeteilt werden.

Der Herr *Bundeskanzler* kam auf die Pressekonferenz de Gaulles zurück und sagte, in der Frage der Vereinten Nationen[21] sei kein einziges Wort in Rambouillet gefallen. Persönlich sei er der Auffassung, daß Präsident Johnson die richtige Antwort gegeben habe.[22]

Botschafter *McGhee* bezeichnete die Auffassung de Gaulles als unrealistisch. Man könne sie der Vollversammlung schon rein juristisch gar nicht aufzwingen.

Der Herr *Bundeskanzler* kam dann auf die Währungsfrage zu sprechen und bemerkte, was de Gaulle in seiner Pressekonferenz gesagt habe[23], habe er sehr viel sachverständiger und breiter mit dem französischen Professor Jacques Rueff vor Jahren schon erörtert. Der Gedanke sei nicht neu, und es sei auch nicht de Gaulles Gedanke. De Gaulle habe diesen Gedanken nur wiedergegeben. Wenn jemand, der nicht sachverständig sei, einen solchen Gedanken wiedergebe, könne es sehr leicht zu Fehlauslegungen kommen. Man müsse eines sicher zugeben (und das sei ja kein Geheimnis, denn sonst hätte es nicht des Zehnerausschusses im Internationalen Währungsfonds[24] bedurft), daß die internationale Währungslage zu Kritik Anlaß gebe. Die Auffassungen Rueffs und de Gaulles seien aber für Deutschland nicht akzeptabel. Es sei ausgeschlossen, in einer solchen, die ganze Weltwirtschaft angehenden Frage auf

---

Fortsetzung Fußnote von Seite 269

    den Möglichkeiten der Berner Union keinen Gebrauch zu machen, fortzuführen. Dabei komme es ihr besonders darauf an, aus politischen Gründen ihre Position im Außenhandel mit der UdSSR zu wahren. Vgl. dazu den Drahtbericht Nr. 389; VS-Bd. 8365 (III A 6); B 150, Aktenkopien 1965.
    Für den Drahterlaß Nr. 306 des Staatssekretärs Lahr vom 26. Januar 1965 vgl. VS-Bd. 8365 (III A 6); B 150, Aktenkopien 1965.

[20] Zu der von der Berner Union vorgesehenen Laufzeit für Kredite vgl. Dok. 66, Anm. 3.

[21] Zum Vorschlag des Staatspräsidenten de Gaulle bezüglich einer Lösung der Finanzkrise der UNO vgl. Dok. 107, Anm. 20.

[22] Auf der Konferenz über den Sonderfonds und die technische Hilfe der UNO am 16. November 1964 erklärten die USA, sie würden ihre Beitragszahlungen einstellen, solange die UNO-Finanzkrise nicht gelöst sei. Vgl. dazu den Artikel „Thant Spearheads Drive to Increase Aid Funds of U.N."; THE NEW YORK TIMES, International Edition, Nr. 39 014 vom 17. November 1964, S. 1 und 3.

[23] Staatspräsident de Gaulle kritisierte am 4. Februar 1964 die Finanzpolitik der USA, die durch einen Währungs- und – damit verbunden – Inflationsexport gekennzeichnet sei: „Il y a en particulier le fait que les États-Unis, faute d'avoir à régler nécessairement en or, tout au moins totalement, leurs différences négatives de paiements suivant la règle d'autrefois qui contraignait les états à prendre, parfois avec rigueur, les mesures voulues pour remédier à leur déséquilibre, subissent, d'année en année, une balance déficitaire. Non point que le total de leurs échanges commerciaux soit en leur défaveur. Bien au contraire! Leurs exportations de matières dépassent toujours leurs importations. Mais c'est aussi le cas pour les dollars, dont les sorties l'emportent toujours sur les rentrées. Autrement dit, il se crée en Amérique, par le moyen de ce qu'il faut bien appeler l'inflation, des capitaux, qui, sous forme de prêts en dollars accordés à des Etats ou à des particuliers, sont exportés au dehors." Zur Behebung dieses Mißstandes plädierte de Gaulle für eine Rückkehr zum Goldstandard. Vgl. DE GAULLE, Discours et messages, Bd. 4, S. 332.

[24] Zur „Zehnergruppe" gehörten die Teilnehmer der „Allgemeinen Kreditvereinbarungen" des Internationalen Währungsfonds: Belgien, die Bundesrepublik Deutschland, Frankreich, Großbritannien, Italien, Japan, Kanada, die Niederlande, die Schweiz und die USA. Sie erörterte bei ihren Zusammenkünften die internationale Währungslage und überprüfte das internationale Währungssystem vor dem Hintergrund der Statuten des Internationalen Währungsfonds.

der Grundlage eines einzelnen Landes vorzugehen. Vielmehr müsse gerade auf diesem Gebiet größte Solidarität, größtes Verständnis und gemeinsames Vorgehen gezeigt werden. In keinem Falle werde die Bundesrepublik einem Alleingang de Gaulles sich anschließen.

Botschafter *McGhee* sagte, der Herr Bundeskanzler wisse besser als er selbst, daß einfach nicht genügend Gold in der Welt sei, um die Liquidität zu sichern. Es bedürfe eines Zusatzes. Die Tatsache, daß Amerika seine Währung dafür zur Verfügung gestellt habe, bringe für die Vereinigten Staaten auch vielerlei Gefahren mit sich, da sie anfällig seien für die Verwendung der amerikanischen Währung durch andere Länder. Amerika würde es begrüßen, wenn auch weitere Länder ihre Währung für diesen Zweck zur Verfügung stellen würden. Dabei könne es sich natürlich nur um Länder handeln, welche in der Lage seien, eine Verschuldung dieses großen Ausmaßes zu tragen. Bisher seien nur England und Amerika dazu fähig gewesen. Es gebe jedoch auch Alternativlösungen. Gewisse Vorschläge seien von französischer Seite gemacht worden (eine multinationale Stützung).[25] Die einfache Rückkehr zur Goldwährung sei aber keine Lösung.

Der Herr *Bundeskanzler* bemerkte, als Volkswirtschaftler würde er sagen, daß Gold genug vorhanden sei, wenn nur die Wirtschaftsordnung der Länder der Welt ausreichend wäre. Der Goldmangel sei lediglich eine Widerspiegelung der Tatsache, daß die Wirtschafts- und Sozialordnung in der Welt unzureichend sei und sie deswegen nicht mit Gold ausgewogen werden könne. In einem theoretisch perfekten System brauchte man kein einziges Gramm Gold. Tatsächlich handle es sich aber darum (und dies sei das Problem für de Gaulle, aber wohl nicht für de Gaulle allein), daß die amerikanischen Privatinvestoren in der Welt mit ihren Dollars kommen könnten und die größten Werke aufbauen, die größten Unternehmungen aufkaufen könnten. Dies belaste die amerikanische Zahlungsbilanz. Amerika könne sich dies aber erlauben, weil die übrigen Länder bereit seien, nicht nur Gold, sondern auch Dollars in ihren Währungsfonds aufzunehmen. Dadurch würden die amerikanischen Privatinvestitionen begünstigt. Amerika könne sich somit eine ständige inflationäre Politik leisten, weil diese wieder resorbiert würde durch die Aufnahme der Dollars in die Währungsreserve der Länder der Welt. Dies sei der Stein des Anstoßes. Er (der Herr Bundeskanzler) habe de Gaulle gesagt, abgesehen von seiner liberalen Auffassung, welche den freien Währungsaustausch in der Welt voraussetze, begrüße er amerikanisches Kapital in Deutschland, wenn damit gleichzeitig modernste technische Erkenntnisse ins Land kämen. Er begrüße sie auch, wenn der deutsche Kapitalmarkt nicht ausreiche, um die deutsche Wirtschaft auf den höchsten Stand zu bringen. Ehe man an irgendwelche Kontrollen denke, müsse man zunächst einmal untersuchen, ob die europäischen Länder durch größere Zusammenschlüsse, größere Unterneh-

---

[25] Zu den Vorschlägen des Staatspräsidenten de Gaulle, die zum Ziel hatten, die Abhängigkeit der französischen Währung vom US-Dollar und vom Pfund Sterling zu verringern, gehörte die Anregung, die „großen Staaten" sollten erklären, daß sie „ihre Defizite künftig durch Goldzahlungen und nicht mehr durch Schaffung ‚zusätzlichen Reservegeldes'" abdecken wollten. Der französische Finanzminister Giscard d'Estaing erläuterte am 12. Februar 1965, „daß Frankreich seine Defizite von jetzt an in Gold begleichen werde". Vgl. die Aufzeichnung des Referats III A 1 vom 16. Februar 1965; Referat III A 1, Bd. 176.

mungen und ähnliche Maßnahmen nicht ihre Wettbewerbsfähigkeit steigern könnten, so daß Europa für das amerikanische Kapital keine so große Attraktion mehr darstellen würde. Deutschland gehöre zu den liberalsten Ländern auf diesem Gebiet. Dennoch gebe es an mehreren Stellen Stimmen, welche das Hereinkommen der amerikanischen Wirtschaft als zu aggressiv empfänden. Auch Herr Abs habe darüber gesprochen[26] (obwohl er der Auffassung sei, Herr Abs hätte besser noch geschwiegen und die Dinge nicht so dramatisch dargestellt). Amerika brauche in diesem Zusammenhang vor Deutschland keine Furcht zu haben. In ganz Europa gebe es aber doch Auffassungen, daß Europa das amerikanische Defizit finanziere, weil es die ungeheuren Privatinvestitionen als Dollarreserve aufnehme. Dies finde manchmal Resonanz. Er habe über diese Dinge nicht lange mit de Gaulle gesprochen, sondern nur dargelegt, Deutschland würde sich selber schaden, wenn es das amerikanische Kapital plötzlich zu kontrollieren anfinge. Dennoch glaube er, daß dieses Thema der internationalen Diskussion bedürfe, und zwar nicht nur unter dem reinen Währungsaspekt, sondern auch unter dem Aspekt der Aggression des privaten Sektors. Er höre immer wieder und immer mehr von sogar mittleren und kleinen deutschen Firmen, die an Amerikaner zu einem Preis verkauft würden, den man nur als illusionistisch bezeichnen könne. Diese Preise seien gar nicht mehr nach wirtschaftlichen Gesichtspunkten festgesetzt, sondern vielmehr ließen sie die Absicht erkennen, auf gezielten Gebieten einen Markt zu erobern. Dies dürfe nicht noch ausgeprägter werden, sonst werde es problematisch. Er glaube, daß Herr Abs auch sehr konkrete Fälle im Auge gehabt habe, wo der Verkäufer den Preis bestimmen konnte.

Botschafter *McGhee* sagte, er sei sehr dankbar für diese Aufklärung über die Auffassungen des Herrn Bundeskanzlers und über das, was er de Gaulle gesagt habe. Das Problem sei für Amerika natürlich von großem Interesse. Er selbst wisse von gewissen Fällen, wo unerfreuliche Reaktionen vorgekommen seien, vor allem zwischen der deutschen Kohleindustrie und der amerikanischen Ölindustrie. Er hoffe jedoch, daß im Rahmen der vom Herrn Bundeskanzler geförderten freiwilligen Zusammenarbeit die Atmosphäre zwischen diesen beiden Industrien sich nunmehr bessere. Abgesehen von Einzelfällen und von den Auffassungen der Konkurrenten (die ohnehin nie ganz objektiv dächten) glaube er doch, daß die deutsche Industrie im allgemeinen die Auffassungen des Herrn Bundeskanzlers teile.

Der Herr *Bundeskanzler* warf ein, er habe Fälle gehört, wo die Unternehmer selbst gesagt hätten, mit dem halben Preis wären sie zufrieden gewesen.

Botschafter *McGhee* wies darauf hin, in den meisten Fällen hätten die betreffenden Firmen eine Hilfe erfahren, da sie Kapital und technisches Wissen benötigten. Vor kurzem sei er bei Standard Electric in Stuttgart und ein paar Wochen später bei Siemens in München gewesen. Dabei habe Siemens ihm ge-

---

[26] Am 5. Februar 1965 schlug das Vorstandsmitglied der Deutschen Bank, Abs, vor dem Industrie- und Handelsgremium in Erlangen vor, „eine Stelle in der Bundesrepublik" einzurichten, die „eine Art Evidenz über den Stand und die Entwicklung der ausländischen Investitionen" schaffen würde. Abs hielt es für ratsam, „Auslandsinvestitionen nicht ganz unbeachtet vor sich gehen" zu lassen. Vgl. den Artikel „Abs: Investitionen des Auslands erfassen"; FRANKFURTER ALLGEMEINE ZEITUNG, Nr. 31 vom 6. Februar 1965, S. 7.

sagt, Standard Electric störe Siemens nicht. Standard Electric verkaufe für das Konto Deutschlands auf Märkten, welche nur durch die amerikanische Mutterfirma überhaupt zugänglich seien.

Der Herr *Bundeskanzler* sagte, man dürfe nicht vergessen, daß die deutschen Firmen auf dem amerikanischen Markt nicht die gleichen Chancen hätten wie die amerikanischen Firmen auf dem deutschen Markt.

Bundesminister *Westrick* sagte, zu übersehen sei auch nicht die Frage der Kontrollen. Herr Berg habe vor kurzem dem Herrn Bundeskanzler gesagt, in seinem Werk in Altenahr seien amerikanische Kontrolleure, die sicherstellten, daß er seine Produkte in Amerika nicht unter dem Preis verkaufe, der für Deutschland gelte.

Botschafter *McGhee* sagte, dies sei aufgrund der amerikanischen Anti-Dumping-Gesetzgebung.[27] Ähnliche Gesetzgebungen gebe es in allen Ländern der Welt. Die deutschen Verkäufe in den Vereinigten Staaten seien aber sehr gut. Man brauche nur an die 300 000 Volkswagen jährlich zu denken. Der deutsche Handel mit Amerika steige auch rapide an.

Der Herr *Bundeskanzler* fragte, ob irgendwelche gesetzgeberischen Maßnahmen in Amerika in Vorbereitung seien, um den privaten Kapitalexport zu bremsen.

Botschafter *McGhee* erwiderte, der Präsident wolle diese Woche eine Erklärung zum Zahlungsbilanzproblem abgeben.[28] Er wisse nicht, was der Präsident sagen werde. Amerika sei sich aber bewußt, daß die Last auf der Zahlungsbilanz größer geworden sei und verringert werden müsse. Früher habe man versucht, dies über die Zinsausgleichsteuer zu erreichen. Das sei jedoch als Maßnahme nicht zureichend gewesen. Es könnte sein, daß nun eine Begrenzung der Laufzeit für Bankanleihen (ein Jahr) vorgesehen werde. Er zweifle allerdings, ob eine unmittelbare Begrenzung der Kapitalausfuhr vorgesehen werde, da Amerika glaube, ohne eine solche Maßnahme mit dem Problem fertig werden zu können. Es sei auch nicht ganz richtig, wenn man behaupte, die Investitionen seien ermöglicht worden, weil die übrigen Länder der Welt den Dollar in ihre Währungsreserven aufgenommen hätten. Investitionen hätte Amerika auf alle Fälle auch weiterhin erlaubt, selbst wenn es hätte drastische Methoden zur Lösung der Zahlungsbilanz einführen müssen.

Der Herr *Bundeskanzler* betonte, diese Frage liege ihm so am Herzen, weil heute in der ganzen Welt eine gewisse Malaise eingetreten sei. Die internationalen Organisationen, angefangen von der UNO über den Währungsfonds zur NATO, stünden etwas in Zweifel. Ihm gehe es darum, ganz klarzumachen, daß die enge amerikanische Verbundenheit mit Europa und insbesondere Deutschland in keiner Weise Schaden leiden dürfe. Dies gelte für die wirt-

---

[27] Zum amerikanischen Antidumping-Gesetz vgl. auch die Aufzeichnung der EWG-Kommission vom 7. Oktober 1963; Referat III A 2, Bd. 26.
Am 4. Januar 1965 traten neue, strengere Durchführungsbestimmungen zu diesem Gesetz in Kraft. Vgl. dazu den Drahtbericht Nr. 151 des Botschafters Knappstein, Washington, vom 15. Januar 1965; Referat III A 5, Bd. 430.

[28] Für die Erklärung des Präsidenten Johnson am 10. Februar 1965 vor dem amerikanischen Kongreß vgl. PUBLIC PAPERS, JOHNSON 1965, S. 170–177.

schaftliche Zusammenarbeit ebenso wie für die gemeinsame Verteidigung und die politische Zusammenarbeit. Was immer hier zerbreche, sei ein Schade für Amerika und Deutschland und somit für die ganze freie Welt und würde nur auf kommunistischer Seite Jubel auslösen. Er halte es für höchst dringlich, daß der Zusammenhalt der freien Welt, d. h. im wesentlichen Amerikas und Europas, nicht aus dem Auge verloren werde. Es dürfe nicht geschehen, daß durch Erklärungen von Staatsmännern oder durch andere Spannungselemente eine Atmosphäre entstehe, die den Glauben an den Zusammenhalt erschüttere. Er könne nur sagen, der Mann, den er am dringlichsten sehen möchte, sei der amerikanische Präsident, denn ein Gespräch mit ihm sei überfällig.[29] Wenn Präsident Johnson nach Europa blicke, dann höre er Worte wie Rambouillet oder die Visionen de Gaulles, und es könnte sehr leicht geschehen, daß er dann erschüttert sei und sich frage, was mit den Europäern denn eigentlich los sei.

Botschafter *McGhee* sagte, er werde dies gerne dem Präsidenten berichten. Sicherlich sei es für den Präsidenten eine Beruhigung, wenn auch kein Ersatz für ein persönliches Gespräch. Er hoffe, daß Johnsons Reise stattfinden werde.[30] Ein Datum stehe noch nicht fest, doch nehme er persönlich an, daß es etwa um die Jahresmitte sein werde. Es sei aber von höchster Bedeutung, nicht den Eindruck entstehen zu lassen, als lasse der Zusammenhalt im westlichen Lager nach. Die nordatlantischen Länder, d.h. Amerika und Europa, bildeten das Kernstück der freien Welt, und die gesamte Verteidigung der freien Welt in jeglicher Beziehung hänge von der Einigkeit dieser Länder ab.

Der Herr *Bundeskanzler* verwies darauf, die Einigungsbestrebungen in Europa seien auch nicht zuletzt aufgrund einer amerikanischen Empfehlung erfolgt. Europa wolle sich nicht einigen, um isoliert dazustehen, sondern vielmehr, um ein stärkerer Bündnispartner in der westlichen Allianz zu sein. Die Bedeutung der deutsch-französischen Freundschaft sei in diesem Zusammenhang klar. Deutschland habe aber nicht die Absicht, de Gaulle für sich abstimmen zu lassen, sondern es wolle selbst abstimmen.

Am Schluß der Unterhaltung übergab Botschafter *McGhee* noch eine kurze Darstellung der Ereignisse in Südvietnam und bemerkte, die amerikanische Aktion gegen Ziele in Nordvietnam bedeute nicht eine amerikanische Absicht, den Krieg auszuweiten. Sie stehe vielmehr in direktem Zusammenhang mit dem bisher größten Angriff auf Südvietnam.[31] Auch eine Beziehung zwischen dem Kossygin-Besuch[32] und dem amerikanischen Gegenschlag bestehe nicht.

---

[29] Das nächste Gespräch des Bundeskanzlers Erhard mit Präsident Johnson fand am 4. Juni 1965 in Washington statt. Vgl. Dok. 234.

[30] Zu den Planungen für einen Besuch des amerikanischen Präsidenten in Europa vgl. Dok. 12, Anm. 17.

[31] Nach einem Angriff des Vietkong auf den amerikanischen Stützpunkt Pleiku am 7. Februar 1965 begannen am 7./8. Februar 1965 amerikanische Luftangriffe auf militärische Anlagen in Dong Hoi und Vinh Linh in der Demokratischen Volksrepublik Vietnam. Vgl. EUROPA-ARCHIV 1965, Z 52.

[32] Der sowjetische Ministerpräsident besuchte zwischen dem 5. und 14. Februar 1965 die Volksrepublik China, die Demokratische Republik Vietnam (Nordvietnam) sowie die Demokratische Volksrepublik Korea (Nordkorea). Vgl. dazu auch den Artikel „Kossygin in Peking kühl empfangen", FRANKFURTER ALLGEMEINE ZEITUNG, Nr. 31 vom 6. Februar 1965, S. 2.

Allerdings könnte ein Zusammenhang bestehen zwischen dem nordvietnamesischen Angriff und dem Kossygin-Besuch. Jedenfalls möchte er in diesem Augenblick nicht in Kossygins Schuhen stecken.

Das Gespräch endete um 12.10 Uhr.

Bundeskanzleramt, AZ: 21-30 100 (56), Bd. 12

61

Botschaftsrat I. Klasse Müller, Kairo, an Staatssekretär Carstens

Z B 6-1-1144/65 geheim Aufgabe: 8. Februar 1965, 12.00 Uhr[1]
Fernschreiben Nr. 135 Ankunft: 8. Februar 1965, 12.01 Uhr
Citissime

Für Staatssekretär und Botschafter Federer[2]

Die Krise der deutsch-ägyptischen Beziehungen ist mit gestriger Sondersitzung des obersten Führungsgremiums der Arabischen Sozialistischen Union[3] unter Vorsitz Nassers in ein neues Stadium getreten: Unter Balkenüberschrift meldet heutige ägyptische Presse, daß auf dieser Sitzung beschlossen wurde, seitens der VAR die Beziehungen zur Bundesrepublik abzubrechen, sofern die Waffenlieferungen an Israel[4] fortgesetzt würden.[5] Eine hierzu gegebene Erklärung des Sprechers der VAR-Regierung, Minister Hatem, beschränkt sich einstweilen auf die Feststellung, daß die Waffenlieferungen an Israel eine Bedrohung für die arabische Welt darstellen und eine Überprüfung der Beziehungen der VAR zu Westdeutschland erforderlich mache.

---

[1] Hat Bundesminister Schröder vorgelegen.
[2] Der Botschafter der Bundesrepublik in Kairo hielt sich zur Berichterstattung in Bonn auf. Vgl. dazu Dok. 48, Anm. 17.
[3] Die Arabische Sozialistische Union war seit 1961 die einzige in der VAR zugelassene Partei. Ihr Vorsitzender war Präsident Nasser.
[4] Zu den Waffenlieferungen an Israel vgl. Dok. 39.
[5] Zur Berichterstattung der ägyptischen Presse teilte Botschaftsrat I. Klasse Müller, Kairo, am 8. Februar 1965 mit, daß die halbamtliche Tageszeitung „Al Ahram" einen „angeblich besonders zuverlässigen und genauen Bericht" veröffentlicht habe, in dem sämtliche Waffen genannt würden, die – so „Al Ahram" – die Bundesrepublik bereits an Israel geliefert habe bzw. noch liefern wolle. In der ersten Gruppe befänden sich vor allem Flak-Geschütze, Hubschrauber und Transportflugzeuge, die zweite Kategorie umfasse u.a. 48 „Bombenflugzeuge" sowie 200 amerikanische Panzer. Zudem sei angeblich technische Hilfe geleistet worde, „besonders auf bakteriologischem, chemischem und atomarem Gebiet". Dagegen seien Waffenexporte aus der Bundesrepublik an arabische Staaten geringfügig. Müller kam zu dem Schluß, daß der Artikel dazu bestimmt sei, den „Zorn der ägyptischen Bevölkerung" zu schüren und der Forderung, „die Waffenlieferungen sofort einzustellen, d.h. bevor die als wirklich gefährlich angesehenen Waffen […] vollständig ausgeliefert sind", Nachdruck zu verleihen. Vgl. den Drahtbericht Nr. 138; VS-Bd. 8448 (Ministerbüro); B 150, Aktenkopien 1965.

Mit diesem neuen Schachzug, für den er sich der Zustimmung des obersten politischen Führungsgremiums der VAR versicherte, will Nasser jetzt ganz offensichtlich den Ulbricht-Besuch zu einer Bagatelle herunterspielen. Er will der arabischen Welt vor Augen führen, daß einzig und allein die Bundesrepublik für die gegenwärtige Krise verantwortlich ist und daß weniger Bonn als vielmehr Kairo über die Frage der Fortsetzung der deutsch-ägyptischen Beziehungen entscheiden wird.

Alle Anzeichen sprechen dafür, daß Nasser mit dieser Drohung eine letzte Warnung an unsere Adresse ausgesprochen hat und er es zweifellos ernst damit meint. Die Waffenlieferungen an Israel stellen – wie die Botschaft immer wieder unterstrichen hat[6] – die entscheidende Frage dar, von der Nasser jetzt – auch wenn er es noch wollte – keinen Schritt zurückgehen kann.

In diesem Zusammenhang möchte ich auf Drahterlaß Plurex Nr. 499 vom 6.2.[7] wie folgt Stellung nehmen:

Die Entsendung von Sonderbotschaftern in die arabischen Hauptstädte[8] trifft Nasser sicherlich an seiner empfindlichsten Stelle. Wir müssen damit rechnen, daß er sehr heftig reagiert und alles unternimmt, um einen Erfolg zu vereiteln. Er wird mit dem Argument operieren, daß die Bundesrepublik ein doppeltes Spiel treibe und lediglich die Araber auf Kosten der gesamtarabischen Sache gegeneinander ausspielen wolle. Er wird dann um so eher für seine Argumentation Gehör finden, wenn wir unsere Sonderbotschafter nicht ermächtigen, eindeutig zu erklären, die Waffenlieferungen an Israel seien gestoppt. Es genügt meines Erachtens nicht mehr, darauf hinzuweisen, daß „keine neuen Waffenlieferungsverträge abgeschlossen würden".[9] Ich darf im übrigen auf die eingehende Berichterstattung des Herrn Botschafters zu diesem Fragenkomplex verweisen.

[gez.] Müller

VS-Bd. 8448 (Ministerbüro)

---

[6] Vgl. dazu Dok. 9, Anm. 10, und Dok. 48.
Am 8. Februar 1965 bezeichnete Botschaftsrat I. Klasse Müller, Kairo, mit Drahtbericht Nr. 137 die Einstellung der Waffenlieferungen als „conditio sine qua non" für eine Aufrechterhaltung der Beziehungen zur VAR; VS-Bd. 422 (Büro Staatssekretär); B 150, Aktenkopien 1965.

[7] Vgl. Dok. 48, Anm. 14.

[8] Dazu hielt Ministerialdirektor Sachs am 5. Februar 1965 fest, daß beabsichtigt sei, noch vor dem geplanten Besuch des Staatsratsvorsitzenden Ulbricht in der VAR „Sonderemissäre in verschiedene arabische Staaten zu entsenden, die die dortigen Staatschefs auf das Widersinnige [von] Nassers Handlungsweise hinweisen" und auf die Bereitschaft aufmerksam machen sollten, die ursprünglich für die VAR vorgesehene Entwicklungshilfe denjenigen arabischen Staaten zugute kommen zu lassen, die Verständnis für die Politik der Bundesregierung zeigten. Vgl. VS-Bd. 2628 (I B 4); B 150, Aktenkopien 1965.

[9] Vgl. dazu die Entscheidung des Bundeskanzlers Erhard vom 3. Februar 1965; Dok. 57, Anm. 2.

62

Botschafter Klaiber, Paris, an das Auswärtige Amt

Z B 6-1-1182/65 VS-vertraulich   Aufgabe: 8. Februar 1965, 19.00 Uhr
Fernschreiben Nr. 204   Ankunft: 8. Februar 1965, 20.30 Uhr
Cito

General de Gaulle empfing heute Fraktionsvorsitzenden der CDU/CSU Dr. Barzel zu über 3/4-stündigem Gespräch, das in sehr freundschaftlicher Atmosphäre verlief.[1] Dr. Barzel dankte zunächst dem General für die verständnisvollen Ausführungen zur Deutschlandfrage und Wiedervereinigung in der kürzlichen Pressekonferenz.[2] Auch bei uns sei man sich bewußt, daß die deutsche Wiedervereinigung nicht gegen den Osten verwirklicht werden könne, sondern eine Auflockerung des Ostblocks im europäischen Rahmen zur Voraussetzung habe. Wir begrüßten es andererseits, daß damit nicht etwa die Viermächte-Verantwortung für Deutschland in Frage gestellt werde, wie dies auch vor einigen Tagen vom Quai d'Orsay präzisiert worden sei.[3] Der General bestätigte ausdrücklich diese Auffassung und erklärte, die Vier Mächte seien selbstverständlich für den heutigen Zustand verantwortlich. Sollten die Sowjets zum Beispiel versuchen, in Berlin einen Gewaltakt zu inszenieren, so müsse sofort diese Verantwortlichkeit und die Garantie der drei Westmächte zum Zuge kommen. Er sei auch bereit – wie er dies dem Herrn Bundeskanzler in Rambouillet schon zugesagt habe – eine Deutschlandinitiative der drei Westmächte in Moskau zu unterstützen.[4] Er könne sich von einer solchen Initiative allerdings keinen wirklichen Fortschritt in der Frage der Wiedervereinigung versprechen, sehe aber ein, daß dies für das deutsche Volk von einer psychologischen Bedeutung sein könnte. Der Staatspräsident wiederholte in diesem Zusammenhang wiederum seine großeuropäische Konzeption, wie er sie auf der letzten Pressekonferenz ausgeführt hat. Nur in diesem europäischen Rahmen sei in weiterer Zukunft die Verwirklichung der deutschen Wiedervereinigung möglich, niemals jedoch als Ergebnis von Verhandlungen der zwei rivalisierenden Weltmächte. Solange deshalb Europa von den Vereinigten Staaten in militärischer, wirtschaftlicher und währungspolitischer Hin-

---

[1] Zum Aufenthalt des Vorsitzenden der CDU/CSU-Fraktion im Bundestag am 8. Februar 1965 in Paris vgl. EUROPA-ARCHIV 1965, Z 47.
[2] Am 4. Februar 1965 führte der französische Staatspräsident zu diesem Thema aus: „Pour la France, tout se ramène aujourd'hui à trois questions, étroitement liées. – Faire en sorte que l'Allemagne soit désormais un élément certain du progrès et de la paix. – Sous cette condition, aider à sa réunification. – Prendre la voie et choisir le cadre qui permettraient d'y parvenir." Darüber hinaus betonte de Gaulle gegenüber der Presse, daß Friede in Europa nicht möglich sei, solange die „anomalies allemandes" fortbestünden. Vgl. DE GAULLE, Discours et messages, Bd. 4, S. 339 und S. 341.
[3] Am 5. Februar 1965 ließ das französische Außenministerium zur Pressekonferenz des Staatspräsidenten de Gaulle vom Vortag erklären, „keine Äußerung des Generals könne dahingehend interpretiert werden, daß die Verträge in Frage gestellt würden, nach denen die Verantwortung für die deutsche Wiedervereinigung den vier Mächten obliege". Vgl. den Artikel „Die Bundesregierung weiß de Gaulle für seine Erklärungen Dank"; FRANKFURTER ALLGEMEINE ZEITUNG, Nr. 31 vom 6. Februar 1965, S. 1.
[4] Vgl. Dok. 22 und Dok. 26.

sicht völlig abhängig sei, werde der Weg zur Wiedervereinigung im europäischen Rahmen blockiert bleiben.

Dr. Barzel erwähnte sodann die Bemerkung des Generals in seiner Pressekonferenz, daß auf dem Weg zur deutschen Wiedervereinigung die Grenz- und Sicherheitsfragen eine große Rolle spielen werden.[5] Er stimmte diesen Erwägungen durchaus zu, bat aber um Verständnis dafür, daß wir im jetzigen Zeitpunkt in diesen Fragen zu keinen Vorleistungen bereit sein können. Der Staatspräsident erklärte, hierfür weitgehend Verständnis zu haben. Er habe deshalb auch die Grenzfragen in seiner Pressekonferenz absichtlich nicht weiter präzisiert. Was die Sicherheitsfrage anbelange, so wolle er dazu gerade einem jungen deutschen Politiker offen seine Meinung sagen:

Frankreich habe kurz nach Ende des Krieges noch die internationale Kontrolle des Ruhrgebiets, den zumindest wirtschaftlichen Anschluß der linksrheinischen Gebiete an Frankreich und den deutschen Staatenbund ohne Zentralregierung verlangt.[6] Gegenüber dem gemeinsamen Gegner im Osten habe es zunächst aus Sicherheitsgründen diese Politik geändert, und heute sehe es in der befreundeten Bundesrepublik einen Faktor, ohne den Europa nicht aufgebaut werden könne. Frankreich habe gar nichts dagegen, wenn Deutschland die Machtstellung – der General sprach von Großmachtstellung – einnehme, die seinem wirtschaftlichen und militärischen Potential entspreche. Das Mißtrauen gegen Deutschland, das aus früheren Epochen der deutschen Geschichte herrühre, sei im Ostblock noch sehr stark, aber auch im Westen noch nicht ganz verschwunden. Weder der Osten noch der Westen werde es deshalb zulassen, daß die Bundesrepublik in absehbarer Zeit zu einer atomaren Macht sich entwickle. Ein solcher Ehrgeiz könnte die Verwirklichung der deutschen Wiedervereinigung unmöglich machen. Dr. Barzel dankte dem General für diese freimütigen Ausführungen und erklärte, die Bundesrepublik habe keineswegs die Absicht, eine nukleare Machtstellung anzustreben.

II. Dr. Barzel erklärte weiter, daß die gute Atmosphäre in Rambouillet in der deutschen Öffentlichkeit sehr begrüßt worden sei.[7] Unsere beiden Völker erhofften von dieser Besprechung nunmehr einen ersten Schritt zu einer europäischen politischen Union.[8] Der General wiederholte sein Einverständnis mit der Einberufung einer Außenminister- und später einer Ministerpräsidenten-Konferenz der sechs EWG-Partner, um eine europäische politische Zusammenarbeit, etwa nach dem Muster des deutsch-französischen Vertrages[9] vorzubereiten. Reserven machte er erneut gegenüber der von uns vorgesehenen „Kommission der Weisen".[10] Wenn die sechs Partnerländer sich organisiert

---

[5] Staatspräsident de Gaulle betonte am 4. Februar 1965: „Il s'agit qu'il soit reconnu, avant tout par l'Allemagne, que le règlement dont elle pourrait être l'objet impliquerait nécessairement celui de ses frontières et celui de ses armements par accord avec tous ses voisins, ceux de l'Est et ceux de l'Ouest." Vgl. DE GAULLE, Discours et messages, Bd. 4, S. 341.

[6] Vgl. dazu Dok. 22, Anm. 22.

[7] Vgl. dazu den Artikel „Erhards Besuch bei de Gaulle hat Entspannung gebracht"; FRANKFURTER ALLGEMEINE ZEITUNG, Nr. 17 vom 21. Januar 1965, S. 1 und 4.

[8] Zur Erörterung europapolitischer Fragen in Rambouillet vgl. Dok. 22.

[9] Für den Wortlaut des deutsch-französischen Vertrags vom 22 Januar 1963 vgl. BUNDESGESETZBLATT 1963, Teil II, S. 706–710.

[10] Die Europa-Initiative der Bundesregierung vom 4. November 1964 sah die Gründung eines „bera-

hätten, dann müsse es aber auch möglich sein, in diesem Gremium über alle Fragen der Außenpolitik sowie der Wirtschafts- und Verteidigungspolitik zu sprechen. Es wäre für Frankreich nicht denkbar, daß man z.B. die Verteidigungspolitik ausklammere, weil hierfür die NATO kompetent sei, oder die Wirtschaftspolitik, weil hier Brüssel zuständig sei, oder Ostasien, weil hier angeblich keine europäischen Interessen involviert seien. Gerade der Konflikt in Ostasien[11] sei ein gutes Beispiel: Dort seien die Vereinigten Staaten, die Sowjetunion und Rotchina in großem politischen Einsatz und Europa, das von einem eventuellen ostasiatischen Konflikt unmittelbar betroffen würde, habe kein Wort mitzureden. Deshalb sei es die Politik Frankreichs, Europa wieder zu einem seiner Geschichte, seinem militärischen und wirtschaftlichen Potential gemäßen weltpolitischen Faktor zu machen.

[gez.] Klaiber

VS-Bd. 2433 (I A 3)

63

Aufzeichnung des Ministerialdirigenten Böker

I B 4-83.00/90.35/235/65 geheim   9. Februar 1965

Betr: Deutsch-arabische Beziehungen

Ich hatte gestern und heute zwei längere Aussprachen mit dem tunesischen Botschafter[1] über den Komplex Ulbricht-Einladung[2] und Waffenlieferungen an Israel[3]. Der Botschafter ist kurzfristig von seiner Regierung zu Konsultationen nach Tunis zurückberufen worden, da Präsident Bourguiba über die Entwicklung des deutsch-ägyptischen Verhältnisses und seine möglichen Auswirkungen auf die anderen arabischen Staaten sehr besorgt ist. Präsident Bourguiba wird sich am 17. oder 18. Februar zu einem Staatsbesuch nach Kairo[4] und anschließend in sämtliche anderen arabischen Länder begeben. Sein Aufenthalt in Kairo findet also vor dem Besuch Ulbrichts statt. Dem Präsidenten scheint vorzuschweben, daß er noch mäßigend auf Nasser einwirken kann, um wenigstens die schlimmsten Auswirkungen der Krise abzuwenden, besonders hinsichtlich der nicht direkt involvierten arabischen Staa-

Fortsetzung Fußnote von Seite 278

tenden Ausschusses" vor, der einen Vertrag über eine Europäische Politische Union ausarbeiten sollte. Vgl. dazu Dok. 5, Anm. 18.

[11] Zum Vietnam-Konflikt vgl. zuletzt Dok. 60, Anm. 31.

[1] Abdesselam Ben Ayed.
[2] Zur Einladung des Staatsratsvorsitzenden Ulbricht durch Präsident Nasser vgl. Dok. 59. Zum Besuch vom 24. Februar bis 2. März 1965 in der VAR vgl. Dok. 104.
[3] Vgl. dazu Dok. 39.
[4] Der Staatsbesuch des tunesischen Präsidenten in der VAR fand vom 16. bis 22. Februar 1965 statt. Zum gemeinsamen ägyptisch-tunesischen Kommuniqué, in dem die Waffenlieferungen der Bundesrepublik an Israel als „provokatorischer Akt" bezeichnet werden, vgl. EUROPA-ARCHIV 1965, Z 60.

ten.⁵ Hierzu bedarf er aber, wie der Botschafter mir sagte, handfester Argumente hinsichtlich
1) unserer Waffenlieferungen an Israel und
2) unserer entwicklungspolitischen Absichten in dem arabischen Raum außerhalb der VAR.

Ich habe den Botschafter gemäß den vorliegenden Sprachregelungen⁶ so gründlich und eingehend als möglich über die Lage ins Bild gesetzt und ihm auch zu verstehen gegeben, daß wir erwögen, auf entwicklungspolitischem Gebiet weniger als bisher die unsicheren Kandidaten à la Nasser zu bedenken, sondern in erster Linie unsere zuverlässigen Freunde. Ich könnte ihm nichts Konkretes hierüber sagen, glaubte aber, daß ein solches Umdenken unsererseits einem Lande wie Tunesien und einigen anderen arabischen Ländern nur Vorteile bringen könnte.⁷

Ich bat den Botschafter, dem Präsidenten Bourguiba auch sehr eindringlich vor Augen zu führen, welches die Konsequenzen wären, wenn die Bundesrepublik auf Grund einer Kurzschlußreaktion der arabischen Staaten aus dem Nahen Osten herausmanövriert würde. Hieran könnten nur zwei Staaten ein Interesse haben, nämlich die Sowjetunion und Israel. Im deutschen wie im arabischen Interesse läge es vielmehr, wenn der durch die Ulbricht-Einladung und das Nassersche Ultimatum⁸ entstandene unvermeidliche Schaden ausschließlich auf das deutsch-ägyptische Verhältnis beschränkt bliebe.

Ich habe dem Botschafter ferner versprochen, mich dafür einzusetzen, daß er noch vor seiner Abreise nach Tunis von dem Herrn Staatssekretär zu einem Informationsgespräch empfangen wird. Inzwischen ist von dem Herrn Staatssekretär als Termin Freitag, der 12. Februar 8.30 Uhr morgens⁹, zugesagt worden.
Hiermit über Herrn D I¹⁰ dem Herrn Staatssekretär¹¹ vorgelegt.

Alexander Böker

VS-Bd. 2637 (I B 4)

5   Botschafter Tannstein, Tunis, berichtete am 5. Februar 1965, daß die tunesische Regierung Verständnis für die Haltung der Bundesregierung gegenüber der „Provozierung" durch Präsident Nasser gezeigt und zugesichert habe, daß sie „niemals eine solche Einladung Ulbrichts vornehmen und keine ähnliche Schaukelstuhl-Politik mit Erpressung" betreiben werde. Präsident Bourguiba habe die Bundesregierung wiederholt davor gewarnt, „dieser Erpressungspolitik nachzugeben, anstatt die wirklichen Freunde von den reinen Profiteuren zu scheiden". Vgl. den Drahtbericht Nr. 17; VS-Bd. 3566 (II A 1); B 150, Aktenkopien 1965.
6   So bekräftigte beispielsweise Staatssekretär Carstens am 29. Januar 1965, daß die Bundesregierung die Wirtschaftshilfe an die arabischen Staaten fortsetzen wolle. Vgl. dazu den Runderlaß Nr. 360; VS-Bd. 8448 (Ministerbüro); B 150, Aktenkopien 1965.
    Vgl. dazu auch den Runderlaß Nr. 448 des Vortragenden Legationsrats I. Klasse Schirmer vom 3. Februar 1965, mit dem der Inhalt des Drahtberichts Nr. 37 aus Algier vom 2. Februar 1965 den Botschaften im Nahen und Mittleren Osten sowie der Botschaft in Paris übermittelt wurde. Zum Drahtbericht des Botschafters Zapp, Algier, vgl. Dok. 52, Anm. 5.
7   Zu einer möglichen Umverteilung der ursprünglich für die VAR vorgesehenen Wirtschaftshilfe vgl. auch Dok. 61, Anm. 8.
8   Vgl. dazu Dok. 61.
9   Zum Ergebnis des Gesprächs des Staatssekretärs Carstens mit dem tunesischen Botschafter Ben Ayed vom 12. Februar 1965 vgl. VS-Bd. 422 (Büro Staatssekretär).
10 Hat Ministerialdirektor Meyer-Lindenberg am 9. Februar 1965 vorgelegen.
11 Hat Staatssekretär Carstens am 10. Februar 1965 vorgelegen.

64

Botschafter Knappstein, Washington,
an Bundesminister Schröder

Z B 6-1-1243/65 geheim   Aufgabe: 9. Februar 1965, 19.30 Uhr
Fernschreiben Nr. 438   Ankunft: 10. Februar 1965, 02.05 Uhr
Citissime

Für Staatssekretär[1] und Bundesminister[2]

Betr.: Brief des Herrn Bundeskanzlers an Präsident Johnson[3]
hier: Mein Gespräch mit dem Präsidenten am 9.2.65

Bezug: Drahtbericht 385 vom 5.2.65 geheim[4]
Drahterlaß 132 vom 8.2.65 geheim[5]

I. Der Präsident hat mich heute um 11.30 Uhr zu einer halbstündigen Unterredung empfangen, über die ich anschließend berichte. Außer Tyler nahm nur einer meiner Mitarbeiter an dem Gespräch teil.

Der Präsident legte unverkennbar Wert darauf, diesen Besuch auch öffentlich als eine Geste amerikanisch-deutscher Freundschaft und persönlicher Verbundenheit mit dem Herrn Bundeskanzler erscheinen zu lassen. Dies drückte sich in der Zulassung einer großen Zahl von Pressefotografen aus, denen am Ende des Gesprächs reichlich Zeit für Aufnahmen gelassen wurde, sowie in einer Presseerklärung, die der Präsident anschließend verlesen ließ und die ich im Anhang folgen lasse. Die Erklärung wurde während eines kurzen Presse-

---

[1] Hat Staatssekretär Carstens am 9. Februar 1965 vorgelegen, der die Weiterleitung an Ministerialdirektor Krapf verfügte.
Hat Krapf am 10. Februar 1965 vorgelegen.
[2] Hat in einer weiteren Ausfertigung Bundesminister Schröder vorgelegen. Vgl. VS-Bd. 8477 (Ministerbüro); B 150, Aktenkopien 1965.
[3] Am 4. Februar 1965 gratulierte der Bundeskanzler Präsident Johnson zu dessen Amtseinführung. Darüber hinaus teilte er mit, aus den Gesprächen mit Staatspräsident de Gaulle vom 19./20. Januar 1965 den Eindruck gewonnen zu haben, „daß wir auf gutem Wege sind, in entscheidenden Fragen des westlichen Bündnisses eine wieder festere Grundlage zu finden". Erhard fuhr fort: „Mit besonderer Genugtuung haben mich die sehr positiven Äußerungen des französischen Staatspräsidenten zur Wiedervereinigung Deutschlands erfüllt sowie die Bereitschaft der französischen Regierung, auf der Ebene der Westmächte gemeinsam mit der Bundesrepublik das deutsche Problem zu erörtern und zu prüfen, ob und in welcher Weise die Sowjetunion bereit sein könnte, in allen das geteilte Deutschland betreffenden Fragen auf der Vier-Mächte-Basis Fortschritte oder Lösungen zu finden." Zudem habe sich Frankreich zum Bündnis mit den USA bekannt und „stehe treu zur westlichen Allianz". Vgl. VS-Bd. 8477 (Ministerbüro); B 150, Aktenkopien 1965.
[4] Botschafter Knappstein, Washington, berichtete von der Übermittlung des Schreibens des Bundeskanzlers Erhard vom 4. Februar 1965 an den amerikanischen Präsidenten. Ferner teilte er mit, daß ihn Johnson am 9. Februar 1965 empfangen werde, und bat um Instruktionen für dieses Gespräch, insbesondere „um eine gegebenenfalls vertrauliche Sprachregelung über die Reaktion der Bundesregierung auf die Pressekonferenz de Gaulles". Vgl. VS-Bd. 431 (Büro Staatssekretär); B 150, Aktenkopien 1965.
[5] Für die Instruktionen, die Staatssekretär Carstens für das Gespräch vom 9. Februar 1965 übermittelte, vgl. VS-Bd. 8477 (Ministerbüro); B 150, Aktenkopien 1965. Für Auszüge vgl. Anm. 17, 18 und 22.

Briefings[6] verlesen, um das mich der Präsident im Anschluß an die Unterhaltung (im Arbeitszimmer des Sprechers des Weißen Hauses[7]) gebeten hatte.

Der Akzent, den der Präsident dem Gespräch geben wollte, drückt sich auch in dessen Inhalt aus, der sowohl in bezug auf die deutsche Frage als auch hinsichtlich der Verbundenheit mit dem Herrn Bundeskanzler sehr positiv zu bewerten ist.

II. Ich dankte zunächst für den Empfang zu einem Zeitpunkt, in dem der Präsident besonders dringende andere Sorgen habe und leitete das Gespräch (gemäß Drahterlaß Nr. 132 vom 8.2. geheim) mit der währungspolitischen Frage ein.[8] Ich wies darauf hin, daß die Äußerungen General de Gaulles zu diesem Thema[9] weder mit uns abgesprochen noch uns vorher bekannt gewesen seien und daß die Bundesregierung auf dem Standpunkt stehe, daß alle diese Fragen nur unter voller Beteiligung der amerikanischen und britischen Regierung erörtert werden könnten.

Ich bemerkte weiter, daß amerikanische Investitionen bei uns im Prinzip willkommen seien, weil sie dazu beitrügen, eine feste Verbindung zwischen beiden Ländern zu schaffen. Dennoch gebe es auch in Deutschland besorgte Stimmen über das starke Anwachsen der amerikanischen Kapital-Investitionen.[10] Es sei wenig befriedigend, daß einerseits ein starker Kapitalexport aus den USA stattfinde, während wir uns andererseits verpflichtet sähen, Maßnahmen zu ergreifen, um das amerikanische Zahlungsbilanz-Defizit teilweise wieder zu decken, wie etwa durch Offset-Käufe[11] usw. Ich führte den Aufkauf der britischen Ford-Company für 1 Milliarde Dollars durch die amerikanische Ford-Company als Beispiel an. Ich wies darauf hin, daß Maßnahmen erforderlich erschienen, um gerade den privaten Kapitalausfluß aus den USA unter Kontrolle zu halten.

Der Präsident hörte meine Ausführungen aufmerksam an, nahm aber keine Stellung dazu.

---

[6] Vgl. dazu den Artikel „Johnson Reassures Bonn Ambassador of Stand on Unity"; THE NEW YORK TIMES, International Edition, Nr. 39 099 vom 10. Februar 1965, S. 1 und 3.

[7] George Reedy.

[8] Gemäß der Weisung des Staatssekretärs Carstens sollte Botschafter Knappstein, Washington, gegenüber Präsident Johnson darlegen, daß die währungspolitischen Ausführungen in der Pressekonferenz des Staatspräsidenten de Gaulle „ohne jede Abstimmung" mit der Bundesregierung erfolgt seien. Allerdings gebe es auch in der Bundesrepublik Stimmen, „die die zunehmende Tendenz amerikanischer Kapitalinvestitionen in Europa mit Besorgnis registrierten. Die Amerikaner müßten sich darüber im klaren sein, daß auch aus unserer Sicht eine Situation als unbefriedigend beurteilt werden müßte, in der die Amerikaner einerseits einen starken Kapitalexport trieben und wir andererseits genötigt seien, Maßnahmen zum Ausgleich der amerikanischen Zahlungsbilanz zu ergreifen. Die bisher von den Amerikanern getroffenen Entscheidungen, die den Goldabfluß abfangen sollten, erschienen uns nicht ausreichend." Vgl. Drahterlaß Nr. 132 vom 8. Februar 1965; VS-Bd. 8477 (Ministerbüro); B 150, Aktenkopien 1965.

[9] Zu den währungspolitischen Ausführungen vom 4. Februar 1965 vgl. Dok. 60, Anm. 23.

[10] Vgl. dazu beispielsweise die Äußerungen des Vorstandsmitglieds der Deutschen Bank, Abs, vom 5. Februar 1965; Dok. 60, Anm. 26.

[11] Für den Wortlaut des deutsch-amerikanischen Devisenausgleichsabkommens vom 11. Mai 1964 vgl. VS-Bd. 5052 (III A 5); B 150, Aktenkopien 1964. Vgl. dazu auch BULLETIN 1964, S. 689 f.

Anschließend ging ich auf die deutsche Frage über und wiederholte den Dank der Bundesregierung für die Ausführungen des Präsidenten in der Rede vor der Georgetown University[12], für die Erwähnung der deutschen Frage in der State of the Union Message[13] und für die Erklärung des State Department vom 5. Februar[14] zur gleichen Frage. Ich wies darauf hin, daß die Bundesregierung befriedigt und dankbar darüber sei, daß auch General de Gaulle in seiner Pressekonferenz die Notwendigkeit, die deutsche Frage zu lösen, um zu einer normalen Situation in Europa zu kommen, anerkannt und betont habe.[15]

Der Präsident unterbrach an dieser Stelle und bemerkte, daß General de Gaulle anscheinend eine abweichende Auffassung habe und glaube, daß man das Problem allein unter Europäern lösen solle.[16] Wenn es Aspekte geben sollte, die die Europäer unter sich diskutieren wollten, dann sollten sie es nur tun. Man werde sich nicht aufdrängen, und man werde mit Vergnügen anhören, was die Europäer zu sagen hätten. – Diese Sätze waren mit einer gewissen Ironie im Hinblick auf Frankreich ausgesprochen. Sie waren aber nicht so zu verstehen, als wären die Vereinigten Staaten ernsthaft bereit, sich an dem Problem zu desinteressieren.

Der Präsident fuhr fort, daß ihm der Bundeskanzler nahestehe und daß er gewillt sei, ihn gerade in dieser Frage zu unterstützen. Er habe die deutsche Frage in seinen Reden absichtlich immer wieder herausgestellt. Wenn er alle anderen Länder in der gleichen Weise in seinen Reden hätte erwähnen wollen, dann wäre er heute noch nicht ganz fertig damit.

Ich erläuterte dann gemäß Drahterlaß die Einstellung der Bundesregierung zur Frage der Vier-Mächte-Verantwortung.[17] Ich wies darauf hin, daß der Bundeskanzler diesen Punkt gegenüber General de Gaulle in Rambouillet nachdrücklich betont habe[18], und erinnerte daran, daß auch der General die Vier-Mächte-Verantwortung keineswegs bestreite. In diesem Sinne sei ja auch eine

---

[12] Vgl. dazu Dok. 3, Anm. 33.
[13] Vgl. dazu Dok. 5, Anm. 6.
[14] Vgl. dazu Dok. 60, Anm. 8.
[15] Vgl. dazu Dok. 62, Anm. 2.
[16] Der französische Staatspräsident führte dazu am 4. Februar 1965 aus: „Le problème allemand est, par excellence, le problème européen. [...] Ce qu'il faut faire ne pourra être fait, un jour, que par l'entente et l'action conjuguée des peuples qui ont toujours été, qui sont et qui resteront principalement intéressés au sort du voisin germanique, bref, les peuples européens. Que ceux-ci envisagent, d'abord d'examiner ensemble, ensuite de régler en commun, enfin de garantir conjointement, la solution d'une question qui est essentiellement celle de leur continent." Als Voraussetzung für eine Überwindung der Teilung nannte de Gaulle eine veränderte Haltung der UdSSR, die den osteuropäischen Staaten mehr Freiraum gewähren müßte, und die Bereitschaft der Bundesrepublik, im Rahmen einer Wiedervereinigung auch eine Regelung der Grenzfrage zu akzeptieren. Vgl. DE GAULLE, Discours et messages, Bd. 4, S. 338 und 341.
[17] Dazu teilte Staatssekretär Carstens Botschafter Knappstein, Washington, mit: „Was die politischen Darlegungen de Gaulles betrifft, so entsprechen sie zum erheblichen Teil den Erklärungen, die de Gaulle in Rambouillet abgegeben hat. Der Herr Bundeskanzler hat sich jedoch nicht mit ihnen identifiziert; er hat insbesondere gegenüber dem de Gaulle'schen Konzept, daß die Deutschland-Frage ein vorwiegend europäisches Problem sei, auf die Vier-Mächte-Verantwortung hingewiesen und damit die Rolle unterstrichen, die nach unserer Auffassung notwendigerweise die Vereinigten Staaten bei der Lösung dieses Problems spielen müßten." Vgl. den Drahterlaß Nr. 132 vom 8. Februar 1965; VS-Bd. 8477 (Ministerbüro); B 150, Aktenkopien 1965.
[18] Für das Gespräch vom 19. Januar 1965 vgl. Dok. 22.

klärende Verlautbarung des Quai d'Orsay im Anschluß an die Pressekonferenz ausgegeben worden.[19]

Der Präsident kam im Verlauf der Unterhaltung wiederholt auf die deutsche Frage zurück und betonte mehrfach, daß er den Willen der Deutschen zur Wiedervereinigung stark unterstütze. Er sei bereit, in konstruktiver Weise jeden Vorschlag aufzunehmen, der dazu gemacht würde. Während der letzten Wochen sei durch Pressekommentare eine gewisse Verwirrung in diese Frage gekommen. (Anspielung auf die Pressediskussion um die Jahreswende).[20] Er erkläre deshalb ausdrücklich seine Bereitschaft, mit den Alliierten in Richtung auf eine Lösung dieses Problems zusammenzuarbeiten. Er sei bereit, einem Gespräch unter den vier westlichen Regierungen zu jeder Zeit zuzustimmen, zu der dies von deutscher Seite vorgeschlagen werde. Im übrigen sei er grundsätzlich bereit, sich mit dem Bundeskanzler persönlich in Verbindung zu setzen, wann immer dies nötig erscheine. Für seinen geplanten Besuch in Europa[21] sehe er einem umfassenden Meinungsaustausch mit dem Bundeskanzler mit Vergnügen entgegen (looking forward to a full exchange of views).

Da das Gespräch die Gelegenheit hierzu bot, brachte ich dann die Sprache auf die MLF und brachte den unveränderten Willen der Bundesregierung zum Ausdruck, das Projekt einer atlantischen multilateralen Nuklearmacht weiter zu verfolgen. Die Nuklearfrage in der Allianz müsse früher oder später gelöst werden, um zu verhindern, daß der Abstand zwischen den Nuklear- und den Nichtnuklearmächten noch weiter wachse. Leider habe es den Anschein, als sei von amerikanischer Seite seit Mitte Dezember etwas zu viel Druck aus dieser Frage herausgenommen worden. Hierüber sei man bei uns beunruhigt und man befürchte, daß die USA nicht mehr in gleichem Maße an dem Projekt interessiert seien wie vorher. Es erscheine uns fraglich, ob sich die Europäer ohne ein gewisses Maß von aktivem Eintreten der USA in absehbarer Zeit einigen könnten.[22]

Der Präsident erwiderte, man sei offensichtlich der Meinung, er habe Wilson nicht hart genug zugesetzt[23] („have not shaken Wilson long enough"). So sei es indessen nicht. Er habe in keiner Weise einen Mangel an Interesse an dem

---

[19] Zur Erklärung des französischen Außenministeriums vom 5. Februar 1965 vgl. Dok. 62, Anm. 3.
[20] Zur Diskussion um das „Hintergrund-Pressegespräch" des amerikanischen Außenministers Rusk vom 30. Dezember 1964 vgl. Dok. 3, besonders Anm. 10, 26 und 27.
[21] Zum geplanten Besuch des amerikanischen Präsidenten in Europa vgl. Dok. 12, Anm. 17.
[22] Zu diesem Punkt übermittelte Staatssekretär Carstens am 8. Februar 1965 die folgenden Instruktionen: „Wenn Sie Gelegenheit dazu haben, das Gespräch weiter zu führen, so sollten Sie dem Präsidenten unsere Enttäuschung über das amerikanische Verhalten in der MLF-Frage nicht verhehlen. Wir hätten das deutliche Empfinden, daß die Vereinigten Staaten seit Dezember 1964 nur noch ein geringes Interesse an diesem Projekt zeigten. [...] Wenn der Präsident auf die neuen englischen ANF-Vorschläge verweisen sollte, sollten Sie erwidern, daß diese Vorschläge von uns selbstverständlich gründlich geprüft würden und daß es notwendig sei, mit den Engländern darüber zu sprechen. Es komme aber nach unserer Auffassung entscheidend darauf an, wie sich die amerikanische Regierung verhielte und wieweit sie sich weiterhin für das Projekt in seiner ursprünglichen Gestalt einzusetzen bereit sei." Vgl. den Drahterlaß 132; VS-Bd. 8477 (Ministerbüro); B 150, Aktenkopien 1965.
[23] Der britische Premierminister hielt sich vom 7. bis 9. Dezember 1964 in Washington auf. Für die gemeinsame Erklärung von Wilson und Präsident Johnson vom 8. Dezember 1964 zu Fragen der nuklearen Verteidigung vgl. PUBLIC PAPERS, JOHNSON 1963/64, S. 1649 f.

Projekt[24] gezeigt, sondern sei in der Einwirkung auf den britischen Premierminister so weit gegangen wie es überhaupt möglich gewesen sei („went as far as the man's dignity permitted"). Es habe aber auf der britischen Seite der Eindruck bestanden, daß in Wirklichkeit die Vereinigten Staaten Druck auf die Bundesrepublik ausübten, die MLF zu akzeptieren, und daß diese nicht so sehr ein eigener Wunsch der Deutschen sei.

Er habe dem widersprochen und Wilson aufgefordert, nach Bonn zu gehen, um sich selbst davon zu überzeugen, daß es nicht so sei. Er habe klar zum Ausdruck gebracht, daß dieses Projekt das beste Mittel sei, einerseits Großbritannien von seinem nationalen Deterrent zu befreien[25], woran ja angesichts der Schwierigkeiten, die der Premierminister mit seiner geringen Mehrheit und seinen wirtschaftlichen Problemen[26] habe, ein englisches Interesse bestehe. Andererseits müsse man einen Weg finden, der den Deutschen eine Teilnahme gestatte, ohne daß sie eine eigene Nuklearrüstung entwickelten. Er habe Wilson gesagt, daß er sich mit den Deutschen und den anderen Europäern (erwähnt wurden die Italiener) einigen solle und dann zurückkommen solle. Er habe ihm gesagt, „je schneller ihr euch einigen könnt, desto besser erscheint es uns". Hierin liege weder eine Erweiterung noch eine Zurücknahme der amerikanischen Position (no advancement and no retreat).

Eines habe er allerdings getan: er habe etwa 30 undersecretaries in den zuständigen Ministerien, die sich mit der Frage befaßt und auf eine Lösung gedrängt hätten, „running around and pushing people".[27] Das liebten die Leute aber nicht, und so habe er angeordnet, man solle damit Schluß machen und die anderen (die Europäer) selber die Sache ausdiskutieren lassen.

In der Frage der MLF sei es nun am Bundeskanzler und am britischen Premierminister, den nächsten Zug zu tun.

Der Präsident bemerkte schließlich, daß er den Optimismus, den der Bundeskanzler in seinem Brief hinsichtlich der europäischen Einigung und der atlantischen Allianz zeige, mit Befriedigung registriere. Er ließ bei dieser Bemerkung jedoch eine gewisse Skepsis durchblicken.

Nach Schluß des Gesprächs hielt mich der Präsident allein zurück und bat mich dann in sehr persönlicher Form, den Herrn Bundeskanzler gerade in dieser Zeit seiner Sympathie und Freundschaft zu versichern. Er werde ihn weiterhin über alle Deutschland betreffenden Gespräche mit anderen Staatsmännern immer sofort und genau unterrichten und bitte ihn, es ebenso zu halten.

III. Im Anschluß an meinen Besuch gab der Präsident folgende Presseerklärung ab:

„Ambassador Knappstein and I have had a good talk this morning. He delivered a message from chancellor Erhard which reaffirmed the deep community of interest between the Federal Republic and the United States. I told the

---

[24] Zum britischen Vorschlag einer ANF vgl. Dok. 20, besonders Anm. 9–12.
[25] Vgl. dazu auch Dok. 49, Anm. 10.
[26] Zum britischen Handelsbilanzdefizit vgl. Dok. 31. Vgl. dazu auch die internationalen Stützungsmaßnahmen für das Pfund Sterling; Dok. 17, Anm. 20.
[27] Zur Auflösung des MLF-Arbeitsstabes im amerikanischen Außenministerium vgl. Dok. 49, Anm. 16.

ambassador of the full and continuing support of the United States for serious progress toward the reunification of Germany, and I expressed my clear agreement with chancellor Erhard that the struggle for the reunification of Germany requires the interest and active participation of all of the responsible powers."[28]

[gez.] Knappstein

VS-Bd. 431 (Büro Staatssekretär)

65

Aufzeichnung des Staatssekretärs Carstens

St.S. 339/65 geheim 10. Februar 1965[1]

Botschafter Shinnar suchte mich am 10. Februar 1965 um 10.40 Uhr auf. Ich führte mit ihm ein etwa eineinhalbstündiges Gespräch.

Botschafter Shinnar führte aus:

Am Montag, dem 8. Februar 1965, habe in Israel eine Besprechung unter Vorsitz von Ministerpräsident Eshkol stattgefunden, an der die Außenministerin Frau Golda Meir und andere Persönlichkeiten teilgenommen hätten. Die Lage sei dort sehr ernst und gründlich, und er wolle mir auch nicht verschweigen, in einer etwas gespannten Atmosphäre erörtert worden. Das Ergebnis sei folgendes:

Die israelische Regierung sehe keine Möglichkeit, auf unseren Vorschlag einer Modifizierung der getroffenen Abreden über Waffenlieferungen[2] einzugehen. Sie brauche die noch nicht ausgelieferten Dinge dringend, andernfalls werde eine Lücke in der Planung entstehen, die nicht zu schließen wäre. Wenn wir Wert darauf legten, wäre die israelische Seite einverstanden, die vereinbarten Panzerlieferungen[3] schneller abzuwickeln als vorgesehen.

Sodann führte Herr Shinnar eingehend aus, wie die israelische Seite die Lage sähe. (Ich gebe diesen Teil des Gesprächs nur in Stichworten wieder.)

In der VAR befänden sich 5000 sowjetische Inspekteure. Nasser habe 1,2 Milliarden DM von Schelepin[4], 300 Millionen DM von Ulbricht[5] erhalten. Die Einladung Ulbrichts sei der Preis, den er dafür zahle. Zu einer Anerkennung der

---

[28] Vgl. PUBLIC PAPERS, JOHNSON 1965, S. 169.

[1] Durchdruck.

[2] Vgl. dazu Dok. 57.

[3] Zur Absprache über die Lieferungen amerikanischer Panzer durch die Bundesrepublik und zu den vereinbarten Modalitäten vgl. Dok. 39, Anm. 6.

[4] Zum Besuch des Stellvertretenden Vorsitzenden des Ministerrats der UdSSR vom 22. bis 29. Dezember 1964 in der VAR vgl. Dok. 10, Anm. 8.

[5] Zur wirtschaftlichen Unterstützung der VAR durch die DDR vgl. Dok. 116, Anm. 26.

„DDR" werde es nicht kommen, dafür sei die Bundesrepublik Deutschland Nasser zu wichtig. In der VAR befände sich ein regelrechtes Waffenlager der Sowjetunion, das weit über die ägyptischen Bedürfnisse hinausgehe. Es sei offenkundig, daß die Sowjetunion von hier aus eines Tages den ganzen Nahen Osten militärisch durchdringen wolle. Nasser sei in einer verzweifelten Lage. Der Krieg im Jemen[6] zehre an ihm. Die wirtschaftliche und finanzielle Lage seines Landes sei sehr schlecht. Dies seien die wahren Hintergründe für die Einladung Ulbrichts. Die deutschen Waffenlieferungen an Israel seien nur ein vorgeschobener Grund.

Zum israelisch-arabischen Verhältnis:

Nasser habe immer wieder erklärt, Israel vernichten zu wollen. Niemals würde Israel seine Nachbarstaaten angreifen. Eines allerdings müsse er ganz klar sagen: Wenn 2 km von der israelischen Grenze entfernt das Jordanwasser abgegraben werden würde, so könne Israel dies unter keinen Umständen hinnehmen.[7] Dies sagte der Botschafter zweimal.

Abschließend kam der Botschafter auf die Waffenlieferungen der Bundesrepublik Deutschland an Israel zurück und sagte, was die künftige Entwicklung anlange, so solle man bitte alles offen lassen bis zu dem Gespräch zwischen dem Herrn Bundeskanzler und Ministerpräsident Eshkol.[8] So sei es ja auch mit dem Herrn Bundeskanzler vereinbart.

Ich antwortete, ich sei tief enttäuscht über die Mitteilung, die mir der Botschafter machte.

Sodann legte ich die deutsche Lage dar und schilderte, in welche Schwierigkeiten wir geraten seien. Unsere Deutschland-Politik im Nahen Osten und darüber hinaus in anderen Teilen der Welt gerate in schwere Gefahr. Es sei müßig, darüber zu streiten, ob die deutschen Waffenlieferungen an Israel die einzige oder wichtigste Ursache dieser Entwicklung seien; ein willkommener Vorwand seien sie in jedem Falle, und ihn gelte es zu beseitigen.

Zwischen uns und Israel sei vereinbart worden, daß die Waffenlieferungen streng geheim behandelt werden müßten. Jetzt seien sie öffentlich bekannt geworden.[9] Dadurch habe sich die Basis grundlegend verändert.

Ich könnte die Antwort, die mir Herr Shinnar gegeben habe, nicht hinnehmen, und wir würden darauf bestehen müssen, das Gespräch fortzusetzen. An eine schnellere Abwicklung der Panzerlieferungen sei überhaupt nicht zu denken, eher glaubte ich, daß man die Waffenlieferungen zunächst einmal unterbrechen und die weitere Entwicklung abwarten sollte. Der Botschafter habe selbst auf die großen Schwierigkeiten Nassers hingewiesen. Es sei doch wohl ausgeschlossen, daß ein ägyptischer Angriff auf Israel unmittelbar bevorstände.

---

[6] Nach dem Sturz der Monarchie im September 1962 brach im Jemen (später: Arabische Republik Jemen) ein Bürgerkrieg aus. Um die neue Regierung des Präsidenten Sallal zu unterstützen, entsandte die ägyptische Regierung Truppen in den Jemen.
[7] Zum israelisch-arabischen Streit um das Jordanwasser vgl. Dok. 51, Anm. 4.
[8] Zu den Überlegungen für ein Treffen der beiden Regierungschefs vgl. AAPD 1964, II, Dok. 312.
[9] Zum Bekanntwerden der geheimen Waffenlieferungen an Israel vgl. Dok. 1, Anm. 3.

Was die zukünftige Entwicklung beträfe, so müsse ich den Botschafter in aller Fairness darauf hinweisen, daß zwar die Bundesregierung dem Gedanken ablehnend gegenüberstände, die Frage von Waffenlieferungen durch ein Gesetz zu regeln, daß aber andererseits sehr starke Kräfte im Parlament und auch innerhalb der Regierung die strikte Befolgung des Grundsatzes, in Spannungsgebiete keine Waffen zu liefern, forderten.[10] Hierbei habe man keineswegs nur den Israel-Komplex im Auge, sondern auch Waffenlieferungen an andere Länder, die uns in letzter Zeit beträchtliche Sorge bereitet hätten.

Botschafter Shinnar ging auf meine Bemerkung über die Unterbrechung der Waffenlieferungen an Israel ein und sagte, ein derartiger Beschluß sei nicht notwendig. Nach dem vorgesehenen Zeitplan würden bis Anfang März ohnehin keine neuen Waffen ausgeliefert werden. Bis dahin sei der Ulbricht-Besuch[11] vorbei. Der Botschafter räumte zwar ein, daß auch nach israelischer Auffassung für die nächsten ein bis zwei Jahre mit einem ägyptischen Angriff auf Israel nicht zu rechnen sei, bestand aber dann nochmals nachdrücklich auf genauer Einhaltung der getroffenen Vereinbarungen.

Ich wiederholte, daß wir uns mit dieser Auffassung der israelischen Regierung aus den geschilderten Gründen nicht zufrieden geben könnten.

Sodann bat Botschafter Shinnar mich, ihm zu bestätigen, daß die Bundesregierung in dieser Frage keinerlei Entscheidungen treffen oder Verlautbarungen herausgeben würde, ohne sich mit der israelischen Seite verständigt zu haben.

Ich erklärte, diese Bitte könne ich nicht erfüllen. Ich könne unter keinen Umständen neue oder zusätzliche Bindungen für die Bundesregierung eingehen, aber selbstverständlich würden wir in dieser Frage im Gespräch miteinander bleiben.

Botschafter Shinnar bat weiter darum, daß wir die Waffenlieferungen an Israel nicht öffentlich bestätigen möchten. Ich antwortete, dies sei in der Tat unsere Politik.

Im Verlauf des Gesprächs berührte Botschafter Shinnar noch zwei weitere Punkte. Er erklärte einmal, daß das Treffen Bundeskanzler – Eshkol nach israelischer Auffassung bald zustande kommen sollte.[12] Als Termin nannte der Botschafter Anfang März.

---

[10] Vgl. dazu die Entscheidung des Bundeskanzlers Erhard vom 3. Februar 1965; Dok. 57, Anm. 2. Zur Bekanntgabe dieser Entscheidung durch den Chef des Presse- und Informationsamtes, von Hase, vgl. Dok. 70, Anm. 19.

[11] Zur Einladung des Staatsratsvorsitzenden Ulbricht durch Präsident Nasser vgl. Dok. 59. Zum Besuch vom 24. Februar bis 2. März 1965 in der VAR vgl. Dok. 104.

[12] Am 29. Januar 1965 teilte der Leiter der Israel-Mission, Shinnar, dem Chef des Bundeskanzleramtes, Westrick, mit, er sei aufgrund einer Unterrichtung durch Ministerpräsident Eshkol in der Lage zu versichern, „daß ein solches Gespräch nicht an irgendwelche Bedingungen geknüpft sei. […] Ob bei dem vorgesehenen Gespräch die Frage diplomatischer Beziehungen überhaupt angesprochen werden solle, hänge ganz vom Herrn Bundeskanzler ab." Vgl. die Gesprächsaufzeichnung vom 1. Februar 1965; VS-Bd. 423 (Büro Staatssekretär); B 150, Aktenkopien 1965.
Zum Scheitern des geplanten Treffens vgl. den Artikel „Eshkol sagt das Treffen mit Erhard ab"; FRANKFURTER ALLGEMEINE ZEITUNG, Nr. 36 vom 12. Februar 1965, S. 1.

Ferner berührte der Botschafter die Frage der Aufnahme diplomatischer Beziehungen zwischen Deutschland und Israel. Hierzu erklärte er, daß Israel nicht dränge. Es sei unsere Sache, die Initiative zu ergreifen. Falls wir einen entsprechenden Vorschlag machten, würde er in Israel sorgfältig geprüft, und sodann würde unter Berücksichtigung der gesamten Umstände darüber entschieden werden. Zu einer derartigen Entscheidung bestehe im Augenblick kein Anlaß.[13] Wenn gesagt worden sei, daß Frau Golda Meir grundsätzlich gegen die Aufnahme diplomatischer Beziehungen sei, so sei dies unrichtig. Auch Frau Meir würde die Frage im Lichte der bestehenden Lage prüfen und entscheiden, sobald unsererseits ein entsprechender Schritt unternommen würde.

Ich verhielt mich zu diesen beiden Punkten rein rezeptiv.

Hiermit dem Herrn Minister[14] vorgelegt mit dem Vorschlag der Unterrichtung des Herrn Bundeskanzlers.

gez. Carstens

VS-Bd. 8420 (Ministerbüro)

66

Aufzeichnung des Ministerialdirektors Krapf

II 4-82.06/94.29-198/65 VS-vertraulich 10. Februar 1965

Betr.: Kreditgewährung an die Sowjetunion

Unter den gegenwärtigen Umständen dürfte eine deutsche Bereitschaft zu Kreditgewährungen[1] eines der wenigen, wenn nicht sogar das einzige Verhandlungsobjekt sein, das die Sowjets an Wirtschaftsverhandlungen[2] interessieren könnte. Nach Auffassung von Abteilung II sollte daher der Versuch gemacht werden, bei etwaigen Kreditgesprächen mit den Sowjets auch politische

---

[13] In diesem Zusammenhang machte der Leiter der Israel-Mission, Shinnar, Bundesminister Westrick am 29. Januar 1965 darauf aufmerksam, daß nur eine Aufnahme diplomatischer Beziehungen zwischen der Bundesrepublik und Israel diskutabel sei. Shinnar führte aus: „Da Deutschland seinerzeit akzeptiert habe, daß die Einrichtung eines Generalkonsulats der SBZ in Kairo keine Anerkennung darstelle, würde durch den Vorschlag zur Errichtung eines Generalkonsulats in Israel nur indirekt die These Nassers von uns bestätigt, daß Israel als Staat nicht existiere. Dann solle man besser warten, bis der richtige Zeitpunkt für eine wirkliche Normalisierung der offiziellen Beziehungen zwischen den beiden Ländern gekommen sei." Vgl. die Gesprächsaufzeichnung vom 1. Februar 1965; VS-Bd. 423 (Büro Staatssekretär); B 150, Aktenkopien 1965.
Vgl. dazu auch die Entscheidung des Bundeskanzlers Erhard vom 28. Januar 1965, diplomatische Beziehungen zu Israel nicht vor den Bundestagswahlen am 19. September 1965 aufzunehmen; Dok. 39, Anm. 18.

[14] Hat Bundesminister Schröder vorgelegen.

[1] Die UdSSR erhielt keine Hermes-Kredite der Bundesregierung. Vgl. dazu die Aufzeichnung der Legationsrätin I. Klasse Rheker vom 4. Januar 1965; VS-Bd. 3140 (II A 5); B 150, Aktenkopien 1965.

[2] Zu den Wirtschaftsverhandlungen vgl. Dok. 18. Vgl. dazu weiter Dok. 164.

Gegenkonzessionen zu erreichen. Es dürfte allerdings aussichtslos sein, für eine deutsche Bereitschaft, die Regeln der Berner Union[3] (Kreditgewährung bis zu fünf Jahren und im Einzelfall Zulassung eines Matching) auch auf die Sowjetunion anzuwenden, politische Konzessionen wie etwa die Beseitigung der Berliner Mauer oder gar ein Entgegenkommen in der Wiedervereinigungsfrage zu erreichen.[4] Dagegen sollte nach Auffassung von Abteilung II versucht werden, den Sowjets klar zu machen, daß wir bei einer Aufgabe unserer bisherigen restriktiven Kreditpolitik ein sowjetisches Entgegenkommen bei der Vereinbarung einer Berlin-Klausel erwarten. Darüber hinaus benennt Abteilung II nachstehende deutsche Beschwerdepunkte, die bei etwaigen Kreditgesprächen mit den Sowjets ggf. vorgebracht werden könnten:

Repatriierung (es stehen noch 10 000 Rückführungsberechtigte aus den Absprachen vom 8. April 1958[5] und 25 000 Fälle engster Familienzusammenführung aus)[6];

Sperrung des Kontos der Rubelersparnisse deutscher Repatrianden (2,55 Mio. DM)[7];

Freilassung der inhaftierten deutschen Studenten Naumann und Sonntag[8];

---

[3] 1934 schlossen sich 18 private und öffentliche Kreditversicherungsanstalten aus 16, zumeist westeuropäischen Staaten zur Berner Union zusammen. Ziel des Zusammenschlusses war der Austausch von Informationen über Schuldnerstaaten. Im Januar 1961 wurde festgelegt, daß die Laufzeit von verbürgten Krediten fünf Jahre nicht übersteigen sollte. Dieser Grundsatz war jedoch für die Regierungen der Mitgliedstaaten nicht bindend. Darüber hinaus einigten sich im Oktober 1962 die sechs EWG-Staaten, die alle der Berner Union angehörten, daß an Ostblock-Staaten nur in Ausnahmefällen Exportkredite mit einer längeren Laufzeit als fünf Jahren vergeben werden sollten.

[4] Mit Aufzeichnung vom 13. Januar 1965 empfahl Staatssekretär Lahr, im Falle einer Kreditgewährung für die UdSSR eine Laufzeit von fünf Jahren nicht zu überschreiten, sich allerdings die Möglichkeit vorzubehalten, auch „weitergehende Konkurrenzangebote" zu unterbreiten. Er räumte jedoch ein, daß diese „neue Politik keinen großen Verhandlungswert" im Rahmen von Wirtschaftsverhandlungen darstellen würde. Vgl. VS-Bd. 438 (Büro Staatssekretär); B 150, Aktenkopien 1965.
Zur Vergabe von Krediten an die UdSSR vgl. Dok. 95.

[5] Für die Vereinbarung mit der UdSSR über die Repatriierung von Personen deutscher Volkszugehörigkeit vgl. BULLETIN 1958, S. 630.

[6] Am 22. Juni 1964 überreichte Staatssekretär Carstens dem sowjetischen Botschafter Smirnow drei Bände einer vom Roten Kreuz erstellten Sammlung von Unterlagen, in denen jeweils 1000 Namen von Repatrianden aufgelistet waren. Vgl. dazu AAPD 1964, I, Dok. 176.

[7] Gemäß der Repatriierungsvereinbarung vom 8. April 1958 konnten die Aussiedler aus der UdSSR ersparte Rubelvermögen in voller Höhe transferieren. Am 1. Dezember 1959 untersagte die sowjetische Regierung jedoch diesen Transfer bis auf einen Betrag von 1000 Rubel pro Person. Daraufhin nahm die Botschaft der Bundesrepublik in Moskau Ersparnisse, die den Freibetrag überstiegen, in Verwahrung. Das für diese Gelder eingerichtete Sonderkonto bei der sowjetischen Staatsbank wurde auf Anweisung der sowjetischen Regierung gesperrt. Zu den Bemühungen um eine Aufhebung dieser Sperre vgl. AAPD 1963, III, Dok. 480.

[8] Walter Naumann und Peter Sonntag befanden sich seit September 1961 wegen Spionagetätigkeit in sowjetischer Haft. Im Juni 1962 verständigten sich Staatssekretär Carstens und Botschafter Smirnow darauf, daß – als Gegenleistung für die Freilassung eines sowjetischen Spions – die beiden Deutschen in die Bundesrepublik zurückkehren sollten. Vgl. dazu die Aufzeichnung von Carstens vom 24. Juli 1964; Büro Staatssekretär, Bd. 400. Vgl. dazu AAPD 1964, I, Dok. 176.
Naumann und Sonntag wurden erst im Februar 1969 im Austausch gegen den 1963 wegen Spionage für die UdSSR verurteilten ehemaligen Mitarbeiter des Bundesnachrichtendienstes, Felfe, aus der Haft entlassen. Vgl. dazu Referat II A 4, Bd. 769.

Frage deutscher Kriegsgräber in der Sowjetunion.[9]

Größere Kreditzusagen, die über die Regeln der Berner Union wesentlich hinausgehen, sollten nur im Zusammenhang mit fühlbaren sowjetischen politischen Konzessionen wie etwa einem Entgegenkommen in der Frage des freien Verkehrs in Berlin oder der Zusage einer sowjetischen Einwirkung auf das SBZ-Regime hinsichtlich der Gewährung größerer Freiheiten für die dortige Bevölkerung ins Auge gefaßt werden.[10]

Hiermit über Herrn D III[11] dem Herrn Staatssekretär weisungsgemäß vorgelegt.

Krapf

VS-Bd. 3119 (II A 4)

67

Gesandter Knoke, Paris, an das Auswärtige Amt

Z B 6-1 1283/65 geheim   Aufgabe: 10. Februar 1965, 18.10 Uhr
Fernschreiben Nr. 221   Ankunft: 10. Februar 1965, 18.25 Uhr
Cito

Puaux bat heute um Überlassung eines Durchdrucks des deutschen Antwortmemorandums[1] auf das britische Memorandum in Sachen ANF[2], das der damalige britische Außenminister Gordon Walker am 11. Dezember 1964 dem Herrn Bundesminister in London übergeben habe.[3]

In der britischen, deutschen und französischen Presse seien zum Teil sich widersprechende Angaben über den Inhalt der deutschen Antwort erschie-

---

[9] Zu der Frage der Identifizierung und Pflege deutscher Kriegsgräber in der UdSSR vgl. weiter Dok. 363.

[10] In der Sitzung des Auswärtigen und des Gesamtdeutschen Ausschusses des Bundestages vom 21. Januar 1965 schlug der CSU-Abgeordnete Freiherr zu Guttenberg vor, im gemeinsamen Vorgehen mit den USA für Kreditzusagen an die UdSSR politische Gegenleistungen zu fordern. Staatssekretär Lahr stimmte grundsätzlich zu, wies jedoch auf die handelspolitische Konzessionsbereitschaft einer Reihe von westlichen Staaten hin, „denn so interessant wir und die USA für die Sowjets seien, so kämen diese letztlich auch mit Großbritannien, Frankreich, Italien, den Beneluxländern, den skandinavischen Ländern und Japan aus. Es sei also höchst bedauerlicherweise ‚in der Sache nicht mehr viel drin'. Wir riskierten jetzt sogar, nicht nur auf die politische Gegenkonzession verzichten zu müssen, sondern aus dem Geschäft herausgedrängt zu werden." Vgl. die Aufzeichnung von Lahr vom 25. Januar 1965; VS-Bd. 438 (Büro Staatssekretär); B 150, Aktenkopien 1965.

[11] Hat Ministerialdirektor Sachs am 12. Februar 1965 vorgelegen.

[1] Vgl. Dok. 21.

[2] Zum britischen Vorschlag für eine ANF vgl. Dok. 20, besonders Anm. 9–12.

[3] Vgl. AAPD 1964, II, Dok. 382.

nen.⁴ Aus diesem Grunde, nicht zuletzt aber auf Grund der engen deutsch-französischen Zusammenarbeit gemäß dem Elysée-Vertrag⁵ würde es von französischer Seite dankbar begrüßt werden, wenn dem französischen Wunsch von deutscher Seite entsprochen würde.⁶

Erbitte Drahtweisung.⁷

[gez.] Knoke

VS-Bd. 1371 (II A 7)

---

⁴ Während in deutschen und französischen Tageszeitungen die kritische Haltung der Bundesregierung zum Projekt einer ANF hervorgehoben wurde, betonte die Presse in Großbritannien, daß die Bundesregierung die britischen Vorschläge als gute Grundlage für weitere Gespräche bezeichnet habe. Vgl. dazu den Artikel „Bonn und London über Atomflotte weiter uneinig"; FRANKFURTER ALLGEMEINE ZEITUNG; Nr. 33 vom 9. Februar 1965, S. 3. Vgl. dazu auch „Bonn rejette l'inspiration et les modalités du plan anglais de force atomique atlantique": LE MONDE, Nr. 6244 vom 10. Februar 1965, S. 4. Vgl. dazu weiterhin den Artikel „Bonn Reply on ANF Encouraging"; THE TIMES, Nr. 56 241 vom 9. Februar 1965, S. 11.

⁵ Für den Wortlaut des deutsch-französischen Vertrags vom 22. Januar 1963 vgl. BUNDESGESETZBLATT 1963, Teil II, S. 706–710.

⁶ Dazu vermerkte Bundesminister Schröder am 11. Februar 1965 handschriftlich für Staatssekretär Carstens: „Das kann nicht in Betracht gezogen werden."
Carstens bat am 12. Februar 1965 das Referat II 7 um Vorlage der Stellungnahme der Bundesregierung mit dem Memorandum und hielt in einer beigefügten handschriftlichen Notiz vom gleichen Tag für Schröder fest: „Ich votiere für eine Unterrichtung der Franzosen durch uns. Sie würden sonst mit Sicherheit auf andere Weise Kenntnis erhalten. Ob man den vollen Text weitergibt, möchte ich von nochmaliger Prüfung des Textes abhängig machen." Vgl. VS-Bd. 1371 (II A 7); B 150, Aktenkopien 1965.
Ministerialdirektor Krapf kam am 15. Februar 1965 „nach erneuter, sorgfältiger Überprüfung" der Stellungnahme der Bundesregierung zu dem Schluß, daß nichts „gegen die Überlassung eines Durchdrucks an die Franzosen" spreche. Vielmehr hob er hervor: „Wenn wir den Franzosen unser Memorandum nicht zur Kenntnis geben, können wir es nicht verhindern, daß es ihnen anderweitig zur Kenntnis gelangt, und wir riskieren eine erneute Verstimmung." Vgl. VS-Bd. 1371 (II A 7); B 150, Aktenkopien 1965.

⁷ Auf Weisung des Staatssekretärs Carstens vom 15. Februar 1965 teilte Vortragender Legationsrat I. Klasse Scheske am 16. Januar 1965 der Botschaft in Paris mit: „Ein Vertreter der hiesigen französischen Botschaft wird heute mündlich über den Inhalt unserer Stellungnahme zu den britischen ANF-Vorschlägen unterrichtet werden." Vgl. den Drahterlaß Nr 170; VS-Bd. 1371 (II A 7); B 150, Aktenkopien 1965.
Am 17. Februar 1965 berichtete Gesandter Knoke, Paris, der Abteilungsleiter im französischen Außenministerium Puaux habe sehr bedauert, „daß das Auswärtige Amt seiner Bitte um Überlassung eines Durchdrucks des deutschen Antwortmemorandums nicht entsprochen habe. Die Franzosen hätten die Antwort inzwischen von den Engländern bekommen. Das englische Entgegenkommen sei umso höher zu veranschlagen, als zwischen Großbritannien und Frankreich kein Zusammenarbeitsvertrag bestehe." Vgl. den Drahtbericht Nr. 263; VS-Bd. 1371 (II A 7); B 150, Aktenkopien 1965.

68

Bundeskanzler Erhard an Präsident Nyerere

MB 525/65 VS-vertraulich   11. Februar 1965[1]

Sehr geehrter Herr Präsident!

Ich bestätige mit Dank den Eingang Ihres Schreibens vom 24. Januar 1965[2], das mir Herr Außenminister Kambona am 29. Januar überbrachte. Dem Schreiben entnehme ich, daß die Vereinigte Republik Tansania das Regime der SBZ nicht anerkennt, jedoch die Zulassung eines Generalkonsulats und eines Handelsbevollmächtigten der SBZ in Tansania beabsichtigt. Sie haben sich hierbei von der Vorstellung leiten lassen, daß Sie mit dieser Regelung eine das deutsche Volk zufriedenstellende Lösung schaffen.

Leider muß ich ihnen sagen, daß ich diese Vorstellung nicht teilen kann und daß die von Ihnen vorgeschlagene Lösung den Interessen des deutschen Volkes widerspricht.

Bei den Gesprächen mit Herrn Außenminister Kambona im April 1964 in Bonn[3] und Rom[4], bei den Gesprächen Botschafter Steltzers Anfang Juli 1964 zahlreichen Unterredungen, die unser Botschafter mit Ihnen hatte[5], wurde die tragische deutsche Lage eingehend erläutert. Es wurde dabei klargestellt, daß ein vitales deutsches Interesse daran besteht, nicht nur die Anerkennung, sondern auch jede Aufwertung des in der SBZ eingesetzten Regimes zu verhindern, weil jede Aufwertung von außen den Weg erschwert, auf dem das deutsche Volk durch die Ausübung seines Selbstbestimmungsrechts zur Wiedervereinigung gelangen kann. Eine Aufwertung des Regimes der SBZ ist für unser Volk und die Bundesregierung nicht annehmbar. Sie würde auch im Widerspruch zur Charta der Organisation der Afrikanischen Einheit stehen, die allen ihren Grundsätzen die Überzeugung voranstellt, „daß es das unveräußerliche Recht aller Menschen ist, ihr eigenes Schicksal selbst zu bestimmen".[6]

---

[1] Durchdruck.
[2] Für den Wortlaut vgl. VS-Bd. 2544 (I B 3).
[3] Zum Aufenthalt des tansanischen Außenministers vom 2. bis 9. Mai 1964 in Bonn vgl. Dok. 45, Anm. 5.
[4] Außenminister Kambona hielt sich am 21./22. Mai 1964, nach Besuchen in der VAR und in Jugoslawien, in Rom auf und traf dort mit Ministerialdirigent Böker und Legationsrat Schoeller zusammen. Anlaß für dieses Treffen war, so Kambona am 11. Mai 1964 zu Botschafter Weber, Kairo, daß er bei seinem Eintreffen in der ägyptischen Hauptstadt „eine ‚wichtige Nachricht' von Präsident Nyerere vorgefunden [habe], die eine Fortsetzung der in Bonn geführten Gespräche notwendig mache". Vgl. den Drahtbericht Nr. 438 von Weber vom 11. Mai 1964; Referat I B 3, Bd. 526. Vgl. dazu auch den Drahtbericht Nr. 463 vom 15. Mai 1964; Referat I B 3, Bd. 526.
[5] Vgl. dazu das Gespräch vom 25. August 1964; Dok. 16, Anm. 7.
In einer Unterredung vom 8. Januar 1965 äußerte Präsident Nyerere den Wunsch, im Rahmen einer bevorstehenden Europareise nach Bonn zu kommen. Vgl. dazu den Drahtbericht Nr. 10 des Botschafters Schroeder, Daressalam, vom 12. Januar 1965; VS-Bd. 2544 (I B 3); B 150, Aktenkopien 1965.
[6] Die Charta der Organisation der Afrikanischen Einheit wurde am 26. Mai 1963 auf der Konferenz der Staats- und Regierungschefs der Unabhängigen Afrikanischen Staaten in Addis Abeba verabschiedet. Für den Wortlaut vgl. EUROPA-ARCHIV 1963, D 314–320.

Entsprechend dieser Überzeugung und dem Grundsatz der OAU-Charta über die Nichteinmischung[7] hat die Gesamtheit der afrikanischen Staaten – mit Ausnahme der VAR – in jahrelanger Praxis jede Aufwertung des Regimes in der sowjetischen Besatzungszone Deutschlands abgelehnt und damit der Freundschaft Afrikas mit dem ganzen deutschen Volk Rechnung getragen.

Seit dem Bau der Mauer in Berlin (1961) reagieren die deutsche Öffentlichkeit und der deutsche Bundestag (nicht nur einige Abgeordnete) auf jede Veränderung des Status der Zone noch viel empfindlicher und stärker als früher (wie noch kürzlich das Beispiel Ceylon[8] zeigte). Der Hinweis auf das Kairoer Modell[9] ist daher überholt, zumal unsere Beziehungen zu den arabischen Ländern durch das Israel-Problem beeinflußt sind. Im übrigen sehen wir gerade jetzt, wie ungünstig sich das deutsch-ägyptische Verhältnis entwickelt, nachdem die VAR sich durch die Zulassung eines Generalkonsulats in Kairo auf offizielle Kontakte mit der SBZ eingelassen hat.

Ich würde es als tragisch empfinden, wenn im gegenwärtigen Zeitpunkt, da sich die Früchte unserer Zusammenarbeit deutlich abzuzeichnen beginnen, die Freundschaft des ganzen deutschen Volkes mit dem Volk von Tansania durch die Aufwertung des Zonenregimes gefährdet würde. Trotz schwerer Bedenken und ungünstiger internationaler Auswirkungen hat die deutsche Regierung der besonderen Lage in Sansibar bisher geduldig Rechnung getragen und alles vermieden, was der Unionsregierung Schwierigkeiten bereiten könnte. Gleichzeitig konnte aber an unserer grundsätzlichen Einstellung niemals ein Zweifel bestehen.

Ich möchte daher, Herr Präsident, an Ihre so oft bewiesene Weitsicht appellieren, eine Lösung im Sinne der Ihrem Herrn Außenminister unterbreiteten Vorschläge[10] zu finden, die es unseren beiden Völkern und Regierungen erlaubt, die so segensreichen und hoffnungsvollen Beziehungen fortzusetzen. Vielleicht bestünde auch eine Möglichkeit, im Anschluß an Ihre Reise nach Peking[11] oder aus anderem Anlaß die Bundesrepublik Deutschland zu einer Fortführung der Gespräche zu besuchen.[12] Ich würde es sehr begrüßen, wenn

---

[7] In Artikel III der Charta vom 26. Mai 1963 wurde die „Nichteinmischung in die inneren Angelegenheiten der Staaten" als ein Grundsatz der Organisation Afrikanischer Einheit festgelegt. Vgl. EUROPA-ARCHIV 1963, D 316.

[8] Zur Einstellung der Entwicklungshilfe für Ceylon als Reaktion auf die Errichtung eines Generalkonsulats der DDR in Colombo vgl. Dok. 16, Anm. 10.

[9] Die DDR unterhielt seit 1959 ein Generalkonsulat in Kairo, dem allerdings von ägyptischer Seite kein Exequatur erteilt wurde.

[10] Vgl. dazu Dok. 45.

[11] Präsident Nyerere hielt sich vom 16. bis 23. Februar 1965 in der Volksrepublik China auf. Für das gemeinsame Kommuniqué vom 24. Februar 1965 und den Wortlaut des am 20. Februar 1965 abgeschlossenen tansanisch-chinesischen Freundschaftsvertrages vgl. die Anlagen zum Schriftbericht des Generalkonsuls Bünger, Hongkong, vom 3. März 1965; Referat I B 3, Bd. 609.

[12] Am 30. Januar 1965 teilte der tansanische Minister für Wohnungsbau und Regionalverwaltung, Shaba, Botschafter Schroeder, Daressalam, mit, eine Gruppe von Ministern wolle Präsident Nyerere vorschlagen, „daß er anschließend an seinen Besuch in Peking Anfang März einen Besuch in der Bundesrepublik macht und dabei Karume mitnimmt. Bei einem Aufenthalt in Berlin sollte dann Karume möglichst inkognito Gelegenheit erhalten, auch Ostberlin zu besuchen, um zu sehen, wie es bei seinen ostdeutschen Freunden in Wirklichkeit aussieht." Bis dahin müsse versucht werden, „Nyerere von irgendwelchen Entscheidungen und nicht wieder gutzumachen-

ich auf diese Weise Gelegenheit haben würde, die uns gemeinsam beschäftigenden Fragen mit Ihnen persönlich zu erörtern[13], bevor Sie Schritte tun, die das freundschaftliche Verhältnis zwischen unseren beiden Völkern schwer belasten würden.[14]

Mit dem Ausdruck meiner vorzüglichen Hochachtung

[gez.] Ludwig Erhard

VS-Bd. 2545 (I B 3)

69

Gespräch des Bundesministers Schröder mit dem amerikanischen Botschafter McGhee

Z A 5-24.A/65 geheim 11. Februar 1965[1]

Der Herr Bundesminister des Auswärtigen empfing am 11. Februar 1965 um 10.30 Uhr den amerikanischen Botschafter McGhee zu einem Gespräch.

Erstes Gesprächsthema war die derzeitige Lage im Zusammenhang mit dem geplanten Ulbricht-Besuch in Kairo[2] und den Waffenlieferungen an Israel. Botschafter *McGhee* stellte in diesem Zusammenhang wiederholt die Frage,

---

Fortsetzung Fußnote von Seite 294

den Schritten in bezug auf die Zonenvertretung in Sansibar zurückzuhalten". Vgl. den Drahtbericht Nr. 43 von Schroeder vom 1. Februar 1965; VS-Bd. 2617 (I B 3); B 150, Aktenkopien 1965.

[13] Dazu handschriftlicher Vermerk: „[Referat] I B 3 hält nach letztem Gespräch Dr. Schroeder – Präs[ident] Nyerere einen Besuch für unwahrscheinlich."

[14] Am 13. Februar 1965 bat der tansanische Präsident Botschafter Schroeder, Daressalam, zu sich. Nyerere führte aus, er vermisse im Schreiben des Bundeskanzlers eine Bezugnahme auf das, was er erreicht habe, „indem er die Sansibaris zur Hinnahme einer Nichtanerkennung der Zone bewogen habe. Er würde sehr gerne der Einladung nach Bonn Folge leisten, aber es wäre unehrlich, wenn dadurch der Anschein erweckt werden würde, daß er bei einem solchen Besuch andere Vorschläge machen könnte. Er sei schwächer, als wir glaubten, und für ihn gehe es nach wie vor um den Bestand der Union." Vgl. den Drahtbericht Nr. 66 von Schroeder vom 13. Februar 1965; VS-Bd. 2545 (I B 3); B 150, Aktenkopien 1965.
Vgl. dazu weiter Dok. 83.

[1] Die Gesprächsaufzeichnung wurde vom Vortragenden Legationsrat Kusterer am 11. Februar 1965 gefertigt.
Hat Bundesminister Schröder am 14. Februar 1965 vorgelegen.

[2] Zur Einladung des Staatsratsvorsitzenden Ulbricht durch Präsident Nasser vgl. Dok. 59. Zum Besuch vom 24. Februar bis 2. März 1965 in der VAR vgl. Dok. 104.

ob die Bundesregierung nicht zumindest die noch ausstehenden Lieferungen aus den laufenden Abmachungen durchführen könne. Der Herr *Minister* erwiderte, seines Erachtens sei dieses Projekt immer schon sehr schlecht gewesen, und nachdem die Waffenlieferungen an Israel bekannt geworden seien[3] sei es unmöglich geworden, die noch ausstehenden Lieferungen in Form von Waffen durchzuführen.[4] Er hoffe, daß man mit der israelischen Regierung zu einer vernünftigen Regelung für eine Ablösung dieser noch ausstehenden Lieferungen gelangen könne.[5] Botschafter *McGhee* bemerkte noch, man dürfe Nassers Gegenreaktion nicht überschätzen. Man sage, daß Nasser es sich zum Grundprinzip gemacht habe, jederzeit noch einen Rückzugsweg offen zu haben. Der Herr *Minister* erwiderte darauf, es gebe Fragen, in denen die arabische Welt und insbesondere Nasser sehr emotional reagierten.

Nächstes Gesprächsthema war die Reise einer FDP-Delegation nach Amerika.[6] Botschafter *McGhee* sagte dazu, er selbst habe von einer solchen Reise abgeraten, da die Vereinigten Staaten nicht mit politischen Parteien über die Wiedervereinigung verhandelten. Der Herr *Minister* sagte dazu, er würde den Ausdruck „Verhandlung" nicht für richtig halten, vielmehr handle es sich um eine Reise hochstehender Parlamentarier mit dem Zweck der gegenseitigen Information.

Zum Interview Dr. Adenauers mit der New York Times[7] bemerkte Botschafter *McGhee*, darin seien Erklärungen enthalten, welche die Amerikaner sehr übelnähmen. Er hoffe, daß die Bundesregierung alles in ihrer Macht Stehende tun werde, um die Auswirkung dieses Interviews zu beheben. Der Herr *Minister* verwies in diesem Zusammenhang auf die Rede, die Dr. Adenauer als Bundeskanzler anläßlich des Abendessens im Amerikanischen Klub während des Deutschland-Besuchs Präsident Kennedys gehalten habe.[8]

Zur Frage der Verhandlungen über eine europäische politische Union[9] bemerkte der Herr Minister, hier seien nur allmähliche Fortschritte zu erwarten. Frankreich messe sicherlich der Fortsetzung der Brüsseler Agrargespräche höhere Bedeutung zu als einem Treffen zur Behandlung anderer Fragen. In der Zwischenzeit werde es wohl etwas diplomatisches Hin und Her geben.

---

[3] Zum Bekanntwerden der Waffenlieferungen vgl. Dok. 1, Anm. 3.

[4] Zu den Bemühungen der Bundesregierung, die noch ausstehenden Waffenlieferungen durch Geldzahlungen abzulösen, vgl. Dok. 57 und Dok. 58.

[5] Für eine erste israelische Reaktion auf den Vorschlag der Ablösung vgl. Dok. 65.

[6] Am 13. Januar 1965 wurde in einem Koalitionsgespräch zwischen der CDU/CSU und der FDP die Frage erörtert, ob eine Bundestagsdelegation zu Gesprächen über die Deutschland-Frage in die Hauptstädte der Vier Mächte reisen sollte. Da sich die CDU/CSU gegen einen solchen Schritt aussprach, entschloß sich die FDP, „allein initiativ" zu werden. Vgl. den Artikel von Peter Koch: „Um die Plenarsitzung in Berlin"; SÜDDEUTSCHE ZEITUNG, Nr. 12 vom 14. Januar 1965, S. 1 f.

[7] Der ehemalige Bundeskanzler Adenauer beklagte, es gebe kein amerikanisches Interesse, keine amerikanische politische Führung mehr in Europa. Vgl. den Artikel „Bonn's Social Democrats Score de Gaulle on His Anti-U.S. Stand"; THE NEW YORK TIMES, International Edition, Nr. 39 100 vom 11. Februar 1965, S. 1 f.

[8] Für den Toast, den der Bundeskanzler am 24. Juni 1963 im Amerikanischen Klub in Bad Godesberg ausbrachte, in dem Adenauer die USA als Führungsmacht in Europa bezeichnete, vgl. PUBLIC PAPERS, KENNEDY 1963, S. 512.

[9] Vgl. dazu zuletzt Dok. 27 und weiter Dok. 80.

Zur Frage einer Deutschland-Initiative[10] bemerkte der Herr Minister, die Bundesregierung sei sich noch nicht endgültig schlüssig, welchen Verfahrensweg sie einschlagen wolle. Vielleicht sei es das beste, zunächst die Sache im Botschafterlenkungsausschuß zu behandeln. Außerdem sei es nötig, bilaterale Vorgespräche zu führen.

Nach einem Gedankenaustausch über einige der von General de Gaulle in seiner Pressekonferenz[11] dargelegten Ideen bemerkte Botschafter *McGhee*, zwischen der amerikanischen und der deutschen Regierung gebe es nur einige wenige Fragen, in denen eine gewisse Divergenz bestehe. In allen anderen Fragen seien die beiden Regierungen gleicher Auffassung. Anders sei es zwischen Amerika und de Gaulle, dessen Auffassungen in sehr vielen Problemen denen Amerikas zuwiderliefen. Amerika werde daher mit de Gaulle niemals eine echte Annäherung, sondern höchstens eine oberflächliche Verständigung erzielen können. Der Herr *Minister* betonte, er habe immer versucht, im Rahmen des deutsch-französischen Vertrages[12] den Begriff der Gleichberechtigung durchzusetzen. Leider sei dies nicht immer gelungen. Freundschaft könne in Wirklichkeit aber ohne Gleichberechtigung nicht bestehen.

Das Gespräch endete um 11.30 Uhr.

VS-Bd. 8513 (Ministerbüro)

70

Gespräch des Bundeskanzlers Erhard und des Bundesministers Westrick mit dem Leiter der Israel-Mission, Shinnar

Ge 28/15/65 geheim   **11. Februar 1965**[1]

Am 11. Februar 1965 empfing Herr Bundesminister Westrick Herrn Botschafter Shinnar um 15.30 Uhr zu einem Gespräch, an dem der Unterzeichnete teilnahm. Nach etwa 45 Minuten begaben sich die Gesprächsteilnehmer zu dem Herrn Bundeskanzler, in dessen Arbeitszimmer die Unterhaltung dann fortgeführt wurde.

Herr Bundesminister *Westrick* betonte zunächst, daß er den besten Willen Israel gegenüber habe. Es sei aber nun notwendig, einen Weg zu finden, um aus der schwierigen Lage herauszukommen. Wir wollten unser Versprechen nicht brechen; wir könnten andererseits aber auch die Lebensinteressen Deutsch-

---

[10] Vgl. dazu zuletzt Dok. 64 und weiter Dok. 130.
[11] Für die Äußerungen des französischen Staatspräsidenten vom 4. Februar 1965 vgl. DE GAULLE, Discours et messages, Bd. 4, S. 325–342. Für Auszüge vgl. Dok. 60, Anm. 23, Dok. 62, Anm. 2 und 5 sowie Dok. 64, Anm. 16.
[12] Für den Wortlaut des deutsch-französischen Vertrags vom 22. Januar 1963 vgl. BUNDESGESETZBLATT 1963, Teil II, S. 706–710.

[1] Die Gesprächsaufzeichnung wurde vom Leiter des Außenpolitischen Büros im Bundeskanzleramt, Osterheld, gefertigt.

lands nicht wegen der Fortführung von geschenkweise gegebenen Lieferungen aufs Spiel setzen, die zudem für Israel keinen unersetzlichen Wert hätten.² Er halte zwar die ägyptischen Erklärungen, der Ulbricht-Besuch erfolge wegen unserer Waffenlieferungen an Israel³, für einen Vorwand. Nasser habe aber sehr deutliche Erklärungen abgegeben, hinter die er nicht leicht zurückgehen könne.⁴ Die Reaktion anderer arabischer Staaten könne gefährlich sein. Im Hintergrund drohten auch Sukarno⁵, Ceylon⁶, Tansania⁷ etc.

Er müsse zudem einige unangenehmere Punkte erwähnen. Bei den Besprechungen mit Peres – in diesem Zimmer – sei erklärt worden, daß diese Dinge geheim bleiben müßten; blieben sie nicht geheim, dann würden die Lieferungen eingestellt. Er möchte das Wort „Wegfall der Geschäftsgrundlage" nicht erwähnen. Er wolle eine honorige Lösung finden. Aber er müsse darauf hinweisen, daß auch andere Bedingungen eine Rolle gespielt hätten, nämlich die Bezahlung der Waffen; wir hätten lediglich Chassis zugesagt, die in Italien noch einige Zeit gebraucht werden sollten, dann mit amerikanischen Kanonen umgerüstet und erst im Anschluß daran, als italienische Güter, ausgeliefert werden sollten.⁸ Selbst vom Rechtsstandpunkt aus sei die deutsche Lage also günstig. Er, Bundesminister Westrick, wünsche aber, daß sie die Angelegenheit nicht als Juristen, sondern als Herren anpackten. Marquis de Nerva habe einen anderen Auftrag erhalten, als er anscheinend ausgeführt habe.⁹ Wir wollten in Spannungsgebiete in Zukunft nichts mehr liefern.¹⁰ Die bestehenden Absprachen wollten wir aber in honoriger Weise ablösen.

Botschafter *Shinnar* sagte, die Bundesregierung sollte sich ihrer Stärke bewußt werden. Wenn Ulbricht abgereist sei, werde Nasser zu Kreuze kriechen. Für Israel sei wichtig, was jetzt von deutscher Seite erklärt werde. Wir sollten Nasser jetzt nichts geben, was für Israel schädlich sei. Er habe Staatssekretär Carstens ausführlich über die Besprechung unterrichtet, die vor kurzem in Tel Aviv zwischen Eshkol, Peres, Meir, ihm und anderen stattgefunden habe.¹¹ Das beste, was die Bundesregierung tun könne, sei, so rasch wie möglich zu erfüllen. Die beiden U-Boote würden sowieso von England kommen (von Deutschland bezahlt); die sechs Schnellboote würden erst in 14 Monaten geliefert und dann unbewaffnet; die 90 noch ausstehenden Panzer sollten so rasch wie möglich geliefert werden.

---

² Zur Absicht der Bundesregierung, die noch ausstehenden Waffenlieferungen durch Geldzahlungen abzulösen, vgl. Dok. 57. Für eine erste israelische Reaktion auf diesen Vorschlag vgl. Dok. 65.
³ Zu dieser Argumentation vgl. Dok. 38, Anm. 3.
  Zum Besuch des Staatsratsvorsitzenden Ulbricht vom 24. Februar bis 2. März 1965 in der VAR vgl. Dok. 104.
⁴ Vgl. dazu Dok. 61.
⁵ Zu den Beziehungen Indonesiens zur DDR vgl. Dok. 42, Anm. 3, und weiter Dok. 216.
⁶ Zur Haltung Ceylons in der Deutschland-Frage vgl. Dok. 72.
⁷ Zur Haltung Tansanias in der Deutschland-Frage vgl. Dok. 45.
⁸ Zur Absprache über die Lieferungen amerikanischer Panzer durch die Bundesrepublik und zu den vereinbarten Modalitäten vgl. Dok. 39, Anm. 6.
⁹ Zur Beurteilung der Bemühungen des spanischen Vermittlers durch die Bundesregierung vgl. Dok. 73.
¹⁰ Vgl. dazu die Entscheidung des Bundeskanzlers Erhard vom 3. Februar 1965; Dok. 57, Anm. 2.
¹¹ Vgl. Dok. 65.

Herr Bundesminister *Westrick* entgegnete, daß dieser Vorschlag nicht akzeptabel sei. Wenn Herr Shinnar sonst nichts mitzuteilen habe, so betrachte er, Westrick, seine Vermittlerdienste als beendet. Bis heute habe die Bundesregierung auf seine Veranlassung hin nichts zu den Waffengeschichten erklärt. Der Bundeskanzler sei aber nicht in der Lage, Lebensinteressen Deutschlands aufs Spiel zu setzen, um eine geschenkweise Zusage abgewrackter Waffen zu erfüllen, obwohl die ausgehandelten Bedingungen nicht mehr vorlägen.

Herr *Shinnar* erwiderte, daß die Einstellung und Gesinnung des Herrn Bundeskanzlers in Israel wohl gewürdigt würden. Die Waffenlieferungen seien aber Teil eines Planes, der eingehalten werden müsse, um die Existenz Israels zu sichern. Er, Shinnar, werde morgen nach Israel zurückkehren und dort sicher recht bald erneut mit Ministerpräsident Eshkol u. a. sprechen. Er werde dabei sein Bestes tun, um für die deutsche Auffassung Verständnis zu wecken. Inzwischen müsse er aber sicher sein, daß nach außen hin nichts anderes erklärt werde als höchstens, daß das Bundeskabinett erwäge, in Zukunft keine Waffen in Spannungsgebiete zu liefern. Von etwaigen Modifikationen (der bestehenden Absprachen) dürfe aber nicht gesprochen werden. Nasser dürfe nicht auch diese Vorleistungen noch erhalten für seinen plumpen Bluff.

Herr Bundesminister *Westrick* wies Herrn Shinnar darauf hin, daß Shinnar seinerzeit geglaubt habe, der Ulbricht-Besuch werde gar nicht stattfinden.[12] Darin habe sich Shinnar ja geirrt. Vielleicht irre er sich auch jetzt hinsichtlich der möglichen arabischen Reaktionen. Er, Westrick, müsse nochmals auf die früheren Bedingungen hinweisen. So ungern er es tue, so müsse er auch das „geschenkweise" wiederholen. Herr *Shinnar* sagte, daß es ihm weh tue, die „Geschenke" vorgehalten zu bekommen. Die Waffen, die Nasser von der Sowjetunion erhalten habe und das Zehnfache betrügen von dem, was Nasser selbst brauche, würden eines Tages auch gegen uns, nämlich die ganze freie Welt, gerichtet. Die Sowjetunion baue sich in Ägypten einen Stützpunkt, und Nasser werde eines Tages feststellen, daß er die Dinge nicht mehr in der Hand habe.

Herr Bundesminister Westrick und Herr Shinnar sprachen dann einige Zeit darüber, ob den Arabern mitgeteilt werden könne (nach Rückkehr von Herrn Shinnar aus Tel Aviv), daß auch die schon vereinbarten Waffenlieferungen aufhörten. Herr *Shinnar* sagte, daß er – gegen seine Instruktion – versuchen wolle, seiner Regierung die Version vorzuschlagen, „daß sich bei der Durchführung des früher Gesagten objektive Schwierigkeiten ergeben hätten" – der Lieferungsstop dürfe aber nicht erkennen lassen, daß er Nasser zuliebe erfolgt sei. Herr Bundesminister *Westrick* meinte, daß er darauf nicht eingehen könne, da das ja der Sinn des Lieferungsstops sei. Die Ablösung der früheren Absprachen solle sich nicht zum Nachteil Israels und nicht zum Vorteil der BRD auswirken.

---

[12] Am 29. Januar 1965 äußerte der israelische Botschafter Shinnar gegenüber dem Chef des Bundeskanzleramts, Westrick, die Ansicht, daß der Besuch des Staatsratsvorsitzenden Ulbricht in Kairo vermutlich nicht stattfinden werde. „Vielmehr halte er die gegenwärtigen Ankündigungen für ein geschicktes taktisches Spiel Nassers, der dadurch seine Position festigen und die Bundesrepublik zu Zugeständnissen erpressen wolle." Vgl. die Gesprächsaufzeichnung vom 1. Februar 1965; VS-Bd. 423 (Büro Staatssekretär); B 150, Aktenkopien 1965.

Die Herren gingen dann in das Arbeitszimmer des Herrn Bundeskanzlers, wobei Herr Bundesminister *Westrick* zunächst das bisherige Gespräch zusammenfaßte. Um Herrn Shinnar wegen der gerade aus Kairo eintreffenden Meldungen[13] zu beruhigen, las Herr Bundesminister Westrick dann die Instruktion vor, die unser Botschafter in Madrid zwecks Weiterleitung an Marquis de Nerva[14] erhalten hatte. Herr *Shinnar* fand die Instruktion korrekt. Auf Grund der falschen Meldungen aus Kairo werde sich in Israel aber eine Welle der Empörung erheben. Seine Regierung habe ja auch beschlossen, auf den Lieferungen zu bestehen. Wenn er also versuchen werde, sie umzustimmen und Modifikationen der früheren Absprachen zu erreichen, so müsse er andererseits mitteilen können, daß diese Modifikationen nicht als Sieg Nassers erschienen.

Der Herr *Bundeskanzler* sagte, daß er eine einvernehmliche Lösung anstrebe. Für die BRD stehe aber viel auf dem Spiel, da sich möglicherweise andere Staaten mit Nasser solidarisch erklären würden. Er habe seinerzeit mit Herrn Eshkol eine gute Lösung in einer Frage gefunden, die zunächst auch recht schwierig ausgesehen habe.[15] Waffen könne man in der ganzen Welt kaufen. Außerdem wolle er hinsichtlich der Verjährungsfristen[16] etwas tun, was zeige, daß ihm an einem guten Verhältnis mit Israel und dem Judentum liege. Herr Bundesminister *Westrick* warf ein, daß England Panzer an Israel liefern könne, die wir dann u. U. bezahlten. Der Herr *Bundeskanzler* erklärte, daß der Rest unserer Verpflichtungen gegenüber Israel nicht im Wege von Waffenlieferungen erfüllt werde. Israel könne es nicht auf sich nehmen, daß die Deutschlandpolitik deshalb großen Schaden leide.

Herr *Shinnar* sagte, daß er optimistisch hinsichtlich der Ablösungsverhandlungen sei, wenn er sagen könne, a) daß die Mitteilungen Sabris vollkommen falsch seien, b) daß sich die Geschäftsgrundlage der früheren Absprachen verändert habe, c) daß der Herr Bundeskanzler den vitalen Interessen Israels wohlwollend gegenüberstehe (so wie er es am 4. November Herrn Shinnar angedeutet habe[17]), d) daß die Ablösungen nicht als Triumph Nassers erschienen. Er reise morgen nach Tel Aviv. Er bitte, daß in der Zwischenzeit keine definitiven Beschlüsse gefaßt würden. Er werde am Montag[18] wieder zur Verfügung stehen.

---

[13] Am 11. Februar 1965 trafen Drahtberichte des Botschaftsrats I. Klasse Müller, Kairo, in Bonn ein, in denen Äußerungen des ägyptischen Ministerpräsidenten vor der Nationalversammlung wiedergegeben wurden. Danach hatte Ali Sabri dem Parlament am Vorabend nicht nur mitgeteilt, daß die Bundesrepublik keine Waffen mehr in Spannungsgebiete liefern werde, sondern auch erklärt, daß alle Waffenlieferungen an Israel gestoppt würden. Dieser Wandel in der deutschen Haltung sei ein Erfolg der Bemühungen des spanischen Vermittlers Marques de Nerva. Vgl. die Drahtberichte Nr. 150 und 154; Ministerbüro, Bd. 219.

[14] Vgl. dazu Dok. 59, Anm. 11.

[15] Dies war bei den Wirtschaftsverhandlungen zwischen Israel und der EWG der Fall. Vgl. dazu AAPD 1964, I, Dok. 25. Vgl. weiter Dok. 172.

[16] Zur Verlängerung der Verjährungsfrist für Gewaltverbrechen in der Zeit des Nationalsozialismus vgl. Dok. 53.

[17] Für das Gespräch des Bundeskanzlers Erhard mit dem Leiter der Israel-Mission vgl. AAPD 1964, II, Dok. 312.

[18] 16. Februar 1965.

Herr Bundesminister *Westrick* warf ein, daß das Auswärtige Amt eine Erklärung abgeben möchte, wonach die alten Lieferungen nicht fortgeführt würden.[19] Die Umwandlung sei allein eine Sache zwischen Deutschland und Israel. Der Herr *Bundeskanzler* wiederholte, daß ihm an einer einvernehmlichen Lösung gelegen sei; es solle nicht Israels Schade sein (es werde uns wohl sogar mehr kosten). Herr Bundesminister *Westrick* meinte, daß die vom Auswärtigen Amt gewünschte Erklärung Israel doch nicht schade, höchstens den Deutschen. Herr *Shinnar* erwiderte, daß sie unabsehbare Folgen in Israel haben könne. Er werde auf jeden Fall sagen, daß Herr Sabri Dinge erzählt habe, denen die deutsche Seite nicht zugestimmt habe. Der Herr *Bundeskanzler* meinte, daß wir im allgemeinen bei „no comment" blieben; Herr Shinnar könne aber ruhig sagen, daß die Behauptungen wegen biologischer Waffen[20] lächerlich seien und auch die Erklärung wegen seiner, des Bundeskanzlers, Zusage über 320 Mio.[21]

Herr *Shinnar* bedankte sich für die Gesinnung, aus der der Herr Bundeskanzler und Herr Bundesminister Westrick gesprochen hätten.[22]

Bundeskanzleramt, AZ: 21-30 100 (56), Bd. 12

---

[19] Am 12. Februar 1965 erklärte der Chef des Presse- und Informationsamtes, von Hase, auf der Bundespressekonferenz, daß die Bundesregierung beschlossen habe, keine Waffen mehr in Spannungsgebiete zu liefern. „Hinsichtlich der in der Vergangenheit vereinbarten, aber noch nicht voll ausgefüllten Lieferungen ist hier gesagt worden, daß auch eine Einstellung über diese Lieferungen angestrebt wird, doch seien wir international nicht frei und könnten daher nicht allein entscheiden. […] Botschafter Shinnar hat sich mit dieser Mitteilung des Bundeskanzlers, in deren Mittelpunkt das Bemühen steht, eine Regelung des Restes von Lieferungen […] zu erreichen, nach Israel begeben. Es ist damit zu rechnen, daß Botschafter Shinnar mit einer Antwort der israelischen Regierung bald nach Bonn zurückkehren wird." Vgl. BULLETIN 1965, S. 218 f.
Zur Erklärung des Bundeskanzlers Erhard vom 12. Februar 1965 vgl. BULLETIN 1965, S. 218.

[20] Vgl. dazu auch die Berichterstattung in der ägyptischen Presse; Dok. 61, Anm. 5.

[21] Dazu hielt Staatssekretär Carstens am 18. Februar 1965 für Bundesminister Schröder fest, daß sich die gegenüber Israel eingegangenen Verpflichtungen „im Gegensatz zu den von arabischer und anderer interessierter Seite aufgeführten überhöhten Summen auf 270 Mio. DM" beliefen. Vgl. VS-Bd. 422 (Büro Staatssekretär); B 150, Aktenkopien 1965.

[22] Bundeskanzler Erhard gab dem Leiter der Israel-Mission, Shinnar, ein Schreiben an den israelischen Ministerpräsidenten mit, das Ministerialdirigent Osterheld „binnen einer viertel Stunde" entworfen hatte und in dem Eshkol gebeten wurde, „der Umwandlung der Restzusagen in andere Leistungen statt Waffen zuzustimmen". Vgl. OSTERHELD, Außenpolitik, S. 156.
Für den Wortlaut des Schreibens vom 11. Februar 1965 vgl. VS-Bd. 2647 (I B 4); B 150, Aktenkopien 1965.

71

Aufzeichnung des Botschafters von Walther, Ankara

VS-NfD   11. Februar 1965

1) Im Laufe einer längeren Unterredung gab mir heute auf meine Frage hin Erkin eine Darstellung der letzten Entwicklung zur Zypernfrage. Er ging davon aus, daß durch die als sicher anzunehmende bevorstehende Vertagung der UNO eine Verhandlung der Zypernfrage in diesem Gremium nicht mehr in Frage kommt.[1] Die türkische Regierung sei noch nicht entschlossen, wie sie nunmehr reagieren solle. Um so mehr als sie von ihren amerikanischen Freunden keinerlei Unterstützung hätten.

Bei seiner Anwesenheit in New York[2] sei die griechische Delegation unter der Hand an die türkische Delegation herangetreten und habe die Möglichkeit von Dreier-Verhandlungen zwischen Nicosia, Athen und Ankara angedeutet. In einem langen Gespräch mit Rusk[3] habe auch dieser auf eine solche Möglichkeit gedrängt und dabei bemerkt, daß Athen im Augenblick in einer schwierigen Lage und daher besonders verhandlungsbereit sei. Erkin habe sich zu solchen Gesprächen in New York bereit erklärt, habe aber die Anregung, daß die Türken Kyprianou zu solchen Besprechungen auffordern sollten, abgelehnt. Eine solche Aufforderung müsse von Athen ausgehen. Außerdem sei die Voraussetzung solcher Gespräche, daß die Vertreter der beiden zypriotischen Volksgruppen hinzugezogen würden und daß man die türkische Föderallösung im Grundsatz anerkenne.

Die Zyprioten hätten ihn nach einigen Tagen wissen lassen, daß sie zu Verhandlungen nicht bereit seien.

Nach seiner Rückkehr nach Ankara habe Erkin Botschafter Hare über die nunmehrigen Absichten der amerikanischen Regierung zur Lösung des Zypernkonfliktes befragt. Hare habe ihn auf die Ausführungen Rusks, d. h. dreiseitige Verhandlungen zwischen Athen, Nicosia und Ankara verwiesen.

Erkin habe daraufhin sehr ernsthaft die Notwendigkeit einer baldigen Initiative Amerikas dargelegt. Für die Türkei sei die Situation so günstig wie noch nie. Die Sowjetunion habe sich in den verschiedenen Äußerungen für den Standpunkt der Türkei erklärt.[4] Die arabischen Länder, mit deren Vertreter

---

[1] Die UNO-Generalversammlung trat erst wieder am 20. September 1965 zusammen.
[2] Der türkische Außenminister Erkin hielt am 25. Januar 1965 eine Rede vor der UNO-Generalversammlung in New York. Vgl. dazu den Drahtbericht des Botschafters Freiherr von Braun, New York (UNO) vom 25. Januar 1965; Referat I B 1, Bd. 352.
[3] Außenminister Erkin wurde am 26. Januar 1965 vom amerikanischen Außenminister Rusk empfangen. Vgl. dazu EUROPA-ARCHIV 1965, Z 38.
[4] Vgl. dazu Dok. 25, Anm. 5.
Botschafter Groepper, Moskau, machte in diesem Zusammenhang darauf aufmerksam, daß die UdSSR die türkische Föderallösung für Zypern nur deshalb unterstütze, weil sie an der „Schaffung eines schwachen, machtpolitisch ungebundenen Inselstaates ohne militärische oder politische Interventionsrechte irgendeines NATO-Staates" interessiert sei. Die sowjetische Taktik laufe dabei auf eine „Vertiefung und Verewigung des türkisch-griechischen Zerwürfnisses und

Erkin in New York gesprochen hat, hätten bereits damals zugesagt, im Falle einer allerdings inzwischen unwahrscheinlich gewordenen UNO-Abstimmung über Zypern den türkischen Standpunkt anzuerkennen. Auch einige afrikanische Länder seien hierzu bereit. Damit sei jede Aussicht für die Griechen, für ihren Resolutionsentwurf eine Mehrheit zu finden, vorbei. Im Gegenteil würde die Vollversammlung voraussichtlich in einer Entschließung direkte Verhandlungen zwischen den drei Beteiligten vorschlagen, wobei dann die Türkei ihren Standpunkt durchsetzen könne.

Die Türkei wolle in keinem Falle diese günstige Situation ungenutzt verstreichen lassen. Da die Möglichkeit einer Abstimmung in der UNO kaum noch bestehe, müsse auf anderem Wege etwas zur Lösung dieser Situation getan werden. Die Amerikaner sollten nunmehr gemeinsam mit den Russen in Nicosia auf Makarios mit dem Ziele der Erreichung der Föderallösung drücken. Dabei sollten die Amerikaner den Russen gegenüber ihren Wunsch nach Enosis[5] aufgeben. Die Russen sollten dafür die Unterlassung jeder Intervention in Zypern zusagen. Auf diese Weise sei den russischen Wünschen Genüge getan, auf der anderen Seite eine wirkliche Neutralisierung Zyperns gesichert. Hare habe im Anschluß an dieses Gespräch noch einige Informationen über die Einzelheiten der türkischen Pläne erbeten, insbesondere über die Zahl der umzusiedelnden Familien, wobei ihm Erkin seinerzeit dieselben Ausführungen gemacht hat, die ich bereits im Drahtbericht Nr. 47 vom 19.1., Ziffer 2, dargelegt habe. Wenn Makarios nicht bereit sei, sich zu einigen, sollten die Amerikaner ihn wissen lassen, daß sie sich dann an der Zypernfrage desinteressieren und die Lösung den Türken überlassen würden. Diese würden schon eine Lösung herbeizuführen wissen.

In jedem Fall handele es sich jetzt darum, ob der Westen den Russen alleine die Rolle des „champion de la paix en Europe" überlassen wolle.

Vor drei Tagen habe nun Hare die negative Antwort seiner Regierung überbracht und habe wieder auf den Weg der dreiseitigen Verhandlungen verwiesen. Der von den Türken vorgeschlagene Weg biete keine Aussicht auf Erfolg, „da die Russen lediglich darauf aus seien, einen griechisch-türkischen Krieg zu entfachen" (sic). Erkin habe ihm daraufhin die tiefe Enttäuschung der türkischen Regierung zum Ausdruck gebracht. Er habe weiter ausgeführt, daß drei Lösungen möglich seien:

a) Die Enosis, die von Türken und Russen abgelehnt würde und daher definitiv zu begraben sei. Hare habe hier zugestimmt.

b) Ein unabhängiges Zypern, ohne Berücksichtigung der türkischen Interessen. Dieser Lösung würde sich die Türkei mit allen Mitteln widersetzen. Es bliebe also nur

---

Fortsetzung Fußnote von Seite 302
    damit [auf eine] Schwächung der NATO von innen her durch [eine] wechselnde, jeweils die antiwestliche Stoßrichtung beachtende Stützung Nikosias, Athens und Ankaras" hinaus. Vgl. den Drahtbericht Nr. 144 vom 11. Februar 1965; VS-Bd. 2501 (I A 4); B 150, Aktenkopien 1965.

5 Zum Begriff der Enosis vgl. Dok. 25, Anm. 8.

c) die Lösung eines unabhängigen neutralisierten Zypern mit einer föderalen Verfassung, wobei die Einzelheiten dieser föderalen Verfassung ausgehandelt werden müßten, nachdem vorher der Grundsatz von Makarios anzuerkennen sei. Die Türken seien bereit, in jeder Weise in den eventuellen Verhandlungen entgegenzukommen. Diese Lösung stelle den einzig gangbaren Weg dar.

Ironisch bemerkte Erkin, daß Hare sich diese Darstellung nochmals habe wiederholen lassen, um Notizen zu machen. Er werde dies der USA-Regierung nochmals darlegen und erneut um Weisung bitten.

Erkin fügte hinzu, daß offenbar Johnson völlig uninteressiert sei und nichts von außenpolitischen Fragen verstünde; Ball habe in der Zypernfrage eine denkbar unglückliche Rolle gespielt: „il a fait le vilain malgré lui".[6] Die Erklärung für diese unglückselige Rolle sei wohl, daß er als einer der wenigen noch in Gunst befindlichen Kennedy-Mitarbeiter seine Stellung behalten und daher um jeden Preis Johnson gefallen wolle.

2) Erkin frug mich sodann, wie der Botschafter der Bundesrepublik Deutschland in Athen informiert sei und ob er Papandreou oft sehe. Ich klärte ihn darüber auf, daß der neue Botschafter dieser Tage in Athen ankommen würde und daß er meiner Ansicht nach in der Lage sein würde, sich im Verlauf seiner Antrittsunterredungen über die jetzigen Pläne der griechischen Regierung zu unterrichten, falls solche Pläne überhaupt bestünden. Ich sagte Erkin zu, ihn zu orientieren, falls bei den ersten Gesprächen Schlitters nennenswerte Ergebnisse festzustellen seien.[7]

3) Aus dieser Unterredung ersehe ich, daß die Ausführungen meines Telegramms Nr. 81 vom 2.2., geheim, Ziffer 2, Absatz 3[8], volle Berechtigung haben. Die Türken sind heute noch fest entschlossen, die Zypernfrage möglichst mit Hilfe ihrer westlichen Alliierten zu klären, um nicht zu stark in das russische Fahrwasser abzugleiten. Wenn sich jedoch der Westen – in erster Linie die Vereinigten Staaten, in zweiter Linie Großbritannien – nicht entschließen kann, eine eindeutige Haltung anzunehmen, wird der türkischen Regierung gar nichts anderes übrig bleiben, als sich stärker auf die Sowjetunion zu stützen. Es ging aus den Ausführungen Erkins hervor, daß er im Augenblick jedenfalls eine erfolgreiche diplomatische Intervention der Russen in Nicosia für möglich erachtet: die Russen könnten nicht nur mit einer türkischen Intervention, sondern außerdem noch mit ihrer eigenen kommunistischen Partei in Zypern Makarios drohen.[9]

---

[6] Im Februar 1964 scheiterten Bemühungen des Staatssekretärs im amerikanischen Außenministerium, Ball, die Zustimmung der griechischen, türkischen und zypriotischen Regierung zu einer Stationierung von Friedenstruppen aus NATO-Staaten auf Zypern zu erlangen. Vgl. dazu den Schriftbericht des Botschafters von Walther, Ankara, vom 20. Februar 1964; Referat I A 4, Bd. 296.

[7] Zu einer diesbezüglichen Unterrichtung kam es nicht mehr, da die Regierung unter Ministerpräsident Inönü am 13. Februar 1965 zurücktrat.

[8] Vgl. VS-Bd. 2501 (I A 4).

[9] Am 11. Februar 1965 machte Botschafter Groepper, Moskau, u.a. darauf aufmerksam, daß eine Stärkung der kommunistischen Partei Zyperns eines der Ziele der sowjetischen Politik sei. Vgl. dazu den Drahtbericht Nr. 144; VS-Bd. 2501 (I A 4); B 150, Aktenkopien 1965.

Ich darf der dortigen Erwägung anheimstellen, ob nicht eine Initiative unsererseits bei der amerikanischen und eventuell auch der englischen Regierung möglich ist, um eine profiliertere Politik in der Zypernfrage zu erreichen.[10]

Über Herrn Ministerialdirigent Dr. Voigt und Herrn Ministerialdirigent Professor Dr. Meyer-Lindenberg hiermit Herrn Staatssekretär Professor Dr. Carstens ergebenst vorgelegt.

Walther

VS-Bd. 2439 (I A 4)

72

Botschafter Schwörbel, Colombo, an das Auswärtige Amt

Z B 6-1-1322/65 geheim Aufgabe: 11. Februar 1965, 15.55 Uhr[1]
Fernschreiben Nr. 25 Ankunft: 11. Februar 1965, 13.48 Uhr
Citissime

Generaldirektor Außenministerium Peiris bat mich 11. Februar zu informeller Besprechung. Begann mit betontem Hinweis auf heutige Reuter-Meldung, wonach Bundesregierung beschlossen habe, Waffenlieferungen an Israel einzustellen[2] und damit Druck Nasser nachzugeben. Anschließend teilte Peiris folgendes mit: Stellvertretender SBZ-Minister für Außenhandel und innerdeutschen Handel, Wächter, treffe heute erneut in Colombo ein. Ihm folge 15. Februar Delegation aus Ostberlin. Es gehe um Abschluß seit 1 Jahr angebotenem Kredithilfeabkommens über 80 Mill. Rupien[3], durch das Ceylon Möglichkeit erhalte, zusätzliche Waren, u. a. Zement, auf Kredit einzukaufen.[4]

Außenministerium habe sich bisher erfolgreich bemüht, im Verhältnis zu SBZ alles zu vermeiden, was Schlüsse auf weitergehende Aufwertung SBZ zuließe. Noch im Dezember sei es gelungen, Abschluß formellen Handelsabkommens zu verhindern. Gegen Widerstand SBZ sei nur Austausch von Briefen erfolgt.[5] Nunmehr aber sei Abschluß formellen Abkommens nicht mehr vermeidbar.

---

[10] Zur Zypern-Frage vgl. weiter Dok. 150.

[1] Hat Ministerialdirigent Böker am 11. Februar 1965 vorgelegen, der handschriftlich vermerkte: „Die alte Leier!"

[2] Zur Bekanntgabe der Entscheidung des Bundesregierung, keine Waffen in Spannungsgebiete zu liefern, vgl. Dok. 70, Anm. 19.

[3] Zum Angebot der DDR, das während des Besuchs des Stellvertretenden Ministerpräsidenten Leuschner vom 7. bis 14. Februar 1964 in Ceylon unterbreitet wurde, vgl. AUSSENPOLITIK DER DDR XII, S. 718f.

[4] Am 22. Februar 1965 wurde zwischen Ceylon und der DDR ein Abkommen über wirtschaftliche Zusammenarbeit abgeschlossen, das u.a. vorsah, daß die DDR Anlagen für die Textilindustrie und die chemische Industrie liefern würde, und das Ceylon langfristige Kredite einräumte. Vgl. dazu AUSSENPOLITIK DER DDR XIII, S. 974.

[5] Zur Vereinbarung vom 14. Dezember 1964 vgl. AUSSENPOLITIK DER DDR XII, S. 722–725.

Da SBZ-Regierung den Kredit gebe, werde SBZ-Delegation verlangen, daß Modalitäten von Regierung zu Regierung vereinbart werden.

Ceylon wolle nach wie vor SBZ diplomatisch nicht anerkennen. SBZ werde jedoch Tatsache des Abschlusses formellen Abkommens als weitere Aufwertung propagandistisch ausnützen.

Wirtschaftliche Lage Ceylons sei so verzweifelt, daß angesichts Einstellung Wirtschaftshilfe USA[6] und Bundesrepublik[7] nichts anderes übrig bleibe, als jedes Hilfsangebot anzunehmen. Über begrenzte Verwertbarkeit SBZ-Hilfe mache man sich keine Illusionen.

Auf Einwurf, daß für Hilfe Ostblocks hoher politischer Preis bezahlt werden müsse, erwiderte Peiris, daß, wo es um Erhaltung Existenz gehe, Bedenken formaler Art zurückgestellt werden müssen.

Ähnlich wie seinerzeitige Weigerung USA, Ceylon-Kautschuk zu kaufen, zur Aufnahme Beziehungen zu VR China[8] geführt habe, habe Einstellung Wirtschaftshilfe durch Bundesrepublik zwangsweise zur weiteren Aufwertung SBZ geführt.

Auf Bericht 15/65 vom 6. Januar – I B 5-82 – mit dem Entwicklung vorhergesagt wurde, darf verwiesen werden.[9]

[gez.] Schwörbel

VS-Bd. 2654 (I B 5)

---

[6] Die USA suspendierten ihre wirtschaftliche und technische Hilfe am 8. Februar 1963, nachdem sich die ceylonesische Regierung geweigert hatte, enteignete amerikanische Ölfirmen zu entschädigen. Vgl. dazu AdG 1963, S. 10406.

[7] Zur Einstellung der Wirtschaftshilfe aus der Bundesrepublik, die am 19. Januar 1964 als Reaktion auf die Zulassung eines Generalkonsulats der DDR in Colombo erfolgte, vgl. Dok. 16, Anm. 10.

[8] Zum Handelsabkommen vom 10. Oktober 1963 zwischen Ceylon und der Volksrepublik China vgl. AdG 1964, S. 11087.

[9] Botschafter Schwörbel, Colombo, legte dar, daß seiner Einschätzung nach die ceylonesische Regierung zwar eingesehen habe, daß mit der Zulassung eines Generalkonsulats der DDR „ein Fehler" begangen worden sei, daß sie nun aber glaube, es sich nicht leisten zu können, diese Entscheidung „durch spektakuläre Schritte oder Erklärungen" zu korrigieren. So sei ein Zustand eingetreten, der einem „resignierenden Bedauern" nahekomme und der dafür verantwortlich sei, daß sich die Position der DDR in Ceylon verfestigt habe. Erschwerend komme hinzu, daß eine Gewöhnung an den Fortfall der Wirtschaftshilfe aus der Bundesrepublik eingetreten sei und an „anderer Stelle" ein Ausgleich für den Verlust gesucht werde. Vgl. den Schriftbericht vom 6. Januar 1965; Referat I B 5, Bd. 142.
Vgl. weiter Dok. 375.

73

Gespräch des Staatssekretärs Carstens mit Abteilungsleiter Marques de Nerva, spanisches Außenministerium

Z A 5-25.A/65 geheim 12. Februar 1965[1]

Staatssekretär Professor Carstens empfing am 12. Februar 1965 um 11.00 Uhr den spanischen Generaldirektor Marques de Nerva zu einem Gespräch. Anwesend waren außerdem Herr Ministerialdirigent Böker, Herr Ministerialdirektor[2] Professor Meyer-Lindenberg und von spanischer Seite der spanische Botschafter in Bonn, Herr Erice y O'Shea, sowie der Botschaftsrat Herr Pérez-Hernández.

Marques de Nerva schilderte ausführlich seine Vermittlertätigkeit[3], beginnend mit dem Anruf des spanischen Außenministers[4] bei ihm am Nachmittage des 3. Februar. Er sei noch am selben Abend nach Kairo geflogen, nachdem er sich bei dem spanischen Botschafter in Bonn sowie bei dem Vertreter des Botschafters in Madrid, Herrn Botschaftsrat Breuer, eingehend über die Lage informiert habe. Er sei am 4. Februar 1965 morgens um 6.00 Uhr in Kairo eingetroffen. Da es aber ein hoher Feiertag war, befanden sich General Nasser in Alexandrien, Außenminister Ali Sabri in Ismaelia, und das ägyptische Außenministerium war geschlossen. Erst nachmittags gegen 2.00 Uhr sei es ihm gelungen, Kontakt mit Sala Sached sowie mit Farida Abushari, Staatssekretär im ägyptischen Außenministerium, aufzunehmen. Sala Sached hätte mit Nasser in Alexandrien telefoniert, und Nasser habe ihm geantwortet, daß Ali Sabri mit Marques de Nerva sprechen sollte. Da der darauffolgende Tag Freitag, der 5. Februar, ebenfalls ein Feiertag war, konnte dieses Gespräch erst am Samstag um 11.00 Uhr vormittags stattfinden. Marques de Nerva berichtete, er habe sich über eine Stunde lang mit Sabri unterhalten. Er habe ihm erklärt, was Ulbricht für Deutschland bedeute und was dessen Besuch in Ägypten[5] für eine Empörung im deutschen Volk verursachen müsse. Er habe auch auf die nachteiligen Folgen für die Beziehungen zwischen Bonn und Kairo hingewiesen. Wenn Ulbricht zu einem offiziellen Besuch in Kairo empfangen würde, so werde die Bundesrepublik Deutschland höchst wahrscheinlich die Beziehungen zu Ägypten abbrechen, und das würde eine Annäherung mit Israel bedeuten. Falls andere arabische Länder Ulbricht dann ebenfalls einladen sollten, wäre zu erwarten, daß Deutschland die diplomatischen Beziehungen zu den anderen arabischen Ländern ebenfalls abbrechen würde, und das würde bedeuten, daß im Grunde genommen die diplomatischen Beziehungen

[1] Die Gesprächsaufzeichnung wurde von Dolmetscherin Engling am 15. Februar 1965 gefertigt. Hat Staatssekretär Carstens am 17. Februar 1965 vorgelegen, der in einem handschriftlichen Vermerk auf der Begleitnotiz die Weiterleitung an Bundesminister Schröder verfügte. Hat Schröder am 18. Februar 1965 vorgelegen.
[2] Korrigiert aus „Ministerialdirigent".
[3] Zu den Bemühungen des spanischen Vermittlers vgl. bereits Dok. 59.
[4] Fernando M. Castiella y Maiz.
[5] Zum Besuch des Staatsratsvorsitzenden Ulbricht vom 24. Februar bis 2. März 1965 in der VAR vgl. Dok. 104.

zwischen der arabischen Welt und Europa als ganzes abgebrochen würden. Ali Sabri habe aber anfänglich wenig entgegenkommend reagiert und habe sich als sehr zäher Gesprächspartner erwiesen. Er habe erklärt, daß man bereits seit drei Jahren plane, Ulbricht einzuladen, und daß im übrigen die westdeutsche Wirtschaftshilfe[6] nicht so unerhört bedeutend sei, zumal sie mit 6% jährlich verzinst würde. Marques de Nerva habe ihm gesagt, daß Ägypten von der Bundesrepublik Deutschland nur dann eine Beendigung der Waffenlieferungen an Israel[7] erreichen könnte, wenn Ägypten sich bereit erklärte, den Besuch Ulbrichts entweder ganz abzusagen oder zumindest um einen Monat zu verschieben. Sabri habe ihm darauf geantwortet, er könne äußerstenfalls Ulbrichts Besuch als einen Höflichkeitsbesuch betrachten und die DDR nicht anerkennen. Dies erfordere aber eine sofortige Änderung in der Haltung und Handlungsweise Bonns. Am Sonntag hätten Nasser sowie die Arabische Sozialistische Union Erklärungen abgegeben, welche die Atmosphäre noch mehr geladen hätten.[8]

Am Montag morgen sei Marques de Nerva um 9.15 Uhr erneut zu Ali Sabri gegangen. Sabri habe darauf hingewiesen, daß im Falle eines Abbruches der Beziehungen zwischen Kairo und Bonn die meisten arabischen Staaten Ägypten unterstützen würden. Er wies besonders auf Syrien, Irak, Algerien und wahrscheinlich auch Saudi-Arabien hin. Nerva habe erneut gebeten, den Besuch aufzuschieben, um Zeit zu Verhandlungen zu gewinnen. Ali Sabri habe geantwortet, das sei völlig unmöglich. Nerva habe daraufhin vorgeschlagen, die Wirkung des Ulbricht-Besuchs insofern abzuschwächen, als ein offizielles Kommuniqué die politische Bedeutung dieses Besuches verringern sollte. Endlich am Montag, den 8. Februar habe Sabri versprochen, die DDR nicht anzuerkennen. Am Dienstag, den 9. Februar habe Marques de Nerva endlich ein Telegramm aus Bonn erhalten.[9] Am gleichen Tage habe er auch Herrn Fawzi besucht. Ebenfalls am Dienstag sollte um 18 Uhr die ägyptische Nationalversammlung zu einer Vollsitzung zusammentreten. Ali Sabri habe die Sitzung aber unter dem Vorwand, daß 30 Parlamentsmitglieder ihn darum gebeten hätten, abgeblasen.

Am Mittwoch, den 10. Februar sei Nerva morgens um 10 Uhr erneut von Ali Sabri empfangen worden. Er habe ihm bei dieser Gelegenheit das deutsche Telegramm übersetzt. Ali Sabri sei sehr zufrieden gewesen und in seiner ganzen Haltung sei eine sichtbare Entspannung zu verzeichnen gewesen. Ali Sabri hätte erklärt, er wollte der Nationalversammlung über zwei oder drei Punkte dieses Telegrammes berichten[10], insbesondere darüber, daß Deutschland sich bereit erklärt habe, keine Waffen mehr an Israel zu liefern. Er befürchte aber, daß die Nationalversammlung kein Vertrauen mehr zu der deutschen Regierung hätte. Andererseits würde natürlich ein entsprechendes Gesetz, das vom

---

[6] Vgl. dazu Dok. 9, Anm. 10.
[7] Zu den Bemühungen der Bundesregierung, die noch ausstehenden Waffenlieferungen durch Geldzahlungen abzulösen, vgl. zuletzt Dok. 70.
[8] Vgl. dazu Dok. 61.
[9] Vgl. dazu Dok. 59, Anm. 11.
[10] Zu den Äußerungen des ägyptischen Ministerpräsidenten vor dem Parlament vgl. Dok. 70, Anm. 13.

Bundestag verabschiedet würde, den Ägyptern eine zusätzliche Sicherheit geben. Ali Sabri hatte noch einmal wiederholt, daß man Ulbrichts Besuch nur als Höflichkeitsbesuch betrachten und ihm keine politische Bedeutung beimessen wollte. Er betonte, daß sich Ägypten stets dafür eingesetzt habe, die DDR nicht anzuerkennen, und daß ihm in dieser Haltung alle arabischen Länder und auch einige afrikanische Länder folgten. Nerva habe ihn daraufhin gefragt, ob Nasser die Absicht hätte, die sogenannte DDR zu besuchen. Sabri hätte gesagt, dies sei keineswegs geplant, und dieser Besuch würde nicht stattfinden. Nerva habe daraufhin wieder ein Telegramm nach Bonn geschickt und sich mit dem deutschen Geschäftsträger in Kairo, Herrn Dr. Müller, in Verbindung gesetzt.[11] Um 15.30 Uhr des gleichen Tages habe er Mahmoud Riad besucht, der ihm bei dieser Gelegenheit berichtete, daß sowohl der französische[12] wie der italienische Botschafter[13] ebenfalls ihre guten Dienste zur Vermittlung zwischen Kairo und Bonn angeboten hätten. Mahmoud Riad habe betont, daß Ägypten nur die Hilfe Spaniens angenommen hätte.

Im Laufe des gleichen Tages fand dann auch das Gespräch zwischen Nerva und Präsident Nasser statt. Nasser erklärte, alle Ereignisse auch von Alexandrien aus genau verfolgt zu haben. Er habe sogar sämtliche Kommentare der europäischen Radiostationen gehört. Nasser habe Nerva seine große Sympathie für das deutsche Volk zum Ausdruck gebracht und seine Dankbarkeit für die spanische Vermittlung betont. Er bezweifelte, so sagte Nasser, daß Ägypten das Gespräch mit Deutschland wieder aufgenommen hätte, wenn die spanischen guten Dienste nicht zu einem Erfolg geführt hätten. Nerva habe Nasser berichtet, er wollte nach Madrid zurückkehren und würde dann anschließend vielleicht nach Bonn fliegen, und fragte, was er der Presse sagen sollte. Nasser habe ihm darauf geantwortet, er könne sagen, die Mission habe zu einem Erfolg geführt.[14]

Marques de Nerva las nun einige Zeitungsausschnitte vor, aus denen zu entnehmen war, daß Ali Sabri der ägyptischen Nationalversammlung erklärt hat, daß die Bundesrepublik Deutschland keine Waffen mehr an Israel liefern würde. Nerva sagte, das sei unfair von Ali Sabri gewesen. Er zeigte nun einige Briefe und Dokumente über das Ergebnis seiner Gespräche mit den Ägyptern. Er betonte, daß von spanischer Seite aus während dieser Gespräche vollkommenes Stillschweigen gewahrt worden sei. Die Presse habe nur durch die Ägypter davon erfahren. Bereits am Sonntag abend hätte der italienische Botschafter ihm, Marques de Nerva, erzählt, daß Mahmoud Riad berichtet habe, daß die Spanier ihre guten Dienste angeboten hätten. Nachdem also die Ägyp-

---

[11] Vgl. dazu den Drahtbericht Nr. 149 des Botschaftsrats I. Klasse Müller, Kairo, vom 10. Februar 1965; VS-Bd. 8448 (Ministerbüro); B 150, Aktenkopien 1965.

[12] Jacques Roux.

[13] Conte Massimo Magistrati.

[14] Zur spanischen Reaktion auf die Bemühungen des Vermittlers Marques de Nerva teilte Botschafter Allardt, Madrid, am 10. Februar 1965 mit, daß Außenminister Castiella „entsprechend spanischer Mentalität und hiesigem Prestigebedürfnis Nervas Versuch bereits als großen Erfolg" gewertet habe. Auch die Presse sei „nicht daran gehindert worden, sich an der Einschaltung Spaniens so zu begeistern, daß darüber der eigentliche Anlaß und das einstweilen noch ausstehende Resultat völlig in den Hintergrund" getreten seien. Vgl. den Drahtbericht Nr. 34; VS-Bd. 8448 (Ministerbüro); B 150, Aktenkopien 1965.

ter das Geheimnis preisgegeben hätten, sei er überall von der Presse verfolgt worden. Er habe der Presse nur erklärt, daß Spanien, das sowohl mit Deutschland wie mit den arabischen Ländern befreundet sei, zwischen diesen beiden Partnern vermitteln wollte. Spanien sei auch nicht direkt an dieser ganzen Angelegenheit interessiert, sondern wolle nur etwas tun, um den Frieden auf diesem Gebiete der Erde zu erhalten. Er sei aber durch die Erklärungen von ägyptischer Seite gezwungen worden, der Presse ebenfalls einige Erklärungen abzugeben.[15] Er habe aber nichts Konkretes berichtet, sondern nur gesagt, daß beide Seiten ihren guten Willen durch Gesten beweisen wollten. Marques de Nerva las dann aus einigen Zeitungsartikeln vor und betonte, die konkreten Aussagen, die in einigen von diesen Artikeln zu lesen waren, stammten nicht von ihm.

Marques de Nerva berichtete dann noch, er habe auf seinem Fluge von Kairo nach Madrid in Rom einen Zwischenaufenthalt gehabt. Er habe sich dort mit dem spanischen Außenminister in Verbindung gesetzt und von diesem Anweisung erhalten, sofort direkt nach Bonn weiterzufliegen, ohne erst nach Madrid zu kommen.

Abschließend berichtete Nerva noch über seine persönlichen Eindrücke von den Gesprächen mit den Ägyptern. Er meinte, die Kämpfe bei El Alamein seien entscheidend für das Verhältnis zwischen den Arabern und Deutschland gewesen.[16] Faruk und seine Leute seien für Großbritannien eingestellt gewesen, während die Gruppe der jungen Militärs, zu denen damals auch Nasser zählte, sehr prodeutsch eingestellt war. Diese tiefe Sympathie der Ägypter für das deutsche Volk sei immer wieder zum Ausdruck gekommen, sowohl in den Gesprächen mit Präsident Nasser wie auch mit Ali Sabri. Beide hätten ihm erzählt von der tiefen Achtung und Bewunderung des ägyptischen Volkes für die Tapferkeit der Deutschen, für ihr enormes wissenschaftliches und technisches Können sowie für das deutsche Volk im allgemeinen. Ägypten sei aber jetzt von der Haltung und der Handlungsweise der Bundesregierung verwirrt und enttäuscht und daher auch mißtrauisch geworden. Nasser habe darauf hingewiesen, daß die Juden in aller Welt von der Bundesrepublik Deutschland neun Billionen Dollar erhalten hätten. Das meiste davon sei Israel zugute gekommen.

Nerva habe Nasser um Verständnis für die Lage der Deutschen gebeten. Deutschland habe nun einmal den Krieg verloren, und diese Hilfe für die Juden sei mit eine Folge des verlorenen Krieges. Nasser habe ihm daraufhin geantwortet, daß diese Hilfe an die Juden letzten Endes auf Kosten der Araber

---

[15] In der ägyptischen Presse wurde die angebliche Einstellung der Waffenlieferungen aus der Bundesrepublik an Israel als ein „für die arabische Sache und den Frieden im Nahen Osten errungener Sieg" gefeiert. Vgl. den Drahtbericht Nr. 156 des Legationsrats I. Klasse Müller, Kairo, vom 12. Februar 1965; Ministerbüro, Bd. 219.

[16] Bei El Alamein kam am 30. Juni 1942 durch britische Truppen unter General Auchinleck der Vorstoß der „Panzerarmee Afrika" unter General Rommel in Richtung Suez-Kanal zum Stehen. In einer Erklärung vom 3. Juli 1942 versicherten das Deutsche Reich und Italien, daß bei einem weiteren Vorrücken auf Kairo die Unabhängigkeit und Souveränität Ägyptens geachtet würden. Am 23./24. Oktober 1942 ging die britische 8. Armee – seit dem 19. August 1942 unter dem Oberbefehl von General Montgomery – zur Großoffensive über und konnte am 12./13. November 1942 die am 20./21. Juni 1942 gefallene Festung Tobruk zurückerobern.

ginge und daß sie, die Araber, die Folgen davon tragen müßten. Die Ägypter vermuteten, daß Adenauer Ben Gurion in dem Geheimabkommen[17] Waffen im Werte von etwa 80 Millionen US-Dollar versprochen habe, und man müsse verstehen, wie sehr dieses das Vertrauen der Araber zu den Deutschen erschüttern mußte. Sowohl Nasser wie Ali Sabri hätten auf ihre Freundschaft zu Deutschland hingewiesen und betont, daß sie stets die Haltung der deutschen Regierung unterstützt hätten, insbesondere auch bei den Konferenzen der blockfreien Länder, wie zum Beispiel in Belgrad[18] und auch bei späteren Konferenzen in Afrika.[19] Nasser hätte gesagt, die Ägypter wollten grundsätzlich, daß alle Nationen der Erde in die UNO aufgenommen würden, denn sie hielten es für besser, wenn alle Völker in einem internationalen Forum gezwungen würden, miteinander zu sprechen. Die einzige Ausnahme hätte Ägypten für Deutschland gemacht, aber dieses Entgegenkommen hätte sich nicht ausgezahlt. Nasser wies auf die unerhörten wirtschaftlichen Schwierigkeiten Ägyptens hin. Er sagte, nach 1955 sei Ägypten gezwungen gewesen, sich zu bewaffnen, und müsse 130 Millionen Pfund Sterling pro Jahr für die Bewaffnung ausgeben. Das bedeutet also in zehn Jahren eine Billion 300 Millionen Pfund Sterling, also 3,6 Billionen US-Dollar. Nasser habe ausgerufen: „Stellen Sie sich vor, was wir auf sozialem und wirtschaftlichem Gebiete mit diesem Geld hätten tun können, wenn wir nicht so viel für unsere Verteidigung ausgeben müßten. Wenn nun die Bundesrepublik Deutschland den Israelis Waffen im Werte von 80 Millionen Dollar schickt, so bedeutet das, daß wir uns noch mehr anstrengen und noch mehr Geld für unsere Verteidigung ausgeben müssen." Nasser hätte ihm auch erzählt, daß Ägypten sich gezwungen gesehen habe, 30 Tonnen Gold zu verkaufen, und habe die spanische Regierung um eine Stundung der fünf Millionen Dollar gebeten, welche Ägypten den Spaniern schuldet. Die Spanier hätten sich bereit erklärt, Ägypten 50 000 Tonnen Zucker, 50 000 Tonnen Mais und 50 000 Tonnen Weizen zu schicken.

Dann sprach Nasser wieder von den deutsch-arabischen Beziehungen und sagte, Deutschland werde von den Vereinigten Staaten gedrängt.

Marques de Nerva gab seiner persönlichen Meinung Ausdruck, daß die Reaktion der Ägypter auch emotionell zu verstehen sei. Die Ägypter seien ganz einfach eifersüchtig. Nasser habe ihm erklärt: „Europa ist praktisch für uns Ara-

---

[17] Zu den Vereinbarungen zwischen Bundeskanzler Adenauer und Ministerpräsident Ben Gurion vom 14. März 1960 vgl. Dok. 2, Anm. 14.

[18] Die erste Konferenz der blockfreien Staaten fand vom 1. bis 6. September 1961 in Belgrad statt. Vgl. dazu EUROPA- ARCHIV 1961, D 585–604.
Das Bundespresseamt informierte über die Rede des Präsidenten Nasser am 1. September 1961, in der auch die Deutschland-Frage angesprochen wurde: „President Nasser then dwelt on some international problems which at the moment are a menace to world peace, – primarily the problem of Berlin and Germany, which are responsible for the heightening of the cold war. The blocs have armed the two Germanys, which has gone to aggravate the solutiuon of this problem. President Nasser said that the conflict which has come about in the German problem is due also to the armament race and failure to find a disarmament agreement. President Nasser considers that the participants in the conference of the unaligned countries should devote every attention to the basic world problems, leaving aside those minor ones so as to facilitate unity of will and action." Vgl. die Mitteilung des Presse- und Informationsamtes vom 1. September 1965; Referat 700, Bd. 758.

[19] Zum ägyptischen Verhalten auf der Konferenz der blockfreien Staaten vom 5. bis 10. Oktober 1964 in Kairo; vgl. Dok. 1, Anm. 4.

ber verloren. Die Juden haben alle europäischen Länder angesteckt, Großbritannien, Frankreich usw. Wir haben praktisch nur noch zwei Freunde in Europa, das sind Deutschland und Spanien, und nun befürchten wir, auch Deutschland noch an Israel zu verlieren." Nerva fügte hinzu, er persönlich habe den Eindruck, daß Deutschland ein enormes Kapital an Sympathie und gutem Willen unter den arabischen Völkern besitze und daß Deutschland dieses Kapital beinahe verloren hätte. Nasser habe ihm erklärt, die Situation wäre jetzt vollkommen normal.

Staatssekretär *Carstens* dankte auch im Namen der Bundesregierung Marques de Nerva auf das allerherzlichste für seine Bemühungen. Er sehe sich allerdings außerstande, den Optimismus Nervas zu teilen, denn der Besuch Ulbrichts in Kairo stände immer noch bevor, und er werde sicherlich dem deutschen Volke und auch der deutschen Regierung einen tiefen Schock versetzen.

Der spanische Botschafter in Bonn, Herr *Erice y O'Shea*, erzählte, daß der König von Marokko bald zu einem Besuch nach Spanien käme[20], und fragte, ob die Spanier den König um Vermittlung bitten sollten.

Der Herr *Staatssekretär* erwiderte, er könne noch nicht darauf antworten, diese Frage müßte sehr vorsichtig erwogen werden. Er wies außerdem auf die Schwierigkeiten hin, die noch von seiten der deutschen Öffentlichkeit zu erwarten seien, und bat dringend[21] Marques de Nerva, der Presse gar keine Erklärungen zu geben.[22]

Das Gespräch endete um 12.15 Uhr.

VS-Bd. 422 (Büro Staatssekretär)

---

[20] Zum Besuch des Königs Hassan II. vom 15. bis 17. Februar 1965 in Spanien vgl. EUROPA-ARCHIV 1965, Z 50.
[21] Dieses Wort wurde von Staatssekretär Carstens handschriftlich eingefügt.
[22] Zu den Bemühungen des spanischen Vermittlers Marques de Nerva stellte Staatssekretär Carstens am 17. Februar 1965 fest, daß Nerva „anscheinend den ihm gesetzten Rahmen überschritten" habe, als er erklärte, bei den noch laufenden Lieferungen an Israel handele es sich nicht um „Kriegsmaterial". Zudem habe er „auf ägyptischer Seite anscheinend den Eindruck erweckt, daß wir den Ulbricht-Besuch hinnehmen würden, wenn die VAR die SBZ nicht anerkenne und den Ulbricht-Besuch zu einem Höflichkeitsbesuch ohne politische Bedeutung herabstufe". Der Staatssekretär fuhr fort, daß besonders die öffentlichen Erklärungen von Nerva zu bedauern seien. Einmal habe er sogar den Eindruck erweckt, „als ob wir uns der VAR gegenüber verpflichtet hätten, keine diplomatischen Beziehungen zu Israel aufzunehmen". Vgl. VS-Bd. 8448 (Ministerbüro); B 150, Aktenkopien 1965.
Am 12. Februar 1965 machte Staatssekretär Carstens Botschafter Knappstein, Washington, darauf aufmerksam, daß Nerva nicht ermächtigt gewesen sei, „zu erklären, daß unsere Waffenlieferungen an Israel sofort einseitig eingestellt würden; er hatte überhaupt keinen Auftrag, über die Frage diplomatischer Beziehungen zwischen uns und Israel zu sprechen." Vgl. den Drahterlaß Nr. 147; VS-Bd. 8420 (Ministerbüro); B 150, Aktenkopien 1965.
Carstens wies am 13. Februar 1965 Botschafter Allardt, Madrid, an, der spanischen Regierung für ihre Bemühungen zu danken, aber jede Erklärung zu vermeiden, „die als ein Erfolgsattest gewertet werden könnte". Vgl. den Drahterlaß Nr. 656; VS-Bd. 422 (Büro Staatssekretär); B 150, Aktenkopien 1965.
Vgl. dazu weiter Dok. 77.

74

Botschafter Knappstein, Washington, an Staatssekretär Carstens

Z B 6-1-1394/65 geheim Aufgabe: 12. Februar 1965, 15.00 Uhr[1]
Fernschreiben Nr. 484 Ankunft: 12. Februar 1965, 21.49 Uhr
Citissime mit Vorrang

Für Staatssekretär

Betr.: Waffenlieferungen;
hier: Gespräch mit Harriman[2]

Bezug: Drahterlaß vom 12.2.65 Nr. 147[3]

Ich habe die Demarche gemäß Bezugserlaß um 12.00 Uhr Ortszeit bei Harriman ausgeführt, der in Abwesenheit von Rusk Stellvertreter des amtierenden Außenministers Ball ist. Ich habe Harriman unseren Wunsch und seine Begründung mit großer Eindringlichkeit vorgetragen, dabei insbesondere auf die moralische Verpflichtung der Vereinigten Staaten hingewiesen und unterstrichen, daß die Bundesrepublik sich der womöglich schwersten außenpolitischen Krise seit ihrem Bestehen gegenübersehe. Wegen der Eilbedürftigkeit beschränke ich mich hier im einzelnen auf die Wiedergabe der Reaktion Harrimans.

Harriman erwiderte mir, daß er die Erfüllung unseres Wunsches nicht ablehnen wolle und die Angelegenheit sofort aufnehmen werde („take it up"), daß unsere Bitte jedoch in einem äußerst ungelegenen Augenblick komme und ihre Erfüllung die Vereinigten Staaten vor ein erhebliches Problem („a major problem") stellen würde.[4] Diese Bemerkung wiederholte er mehrfach.

---

[1] Hat Bundesminister Schröder vorgelegen.

[2] Für eine erste Kontaktaufnahme mit dem amerikanischen Außenministerium über den Wunsch der Bundesregierung, die Waffenlieferungen an Israel einzustellen, vgl. Dok. 58. Zu den Waffenlieferungen vgl. Dok. 39.

[3] Staatssekretär Carstens wies Botschafter Knappstein, Washington, an, im amerikanischen Außenministerium darum zu bitten, daß die USA die Bemühungen der Bundesregierung, mit Israel zu einer Vereinbarung über die Ablösung der noch nicht abgewickelten Waffenlieferungen durch finanzielle Leistungen zu kommen, unterstützen. Er hob hervor, daß es darauf ankomme, „die Amerikaner schnell zu einer Aktivität gegenüber Israel" zu bringen. Die USA seien „moralisch dazu verpflichtet", denn – so Carstens mit Blick auf die Lieferungen der amerikanischen Panzer – „ohne den von den Amerikanern gegebenen Anstoß wäre die letzte Vereinbarung nicht zustande gekommen". Vgl. VS-Bd. 8420 (Ministerbüro); B 150, Aktenkopien 1965.

[4] Mit der Verweigerung jeglicher Stellungnahme hatte die amerikanische Regierung bereits bei ersten Gesprächen Ende Januar 1965 reagiert, als die Bundesregierung um Unterstützung bei der Abwicklung der Panzerlieferungen nachsuchte. Vgl. dazu den Drahterlaß des Staatssekretärs Carstens an die Botschaft in Washington und den Drahtbericht Nr. 326 des Botschafters Knappstein, Washington, vom 1. Februar 1965; VS-Bd. 8420 (Ministerbüro).
Am 2. Februar 1965 teilte der Unterstaatssekretär im amerikanischen Außenministerium Harriman Botschafter Knappstein, Washington, mit, daß die Bedenken der Bundesregierung „wegen einer über die Worte ‚no comment' hinausgehenden Äußerung sorgfältig geprüft" worden seien. Das amerikanische Außenministerium sei dabei zu der Auffassung gekommen, „daß es für beide Seiten völlig harmlos sei, wenn außer dem ‚no comment' folgende Formulierung gebraucht würde: ‚It is not US policy to comment on military discussions or negotiations'". Diese Formulierung, so

Zur Begründung führte er aus, daß die amerikanische Regierung unmittelbar vor Verhandlungen mit der israelischen Regierung über eine Anzahl ungelöster Verteidigungs- und Rüstungsfragen stehe, die sehr schwierige Probleme aufwürfen. Die Vereinigten Staaten müßten es dabei aus politischen Gründen vermeiden, öffentlich als Lieferer aufzutreten[5], aber jedermann wisse, daß sie Israel verpflichtet seien. („Everybody knows our commitment.") In einem Augenblick, wo man sich anschicke, mit Israel das komplizierte Problem seiner Rüstungsanforderungen zu erörtern, sei es besonders schwierig, auf die dortige Regierung einzuwirken, auf Lieferungen von anderer Seite zu verzichten.

Tatsächlich sei es so, daß unsere Bitte sich mit einem umgekehrten Anliegen der Vereinigten Staaten kreuze. Man habe zwar nicht daran gedacht, uns geradezu zu ersuchen („request"), die vereinbarte Lieferung der Panzer an Israel vollständig durchzuführen, aber man wolle „unsere Aufmerksamkeit darauf lenken", daß es sehr unwillkommen („embarassing") für die Vereinigten Staaten wäre, wenn wir die zugesagten Panzer nicht lieferten. Dabei gehe es nicht um unsere anderen Waffenlieferungen an Israel[6], sondern um die Panzer. Die amerikanische Regierung wäre dann gezwungen, für Ersatzlieferungen an Israel Sorge zu tragen, und könnte dies kurzfristig nur durch direkte Verkäufe tun, was sie immer vermieden habe. Es sei in diesem Zusammenhang wichtig zu wissen, wieviele Panzer wir bereits geliefert oder verschifft hätten, denn davon hänge es ab, welche Fristen man gegebenenfalls für die Ersatzbestellung habe. Zugegebenermaßen sei die unmittelbare Gefahr für Israel noch nicht gegeben, sie werde erst in einiger Zeit gegeben sein („the danger mark lies some time ahead"). Je mehr Panzer wir aber verschifften, desto eher ließe sich das Problem für die Vereinigten Staaten lösen.[7]

Es sei richtig, daß der israelischen Regierung auch von amerikanischer Seite klar gemacht worden sei, daß das Geschäft beendet sein würde, wenn es in die Öffentlichkeit dringen sollte (Gespräch Bundeskanzler – McNamara).[8] Diese Bedingung habe sich jedoch nach amerikanischer Auffassung ausschließlich auf eine mögliche Indiskretion von israelischer Seite bezogen. Tatsächlich sei die Indiskretion nach allem, was man feststellen könne, und wie er mir bereits

---

Fortsetzung Fußnote von Seite 313

Harriman, lasse keinen Rückschluß darauf zu, „ob irgendwelche Transaktionen stattgefunden hätten oder nicht". Vgl. den Drahtbericht Nr. 335 aus Washington vom 2. Februar 1965; VS-Bd. 8420 (Ministerbüro); B 150, Aktenkopien 1965.

[5] Der Passus „müßten ... aufzutreten" wurde von Bundesminister Schröder unterschlängelt.

[6] Zum Umfang der übrigen Waffenlieferungen vgl. Dok. 39.

[7] Am 12. Februar 1965 fragte Botschafter Knappstein an, „ob die Feststellung, daß 80 Prozent der Lieferungen ausgeführt" seien, sich auf die Gesamtheit der deutschen Ausrüstungshilfe an Israel beziehe oder lediglich „auf die Teilvereinbarung über die Lieferung der Panzer". Weiterhin wollte Knappstein wissen, wieviele der Panzer bereits geliefert oder schon verschifft seien. In einem handschriftlichen Vermerk beantwortete Staatssekretär Carstens die erste Frage mit „Ja", die zweite mit „60 von 150". Vgl. den Drahtbericht Nr. 478; VS-Bd. 422 (Büro Staatssekretär); B 150, Aktenkopien 1965.

[8] Zur Absprache über die Lieferungen amerikanischer Panzer durch die Bundesrepublik und zu den vereinbarten Modalitäten vgl. Dok. 39, Anm. 6.

gesagt habe, von irgendeiner Seite in Bonn ausgegangen, man wisse nur nicht von welcher.[9]

Harriman kam in dem Gespräch immer wieder darauf zurück, wie wichtig die Panzerlieferungen durch uns in amerikanischer Sicht seien und betonte mehrfach, daß es um so leichter sein würde, den Ausfall zu ersetzen, je mehr wir bereits geliefert hätten oder noch liefern würden.

Zur Illustration der eigenen Anstrengungen wies er auf die Lieferung von 250 britischen Panzern hin, die von amerikanischer Seite teilausgestattet würden.

Auf die Frage Harrimans, ob wir uns Ägypten gegenüber nicht lediglich verpflichtet hätten, keine neuen Vereinbarungen über weitere Waffenlieferungen abzuschließen, habe ich erwidert, daß über den Kabinettsbeschluß[10] hinaus zunächst überhaupt keine definitiven Abreden getroffen worden seien. Deswegen verhandelten wir noch mit Israel mit dem Ziel, die noch ausstehenden Waffenlieferungen durch Geldzahlungen abzulösen.[11] Es sei jedoch nach dem Ergebnis der in Kairo stattgehabten Kontakte unzweifelhaft klar, daß wir die in ihren Folgen unabsehbare Anerkennung der SBZ durch Ägypten nur unter der Bedingung vermeiden könnten, daß sämtliche Waffenlieferungen an Israel sofort eingestellt würden.[12]

Ich habe, wie eingangs berichtet, gegenüber den Argumenten Harrimans immer wieder auf die vitalen Interessen hingewiesen, die für uns auf dem Spiel stünden, habe indessen von dem Gespräch insgesamt keinen positiven Eindruck bekommen. Dies vor allem hat mich bewogen, Bundy zum ehesten Zeitpunkt (15.00 Uhr Ortszeit) aufzusuchen, da ich den Eindruck habe, daß unser Wunsch dem Präsidenten persönlich alsbald mitgeteilt werden muß.[13]

Aus einem kurzen anschließenden Gespräch mit dem anwesenden Vertreter der Deutschlandabteilung bestätigte sich mein Eindruck, daß die amerikani-

---

[9] Zu dieser Vermutung vgl. Dok. 57, Anm. 3.
[10] Zum Beschluß des Bundeskabinetts vom 27. Januar 1965 vgl. Dok. 40. Vgl. dazu auch die Entscheidung des Bundeskanzlers Erhard vom 3. Februar 1965; Dok. 57, Anm. 2.
Zur Bekanntgabe dieses Beschlusses vgl. Dok. 70, Anm. 19.
[11] Vgl. dazu Dok. 70.
[12] Vgl. dazu Dok. 61.
[13] Botschafter Knappstein, Washington, informierte Staatssekretär Carstens am 12. Februar 1965, daß das Gespräch mit dem Sicherheitsberater des amerikanischen Präsidenten „leider insgesamt nicht positiver" verlaufen sei als das mit dem Unterstaatssekretär im amerikanischen Außenministerium Harriman. Bundy habe die Frage aufgeworfen, ob sich die Bundesregierung darüber im klaren sei, daß sie, wenn sie erst einmal „der Erpressung" durch die VAR nachgegeben habe, „ständig neu erpreßt" werden würde. Knappstein habe hervorgehoben, daß die Bundesregierung bereit sei, die noch ausstehenden Waffenlieferungen mit Geldzahlungen abzulösen, und darauf aufmerksam gemacht, daß es „ja andere Länder mit ausgezeichneter Waffenproduktion [gebe], die bei weitem nicht in dem Maße wie wir dem Druck der arabischen Staaten ausgesetzt seien". Bundy habe im Gegenzug darauf hingewiesen, daß die USA unter einem „starken ‚von Israel ausgehenden' Druck" stünden. Vgl. den Drahtbericht Nr. 486; VS-Bd. 8420 (Ministerbüro); B 150, Aktenkopien 1965.

sche Regierung einem beträchtlichen innenpolitischen Druck seitens interessierter Kreise ausgesetzt ist.[14]

[gez.] Knappstein

VS-Bd. 8420 (Ministerbüro)

75

Gespräch des Bundesministers Schröder mit dem ägyptischen Botschafter Mansour

Z A 5-26.A/65 geheim 13. Februar 1965[1]

Der Herr Bundesminister des Auswärtigen empfing am 13. Februar 1965 um 11.00 Uhr den Botschafter der Vereinigten Arabischen Republik, Herrn Gamal Eddine Mansour, zu einem Gespräch, an dem Vortragender Legationsrat I. Klasse Dr. Schirmer teilnahm.

Der Herr *Bundesminister* erklärte, er wolle selbst dem Botschafter die Sorgen darlegen, die man sich im Zusammenhang mit dem bevorstehenden Ulbricht-Besuch in Kairo[2] hier mache. Wegen der besonderen Position der VAR handele es sich für die Bundesregierung bei dem Besuch nicht nur um ein bilaterales, sondern um ein multilaterales Ereignis, da es die gesamte neutralistische Welt berühre. Deswegen habe man deutscherseits die begründete Sorge, daß dieser Besuch Schule machen und zu einer wesentlichen Aufwertung der SBZ führen werde. Aus diesem Grunde sei bei allen geplanten Gegenmaßnahmen dieser besondere Gesichtspunkt im Hinblick auf die abschreckende Wirkung auf andere zu berücksichtigen. Man könne nicht anders, als den Besuch im Zusammenhang mit dem früheren Verhalten der VAR zu sehen. Kairo sei die erste Hauptstadt der neutralistischen Welt gewesen, in der sich, seit 1957,

---

[14] Zu den Interventionen jüdischer Interessenverbände vgl. bereits Dok. 58.
Am 13. Februar 1965 teilte der Abteilungsleiter im amerikanischen Außenministerium Tyler Botschafter Knappstein, Washington, mit, daß sich die amerikanische Regierung nicht in der Lage sehe, den Wunsch der Bundesregierung nach diplomatischer Unterstützung zu erfüllen. Knappstein kam zu dem Schluß, daß diese Entscheidung „endgültig" sei. Seiner Ansicht nach spielten dabei auch „innerpolitische Pressionen" mit, die sich in einer „steigenden Zahl eingehender Telegramme" sowie darin äußerten, daß „die Vertreter von Organisationen der interessierten Kreise hier gestern im State Department vorgesprochen und die Möglichkeit einer allgemeinen Kampagne (nationwide campaign) gegen uns wegen der Einstellung der Waffenlieferungen erörtert haben". Vgl. den Drahtbericht Nr. 494; VS-Bd. 8420 (Ministerbüro); B 150, Aktenkopien 1965.

[1] Die Gesprächsaufzeichnung wurde vom Vortragenden Legationsrat Weber am 15. Februar 1965 gefertigt.
Hat Bundesminister Schröder am 16. Februar 1965 vorgelegen.

[2] Zur Einladung des Staatsratsvorsitzenden Ulbricht durch Präsident Nasser vgl. Dok. 73. Zum Besuch vom 24. Februar bis 2. März 1965 in der VAR vgl. Dok. 104.

eine Handelsvertretung und ein Generalkonsulat der Zone niedergelassen hätten.[3] Andere Länder seien diesem Beispiel gefolgt[4], wodurch den deutschen Interessen erheblicher Schaden zugefügt worden sei. Kairo sei auch die erste und einzige Hauptstadt außerhalb der kommunistischen Welt, in der sich ein politischer Beauftragter mit dem Titel Botschafter befinde, und so sei Kairo zu einem Zentrum der Propaganda und Intrigen für den gesamten asiatischen und afrikanischen Raum geworden, wodurch den politischen Interessen der Bundesrepublik ständig schwerer Schaden zugefügt werde. Grotewohl sei mit allen Ehren empfangen und mit dem höchsten Orden ausgezeichnet worden.[5] In dem Ulbricht-Besuch sehe man den Höhepunkt einer Kette von Ereignissen, und damit werde sozusagen die Axt an die Wurzel der deutschen Politik angelegt. Deshalb dürfe es nicht überraschen, wenn die deutsche Reaktion sehr nachdrücklich und heftig sei.

Andererseits sei man sich durchaus bewußt, daß auch positive Tatsachen zu verzeichnen seien. So habe Präsident Nasser auf der Belgrader Konferenz 1961[6] und auf der jüngsten Kairoer Konferenz[7] sich in anerkennenswerter Weise für die nationalen Interessen Deutschlands eingesetzt. Beim Abwägen der positiven und negativen Elemente überwögen aber die letzteren bei weitem. Aus diesen Beobachtungen und Erfahrungen habe man den Eindruck gewonnen, daß die ägyptische Haltung der Bundesrepublik gegenüber zweigleisig sei. In der Entwicklung sei nunmehr ein Punkt eingetreten, wo die Bundesregierung ihre künftige Politik gegenüber den neutralen Ländern überprüfen müsse, wobei sie sich vor der Frage sehe, ob sie nicht genötigt sei, zu unterscheiden zwischen solchen Ländern, die den deutschen Standpunkt unterstützten und solchen, die dies nicht täten. Für die Zukunft komme dem große Bedeutung zu.

Er glaube, daß diejenigen Kräfte im neutralistischen Lager, die auf die SBZ rechneten und sie auch unterstützten, einen schwerwiegenden Fehler begingen, da die deutsche Frage niemals im Ulbrichtschen Sinne entschieden werde. Die Lösung werde sicher anders aussehen, und deshalb glaube man, daß, wenn es bald ein starkes wiedervereintes und unabhängiges Deutschland gebe, dieses Deutschland ein natürlicher Freund der afrikanischen und asiatischen Länder wäre.

Er wisse nicht, ob der Botschafter die Reaktion der deutschen Öffentlichkeit während der letzten Tage verfolgt habe, doch könne er sagen, daß die deut-

---

[3] Die DDR eröffnete bereits 1959 ein Generalkonsulat in Kairo, dem allerdings seitens der ägyptischen Regierung kein Exequatur erteilt wurde.

[4] So entschied beispielsweise die ceylonesische Regierung am 14. Februar 1964, ein Generalkonsulat der DDR in Colombo zuzulassen. Vgl. dazu Dok. 72.
Zu den Bemühungen der Bundesregierung, die Eröffnung eines Generalkonsulats der DDR in Daressalam zu verhindern, vgl. Dok. 68.
Zu den Beziehungen zwischen der DDR und Guinea, Mali und Ghana vgl. Dok. 51, Anm. 7 und 8.

[5] Der Ministerpräsident der DDR hielt sich vom 4. bis 8. Januar 1959 in der VAR auf. Grotewohl wurde mit dem „Cordon du Nile" ausgezeichnet. Vgl. dazu AUSSENPOLITIK DER DDR VII, S. 560.

[6] Zur ersten Konferenz der blockfreien Staaten vom 1. bis 6. September 1961 in Belgrad vgl. Dok. 73, Anm. 18.

[7] Zur Konferenz der blockfreien Staaten vom 5. bis 10. Oktober 1964 in Kairo vgl. Dok. 1, Anm. 4.

sche Öffentlichkeit und besonders die jüngere Generation Priorität für das Anliegen der Wiedervereinigung verlange, und es deshalb auch zu Reaktionen kommen müsse, wo man dieses Anliegen gefährdet sehe. Dies sei der Grund der starken Reaktion gegen den Ulbricht-Besuch, dem die Bundesregierung mit großer Sorge entgegensehe, weil er eine schädigende, bedauerliche und erschwerende Auswirkung für das deutsch-ägyptische Verhältnis nach sich ziehen würde.

Der *Botschafter* wies darauf hin, daß die bisherige Politik seines Landes die Wiedervereinigung des geteilten Deutschland befürwortet habe. Bei seinem letzten Zusammentreffen mit dem Herrn Minister habe er auch betont, daß seine Regierung gegen die Teilung Deutschlands sei. Man verstehe das Problem der deutschen Teilung sehr gut, man wisse, was die Mauer bedeute, weil man im arabischen Bereich etwas Ähnliches habe. Auch in Palästina gebe es eine Mauer, welche die arabische Nation teile. Bei verschiedenen Anlässen habe Präsident Nasser darauf hingewiesen, daß er für die Wiedervereinigung der beiden Deutschland sei.

Fünf Tage vor seiner Abreise sei er mit Herrn Dr. Schirmer zusammengetroffen[8] und habe ihm bei der Gelegenheit gesagt, die Bundesregierung sollte die Regierung der VAR nicht in eine so schwierige Situation bringen, in der sie Maßnahmen ergreifen müßte, die sie nicht ergreifen wolle.

Bei einer generellen Betrachtung der Lage komme man zu dem Ergebnis, daß die Bundesrepublik dem Staate Israel jede erdenkliche Unterstützung habe zuteil werden lassen. Man könne sich nicht vorstellen, wie heftig und schlecht die Reaktion nicht nur in der VAR, sondern auch in anderen arabischen Ländern gewesen sei, als bekanntgeworden sei, daß Deutschland, das man immer als großen und treuen Freund betrachtet habe, an Israel Waffen liefere[9], mit denen Soldaten und Söhne der Araber getötet werden sollten. Gerade wegen der traditionellen Freundschaft zwischen Deutschland und Ägypten seien die Überraschung und der Schock um so größer gewesen.

Wenn die Bundesregierung die Existenz der DDR nicht anerkenne, so erkenne Ägypten die Existenz Israels nicht an. Viele Länder hätten Israel anerkannt, einige Länder hätten die DDR anerkannt, doch nach deutscher Auffassung gebe es keine DDR, nach ägyptischer Auffassung gebe es kein Israel. Deshalb

---

[8] Am 8. Dezember 1964 fand eine Unterredung des Vortragenden Legationsrats I. Klasse Schirmer mit dem ägyptischen Botschafter statt. Mansour äußerte die Bitte, die Bundesregierung möge „keine Maßnahmen ergreifen, die die VAR-Regierung und Staatspräsident Nasser zwingen könnten [...], ihrerseits Handlungen zu vollziehen, die der deutsch-arabischen Freundschaft abträglich wären". Vgl. die Aufzeichnung des Ministerialdirektors Jansen vom 10. Dezember 1964; VS-Bd. 2195 (I B 4); B 150, Aktenkopien 1964.

[9] Am 12. Februar 1965 sprach der ägyptische Botschafter gegenüber Vortragendem Legationsrat I. Klasse Schirmer die Warnung aus, die Bundesregierung solle sich nicht über die von dem spanischen Vermittler Marques de Nerva hinsichtlich der Waffenlieferungen an Israel ausgehandelten Abmachungen hinwegsetzen. Sollte Präsident Nasser durch den ägyptischen Geheimdienst über den Fortgang der Waffenlieferungen informiert werden, werde er „die schärfsten Konsequenzen ziehen", nämlich die Beziehungen zur Bundesrepublik abbrechen und die DDR diplomatisch anerkennen. Vgl. die Aufzeichnung von Schirmer vom 12. Februar 1965; VS-Bd. 8448 (Ministerbüro); B 150, Aktenkopien 1965.

sei die Frage der Waffenlieferungen an Israel für Ägypten eine Frage auf Leben und Tod.

Was den Ulbricht-Besuch angehe, so habe Ulbricht bereits vor drei Jahren um eine Einladung gebeten. Eingedenk der guten Beziehungen zwischen der VAR und der Bundesrepublik sei aber dieser Besuch immer wieder hinausgeschoben worden. Nunmehr habe aber die einzige Möglichkeit, der eigenen Enttäuschung Ausdruck zu verleihen, darin bestanden, Ulbricht einzuladen.[10]

Arabischerseits habe man verschiedentlich versucht, die Bundesregierung zur Einstellung der Waffenlieferungen an Israel zu bewegen, doch seien alle diese Bemühungen vergeblich gewesen. Der Botschafter bezog sich auf die Äußerungen Ministerpräsident Sabris, wonach Ägypten für die Wiedervereinigung Deutschlands und eine Fortsetzung der Freundschaft zwischen der VAR und der Bundesrepublik sei. Er selbst habe der Parlamentssitzung beigewohnt, auf der Sabri gesprochen habe[11], und sei beeindruckt gewesen, in wie beredten Worten die meisten Parlamentarier ihrer Enttäuschung und Sorge Ausdruck verliehen hätten.

Der Herr *Bundesminister* führte zur Frage der Waffenlieferungen aus, die ägyptische Regierung und die anderen arabischen Regierungen seien davon unterrichtet worden, daß die Bundesregierung beschlossen habe, keine neuen Verpflichtungen zur Lieferung von Waffen in den Nahen Osten einzugehen, und daß dies Teil ihrer Politik sei, keine Waffen in Spannungsgebiete zu liefern. Diese Entscheidung sei auch vom Bundeskanzler vor der Auslandspresse im einzelnen dargelegt worden.[12] Daran werde man sich mit Sicherheit halten können. Gegenüber Israel gebe es einen nicht sehr bedeutenden Teil einer gegebenen Zusage, und man habe deutscherseits die Vorstellung, diesen Restteil abzulösen. Darüber fänden derzeit Verhandlungen mit Israel statt[13], und er hoffe, daß damit die Frage abgeschlossen sei.

Auf die Frage des *Botschafters*, ob die Bundesregierung beabsichtige, eine offizielle Erklärung abzugeben, antwortete der Herr *Minister*, der Bundeskanzler habe am Vortage wiederholt, was bereits in anderer Form gesagt worden sei. Dies sei auch gegenüber den anderen arabischen Ländern erklärt worden und sei auch in den Instruktionen enthalten gewesen, die dem spanischen Ver-

---

[10] Während eines Mittagessens mit Vortragendem Legationsrat I. Klasse Schirmer und dem zur Berichterstattung nach Bonn gerufenen Botschafter Federer am 15. Februar 1965 hob der ägyptische Botschafter hervor, daß weder eine Absage noch eine Verschiebung des Besuchs des Staatsratsvorsitzenden Ulbricht in der VAR möglich sei. Lediglich eine protokollarische Herabstufung könne in Erwägung gezogen werden. Allerdings sei er von Präsident Nasser beauftragt worden, „alles zu tun, um die deutsch-ägyptischen Beziehungen aufrechtzuerhalten". Federer und Schirmer wiesen Mansour dagegen darauf hin, daß „die Bundesregierung unter keinen Umständen den Eindruck erwecken könne, als wolle sie sich mit dem Ulbricht-Besuch auch nur implizite abfinden". Vgl. die Aufzeichnung von Schirmer vom 15. Februar 1965; VS-Bd. 2637 (I B 4); B 150, Aktenkopien 1965.

[11] Zu den Äußerungen des ägyptischen Ministerpräsidenten vom 10. Februar 1965 vgl. Dok. 70, Anm. 13.

[12] Zur Erklärung des Bundeskanzlers Erhard vom 12. Februar 1965 vgl. BULLETIN 1965, S. 218 f.

[13] Vgl. dazu Dok. 70 und weiter Dok. 120.

319

mittler de Nerva erteilt worden seien.[14] Auch habe der offizielle Sprecher der Bundesregierung im einzelnen zu dieser Frage Stellung genommen.[15]

Der *Botschafter* sagte, er könne dann wohl seine Regierung davon unterrichten, daß die Erklärung des Herrn Bundeskanzlers ausreichend sei.

Wie der Herr *Minister* betonte, sei ihm daran gelegen, dem Botschafter mit der Bitte um Unterrichtung seiner Regierung darzulegen, daß die Bundesregierung wegen des bevorstehenden Ulbricht-Besuchs in ernster Sorge sei, in welche Lage sie dadurch gebracht würde, und daß sie die größte Sorge hinsichtlich der künftigen deutsch-ägyptischen Beziehungen habe, wenn der Ulbricht-Besuch stattfinde. Er habe ihm erklären wollen, wie ernst die Bundesregierung den angekündigten Ulbricht-Besuch betrachte, und daß sie davon überzeugt sei, daß dieser Besuch nicht ohne schwerwiegende Belastung und Beeinträchtigung des deutsch-ägyptischen Verhältnisses stattfinden könne.

Der *Botschafter* sagte, er hoffe, eine solche Beeinträchtigung werde nicht erfolgen. Er wies noch einmal darauf hin, daß die von Deutschland dem Staate Israel gewährte Unterstützung sehr viel dazu beigetragen habe, die Existenz Israels zu festigen. Wenn die Deutschen auch eine Gewissensschuld wegen der unter den Nationalsozialisten den Juden zugefügten Verbrechen empfänden, so sei doch nicht einzusehen, daß hierfür die Araber den Preis zahlen sollten.

Wie der Herr *Bundesminister* erklärte, seien die deutsch-israelischen Beziehungen außerordentlich kompliziert wegen der Belastung unserer Vergangenheit, die gegenüber den Juden eine schwere Schuld bedeute. Deutscherseits habe man sich darum bemüht, diesem Tatbestand zu entsprechen, gleichzeitig aber versucht, die wertvolle und alte Freundschaft zwischen den arabischen Ländern und Deutschland nicht zu gefährden, weil der Bundesregierung an dieser Freundschaft so viel gelegen sei. Es sei nur die Freundschaft mit den arabischen Ländern und die ägyptische Haltung gegenüber Israel gewesen, welche die Bundesregierung daran gehindert habe, ihre Beziehungen mit Israel zu normalisieren. Vielleicht wären einige unserer Probleme einfacher, wenn die Beziehungen normalisiert worden wären, da dann die Beziehungen vielleicht besser, offener und unbeschwerter wären als heute. Man befinde sich in einem schwierigen Dilemma, das man aber nicht ohne weiteres lösen könne, hoffe aber, daß die arabischen Freunde dafür Verständnis hätten. Andererseits sei die Beziehung, die die arabische Welt zu einem Teil Deutschlands habe, nicht vergleichbar mit der Beziehung zwischen der Bundesrepublik und Israel. Die beiden Dinge könnten nicht miteinander verglichen werden, und eine Gleichsetzung von Israel und Pankow sei nicht möglich, da ihr die historische Grundlage fehle. Deshalb betrachte die Bundesregierung alles, was die VAR gegenüber Pankow unternehme, als einen gegen die Bundesrepublik gerichteten unfreundlichen Akt, für den es weder historisch noch sonstwie eine Notwendigkeit gebe. Hierdurch würde die Position der Bundesrepu-

---

[14] Zu den Instruktionen für den Abteilungsleiter im spanischen Außenministerium, Marques de Nerva, vgl. auch Dok. 59, Anm. 11.
[15] Zur Verlautbarung des Chefs des Presse- und Informationsamtes, von Hase, vom 12. Februar 1965 vgl. Dok. 70, Anm. 19.

blik, die einen Alleinvertretungsanspruch erhebe, schwerwiegend beeinträchtigt werden.

Dr. Schirmer verwies auf die moralische Verpflichtung, die die Bundesrepublik gegenüber Israel habe, wogegen von einer moralischen Verpflichtung Ägyptens gegenüber Pankow nicht die Rede sein könne.

Der *Botschafter* erwiderte, wenn jemand die Feinde Ägyptens unterstütze, so sei darin eine unfreundliche Haltung zu erblicken. Israel sei aber der größte Feind Ägyptens.

Der Herr *Minister* sagte, die Durchführung des Ulbricht-Besuches werde mit Gewißheit in der Bundesrepublik Reaktionen gegenüber der VAR auslösen, die man gerne vermeiden würde, die dann aber unausweichlich wären. Diese Reaktionen würden das deutsch-ägyptische Verhältnis unweigerlich berühren.

Der *Botschafter* bemerkte, der Ulbricht-Besuch könne in keiner Weise mit der Lieferung von Waffen verglichen werden, mit denen Araber getötet werden sollten.

Der Herr *Bundesminister* sagte, er müsse das Argument zurückweisen, daß mit den von der Bundesrepublik gelieferten Waffen Araber getötet werden sollten. Dem Botschafter sei bekannt, daß in jenem Bereich ein Wettrüsten stattfinde, und wenn man diese Frage aufwerfen wolle, müsse man auch von der enormen militärischen Hilfe sprechen, welche die VAR von der Sowjetunion[16] erhalte. Er wolle deshalb die Frage offen lassen, wer in diesem Wettrüsten führe.

Was die Zeitungsberichte angehe, so seien die darin genannten Zahlen übertrieben.[17] Es treffe auch nicht zu, daß ein früher geschlossenes Abkommen vor kurzem um 320 Millionen DM aufgestockt worden sei. Die in Zeitungen genannten Zahlen über das Ausmaß der militärischen Ausrüstungshilfe gingen weit über die Fakten hinaus. Was übrig bleibe, sei nur ein unbedeutender Rest, der abgelöst werden solle. Neue Kontrakte würden nicht abgeschlossen. Die Erklärung der Bundesregierung zu dieser Frage sei sehr klar gewesen.

Der *Botschafter* sagte abschließend, seine Aufgabe sehe er darin, die Dinge zu glätten und sie nicht zu erschweren.

Die Unterredung endete kurz vor 12.00 Uhr.

VS-Bd. 8513 (Ministerbüro)

---

[16] Zur sowjetischen Wirtschafts- und Ausrüstungshilfe für die VAR vgl. Dok. 10, Anm. 8.
[17] Zur Berichterstattung über die Waffenlieferungen an Israel in der ägyptischen Presse vgl. auch Dok. 61, Anm. 5.

76

Aufzeichnung des Ministerialdirektors Krapf

II 7-81.08-5/681/65 geheim 15. Februar 1965

Betr.: MLF/ANF

Gesandter Tomkins übergab mir heute beiliegende, ausdrücklich als „inoffizielle Gedächtnisstütze" bezeichnete Notiz[1], mit der vorgeschlagen wird, daß

– die Verhandlungen über die MLF/ANF multilateral zwischen allen aktiv interessierten NATO-Partnern auf der Ebene der „Deputy Secretaries" (Ministerialdirektoren) fortgeführt werden;

– dieses Verfahren von den Briten und uns den Amerikanern möglichst bald, evtl. bereits vor dem Besuch von Wilson in Bonn (7./8. März)[2], vorgeschlagen wird.

Auf britischen Wunsch soll hierüber der Öffentlichkeit nichts bekannt gegeben werden und die Verhandlungen mit einem Höchstmaß von Geheimhaltung geführt werden. Als Verhandlungsort werden Den Haag, London oder Rom – dagegen nicht Paris – vorgeschlagen.[3]

Es wird vorgeschlagen, dem britischen Vorschlag mit dem Bemerken zuzustimmen, daß wir es begrüßen würden, wenn wir noch vor dem Besuch von Premierminister Wilson in Bonn die in der beiliegenden Notiz erwähnten Bemerkungen zu unserer Stellungnahme vom 18. Januar[4] erhalten könnten.

Begründung:

Wir haben in der Frage der MLF/ANF seit zwei Jahren immer und gerade auch gegenüber den Briten auf eine multilaterale Verhandlungsführung gedrängt. Wir können uns somit dem jetzt vorliegenden Angebot kaum entziehen. In der (vermutlich inspirierten) Presseberichterstattung aus London[5]

---

[1] Dem Vorgang beigefügt. Vgl. VS-Bd. 1371 (II A 7).
[2] Zum Besuch des britischen Premierministers in der Bundesrepublik vgl. Dok. 122.
[3] Vortragender Legationsrat I. Klasse Scheske führte am 1. März 1965 ein Gespräch mit dem britischen Botschaftsrat Stark. Zu dem am 15. Februar 1965 übergebenen Verfahrensvorschlag erklärte er, daß die Bundesregierung vor dem Besuch des Premierministers Wilson in Bonn keine neue Initiative ergreifen wolle, und führte aus, daß zudem „eine gewisse Neigung" bestehe, „die anschließenden Gespräche nicht auf der Ebene der Ministerialdirektoren, sondern zunächst bilateral fortzuführen und sie dann in die Arbeitsgruppe in Paris überzuleiten". Stark gab demgegenüber zu bedenken, daß in Paris „unter Umständen negative Einflüsse von französischer Seite zu erwarten seien". Vgl. den Vermerk von Scheske vom 1. März 1965; VS-Bd. 1371 (II A 7); B 150, Aktenkopien 1965.
[4] Vgl. Dok. 21.
[5] So wurde in der Presse hervorgehoben, daß die Stellungnahme der Bundesregierung zum ANF-Vorschlag in Großbritannien durchaus positiv aufgenommen worden sei und als „Grundlage für weitere Diskussionen und Verhandlungen" erachtet werde. Auch der Wunsch der Bundesregierung nach Unterstellung einer MLF/ANF unter SACEUR werde „in London als eine durchaus in Erwägung zu ziehende Alternative zu dem britischen Vorschlag [...] angesehen". Vgl. den Artikel

wird auf eine weitgehende sachliche Übereinstimmung zwischen London und Bonn hingewiesen. Ein Zögern der Bundesregierung in der Fortführung der Verhandlungen würde den Briten die Möglichkeit geben, uns die Schuld für ein eventuelles Scheitern des Projekts zuzuschieben.

Der britischen Aktivität in der Frage der ANF scheinen folgende Motive zugrunde zu liegen:

– Ein Scheitern oder Versanden der Verhandlungen gefährdet das von den Briten mit der ANF vorrangig angestrebte Ziel einer Vereinbarung über die Nichtverbreitung von Nuklearwaffen.[6]

– Die Briten müssen befürchten, daß bei Fortbestehen des amerikanischen Interesses an der MLF das amerikanische Projekt wieder in den Vordergrund rückt, falls die britischen Vorschläge nicht aktiv verfolgt werden.

– Es entspricht dem britischen Interesse an einer verstärkten britisch-amerikanischen Zusammenarbeit in Übersee (Südost-Asien), daß auch innerhalb der NATO die britisch-amerikanische Zusammenarbeit harmonisiert wird.

– Innenpolitisch käme die britische Regierung bei einer Verschleppung der Verhandlungen in eine Zwangslage, da sie dann entweder die konservative Politik einer nationalen britischen Nuklearrüstung fortführen oder die mit der britischen Werftindustrie bestehenden Verträge über den Bau von 4 Polaris-U-Booten[7] kündigen oder ändern müßte. Nach der Annullierung wesentlicher Aufträge in der Luftfahrtindustrie[8] würden zusätzliche Einschränkungen bei Aufträgen an die Werftindustrie die britische Regierung in große Schwierigkeiten bringen.

Der Hinweis in Ziffer 7 der beiliegenden britischen Notiz auf die Kostenaufteilung wird dem von uns dargelegten Grundsatz einer harmonischen Verteilung der substantiellen Beiträge innerhalb der MLF/ANF nicht ganz gerecht. Die Briten scheinen jedoch in Fragen des Aufbaus der MLF/ANF zu Konzessionen bereit, sofern das von ihnen angestrebte Abkommen über die Nichtverbreitung von Nuklearwaffen zustande kommt.[9]

Fortsetzung Fußnote von Seite 322

„London gibt Gespräch mit Bonn über Atomflotte gute Chancen"; DIE WELT, Nr. 38 vom 15. Februar 1965, S. 4.

[6] Zum Problem der Nichtverbreitung im Zusammenhang mit einer ANF vgl. Dok. 12, besonders Anm. 10. Vgl. dazu auch Dok. 20.

[7] Die Ausrüstung der britischen Marine mit Polaris-Raketen, die auf U-Booten stationiert werden sollten, ging auf eine Vereinbarung des Präsidenten Kennedy mit Premierminister Macmillan vom 18. bis 21. Dezember 1962 in Nassau (Bahamas) zurück. Vgl. dazu Dok. 20, Anm. 4.

[8] Zur Entscheidung der „Lufthansa" gegen den Erwerb britischer Flugzeuge vom Typ BAC 1-11 vgl. Dok. 93, Anm. 3.

[9] Am 16. Februar 1965 berichtete Botschafter Grewe, Paris (NATO), von einer Unterredung mit dem britischen Ständigen Vertreter bei der NATO in Paris. Shuckburgh habe ausgeführt, ihm selbst erschienen „Paris und die bisher für die MLF-Verhandlungen benützte Maschinerie" als der geeignetste Rahmen für die vorgeschlagenen multilateralen Gespräche. Nach Auffassung von Grewe sollte sich die Bundesregierung dagegen „zunächst mit den Amerikanern, Italienern und Niederländern abstimmen und versuchen, neue ‚terms of reference' zu erarbeiten, die nicht mit den bisherigen Dokumenten identisch sind. Dabei sollte von vornherein die Verknüpfung einer künftigen gemeinsamen Atomstreitmacht mit einem Nicht-Verbreitungs-Abkommen der beteilig-

Hiermit dem Herrn Staatssekretär[10] vorgelegt.

Krapf

VS-Bd. 1371 (II A 7)

77

Aufzeichnung des Ministerialdirektors Meyer-Lindenberg

I B 4-83.00/90.35/290/65 geheim   15. Februar 1965

Betr.: Unterrichtung des Bundeskabinetts[1] über den gegenwärtigen Stand der Nahostkrise durch den Herrn Bundesminister

Bezug: Mündliche Weisung des Herrn Staatssekretärs I[2] vom 13. Februar 1965

1) Sachverhalt

a) Reaktion in Kairo

Die Vermittlungsaktion des Generaldirektors[3] im spanischen Außenministerium, Marquis de Nerva, der die an ihn ergangenen Instruktionen sehr extensiv ausgelegt hat[4], führte in Kairo zu dem Ergebnis, daß Präsident Nasser

---

Fortsetzung Fußnote von Seite 323

ten Staaten eliminiert werden. Von diesem Junktim ist beim MLF-Projekt nie die Rede gewesen. [...] Die Aufnahme dieses Junktims in die künftige Verhandlungsgrundlage bedeutet nach meiner Ansicht eine höchst gefährliche und durch nichts gerechtfertigte Vorleistung von unserer Seite." Angesichts der nun eingetretenen Situation schlug Grewe vor, die „Rechtsuntergruppe" der MLF-Arbeitsgruppe „sine die" zu vertagen. Deren für Anfang März 1965 anberaumtes Treffen erscheine ihm selbst angesichts des Wunsches der Bundesregierung, „den hiesigen Apparat soweit intakt zu halten, daß er jederzeit für neue Verhandlungen wiederbelebt" werden könne, als „reichlich anachronistisch". Vgl. den Drahtbericht Nr. 215; VS-Bd. 1371 (II A 7); B 150, Aktenkopien 1965.

[10] Hat Staatssekretär Carstens am 17. Februar 1965 vorgelegen, der handschriftlich für Ministerialdirektor Krapf vermerkte: „Ich meine, wir sollten die Sache wieder in die Pariser A[rbeits]gr[uppe] bringen. Dieser Ansicht war heute auch Cattani (den wir unbedingt brauchen)." Hat im Durchdruck Bundesminister Schröder am 19. Februar 1965 vorgelegen. Vgl. VS-Bd. 1371 (II A 7).

[1] Die Kabinettssitzung fand am 17. Februar 1965 statt. Für einen Auszug aus den handschriftlichen Notizen des Bundesministers Schröder über die Sitzung vgl. Dok. 88, Anm. 14.

[2] Karl Carstens.

[3] Korrigiert aus: „Generalsekretärs".

[4] Vgl. dazu Dok. 73, besonders Anm. 22.
 Botschafter Allardt, Madrid, teilte am 13. Februar 1965 seinen Eindruck mit, es beginne sich bei dem Abteilungsleiter im spanischen Außenministerium, Marques de Nerva, eine „deutliche Verstimmung" darüber abzuzeichnen, daß seine Vermittlungsbemühungen von der Bundesregierung nicht angemessen gewürdigt würden und daß der Vorwurf, er „habe seine Weisungen insbeson-

glaubt, daß wir ab sofort keine Waffen mehr an Israel liefern.[5] Die Verlautbarung, die Ali Sabri im Parlament machte, unterstellt diese Tatsache.[6]

Demgegenüber hat der Herr Bundeskanzler in Bonn vor der Auslandspresse[7] und der Bundespressechef auf der Pressekonferenz am 12.2.[8] bekanntgegeben, daß wir zwar pro futuro[9] keine neuen Waffenlieferungsverträge mehr abschließen würden, daß jedoch die Waffenlieferungen an Israel aus den laufenden Abmachungen auf dem Wege einer einvernehmlichen Regelung mit Israel[10] honoriert würden mit dem Ziel, eine finanzielle Ablösung zu erreichen.

Die Botschaft Kairo hat mit Drahtbericht vom 12.2. darauf hingewiesen, daß der Widerspruch zwischen den Zusagen der Bundesregierung durch den Marquis de Nerva und den Äußerungen des Herrn Bundeskanzlers in Bonn Präsident Nasser veranlassen könnten, die deutsche Seite der bewußten Irreführung zu beschuldigen und die Konsequenzen hieraus durch Anerkennung der SBZ und Abbruch der Beziehungen zur Bundesrepublik Deutschland zu ziehen.[11]

b) Reaktionen in Israel

Die bereits eingeleiteten Verhandlungen zu einer gütlichen Liquidierung der Waffenlieferung[12] im Sinne der öffentlichen Verlautbarung der Bundesregierung vom 12.2. haben bisher in Israel eine negative Aufnahme gefunden.[13] Die israelische Presse hat auf Grund von offiziösen Verlautbarungen in schärf-

---

Fortsetzung Fußnote von Seite 324

dere auch bei seiner publizistischen Betätigung überschritten, stärker betont werde als seine Verdienste". Vgl. den Drahtbericht Nr. 39; VS-Bd. 422 (Büro Staatssekretär); B 150, Aktenkopien 1965.

[5] Der Passus „Nasser … liefern" wurde von Bundesminister Schröder unterschlängelt.

[6] Zu den Ausführungen des ägyptischen Ministerpräsidenten vom 10. Februar 1965 vgl. Dok. 70, Anm. 13.

[7] Zur Erklärung des Bundeskanzlers Erhard vom 12. Februar 1965 vgl. BULLETIN 1965, S. 218.

[8] Zur Erklärung des Chefs des Presse- und Informationsamtes, von Hase, vgl. Dok. 70, Anm. 19.

[9] Die Wörter „pro futuro" wurden von Bundesminister Schröder unterschlängelt.

[10] Die Wörter „einvernehmlichen Regelung mit Israel" wurden von Bundesminister Schröder unterschlängelt.

[11] Botschaftsrat I. Klasse Müller, Kairo, legte dar, daß mit einer diplomatischen Anerkennung der DDR durch die VAR „vor oder während des Ulbricht-Besuchs" und mit einem Abbruch der Beziehungen zur Bundesrepublik gerechnet werden müsse, falls die Bundesregierung weiterhin die bereits zugesagten Waffenlieferungen gegenüber Israel vornehmen werde. Vgl. den Drahtbericht Nr. 160; VS-Bd. 8448 (Ministerbüro); B 150, Aktenkopien 1965.

[12] Vgl. dazu Dok. 70.

[13] Die Wörter „Israel eine negative Aufnahme" wurden von Bundesminister Schröder unterschlängelt.
Am 15. Februar 1965 erklärte Ministerpräsident Eshkol vor dem israelischen Parlament zu dem Vorschlag der Bundesregierung, die noch ausstehenden Waffenlieferungen durch Geldzahlungen abzulösen: „Es ist die Pflicht Deutschlands, Israel mit der für seine Sicherheit notwendigen Ausrüstung beizustehen; eine Entschädigung und Ersatzleistungen können nicht an Stelle der Erfüllung dieser Verpflichtung treten. Wir werden keine geldliche Entschädigung als Ersatz für die Einstellung der uns zugesagten Sicherheitshilfe annehmen." Vgl. die Mitteilung der Informationsabteilung der Israel-Mission in Köln vom 15. Februar 1965; Referat I B 4, Bd. 190.
Vgl. dazu auch den Artikel „Bonn to Halt U.A.R. Aid if Ulbricht Visits Cairo. Israel Denounces Move by Germans to Halt Arms Deliveries"; THE NEW YORK TIMES, International Edition, Nr. 39 105 vom 16. Februar 1965, S. 1 und 6.

ster Form reagiert und Gegenmaßnahmen der Regierung angekündigt. Nur Ministerpräsident a.D. Ben Gurion hat vermittelnde Worte gefunden.[14]

c) Reaktion in USA

Auch das State Department[15] hat bisher keine Bereitschaft gezeigt, der Bundesregierung zur gütlichen Liquidierung der von ihr eingegangenen Waffenlieferungsverpflichtungen an Israel Hilfestellung zu leisten.[16] Die Tendenz der Amerikaner geht vielmehr dahin, uns weiter vorzuschieben, da sie es mit Rücksicht auf die arabische Welt vermeiden wollen, selbst offen als Waffenlieferanten für die israelische Armee aufzutreten.[17]

2) Folgerungen

Die Politik der Bundesregierung im Zusammenhang mit den Waffenlieferungen nach Israel ist als Folge des dargelegten Sachverhalts vor eine ernste Krisensituation gestellt. Es erweist sich als unmöglich, den Forderungen aller beteiligten Partner gerecht zu werden, da sowohl die arabische wie die israelische Seite die Frage der Waffenlieferungen als eine Frage der Existenzbedrohung bzw. -sicherung[18] ansehen. Das Problem ist daher nur aus der Interessenlage der Bundesrepublik Deutschland selber zu lösen. Durch die bisher unternommenen Schritte nach beiden Seiten ist unser Ansehen bereits bei allen Beteiligten gefährdet und neben der Spannung mit Israel und der VAR sogar das Verhältnis zu den USA einer Belastung unterworfen. Es ist die Aufgabe der Bundesregierung, durch klare Entscheidungen die Krise zu beenden, um ohne allzu großen Schaden die Beziehungen zu den betroffenen Ländern auf einer neuen Grundlage weiter zu pflegen.

3) Vorschläge

a) Waffenlieferungskomplex

Es wird daher vorgeschlagen, die Bundesregierung möge einem sofortigen Lieferungsstop auch für die noch laufenden Lieferungsverpflichtungen bekanntgeben. Diese Entscheidung findet ihre Rechtfertigung in folgender Erwägung: Als wesentliche Bedingung für das deutsch-israelische Waffenarrangement war festgelegt, daß die Angelegenheit strikt vertraulich behandelt werden müsse. Diese Bedingung ist den Israelis von amerikanischer Seite mit der Maßgabe klargemacht worden, „daß das Geschäft beendet sei, wenn irgend etwas nach außen dringt" (so McNamara gegenüber Bundeskanzler Erhard am 12. Juni 1964).[19] Wesentliche Bedingung für die Erfüllung des Geschäfts war somit, daß keinerlei Veröffentlichungen weder aus israelischer noch aus son-

---

[14] Der ehemalige israelische Ministerpräsident hielt zwar die Entscheidung der Bundesregierung, die Waffenlieferungen an Israel einzustellen, für einen „Fehler", den dadurch eingetretenen Schaden für die deutsch-israelischen Beziehungen jedoch für „reparabel". Vgl. den Drahtbericht Nr. 595 des Botschafters Knappstein, Washington, vom 2. Februar 1965; Ministerbüro, Bd. 220.

[15] Die Wörter „State Department" wurden von Bundesminister Schröder unterschlängelt.

[16] Vgl. dazu Dok. 74.

[17] Dieser Satz wurde von Bundesminister Schröder durch eine geschlängelte Linie am Rand hervorgehoben.

[18] Die Wörter „Existenzbedrohung bzw. -sicherung" wurden von Bundesminister Schröder unterschlängelt.

[19] Zur Absprache über die Lieferungen amerikanischer Panzer durch die Bundesrepublik und zu den vereinbarten Modalitäten vgl. Dok. 39, Anm. 6.

stiger Quelle über das Geschäft erfolgen. Durch die Tatsache, daß in der Zwischenzeit vor allem durch amerikanische Pressepublikationen[20] der Inhalt der Waffenlieferungsvereinbarung im Detail der Weltöffentlichkeit bekannt wurde, ist die wesentliche Voraussetzung für die Durchführung der Abmachungen entfallen. Damit ist auch die Verpflichtung der deutschen Seite zur Erfüllung ihrer Zusage erloschen.

Aus der besonderen historisch bedingten Verpflichtung des deutschen Volkes gegenüber dem Judentum und damit gegenüber Israel will die Bundesregierung jedoch trotz der veränderten Voraussetzungen und obwohl sie rein rechtlich zu weiteren Leistungen nicht verpflichtet wäre, einen Beweis ihres guten Willens erbringen. Sie hat daher Israel angeboten, die restlichen, nur noch ca. 20% der Gesamtvereinbarung umfassenden Waffenlieferungen[21] auf dem Wege der Ablösung durch entsprechende Lieferungen in Geld oder nichtmilitärischem Material auszugleichen. Die Bundesregierung ist der Auffassung, daß hierdurch eine faire Regelung erfolgt, die den außenpolitischen Notwendigkeiten der deutschen Wiedervereinigungspolitik Rechnung trägt und den besonders gelagerten Interessen der anderen Staaten gerecht wird.

Das Auswärtige Amt ist der Auffassung, daß eine im israelischen Sinne positive Entscheidung in der Frage der Verjährungsfrist[22] unsere Lage gegenüber Israel außerordentlich erleichtern würde.

b) Ulbricht-Besuch[23]

Da der Besuch von Ulbricht, den Nasser als Vergeltungsaktion gegen die deutschen Waffenlieferungen nach Israel deklariert hat, über den deutsch-ägyptischen Spannungsherd hinaus eine gefährliche Auswirkung auf die übrigen Staaten der neutralen Welt haben kann, ist die Bundesregierung genötigt, ihre Maßnahmen gegenüber der VAR besonders sorgfältig abzuwägen. Sie steht hierbei vor der schwierigen Aufgabe, ein eindeutiges Exempel der Abschreckung für andere Staaten zu statuieren, ohne Nasser durch Überspitzung der Maßnahmen dazu zu veranlassen, im Wege der Kurzschlußreaktion doch noch die Sowjetzone anzuerkennen. Eine unseren Interessen entsprechende harte Haltung gegenüber der VAR setzt einerseits voraus, daß in der Frage der Waffenlieferung eine[24] unzweideutige Klärung erfolgt ist. Es muß andererseits verhindert werden, daß Nassers Einladung an Ulbricht ohne für die VAR empfindliche Folgen bleibt, da sonst die Abschreckung verloren geht. Es wird daher notwendig sein, gegenüber der VAR, vor allem in wirtschaftlicher Hinsicht (Beteiligung am Fünfjahresplan, Gewährung von Kapital-

---

20 Vgl. dazu den Artikel von Arthur Olsen: „Bonn Giving Israel 80 Million in Arms to Pay Moral Debt"; THE NEW YORK TIMES, International Edition, Nr. 39 079 vom 21. Januar 1965, S. 1 f. Zum Bekanntwerden der Waffenlieferungen vgl. auch Dok. 1, Anm. 3.

21 Auf der Sitzung des Bundeskabinetts vom 17. Februar 1965 notierte Bundesminister Schröder handschriftlich, daß die Lieferung von 90 Panzern vom Typ M 48, sechs Schnellbooten ohne Bewaffnung, zwei U-Booten, drei Flugzeugen vom Typ Dornier 28 und von 36 Haubitzen noch nicht ausgeführt worden sei. Vgl. VS-Bd. 8420 (Ministerbüro); B 150, Aktenkopien 1965.

22 Vgl. dazu Dok. 53.

23 Zur Einladung des Staatsratsvorsitzenden Ulbricht durch Präsident Nasser vgl. Dok. 75. Zum Besuch vom 24. Februar bis 2. März 1965 in der VAR vgl. Dok. 104.

24 An dieser Stelle wurde von Ministerialdirektor Meyer-Lindenberg gestrichen: „öffentliche".

hilfe)[25], sich äußerst restriktiv zu verhalten; weiter muß der Staatsbesuch Präsident Nassers[26] verschoben werden und jede Unterstützung ägyptischer Anliegen in internationalen Organisationen unterbleiben.

Unsere Maßnahmen müssen jedoch vermeiden, unsere unter großem finanziellen Einsatz aufgebaute Position auf dem kulturellen und Ausbildungssektor zu gefährden[27], da diese sofort von der SBZ übernommen werden würden. Durch die Durchführung der vorstehend dargelegten Richtlinien können wir folgendes erreichen:

1) Wir sichern dadurch unsere Position in der Deutschlandfrage im neutralistischen Raum noch einmal wenigstens für die Zeitspanne ab, die wir brauchen, um ein neues Konzept und eine neue Taktik auszuarbeiten und in die Praxis umzusetzen.

2) Sie bietet den anderen arabischen Staaten die Möglichkeit, sich von Nasser zu distanzieren und die freundschaftlichen Beziehungen zu uns fortzusetzen und zu entfalten, weil sie im Grunde nur in der Israelfrage mit Nasser solidarisch sind[28]; in der Frage der Einladung an Ulbricht sind sie es nicht.

Hiermit über den Herrn Staatssekretär[29] dem Herrn Bundesminister[30] vorgelegt.

Meyer-Lindenberg

VS-Bd. 8420 (Ministerbüro)

---

[25] Zur Wirtschaftshilfe an die VAR vgl. Dok. 9, Anm. 10.
[26] Zum geplanten Besuch des ägyptischen Präsidenten in der Bundesrepublik vgl. Dok. 39.
[27] Vgl. dazu Dok. 88, Anm. 8.
[28] Zu den unterschiedlichen Haltungen der arabischen Staaten vgl. Dok. 134.
[29] Hat Staatssekretär Carstens am 15. Februar 1965 vorgelegen.
[30] Hat Bundesminister Schröder am 16. Februar 1965 vorgelegen.

78

Ministerialdirigent Böker, z.Z. Amman, an das Auswärtige Amt

Z B 6-1-1462/65 geheim
Fernschreiben Nr. 21

Aufgabe: 15. Februar 1965, 16.40 Uhr[1]
Ankunft: 15. Februar 1965, 21.04 Uhr

Hatte soeben 3/4-stündiges Gespräch mit König Hussein in Gegenwart neuen Premierministers Wasfi Tell.[2] Übergab König Brief [des] Bundespräsidenten[3] und übermittelte dessen aufrichtige Grüße, die König in herzlicher Weise erwiderte.

Erklärte König, daß wir Ulbricht-Besuch[4] nicht ohne kräftige Reaktionen gegenüber VAR hinnehmen könnten, da sonst unsere Position in gesamter neutralistischer Welt in Gefahr. Wir beabsichtigten zwar nicht, diplomatische Beziehungen abzubrechen, müßten aber wohl Wirtschaftshilfe[5] einstellen. König zeigte für diese Haltung Verständnis und gab Hoffnung Ausdruck, daß durch seine Intervention bei Nasser[6] noch eine Entspannung eintreten könnte. Er wolle sich auf jeden Fall hierfür einsetzen. Seine Reise nach Kairo diene hauptsächlich diesem Zweck.[7] König verhehlte nicht, daß Verquickung Ulbrichteinladung mit unseren Waffenlieferungen an Israel[8] die anderen arabischen Staaten in schwierige Lage bringt. Er begrüße daher Erklärung Bundesregierung betreffs künftige Waffenlieferungs-Vereinbarungen.[9] Ich versuchte, König hinsichtlich der bereits zugesagten, aber noch nicht gelieferten Rüstungsgüter in allgemeiner Form zu beruhigen. Reaktion Königs erhellte jedoch, daß der Frage der Restlieferungen von allen arabischen Ländern entscheidende Bedeutung beigemessen wird. König verhehlte auch nicht, daß arabische Staaten sich durch unser Geheimabkommen mit Israel[10] betrogen

---

[1] Hat Bundesminister Schröder vorgelegen.
[2] Nach dem Rücktritt von Bahjat al-Talhouni übernahm am 13. Februar 1965 Wasfi al-Tell das Amt des jordanischen Ministerpräsidenten. Hazim Nuseibeh wurde als Außenminister Nachfolger von Qadri Toukan. Vgl. dazu EUROPA-ARCHIV 1965, Z 49.
[3] Bundespräsident Lübke äußerte im Schreiben vom 12. Februar 1965 sein Bedauern über die Entwicklung des Verhältnisses zwischen Bundesrepublik und VAR und bat den jordanischen König, im „Geiste der deutsch-arabischen Freundschaft" mitzuhelfen zu verhindern, „daß dieser Freundschaft nicht wiedergutzumachender Schaden zugefügt wird". Vgl. VS-Bd. 2637 (I B 4); B 150, Aktenkopien 1965.
[4] Zur Einladung des Staatsratsvorsitzenden Ulbricht durch Präsident Nasser vgl. Dok. 75. Zum Besuch vom 24. Februar bis 2. März 1965 in der VAR vgl. Dok. 104.
[5] Zur Wirtschaftshilfe an die VAR vgl. Dok. 9, Anm. 10.
Zum Beschluß der Bundesregierung vom 15. Februar 1965, die Wirtschaftshilfe einzustellen, vgl. Dok. 81, Anm. 16.
[6] Zum Angebot des jordanischen Königs, in der Nahost-Krise zu vermitteln, vgl. Dok. 59.
[7] Zum Aufenthalt des Königs Hussein vom 15. bis 17. Februar 1965 in Kairo vgl. EUROPA-ARCHIV 1965, Z 60.
[8] Zum Umfang der Waffenlieferungen an Israel vgl. Dok. 39.
[9] Zur Verlautbarung des Chefs des Presse- und Informationsamtes, von Hase, vom 12. Februar 1965 vgl. Dok. 70, Anm. 19.
[10] Zu den deutsch-israelischen Vereinbarungen über Waffenlieferungen vgl. Dok. 2, besonders Anm. 14.

fühlen, insbesondere, da wir Jordaniens Bitte auf Lieferung alter amerikanischer Panzer unter Hinweis auf Spannungsgebiet abgelehnt hatten.[11]

König betonte auch, er habe sich nach Deutschland-Besuch[12] nicht erklären können, weshalb wir den Eindruck hätten, daß Nasser sich mit Aufnahme diplomatischer Beziehungen BRD-Israel abfinden würde. Er teile diese Auffassung nicht und befürchte nach wie vor, daß solcher Schritt arabische Staaten entgegen ihren Wünschen zu entsprechenden Gegenmaßnahmen zwingen würde. Man erwarte von Deutschland besonderes Verständnis für arabische Lage, da auch wir geteiltes Land und mit Flüchtlingsproblemen belastet. Ich erwiderte, daß Aufnahme diplomatischer Beziehung zu Israel zur Zeit nicht zur Diskussion stehe.[13] Wir fragten nun aber manchmal, ob es nicht für alle Beteiligten, einschließlich Araber, besser wäre, wenn wir normale, offizielle Beziehungen und dadurch Pressionen besser ausweichen könnten. König sagte ferner, er könne sich noch nicht recht erklären, weshalb Nasser unerwarteten Schritt, Ulbricht einzuladen, unternommen hätte. Dies sei eine zu heftige Reaktion auf Enthüllungen über deutsche Waffenlieferungen gewesen. Ich erwiderte, auch wir seien durch Nassers Schritt völlig überrascht worden, zumal seit Besuch Präsident Gerstenmaiers[14] mit ihm offen über Lösung Problems Waffenlieferungen gesprochen worden war und sein Staatsbesuch in Deutschland[15] vor der Tür stand. Unseres Erachtens hätten nur zwei Mächte – die Sowjetunion und Israel – ein Interesse daran, daß das freie Deutschland aus dem Nahen Osten verdrängt würde. Dadurch würden Bande arabischer Länder zum Westen entscheidend geschwächt. Nasser habe durch Ulbrichteinladung dieses Ziel in gefährlicher Weise gefördert. König stimmte dem voll zu und wiederholte, daß er sich in Kairo ganz in diesem Sinne einsetzen werde. Er glaube kaum, daß Nasser Besuch Ulbrichts jetzt noch absagen könne – wollte diese Möglichkeit aber auch nicht ganz ausschließen – auf jeden Fall müsse alles geschehen, um schwerwiegende Folgen zu begrenzen. Er werde uns von Ergebnis seiner Besprechungen unterrichten und nach Kairo-Besuch Brief Bundespräsidenten beantworten.[16] Ich erwiderte, daß wir fest

[11] Zu dem von König Hussein geäußerten Wunsch nach der Lieferung von Panzern des Typs M 47 und M 48 wies der Zweite Sekretär an der amerikanischen Botschaft in Bonn am 17. Dezember 1963 darauf hin, daß Jordanien sich in einer schlechten finanziellen Lage befinde. Falls an einen Verkauf der Panzer gedacht werde, so bestehe die Gefahr, daß die daraus resultierenden finanziellen Verpflichtungen das amerikanische „Hilfsprogramm" für Jordanien beeinträchtigen könnten. Daher rate die amerikanische Regierung „von einem derartigen Geschäft" ab. Starkey bat jedoch darum, „bei Ablehnung die vorgenannten Gründe nicht zu erwähnen". Vgl. die Aufzeichnung des Vortragenden Legationsrats I. Klasse von Stechow vom 17. Dezember 1963; VS-Bd. 2314 (I B 4); B 150, Aktenkopien 1963.

[12] König Hussein hielt sich vom 25. November bis 3. Dezember 1964 zu einem Staatsbesuch in der Bundesrepublik auf. Zum Kommuniqué vom 27. November 1964 vgl. BULLETIN 1964, S. 1619. Für die Gespräche mit Bundespräsident Lübke und Bundeskanzler Erhard vom 25. bzw. 26. November 1964 vgl. Referat I B 4, Bd. 187.

[13] Vgl. dazu auch Dok. 39, Anm. 18.

[14] Zum Aufenthalt des Bundestagspräsidenten vom 20. bis 23. November 1964 in der VAR vgl. AAPD 1964, II, Dok. 352. Vgl. dazu auch Dok. 10.

[15] Zum geplanten Besuch des ägyptischen Präsidenten in der Bundesrepublik vgl. zuletzt Dok. 39.

[16] Am 19. Februar 1965 übermittelte Legationsrat Holthoff, Amman, mit Drahtbericht Nr. 23 den Wortlaut des Antwortschreibens des jordanischen Königs. Vgl. VS-Bd. 8448 (Ministerbüro); B 150, Aktenkopien 1965.

entschlossen seien, trotz der unvermeidlichen schweren Belastung deutsch-ägyptischen Verhältnisses Beziehungen zu allen anderen arabischen Staaten besonders zu pflegen. Wir hätten aus Enttäuschung mit Nasser gelernt, daß man sich nicht auf Kosten verläßlicher Freunde auf unzuverlässige Freunde allzusehr konzentrieren dürfe.

Gespräch mit neuem Außenminister Nuseibeh verlief in denselben Bahnen. Ich machte ihm deutlich, daß protokollarische Herabstufung Besuchs nicht genügt, um deutsche Gegenmaßnahmen zu verhindern; allenfalls könne ein offenes Bekenntnis Nassers zum deutschen Selbstbestimmungsrecht in Gegenwart Ulbrichts von politischem Wert sein.

Fazit der Gespräche:

1) Trotz Waffenlieferungen ist unser Goodwill hier noch erheblich.

2) Eindeutige befriedigende Regelung betreffend Restlieferungen an Israel[17] ist Voraussetzung für jede Politik der Isolierung Nassers in Ulbricht-Frage.

3) Langfristig ist Wiedererlangung unserer Glaubwürdigkeit entscheidend für deutsch-arabische Beziehungen.

[gez.] Böker

VS-Bd. 8448 (Ministerbüro)

79

Gesandter Knoke, Paris, an das Auswärtige Amt

Z B 6-1-1451/65 geheim Aufgabe: 15. Februar 1965, 18.30 Uhr[1]
Fernschreiben Nr. 248 Ankunft: 15. Februar 1965, 18.59 Uhr
Citissime

Soutou gab mir heute mit der Bitte um Weiterleitung an Ministerialdirigent Dr. Böker seinen Lösungsvorschlag für die Entwicklung der deutsch-arabisch-israelischen Krise bekannt. Er betonte dabei, daß es ein Vorschlag à titre personnel sei, weil er seinen Minister nach dessen Rückkehr aus Indien[2] noch nicht habe sprechen können.

---

[17] Zu den noch nicht abgewickelten Lieferungen vgl. zuletzt Dok. 77, besonders Anm. 21.
Zu den Bemühungen der Bundesregierung, die noch ausstehenden Waffenlieferungen durch Geldzahlungen abzulösen, vgl. Dok. 70.

[1] Hat Bundesminister Schröder vorgelegen.
[2] Der französische Außenminister Couve de Murville hielt sich vom 8. bis 11. Februar 1965 zusammen mit Ministerpräsident Pompidou zu einem offiziellen Besuch in Indien auf. Vgl. dazu EUROPA-ARCHIV 1965, Z 48.

In Soutous Sicht wird nach dem Besuch von Ulbricht in Kairo[3] bei den radikalen arabischen Staaten[4] die Entwicklung in Richtung auf eine De-jure-Anerkennung und Aufnahme diplomatischer Beziehungen zur SBZ nicht mehr aufzuhalten sein. Wir sollten eine zunächst abwartende und nicht provokative, dennoch aber feste Haltung gegenüber Kairo einnehmen. Brächen wir von uns aus die diplomatischen Beziehungen zu Nasser ab, dann wären sicher zumindest alle arabischen Staaten gezwungen, ihrerseits die diplomatischen Beziehungen mit Bonn abzubrechen. Was not tue, sei ein „coup de frein", der die anderen arabischen, afrikanischen und asiatischen Staaten aufhorchen ließe. Als einen solchen „coup de frein" bezeichnete Soutou noch während des Aufenthalts von Ulbricht in Kairo die Abgabe einer Absichtserklärung durch die Bundesregierung, die diplomatischen Beziehungen zu Israel aufzunehmen und mit Tel Aviv Botschafter auszutauschen. Nur eine solche Aktion, nicht aber die eines großen Landes wie der Bundesrepublik unwürdige Untersuchung, ob der rote Teppich für Ulbricht einen halben Meter weniger breit als bei sonstigen Besuchen von Staatsoberhäuptern in Kairo ausfalle, sei die einzig richtige deutsche Antwort auf Nassers Herausforderung. Sie werde von den radikalen arabischen Führern sofort dahin verstanden werden, daß die Bundesregierung sich nicht alles von Nasser bieten lasse. Die nichtradikalen arabischen Führer seien höchst unglücklich darüber, daß Bonn bisher, wenn auch vielleicht unbewußt, das Spiel Nassers gespielt habe und ihm, Nasser, dadurch zu einem gewaltigen Prestigeerfolg verholfen habe. Zum Beweise für seine These bezog Soutou sich auf ein soeben eingegangenes Telegramm aus Djidda. Danach hätte König Feisal in einer Unterredung mit dem französischen Botschafter[5] seinem ausgesprochenen Unmut über den Prestigezuwachs Nassers auf Grund der bisherigen, in Worten starken, in Taten aber schwachen Bonner Reaktion auf die Einladung Ulbrichts durch Nasser Ausdruck gegeben.

Soutou glaubt auf Grund dieser Information, daß bei einem Abbruch der diplomatischen Beziehungen zur Bundesregierung durch Nasser als dessen Antwort auf unsere Erklärung der Bereitschaft zur Aufnahme diplomatischer Beziehungen mit Israel nur eine Minderheit der arabischen Staaten seinem Beispiel folgen würde. Die gemäßigten arabischen Führer würden Nasser alsdann vielmehr vorwerfen, er habe mit seiner Einladung Ulbrichts die Aufnahme diplomatischer Beziehungen durch die Bundesregierung zu Israel heraufbeschworen, sie seien deshalb nicht verpflichtet, ihm Folge zu leisten und ihrerseits die diplomatischen Beziehungen zur Bundesrepublik abzubrechen.

Der „coup de frein", der mit der deutschen Absichtserklärung über die Aufnahme diplomatischer Beziehungen zu Israel bewirkt werde, wird nach Soutou auch das Ergebnis haben, das Krebsgeschwür der weiteren Anhebung der Beziehungen zu Pankow in den afrikanischen und asiatischen Ländern radikal zu isolieren und am Weiterwuchern zu hindern.

---

[3] Zum Besuch des Staatsratsvorsitzenden Ulbricht vom 24. Februar bis 2. März 1965 in der VAR vgl. Dok. 104.

[4] Zu den unterschiedlichen Reaktionen der arabischen und afrikanischen Staaten auf die Nahost-Krise vgl. Dok. 134.

[5] Pierre Revol.

Als weiteren Vorteil eines solchen Vorgehens nannte Soutou:

– die Abtötung der innerpolitischen Querele in Deutschland[6] über unsere Nahost- und Israelpolitik;

– die Beruhigung Israels. Aus mehrfachen Unterhaltungen mit dem hiesigen israelischen Botschafter, Eytan, einem ruhigen und überlegten Mann, ebenso wie durch Informationen aus dem Rothschild-Kreis hat Soutou erfahren, daß die Bundesregierung für den Fall des endgültigen Nachgebens gegenüber Nasser, d.h. der Entscheidung für eine Nichteinhaltung des Adenauer/Ben Gurion-Abkommens[7], mit einer Kampagne gewaltigen Ausmaßes namentlich in USA gegen das Deutschland von Bonn rechnen müsse[8], die Vorbereitungen zu ihr seien bereits eingeleitet. Für den Fall der Abgabe einer Absichtserklärung über die Herstellung diplomatischer Beziehungen zu Israel durch die Bundesregierung wird die israelische Regierung, Soutou zufolge, der Ersetzung der noch offenen etwa 20% an Waffenlieferungen[9] aus dem Adenauer/ Ben Gurion-Abkommen von 1960 durch andere Erzeugnisse sicher keine Schwierigkeiten bereiten[10];

– die abschreckende Wirkung unserer Reaktion gegenüber Nasser auf die gemäßigten arabischen, die afrikanischen und asiatischen Staaten.[11]

[gez.] Knoke

VS-Bd. 8448 (Ministerbüro)

[6] Zur innenpolitischen Auseinandersetzung in der Bundesrepublik über die Aufnahme diplomatischer Beziehungen zu Israel vgl. Dok. 52, Anm. 7.
[7] Zur Vereinbarung vom 14. März 1960 Dok. 2, Anm. 7 und 14.
[8] Zu den Protesten jüdischer Interessenverbände gegen die Politik der Bundesregierung vgl. Dok. 74, Anm. 14.
[9] Zum Umfang der noch nicht durchgeführten Lieferungen vgl. Dok. 77, Anm. 21.
[10] Vgl. dazu weiter Dok. 120.
[11] Eine gemäßigte Haltung nahmen beispielsweise Tunesien, der Libanon und Libyen ein. Vgl. Dok. 134, Anm. 2.

80

Gespräch des Staatssekretärs Carstens
mit Generalsekretär Cattani, italienisches Außenministerium

I A 1 - 80.00/663/65 VS-vertraulich   17. Februar 1965[1]

Ergebnisniederschrift –I. Teil[2]

Betr.: Europäische politische Zusammenarbeit

Deutsche Teilnehmer an dem Gespräch: Staatssekretär Carstens, Ministerialdirektor Professor Dr. Meyer-Lindenberg, Ministerialdirigent Dr. Voigt, Legationsrat I. Klasse Dr. Schmidt-Schlegel, später hinzugekommen: Staatssekretär Lahr

Italienische Teilnehmer: Staatssekretär Cattani, italienischer Botschafter[3]

I. Generalsekretär *Cattani* teilte zunächst das wesentliche Ergebnis seiner sondierenden Gespräche mit dem französischen und belgischen Außenminister mit:

1) Beide sind bereit, bei den Vorbereitungen für das Zustandekommen einer politischen Zusammenarbeit der Sechs mitzuwirken.[4] Ähnlich wie die Holländer möchten die Franzosen jedoch keine eigene Initiative ergreifen. Sie raten zu einem behutsamen Vorgehen, um ein Festfahren der Verhandlungen ähnlich wie im April 1962[5] zu vermeiden. Couve hält weiter an seiner Abneigung gegen übernationale Konstruktionen fest, er ist deshalb auch nach wie vor gegen den beratenden Ausschuß (nach dem deutschen Vorschlage)[6] eingestellt. Indessen hat der französische Außenminister sich mit einem Dialog zwischen den Regierungen und dem Europäischen Parlament einverstanden erklärt.

2) Spaak ist weiter geneigt, dem Plan einer politischen Zusammenarbeit der Sechs seine Hilfe zu gewähren. Er ist allerdings wegen der grundsätzlichen Einstellung de Gaulles gegenüber den USA[7] skeptisch hinsichtlich der Aussichten für eine Koordinierung der außen- und verteidigungspolitischen Vorstellungen.

---

[1] Die Gesprächsaufzeichnung wurde von Ministerialdirektor Meyer-Lindenberg am 22. Februar 1965 gefertigt.
Hat Staatssekretär Carstens am 1. März 1965 vorgelegen.
[2] Für den zweiten Teil der Gesprächsaufzeichnung vgl. Dok. 81.
[3] Mario Luciolli.
[4] Zum Vorschlag einer Außenminister- bzw. Ministerpräsidenten-Konferenz der EWG-Staaten vgl. Dok. 22 und 23.
[5] Zum Scheitern der Gespräche über den Fouchet-Plan vgl. Dok. 22, Anm. 15.
[6] Zur Europa-Initiative der Bundesregierung vom 4. November 1964 vgl. Dok. 5, Anm. 18.
[7] Zur Bewertung der amerikanischen Verteidigungspolitik durch den französischen Staatspräsidenten vgl. Dok. 26.
Zur Haltung von de Gaulle gegenüber der amerikanischen Wirtschafts- und Finanzpolitik vgl. Dok. 60, Anm. 23.

Er schlägt als ersten Schritt ein formloses Treffen der Außenminister der Sechs in Brüssel während der nächsten Tagung des EWG-Ministerrates vor, auf dem Weisungen für Experten zu vereinbaren wären. Die Experten sollen dann nach dem Vorschlag von Spaak eine ausschließlich der Erörterung der politischen Zusammenarbeit dienende offizielle Außenministerkonferenz vorbereiten. Das Argument, daß eine offizielle Außenministerkonferenz psychologisch die Teilnehmer unter Druck setzt und sie zwingt, aus einer solchen Konferenz einen Erfolg zu machen, hat Spaak nicht überzeugt.

Hinsichtlich der Einstellung der Holländer vertrat Spaak die Meinung, daß wir eine Chance hätten, diese in ihrer Haltung zu beeinflussen und sie zu veranlassen, bei der ins Auge gefaßten neuen europäischen Initiative mitzumachen.

3) Aus seiner Begegnung mit dem neuen britischen Außenminister Michael Stewart[8] hat Spaak den Eindruck einer starken und Vertrauen einflößenden Persönlichkeit gewonnen. Spaak hat Stewart klargemacht, daß eine Teilnahme Großbritanniens nicht Voraussetzung für den Beginn der Gespräche zu Sechs über die politische Zusammenarbeit sein kann. Auf die an Stewart gerichtete Frage, wie weit die Briten geneigt seien, hinsichtlich Europas zu gehen, hat Spaak keine präzise Antwort erhalten. Die Wirkung der neuen britischen Haltung auf die Holländer ist abzuwarten.

4) Spaak hat die Frage aufgeworfen, ob besondere Treffen der Verteidigungsminister[9] notwendig sind. Er selbst hat hierzu den Standpunkt vertreten, daß man über die wesentlichen Probleme, wie die atlantische nukleare Zusammenarbeit, in diesem Gremium doch nicht sprechen könne. Anderseits legen die Franzosen Wert auf die Behandlung der Probleme der militärischen Verteidigung Europas auch durch die Verteidigungsminister der Sechs. Die Italiener vertreten hierzu den Standpunkt, daß die Verteidigungspolitik nur als Teil der Außenpolitik behandelt werden sollte; für regelmäßige Beratungen der Verteidigungsminister bestehe kein Bedürfnis. Allerdings könne man den Verteidigungsministern im Laufe der Zeit bestimmte Aufgaben zuweisen, und zwar in dem Maße, wie die Außenminister zu einer Einigung kommen. Er befürchtet, daß eine sofortige Inangriffnahme der Probleme der militärischen Zusammenarbeit die Gefahr eines unabsehbaren Streites innerhalb der Sechs hervorrufen würde. Die Franzosen werden nach seiner Ansicht schon bald nach Beginn der politischen Zusammenarbeit bestrebt sein, den Gedanken einer europäischen nuklearen Streitmacht zu propagieren (in der, so fügte Cattani hinzu, die anderen Fünf nur die Rolle von Satelliten spielen würden).

II. Staatssekretär *Carstens* ergänzte die Bemerkungen von Staatssekretär Cattani mit folgenden Hinweisen:

---

[8] Nach dem Rücktritt von Patrick Gordon Walker wurde Michael Stewart am 22. Januar 1965 zum britischen Außenminister ernannt.
Stewart hielt am 11. Februar 1965 eine Rede vor der belgisch-britischen Handelskammer in Brüssel. Vgl. dazu den Artikel „Britain Presses for Seat at European Unity Talks"; The Times, Nr. 56 244 vom 12. Februar 1965, S. 12.

[9] Die Europa-Initiative der Bundesregierung vom 4. November 1964 sah regelmäßige Zusammenkünfte der Verteidigungsminister vor. Vgl. dazu Dok. 5, Anm. 18.

1) Manche außenpolitischen Vorstellungen der Franzosen könnten auf weite Sicht von Bedeutung sein, gäben aber keine Antwort auf die jetzt vor uns liegenden Probleme.[10] Die Entscheidungen hinsichtlich einer zukünftigen gemeinsamen Außen- und Verteidigungspolitik würden sehr schwierig sein. Andererseits könne auf dem Gebiet der Kulturpolitik nach der recht ermutigenden deutsch-französischen kulturellen Zusammenarbeit[11] manches innerhalb der Sechs unternommen werden.

2) Die öffentliche Meinung und das Parlament in der Bundesrepublik mäßen einem ersten Element kommunautären[12] Charakters in der europäischen politischen Zusammenarbeit erhebliche Bedeutung bei. Begrüßenswert sei es, daß der französische Außenminister jetzt geneigt sei, eine Beteiligung des Europäischen Parlaments zu befürworten.

Über die Institutionen der europäischen Zusammenarbeit und über die vorgeschlagenen Treffen der Verteidigungsminister seien noch eingehende Erörterungen erforderlich. Zu dem von Cattani zu dem letzten Punkt gemachten Vorschlag werde er später noch Stellung nehmen.

3) Zur Frage der britischen Einstellung zur politischen Zusammenarbeit werde von Wilson während eines Besuches in Bonn[13] eine Erklärung in dem Sinne erwartet, daß Großbritannien von Beginn an den Gesprächen zu Sechs teilnehmen möchte. Nach deutscher Ansicht sei eine Beteiligung Großbritanniens zur Zeit schwer möglich. Indessen solle eine laufende Unterrichtung der Briten in der WEU sichergestellt werden.[14]

4) Fortschritte in der europäischen politischen Zusammenarbeit seien aus deutscher Sicht sowohl innen- als auch außenpolitisch bedeutsam.

III. Staatssekretär *Cattani* und Staatssekretär *Carstens* stimmten darin überein, daß mit einem informellen Treffen der Außenminister in Brüssel aus Anlaß der nächsten Ministerratssitzung der EWG (2./3. März) begonnen werden soll und daß auf dieser Konferenz Weisungen für die Experten zur Vorbereitung einer offiziellen Außenministerkonferenz im Mai (für die Cattani Rom als Sitzungsort vorschlug) vereinbart werden sollen.[15]

Am Schluß des vorbereitenden Stadiums für die europäische politische Zusammenarbeit wäre eine Ministerpräsidentenkonferenz im Sommer 1965 vorzusehen.

---

[10] Der Passus „auf weite Sicht ... Probleme" wurde von Staatssekretär Carstens handschriftlich eingefügt. Dafür wurde gestrichen: „auf die Dauer sich als nützlich erweisen, seien aber zur Zeit nicht verwertbar".

[11] Bestandteil der kulturellen Zusammenarbeit war der deutsch-französische Jugendaustausch, an dem 1964 doppelt so viele Jugendliche teilnahmen wie 1963. Vgl. dazu BULLETIN 1964, S. 1492.
Für das Abkommen vom 5. Juli 1963 über die Errichtung eines Deutsch-französischen Jugendwerks vgl. BUNDESGESETZBLATT 1963, Teil II, S. 1613–1618.

[12] Dieses Wort wurde von Staatssekretär Carstens handschriftlich eingefügt. Dafür wurde gestrichen: „übernationalen".

[13] Zum Besuch des britischen Premierministers am 8./9. März 1965 vgl. Dok. 122.

[14] Zum Kontakt zwischen Großbritannien und der Europäischen Gemeinschaft im Rahmen der WEU vgl. Dok. 31, Anm. 9.

[15] Zur europäischen politischen Zusammenarbeit vgl. Dok. 86.

Cattani wird über seine weiteren Gespräche in Paris, Den Haag und Luxemburg Staatssekretär Carstens unterrichten.[16]

VS-Bd. 2386 (D I/Dg I A)

81

Gespräch des Staatssekretärs Carstens mit Generalsekretär Cattani, italienisches Außenministerium

I A 1-80.00-663[I]/65 VS-vertraulich   17. Februar 1965[1]

Ergebnisniederschrift –II. Teil[2]

Betr.: I. Atlantische nukleare Zusammenarbeit
       II. Deutsche Nahost-Politik

Deutsche Teilnehmer an dem Gespräch: Staatssekretär Carstens, Ministerialdirektor Professor Dr. Meyer-Lindenberg, Ministerialdirigent Dr. Voigt, Legationsrat I. Klasse Dr. Schmidt-Schlegel, später hinzugekommen: Staatssekretär Lahr

Italienische Teilnehmer: Staatssekretär Cattani, italienischer Botschafter[3]

I. Atlantische nukleare Zuammenarbeit

Auf Anregung von Staatssekretär *Cattani* wurden im Anschluß an die Erörterung über die europäische politische Zusammenarbeit Gedanken über die atlantische nukleare Zusammenarbeit ausgetauscht. Es wurde festgestellt, daß sowohl das deutsche[4] als auch das italienische Memorandum[5] zu den britischen ANF-Vorschlägen[6] lediglich Arbeitspapiere und nicht die offizielle Stellungnahme der Regierungen darstellen, daß indessen die Auffassungen beider Regierungen sich weitgehend decken.[7] Staatssekretär Cattani vertrat den

---

[16] Zur weiteren Information über die Gespräche des Generalsekretärs im italienischen Außenministerium vgl. den Drahtbericht Nr. 131 des Botschafters Blankenhorn, Rom, vom 4. März 1965; VS-Bd. 2386 (D I/Dg I A); B 150, Aktenkopien 1965.
Vgl. dazu auch Dok. 86, Anm. 13.

[1] Die Gesprächsaufzeichnung wurde von Legationsrat I. Klasse Schmidt-Schlegel am 24. Februar 1965 gefertigt.
Hat Staatssekretär Carstens am 26. Februar 1965 vorgelegen, der auf dem Begleitvermerk handschriftlich notierte: „Meine Ausführungen sind ungenau wiedergegeben." Vgl. VS-Bd. 2386 (D I/Dg I A); B 150, Aktenkopien 1965.

[2] Für den ersten Teil der Gesprächsaufzeichnung vgl. Dok. 80.
[3] Mario Luciolli.
[4] Vgl. Dok. 21.
[5] Zur italienischen Haltung bezüglich einer ANF vgl. Dok. 13, Anm. 13.
[6] Vgl. dazu Dok. 20, besonders Anm. 9–12.
[7] In diesem Sinne unterrichtete die italienische Botschaft am 19. Februar 1965 auch das Referat II 7. Botschaftsrat Vallauri teilte mit, der Stellungnahme der Bundesregierung zu den britischen ANF-Vorschlägen werde „in allen wesentlichen Einzelheiten" zugestimmt. „Dies gelte insbeson-

Standpunkt, daß die Engländer bereit seien, ihre Vorschläge weiterzuentwikkeln. Gut wäre es, wenn sie in dem nuklearen Zusammenwirken eine Möglichkeit der europäischen Zusammenarbeit sähen.

Staatssekretär *Carstens* wies darauf hin, daß mit den Engländern noch eine Reihe von Problemen zu erörtern seien, so die Unterstellung der atlantischen Streitmacht unter SACEUR bzw. die Schaffung einer besonderen Befehlsstelle mit einer eigenen Organisation, der Umfang der Flotte und die Möglichkeiten der Eingliederung von britischen Unterseebooten in eine solche Flotte sowie das Problem der Nicht-Weiterverbreitung von Atomwaffen. Die Briten versuchten, wie aus einer vor mehreren Wochen gehaltenen Rede des britischen Verteidigungsministers Healey hervorgehe, mehrere schwer vereinbare Dinge, wie die Festigung der Allianz, die Entspannung und die Abrüstung, in ihrem ANF-Plan gleichzeitig vorzuschlagen.[8]

Die Frage von Staatssekretär *Cattani*, ob die MLF-Arbeitsgruppe das geeignete Gremium sei, den ANF-Komplex zu behandeln, wurde von Staatssekretär *Carstens* bejaht.[9] Staatssekretär *Cattani* sprach die Hoffnung aus, daß man sich mit Geduld und Ausdauer auf eine Lösung dieses schweren Problems einigen werde und daß auch ein gemeinsamer Nenner für eine nukleare Zusammenarbeit mit den Franzosen gefunden werden könne. Die Franzosen könnten allerdings nicht nur Forderungen stellen, sie müßten auch ihrerseits einen Beitrag liefern. Im übrigen sei eine Fortsetzung der nuklearen Zusammenarbeit mit den Vereinigten Staaten für die europäische Sicherheit unbedingt erforderlich.

Staatssekretär *Carstens* schloß die Aussprache über die nukleare Zusammenarbeit mit dem Hinweis ab, daß möglichst viele alliierte Staaten in einer atlantischen nuklearen Streitmacht zusammenarbeiten sollten. Das Argument, daß eine deutsche Teilnahme die Wiedervereinigung Deutschlands hindere[10], könne er nicht teilen. Es sei durchaus möglich, einige Jahre nach dem Anlauf der atlantischen nuklearen Zusammenarbeit über die deutsche Teilnahme an der MLF oder ANF als Konzession gegenüber der Sowjetunion zur Erzielung von Fortschritten in der Deutschlandfrage zu diskutieren und eine entsprechende Revisionsklausel in den Vertrag einzuarbeiten.

II. Deutsche Nahost-Politik

Anschließend machte Staatssekretär Carstens einige Ausführungen über die deutsche Nahost-Politik, im besonderen über die durch die Einladung von

Fortsetzung Fußnote von Seite 337

dere für die Fragen der gemischten Besatzungen und der Unterstellung der MLF/ANF unter SACEUR, sowie für die britischen Vorschläge für eine Vereinbarung über die Nichtverbreitung von Nuklearwaffen." Für den Fall, daß Großbritannien auf einem Veto bei der Freigabe von Waffen bestehen sollte, würden „auch Italien, und – wie man in Rom annehme – auch Deutschland ein Veto fordern müssen". Ministerialdirektor Krapf zog aus diesen Ausführungen den Schluß, daß die Bundesregierung „bei den weiteren Verhandlungen in wesentlichen Punkten mit italienischer Unterstützung" werde rechnen können. Vgl. die Aufzeichnung von Krapf vom 19. Februar 1965; VS-Bd. 1371 (II A 7); B 150, Aktenkopien 1965.

[8] Zur Rede vom 7. Januar 1965 vgl. Dok. 12, Anm. 10.
[9] Zu dieser Ansicht des Staatssekretärs Carstens vgl. auch Dok. 76, Anm. 10.
[10] Zu dieser primär von französischer Seite vertretenen Auffassung vgl. auch Dok. 27.

Ulbricht nach Ägypten[11] geschaffene Lage. Mit drei schwierigen Problemen habe die deutsche Regierung es jetzt hinsichtlich des Allgemeinvertretungsrechtes der Bundesrepublik zu tun:

1) Eine Einladung von Ulbricht nach Indonesien zeichne sich ab.

2) Die Regierung Tansania wolle nach der Schließung der Botschaft auf Sansibar ein Generalkonsulat der Sowjetzone in Daressalam zulassen.[12]

3) Der Besuch von Ulbricht in Ägypten sei offenbar nicht mehr zu vermeiden.

Zu diesem Besuche führte der Staatssekretär aus, Schelepin habe die wirtschaftlichen Schwierigkeiten Nassers wegen seines Krieges im Jemen[13] ausgenutzt, um Waffenlieferungen und neue Kredite von der Einwilligung in den Besuch von Ulbricht abhängig zu machen.[14] Nasser habe seinerseits den Besuch von Ulbricht mit unseren Beziehungen zu Israel gekoppelt und unsere Militärhilfe an Israel[15], die nicht bedeutend sei im Vergleich zu der von der Sowjetunion Ägypten gewährten Militärhilfe, zum Vorwand genommen, um uns unter Druck zu setzen. Andere arabische Staaten folgten ihm in dieser Linie. Wir seien entschlossen, auf die Einladung von Ulbricht scharf zu reagieren, und hätten hierüber Nasser nicht im unklaren gelassen. Uns schwebe eine Eskalation, und zwar als erstes Mittel die Beschneidung bzw. der Wegfall der Wirtschaftshilfe[16] und als letztes Mittel der Abbruch der diplomatischen Beziehungen, für den Fall vor, daß Nasser das Sowjetzonenregime anerkennen werde. Wir seien jetzt nicht mehr bereit, ähnliche Verpflichtungen in internationalen Gefahrenzonen, wie die der Waffenlieferungen nach Israel, einzugehen.[17] Es sei eine offene Frage, wie die Krise sich weiterentwickeln und ob es zur Anwendung sehr radikaler Mittel kommen werde.

Abschließend wies Staatssekretär Carstens darauf hin, daß man in der Vergangenheit schon schwerere Krisen als diese durchgestanden habe, daß es

---

[11] Zur Einladung des Staatsratsvorsitzenden Ulbricht durch Präsident Nasser vgl. Dok. 75. Zum Besuch vom 24. Februar bis 2. März 1965 in der VAR vgl. Dok. 104.

[12] Am 19. Februar 1965 erteilte die tansanische Regierung der DDR die Erlaubnis, in Tansania ein Generalkonsulat zu errichten. Vgl. dazu Dok. 84, Anm. 55.

[13] Zum ägyptischen Eingreifen in den jemenitischen Bürgerkrieg vgl. Dok. 65, Anm. 6.

[14] Zur sowjetischen Wirtschafts- und Ausrüstungshilfe für die VAR vgl. Dok. 10, Anm. 8.

[15] Vgl. dazu auch Dok. 48.
Zu dem von ägyptischer Seite verwendeten Argument, die Einladung an den Staatsratsvorsitzenden Ulbricht stelle lediglich eine Reaktion auf die Waffenlieferungen an Israel dar, vgl. Dok. 38, Anm. 3.

[16] Am 15. Februar 1965 erklärte der Chef des Presse- und Informationsamtes, von Hase, vor der Presse, „daß die Durchführung des Ulbricht-Besuchs in Kairo das Ende jeder wirtschaftlichen Hilfeleistung der Bundesrepublik Deutschland für Ägypten bedeuten würde". Vgl. BULLETIN 1965, S. 225.
Am 17. Februar 1965 bekräftigte Bundeskanzler Erhard diese Entscheidung vor dem Bundestag: „Ulbricht ist der Exponent jenes unmenschlichen Zwangsregimes in der Zone. [...] Präsident Nasser [...] muß wissen – und ich benutze diese Gelegenheit dazu, es noch einmal klarzustellen –, daß unsere Beziehungen zu Ägypten durch diesen Besuch aufs schwerste belastet werden. Wir werden unsere Wirtschaftshilfe einstellen. Politische Schritte behalten wir uns vor." Vgl. BT STENOGRAPHISCHE BERICHTE, Bd. 57, S. 8104. Vgl. dazu auch BULLETIN 1965, S. 246.

[17] Zur Erklärung des Chefs des Presse- und Informationsamtes, von Hase, vom 12. Februar 1965 vgl. Dok. 70, Anm. 19.

sich indessen bei dieser Nahostkrise um eine sehr ernst zu nehmende Krise der internationalen Politik handele.

VS-Bd. 2386 (D I/Dg I A)

82

Botschafter Grewe, Paris (NATO), an das Auswärtige Amt

Z B 6-1-1743/65 VS-vertraulich Aufgabe: 17. Februar 1965, 13.30 Uhr
Fernschreiben Nr. 221 Ankunft: 17. Februar 1965, 11.04 Uhr

Betr.: Besuch Rapackis in Brüssel[1]

Belgischer NATO-Botschafter[2] gab in Sitzung des NATO-Rates am 17.2. eine kurze vorläufige Unterrichtung über die Gespräche, die Außenminister Spaak am 13., 15. und 16.2. mit polnischem Außenminister Rapacki in Brüssel geführt hat.

In den Gesprächen seien, abgesehen von bilateralen Fragen, von Rapacki folgende Themen angeschnitten worden:

Gromyko-Plan[3], polnisches Projekt zur Einberufung einer Konferenz über Fragen der europäischen Sicherheit[4], Deutschlandproblem.

Nach Rapacki bleibt Hauptziel des Gromyko- und Rapacki-Plans[5] die Verhinderung der Verbreitung nuklearer Waffen in Europa, insbesondere deren Weitergabe an Bonn und Pankow. Jeder diesem Ziel dienliche Vorschlag würde von polnischer Seite aufmerksam geprüft. Nach polnischer Ansicht sollte eine evtl. europäische Konferenz über militärische, politische und wirtschaftliche

---

[1] Der polnische Außenminister hielt sich vom 12. bis 17. Februar 1965 in Brüssel auf. Vgl. dazu EUROPA-ARCHIV 1965, Z 55.

[2] André de Staercke.

[3] Am 7. Dezember 1964 erklärte der sowjetische Außenminister Gromyko vor der UNO-Generalversammlung in New York: „In condemning the plans for the establishment of a NATO multilateral nuclear force, the Soviet Union states quite frankly that the realization of those plans will make the unification of Germany still more difficult. Those who are really concerned about the unification of Germany, and do not merely pay elaborate lip-service about it, must understand that the creation of multilateral nuclear forces would be a further obstacle to achieving rapprochement and agreement between the two German States. In short, a NATO multilateral nuclear force and the cause of German unification are incompatible." Vgl. UN GENERAL ASSEMBLY, 19th Session, Plenary meetings, 1292nd meeting, S. 8.

[4] Am 14. Dezember 1964 schlug der polnische Außenminister Rapacki vor der UNO-Generalversammlung vor, eine Konferenz europäischer Staaten – unter Einschluß der USA und der UdSSR – einzuberufen, um Probleme der europäischen Sicherheit zu erörtern. Vgl. dazu UN GENERAL ASSEMBLY, 19th Session, Plenary meetings, 1301st meeting, S. 5–9. Vgl. auch EUROPA-ARCHIV 1965, D 210–212 (Auszug).
Vgl. dazu auch die Aufzeichnung des Ministerialdirigenten Ruete vom 23. Dezember 1964; VS-Bd. 4071 (II 8); B 150, Aktenkopien 1964.

[5] Zum Rapacki-Plan vgl. auch Dok. 152.

Probleme des alten Kontinents durch einen ernsthaften Meinungsaustausch der daran besonders interessierten Staaten beider Blöcke vorbereitet werden. In diesen Meinungsaustausch könnten auch neutrale europäische Staaten eingeschaltet werden. Die beteiligten Regierungen brauchten in dieser Phase noch keine Bindungen einzugehen.

Vor einer Wiedervereinigung Deutschlands, oder allenfalls parallel zu ihr, müßte nach Meinung Rapackis eine befriedigende Regelung der europäischen Sicherheitsprobleme erzielt werden. Ein umgekehrtes Verfahren sei für den Sowjet-Block nicht akzeptabel. Im Gegensatz zu der eigenen Propaganda[6] habe Rapacki auch erklärt, daß die deutsche Wiedervereinigung nicht nur eine Sache der Deutschen, sondern auch der daran interessierten Nachbarstaaten sei.[7]

Belgischer Botschafter kündigte an, daß Spaak in nächster Zeit im NATO-Rat eine ausführliche Unterrichtung über seine Gespräche mit Rapacki geben werde.[8]

[gez.] Grewe

VS-Bd. 4071 (II 8/II B 2)

---

[6] Zu der seitens der Ostblock-Staaten vertretenen Auffassung, über eine Wiedervereinigung Deutschlands müsse zwischen der Bundesrepublik und der DDR verhandelt werden, vgl. Dok. 3, Anm. 30.

[7] Dazu führte der belgische Außenminister Spaak am 23. Februar 1965 aus: „Rapacki habe mit großer Bestimmtheit erklärt, daß die Frage einer deutschen Wiedervereinigung nicht nur die Deutschen allein angehe, sondern in ebenso starkem Maße die Nachbarn, die daher eine solche Lösung auch annehmen müßten. Es sei aber völlig klar, daß Polen und die übrigen sozialistischen Länder das Prinzip der Selbstbestimmung nicht annehmen könnten. Es gäbe zwei deutsche Staaten, und es sei ausgeschlossen, daß der eine von dem anderen aufgesaugt werde (absorption). Jede derartige Vorstellung sei eine Illusion." Vgl. den Drahtbericht Nr. 43 des Botschafters Siegfried, Brüssel, vom 24. Februar 1965; VS-Bd. 4071 (II 8); B 150, Aktenkopien 1965.

[8] Zur Unterrichtung des Ständigen NATO-Rats durch den belgischen Außenminister am 17. März 1965 vgl. Dok. 143, Anm. 13.

83

Gesandter Knoke, Paris, an das Auswärtige Amt

Z B 6-1-1571/65 VS-vertraulich
Fernschreiben Nr. 268
Citissime

Aufgabe: 17. Februar 1965, 19.00 Uhr
Ankunft: 17. Februar 1965, 20.56 Uhr

Auf Plurex 716 vom 16. 2.¹

Zu dem vom Auswärtigen Amt in Aussicht genommenen Plan, als Antwort auf die Zulassung eines Generalkonsulats der SBZ in Daressalam² dem Bundeskabinett die Einstellung der militärischen Ausrüstungs-, Kapital- und weitgehend auch der technischen Hilfe vorzuschlagen³, nahm Soutou heute mir gegenüber wie folgt Stellung:

Die Verhinderung einer weiteren Aufwertung des SBZ-Regimes in der afrikanischen und asiatischen Welt hinge in erster Linie von einer energischen Reaktion unsererseits in Kairo ab.⁴ Dieses und nicht Daressalam nähme in dieser Beziehung eine Schlüsselstellung ein. Tansania befinde sich in einer sehr prekären Lage, eine auch nur leichte anderweitige Verteilung der Gewichte könne dazu führen, daß das Land restlos östliches Einflußgebiet werde.⁵ Soutou bat deshalb darum, von der in Aussicht genommenen Reaktion, die er als zu scharf und die Gefahr der Gewichtsverlagerung mit sich bringend ansieht, nach Möglichkeit abzusehen. Hinzu komme noch eine Erwägung: schließlich hätte Tansania mit seinem neuen Schritt nicht mehr vor, als wir Nasser schon seit Jahren konzediert hätten.⁶ Gingen wir jetzt mit dieser Schärfe gegen Tansania vor, so werde gegen uns in Afrika mit dem Argument gearbeitet werden, daß wir den starken Nasser schonen und den schwachen Nyerere schlügen. Das von dort beabsichtigte Vorgehen könnte nicht nur die wohlverstandenen Interessen der Bundesregierung in Ost- und Westafrika schädigen, sondern die gesamte westliche Stellung in Mitleidenschaft ziehen. Auch unter diesem Gesichtspunkt bat Soutou um eine Überprüfung des Beschlusses des Auswärtigen Amts.⁷

---

¹ Ministerialdirektor Meyer-Lindenberg informierte die Botschaften in London, Paris, Rom und Washington sowie die Ständige Vertretung bei der NATO in Paris und den Beobachter bei der UNO in New York über die jüngste Entwicklung der deutsch-tansanischen Beziehungen und wies auf den zu erwartenden Beschluß des Bundeskabinetts hin, die militärischen und zivilen Hilfsleistungen an Tansania einzustellen. Vgl. VS-Bd. 2545 (I B 3); B 150, Aktenkopien 1965.

² Zur Entscheidung der tansanischen Regierung und ihrer Veröffentlichung am 19. Februar 1965 vgl. Dok. 84, Anm. 55.

³ Zum Beschluß der Bundesregierung vgl. Dok. 84, besonders Anm. 56.

⁴ Zu möglichen Reaktionen der Bundesregierung auf den Besuch des Staatsratsvorsitzenden Ulbricht in der VAR vgl. Dok. 79.

⁵ Zur innenpolitischen Entwicklung Tansanias vgl. Dok. 16, Anm. 4.
Zu den Beziehungen Tansanias zur DDR vgl. Dok. 16, Anm. 5 und 21.

⁶ Die DDR eröffnete bereits 1959 ein Generalkonsulat in Kairo, dem allerdings seitens der ägyptischen Regierung kein Exequatur erteilt wurde.

⁷ Am 18. Februar 1965 hielt Vortragender Legationsrat I. Klasse Graf von Posadowsky-Wehner fest, daß die seitens des Abteilungsleiters im französischen Außenministerium, Soutou, geäußer-

Ich habe demgegenüber Soutou noch einmal auf die für die Bundesregierung bestehende Notwendigkeit hingewiesen, der weiteren Statusanhebung der SBZ in jedem einzelnen Land, ob in Afrika oder Asien oder sonstwo, schon bei dem ersten Versuch dieser Art entgegenzutreten.[8]

[gez.] Knoke

VS-Bd. 2545 (I B 3)

Fortsetzung Fußnote von Seite 342

ten Einwände ernst genommen werden müßten; sie seien jedoch bereits bei der Meinungsbildung des Referats „voll" berücksichtigt worden. Wichtiger als diese Bedenken sei die Wahrung des Prinzips, schon „im Vorfeld jeder Aufwertung der SBZ mit geeigneten Mitteln entgegenzutreten". Die Zulassung eines Generalkonsulats der DDR in Tansania würde „ohne starke Gegenmaßnahmen eine Kettenreaktion in Afrika" zur Folge haben. Darüber hinaus wies Posadowsky-Wehner darauf hin, daß auch Frankreich in seiner Afrika-Politik Entscheidungen getroffen habe, die nicht den Vorstellungen der Bundesregierung entsprochen hätten und denen keine deutsch-französischen Konsultationen vorangegangen seien. Vgl. VS-Bd. 2545 (I B 3); B 150, Aktenkopien 1965.

[8] Am 26. Februar 1965 unterrichtete der Gesandte Knoke, Paris, den Abteilungsleiter im französischen Außenministerium, Soutou, über den Beschluß der Bundesregierung, die Ausrüstungshilfe an Tansania einzustellen. Soutou gab zu bedenken, daß „man das Feld nicht Rotchina überlassen dürfe". Im französischen Außenministerium, so der Eindruck von Knoke, überwiege die Ansicht, die Bundesregierung sehe „den Fall vielleicht nicht in der richtigen Proportion. Es stelle [...] doch einen bedeutenden Erfolg dar, daß die SBZ-Botschaft auf Sansibar verschwinde und in ein Generalkonsulat ohne Exequatur in Daressalam bei gleichzeitiger Abgabe einer ausdrücklichen Erklärung der Nichtanerkennung der SBZ durch Tansania" umgewandelt würde. Vgl. den Drahtbericht Nr. 324; VS-Bd. 2545 (I B 3); B 150, Aktenkopien 1965.

Zur britischen Reaktion auf das Vorgehen der Bundesregierung vgl. Dok. 141.

84

Drahterlaß des Staatssekretärs Carstens

St.S. 422/65 geheim 17. Februar 1965[1]
Fernschreiben Nr. 766 Plurex Aufgabe: 18. Februar 1965, 11.53 Uhr

Für Botschafter[2]

Ich bitte die Botschafter in Washington, London und Paris, der dortigen Regierung umgehend an höchst erreichbarer Stelle im Außenministerium[3] folgendes vorzutragen:

1) Die deutsche Nichtanerkennungspolitik[4] gegenüber der SBZ befindet sich zur Zeit in einer sehr schwierigen Phase. An mehreren Stellen, und zwar insbesondere in der VAR, in Tansania und in Indonesien, sehen wir uns massiven Anstrengungen des gesamten Ostblocks gegenüber, der Zone zur Anerkennung oder jedenfalls zu einer wesentlichen Verbesserung ihrer Position zu verhelfen.

2) Kairo

Vor einigen Wochen ist bekannt geworden, daß Nasser Ulbricht zum Besuch der VAR[5] eingeladen hat. Wir haben sofort bei der ägyptischen Regierung und[6] bei Nasser selbst stärkste Gegenvorstellungen erhoben und darum gebeten, den Besuch nicht durchzuführen oder auf unbestimmte Zeit zu verschieben.[7] Dabei haben wir darauf hingewiesen, daß Ulbricht der Exponent eines fremden Regimes ist, welches einem Teil unseres Volkes gewaltsam durch eine ausländische Macht aufgezwungen wurde, und ist zugleich[8] der Repräsentant eines verhaßten Terrorsystems. Sein Empfang durch die VAR, mit der wir bisher freundschaftliche Beziehungen haben, würde vom ganzen deutschen Volk mit Empörung aufgenommen werden und die Bundesregierung zu Reaktionen zwingen.[9]

---

[1] Drahterlaß an Botschafter Knappstein, Washington, Botschafter von Etzdorf, London, und Botschafter Klaiber, Paris. Der Drahterlaß war im Entwurf nur für die Botschaft in Washington bestimmt. Seine Zuleitung an Etzdorf und Klaiber ging auf eine handschriftliche Einfügung des Staatssekretärs Carstens zurück.
Hat Bundesminister Schröder, Staatssekretär Lahr, Ministerialdirektor Meyer-Lindenberg und Botschafter Federer, z. Z. Bonn, am 18. Februar 1965 vorgelegen.

[2] Die Wörter „Für Botschafter" wurden von Staatssekretär Carstens handschriftlich eingefügt.

[3] Der Passus „Ich bitte ... Außenministerium" wurde von Staatssekretär Carstens handschriftlich eingefügt. Dafür wurde gestrichen: „Ich bitte Sie, einen möglichst umgehenden Zusammentritt der Botschaftergruppe in Washington zu veranlassen und dort".

[4] Dieses Wort wurde von Staatssekretär Carstens handschriftlich eingefügt. Dafür wurde gestrichen: „Anerkennungspolitik".

[5] Zur Einladung des Staatsratsvorsitzenden Ulbricht vgl. Dok. 38, besonders Anm. 2. Zum Besuch vom 24. Februar bis 2. März 1965 in der VAR vgl. Dok. 104.

[6] An dieser Stelle wurde von Staatssekretär Carstens gestrichen: „schließlich auch".

[7] Vgl. dazu Dok. 48.

[8] Der Passus „aufgezwungen ... zugleich" ging auf Streichungen und handschriftliche Einfügungen des Staatssekretärs Carstens zurück. Vorher lautete er: „aufgezwungen sei. Er sei zugleich".

[9] Zu den möglichen Reaktionen der Bundesregierung vgl. Dok. 81.

In der Folgezeit haben wir diese Erklärung dahin präzisiert, daß wir die Wirtschaftshilfe an die VAR nicht fortsetzen könnten, wenn der Ulbricht-Besuch zustande käme, und zwar auch dann, wenn es sich um einen reinen Höflichkeitsbesuch handeln sollte, ohne daß bei dieser Gelegenheit die SBZ durch die VAR anerkannt wird.[10]

Die ägyptische Reaktion und insbesondere auch die Reaktion Nassers waren kühl. Man hielt uns unsere Waffenlieferungen an Israel vor.[11] In seinem Gespräch mit Botschafter Federer hat Nasser sogar die Möglichkeit angedeutet, daß es zu einer Anerkennung der Zone durch die VAR anläßlich des Ulbricht-Besuchs kommen könnte.[12]

Wir haben in der Folgezeit eine Reihe von Regierungen um Intervention bei der ägyptischen Regierung gebeten[13], und zwar stets in dem Sinne, ihr nahezulegen, den Ulbricht-Besuch abzusagen oder zu verschieben. Dies trifft besonders für die Mission des spanischen Diplomaten Marques de Nerva zu.[14] Außerdem hat der französische Botschafter in Kairo[15] in diesem Sinne interveniert.

Das Ergebnis sind mehr oder minder klare[16] Zusagen der ägyptischen Seite, Ulbricht nicht wie einen Staatsgast zu behandeln und die SBZ nicht anzuerkennen.[17]

Es ist schwer für uns, in der gegenwärtigen Lage[18] vorauszusagen, was in den nächsten Wochen geschehen wird. Wir halten es für sicher, daß der Ulbricht-Besuch zustande kommt und daß Ulbricht eine Reihe von Ehrungen erwiesen werden; auch werden zwischen ihm und der VAR Abkommen unterzeichnet werden.[19] Wir halten es für möglich, daß die VAR darüber nicht hinausgehen und insbesondere nicht die Zone anerkennen oder die Aufnahme diplomatischer Beziehungen vereinbaren wird.[20]

---

10 Zur Entscheidung der Bundesregierung vom 15. Februar 1965 vgl. Dok. 81, Anm. 16.
11 Zu den ägyptischen Vorhaltungen vgl. Dok. 75.
12 Für das Gespräch vom 31. Januar 1965 vgl. Dok. 48.
13 Zum Vermittlungsangebot des Königs Hussein von Jordanien vgl. Dok. 78. Zum Angebot des tunesischen Präsidenten Bourguiba vgl. Dok. 63.
Zu Vermittlungsangeboten von französischer und italienischer Seite vgl. Dok. 73.
14 Zu den Bemühungen des spanischen Vermittlers vgl. Dok. 59 und Dok. 73.
15 Jacques Roux.
16 Dieses Wort wurde von Staatssekretär Carstens handschriftlich eingefügt. Dafür wurde gestrichen: „vage".
17 Vgl. dazu Dok. 73.
18 An dieser Stelle wurde von Staatssekretär Carstens gestrichen: „klar".
19 Während des Besuchs des Staatsratsvorsitzenden Ulbricht vom 24. Februar bis 2. März 1965 in der VAR wurden Abkommen über die wirtschaftliche und technische Zusammenarbeit, über die wissenschaftlich-technischen Beziehungen und über die Zusammenarbeit auf dem Gebiet der Kultur, der Wissenschaft und des Gesundheitswesens abgeschlossen. Vgl. dazu AUSSENPOLITIK DER DDR XIII, S. 857. Für den Wortlaut des Abkommens vom 1. März 1965 über kulturelle und wissenschaftliche Zusammenarbeit vgl. AUSSENPOLITIK DER DDR XIII, S. 858–863.
20 Am 18. Februar 1965 notierte Staatssekretär Carstens dazu, daß die Bundesregierung als angemessene ägyptische Gegenleistung für ihren Verzicht auf zukünftige Waffenlieferungen in Spannungsgebiete erwarte, daß Präsident Nasser „anläßlich des Ulbricht-Besuchs unzweideutig öffentlich zum Ausdruck bringe, daß hiermit keine Anerkennung der SBZ beabsichtigt sei und das

Unter dieser Voraussetzung werden wir mit einer scharfen Erklärung antworten.[21] Wir werden bestätigen, daß wir unsere Wirtschafts- und Entwicklungshilfe an die VAR nicht fortsetzen werden (was das genau bedeutet, insbesondere im Hinblick auf bereits fest vereinbarte Hilfeleistungen, lasse ich im Augenblick offen). Das Auswärtige Amt erwägt nicht vorzuschlagen, daß in diesem Falle auch die diplomatischen Beziehungen mit der VAR abgebrochen werden.[22]

Wir teilen unseren Partnern dies mit, um sie zu bitten, mit uns gemeinsam Überlegungen darüber anzustellen, was außer den von uns vorgesehenen Maßnahmen sonst noch geschehen könnte. Wir bitten sie, unsere Position dadurch zu stützen, daß sie eine mit uns solidarische Haltung einnehmen. Wir haben den klaren Eindruck, daß Nasser sich den Sowjets gegenüber gebunden hat.[23] Das Argument der deutschen Waffenhilfe an Israel wird von ihm geschickt in den Vordergrund geschoben.[24]

3) Israel[25]

Seit Anfang der fünfziger Jahre bemüht sich die Bundesregierung um Herstellung besserer Beziehungen zu Israel. Im Zuge dieser Bemühungen ist es 1952[26] zum Abschluß des Abkommens zwischen der Bundesrepublik Deutschland und dem Staat Israel gekommen, das 1966 ausläuft und auf Grund dessen 3,45 Milliarden DM an Israel gezahlt worden sind.[27] Es haben ferner eine Reihe von Begegnungen zwischen führenden Persönlichkeiten Deutschlands und Israels stattgefunden (Ben Gurion und Adenauer[28], Eshkol und der damalige Wirtschaftsminister Erhard[29] und andere[30]).

Fortsetzung Fußnote von Seite 345

Selbstbestimmungsrecht des deutschen Volkes weiterhin [...] unterstützt werde". Vgl. VS-Bd. 422 (Büro Staatssekretär); B 150, Aktenkopien 1965.

[21] Zur Erklärung der Bundesregierung vom 7. März 1965 vgl. Dok. 115.

[22] An dieser Stelle wurde von Staatssekretär Carstens gestrichen: „Wohl aber steht die Abberufung des Botschafters oder die Mitteilung, daß er bis auf weiteres in Deutschland bleiben werde, zur Erwägung. Es ist schwer, darüber jetzt präzise Erklärungen abzugeben, da wir die Entwicklung nicht voraussehen können."

[23] Zur sowjetischen Wirtschaftshilfe an die VAR vgl. Dok. 10, Anm. 8.

[24] Der Passus „Wir bitten ... geschoben" wurde von Staatssekretär Carstens handschriftlich eingefügt.

[25] An dieser Stelle wurde von Staatssekretär Carstens gestrichen: „Über den Komplex Israel unterrichte ich Sie nachstehend nur vorsorglich, da die Frage im Zusammenhang mit der deutsch-ägyptischen Krise steht. Ich überlasse es Ihnen, in welchem Umfang Sie von dieser Ziffer bei der Erörterung dieses Fragenkomplexes in der Botschaftergruppe Gebrauch machen wollen."

[26] Die Jahreszahl wurde von Staatssekretär Carstens handschriftlich eingefügt.

[27] Für den Wortlaut des Abkommens vom 10. September 1952 zwischen der Bundesrepublik Deutschland und Israel über die Wiedergutmachung vgl. BUNDESGESETZBLATT 1953, Teil II, S. 37–97.

[28] Zum Treffen am 14. März 1960 im Waldorf-Astoria-Hotel in New York vgl. Dok. 2, Anm. 7 und 14.

[29] Bundesminister Erhard und der israelische Finanzminister Eshkol trafen 1960 und 1962 in Brüssel zusammen, um über die Beziehungen zwischen Israel und der EWG zu sprechen. Vgl. dazu SHINNAR, Bericht, S. 91 f.

[30] Zu den Treffen zwischen Bundesminister Strauß und dem stellvertretenden israelischen Verteidigungsminister Peres vgl. Dok. 2.

Wir haben sehr große[31] Aufwendungen im Bereich der Wiedergutmachung[32] erbracht, die den Juden im allgemeinen, aber insbesondere auch den in Israel lebenden Juden zugute gekommen sind.

Seit Anfang der sechziger Jahre hat sich auch eine Zusammenarbeit zwischen Deutschland und Israel im militärischen Bereich entwickelt.[33] Auf deutscher Seite war dabei die Überlegung maßgebend, daß Israel der verläßlichste Partner der freien Welt im Nahen Osten ist. Die Abmachungen und ihre Durchführung sollten streng geheim behandelt werden.

(Nur zu Ihrer eigenen Unterrichtung:[34] Es ist jetzt müßig, darüber zu streiten, ob es richtig war, diese Art der Zusammenarbeit mit Israel zu wählen. Die Bundesregierung setzte sich dadurch in einen gewissen Widerspruch zu ihrer mehrfach[35] erklärten Politik, sie liefere keine Waffen in Spannungsgebiete.[36] Außerdem gerieten die deutschen Botschafter in den arabischen Staaten, die pflichtgemäß weiterhin erklärten, daß die Bundesregierung Israel keine Waffen liefere, in eine[37] schwierige Situation, als Nachrichten über solche Waffenlieferungen durchsickerten.)

Die daraus sich ergebende Verschlechterung der deutsch-arabischen Beziehungen hat die Bundesregierung seit längerer Zeit mit Sorge verfolgt. Sie hat sich schließlich veranlaßt gesehen zu beschließen, ihre Politik der Nichtlieferung von Waffen in Spannungsgebiete wieder strikt durchzuführen. Zu diesem Zweck hat sie den Beschluß gefaßt, keine neuen Verpflichtungen über die Lieferung von Waffen in Spannungsgebiete einzugehen.[38] Dieser Beschluß bezieht sich keineswegs nur, aber doch auch auf den Nahen Osten und Israel. Er ist den anderen arabischen Regierungen mitgeteilt worden.[39] Zweck dieser Mitteilung war vor allem zu verhindern, daß sich die anderen arabischen Staaten mit der VAR in der deutsch-ägyptischen Krise solidarisch erklärten.

Es ist vielfach behauptet worden, daß der Beschluß unter Druck oder Erpressung zustande gekommen sei. Das ist unrichtig. Die entsprechenden Überlegungen sind bei uns seit langer Zeit angestellt worden. Der Beschluß, der jetzt gefaßt worden ist, entspricht dem politischen Willen der weitaus überwiegenden Mehrheit[40] des Bundestages. Es ist unsere allgemeine Überzeugung, daß

---

31 Die Wörter „sehr große" wurden von Staatssekretär Carstens handschriftlich eingefügt. Dafür wurde gestrichen: „ferner riesige".

32 Dieses Wort wurde von Staatssekretär Carstens handschriftlich eingefügt. Dafür wurde gestrichen: „Wiedergutmachungsleistungen".

33 Vgl. dazu Dok. 2.

34 Der Passus „Nur ... Unterrichtung:" wurde von Staatssekretär Carstens handschriftlich eingefügt.

35 Dieses Wort wurde von Staatssekretär Carstens handschriftlich eingefügt. Dafür wurde gestrichen: „oft".

36 Zur Erklärung des Auswärtigen Amts vom Dezember 1957 vgl. Dok. 1, Anm. 6.

37 An dieser Stelle wurde von Staatssekretär Carstens gestrichen: „sehr".

38 Zur Verlautbarung des Chefs des Presse- und Informationsamtes, von Hase, vom 12. Februar 1965 vgl. Dok. 70, Anm. 19.

39 Zur Information der syrischen, tunesischen und jordanischen Regierung vgl. Dok. 50, Dok. 63 und Dok. 78.

40 An dieser Stelle wurde von Staatssekretär Carstens gestrichen: „der Deutschen und insbesondere auch".

wir als geteiltes Land mit all unseren Problemen besser daran tun, gegenüber den zahlreichen Krisenherden, die es auf der Welt gibt,[41] Zurückhaltung zu zeigen und nicht durch Waffenlieferungen an den einen oder anderen beteiligten Staat mittelbar Partei zu ergreifen.

Was die noch laufenden, bereits vereinbarten, aber noch nicht abgewickelten Waffenlieferungen an Israel betrifft, so handelt es sich um Restposten im Werte von etwa 50 Mio. DM, und zwar sind es unbewaffnete Fahrzeuge (Panzerchassis), unbewaffnete Schiffe[42] und unbewaffnete Flugzeuge (Do 28). Wir haben den Wunsch, auch diese Lieferungen einzustellen, und haben der israelischen Regierung vorgeschlagen, die Lieferung durch eine Geldzahlung abzulösen. Sie hat dies[43] abgelehnt.[44] Wir bleiben mit ihr in Fühlung.[45]

Über das Gesamtausmaß unserer Waffenhilfe an Israel sind völlig abwegige Nachrichten verbreitet worden. Der Gesamtbetrag liegt bei etwa 280 Mio. DM einschließlich der oben erwähnten noch nicht abgewickelten 50 Mio. DM.

Die vorstehenden Angaben sind vertraulich zu behandeln.[46]

Wir sehen mit Sorge, daß auch die israelische Seite die öffentliche Meinung gegen uns mobilisiert und daß in den USA sogar ein Boykott gegen deutsche Waren organisiert wird[47], was wir angesichts unserer vorstehend dargelegten Haltung als völlig unberechtigt empfinden. Auch hier bitten wir unsere Partner, mit uns zu überlegen, was zu tun ist, und ihrerseits auf die israelische Regierung einzuwirken.[48]

4) Tansania[49]

Durch den Zusammenschluß Tanganjika und Sansibar[50] entstand in Tansania ein besonderes Problem. Auf Sansibar gab es eine Botschaft der SBZ, die

---

[41] An dieser Stelle wurde von Staatssekretär Carstens gestrichen: „eine gewisse".
[42] An dieser Stelle wurde von Staatssekretär Carstens gestrichen: „(Schnellboote)".
[43] An dieser Stelle wurde von Staatssekretär Carstens gestrichen: „zunächst".
[44] Zur israelischen Reaktion vgl. Dok. 70 und Dok. 77, Anm. 13.
[45] Vgl. dazu weiter Dok. 120.
[46] An dieser Stelle wurde von Staatssekretär Carstens gestrichen: „Es ist auch zu bemerken, daß wir bisher noch nie öffentlich eingeräumt haben, daß Israel Waffen von uns erhalten hat. Wir werden eine solche Erklärung öffentlich auch nicht abgeben."
[47] Zu den Protesten jüdischer Interessenverbände gegen die Politik der Bundesregierung vgl. Dok. 74, Anm. 14.
Zum Boykott deutscher Produkte teilte Botschafter Knappstein, Washington, am 17. Februar 1965 mit, daß Textilfirmen in New York dazu übergegangen seien, Warenlieferungen aus der Bundesrepublik zu stornieren. Darüber hinaus beabsichtige eine Gruppe von Unternehmen, auf die geplante Einfuhr von Nähmaschinen der Marke „Pfaff" zu verzichten. Knappstein führte weiter aus, daß bei der Botschaft in Washington „besorgte Anfragen von Importeuren" eingingen, die „Stornierungen von Aufträgen in z.T. erheblicher Höhe" erhalten hätten. Vgl. den Drahtbericht Nr. 545; VS-Bd. 8420 (Ministerbüro); B 150, Aktenkopien 1965.
[48] Dieser Absatz wurde von Staatssekretär Carstens handschriftlich eingefügt.
[49] Vgl. dazu zuletzt Dok. 83.
[50] Zur Gründung der Vereinigten Republik von Tanganjika und Sansibar am 22. April 1964 vgl. Dok. 16, Anm. 4.

nach einer Verfügung der Unionsregierung von Daressalam zu schließen war. Die SBZ weigerte sich, diesem Beschluß nachzukommen, und wurde dabei von der Teilregierung von[51] Sansibar unterstützt. Nach langen Verhandlungen hat die Regierung von Tansania nunmehr entschieden, ein Generalkonsulat der Zone in Daressalam zuzulassen mit Amtsbereich für ganz Tansania. Bei dieser Gelegenheit soll eine Erklärung über die Nichtanerkennung der Zone abgegeben werden.[52]

Nyerere hat uns durch Kambona von diesem Beschluß unterrichtet. Wir haben uns nicht in der Lage gesehen, die Entscheidung, die[53] eine bedeutende Aufwertung der SBZ darstellt, hinzunehmen, und haben Tansania die Einstellung unserer Entwicklungshilfe, die in diesem Lande beträchtlich ist, angedroht.[54] Sobald Tansania den gefaßten Beschluß veröffentlichen wird[55], werden wir die angedrohte Konsequenz ziehen.[56] Über die Einzelheiten, insbesondere, wie die laufenden Entwicklungsprojekte zu behandeln sind[57], finden noch Beratungen statt.

Auch hier bitten wir unsere Partner[58], mit uns zu überlegen, welche Maßnahmen getroffen werden können, um unserer gemeinsamen Deutschland-Politik Anerkennung zu verschaffen.

---

[51] Dieses Wort wurde von Staatssekretär Carstens handschriftlich eingefügt. Dafür wurde gestrichen: „auf".

[52] Am 17. Februar 1965 wies Botschafter Schroeder, Daressalam, darauf hin, daß mit einer Veröffentlichung der Entscheidung der tansanischen Regierung am 19. Februar 1965 zu rechnen sei. Vgl. den Drahtbericht Nr. 68; VS-Bd. 2545 (I B 3); B 150, Aktenkopien 1965.

[53] Die Wörter „die Entscheidung, die" wurden von Staatssekretär Carstens handschriftlich eingefügt. Dafür wurde gestrichen: „diesen Beschluß, der".

[54] Vgl. dazu das Gespräch des Bundesministers Schröder vom 29. Januar 1965 mit dem tansanischen Außenminister Kambona; Dok. 45.

[55] Noch am 18. Februar 1965 teilte der tansanische Botschafter Kahama Staatssekretär Carstens mit, „es könne keine Rede davon sein, daß die Entscheidung über die Zulassung des Generalkonsulats der Zone in Daressalam am 19. Februar 1965 veröffentlicht würde. Bis zur Rückkehr Nyereres aus Peking (25. Februar) würde bestimmt nichts geschehen." Vgl. den Vermerk von Carstens vom 18. Februar 1965; VS-Bd. 2617 (I B 3); B 150, Aktenkopien 1965.
Am Tag darauf wurde im Amtsblatt der tansanischen Regierung bekanntgegeben, daß die diplomatische Vertretung der DDR auf Sansibar den Status einer Botschaft verliere. Gleichzeitig erhielt die DDR die Erlaubnis, auf dem Staatsgebiet der Vereinigten Republik von Tansania ein Generalkonsulat zu eröffnen. Es wurde allerdings hervorgehoben, daß mit dieser Entscheidung keine diplomatische Anerkennung der DDR durch Tansania impliziert sei. Vgl. dazu den Drahtbericht Nr. 75 des Botschafters Schroeder, Daressalam, vom 19. Februar 1965; VS-Bd. 2545 (I B 3); B 150, Aktenkopien 1965. Vgl. dazu ebenfalls EUROPA-ARCHIV 1965, Z 59.

[56] Am 25. Februar 1965 suchte der tansanische Botschafter erneut Staatssekretär Carstens auf und teilte mit, er werde am folgenden Tag nach Daressalam fliegen. Carstens bat Kahama, sich „für eine Lösung einzusetzen, daß das Generalkonsulat der SBZ in seinem Amtsbereich auf die Insel Sansibar beschränkt werde und auch seinen Sitz auf Sansibar habe". Der Staatssekretär wies darauf hin, daß die Bundesregierung bereits grundsätzliche Beschlüsse über die Einstellung der Wirtschaftshilfe sowie einen Abzug der „militärischen Ausbildergruppe" gefaßt habe. Vgl. den Vermerk von Carstens vom 25. Februar 1965; VS-Bd. 2617 (I B 3); B 150, Aktenkopien 1965. Vgl. dazu weiter Dok. 98.

[57] Zu Überlegungen, einzelne Projekte weiterzuführen, vgl. Dok. 98, besonders Anm. 11 und 12.

[58] An dieser Stelle wurde von Staatssekretär Carstens gestrichen: „gemeinsam".

5) Indonesien[59]

Indonesien, wo sich bereits ein Generalkonsulat der Zone befindet, beabsichtigt, seinerseits ein Generalkonsulat in Ostberlin zu errichten. Außerdem haben wir Nachrichten, daß Sukarno Ulbricht einladen will. Auf beide Schritte würden wir gleichfalls mit der Einstellung unserer Entwicklungshilfe reagieren.

Endgültige Entscheidungen in Djakarta sind anscheinend noch nicht gefallen.[60]

Auch hier wäre uns der Rat und gegebenenfalls die Unterstützung unserer Partner sehr erwünscht.[61]

6) Zusatz für Diplogerma Washington[62]:

Ich bitte Sie um umgehende Stellungnahme zu der Frage, ob die Botschaftergruppe mit den 4 Komplexen befaßt werden sollte.[63]

Zusatz für NATOgerma Paris:

Ich bitte um Stellungnahme, ob Sie die Erörterung dieser Komplexe[64] im NATO-Rat für zweckmäßig halten.[65] In jedem Falle bitte ich Sie, insoweit weitere Weisungen abzuwarten.

---

[59] Zur Beziehung Indonesiens zur DDR vgl. bereits Dok. 42, Anm. 3, und weiter Dok. 216.

[60] Dieser Satz ging auf Streichungen und handschriftliche Einfügungen des Staatssekretärs Carstens zurück. Vorher lautete er: „Da endgültige Entscheidungen in Djakarta anscheinend noch nicht gefallen sind, überlegen wir, Sukarno zu einem Besuch nach Bonn einzuladen, weil wir uns davon eine günstige Entwicklung versprechen."

[61] Gesandter Knoke, Paris, unterrichtete am 18. Februar 1965 über das Ergebnis seiner Demarche im französischen Außenministerium. Generalsekretär de Carbonnel habe ihm zu den Punkten „Kairo, Tansania, Indonesien" mitgeteilt, „das französische Außenministerium und er selbst" würden gerne mit der Bundesregierung „in eine Beratung […] eintreten". Hinsichtlich einer „Unterstützung für die deutsche Sache in Jerusalem" sehe de Carbonnel allerdings „gewisse Schwierigkeiten". Vgl. den Drahtbericht Nr. 276; VS-Bd. 8420 (Ministerbüro); B 150, Aktenkopien 1965.
Am 19. Februar 1965 teilte Botschafter von Etzdorf, London, das Ergebnis eines Gesprächs mit dem Staatssekretär im britischen Außenministerium mit. Caccia habe dargelegt, daß die britische Regierung der Bundesrepublik gerne helfen wolle; leider werde sie aber „in Kairo und Djakarta aus naheliegenden Gründen kaum etwas ausrichten können". Um so mehr könne die Bundesregierung aber auf britische Unterstützung in Tansania und in Israel rechnen. Vgl. den Drahtbericht Nr. 201; VS-Bd. 8420 (Ministerbüro); B 150, Aktenkopien 1965.

[62] Dieses Wort wurde von Staatssekretär Carstens handschriftlich eingefügt. Dafür wurde gestrichen: „London und Paris:"

[63] Dieser Satz ging auf Streichungen und handschriftliche Einfügungen des Staatssekretärs Carstens zurück. Vorher lautete er: „Ich bitte Sie, vorstehende Gedankengänge gleichzeitig auch in den dortigen Außenministerien vorzutragen".
Zur amerikanischen Reaktion vgl. Dok. 85.

[64] Die Wörter „dieser Komplexe" wurden von Staatssekretär Carstens handschriftlich eingefügt. Dafür wurde gestrichen: „dieses Komplexes".

[65] Am 18. Februar 1965 befürwortete Botschafter Grewe, Paris (NATO), eine Unterrichtung des Ständigen NATO-Rates zu den Punkten 1, 2, 3 und 5. Er verspreche sich wenig von einem „Appell zur gemeinsamen Erörterung von Gegenmaßnahmen", denn im Grunde sei niemand daran interessiert, die Politik der Bundesregierung „wegen ihres gesamtdeutschen Aspekts zu unterstützen". Daher erscheine es ihm am zweckmäßigsten, keinen Zweifel an der Entschlossenheit „zu gewissen Maßnahmen aufkommen zu lassen und so nachdrücklich wie möglich die nachteiligen Folgen auszumalen, die sich für alle NATO-Partner aus einem Zusammenbruch der deutschen Position im Nahen Osten ergeben". Vgl. den Drahtbericht Nr. 236; VS-Bd. 8420 (Ministerbüro); B 150, Aktenkopien 1965.

Zusatz für Rom:

Ich habe Cattani hier in großen Zügen von Vorstehendem unterrichtet.[66]

Carstens[67]

VS-Bd. 422 (Büro Staatssekretär)

85

Botschafter Knappstein, Washington, an das Auswärtige Amt

Z B 6-1-1635/65 geheim
Fernschreiben Nr. 561

Aufgabe: 18. Februar 1965, 20.00 Uhr[1]
Ankunft: 19. Februar 1965, 04.32 Uhr

Betr.: Waffenlieferungen;
hier: Gespräch mit Rusk
Bezug: Drahterlaß Nr. 766 vom 18.2.65 geheim[2]

Ich habe die für heute Nachmittag vereinbarte Übergabe des Briefes des Herrn Bundesministers an Außenminister Rusk[3] (Drahterlaß 154 vom 15.2. geheim[4]) zum Anlaß genommen, um die mit Bezugserlaß erteilte Weisung auszuführen.

Ich möchte vorwegnehmen, daß meine Demarche bei Rusk ein erheblich positiveres Echo fand und in einer Atmosphäre größerer amerikanischer Bereitwilligkeit stattfand als meine Demarche vom 12. Februar bei Harriman wegen einer Intervention in Israel (Drahtbericht Nr. 484 vom 12.2. geheim)[5] und meine Demarche bei Thompson am 29.1. wegen einer Unterstützung unseres Anliegens in den arabischen Ländern (Drahtbericht Nr. 308 vom 29.1.)[6], ob-

---

[66] Der Passus „Zusatz ... unterrichtet" wurde von Staatssekretär Carstens handschriftlich eingefügt.
Zur Unterrichtung des Generalsekretärs im italienischen Außenministerium vgl. Dok. 81.
[67] Paraphe vom 17. Februar 1965.

[1] Hat Bundesminister Schröder vorgelegen.
[2] Vgl. Dok. 84.
[3] Für den Wortlaut des Schreibens vom 10. Februar 1965, das das Projekt einer multilateralen Atomstreitmacht zum Inhalt hatte, vgl. VS-Bd. 8481 (Ministerbüro); B 150, Aktenkopien 1965.
[4] Für den Drahterlaß des Ministerialdirektors Krapf, mit dem sowohl der Wortlaut des Schreibens des Bundesministers Schröder vom 10. Februar 1965 als auch des Schreibens des amerikanischen Außenministers Rusk an Schröder vom 14. Januar 1965 übermittelt wurde, vgl. VS-Bd. 1371 (II A 7); B 150, Aktenkopien 1965.
[5] Vgl. Dok. 74.
[6] Botschafter Knappstein, Washington, teilte mit, daß der Sonderbotschafter im amerikanischen Außenministerium, Thompson, „jede mögliche Unterstützung" für die Position der Bundesregierung zugesichert habe, obwohl „Vorstellungen in Kairo selbst angesichts der zur Zeit angespannten amerikanisch-ägyptischen Beziehungen kaum möglich" erschienen. Die amerikanische Regierung werde jedoch die Botschaften in den arabischen Staaten „entsprechend instruieren und sie anweisen, nach örtlicher Lagebeurteilung zu tun, was ihnen möglich und opportun erscheine". Vgl. Referat II A 1, Bd. 344.

wohl auf letztere hin immerhin einige nützliche Aktionen erfolgt sind (Drahtbericht Nr. 461 vom 11.2.[7] und 513 vom 15.2.[8]).

Nach Übergabe des Briefes und einigen kommentierenden Bemerkungen trug ich zunächst den wesentlichen Inhalt der Ziffer 1 bis 3 des Erlasses vor. Bei meinen Ausführungen zu unserer Bitte um Unterstützung gegenüber Israel wies ich darauf hin, daß wir nach wie vor die Hoffnung hätten, zu einer vereinbarten Lösung mit der israelischen Regierung[9] zu gelangen. Wir bedauerten sehr, daß sich die amerikanische Regierung nicht in der Lage gesehen habe, für uns in dieser Sache in Israel zu intervenieren, verstünden jedoch die hier mitspielenden unmittelbaren amerikanischen Interessen. Da jedoch in der Zwischenzeit die deutsche Öffentlichkeit erkannt habe, daß die Waffenlieferungen an Israel weitgehend auf amerikanische Initiative zurückgingen[10], befürchtete ich, daß die amerikanische Haltung in einer für uns so lebenswichtigen Frage zu einer schweren Enttäuschung in der deutschen Öffentlichkeit führen könnte. Es stehe deshalb mehr auf dem Spiele als lediglich die deutsch-israelischen Beziehungen. Ich wies dabei besonders auf unsere Beunruhigung wegen der in den Vereinigten Staaten eingeleiteten Boykott- und Protestaktionen durch jüdische Gruppen[11] hin. All dies könne Reaktionen in Deutschland hervorrufen, die nicht nur gegenüber Israel, sondern auch gegenüber den Vereinigten Staaten bedauerlich wären.

Ich wäre deshalb dankbar, wenn die Regierung Schritte unternehmen könnte, um solche Aktion zu „entmutigen" (discourage), und wenn sie sich gegenüber den Angriffen seitens jüdischer Organisationen schützend vor uns stellen könnte. Als Rusk daraufhin sagte, daß in der heutigen Pressekonferenz des State Department[12] über den anlaufenden Boykott etwas gesagt worden sei, las ich ihm die entsprechende Stelle vor, welche folgenden Wortlaut hatte:

---

[7] Botschafter Knappstein, Washington, informierte über eine Mitteilung des Referatsleiters im amerikanischen Außenministerium, Puhan, daß „alle amerikanischen Missionen in den arabischen Staaten, einschließlich Kairo, [...] angewiesen worden seien, den deutschen Standpunkt in der je nach Lage geeigneten Weise zu unterstützen". Vgl. Ministerbüro, Bd. 219.

[8] Botschafter Knappstein, Washington, teilte mit, daß die amerikanischen Botschafter in Jordanien, im Libanon und in Saudi-Arabien zugunsten der Position der Bundesrepublik in der Nahost-Krise interveniert hätten. In Syrien und im Irak sei aufgrund der Tatsache, daß die Bundesrepublik zu beiden Staaten ein besseres Verhältnis habe als die USA, auf eine Demarche verzichtet worden. Auch in Kairo habe der amerikanische Botschafter Battle angesichts des „gespannten Verhältnisses" zwischen USA und VAR von einer „direkten Intervention bei Präsident Nasser" abgesehen und statt dessen „in einem Gespräch mit dem spanischen Botschafter [...] das deutsche Anliegen nachdrücklich unterstützt". Vgl. Referat I B 4, Bd. 142.

[9] Zu den Bemühungen der Bundesregierung, die noch ausstehenden Waffenlieferungen durch Geldzahlungen abzulösen, vgl. Dok. 70.

[10] So waren beispielsweise in dem Artikel „Erhard wiederholt die Warnungen an Nasser" die Verlautbarungen des amerikanischen Außenministeriums vom 17. Februar 1965 wiedergegeben. Vgl. FRANKFURTER ALLGEMEINE ZEITUNG, Nr. 41 vom 18. Februar 1965, S. 1 und 4.
Noch detailliertere Informationen enthielt der Artikel von Maximilian Smidt: „Panzer, Flugzeuge und U-Boote für Israel"; FRANKFURTER ALLGEMEINE ZEITUNG, Nr. 43 vom 20. Februar 1965, S. 2.

[11] Vgl. dazu Dok. 84, Anm. 47.

[12] Zu den Presseverlautbarungen vom 18. Februar 1965 vgl. den Artikel „Nasser Scoffs at Bonn Threat to Cut Off Aid"; THE NEW YORK TIMES, International Edition, Nr. 39108 vom 19. Februar 1965, S. 1.

"As a matter of principle we do not favor private boycott as a form of retaliation. This policy applies whatever the reason or inspiration of this specific move may be."

Ich fügte hinzu, daß mir dieses Statement allzu schwach und verwässert erscheine. Ich hätte vorgezogen, wenn gesagt worden wäre, „we regret the boycott, as we consider it unjustified". Rusk antwortete darauf, daß der Sprecher[13] nicht gut von sich aus gewagtere Erklärungen abgeben könne, daß aber er selber, Rusk, bei seiner nächsten Pressekonferenz auf die Sache in unserem Sinne zurückkommen werde. Er habe einen breiteren Rücken.

Ich fuhr dann fort, es sei mir darüber hinaus unverständlich, daß man in Israel selbst nicht erkenne, welche große Gefahr gerade für diesen Staat in der Änderung des empfindlichen Kräftegleichgewichts im Nahen Osten zugunsten des Kommunismus liegen würde, zumal der Fall Ägyptens bald zu ähnlichen Entwicklungen in anderen arabischen Staaten führen könne. Die Bundesregierung und das deutsche Volk erkennten die Verpflichtungen der Vergangenheit weiterhin an und seien willens, Israel auf jede mögliche Weise zu helfen, würden es aber aufs höchste bedauern, wenn die bisher vom ganzen deutschen Volk angestellten Bemühungen jetzt einfach vergessen würden. Die Bundesregierung wäre daher dankbar, wenn die amerikanische Regierung auch Schritte bei der israelischen Regierung in Erwägung ziehen könnte, nicht in erster Linie um die Zustimmung Israels bei der Umwandlung der Verträge zu erwirken, wie wir es ursprünglich erbeten hätten[14], sondern um dort eine ruhigere und nüchterne Betrachtung der Probleme herbeizuführen.

Ich unterbrach meine Ausführungen an dieser Stelle zunächst und stellte für das weitere Gespräch ähnliche Wünsche bezüglich Tansanias und Indonesiens in Aussicht.

Außenminister Rusk bemerkte zu Beginn seiner Antwort, daß bedauerlicherweise Ägypten, Tansania[15] und Indonesien ausgerechnet die drei Staaten auf der Welt seien, in denen fast nichts mehr von amerikanischem Einfluß übrig geblieben sei. Dort bestehe heute vielmehr bereits die Gefahr eines Abbruchs der Beziehungen. Diese unglückliche Situation habe jedoch die amerikanische Regierung nicht davon abgehalten, bei dem ägyptischen Außenminister Dr. Fawzi erst gestern noch energische Vorstellungen zu erheben, ohne freilich irgendwelche Zusicherungen erhalten zu können. Die Beziehungen zu Ägypten insbesondere hingen an einem dünnen Faden, u. a. wegen der Waffenlieferungen an den Kongo.[16] Innerhalb der vorhandenen Grenzen werde man aber in den drei Hauptstädten alles nur mögliche tun, um unsere Interessen zu unterstützen.

---

[13] Robert J. McCloskey.
[14] Vgl. dazu Dok. 58 und Dok. 74.
[15] Zu den amerikanisch-tansanischen Beziehungen vgl. Dok. 98, Anm. 6.
[16] Die VAR unterstützte die Aufständischen im Kongo (Léopoldville). Vgl. dazu den Artikel „Nasser Backs Aid to Congo Rebels and Scores U.S."; THE NEW YORK TIMES, International Edition, Nr. 39 051 vom 24./25. Dezember 1964, S. 1.
Zur Lage im Kongo vgl. auch Dok. 139, Anm. 19.

Im Hinblick auf Israel wies ich dann noch darauf hin, daß bei einer vernünftigen Abwägung der beiderseitigen Interessen kein Zweifel daran bestehen könne, daß unserem schlechthin lebenswichtigen Interesse nur ein relativ geringes Interesse Israels an den ausstehenden Restlieferungen gegenüberstehe, zumal da ein Ersatz des Materials von anderer Seite durchaus möglich sei und wir dazu sogar im gewissen Umfange die finanziellen Mittel anböten. Im übrigen spielten wohl auch innenpolitische Auseinandersetzungen in Israel bei der Frage eine Rolle.

Rusk warf dann die etwas hintergründige Frage auf, wie es wohl zu der Indiskretion über die Waffenlieferungen gekommen sei. Ich erwiderte, daß das schwer festzustellen sei, doch sei die Verladung schwerer Waffen, wie etwa von Tanks, in keinem Lande vor den Geheimdiensten anderer Länder zu verbergen. Und es könne sehr wohl der ägyptische Geheimdienst gewesen sein, der schon seit langem die Lieferungen festgestellt habe. Die VAR habe dann diese Kenntnis im geeigneten Augenblick benutzt, um für die Einladung Ulbrichts[17], die ihr offenbar von den Sowjets aufgezwungen worden sei, einen plausiblen Vorwand zu finden.

Rusk bemerkte sodann in nachdrücklicher Weise, ohne das Gesagte näher zu erläutern, daß nach seiner Ansicht in kurzem die Vereinigten Staaten einen wesentlichen Teil des jetzt auf uns gerichteten Feuers auf sich ziehen würden („we will draw away a considerable amount of heat from you").

Der anwesende Leiter der Deutschlandabteilung, Mr. Puhan, berichtete an dieser Stelle von einem Telefongespräch mit Hillenbrand, daß die Reaktion in Bonn zu den gestrigen Äußerungen des Sprechers des State Departments, wonach die Vereinigten Staaten die deutschen Lieferungen an Israel begrüßt („favored") hätten[18], im allgemeinen positiv gewesen sei. Sie sei als ein Teil der Bürde aufgefaßt worden. Rusk fügte hinzu, daß die amerikanische Regierung weiter helfen werde. Allerdings gebe es einige Dinge, die nicht vermieden werden könnten. Wir seien beide „partners in the same foxhole".

Rusk bemerkte in diesem Zusammenhang, daß manche Mißverständnisse vielleicht hätten vermieden werden können, wenn die amerikanische Regierung vorher von der Einstellung unserer Lieferungen an Israel[19] unterrichtet worden wäre.

Ich erwiderte darauf, daß hier sicherlich einige Fehler, insbesondere durch Botschafter Marques de Nerva gemacht worden seien[20], so daß die erste Bekanntgabe im Parlament in Kairo erfolgen konnte.[21] Rusk stellte abschließend

---

[17] Zur Einladung des Staatsratsvorsitzenden Ulbricht durch Präsident Nasser vgl. Dok. 84. Zum Besuch vom 24. Februar bis 2. März 1965 in der VAR vgl. Dok. 104.
[18] Am 17. Februar 1965 teilte der Sprecher des amerikanischen Außenministeriums, McCloskey, der Presse mit: „We made clear to the Federal Government that we favored the sale of tanks to Israel." Vgl. den Artikel „US Backs Sale of Arms by Bonn to Israel Regime"; THE NEW YORK TIMES, International Edition, Nr. 39107 vom 18. Februar 1965, S. 1 und 3.
[19] Zur Erklärung vom 12. Februar 1965 vgl. Dok. 70, Anm. 19.
[20] Zu den Vermittlungsbemühungen des Abteilungsleiters im spanischen Außenministerium, Marques de Nerva, vgl. Dok. 73.
[21] Zu den Äußerungen des Ministerpräsidenten Sabri vom 10. Februar 1965 vgl. Dok. 70, Anm. 13.

fest, daß wir in engem Kontakt bleiben müßten. „We will not let you in the foxhole."

Ich brachte das Gespräch sodann noch kurz auf das heute erschienene Inserat des jüdischen Frontkämpferverbandes in der New York Times, das ich als äußerst ungerecht und unfair bezeichnen müsse. Ich berichtete über kritische Stimmen, die auch innerhalb der jüdischen Führung gegen dieses extreme Verhalten aufgetreten seien.[22] Rusk erwiderte, daß die Regierung versuche, diesen Boykott zu verhindern, da er als „selfdefeating" angesehen werden müsse. Man habe versucht, nicht nur auf einflußreiche Kongreßangehörige, sondern auch auf Vertreter der jüdischen Organisationen einzuwirken.

Hinsichtlich der Schritte, die bezüglich Tansanias und Indonesiens ergriffen werden könnten, soll weiter konsultiert werden.

Nach dem Ergebnis meines heutigen Gesprächs mit Außenminister Rusk hat sich mein bereits übermittelter Eindruck (Drahtbericht 548 geheim[23]) bestätigt, daß eine Befassung der Botschaftergruppe mit dem Israel/Ägypten-Problem untunlich wäre. Jedenfalls scheint mir im Hinblick auf die Vereinigten Staaten der bilaterale Kontakt bei dem delikaten Charakter, den jedes Vorgehen der amerikanischen Regierung gegenüber Israel und Ägypten (und ebenso gegenüber Tansania und Indonesien) hat, vorzuziehen zu sein.[24]

[gez.] Knappstein

VS-Bd. 8448 (Ministerbüro)

---

[22] Am 20. Februar teilte Botschafter Knappstein mit, daß ihn der Präsident der „Zionist Organization of America" aufgesucht habe. Nussbaum habe ihm gegenüber „auch die Anzeigenaktion des jüdischen Frontkämpferverbandes in vorsichtiger Form" verurteilt. Vgl. den Drahtbericht Nr. 594; VS-Bd. 8420 (Ministerbüro); B 150, Aktenkopien 1965.
[23] Botschafter Knappstein, Washington, teilte am 18. Februar 1965 seine Vermutung mit, daß es zweifelhaft sei, ob „in diesem Kreise, dessen Mitglieder immer erst Instruktionen ihrer Regierungen einholen müssen, mit schnellen und konkreten Ergebnissen" gerechnet werden könne. Vgl. VS-Bd. 427 (Büro Staatssekretär); B 150, Aktenkopien 1965.
[24] Vgl. dazu weiter Dok. 90.

86

Aufzeichnung des Ministerialdirektors Meyer-Lindenberg

I A 1-80.00-584/65 VS-vertraulich 20. Februar 1965

Betr.: Europäische politische Zusammenarbeit

Bezug: Schreiben des Herrn Bundeskanzlers an den Herrn Bundesaußenminister vom 12. Februar 1965[1]

I. Ergebnis der Besprechungen mit dem Generalsekretär des italienischen Außenministeriums, Cattani, am 17. Februar 1965 in Bonn[2]

Generalsekretär Cattani gab Staatssekretär Professor Dr. Carstens und Staatssekretär Lahr am 17. Februar 1965 in Bonn einen Überblick über die Ergebnisse seiner Gespräche mit dem französischen Außenminister Couve de Murville und dem belgischen Außenminister Spaak über die Möglichkeiten, Verhandlungen über den Beginn einer europäischen politischen Zusammenarbeit aufzunehmen. Die Besprechungen konzentrierten sich auf die Frage der geeigneten Methode für die Aufnahme gemeinsamer Erörterungen unter den sechs EWG-Staaten. Nach der Ansicht Außenminister Spaaks und Cattanis sollte von dem Gedanken, mit einer förmlichen Außenministerkonferenz zu beginnen, Abstand genommen werden. Ein Mißerfolg oder auch schon die Tatsache einer nicht vollständigen Einigung, die ein Teil der Presse als Mißerfolg interpretieren könnte, würden einen schweren Rückschlag für die europäische Sache bedeuten.

Die Aussichten für eine Einigung auf einer ersten Außenministerkonferenz sind im übrigen gering angesichts der unterschiedlichen Vorstellungen über die Gestaltung der ersten Phase der Zusammenarbeit (Kommunitäres Organ, Einschluß der Verteidigung durch regelmäßige Konferenzen der Verteidigungsminister, Form der Vereinbarung über die erste Phase)[3] und angesichts der Skepsis hinsichtlich der Aussichten, zu einer gemeinsamen Außen- und Verteidigungspolitik zu gelangen.

Ein Beginn der Erörterungen durch Aufnahme von Beamtenbesprechungen würde diese Gefahr verringern. Hier wäre aber andererseits zu befürchten, daß angesichts der erwähnten divergierenden Auffassungen die Beamtenbesprechungen sich in kurzer Zeit festlaufen. Außerdem erscheint es zweifel-

---

[1] Bundeskanzler Erhard teilte mit, daß er und Staatspräsident de Gaulle den übrigen vier EWG-Staaten vorschlagen wollten, „etwa im Juli d[ieses] J[ahres] eine Konferenz der Staats- und Regierungschefs abzuhalten, in der über Form und Inhalt einer engeren politischen Zusammenarbeit dieser Länder beraten werden soll". Daher sollten sich, „nach bilateralen Fühlungnahmen auf diplomatischer Ebene", die Außenminister der sechs beteiligten Staaten „möglichst bald über Zeit, Ort und Themenkreis einer Konferenz der Staats- und Regierungschefs beraten". Vgl. VS-Bd. 8427 (Ministerbüro); B 150, Aktenkopien 1965.

[2] Vgl. Dok. 80.

[3] Zur Europa-Initiative der Bundesregierung sowie zu den italienischen und belgischen Vorschlägen vgl. Dok. 5, Anm. 18–20.

haft, ob die niederländische Regierung der sofortigen Aufnahme von Beamtenbesprechungen zustimmen wird.

Unter Abwägung aller dieser Umstände erscheint es am besten, mit einem formlosen Außenministertreffen zu beginnen. Auch der belgische Außenminister Spaak und Generalsekretär Cattani sind dieser Meinung. Das Außenministertreffen sollte einer zwanglosen Erörterung der Möglichkeiten, zu einer ersten organisierten politischen Zusammenarbeit zu gelangen, dienen. Ein solches Treffen wäre vor allem geeignet, bestehende Mißverständnisse zu klären. Am Ende der Besprechung sollte dann eine Entschließung der Außenminister stehen, zur Prüfung der Möglichkeiten einer politischen Zusammenarbeit eine Beamtengruppe einzusetzen, die eine für später, etwa Mai, einzuberufende Außenministerkonferenz vorzubereiten hätte. Auf die Außenministerkonferenz sollte dann eine Konferenz der Staats- und Regierungschefs folgen.

Für ein solches formloses Treffen der Außenminister bietet sich die nächste EWG-Ratstagung am 2./3. März 1965 in Brüssel an. Da die WEU-Ratstagung in Rom am 9. und 10. März 1965 nicht in Betracht kommt, die EWG-Ratstagung am 6. April 1965 einen nicht vertretbaren Zeitverlust bedeuten würde, muß versucht werden, die französische, niederländische und luxemburgische Regierung für den Gedanken eines formlosen Außenministertreffens anläßlich der EWG-Ratstagung am 2./3. März 1965 zu gewinnen. Die Einladung hierzu würde von Außenminister Spaak ausgehen.

Die Botschaften in Paris, Den Haag und Luxemburg haben Weisung inzwischen erhalten, unseren Wunsch nach einer Begegnung der sechs Außenminister am 2./3. März 1965 zwecks Erörterung der Möglichkeiten einer politischen Zusammenarbeit vorzubringen und dabei auf unser besonderes Interesse an dem Zustandekommen dieses Treffens hinzuweisen.[4]

II. Haltung der übrigen fünf EWG-Staaten zum Verfahren

Widerstand gegen eine Aufnahme von Gesprächen[5] unter den sechs EWG-Staaten dürfte nicht zu erwarten sein. Frankreich hat seine Zustimmung hierfür bei den letzten Gesprächen zwischen dem Herrn Bundeskanzler und Präsident de Gaulle in Rambouillet gegeben.[6] Belgien und Italien haben eigene Vorschläge für eine politische Zusammenarbeit der Sechs vorgelegt. Luxemburg hat sich stets für eine Wiederaufnahme der Verhandlungen unter den Sechs ausgesprochen. Der niederländische Außenminister hat dem Herrn Bundeskanzler gegenüber in London die Teilnahme an einer Außenministerkonferenz der Sechs zugesagt[7]; außerdem hat Außenminister Luns am 3. Fe-

---

[4] Vgl. dazu den Drahterlaß Nr. 789 des Ministerialdirektors Meyer-Lindenberg vom 18. Februar 1965; VS-Bd. 2386 (D I/Dg I A); B 150, Aktenkopien 1965.
[5] Dieses Wort wurde von Staatssekretär Carstens handschriftlich eingefügt. Dafür wurde gestrichen: „Verhandlungen".
[6] Vgl. Dok. 22 und Dok. 27.
    Am 20. Februar 1964 teilte jedoch Gesandter Knoke, Paris, aus einem Gespräch mit dem Generalsekretär im französischen Außenministerium, de Carbonnel, mit, dieser habe sich skeptisch zu einem „zwanglosen Außenministertreffen" geäußert und angeregt, daß die Minister „wenigstens ihre Hauptexperten" zu der Zusammenkunft mitbringen sollten. Vgl. den Drahtbericht Nr. 285; VS-Bd. 2386 (D I/Dg I A); B 150, Aktenkopien 1965.
[7] Zu diesem Gespräch, das vermutlich am Rande der Trauerfeierlichkeiten für den ehemaligen Pre-

bruar 1965 vor der Zweiten Kammer des niederländischen Parlaments erklärt, er werde Verhandlungen über politische Zusammenarbeit nicht aus dem Wege gehen und Beteiligung Englands nicht zur Vorbedingung machen.[8]

III. Haltung der übrigen fünf EWG-Staaten zum materiellen Inhalt der deutschen Vorschläge

Unsere Vorschläge dürften einem erreichbaren Kompromiß zwischen den divergierenden Auffassungen der Sechs am nächsten kommen. Die zu erwartende Haltung unserer Partner zu unseren Vorschlägen für die europäische politische Zusammenarbeit dürfte sich in ihren wesentlichen Punkten wie folgt zusammenfassen lassen:

1) Italien:
Die Verteidigung sollte nur im Rahmen der allgemeinen Außenpolitik in die Zusammenarbeit einbezogen werden. Cattani machte hierzu den Vorschlag, daß sich zunächst die Außenminister mit den verteidigungspolitischen Fragen befassen und daß Zusammenkünfte der Verteidigungsminister erst in einem späteren Stadium der Zusammenarbeit erfolgen und dann auch nur den militär-technischen Fragen gewidmet sein sollten.

Die Regierungen sollten sich nur durch formlose Beschlüsse zur Zusammenarbeit verpflichten (kein Regierungsübereinkommen).

2) Frankreich:
Bedenken gegen den beratenden Ausschuß und die Form der Vereinbarung (Regierungsabkommen); sonst wohl einverstanden. Bereitschaft zu einem Dialog zwischen den Regierungen und dem Europäischen Parlament.

3) Belgien:
Mit uns wohl einverstanden.

4) Niederlande:
Behandlung von Verteidigungsfragen allenfalls im Rahmen der allgemeinen Außenpolitik. Zunächst nur lose Form der Zusammenarbeit, daher voraussichtlich Bedenken gegen ein Regierungsabkommen. Sonst wohl mit uns einverstanden.

5) Luxemburg:
Mit uns wohl einverstanden.

IV. Stellungnahme

Nach dem Ergebnis der Gespräche Cattanis mit dem französischen und dem belgischen Außenminister und unseren Informationen über die Haltung in

---

Fortsetzung Fußnote von Seite 357
    mierminister Churchill stattfand, führte Ministerialdirigent Voigt am 2. Februar 1965 gegenüber dem französischen Botschaftsrat Henry aus: „Luns habe eine Stellungnahme zur Regierungschefkonferenz vermieden, einer Außenministerkonferenz jedoch grundsätzlich zugestimmt, wobei er allerdings zum Ausdruck gebracht habe, daß er einem formlosen Treffen den Vorzug geben würde." Vgl. die Aufzeichnung von Voigt vom 2. Februar 1965; VS-Bd. 2386 (D I/Dg I A); B 150, Aktenkopien 1965.

[8] Für einen Auszug aus der Rede des niederländischen Außenministers vom 2. Februar 1965 vgl. EUROPA-ARCHIV 1965, D 295 f.

Den Haag und Luxemburg⁹ können wir davon ausgehen, daß alle sechs Regierungen Gesprächen¹⁰ über eine europäische politische Zusammenarbeit zustimmen werden. Allerdings ist in keinem unserer fünf Partnerländer zur Zeit eine große Begeisterung spürbar.¹¹ Die niederländische Regierung wird sogar nur sehr widerstrebend zu Verhandlungen bereit sein.¹²

Es wird deshalb wesentlich von der deutschen Regierung, ihrem Willen und ihrer Überzeugungskraft abhängen, daß es zu Verhandlungen über eine politische Zusammenarbeit unter den Sechs kommt. Verhandlungen auf der Ebene der Außenminister und der Staats- und Regierungschefs sollten jedoch sorgfältig vorbereitet sein und erst dann vorgesehen werden, wenn wenigstens eine gewisse Aussicht auf Erfolg besteht. Wir sollten deshalb dem von Außenminister Spaak und Generalsekretär Cattani vorgeschlagenen Verfahren zustimmen:

– informelles Treffen der Außenminister anläßlich der EWG-Ministerratstagung am 2./3. März 1965 in Brüssel (Einsetzung einer Arbeitsgruppe aus Beamten)¹³;

– vorbereitende Sitzungen der Beamten-Arbeitsgruppe im März und April 1965;

---

⁹ Am 22. Februar 1965 informierte Botschafter von Stolzmann, Luxemburg, über das Einverständnis der luxemburgischen Regierung mit einem Außenministertreffen am 2. März 1965. Vgl. dazu den Drahtbericht Nr. 11; VS-Bd. 8427 (Ministerbüro); B 150, Aktenkopien 1965.

¹⁰ Dieses Wort wurde von Staatssekretär Carstens handschriftlich eingefügt. Dafür wurde gestrichen: „Verhandlungen".

¹¹ So berichtete Botschafter Siegfried, Brüssel, am 23. Februar 1965 von einer Unterredung mit dem belgischen Außenminister, in deren Verlauf Spaak nicht nur Zweifel äußerte, ob sich der vorgeschlagene Termin werde realisieren lassen, sondern auch „die Aussicht auf praktische Fortschritte sehr skeptisch" beurteilte, „weil die französische Einstellung zu den materiellen Fragen sich im Grunde nicht geändert habe". Vgl. den Drahtbericht Nr. 42; VS-Bd. 2386 (D I/Dg I A); B 150, Aktenkopien 1965.

¹² Vor allem von französischer Seite wurde die „reichlich negative Haltung" der niederländischen Regierung gegenüber dem Prozeß einer europäischen politischen Integration bedauert. Vgl. die Aufzeichnung des Ministerialdirigenten Voigt vom 2. Februar 1965; VS-Bd. 2386 (D I/Dg I A); B 150, Aktenkopien 1965.

¹³ Am 26. Februar 1965 informierte der italienische Botschafter Luciolli Ministerialdirektor Meyer-Lindenberg über das Gespräch des Generalsekretärs im italienischen Außenministerium, Cattani, mit dem niederländischen Außenminister vom Vortag. Luns habe mitgeteilt, daß er aufgrund einer seit langem geplanten Auslandsreise nicht an einem Außenministertreffen am 2./3. März 1965 werde teilnehmen können. Aufgrund dieser Absage fand das Außenministertreffen nicht statt. Ein in Aussicht genommener Gesprächstermin am 6. April 1965 scheiterte daran, daß Bundesminister Schröder an diesem Tag verhindert sein würde. Meyer-Lindenberg hielt zu den Terminschwierigkeiten fest: „Da es sich als unmöglich herausstelle, die informelle Außenministerkonferenz Anfang März zustandezubringen, sollte baldmöglichst die Beamtengruppe unter Cattani ihre Arbeit aufnehmen. Diesem Verfahren sollten die sechs Außenminister auf normalem diplomatischen Wege zustimmen." Vgl. die Aufzeichnung vom 26. Februar 1965; VS-Bd. 8427 (Ministerbüro); B 150, Aktenkopien 1965.
Zur Unterrichtung der Botschaften in Paris, Brüssel, Den Haag und Luxemburg vgl. den Drahterlaß Nr. 926 des Ministerialdirektors Meyer-Lindenberg vom 25. Februar 1965; VS-Bd. 2386 (D I/Dg I A); B 150, Aktenkopien 1965.
Zu den Planungen für eine europäische politische Union vgl. weiter Dok. 118.

– Außenminister-Konferenz im Mai 1965;
– Konferenz der Staats- und Regierungschefs im Juli 1965.

Hiermit über den Herrn Staatssekretär[14] dem Herrn Minister[15] vorgelegt.

Meyer-Lindenberg

VS-Bd. 8427 (Ministerbüro)

87

Staatssekretär Carstens an Botschafter Freiherr von Mirbach, z. Z. Prag

II 5-82.50-94.27-283/65 VS-vertraulich Aufgabe: 20. Februar 1965, 17.34 Uhr[1]
Fernschreiben Nr. 3
Citissime mit Vorrang

Auf Drahtbericht Nr. 4 vom 19.2.1965[2]

I. Für uns sind bei der weiteren Führung der Verhandlungen[3] die folgenden Gesichtspunkte entscheidend:

1) Da die Tschechen offenbar an der Errichtung einer deutschen Handelsvertretung in Prag nicht sonderlich interessiert sind, dagegen Wert auf den Ab-

---

[14] Hat Staatssekretär Carstens am 21. Februar 1965 vorgelegen, der handschriftlich vermerkte: „Ich rege Unterrichtung des Herrn Bundeskanzlers an."

[15] Hat Bundesminister Schröder am 21. Februar vorgelegen, der handschriftlich vermerkte: „Kopie an B[undes]k[anzler]." Dazu notierte der stellvertretende Leiter des Ministerbüros, Loeck, am 22. Februar 1965 handschriftlich: „Bundeskanzleramt hat mitgeteilt, daß es bereits eine Fotokopie oder einen Durchdruck dieser Aufzeichnung erhalten habe (Gespräch mit LR Kampmann vom 22.2.)."
Hat Schröder am 24. Februar 1965 erneut vorgelegen, der handschriftlich vermerkte: „Erl[edigt]."

[1] Der Drahterlaß wurde von Legationsrätin I. Klasse Rheker am 20. Februar 1965 konzipiert. Dazu vermerkte Rheker handschriftlich: „Entwurf wurde von V 1 in Verbindung mit III A 6 und II 5 erstellt."
Hat Ministerialdirektor Thierfelder am 20. Februar 1965 vorgelegen.
Staatssekretär Carstens leitete den Drahterlaß Bundesminister Schröder und Staatssekretär Lahr zu, denen er am 20. Februar 1965 vorlag. Lahr verfügte die Weiterleitung an Ministerialdirektor Krapf und vermerkte handschriftlich: „Frage nach Krediten ist nicht beantwortet. M[eines] E[rachtens] ja."

[2] Botschafter Freiherr von Mirbach, z. Z. Prag, berichtete von einer Unterredung am 19. Februar 1965 mit dem tschechoslowakischen Stellvertretenden Außenhandelsminister. Kohout schlug vor, entweder einen Handelsvertrag „mit beigefügtem vertraulichen Briefwechsel über Zahlungsverkehr, der DM-West-Klausel enthält", abzuschließen oder ein Handelsvertretungsabkommen „ohne jede Erwähnung des Geltungsbereichs". In Ziffer Ib) des Drahtberichts erwähnte Mirbach als eine weitere von Kohout genannte Alternative den Abschluß „allein eines Handelsvertrages mit vorstehendem Zahlungsbriefwechsel und weiterem Briefwechsel oder Kommuniqué, wonach diesem ersten Schritt folgend weitere Besprechungen über die Errichtung von Handelsvertretungen zukünftig in Aussicht genommen würden". Vgl. VS-Bd. 3136 (II A 5); B 150, Aktenkopien 1965.

[3] Zu den bisherigen Verhandlungen mit der Tschechoslowakei vgl. Dok. 19.

schluß eines langfristigen Warenabkommens zu legen scheinen, haben wir ein Interesse, diese beiden Fragen miteinander zu verknüpfen.[4] Auf Ihren Vorschlag unter IV c)[5] möchten wir daher noch[6] nicht eingehen. Wir müssen uns vielmehr den Tschechen gegenüber auf den Standpunkt stellen, daß ein langfristiges Warenabkommen nur bei gleichzeitigem Abschluß einer Vereinbarung über die Errichtung von Handelsvertretungen zustande kommen kann.

2) Ein Abschluß auch nur eines der beiden geplanten Abkommen ohne Einbeziehung Berlins kommt nicht in Betracht.

3) Von einer Verschiebung der gesamten Verhandlungen gemäß Ziffer IV b)[7] des Bezugsberichts[8] versprechen wir uns in Anbetracht der allgemeinen politischen Situation, wie sie sich in den letzten Monaten entwickelt hat, nichts.

II. Hieraus ergibt sich für die weitere Führung der Verhandlungen folgendes:

1) Sie sollten die Verhandlungen auf der von Ihnen unter IV a) des Bezugsberichts[9] aufgezeigten Linie fortsetzen und versuchen, eine Einbeziehung Berlins auch in den Geltungsbereich der Vereinbarung über die Errichtung von Handelsvertretungen dadurch zu erreichen, daß diese Vereinbarung mit dem langfristigen Warenabkommen hinreichend verknüpft wird.[10] Diese Verknüp-

---

[4] Der Passus „haben wir ... verknüpfen" ging auf Streichungen und handschriftliche Einfügungen des Staatssekretärs Carstens zurück. Vorher lautete er: „müssen diese beiden Fragen von uns miteinander verknüpft werden".

[5] Ziffer IV c): „Wir könnten auf Handelsvertretung verzichten und lediglich tschechischen Vorschlag unter I b) annehmen, wodurch wir seit 1961 erstmals wieder [eine] sog[enannte] Berlinklausel in einem Abkommen mit ČSR erreichen (zu prüfen, ob unter diesen Umständen Kreditzusage im Rahmen Berner Abkommens möglich) und Ausgangspunkt für künftige Verhandlungen mit Sowjetunion verbessern würden." Vgl. den Drahtbericht Nr. 4 des Botschafters Freiherr von Mirbach, z. Z. Prag, vom 19. Februar 1965; VS-Bd. 3136 (II A 5); B 150, Aktenkopien 1965.
Für den tschechoslowakischen Vorschlag unter Ziffer I b) vgl. Anm. 2.

[6] Dieses Wort wurde von Staatssekretär Carstens handschriftlich eingefügt.

[7] Ziffer IV b): „Wir könnten gesamten tschechischen Vorschlag unter dem Gesichtspunkt ablehnen, durch den Versuch späterer (nach Monaten) weiterer Verhandlungen für uns akzeptablen Geltungsbereich für beide Abkommen zu erlangen." Vgl. den Drahtbericht Nr. 4 des Botschafters Freiherr von Mirbach, z. Z. Prag, vom 19. Februar 1965; VS-Bd. 3136 (II A 5); B 150, Aktenkopien 1965.

[8] Die Wörter „gemäß Ziffer IV b) des Bezugsberichts" wurden vom Vortragenden Legationsrat I. Klasse von Schenck handschriftlich eingefügt.

[9] Ziffer IV a): „Ich kann nicht beurteilen, ob jetzt ein erneuter Versuch gelingt, durch weiteres Verhandeln einen für uns akzeptablen Geltungsbereich für beide Abkommen herzustellen; das heißt, ob das letzte tschechische Wort im gegenwärtigen Verhandlungsstadium schon jetzt gesprochen ist." Vgl. den Drahtbericht Nr. 4 des Botschafters Freiherr von Mirbach, z. Z. Prag, vom 19. Februar 1965; VS-Bd. 3136 (II A 5); B 150, Aktenkopien 1965.

[10] Am 23. Februar 1965 berichtete Botschafter Freiherr von Mirbach, z. Z. Prag, über den Fortgang der Verhandlungen. Hinsichtlich einer Einbeziehung von Berlin (West) in die Abkommen habe sich kein Fortschritt ergeben. In der Sitzung am Vormittag, als ein „sofortiger Abbruch [der] Verhandlungen unvermeidlich erschien", stellte Mirbach auf eigene Verantwortung den mit dem Auswärtigen Amt nicht abgestimmten Vorschlag zur Diskussion, die „tschechische Seite könne in einseitigem, von uns entgegenzunehmendem Brief klarstellen, daß Einbeziehung Berlins in Handels- und Zahlungsverkehr sowie in Vertretungsabkommen grundsätzlichen politischen Standpunkt tschechoslowakischer Regierung in Berlin-Frage nicht präjudiziere". Dieser „Vorbe-

fung könnte nach dem Muster der mit Polen im März 1963 getroffenen Vereinbarungen dadurch erfolgen, daß beide Vereinbarungen durch ein Mantelprotokoll miteinander verbunden werden.[11] Notfalls könnte die Verknüpfung aber auch darin gefunden werden, daß in der Vereinbarung über die Errichtung von Handelsvertretungen deren Aufgabe – wie dies in einem früheren Entwurf geschehen war – dahin definiert wird, daß „die Aufgabe der Handelsvertretungen die Durchführung der getroffenen Vereinbarungen über den Waren- und Zahlungsverkehr" sei.[12] (Vgl. Artikel 5 des Ungarn-Vertrags[13]). Die offenbar zuletzt vorgesehene allgemeinere Definition der Aufgabe der Handelsvertretungen in Artikel 2 des Entwurfs der deutsch-tschechoslowakischen Vereinbarung über Handelsvertretungen[14], der auf die gleichzeitig zu treffenden Handelsvereinbarungen keinen konkreten Bezug nimmt, müßte in diesem Falle entsprechend geändert werden.

2) Um die Bereitschaft der Tschechen zu fördern, eine deutsche Handelsvertretung zu akzeptieren und sich hierüber mit uns gleichzeitig mit dem Abschluß eines langfristigen Warenabkommens zu einigen, können Sie andeuten, daß eine weitere Duldung des in Frankfurt bestehenden tschechischen Außenhandelsbüros von uns nicht erwartet werden könne, wenn die Tschechen sich zur Zulassung einer deutschen Handelsvertretung in Prag nicht

---

Fortsetzung Fußnote von Seite 361

    haltsbrief" solle analog zu dem „Schreiben Adenauers an Bulganin vom 13.9.1955" formuliert werden.
    Das Gespräch am Nachmittag brachte jedoch statt der erhofften Diskussion „über Verklammerung von Handelsabkommen und Handelsvertretungsabkommen [...] fühlbaren Rückschritt. [...] Genau wie zu Beginn heutiger Vormittagssitzung erklärte tschechische Delegation nur Bereitschaft zu a) entweder offenem Dissens, b) oder Annahme DM-Klausel lediglich für Zahlungsverkehr, nicht aber für Warenverkehr." Mirbach bat um Anweisung, ob „gegebenenfalls ein Handelsabkommen mit klarer Berlin-Klausel" auch dann akzeptiert werden könne, „wenn Handelsvertretungsabkommen nicht erreichbar, oder ob in diesem Falle Verhandlungen auf längere Sicht unterbrochen werden sollen". Vgl. die Drahtberichte Nr. 6 und 7; VS-Bd. 3136 (II A 5); B 150, Aktenkopien 1965.

11 Zur Einbeziehung von Berlin (West) in das Abkommen vom 7. März 1963 mit Polen vgl. AAPD 1963, I, Dok. 183.
12 Für den Wortlaut des tschechoslowakischen Entwurfs vom 14. April 1964 zu einem Abkommen über den Austausch von Handelsvertretungen vgl. VS-Bd. 3966 (II A 5).
13 Artikel 5 des Abkommens mit Ungarn vom 10. November 1963 über den Waren- und Zahlungsverkehr und über die Errichtung von Handelsvertretungen: „Jede der beiden Regierungen errichtet zur Förderung der beiderseitigen Wirtschafts- und Handelsbeziehungen eine Handelsvertretung in dem Hoheitsgebiet des anderen Staates. Die Aufgabe der Handelsvertretungen ist die Durchführung der getroffenen Vereinbarungen über den Waren- und Zahlungsverkehr." Vgl. VS-Bd. 8374 (III A 6); B 150, Aktenkopien 1963.
14 Artikel 2 des Vertragsentwurfs vom 14. Dezember 1964: „Die Aufgabe der Handelsvertretungen besteht in der Pflege und Förderung der wirtschaftlichen Beziehungen zwischen der Bundesrepublik Deutschland und der Tschechoslowakischen Sozialistischen Republik, um dadurch zur weiteren Entwicklung des gegenseitigen Verhältnisses im Geiste einer guten Nachbarschaft beizutragen." Vgl. VS-Bd. 3135 (II A 5); B 150, Aktenkopien 1964.

bereit erklären.¹⁵ Dieses Argument hat sich seinerzeit bei den Verhandlungen mit den Polen¹⁶ bewährt.¹⁷

Carstens¹⁸

VS-Bd. 3136 (II A 5)

88

Aufzeichnung des Staatssekretärs Carstens

St.S. 15/65 streng geheim   22. Februar 1965

I. Am Sonnabend, dem 20. Februar 1965, fand im Bundeskanzleramt unter Vorsitz des Herrn Bundeskanzlers eine Besprechung über die Nahost-Krise statt.

Teilnehmer: Bundesminister Schröder, Scheel, Mende, Dahlgrün, Staatssekretäre Gumbel, Carstens, von Hase, Langer, Ministerialdirektoren Mercker, Hohmann, Prass, Knieper.

Die wesentlichen Ergebnisse der Besprechung sind folgende:

1) Das Bundesministerium der Verteidigung soll bis Mittwoch dieser Woche feststellen, wo sich die 60 Panzer befinden, die bereits nach Italien verladen worden sind.¹ Befinden sie sich noch auf italienischem Boden oder sind sie bereits nach Israel weitergeschafft worden?

---

15 Botschafter Freiherr von Mirbach, z. Z. Prag, brachte dieses Argument am Vormittag des 23. Februar 1965 in die Diskussion ein. Der tschechoslowakische Stellvertretende Außenhandelsminister Kohout bezeichnete diese Äußerung als eine „Drohung", die ihn „sehr verstimmt habe". Vgl. die Drahtberichte Nr. 6 und 7; VS-Bd. 3136 (II A 5); B 150, Aktenkopien 1965.
16 Am 8. November 1962 erklärte der Leiter der deutschen Delegation, Allardt, gegenüber dem polnischen Stellvertretenden Außenhandelsminister Modrzewski, die Bundesregierung halte für den Fall, daß „die Substanz des neuen Handelsabkommens" die Einrichtung einer Handelsvertretung der Bundesrepublik in Warschau nicht rechtfertige, das polnische Außenhandelsbüro in Frankfurt „für entbehrlich". Vgl. die Aufzeichnung von Allardt vom 12. November 1962; VS-Bd. 3069 (II 5); B 150, Aktenkopien 1962. Vgl. dazu auch AAPD 1963, I, Dok. 48.
17 Am 24. Februar 1965 teilte Staatssekretär Carstens Botschafter Freiherr von Mirbach, z. Z. Prag, mit, die Bundesregierung werde nur unter der Voraussetzung, daß eine Einbeziehung von Berlin (West) in die Zuständigkeit der Handelsvertretung in Prag „in keiner Form" erreicht werden könne, auf den Abschluß eines Handelsvertretungsabkommens verzichten. Dann müsse jedoch Berlin (West) in das Handelsabkommen „in einer voll befriedigenden Form" einbezogen werden. Der tschechoslowakische Standpunkt, sich entweder mit einem „offenen Dissens" oder aber mit „einer Einbeziehung Berlins nur in den Zahlungsverkehr" abzufinden, sei „auf keinen Fall annehmbar". Abschließend riet Carstens, Mirbach solle sicherstellen, daß auch bei fortbestehendem Dissens „der Faden nicht abreißt" und die Verhandlungen weitergeführt werden können. Vgl. den Drahterlaß Nr. 4; VS-Bd. 3136 (II A 8); B 150, Aktenkopien 1965.
Zu den Verhandlungen mit der Tschechoslowakei vgl. weiter Dok. 114.
18 Paraphe vom 20. Februar 1965.
1 Zur Lieferung amerikanischer Panzer an Israel durch die Bundesrepublik vgl. Dok. 92.

2) Der Abgeordnete Blumenfeld soll, entsprechend einer von ihm gegebenen Anregung, in Rom mit einem Israeli, Herrn Federmann, der sehr enge Beziehungen zu Herrn Eshkol unterhält, zusammentreffen. Zweck dieses Gesprächs soll sein, festzustellen, welche Möglichkeiten zu einer Verständigung mit Israel bestehen.[2]

3) Das deutsch-israelische Protokoll über die letzte Annuität, die nach dem deutsch-israelischen Abkommen von 1952[3] zu zahlen ist, soll nicht, wie vorgesehen, am 22. Februar, sondern erst am 9. März 1965 unterzeichnet werden.

4) Das Bundesministerium der Verteidigung wird auf seinen Kanälen festzustellen versuchen, ob die Amerikaner eventuell bereit sind, die für Israel bestimmten Panzer zu übernehmen. Es wäre dann Sache der Amerikaner, darüber zu verfügen.[4] Bekanntlich handelt es sich bei diesen Panzern um amerikanische Modelle.

5) Als Maßnahmen gegen die VAR wurden ins Auge gefaßt:

a) Keine neue Kapitalhilfe, insbesondere keine Beteiligung Deutschlands an dem nächsten ägyptischen Fünfjahresplan.[5] Die Ägypter erwarten nach Angabe von Herrn Minister Scheel von uns einen Kredit in Höhe von 800 Mio. DM.[6]

b) Keine Erweiterung oder Erhöhung des Hermes-Plafonds.[7]

---

[2] Am 22. Februar 1965 berichtete der CDU-Abgeordnete Blumenfeld Bundeskanzler Erhard und Staatssekretär Carstens von seinem Treffen mit dem israelischen Industriellen, das am 22. Februar 1965 stattgefunden hatte. Federmann habe ihm aus einem Gespräch mit dem israelischen Ministerpräsidenten vom Vortag mitgeteilt, Eshkol „gehe ganz unvoreingenommen an die Problematik heran. Er suche eine für beide Seiten akzeptable Lösung [...]. Er lege größten Wert darauf, daß Herr Blumenfeld oder ein anderer von dem Herrn Bundeskanzler bestimmter Herr zu Gesprächen nach Israel komme. Dieser müsse durch einen Brief des Herrn Bundeskanzlers legitimiert sein. Am Ende der Entwicklung, die jetzt eingeleitet werde, müsse die Aufnahme diplomatischer Beziehungen stehen. Demgegenüber sei die Abwicklung der restlichen Waffenlieferungen ein technisches Problem. Da könne ein Weg gefunden werden." Bundeskanzler Erhard entschied, Blumenfeld solle Federmann am 24. Februar mitteilen, daß er bereit sei, den gewünschten Vermittler nach Tel Aviv zu schicken. Allerdings müsse Eshkol zunächst schriftlich zusichern, daß er den Abgesandten empfangen und über die „schwebenden Fragen" verhandeln wolle. Vgl. die Aufzeichnung von Carstens vom 23. Februar 1965; VS-Bd. 3420 (Ministerbüro); B 150, Aktenkopien 1965.

[3] Für den Wortlaut des Abkommens vom 10. September 1952 zwischen der Bundesrepublik Deutschland und Israel über die Wiedergutmachung vgl. BUNDESGESETZBLATT 1953, Teil II, S. 37–97.

[4] Vgl. dazu Dok. 146.

[5] Zum Beschluß der Bundesregierung vom 15. Februar 1965, die Wirtschaftshilfe an die VAR einzustellen, vgl. Dok. 81, Anm. 16.

[6] Dazu empfahl das Bundesministerium für Wirtschaft am 22. Februar 1965, über den bereits im Regierungsabkommen vom 3. April 1963 mit der VAR festgelegten Betrag von 230 Mio. DM hinaus keine Kredithilfe zuzusagen. Jedoch riet es von der Einbehaltung eines noch nicht mit einem Darlehensvertrag belegten Rests von 3,5 Mio DM sowie von einer Zurückhaltung von im Rahmen bestehender Verträge noch nicht ausgezahlten Summen ab. Vgl. VS-Bd. 8448 (Ministerbüro); B 150, Aktenkopien 1965.

[7] Das Bundesministerium für Wirtschaft riet dazu, entweder keine neuen Bürgschaftsplafonds mehr einzuräumen oder aber bei Übernahme neuer Einzelbürgschaften Beschränkungen wirksam werden zu lassen. Es warnte davor, überhaupt keine Bundesbürgschaften mehr zu übernehmen, da dies den „traditionellen Handelsverkehr mit der VAR zum Erliegen bringen" und dazu

c) Über die Projekte der Technischen Hilfe soll fallweise entschieden werden. In jedem Fall sollen die deutschen Schulen in der VAR bestehen bleiben.[8]

Diese Maßnahmen werden für den Fall ins Auge gefaßt, daß der Ulbricht-Besuch ohne ausdrückliche Anerkennung der SBZ durch die VAR und ohne die Aufnahme diplomatischer Beziehungen zwischen der SBZ und der VAR abläuft.[9]

II. Aus dem Gesprächsverlauf halte ich im übrigen die nachfolgenden Äußerungen, die jeweils außerhalb ihres Zusammenhangs wiedergegeben werden, fest:

1) Herr von Hase: Es ist eine Kampagne des Weltjudentums angelaufen. Diese hat sich in drei Schüben im Zusammenhang mit den Komplexen

– Schlußgesetzgebung für die Wiedergutmachung[10],

– Verlängerung der Verjährungsfrist für NS-Verbrechen[11],

– Waffenhilfe an Israel[12]

vollzogen. In der Propaganda wird so getan, als ob Israel ein verbürgtes Recht auf Waffenhilfe hätte.[13]

2) Bundesminister Mende: Es ist zur Zeit nicht wahrscheinlich, daß Nasser die SBZ anerkennen wird. Man soll sich aber hüten, Nasser zu reizen.

3) Staatssekretär Gumbel: Zur Zeit und bis auf weiteres finden, entsprechend dem Kabinettsbeschluß, keine Verladungen von Panzern nach Italien statt.[14] Das ist sichergestellt. Adressat der bisherigen Verladungen war das italienische Verteidigungsministerium. Die Panzer werden mit den eingebauten Waffen verladen, doch werden diese Waffen in Italien ausgebaut und später nach

---

Fortsetzung Fußnote von Seite 364

    beitragen würde, daß Exporteure aus der Bundesrepublik den ägyptischen Markt verlören. Vgl. die Aufzeichnung vom 22. Februar 1965; VS-Bd. 8448 (Ministerbüro); B 150, Aktenkopien 1965.

[8] Hinsichtlich der technischen Hilfe machte das Bundesministerium für Wirtschaft darauf aufmerksam, daß seitens der Bundesregierung eingestellte Projekte dann von Drittstaaten, namentlich von der DDR, übernommen würden. Ferner plädierte es dafür, die drei deutschen Schulen in der VAR, für die 1964 1,8 Mio. DM aufgewendet wurden, und die Goethe-Institute in Kairo und Alexandria weiter zu betreiben. Auch hier bestehe die Gefahr, „daß die SBZ deren Aufgaben und unter anderem die mit erheblichen Kosten in Deutschland ausgebildeten 110 ägyptischen Deutschlehrer in ihre Dienste übernimmt". Vgl. die Aufzeichnung vom 22. Februar 1965; VS-Bd. 8448 (Ministerbüro); B 150, Aktenkopien 1965.

[9] Zum Besuch des Staatsratsvorsitzenden Ulbricht vom 24. Februar bis 2. März 1965 in der VAR vgl. Dok. 104.

[10] Vgl. dazu Dok. 32, Anm. 4.

[11] Vgl. dazu Dok. 53 und weiter Dok. 133.

[12] Vgl. dazu Dok. 84.

[13] Im Rückblick hielt der Leiter des Außenpolitischen Büros im Bundeskanzleramt, Osterheld, aus der Sitzung vom 20. Februar 1965 die Äußerung des Chefs des Presse- und Informationsamtes, von Hase, fest, daß sich die Bundesrepublik in der „schwersten Krise" seit ihrem Bestehen befinde. „Die arabischen Länder seien gegen uns, aber auch wichtige jüdische Kreise, und im In- und Ausland hätten wir eine sehr schlechte Presse." Vgl. OSTERHELD, Außenpolitik, S. 158.

[14] Aus der Sitzung des Bundeskabinetts vom 17. Februar 1965 hielt Bundesminister Schröder in einer handschriftlichen Notiz fest: „20 weiter bereitstehende Panzer sollen jetzt nicht verschifft werden. B[undes]k[anzler]: Mir ist doch gesagt worden, daß vor März nichts fällig sei." Vgl. VS-Bd. 8420 (Ministerbüro); B 150, Aktenkopien 1965.

Deutschland zurückgesandt werden (während der Sitzung ging eine Mitteilung von MD Knieper ein: danach dauere die Umrüstung ein Jahr, so daß mit der Auslieferung der ersten Panzer an Israel nicht vor Oktober 1965 zu rechnen sei).

4) Bundesminister Scheel: Er sei nicht mehr bereit, den ganzen Komplex öffentlich zu decken, wenn nicht sofort jede weitere Verladung eingestellt werde („keine Schraube dürfe mehr versandt werden"), und zwar weder aus der Bundesrepublik Deutschland nach Italien noch von Italien nach Israel. Das italienische Verteidigungsministerium müsse gebeten werden, keine weiteren Verladungen vorzunehmen.

5) Bundesminister Schröder faßte den Verlauf der Diskussion nach etwa zwei Stunden wie folgt zusammen:
Es darf nichts geschehen, was vor, während oder unmittelbar nach dem Ulbricht-Besuch die schwachen Sicherungen durchschlagen würde, die zur Zeit noch gegen die Anerkennung der Zone durch die VAR bestehen.
Israel wird auf die Durchführung der vereinbarten Lieferungen nicht verzichten.[15] Über diesen Komplex muß man dann zu einem späteren Zeitpunkt sprechen.
Den Arabern muß dann klipp und klar gesagt werden, was noch nicht abgewikkelt ist. Der Herr Bundeskanzler stimmte dieser Bemerkung ausdrücklich zu.
Man soll versuchen, mit den Israelis zu einer Vereinbarung über die Aufnahme konsularischer Beziehungen zu kommen.[16] Vielleicht gelingt einem dies im Zusammenhang mit dem Komplex „Geschäftsfreund".[17]

6) Bundesminister Scheel weist auf die Gefahren hin, die sich daraus ergeben können, daß die VAR möglicherweise den Suezkanal für deutsche Schiffe sperren wird.[18] Man solle daher die ägyptischen Hoffnungen auf deutsche Entwicklungshilfe nicht definitiv töten.

Hiermit dem Herrn Minister[19] vorgelegt.

Carstens

VS Bd. 8420 (Ministerbüro)

---

[15] Zur ablehnenden israelischen Haltung gegenüber den Bemühungen der Bundesregierung, die noch ausstehenden Waffenlieferungen durch Geldzahlungen abzulösen, vgl. Dok. 77, Anm. 13.

[16] Im Rückblick hielt Ministerialdirigent Osterheld fest, daß auf der Sitzung auch die „Errichtung eines Generalkonsulats in Israel" erwogen wurde. Staatssekretär Carstens habe darauf hingewiesen, „ungewollt, ja wider Willen, sei eine Koalition zwischen Israel und der SBZ entstanden [...], da beide den Bruch zwischen uns und den Arabern herbeiführen wollten". Vgl. OSTERHELD, Außenpolitik, S. 158.

[17] Zur geheimgehaltenen Gewährung von Krediten an Israel im Rahmen der Aktion „Geschäftsfreund" vgl. Dok. 2, besonders Anm. 7.

[18] Das Bundesministerium für Wirtschaft machte am 22. Februar 1965 darauf aufmerksam, daß die VAR mit dem Suez-Kanal eine Schlüsselposition für den Welthandel innehabe. Sollte sie die Durchfahrt für deutsche Schiffe mit der Begründung sperren, die Bundesrepublik habe sich ihr gegenüber einer schweren Völkerrechtsverletzung schuldig gemacht, so würden der Bundesregierung „kaum rechtliche Möglichkeiten zur Verfügung stehen, sich dagegen wirksam zur Wehr zu setzen". Vgl. VS-Bd. 8448 (Ministerbüro); B 150, Aktenkopien 1965.

[19] Hat Bundesminister Schröder vorgelegen.

89

Gespräch des Bundesministers Schröder mit dem amerikanischen Botschafter McGhee

Z A 5-29.A/65 geheim 22. Februar 1965[1]

Der Herr Bundesminister des Auswärtigen empfing am 22. Februar 1965 um 12.00 Uhr den amerikanischen Botschafter, Herrn McGhee, zu einem Gespräch, bei dem Herr Staatssekretär Professor Carstens anwesend war.

Der *Botschafter* sagte einleitend, man sei wegen der Ereignisse der letzten Tage in großer Sorge und wisse, welch großen Problemen sich die Bundesregierung gegenübersehe. Er wolle deshalb darüber berichten, was amerikanischerseits bereits getan worden sei, um zu einer Entschärfung beizutragen. Gleichzeitig müsse er aber auch darauf hinweisen, daß sich die Amerikaner im Nahen Osten selbst einigen Problemen gegenübersähen, die nicht nur sie alleine, sondern alle Staaten beträfen, die an der Festigung der Stabilität in jenem Bereich interessiert seien.

Der amerikanische Botschafter sei bei der ägyptischen Regierung vorstellig geworden[2] und habe sich für die Bundesrepublik eingesetzt. Er habe darauf hingewiesen, daß die amerikanische Regierung die Verschlechterung im Verhältnis zwischen der VAR und der Bundesrepublik mit sehr großer Sorge betrachte und daß sich daraus ernsthafte Konsequenzen ergeben könnten. Weiter habe er von den Vorteilen gesprochen, die sich auf wirtschaftlichem und militärischem Gebiet für die arabischen Länder aus guten Beziehungen mit der Bundesrepublik ergäben und daß die Bundesrepublik sehr viel mehr für diese Länder tun könne als die SBZ. Außerdem habe er seiner Befürchtung Ausdruck verliehen, daß die Herstellung von Beziehungen zur SBZ die amerikanischen Bemühungen um eine Verbesserung des psychologischen Klimas sehr erschweren würden. Ein solcher Schritt würde nicht nur bei der deutschen Regierung und Bevölkerung, sondern auch bei den Freunden der Bundesrepublik Verstimmung auslösen. Schließlich habe er auch der tiefen Sorge Ausdruck gegeben, daß die Stabilität im Nahen Osten gefährdet würde, wenn die ägyptische Regierung etwas unternähme, was einem neuen kommunistischen Staat gestatten würde, sich im Nahen Osten zu etablieren. Man würde es für sehr gefährlich ansehen, wenn sich die Bundesrepublik zurückzöge und auf diese Weise das Feld den Kommunisten überließe.

---

[1] Die Gesprächsaufzeichnung wurde vom Vortragenden Legationsrat Weber am 23. Februar 1965 gefertigt.
Hat Staatssekretär Lahr am 23. und Bundesminister Schröder am 25. Februar 1965 vorgelegen, der auf der Begleitnotiz handschriftlich vermerkte: „S. 4." Vgl. Anm. 13 und 15.
Am 26. Februar 1965 schlug Ministerialdirigent Simon in einer handschriftlichen Notiz vor, Durchdrucke der Gesprächsaufzeichnung dem Bundeskanzleramt sowie den Ministerialdirektoren Meyer-Lindenberg und Sachs zuzuleiten. Ferner regte er an, die Botschaft in Washington „auszugsweise" über das Gespräch zu unterrichten. Schröder vermerkte daraufhin am 27. Februar 1965 handschriftlich: „Einv[erstanden]."
[2] Zu den Vermittlungsbemühungen des Botschafters Battle vgl. Dok. 90.

Diese Erklärung habe der amerikanische Botschafter am 18. Februar abgegeben und gleichzeitig ein Schriftstück ähnlichen Inhalts überreicht.

Der Botschafter fuhr fort, daß nach den jüngsten Informationen, die er heute erhalten habe, die Ägypter beabsichtigten, Ulbricht nicht die protokollarische Behandlung eines Staatsoberhauptes zuteil werden zu lassen[3], da sie es auf einen Bruch mit der Bundesrepublik nicht ankommen lassen wollten.

Außerdem habe er heute ein weiteres Telegramm des State Department erhalten, in dem es heiße, man werde bald die Wirkung weiterer Aktionen, die von amerikanischer Seite unternommen würden, feststellen können. Die amerikanische Regierung sei bereit, die westlichen Interessen im Nahen Osten zu wahren und aufrechtzuerhalten.

In dem Telegramm heiße es weiter, das State Department prüfe, was getan werden könne, um Boykottmaßnahmen in den Vereinigten Staaten[4] zu verhindern.

Was die von beiden Seiten abgegebenen Presseerklärungen angehe, so seien sie sicher nicht immer perfekt gewesen. Die amerikanische Seite habe zwar zunächst eine no-comment-Politik eingeschlagen[5], sich dann aber später zu der Unterstützung der Bundesrepublik bekannt.[6] Alle Gerüchte und Darstellungen, die in der Zwischenzeit in den Zeitungen erschienen seien, könnten nur auf Spekulationen von Leuten zurückgeführt werden, die nicht genügend informiert gewesen seien. Die New York Times und die Herald Tribune zum Beispiel hätten geschrieben, die amerikanische Regierung sei über die Einstellung der deutschen Lieferungen nach Israel verärgert.[7] Keine amerikanische Erklärung rechtfertige diese oder andere Darstellungen. Die amerikanische Haltung sei jetzt von der Tatsache bestimmt, daß die Situation im Lichte der beiderseitigen Beziehungen und gemeinsamen Probleme gesehen werden müsse. Es komme vor allem darauf an, eine gemeinsame Front zu bilden. Herr von Hase sei neulich vielleicht etwas zu weit gegangen, denn seine Äußerungen hätten den Eindruck erweckt, daß zwischen Amerika und der Bundesrepublik keine Harmonie bestehe.[8] Er habe darüber mit Herrn von Hase selbst ge-

---

[3] Am 20. Februar 1965 berichtete Botschaftsrat I. Klasse Müller, Kairo, daß für den bevorstehenden Aufenthalt des Staatsratsvorsitzenden Ulbricht in der VAR mit „einigen Abstrichen" an den „normalen Ehrungen eines Staatsbesuches" gerechnet werden könne. So werde Ulbricht wohl nicht an einer ursprünglich vorgesehenen Sitzung des ägyptischen Parlaments teilnehmen. Müller betonte ferner, Präsident Nasser habe „nach wie vor nicht die Absicht, die SBZ während [des] Ulbricht-Besuchs anzuerkennen, schon um sich damit eines wesentlichen Mittels seiner Politik gegen uns nicht zu begeben". Vgl. den Drahtbericht Nr. 196; VS-Bd. 8448 (Ministerbüro); B 150, Aktenkopien 1965.

[4] Zum Boykott von Waren aus der Bundesrepublik vgl. Dok. 84, Anm. 47.

[5] Vgl. dazu Dok. 74, besonders Anm. 4.

[6] Vgl. dazu Dok. 85, besonders Anm. 18.

[7] In dem Artikel „U.S. Backs Sale of Arms by Bonn to Israel Regime" wurde ausgeführt: „On the other hand, the United States was surprised and deeply annoyed at Mr. Erhard's cancellation of the Israeli tank deal." Vgl. THE NEW YORK TIMES, International Edition, Nr. 39 107 vom 18. Februar 1965, S. 1.

[8] Der Bonner Korrespondent Olsen meldete folgende Antwort des Chefs des Presse- und Informationsamtes auf die Frage, ob die Bundesregierung über das Verhalten der amerikanischen Regierung in der Nahost-Krise enttäuscht sei: „Mr. von Hase said at a news conference that he could

sprochen, der ihm erklärt habe, er habe unter dem Druck der Ereignisse vielleicht Äußerungen gemacht, die sonst nicht gefallen wären.

Der Herr *Bundesminister* stellte die Frage nach der Möglichkeit einer amerikanischen Einwirkung auf Israel. Außerdem ging er auf die Vorgeschichte des Abkommens von 1962[9] ein. Was das Abkommen über die Lieferung von Tanks aus dem Jahre 1964[10] betreffe, so sei die amerikanische Urheberschaft unbestritten. Hinsichtlich des Abkommens von 1962 stehe er unter dem Eindruck, daß es ohne amerikanische Initiative zustande gekommen sei und nur auf einer israelischen Initiative beruhe. Die Amerikaner seien später von den Israelis, angeblich zugleich auch im deutschen Auftrag, informiert worden.

Wie der *Botschafter* bemerkte, hätten Nachforschungen bei den zuständigen Beamten ergeben, daß niemand etwas von dem Abkommen von 1962 gewußt habe. Er persönlich sei auch erst im Zusammenhang mit der Lieferung von Hubschraubern nach Israel auf diese Sache gekommen, da eine solche Lieferung gegen das deutsch-amerikanische Abkommen verstoßen habe.[11] Sein Luftfahrtattaché[12] habe ihn darauf aufmerksam gemacht, daß in den Vereinigten Staaten gekaufte Hubschrauber plötzlich in Israel aufgetaucht seien. Er habe damals mit dem Bundeskanzler (Dr. Adenauer) darüber gesprochen, der aber in seinen Äußerungen auch nicht sehr klar gewesen sei.

Wie der Herr *Bundesminister* weiter ausführte, hätten die Israelis[13] damals der deutschen Seite gesagt, sie würden die Amerikaner auf allerhöchster

---

Fortsetzung Fußnote von Seite 368

‚in no way deny' this report." Vgl. den Artikel „Bonn Is Irritated by U.S. Reluctance"; THE NEW YORK TIMES, International Edition, Nr. 39 109 vom 20./21. Februar 1965, S. 3.

[9] Vgl. dazu Dok. 2.

[10] Zur Absprache über die Lieferungen amerikanischer Panzer durch die Bundesrepublik und zu den vereinbarten Modalitäten vgl. Dok. 39, Anm. 6.
Vgl. dazu weiter Dok. 92.

[11] Am 15. August 1963 informierte der amerikanische Botschaftsrat für politische Angelegenheiten, Kidd, Ministerialdirigent Keller über das „Auftauchen" von 15 bis 20 Hubschraubern amerikanischer Bauart in Israel. „Diese Verstärkung der israelischen Luftstreitkräfte sei geeignet, das militärische Kräftepotential im Nahen Osten zu verschieben und beunruhige daher die amerikanische Regierung." Da die Hubschrauber nicht von den USA geliefert worden seien, stellte er die Frage, „ob sie etwa von deutscher Seite geliefert sein könnten". Am 29. August 1963 hielt Keller fest, daß die deutschen Lieferungen mit dem amerikanischen Verteidigungsministerium besprochen worden seien. Dem amerikanischen Außenministerium solle die Information gegeben werden: „1) Uns sei bekannt, daß Israel auch in den USA Hubschrauber gekauft habe. 2) Wir hätten einige Hubschrauber den Israelis auf ihren eigenen Wunsch zu Ausbesserungszwecken überlassen und vorübergehend leihweise zum Gebrauch zur Verfügung gestellt." Am 30. August 1963 unterrichtete er Kidd in diesem Sinne. Der amerikanische Botschaftsrat erklärte dazu, „daß er sehr hoffe, daß die leihweise Zurverfügungstellung der Hubschrauber zutreffe und dem Verteidigungsministerium die Möglichkeit zur Zurückbeorderung offen lasse. Dies würde den Fall sehr erleichtern und außerdem die Schwierigkeiten ausräumen, die sich im Falle eines echten Verkaufskontrakts aus dem Weiterveräußerungsvorbehalt ergeben hätten, der von amerikanischer Seite in dem Kontrakt mit dem Bundesverteidigungsministerium enthalten sei." Für die Aufzeichnungen von Keller vom 15., 29. und 30. August 1963 vgl. VS-Bd. 8399 (Dg 40); B 150, Aktenkopien 1963.

[12] Luftwaffenattaché an der amerikanischen Botschaft war im Herbst 1963 David M. Williams.

[13] Dazu vermerkte Bundesminister Schröder handschriftlich: „1962".

Ebene, gleichzeitig auch im deutschen Auftrag, unterrichten.[14] Von einer ursprünglichen amerikanischen Beteiligung könne also wohl kaum die Rede sein.

Der *Botschafter* sagte, auf die Frage des Herrn Bundesministers nach amerikanischer Hilfestellung in Israel eingehend, es stehe fest, daß die Amerikaner die Deutschen zu dieser Abmachung[15] gedrängt hätten. In diesem Zusammenhang wolle er korrigieren, was Herr Harriman in dem Gespräch mit Botschafter Knappstein irrtümlicherweise gesagt habe, als er behauptet habe, die deutschen Lieferungen könnten nur dann eingestellt werden, wenn die Sache durch die Israelis bekannt würde.[16] Vielmehr habe McNamara in seinem Gespräch mit dem Bundeskanzler darauf hingewiesen, daß die Lieferungen dann eingestellt werden könnten, wenn die Angelegenheit überhaupt bekannt werde.[17] Was die Deutschen mit Israel ausgemacht hätten, entziehe sich seiner Kenntnis, doch könne er sagen, daß die deutsche Seite ihre Verpflichtungen gegen[über] den Amerikanern nicht gebrochen hätten.

Was nun amerikanische Vorstellungen in Israel angehe, so hätten Harriman und Tyler Botschafter Knappstein gegenüber bereits auf die bestehenden Schwierigkeiten hingewiesen, die darin lägen, daß die amerikanische Regierung dem gesamten Komplex ihrer Beziehungen zu Israel und der arabischen Welt Rechnung tragen müsse.[18] Zwischen den Israelis und den Arabern gehe es im Grunde genommen darum, wieviel Unterstützung jede der beiden Seiten für sich erlangen könne. Wenn die Amerikaner nun bei den Israelis im gewünschten Sinne vorstellig würden, wäre dies für die Israelis ein schwerer Schlag, der das Gleichgewicht stören würde. Nichtsdestoweniger scheine ihm die in dem heutigen Telegramm des State Department enthaltene Andeutung darauf schließen zu lassen, daß man im State Department möglicherweise doch an eine Intervention in Israel denke.

Er gebe aber zu, daß die amerikanische Regierung den von der Bundesregierung vorgetragenen Wünschen nicht in voller und befriedigender Weise nachgekommen sei, weil sie das prekäre Gleichgewicht aufrechterhalten sehen wolle und weil ihrer eigenen Handlungsfreiheit gewisse Grenzen gesetzt seien.

Der Herr *Bundesminister* betonte, er brauche nicht zu sagen, daß die ganze Sache in Deutschland sehr unangenehme Auswirkungen im Vertrauensverhältnis zu den Vereinigten Staaten haben könne. Für einen großen Teil der Öffentlichkeit sehe die Sache so aus – wobei er verallgemeinere und nur seine eigenen Worte benutze –, daß die Amerikaner die Deutschen in eine sehr

---

[14] Dazu hielt Staatssekretär Carstens am 25. September 1963 die Information des Staatssekretärs im Bundesministerium der Verteidigung, Hopf, fest, „daß Präsident Kennedy auf einem absolut zuverlässigen Wege von den von uns getroffenen Maßnahmen unterrichtet worden sei". Vgl. VS-Bd. 444 (Büro Staatssekretär); B 150, Aktenkopien 1963.

[15] Dazu vermerkte Bundesminister Schröder handschriftlich: „1964".

[16] Vgl. Dok. 74.

[17] Das Gespräch des Bundeskanzlers mit dem amerikanischen Verteidigungsminister fand am 12. Juni 1964 statt. Zum Aufenthalt von Erhard in Washington vgl. auch AAPD 1964, I, Dok. 160 und Dok. 161.

[18] Zum Gespräch mit dem Abteilungsleiter im amerikanischen Außenministerium, Tyler, vgl. Dok. 74, Anm. 14.

schwierige Situation gebracht hätten und jetzt entweder nicht willens oder nicht fähig seien, der Bundesrepublik in dieser Situation zu helfen.[19] Wenn die Amerikaner nicht willens wären, so habe das eine schlechte Auswirkung. Wenn sie nicht in der Lage wären, so wäre die Auswirkung nicht weniger vertrauenerschütternd. Deshalb müsse man sehr besorgt sein – im Internationalen Frühschoppen vom Vortage[20] sei dies auch bereits angeklungen –, daß die Angelegenheit sich letztlich zu einer schweren Belastung des deutsch-amerikanischen Vertrauensverhältnisses auswachsen könne.

Der *Botschafter* fragte, was die Vereinigten Staaten außer einer Intervention in Israel tun könnten.

Der Herr *Bundesminister* bemerkte, es handle sich um zwei Brennpunkte. Zunächst Kairo: Er glaube, daß derzeit dort nicht mehr geschehen könne als bereits geschehen sei, und man müsse nun den Ulbricht-Besuch[21] abwarten, für dessen Durchführung das Ende der wirtschaftlichen Hilfe in Aussicht gestellt worden sei.[22] Man müsse ferner abwarten, ob sich aus dem Besuch eine Veränderung der Beziehungen zwischen Kairo und Pankow ergebe, doch hoffe er, daß dies nicht der Fall sei und der Besuch in dieser Hinsicht nicht zu Folgerungen führen werde. Der zweite, sehr viel schwierigere Komplex betreffe Israel, da sich daraus eine internationale Verschlechterung der Stimmung gegenüber der Bundesrepublik ergeben könne. Deswegen wäre es wünschenswert, wenn man mit israelischer Zustimmung aus der restlichen Waffenlieferung herauskäme und die Israelis bereit wären, eine Ablösung durch andere finanzielle Leistungen zu akzeptieren.[23] Dies sei derzeit der schwierigste Punkt, und eine Lösung sei nur denkbar mit Zustimmung der Israelis.

Der *Botschafter* fragte, ob die Einstellung der Wirtschaftshilfe für die VAR automatisch erfolge oder von Bedingungen abhängig sei.

Wie der Herr *Bundesminister* bemerkte, sei leider – oder nicht leider – von einer Durchführung des Besuchs ohne Qualifikation gesprochen worden. Im Bundestag sei klar und deutlich gesagt worden, die Durchführung des Besuches bedeute das Ende der Wirtschaftsunterstützung für die VAR.

Der *Botschafter* wies noch einmal darauf hin, daß die noch zurückhaltende Formulierung in dem Telegramm des State Departments möglicherweise eine amerikanische Hilfestellung in Israel bedeuten könne. Auf jeden Fall werde er die Darlegungen des Herrn Ministers unverzüglich nach Washington berichten.

---

[19] In diesem Sinne äußerte sich auch der Bundeskanzler am 1. Februar 1965. Erhard erklärte, „daß uns die USA in diese Sache hineingeritten hätten und daß sie uns wieder heraushelfen sollten". Vgl. OSTERHELD, Außenpolitik, S. 154.
[20] Für eine auszugsweise schriftliche Wiedergabe der Fernsehsendung „Internationaler Frühschoppen" vom 21. Februar 1965 vgl. Archiv des Presse- und Informationsamtes der Bundesregierung; Abteilung Nachrichten, Rundfunkaufnahme, DFS/4/4/21.2.65.
[21] Zum Besuch des Staatsratsvorsitzenden Ulbricht vom 24. Februar bis 2. März 1965 in der VAR vgl. Dok. 104.
[22] Vgl. dazu die Erklärung des Chefs des Presse- und Informationsamtes, von Hase, vom 15. Februar 1965 und die Ausführungen des Bundeskanzlers Erhard am 17. Februar 1965 vor dem Bundestag; Dok. 81, Anm. 16.
[23] Zum diesbezüglichen Vorschlag der Bundesregierung vgl. Dok. 70.

Der Herr *Bundesminister* dankte für die amerikanische Unterstützung in Kairo, die gut und adäquat gewesen sei. Er sehe aber im Augenblick nicht viel mehr, was in Kairo getan werden könne, als eine Bekräftigung der westlichen Solidarität und vielleicht der NATO-Solidarität, damit der deutsche Alleinvertretungsanspruch nicht beschädigt werde. Dazu komme die weitere Überlegung, die der amerikanische Botschafter in Kairo bereits angedeutet habe, daß es in höchstem Maße unerwünscht wäre, wenn ein kommunistischer Staat noch stärker in Ägypten vertreten wäre und die Bundesrepublik dadurch verdrängt würde. Kairo gegenüber solle man auf dieser Linie bleiben. Sehr viel größer seien aber die Schwierigkeiten, die sich in Israel böten.[24]

Die Unterredung endete gegen 12.35 Uhr.

VS-Bd. 8513 (Ministerbüro)

90

Gespräch des Bundeskanzlers Erhard mit dem amerikanischen Botschafter McGhee

Ge 28/20/65 geheim   **22. Februar 1965**

Der Herr Bundeskanzler empfing am 22. Februar 1965 um 16.00 Uhr den amerikanischen Botschafter, Herrn McGhee, zu einem Gespräch, an dem Ministerialdirektor Dr. Mercker und Ministerialdirigent Dr. Osterheld teilnahmen.[1]

Der Herr *Bundeskanzler* sagte, man müsse nun gemeinsam aus der derzeitigen Schwierigkeit herauskommen. Es liege ihm fern, Anklage gegen die Vereinigten Staaten zu erheben, da man wisse, was man den Amerikanern alles verdanke. Jetzt sei es wichtig, daß man in einer gemeinsamen Front bleibe. Er sei sich auch sicher, daß *jede* deutsche Reaktion auf die Vorgänge im Nahen Osten auf Kritik gestoßen wäre. Hätte man gegenüber Nasser nichts unternommen, dann wäre der Vorwurf erhoben worden, man ziehe sich in der Deutschland-Politik selbst den Boden unter den Füßen weg. Noch schlimmer wäre es gewesen, wenn man sich auf den Standpunkt gestellt hätte, das Abkommen mit Israel nicht zu erfüllen. Mißverständnisse wären auf jeden Fall unvermeidlich gewesen.

Was ihn sehr beunruhige, seien die jüdischen Boykotts in Amerika[2] und die

---

[24] Zur ablehnenden israelischen Reaktion auf den Vorschlag der Bundesregierung, die noch ausstehenden Waffenlieferungen in finanzielle Leistungen umzuwandeln, vgl. Dok. 77, Anm. 13.

[1] Die Gesprächsaufzeichnung wurde vom Leiter des Außenpolitischen Büros im Bundeskanzleramt, Osterheld, gefertigt.

[2] Vgl. dazu Dok. 84, Anm. 47.

Aufmachung, die die Entwicklung in der amerikanischen Presse[3] finde. Das sei miserabel; hier stehe viel auf dem Spiel.

Im Nahen Osten handle es sich um einen Generalangriff auf die Deutschland-Politik und das deutsche Alleinvertretungsrecht, wozu sich auch die Westmächte verpflichtet hätten.[4] Wenn die Dinge im Nahen Osten wegschwimmen würden, so wäre das nicht nur eine Erschütterung der Deutschland-Politik, sondern auch des Vertrauens zu den Vereinigten Staaten, und die Frage würde unweigerlich gestellt werden, was eine amerikanische Garantie wert sei. Man werde sich sagen, wenn dies im Nahen Osten habe geschehen können, so könne es jeden Tag auch woanders passieren. Deshalb müsse man gemeinsam reagieren und durch eine gemeinsame Haltung nach außen hin sichtbar machen, daß man zusammenstehe.

Man wisse selbstverständlich genau, daß sich auch in den Vereinigten Staaten die Dinge bewegten. Zunächst habe man von der Angelegenheit mit den Panzern nichts wissen wollen[5]; Harriman habe dann gesagt, man müsse sehr vorsichtig sein[6]; Rusk habe jedoch eine etwas positivere Haltung eingenommen[7]. Er frage sich, ob es nicht möglich wäre, daß sich der Außenminister oder der Präsident[8] selbst auf der nächsten Pressekonferenz noch während des Aufenthalts Ulbrichts in Kairo[9] sehr deutlich und positiv zur Deutschland-Politik äußern könnten.

Botschafter *McGhee* sagte, daß die amerikanische Regierung zunächst die Politik des „no comment" verfolgt habe, dann habe sie eingeräumt, daß sie die Waffengeschäfte „gefördert" habe.[10]

Am 18. Februar habe der amerikanische Botschafter[11] die ägyptische Regierung aufgesucht und mitgeteilt, daß die USA vor einer Aufwertung der SBZ warne. Die Bundesrepublik könne auch wirtschaftlich sehr viel mehr leisten. Auch für Ägypten werde es gefährlich sein, wenn sich die SBZ im Nahen Osten fest installiere. Die Ägypter hätten daraufhin gebeten, diese Gedanken schriftlich vorzubringen, hätten im übrigen aber nicht reagiert.[12]

---

[3] Vgl. dazu den Artikel von Hedrick Smith: „Nasser Scoffs at Bonn Threat to Cut off Aid" sowie die Meldung von Arthur Olsen „Bonn Is Irritated by U.S. Reluctance"; THE NEW YORK TIMES, International Edition, Nr. 39 108 vom 19. Februar 1965, S. 1, bzw. Nr. 39 109 vom 20./21. Februar 1965, S. 1 und S. 3.

[4] Die drei Westmächte erkannten das Alleinvertretungsrecht der Bundesrepublik u.a. an in der Erklärung vom 3. Oktober 1954, in der „Berliner Erklärung" vom 29. Juli 1957, im Kommuniqué des NATO-Ministerrats vom 14. Mai 1964 sowie in der gemeinsamen Erklärung vom 26. Juni 1964 zum Freundschaftsvertrag zwischen UdSSR und DDR. Vgl. dazu DOKUMENTE DES GETEILTEN DEUTSCHLANDS, Bd. 1, S. 247; DzD III/3, S. 1304–1308; BULLETIN 1964, S. 721, und DzD IV/10, S. 774–776.

[5] Vgl. dazu Dok. 74, Anm. 4.

[6] Vgl. Dok. 74.

[7] Vgl. Dok. 85.

[8] Lyndon B. Johnson.

[9] Zum Besuch des Staatsratsvorsitzenden Ulbricht vom 24. Februar bis 2. März 1965 in der VAR vgl. Dok. 104.

[10] Zur Erklärung des Sprechers des amerikanischen Außenministeriums, McCloskey, vor der Presse vgl. Dok. 85, Anm. 18.

[11] Lucius D. Battle.

[12] Am 23. Februar 1965 gab Botschafter Allardt, Madrid, eine Information des Abteilungsleiters im

Was die amerikanische Einwirkungsmöglichkeit auf[13] Israel angehe, so werde Amerika alles versuchen, könne aber nichts versprechen.

Der Herr *Bundeskanzler* sagte[14], wenn es gelänge, im Einvernehmen mit den Israelis den verbleibenden Rest des Abkommens in modifizierter Form abzuwickeln[15], so daß die Israelis ihre Waffen in anderen Ländern kaufen könnten, glaube er nicht, daß Nasser noch die arabische Welt zusammenhalten könne. Das Abkommen[16] selbst habe viel Staub aufgewirbelt und müsse auch in einer Form erfüllt werden, die sicherstelle, daß Israel keinen materiellen Schaden erleide. Die Bundesrepublik werde keine neuen Verpflichtungen eingehen[17], wodurch den arabischen Wünschen Rechnung getragen würde. Wenn Nasser dann die Sache weiter hochspielen würde, könnte er trotz aller Beteuerungen Ben Bellas, Tunesiens und Jordaniens[18] wohl kaum die arabische Allianz zusammenhalten. Wenn es zu einer Modifizierung des Abkommens mit Israel käme, würde das verbindende Element, das derzeit die Araber zusammenhalte, entfallen. Er frage sich, ob die Vereinigten Staaten der Bundesrepublik dabei in Israel helfen könnten. Wie beurteile die amerikanische Regierung die Lage dort?

Botschafter *McGhee* erwiderte, daß er seine Regierung um eine Beurteilung der Lage und um Unterstützung der Bundesregierung gebeten habe. Könne Israel die Panzer nicht auch anderswo kaufen?

Der Herr *Bundeskanzler* entgegnete, daß er über diese Frage mit König Hussein gesprochen[19] und ihm dabei gesagt habe, die Sowjetunion und die Tschechoslowakei lieferten Waffen nach Ägypten, die Engländer, Franzosen und Amerikaner nach Israel. Er verstehe deshalb nicht, warum man sich über

---

Fortsetzung Fußnote von Seite 373

spanischen Außenministerium, Sedo, weiter, der ägyptische Außenminister Mahmoud Riad habe erklärt, daß die amerikanischen Vermittlungsbemühungen „die Verständigung leider nur kompliziert" hätten. Vgl. den Drahtbericht Nr. 68; VS-Bd. 8448 (Ministerbüro); B 150, Aktenkopien 1965.

[13] Die Wörter „Einwirkungsmöglichkeit auf" wurden von Ministerialdirigent Osterheld handschriftlich eingefügt. Dafür wurde gestrichen: „Einwendungsmöglichkeit von".

[14] Die Wörter „Der Herr Bundeskanzler sagte" wurden von Ministerialdirigent Osterheld handschriftlich eingefügt.

[15] Zu den Bemühungen der Bundesregierung, mit Israel zu einer Vereinbarung über die Ablösung der noch nicht abgewickelten Waffenlieferung durch finanzielle Leistungen zu kommen vgl. Dok. 70.
Zur ablehnenden israelischen Reaktion vgl. Dok. 77, Anm. 13.

[16] Zu den Übereinkommen hinsichtlich Waffenlieferungen an Israel vgl. Dok. 2.
Zur Absprache über die Lieferungen amerikanischer Panzer durch die Bundesrepublik und zu den vereinbarten Modalitäten vgl. Dok. 39, Anm. 6.

[17] Zur Erklärung vom 12. Februar 1965 vgl. Dok. 70, Anm. 19.

[18] Vgl. dazu beispielsweise die Erklärung des Ausschusses der persönlichen Vertreter der arabischen Staatsoberhäupter vom 22. Februar 1965. Darin wurde angekündigt, daß jede „unfreundliche Maßnahme" der Bundesregierung in Zusammenhang mit der ägyptischen Haltung zu den Waffenlieferungen an Israel „eine gemeinsame arabische Reaktion" auslösen werde; EUROPA-ARCHIV 1965, Z 62.
Vgl. dazu auch die Reaktion des jordanischen Königs Hussein auf die Waffenlieferungen an Israel; Dok. 134.

[19] König Hussein von Jordanien hielt sich vom 25. November bis 3. Dezember 1964 zu einem Staatsbesuch in der Bundesrepublik auf. Vgl. dazu das Kommuniqué vom 27. November 1964; BULLETIN 1964, S. 1619.

die deutschen Lieferungen so aufregte. Darauf habe der König gesagt, diese Waffen würden alle gegen Bezahlung geliefert werden, wogegen die Bundesrepublik ihre Waffen an Israel geschenkweise liefere.[20] Kein Land sei in einer schlechteren Position als Deutschland, weil es geteilt sei.

Botschafter *McGhee* sagte, damals sei vereinbart worden, daß die Geschäftsgrundlage der ganzen Waffenlieferungen entfalle, wenn sie bekannt würden. Dabei sei gleichgültig, aus welchem Grund die Geheimhaltung nicht mehr gewahrt worden sei. Das habe die amerikanische Regierung den Israelis wieder gesagt. Er hoffe, daß sie auch weiter helfen könne.

Der Herr *Bundeskanzler* erwähnte sodann, die britische Regierung habe verlauten lassen, daß sie auf den Empfängen und offiziellen Veranstaltungen anläßlich des Ulbricht-Besuchs in Kairo nicht vertreten sein werde.[21] Dies sei ein guter Schritt, der sicher auch eine gute Wirkung haben werde. Er fragte den Botschafter, ob man amerikanischerseits an etwas Ähnliches denke.

McGhee entgegnete, daß er sicher damit rechne, daß auch der amerikanische Botschafter an Ulbricht-Empfängen nicht teilnehmen werde.[22] Um auf die frühere Bemerkung zurückzukommen, so glaube er, daß die amerikanische Regierung dazu beitragen könne, den Druck wegzunehmen, der von den Israelis auf uns ausgeübt wird.

Der Herr *Bundeskanzler* fragte sodann, ob man die Boykottmaßnahmen in den Vereinigten Staaten ernst nehmen müsse. In diesem Zusammenhang gab er seiner Hoffnung Ausdruck, daß in der Frage der Verjährung bald eine Regelung getroffen werde, die eine Verlängerung vorsehe[23]; auch das werde helfen. Im Augenblick sei nichts notwendiger als eine gemeinsame und solidarische Haltung. Er bedaure, daß in der deutschen Öffentlichkeit und auch beispielsweise im „Internationalen Frühschoppen"[24] die Amerikaner wegen der Mitwirkung an dem Waffengeschäft angeklagt worden seien; das sei schlechter Stil. Er bat den Botschafter, seiner Regierung zu berichten, daß er, der Herr Bundeskanzler, auf ein gutes deutsch-amerikanisches Verhältnis größten Wert lege und es als falsch betrachten würde, wenn sich die beiden Länder in dieser Angelegenheit entzweien und einander Vorwürfe machten.

---

[20] Die Tatsache unentgeltlicher Waffenlieferungen an Israel wurde auch vom ägyptischen Präsidenten in seinem Interview mit den Redakteuren Schröder und Ahlers herausgestellt. Nasser betonte, im Gegensatz zu Israel bekomme er „kein Gewehr und keine Patrone umsonst. Niemand schenkt mir Waffen." Vgl. DER SPIEGEL, Nr. 9 vom 24. Februar 1965, S. 34.

[21] Botschafter von Etzdorf, London, gab am 15. Februar 1965 die Information aus dem britischen Außenministerium weiter, daß die Botschaft in Kairo bereits am 12. Februar 1965 angewiesen worden sei, „allen Veranstaltungen anläßlich des Besuches von Ulbricht in Kairo fern zu bleiben". Vgl. den Drahtbericht Nr. 183; Referat I B 4, Bd. 144.

[22] Am 17. Februar 1965 informierte Botschafter Knappstein, Washington, daß das amerikanische Außenministerium der Botschaft in Kairo Weisung erteilt habe, „sich jeder Teilnahme an Veranstaltungen anläßlich des Ulbricht-Besuchs" zu enthalten. Vgl. den Drahtbericht Nr. 538; VS-Bd. 8448 (Ministerbüro); B 150, Aktenkopien 1965.

[23] Zur Diskussion über eine Verlängerung der Verjährungsfrist für Gewaltverbrechen in der Zeit des Nationalsozialismus vgl. Dok. 53. Vgl. dazu weiter Dok. 133.

[24] Für eine auszugsweise schriftliche Wiedergabe der Fernsehsendung „Internationaler Frühschoppen" vom 21. Februar 1965 vgl. Archiv des Presse- und Informationsamtes der Bundesregierung; Abteilung Nachrichten, Rundfunkaufnahme, DFS/4/4/21.2.65.

Nach privaten und offiziösen Informationen aus Israel bestünden gewisse Anzeichen dafür, daß die Israelis zu Verhandlungen bereit seien[25] und Herr Eshkol auch willens sei, zu gegebener Zeit mit dem Herrn Bundeskanzler zusammenzutreffen. Nachdem Eshkol wisse, was er, der Herr Bundeskanzler, wolle, sollte es nicht allzu schwierig sein, eine gemeinsame Basis zu finden.

Abschließend fragte der Herr Bundeskanzler nach der Lage in Südvietnam.

Herr *McGhee* antwortete, daß die Situation ernst, eigentlich entmutigend sei. Taylor sei von dem letzten Umsturz[26] überrascht worden. Im Augenblick könnten die USA keine Verhandlungen beginnen, da sie in viel zu schwacher Position seien.

Als letztes wolle er, McGhee, dem Herrn Bundeskanzler noch sagen, daß unser Name bei den Israelis und den Juden wegen der großartigen Wiedergutmachungsleistungen[27] sehr gut sei. Er könne sich nicht vorstellen, daß die Juden nicht bald einsehen würden, daß ihr Druck auf uns uns in die Arme der Araber treibe.

Die Unterredung endete gegen 16.30 Uhr.

Bundeskanzleramt, AZ: 21-30 100 (56), Bd. 13

91

Gespräch des Bundeskanzlers Erhard mit dem französischen Botschafter Seydoux

Z A 5-31.A/65 geheim 22. Februar 1965[1]

Der Herr Bundeskanzler empfing am 22. Februar 1965 um 17.30 Uhr in Anwesenheit von Herrn Ministerialdirektor Mercker, Herrn Ministerialdirigent Osterheld und Herrn Botschafter von Holleben den französischen Botschafter, Herrn Seydoux, zu dessen Antrittsbesuch.[2]

Botschafter *Seydoux* erklärte eingangs, seine Empfindungen gegenüber der Bundesregierung seien noch die gleichen wie vor drei Jahren.[3] Er mache es sich zur Aufgabe, die Beziehungen zwischen Deutschland und Frankreich immer enger zu gestalten. In der Zwischenzeit habe er seine Regierung in Paris

---

[25] Vgl. dazu Dok. 88, Anm. 2.
[26] Am 19. Februar 1965 versuchten Einheiten der südvietnamesischen Marine-Infanterie unter Führung des Oberst Nguyen Van Tao einen Staatsstreich, der jedoch am folgenden Tag niedergeschlagen wurde. Am 21. Februar 1965 beschloß der Nationale Sicherheitsrat der Republik Vietnam (Südvietnam), General Nguyen Khanh als Oberbefehlshaber der Streitkräfte abzulösen. Sein Nachfolger wurde General Tran Van Minh. Vgl. dazu EUROPA-ARCHIV 1965, Z 61.
[27] Zu den Leistungen der Bundesrepublik gegenüber Israel vgl. Dok. 103.

[1] Die Gesprächsaufzeichnung wurde von Dolmetscherin Bouverat am 23. Februar 1965 gefertigt.
[2] François Seydoux de Clausonne war seit 19. Februar 1965 in Bonn akkreditiert.
[3] Botschafter Seydoux war bereits von August 1958 bis Juli 1962 der diplomatische Vertreter Frankreichs in Bonn.

während über zwei Jahren bei der NATO vertreten. Dies sei eine sehr interessante Tätigkeit gewesen, bei der er sehr eng mit Botschafter Grewe und Herrn Sahm zusammengearbeitet habe. Gleichzeitig habe er aber die französische Kommission zur Anwendung des deutsch-französischen Vertrags geleitet, und er habe daher ständig Gelegenheit gehabt, sich mit deutschen Fragen zu befassen. Auch habe er alle deutschen Persönlichkeiten, die nach Paris gekommen seien, jeweils getroffen. Er habe also durchaus nicht den Eindruck, daß er hier eine neue Tätigkeit wieder anfange, wenn auch in der Zwischenzeit die Dinge etwas anders lägen. Er glaube aber, daß die Begegnung von Rambouillet[4] sehr gut gewesen sei. Er habe am Vortage im Elysée an der Besprechung teilgenommen, bei der General de Gaulle diese Begegnung vorbereitet habe. Schon damals sei die Stimmung sehr gut gewesen. In der Zwischenzeit habe er gehört, daß die Begegnung von Rambouillet sich gut entwickelt habe.

Der Herr *Bundeskanzler* bestätigte, daß die Atmosphäre sehr gut gewesen sei. Im übrigen glaube er, daß die deutsche Entscheidung über den Getreidepreis[5] in Brüssel vom vergangenen Dezember den Weg gut vorbereitet habe. Der Herr Bundeskanzler äußerte ferner seine Genugtuung über den Verlauf der Pressekonferenz vom 5. Februar.[6] Er sprach dann die Hoffnung aus, daß Frankreich die Bundesregierung auch in der jetzigen schweren Krise im Zusammenhang mit Ägypten, dem Nahen Osten und Israel unterstützen werde.

Botschafter *Seydoux* antwortete, vor einigen Tagen habe der Gesandte Knoke M. de Carbonel, den Generalsekretär im Quai d'Orsay, aufgesucht.[7] Es sei anzunehmen, daß Herr Knoke diesen unterrichtet habe über die Auffassungen der Bundesregierung.

Der Herr *Bundeskanzler* erklärte, er halte es für richtig, dem französischen Botschafter nochmal die Lage, wie sie sich aus der Sicht der Bundesregierung ergebe, zu schildern. Es sei natürlich nicht wahr, daß die Waffenlieferungen an Israel[8] der Grund für die jetzige Spannung zwischen der Bundesrepublik und der arabischen Welt sei und daß sich die Einladung Ulbrichts durch Präsident Nasser[9] hierdurch erklären lasse. Nasser und König Hussein hätten bereits früher gewußt, daß deutsche Lieferungen an Israel gingen, und sie seien auch ziemlich genau über deren Umfang unterrichtet gewesen. Diese Lieferungen seien aber jetzt nach der Reaktion der Bundesregierung auf die Einladung Ulbrichts zum Vorwand genommen worden, weil die Einstellung gegen-

---

[4] Für die deutsch-französischen Konsultationsbesprechungen am 19./20. Januar 1965 vgl. Dok. 22, Dok. 23, Dok. 26 und Dok. 27.

[5] Zur Entscheidung der Bundesregierung vom 24. November 1964, den Vorschlägen der EWG-Kommission für eine Regelung des Getreidepreises zuzustimmen, und zum Beschluß des EWG-Ministerrats vom 15. Dezember 1964 vgl. Dok. 22, Anm. 2 und 6.

[6] Für den Wortlaut der Pressekonferenz des Staatspräsidenten de Gaulle vom 4. Februar 1965, vgl. DE GAULLE, Discours et messages, Bd. 4, S. 325–342. Für Auszüge vgl. Dok. 60, Anm. 23, Dok. 62, Anm. 2 und 5, sowie Dok. 64, Anm. 16.

[7] Zur Unterredung vom 18. Februar 1965 vgl. Dok. 84, Anm. 61.

[8] Vgl. dazu zuletzt Dok. 90.

[9] Zur Einladung des Staatsratsvorsitzenden Ulbricht durch Präsident Nasser vgl. Dok. 84. Zum Besuch vom 24. Februar bis 2. März 1965 in der VAR vgl. Dok. 104.

über Israel das einzige Band sei, das heute noch alle arabischen Völker miteinander einige. Die Bundesregierung könne aber eine Einladung an Ulbricht als Staatsoberhaupt nicht als eine nebensächliche Angelegenheit betrachten. Im übrigen glaube sie, daß die Initiative zur Einladung Ulbrichts nicht primär von Nasser ausgegangen sei. Aus deutscher Sicht betrachtet, hätten sich die Dinge wie folgt entwickelt: Chruschtschow habe vor seinem Sturz Ägypten eine Hilfe in Höhe von 1,2 Milliarden DM zugesagt. Nach der Machtübernahme durch Kossygin und Breschnew[10] sei zunächst die Frage offen geblieben, ob diese Zusage Chruschtschows an Nasser noch gültig sei. Die sowjetische Regierung habe Schelepin als Unterhändler nach Kairo entsandt, nach dessen Besprechungen die Zusage bekräftigt worden sei.[11] Selbstverständlich werde eine derartige Zusage aber nicht gegeben ohne einen Preis. Etwas Derartiges sei zum Beispiel auch in Indonesien zu verspüren.[12] Nach Auffassung der Bundesregierung bestehe der Preis darin, daß Ulbricht salonfähig gemacht werden soll, so daß also die Einladung Ulbrichts in Wirklichkeit der Preis für die Erneuerung der Zusage Chruschtschows an Nasser sei. Selbstverständlich habe man auf deutscher Seite keine genauen Beweise hierfür. Er, der Herr Bundeskanzler, habe an den israelischen Präsidenten Eshkol ein persönliches Schreiben gerichtet.[13] Darin habe er keineswegs seine Absicht bekundet, die Vereinbarung mit Israel einseitig aufzukündigen. Vor etwa zwei Jahren sei ein Plafond für die Lieferungen festgesetzt worden. Am Zustandekommen dieser Absprache sei er (Bundeskanzler Erhard) ganz unschuldig, er fühle sich jedoch daran gebunden. Es sei damals vereinbart worden, unentgeltlich Waffen im Wert von 250 Millionen DM an Israel zu liefern.[14] Der größte Teil dieses Plafonds sei inzwischen ausgefüllt. Ein Restbetrag sei im vergangenen Jahr durch die Lieferung von Panzern gedeckt worden, wobei die Bundesrepublik jedoch nur die Chassis, aber nicht die Geschütze und Motoren geliefert habe.[15] In seinem Schreiben an Präsident Eshkol habe er (der Herr Bundeskanzler) die Bitte ausgesprochen, durch Verhandlungen den Vertrag hinsichtlich der Restsumme zu modifizieren.[16] Durch eine zwielichtige Darstellung sei der Eindruck erweckt worden, als ob die Bundesregierung an einen sofortigen Bruch des Vertrages denke[17], während nur erklärt worden sei, daß in Zukunft keine Verträge über Waffenlieferungen in Spannungsge-

---

[10] Zum Führungswechsel am 14./15. Oktober 1964 in der UdSSR vgl. Dok. 23, Anm. 29.
[11] Zur sowjetischen Wirtschaftshilfe und zum Aufenthalt des Stellvertretenden Vorsitzenden des Ministerrats der UdSSR, Schelepin, vom 22. bis 29. Dezember 1964 in der VAR vgl. Dok. 10, Anm. 8.
[12] Zu den Beziehungen zwischen Indonesien und der DDR vgl. zuletzt Dok. 84.
[13] Zum Schreiben vom 11. Februar 1965 vgl. Dok. 70, Anm. 22.
[14] Vgl. dazu Dok. 2, besonders Anm. 14.
[15] Zur Absprache über die Lieferungen amerikanischer Panzer durch die Bundesrepublik und zu den vereinbarten Modalitäten vgl. Dok. 39, Anm. 6.
[16] Zur israelischen Reaktion auf den Vorschlag vom 11. Februar 1965 vgl. Dok. 77, Anm. 13.
[17] Vgl. dazu auch Dok. 73, besonders Anm. 22.
Die Ansicht, daß die Bundesrepublik sogar die bereits zugesagten Waffenlieferungen nicht durchführen wolle, fand auch Niederschlag in der westlichen Presse. Vgl. dazu den Artikel „Israel Condemns Cutoff by Bonn on Military Aid"; THE NEW YORK TIMES, International Edition, Nr. 39 104 vom 15. Februar 1965, S. 1f.

biete abgeschlossen würden.¹⁸ Er hoffe, daß es zu einer Einigung mit Israel kommen werde. Israel müßte selbst einsehen, daß es ihm nicht zum Vorteil gereichen würde, wenn die Bundesrepublik aus allen arabischen Staaten hinausgedrängt und durch Ulbricht ersetzt würde, der, wie alle Ostblockstaaten, eine judenfeindliche Einstellung habe. Die Bundesregierung wäre ihren westlichen Alliierten dankbar um Unterstützung sowohl bei Nasser wie auch bei Israel. Der Angriff Nassers gegen die Deutschlandpolitik richte sich gleichzeitig gegen die gemeinsamen Verpflichtungen der Westmächte. Falls das Alleinvertretungsrecht der Bundesregierung für alle Deutschen unterminiert würde, das von den Verbündeten fünf- bis sechsmal immer wieder bekräftigt worden sei¹⁹, würde es für diese ebenfalls einen Prestigeverlust bedeuten.

Auf die Frage des *französischen Botschafters*, in welcher Weise die Westmächte die Bundesregierung konkret unterstützen könnten, erwiderte der Herr *Bundeskanzler*, die befreundeten Mächte könnten in Kairo darauf hinweisen, daß Nasser ein gewagtes Spiel treibe, das nicht nur die Beziehungen zwischen Ägypten und der Bundesrepublik, sondern auch die Beziehungen zwischen Ägypten und den westlichen Alliierten gefährde, falls das kommunistische Abenteuer fortgesetzt würde. Die Freunde der Bundesrepublik könnten in Israel darauf hinwirken, daß die Regierung sich bereit erkläre, mit der Bundesrepublik eine Vereinbarung über die Resterfüllung des Vertrages abzuschließen. Er (der Herr Bundeskanzler) sei sich darüber im klaren, daß auch andere Fragen wie zum Beispiel das Problem der Verjährung der Naziverbrechen²⁰ in diesem Zusammenhang eine Rolle spielen. Diese verschiedenen Faktoren müßten gegeneinander aufgerechnet werden. Erst dann könne man bestimmte Erscheinungen wie den Boykott bestimmter Geschäftsleute in den USA²¹ gegen die Bundesrepublik im richtigen Licht sehen und sie auf das rechte Maß zurückführen. Die Bundesregierung wäre interessiert daran und dankbar, wenn die westlichen Freunde im gemeinsamen Interesse mit der notwendigen Härte in dieser Angelegenheit aktiv würden. Ein erster Schritt könnte darin bestehen, daß keiner der Botschafter der Signatarmächte des Deutschlandvertrages²² und auch der NATO-Mächte anläßlich des Staatsbesuchs von Ulbricht in Ägypten, auch wenn der Besuch herabgeschraubt würde, in Erscheinung tritt. Eine besondere Bitte richte sich an die französischen Freunde. Wenn man alle Konsequenzen überdenke, müsse man möglicherweise mit der Gefahr rechnen, daß die Haltung der arabischen Staaten auch auf afrikanische Länder übergreife. Dies gelte besonders für die afrikanischen Länder französischer Sprache, insbesondere für den Maghreb (Marokko, Algerien, Tunesien), dem die Bundesrepublik mit Frankreich gemeinsam im Rahmen der EWG große Hilfeleistungen zukommen lasse. Vielleicht sollte man die Warnung aussprechen, daß im Falle einer Anerkennung der

---

[18] Zur Erklärung vom 12. Februar 1965 vgl. Dok. 70, Anm. 19.
[19] Vgl. dazu Dok. 90, Anm. 4.
[20] Zur Diskussion über die Verlängerung der Verjährungsfrist für Gewaltverbrechen in der Zeit des Nationalsozialismus vgl. Dok. 53. Vgl. dazu weiter Dok. 133.
[21] Vgl. dazu Dok. 84, Anm. 47.
[22] Für den Wortlaut des Deutschland-Vertrags vom 23. Oktober 1954 vgl. DOKUMENTE DES GETEILTEN DEUTSCHLAND, Bd. 1, S. 229–234.

Sowjetzone diese Hilfe nicht fortgesetzt werden würde.²³ Ben Bella zum Beispiel habe bereits mit einer Anerkennung der Zone gedroht.²⁴

Botschafter *Seydoux* antwortete, er glaube, bisher nichts darüber gehört zu haben, daß Chruschtschow vor seinem Sturz eine Zusage über eine Hilfe an Ägypten gemacht habe. Gegen Ende seiner Regierungszeit sei Chruschtschow der Bundesregierung gegenüber doch eher milde gestimmt gewesen, auch im Hinblick auf seinen Besuch in Bonn.²⁵ Auch habe Chruschtschow Ulbricht nie gemocht, so daß er nicht glaube, daß Chruschtschow selbst den Besuch Ulbrichts in Kairo angeregt habe. Wahrscheinlich sei dieser Gedanke erst später aufgetaucht, und es stelle sich die Frage, ob die Russen oder Ulbricht selbst den Vorschlag gemacht hätten.

Der Herr *Bundeskanzler* wiederholte, daß nach dem Sturz Chruschtschows der neue Regierungschef Kossygin Zweifel darüber geäußert habe, ob die Sowjetunion sich an das Versprechen Chruschtschows zu halten habe. Dies habe Ägypten in Aufregung versetzt, woraufhin Schelepin nach Kairo entsandt worden sei. Da am Ende seiner Besprechungen die sowjetische Zusage bekräftigt wurde, sei anzunehmen, daß dies nicht ohne Gegenleistung geschehen sei.

Botschafter *Seydoux* sagte, wenn er richtig verstanden habe, betrachte der Herr Bundeskanzler die heutige Lage wie folgt: Er würde es für zweckmäßig erachten, wenn die Westmächte, d. h. Frankreich, die Vereinigten Staaten und Großbritannien, auf zwei Ebenen mit der Bundesrepublik etwas für diese tun würden. Zunächst in Kairo, wo gegenüber Nasser der Eindruck erweckt werden soll, daß die Westmächte absolut auf deutscher Seite stehen, weil die schwebenden Fragen nicht nur die Bundesregierung, sondern die gesamte freie Welt angehe, insbesondere aber die drei Mächte, die den Deutschlandvertrag mitunterzeichnet haben.²⁶ Ein erster Schritt würde darin bestehen,

---

²³ In diesem Zusammenhang schlug Staatssekretär Carstens Botschafter Harkort, Brüssel (EWG/EAG), vor, den bei der EWG akkreditierten Botschaftern maghrebinischer Staaten deutlich zu machen, daß sie „nicht damit rechnen könnten, von uns über die EWG weiterhin wirtschaftliche Hilfe zu erhalten, wenn sie in der Deutschland-Frage eine für uns abträgliche oder uns feindselige Haltung einnähmen". Vgl. Drahterlaß Nr. 890 vom 23. Februar 1965; VS-Bd. 422 (Büro Staatssekretär); B 150, Aktenkopien 1965.

²⁴ Zur Presseerklärung des algerischen Präsidenten, daß auch Algerien die diplomatischen Beziehungen zur Bundesrepublik beenden würde, sobald es zu einem Abbruch der Beziehungen zwischen der Bundesrepublik und der VAR komme, vgl. den Artikel „Araber suchen sich auf gemeinsame Politik gegen Bonn zu einigen"; FRANKFURTER ALLGEMEINE ZEITUNG, Nr. 44 vom 22. Februar 1965, S. 5.

²⁵ Zur Einladung des Ministerpräsidenten Chruschtschow zu einem Besuch in der Bundesrepublik, die von Botschafter Groepper, Moskau, am 12. Juni 1964 ausgesprochen wurde, vgl. AAPD 1964, II, Dok. 155.

²⁶ Am 23. Februar 1965 erklärte der Abteilungsleiter im französischen Außenministerium Soutou gegenüber dem Gesandten Knoke, Paris, das Ersuchen der Bundesregierung um diplomatische Unterstützung durch die drei Westmächte „erwecke in den arabischen Ländern den Eindruck der Schwäche und Hilflosigkeit. [...] Was uns not tue, sei Festigkeit im Verkehr mit Nasser. Wir sollten [...] Ulbrichts Eintreffen in Kairo abwarten, danach aber auch mit einem ‚coup de frein' reagieren." Vgl. den Drahtbericht Nr. 293; VS-Bd. 2628 (I B 4); B 150, Aktenkopien 1965.
Im Gegensatz zu Soutou riet der französische Gesandte in Bonn, Graf d'Aumale, von einer plötzlichen Aufnahme diplomatischer Beziehungen zu Israel ab. „Das Resultat eines solchen Schrittes wäre seines Erachtens, daß wir uns über Nacht einer Einheitsfront arabischer Staaten gegenübersähen, die die diplomatischen Beziehungen mit uns abbrächen. Vielleicht aber käme ein gün-

daß die Botschafter dieser Länder während der Dauer des Ulbricht-Besuchs in Kairo nicht in Erscheinung treten.

Der Herr *Bundeskanzler* bestätigte dies und fügte hinzu, die britische Regierung habe bereits eine Zusage gegeben.[27] Die amerikanische Regierung habe auf eine derartige Bitte geantwortet, es sei ganz selbstverständlich, daß so verfahren werden soll.[28] Er (der Herr Bundeskanzler) habe den amerikanischen Botschafter[29] auf dessen eigenen Wunsch am selben Tage gesehen. Der britische Botschafter werde ihn am 23. Februar aufsuchen.[30] Wichtig erscheine ihm, daß anläßlich des Ulbricht-Besuchs gezeigt werde, daß die Haltung Nassers sehr weitgehende Rückwirkungen auf die gesamte Politik der Westmächte haben würde.

Botschafter *Seydoux* ließ sich ferner bestätigen, daß die Bundesrepublik den Wunsch habe, daß die Westmächte Israel gegenüber die Bitte aussprechen sollten, nochmal zu überprüfen, ob für die Resterfüllung der vertraglichen Verpflichtungen nicht einvernehmlich eine Modifizierung auch im eigenen Interesse Israels vorgenommen werden könnte, da sich im Falle einer anderen Entwicklung die Lage für Israel viel schwieriger gestalten könnte. Botschafter Seydoux erklärte weiter, er könne sich zu diesen Punkten natürlich noch nicht äußern. Wahrscheinlich seien sie bereits in der Unterredung zwischen dem Gesandten Knoke und M. de Carbonel besprochen worden. Sicher seien im Quai d'Orsay bereits Überlegungen im Gange, wenn es auch wohl nicht leicht sei, in Abwesenheit des Außenministers Couve de Murville, der sich noch in New York befinde[31], Entscheidungen zu treffen.

Der Herr *Bundeskanzler* wiederholte, die Westmächte würden der Bundesregierung einen großen Freundschaftsdienst erweisen, wenn sie so verfahren würden.

Bundeskanzleramt, AZ: 21-30 100 (56), Bd. 13

Fortsetzung Fußnote von Seite 380

stiger Moment in dem Zeitpunkt, wenn Nasser eines Tages uns um die Wiederaufnahme unserer Wirtschaftshilfe bäte. Andererseits sei es empfehlenswert, den arabischen Staaten gegenüber die Drohung mit der Aufnahme diplomatischer Beziehungen zu Israel entgegenzuhalten, um ihre extravaganten Forderungen abzuweisen." Vgl. die Aufzeichnung des Ministerialdirigenten Böker vom 24. Februar 1965; VS-Bd. 2433 (I A 3); B 150, Aktenkopien 1965.

[27] Vgl. dazu Dok. 90, Anm. 21.
[28] Vgl. dazu Dok. 90, besonders Anm. 22.
[29] George McGhee.
[30] Für das Gespräch mit Sir Frank Roberts vgl. Dok. 93.
[31] Zu den Gesprächen des französischen Außenministers mit seinem amerikanischen Amtskollegen Rusk, die u.a. auch die Deutschland-Frage zum Thema hatten, vgl. den Drahtbericht Nr. 579 des Botschafters Knappstein, Washington, vom 19. Februar 1965; VS-Bd. 2495 (I A 3); B 150, Aktenkopien 1965.

92

Aufzeichnung des Staatssekretärs Carstens

St.S. 16/65 streng geheim   23. Februar 1965

Betr.: Israel

Am 23. Februar fand bei dem Herrn Bundeskanzler eine Besprechung statt, an der außerdem teilnahmen: Staatssekretäre Carstens und Gumbel, Ministerialdirektor Mercker. Als ich hinzukam, war das Gespräch schon im Gange. Der Herr Bundeskanzler faßte den bisherigen Gesprächsverlauf wie folgt zusammen:

Hinsichtlich der bereits gelieferten 60 deutschen Panzer sei festgestellt worden, daß die ersten 40 mit Waffen, Motor usw. in Rotterdam auf ein israelisches Schiff verladen worden seien für einen Empfänger in Genua[1]. In Genua seien die Panzer jedoch nicht ausgeladen worden, sondern sie seien unmittelbar weiter nach Israel verschifft worden. Die nächsten 20 Panzer seien im Januar 1965 verladen worden. Sie befänden sich zur Zeit in Italien und warteten dort auf ihre Umrüstung.[2] Die neuen Waffen und[3] Geräte, die aus Amerika beschafft werden müßten, träfen erst im August d.J. ein. Bis dahin könnten also die Panzer nicht umgerüstet werden. Auch in der Folgezeit würden die amerikanischen Waffen und Geräte nur so langsam eintreffen, daß monatlich damit höchstens 10 bis 15 Panzer umgerüstet werden könnten.

Im weiteren Verlauf des Gesprächs stellte ich die Frage, wie das Geschäft eigentlich zustande gekommen sei.[4] Herr Gumbel erklärte, daß sich darüber keine Unterlagen im Verteidigungsministerium befänden.

Unter dieser Prämisse entwickelte ich folgende Arbeitshypothese:

Vielleicht könne man davon ausgehen, daß das Geschäft über die Lieferung von Panzern überhaupt nicht direkt zwischen uns und Israel, sondern nur durch Vermittlung der Amerikaner zustande gekommen sei, und zwar in der Weise, daß jeweils wir und die Israelis den Amerikanern gegenüber die zum Zustandekommen des Geschäfts erforderlichen Erklärungen abgegeben hätten. Wenn das so wäre – was ich für äußerst günstig halten würde – könnten wir uns auf den Standpunkt stellen, daß die Erklärung McNamaras gegenüber dem Bundeskanzler Bestandteil der Absprachen zwischen uns und Israel war. McNamara habe am 13. Juni 1964 zu dem Herrn Bundeskanzler gesagt, das Geschäft müsse geheim bleiben. Den Israelis sei gesagt worden, daß, sobald etwas bekannt würde, das Geschäft beendet sein würde. McGhee habe am 22. Februar 1965 in einem Gespräch mit dem Herrn Minister bestätigt, daß diese Erklärung McNamaras gültig sei, einerlei, ob die Indiskretion auf israelisches

---

[1] Dieses Wort wurde von Bundesminister Schröder unterschlängelt.
[2] Zum Stand der Panzerlieferungen an Israel vgl. Dok. 88.
[3] Die Wörter „Waffen und" wurden von Staatssekretär Carstens handschriftlich eingefügt.
[4] Zur Absprache über die Lieferungen amerikanischer Panzer durch die Bundesrepublik und zu den vereinbarten Modalitäten vgl. Dok. 39, Anm. 6.

Verschulden zurückgehe oder nicht.⁵ Damit habe sich McGhee von Äußerungen distanziert, die Harriman Botschafter Knappstein gegenüber gemacht habe.⁶ Wenn sich die Angelegenheit so verhielte, könnten wir uns den Israelis gegenüber mit Fug und Recht auf den Standpunkt stellen, daß das Geschäft beendet sei.⁷

Zu Herrn Gumbel gewandt sagte ich, es komme unter diesen Umständen entscheidend darauf an, eindeutig zu erfahren, was zwischen den Israelis und den Herren des Verteidigungsministeriums abgesprochen worden sei. Irgend etwas müsse ja abgesprochen worden sein, denn von selbst würden die Panzer nicht auf ein israelisches Schiff in Rotterdam gelangt sein. Herr Gumbel erklärte, es sei richtig, daß Vereinbarungen über die Auslieferung von 20 Panzern pro Monat getroffen worden seien. Er meinte, daß Herr Knieper diese Vereinbarungen getroffen habe. Ich bat dringend, die in Frage kommenden Beamten und Offiziere des Verteidigungsministeriums zu veranlassen, aus der Erinnerung Aufzeichnungen über ihre Gespräche mit den Israelis anzufertigen. Wir müßten dies wissen, bevor wir mit den Israelis sprächen.

Herr Gumbel bat darum, die Sache nicht im Kabinett zu erörtern, da sie zu heikel sei. Ich schlug vor, dann aber in jedem Falle Herrn Minister Scheel zu unterrichten. Der Herr Bundeskanzler stimmte beidem zu.

Auf meine Frage bestätigte Herr Gumbel, daß zur Zeit und bis auf weiteres keine Panzer ausgeliefert würden.⁸ Die letzte Auslieferung sei im Januar 1965 erfolgt.

Hiermit dem Herrn Minister⁹ vorgelegt.

Carstens

VS-Bd. 8420 (Ministerbüro)

---

⁵ Vgl. Dok. 89.
⁶ Vgl. Dok. 74.
⁷ Zu den Bemühungen der Bundesregierung um Ersatz für die eingestellten Waffenlieferungen vgl. Dok. 113.
⁸ Vgl. dazu auch die handschriftliche Notiz des Bundesministers Schröder über die Sitzung des Bundeskabinetts vom 17. Februar 1965; Dok. 88, Anm. 14.
⁹ Hat Bundesminister Schröder am 24. Februar 1965 vorgelegen.

93

Gespräch des Bundeskanzlers Erhard
mit dem britischen Botschafter Roberts

Z A 5-30.A/65 geheim   23. Februar 1965[1]

Der Herr Bundeskanzler empfing am 23. Februar 1965 um 17.00 Uhr den britischen Botschafter Sir Frank Roberts zu einem Gespräch, an dem Herr Ministerialdirektor Dr. Mercker und Herr Ministerialdirigent Dr. Osterheld teilnahmen.

Der Herr *Bundeskanzler* bemerkte einleitend, wie er gehört habe, fänden derzeit Verhandlungen über militärische Käufe[2] statt.

Der *Botschafter* antwortete, es handle sich hierbei um Vorhaben für die Zukunft, und es würden Möglichkeiten der Zusammenarbeit erörtert, die sich auf die nächsten drei, vier oder fünf Jahre erstreckten.

Wie der Herr *Bundeskanzler* sagte, sei er betrübt gewesen, daß die Lufthansa so unnötige Eile an den Tag gelegt habe.[3] Er selbst könne sich kein Urteil über die Frage erlauben, doch habe er mit Premierminister Wilson darüber gesprochen, daß eine Sachverständigenkommission die Sache prüfen solle.[4] Die Lufthansa hätte in fairer Weise die Bundesregierung unterrichten müssen.

Der *Botschafter* bemerkte, die britische Regierung sei enttäuscht und verstehe nicht, warum die Lufthansa es so eilig gehabt habe.

Der Herr *Bundeskanzler* versicherte, daß er hinter der Sache her sei, doch sei die Rechtslage sehr schwierig. Der Herr Bundeskanzler bemerkte weiter, er habe von einem deutschen General gehört, daß die Engländer ein sehr gutes Amphibienfahrzeug entwickelt hätten.

Der *Botschafter* bestätigte dies und wies außerdem darauf hin, daß die für die Zivilverteidigung zuständigen Stellen auch großes Interesse für den englischen Landrover gezeigt hätten. Dieses Fahrzeug habe sich bereits beim Bundesgrenzschutz sehr gut bewährt. Das Fahrzeug sei vor einigen Tagen Sachverständigen der Zivilverteidigung vorgeführt worden. Man sei nicht ohne Sorge über die Durchführung des derzeitigen deutsch-englischen Ausgleichsabkommens, denn obwohl es nirgends an gutem Willen fehle, sei es bisher, am Ende des ersten Jahres der Laufzeit, nicht gelungen, mehr als ein Drittel des Abkommens abzuwickeln.

---

[1] Die Gesprächsaufzeichnung wurde vom Vortragenden Legationsrat Weber am 25. Februar 1965 gefertigt.

[2] Zum deutsch-britischen Devisenausgleichsabkommen vom 27. Juli 1964 vgl. Dok. 13, Anm. 16, 17 und 18.

[3] Zu den Gesprächen über einen Erwerb britischer Flugzeuge vom Typ BAC 1-11 durch die „Lufthansa" vgl. Dok. 13, Anm. 18 und 19.
Am 19. Februar 1965 gab die „Lufthansa" die Entscheidung zugunsten des Ankaufs des amerikanischen Flugzeugs „Boeing 737" bekannt. Vgl. dazu THE TIMES, Nr. 56251 vom 20. Februar 1965, S. 10. Vgl. dazu auch FRANKFURTER ALLGEMEINE ZEITUNG, Nr. 44 vom 22. Februar 1965, S. 15.

[4] Vgl. Dok. 47, besonders Anm. 23.

Der Botschafter erinnerte daran, daß man sich vor einigen Jahren, als die Angelegenheit vor die NATO gebracht worden sei, einem besondern Zahlungsbilanzproblem gegenübergesehen und deswegen auch die Hilfe der NATO erbeten habe.[5] Als das derzeitige deutsch-englische Abkommen unterzeichnet worden sei, hätten die Engländer kein außergewöhnliches Zahlungsbilanzproblem gehabt. Die Schwierigkeiten seien allgemeiner Art und ergäben sich aus der Tatsache, daß die in der ganzen Welt stationierten britischen Streitkräfte Kosten von jährlich 350 Millionen Pfund verursachen. Das Abkommen habe zum Ziele gehabt, ähnlich wie das von den Deutschen mit den Amerikanern abgeschlossene Abkommen[6], auf beiden Seiten Bemühungen und einen Kostenausgleich zu fördern. Bei den Amerikanern gehe das leichter, weil ein großer Teil der militärischen Ausrüstungsgegenstände von den USA bezogen würden.

Der Herr *Bundeskanzler* sagte, er habe Premierminister Wilson in London gefragt, was er von einer Dreieckskombination Großbritannien-Frankreich-Deutschland halte, und die Antwort sei positiv gewesen.

Wie der *Botschafter* sagte, gebe es hierzu mehrere Möglichkeiten. In diesem Zusammenhang erwähnte er das Projekt der Concorde[7], an dem vielleicht auch die Deutschen und die Italiener interessiert seien. Dieses Projekt könnte möglicherweise für Europa von Nutzen sein. Auch die Franzosen hielten es nicht für ausgeschlossen, das Projekt in einem größeren europäischen Rahmen zu verwirklichen. Offiziell sei darüber noch keine Verlautbarung erfolgt, doch eine grundsätzliche Bereitschaft dazu bestehe durchaus. Der Botschafter erwähnte in diesem Zusammenhang, daß der britische Minister für die Zivilluftfahrt, Herr Jenkins, in einem Schreiben an Herrn von Hassel verschiedene Fragen angeschnitten habe, die er mit ihm zu erörtern wünsche.

Auf die Frage des Herrn *Bundeskanzlers*, wer mit Premierminister Wilson nach Bonn komme[8], antwortete der *Botschafter*, Herr Wilson werde von dem Außenminister[9] und von dem Chief Secretary[10], das heißt dem stellvertretenden Finanzminister begleitet werden, der Gespräche mit Herrn Dahlgrün zu führen beabsichtige. Verteidigungsminister Healey werde nicht mitkommen, da es für besser gehalten werde, wenn er die in seine Zuständigkeit fallenden Probleme bei einem getrennten Besuch[11] mit Herrn von Hassel behandle.

---

[5] Vor dem Hintergrund des britischen Zahlungsbilanzdefizits in Höhe von 344 Mrd. Pfund Sterling – der schlechtesten Bilanz seit 1951 – beantragte Großbritannien am 24. Juli 1961 im Ständigen NATO-Rat finanzielle Unterstützung bei der Begleichung der durch die Stationierung von Streitkräften in der Bundesrepublik verursachten Kosten. Am 30. Oktober 1961 bestätigte der Ständige NATO-Rat, daß der Antrag auf Devisenhilfe gerechtfertigt sei. Vgl. den Artikel „Economic Survey's Warning on Need for Competitive Exports"; THE TIMES, Nr. 55 048 vom 6. April 1961, S. 4.

[6] Für den Wortlaut des deutsch-amerikanischen Devisenausgleichsabkommens vom 11. Mai 1964 vgl. VS-Bd. 5052 (III A 5); B 150, Aktenkopien 1964. Vgl. dazu auch BULLETIN 1964, S. 689 f.

[7] Im November 1962 vereinbarten Großbritannien und Frankreich die gemeinsame Entwicklung des Überschall-Verkehrsflugzeugs „Concorde".

[8] Zum Besuch des britischen Premierministers am 8./9. März 1965 vgl. weiter Dok. 122.

[9] Michael Stewart.

[10] John Diamond.

[11] Der britische Verteidigungsminister hielt sich am 8./9. April 1965 zu Gesprächen in Bonn auf. Für das Kommuniqué vgl. BULLETIN 1965, S. 517.

Der Herr *Bundeskanzler* fragte sodann, ob die Meldungen zuträfen, daß eine Ablösung von Lord Cromer möglich sei.

Der *Botschafter* hielte eine solche Möglichkeit nicht für sehr wahrscheinlich und bemerkte, Lord Cromer habe die Regierung in einer Rede kritisiert[12], was von einigen Abgeordneten mit sehr großem Mißfallen aufgenommen worden sei.

Auf das Besuchsprogramm eingehend sagte der Herr *Bundeskanzler*, er würde sich freuen, wenn am 7. März abends bereits ein Gespräch im kleinen Kreis stattfinden könnte, wobei er nur an die beiden Regierungschefs, die beiden Außenminister und die beiden Botschafter[13] denke. Was die Themen angehe, so sollte man vielleicht nicht gleich mit dem Ausgleichsabkommen anfangen. Was die ANF[14] angehe, so habe man vor den Wahlen Schwierigkeiten, in dieser Angelegenheit weiterzukommen.

Der *Botschafter* warf ein, daß sich die Sachverständigen und Beamten trotzdem über das Thema unterhalten könnten.

Wie der Herr *Bundeskanzler* bemerkte, müsse die ANF unter zwei oder drei Aspekten gesehen werden: dem militärisch-technischen, dem strategischen und dem politischen. Er persönlich glaube, daß sich die militärische und strategische Situation nicht geändert habe. Europa, und dazu zähle er auch das Vereinigte Königreich, sei nach wie vor durch die von den Sowjets an ihrer Westgrenze aufgestellten Mittelstreckenraketen bedroht. Diese Bedrohung bleibe auch bestehen und somit auch die Frage, wie man dieser Bedrohung eine wirksame Abschreckung entgegensetze.

Der *Botschafter* bemerkte, wenn man in der Angelegenheit nichts tue und keine Lösung finde, könnten sich daraus auch Schwierigkeiten für die NATO ergeben. Deswegen sollte eine Regelung angestrebt werden, welche die Einheit der Allianz befestige und gleichzeitig die Amerikaner in Europa halte.

Nach Auffassung des Herrn *Bundeskanzlers* ließen im Augenblick die Amerikaner auch keine übergroße Begeisterung erkennen.

Der *Botschafter* bemerkte jedoch, daß die Amerikaner daran interessiert seien. Die jetzigen Vorschläge und Anregungen, darunter auch ein deutsches Papier[15], könnten von den Sachverständigen durchaus weiter diskutiert werden.

Der Herr *Bundeskanzler* unterstrich, daß deutscherseits noch keine verpflichtende Entscheidung gefallen sei.

Der *Botschafter* sagte, seine Regierung hoffe, daß die Beamten der fünf inter-

---

[12] Am 15. Februar 1965 führte der „Governor of the Bank of England", Lord Cromer, in einer Rede in Edinburgh aus, die britischen Staatsausgaben müßten unverzüglich eingeschränkt werden. Für diese Äußerung wurde Lord Cromer seitens der Labour Party angegriffen. Vgl. dazu den Artikel „L[or]d Cromer's Warning on Economy"; THE TIMES, Nr. 56 247 vom 16. Februar 1965, S. 12.

[13] Hasso von Etzdorf und Frank K. Roberts.

[14] Zum britischen Vorschlag einer ANF vgl. Dok. 20, besonders Anm. 9–12.

[15] Für die Stellungnahme der Bundesregierung zum britischen ANF-Vorschlag vgl. Dok. 21.

essierten Länder die Sache weiter prüften. Die Kanadier seien ebenfalls daran interessiert[16], da sie auch Streitkräfte in Europa unterhielten.

Der Herr *Bundeskanzler* bemerkte hierzu, die Kanadier seien immer atlantisch orientiert gewesen. Die MLF sei ausgesprochen zur Verteidigung Europas konzipiert gewesen.[17]

Der *Botschafter* hielt es für wichtig, die Frage nicht einfach wegzuschieben, sondern in weiteren Gesprächen zu behandeln, wobei man sich jedoch völlig darüber im klaren sei, daß die Bundesregierung derzeit keine Entscheidung treffen könne.

Der Herr *Bundeskanzler* unterstrich, daß man sich deutscherseits auch gar nicht gegen Gespräche wehre. Er habe auch de Gaulle gesagt, die Angelegenheit könne bilateral weiter behandelt werden.[18]

Der *Botschafter* meinte, für Frankreich sollte immer eine Tür offen bleiben.

Demgegenüber vertrat der Herr *Bundeskanzler* die Auffassung, daß sich de Gaulle niemals auf einen reservierten Stuhl setzen werde. Wenn alle auf einem Küchenhocker säßen und für de Gaulle einen Prunkstuhl reserviert hätten, würde er doch nein sagen. Er habe den Eindruck, daß die Amerikaner de Gaulle von Anfang an etwas stärker binden wollten.

Sodann wurde noch einmal über das Besuchsprogramm von Herrn Wilson gesprochen und festgestellt, daß der offizielle Empfang am Montag stattfinde.[19] Für Montag vormittag könnten dann Gespräche unter vier Augen zwischen den beiden Regierungschefs, den beiden Außenministern und den beiden Finanzministern vorgesehen werden, die parallel laufen könnten. Der Premierminister werde am Dienstag gegen Mittag von Wahn wieder abfliegen und vorher in Bonn noch eine Pressekonferenz geben.[20]

Auf die Frage des Herrn *Bundeskanzlers*, wie man britischerseits die Lage im Nahen Osten beurteile, antwortete der *Botschafter*, die britische Regierung habe auch Schwierigkeiten im Nahen Osten gehabt[21], und sie übe deshalb auch keinerlei Kritik, weil sie die Rolle auch nicht immer so glänzend gespielt habe. Der Botschafter wies darauf hin, daß der britische Botschafter in Kairo[22] am gleichen Tage wie der deutsche Botschafter mit Nasser zusammengetroffen[23] sei und bei der Gelegenheit ihm auch schon den britischen Standpunkt dargelegt habe. Inzwischen seien alle britischen Botschafter in arabischen Ländern angewiesen worden, jede Gelegenheit zu benutzen, um den jeweiligen Regierungen die britische Haltung in der Deutschland-Frage darzu-

---

[16] Zur kanadischen Haltung zur ANF vgl. Dok. 11.
[17] Zur geplanten MLF vgl. Dok. 20.
[18] Für das Gespräch vom 20. Januar 1965 vgl. Dok. 26.
[19] Vgl. dazu auch den Artikel „Erhard dankt Wilson für seine Worte in Berlin"; FRANKFURTER ALLGEMEINE ZEITUNG, Nr. 57 vom 9. März 1965, S. 1.
[20] Premierminister Wilson hielt am 6. März 1965 eine Pressekonferenz in Berlin ab. Vgl. dazu Dok. 143, Anm. 15.
[21] Zur Suez-Krise 1956 vgl. Dok. 112, besonders Anm. 17.
[22] George Middleton.
[23] Für das Gespräch des Botschafters Federer, Kairo, mit dem ägyptischen Präsidenten am 31. Januar 1965 vgl. Dok. 48.

387

legen und darauf hinzuweisen, daß die britische Regierung nur eine deutsche Regierung anerkenne. Die arabischen Regierungen seien von britischer Seite auch aufgefordert worden, sich zu überlegen, ob es nicht besser wäre, die Beziehungen zur Bundesrepublik nicht zu gefährden.[24]

Der Herr *Bundeskanzler* sagte, die derzeitige Situation sei äußerst schwierig und komme einer Quadratur des Kreises gleich. Die Schwierigkeit ergebe sich daraus, daß Deutschland ein geteiltes Land mit einem geteilten Volk sei, so daß der eine Teil gegen den anderen ausgespielt werden könne. Obgleich man niemals Konflikte mit der arabischen Welt gehabt habe, sei man nunmehr in diese Konfliktsituation hineingeraten, die man nicht einfach dadurch lösen könne, daß man das Abkommen mit Israel[25] breche. Andererseits könne man es sich auch nicht gefallen lassen, daß Ulbricht wie ein Staatschef empfangen werde.[26]

Der *Botschafter* sagte, seine Regierung glaube nicht, daß Nasser eine Anerkennung der SBZ vollziehen werde. Nichtsdestoweniger bleibe die Situation schwierig.

Der Herr *Bundeskanzler* meinte scherzhaft, wenn sich die Bundesregierung am zweiten Fünfjahresplan nicht beteilige[27], hätten die Engländer eine große Chance, dort einzuspringen.

Auf die Frage des Herrn Bundeskanzlers nach der Lage im Jemen[28] führte der *Botschafter* aus, die Situation habe sich dort nicht geändert. Die Ägypter hätten dort etwa 40000 Soldaten, und die Stellung der Regierung sei nicht gut. Die Royalisten hielten sich hauptsächlich in den Bergen auf und seien dort sehr stark. Die Rebellen würden vorwiegend von Saudi-Arabien finanziell unterstützt. Vor etwa vier Monaten habe es so ausgesehen, als ob sich Saudi-Arabien und Ägypten über eine neue Regierung einigen könnten, doch hätten die Gespräche nicht zum Erfolg geführt.[29] Vom saudiarabischen Standpunkt

[24] Zur britischen Unterstützung der deutschen Nahost-Politik vgl. Dok. 84, Anm. 62.
In einer Unterredung mit dem britischen Gesandten Tomkins am 19. Februar 1965 führte Ministerialdirigent Böker aus, „den Israelen müsse klargemacht werden, daß die Einstellung der Waffenhilfe ein absolutes Muß unserer Außenpolitik sei". Gegenüber den arabischen Staaten könne darauf hingewiesen werden, daß die Bundesregierung in der Frage der Waffenlieferung bereits „ein sehr großes Entgegenkommen" gezeigt und der ägyptische Präsident keinen Anspruch auf ihre Solidarität habe, da bezüglich der Einladung des Staatsratsvorsitzenden Ulbricht nicht konsultiert worden seien. Nasser habe nun den „Weg gewählt, die deutsche Nation aufs größte zu beleidigen, die Bundesregierung vor aller Welt zu brüskieren und zu erpressen. Die anderen arabischen Staaten, die bei dieser Politik nicht befragt worden seien, sollten alles tun, um zu verhindern, daß sie in den Strudel der deutsch-ägyptischen Auseinandersetzungen mit hineingezogen würden." Vgl. die Aufzeichnung von Böker vom 19. Februar 1965; VS-Bd. 2594 (I B 4); B 150, Aktenkopien 1965.
[25] Zu den Vereinbarungen mit Israel über Waffenlieferungen vgl. Dok. 2.
[26] Zum Besuch des Staatsratsvorsitzenden Ulbricht vom 24. Februar bis 2. März 1965 in der VAR vgl. Dok. 104. Zum geplanten protokollarischen Ablauf vgl. auch Dok. 89, Anm. 3.
[27] Zur Entscheidung der Bundesregierung vom 15. Februar 1965, die Wirtschaftshilfe an die VAR einzustellen, vgl. Dok. 81, Anm. 16.
[28] Vgl. dazu Dok. 65, Anm. 6.
[29] Am 2. November 1964 einigten sich die jemenitischen Bürgerkriegsparteien auf einen Waffenstillstand und die Abhaltung einer nationalen Konferenz. Die für den 23. November 1964 anberaumte Zusammenkunft fand jedoch nicht statt, da die von Saudi-Arabien unterstützten religiös-monarchistischen Kräfte verlangten, daß zuvor die ägyptischen Truppen den Jemen verlassen müßten.

aus sei die Lage nicht schlecht, vom ägyptischen Standpunkt sei sie nicht besonders gut. Er selbst sei im Dezember mit seiner Frau in Ägypten gewesen und habe sich überzeugen können, daß die Situation nicht günstig sei. Die britische Regierung würde es aber für richtig halten, wenn dies der Bundesrepublik möglich sei, Nasser nicht ganz in die Ecke zu treiben.[30]

Der Herr *Bundeskanzler* bezeichnete es als faulen Zauber, wenn die 90 Millionen Araber immer wieder behaupteten, sie fühlten sich von 2 1/2 Millionen Israelis bedroht.

Der *Botschafter* bemerkte, daß dies eine rein emotionale Frage sei und für alles gelte, was Israel betreffe, da sie in den Israelis eine außerordentlich große Gefahr erblickten. Man dürfe auch nicht vergessen, daß die Israelis 1956 ohne Unterstützung von außen wahrscheinlich bis nach Kairo vorgedrungen wären, wenn sie nicht gestoppt worden wären. Deswegen seien die Araber ängstlich. Man müsse davon ausgehen, daß ein Israeli drei arabische Soldaten aufwiege. Andererseits seien die Araber untereinander nur einig, wenn es gegen Israel gehe.

Der Herr *Bundeskanzler* gab der Hoffnung Ausdruck, daß man mit Israel zu einer schiedlich-friedlichen Lösung kommen könne.[31]

Wie der *Botschafter* bemerkte, habe der britische Außenminister am 19. Februar den israelischen Botschafter[32] empfangen, dessen Haltung aber unnachgiebig gewesen sei.

Der Herr *Bundeskanzler* vertrat die Auffassung, daß, wenn eine Einigung mit Israel möglich wäre, Nasser nicht mehr unbedingt alle arabischen Staaten auf seiner Seite halten könne.

Nach dem Problem Tansania befragt, erwiderte der Herr Bundeskanzler, die Bundesregierung habe noch keine Entscheidung getroffen, betrachte aber die Lage als außerordentlich ernst.[33]

Wie der *Botschafter* ausführte, befänden sich Nyerere und Kambona derzeit in China[34], und man überlege sich, ob es angezeigt wäre, in diesem Augenblick

Fortsetzung Fußnote von Seite 388
    Diese Forderung wurde von republikanischer Seite zurückgewiesen. Vgl. dazu AdG 1964, S. 11512, und AdG 1965, S. 11888.
[30] Das britische Außenministerium sprach in diesem Zusammenhang die Empfehlung aus, den ägyptischen Präsidenten nicht so „in die Enge" zu treiben, daß ihm „kein Spielraum zum Ausweichen" mehr verbleibe. Nasser pflege nämlich in solchen Situationen „die Geduld zu verlieren und rein emotionell zu entscheiden". Daher werde der Bundesregierung angeraten, „zwischen der Einladung Ulbrichts nach Kairo einerseits und einer formellen Anerkennung der SBZ durch die Regierung der VAR andererseits" zu unterscheiden. Vgl. den Drahtbericht Nr. 174 des Gesandten Freiherr von Ungern-Sternberg, London, vom 12. Februar 1965; VS-Bd. 8448 (Ministerbüro); B 150, Aktenkopien 1965.
[31] Zu den Bemühungen um eine Ablösung der ausstehenden Waffenlieferungen durch finanzielle Leistungen vgl. Dok. 70.
    Zur ablehnenden israelischen Reaktion vgl. Dok. 77, Anm. 13.
[32] Arthur Lourie.
[33] Zu Tansania, das am 19. Februar 1965 der DDR die Erlaubnis erteilt hatte, ein Generalkonsulat zu eröffnen, vgl. Dok. 84, Anm. 55. Zur Reaktion der Bundesregierung vgl. Dok. 98.
[34] Zum Besuch des tansanischen Präsidenten vom 16. bis 23. Februar 1965 in der Volksrepublik China vgl. EUROPA-ARCHIV 1965, Z 55.

starken Druck auf Tansania auszuüben. Die Reaktion Nyereres in China könnte anders ausfallen als im eigenen Lande. Deshalb sei es vielleicht besser, seine Rückkehr abzuwarten. Bei seinem jüngsten Besuch in London habe sich Kambona darüber beklagt, daß die Deutschen gegenüber Tansania um so viel härter seien als gegenüber Nasser. Dabei hätten sie doch ihr eigenes Problem mit Sansibar. Vor einem Jahr sei es tatsächlich so gewesen, daß sich auf Sansibar mehr Soldaten befunden hätten als in Tanganjika.[35] Er selbst glaube, daß dort tatsächlich ein echtes Problem bestehe. Karume habe sicher radikale Neigungen, wenn er in der Zwischenzeit auch schon manches Wasser in seinen Wein habe gießen müssen.

Wie der Botschafter weiter erklärte, habe man große Sorgen wegen Indonesien.[36] Dort befänden sich derzeit 50 000 britische Soldaten, und man habe einige Bedenken wegen der Lieferung von Dornier-Flugzeugen seitens der Bundesrepublik.[37] Sie sollte ursprünglich sechs Dornier-Flugzeuge an die UNO (Fundwi) verkaufen. Die Kanadier hätten auf eine ähnliche Sache mit der Begründung verzichtet, daß die Indonesier nicht mehr der UNO angehörten.[38]

Wie der Herr *Bundeskanzler* bemerkte, werde Sukarno sicher der nächste sein, der Ulbricht einlade.

Der *Botschafter* fuhr fort, daß die Indonesier keine guten Soldaten seien. Sie hätten irrtümlicherweise angenommen, daß die Bevölkerung von Malaysia die Indonesier als Freunde und Befreier begrüßen würden. Das sei aber nicht so gewesen. Von den britischen Streitkräften seien etwa 10 000 Soldaten in Borneo stationiert. Außerdem sei fast die Hälfte der britischen Marine und ein Drittel der Luftwaffe dort konzentriert. Bisher habe nur eine Einheit aus Deutschland abgezogen werden müssen.[39]

Zur Reduzierung der fünfzehnprozentigen Einfuhrabgaben[40] sagte der Botschafter, es handle sich hierbei um einen ersten Schritt, mit dem auch gezeigt werden sollte, daß die britische Regierung es mit ihrem Versprechen ernst nehme. Es habe sich nur um eine Krisenmaßnahme gehandelt.

Der Herr *Bundeskanzler* erklärte hierzu, die modernen Industriestaaten kämen alle in eine Situation, wo man drauf und dran sei, die Volkswirtschaft zu überfordern. Erhöhte Produktion, erhöhter Konsum, erhöhte soziale Sicherheit seien ja schön, aber wenn eine Volkswirtschaft das alles nicht gleichzeitig hergebe, seien Schwierigkeiten unausbleiblich.

Der *Botschafter* erwähnte sodann, daß in letzter Zeit in Großbritannien viel über Europa gesprochen werde, und zwar nicht nur von den Konservativen.

---

[35] Zum Zusammenschluß von Tanganjika und Sansibar vgl. Dok. 16, Anm. 4.
[36] Zu den britisch-indonesischen Spannungen vgl. Dok. 24, Anm. 17 und 18.
[37] Vgl. dazu Dok. 109.
[38] Zu dem am 7. Januar 1965 bekanntgegebenen Austritt von Indonesien aus der UNO vgl. Dok. 24, Anm. 16.
[39] Zum britischen Vorhaben, aufgrund der Zypern-Krise das 1. Bataillon des „Royal Hampshire Regiments" der britischen Rheinarmee abzuziehen, vgl. den Drahtbericht Nr. 194 des Botschafters von Etzdorf, London, vom 17. Februar 1964; Referat I B 4, Bd. 295.
[40] Zu den Maßnahmen vom 26. Oktober 1964 mit dem Ziel einer Belebung der britischen Wirtschaft vgl. Dok. 31, Anm. 18.

Der Daily Mirror, ein linksgerichtetes Blatt mit 7 Millionen Lesern, habe in einer Woche zweimal große pro-europäische Artikel gebracht und darin behauptet, es sei höchste Zeit für Großbritannien „nach Europa zu gehen". Die Labour-Regierung sollte sich für eine aktivere Europa-Politik einsetzen. Die Regierung sei, wie der Botschafter bemerkte, durchaus bereit, könne aber von sich aus nicht die Initiative ergreifen.

Der Herr *Bundeskanzler* sagte, er habe volles Verständnis dafür, daß keine britische Regierung, ob Labour oder Konservative, sich noch einmal der Gefahr aussetzen könne, abgewiesen zu werden.[41] Solche Stimmen, wie man sie aber jetzt in England höre, hätten ihre Reaktion und Resonanz in Europa gefunden.

Der *Botschafter* bemerkte ferner, daß auch der neue britische Außenminister in Brüssel eine Rede gehalten habe[42], die sehr positiv gewesen sei, wenngleich er nicht so weit gegangen sei wie Sir Alec Home.[43] Die Idee als solche sei aber keineswegs tot.

Nach dem Stand der Europa-Initiative[44] befragt, erklärte der Herr *Bundeskanzler*, er glaube, man komme damit voran. Der Begriff einer politischen Union als Terminus technicus sei aber gemessen an dem, was ein Beginn der politischen Zusammenarbeit tatsächlich bedeuten könne, überdreht und überspitzt. Denn das sei wirklich noch keine politische Union. Charakteristisch sei gewesen, daß de Gaulle im vergangenen Juli der Auffassung gewesen sei, es habe wenig Sinn, sich zusammenzusetzen, solange man sich über die Grundzüge der Verteidigungs- und Außenpolitik nicht einig sei.[45] Jetzt in Rambouillet habe er de Gaulle gesagt, wenn man mit einem materiellen Übereinkommen anfangen wolle, gelange man nicht zum Ziel. Man müsse sich erst einmal zusammensetzen.[46] Die gleiche Erfahrung habe man auch in Brüssel gemacht. Selbst wenn Meinungsverschiedenheiten bestünden, so könne es doch niemand riskieren, vom Tisch aufzustehen und wegzulaufen.

Der *Botschafter* erwähnte sodann, daß es bilateral zwischen de Gaulle und den Briten besser gehe.

---

41 Zum Scheitern der Verhandlungen am 28./29. Januar 1963 über einen Beitritt Großbritanniens zur EWG vgl. AAPD 1963, I, Dok. 60.

42 Zu den Ausführungen des Außenministers Stewart am 11. Februar 1965 vor der belgisch-britischen Handelskammer in Brüssel vgl. den Artikel „Britain Presses for Seat at European Unity Talks"; THE TIMES, Nr. 56244 vom 12. Februar 1965, S. 12.

43 Am 15. Februar 1965 berichtete Botschafter von Etzdorf, London, über eine Rede des britischen Oppositionsführers auf der Jahreskonferenz der Jugendorganisation der Konservativen Partei. Douglas-Home habe die „britische Zugehörigkeit zu Europa stark herausgestellt. Das Europa der Zukunft werde eine der großen Gruppen der Welt auf wirtschaftlichem, politischem und militärischem Gebiet sein. Großbritannien dürfe seiner Rolle der Mitgestaltung dieses Europas nicht ausweichen." Daher müßten „die Konservativen [...] ihren ganzen Einfluß für eine Verstärkung der Bindungen zu den Sechs einsetzen". Etzdorf wertete diese Äußerungen als das „eindeutigste britische Bekenntnis zu Europa" seit dem „Zusammenbruch der Brüsseler Verhandlungen" im Januar 1963. Vgl. den Drahtbericht Nr. 179; Referat I A 5, Bd. 283.

44 Zur Europa-Initiative der Bundesregierung vom 4. November 1964 vgl. Dok. 5, Anm. 18.

45 Für das Gespräch vom 3. Juli 1964 vgl. AAPD 1964, II, Dok. 180.

46 Vgl. dazu Dok. 22.

Der Herr *Bundeskanzler* sagte, dies scheine der New Look der französischen Politik zu sein, auch mit ihm und den Amerikanern scheine es besser zu gehen.

Wie der *Botschafter* weiter bemerkte, hätte General de Gaulle den Engländern mit seinem Vorschlag einer Rückkehr zur Goldwährung[47] einen schlechten Dienst erwiesen. Glücklicherweise sei er mit seinem Vorschlag nicht sehr weit gekommen.

Der Herr *Bundeskanzler* sagte, auch die Bundesregierung sei diesem Vorschlag gegenüber sehr reserviert gewesen. Dies schließe natürlich nicht aus, daß das jetzige System alles andere als perfekt sei und durchaus verbessert werden könnte. Alleingänge seien aber unmöglich, da diese Frage nur in breiter internationaler Solidarität gelöst werden könne.

Zur Deutschland-Frage erklärte der *Botschafter*, daß die britische Regierung bereit sei, zusammen mit der Bundesregierung, den Amerikanern und den Franzosen über die Möglichkeit einer Initiative[48] zu sprechen, doch halte er es für besser, die deutschen Vorschläge abzuwarten.

Der Herr *Bundeskanzler* fragte, wie die deutschen Vorschläge aussehen sollten, ob es sich dabei nur um Überschriften handeln sollte oder ob sie bereits materiell ausgefüllt sein sollten.

Nach Auffassung des *Botschafters* könne man zunächst mit den Überschriften anfangen und die Angelegenheit dann weiter von der Washingtoner Gruppe erörtern lassen.[49]

Der Herr *Bundeskanzler* betonte, daß ihm ein Thema als besonders vordringlich erscheine. Wenn zwischen Ulbricht und Ägypten tatsächlich diplomatische Beziehungen hergestellt werden sollten, würden dadurch nicht nur die Bundesrepublik berührt, sondern auch die drei westlichen Alliierten. Wenn dann nichts geschehe, werde auch das Prestige der Verbündeten leiden. Niemand werde verstehen, warum sich die drei Großmächte etwas Derartiges gefallen ließen.

Der *Botschafter* stimmte dieser Äußerung zu, verwies aber auf die Schwierigkeiten, denen Großbritannien im Nahen Osten selbst ausgesetzt sei.

Der Herr *Bundeskanzler* bemerkte, die Grundsätze müßten wieder einmal klar und deutlich herausgearbeitet werden. Dabei könnte man sich durchaus eines Systems der Arbeitsteilung bedienen. Man habe deutscherseits keinerlei Illusionen und erwarte keineswegs, daß sich die vier Großmächte nun plötzlich um einen Tisch versammelten, um über freie Wahlen in Deutschland zu reden, und daß dann die Wiedervereinigung und der Abschluß eines Friedensvertrages ohne Schwierigkeiten zustande kommen könnten. In das Gespräch mündeten alle Tabus, die bisher noch nicht ausgeräumt werden konnten, weil man noch nicht den rechten Ansatzpunkt gefunden habe.

---

[47] Zum Vorschlag des französischen Staatspräsidenten vom 4. Februar 1965, die westlichen Währungen sollten zum Gold-Standard zurückkehren, vgl. Dok. 60, Anm. 23.
[48] Zum Stand der Diskussion über eine Deutschland-Initiative vgl. Dok. 22 und Dok. 27.
[49] Zur Behandlung der Deutschland-Initiative vgl. weiter Dok. 130.

Der *Botschafter* sagte, vielleicht könnte man etwas sondieren, wenn Gromyko Mitte März[50] und Kossygin im April[51] nach London kämen.

Nach Auffassung des Herrn *Bundeskanzlers* seien die neuen Machthaber im Kreml[52] nicht aufgeschlossener als Chruschtschow. Dies sei bedauerlich, denn man habe den Eindruck gewonnen, daß Chruschtschow gegenüber den osteuropäischen Ländern immer liberaler geworden sei. Er selbst habe das Gefühl, daß die Russen versuchten, die Dinge wieder stärker einzufangen und in den Griff zu bekommen; ob ihnen dies allerdings gelinge, sei eine andere Frage.

Nach Auffassung des *Botschafters* müßten die neuen Machthaber noch vorsichtig sein, da sie noch keineswegs so stark wie Chruschtschow seien. Breschnew sei in der Deutschland-Frage und in der Frage des Verhältnisses zu den osteuropäischen Ländern wahrscheinlich zurückhaltend. Er habe, wie man wisse, stärkere Bindungen zu den Militärs und neige deshalb vielleicht auch mehr zum Bremsen als Kossygin. Die von Kossygin eingeschlagene weltpolitische Linie scheine sich von der Chruschtschows nicht zu stark zu unterscheiden. Bei seinem Besuch in Südostasien[53] scheine er nicht besonders weit gegangen zu sein, wahrscheinlich aus Rücksichtnahme auf die Beziehungen zu den Vereinigten Staaten. Die Chinesen seien keineswegs mit Kossygin zufrieden[54], und in einer albanischen Zeitung sei bereits heftige Kritik an ihm geübt worden.

Der Botschafter sagte abschließend, er werde nun nach London reisen und am 2. März wieder zurück sein. Sollten sich noch unerwartete Entwicklungen ergeben, stünde er dem Herrn Bundeskanzler selbstverständlich jederzeit zur Verfügung.

Das Gespräch endete gegen 18.00 Uhr.

Bundeskanzleramt, AZ: 21-30 100 (56), Bd. 13

---

[50] Der sowjetische Außenminister Gromyko hielt sich vom 16. bis 20. März 1965 in Großbritannien auf. Vgl. dazu EUROPA-ARCHIV 1965, Z 74.
[51] Die für April 1965 geplante Reise des sowjetischen Ministerpräsidenten fand nicht statt.
[52] Zum Führerungswechsel vom 14./15. Oktober 1964 in der UdSSR vgl. Dok. 23, Anm. 29.
[53] Zu der Südost-Asien-Reise des sowjetischen Ministerpräsidenten vgl. Dok. 60, Anm. 32.
[54] Zum ideologischen Konflikt zwischen der UdSSR und der Volksrepublik China vgl. Dok. 26, Anm. 18.
Auf der Reise von der Demokratischen Republik Vietnam (Nordvietnam) in die Demokratische Volksrepublik Korea (Nordkorea) hielt sich der sowjetische Ministerpräsident am 10. Februar 1965 in Peking auf. Zum Zusammentreffen von Kossygin mit chinesischen Politikern vgl. den Artikel von Aldo Natoli: „Pékin, Moscou, le Vietnam et le mouvement communiste en 1965"; LE MONDE, Nr. 8671 vom 30. November 1972, S. 2.

94

Botschafter Groepper, Moskau, an Bundesminister Schröder

Z B 6-1-1809/65 geheim   Aufgabe: 23. Februar 1965, 16.50 Uhr
Fernschreiben Nr. 170   Ankunft: 23. Februar 1965, 18.09 Uhr
Citissime mit Vorrang

Nur für Minister[1] und Staatssekretär

Wurde heute vormittag 09.15 Uhr vereinbarungsgemäß von Kossygin empfangen.[2] An dem Gespräch, welches rund 25 Minuten dauerte, nahm von sowjetischer Seite – ebenso wie bei meinen beiden früheren Unterredungen mit Chruschtschow[3] – wieder Leiter Dritter Europäischer Abteilung, Iljitschow, teil.

I. In dem Gespräch habe ich mich weisungsgemäß darauf beschränkt, dem Ministerpräsidenten die großen Züge unserer Politik darzulegen, wobei ich das Bemühen der Bundesregierung um Erhaltung des Friedens und Verminderung der Spannung nachhaltig unterstrich. In diesem Zusammenhang habe ich insbesondere betont, daß die Bundesregierung eine Lösung der noch offenen Probleme ausschließlich auf friedlichem Wege erreichen wolle. Hiervon auf die grundsätzliche Nützlichkeit eines Gesprächs überleitend, habe ich dem Ministerpräsidenten sodann die Einladung des Herrn Bundeskanzlers im Sinne der Formulierung des Drahterlasses Nr. 75 vom 3.2.65 geheim[4] übermit-

---

[1] Hat Bundesminister Schröder vorgelegen.
[2] Zum Vorschlag des Botschafters Groepper, Moskau, dem neuen sowjetischen Ministerpräsidenten eine „Voreinladung" zu einem Besuch in der Bundesrepublik zu übermitteln und zur Weisung an Groepper, bei Kossygin um einen Gesprächstermin nachzusuchen, vgl. AAPD 1964, II, Dok. 310.
Groepper teilte am 31. Januar 1965 mit, daß er eine unverbindlich formulierte Einladung, die keine sofortige Entscheidung erforderlich machen würde, für „die vielleicht beste Anknüpfung für meine erste persönliche Kontaktaufnahme mit Kossygin als dem Ministerpräsidenten" hielte, und übermittelte einen Textvorschlag. Vgl. den Drahtbericht Nr. 100; VS-Bd. 10064 (Ministerbüro); B 150, Aktenkopien 1965.
Am 30. Januar 1965 machte Bundesminister Schröder in einem Schreiben an den Bundeskanzler darauf aufmerksam, daß Erhard seit dem 8. Januar 1965 der Entwurf eines Drahterlasses an den Botschafter in Moskau vorliege, in dem Groepper angewiesen werde, „ein Gespräch mit Kossygin zu suchen und ihm bei dieser Gelegenheit eine Botschaft von Ihnen zu übermitteln". Schröder führte aus: „Im Hinblick darauf, daß zwischen Frankreich und der Sowjetunion in den letzten Wochen ein intensives Gespräch zustande gekommen ist, halte ich es für notwendig, daß auch wir in dem uns möglichen Rahmen das Gespräch mit der Sowjetunion wieder aufnehmen. [...] Ich möchte Ihnen daher vorschlagen, daß Sie die Absendung des erwähnten Drahterlasses genehmigen." Vgl. VS-Bd. 10064 (Ministerbüro); B 150, Aktenkopien 1965.
[3] Für das Gespräch vom 9. März 1963 vgl. AAPD 1963, I, Dok. 116.
Für die Unterredung vom 13. Juni 1964 vgl. AAPD 1964, I, Dok. 162.
[4] Botschafter Groepper, Moskau, sollte dem sowjetischen Ministerpräsidenten mitteilen, daß Bundeskanzler Erhard es begrüßen würde, sich mit Kossygin „über die wichtigen beide Länder berührenden Fragen persönlich auszusprechen". Erhard glaube, „daß in einem persönlichen Gespräch manche Gesichtspunkte besser zur Geltung gebracht werden können als auf andere Weise. Dementsprechend würde der Bundeskanzler sich freuen, wenn Ministerpräsident Kossygin zu einem Besuch in die Bundesrepublik Deutschland kommen könnte." Weiterhin sollte

394

telt. Kossygin bat mich daraufhin, dem Herrn Bundeskanzler seinen Dank für diese Einladung zu übermitteln. Eine sachliche Antwort könne er mir heute noch nicht geben, da die Einladung für ihn überraschend komme, zunächst noch allerlei Vorfragen geklärt werden müßten und er auch noch mit seinen Kollegen (Genossen) hierüber sprechen müsse. Im Zusammenhang damit flocht er einen – in Form jedoch keinesfalls aggressiv vorgebrachten – Hinweis auf das angebliche Bestreben der Bundesregierung nach Atomwaffen ein, welches zu denken gebe. Nachdem ich dieser Bemerkung mit dem Argument, daß wir keineswegs eine Verfügungsgewalt über Atomwaffen anstrebten und darüber hinaus als einziges Land von uns aus auf die Herstellung solcher Waffen verzichtet hätten[5], entgegengetreten war, bedankte sich Kossygin abschließend erneut für die Einladung[6], auf die er demnächst antworten würde. Er hob dabei hervor, daß nach seiner grundsätzlichen Auffassung eine Begegnung mit dem Herrn Bundeskanzler durchaus nützlich sein könne und es nur zu begrüßen sei, wenn die Beziehungen zwischen der Bundesrepublik Deutschland und der Sowjetunion gut seien und ruhig und überlegt behandelt würden. Er sehe in der Tatsache der Einladung einen freundlichen Akt, der nur zur Verbesserung der Beziehungen zwischen beiden Ländern geeignet sein könne. Wortlaut des Dolmetscherprotokolls folgt unter IV.

II. Die Stellungnahme Kossygins auf die ihm von mir übermittelte Einladung des Herrn Bundeskanzlers läßt folgendes erkennen:

1) Der Umstand, daß Kossygin eine Antwort auf die Einladung zunächst in der Schwebe gelassen hat, ist nicht verwunderlich. Nachdem die Einladung Chruschtschows[7] und deren grundsätzliche Annahme durch den inzwischen gestürzten Ministerpräsidenten[8] in der westlichen Presse zu z.T. phantastischen Kombinationen und Spekulationen geführt[9] und dementsprechend andererseits in der Presse der Satellitenstaaten Anlaß zu nicht minder großer Beunruhigung und Mißtrauen gegeben hat[10], ist es verständlich, daß Kossygin in dieser Angelegenheit bewußt vorsichtig operieren will. Dies um so mehr, als man hier und dort – wenn auch nach meiner Überzeugung völlig zu Unrecht – in der Bereitwilligkeit Chruschtschows zu einem Besuch der Bundesrepublik Deutschland sogar einen der Gründe für seinen Sturz erblickt hatte.

Fortsetzung Fußnote von Seite 394

Groepper hervorheben, daß nach der Auffassung von Erhard „bei einem solchen Gespräch alle Fragen erörtert werden könnten, welche beide Seiten jeweils interessierten". Vgl. den Drahterlaß des Staatssekretärs Carstens vom 6. Januar 1965; VS-Bd. 10064 (Ministerbüro); B 150, Aktenkopien 1965.

Der Drahterlaß wurde erst am 3. Februar 1965 abgesandt. Vgl. dazu Anm. 2.

5 Zum Verzicht der Bundesrepublik auf die Herstellung von atomaren, biologischen und chemischen Waffen vgl. Dok. 11, Anm. 4.

6 Vgl. dazu weiter Dok. 180, Anm. 21.

7 Zur Einladung an den Ministerpräsidenten Chruschtschow, die Bundesrepublik zu besuchen, vgl. AAPD 1964, I, Dok. 155.

8 Zum Führungswechsel am 14./15. Oktober 1964 in der UdSSR vgl. Dok. 23, Anm. 29.

9 Zur Reaktion der westlichen Presse auf die Einladung an Ministerpräsident Chruschtschow vgl. die Drahtberichte aus London, Washington, Brüssel, Kopenhagen und Wien vom 4. September 1964 bzw. aus Rom, Den Haag und Stockholm vom 7. September 1964; Referat II A 5, Bd. 764.

10 Vgl. dazu den Artikel von Werner Otto: „Chruschtschow fährt zu politischen Gesprächen nach Bonn"; NEUES DEUTSCHLAND, Nr. 245 vom 5. September 1964, S. 1.

2) Der wiederholte Hinweis Kossygins, daß er über diese Angelegenheit noch mit seinen Kollegen sprechen müsse, unterstreicht in anschaulicher Weise, in welchem Maße er bestrebt ist, im Gegensatz zu seinem Vorgänger das kollektive Führungsprinzip auch nach außen und auch gegenüber dem nichtkommunistischen Ausland zu betonen. Angesichts des unter Ziffer 1) hervorgehobenen Gesichtspunkts legt er darüber hinaus ganz offensichtlich Wert darauf, die Verantwortung für einen evtl. Besuch der Bundesrepublik Deutschland mit den maßgebenden Führungsgremien der Sowjethierarchie zu teilen.

3) Wenn Kossygin betonte, daß ihm die Einladung überraschend komme, so mag für ihn der Wunsch im Vordergrund gestanden haben, damit zum Ausdruck zu bringen, daß er die zunächst in öffentlichen Erklärungen[11] zum Ausdruck gekommene bloße Übertragung der Einladung des früheren Ministerpräsidenten auf den Nachfolger noch nicht als adäquate Form einer Einladung angesehen hat.[12]

4) Die Ausführungen Kossygins gegen Schluß der Unterredung zeigen, daß bereits die Tatsache als solche der Übermittlung einer Einladung des Herrn Bundeskanzlers von dem Ministerpräsidenten als positives Element in der Behandlung der beiderseitigen Beziehungen durch uns gewürdigt worden ist.

III. Im Sinne der Ausführungen in meinem Drahtbericht vom 22. Oktober 64 Nr. 907 (Ziffer 3 am Ende)[13] möchte ich dringend empfehlen, darauf Bedacht zu nehmen, daß die Übermittlung der Einladung des Herrn Bundeskanzlers an den sowjetischen Ministerpräsidenten der Presse nicht bekannt wird und deshalb von jeder Mitteilung über den sachlichen Inhalt der Unterredung abzusehen. Es ist meiner Ansicht nach anderenfalls mit Sicherheit zu erwarten, daß die Presse diese Einladung in gleicher Weise zerredet und mit den vielfältigsten Kombinationen kommentiert, wie dies seinerzeit bei der Einladung Chruschtschows geschehen ist. Die als Folge solcher Behandlung in der west-

[11] Am 21. Oktober 1964 betonte der Bundeskanzler gegenüber der Presse, daß sich durch den Führungswechsel vom 14./15. Oktober 1964 an der „grundsätzlichen Politik gegenüber der Sowjetunion nichts geändert" habe. Erhard führte aus: „Wenn die neue sowjetische Regierung einen Meinungsaustausch für nützlich hält, so sind wir zu einem Gespräch bereit." Vgl. BULLETIN 1964, S. 1441.

[12] Bereits am 2. Januar 1965 hatte Botschafter Groepper, z. Z. Bonn, gegenüber Staatssekretär Carstens Bedenken dagegen geäußert, daß er bei seinem geplanten Gespräch mit Ministerpräsident Kossygin „auf die Einladung, die an Chruschtschow ergangen war, Bezug nehmen und dann erklären sollte, sie sei an den Träger des Amtes gerichtet gewesen und gelte daher auch für Kossygin". Groepper wies darauf hin, daß „eine so formulierte Erklärung bei Kossygin von vornherein schlecht ankommen würde", nachdem „ähnliche Formulierungen in der deutschen Öffentlichkeit aufgetaucht" seien. Vgl. die Aufzeichnung von Carstens vom 5. Januar 1965; VS-Bd. 10064 (Ministerbüro); B 150, Aktenkopien 1965.
Am 31. Januar 1965 betonte Groepper nochmals seine bereits mündlich vorgetragenen Bedenken. Es habe sich inzwischen „eindeutig bestätigt, daß Name und Person Chruschtschows hier völlig aus dem Gedächtnis der Menschen ausgemerzt werden sollen". Vgl. den Drahtbericht Nr. 100 aus Moskau; VS-Bd. 10064 (Ministerbüro); B 150, Aktenkopien 1965.

[13] Botschafter Groepper, Moskau, wies darauf hin, daß „Schritte zu einer Klimaverbesserung" zwischen Bundesrepublik und UdSSR, die nach dem Sturz des Ministerpräsidenten Chruschtschow in Erwägung gezogen wurden, „möglichst wenig in der Öffentlichkeit diskutiert und breitgetreten" werden sollten. Er hob hervor: „Je weniger das Mißtrauen anderer Ostblockpartner gegen die Entwicklung der deutsch-sowjetischen Beziehungen in der deutschen Publizistik genährt wird, umso weniger Anlaß werden auch die Sowjets haben, ihre Treue zur ‚DDR' und deren Machthabern immer wieder zu dokumentieren." Vgl. VS-Bd. 3961 (II A 4); B 150, Aktenkopien 1964.

lichen Publizistik unausbleibliche Reaktion in der SBZ, damit aber auch in den anderen Satellitenstaaten, müßte sich zwangsläufig zuungunsten einer Geneigtheit des Ministerpräsidenten zur Annahme der Einladung auswirken. Davon abgesehen könnte sie dazu führen, daß sich die Sowjetregierung gewissermaßen zum Ausgleich und zur Beruhigung – in offiziellen Verlautbarungen oder offiziös durch Presse und Rundfunk – erneut dezidert auf die harten Formulierungen der Chruschtschowschen Deutschlandpolitik festlegt, was unter allen Umständen vermieden werden sollte.

Sollten diese Überlegungen dort nicht geteilt werden, so wäre ich in jedem Fall für die Möglichkeit erneuter Stellungnahme dankbar. Ich selbst habe mich den hiesigen deutschen Korrespondenten gegenüber auf die Mitteilung des Empfangs durch Kossygin beschränkt, über den sachlichen Inhalt der Unterredung dagegen nichts verlauten lassen.

IV. Folgt Dolmetscherprotokoll:

„Der Botschafter bedankte sich einleitend für die ihm gewährte Möglichkeit zur Führung dieses Gesprächs. Er habe ja bereits früher Gelegenheit gehabt, dem Herrn Vorsitzenden zu begegnen, und erinnere sich mit Freude daran, daß er, der Herr Vorsitzende, anläßlich des Besuchs von Herrn Beitz im Mai 1963[14] Gast in seinem Hause gewesen sei, nachdem dann der Herr Vorsitzende sein derzeitiges Amt übernommen habe, habe er, der Botschafter, die Absicht gehabt, den Herrn Vorsitzenden zu besuchen, zunächst aber im Hinblick darauf, daß der Herr Vorsitzende durch vielerlei Verpflichtungen und Arbeit in seinem neuen Amt in Anspruch gewesen sei, seinen Besuch noch verschoben.

Es freue ihn nun, daß er heute die Möglichkeit habe, den Herrn Vorsitzenden zu sprechen, um so mehr, da er den Auftrag habe, dem Herrn Vorsitzenden gleichzeitig eine persönliche Botschaft des Herrn Bundeskanzlers zu übermitteln.

Der Botschafter hatte diese einleitenden Sätze in russischer Sprache vorgetragen. Er bat danach, nunmehr deutsch fortfahren zu dürfen, und führte weiter folgendes aus:

Es gäbe zwischen unseren Ländern eine ganze Reihe von Problemen, die noch nicht gelöst seien und von denen er hoffe, daß für sie eine Lösung gefunden werden würde. Sowohl die Bundesregierung als auch der Herr Bundeskanzler legten Wert darauf, keinen Zweifel daran zu lassen – und er wolle dies besonders zum Ausdruck bringen –, daß wir die Lösung der offenen Probleme ausschließlich auf friedlichem Wege anstrebten. Die Erhaltung des Friedens und die Verringerung der Spannung sei ein Axiom der Politik der Bundesregierung.

Wenn man jedoch andererseits hinsichtlich einer Lösung weiterkommen wolle, müsse man miteinander ins Gespräch kommen. Nur dann sei es möglich, die Beziehungen zwischen den beiden Staaten zu verbessern. Der Herr Bundeskanzler würde es daher begrüßen, wenn er die Möglichkeit hätte, sich einmal mit dem Herrn Vorsitzenden über alle Fragen auszusprechen, die je-

---

[14] Zum Aufenthalt des Generalbevollmächtigten der Firma Krupp vom 13. bis 22. Mai 1963 in der UdSSR vgl. AAPD 1963, I, Dok. 167.

weils beide Seiten interessierten. Der Herr Bundeskanzler glaube, daß in einem persönlichen Gespräch manche Gesichtspunkte besser zur Geltung gebracht werden könnten als auf anderem Wege. Der Herr Bundeskanzler würde sich daher freuen, wenn er, der Herr Vorsitzende, zu einem Besuch in die Bundesrepublik Deutschland kommen könnte. Falls auch er, der Herr Vorsitzende, eine Begegnung im Interesse beider Seiten für förderlich halte, sei er, der Botschafter, beauftragt, hiermit dem Herrn Vorsitzenden eine Einladung des Herrn Bundeskanzlers zu einem Besuch in Bonn zu übermitteln.

Der Herr Bundeskanzler sei sich darüber klar, daß der Herr Vorsitzende infolge seiner vielfältigen und verantwortungsvollen Aufgabe im Augenblick vielleicht noch nicht übersehen könne, wann seine zeitlichen Dispositionen ihm einen Besuch in Bonn ermöglichen würden. Die Festlegung eines entsprechenden Termins könnte daher einer späteren Vereinbarung auf diplomatischem Wege vorbehalten bleiben.

Herr Kossygin entgegnete, er wolle für die an ihn ergangene Einladung sehr danken und bäte, diesen Dank auch dem Herrn Bundeskanzler zu übermitteln. Er müsse jedoch sagen, daß es sich hier um eine sehr schwierige Frage handele. Man habe sich hierzu sowjetischerseits noch keine bestimmte Meinung bilden können, so daß er sich zur Zeit außerstande sähe, bereits auf die Einladung zu antworten.

Er sei der Meinung, daß vor einer Begegnung diese zunächst vorbereitet werden müsse, daß Klarheit bestehen müsse, was mit einer solchen erreicht werden solle. Erst wenn die Ziele und die Aufgaben einer solchen Begegnung klar seien, könne man über die Durchführung der Begegnung selber nachdenken. Sowjetischerseits habe man sich dazu noch keine Gedanken gemacht, und die sowjetischen Entscheidungen hierzu seien noch nicht geklärt. Es sei aber denkbar, daß der Herr Bundeskanzler hier bereits bestimmte Vorstellungen habe. Es wäre nützlich, etwas über diese Vorstellungen zu erfahren, um danach dann alles zu erörtern.

Er, Kossygin, müsse diese Angelegenheit zunächst mit seinen Kollegen besprechen, danach werde dann eine Antwort folgen. Fest stünde jedoch, daß eine Begegnung zunächst klar vorbereitet werden müsse.

Der Herr Botschafter habe gesagt, daß die Bundesregierung die Probleme nur mit friedlichen Mitteln lösen wolle; es gäbe natürlich viele solcher Probleme.

Andererseits müsse man die Politik der Bundesregierung sehen, ihr Streben nach Atombomben sowie Äußerungen in der Bundesrepublik, die die sowjetische Seite hellhörig machen müßten. Man müsse über die Politik der Bundesregierung in allen Fragen eine klare Vorstellung gewinnen. Man müsse also daher darüber nachdenken, welche Fragen bei einer Begegnung erörtert werden sollten.

Der Botschafter erwiderte, er sei mit dem Vorsitzenden einer Meinung, daß ein solcher Besuch gründlich vorbereitet werden müsse. Was den Themenkreis anbelange, so glaube er, hierzu soeben bereits gesagt zu haben: der Herr Bundeskanzler gehe davon aus, daß über alle Fragen, die jeweils jede der beiden Seiten interessierten, sollte gesprochen werden können. Es gäbe eine

398

ganze Reihe politischer Probleme. Neben den großen politischen Fragen seien aber auch andere Fragen vorhanden, in die die Politik zwar auch hineinspiele, die aber für sich geeignet seien, die Beziehungen zwischen den beiden Ländern zu verbessern. Er denke hier vor allem an Fragen des Handels und der kulturellen Beziehungen. Er, der Botschafter, glaube, daß für ein solches Treffen ein wesentlicher und wichtiger Themenkreis gegeben sein werde.

Der Herr Vorsitzende habe soeben gesagt, daß die Politik der Bundesregierung zu denken gäbe. Er, der Herr Botschafter, könne dies, offengestanden, nicht verstehen.

Die Bundesregierung habe keinen Zweifel daran gelassen, daß sie keine Verfügungsgewalt über Atomwaffen anstrebe. Sie sei darüber hinaus das einzige Land, das von sich aus auf die Herstellung von Atomwaffen verzichtet habe. Wenn man die Politik der Bundesregierung nüchtern betrachte, dann sei diese Politik nicht so, daß man ihretwegen hellhörig werden müsse. Oberstes Ziel der Politik der Bundesregierung und ihr Grundaxiom sei die Erhaltung des Friedens. Gerade ein solcher Besuch, wie er von unserer Seite angeregt werde, böte die beste Gelegenheit, einander kennenzulernen und sich ein persönliches Bild des anderen Landes zu machen. Wenn der Herr Vorsitzende nach Bonn komme, werde er sich persönlich davon überzeugen können, daß die Politik der Bundesregierung nur friedliche Ziele verfolge und nicht mit anderen Mitteln verwirklicht werden solle. Darüber hinaus sei eine persönliche Aussprache und Begegnung die wichtigste Grundlage zur Beseitigung von Mißverständnissen. Sie böte Gelegenheit, einander kennenzulernen und sich von den Absichten des anderen zu überzeugen und auch einander zu überzeugen und auch einander zu sagen, was einem nicht gefalle. Herr Kossygin erwiderte, er wolle zur Zeit nicht eine erschöpfende Analyse der zwischen beiden Ländern stehenden Probleme vornehmen; einmal erlaube ihm dies die zur Verfügung stehende Zeit nicht, da er eine Begegnung mit Herrn Kekkonen vorgesehen habe[15]; zum anderen aber seien auch die gegenwärtigen Bedingungen nicht so, daß sie es gestatteten, hier alle in Betracht kommenden Fragen zu besprechen, weil die Probleme einfach zu groß seien, als daß sie zur Zeit erörtert werden könnten.

Er, Kossygin, wolle jedoch grundsätzlich nicht in Abrede stellen, daß eine Begegnung mit dem Herrn Bundeskanzler durchaus nützlich sein könne. Es würde nur zu begrüßen sein, wenn die Beziehungen zur Bundesrepublik gut seien und wenn diese Beziehungen ruhig und überlegt behandelt würden.

Jedoch müsse er, Kossygin, über diese ganzen Fragen und die an ihn ergangene Einladung zunächst nachdenken und sie mit seinen Kollegen besprechen. Es sei ja nicht damit getan, daß er, Kossygin, einfach nach Bonn fahre oder der Herr Bundeskanzler hierher komme. Es sei ja nur mit dem Reisen nicht getan. Er wolle daher zu der an ihn ergangenen Einladung im Augenblick weder ja noch nein sagen; die Einladung sei für ihn unerwartet gekommen, und man müsse daher diese Sache zunächst überdenken. Danach werde dann eine Antwort erfolgen. Vorab wolle er jedoch dem Herrn Botschafter für

---

[15] Der finnische Staatspräsident hielt sich vom 21. bis 26. Februar 1965 in der UdSSR auf. Vgl. dazu EUROPA-ARCHIV 1965, Z 59.

die Übermittlung der Einladung danken und ihn bitten, auch dem Herrn Bundeskanzler seinen besonderen Dank (bolschuju blagodarnostj) zu übermitteln. Er bäte, dem Herrn Bundeskanzler zu sagen, daß er in der Tatsache dieser Einladung einen freundlichen Akt sähe, der nur zur Verbesserung der Beziehungen zwischen den beiden Ländern geeignet sein könne."

[gez.] Groepper

VS-Bd. 10064 (Ministerbüro)

95

Gesandter von Lilienfeld, Washington, an das Auswärtige Amt

| Z B 6-1-1894/65 VS-vertraulich | Aufgabe: 24. Februar 1965, 19.40 Uhr |
| Fernschreiben Nr. 619 | Ankunft: 25. Februar 1965, 02.25 Uhr |

Betr.: Ostkredite[1]

Bezug: Drahterlaß 97 vom 28.1.65 VS-vertraulich;[2] Drahtbericht 389 vom 5.2.65 VS-vertraulich[3]

I. Die Auffassungen der amerikanischen Regierung zur künftigen Gestaltung der Kreditbedingungen des Westens gegenüber Ostblockländern gab heute Tyler in Fortsetzung des von uns am 5. Februar begonnenen Gespräches wie folgt wieder:

1) Amerikanische Regierung hielte es nach wie vor für unbedingt wünschenswert, die Kreditbedingungen der Berner Union[4] nicht zu lockern. Sie sei sich jedoch darüber im klaren, daß dies – vor allem angesichts der britischen Hal-

---

[1] Zur Vergabe von Krediten an osteuropäische Staaten vgl. Dok. 66.
[2] Staatssekretär Lahr informierte Botschafter Knappstein, Washington, daß die Bundesregierung ihre bisherige restriktive Politik hinsichtlich der Vergabe von Krediten an die UdSSR nicht aufrechterhalten könne, nachdem die Mehrzahl der westlichen Staaten sogar über den Rahmen der Berner Union hinausgehe. Lahr hob hervor: „Es ist nicht unsere Absicht, ihnen hierbei in vollem Umfang zu folgen, sondern wir werden nur insoweit nachziehen, als es zur Wahrung unserer Position im Außenhandel mit der Sowjetunion notwendig ist." Trotzdem forderte Lahr einen Versuch, „wieder zu gewissen gemeinsamen Regeln unter den westlichen Ländern zu gelangen", und schlug zu diesem Zweck Konsultationen „innerhalb der EWG und mit den USA" vor. Vgl. VS-Bd. 8357 (III A 6); B 150, Aktenkopien 1965.
[3] Botschafter Knappstein, Washington, berichtete von einer Anfrage des stellvertretenden Abteilungsleiters im amerikanischen Außenministerium, Davis, ob die Bundesregierung beabsichtige, „eine gemeinsame Regel für die Gewährung von Ostkrediten unter den westlichen Ländern auf einem höher als 5 Jahre liegenden Plateau festzulegen", und ob sie bereit sei, zusammen mit der amerikanischen Regierung „auf Großbritannien einzuwirken, in Zukunft wieder den Regeln der Berner Union zu folgen". Die amerikanische Regierung, so Davis, plädiere für eine Beibehaltung der Fünfjahresgrenze, denn es sei fraglich, „ob man sich auf einer höheren Grenze einigen und diese dann halten könnte". Vgl. VS-Bd. 3555 (II A 1); B 150, Aktenkopien 1965.
[4] Zur Berner Union vgl. Dok. 66, Anm. 3.

tung⁵ – in der Praxis auf Schwierigkeiten stoßen werde. Der angekündigte britisch-amerikanische Meinungsaustausch über diese Frage habe am 19. Februar in London stattgefunden, wobei Botschafter Leddy (OECD) unterhalb der Ministerebene den amerikanischen Standpunkt nochmals dargelegt habe. Das Ergebnis sei nicht ermutigend gewesen, soweit es die britische Bereitschaft angehe, zur 5-Jahresgrenze zurückzukehren. Es scheine jedoch, daß die britische Haltung in bezug auf ein künftiges Einschwenken auf eine neu auszuhandelnde gemeinsame westliche Position in der Frage der Kreditbedingungen elastischer geworden sei. Darum sollten weitere Bemühungen in dieser Richtung unternommen werden. Die amerikanische Regierung würde es begrüßen, wenn dies bei dem bevorstehenden Besuch Wilsons in Bonn⁶ geschehen könne. Herr Bundesminister Westrick habe eine solche Absicht bereits zu erkennen gegeben.

2) Die Verhandlungsposition gegenüber Großbritannien könne wesentlich verbessert werden, wenn der EWG-Ministerrat sich am 2. März auf eine gemeinsame Haltung einigen könnte.⁷ Man glaube im State Department, daß eine, wenn auch geringe, Chance gegeben sei, eine gemeinsame Rückkehr zu den Bedingungen der Berner Union zu erreichen. Voraussetzung dafür sei, daß sich EWG und USA in diesem Sinne einigen könnten.

3) Tyler gab auf meine entsprechende Frage, wenn auch zögernd, zu verstehen, daß die amerikanische Regierung notfalls bereit sei, die Regeln der Berner Union im Sinne einer Verlängerung der Fristen auf 7–8 Jahre zu revidieren, wenn eine gemeinsame Rückkehr aller zu der 5-Jahresregel aussichtslos sei. Diese Bereitschaft werde die amerikanische Seite jedoch nicht vor Beginn der Verhandlungen mit jenen Regierungen zu erkennen geben, die bereits jetzt einseitig über die 5-Jahresgrenze hinausgegangen seien. Man sei ernstlich besorgt, daß bei dem Versuch, die 5-Jahresfrist zu verlängern, die Kreditfristen so ins Rutschen kommen würden, daß sie nicht wieder zum Stillstand gebracht werden können.

4) Als nächste Phase stelle sich das State Department einen Gedankenaustausch mit der EWG vor, nachdem sich deren Ministerrat auf eine einheitliche Linie habe einigen können. Erst danach werde man erneut an Großbritannien herantreten. Gegen eine Beratung im NATO-Rahmen habe man jedoch schwerwiegende Bedenken.

5) Man verstehe, daß die Bundesregierung gegenüber der Sowjetunion künftig den durch die Berner Union gegebenen Spielraum voll auszunutzen beabsichtige. Das gäbe der Bundesregierung eine größere politische Bewegungsfreiheit und erleichtere die gegenwärtig von der deutschen Wirtschaft allein getragene Kreditlast. Die Kreditfristen für die osteuropäischen Länder dagegen

---

⁵ Dazu hielt Legationsrat Bütow am 18. Februar 1965 fest, daß Großbritannien – eher noch als Frankreich und Italien – bereits im Jahr 1961 der UdSSR „die Bereitschaft für die Absicherung von Krediten für Lieferungen auf dem chemischen Sektor von maximal 100 Mio. Pfund [Sterling] mit einer Laufzeit bis zu 15 Jahren" erklärt habe. Im Jahre 1964 sei es dann „zu den ersten großen Abschlüssen" gekommen, so daß der bewilligte Finanzrahmen bereits zu rund 40% ausgeschöpft sei. Vgl. Referat III A 6, Bd. 232a. Vgl. dazu auch Dok. 123, Anm. 5 und 6.
⁶ Zum Besuch des britischen Premierministers am 8./9. März 1965 vgl. Dok. 122.
⁷ Zum Ergebnis der EWG-Ministerratssitzung vgl. weiter Dok. 123.

401

zu verlängern, ehe nicht alle Möglichkeiten ausgeschöpft seien, wieder eine einheitliche westliche Praxis zu erreichen, sei bedenklich und würde die amerikanische Regierung in eine schwierige Lage bringen.

II. Tyler kam außerdem auf die angekündigte deutsch-amerikanische Konsultation über Lizenzierungsregeln im Handel USA/SBZ[8] zurück; das State Department wäre dankbar, wenn die deutschen Vorschläge dazu bald mitgeteilt werden könnten; man halte sich noch immer an die seinerzeit zugesagte Verzögerungstaktik[9], gerate damit aber in immer größere Schwierigkeiten.

III. Ich bitte um baldige Drahtweisung über die deutschen Vorschläge zur Lizenzerteilung und wäre außerdem für drahtliche Unterrichtung über das Ergebnis des EWG-Ministerratstreffens am 2. März, soweit es die Kreditfrage angeht, dankbar.[10]

[gez.] i. V. Lilienfeld

VS-Bd. 8357 (III A 6)

96

Botschafter Knappstein, Washington, an das Auswärtige Amt

Z B 6-1-1953/65 geheim   Aufgabe: 25. Februar 1965, 20.30 Uhr[1]
Fernschreiben Nr. 642   Ankunft: 26. Februar 1965, 03.20 Uhr

Betr.: Gespräch des Fraktionsvorsitzenden der CDU/CSU, Dr. Barzel, mit Präsident Johnson[2]

Herr Barzel hatte gestern in meiner Gegenwart ein dreiviertelstündiges, sehr aufgeschlossenes und freundschaftliches Gespräch mit Präsident Johnson, das auf Wunsch des Präsidenten erheblich über die ursprünglich vorgesehene Zeitdauer verlängert wurde.

---

[8] Bereits anläßlich der ersten Demarche des Botschafters Knappstein, Washington, am 4. Januar 1965 sicherte der Staatssekretär im amerikanischen Außenministerium, Ball, zu, „die Frage der Erteilung von Lizenzen zugunsten der SBZ mit der Bundesregierung eingehend zu besprechen". Vgl. den Drahtbericht Nr. 11 von Knappstein vom 4. Januar 1965; VS-Bd. 3567 (II A 1); B 150, Aktenkopien 1965.
[9] Zu der seitens der amerikanischen Regierung zugesicherten Zurückhaltung in den Handelsbeziehungen zur DDR vgl. den Drahtbericht Nr. 389 des Botschafters Knappstein, Washington, vom 5. Februar 1965; VS-Bd. 3555 (II A 1); B 150, Aktenkopien 1965.
Zur Kreditvergabe an die DDR vgl. weiter Dok. 116.
[10] Vgl. dazu auch die Unterrichtung der Presse über das Ergebnis des Ministerratstreffens; Dok. 123, Anm. 11.
[1] Hat Bundesminister Schröder vorgelegen.
[2] Der Vorsitzende der CDU/CSU-Fraktion im Bundestag, Barzel, hielt sich am 24./25. Februar 1965 zu Gesprächen mit Präsident Johnson und dem amerikanischen Außenminister Rusk in Washington auf. Vgl. dazu EUROPA-ARCHIV 1965, Z 61.

25. Februar 1965: Knappstein an Auswärtiges Amt 96

Der Präsident betonte einleitend seine besonders herzlichen Gefühle für den Herrn Bundeskanzler, dessen Beweglichkeit, Fairness und Weitblick er besonders schätze. Nachdem Herr Barzel über die Entscheidung des Bundeskabinetts zur Verjährungsfrist gesprochen[3] und seinen Dank für die Entsendung Harrimans nach Israel zum Ausdruck gebracht hatte[4] (Drahtbericht Nr. 617 vom 24.2.65), wobei er erwähnte, daß wir keinesfalls daran dächten, unsere Hilfe für Israel[5] einzustellen, gab der Präsident seiner Befriedigung über unsere Leistungen an Israel Ausdruck. Er bedauere die entstandenen Schwierigkeiten[6] außerordentlich. Leider sei es nicht gelungen, die zwischen der amerikanischen und der deutschen Regierung vereinbarte strikte Geheimhaltung[7] einzuhalten.

Im Zusammenhang mit der deutschen Frage, deren Behandlung im einzelnen Dr. Barzel dem für den nächsten Tag angesetzten Gespräch mit Außenminister Rusk[8] vorzubehalten anregte, äußerte sich der Präsident mit sehr warmen Worten und versicherte, daß – solange er Präsident sei – Amerika keinen bedeutsamen Schritt tun werde, ohne den Bundeskanzler vorher zu unterrichten. Was Amerika tue, wolle es mit Deutschland gemeinsam tun. Der Bundeskanzler genieße sein volles Vertrauen, und dem deutschen Volk gelte seine absolute Unterstützung. Amerika glaube an die Wiedervereinigung. Zwar sei er nie der Auffassung gewesen, es müßten unbedingt alle amerikanischen

---

[3] Der Chef des Presse- und Informationsamtes, von Hase, teilte mit, daß auf der Kabinettssitzung vom 24. Februar 1965 ein Bericht des Bundesministers Bucher zur Frage der Verjährungsfrist für Gewaltverbrechen in der Zeit des Nationalsozialismus erörtert wurde. Danach könne „entgegen der bisherigen Annahme die Möglichkeit nicht ausgeschlossen" werden, daß auch nach dem 8. Mai 1965 – dem Tag der Verjährung von Verbrechen aus der Zeit der NS-Herrschaft – „neue Straftaten bekannt werden, die Anlaß zu weiteren Ermittlungen geben müßten". Vgl. BULLETIN 1965, S. 273. Der Bericht von Bucher wurde am 10. März 1965 dem Bundestag vorgelegt. Vgl. dazu weiter Dok. 133.

[4] Zur Mission des Unterstaatssekretärs im amerikanischen Außenministerium, Harriman, nach Israel vgl. weiter Dok. 100, besonders Anm. 2.

[5] Zur Wirtschaftshilfe an Israel vgl. Dok. 103.

[6] Zu den Bemühungen der Bundesregierung, mit Israel zu einer Vereinbarung über die Ablösung der noch nicht abgewickelten Waffenlieferung durch finanzielle Leistungen zu kommen, vgl. Dok. 70.
Zur ablehnenden israelischen Reaktion vgl. Dok. 77, Anm. 13.

[7] Zur Absprache über die Lieferungen amerikanischer Panzer durch die Bundesrepublik und zu den vereinbarten Modalitäten vgl. Dok. 39, Anm. 6.

[8] Am 26. Februar 1965 berichtete Botschafter Knappstein, Washington, aus dem Gespräch des Vorsitzenden der CDU/CSU-Fraktion mit dem amerikanischen Außenminister, daß Barzel sich dafür ausgesprochen habe, den 8. Mai 1965 „zum Anlaß für eine Erklärung der drei Westmächte zu nehmen, ähnlich der Berliner Erklärung vom 29. Juli 1957". Er habe auf die Bedeutung hingewiesen, die eine solche Unterstützung der Deutschlandpolitik der Bundesregierung gerade angesichts der Nahost-Krise haben würde. Sollten wider Erwarten „die Sowjets eine ernsthafte Gesprächsbereitschaft" zeigen, so sei die Bundesregierung willens, auch über „schwierige Fragen wie die der Sicherheit und der Grenzen Deutschlands" zu sprechen. In der Sicherheitsfrage müsse allerdings „jede Verschiebung der Machtverhältnisse zugunsten der Sowjets" vermieden werden, und hinsichtlich der Grenzen eines wiedervereinigten Deutschlands könne keine Festlegung erfolgen, bevor nicht „eine Gewähr für die Durchführung der Wiedervereinigung gegeben sei". Auf die Frage von Rusk, „was vereinigt werden solle", antwortete Barzel, „zunächst" müsse die Wiedervereinigung „der SBZ mit der Bundesrepublik" angestrebt werden. Vgl. den Drahtbericht Nr. 653; VS-Bd. 8513 (Ministerbüro); B 150, Aktenkopien 1965.

403

Truppen in Deutschland stehen, weil er meine, daß sie über Nacht mit Flugzeugen dorthin geflogen werden könnten. Da Deutschland aber die Anwesenheit der Amerikaner für notwendig erachte, blieben die Truppen dort. Er sei dankbar für die deutsche Hilfe im Zusammenhang mit der amerikanischen Zahlungsbilanz.[9] Dr. Barzel bedankte sich und betonte, die Freundschaft mit Amerika liege gerade der jungen Generation in Deutschland sehr am Herzen.

Zur Frage der MLF wiederholte der Präsident seinen Standpunkt, daß es ihm zunächst zweckmäßig erscheine, wenn wir uns mit den Engländern über diese Frage besprächen.[10] Dies bedeute keineswegs, daß Amerika etwa die MLF nicht mehr für die beste Lösung halte. Er stehe zur MLF genau so fest wie zur Wiedervereinigung und der Notwendigkeit, in Deutschland Truppen zu stationieren. Eine enge deutsch-amerikanische Zusammenarbeit sei die Voraussetzung für einen Erfolg in allen Bereichen.

Zum Schluß der Unterredung brachte Dr. Barzel das Gespräch auf die Vorstellungen des Präsidenten zur „großen Gesellschaft"[11] und regte einen Erfahrungsaustausch mit der Bundesrepublik an[12], die auf diesem Gebiet ja seit langem tätig sei. Der Präsident griff diesen Gedanken sofort auf und schlug zunächst Kontakte zwischen Fachleuten aus den beiden Parlamenten vor.

Über den Verlauf des heutigen Gesprächs mit Rusk[13] sowie über den gesamten Verlauf des Besuches von Dr. Barzel in Washington[14] werde ich morgen berichten.

[gez.] Knappstein

VS-Bd. 8513 (Ministerbüro)

[9] Für den Wortlaut des deutsch-amerikanischen Devisenausgleichsabkommens vom 11. Mai 1964 vgl. VS-Bd. 5052 (III A 5); B 150, Aktenkopien 1964. Vgl. dazu auch BULLETIN 1964, S. 689f.

[10] Zur Ansicht des amerikanischen Präsidenten, vor weiteren Verhandlungen über die geplante MLF/ANF sollte es zu einer Verständigung zwischen den interessierten europäischen Staaten kommen, vgl. Dok. 64.

[11] Präsident Johnson erläuterte seine sozialpolitischen Vorstellungen bezüglich einer „Great Society" erstmals am 19. November 1964 im amerikanischen Kabinett. Vgl. PUBLIC PAPERS, JOHNSON 1963/64, S. 1604f.

[12] Dazu berichtete Botschafter Knappstein, Washington, am 26. Februar 1965: „In seinem Gespräch mit dem Präsidenten und mit anderen Gesprächspartnern brachte Dr. Barzel einen Gedanken auf, der auf großes Interesse stieß, nämlich […], wie die Idee der ‚Great Society' auf die Staaten der Allianz ausgedehnt werden könne. Er könne sich vorstellen, daß durch einen Dokumenten- und Erfahrungsaustausch auf den Gebieten des Städtebaus, der Flußregulierung, der Reinerhaltung von Luft und Wasser, der Berufsausbildung, usw. sowohl Amerika wie seine Allianzpartner profitieren könnten. Ein solcher Austausch, der zwischen Parlamentariern oder Experten dieser Länder stattfinden könne, würde durch praktische Erfolge das Zusammengehörigkeitsgefühl in der Allianz wesentlich verbessern." Vgl. den Drahtbericht Nr. 654; VS-Bd. 8513 (Ministerbüro); B 150, Aktenkopien 1965.

[13] Für das Gespräch des Vorsitzenden der CDU/CSU-Fraktion mit dem amerikanischen Außenminister vom 25. Februar 1965, das die Nahost-Krise zum Thema hatte, vgl. den Drahtbericht Nr. 625 des Botschafters Knappstein, Washington, vom 25. Februar 1965; VS-Bd. 3723 (II A 1); B 150, Aktenkopien 1965.

[14] Vgl. dazu den Drahtbericht Nr. 654 des Botschafters Knappstein, Washington, vom 26. Februar 1965; VS-Bd. 8513 (Ministerbüro); B 150, Aktenkopien 1965.

97

Botschafter Bach, Teheran, an das Auswärtige Amt

Z B 6-1-2025/65 VS-vertraulich Aufgabe: 26. Februar 1965, 11.30 Uhr[1]
Fernschreiben Nr. 48 Ankunft: 26. Februar 1965, 11.37 Uhr

1) Der iranische Ministerpräsident Hoveida bat mich heute zu einem Gespräch zu sich. Er erklärte mir im Auftrag des Schah, daß der Iran in der augenblicklichen Auseinandersetzung der Bundesrepublik mit Ägypten völlig auf seiten der Bundesrepublik stehe. Eine Kontaktaufnahme oder sogar eine Anerkennung der sogenannten DDR durch den Iran käme überhaupt nicht in Frage. Für den Iran sei die Bundesregierung die einzige legitime Regierung Deutschlands, und er bedaure es, daß die Bundesregierung in dieser Auseinandersetzung nicht stärker von westlicher Seite unterstützt würde. Hoveida warf die Frage auf, ob es überhaupt noch eine gemeinsame Politik gebe. Offensichtlich bemühten sich die USA, Frankreich und Großbritannien trotz der jüngsten Erfahrungen, die die BRD gemacht hätte, ängstlich darum, ihre Beziehungen zu dem erpresserischen Nasser zu verbessern und ihm weiter wirtschaftliche Hilfe zukommen zu lassen[2], damit dieser mehr als bisher seine Schaukelpolitik zwischen Ost und West erfolgreich durchführen könne. Hoveida wies demgegenüber auf die Haltung des Schahs hin, der als einziges fremdes Staatsoberhaupt in seinem Interview mit dem Westdeutschen Rundfunk[3] sich sofort eindeutig auf die Seite der Bundesregierung gestellt habe.

Der iranische Ministerpräsident kam dann auf die wirtschaftliche Entwicklung seines Landes zu sprechen. Er führte aus, daß die politische Stabilität Irans weitgehend von einer stärkeren Industrialisierung des Landes abhinge. Diese Industrialisierung könne Persien aus eigenen Mitteln nicht vorantreiben, es sei auf die Hilfe seiner Freunde angewiesen. Die Gesamtstruktur des

---

[1] Hat Ministerialdirigent Ruete vorgelegen, der die Weiterleitung an Referat II 1 verfügte.
[2] Am 19. Februar 1965 reisten 12 französische Industrielle zu Wirtschaftsgesprächen nach Kairo. Vgl. dazu den Artikel „Frankreich baut seine Wirtschaftsbeziehungen zu Ägypten aus"; FRANKFURTER ALLGEMEINE ZEITUNG, Nr. 42 vom 19. Februar 1965, S. 1.
Am 5. März 1965 trug Botschafter Knappstein, Washington, gegenüber dem Staatssekretär im amerikanischen Außenministerium die Bitte vor, die USA möchten mit der Wiederaufnahme von Getreidelieferungen an die VAR „so zurückhaltend wie möglich sein". Die Bundesregierung wolle den Eindruck vermeiden, „als würden diese Lieferungen ohne Rücksicht auf die deutsche Anliegen wieder aufgenommen". Ball erwiderte darauf, daß „vorläufig" für die Durchführung einer „Getreidelieferung aufgrund eines Abkommens von 1962" keine Genehmigung erteilt werde, so daß „in den nächsten 14 Tagen mit einer Erklärung oder Lieferung nicht zu rechnen sei". Die rein kommerziellen Getreideexporte privater Firmen, die „schon lange" bewilligt seien, würden jedoch abgewickelt werden. Vgl. den Drahtbericht Nr. 732; VS-Bd. 8448 (Ministerbüro); B 150, Aktenkopien 1965.
[3] Am 17. Februar 1965 bezeichnete Schah Reza Pahlevi in einem von der „Deutschen Welle" gesendeten Interview die ägyptische Politik als „imperialistisch" und betonte, die iranische Regierung habe noch nie eine Anerkennung der DDR in Erwägung gezogen. Vgl. Archiv des Presse- und Informationsamtes der Bundesregierung; Abteilung Nachrichten, Rundfunkaufnahme, DLF/17.2.65.

Landes sei sehr gesund, so daß eine Investition in Iran durchaus kein Risiko sei, aber anscheinend hielten manche westlichen Länder eine Investition in dem finanziell gesunden Iran für risikoreicher[4] als in dem bankrotten Ägypten. Hoveida erklärte dann, daß er vor Abreise des Schahs nach Europa eine lange Unterredung mit diesem über die deutsch-iranischen Beziehungen gehabt habe. Der Schah habe ihn beauftragt, über mich eruieren zu lassen, ob die Bundesregierung bereit sei, mit dem Iran über die Verwendung der ursprünglich für das Stahlwerk[5] vorgesehenen 350 Millionen DM Hermes-Plafonds erneut zu verhandeln. Das Entwicklungsprogramm der neuen iranischen Regierung[6] sehe vor, daß diese Mittel nicht mehr für ein Stahlwerk verwendet, sondern andere erfolgversprechende Projekte aus diesem Plafond finanziert werden sollen.[7] Allerdings schienen dem Iran die Kreditbestimmungen zu hart. Hoveida bat darum, Überlegungen anzustellen, ob man den Zinssatz dieses Kredits nicht herabsetzen könne. Er meinte, daß die Bundesregierung in früheren Fällen bereit gewesen sei, kommerzielle Kredite durch Bereitstellung von Bundesmitteln zu verbilligen.

Ich wies den Ministerpräsidenten darauf hin, daß die Bundesregierung sicherlich bereit sei, ihren Freunden zu helfen, ich wisse aber zur Zeit nicht, wie die Hermes-Mittel verplant seien. Ich dürfe jedoch nicht verheimlichen, daß gewisse Schwierigkeiten in den deutsch-iranischen Beziehungen dadurch entstanden seien, daß bereits vor längerer Zeit abgeschlossene Verträge bisher vom Parlament nicht ratifiziert worden seien.[8] Hoveida sagte zu, sich sofort um die Ratifizierungsgesetze zu bemühen.

---

[4] Botschafter Freiherr von Ungern-Sternberg, Teheran, faßte die Ergebnisse der Entwicklungshilfe aus der Bundesrepublik an den Iran folgendermaßen zusammen: „Es hat sich gezeigt, daß der Einsatz der im Regierungsabkommen vom 15. August 1961 zugesagten Kapitalhilfe nur sehr schleppend vorankommt, daß bisher mit Hilfe dieser Mittel kein einziges Projekt von größerer Bedeutung in Gang gesetzt werden konnte […] und daß schließlich die deutsche Wirtschaft nur einen ganz unverhältnismäßig geringen Nutzen aus der Gewährung deutscher Kapitalhilfe an [den] Iran gezogen hat." Vgl. den Schriftbericht vom 27. November 1963; Referat III B 6, Bd. 359.

[5] Am 26. November 1964 wies Legationsrat I. Klasse Gehlhoff, Teheran, in einem Schriftbericht darauf hin, daß „die von den iranischen Regierungen seit nunmehr 30 Jahren verfolgten Pläne für die Errichtung eines Stahlwerkes durch die Erteilung eines umfassenden Untersuchungsauftrages an das französische Institut IRCID im Herbst 1963 in ein neues Stadium" getreten seien. „Die wiederholt in der iranischen und vereinzelt auch in der deutschen Presse erschienenen Mitteilungen, wonach mit einer Ausschreibung des Projektes demnächst zu rechnen sei, eilen nach hier vorliegenden Informationen den Ereignissen noch voraus." Vgl. Referat III B 6, Bd. 453.

[6] Am 25. Januar 1965 erlag der iranische Ministerpräsident Mansour den Folgen eines Attentats. Am 27. Januar 1965 berief Schah Reza Pahlevi den bisherigen Finanzminister Hoveida zum neuen Regierungschef. Vgl. dazu EUROPA-ARCHIV 1965, Z 36.

[7] Bereits Ende 1963 machte Botschafter Freiherr von Ungern-Sternberg, Teheran, darauf aufmerksam, daß ein Grund für den „wenig wirksamen Einsatz der deutschen Kaptalhilfe" darin zu suchen sei, daß ein Teil der im deutsch-iranischen Regierungsprotokoll vom 15. Januar 1961 zugesagten Mittel ohne Lieferbindung und in der Erwartung vergeben worden sei, „daß die iranische Seite technisch und wirtschaftlich gut durchgearbeitete und für die Finanzierung mit Mitteln der deutschen Kapitalhilfe geeignete Projekte vorlegen würde". Der Iran ziehe es jedoch vor, die „Kredite nicht projekt- und liefergebunden zu erhalten". Vgl. den Schriftbericht vom 27. November 1963; Referat III B 6, Bd. 359.

[8] So wurde das deutsch-iranische Gewerbeschul-Abkommen vom 22. Februar 1964 erst Ende Dezember 1964 vom iranischen Parlament ratifiziert. Vgl. dazu BULLETIN 1965, S. 199.

2) Die Unterredung kann den Eindruck erwecken, als wolle der Iran aus der jetzigen Situation für sich Kapital schlagen. Man sollte jedoch nicht übersehen, daß die iranische Regierung sich bisher als aufrichtiger Freund der Bundesrepublik erwiesen und beständig und kompromißlos den deutschen Standpunkt vertreten hat. Alle Anzeichen lassen darauf schließen, daß die iranische Regierung auch in Zukunft – unabhängig von möglicher deutscher Hilfe – die Haltung der Bundesregierung unterstützen wird. Daß der Iran gleichzeitig versucht, für sich Vorteile aus der Lage zu ziehen, sollte man m.E. der Regierung nicht zu sehr anlasten. Der Schah hat seine Meinung im Interview mit der „Süddeutschen Zeitung" ganz klar ausgesprochen, als er sagte, die Bundesregierung täusche sich, wenn sie annehme, daß man seine Freunde umsonst haben könne.

Nach meiner Ansicht sollte man den guten Willen der iranischen Staatsführung anerkennen, indem wir auf die iranischen Wünsche eingehen. Es liegt in unserem höchst eigenen Interesse, im Nahen Osten einen Freund zu haben, der auch in Zukunft bereit ist, unsere Belange in diesem Raum zu vertreten. Ein Eingehen auf den iranischen Wunsch auf Aufnahme neuer Gespräche über Bereitstellung eines Hermes-Plafonds von DM 350 Millionen scheint mir jetzt auch volkswirtschaftlich besser vertreten zu sein, als man offensichtlich davon abgegangen ist, aus diesen Mitteln das in seiner wirtschaftlichen Nutzung fragwürdige Stahlwerksprojekt[9] zu finanzieren, sondern die Mittel für erfolgversprechendere Mittelprojekte einsetzen will.

Ich würde es daher begrüßen, wenn der iranische Wunsch bald wohlwollend geprüft werden könnte. Für eine möglichst umgehende grundsätzliche Weisung wäre ich dankbar.

[gez.] Bach

VS-Bd. 3566 (II A 1)

---

[9] Am 3. Februar 1965 führte der Mitarbeiter im Bundesministerium für Wirtschaft, Sperl, zu dem geplanten Stahlwerk aus, „daß die Wirtschaftlichkeit des Projektes und seine Finanzierung, insbesondere im Iran selbst, bisher sehr fraglich gewesen sind". Vgl. Referat III B 6, Bd. 453.

98

Botschafter Schroeder, Daressalam, an das Auswärtige Amt

Z B 6-1-2040/65 VS-vertraulich Aufgabe: 28. Februar 1965
Fernschreiben Nr. 99 Ankunft: 28. Februar 1965, 16.35 Uhr
Citissime

I. Einstweilen überwiegende Reaktion der Öffentlichkeit auf Abflug der Militärberater-Gruppe[1] ist Betrübnis und Bestürzung. Die Europäer sind geteilter Meinung, Inder besorgt, Afrikaner ohne Verständnis. Auf die Plötzlichkeit war niemand vorbereitet.[2] Von tansanischer Seite wurde zum Beispiel bemerkt, daß sie bei Deportationen mindestes 24 Stunden Zeit gewährten, während wir unsere eigenen Leute binnen 22 Stunden „deportiert" hätten. Der vorgeführte Kraftakt wird sicherlich imponieren, widerspricht jedoch der afrikanischen Palaver-Mentalität. Die Sympathien pflegen sich hier erfahrungsgemäß dem Schwächeren zuzuwenden, und Macht wird nur insoweit geschätzt, als sie nicht angewandt wird. Es sei mit Kanonen nach Spatzen geschossen worden, und der Schuß könne nach hinten losgehen. Die Einsicht, daß unsere Maßnahme eine unvermeidliche und notwendige Folge des unfreundlichen Verhaltens Tansanias uns gegenüber war, fehlt bei der breiten Bevölkerung, die nur die Partei- und Regierungsmeinung hört. Der Rundfunk hat den Abflug bisher nicht gemeldet, von der Presse wurde er nur im „Standard" berichtet.[3]

---

[1] Am 25. Februar 1965 informierte Staatssekretär Carstens Botschafter Schroeder, Daressalam, über die Entscheidung des Bundeskabinetts vom Vortag, die militärische Ausbildungshilfe „sofort" einzustellen. Die „Luftberatergruppe einschließlich Techniker sowie Marinepersonal" habe Tansania „unverzüglich auf dem Luftwege" zu verlassen. Vgl. den Drahterlaß Nr. 54; VS-Bd. 2545 (I B 3), Aktenkopien 1965.
Die Militärberater flogen am Morgen des 27. Februar 1965 aus Tansania ab. Vgl. dazu den Drahtbericht Nr. 97 des Botschafters Schroeder, Daressalam, vom 27. Februar 1965; Referat I B 3, Bd. 609.

[2] Dazu teilte Staatssekretär Carstens Botschafter Schroeder, Daressalam, mit Drahterlaß vom 1. März 1965 mit: „Für Ihre dortigen Gespräche gebe ich Ihnen noch folgendes Argument an die Hand: Mir hat der hiesige tansanische Botschafter noch wenige Tage vor dem 19. Februar auf das Bestimmteste erklärt, die Mitteilung über die Zulassung des Generalkonsulats der SBZ würde nicht am 19. Februar veröffentlicht werden. Dies sei ihm telefonisch von seiner Regierung ausdrücklich und eindeutig bestätigt worden. Unser Botschafter in Daressalam sei falsch unterrichtet. Ich will dem hiesigen Botschafter keinen persönlichen Vorwurf machen. Er gibt sich große Mühe. Aber wenn jemand Grund hatte, über die Plötzlichkeit eines Ereignisses überrascht zu sein, dann wir über die Mitteilung vom 19. Februar." Vgl. VS-Bd. 421 (Büro Staatssekretär); B 150, Aktenkopien 1965.

[3] Botschafter Schroeder, Daressalam, teilte dazu mit, die Tageszeitung „Tansania Standard" habe am 23. Februar 1965 eine „ausgezeichnete sachliche und eindrucksvolle Zusammenfassung des deutschen Standpunkts zur Frage unserer Beziehungen mit Tansania" veröffentlicht. Der Artikel mache deutlich, „wie schwer es der Bundesregierung falle, ausgerechnet gegen Tansania die notwendigen Konsequenzen zu ziehen, daß ihr jedoch nach Lage der Dinge nichts anderes übrig bliebe". Vgl. den Drahtbericht Nr. 86 aus Daressalam vom 23. Februar 1965; Referat I B 3, Bd. 606.

II. Verschiedene Gespräche mit Kabinettsmitgliedern nach meiner letzten Aussprache mit Nyerere[4] ergaben, daß auch die Regierung überrascht wurde. Auch hier fehlt jedoch das Verständnis, und man sucht die Schuld überall, nur nicht bei sich selbst. Das gilt vor allem für Kambona, der die Regierung über seine Bonner Verhandlungen offenbar falsch unterrichtet hatte und der jetzt auf der OAU-Ministertagung in Nairobi[5] gegen uns agitieren dürfte. Es besteht die Meinung, daß wir unsere Wut und Ohnmacht gegenüber Nasser, gegen den wir auf Druck unserer Verbündeten keine Schritte unternehmen dürfen und werden, an Tansania auslassen. Die Maßnahmen gegen Daressalam werden auch als indirekter Racheakt der Amerikaner, von denen wir abhängig seien, ausgelegt.[6] Durch den Abzug der Militärhilfe schwächten wir die Sicherheit Tansanias, das ohnehin viel schwächer sei als Ägypten und im Gegensatz zu diesem mit einem Problem – Sansibar –, wie es kein anderes afrikanisches Land habe, belastet sei. Man frage sich, warum wir es dem Osten in die Arme treiben wollten. Von den Amerikanern sei man Dummheiten gewohnt, bei uns sei dies jedoch eine Überraschung. Das Volk werde sich fragen, ob unsere für Tansania bekundete Freundschaft überhaupt echt gewesen sei oder nur egoistisch begründet. Die Gegenargumente gegen diese absurden Vorstellungen werden zwar angehört und vielleicht verstanden, aber nicht begriffen.

Nyerere deutete an, daß er vermutlich eine Massenkundgebung werde abhalten müssen, um dem Volk zu erklären, warum er von den Deutschen im Stich gelassen werde. Der Tenor dürfte sein, daß wir die Union mit Sansibar hätten zerbrechen wollen, was er nicht habe zulassen können. Die TANU[7] soll für den 27.2. eine Demonstration vor meiner Residenz geplant haben, die jedoch auf Einspruch Nyereres unterblieb. Ein Minister ließ durchblicken, daß man sich frage, ob es jetzt noch Sinn habe, die Zone nicht anzuerkennen, nachdem

---

[4] Am 26. Februar 1965 informierte Botschafter Schroeder, Daressalam, den tansanischen Präsidenten von der Entscheidung der Bundesregierung. Nyerere habe „keine Einwände geltend" gemacht. Vgl. den Drahtbericht Nr. 96; VS-Bd. 3566 (II A 1); B 150, Aktenkopien 1965.

[5] Die Konferenz der Außenminister der Organisation der Afrikanischen Einheit, auf der in erster Linie über die politische Lage im Kongo beraten wurde, fand vom 26. Februar bis 9. März 1965 statt. Vgl. dazu den Drahtbericht des Botschafters Soltmann, Nairobi, vom 10. März 1965; Referat I B 3, Bd. 638.

[6] Im November 1964 war es zu einer Krise in den amerikanisch-tansanischen Beziehungen gekommen, nachdem Außenminister Kambona öffentlich behauptet hatte, es gebe „dokumentarische Unterlagen" darüber, „daß ‚gewisse große westliche Mächte' ein Komplott" gegen Tansania planten, um „seine Rolle als Hauptquartier für das Befreiungskomitee der OAU zu liquidieren". Vgl. den Drahtbericht Nr. 350 des Botschafters Schroeder, Daressalam, vom 11. November 1964; VS-Bd. 2182 (I B 3); B 150, Aktenkopien 1964.
Mitte Januar 1965 verwies die tansanische Regierung die amerikanischen Diplomaten Gordon und Carlucci mit der Begründung des Landes, sie hätten sich an einem „Umsturzversuch in Sansibar" beteiligt. Im Zusammenhang mit der daraufhin erfolgten Ausweisung des tansanischen Botschaftsrats Katura aus Washington wurde auch Botschafter Shariff von der tansanischen Regierung aus Washington abberufen. Vgl. den Drahtbericht Nr. 162 des Botschafters Knappstein, Washington, vom 15. Januar 1965; VS-Bd. 2544 (I B 3); B 150, Aktenkopien 1965. Vgl. dazu auch den Drahtbericht Nr. 44 von Schroeder vom 1. Februar 1965, sowie den Drahtbericht Nr. 502 des Gesandten von Lilienfeld, Washington, vom 15. Februar 1965; Referat I B 3, Bd. 609.

[7] Die „Tanganyika African National Union", deren Vorsitzender Präsident Nyerere und deren Generalsekretär Außenminister Kambona war, war die Staatliche Einheitspartei Tansanias.

unsere Hilfe eingestellt werden soll. Nach hiesiger Vorstellung ist es offenbar die Hauptaufgabe einer Botschaft, dem Gastland Hilfe zu erweisen, sonst ist sie entbehrlich. Botschafter Kahama, der heute hier eintreffen soll[8], habe Nyerere telegrafisch vom Boykott seines Empfangs in Bonn berichtet[9], was den Präsidenten besonders verletzt habe (ich wandte ein, daß man dort in den Tagen der Kairo-Krise sicherlich keine Zeit für gesellschaftliche Veranstaltungen gehabt habe). Besonders erbittert hat auch das Gerücht, daß Kenia sich um Tansania zu entziehende deutsche Entwicklungshilfe beworben habe.

Wie weiter aus Ministergesprächen zu entnehmen, soll kurz nach der jetzigen OAU-Tagung in Nairobi auf Initiative Nassers eine Konferenz der Staatschefs einberufen werden[10], um die Deutschlandfrage zu behandeln. Nyerere habe sich auf der letzten Tagung in Kairo dagegen ausgesprochen, werde jetzt jedoch zustimmen. Von neun afrikanischen Ländern wisse man hier, daß sie für Anerkennung der Zone eintreten würden. (Ich regte an, daß die OAU einen Appell an Moskau richten sollte, die Wiedervereinigung zu gestatten, was ihr Eintreten für Recht und Freiheit wirklich glaubhaft machen würde. Die Erwiderung war, daß nicht Moskau, sondern Washington die Wiedervereinigung verhindere.) Die hiesige Lage ist, wie sich aus Vorstehendem ergibt, ein Gewirr von Gerüchten, kaum verhüllten Drohungen und einer gewissen Ratlosigkeit und wird sich wohl erst in einigen Tagen abklären.

III. Nach Ansicht der Botschaft war die getroffene Maßnahme sachlich richtig, jedoch in der Form der Durchführung, insbesondere der Eile, unserem Image bei den Afrikanern nicht zuträglich. Die Flughafenkontrolle erfuhr davon noch vor der Botschaft, was die Gerüchtebildung begünstigte und unseren Militärs auch die Möglichkeit nahm, sich zu verabschieden.

Die Regierung scheint sich noch abwartend zu verhalten, und ihre weiteren Schritte dürften wohl davon abhängen, was das Bundeskabinett über die Einstellung der Entwicklungshilfe endgültig beschließt. Der hiesige Beschluß, ein Generalkonsulat der Zone zuzulassen, wird nicht zurückgenommen werden. Der Sitz bleibt noch offen, jedoch dürfte jetzt nach unseren einleitenden Maßnahmen Daressalam so gut wie sicher sein. Kiesewetter ist noch immer in Sansibar (seit 12.1.), und Fritsch war in den letzten Tagen wiederholt hier.

Konkrete Fragen, die von den Ministern an mich gerichtet wurden, betrafen in erster Linie dem Verbleib des DED[11], die 2 geschenkten Küstenwachboote

---

[8] Zur Abreise des Botschafters aus Bonn vgl. Dok. 84, Anm. 56.

[9] Vor seiner Abreise am 26. Februar 1965 hatte der tansanische Botschafter Kahama Staatssekretär Carstens um eine weitere Unterredung gebeten, aber es kam nur noch zu einem Telefongespräch. Vgl. den Vermerk von Carstens vom 26. Februar 1965; VS-Bd. 421 (Büro Staatssekretär); B 150, Aktenkopien 1965.

[10] Zu der für März 1965 geplanten Zweiten Afro-asiatischen Konferenz in Algier vgl. Dok. 1, Anm. 5.

[11] Bereits am 26. Februar 1965 regte Botschafter Schroeder, Daressalam, an, die Projekte des Deutschen Entwicklungsdienstes nicht einzustellen, „da [die] Auseinandersetzung mit tansanischer Regierung sich in gemäßigten Formen abzuspielen scheint und [ein] Abzug beispielsweise von Krankenschwestern des Entwicklungsdienstes bittere Gefühle aufkommen lassen könnte". Vgl. den Drahtbericht Nr. 96; VS-Bd. 3566 (II A 1); B 150, Aktenkopien 1965.

(zur Zeit im Bau) und den Rücktransport der 2 in Mombasa befindlichen Leihboote mit 27 Mann nichtseemännischer tansanischer Besatzung. Um für Tansania, das im Grunde westlich orientiert bleiben will, noch interessant zu bleiben, sollten wir, nachdem die Operation bei der Militärhilfe vollzogen ist, in der Abwicklung der sonstigen Fragen großzügig sein.[12] Vor allem sollte vermieden werden, daß das hinterlassene wertvolle Gerät verkommt, was unserem Ansehen nur schaden könnte. Ich sagte Nyerere, daß es meines Wissens zur Fortsetzung der Ausbildung gebraucht werden könne, machte jedoch ihm, wie auch einem Minister, der die Frage stellte, ob auch die Zone es benutzen dürfe, klar, daß hieran selbstverständlich nicht gedacht sei, und daß dies die heftigsten Reaktionen in Deutschland auslösen, wie auch dem Ansehen Tansanias in der sonstigen westlichen Welt schaden würde.[13]

[gez.] Schroeder

VS-Bd. 421 (Büro Staatssekretär)

---

[12] Am 25. Februar 1965 teilte Staatssekretär Carstens Botschafter Schroeder, Daressalam, mit, daß die Bundesregierung zwar grundsätzlich die Einstellung der Entwicklungshilfe beschlossen habe, diese Entscheidung jedoch deshalb noch nicht „formalisiert und öffentlich verkündet" worden sei, weil noch Hoffnung auf ein Einlenken der tansanischen Regierung bestehe. Vgl. den Drahterlaß Nr. 54; VS-Bd. 2545 (I B 3); B 150, Aktenkopien 1965.

[13] Am 28. Februar 1965 bezeichnete der tansanische Präsident gegenüber Botschafter Schroeder, Daressalam, das Vorgehen der Bundesregierung als einen „Zwei-Phasen-Plan", um die tansanische Regierung zum Einlenken zu veranlassen. Nyerere betonte, „wenn er unter diesem Druck nachgäbe, würde er sein Ansehen vor sich selbst, Afrika und der Welt verlieren. Es bliebe ihm gar nichts anderes übrig, als von sich aus eine öffentliche Verzichtserklärung auf weitere Entwicklungshilfe abzugeben […]. Er könne andererseits jetzt als Trotzreaktion aber auch nicht die Zone anerkennen, was logisch wäre, da das seinen Prinzipien widerspräche." Am 1. März 1965 berichtete die tansanische Presse von dem Verzicht auf weitere Entwicklungshilfe aus der Bundesrepublik. Botschafter Kahama, der sich noch in Daressalam aufhielt, erklärte dazu gegenüber Schroeder, bei diesem „Statement" handele es sich nur um eine „Geste". Die Bundesregierung solle es vielmehr als ein „Angebot zu weiteren Verhandlungen betrachten. Dies sei der afrikanische Weg, Politik zu machen." Vgl. den Drahtbericht Nr. 100 aus Daressalam vom 1. März 1965; VS-Bd. 2617 (I B 3); B 150, Aktenkopien 1965.
Zum Fortgang vgl. Dok. 195.

99

Vortragender Legationsrat I. Klasse Brückner, Budapest, an das Auswärtige Amt

Z B 6-1-2072/65 geheim Aufgabe: 1. März 1965, 18.00 Uhr[1]
Fernschreiben Nr. 35 Ankunft: 1. März 1965, 22.33 Uhr

Derzeitiges Verhältnis ungarische Regierung – Handelsvertretung

Eine sich schon seit Monaten anbahnende Entwicklung[2], die das Verhältnis der ungarischen Regierung zur Handelsvertretung betrifft, hat ein Stadium erreicht, das eine diesbezügliche Berichterstattung erforderlich macht. Ein längeres Gespräch des Wiener Korrespondenten des „Echo der Zeit" und anderer deutscher Blätter, Herbert Lucht, mit dem stellvertretenden Außenminister Szilagyi gab hierfür den letzten Anlaß. Bei ihm handelt es sich um denselben Mann, der auch Herrn Beitz während seines letzten Aufenthalts in Budapest empfangen hat, nachdem Kadar[3] dies abgelehnt hatte und der Erste Außenminister[4] dies nicht tun konnte, weil er außer Landes war.

Danach haben in Ungarn endgültig jene Kreise der Regierung und der Partei Oberhand gewonnen, die von vornherein auf eine strenge Einschränkung der Tätigkeit der HV auf reine Handelsfragen drängten und jede großzügigere Interpretierung des Passus des Abkommens über die Errichtung von Handelsmissionen[5] entschieden ablehnen, in dem es heißt: „Die beiden Regierungen betrachten die Errichtung von Handelsvertretungen als ein Mittel für die Verbesserung der Beziehungen zwischen den beiden Völkern. Sie hoffen auf eine weitere, dem Geiste dieser Vereinbarung entsprechende Entwicklung." Unter dem offenkundigen Einfluß der Sowjetunion und vor allem der Zone ist in den letzten Monaten der Vertretung jede Arbeit auf anderen als wirtschaftlichem Gebiete unmöglich gemacht worden. Man geht ungarischerseits konzentriert und systematisch daran, die Fortsetzung aller Kontakte, die die HV im letzten Halbjahr oft sehr mühevoll auf verschiedenen nicht die Wirtschaft betreffenden Gebieten angeknüpft hat, zu unterbinden und neue Versuche, die Beziehungen zu erweitern, von vornherein zu verhindern. Man benutzt zu diesem

---

[1] Hat Legationsrätin I. Klasse Rheker vorgelegen, die eine Ausfertigung des Drahtberichts an Vortragenden Legationsrat I. Klasse Oncken weiterleitete und handschriftlich vermerkte: „Zusatz: Die sich aus dem Drahtbericht ergebenden möglichen politischen Konsequenzen für unsere Außenpolitik werden mit D II und Dg II erörtert."
[2] Bereits am 6. November 1964 berichtete der Leiter der Handelsvertretung in Budapest, Brückner, daß seinem Stellvertreter, Kersting, im ungarischen Außenministerium mitgeteilt worden sei, die Handelsvertretung solle sich „streng" an die Abmachungen des Abkommens vom 10. November 1963 halten und sich nicht mit Angelegenheiten befassen, „die mit dem Charakter einer Handelsvertretung nichts zu tun" hätten. Vgl. den Drahtbericht Nr. 43; VS-Bd. 3137 (II A 5); B 150, Aktenkopien 1965.
[3] Korrigiert aus: „Bgadar."
[4] Janos Peter.
[5] Für den Wortlaut des Abkommens mit Ungarn vom 10. November 1963 über den Waren- und Zahlungsverkehr und über die Errichtung von Handelsvertretungen vgl. VS-Bd. 8374 (II A 5); B 150, Aktenkopien 1963.

Zwecke ein sehr einfaches, aber sehr wirksames Mittel. Die HV ist gezwungen, alle Besuche bei prominenten Persönlichkeiten des ungarischen öffentlichen Lebens (außer Wirtschaft) über das Protokoll des Außenministeriums anzumelden. Wünschen meine Mitarbeiter oder ich nun diesen oder jenen wichtigen Mann zu sprechen, so werden diese Bitten zwar höflich entgegengenommen, aber es ist nicht möglich, positive Zusagen zu erhalten. Sobald bekannt wird, daß es sich bei den Gesprächen nicht um Wirtschaftsfragen handelt, sind wir gezwungen, bei Anmeldung der Besuche dem Protokoll auch den Grund des Besuches anzugeben – werden unter den verschiedensten Ausflüchten, oft den törichtsten, derartige Begegnungen unmöglich gemacht. Versucht man, aufgrund bereits bestehender Bekanntschaften unmittelbar mit solchen Persönlichkeiten eine Zusammenkunft zu vereinbaren, so kommt es in jüngster Zeit oft zu der bizarren Lage, daß diese Personen zunächst zu-, aber am folgenden Tage wieder absagen mit der Begründung, sie gehörten zu dem Personenkreis, der mit der HV nur durch Vermittlung des Protokolls verkehren dürfe, obwohl sie sich in früheren Fällen nicht darauf berufen haben. Das geht zuweilen so weit, wie im Falle des Herrn Dr. Wild, des Leiters der deutschen Minderheit in Ungarn, dem ich im Namen und Auftrag von Prof. Klaus Mehnert als Dank für letzterem erwiesene Gastfreundschaft sozusagen als Briefträger ein Buch übersandt hatte und der mir hierauf zu verstehen gab, daß es nicht zu den Aufgaben einer Handelsvertretung gehöre, derartiges zu tun. Dieses Benehmen eines relativ unbedeutenden Mannes beweist das Vorhandensein einer offiziellen Weisung über das Verhalten gegenüber der deutschen Handelsvertretung, die selbst unteren Instanzen bekanntgegeben wurde.

Auch die Vertretungen der Ostblockstaaten haben offensichtlich ihr Verhalten mir gegenüber im gleichen Sinne mit der ungarischen Regierung abgestimmt. Mein Versuch, mit den Botschaftern Bulgariens, Polens, Rumäniens in Kontakt zu kommen, ist in den Fällen Polen und Bulgarien gescheitert, wobei beide Botschaften dieselbe Taktik anwendeten wie das ungarische Außenministerium, sie nahmen die Anmeldungen der Besuche entgegen, versprachen zurückzurufen und haben das dann unterlassen. Nur der rumänische Botschafter hat sich nicht darum gekümmert und wird mich empfangen. Das ist die eine Seite.

Andererseits ist dem ungarischen Außenhandelsministerium an einer Vertiefung der wirtschaftlichen Beziehungen gelegen. Und man ist sogar bereit, noch weiter zu gehen. Man würde offenbar auch, was Herr Szilagyi gleichfalls bestätigte, die Aufnahme konsularischer und kultureller Beziehungen mit der Bundesrepublik billigen. Man ist aber dazu nur über den Weg gesonderter Verhandlungen (nicht mit den wirtschaftlichen Besprechungen zusammen) und des Abschlusses eines Sondervertrages über konsularische und kulturelle Beziehungen bereit. Hierbei taucht sofort die Frage auf, wie soll es in diesem Falle mit der Berlinklausel gehalten werden.[6] Jedenfalls ist die ungarische Ab-

---

[6] Berlin (West) war in das Abkommen mit Ungarn vom 10. November 1963 über den Waren- und Zahlungsverkehr und über die Errichtung von Handelsvertretungen durch inhaltliche Verknüpfung mit einem vertraulichen Briefwechsel über den Zahlungsverkehr einbezogen, in dem als Gel-

sicht darauf gerichtet, sagen zu können, die Bundesrepublik habe nach dem Abkommen über den Warenverkehr und die Errichtung einer Handelsvertretung nun auch weitere Verträge über konsularische und kulturelle Fragen abgeschlossen. Damit habe [man] nur wiederum einen Schritt im Sinne der Aushöhlung der Hallstein-Doktrin getan. Im übrigen wäre man damit einverstanden, daß diese zusätzlichen kulturellen und konsularischen Aufgaben von der Handelsvertretung übernommen werden. Ich bitte, das oben gesagte mit der Einschränkung zu verstehen, daß die letzte Bestätigung der Richtigkeit meiner Auffassung nur durch unmittelbare offizielle Gespräche mit den zuständigen ungarischen Stellen erlangt werden könnte, für deren Aufnahme ich bisher noch keine Weisung erhalten habe.

Ungarns politischer Fahrplan der Bundesrepublik gegenüber sieht für dieses Jahr ungefähr folgendermaßen aus:

a) Die Bundesrepublik zu bewegen, von sich aus die Initiative zur Erweiterung der Beziehungen auch auf kulturellem und konsularischem Gebiete zu ergreifen.

b) Die Bundesrepublik versuchen zu überreden, die Hallstein-Doktrin in bezug auf die Ostblockstaaten aufzugeben, weil sie in diesen Staaten nicht durchführbar ist und deshalb ihren Sinn verloren hat. Dabei werden interessanterweise Gräfin Dönhoffs Gedankengänge aufgegriffen, die sie in einem kürzlich in der „Zeit" erschienenen Aufsatz über die Ostpolitik geäußert hat.[7] Sie meinte damals, daß die Hallstein-Doktrin in den Ostblockstaaten schon deshalb unanwendbar ist, weil sie noch gar nicht geboren war, als bereits volle diplomatische Beziehungen der sozialistischen Staaten zur Zone bestanden.[8] Es ist auch noch bemerkenswert, daß man hier vermutet, nicht die Gräfin Dönhoff sei Initiantin des Artikels, sondern linksgerichtete CDU-Kreise, die auf diese Weise einen Versuchsballon starten wollten,

c) alle Bemühungen irgendwo auf der Welt zu unterstützen, die die Hallstein-Doktrin so vollkommen aushöhlen, daß die Bundesrepublik selbst sie eines Tages ganz aufgeben muß.

d) Eine so geführte systematische Aufweichungspolitik gegen unsere Wiedervereinigungspolitik wird als letzte Konsequenz unsere Alliierten und Freunde so müde werden lassen, daß sie eines Tages der Deutschlandfrage überdrüssig sein, sich aus der Verantwortung für die Wiedervereinigung vollständig zurückziehen und die Lösung den „beiden" deutschen Staaten überlassen wer-

---

Fortsetzung Fußnote von Seite 413

tungsbereich die Währungsgebiete des Forint und der Deutschen Mark (DM-West) genannt waren.

[7] Vgl. dazu den Artikel „Doktrin als Dogma? Das Hallstein-Rezept: Nützlich gegen Nasser, verfehlt gegenüber Osteuropa"; DIE ZEIT, Nr. 6 vom 5. Februar 1965, S. 1.

[8] Zur sogenannten „Geburtsfehler-Theorie" äußerte Bundesminister von Brentano Anfang Dezember 1956 mit Blick auf die reformkommunistische Bewegung in Polen, es sei zu überlegen, ob Polen „seine Beziehungen zu der Regierung in Ost-Berlin nicht unter ganz anderen als den gegenwärtigen Voraussetzungen hergestellt habe und ob daher jetzt nicht auch andere Voraussetzungen gegeben seien, wenn die Regierung Gomulka tatsächlich einen neuen Weg beschreiten werde". Vgl. FRANKFURTER ALLGEMEINE ZEITUNG, Nr. 284 vom 3. Dezember 1956, S. 3.

den. Damit wäre dann das Problem im sowjetischen Sinne gelöst und in unserem gescheitert.

Zunächst aber beschränkt sich Ungarns Aufgabe in diesem Programm auf das Nahziel, eine Erweiterung der wirtschaftlichen Beziehungen zu konsularischen und kulturellen, dann zu diplomatischen zu erreichen. Isolierung der Handelsvertretung und eine strenge Beschränkung ihrer Tätigkeit auf wirtschaftliche Fragen beschleunigt nach ungarischer Auffassung eine solche Entwicklung.[9]

[gez.] Brückner

VS-Bd. 3967 (II A 5)

100

Gespräch des Bundesministers Schröder mit dem amerikanischen Botschafter McGhee

Z A 5-33.A/65 geheim 2. März 1965[1]

Der Herr Bundesminister des Auswärtigen empfing am 2. März 1965 um 10.00 Uhr den amerikanischen Botschafter, Herrn McGhee.

Der *Botschafter* berichtete zunächst über die Mission Harrimans in Israel.[2] Harriman glaube, es sei ihm gelungen, etwas Öl auf die Wogen zu gießen und zur Beruhigung der Lage beizutragen. Die Israelis hätten sich jedoch nicht bereit erklärt, eine Barabfindung, die sie als ungeeignet bezeichnet hätten, zu akzeptieren.[3] Die deutsche Seite werde wohl mit den Israelis weiterverhandeln müssen. Man habe gehört, daß Bonn daran denke, einen Emissär nach Tel Aviv zu entsenden[4], und daß hierfür Herr Krone vorgesehen werden solle.

---

[9] Zu den Beziehungen zu Ungarn vgl. weiter Dok. 170.

[1] Die Gesprächsaufzeichnung wurde vom Vortragenden Legationsrat Weber am 3. März 1965 gefertigt und am gleichen Tag Bundesminister Schröder zugeleitet.
Hat Schröder am 3. März 1965 vorgelegen.

[2] Der Unterstaatssekretär im amerikanischen Außenministerium Harriman hielt sich Ende Februar/Anfang März 1965 im Nahen Osten auf. Am 4. März 1965 gab Botschafter Knappstein, Washington, die Information aus dem amerikanischen Außenministerium weiter, daß hinsichtlich „direkter Waffenlieferungen" noch keine amerikanische Zusage gegeben worden sei. „In der Frage der restlichen deutschen Lieferungen habe Harriman berichtet, daß er den Eindruck gehabt habe, seine Gesprächspartner bestünden auf der Erfüllung der deutschen Verpflichtungen. Über eine Lösungsmöglichkeit oder einen sich anbietenden Ausweg habe er – soweit dem Gesprächspartner bekannt war – nicht berichtet." Vgl. den Drahtbericht Nr. 709; VS-Bd. 8420 (Ministerbüro); B 150, Aktenkopien 1965.

[3] Zur Erklärung des Ministerpräsidenten Eshkol am 15. Februar 1965 vor der Knesseth vgl. Dok. 77, Anm. 13.

[4] Am 3. März 1965 hielt Staatssekretär Carstens fest, Botschafter Knappstein, Washington, habe in einem Telefongespräch vorgeschlagen, daß es „sehr hilfreich sein würde, wenn die Bundesregierung einen Beauftragten nach Israel zur Erörterung der im deutsch-israelischen Verhältnis ent-

Der Herr *Minister* sagte, er sei sehr enttäuscht, daß Gouverneur Harriman kein anderes Resultat erzielt habe, dies um so mehr, da er daran denke, daß McNamara dem Herrn Bundeskanzler sehr klar gesagt habe, den Israelis werde bedeutet oder sei bedeutet worden, daß, wenn das Abkommen nicht geheim gehalten werde, dies das Ende der Lieferungen sei.[5] Er sei enttäuscht, wenn unter diesen Bedingungen die Ablösung dessen, was ein Geschenk sei – denn darum handle es sich –, durch Barmittel nicht akzeptiert werde, glaube er doch, daß dies eine sehr großzügige Behandlung der Angelegenheit gewesen sei. Ob weitere Kontakte mit Israel in dieser Angelegenheit gepflegt würden, sei noch nicht entschieden, ebensowenig die Frage, ob und wer als Emissär nach Israel gehen sollte.

Der *Botschafter* fragte, ob mit den Israelis nie darüber gesprochen worden sei, daß ein Bekanntwerden des Abkommens gleichzeitig die Einstellung der Lieferungen bedeute.

Der Herr *Minister* sagte, er habe in dieser Frage nie selbst irgendwelche direkten Kontakte mit Israelis gehabt, und er wisse nicht, was das Bundesverteidigungsministerium abgemacht haben mag. Für das Kabinett habe die Sache so ausgesehen, daß die Abwicklung durch Zwischenschaltung Italiens, d. h. sogar der italienischen Regierung, erfolgen sollte. Was wirklich vereinbart worden sei, entziehe sich seiner Kenntnis. Was diesen Punkt angehe, so hätte er sich absolut auf die Vereinigten Staaten verlassen, weil niemand anders als die Amerikaner die Waffenlieferungen aufgebracht hätten[6], offenbar nicht ohne längere vorherige Fühlungnahme mit den Israelis.

Der *Botschafter* erwähnte sodann den Vorschlag, daß die Panzer den Amerikanern gegeben werden und sie nur den Transport übernehmen sollten.[7] Er sehe allerdings nicht ein, wieso sich hierdurch etwas Grundsätzliches ändere.

Der Herr *Minister* erwiderte, er wisse davon nichts im einzelnen, doch sei die Idee wohl im Verteidigungsministerium aufgekommen. Die Frage des Transportes sei offensichtlich völlig anders behandelt worden, als sie sich aus der Perspektive des Kabinetts ausgenommen habe. Dies scheine aber mehr eine interne Frage zu sein, die vor allem die deutschen Stellen betreffe. Wenn die Amerikaner den Transport übernähmen, würde er darin keine Erleichterung erblicken. Die einzige Erleichterung sehe er in einer direkten Lieferung durch die Amerikaner.

Fortsetzung Fußnote von Seite 415

    standenen Fragen entsenden würde. Schon diese Tatsache würde auf die amerikanische öffentliche Meinung beruhigend wirken." Bundesminister Schröder vermerkte dazu handschriftlich: „Es geht hier wirklich nicht um die US-Meinung, sondern um eine diskrete Regelung!" Vgl. VS-Bd. 422 (Büro Staatssekretär); B 150, Aktenkopien 1965.
    Die Entsendung des CDU-Abgeordneten Birrenbach nach Israel stand seit Ende Februar 1965 fest. Vgl. dazu BIRRENBACH, Sondermissionen, S. 96.
    Zur Mission von Birrenbach vgl. Dok. 120.

[5] In diesem Sinne äußerte sich auch der Unterstaatssekretär im amerikanischen Außenministerium Harriman am 12. Februar 1965 gegenüber Botschafter Knappstein, Washington. Vgl. Dok. 74.

[6] Zur Absprache über die Lieferungen amerikanischer Panzer durch die Bundesrepublik und zu den vereinbarten Modalitäten vgl. Dok. 39, Anm. 6.

[7] Zur Übernahme der Panzerlieferungen durch die USA vgl. weiter Dok. 125, besonders Anm. 15.

Der *Botschafter* fragte, ob irgend jemand auf deutscher Seite mit den Israelis über die Bedingungen gesprochen habe, unter denen das Lieferungsprogramm eingestellt würde.

Wie der Herr *Minister* antwortete, sei seines Wissens Herrn Shinnar nur die Tatsache als solche und der deutsche Wunsch mitgeteilt worden, für die restliche Lieferung eine Abfindung vorzusehen.[8] Soviel er wisse, seien keine Vorschläge über die Bedingungen gemacht worden.

Der *Botschafter* fragte sodann, ob über dieses Thema nicht gesprochen worden sei, als deutscherseits die Verpflichtung zur Lieferung der Panzer eingegangen worden sei.

Der Herr *Minister* führte aus, das Kabinett sei davon ausgegangen, daß eine Zwischenschaltung Italiens vorgesehen sei. Wie die Regelung aussehe, wenn diese Zwischenschaltung nicht erfolge, müsse zwischen dem Verteidigungsministerium und den Israelis ausgemacht worden sein, doch wisse er davon nichts. Die Unklarheit, die zwischen dem Kabinett und dem Verteidigungsministerium bestehe, sei sehr unangenehm, und er bitte den Botschafter darum, nur zurückhaltend darüber nach Washington zu berichten, doch zeige dies andererseits, daß das Äußerste getan worden sei, um die Angelegenheit so diskret wie möglich zu behandeln.

Der *Botschafter* erwähnte sodann das vom Bundestagspräsidenten gegebene Frühstück und bezog sich auf die Äußerung des Herrn Ministers, daß auf die Bundesregierung Druck ausgeübt werde, die Beziehungen zu Kairo abzubrechen.[9] Er fragte, ob dieser Druck fortbestehe.

Wie der Herr *Minister* ausführte, werde der ganze Fragenkomplex am heutigen Tage noch einmal mit dem Herrn Bundeskanzler erörtert.[10] Er wisse nicht, was seine Kabinettskollegen in der Zwischenzeit erlebt und gedacht hätten. Man müsse die Dinge noch einmal neu ins Auge fassen.

Der *Botschafter* erklärte, die amerikanische Regierung würde es als unklug erachten, wegen des Ulbricht-Besuchs[11] die Beziehungen zu Kairo abzubrechen. Es wäre nicht ohne Gefahr, wenn man die VAR zu einem Bruch der Beziehungen zwingen würde, weil dadurch die anderen arabischen Staaten ermuntert würden, das gleiche zu tun. Die Kommunisten hätten dann sehr viel größere Möglichkeiten einer Einflußnahme und Infiltration. Auch der SBZ würde ein größeres Betätigungsfeld eröffnet werden, wobei man nicht übersehen dürfe, daß es sich auch um Deutsche mit technischem Talent und Geschick handle.

---

[8] Vgl. Dok. 70.
[9] So sprach am 25. Februar 1965 der Präsident der EWG-Kommission, Hallstein, bei Bundeskanzler Erhard vor und „plädierte entschieden" für den Abbruch der diplomatischen Beziehungen zur VAR. Der ebenfalls anwesende Bundesminister Schröder hatte „Hallsteins Argumenten nichts entgegenzusetzen". Vgl. OSTERHELD, Außenpolitik, S. 160.
 Vgl. dazu weiter Dok. 115, Anm. 6.
[10] Vgl. Dok. 101.
[11] Der Staatsratsvorsitzende Ulbricht hielt sich vom 24. Februar bis 2. März 1965 in der VAR auf. Zum protokollarischen Ablauf des Besuchs vgl. Dok. 104.

Der Herr *Bundesminister* teilte die Ansichten des Botschafters über die Gefahren, die sich aus einem Abbruch der Beziehungen durch die Bundesrepublik ergäben. Andererseits wolle aber niemand in eine Lage geraten, in welcher bei dem erklärten Stopp unserer Wirtschaftshilfe[12] Nasser von sich aus die Beziehungen abbrechen könnte, wenngleich er nicht glaube, daß dies sehr wahrscheinlich sei.

Der *Botschafter* führte aus, das State Department glaube nicht, daß Nasser von sich aus die Beziehungen abbrechen werde. In diesem Zusammenhang sei es interessant gewesen, daß Nasser während Ulbrichts Aufenthalt in Kairo erneut und mit Nachdruck von seinen Differenzen mit dem Kommunismus gesprochen habe.[13] Nach amerikanischer Auffassung bestehe bei der VAR eine eingeborene Abneigung gegen den Kommunismus. Deshalb befürchte man, daß bei einem Bruch der Beziehungen zwischen Bonn und Kairo, von welcher Seite er auch immer erfolge, einer starken Expansion der Kommunisten im gesamten Mittelmeerbereich die Tür geöffnet werde. Damit wäre der Damm gegen den Kommunismus irreparabel durchbrochen. Andere arabische Länder würden dem Beispiel Nassers folgen, wodurch auch eine Anerkennung der DDR erleichtert würde. Das State Department betrachte diese Folgen als sehr ernst.

Der Herr *Minister* sagte, er folge dem Botschafter in der Einschätzung dieser Lage. Andererseits müsse er aber mit Nachdruck darauf hinweisen, daß die Hauptschwierigkeit, abgesehen von der VAR, in der Beziehung zu Israel liege und daß deshalb diese Beziehung zu Israel in einer Weise bereinigt werden müsse, die nicht umgekehrt wegen der arabisch-israelischen Schwierigkeiten zu einem Bruch führe. Deshalb würde man es begrüßen, wenn man mit Hilfe der Vereinigten Staaten zu einer Lösung des Israelproblems gelangen könnte, da sich sonst Gefahren ergäben. Von arabischer Seite sei gesagt worden, wenn die Waffenlieferungen fortgesetzt oder durch Geld abgelöst würden und auch die Wirtschaftshilfe für Israel[14] weitergehe, würde man die Beziehungen abbrechen.[15] Dieser Lage sehe man sich nun gegenüber, und deshalb sei gerade dies der Punkt, wo man der Unterstützung durch die westlichen Freunde bedürfe. In Kairo könnten die Amerikaner nicht viel helfen, wohl aber müßten sie in Tel Aviv helfen. Der Herr Minister führte weiter aus, daß er die Drohung im Falle einer finanziellen Ablösung oder einer Fortsetzung der Wirtschaftshilfe nicht so ernst nehme.

Der *Botschafter* fragte, ob nach Auffassung des Herrn Ministers die Drohung auch für den Fall gelte, daß die noch ausstehenden Lieferungen abgewickelt würden, selbst wenn keine neuen Abmachungen getroffen würden.

Der Herr *Minister* bejahte diese Frage.

Der *Botschafter* sagte sodann, wenn man mit den Israelis zunächst weiter verhandle, brauchten die Beziehungen Bonn-Kairo doch nicht abgebrochen zu werden.

[12] Zur Entscheidung der Bundesregierung vom 15. Februar 1965, die Wirtschaftshilfe an die VAR einzustellen, vgl. Dok. 81, Anm. 16.
[13] Zur Haltung des ägyptischen Präsidenten zur Deutschland-Frage vgl. auch Dok. 104, Anm. 5.
[14] Zur Wirtschaftshilfe an Israel vgl. Dok. 103.
[15] Zum Beschluß vom 22. Februar 1965 vgl. Dok. 90, Anm. 18.

Der Herr *Minister* erwiderte hierauf, hierum gehe es nicht. Es stelle sich aber die Frage, welche Situation sich zwischen der Bundesrepublik und Kairo ergeben werde, wenn eine zufriedenstellende Lösung mit Tel Aviv nicht gefunden werden könne. Daran müsse man von vornherein denken. Deshalb müsse er erneut die Bedeutung einer Bereinigung des Verhältnisses mit Tel Aviv unterstreichen. Er wolle nicht auf die Vorgeschichte der Panzerlieferungen eingehen, doch sei nun die Situation eingetreten, die er dem Botschafter vorausgesagt habe.[16] Nachdem man nun in diese Schwierigkeiten geraten sei, die schon schlimm genug seien, sähen die Amerikaner keine Möglichkeit, den Deutschen dabei zu helfen, in Israel aus dieser Situation herauszukommen. Die Gefahren, die sich aus einem Bruch mit Kairo und anderen arabischen Ländern ergäben, schätze man genauso ein wie die Vereinigten Staaten, doch sei ein großes Stück, ja der entscheidende Teil dieser Schwierigkeiten auf die deutsch-israelischen Waffenbeziehungen zurückzuführen, weshalb sie auf diese oder jene Weise liquidiert werden müßten.

Der *Botschafter* wiederholte, daß die Verhandlungen mit Israel fortgesetzt werden könnten, ohne daß dadurch die VAR zu einem Abbruch der Beziehungen gezwungen würde.

Antwort des Herrn *Ministers*: dies brauchte natürlich nicht der Fall zu sein, doch wolle er nur die mögliche Entwicklung erwähnen, daß in einem späteren Zeitpunkt wegen Israel ein Bruch der Beziehungen eintreten könnte. Vielleicht sei es gerade diese Möglichkeit, die der eine oder andere schon im Kopf habe.

Der *Botschafter* fragte noch einmal, ob den Israelis nicht gesagt worden sei, daß die Lieferungen eingestellt würden, wenn das Abkommen bekannt würde.

Wie der Herr *Minister* entgegnete, wisse er dies nicht, doch habe er sich darauf verlassen, daß die Amerikaner dies getan hätten, um so mehr, als sie die deutsche Seite in dieses sogenannte Geschäft hineingebracht haben. Er selbst habe mit keinem Israeli gesprochen.

Auf die Bemerkung des *Botschafters*, es habe aber jemand mit den Israelis gesprochen, bemerkte der Herr *Minister*, Herr Shinnar sei von Staatssekretär Carstens und dann vom Bundeskanzler empfangen worden.[17] Er wisse nicht, ob dabei über diese Frage gesprochen worden sei, doch nehme er dies an.

Der *Botschafter* sprach sodann über die jüngste Entwicklung in Tansania. Nyerere habe erklärt, wenn er keine Militärhilfe bekomme, wolle er überhaupt keine Hilfe.[18]

Der Herr *Minister* sagte, man werde den deutschen Botschafter[19] zu Gesprächen nach Bonn rufen. Das Kabinett habe vorgehabt, nicht nur die militärische, sondern auch die wirtschaftliche Hilfe einzustellen, wobei hinsichtlich

---

[16] Vgl dazu Dok. 89.
[17] Vgl. Dok. 65 und Dok. 70.
[18] Zur Reaktion des tansanischen Präsidenten auf die Einstellung der Ausrüstungshilfe vgl. Dok. 98, Anm. 13.
[19] Herbert Schroeder.

letzterer noch keine endgültige Entscheidung getroffen worden sei.[20] Offen sei nur die Frage einiger Projekte im Rahmen der technischen Hilfe. Nyereres Äußerung entspreche somit etwa den Entscheidungen, die man hier zu treffen beabsichtige. Ob er es wirklich so gemeint habe oder nicht, sei dahingestellt, vielleicht habe er nur das Gesicht wahren wollen.

Auf die Frage des *Botschafters*, ob Nyerere die Weiterführung gewisser Projekte im Rahmen der technischen Hilfe gestatten werde[21], bemerkte der Herr *Minister*, man sei deutscherseits nicht daran interessiert, mit Ausnahme eines Slums Clearance Project, das man aus humanitären Gründen gern weiterführen möchte.[22] In den anderen Fällen liege das Interesse mehr auf der anderen Seite.

Der *Botschafter* sagte, es sei schwierig, in dieser Situation der Bundesregierung zu raten. Der amerikanische Botschafter in Tansania, Leonhart, sei vor kurzem in Bonn gewesen und habe mit verschiedenen deutschen Stellen gesprochen. Er persönlich würde es sehr bedauern, wenn die zwischen der Bundesrepublik und Tansania bestehenden Beziehungen geschwächt würden. Nach seiner Auffassung habe Deutschland in jenem Lande eine größere Rolle zu spielen als irgendein anderer Staat, was einmal auf historische Gründe[23], zum anderen darauf zurückzuführen sei, daß die dortige Bevölkerung großes Vertrauen zu den Deutschen habe. Die eigenen amerikanischen Leistungen in Tansania seien, verglichen mit den deutschen, nur subsidiär. Er hoffe, es werde möglich sein, die Verbindungen in vollem Umfang wiederherzustellen und die Beziehungen zwischen Tansania und der SBZ zu korrigieren. Nach einem Abbau oder gar Abbruch der Beziehungen sei es immer schwieriger, einen neuen Anfang zu machen. Das gelte auch für die VAR. In beiden Ländern gehe es darum, eine gemeinsame Linie zu halten. In Tansania befänden sich 160 chinesische Vertreter, die nicht nur Kontakte mit der Regierung, sondern unmittelbar mit der Bevölkerung hätten. Tansania sei in Ostafrika ein Schlüsselland.

Der Herr *Minister* wies darauf hin, daß die Situation sehr schwierig sei. Die eine Schwierigkeit ergebe sich aus der militärischen Ausrüstungshilfe, die als solche ein Problem sei, und man müsse erneut prüfen, ob die bisherigen Grundsätze gut und richtig gewesen seien. Viel schwieriger noch sei aber die Frage, was zu tun sei, wenn zu Pankow Beziehungen hergestellt würden, die nach deutscher Auffassung zu weit gingen. Dann sehe man sich einer Situation gegenüber, wo man unter Umständen Opfer zu bringen habe, um den Alleinvertretungsanspruch mit dem nötigen Nachdruck aufrechtzuerhalten. Um dies zu können, bedürfe man der Unterstützung der westlichen Freunde, insbesondere der Vereinigten Staaten. Welche Grenze der Beziehungen gerade

---

[20] Vgl. dazu Dok. 98, Anm. 11 und 12.
[21] Die Wörter „gestatten werde" wurden von Bundesminister Schröder hervorgehoben. Dazu Ausrufezeichen.
[22] Bei den Projekten zur Sanierung von Elendsvierteln handelte es sich um eine Zusage von Kapitalhilfe in Höhe von 10 Mio. DM durch die Bundesregierung, mit der 10 Siedlungsvorhaben in Daressalam finanziert werden sollten. Vgl. Referat I B 3, Bd. 608.
[23] Tansania war seit 1890 als „Schutzgebiet Deutsch-Ostafrika" Kolonie des Deutschen Reiches. 1920 kam es unter britische Verwaltung.

noch hingenommen werden könne, müsse immer wieder von neuem geprüft werden.[24] Im Falle Colombos habe man sich entschlossen, daß es nicht ohne Folgen bleiben könne, wenn ein Generalkonsulat der SBZ eröffnet werde.[25] So sei es auch in Tansania gewesen. Dies bringe ihn auf seine eingangs gemachte Äußerung zurück. Weil es im gemeinsamen Interesse so wichtig sei, keine Position aufzugeben, müßten gewisse Vorbedingungen erfüllt werden, die Schwierigkeiten vermieden, wie sie jetzt im Nahen Osten aufgetreten seien.

Der *Botschafter* sagte, auch er bedaure, daß die Bemühungen Harrimans einen so mageren Erfolg erbracht hätten, doch seien die Israelis, wenn sich erst einmal die Gefühle etwas beruhigt hätten, sicher wieder zugänglicher.

Was die amerikanischen Beziehungen mit Tansania angehe, so seien sie schlecht. Die Regierung habe ihren Botschafter aus Amerika abberufen[26], und die amerikanische Hilfe sei nicht so groß, daß sie einen guten Ansatzpunkt abgeben würde. Der Herr Minister wisse, daß zwei Angehörige der amerikanischen Botschaft zum Verlassen des Landes aufgefordert worden seien. Man habe ihre Telefongespräche abgehört und sie so interpretiert, als hätten die beiden Amerikaner Vorbereitungen zu einem Umsturz getroffen.[27]

Die amerikanischen Möglichkeiten, der Bundesrepublik in Tansania zu helfen, seien begrenzt. Man habe es bisher dankbar begrüßt, daß die Bundesregierung in Gebieten tätig geworden sei, in denen den Amerikanern die Hände etwas gebunden gewesen seien. Deswegen sei es jetzt auch schwierig, Rat zu erteilen.

Wie der Herr *Minister* abschließend bemerkte, stehe man vor der Frage, ob die sogenannte Hallstein-Doktrin jetzt noch einmal schärfer angewendet werden sollte, um die eigene Position in aller Ernsthaftigkeit klar zu machen, doch sehe man sich dabei einmal der Frage gegenüber, wie stark die Wirkung wäre, und zum anderen, auf welche Hilfe man dabei seitens der westlichen Freunde und insbesondere der Vereinigten Staaten rechnen könnte.

Der *Botschafter* sagte, sowohl in Tansania und der VAR wie auch in Israel habe man verhältnismäßig wenig Ansatzpunkte.

Die Unterredung endete gegen 11 Uhr.

VS-Bd. 8513 (Ministerbüro)

---

[24] Zu Tansania vgl. weiter Dok. 101, Anm. 20.
[25] Zur Einstellung der Wirtschaftshilfe aus der Bundesrepublik, die am 19. Januar 1964 als Reaktion auf die Zulassung eines Generalkonsulats der DDR in Colombo erfolgte, vgl. Dok. 16, Anm. 10.
    Zu Ceylon vgl. zuletzt Dok. 72.
[26] Scheich Othman Sharif.
[27] Vgl. dazu Dok. 98, Anm. 6.

101

Aufzeichnung des Staatssekretärs Carstens

St.S. 583/65 geheim 2. März 1965

Betr.: Nahost-Krise, Israel, Tansania;
hier: Besprechung bei dem Herrn Bundeskanzler am 2. März 1965 vormittags

Teilnehmer: Bundeskanzler;
Bundesminister Schröder, von Hassel, Schmücker, Scheel, Dahlgrün, Krone;
Staatssekretäre Carstens, von Hase, Gumbel;
Ministerialdirektoren Hohmann, Knieper, Praß;
Ministerialdirigent Osterheld;
Oberregierungsrat Neusel.

Aus dem Besprechungsverlauf halte ich folgende Ausführungen fest:

Nahost-Krise

Der Herr Bundeskanzler stellt die Frage, ob man nicht auf den Ulbricht-Besuch[1] mit dem Abbruch der diplomatischen Beziehungen zur VAR antworten müsse, weist aber zugleich darauf hin, daß, wenn wir dies tun, bevor wir in der Frage der Lieferung von Waffen an Israel eine Lösung gefunden haben, die Gefahr einer Kettenreaktion in den anderen arabischen Staaten besteht.

Der Herr Minister berichtet über sein soeben geführtes Gespräch mit dem amerikanischen Botschafter.[2] Danach habe Harriman in Tel Aviv in unserem Sinne wenig ausgerichtet. Die Israelis wollten auf den Gedanken der „Umschuldung" nicht eingehen. Washington lege größten Wert darauf, daß wir unsere diplomatischen Beziehungen zu Kairo aufrechterhalten. Ein Abbruch würde irreparablen Schaden verursachen. Zugleich bäte die amerikanische Regierung darum, daß wir an unseren Positionen in Tansania so stark wie möglich festhalten möchten.

Abschließend empfiehlt der Herr Minister, Gegenmaßnahmen gegen die VAR im wirtschaftlichen Bereich zu treffen[3], aber die diplomatischen Beziehungen nicht abzubrechen.[4]

Bundesminister Scheel äußert sich im gleichen Sinne. Wir sollten keine neue Wirtschaftshilfe ins Auge fassen und die laufende Kapital- und Technische

---

[1] Zum Besuch des Staatsratsvorsitzenden Ulbricht vom 24. Februar bis 2. März 1965 in der VAR vgl. Dok. 104.
[2] Vgl. Dok. 100.
[3] Zur Wirtschaftshilfe an die VAR vgl. Dok. 9, Anm. 10.
Zur Entscheidung der Bundesregierung vom 15. Februar 1965, die Wirtschaftshilfe an die VAR einzustellen, vgl. Dok. 81, Anm. 16.
[4] Zur Frage eines Abbruchs diplomatischer Beziehungen zur VAR vgl. weiter Dok. 111.

Hilfe einschränken⁵, soweit dies nach Maßgabe der geschlossenen Verträge möglich sei.

Der Herr Bundeskanzler weist auf die Gefahr hin, daß die These von unserem Alleinvertretungsrecht entschwinde.

Bundesminister Schmücker warnt davor, Ägypten zu unterschätzen. Es sei falsch, mit fliegenden Fahnen unterzugehen.

Staatssekretär Carstens trägt vor, daß unser Alleinvertretungsanspruch und unsere Isolierungspolitik gegenüber der SBZ drei Schwächen aufzeige:

a) unsere eigenen Kontakte mit der Zone (Passierscheinabkommen⁶), die wir für notwendig gehalten hätten, um die Kontakte zwischen beiden getrennten Teilen des deutschen Volkes zu verstärken;

b) die allgemeine Entspannungspolitik, die alle Gebiete der Welt einzubeziehen suche;

c) die Tatsache, daß wir nicht bereit seien, größere Opfer für unsere Deutschland-Politik zu bringen. Unsere Haushaltsansätze für Entwicklungshilfe seien rückläufig.⁷

Dementsprechend hätten wir eine Reihe von Rückschlägen hinnehmen müssen, so in Ceylon⁸, so in Tansania.⁹ In Djakarta sei die Lage sehr prekär.¹⁰ In der WHO drohe ein Einbruch der SBZ.¹¹ Wenn er die Überzeugung hätte, durch den Abbruch der diplomatischen Beziehungen diesen für uns ungünstigen Trend zum Stillstand zu bringen, würde er den Abbruch empfehlen. Diese

---

5 Am 17. Februar 1965 führte Ministerialdirektor Sachs dazu aus, daß die noch nicht ausgezahlte Kapitalhilfe an die VAR in Höhe von 90 Mio. DM einbehalten und keine weitere Kapitalhilfe gewährt werden solle. Ebenso sollten keine weiteren Bundesbürgschaften gewährt werden. Darüber hinaus empfahl Sachs jedoch, einzelne Projekte der technischen Hilfe – so etwa die Ausbildung ägyptischer Praktikanten in der Bundesrepublik – fortzuführen. Vgl. VS-Bd. 8420 (Ministerbüro); B 150, Aktenkopien 1965.

6 Zur Passierschein-Vereinbarung vom 24. September 1964 vgl. AAPD 1964, II, Dok. 258.

7 Für den Haushalt des Bundesministeriums für wirtschaftliche Zusammenarbeit für die Rechnungsjahre 1964 und 1965 vgl. BUNDESHAUSHALTSPLAN 1964 und 1965.

8 Zur Einstellung der Wirtschaftshilfe aus der Bundesrepublik, die am 19. Januar 1964 als Reaktion auf die Zulassung eines Generalkonsulats der DDR in Colombo erfolgte, vgl. Dok. 16, Anm. 10.
    Zu Ceylon vgl. zuletzt Dok. 72.

9 Zu Tansania vgl. zuletzt Dok. 98.

10 Zu Indonesien vgl. Dok. 84.

11 Die DDR hatte zur 35. Tagung des Verwaltungsrates der WHO im Januar 1965 erstmals eine Beobachterdelegation entsandt. Diese unterrichtete einzelne Mitglieder des Verwaltungsrats „von dem in Aussicht genommenen Antrag auf Mitgliedschaft der SBZ" und händigte Memoranden aus. Vgl. den Drahtbericht Nr. 56 des Botschafters von Keller, Genf (Internationale Organisationen), vom 17. Februar 1965; VS-Bd. 2597 (I B 1); B 150, Aktenkopien 1965.
    Keller berichtete am 22. Februar 1965, der Generaldirektor der WHO, Candau, wolle im Falle, daß ein Aufnahmeantrag der DDR fristgerecht eingehen sollte, ihn „in Anwendung des Artikels 113 der Geschäftsordnung" den Mitgliedern der WHO zuleiten, „obwohl Artikel 113 nur von ‚Staaten' spricht". Am 21. April 1965 konnte er jedoch melden, daß die DDR auf Veranlassung der sowjetischen Regierung „von einem Antrag auf Zulassung als Mitglied der WHO Abstand genommen" habe, da im Falle einer Abstimmung eine „sichere Mehrheit zur Zeit nicht gewährleistet sei". Vgl. die Drahtberichte Nr. 64 und Nr. 154; VS-Bd. 2597 (I B 1); B 150, Aktenkopien 1965.
    Vgl. dazu weiter Dok. 151, Anm. 3.

Überzeugung habe er jedoch nicht; es sei denn, wir änderten die genannten Faktoren, die zu einer Schwächung unserer Politik geführt hätten. Ob wir das könnten, sei zweifelhaft.

Wenn wir aber durch einen Abbruch der Beziehungen den allgemeinen Trend doch nicht aufhalten könnten, dann seien die mit einem Abbruch verbundenen Nachteile nicht zu rechtfertigen. Der Abbruch der Beziehungen mit Ägypten würde den Abbruch mit mehreren, wenn auch nicht allen arabischen Staaten zur Folge haben.

Bundesminister Krone spricht sich gegen den Abbruch der Beziehungen aus, warnt aber davor, in der Frage des Alleinvertretungsanspruchs nachzulassen.

Bundesminister Scheel trägt ein ihm auf besonderem Wege übermitteltes ägyptisches Angebot vor. Danach wolle die ägyptische Regierung die SBZ nicht anerkennen. Nasser möchte nach Bonn kommen. Wir sollten der VAR in Höhe der an Israel gewährten Waffenhilfe[12] einen finanziellen Ausgleich gewähren.

Der Herr Bundeskanzler erklärt, er könne diesem Vorschlag nicht nähertreten.

Staatssekretär von Hase plädiert für eine klare Erklärung gegenüber der Öffentlichkeit.

Israel-Komplex

Der Herr Minister schlägt vor, die Waffenlieferungen einzustellen, die Aktion „Geschäftsfreund"[13] durchzuführen und den Israelis den Austausch von Generalkonsulaten oder Handelsmissionen anzubieten.[14]

Es entspinnt sich eine längere Diskussion über den Stand unserer Lieferungen an Israel.[15]

Der Herr Bundeskanzler erklärt, daß bis auf weiteres keine Panzer geliefert werden sollen. Er macht den Vorschlag, daß wir mit Israel schnell zu einem Arrangement kommen sollten und alsdann mit den arabischen Staaten Fühlung nehmen sollten.

Es wird die Frage erörtert, wer mit den Israelis sprechen soll. In diesem Zusammenhang werden die Namen Lahr, van Scherpenberg, Krekeler, Birrenbach[16] genannt.

Auf eine Frage, wer deutscherseits die Gespräche mit den Israelis über die Panzerlieferungen[17] geführt habe, antwortet Herr von Hassel, dies seien die Herren Knieper und Bode gewesen.

---

[12] Zu den Vereinbarungen mit Israel über Waffenlieferungen vgl. Dok. 2.
[13] Zur Entstehung der Aktion „Geschäftsfreund" vgl. Dok. 2, besonders Anm. 7.
[14] Zu den Beziehungen zu Israel vgl. weiter Dok. 103.
[15] Zum Stand der Panzerlieferung an Israel vgl. Dok. 88.
[16] Zur Entsendung des CDU-Abgeordneten Birrenbach nach Israel vgl. Dok. 120.
[17] Zur Absprache über die Lieferungen amerikanischer Panzer durch die Bundesrepublik und zu den vereinbarten Modalitäten vgl. Dok. 39, Anm. 6.

Tansania

Der Herr Minister teilt mit, daß Botschafter Schroeder zur Berichterstattung nach Bonn gebeten sei. Er empfiehlt, die Wirtschaftshilfe auslaufen zu lassen, mit Ausnahme vielleicht des Slum-Clearing-Projektes[18] und der kirchlichen Projekte.

Der Herr Bundeskanzler spricht sich in gleichem Sinne aus.

Bundesminister von Hassel und Bundesminister Scheel empfehlen, die Entwicklungshilfe nicht einzustellen.[19] Herr von Hassel schlägt außerdem vor, die tansanischen Soldaten, die zurzeit in Deutschland ausgebildet werden, nicht zurückzuschicken, sondern die Ausbildung, wie geplant, durchzuführen[20].

Hiermit dem Herrn Minister[21] vorgelegt.

Carstens

VS-Bd. 8448 (Ministerbüro)

---

[18] Vgl. dazu Dok. 100, Anm. 22.
[19] Am 4. März 1965 wies Staatssekretär Carstens Botschafter Schroeder, z.Z. Bonn, an, nach Tansania zurückzukehren und Präsident Nyerere über die Bereitschaft der Bundesregierung zu informieren, „die Entwicklungshilfe für Tansania im wirtschaftlichen Bereich fortzusetzen, wenn das Generalkonsulat der Zone, dessen Zulassung in dem Staatsanzeiger vom 19. Februar 1965 bekanntgegeben worden sei, mit Sitz und Amtsbezirk auf Sansibar beschränkt werde". Ferner sollte die Zahl der Bediensteten des Generalkonsulats auf „höchstens zehn bis zwölf" begrenzt werden. „Der Vollständigkeit halber" fügte Carstens hinzu, daß sich die Bundesregierung mit einer Vertretung der DDR in Daressalam unter der Voraussetzung abfinden würde, daß es sich dabei um eine „Handelsvertretung" handeln würde. Die Aussicht auf eine solche Lösung erscheine jedoch gering, nachdem bereits eine grundsätzliche Entscheidung über die Zulassung eines Generalkonsulats getroffen worden sei. Vgl. VS-Bd. 421 (Büro Staatssekretär); B 150, Aktenkopien 1965.
Zu Tansania vgl. weiter Dok. 195.
[20] Mit Schreiben vom 15. März 1965 teilte die Botschaft der Vereinigten Republik von Tansania mit, daß sie alle Staatsangehörigen, die in der Bundesrepublik eine militärische Ausbildung erhielten, zurückrufen werde. Vgl. dazu Referat I B 3, Bd. 609.
[21] Hat Bundesminister Schröder am 3. März 1965 vorgelegen.

102

Aufzeichnung des Ministerialdirektors Krapf

II 7-81.08-5-233[I]/65 geheim 2. März 1965[1]

Betr.: Besuch des britischen Premierministers[2];
hier: Atlantische Nuklear-Streitmacht[3]

I. In der Aufzeichnung vom 18. Januar d.J. (II 7-81-08-5/233/65 geheim)[4], die dem Herrn Bundeskanzler vorgelegt wurde, sind folgende Probleme behandelt:

– unsere Motive für die Mitarbeit an dem Plan einer multilateralen NATO-Atomstreitmacht (MLF);
– der britische Plan der „Atlantic Nuclear Force" (ANF) und seine Motivation;
– die Möglichkeiten einer Kompromißlösung, welche die wesentlichen Elemente des ursprünglichen MLF-Plans bewahrt.

Der Aufzeichnung beigefügt war die am 18. Januar d.J. den Briten als „Arbeitspapier" übergebene deutsche Stellungnahme zum ANF-Vorschlag.[5]

II. In der Annahme, daß Premierminister Wilson zunächst die Grundgedanken des britischen ANF-Vorschlags erläutert und dabei das Problem der non-proliferation in den Vordergrund stellt, wird vorgeschlagen, daß der Herr Bundeskanzler folgendes ausführt:

1) Die Bundesregierung teilt die Auffassung der britischen Regierung, daß eine Weiterverbreitung von Kernwaffen in nationale Verfügungsgewalt dritter Mächte geeignet ist, die Sicherheitslage in der Welt zu beeinträchtigen. Sie verweist auf die erhebliche Vorleistung, die sie auf diesem Gebiet erbracht hat, als sie im Jahre 1954 ihren Verbündeten gegenüber auf die Herstellung von atomaren, biologischen und chemischen Waffen verzichtete und sich einer internationalen Kontrolle hinsichtlich der Einhaltung dieser Verpflichtung unterwarf.[6]

2) Es bleiben aber folgende Probleme zu lösen:

a) Es besteht zur Zeit eine Lücke in der westlichen Abschreckung. Sie ist dadurch zu erklären, daß die Sowjets es für zweifelhaft halten könnten, ob nationale Kernwaffen gegen örtlich begrenzte Angriffe in verbündeten Ländern mit dem Risiko der Zerstörung des eigenen Landes eingesetzt werden. Das Verhalten einer multilateralen Atomstreitmacht wäre für die Sowjets trotz

---

[1] Vervielfältigtes Exemplar.
  Die Aufzeichnung wurde vom Vortragenden Legationsrat I. Klasse Scheske konzipiert.
[2] Zum Besuch des Premierministers Wilson am 8./9. März 1965 in Bonn vgl. Dok. 122.
[3] Zum britischen Vorschlag einer ANF vgl. Dok. 20, besonders Anm. 9–12.
[4] Vgl. Dok. 20.
[5] Vgl. Dok. 21.
[6] Zum Verzicht der Bundesrepublik auf die Herstellung von atomaren, biologischen und chemischen Waffen vgl. Dok. 11, Anm. 4.

des Vetos der amerikanischen Regierung und eventuell anderer Regierungen[7] wesentlich schwerer zu kalkulieren. Dieser zusätzliche Unsicherheitsfaktor würde nach unserer Ansicht zur Schließung der bestehenden Abschreckungslücke beitragen.

b) Eine bedeutende sowjetische Mittelstreckenraketen-Streitmacht bedroht Westeuropa und besonders Deutschland. Dieser existenten Bedrohung hat die Allianz nichts Vergleichbares entgegenzusetzen. Die Sowjets haben in der Vergangenheit wiederholt dieses Potential genutzt, um politischen Druck auszuüben („Raketen-Diplomatie").

Die Allianz sollte auch im Bereich dieser Waffen ihre Verteidigung stärken und ein besser ausgewogenes Kräfteverhältnis in Europa erzielen, das der Erhaltung des Friedens dient.

c) Die Einheit der Allianz würde erheblich gefestigt, wenn es gelänge, die nicht-nuklearen Mitglieder an der Verantwortung für Kernwaffen des Bündnisses und an der Ausarbeitung der Nuklear-Strategie zu beteiligen. Für ein Land in der zentralen Lage Deutschlands wird dies auf die Dauer unerläßlich sein.

3) Die Bundesregierung hat deshalb den seinerzeit von der Regierung der Vereinigten Staaten vorgelegten Plan begrüßt, im Rahmen der Allianz eine multilaterale Atomstreitmacht im gemeinsamen Besitz und unter gemeinsamer Kontrolle zu schaffen.

Sie ist weiterhin bereit, an Vereinbarungen mitzuarbeiten, welche strategische Waffen in ein System gemeinsamer Verantwortung und unter gemeinsamen Befehl zusammenfassen.

4) Mit großem Interesse hat die Bundesregierung von den Vorschlägen der britischen Regierung zur Bildung einer „Atlantic Nuclear Force" (ANF) Kenntnis genommen. In einem „Arbeitspapier" sind die ersten deutschen Überlegungen hierzu der britischen Regierung mitgeteilt worden. Die Bundesregierung hofft, daß es möglich sein wird, auf der Grundlage der Ergebnisse der MLF-Arbeitsgruppe[8], die den amerikanischen Plan beriet, der britischen Vorschläge und der Stellungnahmen der übrigen interessierten Regierungen zu einer tragfähigen Lösung zu kommen.

5) In unserem „Arbeitspapier" sind bereits unsere Bedenken gegen eine mit der Charta der multilateralen Streitmacht zu verbindende Verpflichtung der nicht-nuklearen Mitglieder, für alle Zeiten auf den Erwerb von Kernwaffen zu verzichten, dargelegt worden. Einer solchen Selbst-Bindung unter den Partnern stünde kein Äquivalent auf östlicher Seite gegenüber. Ein politischer Fortschritt und eine wahre Entspannung könnten wohl nur erzielt werden, wenn das Problem der Nichtverbreitung von Kernwaffen in allen seinen Aspekten und in weltweitem Rahmen gelöst wird.

Im übrigen ist die Bundesregierung weiterhin der Ansicht, daß eine multilaterale Atomstreitmacht der Allianz im Einklang mit der Resolution der UN-

---

[7] Zur Frage der Freigabe eines Einsatzes der geplanten MLF/ANF vgl. Dok. 116.
[8] Zum deutsch-amerikanischen Entwurf einer MLF-Charta vom 1. September 1964 vgl. VS-Bd. 1353 (II A 7).

Vollversammlung vom 4. Dezember 1961 über die Nichtverbreitung von Kernwaffen[9] steht.

6) Die Bundesregierung würde es begrüßen, das Gespräch über diesen Themenkreis auf der Basis aller vorliegenden Vorschläge bald mit den interessierten Regierungen fortsetzen zu können. Die Mitwirkung der Regierung der Vereinigten Staaten ist hierbei von überragender Bedeutung.[10]

Die französische Regierung sollte über den Fortgang der Arbeiten laufend unterrichtet werden.

7) Für den Fall, daß Premierminister Wilson Einzelthemen (Größe und Zusammensetzung der Streitmacht, Kommandoregelung, Freigabe der Waffen) anschneiden sollte, wird angeregt, die eigene Stellungnahme anhand des „Arbeitspapiers" vom 18. Januar abzugeben.[11]

Hiermit über den Herrn Staatssekretär dem Herrn Minister vorgelegt mit dem Vorschlag der Weiterleitung an den Herrn Bundeskanzler.

gez. Krapf

VS-Bd. 8446 (Ministerbüro)

---

[9] Für den Wortlaut der UNO-Resolution 1665, der „Irischen Resolution", vgl. UNITED NATIONS RESOLUTIONS, I/8, S. 237 f., bzw. DOCUMENTS ON DISARMAMENT 1961, S. 694.
[10] Zur weiteren Erörterung des MLF/ANF-Projekts im Kreis der interessierten Staaten vgl. Dok. 116, Anm. 14.
[11] Auf die Bitte des Staatssekretärs Carstens vom 3. März 1965 um Stellungnahme dazu, warum in der Aufzeichnung die deutschlandpolitischen Aspekte einer Nichtverbreitungsregelung nicht berücksichtigt worden seien, führte Ministerialdirektor Krapf am 3. März 1965 aus: „Die Aufzeichnung vom 2.3. ist als Ergänzung zu der Aufzeichnung vom 18. Januar zu sehen, die dem Herrn Bundeskanzler bereits vorliegt. In dieser Aufzeichnung […] sowie in unserer den Briten am 18.1. übergebenen vorläufigen Stellungnahme […] ist auf den Zusammenhang zwischen der Übernahme neuer nuklearer Bindungen und der Deutschlandfrage ausdrücklich hingewiesen worden. Nach dem, was hier über die Beratungen auf der letzten Sitzung des Bundesverteidigungsrats zu diesem Thema zu erfahren war, besteht überhaupt eine Abneigung, im Zusammenhang mit der MLF/ANF-Charta eine weitere nukleare Bindung einzugehen. Deshalb wird in Ziffer 5 der Aufzeichnung vom 2.3. vorgeschlagen, das Problem der Nichtverbreitung von Kernwaffen in den weltweiten Rahmen zu stellen."
Dazu vermerkte Carstens am 5. März 1965 handschriftlich für Krapf: „Aber die Verbindung mit der Deutschlandfrage ist der für uns wichtigste Aspekt. Das sollte II 7 beachten." Vgl. VS-Bd. 1371 (II A 7); B 150, Aktenkopien 1965.

103

Aufzeichnung des
Vortragenden Legationsrats I. Klasse Schirmer

St.S. 4399/65 geheim 3. März 1965[1]

Betr.: Leistungen für Israel

Bezug: Schnellbrief des Chefs des Bundeskanzleramtes vom 26.2.1965[2]

Da zwischen der Bundesrepublik Deutschland und dem Staat Israel keine diplomatischen Beziehungen bestehen, hat sich der Kontakt des Auswärtigen Amts mit der Israel-Mission auf sporadische grundsätzliche Gespräche beschränkt, die in der Hauptsache darauf gerichtet waren, die Möglichkeiten einer Normalisierung der beiderseitigen Beziehungen zu prüfen.[3] Das Auswärtige Amt hat das weitere auf Wunsch des Bundesinnenministeriums die Israel-Mission auf die unerwünschte Tätigkeit des israelischen Nachrichtendienstes in der Bundesrepublik Deutschland ansprechen müssen.[4] Außerdem sind mit der Israel-Mission von Fall zu Fall Gespräche über Einzelfragen geführt worden. Diese betreffen u.a. die Tätigkeit deutscher Rüstungsexperten in der VAR[5], Auslegung und Durchführung des Israel-Vertrages[6] (finanzielles Gesamtvolumen bekanntlich 3450 Mio. DM, davon bestimmt für die Jewish Claims Conference 450 Mio. DM; bisher geleistet 3150 Mio. DM) sowie Verhandlungen über das Templer-Vermögen.[7] Ferner besteht laufender Geschäftsverkehr mit der Israel-Mission wegen des Rechtshilfeverkehrs in individuellen Wiedergutmachungsfällen.[8]

---

[1] Durchdruck für das Ministerbüro.
Hat Bundesminister Schröder am 4. März 1965 vorgelegen.

[2] Mit dem Schreiben an Bundesminister Schröder forderte Bundesminister Westrick für Bundeskanzler Erhard „einen genauen Überblick über den Stand der Zusammenarbeit, insbesondere auf wirtschaftlichem, finanziellem, militärischem und wissenschaftlichem Gebiet, zwischen deutschen und israelischen Stellen sowie eine Darstellung der bereits erfolgten oder zugesagten Leistungen auf diesen Gebieten". Vgl. VS-Bd. 2632 (I B 4); B 150, Aktenkopien 1965.

[3] Vgl. AAPD 1963, I, Dok. 36; AAPD 1963, II, Dok. 205, Dok. 307 und Dok. 310.

[4] Zwischen Juli 1962 und März 1963 wurden gegen in der VAR tätige deutsche Rüstungsexperten mehrere Anschläge verübt, bei denen der Verdacht einer Beteiligung des israelischen Geheimdienstes vorlag. Vgl. dazu AAPD 1963, I, Dok. 133.
Am 5. April 1963 führte Bundesminister Schröder mit dem Leiter der Israel-Mission, Shinnar, ein Gespräch über diese Frage. Vgl. AAPD 1963, I, Dok. 142.

[5] Vgl. dazu AAPD 1963, I, Dok. 142, und AAPD 1964, II, Dok. 214 und Dok. 313.

[6] Vgl. das Gespräch des Bundeskanzlers Erhard mit dem Vorsitzenden des Jüdischen Weltkongresses, Goldmann, am 8. Oktober 1964; AAPD 1964, II, Dok. 276.

[7] Aufgrund eines Abkommens vom 10. September 1952 zwischen der Bundesregierung und der israelischen Regierung wurden Verhandlungen über die Entschädigung von in der Bundesrepublik und Australien lebenden Deutschen aus Palästina, in erster Linie Mitgliedern der Tempel-Gesellschaft, geführt. Im Regierungsabkommen vom 1. Juni 1962 erklärte sich die israelische Regierung zur Zahlung von 54 Mio. DM bereit. Zu den Verhandlungen vgl. Referat V 7, Bd. 586 und Bd. 587.
Zum Abkommen vom 1. Juni 1962 vgl. BULLETIN 1962, S. 884.

[8] Zu den Wiedergutmachungsleistungen an Einzelpersonen vgl. den Drahterlaß Nr. 69 des Ministerialdirektors Thierfelder vom 29. Januar 1965 an die Botschaft in Kairo; Referat V 2, Bd. 1094.

Es wird davon ausgegangen, daß die Schätzungen der gesamten Wiedergutmachungsleistungen an auf Grund der deutschen Gesetze Wiedergutmachungsberechtigte in Israel vom Bundesfinanzministerium zur Verfügung gestellt werden.

Auf Staatssekretärsebene sind ebenfalls Verhandlungen geführt worden, die mit der Durchführung der unter dem Decknamen „Geschäftsfreund" laufenden Kreditverhandlungen[9] zusammenhängen.

In eigener Zuständigkeit hat das Auswärtige Amt für Israel lediglich in den Jahren von 1960 bis 1963 aus dem Kulturhaushalt Leistungen für das Weizmann-Institut[10] bzw. den Atomreaktor Rehovoth in folgender Höhe aufgebracht:

1960 für allgemeine Institutsaufgaben: 3 Mio. DM;

1961/63 für ein Forschungsprogramm auf dem Gebiete der Molekularbiologie: 3 Mio. DM;

1962 und 1963 für einen 10 MEV Tandembeschleuniger für die kernphysikalische Abteilung des Instituts: 5,928 Mio. DM.[11]

Das Auswärtige Amt hat aus dem Kulturfonds weiterhin Reisen deutscher Studiengruppen nach Israel sowie kleinere Bücher- und Zeitschriftenspenden finanziert. (1964: rund 35 000 DM)

Die bestehenden Abmachungen auf wirtschaftlichem, finanziellem, militärischem und wissenschaftlichem Gebiet mit Ausnahme der genannten Einzelleistungen fallen nicht in die Zuständigkeit des Auswärtigen Amts.

Da die Israel-Mission bzw. einzelne israelische Ressorts jeweils gesondert und unabhängig voneinander mit den entsprechenden deutschen Bundesressorts geheim Verhandlungen geführt haben, war es dem Auswärtigen Amt in den vergangenen Jahren unmöglich, einen Überblick über die Gesamtheit der deutsch-israelischen Beziehungen zu gewinnen. Die mangelhafte Unterrichtung des Auswärtigen Amts, vor allem über die Abmachungen auf militärischem Gebiet[12], haben eine sinnvolle Planung und Abstimmung unserer politischen Beziehungen zu den Ländern des Nahostraums verhindert. Das Auswärtige Amt regt daher an, im Zusammenhang mit der zur Zeit durchgeführten Untersuchung der deutschen Leistungen für Israel durch den Herrn Bundeskanzler grundsätzlich anzuordnen, daß das Auswärtige Amt bei allen Abmachungen mit dem Staat Israel oder privaten israelischen Stellen zu beteiligen ist.

In diesem Zusammenhang wird darauf hingewiesen, daß die Bundesregierung von arabischer Seite in den letzten Wochen in verschiedenen offiziellen und

---

[9] Zur Aktion „Geschäftsfreund" vgl. Dok. 2, Anm. 7, 8 und 10.

[10] Das Weizmann-Institut, gegründet 1949 in Rehovoth, war ein wissenschaftliches Zentrum für Kernforschung.

[11] Der Chef des Presse- und Informationsamtes, von Hase, teilte am 16. Oktober 1964 mit, daß die Bundesrepublik das Institut mit bislang etwa 15,5 Mio. DM unterstützt habe. Vgl. dazu den Runderlaß des Vortragenden Legationsrats I. Klasse Schirmer vom 28. Oktober 1964; Referat I B 4, Bd. 111.

[12] Vgl. dazu Dok. 92 und Dok. 100.

halboffiziellen Erklärungen und Pressemeldungen wegen folgender weiterer geheimer Abmachungen zwischen der Bundesrepublik Deutschland und Israel angegriffen worden ist.[13]

1) Auf wirtschaftlichem Gebiet ein Hilfeabkommen über 2 Milliarden DM.

2) Auf militärischem Gebiet neben den bekannt gewordenen Waffenlieferungsverpflichtungen[14] Abmachungen über eine gemeinsame deutsch-israelische Rüstungsproduktion, Rüstungs- und Munitionskäufe der Bundeswehr in Israel[15], Unterhaltung einer Abnahmekommission in Israel, laufende Ausbildungshilfe an israelische Offiziere in der Bundeswehr (Panzerlehrgang inzwischen abgeschlossen, z.Z. Marineausbildung an Radar).[16] Einleitende Verhandlungen über den Ankauf deutscher Leopard-Panzer.

3) Auf wissenschaftlichem Gebiet Abmachungen über Zusammenarbeit in der Atomwissenschaft[17] und auf anderen, auch militärischen Zwecken nutzbaren Sektoren der biologischen und chemischen Forschung.

Die Bundesregierung muß damit rechnen, daß Präsident Nasser auch diese Bereiche unserer Zusammenarbeit mit Israel in Zukunft dazu benutzen wird, um unter den arabischen Staaten und seinen afro-asiatischen Freunden gegenzuarbeiten.

Auch aus diesem Grunde erscheint es notwendig, das Auswärtige Amt möglichst bald über die wahren Sachverhalte zu unterrichten.

gez. Schirmer

VS-Bd. 8420 (Ministerbüro)

---

[13] Vgl. dazu die Aufzeichnung des Ministerialdirigenten Böker vom 1. März 1965; VS-Bd. 8448 (Ministerbüro); B 150, Aktenkopien 1965.
[14] Zum Bekanntwerden der Waffenlieferungen an Israel vgl. Dok. 1, Anm. 3.
[15] Die Bundesrepublik bezog Rüstungsmaterial – Mörser- und Nebelmunition sowie die Maschinenpistole Uzi – im Gesamtwert von 250 Mio. DM aus Israel. Vgl. dazu den Vermerk des Vortragenden Legationsrats I. Klasse Middelmann vom 16. Juli 1965; VS-Bd. 5124 (III A 4); B 150, Aktenkopien 1965. Vgl. dazu auch Dok. 2.
[16] In der Bundesrepublik wurden israelische Soldaten ausgebildet. Zum Bekanntwerden dieser Ausbildungshilfe vgl. AAPD 1963, II, Dok. 199 und Dok. 202.
[17] Am israelischen Weizmann-Institut waren deutsche Kernphysiker tätig. Vgl. dazu den Artikel „Deutsche Kernphysiker in Israel"; FRANKFURTER RUNDSCHAU, Nr. 249 vom 26. Oktober 1964, S. 1.

104

Botschaftsrat I. Klasse Müller, Kairo, an das Auswärtige Amt

Fernschreiben Nr. 268   Aufgabe: 3. März 1965, 13.20 Uhr[1]
Cito   Ankunft: 3. März 1965, 13.35 Uhr

Auch für Botschafter Federer[2]

I. Ulbricht hat gestern seinen einwöchigen VAR-Besuch[3] beendet. In einer Schlußerklärung in Port Said unmittelbar vor Einschiffung auf der „Völkerfreundschaft" richtete er schärfste Angriffe gegen die Bundesrepublik. Er begnügte sich dabei nicht damit, seine Zwei- bzw. Drei-Staaten-Theorie zu bekräftigen und die „sozialistische friedliebende DDR" der „imperialistischen westdeutschen Republik" gegenüberzustellen, sondern er verstieg sich dazu, das Alleinvertretungsrecht der Zone für das deutsche Volk in Anspruch[4] zu nehmen:

„Wir allein sprechen im Namen des deutschen Volkes und seiner Regierung, wir sind der erste Friedensstaat auf deutschem Boden, wir sprechen im Namen des ersten deutschen Arbeiter- und Bauernstaats, der Deutschen Demokratischen Republik."

In offensichtlicher Anspielung auf Nassers Bankettrede vom 24.2., in der der ägyptische Staatspräsident von dem „Unglück der deutschen Teilung und der künstlichen Demarkationslinie" gesprochen hatte[5], sagte Ulbricht, die durch

---

[1] Hat Bundesminister Schröder vorgelegen.
[2] Botschafter Federer hielt sich zur Berichterstattung in Bonn auf.
[3] Der Staatsratsvorsitzende der DDR hielt sich vom 24. Februar bis 2. März 1965 in der VAR auf. Am 2. März 1965 stellte Botschaftsrat I. Klasse Müller, Kairo, fest, das Protokoll zeige „alle Kennzeichen eines Staatsbesuchs. Ulbricht ist mit allen äußeren Ehren, die einem Staatsoberhaupt gebühren, empfangen worden: a) Salut, b) Ehrenkompanie, Ehrenbegleitung, c) Flaggenschmuck, d) Nationalhymne, e) Empfang und Verabschiedung durch Staatspräsident auf dem Bahnhof, f) Gast des Staatspräsidenten in dessen offizieller Residenz, g) Gespräche auf der Ebene von Staatsoberhäuptern und deren Delegationen, h) Verleihung des höchsten Ordens der VAR, i) gemeinsames Abschlußkommuniqué." Bei diesem Kommuniqué sei positiv herauszustellen, daß es keine „de jure Anerkennung der SBZ oder eine Änderung des Status der hiesigen Vertretung" beinhalte. Zudem werde nicht der Begriff „Staatsbesuch", sondern nur „goodwill mission" verwendet. Negativ müsse allerdings bewertet werden, daß das Kommuniqué keine ausdrückliche Unterstützung des Selbstbestimmungsrechts des deutschen Volkes enthalte und Nasser eine Gegeneinladung nach Ost-Berlin angenommen habe. Vgl. den Drahtbericht Nr. 264; Ministerbüro, Bd. 220.
[4] Bereits am 25. Februar 1965 berichtete Botschaftsrat I. Klasse Müller, Kairo, der Staatsratsvorsitzende Ulbricht habe sich in einer Tischrede am Vortag bemüht, „als Sprecher des ganzen deutschen Volkes aufzutreten". Vgl. den Drahtbericht Nr. 225; Ministerbüro, Bd. 220.
[5] Während des Banketts am 24. Februar 1965 zu Ehren des Staatsratsvorsitzenden Ulbricht verlieh Präsident Nasser neben seiner Bewunderung für die „große deutsche Nation" auch seinem Mitgefühl für das „Unglück der Zerstörung der Einheit" Ausdruck. Die ägyptische Politik wolle alles vermeiden, was zu einer „Vertiefung der deutschen Spaltung führen oder die Einheit der deutschen Nation erschweren" könnte. Darüber hinaus bezeichnete er die „Zonengrenze als ‚Demarkationslinie' und ‚künstliche imaginäre Trennungslinie'" und zeigte Verständnis für den Wunsch nach „Wiedervereinigung in Freiheit". Botschaftsrat I. Klasse Müller, Kairo, zog daraus am 25. Februar 1965 den Schluß, daß Nasser bestrebt sei, „die Ehrung Ulbrichts als Staatsgast nicht

Deutschland laufende Trennungslinie sei die Grenze zwischen den beiden deutschen Staaten und darüber hinaus auch die Grenze zwischen zwei Weltsystemen, dem sozialistischen und dem imperialistischen. Die „westdeutsche imperialistische" Regierung stütze sich seit zwanzig Jahren auf die Anwesenheit amerikanischer, britischer und französischer Truppen in Stärke von 400 000 Mann, die „imperialistischen Westmächte" hätten den von ihnen und der Sowjetunion unterbreiteten Vorschlag auf Rückzug aller Truppen aus den beiden deutschen Staaten und Westberlin[6] zurückgewiesen.[7] Die Ägypter und Araber sollten nicht in den Fehler verfallen, die in Westdeutschland regierenden Imperialisten mit dem deutschen Volke gleichzusetzen. Die westdeutsche Regierung stehe auf seiten der Imperialisten und Monopolkapitalisten und damit hinter den Kräften der Aggression und der Erpressung, die sich dem Freiheitskampf der Araber und der Völker Asiens und Afrikas entgegenstellen. Die „DDR" hingegen stünde jetzt und auch für alle Zukunft unerschütterlich auf seiten der VAR.

Mit Hinblick auf die morgige Entscheidung der Bundesregierung über den Gesamtkomplex Ulbricht-Besuch[8] schlage ich vor, erst danach gegen die ungeheuerlichen Ausfälle Ulbrichts auf ägyptischem Boden – unter besonderem Hinweis auf den Mißbrauch des Gastrechts – zu protestieren. Dieser Protest könnte sowohl hier als auch gegenüber Botschafter Mansour[9] ausgesprochen werden. Erbitte hierzu Weisung.[10]

Fortsetzung Fußnote von Seite 432
    einer Anerkennung des Zonenregimes gleichzusetzen"; „nicht ein einziges Mal" habe er in seiner Rede von „zwei deutschen Staaten" gesprochen oder den Begriff „DDR" verwendet. Vgl. den Drahtbericht Nr. 225; Ministerbüro, Bd. 220.
    Vgl. dazu auch die Meldung „Nasser um Entspannung bemüht" sowie den Artikel von Hans Ulrich Kempski: „Nasser fragt: Was für ein Mann ist Ulbricht?"; SÜDDEUTSCHE ZEITUNG, Nr. 43 vom 19. Februar 1965, S. 2f.
[6] Bereits auf der Berliner Außenministerkonferenz unterbreitete der sowjetische Außenminister Molotow am 4. und erneut am 10. Februar 1954 den Vorschlag, die Besatzungstruppen der Vier Mächte sollten – „mit Ausnahme von beschränkten Kontingenten für die Erfüllung der sich aus den Kontrollaufgaben der vier Mächte ergebenden Überwachungsfunktionen" – innerhalb von sechs Monaten aus beiden Teilen Deutschlands abgezogen werden. Vgl. VIERERKONFERENZ, S. 132 und S. 188 f.
    Zum sowjetischen Vorschlag vom 27. November 1958, Berlin (West) in eine „entmilitarisierte Freie Stadt" umzuwandeln, vgl. Dok. 7, Anm. 8.
    Zur Unterstützung dieser Vorschläge durch die DDR vgl. die Stellungnahmen des Ministerrats der DDR vom 21. April 1955, des Ministerpräsidenten Grotewohl vom 7. Mai 1955 und des Ersten Sekretärs der SED, Ulbricht, vom 1./2. Juni 1955; AUSSENPOLITIK DER DDR II, S. 82 f. und S. 92, sowie EUROPA-ARCHIV 1955, S. 7981.
[7] Zur Ablehnung eines Truppenabzugs aus der Bundesrepublik bzw. Berlin (West) durch die drei Westmächte vgl. die Erklärungen der Außenminister Dulles, Eden und Bidault vom 5. bzw. 10. und 15. Februar 1954 sowie die Antwortnote der Drei Mächte vom 31. Dezember 1958 auf das sowjetische „Berlin-Ultimatum" vom 27. November 1958; VIERERKONFERENZ, S. 146–157, und DzD IV/1, S. 422–443.
[8] Zu den bisherigen Beratungen im Bundeskabinett über die Nahost-Krise vgl. Dok. 101.
    Zur Kabinettssitzung am 4. März 1965 vgl. Dok. 105, besonders Anm. 10.
[9] Vgl. dazu das Gespräch des Staatssekretärs Carstens mit dem ägyptischen Botschafter am 7. März 1965; Dok. 115.
[10] Am 4. März 1965 teilte Ministerialdirigent Böker der Botschaft in Kairo mit, der vorgeschlagene Protest werde „nicht als zweckmäßig erachtet, da durch Beschränkung von Protest auf derartige Teilaspekte des Besuchs der Eindruck erweckt werden könnte, als akzeptiere [die] Bundesregie-

II. Der protokollarische Ablauf von Ulbrichts Verabschiedung gestern morgen am Bahnhof Kairo vollzog sich in der gleichen Weise wie seine Ankunft: Nasser geleitete Ulbricht – beide im offenen Wagen stehend – vom Kubbeh-Palast zum Bahnhof, wo die Vizepräsidenten[11], Ministerpräsident Ali Sabri, das gesamte Kabinett sowie Teile des diplomatischen Korps versammelt waren. 21 Schuß Salut, Ehrenkompanie und Abspielen der beiden Nationalhymnen schlossen die Abschiedszeremonie ab. Vom diplomatischen Korps waren nach Feststellung eines Mittelsmannes der Botschaft neben den kommunistisch regierten Staaten Vertreter folgender Länder erschienen: Tunesien, Algerien, Kuwait, Jemen, Indonesien, Burma, Guinea, Mali und wahrscheinlich Tansania.

In seinen Abschiedsworten an Nasser versäumte es Ulbricht nicht, seine Freude über den bevorstehenden Gegenbesuch „in Berlin"[12] zum Ausdruck zu bringen.

Am Bahnhof Port Said wurde Ulbricht – wie bei seiner Ankunft am 24.2. in Alexandria – von Vizepräsident Hassan Ibrahim begrüßt sowie von dem Gouverneur von Port Said[13], dem Leiter der Suezkanalbehörde Mahmoud Younes und einer Anzahl hoher Offiziere. Die Besichtigung von Port Said, und damit auch der Ägyptenbesuch Ulbrichts, wurde bezeichnenderweise mit der feierlichen Kranzniederlegung am Ehrenmal für die Gefallenen des Suez-Feldzugs von 1956[14], dem Symbol der VAR für den Kampf gegen Imperialismus und Kolonialismus, abgeschlossen.

[gez.] Müller

Ministerbüro, Bd. 220

Fortsetzung Fußnote von Seite 433

rung den Besuchsverlauf im übrigen. Sie werden jedoch gebeten, unsere Empörung über die verleumderischen Angriffe Ulbrichts in Gesprächen zum Ausdruck zu bringen." Vgl. den Drahterlaß Nr. 198; Referat I B 4, Bd. 143.

[11] Abdel Hakim Amer, Zakaria Mohiedin, Hussein El Shafei, Hassan Ibrahim.
[12] Zur Einladung des ägyptischen Präsidenten in die DDR und zur Annahme dieser Einladung durch Nasser vgl. die Gemeinsame Erklärung vom 1. März 1965 über den Freundschaftsbesuch des Staatsratsvorsitzenden Ulbricht in der VAR; AUSSENPOLITIK DER DDR XIII, S. 858.
[13] Mohammad Farid Toulane.
[14] Zur Suez-Krise von 1956 vgl. Dok. 112, Anm. 17.

105

Aufzeichnung des Ministerialdirektors Meyer-Lindenberg

St.S. 594/65 geheim 3. März 1965

Betr.: Mögliche Auswirkungen einer deutschen Reaktion auf den Ulbricht-Besuch in Kairo[1]

Bezug: Weisung des Herrn St.S. I vom 3. März 1965[2]

1) Falls wir die diplomatischen Beziehungen zur VAR abbrechen, ohne daß vorher die Ablösung der vereinbarten Waffenlieferung an Israel geregelt ist[3], wird Nasser mit Sicherheit die Beziehungen zu uns ebenfalls abbrechen und diplomatische Beziehungen zur SBZ aufnehmen. Mit größter Wahrscheinlichkeit werden sämtliche anderen zwölf arabischen Staaten[4] ebenfalls die diplomatischen Beziehungen zu uns abbrechen; eine gewisse Chance besteht, daß Marokko, Tunesien, Libanon, Saudi-Arabien und Sudan sich damit begnügen werden, ihre Botschafter aus Bonn zurückzuberufen. Diese Möglichkeit ist jedoch nicht sehr hoch einzuschätzen. Mit größter Wahrscheinlichkeit werden außerdem eine Anzahl arabischer Staaten ebenfalls diplomatische Beziehungen zur SBZ aufnehmen, insbesondere Syrien, Irak, Algerien, Jemen und evtl. Libyen.[5]

2) Falls wir die diplomatischen Beziehungen zur VAR abbrechen, nachdem zuvor die Ablösung der vereinbarten Waffenlieferungen an Israel geregelt ist, wird Nasser ebenfalls mit Sicherheit die Beziehungen zu uns abbrechen und diplomatische Beziehungen zur SBZ aufnehmen. Auch in diesem Falle werden vermutlich die meisten arabischen Staaten mit dem Abbruch der diplomatischen Beziehungen zu uns folgen. Die Aussichten, daß die unter Ziffer 1) genannten Staaten nicht zum Abbruch der Beziehungen zu uns schreiten werden, wären in diesem Falle günstiger. Ebenso wäre mit der Möglichkeit zu rechnen, daß einige der unter 1) genannten Staaten nicht ihrerseits Beziehungen zur SBZ aufnähmen (z. B. Syrien, Algerien, Libyen).

---

[1] Zum Besuch des Staatsratsvorsitzenden Ulbricht vom 24. Februar bis 2. März 1965 in der VAR vgl. Dok. 104.

[2] An dieser Stelle wurde von Staatssekretär Carstens handschriftlich eingefügt: „(Fragen des H[errn] Bundeskanzlers)".
Am 3. März 1965 vermerkte Vortragender Legationsrat I. Klasse Hoffmann für Carstens, Bundeskanzler Erhard bitte „für die Kabinettsitzung am 4.3. um Vortrag des Auswärtigen Amts zu folgenden Möglichkeiten: 1) Abbruch der diplomatischen Beziehungen zur VAR, ohne daß vorher die Ablösung der vereinbarten Waffenlieferungen an Israel geregelt ist. 2) Abbruch der diplomatischen Beziehungen zur VAR, nachdem zuvor die Ablösung der vereinbarten Waffenlieferungen an Israel geregelt ist. 3) Kein Abbruch der diplomatischen Beziehungen zur VAR, sondern nur Einstellung der Wirtschaftshilfe in a) scharfer oder b) milderer Form." Vgl. VS-Bd. 8448 (Ministerbüro); B 150, Aktenkopien 1965.

[3] Zu den Bemühungen der Bundesrepublik, Israel für eine Ablösung der Waffenlieferungen zu gewinnen, vgl. Dok. 100 und weiter Dok. 120.

[4] Der Passus „sämtliche … Staaten" wurde von Bundesminister Schröder unterschlängelt.

[5] Dieser Satz wurde von Bundesminister Schröder durch geschlängelte Linie am Rand hervorgehoben.

3) Falls wir die diplomatischen Beziehungen zur VAR nicht abbrechen, sondern in erster Linie unsere Wirtschaftshilfe einstellen[6], wären voraussichtlich folgende Möglichkeiten gegeben:

a) Bei einer Einstellung der Wirtschaftshilfe in scharfer Form, d. h. über das völkerrechtlich ohne weiteres Vertretbare hinaus, wird die VAR mit Sicherheit ihren Schuldendienst uns gegenüber einstellen und möglicherweise deutsches Eigentum in gewissem Umfang konfiszieren (Schulen, Institute etc.).[7] Eine solche Reaktion liegt daher nicht im deutschen Interesse.

b) Bei Einstellung der Wirtschaftshilfe in milder Form, d. h. im Rahmen des völkerrechtlich Vertretbaren, können die unter a) erwähnten Folgen nicht ausgeschlossen werden, sind jedoch nicht wahrscheinlich. Im Falle b) würde es Nasser noch weniger als im Falle a) gelingen, die anderen arabischen Staaten zu einer solidarischen Haltung zu bringen.

Unsere wirtschaftspolitischen Maßnahmen müßten in würdiger, aber nicht zu bombastischer Form verkündet werden, um auch hier einer Eskalation und einer Solidarisierung der anderen arabischen Staaten vorzubeugen. Wir sollten uns jedoch nicht allein auf wirtschaftliche Maßnahmen beschränken, sondern auch geeignete politische Gegenzüge vornehmen: kein Nasser-Besuch in Deutschland[8]; Nasser scheidet als unser Hauptgesprächspartner in der arabischen Welt aus; Verlagerung unseres politischen und wirtschaftlichen Interesses auf andere arabische Staaten, vor allem die zu Nasser in Opposition stehenden: Saudi-Arabien, Libanon, Marokko, Tunesien.[9] Diese politischen Maßnahmen sollten mit Ausnahme der Zurücknahme der Einladung an Nasser nicht verkündet werden.[10]

Hiermit über den Herrn Staatssekretär[11] dem Herrn Bundesminister[12] weisungsgemäß vorgelegt.

Meyer-Lindenberg

VS-Bd. 2638 (I B 4)

---

[6] Zur Erklärung der Bundesregierung vom 15. Februar 1965 vgl. Dok. 81, Anm. 16.
[7] Vgl. dazu weiter Dok. 131.
[8] Zum geplanten Besuch des ägyptischen Präsidenten in der Bundesrepublik vgl. Dok. 39.
[9] Vgl. dazu weiter Dok. 134.
[10] In der Kabinettssitzung am 4. März 1965 sprachen sich Bundeskanzler Erhard für und Bundesminister Schröder gegen einen Abbruch der diplomatischen Beziehungen zur VAR aus. Im Rückblick berichtete dazu der Leiter des Außenpolitischen Büros im Bundeskanzleramt, Osterheld: „Hätte Erhard am Schluß dieser Kabinettssitzung abstimmen lassen [...], hätte er eine knappe Mehrheit für seine Meinung, d. h. für den Abbruch mit der VAR bekommen." Vgl. OSTERHELD, Außenpolitik, S. 164 f., hier S. 165.
Zum Fortgang der Diskussion im Bundeskabinett vgl. Dok. 112, Anm. 4.
[11] Hat Staatssekretär Carstens am 3. März 1965 vorgelegen.
[12] Hat Bundesminister Schröder am 4. März 1965 vorgelegen.

106

Aufzeichnung des Ministerialdirektors Krapf

II-355/65 VS-vertraulich 3. März 1965

Entwurf einer Instruktion für Gespräche mit jüdischen Persönlichkeiten in den USA[1]

Die Reaktion mancher jüdischer Gruppen in den USA auf unsere Nahost-Politik[2] war für uns schmerzlich und enttäuschend. Wir haben zwar volles Verständnis dafür, daß jüdischerseits ein besonders strenger Maßstab an unsere Politik angelegt wird. Hier scheint es sich aber um eine falsche Interpretation unserer Politik zu handeln, die offenbar darauf beruht, daß gewisse Tatbestände, die ihr zugrunde liegen, nicht oder nur mangelhaft bekannt sind.

Unsere Nahost-Politik darf nicht isoliert gesehen werden. Sie kann auch nicht durch eine isolierte Betrachtung unseres Verhältnisses zu Israel oder zu den arabischen Staaten verstanden werden. Unsere Nahost-Politik ist vielmehr im größeren Zusammenhang unserer Wiedervereinigungspolitik und auf dem Hintergrund des Ost-West-Verhältnisses zu sehen.

Die Wiedervereinigung Deutschlands in Frieden und Freiheit ist das Hauptziel unserer Politik. Zu unserer Wiedervereinigungspolitik gehört der Anspruch auf die Alleinvertretung des deutschen Volkes. Das kommunistische Regime in der sowjetisch besetzten Zone Deutschlands versucht, uns diesen Anspruch streitig zu machen. Als einen seiner Hauptansatzpunkte hat es hierfür einige arabische Staaten und insbesondere die VAR gewählt. Es muß also die Aufgabe unserer Politik sein, einen Durchbruch der SBZ in diesen Ländern zu verhindern. Der VAR kommt in diesem Zusammenhang eine Schlüsselposition zu.

Bei unseren Bemühungen um die arabischen Staaten sind uns bisher die traditionell guten Beziehungen zugute gekommen, die zwischen den Deutschen und den arabischen Staaten bestanden haben. Ulbricht versucht, diese alten Beziehungen rücksichtslos auszubeuten. Unsere Beziehungen zu den arabischen Staaten dagegen werden auch durch unser Verhältnis zu Israel mitbestimmt. Dieser Umstand hat schon in den vergangenen Jahren unsere Nahost-Politik wiederholt vor außerordentlich schwierige Situationen gestellt.

Bei der Behauptung unserer Position in der VAR geht es um wesentliche deutsche Interessen. Werden wir aus der VAR herausmanövriert, dann würden wir nicht nur unsere Position in weiteren arabischen Staaten, sondern wahr-

---

[1] Am 25. Februar 1965 berichtete Botschafter Knappstein, Washington, über seine Kontakte mit führenden Persönlichkeiten jüdischer Organisationen in den USA und teilte mit, er „würde eine Reise Herrn von Eckardts nach hier sehr begrüßen, damit er unter seinen zahlreichen einflußreichen jüdischen Bekannten, etwa auch in Vorträgen vor jüdischen Gruppen, unseren Standpunkt erläutert". Staatssekretär Carstens vermerkte dazu am 28. Februar 1965 handschriftlich für Ministerialdirektor Krapf: „D[er] H[err] Minister bittet um Vorlage einer Sprachregelung für die – etwaigen – Emissäre (mit [Abteilung] I)." Vgl. den Drahtbericht Nr. 624; VS-Bd. 3147 (II A 6); B 150, Aktenkopien 1965.
[2] Vgl. dazu Dok. 74, Anm. 14, und Dok. 84, Anm. 48.

437

scheinlich auch in einer größeren Anzahl afrikanischer und asiatischer Länder verlieren, d. h. in der VAR würde eine Entwicklung eingeleitet, deren Folgen für uns in einem großen Teil der nichtgebundenen Welt spürbar werden können.

Bei unserer Position in den arabischen Ländern geht es jedoch nicht nur um unsere eigene Wiedervereinigungspolitik, auch die Position der freien Welt in diesen Ländern gegenüber dem Kommunismus wird dadurch berührt. Aufgrund unserer traditionell guten Beziehungen hatten wir bisher in den arabischen Staaten eine Stellung, die stärker war als die der meisten westlichen Länder. Eine Aufgabe dieser Stellung käme nur dem Kommunismus zugute. Wir haben daher auch eine Verpflichtung gegenüber unseren westlichen Verbündeten. Gerade die amerikanische Regierung hat uns an diese Verpflichtung wiederholt erinnert und ihr großes Interesse daran zum Ausdruck gebracht, daß wir unsere Position in den arabischen Ländern so gut wie möglich halten.[3]

Wir glauben, daß es auch im Interesse Israels liegt, wenn die Bundesrepublik Deutschland das Vordringen des Pankow-Regimes in diesem Teil der Welt solange wie möglich verhindert. Die Einstellung dieses Regimes zu Israel ist in aller Deutlichkeit in dem Kommuniqué über die Besprechungen Ulbrichts mit Nasser[4] zu lesen. Dort heißt es u.a.:

„Die Deutsche Demokratische Republik ... anerkennt alle Rechte des arabischen Volkes von Palästina, einschließlich seines unveräußerlichen Rechts auf Selbstbestimmung. Sie unterstützt die arabische Haltung in bezug auf den Jordanfluß.

Beide Seiten verurteilen die aggressiven Pläne des Imperialismus, nach denen Israel als gegen die Rechte des arabischen Volkes und dessen Kampf für Befreiung und Fortschritt gerichtete Speerspitze geschaffen wurde, um seinen Zielen zu dienen."

Unser Verhältnis zu Israel kann nicht losgelöst von diesen allgemeinen politischen Überlegungen gesehen werden. Wir betrachten Israel als ein Stück der freien Welt, das erhalten werden muß. Außerdem ist unser Verhältnis zu diesem Land charakterisiert durch das Bemühen um Wiedergutmachung der an dem jüdischen Volk begangenen Verbrechen.[5]

Es dürfte bekannt sein, daß die Bundesrepublik Deutschland in dieser Hinsicht große Anstrengungen unternommen hat (Zahlen über unsere Leistungen sind in Anlage 1[6]).

Auch für die militärische Sicherheit Israels hat die Bundesregierung viel getan, obwohl uns das Risiko, das mit solchen Leistungen verbunden war, bekannt war. Bei Abmachungen über solche Leistungen bestand im übrigen bei

---

[3] Vgl. dazu auch Dok. 112.
[4] Für den Wortlaut der Gemeinsamen Erklärung vom 1. März 1965 vgl. AUSSENPOLITIK DER DDR XIII, S. 852–858.
[5] Die Bundesrepublik schloß am 10. September 1952 ein Abkommen mit Israel über Wiedergutmachung. Für den Wortlaut vgl. BUNDESGESETZBLATT 1953, Teil II, S. 35–97.
[6] Dem Vorgang nicht beigefügt.

allen Beteiligten Klarheit darüber, daß sie bei Bekanntwerden nicht in dieser Form fortgesetzt werden könnten.[7] Die Beiträge der Bundesrepublik Deutschland zur militärischen Sicherheit Israels bewegen sich etwa in den in Anlage 2[8] enthaltenen Größenordnungen.

Die Waffenlieferungen an Israel sind bis auf einen kleinen Rest von ca. 50 Mio. DM abgewickelt worden. Wir haben die Regierung von Israel ersucht, nicht auf der Lieferung dieses Restes zu bestehen, und uns bereit erklärt, den Rest durch andere Leistungen abzulösen.[9] Es handelt sich also nicht um einen Vertragsbruch, sondern um den Versuch, mit Israel gemeinsam einen Ausweg aus einer nicht durch unser Verschulden eingetretenen, aber für unsere Gesamtpolitik sehr gefährlichen Situation zu finden.[10] Wir hoffen, daß dies bei ruhigerer Betrachtung der Dinge auch möglich sein wird. Wir glauben nicht, daß Israel dadurch einen Nachteil erleidet. Das Hochspielen dieser Frage[11] hat letzten Endes nur dem Kommunismus genützt.

Hiermit dem Herrn Staatssekretär[12] weisungsgemäß vorgelegt.[13]

Krapf

VS-Bd. 3147 (II A 6)

---

[7] Vgl. dazu Dok. 74.
[8] Dem Vorgang nicht beigefügt.
  Zum Umfang der Waffenlieferungen an Israel vgl. Dok. 39.
[9] An dieser Stelle wurde von Staatssekretär Carstens handschriftlich eingefügt: „Zu dieser Bitte glauben wir uns umso mehr berechtigt, als die Geheimhaltung der Waffenlieferung von vornherein Grundlage der Vereinbarung war."
[10] Zu den Bemühungen, Israel für eine Ablösung der Waffenlieferungen zu gewinnen, vgl. Dok. 100 und Dok. 101. Vgl. weiter Dok. 120.
[11] Zur israelischen Reaktion auf die Verlautbarung des Chefs des Presse- und Informationsamtes, von Hase, vom 12. Februar 1965, daß Waffenlieferungen in Spannungsgebiete eingestellt würden, vgl. Dok. 84.
[12] Hat Staatssekretär Carstens am 3. März 1965 vorgelegen, der handschriftlich verfügte: „Dem H[errn] Minister m[it] d[er] B[itte] um Zustimmung."
  Hat Bundesminister Schröder am 4. März 1965 vorgelegen, der handschriftlich vermerkte: „Grundsätzlich einverstanden. Die Sache sollte aber vor Verwendung – gegebenenfalls auch durch einen nach Israel zu entsendenden Vertrauensmann – noch einmal erörtert werden."
[13] Am 30. März 1965 vermerkte Ministerialdirektor Krapf handschriftlich: „Durch die Erklärung der B[undes]Reg[ierung] vom 7.3. hat sich der Ausgangspunkt für obige Überlegungen verändert. H[err] v[on] Eckardt ist vor seiner Reise nach den USA von St[aats]S[ekretär] Carstens m[ün]dl[ich] unterrichtet worden."

107

Gesandter Knoke, Paris, an Bundesminister Schröder

Z B 6-1-2142/65 geheim
Fernschreiben Nr. 337

Aufgabe: 3. März 1965, 14.30 Uhr
Ankunft: 3. März 1965, 14.44 Uhr

Nur für Staatssekretär[1] und Bundesminister[2]

I. Die Ablösung von Winogradow durch Sorin als Sowjetbotschafter in Paris (vgl. Drahtbericht Nr. 334 VS-vertraulich vom 2.3.) muß im Zusammenhang mit der Aktivierung der sowjetischen Politik gegenüber Frankreich gesehen werden. Sie deutet darauf hin, daß Moskau den Schwerpunkt der Beziehungen zu Frankreich von der sowjetischen in die französische Hauptstadt verlegen will, weil in diesem Spiel General de Gaulle eine zentrale Rolle zukommt. Für eine solche Mission eignet sich der minutiöse, als Mitglied des Zentralkomitees der KPdSU über stärkeres Gewicht zu Hause als Winogradow verfügende Sorin in hervorragendem Maße.

II. Eingeleitet wurde der sowjetisch-französische Dialog durch das Angebot einer engen politischen Zusammenarbeit mit Frankreich, das Kossygin dem französischen Botschafter Baudet in Moskau gelegentlich dessen Antrittsbesuchs beim sowjetischen Ministerpräsidenten am 23. Dezember 1964 unterbreitete.[3] Die Antwort auf das sowjetische Anerbieten überbrachte Botschafter Baudet, wie der Botschaft inzwischen bekannt geworden ist, Außenminister Gromyko am 15. Januar 1965. Sie lautete dahin, daß Frankreich an der Atlantischen Allianz festhalte, die SBZ nicht anerkennen werde, im übrigen aber zu einem Dialog mit der Sowjetregierung über Deutschland und die europäische Sicherheit bereit sei.[4] Der Faden wurde von sowjetischer Seite in der Weise weitergesponnen, daß Winogradow am 25. Januar 1965 die Einladung der neuen Kreml-Führung an General de Gaulle zum Besuch der Sowjetunion überbrachte.[5]

---

[1] Hat Staatssekretär Carstens am 4. März 1965 vorgelegen, der handschriftlich vermerkte: „Dem H[errn] Minister vorzulegen. Ihr nächstes Gespräch mit Couve sollte vor dem 25. April stattfinden. Dabei sollte der Komplex Frankreich – S[owjet]U[nion] behandelt werden."

[2] Hat Bundesminister Schröder am 6. März 1965 vorgelegen.

[3] Dazu berichtete der französische Botschafter Baudet, Ministerpräsident Kossygin habe als Themen für einen Meinungsaustausch genannt: „MLF; hierauf lag eindeutig das Schwergewicht des sowjetischen Interesses; Deutschlandfrage; Südostasien; Abrüstung im allgemeinen". Vgl. den Drahtbericht Nr. 72 des Botschafters Groepper, Moskau, vom 22. Januar 1965; VS-Bd. 2500 (I A 3); B 150, Aktenkopien 1965.

[4] Botschafter Groepper, Moskau, gab am 22. Januar 1965 die Information seines französischen Kollegen Baudet weiter, er habe zur Deutschland-Frage „im einzelnen ausgeführt, General de Gaulle habe bekanntlich zur Frage der Oder-Neiße-Grenze eine Position bezogen, wenn diese Frage auch juristisch definitiv erst in einem Friedensvertrag geregelt werden könne". Zur MLF habe er erklärt, „daß beiderseitige Gespräche darüber nach französischer Auffassung nicht nützlich seien, da es sich hier um eine Angelegenheit der NATO handele; zu einem Meinungsaustausch über diese Frage sei man französischerseits mithin nicht bereit". Vgl. den Drahtbericht Nr. 72; VS-Bd. 2500 (I A 3); B 150, Aktenkopien 1965.

[5] Der Abteilungsleiter im französischen Außenministerium, Lucet, informierte den Gesandten Knoke, Paris, am 28. Januar 1965 darüber, daß der französische Staatspräsident der Einladung

Die Gedankengänge General de Gaulles zur Lösung der Deutschlandfrage, über die er den Dialog mit der Sowjetunion zu führen bereit ist, sind mittlerweile aus dem Treffen des Generals mit dem Herrn Bundeskanzler in Rambouillet vom 19. und 20. Januar[6] und aus der Pressekonferenz de Gaulles vom 4. Februar[7] bekannt geworden.

III. Als weiteres Moment einer sowjetisch-französischen Zusammenarbeit ist das vietnamesische Zusammenspiel beider Mächte zu verzeichnen. Am 23. Februar brachte Winogradow gegenüber de Gaulle den sowjetischen Wunsch nach einer Lösung der Vietnamfrage „autour d'une table"[8] vor. Die französische Antwort ist am 1. März von Couve de Murville Winogradow erteilt worden.[9] Sie lautet dahin, daß eine Konferenz ohne „préalables" vorgeschlagen wird, an der vor allem die USA und Rotchina, ferner Frankreich und Großbritannien sowie die beiden Vietnams teilnehmen sollten. Im französischen Außenministerium war hierzu zu erfahren, daß Frankreich den Konferenzgegenstand (nur Süd-Vietnam oder Indochina allgemein) und den Rahmen einstweilen offen gelassen hat, während die Sowjets anscheinend einer Beratung der Gesamt-Indochinafragen, also nicht nur über Süd-Vietnam, sondern auch über Laos und Kambodscha den Vorzug gäben. In diesem Falle wäre es logisch, entsprechend den Verhandlungen, die zum Genfer Laos-Protokoll von 1962[10] geführt haben, den Vierzehner-Rahmen vorzusehen.[11]

IV. Die Intensivierung der sowjetisch-französischen Beziehungen findet ihren sichtbaren Niederschlag in der Einladung an Gromyko zum Besuch der französischen Regierung am 25. April in Paris. Dieser Besuch (vgl. Drahtbericht Nr. 321 VS-vertraulich vom 25.2.[12]) dient nicht nur der Erörterung der Indochinafrage. Entgegen andersartigen Versionen, die in Paris im Umlauf sind, habe ich aus zuverlässiger Quelle erfahren, daß die Initiative zur Einladung von Gromyko von General de Gaulle selbst ausgegangen ist. De Gaulle hat je-

Fortsetzung Fußnote von Seite 440

1965 nicht Folge leisten werde. „Sollte de Gaulle sich zur Wiederwahl stellen und – was dann sicher sei – wiedergewählt werden, so liege ein Besuch in Moskau während eines zweiten Septennats durchaus im Bereich des Möglichen." Vgl. den Drahtbericht Nr. 143 des Botschafters Klaiber, Paris, vom 28. Januar 1965; VS-Bd. 2500 (I A 3); B 150, Aktenkopien 1965.

[6] Für die Konsultationsgespräche zwischen Erhard und de Gaulle vgl. Dok. 22, Dok. 26 und Dok. 27.
[7] Vgl. dazu Dok. 64, Anm. 16.
[8] Am 24. Februar 1965 gab der französische Informationsminister Peyrefitte eine Erklärung zum Vorschlag des sowjetischen Botschafters vom Vortag ab, „daß die beiden Regierungen sich mit dem Ziele, zum Frieden in Südostasien durch eine internationale Konferenz zu gelangen, abstimmten. General de Gaulle habe zu verstehen gegeben, daß Frankreich zu einer solchen Abstimmung geneigt sei." Vgl. den Drahtbericht Nr. 308 des Gesandten Knoke, Paris, vom 25. Februar 1965; Referat I B 5, Bd. 160.
[9] Dazu teilte der französische Informationsminister Peyrefitte am 4. März 1965 mit, daß die Antwort auf den sowjetischen Vorschlag „in dem Sinne erteilt worden sei, den General de Gaulle schon in seiner letzten Unterhaltung mit Winogradow aufgezeigt habe". Vgl. den Drahtbericht Nr. 341 des Gesandten Knoke, Paris, vom 4. März 1965; Referat I B 5, Bd. 160.
[10] Für den Wortlaut der Erklärung und des Protokolls vom 23. Juli 1962 über die Neutralität von Laos vgl. EUROPA-ARCHIV 1962, D 399–405.
[11] Vgl. dazu weiter Dok. 196, besonders Anm. 16.
[12] Am 25. Februar 1965 gab Gesandter Knoke, Paris, die Information weiter, daß der sowjetische Außenminister Gromyko eine Einladung nach Frankreich angenommen habe. Vgl. VS-Bd. 2500 (I A 3); B 150, Aktenkopien 1965.

doch die sowjetische Anregung, der Besuch möge im Anschluß an Gromykos Aufenthalt in London Mitte März[13] eingeplant werden, zurückgewiesen und auf einem Sondertermin bestanden, gleichzeitig hat der General sich bereit erklärt, Gromyko zu empfangen.[14]

Bei dieser Gelegenheit wird, wie ich zuverlässig erfahren habe, ein Botschafter Baudet um den 25. Februar herum in einer zweiten Unterredung im sowjetischen Außenministerium übergebenes, streng geheim gehaltenes Papier, das die von sowjetischer Seite vorgeschlagenen Diskussionsthemen „Deutschland und die europäische Sicherheit" und das „Problem des Gold-Standards" zum Gegenstand hat, zwischen Gromyko und General de Gaulle erörtert werden. Ich wäre dankbar, wenn von dieser Information keinerlei Gebrauch, insbesondere nicht gegenüber den französischen Botschaftern in Bonn[15] oder Moskau, gemacht würde.

V. Das formale, den Sowjets gegenüber abgegebene Bekenntnis der französischen Regierung zur Atlantischen Allianz, ebenso wie die Ablehnung der Anerkennung der SBZ darf nicht zu dem Schluß verleiten, daß sich lediglich die Sowjetunion Frankreich annähert, auch Frankreich nähert sich von seiner Seite der Sowjetunion. General de Gaulle, der dazu neigt, jeweils ein Problem zu forcieren – Dreier-Direktorium der NATO[16], Lösung der Algerienfrage[17], europäische politische Union[18], Führerschaft Frankreichs in der dritten Welt, Lösung der Vietnamfrage[19], Reform der UNO[20], Deutschland-Problem –, stellt

---

[13] Der sowjetische Außenminister führte vom 16. bis 20. März 1965 in London Gespräche mit Premierminister Wilson und Außenminister Stewart. Vgl. dazu EUROPA-ARCHIV 1965, Z 74. Vgl. dazu auch Dok. 160, Anm. 7 und 19.

[14] Zum Besuch des sowjetischen Außenministers vom 25. bis 30. April 1965 in Paris vgl. Dok. 191 und Dok. 196.

[15] François Seydoux.

[16] Der französische Staatspräsident leitete am 17. September 1958 Präsident Eisenhower und Premierminister Macmillan ein geheimes Memorandum zu, in dem er eine Erweiterung des Wirkungsbereiches der NATO und eine unmittelbare Beteiligung Frankreichs an den politischen und strategischen Entscheidungen des Bündnisses forderte („Dreier-Direktorium"). Für den Wortlaut vgl. DE GAULLE, Lettres, notes et carnets 1958–1960, S. 83 f.

[17] In einer Rundfunk- und Fernsehansprache erläuterte Staatspräsident de Gaulle am 16. September 1959 seine Vorstellungen hinsichtlich der Zukunft Algeriens: „Ou bien: La Sécession, où certains croient trouver l'indépendance. [...] Ou bien: la Francisation complète, telle qu'elle est impliquée dans l'égalité des droits; les Algériens pouvant accéder à toutes les fonctions politiques, administratives et judiciaires de l'État [...]. Ou bien: Le Gouvernement des Algériens par les Algériens, appuyé sur l'aide de la France et en union étroite avec elle, pour l'économie, l'enseignement, la défense, les relations extérieures." Vgl. DE GAULLE, Discours et messages, Bd. 3, S. 121.
Am 20. Mai 1961 wurden in Evian Verhandlungen aufgenommen. Mit der Erklärung der algerischen und französischen Delegation vom 18. März 1962 zum Abschluß der Waffenstillstandsverhandlungen (Abkommen von Evian) wurden die militärischen Auseinandersetzungen in Algerien beendet. Für den Wortlaut vgl. EUROPA-ARCHIV 1962, D 213–225.
Vgl. dazu auch Michel DEBRÉ, Gouverner. Mémoires, Bd. 3: 1958–1962, Paris 1988, S. 191–313, und DE GAULLE, Mémoires d'espoir 1958–1962, S. 89–138.

[18] Zu den französischen Vorschlägen für eine europäische politische Zusammenarbeit, den Fouchet-Plänen vom 2. November 1961 und vom 18. Januar 1962, vgl. Dok. 5, Anm. 23.

[19] Am 29. August 1963 erklärte Staatspräsident de Gaulle, Vietnam könne in Asien eine bedeutende Rolle spielen, wenn es einmal frei von ausländischem Einfluß handeln könne. Frankreich sei bereit, Anstrengungen in dieser Richtung zu unterstützen. Für den Wortlaut der Erklärung vgl. DE GAULLE, Lettres, notes et carnets 1961–1963, S. 367.
Vgl. auch AAPD 1964, I, Dok. 44.

gegenwärtig offensichtlich die Verbesserung der Beziehungen Frankreichs zur Sowjetunion in den Mittelpunkt seines diplomatischen Spiels. Atlantische Allianz, europäische politische Zusammenarbeit, Rambouillet, Viermächteverantwortung in der Deutschland-Frage, Verbesserung der bilateralen Beziehungen zu England sind nur noch Versatzstücke auf der de Gauleschen Bühne. Dies erklärt auch, warum das Herz de Gaulles jetzt nicht mehr an dem Schicksal der europäischen politischen Zusammenarbeit hängt, mit Frankreich als treibender Kraft der Sechser-europäischen politischen Zusammenarbeit werden wir kaum mehr rechnen können.[21]

VI. Bezeichnend dafür, welche Rolle die französisch-sowjetische Freundschaft in den Augen der Gaullisten spielt, ist eine Großaufnahme in dem UNR-Blatt „La Nation" vom 2. März 1965: sie zeigt Winogradow unter dem Standbild der Mutter Gottes in der Kathedrale von Notre Dame. Im darunter stehenden Text heißt es über seine Mission, sie habe sich bis zum Ende unter dem Zeichen des Einvernehmens („sous le signe de l'entente") vollzogen.[22]

[gez.] Knoke

VS-Bd. 428 (Büro Staatssekretär)

Fortsetzung Fußnote von Seite 442

Am 10. Februar 1965 erklärte der französische Informationsminister Peyrefitte zu den amerikanischen Luftangriffen auf die Demokratische Republik Vietnam (Nordvietnam) vom 7./8. Februar 1965: „Die französische Regierung ist der Ansicht, daß die Regelung der spezifischen Probleme Südost-Asiens nicht auf dem Wege der Waffen erreicht werden kann. Nur ein internationales Abkommen, das jede ausländische Einmischung, insbesondere in Südvietnam, Nordvietnam, Laos und Kambodscha ausschließt, kann den Weg zum inneren und äußeren Frieden in dieser unglücklichen Region der Welt öffnen." Vgl. den Drahtbericht Nr. 225 des Botschafters Klaiber, Paris, vom 11. Februar 1965; Referat I B 5, Bd. 160.

[20] Auf der Pressekonferenz vom 4. Februar 1965 hob der französische Staatspräsident die Vorzüge der UNO-Charta von 1945 und insbesondere die darin vorgesehene Rolle des Sicherheitsrates hervor, in dem die fünf Staaten zusammenarbeiten sollten, denen aufgrund ihrer Stärke und ihres Einflusses eine weltweite Verantwortung zukomme. Allerdings sei die UNO in der Folgezeit von ihrer Charta abgewichen, und insbesondere habe sich die UNO-Generalversammlung das Recht angemaßt, über die Anwendung von Gewalt zu entscheiden. De Gaulle zog den Schluß: „Mais la profonde transformation que de telles entorses à la légalité ont fait subir aux Nations Unies compromet évidemment leur unité, leur prestige et leur fonctionnement. De là, la crise dans laquelle elles se trouvent plongées. Je dirai franchement, qu'à mon sens, c'est en revenant à la prudence et à la Charte, que l'Organisation des Nations Unies peut retrouver son équilibre. Au point où en sont les choses, il faudrait, évidemment, que Washington, Moscou, Londres, Pékin et Paris s'entendent pour revenir au point de départ, tout comme ils s'entendirent naguère pour fonder les Nations Unies." Vgl. DE GAULLE, Discours et messages, Bd. 4, S. 334–337, hier S. 337. Vgl. auch EUROPA-ARCHIV 1965, D 92–94.

[21] Zur französischen Haltung zu einer europäischen politischen Zusammenarbeit vgl. weiter Dok. 156.

[22] Vgl. dazu auch den Drahtbericht Nr. 342 des Gesandten Knoke, Paris, vom 4. März 1965; Referat I A 3, Bd. 559.

108

Botschafter Berger, Den Haag, an das Auswärtige Amt

Fernschreiben Nr. 79 Aufgabe: 3. März 1965, 15.45 Uhr[1]
Ankunft: 3. März 1965, 16.29 Uhr

Betr.: Deutsch-ägyptische Streitpunkte

Erfahre aus niederländischem Außenministerium, daß man dort deutsch-ägyptische Auseinandersetzung mit Besorgnis beobachtet, weil man als Ergebnis eine Schwächung des westlichen Einflusses in Ägypten und Afrika allgemein befürchtet. Sehr vorsichtig wurde angedeutet, daß deutsches Vorgehen die psychologischen Faktoren in Ägypten nicht voll berücksichtigt habe. Denn in den afrikanischen und asiatischen Ländern könne ein Staatschef, ohne sein Gesicht zu verlieren, nicht mehr zurück, wenn er unter öffentlichen Druck gesetzt worden sei. Aus diesem Grunde würden sich auch Demarchen befreundeter Staaten[2] nicht empfehlen, wenn sich diese häuften und damit denselben Eindruck erweckten.

Im übrigen, so erklärte mir mein Gesprächspartner, der mit den indonesischen Verhältnissen bestens vertraut ist, halte er eine ähnliche Entwicklung wie in Kairo auch in Djakarta in nächster Zeit für durchaus möglich[3], da Indonesien von sowjetischen Waffenlieferungen vollständig abhängig sei.[4] Unter vier Augen, so meinte mein Gesprächspartner, solle man sowohl Nasser als auch Sukarno gegenüber deutschen Standpunkt mit aller Deutlichkeit vertreten.

Nur für seine Person – erklärte hoher Beamter des niederländischen Außenministeriums – sei Stellung Israels in der Frage der deutschen Waffenlieferungen wenig glücklich. Er gewinne den Eindruck, daß Israel sich bemühe, die Westmächte mit den arabischen Staaten zu verfeinden, um sie auf diese Weise vorbehaltlos an die Seite Israels zu zwingen. Nur aus diesem Grunde sei seiner Meinung nach die Frage der deutschen Waffenlieferungen über Gebühr hochgespielt worden.[5]

[gez.] Berger

Ministerbüro, Bd. 220

---

[1] Legationsrat I. Klasse Loeck vermerkte am 4. März 1965 für Ministerialdirigent Simon: „Herr St[aats]S[ekretär] hat seinem Büro Weisung gegeben, dem Herrn Minister dieses Telegramm sofort zu überbringen. Dies ist nach Hinweis von Frl. Berner geschehen."
[2] Zur Bitte der Bundesregierung um Unterstützung der Position der Bundesrepublik in der VAR vgl. zuletzt Dok. 84.
[3] Zu den Befürchtungen, daß der Staatsratsvorsitzende Ulbricht auch nach Indonesien eingeladen werden könnte, vgl. Dok. 84. Vgl. dazu weiter Dok. 216.
[4] Am 6. Januar 1961 und am 8. Mai 1962 schloß die UdSSR mit Indonesien Abkommen über Waffenlieferungen und die Gewährung von Krediten. Vgl. dazu PRAVDA, Nr. 7 vom 7. Januar 1961, S. 1, und Nr. 8 vom 8. Januar 1961, S. 1, sowie NOVOE VREMJA 1962, Heft 21, S. 32. Vgl. auch das Kommuniqué vom 16. Juli 1964 über den Besuch des indonesischen Außenministers Subandrio in der UdSSR; PRAVDA, Nr. 199 vom 17. Juli 1964, S. 2.
[5] Zur israelischen Reaktion auf die Ankündigung der Bundesregierung vom 10. Februar 1965, daß Waffenlieferungen in Spannungsgebiete eingestellt würden, vgl. Dok. 84.

109

Aufzeichnung des Ministerialdirigenten Graf von Hardenberg

III A 6-87.40-194/65 VS-vertraulich 4. März 1965[1]

Betr.: Ankauf von Dornier-Flugzeugen durch Indonesien und die I.C.A.O.

Im September vorigen Jahres haben die Dornier-Werke GmbH in München beim Bundesamt für gewerbliche Wirtschaft in Frankfurt/Main angefragt, ob sie mit Genehmigung der Ausfuhr von 9 Flugzeugen des Typs Do-28 nach Indonesien rechnen könnten, von denen 6 Stück an die International Civil Aviation Organization (I.C.A.O.) und 3 an die indonesische Regierung verkauft werden sollten.

Die Flugzeuge sind für West-Irian bestimmt. Die indonesische Regierung will dort mit Hilfe der UNO im Rahmen eines Entwicklungshilfsprogramms ein ziviles Verkehrsflugnetz errichten. Zu diesem Zweck wurde am 3. August 1964 in Djakarta zwischen der indonesischen Regierung, vertreten durch den Luftfahrtminister Iskandar, und den Vereinten Nationen, vertreten durch deren Repräsentanten in Djakarta, Herrn Pavicic, ein Abkommen über die Lieferung von 14 Flugzeugen unterzeichnet, von denen durch die I.C.A.O. 6 Flugzeuge in Deutschland und 8 in Kanada gekauft werden sollen. In diesem Vertrag verpflichtete sich die indonesische Regierung, die ihr zur Verfügung gestellten Flugzeuge ausschließlich für den zivilen Luftverkehr in West-Irian einzusetzen. Die Mittel zum Ankauf dieser Flugzeuge werden dem Fonds der Vereinten Nationen für die Entwicklung West-Irians entnommen. Die Flugzeuge bleiben vorläufig Eigentum der I.C.A.O. und sollen erst zu einem späteren Zeitpunkt der indonesischen Regierung übereignet werden.

Der Kaufvertrag zwischen den Dornier-Werken und der indonesischen Regierung über die Lieferung von 3 Do-28 im Werte von 1,592 Mio. DM wurde am 3. Dezember 1964 in Djakarta und mit der I.C.A.O. über die Lieferung von 6 Do-28 im Werte von 1,865 Mio. DM am 21. Dezember 1964 in Montreal unterzeichnet. Die Auslieferung der erstgenannten 3 Flugzeuge soll voraussichtlich im Juni/Juli 1965, die der übrigen Ende 1965 erfolgen.

Das Auswärtige Amt hat auf Grund einer Entscheidung von Herrn Staatssekretär Lahr die Dornier-Werke Anfang Oktober vorigen Jahres dahin beschieden, daß es gegen die Ausfuhr der Flugzeuge keine Bedenken erheben werde. Es ging davon aus, daß es sich bei den genannten Flugzeugen um kleine Passagierflugzeuge handelt, die nicht unter die im Dezember 1963 zwischen dem Herrn Bundesminister und dem britischen Außenminister Butler getroffene Vereinbarung fallen, wonach Deutschland mit Rücksicht auf den Malaysia-

---

[1] Die Aufzeichnung wurde vom Vortragenden Legationsrat I. Klasse Klarenaar konzipiert. Ministerialdirigent Graf von Hardenberg leitete sie am 4. März 1965 „aus Anlaß des Besuchs von Premierminister Wilson" über Staatssekretär Carstens und Bundesminister Schröder dem Bundeskanzleramt zu.
Hat Carstens am 5. und Schröder am 8. März 1965 vorgelegen.

445

Konflikt² bis auf weiteres keine Waffen und militärisches Ausrüstungsmaterial nach Indonesien liefern wird.³

Laut Drahtbericht der Botschaft London vom 23. Dezember 1964⁴ hat das Foreign Office unserer Botschaft ein Aide-mémoire überreicht, in dem die Bedenken Großbritanniens gegen die Lieferungen dargelegt sind. Die Beantwortung des Aide-mémoire steht noch aus.

Am 28. Januar d.J. hat der hiesige britische Botschafter bei Herrn Staatssekretär Carstens in der Angelegenheit vorgesprochen.⁵

Schließlich hat der britische Premierminister die Anwesenheit des Herrn Bundeskanzlers in London anläßlich der Beisetzung von Sir Winston Churchill dazu benutzt⁶, um ihm ein Aide-mémoire⁷ zu übergeben, das in massiver Form die Bedenken der britischen Regierung zum Ausdruck bringt und auf die Folgen für das deutsch-britische Verhältnis sowie evtl. Maßnahmen in der NATO hinweist, welche die Lieferung der Flugzeuge nach sich ziehen können.

Mitte Januar d.J. haben die Dornier-Werke den Antrag auf Genehmigung der Ausfuhr der fraglichen Flugzeuge gestellt und Kopien der Kontrakte mit der indonesischen Regierung und der I.C.A.O. beigefügt.

---

² Zur Gründung Malaysias am 16. September 1963 vgl. Dok. 24, Anm. 17.
Im Herbst 1963 kam es zu Gefechten an der indonesisch-malaysischen Grenze, die sich nach der Landung indonesischer Guerillas am 17. August 1964 ausweiteten. Am 2. März 1965 übermittelte Ministerialdirigent Böker der Ständigen Vertretung bei der NATO in Paris den Text für eine Erklärung im Ständigen NATO-Rat: „Die Bundesregierung glaubt Grund zur Annahme zu haben, daß im Malaysia-Konflikt eine leichte Entspannung eingetreten ist. Die Entschlossenheit Großbritanniens, indonesische Angriffe zu zerschlagen, wie die wirtschaftlichen Schwierigkeiten, in die Sukarno durch seine Konfrontationspolitik geraten ist, und schließlich die besonders durch den Austritt aus der UNO verursachte außenpolitische Isolierung haben in Djakarta zu denken gegeben. Es ist nicht ausgeschlossen, daß die Crush-Malaysia-Politik einer Überprüfung unterzogen wird." Vgl. den Drahterlaß Nr. 230; Referat I B 5, Bd. 160.

³ Der britische Außenminister Butler bat im Gespräch mit Bundesminister Schröder am 10. Dezember 1963 um die Einstellung der Waffenlieferungen an Indonesien. Schröder erklärte dazu: „Die Bundesregierung liefere keine Waffen nach Indonesien, so daß sie also auch keine Waffenlieferungen einzustellen brauche." Vgl. AAPD 1963, III, Dok. 461.

⁴ Botschafter von Etzdorf, London, übermittelte den Text des britischen Aide-mémoires. Der Abteilungsleiter im britischen Außenministerium, Peck, habe ergänzend hinzugefügt, „daß Indonesien sich wegen des Ankaufs von für den Dschungel-Krieg auf Borneo geeigneten Flugzeugen nicht nur an die Dornier-Werke, sondern auch an Flugzeugproduzenten anderer Staaten gewandt habe. [...] Gegenüber den NATO-Staaten verweise die britische Regierung insbesondere auf ihre schon vor längerer Zeit im NATO-Rat geäußerte Bitte, die indonesische Konfrontation in Malaysia nicht durch die Lieferung von Kriegsmaterial zu unterstützen." Vgl. den Drahtbericht Nr. 1387; VS-Bd. 8354 (III A 6); B 150, Aktenkopien 1964.

⁵ Dazu vermerkte Staatssekretär Carstens am 30. Januar 1965, Roberts habe ihm die Probleme der britischen Truppen in Malaysia dargelegt und ausgeführt, die geplante Lieferung von Dornier-Flugzeugen an Indonesien durch die Bundesrepublik bereite der britischen Regierung „gewisse Schwierigkeiten". Der britische Botschafter habe darauf hingewiesen, daß Kanada, Portugal und Frankreich derartige Lieferungen abgelehnt hätten, und hinzugefügt: „Etwaige indonesische Zusicherungen, bestimmte Waffen nicht gegen Malaysia einzusetzen, seien nach britischer Überzeugung wertlos." Vgl. VS-Bd. 2650 (I B 5); B 150, Aktenkopien 1965.

⁶ Für das Gespräch des Bundeskanzlers Erhard mit Premierminister Wilson am 30. Januar 1965 vgl. Dok. 47.

⁷ Dem Vorgang nicht beigefügt. Für den Wortlaut vgl. VS-Bd. 8354 (III A 6).

Das Auswärtige Amt ist der Ansicht, daß an der Entscheidung, wonach das Auswärtige Amt sich bereit erklärt hat, die Ausfuhr von neun Do-28-Flugzeugen an die I.C.A.O. und nach Indonesien zu genehmigen, festgehalten werden muß. Die Entscheidung ist den Dornier-Werken mitgeteilt worden, die daraufhin die Verträge mit der I.C.A.O. über sechs Flugzeuge und mit der indonesischen Regierung über drei Flugzeuge abgeschlossen haben. Sollte entsprechend den britischen Forderungen die Ausfuhrgenehmigung jetzt versagt werden, würde die Bundesregierung sich wahrscheinlich schadensersatzpflichtig machen. Weiter würden die Beziehungen zu Indonesien auf das äußerste gefährdet werden.

Dieser Sachverhalt und die Unmöglichkeit, die getroffene Entscheidung zu revidieren, ist der Britischen und Australischen Botschaft (Besprechung mit Sir Frank Roberts[8], Botschafter Blakeney, Mr. Taylor[9]) unter eingehender Darlegung der rechtlichen und politischen Gründe wie folgt auseinandergesetzt worden:

Die Bundesregierung hat sich gegenüber Großbritannien verpflichtet, an Indonesien während der Dauer des Malaysia-Konfliktes keine Waffen zu liefern. In Besprechungen zwischen dem Herrn Bundesminister und dem damaligen britischen Außenminister Butler wurde das Waffenausfuhrverbot dahin erweitert, daß auch militärische Ausrüstungsgegenstände, die keine Angriffswaffen darstellen, nicht nach Indonesien ausgeführt werden sollen. Eine Annahme der britischen Forderung, nunmehr auch die Ausfuhr von Zivilflugzeugen zu verbieten, würde über die von der Bundesregierung Großbritannien früher gemachten Zusicherungen hinausgehen. Im Interesse unserer Beziehungen zu Großbritannien und Malaysia hat die Bundesregierung sich jetzt aber bereit erklärt, in Zukunft Ausfuhranträge für Zivilflugzeuge, die auch für Zwecke der Kriegführung verwendet werden können, nach Indonesien während der Dauer des Malaysia-Konflikts[10] nicht mehr zu genehmigen. Eine so weitgehende Einschränkung ist – soweit hier bekannt – bisher in keinem Fall gemacht worden. Selbst während des West-Irian-Konfliktes[11] wurde den Niederlanden nur zugestanden, daß die Bundesregierung keine Ausfuhr-

---

[8] Vgl. das Gespräch des Bundeskanzlers Erhard mit dem britischen Botschafter am 23. Februar 1965; Dok. 93.

[9] Zu den Gesprächen mit dem australischen Botschafter in Bonn, Blakeney, und mit dem Ersten Sekretär an der britischen Botschaft, Taylor, am 22. Januar 1965 vgl. die Aufzeichnung des Vortragenden Legationsrats I. Klasse Bassler vom 22. Januar 1965; Referat I B 5, Bd. 173.

[10] Der Passus: „bereit erklärt ... der Dauer" wurde von Staatssekretär Carstens hervorgehoben. Dazu handschriftliche Bemerkung: „Wann? u[nd] wo?"

[11] Nach der Erlangung der Unabhängigkeit erhob Indonesien Ansprüche auf das weiterhin den Niederlanden unterstehende West-Neuguinea (West-Irian). Im Dezember 1961 drohte Präsident Sukarno mit militärischen Aktionen, falls die Niederlande sich nicht zur Übergabe West-Irians bereit erklärten. Im Januar 1962 kam es zu Seegefechten zwischen Indonesien und den Niederlanden, im Mai und Juni 1962 zur Landung indonesischer Fallschirmjäger auf West-Irian. Aufgrund eines Vermittlungsvorschlags, den der frühere amerikanische Botschafter in Indien, Ellsworth Bunker, im Einvernehmen mit der UNO unterbreitete, wurden Ende Mai Verhandlungen aufgenommen, die am 15. August 1962 mit dem Abschluß eines Abkommens endeten. Die Verwaltung West-Irians wurde zunächst der UNO übertragen und ging am 30. April 1963 auf Indonesien über.

anträge für Waffenlieferungen an Indonesien genehmigen würde.[12] Ein Ausfuhrverbot für militärisches Ausrüstungsmaterial wurde damals nicht verhängt.

Die Britische Botschaft wurde weiter darauf hingewiesen, daß für sechs Flugzeuge die I.C.A.O., eine Unterorganisation der UNO, Vertragspartner der Dornier-Werke sei. Die I.C.A.O. erwerbe die Flugzeuge mit Mitteln, die ihr von der niederländischen Regierung zur Verfügung gestellt worden seien. Die I.C.A.O. werde mit der Übergabe Eigentümerin der Flugzeuge und könne deren Verwendung für den zivilen Verkehr in Indonesien kontrollieren. Die britische Regierung müsse sich daher mit ihrer Forderung an die I.C.A.O. wenden, wenn sie verhindern wolle, daß Indonesien in den Besitz dieser Flugzeuge gelänge.

Auch an der Zustimmung für die Lieferung der drei Do-28-Flugzeuge, die gemäß Vertrag zwischen den Dornier-Werken und der indonesischen Regierung vereinbart worden sind, muß festgehalten werden. Als die Zustimmung gegeben wurde, bestand für die Bundesregierung keine Beschränkung, die Lieferung von Zivilflugzeugen nach Indonesien zu versagen. Da bei den sechs Flugzeugen gleichen Typs an die I.C.A.O. der zivile Zweck nicht zu bestreiten war, wäre es unvertretbar gewesen, bei den drei Flugzeugen gleichen Typs das Gegenteil zu behaupten. Um jeden Mißbrauch auszuschließen, hat die Bundesregierung sich von Indonesien durch Botschafter Loekman Hakim die Zusicherung geben lassen, daß die drei Flugzeuge nur im Zivilverkehr eingesetzt werden.

Die britische Forderung, auch die Ausfuhr dieser drei Flugzeuge zu verbieten, würde bedeuten, daß die Bundesregierung ein Verbot mit rückwirkender Kraft anwenden müßte. Eine derartige Maßnahme wäre, abgesehen von den politischen Gründen, auch mit rechtsstaatlichen Grundsätzen unvereinbar.

Das Auswärtige Amt ist daher der Ansicht, daß unter Festhalten an der bisherigen Linie etwaige britische Forderungen, die endgültige Ausfuhrgenehmigung zu versagen, abgelehnt werden müssen, wenn unübersehbare Konsequenzen in der Haltung der indonesischen Regierung – so vor allem

---

[12] Am 12. Juli 1962 informierte Ministerialdirigent Hess die Botschaft in Djakarta: „Meldungen in dortiger Presse, wonach Bundesregierung holländischer Regierung Lieferstop für kriegswichtige Güter zugesagt habe, entsprechen in dieser Form nicht den Tatsachen. Bundesregierung hat vielmehr nur durch Vertreter im Politischen Ausschuß der NATO im Dezember 1961 erklären lassen, daß Bundesregierung Genehmigungen für die Ausfuhr von Waffen im Sinne des Kriegswaffengesetzes nach Indonesien in Anbetracht der Neuguinea-Krise versage. Dies entspricht deutscher grundsätzlicher Haltung, die Ausfuhr von Waffen zu unterbinden, sofern mit ihrer Verwendung für friedensstörende Handlungen gerechnet werden muß. Was Lieferung von Rüstungsmaterial im Sinne der Internationalen Rüstungsmateriallisten des Außenwirtschaftsgesetzes angeht, so ergeht Entscheidung der Bundesregierung von Fall zu Fall, wobei der Gesichtspunkt, ob das zu liefernde Material zu Angriffshandlungen verwandt werden kann, maßgebliche Bedeutung hat."
Vgl. VS-Bd. 8354 (III A 6); B 150, Aktenkopien 1962.
Vgl. dazu auch die Aufzeichnung des Vortragenden Legationsrats I. Klasse Klarenaar vom 5. April 1965; Referat III A 4, Bd. 317.

die Anerkennung der Sowjetzone als souveräner Staat[13] – vermieden werden sollen.[14]

VS-Bd. 8446 (Ministerbüro)

110

Botschafter Grewe, Paris (NATO), an das Auswärtige Amt

Z B 6-1-2191/65 geheim   Aufgabe: 4. März 1965, 18.15 Uhr[1]
Fernschreiben Nr. 301   Ankunft: 4. März 1965, 19.27 Uhr

Betr.: Britische Verteidigungspolitik

Für die bevorstehenden Gespräche mit dem britischen Premierminister[2] gebe ich folgende Gedanken zu erwägen:

1) Die Labour-Regierung hat seit ihrer Amtsübernahme[3] eine konsequente außen- und verteidigungspolitische Linie eingeschlagen. Sie geht davon aus, daß die sowjetische Gefahr jedenfalls in Europa und jedenfalls auf militärischem Gebiet geringer geworden und daß es möglich sei, durch Verhandlungen mit den Sowjets zur Stabilisierung der Verhältnisse in Europa zu gelangen. Aus dieser Überlegung erklärt sich die britische Politik auf zahlreichen Einzelgebieten wie z.B.:

Nicht-Verbreitung von Kernwaffen[4]; Beobachtungsposten[5]; ANF; Verringe-

[13] Zu den Beziehungen zwischen Indonesien und der DDR vgl. Dok. 216.
[14] Am 15. März 1965 nahm Referat I B 5 Stellung: „Nachdem der britischen Botschaft die politischen und rechtlichen Gründe auseinandergesetzt worden sind, die es der Bundesregierung unmöglich machen, die Zusage zur Lieferung der 9 Flugzeuge zurückzuziehen, und Ministerpräsident Wilson auf die Angelegenheit nicht mehr zurückgekommen ist, wird dem Antrag der Dornier-Werke zuzustimmen sein." Vgl. VS-Bd. 8354 (III A 6); B 150, Aktenkopien 1965.
Die Staatssekretäre Lahr und Carstens schlossen sich diesem Votum am 17. März 1965 an. Vgl. dazu die Aufzeichnung des Ministerialdirektors Sachs vom 17. März 1965; VS-Bd. 8354 (III A 6); B 150, Aktenkopien 1965.

[1] Hat Ministerialdirektor Meyer-Lindenberg und Ministerialdirigent Voigt am 10. März 1965 vorgelegen.
[2] Zum Besuch des Premierministers Wilson vom 6. bis 9. März 1965 in Berlin (West) und in Bonn vgl. Dok. 122.
[3] Die Labour Party gewann die britischen Unterhauswahlen vom 15. Oktober 1964. Am 16. Oktober 1964 wurde Harold Wilson zum Premierminister ernannt.
[4] Zur britischen Haltung zur Nichtverbreitung von Kernwaffen vgl. Dok. 21, Anm. 4.
[5] Der Vorschlag, zum Schutz vor Überraschungsangriffen „in allen betroffenen Staaten" Kontrollposten an Bahnknotenpunkten, an Schnellstraßen und in Häfen einzurichten, wurde am 10. Mai 1955 von der UdSSR unterbreitet. Er wurde am 30. April 1957 dahingehend modifiziert, daß die Bodenbeobachtungsposten in einer bestimmten Zone wären, in der auch Luftbildaufnahmen zur Rüstungskontrolle gestattet sein sollten. Vgl. dazu DOCUMENTS ON DISARMAMENT 1944–1959, S. 466 und S. 785.
Der Gedanke wurde bereits in einem amerikanischen Arbeitspapier aufgegriffen, das am 12. Dezember 1962 der Genfer Konferenz der 18-Mächte-Abrüstungskommission vorgelegt wurde. Im

rung der Rheinarmee⁶; Schwächung der Stellung SACEURs und insbesondere seines nuklearen Potentials.⁷

Diese Politik wird auf zahlreichen Ebenen und durch geschicktes taktisches Verhalten in bilateralen Gesprächen, in dem Militär-Ausschuß der NATO in Washington, in den Pariser NATO-Instanzen und durch Beeinflussung der Presse verfolgt. In dieser Linie liegen insbesondere auch das jetzt veröffentlichte Weißbuch⁸ und die Unterhausrede Healeys vom 3. März.⁹

Man muß damit rechnen, daß die Briten bei ihren Bonner Gesprächen z.B. das Thema der Rheinarmee isoliert aufgreifen und nur zu dieser Frage ein Einvernehmen mit uns zu erzielen suchen (einschließlich Sicherstellung zukünftiger Finanzierung)¹⁰, wodurch sie mittelbar weitere Fortschritte in ihrer oben skizzierten allgemeinen Politik erreichen würden. Ähnlich könnten sie auch beim Thema ANF vorgehen.

Diese taktische Linie der britischen Gesprächsführung in Bonn kündigt sich bereits in Healeys Unterhausrede vom 3. März an, wo er den Versuch macht, die in den Paragraphen 17 und 18 des Weißbuches in einen Topf geworfenen Fragen der WEU-Verpflichtungen und der Dispensationsgründe hiervon (akuter Notstand in Übersee)¹¹ und der allgemeinen Frage einer revidierten Strategie¹² (die letztlich dann auch zu einer Kürzung der Rheinarmee führen würde) wieder voneinander zu trennen. Diese Linie hat Healey auch in seinem Gespräch mit Brosio am 2. März in London verfolgt. (Ich darf in diesem Zusammenhang darauf hinweisen, daß Healey in seiner Unterhausrede Zahlungsbilanzschwierigkeiten in gleicher Weise als Dispensationsgrund von den Brüsseler Verpflichtungen behandelt wie überseeischen Notstand. Nach Artikel 6 des Protokolls II des WEU-Vertrages¹³ berechtigen erstere jedoch nur zu ei-

---

Fortsetzung Fußnote von Seite 449
  Januar 1964 legten Großbritannien und die USA neue Vorschläge zu diesem Thema vor. Vgl. dazu AAPD 1964, I, Dok. 30 und Dok. 31.
⁶ Vgl. dazu Dok. 93, Anm. 39.
⁷ Nach britischen Vorstellungen sollte eine Atomstreitmacht der NATO nicht SACEUR, sondern einem eigenen Befehlshaber unterstellt werden. Vgl. dazu Dok. 20, Anm. 11.
⁸ Vgl. STATEMENT OF DEFENCE ESTIMATES 1965, London 1965. Für einen Auszug vgl. EUROPA-ARCHIV 1965, D 193–203.
⁹ Für den Wortlaut der Rede des britischen Verteidigungsministers vgl. HANSARD, Bd. 707, Sp. 1327–1349.
¹⁰ Zu den Gesprächen über den Devisenausgleich während des Besuchs des Premierministers Wilson vom 6. bis 8. März 1965 in Berlin (West) und Bonn vgl. Dok. 122, Anm. 14.
¹¹ In Paragraph 17 des britischen Weißbuchs wurde dazu ausgeführt: „Im Rahmen unserer Verpflichtungen auf Grund des Brüsseler Vertrags müssen wir uns eine Überprüfung dieses Beitrags nicht nur unter dem Aspekt unserer Verpflichtungen gegenüber unseren Verbündeten in der NATO, sondern auch im Hinblick auf unsere gesamte Verteidigungslast und auf die Art der militärischen Bedrohung Europas und anderer Teile der Welt, in denen wir Verpflichtungen übernommen haben, jederzeit vorbehalten." Vgl. EUROPA-ARCHIV 1965, D 196 f.
¹² In Paragraph 18 des britischen Weißbuchs wurde festgestellt, daß die Dislozierung der NATO-Truppen in Deutschland nach keiner strategischen Konzeption erfolgt sei, die einer Überprüfung bedürfe. Angesichts der atomaren Abschreckung sei es „sinnlos, gegen die Gefahr eines längeren Krieges in Europa nach dem atomaren Schlagabtausch dort militärisches Potential zu binden". Vgl. EUROPA-ARCHIV 1965, D 197.
¹³ Artikel 6 des Protokolls Nr. II vom 23. Oktober 1954 über die Streitkräfte des WEU-Vertrags enthielt die britische Verpflichtung zur Stationierung von Streitkräften auf dem europäischen Kon-

nem Ersuchen an den NATO-Rat, die finanziellen Bedingungen für den Unterhalt der Rheinarmee zu überprüfen.)

2) Falls einer Diskussion solcher Einzelausschnitte aus der Gesamtproblematik nicht ausgewichen werden kann, sollten wir in unserer Argumentation jedoch den Gesamtzusammenhang der Probleme berücksichtigen und unsere Haltung im Einzelfalle mit unserer verteidigungspolitischen Gesamtlinie in Einklang bringen.

Der britischen Argumentation, wie sie nach dem Vorstehenden zu erwarten ist, könnten folgende Gesichtspunkte entgegengehalten werden:

a) Hinsichtlich der Beurteilung der gegenwärtigen sowjetischen Politik wäre darauf hinzuweisen, daß man eine militärische Strategie und eine langfristige Planung nicht nach den vermuteten aktuellen Absichten des potentiellen Gegners ausrichten darf, sondern von seinen materiellen Fähigkeiten ausgehen muß. Wie auch immer man die Gesamtzahl der sofort einsatzbereiten und in kurzer Frist einsatzfähigen Streitkräfte des Ostblocks beurteilen mag, es besteht kein Zweifel, daß in Zentraleuropa und insbesondere der Sowjetzone seit 1954 keine Verringerung der sowjetischen Streitkräfte stattgefunden hat, sondern vielmehr eine zumindest qualitative Verstärkung (insbesondere mit Nuklearwaffen). Demgegenüber können sich die Absichten der jeweiligen politischen Führung der Sowjetunion sehr kurzfristig ändern, wie wir zuletzt bei dem völlig unerwarteten Sturz Chruschtschows[14] gesehen haben und schon früher bei den aus heiterem Himmel inszenierten Krisen um Berlin 1958[15] und 1961[16] sowie um Kuba 1962[17], die alle zu einem Zeitpunkt stattfanden, als im Westen vielfach große Hoffnungen auf die Entspannungspolitik gesetzt wurden.

Fortsetzung Fußnote von Seite 450

tinent, allerdings mit der Einschränkung: „Diese Verpflichtung bindet jedoch Ihre Majestät nicht im Falle eines akuten Notstandes in Übersee. Falls die Unterhaltung der Streitkräfte des Vereinigten Königreichs auf dem europäischen Festland zu irgendeiner Zeit eine zu schwere Belastung der auswärtigen Finanzen des Vereinigten Königreichs mit sich bringt, wird Ihre Majestät durch Ihre Regierung im Vereinigten Königreich von Großbritannien und Nordirland den Nordatlantikrat ersuchen, die finanziellen Bedingungen für den Unterhalt der Verbände des Vereinigten Königreichs zu überprüfen." Vgl. EUROPA-ARCHIV 1954, S. 7129.

14 Zum Führungswechsel in der UdSSR am 14./15. Oktober 1964 vgl. Dok. 23, Anm. 29.
15 Zum „Berlin-Ultimatum" vom 27. November 1958 vgl. Dok. 7, Anm. 8.
16 Am 13. August 1961 wurde die Mauer in Berlin errichtet.
17 Am 16. Oktober 1962 stellten die USA bei Aufklärungsflügen fest, daß auf Kuba Abschußbasen errichtet und Raketen sowjetischen Ursprungs stationiert worden waren. Daraufhin verhängten die USA am 22. Oktober 1962 eine Seeblockade. Nach einem Briefwechsel zwischen Ministerpräsident Chruschtschow und Präsident Kennedy vom 26. bis 28. Oktober erklärte sich die UdSSR zum Abtransport der Raketen bereit, der am 9. November 1962 begann. Für den Briefwechsel vgl. PROBLEMS OF COMMUNISM 1992 (Sonderheft).
Zu den Verhandlungen über eine abschließende Regelung der Kuba-Krise zwischen dem sowjetischen Ersten Stellvertretenden Außenminister Kusnezow und dem amerikanischen Sonderbeauftragten McCloy vom 29. Oktober 1962 bis 7. Januar 1963 in New York vgl. die Erinnerungen des Persönlichen Referenten von Kusnezow, Boris I. Poklad: Karibskij krizis. N'ju-jorkskij dialog; MEŽDUNARODNAJA ŽIZN' 1992, Heft 11/12, S. 158–167.

b) Wenn man gegenwärtig von einem gewissen Gleichgewichtszustand zwischen Ost und West in der Welt sprechen kann, so beruht dies im wesentlichen darauf, daß an der wichtigsten Stelle der unmittelbaren Konfrontation, nämlich in Zentraleuropa, ein gewisses Gleichgewicht der militärischen Kräfte besteht. Wenn der Westen im Hinblick darauf, daß im Augenblick kein Konflikt zu drohen scheint, einseitig seine Stellung in Europa schwächt, dann entsteht ein Ungleichgewicht, das ihn in jeder Krise, in welchem Teil der Erde sie sich auch immer abspielen mag, in Schwierigkeiten bringt. Die Gefahr einer unmittelbaren Drohung in Zentraleuropa, der er nicht mehr begegnen könnte, würde seine Handlungsfreiheit auch in akuten Krisenfällen in anderen Teilen der Welt wesentlich beeinträchtigen. Die amerikanische Haltung in der Kubakrise setzte die Stabilität des militärischen Gleichgewichts in Europa voraus.

c) Wie Bundesminister von Hassel in seiner Erklärung vor der Ministerkonferenz der NATO im Dezember 1964[18] betont hat, beruht das westliche Bündnissystem auch auf einem Gleichgewicht innerhalb der Allianz: der deutsche Verzicht auf die Produktion von Atomwaffen[19], die Unterwerfung der Bundesrepublik unter Rüstungsbeschränkung und Rüstungskontrollen und die volle Integration der deutschen Streitkräfte in der NATO waren verbunden mit gewissen alliierten Gegenleistungen – insbesondere auch der britischen Gegenleistung, eine bestimmte Zahl von Streitkräften auf dem europäischen Kontinent zu halten. Der Fortfall oder eine wesentliche Verringerung der alliierten Gegenleistungen könnte nicht ohne Rückwirkung auf die deutschen Verpflichtungen im Rahmen des „Pakets" der Pariser Verträge von 1954 bleiben[20].

Im Hinblick auf die seinerzeitige Kräfteverteilung innerhalb der Allianz hat sich die Bundesrepublik auch mit einem verhältnismäßig bescheidenen Anteil an den Führungsstellen der Allianz begnügt. Wenn jetzt eine Verteidigungspolitik der Allianz entwickelt werden sollte, die zu einer Verringerung der nichtdeutschen Streitkräfte und der taktisch-nuklearen Waffen in Zentraleuropa führt und somit die Sicherheit Zentraleuropas im wesentlichen von den deutschen konventionellen Streitkräften und von strategischen Nuklearwaffen anderer Verbündeter abhängig sein soll, dann müßte die Führungsstruktur der Allianz einer solchen Veränderung der Kräfte und Lasten angepaßt werden. Es wäre dann vollends untragbar, daß die entscheidende militärische Führungsstelle der NATO, die ständige Gruppe in Washington, lediglich von Amerikanern, Briten und Franzosen besetzt ist, und daß andererseits z. B. die Briten Kommandoposten in einem Umfang innehaben, der schon heute in keinem Verhältnis zu ihrem militärischen Beitrag zur Allianz steht.[21]

d) In seiner Unterhauserklärung vom 3. März hat Verteidigungsminister Healey das Argument benutzt, daß auch die Bundesregierung in der gegen-

---

[18] Für das Kommuniqué der NATO-Ministerratstagung vom 15. bis 17. Dezember 1964 vgl. EUROPA-ARCHIV 1965, D 16–18.

[19] Zum Verzicht der Bundesrepublik auf die Herstellung von atomaren, biologischen und chemischen Waffen vgl. Dok. 11, Anm. 4.

[20] Korrigiert aus: „haben".
Für den Wortlaut der Pariser Verträge vom 23. Oktober 1954 vgl. EUROPA-ARCHIV 1954, S. 7127–7139 und S. 7171–7181.

[21] Dieser Absatz wurde von Ministerialdirigent Voigt hervorgehoben. Dazu Ausrufezeichen.

wärtigen Situation erhebliche Kürzungen ihres Verteidigungshaushalts für tragbar gehalten und durchgeführt habe. Mit diesem Argument wird auch bei den Bonner Gesprächen gerechnet werden müssen. Ich wäre für gelegentliche Sprachregelung hierzu dankbar, da wir ihm auch hier in der NATO (z. B. in der Jahreserhebung) begegnen werden.

[gez.] Grewe

VS-Bd. 2513 (I A 5)

111

Aufzeichnung des Staatssekretärs Carstens

St.S. 609/65 geheim   5. März 1965

Betr.: VAR

Falls sich im Kabinett eine überwiegende Meinung für den Abbruch der diplomatischen Beziehungen mit der VAR aussprechen sollte[1], ist es meines Erachtens notwendig, auf folgendes hinzuweisen:

1) Konsultation der Westmächte[2]

Nach dem deutsch-französischen Konsultationsvertrag[3] sind wir verpflichtet, Frankreich zu konsultieren. Herr Meyer-Lindenberg hat bei seinem Gespräch mit Lucet und Seydoux[4] am 2. März 1965[5] erklärt, es sei zurzeit wahrscheinlicher, daß wir uns auf wirtschaftliche Gegenmaßnahmen beschränken würden. Es gebe jedoch eine starke Strömung in Bonn, die darüber hinaus den Abbruch der diplomatischen Beziehungen fordere.[6] Er könne zurzeit nicht mit

---

[1] Zur bisherigen Diskussion im Bundeskabinett vgl. Dok. 101 und Dok. 105, Anm. 10.
  Zur Kabinettssitzung vom 5. März 1965 vgl. Dok. 112, Anm. 4.
[2] Dazu handschriftliche Bemerkung des Bundesministers Schröder: „USA, GB, Frankreich."
[3] Für den Wortlaut des deutsch-französischen Vertrags vom 22. Januar 1963 vgl. BUNDESGESETZBLATT 1963, Teil II, S. 706–710.
[4] Dieses Wort wurde von Bundesminister Schröder gestrichen. Dafür fügte er ein: „Soutou".
[5] Zu den deutsch-französischen Konsultationsbesprechungen vom 2. März 1965 vgl. die Aufzeichnung des Legationsrats I. Klasse Lang vom 4. März 1965; VS-Bd. 2472 (I A 1); B 150, Aktenkopien 1965.
[6] Vgl. dazu OSTERHELD, Außenpolitik, S. 160–168.
  Bundeskanzler Erhard selbst sprach sich in Besprechungen mit den stellvertretenden FDP-Vorsitzenden Mischnick und Schultz bzw. dem stellvertretenden Vorsitzenden der SPD, Erler, und dem stellvertretenden Vorsitzenden der SPD-Fraktion, Schmid, am 5. März 1965 für den Abbruch aus. Über die Ausführungen von Erhard hielt Bundesminister Schröder handschriftlich fest: „Wenn dies Schule macht, verlieren wir Boden – leeres Gehäuse mit diplom[atischem] Rang. Risiken bestehen bei jeder Entscheidung – D[eutschland]-Verantwortung wird zu bloßem Schemen – feste Unterstützung unseres rechtlichen Fundaments." Für die Aufzeichnungen von Schröder vom 5. März 1965 über die Gespräche mit Vertretern der im Bundestag vertretenen Fraktionen

Sicherheit sagen, wie die Entscheidung ausfallen werde. Die französische Seite hat darauf erhebliche Bedenken gegen den Abbruch der diplomatischen Beziehungen geäußert.[7]

Ich glaube nicht, daß man sagen kann, daß durch dieses Gespräch unserer Konsultationspflicht Genüge getan worden ist, denn am 2. März waren wir alle noch der Auffassung, daß es höchstwahrscheinlich nicht zum Abbruch der diplomatischen Beziehungen kommen würde. Wenn eine solche Entscheidung jetzt doch getroffen wird, ist meiner Ansicht nach eine erneute und auf diese Entscheidung zugeschnittene Konsultation notwendig.

Mit dem britischen[8] und amerikanischen Botschafter[9] hat der Herr Minister zwar über die Möglichkeit des Abbruchs der diplomatischen Beziehungen gesprochen. Ich würde aber meinen, daß, wenn wir jetzt die französische Regierung erneut konsultieren, wir ebenfalls die Engländer und Amerikaner erneut konsultieren sollten.[10]

In früheren ähnlichen Fällen sind wir so verfahren. Im Falle Kuba[11] haben wir eine Konsultation, wenn ich mich richtig erinnere, mit einer zeitlichen Befristung von etwa acht Stunden durchgeführt.

2) Konsultation des NATO-Rats

Auch eine Konsultation des NATO-Rats möchte ich dringend empfehlen. Wir treten bei jeder Gelegenheit als die Vorkämpfer für eine engere politische Zusammenarbeit in der NATO ein. Dies verpflichtet uns meines Erachtens zu einer weitgehenden Konsultation unserer NATO-Partner, auch wenn diese unsere Partner nicht nach den gleichen Grundsätzen verfahren. Eine Konsultation des NATO-Rats müßte, wenn nötig, ebenfalls noch heute im Laufe des Tages auf einer Sondersitzung erfolgen.

3) Schutzmacht

Wir müssen uns frühzeitig darüber klar werden, wer die Schutzmachtfunktion übernehmen soll. In Frage kommen nach unserer Auffassung Frankreich oder

---

Fortsetzung Fußnote von Seite 453

vgl. VS-Bd. 8420 (Ministerbüro); B 150, Aktenkopien 1965.
Vgl. dazu auch die Ausführungen von Erler in der Sitzung der SPD-Fraktion am 9. März 1965; SPD-FRAKTION 1964–1966, S. 597f.

[7] Der Passus: „Er könne zurzeit ... geäußert" wurde von Staatssekretär Carstens hervorgehoben. Dazu handschriftliche Bemerkung: „s[iehe] anl[iegend] besondere Aufz[eichnung]."
Am 5. März 1965 hielt Ministerialdirektor Meyer-Lindenberg über die Erörterung der Nahost-Krise fest, die französischen Gesprächspartner hätten geäußert, „daß man die Problematik unserer Situation sehr wohl verstehe; man wolle uns zwar keinen Rat geben, aber auf die Gefahren hinweisen, die allgemein für die westliche Position in den arabischen und afrikanischen Ländern entstünden, wenn die Bundesrepublik Deutschland im Verlaufe der weiteren Entwicklung aus dieser Region herausgedrängt werde. Die Entscheidung der Bundesregierung könne auch zu Reaktionen bei den gemäßigten Staaten führen." Vgl. VS-Bd. 2472 (I A 1); B 150, Aktenkopien 1965.

[8] Sir Frank K. Roberts.

[9] Für das Gespräch des Bundesministers Schröder mit dem amerikanischen Botschafter McGhee am 2. März 1965 vgl. Dok. 100.

[10] Zur Konsultation der drei Westmächte vgl. Dok. 112.

[11] Nach der Anerkennung der DDR durch Kuba brach die Bundesrepublik am 14. Januar 1963 die diplomatischen Beziehungen ab. Vgl. dazu AAPD 1963, I, Dok. 19.

Italien. Das Auswärtige Amt und Botschafter Federer votieren für Italien.[12] Es ist unerläßlich zu wissen, ob Italien bereit ist, die Schutzmachtfunktion zu übernehmen, bevor die Entscheidung über den Abbruch der diplomatischen Beziehungen veröffentlicht wird.

Ich halte es daher für erforderlich, daß wir heute im Laufe des Tages, und zwar bevor das Kabinett endgültig entscheidet, in Rom anfragen, ob Italien bereit ist, die Schutzmachtfunktion zu übernehmen.[13]

4) Deutsche Interessen in Ägypten

Angesichts der ägyptischen Mentalität muß mit einer Gefährdung von Gesundheit und Eigentum der deutschen Staatsangehörigen in Ägypten[14] für den Fall eines Abbruchs der diplomatischen Beziehungen zwischen uns und der VAR gerechnet werden. Es scheint mir daher notwendig zu sein, daß wir, bevor die Entscheidung getroffen wird, gewisse Warnungen aussprechen, um die Betroffenen, soweit das in unseren Kräften steht, zu schützen.

Dies müßte zweckmäßigerweise in der Form geschehen, daß die Botschaft in Kairo sofort von der Möglichkeit unterrichtet wird, daß es zum Abbruch der diplomatischen Beziehungen kommen könnte. Die Botschaft Kairo müßte angewiesen werden, in ihr geeignet erscheinender Weise Deutsche, die nach ihrer Auffassung besonders gefährdet sind, zu warnen.[15]

5) Schiffahrt

Es muß mit der Möglichkeit ägyptischer Retorsionsmaßnahmen gegen deutsche Schiffe in ägyptischen Häfen und im Suezkanal gerechnet werden.[16] Es erscheint daher notwendig, daß der deutschen Schiffahrt ebenfalls noch heute eine Warnung zuteil wird.

---

[12] Am 20. Februar 1965 plädierte die Botschaft in Kairo dafür, die Schutzmachtfunktion Italien oder der Schweiz zu übertragen. Vgl. den Drahtbericht Nr. 192 des Botschaftsrats I. Klasse Müller, Kairo; VS-Bd. 8448 (Ministerbüro); B 150, Aktenkopien 1965.

[13] Am 5. März 1965 wies Staatssekretär Carstens die Botschaft in Rom an, entsprechende Sondierungen einzuleiten. Dabei sollte deutlich gemacht werden, „daß die Entscheidung selbst noch offen ist und daß daher Ihre Anfrage rein vorsorglich gestellt wird. Bitte weisen Sie auf die Notwendigkeit strengster Geheimhaltung hin." Vgl. VS-Bd. 8448 (Ministerbüro); B 150, Aktenkopien 1965.

[14] Am 9. Februar 1965 hielt Legationsrat I. Klasse Pfeffer fest, in der VAR befänden sich etwa 3000 deutsche Staatsangehörige. Neben dem Goethe-Institut und dem Deutschen Archäologischen Institut würden von deutscher Seite in der VAR einige konfessionelle Schulen und ein Krankenhaus in Assuan unterhalten. Vgl. Büro Staatssekretär, Bd. 397.

[15] Botschaftsrat I. Klasse Müller, Kairo, berichtete am 11. März 1965: „Nassers Drohungen, im Falle der Aufnahme diplomatischer Beziehungen zu Israel die deutschen Schulen zu beschlagnahmen, haben in der deutschen Kolonie und in der Lehrerschaft große Unruhe hervorgerufen. [...] Ich habe die deutschen Lehrer gebeten, vorsorglich Hausratslisten aufzustellen und mache darauf aufmerksam, daß im Ernstfall auch mit dem Abtransport der entsandten deutschen Lehrkräfte (52) und ihrer Familien gerechnet werden muß. Werden die deutschen Schulen beschlagnahmt, so wird ein großer Teil der Deutschen das Land verlassen. [...] Da wir bis zuletzt den Unterricht an den deutschen Schulen aufrechterhalten wollen, ist es nicht sicher, ob es uns gelingt, im Falle der Beschlagnahme das bundeseigene Mobiliar und Gerät rechtzeitig sicherzustellen." Vgl. den Drahtbericht Nr. 319; Ministerbüro, Bd. 220.
Vgl. dazu weiter Dok. 131.

[16] Vgl. dazu Dok. 88, Anm. 18.

6) Andere arabische Staaten

Es muß mit größter Wahrscheinlichkeit damit gerechnet werden, daß die Mehrzahl der anderen arabischen Staaten ihrerseits die diplomatischen Beziehungen zu uns abbrechen werden, wenn wir unsere Beziehungen zur VAR abbrechen. Das Kabinett müßte uns daher autorisieren, sofort entsprechende Warnungen, wie im Falle Kairo, auch unseren Missionen in den anderen arabischen Staaten zuzuleiten und bei den uns nahestehenden Regierungen zu sondieren, ob sie bereit sind, die Schutzmachtfunktion für uns zu übernehmen. Einzelheiten darüber brauchten dem Kabinett wohl noch nicht mitgeteilt werden.

7) Alle vorstehenden Schritte (1–6) müssen m. E. vor einer Entscheidung des Kabinetts unternommen werden.[17]

8) Von Herrn Böker ist folgender Gedanke zur Diskussion gestellt worden:

Die diplomatischen Beziehungen zur VAR werden jetzt nicht abgebrochen, wohl aber wird Nasser dieser Abbruch für den Fall angedroht, daß er entweder seine Reise in die SBZ verwirklicht[18] oder in Ostberlin ein Generalkonsulat errichtet.[19]

Ich kann diesem Vorschlag[20] ohne genauere Prüfung nicht beitreten.[21] Meine erste Reaktion geht dahin, daß ein solcher Beschluß den Eindruck des Zurückweichens verstärken würde.

Hiermit dem Herrn Minister[22] vorgelegt.

Carstens

VS-Bd. 8448 (Ministerbüro)

---

[17] Dieser Satz wurde von Staatssekretär Carstens handschriftlich eingefügt.
[18] Zur Einladung des Präsidenten Nasser zu einem Besuch in der DDR vgl. Dok. 104, Anm. 12.
[19] Zur Ankündigung der Errichtung eines ägyptischen Generalkonsulats in Ost-Berlin vgl. den Drahtbericht Nr. 250 des Botschaftsrats I. Klasse Müller vom 1. März 1965; Ministerbüro, Bd. 220.
Vgl. dazu weiter Dok. 284.
[20] Ministerialdirigent Böker begründete seinen Vorschlag in einer Aufzeichnung vom 5. März 1965 für Staatssekretär Carstens: „1) Der Abbruch der Beziehungen würde dann eindeutig auf einen Tatbestand zurückgeführt werden, der unser nationales Problem der Teilung betrifft und mit Israel nichts zu tun hat. [...] 2) Die anderen arabischen Staaten, die eine solche Entwicklung nicht wollen, werden alles daransetzen, Nasser davon abzuhalten, ein Generalkonsulat in Pankow einzurichten bzw. den Staatsbesuch in der SBZ durchzuführen. 3) Nasser hat sicher nicht die Absicht, seinen Besuch in der SBZ bald durchzuführen; wohl aber will er das Damoklesschwert eines solchen Besuches über uns halten, um uns weiter zu erpressen und zu demütigen. Indem wir ihn jetzt schon unzweideutig wissen lasssen, wie wir reagieren werden, wenden wir das Damoklesschwert von uns ab und halten es über Nasser." Vgl. VS-Bd. 8448 (Ministerbüro); B 150, Aktenkopien 1965.
[21] Staatssekretär Carstens vermerkte zu dem Vorschlag des Ministerialdirigenten Böker, eine entsprechende Erklärung öffentlich abzugeben: „Das sicher nicht. Daher m. E. auch kein Kabinettsbeschluß dieser Art." Vgl. die Aufzeichnung von Böker vom 5. März 1965; VS-Bd. 8448 (Ministerbüro); B 150, Aktenkopien 1965.
[22] Hat Bundesminister Schröder am 5. März 1965 vorgelegen, der handschriftlich vermerkte: „B[undes]K[anzler] hat Kenntnis (5.3., 11.30 [Uhr] gelesen)."

112

Gespräch des Bundeskanzlers Erhard
mit den Botschaftern der Drei Mächte

AB-30101-A-10-569/65 geheim   5. März 1965[1]

Am 5. März 1965, 11.30 Uhr, empfing der Herr Bundeskanzler die Botschafter Frankreichs, Großbritanniens und der Vereinigten Staaten. An dem Gespräch nahmen der Herr Bundesaußenminister, Herr Ministerialdirektor Dr. Mercker und der Unterzeichnete[2] teil.

Der Herr *Bundeskanzler* sagte den drei Botschaftern, daß er sie über die anstehende Entscheidung des Kabinetts unterrichten wolle, die auf Grund des Ulbricht-Besuches in Kairo[3] noch an diesem oder einem der folgenden Tage getroffen werde.[4] Bei Ankündigung des Besuches habe die Bundesregierung durch die Einstellung der Wirtschaftshilfe an die VAR reagiert.[5] Wenn diese Einstellung praktisch werden solle, so bedeute das das Ende langfristiger Geschäfte mit Ägypten. Im selben Augenblick seien wir für Ägypten nicht mehr sehr interessant.[6] Welche Folgen Herr Nasser daraus ziehen wolle, werde man ihm überlassen. Die Bundesregierung habe den Ablauf des Besuches sodann in allen Einzelheiten verfolgt. Sie habe registriert, daß Herr Ulbricht mit allen Ehren eines Staatsoberhauptes empfangen worden sei, wenn auch im Kommuniqué Formulierungen, die eine ausdrückliche Anerkennung der SBZ bedeutet hätten, geschickt vermieden worden seien.[7] Aber die Annahme des Gegenbesuches in Pankow durch Nasser und die Ankündigung einer baldigen Errich-

---

[1] Durchdruck.
Die Gesprächsaufzeichnung wurde vom Leiter des Außenpolitischen Büros im Bundeskanzleramt, Osterheld, gefertigt, der vermerkte: „Die Dolmetscher, Herr Weber und Fräulein Siebourg, haben während der ganzen Besprechung – flüsternd – übersetzt."

[2] Horst Osterheld.

[3] Zum Besuch des Staatsratsvorsitzenden Ulbricht vom 24. Februar bis 2. März 1965 in der VAR vgl. Dok. 104.

[4] Das Kabinett trat im Anschluß an die Besprechung des Bundeskanzlers Erhard mit den Botschaftern der Drei Mächte zusammen. Für die handschriftlichen Notizen des Bundesministers Schröder über diese Sitzung vgl. VS-Bd. 8420 (Ministerbüro); B 150, Aktenkopien 1965.
Im Rückblick hielt Ministerialdirigent Osterheld dazu fest: „Wieder Austausch der bekannten Argumente, stundenlang. Heute aber stand es, wenn es zu einer Abstimmung gekommen wäre, wohl zwölf zu acht gegen Erhard, also gegen den Abbruch der Beziehungen. Die knappe Mehrheit war gegen einen Abbruch, teils weil sie fürchtete, daß dann andere arabische Staaten mit uns brächen und dort dann die SBZ einziehen würde, teils und wohl überwiegend, wegen des Drucks der Alliierten, voran McGhees." Vgl. OSTERHELD, Außenpolitik, S. 166.
Zu den bisherigen Beratungen im Kabinett vgl. Dok. 101 und Dok. 105, Anm. 10.

[5] Zur Erklärung vom 15. Februar 1965 vgl. Dok. 81, Anm. 16.

[6] Am 15. März 1965 übergab der Vorsitzende des Bundesverbandes der Deutschen Industrie (BDI) Bundesminister Schröder eine Aufzeichnung zur Nahost-Krise. Darin wurde festgehalten, daß zwar nur 2% des deutschen Exports in die arabischen Länder gehe. Jedoch wies Berg darauf hin, daß es sich „um sehr entwicklungsfähige Märkte" handele und „die deutsche Wirtschaft im arabischen Raum eine gute und ausbaufähige Position" besitze. Vgl. Ministerbüro, Bd. 221.

[7] Für den Wortlaut der Gemeinsamen Erklärung vom 1. März 1965 vgl. AUSSENPOLITIK DER DDR XIII, S. 852–858.

tung eines ägyptischen Generalkonsulats in Pankow[8] seien Schritte, die so hauchdünn an eine Anerkennung heranreichten, daß bei uns eine heftige Diskussion eingesetzt habe, wo die Grenzen zwischen einer De-jure-Anerkennung und der Schaffung von Realitäten lägen. Wir fragten uns auch, ob das Modell dieses Besuches nicht Schule machen könnte und ob wir der Gefahr ständiger Erpressungen damit nicht zu sehr ausgesetzt würden. Nasser habe es geschickt angefangen, indem er als Begründung unsere Waffenlieferungen an Israel angegeben habe.[9] Das könne uns und wohl auch die Weltöffentlichkeit aber nicht täuschen. Es handle sich nämlich um eine großangelegte Offensive der Sowjetunion, wobei Ulbricht die Speerspitze sei. Die Sowjetunion wolle in jenem Raum Fuß fassen und habe dazu das gute deutsche Ansehen bei den arabischen Ländern mißbraucht. Der Ulbricht-Besuch gehe sicher auf die Schelepin-Vereinbarungen vom Dezember 1964[10] zurück, der die schlechte wirtschaftliche Lage Nassers ausgenutzt habe.

Für uns stelle sich nunmehr die Frage, wie lange dieses Spiel so weitergehen könne, zumal wir damit rechnen müßten, daß Nasser die Beziehungen zu uns auch abbricht, wenn die Russen es für angezeigt hielten. Wir prüften daher ernsthaft, ob wir neben den wirtschaftlichen Maßnahmen auch die diplomatischen Beziehungen zur VAR abbrechen sollten.[11] Wir seien nicht bereit, das Alleinvertretungsrecht preiszugeben. Wir wüßten, welche Schwierigkeiten damit verbunden seien. Wo wir aber handeln könnten, müßten wir es aus eigener Verantwortung auch tun. Wir wollten die drei Verbündeten, schon wegen des engen Verhältnisses und ihrer Verantwortung für Gesamtdeutschland, vorher unterrichten und sie um Verständnis dafür bitten, wenn das Kabinett sich für den Abbruch entscheiden würde. Die Bundesregierung wolle nicht nur immer in die Lage kommen zu reagieren, sie wolle auch agieren. Wir würden natürlich alles tun, um eine Kettenreaktion bei den anderen arabischen Staaten und auch bei dritten Ländern zu vermeiden. Die arabische Welt sei sich ja vor allem nur in der Israel-Gegnerschaft einig. Wir wollten die Waffenlieferungen ja umschulden (ohne daß Israel daraus materieller Nachteil erwüchse)[12] – wenn uns das gelinge, bräuchten wir wohl nicht mit einer Verschärfung im gesamten arabischen Raum zu rechnen, vielleicht in Syrien, Irak und im Jemen, nicht aber in Marokko, Tunis u. a.[13]

Ulbricht habe auf ägyptischem Boden – unwidersprochen – nun auch noch das Alleinvertretungsrecht für sein Regime in Anspruch genommen; das sei der Gipfel. Wir wollten nicht das Opfer eines großangelegten Spieles werden. Wir wollen dem entgegenwirken.

---

[8] Zur Einladung des Präsidenten Nasser in die DDR vgl. Dok. 104, Anm. 12.
 Zur Ankündigung der VAR, in der DDR ein Generalkonsulat zu errichten, vgl. Dok. 111, Anm. 19.
[9] Vgl. dazu Dok. 75.
[10] Vgl. dazu Dok. 10, Anm. 8.
[11] Vgl. dazu Dok. 105.
[12] Zu den Bemühungen der Bundesrepublik, Israel für eine Ablösung der Waffenlieferungen zu gewinnen, vgl. Dok. 113.
[13] Zur Haltung der arabischen Staaten vgl. Ministerbüro, Bd. 220.

Über den Abbruch sei noch nicht beschlossen worden. Er, der Herr Bundeskanzler, habe die Botschafter nur zu sich gebeten, um ihnen zu sagen, daß diese Möglichkeit gegeben sei; darüber habe er sie vorher informieren wollen.

Botschafter *McGhee* fragte sodann, ob der Herr Bundeskanzler auch Bemerkungen entgegennehmen wolle, und fuhr dann sogleich fort, daß seine Regierung in dieser Frage nämlich eine sehr ausgesprochene Meinung habe, und zwar die, daß wir die Beziehungen nicht abbrechen sollten. Sie verstünden unser Dilemma. Sie glaubten aber, daß selbst schlechte diplomatische Beziehungen zwischen uns und der VAR noch wichtig seien, auch für die USA. Auch die USA seien von Nasser schlecht behandelt worden und hätten doch nicht abgebrochen.

Der Herr *Bundeskanzler* warf ein, daß sich ein großes Land schlechte Behandlung eher leisten könne als ein kleineres.

Herr *McGhee* fuhr fort, daß es oft leichter sei, abzubrechen, als Beziehungen wieder aufzunehmen. Die VAR werde dann die SBZ anerkennen, andere arabische Staaten und auch dritte Staaten würden dem Beispiel folgen. Wir spielten dadurch den Kommunisten in die Hand. Deutschland habe einen großen Namen im Mittleren Osten. Die Amerikaner hätten wenig Einfluß.[14] Der Westen brauche den deutschen Einfluß.

Der Herr *Bundeskanzler* fragte, welchen Einfluß denn alle insgesamt hätten, wie das Beispiel zeige? Außerdem müßte Deutschland die Wirtschaftsbeziehungen einstellen, wodurch sich sein Einfluß mindere. Die VAR könne nicht schlechthin mit der arabischen Welt gleichgestellt werden. Es sei auch von dem Israel-Problem nicht zu trennen. Wir wünschten amerikanische Hilfe in jenem Raum.[15]

Botschafter *McGhee*, der während aller seiner Äußerungen einen sehr harten und drängenden Eindruck machte[16], erwiderte, daß Nasser seine Brücken zu uns nicht abgebrannt habe. Wenn wir sie nun abbrächen, zwängen wir ihn in die Hände der Kommunisten.

Der Herr *Bundeskanzler* warf ein, daß Nasser schon gebunden sei. Eine Differenzierung zwischen einer De-jure- und einer De-facto-Anerkennung sei in diesem Fall so hauchdünn, daß sie überhaupt nur von einem Juristen erkannt werden könne.

Herr *McGhee* warf ein, wenn die Situation sich bessere, könnten wir die zunächst schlechten Beziehungen zur VAR ja wieder beleben, was sehr viel einfacher sei, als wenn wir sie vorher richtig abgebrochen hätten.

Der Herr *Bundeskanzler* entgegnete, daß wir uns den ständigen Erpressungen nicht länger aussetzen sollten. Wenn die Westmächte die Position der freien

---

14 Vgl. dazu auch Dok. 108.
15 Zur Bitte der Bundesregierung um amerikanische Unterstützung vgl. Dok. 84.
16 Im Rückblick beschrieb Ministerialdirigent Osterheld die Haltung des amerikanischen Botschafters: „Diesmal war McGhee sogar gegenüber dem Kanzler rücksichtslos aufgetreten, fast wie ein Politruk. Und Seydoux äußerte sich mir gegenüber, daß kein Russe Ulbricht deutlicher kommandieren könne, als McGhee es eben getan habe." Vgl. OSTERHELD, Außenpolitik, S. 166.

Welt nicht halten könnten, dann könnten wir Deutschen das – ohne wirtschaftliche Beziehungen – sicher auch nicht; wir seien Nasser dann nichts mehr wert.

Botschafter Frank *Roberts* sagte, daß die britischen Beziehungen zur VAR nicht gut seien. Sie hätten die Suez-Krise[17] gehabt, sie hätten noch die Frage mit Aden und Jemen.[18] Sie verstünden daher unsere Schwierigkeiten. Die englische Auffassung sei jedoch ähnlich wie die amerikanische. Es sei leichter, Beziehungen abzubrechen, als sie wiederaufzunehmen. Die Briten seien der Meinung, es sei besser, schlechte Beziehungen mit Nasser zu haben als gar keine. Nasser habe großen Einfluß in der arabischen Welt. Wenn er die Israel-Frage in die Diskussion hineinzuziehen verstehe, dann werde er alle Araber hinter sich haben.

Der Herr *Bundeskanzler* meinte, die Sache würde für uns anders aussehen, wenn wir bei dieser Gelegenheit das Israel-Problem befriedigend lösen könnten, in einer Form, daß im Endresultat kein Sieg Nassers dabei herauskomme. Im übrigen hätten doch auch die Engländer Waffen geliefert.

Botschafter *Roberts* gab das zu und meinte dann, es sei besser, Nasser nicht so zu behandeln, daß er sich an die Wand gedrückt fühle.

Der Herr *Bundeskanzler* bat dann, die Situation nicht weiter erörtern zu müssen, zumal das Kabinett schon warte. Er fragte dann noch Herrn Botschafter *Seydoux* nach dessen Meinung, der erwiderte, daß er keine Weisung habe, daß er unseren Standpunkt verstehe, daß er aber bemerken müsse, daß die Argumente seiner Kollegen ihn beeindruckt hätten.[19] Botschafter *Roberts* warf ein, auch er habe ohne ausdrückliche Weisung aus London gesprochen. Herr *McGhee* sagte, er habe allerdings eine Weisung, und er wolle nochmals wiederholen, daß seine Regierung dringend nahelege, die Beziehungen zur VAR nicht abzubrechen. Er wolle das in aller Deutlichkeit erneut darlegen.

---

[17] Die Suez-Krise wurde infolge der Verstaatlichung des Suezkanals durch die ägyptische Regierung im Juli 1956 ausgelöst. Großbritannien und Frankreich griffen Anfang November 1956 in die bewaffneten Auseinandersetzungen zwischen Israel und Ägypten ein, sahen sich aber durch den Druck sowohl der USA als auch besonders der UdSSR, die die Möglichkeit eines Einsatzes ihrer Raketen andeutete, zum Rückzug gezwungen.

[18] Von jemenitischer Seite wurden Ansprüche auf Gebiete im britischen Protektorat Aden erhoben. Seit der Gründung der Arabischen Republik Jemen betrieb diese – unterstützt von der VAR – zunehmend die Befreiung „Südjemens" von britischer Oberhoheit.

[19] Botschafter Seydoux berichtete Bundeskanzler Erhard am 6. März 1965 über die Stellungnahme der französischen Regierung: „Die französische Haltung gegenüber der SBZ sei bekannt; Frankreich werde sie nicht anerkennen und werde unser Alleinvertretungsrecht unterstützen, wo immer es könne. Die französische Regierung fände es nicht gut, wenn das Ulbricht-Regime in der VAR oder anderen Ländern seine Stellung vergrößern könnte. Frankreich verstehe, daß die deutsche Regierung mit ihrer Entscheidung zögere (und dieses Verständnis sei echt und bedeute viel, wenn man wisse, daß der General im allgemeinen nicht zögere) – die französische Regierung frage sich aber, ob es für uns vorteilhaft sei, wenn wir die Initiative zum Abbruch der diplomatischen Beziehungen ergreifen würden. Die französische Regierung überlasse uns natürlich die Entscheidung, glaube aber, uns raten zu müssen, da sie gefragt worden sei, die Initiative besser nicht zu ergreifen." Für die Gesprächsaufzeichnung vgl. Bundeskanzleramt, AZ: 21-30 100 (56), Bd. 13; B 150, Aktenkopien 1965.
Zur französischen Haltung vgl. auch Dok. 111, besonders Anm. 7.

Der Herr *Bundeskanzler* bat ihn, von einer Wiederholung Abstand zu nehmen, die USA seien in einer anderen Lage als wir.[20]

Die Besprechung endete um 12.15 Uhr.

Bundeskanzleramt, AZ: 21-30 100 (56), Bd. 13

113

Aufzeichnung des Ministerialdirektors Meyer-Lindenberg

I B 4-509/65 geheim 5. März 1965

Betr.: Waffenlieferungen an Israel

Aus dem Bericht der Botschaft Washington Nr. 709 geheim vom 4.3.[1] ergibt sich, daß die israelische Regierung gegenüber Harriman auf der Erfüllung der deutschen Verpflichtungen besteht. Derselbe Bericht läßt erkennen, daß die USA ihre Politik, keine Waffen direkt an Israel zu liefern, nicht ändern wollen (obwohl sie – offenbar mit Einverständnis von Israel – zwecks Herstellung des Rüstungsgleichgewichts über Waffenlieferungen mit Jordanien verhandeln, also keine grundsätzliche Entscheidung gegen Waffenlieferungen in den Nahostraum getroffen haben).

Für unsere Nahost-Politik ist die sog. Umschuldung der bestehenden deutschen Waffenzusagen an Israel von entscheidender Bedeutung[2], weil von ihr abhängt, ob die übrigen arabischen Staaten sich von Nassers Deutschland-Politik distanzieren können.

Israel wird die Bundesregierung aus ihrer Waffenzusage vermutlich nur dann entlassen, wenn andere Staaten gegen den von uns zu leistenden Ablösungsbetrag diese Waffen an Israel verkaufen. Die USA sind allein zu einer solchen direkten Waffenlieferung nicht bereit.[3] Es erscheint jedoch nicht ausgeschlossen, daß sie einen Teil dieser Waffen liefern würden, falls andere westliche Staaten die Restlieferung übernähmen. Die Bundesregierung sollte daher versuchen, mehrere befreundete westliche Staaten (außer den USA z.B. Frankreich[4], Großbritannien[5] und das ohnehin in das Waffengeschäft eingeschaltete

---

[20] Zur amerikanischen Haltung in der Nahost-Krise vgl. weiter Dok. 125.

[1] Dem Vorgang beigefügt. Vgl. VS-Bd. 8420 (Ministerbüro); B 150, Aktenkopien 1965.
Für einen Auszug vgl. Dok. 100, Anm. 2.

[2] Zu den Bemühungen der Bundesrepublik, Israel für eine Ablösung der Waffenlieferungen zu gewinnen, vgl. Dok. 101. Vgl. weiter Dok. 120.

[3] Zu den Gesprächen mit den USA über eine Übernahme der Panzerlieferungen vgl. weiter Dok. 125.

[4] Zur eventuellen Übernahme eines Teils der Waffenlieferungen durch Frankreich vgl. weiter Dok. 133, besonders Anm. 23.

[5] Zur Übernahme der Lieferung zweier U-Boote durch Großbritannien vgl. auch Dok. 125.

Italien⁶) für Teillieferungen, die insgesamt dem deutschen Engagement zu entsprechen hätten, zu gewinnen. Eine solche kombinierte westliche Aktion könnte Nasser, der sich schließlich nicht mit allen Führungsmächten des Westens überwerfen kann, kaum zu einer Gegenreaktion veranlassen. Das Risiko für die Westmächte, die damit der Deutschlandpolitik der Bundesregierung einen wirksamen Dienst leisten würden, wäre in Anbetracht der vorgeschlagenen Verteilung gering.

Ich rege an, in diesem Sinne alsbald mit den Amerikanern, Franzosen, Briten und Italienern Gespräche aufzunehmen.

Hiermit dem Herrn Staatssekretär[7] vorgelegt.

[gez.] Meyer-Lindenberg

VS-Bd. 8420 (Ministerbüro)

---

[6] Zur italienischen Beteiligung an der Lieferung von Panzern nach Israel vgl. Dok. 39, Anm. 6.

[7] Hat Staatssekretär Carstens am 6. März 1965 vorgelegen, der handschriftlich vermerkte: „Dem H[errn] Minister vorzulegen. Ich finde den Gedanken gut. Doch sollte man das Ergebnis der Reise des Emissärs abwarten."
Hat Bundesminister Schröder am 10. März 1965 vorgelegen.

114

Aufzeichnung des Ministerialdirektors Krapf

II 5-82.50-94.27-345^I/65 VS-vertraulich 5. März 1965

Betr.: Fortsetzung der Verhandlungen mit der ČSSR[1]

Wie ich erfahre, ist es zweifelhaft geworden, ob Herr von Mirbach am 10. März wieder nach Prag fahren soll.[2] Vom Standpunkt der Abteilung II aus möchte ich unbedingt raten, die Verhandlungen mit den Tschechen jetzt nicht für längere Zeit zu unterbrechen.

Die Erfahrungen mit den anderen osteuropäischen Staaten haben uns gezeigt, daß längere Unterbrechungen fast immer neue Schwierigkeiten gebracht haben.[3] Wir sollten solche Unterbrechungen also nicht ohne Not eintreten lassen.

Die gegenwärtige Verhandlungslage scheint mir nicht ganz aussichtslos. Das Interesse der Tschechen am Abschluß eines Handelsvertrags ist zur Zeit offensichtlich noch groß. In der Frage der Berlin-Klausel haben sie auf diesem Sektor eine gewisse Kompromißbereitschaft gezeigt.[4] Wir sollten hier versuchen, weiterzukommen.

---

[1] Zu den Verhandlungen mit der Tschechoslowakei über ein Handelsabkommen und die Errichtung von Handelsvertretungen vgl. zuletzt Dok. 87.

[2] Am 4. März 1965 stellte Botschafter Freiherr von Mirbach zu den bevorstehenden Verhandlungen fest, daß „über den von der tschechischen Seite gewünschten Briefwechsel über das Münchener Abkommen mit Rücksicht auf seine grundsätzliche Bedeutung und die damit verbundenen innenpolitischen Aspekte nicht kurzfristig entschieden werden kann". Er schlug daher vor: „1) Ich erkläre dem Leiter des tschechoslowakischen Handelsbüros in Frankfurt, daß wir über den Briefwechsel bei der Fortführung unserer Verhandlungen zur Zeit nicht sprechen könnten. Er möge in Prag anfragen, ob unter diesen Umständen die für den 10. d. M. vorgesehene Fortführung der Verhandlungen sinnvoll erscheint. 2) Ich fahre, wie vorgesehen, mit einer ganz kleinen Delegation nach Prag und gebe diese Erklärung gegenüber dem tschechoslowakischen Verhandlungsführer ab." Am 5. März 1965 vermerkte Staatssekretär Carstens dazu handschriftlich für Bundesminister Schröder: „Gegen die Alternative 1) spricht m. E., daß wir dadurch den Komplex ‚Münchener Abkommen' in den Vordergrund schieben, woran wir kein Interesse haben. Gegen 2) spricht, daß dadurch die öffentliche Aufmerksamkeit erneut auf die Schwierigkeiten gelenkt wird, vor denen wir stehen. Denn die Delegation würde mit größter Wahrscheinlichkeit unverrichteter Dinge wieder abreisen. Ich votiere daher für eine möglichst unauffällige Verschiebung der nächsten Verhandlungsrunde bis etwa Mai 1965." Vgl. die Aufzeichnung von Mirbach; VS-Bd. 3136 (II A 5); B 150, Aktenkopien 1965.

[3] So tauchte während der Verhandlungen mit Ungarn über ein Handelsabkommen und die Errichtung der Handelsvertretungen das Problem der Einbeziehung von Berlin (West) erst in den Gesprächen zwischen Mai und November 1963 auf, nachdem es in der ersten Verhandlungsphase im September/Oktober 1962 keine Rolle gespielt hatte.

[4] Am 23. Februar 1965 erklärte sich die tschechoslowakische Delegation zur Annahme einer Währungsgebietsklausel bereit. Danach sollte der Zahlungsverkehr zwischen der Tschechoslowakei und der Bundesrepublik dort abgewickelt werden, „wo die Deutsche Mark und die Tschechoslowakische Krone übliche Zahlungsmittel sind". Vgl. den Drahtbericht Nr. 7 des Botschafters Freiherr von Mirbach, z. Z. Prag, vom 23. Februar 1965; VS-Bd. 3136 (II A 5); B 150, Aktenkopien 1965.

Daß die Tschechen kein Interesse an einer Handelsvertretung haben[5], wissen wir. Das wird sicher im Mai auch nicht besser.

Was das Münchener Abkommen[6] betrifft, so sollten wir versuchen, diese Frage möglichst bald wieder aus dem Verhandlungskomplex herauszunehmen.[7] Je schneller dies geschieht, desto weniger wird dieser Punkt für die Tschechen eine Prestigeangelegenheit.

Innenpolitisch scheint mir von Bedeutung, daß Herr Klička Herrn von Mirbach gegenüber die Bereitschaft geäußert hat, Listen von in der Bundesrepublik Deutschland wohnhaften Fluchthelfern entgegenzunehmen, die in der ČSSR verurteilt worden sind, weil sie versucht haben, Angehörigen aus der SBZ zur illegalen Ausreise zu verhelfen. Herr Klička will sich dafür einsetzen, daß die Haftstrafen der Betroffenen verkürzt und sie vorzeitig in die Bundesrepublik Deutschland abgeschoben werden[8] (in dieser Frage hat Herr Jaksch vor kurzem ein Schreiben an Sie gerichtet[9]).

Es war ferner mit der tschechischen Seite verabredet, daß Herr von Mirbach bei den Gesprächen Mitte März Gelegenheit erhält, die sog. humanitären Fragen anzusprechen (Umsiedlung[10], Pflege von deutschen Zivil- und Kriegsgräbern in der Tschechoslowakei[11] und noch einige weitere Fragen).

---

[5] Vgl. dazu Dok. 87.

[6] Für den Wortlaut des Münchener Abkommens vom 29. September 1938 vgl. ADAP, D, II, Dok. 675.

[7] Zur Frage der Rechtsgültigkeit des Münchener Abkommens vom 29. September 1938 vgl. Dok. 28. Nach den Verhandlungen vom 15. bis 26. Februar 1965 hielt Botschafter Freiherr von Mirbach am 2. März 1965 dazu fest: „Als Gegenleistung für eine Einigung über den Geltungsbereich des Handelsvertretungsabkommens wird von der tschechoslowakischen Seite offensichtlich angestrebt, daß wir uns bereit erklären, eine Darlegung des tschechoslowakischen Standpunkts zum Münchner Abkommen in Form einer einseitigen Erklärung entgegenzunehmen. Falls wir uns nicht in der Lage sehen, auf dieses tschechoslowakische Anliegen einzugehen, sind die Aussichten, zu einer Einigung über den Austausch von Handelsvertretungen zu gelangen, als sehr gering zu beurteilen." Vgl. VS-Bd. 3136 (II A 5); B 150, Aktenkopien 1965.

[8] Zum Gespräch des Botschafters Freiherr von Mirbach mit dem tschechoslowakischen Stellvertretenden Außenminister am 17. Februar 1965 vgl. das Schreiben der Legationsrätin I. Klasse Finke-Osiander vom 4. März 1965 an die Zentrale Rechtsschutzstelle; Referat II A 5, Bd. 224. Vgl. auch die Aufzeichnung des Ministerialdirektors Krapf vom 4. März 1965; Referat II A 5, Bd. 224.

[9] Mit Schreiben vom 12. Februar 1965 berichtete der SPD-Abgeordnete Jaksch Staatssekretär Carstens, daß im Dezember 1964 zwei Bundesbürger – „offenbar wegen des Zusammentreffens mit einem in der Zone lebenden Verwandten" – in der Tschechoslowakei verhaftet worden seien. Jaksch hielt es für „angebracht, im Zusammenhang mit den Gesprächen über die Errichtung von Handelsmissionen die tschechische Regierung darauf hinzuweisen, daß dieses polizeiliche Zusammenspiel mit Herrn Ulbricht sowohl vom deutschen Rechtsstandpunkt als auch gegenüber der öffentlichen Meinung der Bundesrepublik untragbar ist". Vgl. Referat II A 5, Bd. 224.

[10] Am 19. Dezember 1964 informierte Vortragender Legationsrat I. Klasse Werner des Referats II 5 darüber, daß 54 503 Anträge von Deutschen aus der Tschechoslowakei „auf Übernahme in das Bundesgebiet gestellt" worden seien. Dazu hielt er fest: „Es besteht zur Zeit begründete Hoffnung, daß nach den im Sommer 1964 geführten Gesprächen zwischen dem Deutschen und dem Tschechoslowakischen Roten Kreuz die Familienzusammenführung aus der Tschechoslowakei sich weiterhin günstig entwickelt." Vgl. Referat II A 5, Bd. 278.

[11] Mit Schreiben vom 4. Januar 1964 bat der Generalsekretär des Volksbundes Deutsche Kriegsgräberfürsorge, von Hausen, Ministerialdirektor Krapf, in den bevorstehenden Verhandlungen mit der Tschechoslowakei „auch auf die Bedeutung und Dringlichkeit der Kriegsgräberfürsorge hinzuweisen". Vgl. Referat II A 5, Bd. 278.
Botschafter Freiherr von Mirbach hielt dazu am 22. Dezember 1964 fest, er habe das Thema mit

All dies scheint mir eine Fortsetzung der Verhandlungen zum jetzigen Zeitpunkt zu rechtfertigen. Wenn dann erneut unterbrochen wird, so geschieht es aus plausiblen technischen Gründen (anderweitige Verpflichtungen der beiden Delegationsleiter), und es ist keine Beeinträchtigung der Verhandlungsatmospähre durch eine derartige Unterbrechung zu befürchten, wie es jetzt der Fall wäre, wenn wir den schon mit den Tschechen vereinbarten Termin vom 11. März absagen würden.[12]

Hiermit dem Herrn Staatssekretär[13] vorgelegt.

Krapf

VS-Bd. 3136 (II A 5)

115

Gespräch des Staatssekretärs Carstens mit dem ägyptischen Botschafter Mansour

St.S. 645/65 VS-vertraulich 7. März 1965[1]

Staatssekretär Carstens empfing am 7. März 1965 um 19 Uhr den Botschafter der VAR. Der *Staatssekretär* erklärte, er sei beauftragt worden, dem Botschafter eine wichtige offizielle Mitteilung zu machen, die mit dem Ulbricht-Besuch in Kairo[2] zusammenhänge. Er wolle nicht in extenso wiederholen, was der Herr Minister dem Botschafter gegenüber bereits ausgeführt[3] und auch Bot-

---

Fortsetzung Fußnote von Seite 464

dem stellvertretenden tschechoslowakischen Verhandlungsleiter Rezek erörtert. „Wir waren uns beide darüber einig, daß die Angelegenheit durch Vermittlung der nationalen Rot-Kreuz-Institutionen in Gang gebracht worden sei und daß dank der in Aussicht genommenen Besprechungen mit dem Volksbund für Kriegsgräberfürsorge eine befriedigende Regelung beiderseits angestrebt werde. Bei dieser Gelegenheit wurde auch die Frage von hinterlassenen Gräbern früherer Sudetendeutscher in der ČSSR berührt und festgestellt, daß die tschechische Regierung auch hier dem Gedanken einer Regelung nach dem polnischen Vorbild zuneigt." Vgl. Referat IV 3, Bd. 572.

[12] Zur Fortsetzung der Verhandlungen vom 11. bis 15. März 1965 in Prag vgl. Dok. 144.
Zum Gespräch des Botschafters Freiherr von Mirbach mit dem Tschechoslowakischen Roten Kreuz über humanitäre Fragen vgl. den Vermerk der Legationsrätin I. Klasse Finke-Osiander vom 29. März 1965; Referat II A 5, Bd. 278.

[13] Hat Staatssekretär Carstens am 6. März 1965 vorgelegen, der die Aufzeichnung an Bundesminister Schröder weiterleitete.
Hat Schröder am 8. März 1965 vorgelegen, der handschriftlich vermerkte: „Inzwischen [für] Fortsetzung entschieden."

[1] Die Gesprächsaufzeichnung wurde von Legationssekretär Alexy gefertigt.
Staatssekretär Carstens verfügte am 9. März 1965 handschriftlich die Weiterleitung an Bundesminister Schröder, dem die Aufzeichnung am 10. März 1965 vorlag.

[2] Zum Besuch des Staatsratsvorsitzenden Ulbricht vom 24. Februar bis 2. März 1965 in der VAR vgl. Dok. 104.

[3] Für das Gespräch vom 13. Februar 1965 vgl. Dok. 75.

schafter Federer Staatspräsident Nasser übermittelt habe.⁴ Er wolle nur kurz feststellen, daß die Einladung und Behandlung von Ulbricht dem gesamten deutschen Volk einen tiefen Schock versetzt habe und daß die ägyptische Seite verstehen müsse, wenn die deutsche Regierung gezwungen sei, auf diese Handlungen zu reagieren. Der Botschafter wisse, daß in Deutschland Stimmen laut geworden seien, die einen Abbruch der diplomatischen Beziehungen als Reaktion befürwortet hätten.⁵ Er könne jedoch sagen, daß die Bundesregierung diese Entscheidung nicht getroffen habe.⁶

Die getroffenen Entscheidungen⁷ würden für den Botschafter und die VAR keine Überraschung darstellen, da sie dem entsprächen, was der Herr Bundeskanzler bereits früher ausgeführt habe. Es sei beschlossen worden, in Zukunft keine Beiträge zur Entwicklung der VAR mehr zu leisten. Das hieße, daß man keine neuen Abkommen zu diesem Zweck abschließen und insbesondere sich an dem neuen Fünf-Jahres-Plan der VAR nicht beteiligen werde.⁸

Was die bisherigen laufenden Abkommen angehe, so würden diese in Übereinstimmung mit den Regeln des Völkerrechts einer Überprüfung unterzogen werden. Der Staatssekretär erläuterte diesen Passus dahin, daß die Bundesrepublik Deutschland keine Abkommen annullieren werde, soweit nicht Völkerrechtsregeln dies zuließen.

Es sei weiterhin die Politik der Bundesregierung, in Zukunft in Spannungsgebiete keine Waffen mehr zu liefern. Zu diesen Spannungsgebieten zähle auch der Nahe Osten.

Was die laufenden Lieferungen (arrangements) angehe, so wiederhole die Bundesregierung ihre Absicht, weitere Lieferungen nicht mehr durchzuführen; sie suche dazu die Übereinstimmung der anderen beteiligten Seite.⁹ Auf Rückfrage des Botschafters wiederholte der Staatssekretär, daß es die Politik der Bundesregierung sei, von jetzt an auch bereits abgesprochene Waffenlie-

---

⁴ Zum Gespräch des Botschafters Federer, Kairo, mit Präsident Nasser am 31. Januar 1965 vgl. Dok. 48.

⁵ Vgl. dazu Dok. 111, Anm. 6.

⁶ Im Rückblick führte der Leiter des Außenpolitischen Büros im Bundeskanzleramt dies auf die Haltung der FDP sowie von einflußreichen CDU-Politikern zurück. Auf deren Druck hin „habe Erhard seine Absicht, mit der VAR zu brechen, aufgegeben. Hätte der Kanzler früher entschlossen gehandelt, wäre er durchgekommen. Nun war es zu spät, es wäre ein Kampf auf Biegen und Brechen geworden." Vgl. OSTERHELD, Außenpolitik, S. 168.

⁷ Vgl. die Erklärung der Bundesregierung vom 7. März 1965; BULLETIN 1965, S. 325.
Im Rückblick hielt Ministerialdirigent Osterheld fest: „Das entscheidend Neue war unsere Absicht, diplomatische Beziehungen mit Israel aufzunehmen. Ich wandte mich dagegen: ‚Herr Bundeskanzler, ein Generalkonsulat könnten wir machen; aber diplomatische Beziehungen! Das ist doch ein zu großer Schritt, das bringt doch alle Araber gegen uns! Es geht doch um unsere Deutschlandpolitik! Um sie durchzuhalten, hätten wir mehr erreicht, wenn wir mit Kairo gebrochen hätten. [...] Der Bundeskanzler sagte, daß er sich nicht mehr umstimmen lasse, von niemandem mehr, auch nicht von Schröder ..." Vgl. OSTERHELD, Außenpolitik, S. 169.
Vgl. dazu auch Dok. 117, Anm. 10, und Dok. 120, Anm. 15.

⁸ Zum Beschluß der Bundesregierung vom 15. Februar 1965, die Wirtschaftshilfe an die VAR einzustellen, vgl. Dok. 81, Anm. 16.

⁹ Zu den Bemühungen der Bundesrepublik, Israel für eine Ablösung der Waffenlieferungen zu gewinnen, vgl. Dok. 113 und weiter Dok. 120.

ferungen nicht mehr durchzuführen, aber dazu die Übereinstimmung mit der anderen Seite zu suchen.

In diesem Zusammenhang sei die Bundesregierung der Auffassung, daß es zweckmäßig sei, ihre Beziehungen zu den nahöstlichen Staaten zu überprüfen. Sie habe sich daher entschlossen, Israel die Aufnahme diplomatischer Beziehungen anzubieten.

Die Bundesregierung habe ihn mit besonderem Nachdruck beauftragt, dem Botschafter zu erklären, daß dieser Schritt keineswegs gegen die Interessen irgendeines arabischen Landes und besonders der VAR gerichtet sei. Es sei die Absicht der Bundesregierung, die Beziehungen zu normalisieren. Die Bundesregierung wünsche, mit der VAR und den anderen arabischen Staaten die bestehenden diplomatischen Beziehungen aufrechtzuerhalten.[10]

Der Staatssekretär führte daraufhin aus, der offizielle Teil seiner Erklärung sei hiermit zu Ende. Er lege aber Wert darauf, auch von sich aus einige persönliche Worte zu sagen, wobei er bitte, auch diese seine Erwägungen der Regierung der VAR mitzuteilen.

Er glaube, daß es von Wichtigkeit sei, Israel die Aufnahme diplomatischer Beziehungen anzubieten, um eine Einstellung der vereinbarten, aber noch nicht ausgeführten Waffenlieferungen zu erreichen. In diesem Zusammenhang nahm der Staatssekretär auf die Äußerungen Bezug, die Staatspräsident Nasser dem Verlauten nach gegenüber Bundestagspräsident Gerstenmaier[11] und dem König von Jordanien[12] gemacht habe, wonach die VAR mehr über die Waffenlieferungen an Israel als über den Charakter der Beziehungen zwischen der Bundesrepublik Deutschland und Israel besorgt sei. In der Tat müsse, solange normale Beziehungen zu Israel nicht bestünden, die israelische Regierung ihre Wünsche an die Bundesregierung auf besonderen Kanälen herantragen. Er sei der Auffassung, daß einige der bestehenden Schwierigkeiten, denen man sich jetzt ausgesetzt sehe, hätten vermieden werden können, wenn bestimmte Forderungen über diplomatische Kanäle gelaufen wären.

Es komme hinzu, daß in den Augen mancher Israel einen Anspruch auf eine Art Kompensation dafür habe, daß keine normalen diplomatischen Beziehungen zwischen Deutschland und Israel bestünden. Auch dadurch entstehe eine schiefe Situation.

---

[10] In Ziffer 5 der Erklärung vom 7. März 1965 wurde bekräftigt: „Gemeinsam mit ihren Verbündeten, die wiederholt an die Mitverantwortung der Bundesrepublik Deutschland für Ruhe und Frieden im Nahen Osten appelliert haben, wird die Bundesregierung durch ihre Anwesenheit um den Abbau von Spannungen bemüht bleiben." Vgl. BULLETIN 1965, S. 325.
Auf die Frage des jordanischen Botschafters Juma, ob damit gemeint sei, „daß die Bundesregierung etwa zusammen mit den Garantiemächten von 1950 die Erhaltung des Status quo im Nahen Osten garantieren" wolle, antwortete Staatssekretär Carstens am 8. März 1965, daß der Bundesregierung „derartiges völlig fern läge. Ziffer 5 solle nur erläutern, warum wir die diplomatischen Beziehungen zur VAR nicht abgebrochen hätten." Vgl. die Aufzeichnung von Carstens vom 8. März 1965 über Gespräche mit arabischen Botschaftern; VS-Bd. 8448 (Ministerbüro); B 150, Aktenkopien 1965.
[11] Zum Gespräch vom 22. November 1964 vgl. AAPD 1964, II, Dok. 352.
[12] König Hussein II. hielt sich vom 15. bis 17. Februar 1965 in Kairo auf. Vgl. dazu auch Dok. 134, Anm. 36.

467

So sei die Tatsache, daß diplomatische Beziehungen aufgenommen werden könnten, wie dies im übrigen viele Staaten sowohl aus dem Ostblock wie auch aus der westlichen und blockfreien Welt getan hätten, von Vorteil für alle Seiten, auch für die VAR, was auch von deren Regierung anerkannt werden sollte.

Schließlich weise er noch darauf hin, daß noch keine Reaktion auf das Angebot der Bundesregierung vorliege[13] und die Angelegenheit noch offen sei.

Damit wolle er auch seine persönlichen Bemerkungen abschließen. Er glaube, daß diese nicht ohne Bedeutung seien, und bitte, sie auch seiner Regierung zu übermitteln. Es seien Ausführungen einer Person, die sich bisher immer sehr stark dafür eingesetzt habe, gute und freundschaftliche Beziehungen zwischen der Bundesrepublik Deutschland und der VAR zu schaffen und zu unterhalten.

Der *Botschafter* fragte, ob er diese Erklärungen auch schriftlich haben könne. Der *Staatssekretär* antwortete, es handele sich nicht um eine formelle Note. Der Botschafter machte sich hierauf persönlich Notizen, während der Herr Staatssekretär kurz wiederholte, was er ausgeführt hatte.

Der *Botschafter* führte aus, er habe im Moment keine Erklärung abzugeben. Er wolle nur kurz darauf zurückkommen, was er bereits dem Herrn Minister gesagt habe. Es sei nicht die Schuld der VAR gewesen, daß die Angelegenheit so weit gekommen sei. Ebenso wie man in Deutschland den Ulbricht-Besuch nicht erwartet habe, so habe man auch in der VAR nicht mit der Tatsache der Waffenlieferungen an Israel gerechnet. Die Einladung Ulbrichts sei als Ausdruck der Besorgnis des ganzen Volkes der VAR darüber anzusehen.

Er werde seine Regierung über die Erklärung informieren. Er frage sich, wie die Reaktion in der VAR und den anderen arabischen Staaten[14] ausfallen werde. Wie der Herr Staatssekretär wisse, könne die Aufnahme diplomatischer Beziehungen zu Israel in der VAR gewisse Reaktionen auslösen.

Der *Staatssekretär* bat den Botschafter noch einmal in diesem Zusammenhang, seine persönlichen Äußerungen der Regierung der VAR klarzumachen, wobei er vor allem auf die Bemühungen der Bundesrepublik Deutschland eingehen sollte, die restlichen Waffenlieferungen einzustellen.

Der *Botschafter* fragte noch einmal, ob es zutreffe, daß der Herr Staatssekretär ausgeführt habe, die Bundesregierung habe nicht die Absicht, die diplomatischen Beziehungen zur VAR abzubrechen. Der *Staatssekretär* bestätigte dies.

---

[13] Vgl. dazu Dok. 120, Anm. 16.
[14] Zu ersten Reaktionen vgl. die Aufzeichnungen des Staatssekretärs Carstens vom 8. März 1965 über Gespräche mit dem jordanischen Botschafter Juma, dem algerischen Botschafter Keramane, dem saudi-arabischen Botschafter Sheikh Abdul-Jabbar, dem libanesischen Botschafter Amiouni, dem syrischen Botschafter Khabbaz, dem tunesischen Botschafter Ben Ayed und dem libyschen Botschafter Gaddafi sowie die Aufzeichnung des Ministerialdirektors Meyer-Lindenberg vom 8. März 1965 über Gespräche mit dem sudanesischen Geschäftsträger El Kordofani, dem jemenitischen Geschäftsträger Huthi und der irakischen Geschäftsträgerin Al-Khoja; VS-Bd. 8448 (Ministerbüro); B 150, Aktenkopien 1965.
Vgl. weiter Dok. 119.

Der *Botschafter* erwähnte noch, daß er sich persönlich in einer kritischen Lage befände. Er habe um seine Rückkehr nach Bonn gekämpft[15], um seinen Beitrag zur Wiederherstellung vertrauensvoller Beziehungen zwischen beiden Ländern zu leisten. Er könne im Moment nur auf Antwort seiner Regierung warten und hoffen, daß die Reaktion seiner Regierung nicht falsch interpretiert werde und daß die Reaktion eine Wiederannäherung der beiden Länder erlaube.

Der *Staatssekretär* antwortete, der Botschafter habe gesagt, der Ulbricht-Besuch sei eine Reaktion auf die deutschen Waffenlieferungen an Israel gewesen. Er könne dazu nur sagen, diese Reaktion sei verfrüht gewesen, denn die deutsche Seite sei dabei gewesen, ihre Politik der Waffenlieferung an Israel zu überprüfen. Ohne den Ulbricht-Besuch wäre die ganze Sache besser verlaufen.

Der *Botschafter* erwiderte darauf, er habe vor seiner Reise im Dezember 1964 in die VAR hier überall darauf hingewiesen, es möge alles getan werden, damit die VAR nicht in eine Zwangslage käme.[16] Es sei aber nichts geschehen. Die Frage sei jetzt, wie das Vertrauen zwischen den beiden Ländern wiederhergestellt werden könne. Der *Staatssekretär* stimmte letzterem zu und beendete das Gespräch mit der Bemerkung, daß sowohl der Botschafter wie auch er alles tun sollten, um eine Verbesserung der Beziehungen zu erreichen.[17]

VS-Bd. 8448 (Ministerbüro)

---

[15] Botschafter Mansour war am 8. Dezember 1964 in die VAR gereist und kehrte erst am 11. Februar 1965 in die Bundesrepublik zurück. Vgl. dazu die Aufzeichnung des Vortragenden Legationsrats I. Klasse Schirmer vom 12. Februar 1965; VS-Bd. 8448 (Ministerbüro); B 150, Aktenkopien 1965.
[16] Vgl. dazu AAPD 1964, II, Dok. 394.
[17] Zu den Beziehungen zur VAR vgl. weiter Dok. 131.

116

Deutsch-britische Regierungsbesprechung

I A 5-82.21-94.09-1118/65 VS-vertraulich 8. März 1965[1]

Besprechung im Bundeskanzleramt am 8. März 1965 zwischen 9.45 und 12.00 Uhr zwischen dem britischen Außenminister Stewart und Bundesminister Schröder (anläßlich des Besuchs des britischen Premierministers Wilson in Bonn)[2]

Teilnehmerliste siehe Anlage[3]

I. Die NATO-Atomstreitmacht (MLF/ANF)

Außenminister *Stewart* erklärte, daß die britische Regierung Wert auf eine möglichst baldige Beratung des britischen ANF-Vorschlags[4] im multilateralen Rahmen lege. Die amerikanische Regierung sollte von der deutschen und britischen Regierung ersucht werden, hierzu ihre Zustimmung zu geben. Es sollten alle interessierten NATO-Staaten an diesen Verhandlungen teilnehmen. Über den Verhandlungsort müsse man sich noch einigen.[5]

Bundesminister *von Hassel* erläuterte vor weiterer Beschlußfassung erst noch einmal die deutsche Stellungnahme zu dem ANF-Vorschlag.[6] Die deutsche Antwort basiere darauf, daß man in einer nuklearen Streitmacht möglichst homogene Waffen zusammenfassen und sich vor einem heterogenen Waffensystem hüten sollte. Man sollte nur zusammenlegen, was tatsächlich zusammengehört.

Ein Veto-Recht für alle an der Streitmacht beteiligten Staaten würde wahrscheinlich dazu führen, daß die Glaubwürdigkeit der Abschreckung leidet. Es sollten daher zum Veto-Recht der Amerikaner[7] keine weiteren Veto-Rechte treten, zumindest nicht in der ersten Zeit. Anderenfalls würde die Sowjetregie-

---

[1] Die Gesprächsaufzeichnung wurde vom Vortragenden Legationsrat I. Klasse Plehwe am 19. März 1965 gefertigt und von Ministerialdirektor Meyer-Lindenberg am 22. März 1965 an Staatssekretär Carstens und Bundesminister Schröder weitergeleitet.
Hat Carstens am 25. und Schröder am 29. März 1965 vorgelegen.

[2] Der britische Premierminister hielt sich am 7./8. März 1965 in Bonn auf. Vgl. dazu WILSON, The Labour Government 1964–1970, S. 81–83.
Vgl. ferner Dok. 122.

[3] Dem Vorgang beigefügt. An dem Gespräch nahmen auf britischer Seite teil: Außenminister Stewart, der Unterstaatssekretär im britischen Außenministerium, Lord Hood, Botschafter Roberts, „Chief Secretary of the Cabinet" Burke Trend sowie der Referatsleiter im britischen Außenministerium Ledwidge.
Teilnehmer auf deutscher Seite waren: Bundesminister Schröder, Bundesminister von Hassel, Staatssekretär Carstens, Staatssekretär Lahr, die Ministerialdirektoren Meyer-Lindenberg und Knieper sowie zeitweise der Chef des Presse- und Informationsamtes von Hase. Vgl. VS-Bd. 2454 (I A 5); B 150, Aktenkopien 1965.

[4] Vgl. dazu Dok. 20, besonders Anm. 9–12.

[5] Zum britischen Verfahrensvorschlag vom 15. Februar 1965 vgl. auch Dok. 76.

[6] Für die Stellungnahme vom 18. Januar 1965 vgl. Dok. 21.

[7] Zur amerikanischen Haltung bezüglich eines Vetos vgl. Dok. 21, Anm. 13.

rung zu der Ansicht verleitet, daß es Schwierigkeiten für den Einsatz geben würde.

Wir könnten uns mit den britischen Gedanken über die Einbringung der Polaris-U-Boote und der Bomberstaffeln einverstanden erklären. Zu der Frage der Minuteman-Raketen[8] ist von uns aus nichts zu sagen, da wir daran nicht beteiligt sind. Hingegen sollten die sogenannten Nahbereichwaffen nicht einbezogen werden. Die Verminderung der Zahl der Überwasserschiffe von 25 auf 20 wäre zu überlegen, wenn die britischen Polaris-U-Boote und die V-Bomber hinzugezogen werden. Es sei aber erforderlich, die Zahl der Überwasserschiffe mit Rücksicht auf die erforderlichen Überlebenschancen genügend hoch zu halten.

Die starken Einwände gegen ein eigenes nukleares Oberkommando bleiben bestehen. Nach deutscher Ansicht muß die nukleare Streitmacht SACEUR unterstellt werden. Für die weitere Prozedur bestehen 3 Möglichkeiten:

a) Bilaterale Sondierungen zwischen dem Vereinigten Königreich und Deutschland mit anderen NATO-Staaten

b) Multilaterale Verhandlungen wie bisher in Paris (Arbeitsgruppe)

c) Beratungen aller NATO-Staaten im NATO-Rat.

Die Stellungnahme hierzu werde der Herr Bundesminister des Auswärtigen abgeben. Außenminister *Stewart* schlägt vor, daß bei den heutigen Besprechungen die militärischen Einzelheiten nicht weiter vertieft werden. Die Frage des Einsatzbefehls könne sicher nur in multilateralen Beratungen behandelt werden. Desgleichen müsse auch die Stellung der Vereinigten Staaten in der Atomstreitmacht auf multilateraler Basis geklärt werden.

Außenminister Stewart übergibt den Entwurf für eine Resolution zur weiteren Prozedur.[9]

Bundesminister *Schröder* erklärt (nach kurzer Durchsicht des britischen Entwurfs), daß die Bundesregierung weiteren Behandlungen innerhalb der NATO den Vorzug vor dem Gedanken an eine „Konferenz" gibt. Die Bundesregierung hoffe zudem, daß es „an irgendeiner Stelle" möglich sein werde, Frankreich zur Mitarbeit zu veranlassen. Zumindest müsse für Frankreich ein Platz offengehalten werden. Dies würde aber schwieriger werden, wenn man jetzt etwas Neues, z. B. eine Konferenz, starten wollte.

Lord Hood, an den der britische Außenminister das Wort abtrat, erklärte, daß Großbritannien die ANF-Vorschläge nicht in der alten MLF-Arbeitsgruppe in Paris behandelt sehen wollte. Diese Arbeitsgruppe sollte nicht ihre Arbeiten dort fortsetzen, wo sie stehengeblieben sei. Die ANF-Vorschläge seien ein neues Element.

Bundesminister *Schröder* erklärte, daß es der Bundesregierung nicht unbedingt darauf ankäme, die Verhandlungen in Paris fortzusetzen, aber die bis-

---

[8] Bereits am 15. Dezember 1964 lehnte der amerikanische Verteidigungsminister McNamara die Einbeziehung von Minuteman-Raketen in eine ANF ab. Vgl. dazu Dok. 20, Anm. 13.

[9] Dem Vorgang nicht beigefügt.

her in der Arbeitsgruppe erzielten Ergebnisse[10] sollten nutzbringend verwendet werden. Außerdem dürfe nicht der Eindruck erweckt werden, daß es jetzt zu gänzlich neuen Beratungen komme. Man sollte daher den bereits vorhandenen Rahmen benutzen.

Außenminister *Stewart* erklärte, daß auch mit dem britischen Gedanken an eine Konferenz beabsichtigt sei, neben dem ANF-Vorschlag und den Stellungnahmen dazu die Erfahrungen und Ergebnisse der Pariser Arbeitsgruppe zu verwerten.

Bundesminister *von Hassel* fragte, was der britischen Regierung über italienische[11] und niederländische Stellungnahmen[12] zum ANF-Vorschlag bekannt sei. *Lord Hood* antwortete, daß die Italiener sich interessiert gezeigt hätten; die Niederländer hätten einstimmig zustimmende Äußerungen gemacht. Außenminister Luns wünsche eine Fortsetzung der Beratungen in dieser Richtung. Außenminister *Stewart* stellte heraus, daß nach Ansicht der britischen Regierung von weiteren bilateralen Beratungen in diesem Stadium keine Fortschritte mehr zu erwarten seien.

Bundesminister *Schröder* stimmte zu, daß auch die Bundesregierung jetzt für eine weitere Behandlung im multilateralen Rahmen einträte. Es bestehe auf deutscher Seite nur ein Widerstand dagegen, den ANF-Vorschlag zur Basis neuer Beratungen zu machen. Das MLF-Projekt hätte doch schon eine ziemliche Reife erreicht. Daher könne der ANF-Vorschlag nur als ein Gegen- oder Modifikationsvorschlag[13] angesehen werden, aber nicht als ein Vorschlag, der ein ganz neues Kapitel eröffne. Selbst wenn der ANF-Vorschlag in der Substanz ein neues Kapitel wäre, so sei doch zu bedenken, daß das Gesamtproblem auch eine politisch-taktische Seite habe, auf die die Bundesregierung großen Wert lege. Möglicherweise würde die von der britischen Seite vorgeschlagene Prozedur den Beratungen einen starken neuen Antrieb geben; es würde dabei aber der ANF-Vorschlag zu stark unterstrichen und zu sehr im Mittelpunkt stehen. Daher muß es die Bundesregierung vorziehen, die bisherigen Beratungen fortzuführen und in diese Beratungen den ANF-Vorschlag einzubeziehen. Außenminister *Stewart* schlug einige redaktionelle Änderungen des vorher überreichten Entwurfs für das weitere Verfahren vor, die den deutschen Ansichten Rechnung tragen sollten.

Bundesminister *Schröder* stellte nochmals heraus, daß zumindest ein gleicher Rang für die bisher von der MLF-Arbeitsgruppe erzielten Ergebnisse und dem neuen britischen ANF-Vorschlag gesichert sein müßte. Es bestehe ein Zwang zur Kontinuität. Diese Kontinuität müsse auch deutlich gezeigt werden. Diese Haltung stimme auch mit den deutschen Kommentaren zum ANF-Vorschlag überein. Diese Kommentare zielten auf eine Kombination zwischen bisher Er-

---

[10] Zum Stand der Planungen vgl. Dok. 102.
[11] Zur italienischen Haltung vgl. Dok. 13, Anm. 13.
[12] Zur niederländischen Position vgl. Dok. 20, Anm. 20.
[13] In diesem Sinne äußerte sich auch die Bundesregierung am 12. März 1965: „Wir verstehen den amerikanischen Kommentar vom 8.12.1964 dahin, daß er eine Verbindung zwischen dem seit 1963 behandelten MLF-Projekt und den britischen ANF-Vorschlägen herzustellen wünscht. Dies ist auch unsere Absicht." Vgl. VS-Bd. 1371 (II A 7); B 150, Aktenkopien 1965.

reichtem und den ANF-Vorschlägen. Der britische Vorschlag für das weitere Verfahren hingegen wünsche einen neuen Strom, dem alte Elemente hinzugefügt werden sollten.

Außenminister *Stewart* schlug weitere Abänderungen zu dem vorher überreichten Entwurf für das weitere Verfahren vor. Er fügte insbesondere das Wort Wiederaufnahme (Resumption) der Beratungen ein. Bundesminister *Schröder* bezeichnete diesen Vorschlag als eine Annäherung. Der Akzent läge aber trotzdem immer noch zu stark auf den britischen ANF-Vorschlägen. Man müsse nach einem Oberbegriff suchen, welcher MLF- und ANF-Pläne decke. Bundesminister *von Hassel* fügte hinzu, daß es von Anfang an vereinbart worden sei, bei der Wiederaufnahme in neue Beratungen eine kräftige Komponente der MLF einzubeziehen.[14]

Es wurde beschlossen, den britischen Entwurf für das weitere Verfahren im Licht dieser Aussprache von je einem Mitglied der deutschen und der britischen Delegation redigieren zu lassen.

II. Die Deutschlandfrage

Bundesminister *Schröder* führte aus, daß die Lage eine erneute Bekräftigung der westlichen These in der Deutschlandfrage verlangt[15], da sonst nur die östlichen Thesen im Raume stehen. Die Auseinandersetzung mit der VAR[16] habe gezeigt, daß westliche Positionen klargestellt werden müßten, von denen aus man der SBZ und ihren Einbruchsversuchen besser begegnen könne.

Der Bundesregierung ist daher daran gelegen, daß es in der nächsten Zeit anläßlich eines geeigneten Termins, z.B. möglicherweise anläßlich des 8. Mai 1965, zu einer gemeinsamen Erklärung der drei Westmächte kommt, welche eine Bekräftigung ihrer Positionen mit einer Bereiterklärung gegenüber der Sowjetregierung koppelt, unter Betonung der Viermächte-Verantwortung mit der Sowjetregierung über die Deutschlandfrage zu sprechen und dabei auch die europäische Sicherheit zu behandeln. Das ist also eine Kombination von Grundsatzerklärung und Angebot zu Verhandlungen. Dieser Schritt sollte auf jeden Fall vor der nächsten NATO-Ministerkonferenz[17] unternommen werden,

---

[14] Nach informellen Besprechungen im Kreis der an dem MLF/ANF-Projekt interessierten Staaten, denen allerdings neben der Türkei auch Belgien und Griechenland fernblieben, nahm die MLF-Arbeitsgruppe, die seit 3. Dezember 1964 nicht mehr zusammengekommen war, am 5. Mai 1965 ihre Tätigkeit wieder auf. Anwesend waren nur noch die Vertreter der USA, Großbritanniens, Italiens, Griechenlands, der Niederlande und der Bundesrepublik. Der von niederländischer Seite eingebrachte Vorschlag, der Ständige NATO-Rat solle sich in einer „allgemeinen Ratsdebatte" zu dem Problem der nuklearen Mitbeteiligung äußern, wurde zurückgewiesen. Nach Ansicht des Botschafters Grewe, Paris (NATO), stand hinter dieser Anregung „vor allem der Wunsch, wieder die Belgier und möglichst noch weitere NATO-Mitglieder für die Arbeitsgruppe zu gewinnen und das Projekt zu einem das ganze Bündnis umfassenden nuklearen Organismus auszugestalten; ein durchaus begreifliches, aber gegenwärtig leider nicht sehr realistisches Vorhaben". Vgl. den Drahtbericht Nr. 579 von Grewe vom 6. Mai 1965; VS-Bd. 1372 (II A 7); B 150, Aktenkopien 1965. Zu den informellen Zusammenkünften vgl. den Drahtbericht Nr. 516 von Grewe vom 23. April 1965; VS-Bd. 2434 (I A 3); B 150, Aktenkopien 1965.

[15] Zu den Überlegungen hinsichtlich einer Initiative in der Deutschland-Frage vgl. auch Dok. 93.

[16] Vgl. dazu zuletzt Dok. 115.

[17] Zur NATO-Ministerratstagung am 11./12. Mai 1965 in London vgl. Dok. 197, Anm. 37.

damit diese NATO-Konferenz nicht wieder so stark mit der Deutschlandfrage befaßt werden müßte.[18]

Außenminister *Stewart* erklärte, daß keine Anzeichen zu der Hoffnung berechtigten, die Sowjetregierung werde auf westliche Vorschläge in der Deutschlandfrage eingehen. Er stimmte aber der Notwendigkeit zu, daß der Welt die westliche Position erneut gezeigt werden müßte. Beim Anschneiden von Sicherheitsfragen seien sowjetische Gegenvorschläge zu erwarten. Die britische Regierung wolle keine Vorschläge machen, welche die Haltung der USA und Frankreichs präjudizieren könnten. Man werde aber versuchen, Gromyko etwas auszuhorchen, wenn er Mitte März nach London kommt.[19] Die Frage der Grundsatzerklärung und des an die Sowjetregierung zu richtenden Angebots sollte im Botschafterausschuß Washington besprochen werden.[20] Dabei sollten gleichzeitig die Grundlagen für einen zweiten Schritt (narrower approach) erarbeitet werden, mit dem auf die zu erwartenden Gegenvorschläge der Sowjets zu antworten sei. Hierzu gehörte z.B. die Einsetzung einer Kommission (Vierer-Rat)[21] wie auch die Frage der Hinzuziehung von west- und ostdeutschen Vertretern unter der Autorität dieser Kommission.[22]

Bundesminister *Schröder* erklärte hierzu, daß das europäische Sicherheitssystem nur auf der Basis der Selbstbestimmung der Deutschen und der Wiedervereinigung beruhen könne und nicht auf den sowjetischen Vorstellungen vom Status quo. Man müsse daher skeptisch gegenüber Diskussionen sein, bei denen beide Seiten über ein Gleiches unter ganz anderen Voraussetzungen sprechen. Diese Gespräche sollten nicht eine nutzlose Gefährdung von vorhandenen Sicherheitspositionen werden. Die Bundesregierung hofft aber, daß der Botschafterausschuß Maßnahmen erarbeiten werde, mit denen die westliche Seite die östlichen Versuche für eine punktuelle Durchlöcherung des deutschen Alleinvertretungsanspruchs verhindern könne. Dazu gehören auch Beratungen über gemeinsame wirtschaftliche Maßnahmen gegenüber der Sowjetunion und der SBZ.

Außenminister *Stewart* stimmte zu, daß es darauf ankäme, zu Vorschlägen zu kommen, welche die Wiedervereinigung näherbrächten, ohne die Sicherheit zu gefährden. Er erklärte sich im übrigen mit dem skizzierten Auftrag an den Botschafterausschuß durchaus einverstanden. Hinsichtlich des Zeitpunkts der Initiative müsse er sich jedoch eine Stellungnahme vorbehalten. Diese Frage müsse noch mit den anderen Mächten abgestimmt werden.

---

[18] Zur Erörterung der Deutschlandfrage am Rande der NATO-Ministerratstagung am 14. Dezember 1964 in Paris vgl. AAPD 1964, II, Dok. 387.

[19] Der sowjetische Außenminister hielt sich vom 16. bis 20. März 1965 in Großbritannien auf. Vgl. dazu EUROPA-ARCHIV 1965, Z 74.
Vgl. dazu auch Dok. 160, Anm. 7 und 19.

[20] Zur Erörterung einer Deutschland-Erklärung in der Washingtoner Botschaftergruppe vgl. Dok. 130.

[21] Vgl. dazu den Vorschlag des Bundesministers Schröder vom 14. Dezember 1964; Dok. 3, Anm. 2.

[22] Zu diesem Vorschlag vgl. die Deutschland-Initiative der Bundesregierung vom 3. Januar bzw. 10. April 1964; AAPD 1964, I, Dok. 3.

III. Kredite an die SBZ

Staatssekretär *Lahr* führte aus, daß das Problem langfristiger Kredite die Bundesregierung stark beschäftige.[23] Geschehenes sei nicht rückgängig zu machen, aber jetzt setze offensichtlich eine Art von Wettlauf um Ostkredite ein. Es gehe dabei um Ausdehnung der Kredite von 7, 10 oder gar 15 Jahren.[24] Das komme der Sowjetunion sehr gelegen.[25] Es bedeute für sie eine Entlastung. Daher müsse es unser Bemühen sein, hier Einhalt zu gebieten. Die Bundesregierung wünsche eine gemeinsame Haltung der NATO-Länder, z.B. durch Beschränkung auf Kredite für 7 Jahre. Dies gelte insbesondere für Kredite an die SBZ, welche Ulbricht aus Devisenschwierigkeiten heraushelfen. Ulbricht wäre früher nicht in der Lage gewesen, Nasser Kredite zu geben.[26]

Ferner bringen langfristige Kredite an die SBZ die Gefahr mit sich, daß der Interzonenhandel ausgehöhlt wird. Dies wiederum sei politisch sehr bedenklich. Der Interzonenhandel ist von politischer Bedeutung wegen der mit ihm verbundenen Sicherheitskauteln hinsichtlich des Zugangs nach Berlin.[27] Daher geht diese Angelegenheit auch die 3 Westalliierten wegen ihrer Verantwortung für Berlin an. Daher laute die Bitte der Bundesregierung an die westlichen Alliierten, ihre Kreditpolitik gegenüber der SBZ dahingehend zu revidieren, daß keine Kredite mit langfristigen Zahlungszielen gewährt werden.[28]

Außenminister *Stewart* erklärte, daß die Frage der Ostkredite seitens Großbritanniens nur nach wirtschaftlichen Gesichtspunkten beurteilt werde. Er glaube jedoch nicht, daß Großbritannien bisher der SBZ langfristige Kredite gewährt habe. Daher seien deutsche Besorgnisse gegenüber Großbritannien auf diesem Gebiet wahrscheinlich unbegründet.

Staatssekretär *Lahr* gab zu, daß bisher wohl nicht viel geschehen sei. Es sei aber auf ein gemeinsames englisch-französisches Projekt im Wert von 50 Millionen DM[29] in diesem Zusammenhang hinzuweisen. Wichtig und besorgniser-

---

[23] Vgl. besonders Dok. 123.

[24] Zur Kreditgewährung von französischer und britischer Seite vgl. Dok. 95, Anm. 5. Zur amerikanischen Haltung vgl. Dok. 95, Anm. 3.

[25] Zur Kreditvergabe an die UdSSR vgl. Dok. 66.

[26] Während seines Aufenthaltes vom 24. Februar bis 2. März 1965 in der VAR bot der Staatsratsvorsitzende Ulbricht Präsident Nasser einen „zusätzlichen langfristigen Kredit" von 8 Mio. Pfund Sterling an. Damit, so Botschafter I. Klasse Müller, Kairo, am 1. März 1965, erhöhe sich „die Gesamtofferte der Zone auf 36 Mio. Pfund Sterling, davon 25 Mio. langfristige Investitionskredite und 11 Mio. Warenkredite". Vgl. den Drahtbericht Nr. 250; Ministerbüro, Bd. 220.

[27] Beim Abschluß des Abkommens über den Interzonenhandel vom 20. September 1951 wurde auf Weisung der Alliierten Hohen Kommission eine mündliche Erklärung abgegeben, „daß die Durchführung des neuen Abkommens vom reibungslosen Westberlinverkehr abhänge". Auf eine ursprünglich geforderte schriftliche Bestätigung dieser Erklärung seitens der DDR wurde verzichtet. Vgl. den Vermerk des Bundesministeriums für Wirtschaft vom 8. September 1960; VS-Bd. 5050 (III A 6); B 150, Aktenkopien 1960.

[28] Vgl. dazu weiter Dok. 199.

[29] Im Herbst 1964 schlossen die britische Firma Humphreys & Glasgow und die französische Firma Ensa einen Vertrag mit der DDR über den Bau eines Petrochemiewerks in Schwedt. Die COFACE sicherte dabei einen 7-Jahres-Kredit über 66 Mio. Francs ab. Vgl. dazu die Aufzeichnungen des Ministerialdirektors Sachs sowie des Referats III A 6 vom 8. Januar 1965; Referat II A 1, Bd. 340.

Gesandter Knoke, Paris, gab am 5. März 1965 Informationen über die Modalitäten des Kredits

regend sei für die Bundesregierung nur, daß sich die Gefahr eines Anfangs, einer Neuorientierung in der Kreditgewährung seitens des Westens abzeichne, und hierbei bestehe auch die Gefahr, daß es nicht bei kleinen Zahlen bleiben würde. Es liege der Bundesregierung daher daran, zu diesem Zeitpunkt auf diese Gefahr hinzuweisen.[30]

VS-Bd. 2454 (I A 5)

117

Gespräch des Bundeskanzlers Erhard mit dem marokkanischen Botschafter Boucetta

Z A 5-35.A/65 VS-vertraulich 9. März 1965[1]

Der Herr Bundeskanzler empfing am 9. März 1965 um 12 Uhr den marokkanischen Botschafter zu seinem Antrittsbesuch. Bei der Unterredung waren außerdem zugegen: Ministerialdirigent Dr. Osterheld und der stellvertretende Chef des Protokolls.[2]

Der Herr *Bundeskanzler* betonte einleitend, er hätte gewünscht, daß dieser Besuch unter günstigeren Aspekten stattgefunden hätte. Er hoffe jedoch, daß die Probleme gelöst werden könnten, denn Deutschland sei von einem tiefen Gefühl der Freundschaft für Marokko beseelt und habe dies auch bewiesen.

Der marokkanische *Botschafter* erklärte, auch er hätte gewünscht, daß er diesen Besuch unter anderen Bedingungen hätte abstatten können. An dem Auftrag, den sein Staatsoberhaupt ihm mitgegeben habe, nämlich die Beziehungen zwischen den beiden Ländern weiter zu vertiefen, habe sich jedoch nichts geändert. Er bedaure, offiziell die Vertagung des Staatsbesuchs des marokkanischen Königs bestätigen zu müssen.[3] Er betone, daß es sich um eine Vertagung und nicht um eine Aufhebung des Besuches handle.[4] Dies sollte in keiner

---

Fortsetzung Fußnote von Seite 475
weiter. Danach betrug die Deckung durch die COFACE für die Lieferung der Salpetersäure- und Kalkammonsalpeter-Anlagen 80%, „gleich 5 Jahre". Vgl. den Drahtbericht Nr. 350; VS-Bd. 3568 (II A 1); B 150, Aktenkopien 1965.

[30] Vgl. weiter Dok. 153.

[1] Durchdruck.
Die Gesprächsaufzeichnung wurde vom Vortragenden Legationsrat Kusterer am 10. März 1965 gefertigt.

[2] Legationsrat I. Klasse Graf Welczek.

[3] König Hassan II. sollte am 16. März 1965 in der Bundesrepublik eintreffen. Vgl. dazu BULLETIN 1965, S. 186.
Zur Entscheidung der marokkanischen Regierung, den Staatsbesuch zu verschieben, vgl. den Drahtbericht Nr. 85 des Botschafters Hess, Rabat, vom 8. März 1965; Ministerbüro, Bd. 220.

[4] König Hassan II. besuchte vom 29. November bis 2. Dezember 1965 die Bundesrepublik. Für das Kommuniqué vgl. BULLETIN 1965, S. 1533.

Weise die Freundschaft zwischen den beiden Ländern trüben. Er erlaube sich, einige der Gründe für die Vertagung des Staatsbesuchs zu erläutern. Bei seiner Ankunft habe er ganz klar gesagt, daß trotz der augenblicklichen Krise zwischen der VAR und der Bundesrepublik Marokko immer unabhängig bleiben und seine politische Entscheidungsfreiheit bewahren werde. Marokko sei in keiner Weise bereit, irgendeinem von dritter Seite gelenkten politischen Strom zu folgen. Andererseits sei Marokko natürlich ein arabisches Land und habe somit eine gewisse moralische Verpflichtung gegenüber den arabischen Ländern und insbesondere der arabischen Liga. Dabei gebe es einige Prinzipien, hinsichtlich derer Marokko solidarisch sein müsse. Zu diesen Prinzipien gehöre die Israelfrage. Marokko habe gehofft, daß die derzeitige Krise zwischen Deutschland und Kairo außerhalb des Israelproblems verlaufen würde, deswegen habe er bei seiner Ankunft erklärt, daß der marokkanische König seinen Staatsbesuch trotz der Krise abhalten werde. Nunmehr habe die Bundesrepublik erklärt, sie erstrebe diplomatische Beziehungen mit Israel.[5] Sicherlich habe die Bundesregierung dafür ihre Gründe. Dennoch gerate Marokko dadurch als arabischer Staat in eine schwierige Lage. Es sei für den marokkanischen König faktisch unmöglich gewesen, nach diesem Beschluß nach Deutschland zu kommen, weil es höchst unerfreulich wäre, wenn etwa hinsichtlich der diplomatischen Beziehungen mit Israel gerade während der Anwesenheit des marokkanischen Königs in Deutschland eine präzise Aktion stattfände. Andererseits habe die Bundesregierung gewußt, daß der marokkanische König vor seinem Deutschlandbesuch Libyen und die VAR[6] besuchen werde. Gerade im Zusammenhang mit dem Besuch in der VAR hätte der marokkanische König vielleicht eine gewisse Hilfestellung leisten können, wenn es sich auch nicht um eine offizielle Vermittlung gehandelt hätte. Nach dem neuesten Beschluß der Bundesregierung sei dies jedoch nicht mehr möglich. Der Besuch in Libyen diene insbesondere dem Ziel, Libyen stärker dem Maghreb[7] zugeneigt zu machen und damit gewissen anderen Einflüssen entgegenzutreten. Bei seinem Besuch in der VAR sei unausweichlich, daß Präsident Nasser den König auf die Beziehungen zur Bundesrepublik und auf Israel anspreche, und es wäre schwierig für den König gewesen, darauf die Antwort schuldig zu bleiben oder eine Antwort im Sinne Nassers zu geben, weil dann der Eindruck entstanden wäre, Marokko sei in den Bannkreis einer dritten Macht geraten. Deshalb habe der König noch vor seiner Abreise nach Libyen und vor der Rede Nassers[8] sehr schnell seinen Beschluß, die Reise nach Deutschland zu vertagen, bekanntgemacht, um der Weltmeinung und der deut-

---

[5] Vgl. die Erklärung vom 7. März 1965; Dok. 115, besonders Anm. 7.

[6] König Hassan II. besuchte Libyen vom 9. bis 11. März 1965 und die VAR vom 11. bis 15. März 1965. Zum Besuch in der VAR vgl. den Drahtbericht Nr. 344 des Botschaftsrats I. Klasse Müller, Kairo, vom 16. März 1965; Ministerbüro, Bd. 221.

[7] Zu den Maghreb-Staaten gehören Marokko, Tunesien und Algerien. Seit 1958 strebten Marokko, Tunesien und Algerien eine stärkere Zusammenarbeit auf wirtschaftlichem und sozialem Gebiet an. Mit dem marokkanisch-libyschen Abkommen vom 27. Dezember 1962 über Freundschaft und Zusammenarbeit und dem algerisch-libyschen Abkommen vom 29. August 1963 zur Förderung der Maghreb-Bestrebungen wurde auch Libyen stärker eingebunden. Allerdings nahm Libyen 1964 nur an gemeinsamen Wirtschaftskonferenzen teil, nicht jedoch an der ersten inoffiziellen Maghreb-Gipfelkonferenz vom 19. Juli 1964. Vgl. dazu AdG 1965, S. 11655 f.

[8] Zur Rede des ägyptischen Präsidenten am 8. März 1965 in Assiud vgl. Dok. 119, Anm. 4.

schen Öffentlichkeit nicht den Eindruck zu vermitteln, als folge Marokko einer Entscheidung Nassers. Mit dieser Ankündigung sei ein Minimum und ein Maximum erzielt worden. Das Minimum betreffe die moralische Verpflichtung Marokkos gegenüber den arabischen Ländern, das Maximum werde dadurch dargestellt, daß Marokko keine weitergehenden Absichten habe, sondern vielmehr die freundschaftlichsten Beziehungen mit der Bundesrepublik aufrechterhalten wolle.

Der Herr *Bundeskanzler* bedankte sich für diese Erläuterungen und betonte seine Achtung für den Beschluß Seiner Majestät, den er allerdings bedaure. Er sei besonders erfreut über die deutliche Unterstreichung der Unabhängigkeit Marokkos, die wesentlich sei. Die Krise mit der VAR habe sich eingestellt, weil Nasser Herrn Ulbricht eingeladen habe[9], d.h. den Mann, der Deutschland die Selbstbestimmung vorenthalte. Gerade jene Länder, die auf dem Wege der Selbstbestimmung zur Unabhängigkeit gelangt seien, sollten verstehen, daß es sich bei Herrn Ulbricht um einen Feind des deutschen Volkes handle, der Deutschland die Unabhängigkeit verweigere. Aus diesem Grunde sei eine Reaktion der Bundesrepublik erforderlich gewesen.[10] Die Solidarität könne seiner Meinung nach auch nicht so weit gehen, daß etwa die anderen arabischen Länder Herrn Ulbricht einladen müßten, nur weil ein arabisches Land Ulbricht eingeladen habe. Was die Anerkennung Israels anbelange, so schlage sich die Bundesrepublik seit zehn Jahren mit diesem Problem herum. Auch gegenüber der arabischen Welt sei eine Nichtanerkennung Israels unnatürlich. Marokko habe z.B. die engsten Beziehungen mit Frankreich und anderen mit der Bundesrepublik befreundeten Staaten, die alle Israel anerkannt hätten. Wenn es ein Land gebe, das wegen seiner tragischen Geschichte eine gewisse moralische Verpflichtung gegenüber Israel habe, so sei es Deutschland. Es sei nicht einzusehen, warum gerade Deutschland Israel nicht anerkennen dürfe, während viele andere Staaten, die mit der arabischen Welt befreundet seien, Beziehungen zu Israel unterhielten. Darüber hinaus habe Deutschland erklärt, daß es keine Waffen an Israel liefern werde. Es gehe somit noch weiter als die anderen Länder, die schon Beziehungen mit Israel hätten. Eine Normalisierung der Verhältnisse mit Israel gebe der Bundesrepublik auch eine größere Freiheit und Aufgeschlossenheit gegenüber der arabischen Welt. Er könne nicht einsehen, warum eine Anerkennung Israels die freundschaftliche Zusammenarbeit mit der arabischen Welt ausschließe. Sei dieser Schritt einmal getan, werde die Bundesrepublik auch gegenüber Israel freier sein, weil sie ihren guten Willen zur Überwindung der Vergangenheit damit bewiesen habe. Der Herr Bundeskanzler schloß, er hoffe, daß die

---

[9] Zum Besuch des Staatsratsvorsitzenden Ulbricht vom 24. Februar bis 2. März 1965 in der VAR vgl. Dok. 104.

[10] Am 9. März 1965 begründete der Bundeskanzler die Entscheidung vom 7. März 1965 auch im Bundeskabinett. Im Rückblick berichtete der Leiter des Außenpolitischen Büros im Bundeskanzleramt, Osterheld, Erhard habe ausgeführt: „Er habe gespürt, daß uns für eine andere Politik Unterstützung fehlte, ‚und nur allein den Heldentod zu sterben, kann die Lage nicht bereinigen'. […] ‚Es aber nur bei der Einstellung der Wirtschaftshilfe zu belassen', fuhr der Kanzler fort, ‚schien mir zu sehr nach einem Sieg Nassers auszuschauen; eine Blamage für uns. Ich fühlte mich denkbar unwohl dabei, immer nur zu reagieren. Demgegenüber war unsere Bereitschaft, unsere Beziehungen zu Israel zu normalisieren, eine Aktion.'" Vgl. OSTERHELD, Außenpolitik, S. 170.

Vertagung des Besuchs Seiner Majestät nur kurzfristig sei, und wolle jetzt schon sagen, daß die Bundesrepublik den König von Marokko mit aller Achtung, Ehre und Dankbarkeit empfangen werde.

Der marokkanische *Botschafter* unterstrich noch einmal, daß die Vertagung des Besuchs Seiner Majestät keineswegs verbunden sei mit der Krise mit Kairo. Marokko verstehe voll und ganz das Gefühl des deutschen Volkes für seine Wiedervereinigung, zumal es selbst gerade erst die Unabhängigkeit erlangt habe und sogar teilweise noch unter fremder Herrschaft stehe. Unsere Reaktionen wegen des Ulbricht-Besuches hätten auf den Besuch des Königs keinen Einfluß gehabt, wohl aber unsere Erklärung betreffend Israel. Auch der Zeitpunkt dieser Erklärung sei unerfreulich, da er nur wenige Tage vor dem Eintreffen des marokkanischen Königs in Deutschland liege.

Der Herr *Bundeskanzler* betonte, ein Zusammenhang zwischen diesen beiden Daten bestehe in keiner Weise. Die Bundesregierung sei nur gezwungen gewesen, schnell auf Nassers Aktionen zu antworten, damit der Weltöffentlichkeit dieser Zusammenhang klar werde. Ein Zusammenhang mit dem Besuch des Königs von Marokko bestehe nicht.

Der marokkanische *Botschafter* betonte, sein Außenminister[11] habe alle Botschafter der arabischen Staaten zu sich gerufen und ihnen erklärt, die Vertagung des Besuchs des marokkanischen Königs in Deutschland sei erfolgt, weil der König sich unmöglich in Deutschland befinden könne, während eine Anerkennung Israels ausgesprochen werde. Man müsse sich jedoch hüten, es so auszulegen, als sei der Vertagungsbeschluß gegen die Bundesrepublik gerichtet. Der Beschluß solle in keiner Weise die guten und freundschaftlichen Beziehungen zwischen Marokko und der Bundesrepublik trüben. Dasselbe habe der Außenminister auch dem amerikanischen[12], britischen[13] und französischen Botschafter[14] erklärt und hinzugefügt, der Vertagungsbeschluß sei lediglich auf die derzeitigen Umstände zurückzuführen. Er wisse, daß der König ebenfalls sich freuen würde, möglichst bald seinen Besuch abhalten zu können.

Das Gespräch endete um 12.40 Uhr.

Bundeskanzleramt, AZ: 21-30 100 (56), Bd. 13

---

[11] Ahmad Taibi Benhima.
[12] John H. Ferguson.
[13] Richard A. Beaumont.
[14] Robert Gillet.

118

Bundesminister Schröder an Bundeskanzler Erhard

9. März 1965[1]

Sehr geehrter Herr Bundeskanzler!

Nach den deutsch-französischen Besprechungen in Rambouillet[2] hat das Auswärtige Amt auf diplomatischem Wege die Möglichkeiten für das weitere Vorgehen in der Frage der europäischen politischen Zusammenarbeit mit den EWG-Partnern geprüft.[3]

Es wurden folgende Schritte erörtert:

1) Aufnahme der Besprechungen auf der Ebene der hohen Beamten zur Vorbereitung einer förmlichen Außenministerkonferenz.

2) Informelles Außenministertreffen bei Gelegenheit einer EWG-Ministerratstagung mit dem Ziel der Beauftragung einer Expertengruppe, eine förmliche Außenministerkonferenz vorzubereiten.

3) Förmliche Außenministerkonferenz ohne vorgeschaltete Expertengespräche.

Die Erörterungen hatten folgendes Ergebnis:

Zu 1): Zustimmung nur auf seiten der luxemburgischen[4] und deutschen Regierung.

Zu 2): Als Termin für eine informelle Außenministerbesprechung war von Außenminister Spaak der 2./3. März (EWG-Ratstagung) vorgeschlagen worden.[5] Zustimmung auf seiten der belgischen[6], italienischen[7], luxemburgischen[8] und deutschen Regierung.

---

[1] Durchdruck.
[2] Zur Erörterung europapolitischer Fragen am 19./20. Januar 1965 vgl. Dok. 22, Dok. 23 und Dok. 27.
[3] Vgl. dazu Dok. 86.
[4] Am 4. März 1965 teilte Botschafter von Stolzmann, Luxemburg, mit, die luxemburgische Regierung habe keine Einwände gegen den Vorschlag einer Besprechung auf Beamten-Ebene. Vgl. dazu den Drahtbericht Nr. 14a; VS-Bd. 8427 (Ministerbüro); B 150, Aktenkopien 1965.
[5] Vgl. dazu Dok. 80.
[6] Zur belgischen Haltung hielt jedoch Ministerialdirektor Meyer-Lindenberg am 5. März 1965 fest, der Außenminister Spaak habe den Gedanken eines informellen Außenministertreffens, der ursprünglich von ihm stammte, „in der Zwischenzeit aufgegeben". Gegenüber dem Generalsekretär im italienischen Außenministerium, Cattani, habe Spaak vielmehr erklärt, „er habe erkannt, daß dieser Gedanke aus den verschiedensten Gründen nicht durchgeführt werden könne". Vgl. VS-Bd. 2386 (D I/Dg I A); B 150, Aktenkopien 1965.
[7] Dazu bemerkte Ministerialdirektor Meyer-Lindenberg, daß Italien nach der „Sinnesänderung" des belgischen Außenministers Spaak einem informellen Treffen ebenfalls ablehnend gegenüberstehe. Vgl. die Aufzeichnung vom 5. März 1965; VS-Bd. 2386 (D I/Dg I A); B 150, Aktenkopien 1965.
[8] Vgl. dazu Dok. 86, Anm. 9.

Ablehnung aus Termingründen durch Außenminister Luns⁹, aus grundsätzlichen Erwägungen durch die französische Regierung, die nur Bereitschaft zur förmlichen Außenministerkonferenz zeigt.¹⁰

Zu 3): Italienische¹¹ und belgische Regierung¹² haben anfängliche Bedenken zurückgestellt. Mit Zustimmung französischer und luxemburgischer Regierung kann derzeitig gerechnet werden.

Die niederländische Regierung hat sich nach Darstellung Cattanis grundsätzlich zur Teilnahme an einer Außenministerkonferenz bereit erklärt.¹³ Es ist jedoch wahrscheinlich¹⁴, daß hier ein Mißverständnis vorliegt und Zustimmung sich bisher nur auf informelles Außenministertreffen bezog. Zur Zeit ist Außenminister Luns nach dem Rücktritt des niederländischen Kabinetts¹⁵ nur amtierender Außenminister. Daraus könnten sich gewisse Schwierigkeiten ergeben.¹⁶

⁹ Vgl. dazu Dok. 86, Anm. 13.
¹⁰ Am 3. März 1965 hielt Ministerialdirektor Meyer-Lindenberg aus den deutsch-französischen Konsultationsbesprechungen vom Vortag fest, die Franzosen seien „der Auffassung, die Frage einer europäischen politischen Zusammenarbeit sei zu bedeutungsvoll, als daß sie bei einem informellen Außenministertreffen behandelt werden sollte". Die französischen Gesprächspartner seien für eine formelle Außenministerkonferenz eingetreten. Vgl. VS-Bd. 8427 (Ministerbüro); B 150, Aktenkopien 1965. Vgl. dazu auch die Aufzeichnung des Legationsrats I. Klasse Lang vom 4. März 1965; VS-Bd. 2472 (I A 1); B 150, Aktenkopien 1965.
¹¹ Gegenüber Botschafter Blankenhorn, Rom, erläuterte der Generalsekretär im italienischen Außenministerium, Cattani, am 3. März 1965, daß nach Auffassung der italienischen Regierung „die Verhandlungen über die europäische politische Organisation in einer Außenministerkonferenz im Mai d.J. aufgenommen werden und daß auf dieser Konferenz den zuständigen Beamten der sechs Außenministerien Direktiven für die weitere Bearbeitung der Fragen gegeben werden sollten. Auch die italienische Regierung könne sich im gegenwärtigen Moment nicht mit dem Gedanken vorbereitender Gespräche der zuständigen Beamten [...] befreunden." Vgl. den Drahtbericht Nr. 131 vom 4. März 1965; VS-Bd. 2386 (D I/Dg I A); B 150, Aktenkopien 1965.
¹² Zur Haltung der belgischen Regierung teilte der Generalsekretär im italienischen Außenministerium, Cattani, mit, daß Außenminister Spaak gegen ein „offizielles" Zusammentreffen der Außenminister keine Bedenken erhoben habe. Vgl. den Drahtbericht Nr. 131 des Botschafters Blankenhorn, Rom, vom 4. März 1965; VS-Bd. 2386 (D I/Dg I A); B 150, Aktenkopien 1965.
Zur belgischen Haltung vgl. weiter Dok. 137.
¹³ Am 3. März 1965 informierte der Generalsekretär im italienischen Außenministerium, Cattani, Botschafter Blankenhorn, Rom, über sein Gespräch mit dem niederländischen Außenminister: „Luns habe erklärt, daß er sich vor dem niederländischen Parlament zu einer Wiederaufnahme solcher Gespräche verpflichtet habe und daß er diese Verpflichtung einhalten werde. Allerdings werde er zu Beginn solcher Besprechungen die Frage stellen, warum man nicht sofort Großbritannien in sie einbeziehe. Auch würde er mit Nachdruck seinen bekannten Standpunkt vertreten, daß die Verteidigungsfragen ausgeklammert werden müßten [...]. Im übrigen habe er sich über [die] Aussichten einer echten politischen Zusammenarbeit unter den Sechs sehr skeptisch geäußert. [...] Man müsse sich [...] darüber klar sein, daß in so gut wie allen großen politischen Fragen zwischen der holländischen Regierung und dem General de Gaulle keinerlei Übereinstimmung bestehe. [...] Er könne sich deshalb auch heute noch nicht dazu verpflichten, den Gedanken eines späteren Treffens der Regierungs- und Staatschefs zu akzeptieren." Vgl. den Drahtbericht Nr. 131 vom 4. März 1965; VS-Bd. 2386 (D I/Dg I A); B 150, Aktenkopien 1965.
Vgl. dazu auch Dok. 86, Anm. 7.
¹⁴ Dieses Wort wurde von Bundesminister Schröder handschriftlich eingefügt. Dafür wurde gestrichen: „möglich".
¹⁵ Am 27. Februar 1965 war die Regierung unter Ministerpräsident Marijnen zurückgetreten. Vgl. dazu AdG 1965, S. 11798.
¹⁶ Zur niederländischen Haltung gegenüber einer Konferenz über die europäische politische Zusammenarbeit vgl weiter Dok. 166.

Bei dieser Sachlage schlage ich vor, mit den EWG-Partnerstaaten Besprechungen über die Einberufung einer förmlichen Außenministerkonferenz aufzunehmen, da es zur Zeit keinen anderen Weg gibt, die Beratungen über eine politische Zusammenarbeit wieder in Gang zu bringen. Als frühester Zeitpunkt kommt entsprechend einem italienischen Vorschlag die erste Maidekade in Betracht.[17]

Die Schwierigkeiten einer förmlichen Außenministerkonferenz dürfen, wie ich ausdrücklich betonen möchte, nicht unterschätzt werden. In der Frage der Einbeziehung der Verteidigung gibt es tiefgreifende Meinungsverschiedenheiten, vor allem zwischen der französischen und der niederländischen Regierung.[18] Auch in der Frage eines europäischen Gemeinschaftsorgans gehen die Ansichten auseinander.[19]

Ich wäre Ihnen, Herr Bundeskanzler, für Ihre Stellungnahme dankbar, ob Sie trotz dieser zu erwartenden Schwierigkeiten meinem Vorschlag zustimmen.[20]

Mit freundlichen Grüßen

Ihr Schröder[21]

VS-Bd. 2386 (D I/Dg I A)

---

[17] Ministerialdirektor Meyer-Lindenberg gab allerdings zu bedenken, daß sich dieser Termin bereits sehr nahe an dem für Juli 1965 in Aussicht genommenen Treffen der sechs Regierungschefs befände, so daß sehr wenig Zeit verbliebe, „um eine Einigung unter den Sechs in den Sachfragen, die in wichtigen Punkten noch kontrovers sind, herbeizuführen". Vgl. die Aufzeichnung vom 5. März 1965; VS-Bd. 2386 (D I/Dg I A); B 150, Aktenkopien 1965.

[18] Während eine Einbeziehung der Verteidigung in eine europäische politische Zusammenarbeit von französischer Seite begrüßt wurde, wurde sie von den Niederlanden abgelehnt. Zur niederländischen Position vgl. den Drahtbericht Nr. 37 des Botschafters Berger, Den Haag, vom 1. Februar 1965; Referat I A 5, Bd. 283.
Zur Haltung Frankreichs vgl. Dok. 139, Anm. 2.

[19] Vgl. dazu Dok. 137, besonders Anm. 14 und 22.

[20] Dazu vermerkte Ministerialdirigent Simon am 12. März 1965 handschriftlich: „Ich habe mich bei Herrn Dr. Osterheld nach dem Stand erkundigt und um baldigen Bescheid gebeten unter Hinweis auf den kurzen Zeitraum bis Mai. Er hat mir zugesagt, daß bis Anfang der kommenden Woche eine schriftliche Antwort käme."
Am 15. März 1965 vermerkte Simon handschriftlich: „Heute erneut gemahnt. Antwort soll bald kommen." Vgl. VS-Bd. 8427 (Ministerbüro); B 150, Aktenkopien 1965.
Bundeskanzler Erhard antwortete am 16. März 1965. Vgl. Dok. 128.

[21] Paraphe vom 9. März 1965.

119

Aufzeichnung des Ministerialdirektors Meyer-Lindenberg

I B 4-82.00/1-90.35   9. März 1965[1]

Betr.: Reaktion der arabischen Staaten auf die Aufnahme diplomatischer Beziehungen zu Israel[2]
Stand: 9. März 1965 – mittags 12.00 Uhr

VAR

Die gestrige Morgenpresse reagierte zurückhaltend, offensichtlich lagen noch keine Weisungen der Regierung über die einzunehmende Haltung vor. Die offiziöse „Al-Ahram" wies darauf hin, daß die Beschlüsse der Bundesregierung auch positive Aspekte habe, da die Waffenlieferungen an Israel endgültig eingestellt seien und Bonn nicht die Beziehungen zur VAR abbrechen wolle. Man solle zunächst einmal abwarten, welche praktischen Maßnahmen dem Beschluß der Bundesregierung folgen würden.[3]

Demgegenüber schlug Präsident Nasser in einer Montag nachmittag gehaltenen Rede wesentlich schärfere Töne an. Er erklärte, durch ihre verräterische Politik habe die Bundesrepublik gezeigt, daß sie die schlimmste der imperialistischen Mächte sei. Er werde die westdeutschen Imperialisten in Afrika vor der ganzen Welt bloßstellen und sie überall bekämpfen.[4] Nasser gab hingegen nicht bekannt, welche Schritte die VAR auf die Aufnahme diplomatischer Beziehungen beabsichtigt. Er erklärte, daß dies Sache eines gemeinsamen Beschlusses aller Araber sei.[5]

---

[1] Die Aufzeichnung wurde vom Vortragenden Legationsrat I. Klasse Schirmer konzipiert und am 9. März 1965 Staatssekretär Carstens zugeleitet.
Hat Carstens am 10. März 1965 vorgelegen, der handschriftlich vermerkte: „Eilt. Dem H[errn] Minister vorzulegen.
Hat Bundesminister Schröder am 10. März 1965 vorgelegen.

[2] Am 7. März 1965 erklärte sich die Bundesrepublik zur Aufnahme diplomatischer Beziehungen mit Israel bereit. Vgl. BULLETIN 1965, S. 325.

[3] Vgl. dazu den Drahtbericht Nr. 295 des Botschaftsrats I. Klasse Müller, Kairo, vom 8. März 1965; Ministerbüro, Bd. 220.

[4] Über die Rede des ägyptischen Präsidenten am 8. März 1965 in Assiud berichtete Botschaftsrat I. Klasse Müller, Kairo, am 9. März 1965: „Mit seinen Beschimpfungen, die sich erstmalig auch gegen das deutsche Volk richten (,Ich habe noch nirgends in der Welt ein so unverschämtes Volk wie die Westdeutschen gesehen') zeigt Nasser, daß er zu einem vollständigen Bruch mit uns durchaus bereit ist." Vgl. den Drahtbericht Nr. 302; Ministerbüro, Bd. 220.

[5] Der Ausschuß der Persönlichen Vertreter der arabischen Staatschefs gab am 9. März 1965 Empfehlungen, die auf der Konferenz der Außenminister der Arabischen Liga am 14./15. März 1965 verabschiedet werden sollten. Botschaftsrat I. Klasse Müller, Kairo, teilte am 10. März 1965 mit, offenbar bestehe keine Einigkeit, „ob die SBZ anerkannt und diplomatische Beziehungen mit ihr aufgenommen werden sollen. Hingegen soll Einstimmigkeit darüber vorliegen, daß alle arabischen Staaten die diplomatischen und wirtschaftlichen Beziehungen zur Bundesrepublik abbrechen, wenn es zur Aufnahme diplomatischer Beziehungen zwischen Bonn und Tel Aviv kommt." Vgl. den Drahtbericht Nr. 311; Ministerbüro, Bd. 220.
Vgl. weiter Dok. 129.

Algerien

Radio Algier bezeichnete die jüngste westdeutsche Regierungserklärung als eine Maßnahme, die nicht nur gegen die VAR, sondern gegen alle arabischen Länder gerichtet sei. Algerien sehe darin eine imperialistische Provokation im Nahen Osten, die jedoch an der panarabischen Einheit scheitern werde.[6] Nach einem Bericht unserer Botschaft in Algier wird die algerische Regierung vor einer Entscheidung die Beschlüsse der Arabischen Liga abwarten.

Marokko

Der marokkanische Außenminister begründete unserem Botschafter[7] gegenüber die Absage des Besuchs König Hassans zum jetzigen Zeitpunkt[8] mit den Schwierigkeiten, in die Marokko sonst gegenüber allen anderen arabischen Staaten geraten würde. Die marokkanische Regierung könne ihre bisherige Haltung, unseren Konflikt mit Nasser als eine Angelegenheit lediglich der Bundesrepublik Deutschland und der VAR anzusehen, im Augenblick nicht aufrechterhalten. Er betonte jedoch, daß die marokkanisch-deutschen Beziehungen hierdurch in keiner Weise beeinträchtigt werden sollten und Marokko die Beziehungen zu uns unter keinen Umständen abbrechen werde.[9]

Tunesien

Nach AFP wird in tunesischen politischen Kreisen Enttäuschung über die Entscheidungen bekundet, die von der Bonner Regierung gegenüber der VAR getroffen worden sind. Eine offizielle Reaktion liege jedoch noch nicht vor, ebenso fehle es an offiziösen Stellungnahmen in der Presse.[10]

Libyen

Noch keine Berichte oder Meldungen.[11]

Sudan

Nach UPI bezeichnete der sudanesische Informationsminister[12] in einer Erklärung die Aufnahme diplomatischer Beziehungen zu Israel durch die Bundesrepublik als einen feindlichen Akt gegenüber den Arabern.

---

[6] Zur Reaktion in der algerischen Presse vgl. auch den Drahtbericht Nr. 102 des Botschafters Zapp, Algier, vom 8. März 1965; Ministerbüro, Bd. 220.

[7] Zu den Gesprächen des Botschafters Hess, Rabat, mit dem marokkanischen Außenminister Benhima am 8. März 1965 vgl. die Drahtberichte Nr. 85 und Nr. 86 vom 8. März 1965; Ministerbüro, Bd. 220.

[8] Vgl. dazu Dok. 117, besonders Anm. 3.

[9] Zu den deutsch-marokkanischen Beziehungen vgl. weiter Dok. 207.

[10] Am 9. März meldete die libanesische Presse als Ergebnis der Gespräche zwischen den Präsidenten Bourguiba und Helou: „Libanon und Tunesien werden sich einstimmig Reaktion anderer arabischer Staaten nach Aufnahme diplomatischer Beziehungen zwischen Bonn und Tel Aviv anschließen." Vgl. den Drahtbericht Nr. 98 des Botschafters Munzel, Beirut, vom 9. März 1965; Ministerbüro, Bd. 220.
Zur tunesischen Reaktion vgl. auch Dok. 121.

[11] Am 8. März 1965 berichtete Botschafter Beye, Tripolis, über die „tiefe libysche Enttäuschung darüber [...], daß deutsch-ägyptische Spannungen zu einer deutschen Nahost-Politik geführt haben, die einhellig von allen Arabern als unverständliche arabisch-feindliche Stellungnahme eines früher hochgeschätzten und befreundeten Volkes angesehen werden müsse". Vgl. den Drahtbericht Nr. 29; Ministerbüro, Bd. 220.

[12] Saleh Mahmoud.

Jordanien

Nachdem der König am Abend des 7. März unserem Botschafter gegenüber große Besorgnis über die Entscheidung der Bundesregierung geäußert, andererseits aber erklärt hatte, eine Anerkennung der SBZ werde nicht ins Auge gefaßt[13], hat der jordanische Außenminister[14] am Montag gegenüber der Presse erklärt, daß die jordanische Regierung gegen die Bundesrepublik Deutschland dieselben Maßnahmen wie die VAR treffen werde.

Saudiarabien

Nach einem Bericht der Botschaft Djidda lassen die ersten Reaktionen auf die Entscheidung der Bundesregierung auf eine ernst zu nehmende Möglichkeit schließen, daß Saudiarabien von sich aus die Beziehungen zu uns abbricht, ohne eine Stellungnahme der Arabischen Liga abzuwarten.[15] Abgesehen von der bekannten Intransigenz Saudiarabiens in der Palästinafrage wäre für König Faisal hierbei die Erwägung maßgebend, auf diese Weise dem von ihm gefürchteten Risiko zu entgehen, erneut eine gesamtarabische Protagonistenrolle Nassers hinnehmen zu müssen. Nach einer Meldung Radio Mekkas sei der saudiarabische Botschafter[16] zur Konsultation zurückberufen worden.[17]

Jemen

Ministerpräsident el-Amri hat erklärt, daß der Jemen bei Herstellung deutsch-israelischer diplomatischer Beziehungen seinerseits die diplomatischen Beziehungen zu uns abbrechen werde.[18]

Irak

Nachdem die irakische Regierung während des gesamten Krisenverlaufs bisher unter allen arabischen Ländern die vielleicht deutlichsten Anzeichen eines Verständigungswillens bekundet hatte, erklärte der irakische Außenminister nach Bekanntwerden der Entscheidung der Bundesregierung, daß die

---

[13] Zum Gespräch des Königs Hussein II. mit Botschafter Graf von Spreti, Amman, am 7. März 1965 vgl. den Drahtbericht Nr. 37 vom 8. März 1965; VS-Bd. 8448 (Ministerbüro); B 150, Aktenkopien 1965.
Vgl. auch Dok. 124.

[14] Wasfi El Tell.

[15] Vgl. dazu den Drahtbericht Nr. 35 des Botschafters Kopf, Djidda, vom 8. März 1965; Ministerbüro, Bd. 220.

[16] Sheikh Ahmed Abdul-Jabbar.

[17] Am 9. März 1965 teilte der Leiter des Außenpolitischen Büros im Bundeskanzleramt, Osterheld, Staatssekretär Carstens mit: „Der Herr Bundeskanzler hat den Wunsch geäußert, daß auf Saudi-Arabien wegen der besonders heftigen Reaktion auf die Erklärung der Bundesregierung [...] vom 7. März Einfluß genommen werden soll, vielleicht durch eine nochmalige besondere Bitte an die Amerikaner, in unserem Sinne auf die Regierung in Djidda einzuwirken." Vgl. den Vermerk des Vortragenden Legationsrats I. Klasse Hoffmann; Ministerbüro, Bd. 220.
Vgl. dazu weiter Dok. 161.

[18] Dazu führte Botschafter Steger, Taiz, am 8. März 1965 aus: „Für jeden Fall eines Abbruchs der diplomatischen Beziehungen zwischen der Bundesrepublik und VAR muß mit Abbruch seitens der jemenitischen Regierung gerechnet werden. Unter gegebenen politischen Umständen wird dann eine Fortführung der deutschen Entwicklungshilfevorhaben im Jemen äußerst schwierig, wenn nicht unmöglich sein, wie auch zu erwarten ist, daß [die] Mehrzahl der im Rahmen der Entwicklungshilfe hier tätigen Deutschen das Land verlassen möchte. Unmittelbare Gefahr für Leib und Leben dieser Deutschen [...] kann nicht ausgeschlossen werden." Vgl. den Drahtbericht Nr. 36; VS-Bd. 8448 (Ministerbüro); B 150, Aktenkopien 1965.

irakische Regierung die Anerkennung Israels als einen unfreundlichen Akt betrachte, der ernste Folgen für die arabisch-deutschen Beziehungen mit sich bringe, da Israel ein offener Feind der Araber sei und die Usurpierung arabischen Landes in Palästina personifiziere. Die Bundesregierung könne die Anerkennung Israels nicht als legitime Handlungsweise bezeichnen, wenn sie nicht den arabischen Ländern zugestehe, daß für sie die Anerkennung der SBZ in gleicher Weise legitim sei. Unsere Maßnahme bedeute eine Aufwertung der Zwangsherrschaft in Israel und berechtige die arabischen Staaten zu angemessenen Gegenmaßnahmen.[19]

Der irakische Botschafter[20] wurde zur Konsultation zurückberufen.

Kuwait

Der kuwaitische Außenminister[21] erklärte nach Bekanntwerden des Beschlusses der Bundesregierung, diplomatische Beziehungen zu Israel aufzunehmen: „Als Araber müssen wir einen einheitlichen Standpunkt und eine gemeinsame Haltung gegenüber dieser schwerwiegenden westdeutschen Entscheidung einnehmen."[22] Die kuwaitische Nationalversammlung hat die Regierung ersucht, sich für einen gesamtarabischen Wirtschaftsboykott gegen die Bundesrepublik, den Abbruch der diplomatischen Beziehungen und die Anerkennung der Sowjetzone einzusetzen.[23]

Syrien

Nach einer Erklärung des syrischen Informationsministers[24] wird die syrische Regierung im Falle eines deutsch-israelischen Botschafteraustauschs ihre diplomatischen Beziehungen mit uns abbrechen. Die syrische Regierung wünsche, daß alle arabischen Länder die gleiche Haltung in dieser Frage einnähmen.

Libanon

Noch keine Berichte oder Meldungen.[25]

Ministerbüro, Bd. 220

---

[19] Der irakische Außenminister Naji Taleb bezeichnete die Erklärung der Bundesregierung vom 7. März 1965 als „Dolchstoß" gegen die arabischen Staaten und zeigte sich „besonders beunruhigt […] über Ziffer 5 des Kommuniqués, in der er die Beteiligung der Bundesrepublik an einer westlichen Front zum Schutze Israels" vermutete. Vgl. den Drahtbericht Nr. 120 des Botschafters Schmidt-Horix, Bagdad, vom 8. März 1965; Ministerbüro, Bd. 220.

[20] Djabir Omar.

[21] Sheikh Sabah Al-Ahmed Al-Jabir As-Sabah.

[22] Vgl. dazu den Drahtbericht Nr. 32 des Konsuls I. Klasse Bünemann, Kuwait, vom 8. März 1965; Ministerbüro, Bd. 220.

[23] Vgl. dazu den Drahtbericht Nr. 33 des Konsuls I. Klasse Bünemann, Kuwait, vom 10. März 1965; Ministerbüro, Bd. 220.

[24] Nashhur Zaytun.

[25] Am 8. März 1965 berichtete Botschafter Munzel, Beirut, die Nasser-freundliche Presse habe die Absicht der Bundesrepublik, Israel anzuerkennen, als „eine Schande" bezeichnet, die „die Anerkennung der SBZ durch alle arabischen Staaten zur Folge haben werde, damit sodann die Beziehungen Bonns zu ihnen abgebrochen werden". Vgl. den Drahtbericht Nr. 96; Ministerbüro, Bd. 220.
Zur Presseerklärung des libanesischen Außenministers Takla vom Nachmittag des 9. März 1965 vgl. den Drahtbericht Nr. 99 von Munzel vom 9. März 1965; Ministerbüro, Bd. 220.

120

Aufzeichnung des Ministerialdirektors Mercker, Bundeskanzleramt

Geheim[1] 9. März 1965[2]

Ich habe eben mit Herrn Dr. Birrenbach in Tel Aviv[3] gesprochen. Herr Dr. Birrenbach erklärte mir, daß er mit dem Hinweis darauf, daß er dafür keinen offiziellen Auftrag habe, folgende Vorschläge gemacht hat:

1) Die bestehenden Verpflichtungen aus den Waffenlieferungsabreden[4] werden wie folgt abgeändert:

a) Die Restpanzerlieferung wird wie folgt abgelöst:

Entweder liefern die USA aus ihren Beständen neue Panzer[5] in der entsprechenden Anzahl, oder aber die von uns für die Lieferung nach Israel vorgesehenen Panzer werden an amerikanische Dienststellen in der Bundesrepublik mit dem Anheimgeben beliebiger Verwendung ausgeliefert. (Zahlung durch uns)[6]

b) Die Rest-U-Boot-Lieferung wird durch Großbritannien ausgeführt. (Zahlung durch uns)[7]

c) Bei der Lieferung der Dornier-Flugzeuge müßte geprüft werden, ob es sich nur um zivile Transportflugzeuge handelt; andernfalls würde diese Lieferung fortfallen.[8]

---

[1] Dieses Wort wurde von Staatssekretär Carstens handschriftlich eingefügt.
[2] Durchdruck.
Hat Staatssekretär Carstens am 9. März 1965 vorgelegen, der handschriftlich vermerkte: „In meinem Gespräch mit H[errn] Birrenbach habe ich mich ebenso wie Dr. Mercker geäußert: Keine Grundsatzerkl[ärung], zurückkommen, hier weiter verhandeln."
Hat Ministerialdirektor Meyer-Lindenberg am 10. März 1965 vorgelegen.
[3] Zum Hintergrund der Entsendung eines Sonderbeauftragten nach Israel vgl. Dok. 100, Anm. 4.
Zu den Verhandlungen des CDU-Abgeordneten Birrenbach vom 7. bis 10. März 1965 mit der israelischen Regierung vgl. auch BIRRENBACH, Sondermissionen, S. 100–106, und SHINNAR, Bericht, S. 129f. und S. 159f.
[4] Zu den Waffenlieferungen an Israel vgl. Dok. 2.
[5] Der Passus: „liefern die USA ... Panzer" wurde von Staatssekretär Carstens hervorgehoben. Dazu handschriftliche Bemerkung: „Machen [die] US[A] das?"
Vgl. dazu auch Dok. 125.
[6] Zur Regelung der Panzerlieferungen schlug Israel vor: „a) Sämtliche noch zu liefernde Chassis werden sofort an Israel überstellt; b) die Panzer werden an eine amerikanische oder französische Dienststelle überstellt, die dann darüber nach ihrem Ermessen verfügen kann; c) Israel erhält an Stelle der noch fehlenden 90 Panzer neue Panzer des Typs A 3 (das ist das neueste Modell) aus Amerika." Die Kosten sollten von der Bundesrepublik übernommen werden. Vgl. den Vermerk des Staatssekretärs Carstens vom 9. März 1965 über ein Telefongespräch mit dem Sonderbeauftragten Birrenbach vom 8. März 1965; VS-Bd. 423 (Büro Staatssekretär); B 150, Aktenkopien 1965.
[7] Dieser Satz wurde von Staatssekretär Carstens hervorgehoben und mit einem Häkchen versehen.
[8] Dieser Satz wurde von Staatssekretär Carstens mit einem Häkchen versehen.

d) Bei den Schnellbooten sollte geprüft werden, ob sie ohne Bewaffnung geliefert werden können.⁹

e) Israel entläßt die Bundesrepublik aus der Verpflichtung hinsichtlich aller übrigen Lieferungen mit der Maßgabe, daß die hierdurch freigewordenen Beträge für Lieferung ziviler Gegenstände benutzt werden sollen.¹⁰

f) Die Bundesregierung erklärt sich bereit, zur Aufrechterhaltung der Sicherheit im Nahen Osten an einer multilateralen Lösung mitzuwirken, wobei für die Bundesregierung nur die Lieferung ziviler Güter in Frage kommt.¹¹

2) Die Bundesregierung bemüht sich in der Verjährungsfrage¹² um eine annehmbare Lösung.¹³

3) Die Bundesregierung setzt ihre Bemühungen fort, Wissenschaftler, die außerhalb des NATO-Gebietes an Kriegswaffen-Entwicklungen arbeiten, zurückzuziehen.¹⁴

4) Die Verhandlungen über die diplomatische Anerkennung Israels¹⁵ werden

---

⁹ Dazu handschriftliche Bemerkung des Staatssekretärs Carstens: „Nein."
Vgl. dazu auch Dok. 125, Anm. 8.

¹⁰ Dieser Satz wurde von Staatssekretär Carstens hervorgehoben und mit einem Häkchen versehen.
Aus einem Telefongespräch mit dem Sonderbeauftragten Birrenbach, z.Z. Tel Aviv, vom 8. März 1965 hielt Carstens am 9. März 1965 dazu fest: „Die Israelis stehen auf dem Standpunkt, daß sie aus Gründen ihrer öffentlichen Meinung auf die Waffenlieferungen schwerlich verzichten können. Eine Geldablösung sei ausgeschlossen. Herrn Birrenbachs Angebot, spektakuläre zivile Ersatzleistungen vorzusehen (wie etwa zivile Atomanlagen), ist abgelehnt worden." Vgl. VS-Bd. 423 (Büro Staatssekretär); B 150, Aktenkopien 1965.

¹¹ Dazu hielt Staatssekretär Carstens am 9. März 1965 die Information des Sonderbeauftragten Birrenbach, z.Z. Tel Aviv fest, die israelischen Verhandlungspartner hätten „den Wunsch geäußert, daß Deutschland sich für die Zukunft bereit erkläre, mit oder fünf anderen westlichen Staaten an einem multilateralen Pool mitzuwirken, der zum Ausgleich des Kräfteverhältnisses im Nahen Osten Waffen an Israel liefern sollte. Deutschland sollte nur durch finanzielle Leistungen oder nichtmilitärische Sachlieferungen beteiligt sein. Die Israelis dächten an einen Betrag von 40 Mio. Dollar pro Jahr." Birrenbach habe dagegen „die stärksten Bedenken erhoben". Vgl. VS-Bd. 423 (Büro Staatssekretär); B 150, Aktenkopien 1965.

¹² Vgl. dazu Dok. 53.

¹³ Dieser Satz wurde von Staatssekretär Carstens mit einem Häkchen versehen.
Vgl. dazu weiter Dok. 133, Anm. 7.

¹⁴ Dieser Satz wurde von Staatssekretär Carstens mit einem Häkchen versehen.
Zur Tätigkeit deutscher Rüstungsexperten in der VAR vgl. Dok. 1, Anm. 10. Zu den Bemühungen, sie zur Rückkehr in die Bundesrepublik zu bewegen, vgl. weiter Dok. 133, Anm. 11.

¹⁵ Der Sonderbeauftragte Birrenbach wurde gemäß einer Entscheidung vom 6. März 1965 mit dem Auftrag nach Tel Aviv entsandt, „Israel die Errichtung von Generalkonsulaten vorzuschlagen". Die Entscheidung für die Aufnahme diplomatischer Beziehungen mit Israel wurde von Bundeskanzler Erhard „ohne weitere Konsultation, ohne das Kabinett" am 7. März 1965 getroffen. Vgl. OSTERHELD, Außenpolitik, S. 168.
Birrenbach wurde erst am 8. März 1965 beauftragt, „der israelischen Regierung die alsbaldige Aufnahme diplomatischer Beziehungen anzubieten". Für eine Abschrift des Drahterlasses des Staatssekretärs Carstens vgl. VS-Bd. 423 (Büro Staatssekretär); B 150, Aktenkopien 1965.
Im Rückblick hielt Birrenbach dazu fest, er sei von der Erklärung der Bundesregierung vom 7. März 1965, über die ihn die israelischen Verhandlungspartner informierten, „völlig überrascht" worden: „Ich bestätigte insoweit den Inhalt des Kabels, als die Bundesrepublik die Aufnahme diplomatischer Beziehungen zu Israel anstrebe, wies aber darauf hin, daß die Frage der Aufnahme diplomatischer Beziehungen und die Lösung des Waffenproblems als eine sachliche Einheit anzusehen seien. Mein Verhandlungsangebot, wie es mir der Bundeskanzler aufgetragen hätte,

auf diplomatischem Wege aufgenommen.¹⁶

Ich habe Herrn Dr. Birrenbach gesagt, daß es unmöglich sei, auf diese Vorschläge jetzt eine Erklärung abzugeben. Die Vorstellungen des Auswärtigen Amtes gingen dahin, daß er zurückkehre und daß die weiteren Verhandlungen in Bonn geführt würden.

Herr Dr. Birrenbach erklärte dazu, daß es ihm sehr darauf ankomme, wenigstens eine Grundsatzerklärung abgeben zu können. Die Verhandlungen seien gestern festgefahren gewesen. Jedoch sei heute eine Annäherung der Standpunkte festzustellen. Er möchte deshalb nicht mit völlig leeren Händen nach Deutschland zurückkehren.

Ich habe Herrn Dr. Birrenbach noch einmal erklärt, daß es nach meiner Auffassung unmöglich sei, auch nur eine Grundsatzerklärung abzugeben. Ich habe mich aber bereit erklärt, seinen Vorschlag dem Auswärtigen Amt weiterzugeben.

Die Verständigung mit Tel Aviv war äußerst schlecht, so daß schon aus diesem Grunde, aber auch wegen des heiklen Gegenstandes, den Herr Dr. Birrenbach ganz offen am Telefon ausgebreitet hat, jegliche offizielle Erklärung bedenklich erscheint.

Herr Dr. Birrenbach bat darum, daß er um etwa 14.00 Uhr hiesiger Zeit im Hotel King David in Tel Aviv angerufen wird.¹⁷

Mercker

VS-Bd. 422 (Büro Staatssekretär)

Fortsetzung Fußnote von Seite 488

stelle daher ein Paket dar, das heißt, es handele sich um einen Auftrag mit zwei miteinander unlösbar verbundenen Bedingungen." Vgl. BIRRENBACH, Sondermissionen, S. 103.

16 Dieser Satz wurde von Staatssekretär Carstens mit einem Häkchen versehen.
Im Rückblick hielt der Leiter der Israel-Mission, Shinnar, zur ersten israelischen Reaktion fest: „Zunächst baten wir um Klarstellung der Fassung ‚die Bundesregierung strebe an' und baten ‚anstreben' durch ‚anbieten' zu ersetzen, was im Telegramm-Austausch vom 8. und 11. März geschah. Damit war das deutsche Angebot an Israel auf Aufnahme diplomatischer Beziehungen existent. […] am Ende der Besprechung mit Dr. Birrenbach blieben Eshkol, Golda Meir und ich noch zu einer internen Beratung über das Erhardsche Angebot zusammen. In dieser Unterhaltung fiel bei Eshkol die Entscheidung, das Angebot anzunehmen und sich für die Annahme der Regierung und durch die Knesset einzusetzen. […] In quasi lautem Denken erklärte Eshkol, er sehe keinen Grund, warum wir nicht das Angebot Erhards auf Herstellung der herkömmlichen Beziehungen als solches annehmen und gleichzeitig über unsere Ablehnung der Theorie vom ‚Spannungsgebiet' sowie die geldlichen Ablöse des Restes der Waffenlieferungen weiterverhandeln sollten." Vgl. SHINNAR, Bericht, S. 130.

17 Über das Telefongespräch mit dem Sonderbeauftragten Birrenbach, z.Z. Tel Aviv, am Nachmittag des 9. März 1965 vermerkte Staatssekretär Carstens am selben Tag: „Eshkol und Golda Meir hätten sich gegen eine Verzögerung des Abschlusses der Verhandlungen um mehr als eine Woche ausgesprochen. Durch die Verzögerung würde die Lage der Regierung im israelischen Parlament sehr erschwert werden. Der Entsendung eines israelischen Verhandlungspartners nach Bonn stehe man zurückhaltend gegenüber. Vielleicht könnten sich die Herren Peres und Knieper in der Schweiz treffen." Vgl. VS-Bd. 422 (Büro Staatssekretär); B 150, Aktenkopien 1965.
Zu den Verhandlungen mit Israel vgl. weiter Dok. 132.

121

Aufzeichnung des Ministerialdirigenten Böker

I B 4-82.00/90.38-570/65 geheim   10. März 1965

Betr.: Nah-Ost-Krise;
hier: Gespräch mit dem tunesischen Botschafter

Botschafter Ben Ayed suchte mich heute auf, um mit mir die Lage zu besprechen. Er war ursprünglich von seiner Regierung gebeten worden, morgen früh zu einer kurzen Konsultation nach Tunis zu fliegen, hatte aber dann heute im Laufe des Tages von Präsident Bourguiba persönlich, der zur Zeit auf Staatsbesuch in Beirut weilt[1], Weisung bekommen, auf seinem Posten in Bonn zu bleiben, um alle falschen Spekulationen auszuschließen. Aus dem Gespräch mit dem Botschafter sind folgende Punkte festzuhalten:

1) Tunesien wird auf der Kairoer Konferenz am Sonntag[2] von dem früheren Staatssekretär Mongi Slim vertreten, der zur Zeit mit Präsident Bourguiba im Nahen Osten reist.

2) Präsident Bourguiba sei persönlich durch unsere Erklärung vom Sonntag[3] in eine äußerst schwierige Lage gekommen, da er sich auf seiner Reise durch die arabischen Länder der aufgeregten Atmosphäre gar nicht entziehen kann und notwendigerweise mit den Wölfen heulen muß. Er hatte noch am Sonntag morgen in Amman vor der Presse sich für eine realistische Einstellung gegenüber Israel eingesetzt[4], habe aber nach Bekanntwerden unserer Erklärung seine Bemerkung hinweginterpretieren müssen, um sich nicht Verdächtigungen auszusetzen.

3) Die tunesische Regierung sei von unserer plötzlichen Erklärung, die im Widerspruch zu allen früheren Versicherungen stünde[5], überrascht und verletzt. Statt Nasser zu bestrafen, wie er es verdient hätte, hätten wir allen 13 arabischen Staaten eine schallende Ohrfeige erteilt. Wir hätten dadurch auch die gemäßigteren arabischen Staaten gezwungen, sich mit Nasser solidarisch zu

---

[1] Der tunesische Präsident hielt sich vom 7. bis 11. März 1965 in Beirut auf. Vgl. dazu EUROPA-ARCHIV 1965, Z 66.
Vgl. auch Dok. 134, Anm. 17.

[2] Zur Konferenz der Außenminister der Arabischen Liga am 14./15. März 1965 in Kairo vgl. Dok. 129.

[3] Zur Erklärung vom 7. März 1965 vgl. Dok. 115, besonders Anm. 7 und 10.

[4] Der tunesische Präsident besuchte vom 27. Februar bis 7. März 1965 Amman. Auf einer Pressekonferenz am 7. März 1965 sprach sich Bourguiba für eine Verständigung mit Israel auf der Basis gegenseitiger Respektierung aus. Vgl. dazu EUROPA-ARCHIV 1965, Z 65 f.

[5] Die Botschaften in den arabischen Staaten wurden am 6. November 1964 davon in Kenntnis gesetzt, daß Staatssekretär Carstens in der Fragestunde des Bundestags am 4. November 1964 erklärt habe: „Die Bundesregierung beabsichtigt zur Zeit nicht, diplomatische Beziehungen zum Staat Israel aufzunehmen." Vgl. den Runderlaß Nr. 3876 des Legationsrats I. Klasse Pfeffer; Büro Staatssekretär, Bd. 393.
Ende Januar 1965 wurden die Botschafter in den arabischen Staaten ermächtigt zu erklären, daß eine Aufnahme diplomatischer Beziehungen zu Israel nicht vor den Bundestagswahlen geplant sei. Vgl. dazu Dok. 39, Anm. 18.

fühlen. Wir hätten uns gar keinen ungünstigeren Zeitpunkt für unsere Erklärung aussuchen können. Die gemäßigteren unter den arabischen Botschaftern hier und auch ihre Regierungen hätten sich schon langsam an den Gedanken gewöhnt gehabt, daß eine Normalisierung unserer Beziehungen zu Israel wohl früher oder später kommen würde, und hätten begonnen, den Boden dafür vorzubereiten. Alle ihre Ratschläge zur Mäßigung gingen nun in den Wogen der Emotion unter.

4) Nasser spiele ein sehr geschicktes Spiel, indem er selbst noch nicht verkünde, wie er prozedieren wolle, sondern die Entscheidung der Gesamtheit der arabischen Staaten überlasse.[6] Dadurch nähme er sie um so mehr in sein Obligo. Wir würden am Sonntag überrascht sein von der Einheitlichkeit der Haltung der 13 arabischen Länder.

5) Soweit er, Ben Ayed, wisse, sei ein Stufenplan mit folgenden Etappen vorgesehen:
Abberufung sämtlicher arabischer Botschafter;
Abbruch der Beziehungen mit uns;
Aufnahme diplomatischer oder konsularischer Beziehungen mit der SBZ oder Einrichtung von Handelsvertretungen in Pankow.

Es würde sicher einige arabische Staaten geben, die versuchen würden, diesen letzten Schritt nicht zu unternehmen, aber er glaube kaum, daß es irgendeinem arabischen Staate möglich sein wird, sich von den zwei ersten Schritten auszuschließen. Er selbst rechne auch damit, zurückberufen zu werden und dann bei Abbruch der Beziehungen zunächst zur Disposition gestellt zu werden. Er sei entschlossen, in diesem Falle die diplomatische Laufbahn zu verlassen und wieder im Innern Tunesiens tätig zu werden. Für ihn sei dies ein sehr schwerer Schlag, weil er an seiner Aufgabe in Deutschland mit ganzem Herzen gearbeitet habe. Er sähe nunmehr sein ganzes Werk hier vernichtet.

6) Auf meine Frage, ob Nasser nicht vermutlich vorziehen werde, nur die SBZ anzuerkennen, ohne mit uns zu brechen, erwiderte der Botschafter, dies sei bis vor wenigen Tagen die von Botschafter Mansour ausgegebene Parole gewesen[7]; Mansour habe aber seit etwa 5 oder 6 Tagen die Idee des Stufenplanes vertreten; dies gehe offensichtlich auf Weisung aus Kairo zurück. Ich bat den Botschafter dringend, Tunesien möge, falls dies nicht zu verhindern sei, lieber mit uns brechen, als irgendeine Beziehung mit Pankow anzuknüpfen, da dies die Wiederaufnahme der Beziehungen mit uns, die wir wohl beide wünschten, sehr erschweren würde.[8] Ich bat ihn, die tunesische Regierung möge sich auch in diesem Sinne bei anderen gemäßigteren arabischen Ländern verwenden. Botschafter Ben Ayed stimmte dem voll zu.

6 Dieser Satz wurde von Staatssekretär Carstens durch Fragezeichen hervorgehoben.
7 Am 8. März 1965 bat der ägyptische Botschafter den Vortragenden Legationsrat I. Klasse Schirmer um Auskunft, „ob mit der Aufnahme diplomatischer Beziehungen zu Israel die Bundesregierung die Absicht habe, die Hallstein-Doktrin hinsichtlich der Automatik des Abbruchs diplomatischer Beziehungen fallen zu lassen. Sofern dies der Fall sei und wir bereit wären, die Aufnahme diplomatischer Beziehungen zu Pankow nicht mit dem Abbruch unsererseits zu beantworten, könne sich die VAR-Reaktion darauf beschränken, als Quittung für unsere Beziehungen mit Israel Pankow anzuerkennen, ohne mit uns abzubrechen." Vgl. Referat I B 4, Bd. 143.
8 Zu den Beziehungen zwischen Tunesien und der Bundesrepublik vgl. weiter Dok. 207.

7) Der Botschafter warf dann die Frage auf, ob noch irgendetwas geschehen könne, um die Aufnahme diplomatischer Beziehungen mit Israel wenigstens hinauszuzögern. Dies würde den gemäßigteren arabischen Staaten die Möglichkeit geben, in einer emotional weniger geladenen Atmosphäre ihrer Stimme Gehör zu verschaffen. Ich erwiderte, wir könnten nunmehr in dieser Frage nicht mehr zurück und müßten den einmal eingeschlagenen Weg konsequent weitergehen. Es seien aber Anzeichen dafür vorhanden, daß Israel an die Aufnahme diplomatischer Beziehungen Bedingungen knüpfte, die von uns schwer akzeptiert werden können, und daraus könnte sich wohl ein längeres Tauziehen ergeben.[9] Der Botschafter meinte, im Interesse der Aufrechterhaltung gewisser deutsch-arabischer Beziehungen wäre jede Verzögerung zu begrüßen. Insbesondere hoffe er, daß das Gerücht über einen Besuch Ministerpräsident Eshkols in der Bundesrepublik Ende des Monats nicht zutreffe[10]; sonst müßten alle arabischen Botschafter hier sofort abreisen.

8) Das Argument, das zur Zeit in arabischen Kreisen besonders gegen uns wirksam sei, sei dieses: Wir beanspruchten für uns das Selbstbestimmungsrecht, weigerten uns aber, es den palästinensischen Arabern, die aus ihrer Heimat vertrieben worden seien, zuzubilligen. Dieses Argument mache auch auf Präsident Bourguiba, der ein prinzipientreuer Mensch sei, starken Eindruck. Ich versuchte dem Botschafter klarzumachen, daß der Vergleich Israel und SBZ hinkt und daß allenfalls die Oder-Neiße-Gebiete vergleichbare Tatbestandsmerkmale aufweisen.

9) Der Botschafter bezweifelte, ob in der gegenwärtigen Situation noch viel zu retten sei. Wir sollten aber alle Möglichkeiten erschöpfen, um den gemäßigteren Arabern noch Formeln und Argumente an die Hand zu geben, die sie gegenüber Nasser und den Radikalen verwenden könnten.

10) Für besonders bedenklich hielt es der Botschafter, daß wir Nasser nunmehr alle Trümpfe in die Hand gespielt hätten. Es sei ihm selbst peinlich, ja widerlich, wie Botschafter Mansour jetzt die anderen arabischen Botschafter hier herumdirigiere. Er organisiere geradezu ihre Abreisen und ihre Demarchen.

Hiermit über Herrn D I[11] dem Herrn Staatssekretär[12] vorgelegt.

Alexander Böker

VS-Bd. 2628 (I B 4)

---

[9] Zu den Verhandlungen mit Israel über die Aufnahme diplomatischer Beziehungen vgl. Dok. 120. Vgl. weiter Dok. 132.
[10] Zur Absage des geplanten Besuchs des israelischen Ministerpräsidenten in der Bundesrepublik vgl. Dok. 65, Anm. 12.
[11] Hat Ministerialdirektor Meyer-Lindenberg am 11. März 1965 vorgelegen.
[12] Hat Staatssekretär Carstens am 12. März 1965 vorgelegen, der handschriftlich vermerkte: „Dem H[errn] Minister vorzulegen. Vorschlag: Unterrichtung des Herrn Bundeskanzlers."
Hat Bundesminister Schröder am 13. März 1965 vorgelegen.
Hat Bundeskanzler Erhard am 16. März 1965 vorgelegen.

122

Runderlaß des Staatssekretärs Carstens

I A 5-82.21-94.09/912/65 VS-vertraulich Aufgabe: 10. März 1965, 18.23 Uhr[1]
Infex Nr. 4

Betr.: Besprechung mit britischem Premierminister Wilson

Der Besuch von Premierminister Wilson und Außenminister Stewart in Berlin am 6. und 7. März[2] sowie die Besprechungen in Bonn am 8. und 9. März[3] sind für uns sehr befriedigend verlaufen. Zu harten Auseinandersetzungen, die vorher vielfach von der Presse vorausgesagt wurden[4], ist es nicht gekommen.

Wilson hat die Entschlossenheit der britischen Regierung, für die Freiheit von Berlin einzutreten,[5] bekräftigt. Notwendigkeit der Wiedervereinigung auf Grundlage Selbstbestimmungsrechts sowie Alleinvertretungsanspruch Bundesregierung wurden erneut bestätigt.[6] Wilson hat auch das Anliegen der Bundesregierung, daß die Westmächte in der Deutschland-Frage wieder aktiv werden,[7] unterstützt.[8]

Bei den Beratungen über die Schaffung einer multilateralen Atomstreitmacht wurden dem Premierminister und Außenminister Stewart erneut unsere Überlegungen zu dem britischen ANF-Vorschlag[9] erläutert. Auf unseren Vorschlag wurde für die weitere Prozedur abgesprochen, daß die Pariser Arbeitsgruppe

---

[1] Der Runderlaß wurde von Ministerialdirektor Meyer-Lindenberg konzipiert.
[2] Zum Aufenthalt in Berlin (West) vgl. BULLETIN 1965, S. 326.
[3] Zum Besuch in Bonn vgl. BULLETIN 1965, S. 333–336. Vgl. dazu auch Dok. 116.
  Am 8. März 1965 wurde Premierminister Wilson von Bundespräsident Lübke empfangen. Das Gespräch hatte die Deutschland-Frage, das geplante Projekt einer MLF/ANF, die Kennedy-Runde sowie die deutsch-britische Handelsbilanz zum Gegenstand. Vgl. dazu die Gesprächsaufzeichnung des Vortragenden Legationsrats Weber vom 10. März 1965; Büro Staatssekretär, Bd. 390.
[4] Vgl. dazu den Artikel „Bonn richtet sich auf eine kleinere Rheinarmee ein"; FRANKFURTER ALLGEMEINE ZEITUNG, Nr. 51 vom 2. März 1965, S 1. Vgl. ferner den Artikel von Heinz Höpfli: „Wilson in Bonn"; FRANKFURTER ALLGEMEINE ZEITUNG, Nr. 55 vom 6. März 1965, S. 1.
[5] An dieser Stelle wurde von Staatssekretär Carstens gestrichen: „sowohl in Berlin wie Bonn mit erfreulich starken Formulierungen".
[6] Vgl. dazu die Ausführungen des britischen Premierministers bei der offiziellen Begrüßung in Bonn am 8. März 1965; BULLETIN 1965, S. 326.
[7] An dieser Stelle wurde von Staatssekretär Carstens gestrichen: „in jeder Weise".
  Zur britischen Haltung gegenüber einer Deutschland-Erklärung vgl. auch Dok. 116.
[8] An dieser Stelle wurde von Staatssekretär Carstens gestrichen: „Bei der Diskussion über Fragen der europäischen Sicherheit und Abrüstung bekannte er sich zu den Bedingungen, die in jedem Falle eine Verschiebung des Gleichgewichts zu Ungunsten des Westens verhindern müssen."
[9] An dieser Stelle wurde von Staatssekretär Carstens gestrichen: „(insbesondere hinsichtlich des Unterstellungsverhältnisses, der Zahl der Überwasserschiffe, der unzweckmäßigen Zusammenfassung von strategischen und taktischen Atomwaffen)".
  Zum britischen Vorschlag einer ANF vgl. Dok. 20, besonders Anm. 9–12. Für die Stellungnahme der Bundesregierung vom 18. Januar 1965 vgl. Dok. 21.

ihre Tätigkeit auf der Grundlage der bisher erzielten Ergebnisse[10] fortsetzen und dabei ferner[11] britische Vorschläge berücksichtigen sollte.

Die Aussprache über den Stand des Devisenausgleichsabkommens vom Juli 1964[12] gestaltete sich erwartungsgemäß[13] schwierig.[14] Von britischer Seite wurde die bisher ungenügende Auftragsvergebung nach Großbritannien erheblich kritisiert.[15] Voraussichtlich werden im Mai 1965 wieder deutsch-britische Besprechungen[16] hierüber stattfinden.[17]

Die britische Regierung wurde dringend gebeten, von[18] Kreditgewährung mit Zahlungszielen an die SBZ abzusehen[19], weil dadurch der SBZ eine gefährliche Handelsfreiheit (z.B. Kreditgewährung an die VAR) ermöglicht und der auch politisch bedeutsame Interzonenhandel ausgehöhlt wird.[20]

Besonderen Wert legte der Premierminister[21] darauf, daß auch unsererseits die Notwendigkeit anerkannt werde, die Leitwährungen stabil zu halten und in Krisenfällen gemeinsame Bemühungen der interessierten Länder hierfür vorzusehen.

---

[10] Zum Stand der Planungen in der MLF-Arbeitsgruppe vgl. Dok. 102.

[11] Dieses Wort wurde von Staatssekretär Carstens handschriftlich eingefügt. Dafür wurde gestrichen: „die".

[12] Zum deutsch-britischen Devisenausgleichsabkommen vom 27. Juli 1964 vgl. Dok. 13, Anm. 16.

[13] An dieser Stelle wurde von Staatssekretär Carstens gestrichen: „etwas".

[14] Zu den Gesprächen über den Devisenausgleich hielt Vortragender Legationsrat I. Klasse Neumann am 15. März 1965 fest, die britische Regierung habe eine „direkte Budgethilfe, nämlich [einen] Ersatz der ‚Local costs der Rheinarmee' (50 bis 60 Mio. £ pro Jahr, spez[iell] für Gehälter und Löhne deutscher Angestellter und Arbeiter) aus dem Bundeshaushalt angestrebt". Dies habe die Bundesregierung abgelehnt. Zudem habe „der Eindruck bestanden, daß der Labour-Regierung aus innerpolitischen Gründen eher daran läge, daß das jetzige von der konservativen Regierung ausgehandelte Abkommen, das Wilson mehrfach als ‚dirty work' bezeichnet habe, nicht erfüllt würde". Demgegenüber sollte von deutscher Seite „alles getan werden, um eine weitgehende Abkommenserfüllung zu erreichen und – auch vor der Weltöffentlichkeit – den ‚schwarzen Peter' der britischen Seite zuschieben zu können". Vgl. VS-Bd. 5112 (III A 5); B 150, Aktenkopien 1965.

[15] An dieser Stelle wurde von Staatssekretär Carstens gestrichen: „Deutscherseits wurden die bisherigen Anstrengungen und der vorhandene gute Wille entgegengehalten, mit dem auch in Zukunft alles unternommen wird, um der Erfüllung des Abkommens näherzukommen."

[16] Gegenstand der Besprechungen sollte der „von deutscher Seite vorgeschlagene 500 Mio. DM-Kredit (davon 250 Mio. DM aus dem eingefrorenen Londoner Rüstungskonto)" sein. „Mit dem so geschaffenen Kreditplafond von 500 Mio. DM würde man vielleicht auf 700 bis 750 Mio. DM britischer Aufträge (mit barer Bezahlung), also noch nicht an die 800 Mio. DM-Grenze (für Inanspruchnahme des eingefrorenen Rüstungskontos) herankommen. Daher sei an die Bundesbank die Frage zu richten, ob sie nach dem 31. März 1966 fällige Zahlungen bevorschussen könnte, um sie noch vor diesem Termin nach England zu transferieren." Vgl. die Aufzeichnung des Vortragenden Legationsrats I. Klasse Neumann vom 15. März 1965; VS-Bd. 5112 (III A 5); B 150, Aktenkopien 1965.
Zu den deutsch-britischen Beratungen über einen Zahlungsausgleich vgl. weiter Dok. 230.

[17] An dieser Stelle wurde von Staatssekretär Carstens gestrichen: „(Siehe Kommuniqué)".

[18] An dieser Stelle wurde von Staatssekretär Carstens gestrichen: „der".

[19] Vgl. dazu Dok. 116.

[20] An dieser Stelle wurde von Staatssekretär Carstens gestrichen: „Premierminister Wilson ließ deutlich erkennen, daß ihm an engeren Kontakten und an einer ‚funktionalen Cooperation' (auch bilateral) zwischen der EWG und EFTA viel gelegen sei."

[21] An dieser Stelle wurde von Staatssekretär Carstens gestrichen: „ferner".

In einer Pressekonferenz²² erklärte der Premierminister, daß die britische Regierung die am 7. März getroffenen Entscheidungen der Bundesregierung in ihrer Haltung gegenüber der VAR und Israel²³ begrüße.²⁴

Im übrigen verweise ich auf das Schlußkommuniqué.²⁵

Carstens²⁶

VS-Bd. 2454 (I A 5)

123

Aufzeichnung des Ministerialdirektors Sachs

III A 6-80.00/2-94-363/65 VS-vertraulich 10. März 1965¹

Betr.: Kreditpolitik gegenüber dem Ostblock²;
hier: Besprechung bei dem Herrn Bundeskanzler am 10. März 1965

I. Im vergangenen Jahr hat Großbritannien die Reihe der westlichen Industriestaaten, die sich nicht mehr an die Regeln der Berner Union³ halten, eröffnet. Nachdem Großbritannien im Jahre 1961 gegenüber der Sowjetunion die Bereitschaft erklärt hatte, Kredite für Liefergeschäfte in einer Größenordnung bis zu 100 Mio. Pfund mit einer Laufzeit bis zu 12 Jahren staatlich abzusichern⁴, ist erstmals im September 1964 zwischen einem britischen Konsortium und der zuständigen sowjetischen Außenhandelsorganisation ein Kontrakt im Werte von rund 30 Mio. Pfund mit einer Kreditlaufzeit von 12 Jahren abgeschlossen worden.⁵ Hieran schlossen sich weitere Geschäfte dieser Art

---

²² Vgl. den Artikel „Höhere Zahlungen der Bundesrepublik für die Rheinarmee"; FRANKFURTER ALLGEMEINE ZEITUNG, Nr. 58 vom 10. März 1965, S. 1 und 4.
²³ Zur Erklärung der Bundesregierung vom 7. März 1965 vgl. Dok. 115, besonders Anm. 7 und 10.
²⁴ Dieser Satz wurde von Staatssekretär Carstens handschriftlich eingefügt. Dafür wurde gestrichen: „Wie am Schluß des Kommuniqués erwähnt, hat der Herr Bundeskanzler die Einladung von Premierminister Wilson für einen Besuch in London angenommen. Er hat aber mündlich hinzugefügt, daß es ihm fraglich erschiene, ob er in den nächsten Monaten hier abkömmlich sein würde."
²⁵ Für den Wortlaut des Kommuniqués vom 9. März 1965 vgl. BULLETIN 1965, S. 333 f.
²⁶ Paraphe vom 10. März 1965.

¹ Die Aufzeichnung wurde vom Vortragenden Legationsrat I. Klasse Klarenaar konzipiert.
² Vgl. dazu auch Dok. 66.
³ Vgl. dazu Dok. 66, Anm. 3.
⁴ Vgl. dazu Dok. 95, Anm. 5.
⁵ Zum Abkommen vom 7. September 1964 vgl. den Schriftbericht Nr. 1679 des Gesandten Freiherr von Ungern-Sternberg vom 9. September 1964; Referat III A 6, Bd. 288.
Dazu hielt Referat III A 6 am 15. September 1964 fest: „Unter Ausnutzung des in Großbritannien bereitgestellten Plafonds hat das britische Firmenkonsortium Polyspinners unlängst mit der UdSSR einen Kontrakt über die Lieferung einer Kunstfaserfabrik im Werte von 30 Mio. £ abgeschlossen, von denen 24 Mio. £ auf 15 Jahre kreditiert und staatlich abgesichert worden sind."
Vgl. Referat III A 6, Bd. 232a.

an.⁶ Dem britischen Beispiel ist Frankreich gefolgt, als die französische Regierung während der französisch-sowjetischen Wirtschaftsverhandlungen im Herbst 1964 ihre Bereitschaft erklärte, Kredite in einer Größenordnung von 350 Mio. Dollar mit einer Laufzeit bis zu 7 Jahren abzusichern.⁷ Auch hat die italienische Regierung in jüngster Zeit ihre Bereitschaft erklärt, Kredite, die von zwei italienischen Banken der sowjetischen Außenhandelsbank in Höhe von 40 Mrd. Lire = 260 Mio. DM mit einer Laufzeit bis zu 7 Jahren zugesagt wurden, abzusichern.⁸ Schließlich hat die niederländische Regierung Anfang März d.J. beschlossen, Kredite an Ostblockstaaten bis zu 10 Jahren abzusichern, wobei sie zwischen unterentwickelten Ostblockländern und den anderen Ostblockstaaten unterscheidet. Danach können Kredite an die sogenannten unterentwickelten Ostblockländer ohne Vorliegen eines ausländischen Konkurrenzangebots abgesichert werden, wenn das in Rede stehende Geschäft für die niederländische Industrie und den betroffenen Ostblockstaat von Bedeutung ist; Kredite an die anderen Ostblockstaaten können nur bei Vorliegen eines ausländischen Konkurrenzangebots bis zu 10 Jahren abgesichert werden (matching). Diesem Beschluß hat sich die belgische Regierung angeschlossen. Abgesehen hiervon haben bereits verschiedene EWG-Staaten in Einzelfällen Kredite an ost- oder südosteuropäische Staaten bis zu 10 Jahren in Deckung genommen.

II. Mit Rücksicht auf diese Entwicklung hat die deutsche Regierung in der Ministerratssitzung der EWG vom 2. März den Versuch unternommen, die Regierungen der EWG-Staaten auf eine einheitliche Linie der Kreditpolitik im Rahmen der Regeln der Berner Union zu einigen. In diesem Sinne hat Herr Minister Schmücker vorgeschlagen, eine Vereinbarung folgenden Inhalts vorzusehen:

1) Zahlungsziele bei Liefergeschäften an die Sowjetunion sollten mit entsprechender staatlicher Absicherung mit einer Laufzeit bis zu 5 Jahren, im Falle des matching bis zu 7 Jahren eingeräumt werden.

---

⁶ Am 5. November 1964 teilte Ministerialdirektor Sachs den Botschaften in Moskau und London mit, daß das „Exports Credits Guarantee Department" (ECGD) am Vortag die Garantie für die Lieferung einer Essigsäurefabrik in die UdSSR im Wert von 4,7 Mio. Pfund Sterling übernommen habe, „wovon 80% mit Laufzeit von 10 Jahren nach Abschluß der Montage kreditiert werden". Vgl. Referat III A 6, Bd. 288.
Am 23. Dezember 1964 hielt Vortragender Legationsrat I. Klasse Klarenaar eine Mitteilung der Wirtschaftsabteilung der britischen Botschaft fest, „daß gestern in London zwei weitere Kontrakte zwischen der F[irm]a Polyspinners und der sowjetischen Außenhandelsorganisation ‚Techmaschimport'" über die Lieferung zweier Anlagen zur Herstellung von Paraxylen bzw. Dimethyltheraphtalat abgeschlossen worden seien, die von der ECGD „zu 80% der Kaufpreissumme abgesichert" würden. Vgl. Referat III A 6, Bd. 288.
⁷ Zum französisch-sowjetischen Handelsabkommen vom 30. Oktober 1964 vgl. EUROPA-ARCHIV 1964, Z 232.
Vgl. auch den Drahtbericht Nr. 1701 des Botschafters Klaiber, Paris, vom 30. Oktober 1964; Referat III A 6, Bd. 290.
⁸ Über das Abkommen vom 4. Februar 1965 des Instituto Mobiliare Italiano sowie der Medio Banca mit der sowjetischen Außenhandelsbank teilte der italienische Handelsrat Ziglioli am 8. Februar 1965 mit, es sehe einen Plafond von „30 Mrd. Lire für die Lieferung von petrochemischen Anlagen und 10 Mrd. Lire für die Lieferung von Schiffen" vor. Vgl. die Aufzeichnung des Legationsrats Bütow vom 12. Februar 1965; Referat III A 6, Bd. 288.

10. März 1965: Aufzeichnung von Sachs 123

2) Zahlungsziele bei Liefergeschäften an die übrigen Ostblockstaaten sollten mit einer Laufzeit bis zu 5 Jahren, im Falle des matching bis zu 7 Jahren, äußerstenfalls 8 Jahren eingeräumt werden.

3) Bei Liefergeschäften an die asiatischen kommunistischen Länder soll nicht über Zahlungsziele bis zu 5 Jahren bei entsprechender staatlicher Absicherung hinausgegangen werden.[9]

Eine Einigung über den deutschen Vorschlag konnte nicht erzielt werden. Wohl unter dem Eindruck der Einwendungen des französischen Vertreters[10] wurde der deutsche Vorschlag zur Prüfung an die Ständigen Vertreter zurückverwiesen.[11] In diesem Zusammenhang bemerkte der französische Vertreter, daß die Prüfung des Vorschlags sicherlich nicht sehr schnell vonstatten gehen werde (Einzelheiten siehe beiliegender Drahtbericht Nr. 398 vom 3. März 1965 aus Brüssel).[12]

Bereits am folgenden Tage gab der deutsche Sprecher in der Sitzung der Ständigen Vertreter die Erklärung ab, die Ausführungen von Herrn Minister Schmücker am 2. März 1965 seien dahin zu verstehen, daß die deutsche Regierung sich bis zu einer abschließenden Einigung unter den EWG-Staaten in der Frage der Kreditpolitik volle Handlungsfreiheit vorbehalte.

III. Inzwischen ist eine Neuregelung der Frage der Kreditpolitik für Deutschland immer dringlicher geworden, nachdem verschiedene Geschäfte für Großanlagen[13] die Absicherung mit Kreditfristen über 5 Jahre hinaus erfordern. Es handelt sich hierbei um folgende Projekte:

1) Bau einer petrochemischen Anlage in der Sowjetunion im Werte von rd. 600 Mio. DM durch ein deutsches Konsortium unter Leitung der Salzgitter Industriebau GmbH, wofür die Sowjets die Einräumung von Zahlungszielen von 7 Jahren verlangen.[14]

---

[9] Für einen Entwurf zur Erklärung des Bundesministers Schmücker auf der EWG-Ministerratstagung vom 1./2. März 1965 vgl. Referat I A 2, Bd. 1290.

[10] Frankreich war durch Außenminister Couve de Murville und den Staatssekretär im französischen Außenministerium, Habib Deloncle, vertreten.

[11] Der offiziellen Pressemitteilung vom 2. März 1965 zufolge prüfte der EWG-Ministerrat „die Fragen im Zusammenhang mit den Handelsbeziehungen zwischen der Gemeinschaft und den Staatshandelsländern. Nach diesem ersten Gedankenaustausch beauftragte er den Ausschuß der Ständigen Vertreter, die Prüfung dieser Fragen insbesondere im Lichte der Erklärungen der einzelnen Delegationen fortzusetzen." Vgl. Referat I A 2, Bd. 1291.

[12] Dem Vorgang nicht beigefügt.

[13] Dieses Wort wurde von Bundesminister Schröder unterschlängelt.

[14] Zu diesem Projekt vgl. AAPD 1963, III, Dok. 444.
Am 22. Februar 1965 setzte die Salzgitter Industriebau GmbH Bundesminister Schröder davon in Kenntnis, daß sie beim Bundesminister für Wirtschaft einen Antrag auf „mittelfristige Finanzierung des UdSSR-Petrochemie-Projektes" gestellt habe. Vgl. Referat III A 6, Bd. 198.
Dazu vermerkte Ministerialdirektor Sachs am 5. März 1965: „Im vorliegenden Fall handelt es sich um den Antrag auf Absicherung des Geschäfts über die Lieferung einer petrochemischen Anlage nach der Sowjetunion für eine Kreditlaufzeit von 7 Jahren, ohne daß ein Konkurrenzangebot einer ausländischen Firma vorläge (Matching). Wenn auch der in Rede stehende Antrag nicht den Regeln der Berner Union entspricht, so sollte im Interesse unserer Beziehungen zur Sowjetunion wie auch der deutschen Industrie gleichwohl eine wohlwollende Haltung eingenommen werden, zumal mit einer Einigung innerhalb der EWG, zu einer Absprache über die Laufzeit

497

2) Lieferung eines Dieselmotorenwerks nach Ungarn im Werte von rd. 195 Mio. DM durch die Salzgitter Industriebau GmbH, wofür in Anbetracht der Konkurrenz westeuropäischer Firmen, die alle über 5 Jahre hinausgehende Kredite anbieten, vermutlich auf der Basis von 7 oder 8 Jahren weiterverhandelt werden muß.[15]

3) Lieferung eines Stahlwerks nach Galatz[16], Rumänien, im Werte von rd. 62 Mio. DM mit Zusatzaufträgen von weiteren rd. 20 Mio. DM durch die Gutehoffnungshütte, worüber auf der Basis einer Kreditfrist von 8 Jahren verhandelt wird.[17]

IV. In der Sitzung der Staatssekretäre für Europafragen am 8. März d.J.[18] hat deshalb Herr Staatssekretär Lahr folgende Vorschläge für die deutsche Haltung in der Frage der Kreditpolitik gemacht:

1) Zahlungsziele bei Liefergeschäften an die Sowjetunion sollten mit entsprechender Absicherung durch den Hermes-Ausschuß[19] mit einer Laufzeit bis zu 5 Jahren generell, im Falle des matching bis zu 10 Jahren eingeräumt werden.

2) Zahlungsziele bei Liefergeschäften an die übrigen Ostblockstaaten sollten mit einer Laufzeit bis zu 5 Jahren generell und
a) im Falle des matching oder
b) bei Vorliegen eines besonderen politischen oder wirtschaftlichen Bedürfnisses
bis zu 10 Jahren abgesichert werden.

Hiergegen scheinen sich jedoch erhebliche Widerstände abzuzeichnen, weil die Erstreckung der Kreditfristen bis zu 10 Jahren einen allzu großen Bruch mit der bisherigen Praxis[20] darstellte.

Fortsetzung Fußnote von Seite 497
der Kreditfristen nach der Berner Union zu kommen, kaum zu rechnen ist." Vgl. Referat III A 6, Bd. 198.

[15] Zu den Lieferungen für das Dieselmotorenwerk Fyör hielt Legationsrat I. Klasse Handke am 23. März 1965 nach einer Sitzung des Ausfuhr-Garantie-Ausschusses fest, der Antrag habe wegen der Vorbehalte des Bundesministeriums der Finanzen zurückgestellt werden müssen. Ohnehin müsse das Geschäft, „da Salzgitter nunmehr im Rahmen der neuen Bestimmungen eine Kreditfrist von 8 Jahren beantragt", vor den Direktoren-Ausschuß. Vgl. Referat III A 6, Bd. 232a.

[16] An dieser Stelle wurde von Bundesminister Schröder handschriftlich eingefügt: „II". Dazu handschriftliche Bemerkung: „1/2 Anteil."

[17] Dazu handschriftliche Bemerkungen des Bundesministers Schröder: „Krupp und G[ute]H[offnungs]H[ütte]." „Bulgarien 120 Mio. 5 Jahre." „Craiova 250 Mio. (Mannesmann 97 Mio.)."

[18] In der Sitzung des Staatssekretärausschusses für Europafragen vom 8. März 1965 „bestand Einvernehmen, daß nach dem Ergebnis der Behandlung dieser Frage im Brüsseler Ministerrat die Bundesregierung die Handlungsfreiheit in diesem Bereich behalten habe und daß möglichst schnell eine Entscheidung der Bundesregierung herbeigeführt werden solle." Für das Protokoll vom 6. April 1965 vgl. Referat I A 2, Bd. 1165.

[19] Im Auftrag der Bundesregierung übernahm die Hermes-Kreditversicherungs-AG bei Ausfuhrgeschäften deutscher Unternehmer mit privaten Auslandsabnehmern bzw. bei ausländischen Regierungsaufträgen die Garantien bzw. die Bürgschaft im Falle besonderer politischer und wirtschaftlicher Risiken.

[20] Am 3. September 1964 informierte Vortragender Legationsrat I. Klasse Klarenaar die diplomatischen sowie die Handelsvertretungen über die geltenden Zahlungsbedingungen für Ostblock-Geschäfte: „Nach § 7 A[ußen]W[irtschafts]V[erordnung] bedürfen Ausfuhrverträge mit Ostblockländern der Genehmigung, wenn nicht die Zahlung des Entgelts vor Lieferung der Ware oder die Stellung eines unwiderruflichen, bei Lieferung fälligen Akkreditivs oder die Klausel ‚Kasse gegen

Mit Rücksicht auf diese Schwierigkeiten möchte ich für die Behandlung der Angelegenheit, falls sich in der Besprechung bei dem Herrn Bundeskanzler über die Vorschläge von Herrn Staatssekretär Lahr keine Einigung erzielen läßt, als versuchsweise Lösung für eine Probezeit von 3 bis 6 Monaten[21] folgendes vorschlagen:

1) bei Liefergeschäften an die Sowjetunion Kredite bis zu 5 Jahren generell, im Falle des matching bis zu 7 Jahren,

2) bei Liefergeschäften an die übrigen Ostblockstaaten Kredite bis zu 5 Jahren generell und
a) im Falle des matching oder
b) bei Vorliegen eines besonderen politischen oder wirtschaftlichen Bedürfnisses
bis äußerstenfalls 8 Jahren,

3) bei Liefergeschäften an die asiatischen kommunistischen Länder Kredite bis zu 5 Jahren.

Für den Fall, daß sich in den nächsten Monaten herausstellen sollte, daß die deutschen Firmen bei diesen Bedingungen nicht zum Zuge kommen, sollte eine Revision der Entscheidung[22] offengehalten werden.

Hiermit über den Herrn Staatssekretär dem Herrn Minister[23] mit der Bitte um Kenntnisnahme vorgelegt.

Sachs

VS-Bd. 8357 (III A 6)

Fortsetzung Fußnote von Seite 498

Dokumente' vereinbart wird. Die Genehmigung anderer Zahlungsziele erfolgte durch die obersten Landeswirtschaftsbehörden, die sich bisher jeweils darüber mit dem Bundeswirtschaftsministerium abstimmen mußten, sofern Zahlungsziele über 180 Tage gewährt werden sollten. Diese Frist ist nunmehr durch eine Vereinbarung der beteiligten Ressorts bis zu 5 Jahren ausgedehnt worden. Die obige Neuregelung hat jedoch keine Änderung in der Frage der Absicherung der Kredite durch die Hermes-Exportkreditversicherungs AG zur Folge, so daß Kredite an den Ostblock, ausgenommen Polen, Ungarn, Rumänien und Bulgarien, nicht in Deckung genommen werden." Vgl. Referat III A 6, Bd. 232a.

21 Die Wörter „Probezeit von 3 bis 6 Monaten" wurden von Bundesminister Schröder unterschlängelt.

22 Zum Ergebnis der von Bundeskanzler Erhard geleiteten Ressortbesprechung vom 10. März 1965 über Ostblock-Kredite hielt Ministerialdirektor Sachs am 11. März 1965 für Staatssekretär Lahr fest: „Die generelle Frist für Kredite an Länder des Ostblocks beträgt maximal 5 Jahre. In matching-Fällen können Kredite bis zu 8 Jahren gewährt werden unter Beurteilung der einzelnen Projekte und unter Berücksichtigung der allgemeinen wirtschaftlichen und politischen Gegebenheiten. Vorstehende Formulierung wurde gewählt, weil man eine öffentliche Differenzierung zwischen den einzelnen Ländergruppen vermeiden wollte. Intern soll im allgemeinen nach folgenden Richtlinien verfahren werden: Sowjetunion – bis zu 7 Jahren; osteuropäische Satellitenstaaten – bis zu maximal 8 Jahren; China und andere kommunistische ostasiatische Länder – bis zu maximal 5 Jahren. Unserem Petitum, in wichtigen Sonderfällen auch ohne matching eine Möglichkeit der Kreditausdehnung an osteuropäische Satellitenländer bis zu 8 Jahren vorzusehen, ist in dieser Form nicht formell entsprochen worden. Immerhin bestand Einverständnis, daß auch solche Geschäfte, falls ein besonderes wirtschaftliches und politisches Interesse vorliege, eingehend mit der Möglichkeit der Erleichterung geprüft werden sollen. [...] Eine Aussicht, sich auf der Basis von maximal 10-jährigen Kreditfristen für Garantien zu einigen, bestand in der Besprechung beim Herrn Bundeskanzler nicht." Vgl. VS-Bd. 8357 (III A 6); B 150, Aktenkopien 1965.

23 Hat Bundesminister Schröder am 10. März 1965 vorgelegen.

124

Botschafter Graf von Spreti, Amman, an das Auswärtige Amt

Z B 6-1-2398/65 geheim Aufgabe: 10. März 1965, 17.10 Uhr[1]
Fernschreiben Nr. 41 Ankunft: 10. März 1965, 19.32 Uhr
Citissime

Auf Plurex 1088 vom 7.3.[2]

1) König empfing mich heute zu Erläuterung Erklärung vom 7.[3], zeigte sich über Entwicklung nach wie vor besorgt[4] und erklärte, diplomatische Beziehungen zur SBZ kämen auf keinen Fall in Frage. Meine Darstellung, wie VAR und andere arabische Staaten durch Zulassung SBZ-Vertretungen Interessen Deutschlands geschadet hätten, bevor es zu Waffenlieferungen an Israel[5] gekommen sei, beeindruckten König, der Material darüber erbat.

König bemerkte, Kommuniqué gestriger Vertreter-Konferenz in Kairo[6] gefalle ihm nicht, doch erwarte er noch Bericht über Einzelheiten. Von möglicher Gipfelkonferenz[7] halte er nicht viel, da Offenlegung Meinungsverschiedenheiten zu befürchten sei.

2) Zuvor hatte mich Premierminister Tell zu Unterredung gebeten und erklärt:

a) Botschafter Juma sei zur Berichterstattung nach Amman und Teilnahme an arabischer Außenministerkonferenz am 14.[8] gerufen. Ich bat, Juma, der in Bonn sehr angesehen und dort von Wichtigkeit sei, nicht zu lange von seinem Posten fernzuhalten.

b) Jordanien werde keine diplomatischen Beziehungen zur SBZ aufnehmen, selbst wenn – wie Premierminister verschmitzt hinzufügte – keine Beziehungen zwischen Königreich und Bundesrepublik bestünden.

c) Mit Rücksicht auf arabische Propaganda sollten zur Unterzeichnung anstehende Abkommen vorläufig zurückgestellt werden.[9] In besonders dringlichen Fällen könne man sich vorläufig auf Briefaustausch beschränken.

---

[1] Hat Bundesminister Schröder vorgelegen.
[2] Am 7. März 1965 informierte Staatssekretär Carstens über sein Gespräch mit dem ägyptischen Botschafter Mansour vom selben Tag und wies die Botschaften an, der Regierung des jeweiligen Gastlandes die Erklärung der Bundesregierung vom 7. März 1965 zu erläutern. Vgl. Ministerbüro, Bd. 220.
[3] Vgl. dazu Dok. 115, besonders Anm. 7 und 10.
[4] Zur Haltung des Königs Hussein II. in der Nahost-Krise vgl. bereits Dok. 78.
[5] Zu den Waffenlieferungen an Israel vgl. Dok. 39.
[6] Zur Konferenz vom 9. März 1965 vgl. Dok. 119, Anm. 5.
[7] Eine Konferenz des Regierungschefs der Arabischen Liga fand vom 26. bis 30. Mai 1965 in Kairo statt. Vgl. dazu EUROPA-ARCHIV 1965, Z 123.
[8] Zur Konferenz der Außenminister der Arabischen Liga am 14./15. März 1965 in Kairo vgl. Dok. 129.
[9] Geplant war die Unterzeichnung eines Kapitalhilfeabkommens. Vgl. dazu weiter Dok. 192.

d) Er möchte als Araber Bundesregierung freundschaftlichen Rat erteilen, bei Errichtung diplomatischer Beziehungen zu Israel langsam vorzugehen; dadurch würden arabische Gefühle geschont.

3) Gewann bei beiden Gesprächen Überzeugung, daß Jordanien ehrlich um Aufrechterhaltung Freundschaft mit BRD bemüht. Dabei gewisse Ratlosigkeit, da noch nicht zu übersehen, welche gesamt-arabischen Maßnahmen vorgeschlagen werden und inwieweit sich Königreich möglichem Zwang zu solidarischem Verhalten entziehen kann.[10]

[gez.] Spreti

VS-Bd. 8448 (Ministerbüro)

125

Gespräch des Bundesministers Schröder mit dem amerikanischen Botschafter McGhee

Z A 5-37.A/65 geheim   11. März 1965[1]

Der Herr Bundesminister des Auswärtigen empfing am 11. März 1965 um 17.00 Uhr den amerikanischen Botschafter, Herrn McGhee, zu einem Gespräch, an dem Staatssekretär Professor Carstens teilnahm.

Der *Botschafter* bemerkte einleitend, Außenminister Rusk sei mit Herrn Blaustein zusammengetroffen. Das Gespräch habe Fragen der Wiedergutmachung gegolten, und die amerikanische Regierung sei weiterhin an dieser Frage und ihrer abschließenden Behandlung in diesem Jahre[2] interessiert.

Der Botschafter berichtete sodann über die von amerikanischer Seite im Nahen Osten unternommenen Schritte, wobei er betonte, daß die amerikanische Regierung nicht allzu viele Ansatzpunkte habe. Am 10. März seien an alle amerikanischen Botschafter in arabischen Ländern Weisungen gegangen, wonach sie bei den jeweiligen Regierungen im Zusammenhang mit der Erklärung des Bundeskanzlers vom vergangenen Sonntag[3] auf Mäßigung drängen sollten.[4] Sie sollten ferner die einzelnen Regierungen darauf hinweisen, wie gefährlich es wäre, wenn der kommunistische Einfluß, sei es Moskaus, sei es Pankows, in diesem Gebiet erhöht würde. Außerdem sei auf die Vorteile zu verweisen, die sich für die arabischen Länder aus guten und engen Beziehungen mit der Bundesrepublik ergäben. Eine verstärkte Einflußnahme der Kom-

---

[10] Vgl. weiter Dok. 134.
[1] Die Gesprächsaufzeichnung wurde vom Vortragenden Legationsrat Weber am 12. März 1965 gefertigt.
[2] Zur abschließenden Wiedergutmachungsregelung vgl. Dok. 10, Anm. 10.
[3] Zur Erklärung vom 7. März 1965 vgl. Dok. 115, besonders Anm. 7 und 10.
[4] Zur Bitte der Bundesregierung an die Westmächte, ihre Position in den arabischen Staaten zu unterstützen, vgl. auch Dok. 112.

munisten durch ein Vordringen der DDR könnte dazu führen, daß der Nahe Osten in zwei Lager des kalten Krieges aufgespalten würde, was alle Seiten vermieden zu sehen wünschten.

Der Botschafter gab sodann einen kurzen Überblick über die Reaktionen der einzelnen arabischen Staaten, wie sie von den amerikanischen Vertretungen berichtet worden seien.

Der Herr *Bundesminister* bemerkte, daß sich diese Darstellung weitgehend mit den eigenen Informationen decke.[5]

Der *Botschafter* bemerkte weiter, daß auch Staatssekretär Ball einzelne Botschafter der arabischen Länder empfangen habe, um ihnen den amerikanischen Standpunkt darzulegen.

Der Herr *Bundesminister* dankte für die von der amerikanischen Regierung in deutschem Interesse unternommenen Schritte, die man zu würdigen wisse.

Seit vergangenem Sonntag stelle sich die Frage zum Teil anders, zum Teil schwieriger dar. Die Ankündigung der Entscheidung, diplomatische Beziehungen mit Israel anzustreben, habe notwendigerweise zu einer starken Reaktion der arabischen Welt führen müssen. Mit dieser Reaktion werde man im weiteren zu tun haben. Eine konsequente Einwirkung auf die arabische Welt sei nur dann möglich, wenn hinsichtlich der künftigen deutsch-israelischen Beziehungen klarer Wein eingeschenkt werden könne. Dies gelte insbesondere für zwei Fragen: erstens die Frage der noch nicht abgewickelten Lieferungen und zweitens die Frage, was in Zukunft zwischen Deutschland und Israel geschehen werde. Wenn es gelinge, in diesen beiden Fragen etwas Offenes und Adäquates sagen zu können, dürfte es auch möglich sein, den Schaden zu begrenzen.

Für die Erzielung eines günstigen Ergebnisses sei aber amerikanische Unterstützung und Mitwirkung von entscheidender Bedeutung.

Herr Birrenbach habe nach seiner Rückkehr aus Israel[6] gestern und am heutigen Tage Bericht erstattet. Der Herr Minister sagte, er wolle einen groben Überblick über den Stand der Dinge geben, wobei seine Äußerungen nicht so sehr für ein Telegramm nach Washington als für die persönliche Unterrichtung des Botschafters bestimmt seien. Die israelischen Vorstellungen über die noch nicht abgewickelten Lieferungen seien wie folgt: Bezüglich der Panzer dächten die Israelis an zwei Möglichkeiten. Entweder würden 90 in Deutschland befindliche Panzer den Amerikanern zum Zwecke des Transports nach Israel übergeben, oder die Israelis würden die gleiche Anzahl Panzer von den Vereinigten Staaten zu Lasten der Bezüge bekommen, die die Bundesrepublik aus den USA erhalte, das heißt Israel würde 90 Panzer von den Amerikanern erhalten, die für Deutschland bestimmt gewesen seien.

Sodann handle es sich noch um folgendes[7]: zwei britische U-Boote, von denen das eine bereits übergeben worden sei, das andere bald übergeben werden könne. In diesem Zusammenhang böten sich keine besonderen Schwierigkeiten.

---

[5] Vgl. dazu Dok. 119.

[6] Zu den Verhandlungen des Sonderbeauftragten vom 7. bis 10. März 1965 in Israel vgl. Dok. 120.

[7] Zu den Verhandlungen über die Ablösung der Waffenlieferungen an Israel vgl. weiter Dok. 132.

Weiter sollten sechs auf deutschen Schiffswerften gebaute Schnellboote geliefert werden.[8] Deutscherseits glaube man, daß diese Boote nicht geliefert werden könnten.

Ferner handle es sich um 36 alte Haubitzen, die derzeit von der Bundeswehr benutzt würden. Auch hier halte man eine Lieferung nicht für möglich.[9]

Sodann drehe es sich um drei Flugzeuge vom Typ Do 28, hier dürften keine Schwierigkeiten bestehen, da man diese Flugzeuge als private Flugzeuge behandeln könnte.[10]

Die Israelis dächten weiter an eine Dauerzusage für die Zukunft betreffend gewisse Lieferungen, wobei es sich sowohl um Sachlieferungen wie um finanzielle Beiträge für die israelische Waffenbeschaffung handeln sollte. Der Herr Bundesminister betonte, daß dies nicht in Frage komme.[11]

Sodann seien die Israelis interessiert an einer Regelung der Verjährung[12] und der Frage der deutschen Techniker in Ägypten.[13]

Schließlich, was die diplomatischen Beziehungen angehe, könnte darüber nach israelischer Ansicht auf diplomatischem Wege verhandelt werden.[14]

Wie der Herr Bundesminister bemerkte, ergebe sich aus der Reihenfolge, daß die Panzer an erster Stelle stünden.

Während des Aufenthalts von Herrn Birrenbach in Israel sei auch Mr. Comer dort gewesen, doch hätten sich die beiden Herren nicht getroffen. Deutscherseits habe man gehört, Herr Comer habe von Jerusalem aus Verbindung mit Washington gehabt, und angeblich sei Washington bereit, die 90 Panzer zur Verfügung zu stellen. Es handle sich um Panzer vom Typ M 48 A II C.[15]

---

[8] Nach einem Telefongespräch mit dem Sonderbeauftragten Birrenbach, z.Z. Tel Aviv, am 8. März 1965 hielt Staatssekretär Carstens am 9. März 1965 fest, die israelischen Verhandlungspartner hätten sich auf den Standpunkt gestellt: „Die Schnellboote sollten weiter geliefert werden, da wir auch an Indonesien bewaffnete Schnellboote geliefert haben." Vgl. VS-Bd. 423 (Büro Staatssekretär); B 150, Aktenkopien 1965.
Zu den Schwierigkeiten bei der Ablösung der Schnellboot-Lieferungen vgl. Dok. 132, besonders Anm. 19 und 20.

[9] Die israelische Seite argumentierte in den Verhandlungen mit dem Sonderbeauftragten Birrenbach, z.Z. Tel Aviv, die Haubitzen seien „obsolet. Auch sie sind im Grund bedeutungslos und sollten daher geliefert werden." Vgl. den Vermerk des Staatssekretärs Carstens vom 9. März 1965 über ein Telefongespräch mit Birrenbach am 8. März 1965; VS-Bd. 423 (Büro Staatssekretär); B 150, Aktenkopien 1965.

[10] Vgl. dazu Dok. 132, Anm. 22.

[11] Vgl. dazu Dok. 132, Anm. 32.

[12] Vgl. dazu bereits Dok. 53 und weiter Dok. 133.

[13] Zur Tätigkeit deutscher Rüstungsexperten in der VAR vgl. Dok. 1, Anm. 10. Zur deutschen Verhandlungsposition in dieser Frage vgl. Dok. 133, Anm. 11.

[14] Vgl. dazu Dok. 120, Anm. 16.

[15] Am 11. März 1965 informierte der Staatssekretär im amerikanischen Außenministerium, Ball, „daß den Israelis bereits gestern abend mitgeteilt worden sei, die amerikanische Regierung sei bereit, sich zu verpflichten, die 90 Panzer vom Typ M 48 II C zu liefern". Vgl. den Drahtbericht Nr. 784 des Botschafters Knappstein, Washington; VS-Bd. 8448 (Ministerbüro); B 150, Aktenkopien 1965.
Knappstein korrigierte diese Information am 12. März 1965 dahingehend, es stehe „noch nicht endgültig fest, welcher Panzertyp von amerikanischer Seite geliefert werden soll". Vgl. den Drahtbericht Nr. 791; VS-Bd. 5124 (III A 4); B 150, Aktenkopien 1965.

Deutscherseits habe man nun folgenden Wunsch an die amerikanische Regierung: Man möchte so bald wie möglich eine klare Erklärung der amerikanischen Regierung darüber, daß die von Herrn Comer angedeutete Bereitschaft zur Lieferung der Panzer der Wirklichkeit entspreche, so daß sich die Bundesregierung tatsächlich darauf verlassen könne, daß die 90 Panzer aus den Vereinigten Staaten nach Israel geliefert würden, vorausgesetzt, daß eine entsprechende Abmachung zwischen den Israelis und den Deutschen über diese Grundlage zustande komme. Deutscherseits wolle man bezüglich dieser Panzer keinerlei finanzielle Verpflichtung gegenüber den Vereinigten Staaten eingehen, vielmehr sollten die Israelis dieses Geschäft unmittelbar mit den Amerikanern abwickeln, das dann von deutscher Seite gegenüber Israel abgedeckt würde. In anderen Worten ausgedrückt, die Israelis würden die 90 Panzer erhalten, die ursprünglich für die Bundesrepublik vorgesehen gewesen seien. Finanzielle Konsequenzen hieraus würden sich nur zwischen den Israelis und den Vereinigten Staaten ergeben, unbeschadet einer Abdeckung, die dann zwischen der Bundesrepublik und Israel erfolgen würde.

Der *Botschafter* wies darauf hin, daß die Bundesrepublik die Panzer bereits gekauft und dafür 12 Millionen Dollar bezahlt habe. Die 150 Panzer seien schon bezahlt.

Der Herr *Bundesminister* betonte, es handle sich nicht um Panzer, die bereits in der Bundesrepublik seien, vielmehr gehe er davon aus, daß 90 Panzer von deutschen Bestellungen abgezweigt werden sollten.[16] Die Israelis würden ihre Zahlungen an die Amerikaner leisten.

Der *Botschafter* fragte, ob daran dann amerikanischerseits die Bedingung geknüpft werden solle, daß die Israelis diplomatische Beziehungen mit der Bundesrepublik aufnähmen.

Der Herr *Bundesminister* bezeichnete dies als eine sehr schwierige Frage. Er gehe davon aus, daß dieser Ablösungsregelung rasch die Aufnahme diplomatischer Beziehungen folgen würde. Die israelische Liste habe mit der Frage der diplomatischen Beziehungen abgeschlossen. Seiner Auffassung nach stünden die beiden Themen in engem Zusammenhang. Der Herr Minister betonte, daß die Amerikaner die Panzer nur nach vorausgegangener deutscher Zustimmung liefern dürften. Die skizzierte Regelung hinsichtlich der Panzer sei nur erträglich, wenn damit der Gesamtkomplex abgelöst werde, wenngleich man auch wisse, daß im Zusammenhang mit den anderen Punkten möglicherweise noch finanzielle Opfer gebracht werden müßten.

Nunmehr müsse aber an die Vereinigten Staaten die Frage gerichtet werden, ob diese Regelung möglich sei, das heißt ob 90 Panzer zur Verfügung stünden, sodann, ob die Amerikaner bereit seien, sie unter den genannten Bedingungen zu liefern, und bejahendenfalls, in welcher Zeit.[17]

---

[16] Am 5. April 1965 bestätigte Staatssekretär Carstens dem amerikanischen Botschafter McGhee jedoch auf dessen Frage, daß die Bundesrepublik auf „volle Durchführung" der Lieferung der bestellten 150 Panzer Wert lege. Vgl. den Drahterlaß Nr. 370 vom 6. April 1965 an die Botschaft in Washington; VS-Bd. 422 (Büro Staatssekretär); B 150, Aktenkopien 1965.
Vgl. dazu weiter Dok. 181, besonders Anm. 2 und 3.

[17] Vgl. dazu weiter Dok. 146, besonders Anm. 4.

Der *Botschafter* sagte, er habe von der Andeutung Mr. Comers nichts gehört. Ebensowenig habe er irgendeine Verlautbarung aus Washington gehört. Bisher hätten die Vereinigten Staaten in Hinblick auf die Aufrechterhaltung des Gleichgewichts im Nahen Osten von unmittelbaren Waffenlieferungen nach Israel abgesehen. Es sei aber denkbar, daß Washington dabei sei, diese Politik zu revidieren.

Der Herr *Bundesminister* sagte, wenn man überhaupt deutscherseits festen Boden unter die Füße bekommen wolle hinsichtlich der derzeitigen und künftigen Beziehungen mit Israel und hinsichtlich vernünftiger Beziehungen mit der arabischen Welt, dann sei es entscheidend, aus den Waffenlieferungen schnell herauszukommen, was nur mit Unterstützung der Vereinigten Staaten geschehen könne. Er glaube deshalb auch, daß die Bitte um solche Unterstützung keine unziemliche Bitte sei, um so weniger, als man aufgrund der ursprünglichen amerikanischen Bitte[18] deutscherseits in die übelste Patsche der Nachkriegszeit, oder wenn er sich einmal nicht so stark ausdrücken wolle, in außerordentlich große Schwierigkeiten geraten sei.

Der *Botschafter* fragte, ob der Herr Minister glaube, daß die israelische Seite die von ihm skizzierte Regelung auch honorieren würde oder ob dazu amerikanischerseits die Lieferung mit einer Bedingung verknüpft werden müsse.

Wie der Herr *Minister* bemerkte, sei die Aufnahme diplomatischer Beziehungen für Israel keine leichte Frage, da die Angelegenheit parlamentarisch auf schwachen Füßen stehe.

Eshkol glaube aber, die Unterstützung des Parlaments für die Aufnahme diplomatischer Beziehungen zu erlangen[19], wenn er dem Parlament eine befriedigende Lösung im Zusammenhang mit den Waffenlieferungen präsentieren könne, sofern nicht neue Schwierigkeiten im Zusammenhang mit anderen von den Israelis gewünschten Punkten aufträten, wie zum Beispiel der Dauerverpflichtung.

Der *Botschafter* ging davon aus, daß diese Regelung nicht publik würde.

Der Herr *Minister* bestätigte diese Auffassung.

Der *Botschafter* bezog sich sodann auf die Alternative, entweder bereits in Deutschland befindliche Panzer durch die Amerikaner nach Israel transportieren zu lassen oder Panzer direkt von den Vereinigten Staaten nach Israel zu liefern.

Der Herr *Minister* erläuterte, daß dies die israelischen Vorstellungen seien, daß aber deutscherseits eine Lieferung von Panzern, die bereits hier seien, nicht in Frage komme.

Der *Botschafter* erkundigte sich sodann, ob deutscherseits von dem Argument Gebrauch gemacht worden sei, daß die Waffenlieferungen eingestellt würden, falls das Abkommen publik würde.[20]

---

[18] Vgl. dazu Dok. 39, Anm. 6.
[19] Vgl. dazu weiter Dok. 132, Anm. 5.
[20] Vgl. dazu auch Dok. 106.

Der Herr *Minister* bejahte diese Frage und wies darauf hin, daß auch Gouverneur Harriman davon gesprochen habe.[21] Die Israelis betrachteten dies aber eher als eine moralische Frage. Mit den Israelis sei darüber nicht gut zu sprechen.

Der *Botschafter* erwähnte, daß die amerikanische Seite mit den Israelis klar darüber gesprochen habe und daß auch Herr Talbot dies der israelischen Seite deutlich gesagt habe.

Der Herr *Staatssekretär* bemerkte, die Israelis behaupteten, die 90 Panzer unbedingt zu benötigen.

Der *Botschafter* fragte, ob von der Möglichkeit der Einstellung der Lieferungen im Falle des Bekanntwerdens der Abmachung deutscherseits nicht gesprochen worden sei, als die Verpflichtung eingegangen worden sei.

Der Herr *Minister* sagte, die Angelegenheit sei etwas unklar. In den Gesprächen von 1962[22] sei von 15 deutschen Panzern die Rede gewesen, doch habe man deutscherseits diesem Ersuchen nicht stattgegeben. Um Mißverständnisse zu vermeiden, wolle er sagen, daß bei den Gesprächen über die 150 Panzer zwischen den Israelis und den Vereinigten Staaten niemand ganz sicher war, wer wem was gesagt habe. Die Sache scheine zum ersten Mal zwischen Eshkol und dem Präsidenten im Frühjahr 1964[23] zur Sprache gekommen zu sein, im Anschluß woran dann die deutsche Seite eingeschaltet worden sei.

Der *Botschafter* bemerkte, die amerikanische Seite sei davon ausgegangen, daß nach den Gesprächen mit den Amerikanern entsprechende Abmachungen zwischen den Deutschen und Israelis getroffen worden seien.

Der Herr *Minister* sagte, schriftlich sei nichts festgelegt worden, es habe sich nur um mündliche Abmachungen über den Zeitpunkt der Verschiffung und die sogenannte Entgermanisierung der Panzer gehandelt.

Der *Botschafter* erklärte, man habe aus dieser ganzen Angelegenheit wohl eine Lektion für die Zukunft gelernt.

Wie der Herr *Minister* weiter bemerkte, schienen die Araber noch unsicher zu sein, ob die Lieferungen tatsächlich eingestellt würden[24], da in der Erklärung

---

[21] Vgl. dazu Dok. 100.
[22] Vgl. dazu Dok. 2.
[23] Ministerpräsident Eshkol hielt sich am 1./2. Juni 1964 zu einem Besuch in Washington auf. Für das Kommuniqué über die Gespräche mit Präsident Johnson vgl. DEPARTMENT OF STATE BULLETIN, Bd. 50, 1964, S. 959f.
[24] Am 8. März 1965 äußerte der sudanesische Geschäftsträger El Kordofani gegenüber Ministerialdirektor Meyer-Lindenberg: „Unsere Absicht, künftig keine Waffen an Israel zu liefern, nehme er mit Interesse zur Kenntnis. Er habe jedoch wenig Vertrauen, daß die Bundesregierung diese Absicht verwirklichen werde. Unsere Botschafter in den arabischen Staaten hätten den Gastregierungen vor kurzem gesagt, daß die Bundesrepublik Deutschland bis auf weiteres keine diplomatischen Beziehungen zu Israel aufnehmen werde. Dennoch hätte die Bundesregierung Israel jetzt ein solches Angebot gemacht." Vgl. die Aufzeichnung von Meyer-Lindenberg; VS-Bd. 8448 (Ministerbüro); B 150, Aktenkopien 1965.
Der ägyptische Botschafter Mansour sah im Kommuniqué vom 7. März 1965 „die Möglichkeit, daß die Bundesregierung mit Rücksicht auf Israels Sicherheit 1) die noch nicht abgewickelten Waffenlieferungen an Israel doch noch durchführe, 2) die Verpflichtung eingehe, zukünftig weiter Waffen an Israel zu liefern, 3) im Konfliktfall Einheiten der Bundeswehr zur Verteidigung Israels einsetze, 4) durch Bereitstellung von Experten und Wissenschaftlern die israelische Wehr-

vom Sonntag gesagt werde, die deutsche Seite bemühe sich um eine Regelung dieser Frage „im Einvernehmen mit Israel".

Der *Botschafter* sagte, er habe auch berichtet, daß zwar eine grundsätzliche Erklärung abgegeben worden sei, die technische Entscheidung aber noch nicht gefallen sei, da man erst den Ausgang der Gespräche mit den Israelis abwarten müsse.

Der Herr *Bundesminister* sagte, er wolle den Botschafter noch einmal nachdrücklich darum bitten, sein Äußerstes zu tun, um seiner Regierung klarzumachen, wie wichtig die Angelegenheit für die deutsche Seite sei. Darüber hinaus sei es aber eine Angelegenheit von gemeinsamer Bedeutung. Wenn die Konsequenzen in der arabischen Welt so groß seien, wie man glaube befürchten zu müssen[25], dann werde sich in Deutschland der Zorn gegen alle richten einschließlich der Vereinigten Staaten, ob zu Recht oder zu Unrecht. Deswegen müsse jetzt unbedingt eine Lösung dieser Frage gefunden werden.

Das Gespräch endete gegen 18.15 Uhr.

VS-Bd. 8513 (Ministerbüro)

126

Gespräch des Bundesministers Schröder mit dem britischen Abgeordneten Sandys

Z A 5-39.A/65 geheim 12. März 1965[1]

Der Herr Bundesminister des Auswärtigen empfing am 12. März 1965 um 11.00 Uhr Herrn Duncan Sandys.

Das Gespräch drehte sich einleitend um die derzeitige Situation im Nahen Osten.

Herr *Sandys* bemerkte sodann, daß er sich nunmehr wieder aktiver der Europabewegung zugewandt habe und daß diese einen internationalen Rat gebildet habe, der sich mit Fragen der Verteidigungs- und Außenpolitik im Zusammen-

---

Fortsetzung Fußnote von Seite 506

    wirtschaft und -forschung vor allem auf atomarem, biologischem und chemischem Gebiet nachhaltig unterstütze". Vgl. die Aufzeichnung des Vortragenden Legationsrats I. Klasse Schirmer vom 11. März 1965; Ministerbüro, Bd. 220.

[25] Vgl. dazu weiter Dok. 134.

[1] Die Gesprächsaufzeichnung wurde vom Vortragenden Legationsrat Weber am 17. März 1965 gefertigt. Sie wurde vom Vortragenden Legationsrat Kusterer am 18. März 1965 dem Vortragenden Legationsrat I. Klasse Lahn zugeleitet, der für Bundesminister Schröder handschriftlich vermerkte: „Vorschlag: Keine Verteilung."
Hat Schröder am 19. März 1965 vorgelegen, der auf dem Begleitvermerk von Kusterer handschriftlich vermerkte: „Zu meinen Unterlagen." Schröder bestätigte den Vorschlag von Lahn bezüglich der Verteilung und wies auf die von ihm in der Gesprächsaufzeichnung vorgenommenen handschriftlichen Änderungen hin. Vgl. Anm. 9, 10, 13 und 16–21.

hang mit der politischen Einigung Europas befasse.² In diesem Ausschuß seien unter anderem Herr Erler, M. René Mayer, M. Vigny und Herr Petrilli aus Italien vertreten. Bei der Arbeit in diesem Ausschuß gehe man davon aus, daß sich eine Zusammenarbeit auf rein außenpolitischem Gebiet schlecht vorstellen lasse, ohne daß man sich dabei auch mit Fragen der Verteidigungspolitik befasse. Es sei sicher, daß eine atlantische Konzeption bei allen Bemühungen um eine stärkere Betonung des europäischen Elementes ohne Beteiligung der Amerikaner nicht denkbar sei. In diesem Zusammenhang bewege ihn vor allem die Frage, wie Großbritannien enger an diesen Bemühungen beteiligt werden könne. Könne sich Großbritannien beteiligen, ohne im Gemeinsamen Markt zu sein, oder, anders formuliert, müsse man nicht die Verhandlungen über einen britischen Beitritt zum Gemeinsamen Markt neu aufnehmen.³ Es stelle sich die Frage, ob die Sechs nicht eine ernste Bemühung unternehmen könnten, die Briten in den Gemeinsamen Markt hereinzubekommen.

Der Herr *Bundesminister* erläuterte zunächst die derzeitige Situation mit der EWG als dem innersten Kern der NATO als der engsten Form der bisherigen militärischen Zusammenarbeit, in der sowohl die EWG und andere europäische Länder plus die Vereinigten Staaten und Kanada vertreten seien. Er persönlich halte eine vernünftige Ausgestaltung des Verhältnisses zwischen den Vereinigten Staaten und Europa innerhalb der NATO für möglich, ohne daß dafür eine besondere europäische Organisation vorgesehen werde. Sodann gebe es noch die WEU⁴, wo die Sechs plus Großbritannien zusammenwirkten. Die WEU sei als ein Hilfsversprechen konzipiert worden, praktisch als eine Art Überwachungsorganisation, und sei bis vor einiger Zeit auch mehr als Kontrollinstrument gedacht gewesen.⁵ Auf der Grundlage der WEU habe Großbritannien auch seine Zusage zur Unterhaltung der britischen Streitkräfte in Deutschland geleistet.⁶ Deutscherseits

---

² Am 12./13. März 1965 fand in Bonn das zweite Treffen des „Britischen und Deutschen Rates der Europäischen Bewegung" statt. Bei dieser Zusammenkunft vertraten „eine Reihe profilierter konservativer und Labour-Abgeordneter und ehemalige Minister wie Duncan Sandys" die Ansicht, der Beitritt Großbritanniens zur EWG müsse das „wichtigste Fernziel" der britischen Europapolitik bleiben, und eine enge technologische (auch nukleare) Zusammenarbeit der europäischen Staaten sei zur Erzielung wesentlicher Fortschritte in der europäischen Einigung unumgänglich. Vgl. die Aufzeichnung des Legationsrats I. Klasse Schmidt-Schlegel vom 25. März 1965; Referat I A 1, Bd. 644.

³ Die Verhandlungen über einen Beitritt Großbritanniens zur EWG scheiterten am 28./29. Januar 1963. Vgl. dazu AAPD 1963, I, Dok. 60.

⁴ Die WEU wurde gegründet durch den Beitritt der Bundesrepublik Deutschland und Italiens zum Brüsseler Vertrag vom 17. März 1948 in der gemäß den Beschlüssen der Londoner Konferenz vom 28. September bis 3. Oktober 1954 geänderten und ergänzten Fassung. Für den Wortlaut des Zweiten Protokolls zur Änderung und Ergänzung des Brüsseler Vertrags, das Bestandteil der Pariser Verträge vom 23. Oktober 1954 war, vgl. EUROPA-ARCHIV 1954, S. 7127 f.

⁵ Vgl. dazu das Protokoll Nr. III über die Rüstungskontrolle sowie das Protokoll Nr. IV über das Amt für Rüstungskontrolle der Westeuropäischen Union, beide vom 23. Oktober 1954; EUROPA-ARCHIV 1954, S. 7130–7134.

⁶ Artikel 6 des Protokolls Nr. II vom 23. Oktober 1954 über die Streitkräfte der Westeuropäischen Union: „Ihre Majestät die Königin des Vereinigten Königreichs von Großbritannien und Nordirland wird auf dem europäischen Festland einschließlich Deutschlands die Effektivstärke der zur Zeit dem Alliierten Oberbefehlshaber Europa zur Verfügung gestellten Streitkräfte des Vereinigten Königreichs, d. h. vier Divisionen und die Zweite Taktische Luftflotte, aufrechterhalten oder dort Streitkräfte unterhalten, die der Alliierte Oberbefehlshaber Europa als gleichwertige Kampf-

habe man einige Anregungen gegeben, um die WEU etwas zu verbessern.[7]
Auf die Frage von Herrn *Sandys*, ob es politische Gründe gehabt habe, daß er persönlich bei der letzten WEU-Ministerratssitzung in Rom nicht anwesend gewesen sei, bemerkte der Herr *Minister*, dem sei nicht so.[8] Wenn aber Couve de Murville nicht dagewesen sei, so sei dies schon eher[9] Ausdruck einer politischen Haltung[10] gewesen.

Zur Frage einer politischen Union bemerkte der Herr Minister, daß man bis April 1962 die Sache ziemlich gefördert habe.[11] Heute sehe die Sache so aus, daß man daran arbeite, eine Außenministerkonferenz vielleicht im Mai und eine Konferenz der Regierungschefs vielleicht im Juni zu ermöglichen.[12] Er persönlich sehe aber bei diesen Konferenzen keine in die Zukunft führenden großen Ereignisse[13], da vor allem die Franzosen sehr zurückhaltend und keineswegs begeistert seien.[14] Die Franzosen stimmten vielleicht einer Außenministerkonferenz im Mai zu[15], doch glaube er nicht, daß bei diesen beiden Konferenzen für die Möglichkeit eines europäischen Statuts viel herauskommen

Fortsetzung Fußnote von Seite 508
kraft ansieht." Vgl. EUROPA-ARCHIV 1954, S. 7129.
Vgl. dazu auch Dok. 110, Anm. 14.

[7] In Vorbereitung der WEU-Ministerratstagung vom 16./17. November 1964 in Bonn schlug die Bundesregierung vor, der wirtschaftspolitische Teil der Konferenz, an dem auch der britische Handelsminister Jay teilnehmen würde, solle von allen EWG-Mitgliedstaaten gemeinsam vorbereitet werden, um die Kontaktgespräche mit Großbritannien effektiver zu gestalten. Diese Anregung stieß jedoch auf weitgehendes Desinteresse der übrigen EWG-Mitgliedstaaten und im Falle Frankreichs sogar auf Ablehnung, da nach französischer Ansicht der Vorschlag geeignet erschien, „den Eindruck einer Fortsetzung der Verhandlungen mit Großbritannien" zu erwecken. Vgl. die Aufzeichnung des Vortragenden Legationsrats I. Klasse von Stempel vom 11. September 1964; Referat I A 1, Bd. 513.

[8] Bundesminister Schröder nahm am 9. März 1965 an einer Kabinettssitzung in Bonn teil und konnte daher nicht zur WEU-Tagung nach Rom fahren. Er wurde sowohl am 9. als auch am 10. März 1965 von Staatssekretär Lahr vertreten. Vgl. dazu den Drahterlaß Nr. 1086 des Legationsrats I. Klasse Schmidt-Schlegel vom 6. März 1965 an die Botschaft in Rom; Referat I A 1, Bd. 668.

[9] Die Wörter „schon eher" wurden von Bundesminister Schröder handschriftlich eingefügt.

[10] Dieses Wort wurde von Bundesminister Schröder handschriftlich eingefügt. Dafür wurde gestrichen: „Sache".

[11] Zu den Bemühungen um eine europäische politische Union in den Jahren 1961/1962 vgl. Dok. 5, Anm. 23. Zu ihrem Scheitern vgl. Dok. 22, Anm. 15.

[12] Vgl. dazu Dok. 118.
Staatssekretär Lahr sondierte am Rande der WEU-Ministerratssitzung vom 9./10. März 1965 in Rom bei den anwesenden Vertretern der EWG-Staaten, ob diese mit der Einberufung einer „formellen Außenministerkonferenz" in der ersten Dekade des Monats Mai einverstanden seien. Nach zunächst zurückhaltenden Reaktionen sagte der italienische Außenminister zu, „an seine Kollegen in den anderen Partnerländern zu schreiben, um festzustellen, ob sie bereit seien, an der von uns für die 1. Dekade des Monats Mai angeregten Außenministerkonferenz teilzunehmen". Als Tagungsort schlug Fanfani Venedig vor. Vgl. die Aufzeichnung des Legationsrats I. Klasse Schmidt-Schlegel vom 15. März 1965; VS-Bd. 8427 (Ministerbüro); B 150, Aktenkopien 1965.
Vgl. dazu weiter Dok. 137, Anm. 3.

[13] Dieses Wort wurde von Bundesminister Schröder handschriftlich eingefügt. Dafür wurde gestrichen: „Sachen".

[14] Zur französischen Haltung vgl. Dok. 118, Anm. 10.

[15] Korrigiert aus: „bei".
Zur französischen Haltung vgl. weiter Dok. 156.

könne. Für die deutsche Seite sei es allerdings wichtig, daß man auch[16] angesichts der Wahlen diese Dinge vorantreibe[17]. De Gaulle gehe es nur darum, seine Konzeption den anderen aufzudrängen, und er persönlich glaube nicht, daß de Gaulle daran gelegen sei, die 6er-Gruppe[18] nun um Großbritannien zu erweitern. Deshalb halte er ein weiteres Wachsen von Europa auch nicht dadurch[19] für möglich, daß[20] ein politischer Entschluß von außerhalb der EWG komme, vielmehr bestehe die Voraussetzung darin, daß Großbritannien Mitglied von dem bisher stärksten Zusammenschluß, das heißt der EWG, werde. De Gaulles Politik bestehe darin, Großbritannien nicht in die EWG hineinzuziehen, sondern einen engeren Kern um sich selbst herum zu sammeln, da er wisse, daß bei einer Mitgliedschaft oder engen Verbindung der Briten mit Europa die Chancen für seine eigenen Ideen nicht mehr sehr groß seien.

Nach seiner eigenen Ansicht solle man trotzdem[21] versuchen, Fortschritte bei der politischen Einigung Europas zu erzielen und dabei die Tür für Großbritannien offenzulassen; wie man aber Großbritannien hineinbekommen solle, wisse er nicht, da die Franzosen dagegen seien.

Auf die Frage von Herrn *Sandys*, ob man auf die Franzosen keinen Druck ausüben könne, antwortete der Herr *Minister*, er verspreche sich davon wenig Erfolg. Man habe derzeit schon genügend Schwierigkeiten mit den Franzosen, und die Schwierigkeiten würden noch größer werden, wenn man versuche, einen anderen Staat mit hineinzubekommen, den de Gaulle nicht wünsche.

Der Herr Minister äußerte Zweifel, ob sich alle europäischen Länder an dieser von den Franzosen für wünschenswert gehaltenen Konzeption beteiligen würden.

Nach den Worten von Herrn *Sandys* habe Couve weiter gesagt, wenn die Engländer bereit wären, den Römischen Vertrag[22] zu unterzeichnen und alle seither getroffenen Entscheidungen zu akzeptieren, könnte niemand, selbst de Gaulle nicht, die Engländer daran hindern, dem Gemeinsamen Markt beizutreten.

Der Herr *Minister* äußerte gewisse Bedenken, ob die Engländer in der Lage wären, vor allem auf dem Gebiet der Agrarpolitik[23], die bisherigen Entscheidungen zu übernehmen.

---

[16] Dieses Wort wurde von Bundesminister Schröder handschriftlich eingefügt.
[17] Dieses Wort wurde von Bundesminister Schröder handschriftlich eingefügt. Dafür wurde gestrichen: „betreibe".
[18] Dieses Wort wurde von Bundesminister Schröder handschriftlich eingefügt. Dafür wurde gestrichen: „Gruppe".
[19] Dieses Wort wurde von Bundesminister Schröder handschriftlich eingefügt.
[20] Dieses Wort wurde von Bundesminister Schröder handschriftlich eingefügt. Dafür wurde gestrichen: „wenn".
[21] Dieses Wort wurde von Bundesminister Schröder handschriftlich eingefügt.
[22] Für den Wortlaut der Verträge zur Gründung der Europäischen Wirtschaftsgemeinschaft und der Europäischen Atomgemeinschaft sowie des Abkommens über gemeinsame Organe für die Europäischen Gemeinschaften vom 25. März 1957 (Römische Verträge) vgl. BUNDESGESETZBLATT 1957, Teil II, S. 753–1223.
[23] Zum Stand der Verhandlungen für einen gemeinsamen Agrarmarkt in der EWG vgl. Dok. 22, Anm. 2 und 10.

Wie Herr *Sandys* betonte, gelange man in Großbritannien allmählich zu dem Punkt, wo man bereit sei, alles zu unterschreiben und zu akzeptieren. Die Konservativen würden dies sicher tun, und was die landwirtschaftlichen Probleme angehe, so hätten die sich früher im Zusammenhang mit dem Commonwealth ergebenden Fragen[24] weitgehend behoben, da sich die Commonwealth-Länder ohnehin nach anderen Märkten umschauen müßten. Die einzige Schwierigkeit bestehe vielleicht noch im Zusammenhang mit Neuseeland. Auch die Labour-Partei ändere ihre Auffassung in diesen Fragen. Sie sei durch die Notwendigkeit stark beeindruckt, weitere und umfassendere Märkte schaffen zu müssen, was sich beispielsweise auf solchen Gebieten wie auf dem der Flugzeugindustrie[25] manifestiere. Deswegen werde man feststellen, daß sich die öffentliche Meinung in Großbritannien im allgemeinen in dieser Richtung bewege. Was Herr Stewart in Rom gesagt habe[26], wäre vor drei Monaten nicht denkbar gewesen.

Der Herr *Minister* sagte, wenn Großbritannien dem Gemeinsamen Markt beiträte, sähen sich auch alle anderen Probleme, wie beispielsweise die Verteidigungs- und Außenpolitik, ganz anders an. Er glaube aber sicher, daß die Franzosen nicht davon überzeugt seien, daß Großbritannien den Vertrag unterschreibe. Er sei ferner nicht der Auffassung, daß die Äußerung von Couve die französische Haltung wiedergebe.

Herr *Sandys* fragte, ob die Sechs den Engländern nicht sagen könnten, daß Großbritannien an der politischen Einigung Europas mitwirken solle, und ob es nicht denkbar sei, daß die Länder des Gemeinsamen Marktes die Engländer einfach fragten, ob sie bereit seien, ohne lange Verhandlungen der EWG beizutreten. Auf diese Weise würde für England selbst eine entscheidende Frage aufgeworfen werden, und er persönlich sei sicher, daß die Antwort darauf ja lauten würde.

Wie der Herr *Minister* sagte, sei ein solches Vorgehen theoretisch schon denkbar, doch sei für die Bundesregierung vor den Wahlen die Möglichkeit, eine Initiative gegenüber Frankreich zu übernehmen, nicht sehr groß. Innerhalb

---

[24] Im gegenseitigen Handelsverkehr gewährten sich Großbritannien und die Commonwealth-Staaten Präferenzzölle, um den engeren Zusammenschluß des Commonwealth zu einem einheitlichen Wirtschaftsraum zu bewirken. Der Verzicht auf die Vorzugszölle war eine der französischen Bedingungen für die Zustimmung zu einem britischen Beitritt zur EWG im Januar 1963. Vgl. dazu AAPD 1963, I, Dok. 21 und Dok. 31.

[25] Zu den britischen Bemühungen um einen Verkauf von Flugzeugen an die Bundesrepublik vgl. Dok. 13.

[26] Zu den Ausführungen des britischen Außenministers in der Eröffnungssitzung des WEU-Ministerrats am 9./10. März 1965 in Rom berichtete Staatssekretär Lahr, z. Z. Rom, am 10. März 1965, Stewart habe dargelegt, „daß Großbritannien seiner europäischen Rolle zugunsten einer größeren Einheit des Kontinents eine positive Note geben möchte. [...] Stewart wiederholte den von ihm bereits in Brüssel vorgetragenen Wunsch, daß Großbritannien sich von Anfang an bei den Gesprächen über eine europäische politische Union beteiligen möchte. Es sei keine glückliche Lösung, wenn einzelne europäische Länder Entscheidungen in Fragen der politischen Zusammenarbeit, die ganz Europa interessieren, träfen." Großbritannien sei „durchaus bereit, an der Schaffung eines gemeinsamen europäischen Marktes mitzuwirken, vorausgesetzt, daß seine Rolle im Commonwealth berücksichtigt werde." Vgl. den Drahtbericht Nr. 147; Referat I A 1, Bd. 668.
Vgl. auch den Artikel „European Plan for Arms Proposed by Britain"; THE TIMES, Nr. 56 266 vom 10. März 1965, S. 14. Vgl. dazu auch den Artikel „WEU Meeting Encouraging for Britain"; THE TIMES, Nr. 56 267 vom 11. März 1965, S. 10.

der CDU würden solche Schritte als Verzögerungstaktik gegenüber Frankreich aufgefaßt werden, weil man in der politischen Union weiterkommen wolle. Er selbst sei unsicher, ob im Mai oder Juni innerhalb der Sechsergruppe eine Übereinstimmung erzielbar sei, doch dies würde noch mehr erschwert werden, wenn man gleichzeitig Großbritannien fragen würde, ob es zu einem Beitritt bereit sei. Vielleicht sei die Lage nach den Wahlen anders. Er persönlich glaube, daß in dieser Frage ein gutes Stück britischer Initiative unerläßlich sei.

Herr *Sandys* schlug vor, daß die Sechs Großbritannien auffordern könnten, auf wirtschaftlichem, politischem und verteidigungspolitischem Gebiet enger mit Großbritannien zusammenzuarbeiten.[27]

Wie der Herr *Minister* sagte, wäre man dazu durchaus bereit, doch würden die Franzosen sicher nein sagen. Ein weitverbreitetes Argument in der Bundesrepublik sei, die Sechs sollten jetzt etwas von sich aus tun, das mache dann Eindruck auf die Engländer und werde sie dazu veranlassen, näher an die EWG heranzurücken. Gleichzeitig sei es aber andererseits die französische Absicht, die Engländer draußen zu halten. Er selbst glaube deshalb, daß ohne eine kräftige Europa-Orientierung in Großbritannien nichts zu machen sei. Das Vereinigte Königreich dürfe nicht damit rechnen, daß die Sechs ihm eine offene Hand hinhielten. Das Haupthindernis hierfür sei de Gaulle.

Auf die Bemerkung von Herrn *Sandys*, man müsse de Gaulle auch einmal die Stirn bieten, bemerkte der Herr *Minister*, seine Partei würde dabei nicht mitmachen.[28] Er selbst habe im vergangenen November im Bundestag gesagt, man werde kein politisches Statut beschließen, das ein Veto gegen neue Mitglieder enthalte.[29] Die Franzosen hingegen wünschten wahrscheinlich ein Veto, doch hoffe er, daß man bei der von ihm geäußerten Haltung bleiben werde.

Der Herr Minister wies auf die deutsche innenpolitische Lage hin und bemerkte, daß die SPD und FDP wahrscheinlich einer solchen Regelung zustimmen würden, daß andererseits aber de Gaulle einen sehr starken Einfluß ausübe, da er wisse, wie stark die Tendenz sei, unter allen Umständen Fortschritte zu erzielen. Er habe es somit in der Hand, den Fortschritt zu ermöglichen oder zu verhindern, weil er ihn fördern oder bremsen könne. Der Fehler auf deutscher Seite bestehe seiner Ansicht nach darin, daß man den Fortschritt auf die Fahnen geschrieben habe. Deshalb besitze de Gaulle praktisch ein Veto.

---

[27] Zum britischen Interesse, an einer europäischen politischen Zusammenarbeit beteiligt zu werden, vgl. Dok. 137, Anm. 36 und 37.

[28] In der Diskussion um die Fortführung der europäischen Politik trat eine Gruppierung innerhalb der CDU/CSU – die „Gaullisten" mit dem CDU-Vorsitzenden und ehemaligen Bundeskanzler Adenauer, dem Geschäftsführenden CDU-Vorsitzenden Dufhues sowie dem CSU-Vorsitzenden Strauß an der Spitze – für eine enge Anlehnung der Bundesrepublik an Frankreich ein. Ihr stand die Gruppe der „Atlantiker" – darunter Bundeskanzler Erhard sowie die Bundesminister Schröder und von Hassel – gegenüber, die die Ansicht vertrat, daß das deutsch-französische Verhältnis nicht die deutsch-amerikanischen Bindungen beeinträchtigen dürfe.

[29] Vgl. dazu die Ausführungen des Bundesministers Schröder am 13. November 1964 im Bundestag: BT STENOGRAPHISCHE BERICHTE, Bd. 56, S. 7228–7233.

Herr *Sandys* bemerkte, daß daran gedacht sei, daß die britische Seite möglicherweise ein Memorandum an die Sechs richten könne.

Der Herr *Minister* bemerkte dazu, nur ein starkes britisches Streben zur EWG hin könne eine Wende bringen, doch halte er es für unmöglich, von seiten der Sechs aus eine Wende herbeizuführen, die Großbritannien stärker auffordern würde, an der EWG mitzuwirken.

Herr *Sandys* bemerkte weiter, daß in dem Memorandum Gespräche allgemeiner Art über wirtschaftspolitische, außenpolitische und verteidigungspolitische gemeinsam interessierende Themen vorgeschlagen werden könnten.

Der Herr *Minister* bemerkte noch einmal, daß seitens der CDU der Wahlkampf mit dem Hinweis geführt werden möchte, daß Fortschritte in der Europa-Politik erzielt worden seien. Aus diesem Grunde scheue die CDU alles, was dies hinausschieben könne.

Auf die Frage des Herrn Ministers, wie sich Couve zu diesem Vorschlag verhalten habe, bemerkte Herr *Sandys*, er habe empfohlen, die Dinge nicht einzeln, sondern umfassend anzusprechen.

Der Herr *Minister* bemerkte weiter, man müsse unterscheiden zwischen de Gaulle und gewissen anderen Kräften, wobei er glaube, daß der Quai d'Orsay gelegentlich auch diese anderen Kräfte etwas stärker reflektiere. Für de Gaulle sei die Führungsrolle Frankreichs von entscheidender Bedeutung. Wenn Großbritannien im Gemeinsamen Markt wäre, würde Frankreich nicht mehr die führende Rolle spielen können, die de Gaulle anstrebe.

Herr *Sandys* fragte, warum man nicht den Mut habe, zu sagen, daß de Gaulle der Außenseiter sei. Wenn man ihm peinliche Fragen erspare, mache [man] es ihm nur leichter. Auch im Hinblick auf den Wahlkampf verspreche er sich eine bessere Resonanz, wenn die Deutschen beweisen könnten, daß sie europäischer seien als de Gaulle.

Der Herr *Minister* sagte abschließend, was das Ziel angehe, so stimme er mit den Ausführungen von Herrn Sandys weitgehend überein, doch seien in diesen Bemühungen den eigenen Möglichkeiten Grenzen gesetzt.[30]

Das Gespräch endete gegen 12.00 Uhr.

VS-Bd. 8513 (Ministerbüro)

---

[30] Zu den Gesprächen über eine europäische politische Union vgl. weiter Dok. 137.

127

Aufzeichnung des Staatssekretärs Lahr

St.S. 724/65 geheim 13. März 1965

Betr.: Zuständigkeitsabgrenzung gegenüber dem BMZ

Am 20. Februar führte ich gemeinsam mit Ministerialdirektor Dr. Sachs ein eingehendes Gespräch mit Staatssekretär Vialon und Ministerialdirigent Klamser über eine Vielzahl von Zuständigkeitsfragen, die im Anschluß an die Zuständigkeitsvereinbarung vom 23. Dezember 1964[1] nach Meinung des BMZ offengeblieben sind oder sich aus dieser Vereinbarung ergeben. Der Gesamteindruck war der, daß die Zuständigkeitsvereinbarung vom 23. Dezember 1964 – weit davon entfernt, unter den Zuständigkeitsstreit mit dem BMZ[2] einen Schlußstrich zu ziehen, wie es die anderen Ressorts geglaubt hatten – von diesem dazu benutzt wird, eine Fülle neuer Fragen aufzuwerfen oder die gemachten Zugeständnisse zu seinen Gunsten auszuweiten.[3] Es ist klar geworden, daß jede Konzession, die dem BMZ gemacht wird, von diesem dazu benutzt wird, weitere Ansprüche zu stellen.

---

[1] Auf der Grundlage der Vereinbarung zwischen den beteiligten Ministerien legte Bundeskanzler Erhard mit Schreiben vom 23. Dezember 1964 für die Zusammenarbeit der Ressorts in der Entwicklungspolitik fest: „1) Für die Grundsätze, das Programm und die Koordinierung der Entwicklungspolitik ist das BMZ zuständig. [...] 2) Aufgabe des BMWi ist die Planung und Durchführung der Kapitalhilfe-Projekte unter Nutzbarmachung des fachlichen Wissens der übrigen Ressorts. [...] 3) In der in Ziffer 2 Abs[atz] 1 genannten Weise ist das BMZ für Technische Hilfe (im weiteren Sinne) zuständig. 4) Das AA hat die Zuständigkeit für alle politischen Fragen. Grundsätze und das Programm der Entwicklungspolitik sind vom BMZ und AA einvernehmlich zu erarbeiten. Die Entscheidung über die einzelnen Hilfsmaßnahmen bedarf der Zustimmung des AA. Es hat hinsichtlich dieser Maßnahmen Vorschlagsrecht." Vgl. Referat III B 1, Bd. 345.

[2] Die Politik gegenüber Entwicklungsländern fiel traditionsgemäß in die Zuständigkeit des Auswärtigen Amts und wurde bis 1961 von der Handelspolitischen Abteilung wahrgenommen. Im Oktober 1961 wurde dann eine eigene Abteilung für Entwicklungspolitik eingerichtet.
Mit Schreiben vom 6. November betonte Staatssekretär Carstens gegenüber Bundeskanzler Adenauer, daß das Auswärtige Amt die „außenpolitischen Gesichtspunkte der Gesamtplanung und einzelner Maßnahmen der Entwicklungshilfe" festlegen sowie „die Bundesrepublik in multilateralen und bilateralen Verhandlungen mit dem Ausland" vertreten müsse. Den Aufgabenbereich für das Bundesministerium für wirtschaftliche Zusammenarbeit, das am 14. November 1961 gegründet wurde, sah er vor allem in der Koordinierung der entwicklungspolitischen Anstrengungen der Bundesländer, der Zusammenarbeit mit den nichtstaatlichen Organisationen sowie auf dem Gebiet der technischen Hilfe. Carstens hob hervor, daß die im Auswärtigen Amt errichtete Abteilung für Entwicklungspolitik bestehen bleiben müsse. Vgl. Büro Staatssekretär, VS-Bd. 320; B 150, Aktenkopien 1961.
Auf Veranlassung des Haushaltsausschusses des Bundestages wurde bei der Umorganisation des Auswärtigen Amts vom 15. Januar 1963 die Abteilung für Entwicklungspolitik wieder aufgelöst. Ihre Aufgaben wurden der Unterabteilung B der Abteilung für Handels- und Entwicklungspolitik sowie Referaten der Kulturabteilung übertragen.
Zu den Differenzen zwischen Auswärtigem Amt und dem Bundesministerium für wirtschaftliche Zusammenarbeit vgl. auch AAPD 1963, II, Dok. 248 und Dok. 369.

[3] Vgl. dazu den Vermerk des Vortragenden Legationsrats I. Klasse Lanwer vom 12. Januar 1965 über ein Gespräch des Staatssekretärs im Bundesministerium für Wirtschaft, Langer, mit dem Staatssekretär im Bundesministerium für wirtschaftliche Zusammenarbeit, Vialon; Referat III B 1, Bd. 389.

Folgende vier Fragen sind als die wesentlichen festzuhalten:

1) Das BMZ fordert grundsätzlich die Verhandlungsführung in allen bilateralen Verhandlungen mit Entwicklungsländern, in denen Fragen der Entwicklungspolitik den ausschließlichen oder hauptsächlichen Gegenstand bilden.[4] Es hat hierfür den Begriff „Bukettverhandlungen" geprägt. Es ist allenfalls bereit, im Lenkungsausschuß[5] oder im HPA[6] – vorzugsweise im ersteren – darüber zu sprechen, wer im Einzelfall Verhandlungsführer sein soll, fordert aber für sich ein Primat und ist infolgedessen nicht bereit, das sich aus der Geschäftsordnung der Bundesregierung ergebende Primat des Auswärtigen Amts, den Verhandlungsführer zu stellen[7], anzuerkennen.

Ich habe Herrn Staatssekretär Vialon erwidert, daß über die durch die Geschäftsordnung der Bundesregierung uns zugewiesenen Rechte nicht mit uns zu diskutieren sei, da dies an die Grundlagen des Auswärtigen Dienstes rühren würde, wir aber wohl bereit seien – wie es der Herr Bundesaußenminister wiederholt gegenüber Herrn Minister Scheel schon schriftlich ausgedrückt habe –, entsprechend der auch gegenüber allen anderen Ressorts zur allseitigen Befriedigung geübten Praxis dem BMZ in geeigneten Fällen die Verhandlungsführung zu überlassen.

Herr Vialon bezeichnete den Standpunkt seines Ministers als „unverzichtbar" und meinte, man könne die Geschäftsordnung der Bundesregierung ja ändern.[8] Ich hatte hierbei den Eindruck, daß Herr Vialon Bundesgenossen zu finden glaubt – oder mit der ihm eigenen Rührigkeit auch schon gefunden hat –, denen das Primat des Auswärtigen Amts in der Verhandlungsführung mit dem Ausland mißfällt. Es zeichnet sich hier eine gefährliche Entwicklung ab, vor der wir auf der Hut sein müssen.

Ich darf empfehlen, daß der Herr Bundesaußenminister hierüber bald mit dem Herrn Bundeskanzler spricht und, wenn Herr Minister Scheel die Frage vor das Kabinett bringt, wir etwa wie folgt taktieren:

Für eine Änderung der Geschäftsordnung der Bundesregierung besteht kein Anlaß, da sich in den vielen Jahren ihrer Handhabung im Verhältnis zwischen dem Auswärtigen Amt und den anderen Bundesressorts in der Praxis

---

[4] Am 8. Dezember 1964 vermerkte der Staatssekretär im Bundesministerium für Wirtschaft, Langer, nach einem Gespräch am 30. November 1964 mit dem Staatssekretär im Bundesministerium für wirtschaftliche Zusammenarbeit: „Herr Staatssekretär Vialon unterbreitet, das BMZ beanspruche in Übereinstimmung mit der bekannten Zuständigkeitsregelung für alle Programmverhandlungen, auch der Kapitalhilfe, also für die Gesamtheit des Buketts, die Federführung. Der jeweilige Rahmenplan soll vom BMZ erarbeitet werden." Vgl. Referat III B 1, Bd. 389.

[5] Interministerieller Ausschuß für Entwicklungspolitik.

[6] Handelspolitischer Ausschuß.

[7] Paragraph 11, Absatz 2 der Geschäftsordnung der Bundesregierung: „Verhandlungen mit dem Ausland oder im Ausland dürfen nur mit Zustimmung des Auswärtigen Amtes, auf sein Verlangen auch nur unter seiner Mitwirkung geführt werden." Im Erlaß des Bundeskanzlers Adenauer vom 12. November 1953 wurde dazu ausgeführt: „Die Führung der Delegation bei internationalen Verhandlungen liegt – unbeschadet der ressortmäßigen Federführung und Zuständigkeit – ausschließlich beim Auswärtigen Amt, soweit dieses nicht die Delegationsführung einem anderen Ressort überläßt." Vgl. die Anlagen zur Aufzeichnung des Staatssekretärs Lahr vom 25. März 1965; VS-Bd. 438 (Büro Staatssekretär); B 150, Aktenkopien 1965.

[8] Der Passus: „man könne ... ändern" wurde von Bundesminister Schröder hervorgehoben. Dazu Ausrufezeichen.

ein durchaus befriedigender Zustand entwickelt hat. Nur das BMZ mit seinen ewigen Querelen hemmt die Zusammenarbeit der Bundesressorts. Es wäre an der Zeit, hiermit Schluß zu machen, indem die jüngste Zuständigkeitsvereinbarung als definitiv angesehen wird. (Ziffer 5 der Vereinbarung: „Unter Berücksichtigung der besonderen Stellung des AA sind im übrigen die Ressorts an der internationalen Zusammenarbeit entsprechend ihrer Beteiligung an der Entwicklungspolitik zu beteiligen.")

2) Staatssekretär Vialon forderte im Namen seines Ministers ein Weisungsrecht gegenüber unseren Auslandsvertretungen in allen Fragen der Entwicklungspolitik, wobei der Begriff der Entwicklungspolitik immer weiter gezogen wird, für das BMZ heute schon die Gesamtheit der Wirtschaftsbeziehungen umfaßt und stark in den Bereich der Kulturpolitik hineinreicht. Ich habe Herrn Vialon erwidert, daß auch dies für mich kein Diskussionsgegenstand sei. Was sein Minister fordere, könnten dann ebenso gut der Bundeswirtschaftsminister[9], der Bundesernährungsminister[10], der Bundesfinanzminister[11] und zahlreiche andere Bundesminister fordern. Das sei das Ende einer einheitlichen Außenpolitik.

Herr Vialon berief sich auf die Beispiele der NATO-Vertretung und der EWG-Vertretung, wobei ihm insbesondere das Beispiel der EWG-Vertretung gefällt. Leider sind damals von Herrn von Brentano Zugeständnisse gemacht worden[12], die wir schon immer zu bereuen hatten. Trotzdem ziehen die Beispiele nicht, weil es sich hier um multilaterale Vertretungen handelt, deren Aufgaben sich von denen einer bilateralen Vertretung wesentlich unterscheiden.

3) Nach Mitteilung von Staatssekretär Vialon hält Bundesminister Scheel weiterhin an dem Gedanken von Entwicklungs-„Missionen", die unseren Auslandsvertretungen nur angegliedert sind, und – in weniger wichtigen Entwicklungsländern – von Entwicklungsattachés fest.[13] Ich habe versucht, Herrn Via-

---

[9] Kurt Schmücker.
[10] Werner Schwarz.
[11] Rolf Dahlgrün.
[12] Zur Diskussion zwischen dem Auswärtigen Amt, dem Bundesministerium der Finanzen und dem Bundesministerium der Verteidigung hinsichtlich der Weisungsbefugnis für die Ständige Vertretung bei der NATO in Paris vgl. Referat Z B 1, Bd. 333.
Die Federführung für Angelegenheiten der Ständigen Vertretung bei den Europäischen Gemeinschaften in Brüssel teilten sich das Auswärtige Amt und das Bundesministerium für Wirtschaft, wobei das Auswärtige Amt verantwortlich war für „a) Fragen der auswärtigen Politik einschließlich der allgemeinen Fragen der europäischen Integration, b) Außenbeziehungen der EWG zu dritten Staaten und anderen internationalen Organisationen, c) überseeische Länder und Hoheitsgebiete, d) Angelegenheiten der Versammlung, e) Angelegenheiten des Gerichtshofes, f) Vertragsänderungen". Koordiniert wurde die EWG-Politik durch einen interministeriellen Ausschuß, in dem außer dem Auswärtigen Amt und dem Bundesministerium für Wirtschaft die Bundesministerien für Ernährung, Landwirtschaft und Forsten, für Arbeit, für Verkehr, das Bundesministerium der Finanzen sowie das Bundesministerium der Justiz vertreten waren, die auch Beamte an die Vertretung in Brüssel entsandten. Vgl. die Aufzeichnung des Ministerialdirigenten Carstens vom 12. November 1957; Referat Z B 1, Bd. 335.
[13] Am 7. Januar 1965 teilte der Staatssekretär im Bundesministerium für wirtschaftliche Zusammenarbeit Staatssekretär Lahr mit: „Wie es scheint, kann eine einheitliche Lösung für alle Entwicklungsländer nicht angestrebt werden; es gibt Länder, bei denen eine eigene Behörde (in Anlehnung an die Mission) geschaffen, andere, in denen Beauftragte bestellt, wieder andere, in

lon klarzumachen, daß die Frage der Entwicklungshilfe für die Tätigkeit unserer Auslandsvertretungen in Entwicklungsländern nicht ein lockeres Akzessorium, sondern Hauptgegenstand darstellt, m.a.W. daß der „Entwicklungsattaché" nur der Botschafter selbst sein kann. Hiermit hatte ich keinen Erfolg, weil offensichtlich für Herrn Vialon ausschließlich ressortpolitische Gesichtspunkte maßgebend sind.

4) Das BMZ strebt weiterhin eine massive Vermehrung seines Personalbestandes (von 225 auf 315, d.h. um 40%) an. Abgesehen davon, daß sich hieraus für uns die ärgerliche Frage eines etwaigen Personalabzugs ergibt, halte ich die Forderung als solche für verfehlt,

a) weil in einer Phase – leider – ständiger massiver Kürzung der Mittel eine massive Ausweitung des Verwaltungsapparats widersinnig ist,

b) weil – wie es einige vernünftige Abgeordnete schon ausgedrückt haben[14] – derartige Maßnahmen nicht kurz vor der Wahl durchgeführt, sondern die Entscheidung hierüber der neuen Regierung überlassen werden sollte, und

c) weil die vom BMZ beabsichtigten Tätigkeiten nicht nur überflüssig sind, sondern geradezu schädlich zu werden drohen.

Es geht in der Hauptsache um die Schaffung von Länderreferaten, wobei an 15 Länderreferate gedacht ist[15] (während das Auswärtige Amt für den gleichen Kreis von Ländern in seiner politischen und seiner handelspolitischen Abteilung insgesamt nur 8 Referate hat). Hauptaufgabe dieser Länderreferate sollen umfassende „Länderplanungen"[16] sein, d.h. perfektionierte Pläne, mit denen in den einzelnen Entwicklungsländern demonstriert werden soll, wie sie ihre Wirtschaft aufzubauen haben. Hiergegen spricht:

a) Wir berühren hierbei die sehr empfindlichen Regierungen der Entwicklungsländer an der empfindlichsten Stelle, indem wir den Eindruck der Bevormundung[17] erwecken. Wir entfernen uns von dem gesunden Grundsatz, Hilfe zur Selbsthilfe zu gewähren und nur auf Antrag des Entwicklungslandes tätig zu werden. Es ist nicht unsere Aufgabe, die Welt zu belehren, sondern erbetenen Rat zu erteilen.

b) Es bedeutet eine gewisse Vermessenheit[18], mit notgedrungen unzureichend ausgebildeten Kräften – wir verfügen nicht über „Kolonialerfahrungen" oder

---

Fortsetzung Fußnote von Seite 516

denen Entwicklungsattachés in die Missionen berufen werden sollten. [...] Auf die Gestaltung des Weisungsrechts wird es hierbei entscheidend ankommen." Vgl. Referat III B 1, Bd. 389.

[14] In der Haushaltsdebatte des Bundestags vom 24. Februar 1965 lehnte der SPD-Abgeordnete Wischnewski den Haushaltsplan des Bundesministeriums für wirtschaftliche Zusammenarbeit mit der Begründung ab, er glaube, „daß es völlig verkehrt ist, wenn man jetzt versucht, die fachlichen Ressorts weitgehend auszuschalten und im neuen Hause einzelne Abteilungen und Referate aufzubauen, die noch einmal das gleiche tun wollen, was in den verschiedenen Häusern geschieht". Vgl. BT STENOGRAPHISCHE BERICHTE, Bd. 57, S. 8370.

[15] Am 18. Mai 1965 wurden im Bundesministerium für wirtschaftliche Zusammenarbeit acht Länderreferate eingerichtet. Vgl. die Hausverfügung Nr. 11 des Bundesministers Scheel; Referat III B 1, Bd. 389.

[16] Dieses Wort wurde von Bundesminister Schröder unterschlängelt.

[17] Die Wörter „Eindruck der Bevormundung" wurden von Bundesminister Schröder unterschlängelt.

[18] Die Wörter „gewisse Vermessenheit" wurden von Bundesminister Schröder unterschlängelt.

überhaupt über Erfahrungen in den jungen Entwicklungsländern – die Dinge besser wissen zu wollen als die Regierungen der Entwicklungsländer, die fast durchweg über eine, wenn auch dünne, so doch keineswegs unbegabte Intelligenzschicht verfügen und seit ihrem Bestehen natürlich in der Hauptsache ihre Überlegungen auf ihre Entwicklungsprobleme konzentrieren. Näher läge es dann schon, sich auf die Pläne der Franzosen und Engländer in deren ehemaligen Kolonialgebieten zu stützen. Völlig abwegig ist der Gedanke der Länderplanung für die fortgeschrittenen Entwicklungsländer wie die südamerikanischen, Indien, Pakistan und ähnliche.

c) Solche Pläne müssen unvermeidlicherweise den Eindruck erwecken, als ob wir in der Lage seien, an deren Durchführung maßgeblich mitzuwirken. Wenn die Regierungen der Entwicklungsländer feststellen, daß hiervon nicht die Rede sein kann, wird die Enttäuschung groß und die Verärgerung über unerbetene Belehrung noch größer sein.

Dies alles zeigt, daß sich die Vorstellungen der Herren Scheel und Vialon auf Bahnen bewegen, die außenpolitisch recht bedenklich sind. Diese Pläne werden jedoch mit großer Rührigkeit und Beredsamkeit propagiert und dürfen in ihrer Gefährlichkeit nicht unterschätzt werden.[19] Es kommt uns zugute, daß auch in anderen Ressorts, namentlich im Bundeswirtschaftsministerium, Verärgerung über das Verhalten des BMZ besteht.[20] Das war aber auch schon bisher der Fall, und trotzdem ist es Herrn Scheel meistens gelungen, sich durchzusetzen.

Schließlich seien noch die von uns den beiden Kirchen zur Verfügung gestellten Entwicklungsgelder (gegenwärtig 54 Millionen DM) erwähnt, die bisher vom Auswärtigen Amt verwaltet wurden und jetzt vom BMZ beansprucht werden.[21] Nach den mit den Kirchen vereinbarten Richtlinien[22] soll den Kirchen bei der Verwendung dieser Mittel relativ freie Hand gewährt und die Regie-

---

[19] Am 22. März 1965 unterrichtete Staatssekretär Lahr den Vorsitzenden der CDU/CSU-Fraktion, Barzel, über die Differenzen mit dem Bundesministerium für wirtschaftliche Zusammenarbeit: „Die Entwicklungshilfe soll nach Herrn Minister Scheel Freunden zugute kommen, aber sie darf nicht mit der Hallstein-Doktrin in Verbindung gebracht werden, woraus sich die seltsame Folgerung ergibt, daß Staaten, die die sogenannte DDR anerkennen, immer noch als Freunde betrachtet werden können. Der tiefere Sinn dieser Ausführungen ist für den, der die Politik des BMZ kennt, der, daß [...] die Entwicklungspolitik nicht als aktuelles Mittel der Außenpolitik angewandt werden darf. Hierin liegt die grundlegende Meinungsverschiedenheit zwischen dem Auswärtigen Amt und dem BMZ." Vgl. VS-Bd. 438 (Büro Staatssekretär); B 150, Aktenkopien 1965.

[20] Am 19. Februar 1965 informierte der Staatssekretär im Bundesministerium für Wirtschaft, Langer, Staatssekretär Lahr über den Stand der Diskussion mit dem Bundesministerium für wirtschaftliche Zusammenarbeit hinsichtlich der Kompetenzen. Er betonte die Bereitschaft, „die streitige Diskussion zu einem Abschluß zu führen"; jedoch könne „einigen der sehr weitgehenden Forderungen von Herrn Vialon auf keinen Fall" entsprochen werden. Vgl. Referat III B 1, Bd. 389.

[21] Der Staatssekretär im Bundesministerium für wirtschaftliche Zusammenarbeit, Vialon, teilte Staatssekretär Lahr am 4. März 1965 mit, daß „die kirchlichen Zentralstellen nun aufgefordert werden [sollten], Anträge zur Förderung entwicklungswichtiger kirchlicher Vorhaben [...] mit Wirkung vom 1. April 1965 bei meinem Hause einzureichen. Eine andere Handhabung scheint mir angesichts des Kabinettsbeschlusses und des Organisationserlasses schlecht vertretbar." Vgl. Referat III B 1, Bd. 389.

[22] Für die Richtlinien vgl. den Runderlaß des Ministerialdirigenten Overbeck vom 29. März 1963; VS-Bd. 438 (Büro Staatssekretär); B 150, Aktenkopien 1963.

rungskontrolle im wesentlichen auf außenpolitische[23] Gesichtspunkte beschränkt werden. Dies spricht dafür, die Verwaltung beim Auswärtigen Amt zu belassen. Im übrigen ist dies für unsere allgemeine Zusammenarbeit mit den Kirchen von einiger Bedeutung.

Ich schlage vor, zunächst ein Gespräch zwischen dem Herrn Bundesaußenminister und dem Herrn Bundeswirtschaftsminister und dann Gespräche der beiden Herren Minister – sei es gemeinsam, sei es getrennt – mit dem Herrn Bundeskanzler zu führen. Diese Gespräche sollten sich sowohl auf die noch zu erwartenden Vorstöße des BMZ (obige Ziffern 1–3) als auch auf die schon vorliegenden ambitiösen Ausweitungspläne (Ziffer 4) und auf die Frage der Kirchenmittel erstrecken.[24]

Hiermit dem Herrn Minister[25] vorgelegt.

Lahr

VS-Bd. 438 (Büro Staatssekretär)

---

[23] Dieses Wort wurde von Staatssekretär Lahr handschriftlich eingefügt. Dafür wurde gestrichen: „politische".
[24] Am 13. Juli 1965 fand ein Gespräch des Bundesministers Schröder mit Bundesminister Scheel statt. Scheel betonte, „das Bundesministerium für wirtschaftliche Zusammenarbeit habe in keiner Weise die Absicht, eine eigene Außenpolitik zu betreiben, sondern betrachte sich als einen Gehilfen des Auswärtigen Amts bei der Durchführung der deutschen Außenpolitik". Er erkannte das Primat des Auswärtigen Amts bei der Verhandlungsführung an, nahm aber „erneut die Federführung für die Kirchengelder in Anspruch". Beschlossen wurde die Fortsetzung von Gesprächen über die Organisation der Auslandsmissionen: „Es wurde Herrn Bundesminister Scheel bestätigt, daß hier in der Tat ein organisatorisches Problem vorläge, daß aber die Frage des Sonderstatus im Auswärtigen Amt erheblichen Bedenken begegne. Die beiden Minister vereinbarten, daß an Hand von drei Länderbeispielen (je ein Land mit geringer, mittlerer und starker deutscher Entwicklungshilfe) drei Modelle ausgearbeitet werden sollten, die Lösungsmöglichkeiten für die entsprechenden organisatorischen Probleme aufzeigen." Vgl. die Aufzeichnung des Staatssekretärs Lahr vom 14. Juli 1965; Referat III B 1, Bd. 389.
[25] Hat Bundesminister Schröder am 16. März 1965 vorgelegen, der handschriftlich vermerkte: „Zunächst Gespräch mit B[undes]M[inister] Schmücker, wenn dieser wieder im Dienst ist."

128

Bundeskanzler Erhard an Bundesminister Schröder

MB 265/65 16. März 1965[1]

Sehr geehrter Herr Schröder!

Für Ihr Schreiben vom 9. März[2], in dem Sie mich über den Stand der Bemühungen um die europäische politische Zusammenarbeit unterrichten, danke ich Ihnen verbindlich. Ihrem Vorschlag, in der ersten Mai-Dekade eine förmliche Außenministerkonferenz[3] einzuberufen, stimme ich zu. Ich wäre dankbar, wenn Sie erreichen könnten, daß Bonn zum Tagungsort gewählt wird. Ich halte dies deshalb für angebracht, da von uns die Initiative zu einem neuen Anfang der politischen Zusammenarbeit Europas ausging, und da ich Gelegenheit nehmen möchte, die Herren Außenminister während ihrer Konferenz auch persönlich zu empfangen.

Bei dieser Konferenz sollten m. E. die deutschen, italienischen und belgischen Vorschläge[4] erörtert, die Meinungen der sechs Regierungen zu den einzelnen Fragen deutlicher gemacht, ernsthafte Kontroversen aber vermieden werden. Ich bin mir darüber klar, daß es hinsichtlich der Einbeziehung der Verteidigung und des europäischen Gemeinschaftsorgans Meinungsverschiedenheiten gibt.[5] Diese Meinungsverschiedenheiten sollten aber bei der Außenministerkonferenz nicht ausgetragen werden. Dies könnte vielmehr den Regierungschefs vorbehalten werden, für deren Treffen die Außenminister Ort und Zeit vereinbaren möchten. Dies wäre nach meiner Meinung nämlich eine weitere Aufgabe der Außenministerkonferenz. Für das Treffen der Regierungschefs denke ich an Ende Juni 1965 und an Rom.

Auch dieses Treffen wird vielleicht nicht zu einer Einigung über die Form der künftigen europäischen Zusammenarbeit führen. Entscheidend ist aber wohl, daß die Sechs über die Organisation und ihre politischen Ansichten diskutieren und daß sie in einer Art ständigen politischen Gesprächs näher zueinander finden.

Ich wäre Ihnen dankbar, wenn Sie sich in diesem Sinne mit Ihren Herren Kollegen ins Benehmen setzen und mir zu gegebener Zeit über den Stand der Vorbereitungen berichten wollten.[6]

Mit freundlichen Grüßen

Ihr Ludwig Erhard

VS-Bd. 8427 (Ministerbüro)

[1] Hat Bundesminister Schröder am 16. März 1965 vorgelegen.
[2] Vgl. Dok. 118.
[3] Vgl. dazu Dok. 126, besonders Anm. 12.
[4] Vgl. dazu Dok. 5, Anm. 18–20.
[5] Zu den divergierenden französischen und niederländischen Ansichten vgl. Dok. 118, Anm. 18.
[6] Am 18. März 1965 leitete Bundesminister Schröder Bundeskanzler Erhard das Schreiben des italienischen Außenministers Fanfani mit der Einladung zu einer Außenministerkonferenz in Venedig zu. Vgl. VS-Bd. 8427 (Ministerbüro); B 150, Aktenkopien 1965.
Zu den Einzelheiten des italienischen Vorschlags vgl. weiter Dok. 137, besonders Anm. 3.

129

Aufzeichnung des Legationsrats I. Klasse Redies

I B 4 16. März 1965[1]

Betr.: Reaktion der arabischen Staaten auf die Aufnahme diplomatischer Beziehungen zu Israel[2]

Die arabischen Außenminister haben am 15. März 1965 auf ihrer Tagung in Kairo[3] folgendes beschlossen:

1) Sofort ihre Botschafter aus Bonn abzurufen.

2) Im Falle der Aufnahme diplomatischer Beziehungen zu Israel durch die Bundesregierung ihrerseits die diplomatischen Beziehungen zu uns abzubrechen.

3) Die wirtschaftlichen Beziehungen zur Bundesrepublik Deutschland abzubrechen, wenn die Bundesregierung „auf ihrem feindseligen Standpunkt gegenüber irgendeinem arabischen Staat beharrt".[4]

Der marokkanische[5], tunesische[6] und libysche Außenminister[7] haben ihr endgültiges Einverständnis mit diesen Beschlüssen von der Zustimmung ihrer Staatsoberhäupter[8] abhängig gemacht.

Auf der Konferenz wurde weiter vorgeschlagen, gemeinsam die SBZ anzuerkennen. Hierüber wurde keine Einigung erzielt. Ein solcher Schritt bleibt somit den einzelnen Staaten überlassen.

Derzeit ergibt sich demnach folgendes Bild:

a) Abgesehen von den noch offenen Fällen Marokko[9], Tunesien und Libyen

---

[1] Durchdruck.
Hat Bundesminister Schröder vorgelegen.
Am 16. März 1965 vermerkte Legationsrat I. Klasse Pfeffer handschriftlich: „Diesen Vermerk hat der Herr Staatssekretär für Herrn Dr. Birrenbach anfertigen lassen, dem die Urschrift morgen früh vor Abflug zugestellt wird."

[2] Zum Angebot der Bundesrepublik vom 7. März 1965 an Israel, diplomatische Beziehungen aufzunehmen, vgl. BULLETIN 1965, S. 325.
Zu ersten arabischen Reaktionen vgl. Dok. 115 und Dok. 119.

[3] Vgl. dazu auch den Drahtbericht Nr. 338 des Botschaftsrats I. Klasse Müller, Kairo, vom 15. März 1965; Ministerbüro, Bd. 221.

[4] Vgl. dazu die am 9. März 1965 verabschiedeten Empfehlungen des Ausschusses der persönlichen Vertreter der Staatschefs der Arabischen Liga; Dok. 119, Anm. 5.

[5] Ahmad Taibi Benhima.

[6] Abdelaziz Bouteflika.

[7] Wahbi El Boun.

[8] König Hassan II. (Marokko), Habib Bourguiba (Tunesien), König Mohammed Idris al Mahdi as-Sanusi (Libyen).

[9] Am 15. März 1965 teilte der marokkanische Botschafter Boucetta Staatssekretär Carstens mit, „daß seine Regierung alles getan hätte, um die aufgeregten Gemüter auf der Konferenz in Kairo zu beruhigen. Er habe von seinem König außerdem die Weisung erhalten, nicht nach Rabat zurückzukehren, sondern in Bonn zu bleiben." Vgl. den Drahterlaß Nr. 1238 von Carstens vom 15. März 1965; Büro Staatssekretär, Bd. 393.

521

werden alle arabischen Staaten die diplomatischen Beziehungen zu uns abbrechen.
Es sind dies: VAR, Syrien, Irak, Jemen, Algerien, Libanon, Kuweit, Saudi-Arabien, Sudan, Jordanien.[10]

Von einer Reihe dieser Staaten (vor allem Libanon, Jordanien und Saudi-Arabien) wissen wir, daß sie den Abbruch mit uns nur ungern vollziehen. Bisher liegen jedoch keine Anzeichen dafür vor, daß es ihnen gelingen wird, sich dem Druck Nassers zu entziehen. Im Hinblick auf den starken Einfluß pro-nasseristischer Elemente in ihren Ländern würden sie andernfalls mit erheblichen innenpolitischen Schwierigkeiten zu rechnen haben.

b) Eine kleinere Gruppe arabischer Staaten wird darüber hinaus die SBZ anerkennen. Sicher ist dies bei der VAR und dem Jemen zu erwarten, mit großer Wahrscheinlichkeit beim Irak, Syrien und Algerien, eventuell auch bei Kuweit und dem Sudan. Eine Voraussage ist hier jedoch schwieriger möglich. Es ist auch denkbar, daß Nasser zunächst versuchen wird, weitere Staaten im afrikanischen und asiatischen Bereich für eine gemeinsame Anerkennung der SBZ zu gewinnen und seine Politik auf der Ende Juni in Algier zusammentretenden afro-asiatischen Konferenz[11] in breiterem Rahmen durchzusetzen.

c) Der angedrohte Abbruch der Wirtschaftsbeziehungen soll eine einheitliche Haltung aller arabischen Staaten für den Fall sichern, daß die Bundesregierung gegenüber einigen arabischen Staaten ihre Entwicklungshilfe fortsetzt[12], gegenüber anderen (etwa bei Anerkennung der SBZ) nicht. Nasser will damit vor allem verhindern, daß die Bundesregierung ihre wirtschaftliche Kapazität einsetzt, um die arabischen Staaten in ihrer Haltung uns gegenüber aufzuspalten.

gez. Redies

Ministerbüro, Bd. 221

---

[10] Vgl. dazu weiter Dok. 134.
[11] Zur geplanten Zweiten Afro-asiatischen Konferenz vgl. Dok. 1, Anm. 5.
[12] Vgl. dazu auch Dok. 32.

130

Botschafter Knappstein, Washington, an das Auswärtige Amt

Z B 6-1-2715/65 geheim Aufgabe: 17. März 1965, 20.00 Uhr
Fernschreiben Nr. 821 Ankunft: 18. März 1965, 03.30 Uhr

Betr.: Sitzung Botschaftergruppe am 17. März 1965;
hier: weitere Behandlung der Deutschlandfrage

Bezug: Drahtbericht 797 vom 13.3.65 geheim[1], Drahterlaß Plurex 1171 vom 12.3.65 geheim[2], Drahterlaß Plurex 1084 vom 6.3.65[3], Drahterlaß Plurex 963 vom 1.3.65 geheim[4]

In der Sitzung der Botschaftergruppe am 17.3.65 habe ich die Deutschlandfrage in dem Rahmen zur Diskussion gestellt, der mit den Bezugserlassen abgesteckt worden war.[5] Die Vertreter der Drei Mächte (Botschafter Thompson – USA, Botschafter Alphand – Frankreich und Geschäftsträger Stewart –

---

[1] Am 13. März 1965 übermittelte Gesandter Freiherr von Stackelberg, Washington, Datum und Uhrzeit der von der Bundesrepublik vorgeschlagenen Sitzung der Washingtoner Botschaftergruppe über eine Deutschland-Initiative. Vgl. VS-Bd. 3721 (II A 1); B 150, Aktenkopien 1965.

[2] In dem am 11. März 1965 gefertigten und am Tag darauf abgesandten Drahterlaß wies Ministerialdirektor Krapf die Botschaft in Washington an, „in der Botschaftergruppe darauf hinzuwirken, daß diese eine bekräftigende Erklärung zur Deutschland-Frage vorbereitet". Diese Erklärung sollte aus zwei Teilen bestehen, von denen der erste „etwa wie die Berliner Deklaration von 1957, die westliche Grundposition darstellen" sollte. „Der zweite – politisch bedeutsamere – Teil sollte Anhaltspunkte dafür enthalten, daß eine aktive Deutschland-Politik des Westens in Aussicht steht." Vgl. VS-Bd. 3721 (II A 1); B 150, Aktenkopien 1965.

[3] Für den Drahterlaß des Ministerialdirektors Krapf vom 4. März 1965, der am 6. März 1965 abgesandt wurde, vgl. VS-Bd. 3721 (II A 1); B 150, Aktenkopien 1965.
Für Auszüge vgl. Anm. 12 und 13.

[4] Mit dem bereits am 10. Februar 1965 verfaßten, jedoch erst am 1. März 1965 abgesandten Drahterlaß wies Staatssekretär Carstens die Botschaft in Washington an, vor dem Hintergrund der jüngsten „offensichtlich intensivierten sowjetischen Bemühungen um die Beseitigung der Viermächte-Verantwortung" die Deutschland-Frage auf der nächsten Sitzung der Washingtoner Botschaftergruppe „erneut zur Diskussion zu stellen". Carstens führte aus: „Angesichts der sowjetischen Haltung besteht die Gefahr, daß die Zurückhaltung unserer Verbündeten die Sowjets ermutigt, die Bemühungen um Aushöhlung der Viermächte-Verantwortung zu verstärken. [...] Die drei Westmächte haben hinsichtlich ihrer originären Rechte in Deutschland sehr präzise Vorstellungen [...]. Daher würde es uns nur folgerichtig erscheinen, wenn die drei Westmächte eingehend die Frage prüften, was geschehen könnte, um ihre Rechtsauffassungen auch den Sowjets gegenüber nachhaltig und vor allem systematisch zur Geltung zu bringen." Vgl. VS-Bd. 3721 (II A 1); B 150, Aktenkopien 1965.

[5] Dazu hielt Ministerialdirektor Krapf am 12. März 1965 fest: „Bei den bevorstehenden Verhandlungen in der Botschaftergruppe muß behutsam vorgegangen werden, weil wir den erneuten Fehlschlag einer Deutschland-Initiative zu vermeiden haben. Eine solche Gefahr ist dann gegeben, wenn wir nicht in der Lage sind, uns mit den Verbündeten über die substantielle Position des Westens in der Deutschland-Frage und hier insbesondere über die kontroversen Punkte ‚Grenze' und ‚Sicherheit' zu einigen. Unsere Vorstöße in der Deutschland-Frage in Den Haag und Paris (Mai bzw. Dezember 1964) sind letzten Endes hieran gescheitert. Aus diesem Grunde ist die Botschaft gebeten worden, zunächst festzustellen, ob und wie weit die drei Westmächte tatsächlich bereit sind, sich auf eine Deutschland-Aktion des Westens festzulegen, ohne daß zuvor eine detaillierte westliche Linie in Grenz- und Sicherheitsfragen ausgearbeitet worden ist." Vgl. VS-Bd. 3721 (II A 1); B 150, Aktenkopien 1965.

Großbritannien) haben zugesagt, die deutschen Vorschläge und Anregungen zu prüfen und in einer nächsten Sitzung die Erwägungen der alliierten Regierungen zur deutschen Frage und über mögliche nächste Schritte bekanntzugeben.[6] Über den Verlauf der Sitzung sowie über die Informationen, die außerhalb der Sitzung von den einzelnen Delegationen zu erhalten waren, berichte ich wie folgt:

1) Ich habe dargelegt, daß sich nach unserer Auffassung die sowjetische Deutschlandpolitik nach dem Sturz von Chruschtschow[7] nicht gewandelt habe und daß die Sowjetunion dementsprechend mit den Versuchen fortfahre, die Vier-Mächte-Verantwortlichkeit für die Deutschlandfrage, insbesondere für die Wiedervereinigung, auszuhöhlen. Es erscheine uns notwendig, daß nach Mitteln und Wegen gesucht werde, die fortdauernde Gültigkeit der Vier-Mächte-Verantwortlichkeit zu unterstreichen und damit der sowjetischen Politik entgegenzuwirken. Die Bundesregierung wolle deshalb die drei alliierten Regierungen auffordern, ihrerseits diese Frage zu untersuchen und ihre Vorstellungen darüber, wie den gemeinsamen Zielen in der Deutschlandfrage jetzt und auf längere Sicht am besten entsprochen werden könne, in der Botschaftergruppe zur Diskussion zu stellen. Wir hielten es für notwendig, der Sowjetunion in überzeugender und systematischer Weise die Position der drei Westmächte erneut nahezubringen und die Vier-Mächte-Verantwortlichkeit zu sichern. Außerdem sei es notwendig, die Konsolidierung des gegenwärtigen Status quo in Deutschland zu verhindern und etwaigen sowjetischen Fehleinschätzungen der westlichen Deutschlandpolitik entgegenzuwirken.

2) Botschafter Alphand erklärte, die französische Regierung werde die deutschen Vorschläge sorgfältig prüfen. Er könne schon jetzt sagen, daß die französische Regierung unverändert an dem gemeinsamen Ziel der Wiedervereinigung Deutschlands festhalte. Die Teilung Deutschlands sei das Ergebnis der Teilung Europas. Sie werde solange fortdauern, wie Europa geteilt sei. Diese Teilung könne nur beseitigt werden, wenn fundamentale Veränderungen in der sowjetischen und osteuropäischen Politik stattfänden. Dies würde lange Zeit in Anspruch nehmen, und er wisse, daß auch auf deutscher Seite keine Illusionen in dieser Hinsicht beständen. Die Frage sei auch zwischen General de Gaulle und Bundeskanzler Erhard in Rambouillet behandelt worden.[8] Man werde die deutschen Vorschläge, die darauf abzielten, die Idee der deutschen Wiedervereinigung lebendig zu erhalten, in diesem Geiste prüfen. Die französische Regierung sei schließlich auch der Auffassung, daß es notwendig sei, die westliche Position der sowjetischen Regierung in geeigneter Form erneut zur Kenntnis zu bringen.

3) Der britische Geschäftsträger unterstrich, daß Premierminister Wilson während seines jüngsten Besuches in Bonn die britische Haltung eindeutig klargelegt habe.[9] Die britische Regierung sei gerne bereit, die heute vorgebrachten deutschen Anregungen zu prüfen. Auf die Frage, ob das deutsche

---

[6] Zu den Beratungen in der Washingtoner Botschaftergruppe über eine Deutschland-Erklärung der Drei Mächte vgl. weiter Dok. 155.
[7] Zum Führungswechsel in der UdSSR am 14./15. Oktober 1964 vgl. Dok. 23, Anm. 29.
[8] Vgl. Dok. 22.
[9] Vgl. dazu Dok. 122.

Problem in den Besprechungen mit dem sowjetischen Außenminister Gromyko in London[10] aufgekommen sei, entgegnete er, daß ihm darüber noch keine Informationen vorlägen.

4) Botschafter Thompson unterstrich, daß es nach amerikanischer Auffassung wünschenswert sei, an einem der historischen Erinnerungstage dieses Jahres[11] eine Erklärung der Drei Mächte zur Deutschlandfrage abzugeben.[12] In diesem Zusammenhang richtete er an mich die Frage, was wir uns im einzelnen darunter vorstellten, wenn wir wünschten, in eine solche Erklärung auch eine „Indikation über einen bevorstehenden aktiven Schritt der Westmächte" gegenüber der Sowjetunion aufzunehmen.[13] Er wolle nicht versäumen, darauf aufmerksam zu machen, daß die Aufnahme einer solchen Andeutung in die Erklärung zu der Frage nach den gemeinsamen Positionen in der Substanz der Deutschlandfrage führen müsse. Botschafter Thompson richtete an uns die Bitte, unseren Wunsch nach Aufnahme einer solchen Indikation in die Deutschland-Erklärung noch weiter zu erläutern.

Im übrigen unterstrich Thompson, daß auch nach amerikanischer Auffassung kein Wandel in der sowjetischen Deutschlandpolitik eingetreten sei und es deshalb nützlich sein werde, die Vier-Mächte-Verantwortlichkeit für Deutschland auch in diesem Zeitpunkt zu unterstreichen.

5) In Erläuterung der amerikanischen und französischen Erklärungen möchte ich darauf hinweisen, daß in der Sitzung selbst keine definitiven Vorschläge für die Verbindung einer Deutschland-Erklärung mit einem bestimmten historischen Erinnerungsdatum dieses Jahres gemacht worden sind. Wohl wurden als mögliche Daten dieser Art der 8. Mai, der 2. August und der 23. Juli sowie auch der 29. Juli (Berliner Erklärung 1957) und der 5. Juni (Zeitpunkt der alliierten Erklärung über Besatzungsstatus in Deutschland im Jahre 1949) erwähnt. Die Amerikaner haben schließlich doch davon Abstand genommen, den 8. Mai als einen nach ihrer Auffassung besonders gut geeigneten Zeitpunkt in der Sitzung selbst schon vorzuschlagen. Eine Andeutung dahingehend, daß sie dies eventuell tun würden, hatten Referenten der Deutschlandabteilung vorher gegenüber Mitarbeiter gemacht.

---

[10] Der sowjetische Außenminister hielt sich vom 16. bis 20. März 1965 in Großbritannien auf. Vgl. dazu EUROPA-ARCHIV 1965, Z 74.
Vgl. dazu auch Dok. 160, Anm. 7 und 19.

[11] Zu den Überlegungen, eine Deutschland-Erklärung zum 8. Mai 1965 abzugeben, vgl. Dok. 116.

[12] Dazu übermittelte Ministerialdirektor Krapf am 4. März 1965 folgende Anregung an die Botschaft in Washington: „Uns scheint es an erster Stelle zweckmäßig, den 20. Jahrestag von Vorgängen des Jahres 1945 zum Anlaß einer gemeinsamen westlichen Aktion zu nehmen. Wir würden dabei dem 8. Mai (20. Jahrestag der Kapitulation) oder dem 2. August (20. Jahrestag des Potsdamer Abkommens) den Vorzug geben. Gegebenenfalls käme der 10. Jahrestag der Genfer Direktive in Frage, nicht aber eine Bezugnahme auf den 29. Juli 1957 (Berliner Erklärung)." Vgl. den Drahterlaß Nr. 1084; VS-Bd. 3721 (II A 1); B 150, Aktenkopien 1965.

[13] Am 4. März 1965 gab Ministerialdirektor Krapf der Botschaft in Washington die Erläuterung: „Bei der weiteren Behandlung der Angelegenheit wird zu berücksichtigen sein, daß bekräftigende Verlautbarungen unserer Verbündeten – aus welchem Anlaß auch immer – auf Dauer nicht eine aktive Deutschland-Politik des Westens zu ersetzen vermögen. Wenn es also zu Verlautbarungen kommt, müßten in ihnen Anhaltspunkte dafür enthalten sein, daß eine aktive Politik des Westens in der Deutschland-Frage in Aussicht steht." Vgl. den Drahterlaß Nr. 1084; VS-Bd. 3721 (II A 1); B 150, Aktenkopien 1965.

Auf der anderen Seite wurde mir von Alphand außerhalb der Sitzung erklärt, daß Paris den 8. Mai als Orientierungsdatum für eine Deutschland-Erklärung ablehne. Wie meinem Mitarbeiter gesagt wurde, halte der Quai d'Orsay diesen Tag für besonders ungeeignet. Er erinnere Deutschland an die dunkelsten Tage seiner Geschichte und werde in den Hauptstädten des Westens und Ostens Gefühle und Gemütsbewegungen wachrufen, die besser nicht mit dem gemeinsamen Ziel von heute (der Wiedervereinigung Deutschlands) vermischt werden sollten. Man sehe auch in einer Erklärung des von uns gewünschten Inhalts kein geeignetes Mittel, gegenüber den psychologischen Belastungen des 8. Mai ein Gegengewicht zu schaffen.[14]

Ich möchte mir vorbehalten, zu der Frage des Zeitpunktes einer westlichen Deutschland-Erklärung noch Empfehlungen an das Auswärtige Amt zu übermitteln.[15]

6) Zur Sprachregelung gegenüber der Presse wurde vereinbart, zu erklären, daß es sich um die Wiederaufnahme der Routinegespräche der Botschaftergruppe zur Überprüfung des Standes der Deutschlandfrage im Lichte der Entwicklung der sowjetischen Politik gehandelt habe.[16] Die Gespräche seien wiederaufgenommen worden, nachdem darüber in den letzten Monaten zwischen den Regierungen bilateraler Meinungsaustausch stattgefunden habe. In der Sitzung für Botschaftergruppe sei auch über die jüngste Entwicklung im Nahen Osten gesprochen worden.

Insbesondere Alphand war außerordentlich daran interessiert, nach Möglichkeit jede Art von Presse-Niederschlag über die Sitzung zu unterbinden. Ich wies darauf hin, daß die Tatsache der Zusammenkunft der Botschaftergruppe nicht geheim gehalten werden könne und daß es auch nicht gut sei, dies zu versuchen, doch solle man über den Inhalt der Gespräche Stillschweigen bewahren.

[gez.] Knappstein

VS-Bd. 3721 (II A 1)

---

[14] Zur französischen Haltung in dieser Frage vgl. weiter Dok. 155, besonders Anm. 6.

[15] Am 24. März 1965 betonte Gesandter Freiherr von Stackelberg, Washington, hinsichtlich des Termins einer Dreimächte-Erklärung die Notwendigkeit, „daß versucht wird, im Wege bilateraler Konsultationen mit dem Quai d'Orsay den jetzt bestehenden französischen Widerstand gegen die Bekanntgabe der Erklärung am 8. Mai auszuräumen". Vgl. den Drahtbericht Nr. 864; VS-Bd. 3721 (II A 1); B 150, Aktenkopien 1965.

[16] Botschafter Knappstein, Washington, teilte der Presse mit: „Wir haben in ganz unsensationeller Weise unsere Beurteilung der sowjetischen Politik gegenüber Deutschland ausgetauscht […]. Der deutsche Standpunkt sei allgemein bekannt. Es gehe darum, ihn präzise formuliert vorzutragen. Von neuen deutschen Anregungen, mit denen man die Sowjets aus ihrer Reserve locken könnte, ist nicht die Rede, wenigstens bisher nicht." Vgl. den Artikel von Rudolf Engen: „Es wird auf kleiner Flamme gekocht – mit Wasser", FRANKFURTER RUNDSCHAU, Nr. 66 vom 19. März 1965, S. 5.

131

Aufzeichnung des Staatssekretärs Carstens

St.S. 786/65 geheim 18. März 1965

Abgeordneter Werner suchte mich heute auf. Er hat am Dienstag und Mittwoch in Kairo mehrere Gespräche mit Mahmoud Khalil geführt.[1] Mahmoud Khalil hat nach seinen Angaben mehrfach Verbindung mit Amer und Nasser hergestellt. Mahmoud Khalil hat erklärt, daß er in deren Namen spräche.

Die große Sorge der Ägypter geht dahin, daß wir zusammen mit der Aufnahme diplomatischer Beziehungen[2] oder unmittelbar danach an Israel in größtem Umfang Wirtschaftshilfe leisten würden. Die Israelis selbst behaupten, sie würden von uns 15 Milliarden DM erhalten.

Das Ergebnis der Gespräche ist folgendes:

Die Ägypter bieten an:

a) Die deutschen Schulen und das deutsche Vermögen werden nicht beschlagnahmt.[3]

b) Die Landerechte für die Lufthansa bleiben bestehen.

c) Diplomatische Beziehungen zu Pankow werden nicht aufgenommen (wohl aber werden die diplomatischen Beziehungen mit uns abgebrochen).[4]

Die Ägypter schlagen vor, daß, um dies zu erreichen, der Herr Bundeskanzler an Präsident Nasser einen geheim zu haltenden Brief schreibt. Darin sollte er die Gründe für die Aufnahme der diplomatischen Beziehungen zu Israel erläutern (ein Brief von Mann zu Mann). Er sollte erklären, daß mit Israel keine gegen die Araber gerichteten Bedingungen vereinbart und keine „spezielle" Hilfe an Israel gewährt würden. Er sollte Verständnis für die arabischen

---

[1] Der CDU-Abgeordnete Werner verhandelte zwischen dem 18. März und dem 10. April 1965 mit der ägyptischen Regierung in Kairo. Zur geplanten Gesprächsführung hielt Staatssekretär Carstens am 16. März 1965 fest, Werner werde die Aufnahme diplomatischer Beziehungen zu Israel damit begründen, „daß nur auf diese Weise die Einstellung der Waffenlieferungen möglich war. Dies wird er als die offizielle Ansicht der Bundesregierung bezeichnen." Als persönliche Ansicht werde er „die Ägypter warnen, es durch Anerkennung Pankows zum völligen Bruch" mit der Bundesrepublik kommen zu lassen, und andeuten, daß „im Falle des Wohlverhaltens in Zukunft vielleicht wieder mit deutscher Entwicklungshilfe" zu rechnen sei. Vgl. VS-Bd. 8448 (Ministerbüro); B 150, Aktenkopien 1965.

[2] Zum Entschluß der Bundesregierung, Israel die Aufnahme diplomatischer Beziehungen anzubieten, vgl. Dok. 115, besonders Anm. 7.

[3] Botschaftsrat I. Klasse Müller, Kairo, wies am 11. März 1965 darauf hin, er halte „angesichts der sich täglich steigernden und durch die ganze Propaganda-Maschinerie geschürten Erregung gegen Deutschland die Sicherheit der Deutschen in Ägypten nicht mehr für gewährleistet". Vgl. den Drahtbericht Nr. 316; VS-Bd. 8448 (Ministerbüro); B 150, Aktenkopien 1965.
Vgl. dazu auch Dok. 111, Anm. 15.

[4] Zu den entsprechenden Beschlüssen der Kairoer Konferenz der Außenminister der Arabischen Liga vom 14./15. März 1965 vgl. Dok. 129.

Reaktionen zeigen, aber erklären, daß, wenn Nasser diplomatische Beziehungen zu Pankow aufnehmen würde, dies einen unheilvollen Bruch zur Folge habe. Schließlich sollte der Herr Bundeskanzler zum Ausdruck bringen, daß er hoffe, daß die Zeit vieles heilen werde.

Von ägyptischer Seite ist daran gedacht, daß Herr Werner den Brief an Nasser überbringt. Er würde mit einem Brief Nassers an den Herrn Bundeskanzler zurückkehren, in dem die ägyptischen Zusagen enthalten wären.

Eine weitere ägyptische Anregung ging dahin, daß Herr Scheel in einem Brief[5] an Nasser zum Ausdruck bringen sollte, nach einiger Zeit werde auch die Wirtschaftshilfe wieder aufgenommen werden. Hierzu hat Herr Werner erklärt, er glaube nicht, daß es möglich sein würde, einen solchen Brief zu schreiben. Ich habe dies in meinem Gespräch mit Herrn Werner als schlechthin ausgeschlossen bezeichnet.

Ich bewerte die Chancen, daß es uns auf dem angedeuteten Weg gelingt, die Aufnahme diplomatischer Beziehungen zwischen Kairo und Pankow zu verhindern, als nicht sehr groß. Andererseits sollten wir auch eine kleine Chance in dieser Richtung ergreifen, wenn wir uns nichts vergeben. Ich halte es für möglich, daß der vorgeschlagene Brief entsprechend formuliert werden kann. Einen ersten Entwurf füge ich bei.[6]

Ich schlage vor, daß Kenntnis von diesem Vorgang auf folgende Personen beschränkt wird:

Herren Bundeskanzler, Bundesminister des Auswärtigen, Staatssekretär Carstens, Staatssekretär Lahr, Ministerialdirektor Mercker oder Ministerialdirigent Osterheld.[7]

---

[5] Die Wörter „in einem Brief" wurden von Staatssekretär Carstens handschriftlich eingefügt.
[6] Dem Vorgang beigefügt. In dem Entwurf wurde bekräftigt: „Die Aufnahme diplomatischer Beziehungen zu Israel richtet sich gegen keinen arabischen Staat; es werden im Zusammenhang damit keine Bedingungen vereinbart werden, die arabische Interessen verletzen würden. [...] Ich bedaure tief, daß die arabischen Staaten beschlossen haben, wegen der Aufnahme diplomatischer Beziehungen zwischen der Bundesrepublik Deutschland und Israel Maßnahmen gegen Deutschland zu ergreifen. Ich kann nicht anerkennen, daß diese Entscheidung gerechtfertigt ist, denn Deutschland hat etwas getan, was viele andere Staaten vor ihm taten, ohne daß die arabischen Staaten dagegen etwas unternommen hätten. Über eines aber möchte ich Sie nicht im Zweifel lassen: Wenn es zum Abbruch der Beziehungen zwischen der Bundesrepublik Deutschland und der VAR kommen sollte, so würde ich glauben, daß dadurch der Weg einer Zusammenarbeit nicht für alle Zukunft verbaut sein muß. Wenn aber die VAR ihrerseits diplomatische Beziehungen zu der sogenannten Deutschen Demokratischen Republik aufnehmen würde, so würde dies in der Tat bedeuten, daß die Bande der Freundschaft, die das deutsche und das arabische Volk miteinander verbinden, für unübersehbare Zeit zerschnitten wären." Vgl. VS-Bd. 422 (Büro Staatssekretär); B 150, Aktenkopien 1965.
[7] Dazu vermerkte Staatssekretär Carstens handschriftlich: „H[err] Werner hat auch H[errn] Barzel unterrichtet, der ihm Unterstützung zugesagt hat."

Hiermit dem Herrn Minister vorgelegt[8] mit dem Vorschlag, die Zustimmung des Herrn Bundeskanzlers[9] herbeizuführen.[10]

Carstens

VS-Bd. 422 (Büro Staatssekretär)

132

Abgeordneter Birrenbach, z.Z. Tel Aviv, an Bundesminister Schröder

Z B 6-1-2765/65 geheim
Delegationstelegramm Nr. 2
Citissime

Aufgabe: 18. März 1965, 20.00 Uhr
Ankunft: 18. März 1965, 23.23 Uhr

Für Bundesminister[1] und Staatssekretär[2]

Heute morgen fand meine erste Unterredung mit der Regierung in Israel statt.[3] Ministerpräsident Eshkol war krank. Ich suchte ihn daher in seiner Wohnung auf, wo er mich gleichzeitig in Anwesenheit des stellvertretenden Ministerpräsidenten Eban, des Botschafters Shinnar, des Generalsekretärs des Auswärtigen Amts[4] und des Obersten Arbel empfing. Ich habe dem Ministerpräsidenten zunächst für seine Rede im Knesseth gedankt, in der er sich in sehr positiver Weise für die Aufnahme diplomatischer Beziehungen zwischen Israel und der Bundesrepublik eingesetzt hatte.[5] Ich habe ihm erklärt,

---

[8] Hat Bundesminister Schröder am 19. März 1965 vorgelegen, der handschriftlich vermerkte: „Heute mit B[undes]K[anzler] besprochen – [Er] wird MdB Werner empfangen."

[9] Am 19. März 1965 vermerkte Bundesminister Schröder handschriftlich zum Entwurf des Staatssekretärs Carstens für ein Schreiben an Präsident Nasser: „Noch keine Entscheidung." Vgl. VS-Bd. 422 (Büro Staatssekretär); B 150, Aktenkopien 1965.

[10] Der CDU-Abgeordnete Werner, z.Z. Kairo, berichtete am 21. März 1965: „Die Entsendung einer persönlichen Botschaft des Bundeskanzlers an hiesigen Präsidenten ist nach wie vor im Mittelpunkt des Gesprächs. Die Enttäuschung über die Nichtüberbringung war groß und löste eine gewisse Verzweiflung aus. Mir wurde versichert, daß, falls ein solcher Brief oder Ähnliches nicht erwartet werden könnte, binnen zwei Stunden nach Veröffentlichung der Vereinbarung über die Aufnahme diplomatischer Beziehungen zu Israel Pankow anerkannt würde." Vgl. den Drahtbericht Nr. 382; VS-Bd. 8449 (Ministerbüro); B 150, Aktenkopien 1965.
Zu den Beziehungen zur VAR vgl. weiter Dok. 192.

[1] Hat Bundesminister Schröder am 19. März 1965 vorgelegen.

[2] Hat Staatssekretär Carstens vorgelegen. Vgl. VS-Bd. 422 (Büro Staatssekretär).

[3] Der Sonderbeauftragte Birrenbach traf am 17. März 1965 zu einer zweiten Verhandlungsrunde in Israel ein. Zu den Gesprächen vom 17. bis 22. März 1965 vgl. auch BIRRENBACH, Sondermissionen, S. 108–112; SHINNAR, Bericht, S. 161 f.
Zu den bisherigen Verhandlungen zwischen Birrenbach und der israelischen Regierung über die Ablösung der Waffenlieferungen vgl. Dok. 120.

[4] Arie Levavi.

[5] Am 16. März 1965 begründete Ministerpräsident Eshkol vor der Knesseth die Entscheidung der

die Bevölkerung in der Bundesrepublik ebenso wie Regierung und Parlament unterstützten die Normalisierung der Beziehungen unserer beider Staaten. Ich habe ihm weiter erklärt, daß bedauerlicherweise die Normalisierung unserer Beziehung zusammenfiele mit einer äußerst scharfen Reaktion der Staaten der Arabischen Liga.[6] Wir hätten zu befürchten, daß mindestens sechs Staaten die diplomatischen Beziehungen zu uns abbrechen würden.[7] Weitere Mitgliedstaaten der Arabischen Liga würden die Beziehungen zu uns abbrechen.[8] Das bedeute praktisch, daß die Aufrechterhaltung des Alleinvertretungsrechtsanspruchs der Bundesrepublik gefährdet sei, da die Anerkennung der Zone durch diese sechs Länder zu einer Kettenreaktion in der sogenannten Dritten Welt führen könne, ich brauchte nur zu erwähnen Länder wie Indonesien[9], Ceylon[10] und verschiedene Staaten Ostafrikas[11]. Die Konsequenzen einer solchen Entwicklung seien für die Bundesrepublik unübersehbar, das gelte auch für die Innenpolitik. Auch die Bundesrepublik sei ein junger Staat, der trotz wirtschaftlicher Prosperität politisch außerordentlich verwundbar sei. Ein Zusammenbruch der Deutschland-Politik könnte zu Konsequenzen führen, die auf die Dauer auch das Verhältnis der Bundesrepublik zu Israel berühren müßten. Ich sei darüber hinaus der Meinung, daß ein vitales Interesse der Bundesrepublik und Israels darin bestünde, die Grundlagen der deutschen Nachkriegspolitik nicht in Frage zu stellen. Außerdem bestünde seitens der drei großen westlichen Alliierten, der USA, Frankreich und Großbritannien, ein vitales Interesse daran, daß die Bundesrepublik als mäßigender Faktor und als Wirtschaftspotential nicht aus der kritischen Zone des Mittleren Ostens eliminiert werde.[12] Diese Auffassung sei der Regierung der Bundesrepublik durch die drei Botschafter der drei großen westlichen Mächte noch in den letzten Tagen mit absoluter Eindeutigkeit klar gemacht worden.[13] Das deutsche Interesse laufe hier parallel mit dem der drei großen Mächte und damit dem NATO-Bündnis insgesamt. Ich persönlich sei der Meinung, daß –

Fortsetzung Fußnote von Seite 529

israelischen Regierung vom 14. März 1965, der Aufnahme diplomatischer Beziehungen mit der Bundesrepublik zuzustimmen. Für den Wortlaut vgl. DEUTSCH-ISRAELISCHER DIALOG I/1, S. 265–267.
Zur Haltung von Eshkol vgl. auch Dok. 120, Anm. 16.

[6] Zu den Ergebnissen der Konferenz der Außenminister der Arabischen Liga am 14./15. März 1965 in Kairo vgl. Dok. 129.

[7] Nach einer Meldung der „New York Times" planten die VAR, Algerien, der Irak, der Sudan, die Republik Jemen und Kuweit die Anerkennung der DDR, falls die Bundesrepublik diplomatische Beziehungen zu Israel aufnähme. Vgl. dazu den Drahtbericht Nr. 806 des Gesandten von Lilienfeld, Washington, vom 16. März 1965; Ministerbüro, Bd. 221.
Vgl. auch den Artikel „Die Deutschlandbeschlüsse der Arabischen Liga. Libanesische Informationen"; NEUE ZÜRCHER ZEITUNG, Fernausgabe, Nr. 76 vom 18. März 1965, Bl. 1.

[8] Zu den Überlegungen einzelner arabischer Staaten, die diplomatischen Beziehungen zur Bundesrepublik zu suspendieren, aber nicht abzubrechen, vgl. Dok. 134, besonders Anm. 14.

[9] Zu den Bemühungen der Bundesrepublik, eine Anerkennung der DDR durch Indonesien zu verhindern, vgl. Dok. 216.

[10] Zu einer möglichen Anerkennung der DDR durch Ceylon vgl. Dok. 72; weiter Dok. 375.

[11] Zu den Bemühungen der Bundesrepublik, die Errichtung eines Generalkonsulats der DDR in Daressalam zu verhindern, vgl. Dok. 98. Vgl. weiter Dok. 195.

[12] Vgl. dazu bereits Dok. 89.

[13] Vgl. das Gespräch des Bundeskanzlers Erhard mit den Botschaftern McGhee, Roberts und Seydoux vom 5. März 1965; Dok. 112.

langfristig gesehen – auch das Interesse Israels in der gleichen Richtung liegen müsse.

Herr Eshkol erklärte, er gebe zu, daß auch Israel interessiert sei, daß die Bundesrepublik noch weiterhin im Mittleren Osten vertreten sei. Er erklärte aber, er sei der Meinung, daß die restliche Durchführung des Abkommens[14] in einer noch zu vereinbarenden Form die jetzige Lage nicht mehr ändere. Im Gegenteil, je eindeutiger die Bundesrepublik ihre eigenen Interessen verfolge, um so mehr würde die deutsche Haltung auch von den arabischen Ländern respektiert. Ich habe erklärt, es bestünde eine ausgesprochene Disproportionalität zwischen den Gefahren, welche die Bundesrepublik augenblicklich liefe, und andererseits der Notwendigkeit für Israel, die restlichen Positionen des ursprünglichen Abkommens in anderen Ländern zu kaufen.[15] Nach langem Hin und Her der Diskussionen kamen wir auf die praktischen Punkte zu sprechen. Herr Eshkol erklärte mir, die Abwesenheit von Herrn Peres erleichtere ihm die Verhandlung, da dieser den Standpunkt Israels noch schärfer vertreten würde.[16] Er stünde vor der Tatsache, daß die Schiffe anderswo nicht erworben werden könnten. Über zwei Jahre habe man über Konstruktion, Ausstattung und Ausrüstung dieser Schiffe verhandelt, ehe man zu der Spezifikation gekommen sei, die heute dem Bau der Schiffe zugrunde liege.[17] Kein Land der Erde sei in der Lage, diese Schiffe Israel zu liefern. Außerdem sei es unmöglich, in einem anderen Land eine so kleine Serie aufzulegen, ohne zu exorbitanten Kosten zu kommen. Er sei außerstande zu sehen, wie er die Bundesrepublik aus dieser Verpflichtung entlassen könne, ohne die künftige Sicherheit Israels zu gefährden. Außerdem habe er sich gegenüber Kabinett und Parlament so festgelegt[18], daß er nicht wisse, wie er aus seinem Obligo herauskommen könne. Ich erwiderte ihm, daß Fragen des Prestiges dann keine Rolle spielen könnten, wenn vitale Lebensrechte anderer Nationen auf dem Spiele stünden. Ich könnte mir nicht vorstellen, daß keine andere der großen Flottennationen der Erde in der Lage sein sollte, Schnellboote des angebotenen Types für Israel zu bauen. Als die Verhandlung über diesen Punkt festgefahren zu sein schien, habe ich rein theoretisch die Idee in die Diskussion geworfen, ob nicht Israel die Schiffe in England oder Amerika bestellen und die Bundesrepublik die restliche Zahl der Boote einer Serie erwerben könne, wenn man der Meinung sei, daß der Bau einer Serie unter 12 Booten kostenmäßig nicht tragbar sei. Außerdem erklärte ich, es sei mir bekannt, daß in England Boote ähnlicher Konstruktion gebaut würden, die aber, soviel ich wisse, Düsenantrieb hätten. Endlich bestünde eine theoretische Möglichkeit, für die ich

---

[14] Zu den Waffenlieferungen an Israel vgl. Dok. 2 und Dok. 92.
[15] Vgl. dazu auch Dok. 120.
[16] Der stellvertretende israelische Verteidigungsminister hielt sich zu Gesprächen in Frankreich auf.
Zur Haltung von Peres vgl. auch Dok. 133.
[17] Zum Erwerb von Schnellbooten durch Israel in der Bundesrepublik vgl. auch Dok. 2.
[18] Vgl. die Ausführungen des Ministerpräsidenten Eshkol am 15. Februar 1965 vor der Knesseth; Dok. 77, Anm. 13.
Nach den ersten Gesprächen mit dem Sonderbeauftragten Birrenbach erklärte Eshkol am 16. März 1965 vor der Knesseth: „Wir weigerten uns, den Vorschlag anzunehmen, eine Entschädigung zu empfangen". Vgl. DEUTSCH-ISRAELISCHER DIALOG I/1, S. 266.
Vgl. dazu auch Dok. 120, Anm. 10.

meine Regierung wahrscheinlich nicht gewinnen könne, die Boote an ein drittes Land zu verkaufen, um diese dann von dort aus an Israel weiterverkaufen zu lassen. Die Abgabe von Plänen allein sei schon ein Problem. Alle meine Anregungen seien Anregungen persönlicher Natur, Bemühungen nach Lösungen, die geeignet seien, uns aus der jetzigen Lage zu befreien. Was immer auch geschehe, es müsse völlig klar sein, daß die Boote von der Bundesrepublik weder unmittelbar noch mittelbar geliefert werden dürften und könnten. Der Ministerpräsident bat mich dann, bei der Bundesregierung zurückzufragen: (hier einsetzen aus Delegationsbericht Nr. 1, Fragen 1) bis 5)).[19]

Ich bitte um eine möglichst schnelle und erschöpfende Beantwortung dieser Fragen.[20] Die Boote sind ohne jede Frage, nach Erledigung der Panzer, das zentrale Anliegen Israels. Der Widerstand in dieser Frage ist auch in Abwesenheit von Peres außerordentlich hart gewesen. Ich selbst hatte vor der Sitzung eine über einstündige Unterhaltung mit Shinnar, der auch in dieser Frage keine Neigung zeigte, substantielle Konzessionen zu machen.

Bezüglich der Haubitzen stellt Israel Überlegungen an, wo diese durch Israel gekauft werden könnten, damit wir insoweit aus dem Engagement entlassen werden können. Auch diese Position ist von der israelischen Regierung noch nicht endgültig aufgegeben worden.[21] Was die Dorniers anbelangt, so erklärte ich zunächst, wir möchten auch diese Position annullieren, um das gesamte Restengagement auflösen zu können. Als äußerste Konzession bezeichnete ich zuletzt (auf eigene Verantwortung, obwohl Sie mir diese an Hand gaben) die Möglichkeit, uns aus diesem Abkommen zu entlassen und die Verkehrsflugzeuge später zum Gegenstand eines Lieferungsvertrages im Wege der Entwicklungshilfe zu machen, zumal die Lieferung dieser Flugzeuge nicht so dringend sei. Jedenfalls müsse das jetzige Abkommen, auch im Bezug auf die

---

[19] Am 18. März 1965 stellte der Sonderbeauftragte Birrenbach, z. Z. Tel Aviv, im voraus „folgende Fragen zum heikelsten aller Probleme, der Schiffsfrage. 1) Welche anderen Nationen stellen Boote ähnlicher Konstruktion her? 2) Welches sind die Charakteristiken einer solchen Konstruktion? 3) Besteht die Möglichkeit, durch eine dritte Nation aufgrund der Pläne der deutschen Werft diese Boote nachbauen zu lassen? 4) Ist die Bundesregierung bereit, unter Umständen den Rest einer solchen Serie selbst abzunehmen, wenn nur der Bau einer größeren Serie durch ein drittes Land kostenmäßig tragbar erscheint? 5) Hat die Bundesregierung irgendwelche Vorstellungen, wie man über ein Dreiecksabkommen Israel in den Besitz der Boote bringen könnte (Verkauf von uns an ein Land X und von X an Israel – ich selbst halte diese Variante für untragbar)." Vgl. VS-Bd. 422 (Büro Staatssekretär); B 150, Aktenkopien 1965.

[20] Am 19. März 1965 übermittelte Staatssekretär Carstens dem Sonderbeauftragten Birrenbach, z. Z. Tel Aviv, die Information: „Andere in Betracht kommende Staaten bauen Schnellboote eines vergleichbaren Typs nicht; was im befreundeten Ausland gebaut wird, ist durchweg wesentlich kleiner und nicht geeignet, gewünschtes Waffensystem aufzunehmen." Geprüft worden sei im Bundesministerium der Verteidigung die Frage, ob eine ausländische Werft den Auftrag ausführen könne „mit der Auflage, den Schiffskörper mit eingebauter Antriebsanlage als Unterauftrag bei der deutschen Werft zu bestellen. Der einzige unmittelbare Vertragspartner der israelischen Regierung wäre dann die ausländische Werft. Technisch scheint dieser Weg möglich zu sein, doch halten wir ihn aus politischen Gründen nicht für gangbar. Auch der Schiffsrumpf mit Antriebsaggregat wäre ein Kriegsschiff. Er wäre ohne weiteres jederzeit als deutsches Erzeugnis zu identifizieren. Die Lösung würde in offenkundigem Widerspruch zu unserer Politik einer Beendigung der Waffenlieferungen an Israel stehen. Wir müssen daher auf der Annullierung dieses Teils der Vereinbarungen bestehen." Für den Drahterlaß Nr. 3 vgl. VS-Bd. 423 (Büro Staatssekretär); B 150, Aktenkopien 1965.

[21] Vgl. dazu Dok. 125, Anm. 9.

Dorniers, annulliert werden.²² In der Panzerfrage waren sich beide Seiten darüber klar, daß diese durch die Vereinigten Staaten direkt oder indirekt an Israel geliefert werden.²³ Die finanzielle Abwicklung dieser Angelegenheit soll Gegenstand einer morgigen Diskussion sein.²⁴ Die Übernahme der Lieferung des noch ausstehenden U-Bootes durch die britischen Marinestellen²⁵ stieß auf keine Schwierigkeiten.

Selbst wenn für alle diese Positionen befriedigende Lösungen gefunden werden können, bleibt noch eine außerordentlich schwere Hürde zu überwinden. Diese besteht darin, daß die israelische Regierung glaubt, nach innen nicht wagen zu können, die Annullierung des Abkommens offen zuzugeben.²⁶ Über die Revidierung eines entsprechenden Passus sollen sich morgen der stellvertretende Ministerpräsident Eban und ich im Beisein von Herrn Shinnar unterhalten.²⁷ Der Ministerpräsident sprach dann über die Sicherung Israels in der Zukunft. Ich erklärte ihm, es sei völlig ausgeschlossen, daß die Bundesrepublik noch weiter Waffen an Israel liefere. Vitale Interessen der Bundesrepublik verböten uns, uns an irgendwelchen Waffenlieferungen zu beteiligen. Eshkol meinte dann, ob er daraus entnehmen dürfe, daß wir auch nicht bereit seien, an die arabischen Länder im Mittleren Osten Waffen zu liefern. Ich erklärte ihm, das sei nach meiner Ansicht die logische Konsequenz der grundsätzlichen Einstellung der Bundesrepublik, keine Waffen in Länder dieser Spannungszone zu liefern.²⁸ Ich erwiderte aber auf eine entsprechende Frage von Herrn Eshkol, daß wir das nicht expressis verbis in bezug auf die arabischen Länder offen äußern könnten. Diese Haltung ergäbe sich aus unserer abstrakten Erklärung, keine Waffen in Spannungszonen allgemein oder in diese Spannungszone speziell liefern zu wollen.²⁹ Herr Eshkol warnte die Bun-

22 Am 19. März 1965 setzte Staatssekretär Carstens den Sonderbeauftragten Birrenbach, z.Z. Jerusalem, davon in Kenntnis, daß ihm der Vorschlag, „Dorniers durch spätere Lieferung von Verkehrsflugzeugen zu ersetzen", durchführbar erscheine. Allerdings müsse, „damit der Zusammenhang nicht offenkundig ist, eine gewisse Zeit, etwa ein Jahr, dazwischenliegen". Vgl. den Drahterlaß Nr. 2; VS-Bd. 423 (Büro Staatssekretär); B 150, Aktenkopien 1965.
23 Zur Übernahme der Panzerlieferungen durch die USA vgl. Dok. 125; weiter Dok. 146.
24 Vgl. dazu Dok. 136, besonders Anm. 13.
25 Zu diesem Vorschlag vgl. Dok. 120; weiter Dok. 146.
26 Staatssekretär Carstens teilte dem Sonderbeauftragten Birrenbach, z.Z. Jerusalem, am 19. März 1965 mit: „Wir legen großen Wert auf [eine] gemeinsame deutsch-israelische Erklärung über [die] Annullierung der Waffenlieferungen, da sonst die Gefahr neuer kontroverser Diskussionen in der Öffentlichkeit entsteht. Notfalls würden wir eine einseitige Erklärung zu diesem Komplex abgeben müssen, die sich selbstverständlich in keiner Weise gegen Israel richten würde. Das empfinden wir aber selbst als wenig glückliche Lösung. Sie bringt zudem die israelische Regierung in ähnliche Schwierigkeiten wie ein gemeinsames Kommuniqué." Vgl. den Drahterlaß Nr. 2; VS-Bd. 423 (Büro Staatssekretär); B 150, Aktenkopien 1965.
27 Am 19. März 1965 bemühte sich der stellvertretende israelische Ministerpräsident Eban um ein Kommuniqué, wonach in den Verhandlungen mit dem Sonderbeauftragten Birrenbach die Aufnahme diplomatischer Beziehungen zwischen Israel und der Bundesrepublik beschlossen und andere Themen diskutiert worden seien „in the spirit of a mutual desire to arrive at agreed solutions". Birrenbach verwahrte sich gegen diesen Versuch, die Aufnahme diplomatischer Beziehungen von einer Ablösung des Waffengeschäfts zu trennen. Vgl. den Drahtbericht Nr. 4 von Birrenbach, z.Z. Tel Aviv, vom 19. März 1965; VS-Bd. 8449 (Ministerbüro); B 150, Aktenkopien 1965.
28 Vgl. dazu die Erklärung des Auswärtigen Amts vom Dezember 1957; Dok. 1, Anm. 6.
29 Vgl. dazu die Erklärungen der Bundesregierung vom 12. Februar und vom 7. März 1965; BULLETIN 1965, S. 218f. und S. 325.

desregierung, eine solche Formulierung gesetzgeberisch zu verankern.[30] Man wisse nie, ob sich in Zukunft die Lage einmal ändere. Das gelte auch für die arabischen Länder. Möglicherweise könnte es später im Interesse der Bundesrepublik und Israels liegen, daß an bestimmte Länder der Arabischen Liga, wie etwa die Staaten des Maghreb, Waffen geliefert würden. Ich erwiderte darauf, ich hätte Verständnis für diesen Gesichtspunkt, man brauche ja nur an Indien zu denken.[31] Darüber hinaus lehnte ich aber jede Behandlung dieses Problems im Zusammenhang mit meiner jetzigen Mission ab. Die Bundesregierung würde in der Zukunft mit ihren großen westlichen Alliierten überlegen müssen, wie die westliche Politik im Mittleren Osten wirksamer koordiniert werden könne. Erst dann könne man über diese Frage nachdenken. Herr Eshkol war beim Aufwerfen dieser Frage durch Herrn Shinnar daran erinnert worden, daß der Herr Bundeskanzler Erhard und Herr Bundesminister Westrick in Besprechungen im November vorigen Jahres und Januar d.J. Hilfsaktionen der Bundesrepublik auf finanziellem oder zivilem Gebiet in Aussicht gestellt hätten[32], ohne allerdings in dieser Frage schon konkrete Daten genannt zu haben.[33]

Ich möchte den ersten Teil meines Berichts hiermit schließen, damit in diesem Zusammenhang anzustellende Erwägungen beschleunigt werden können. Ich habe über die Haltung der Bundesregierung keinen Zweifel gelassen. Ich habe die Rechtsfrage bisher nicht zu stark angeschnitten und nur angedeutet, zumal die Geheimhaltung als „Geschäftsgrundlage" für die Panzerlieferung mehr galt als für die restlichen Objekte des Abkommens. Ich wäre dankbar, wenn man mir eindeutige Daten über die Geheimhaltung auch des Restabkommens an Hand geben könnte, evtl. unter Befragung von Strauß. Die Verhandlungen über das Kommuniqué in dieser Frage werden außerordentlich schwierig werden, selbst wenn wir uns über alle materiellen Punkte einigen. Im übrigen lehnte der Ministerpräsident eine noch so günstige Kreditregelung zur Abgeltung des offenen Saldos aus dem hier zur Diskussion stehenden Abkommen ab[34] und bemerkte, er ziehe die ursprünglich besprochene Formulierung vor, wonach der offenstehende Saldo des Abkommens durch die Lieferung von Gütern abgelöst werden solle, über die sich die beiden Regierungen zu einigen hätten.

---

[30] Dazu gab Staatssekretär Carstens dem Sonderbeauftragten Birrenbach, z.Z. Jerusalem, am 19. März 1965 die Information: „An [eine] gesetzgeberische Verankerung des Waffenlieferungsverbots in Spannungsgebiete denken wir bekanntlich nicht." Vgl. den Drahterlaß Nr. 2; VS-Bd. 423 (Büro Staatssekretär); B 150, Aktenkopien 1965.

[31] Zu den Waffenlieferungen der Bundesrepublik an Indien vgl. auch Dok. 24.

[32] Am 4. November 1964 stellte Bundeskanzler Erhard dem Leiter der Israel-Mission, Shinnar, die Frage, „ob man an Stelle künftiger Waffenhilfe nicht vielleicht einiges mit Geld machen könne". Vgl. AAPD 1964, II, Dok. 312.
Der Chef des Bundeskanzleramtes, Westrick, äußerte sich im Gespräch mit Shinnar am 29. Januar 1965 nicht zum Thema Wirtschaftshilfe. Allerdings ließ Shinnar erkennen, „daß seine Seite wohl zumindest mit erneuten finanziellen Vereinbarungen rechnet". Für die Gesprächsaufzeichnung vom 1. Februar 1965 vgl. VS-Bd. 423 (Büro Staatssekretär); B 150, Aktenkopien 1965.

[33] Der Passus „im November ... genannt zu haben" wurde von Bundesminister Schröder unterschlängelt.

[34] Vgl. dazu die Weisung des Staatssekretärs Carstens vom 15. März 1965 für den Sonderbeauftragten Birrenbach; VS-Bd. 423 (Büro Staatssekretär).

Nach Absendung dieses Berichts diktiere ich den nächsten zu der Frage der restlichen Gegenstände meiner Verhandlung (diplomatische Beziehungen, Wissenschaftler, Verjährung etc.).³⁵ Ich bitte um möglichst schnelle Beantwortung meiner Fragen.³⁶

[gez.] Birrenbach

VS-Bd. 8449 (Ministerbüro)

133

**Abgeordneter Birrenbach, z. Z. Tel Aviv,
an Bundesminister Schröder**

Z B 6-1-2785/65 geheim Aufgabe: 19. März 1965
Delegationstelegramm Nr. 3 Ankunft: 19. März 1965, 14.55 Uhr
Citissime

Für Staatssekretär¹ und Bundesminister²

Fortsetzung Drahtbericht Nr. 2³

Bevor die Frage der diplomatischen Beziehungen⁴ behandelt wurde, lenkte der Ministerpräsident die Diskussion auf die Waffenexperten in Ägypten⁵ und die Verjährungsfrage.⁶ Ich trug vor, daß eine Verlängerung der Verjährung nach dem Verlauf der Debatte im Bundestag⁷ als absolut sicher angesehen werden

---

³⁵ Vgl. Dok. 133.
³⁶ Staatssekretär Carstens beantwortete am 19. März 1965 die Fragen bezüglich der Kreditgewährung und der „Geschäftsgrundlage": „Wenn Vorschlag einer Kreditgewährung zur Ablösung der Waffenlieferungen nicht durchsetzbar, sind wir auch mit Ablösung durch Lieferung von Gütern für den zivilen Sektor einverstanden. [...] Geheimhaltung war auch Geschäftsgrundlage für [das] Abkommen von 1962. Am 11. Juli fand eine Besprechung im Hause Strauß mit Peres und Arbel statt, an der auch ich teilnahm. Über [den] Gesprächsverlauf habe ich [eine] Notiz angefertigt, in der es heißt: ‚Alles soll streng geheim bleiben, wenn wir es wünschen. Bisher war Geheimhaltung hervorragend.' Man kann also sehr wohl sagen, daß durch das Bekanntwerden unserer Lieferungen auch die Geschäftsgrundlage der Vereinbarung von 1962 verändert wurde." Vgl. den Drahterlaß Nr. 2; VS-Bd. 423 (Büro Staatssekretär); B 150, Aktenkopien 1965.
¹ Hat Staatssekretär Carstens vorgelegen. Vgl. VS-Bd. 422 (Büro Staatssekretär).
² Hat Bundesminister Schröder vorgelegen.
³ Vgl. Dok. 132.
⁴ Zu den Verhandlungen mit Israel über eine Aufnahme diplomatischer Beziehungen vgl. Dok. 120.
⁵ Zur Diskussion über eine Rückrufung der deutschen Rüstungsexperten aus der VAR vgl. zuletzt Dok. 120.
⁶ Zur Verlängerung der Verjährungsfrist für Gewaltverbrechen in der Zeit des Nationalsozialismus vgl. Dok. 53.
⁷ Am 10. März 1965 befaßte sich der Bundestag mit der Verjährungsfrist für Gewaltverbrechen in der Zeit des Nationalsozialismus. Zugrunde lagen der Debatte der Bericht des Bundesministers Bucher über die Verfolgung nationalsozialistischer Straftaten sowie Anträge einer Gruppe von CDU-Abgeordneten sowie der SPD-Fraktion auf Änderung des Strafrechts. Beide Anträge gingen

könnte. Ich verwies auf die Stellungnahme der internationalen Presse, wonach die Debatte auf einem sehr hohen Niveau gestanden hätte.⁸ Die Herren der israelischen Regierung gaben zu verstehen, daß eine nur vierjährige Verlängerung⁹ wahrscheinlich den Zweck nicht erfülle, den die Bundesregierung, das Bundesparlament und Israel von der Verlängerung der Verjährung erhofften. Voraussichtlich wird diese Frage aus dem Zusammenhang mit einem Abkommen mit Israel ausscheiden.¹⁰ Zur Frage der Experten in Ägypten trug ich den Inhalt jener Instruktionen vor, die für den mündlichen Gebrauch vorgesehen waren. Ich fügte aber hinzu, schriftlich könne die Bundesrepublik nicht soweit gehen, wie ich mich mündlich geäußert hätte.¹¹ Dafür erweckte ich ein gewisses Verständnis. Zur Frage diplomatischer Beziehungen stellte mir Ministerpräsident Eshkol drei Fragen: Wann diese Beziehungen eingeleitet werden sollten? Wo die künftige deutsche Botschaft sich befinden würde? Und wer der Botschafter sei.

Da mich der Ministerpräsident kurz vor Erörterung der Frage der Aufnahme diplomatischer Beziehungen gefragt hatte, wann mit einem definitiven Beschluß des Bundestages in der Verjährungsfrage zu rechnen sei, antwortete ich ihm, und zwar unter besonderer Berücksichtigung der Wünsche, die mir in

Fortsetzung Fußnote von Seite 535

dahin, für mit lebenslangem Zuchthaus zu bestrafende Verbrechen keine Verjährung mehr vorzusehen. Die SPD schlug zusätzlich eine Änderung des Grundgesetzes vor, um Bedenken entgegenzuwirken, daß eine rückwirkende Änderung der Verjährungsfrist gegen des Grundgesetz verstoße, und um der Gefahr vorzubeugen, daß das Bundesverfassungsgericht eine Gesetzesänderung für verfassungswidrig erkläre. Vgl. BT STENOGRAPHISCHE BERICHTE, Bd. 57, S. 8516–8571. Vgl. auch BULLETIN 1965, S. 349–353 und S. 359–362.

8 Vgl. dazu den Artikel von Arthur J. Olsen: „Bonn House Backs Two Nazi Trial Bills"; THE NEW YORK TIMES, International Edition, Nr. 39 128 vom 11. März 1965, S. 1 f. Vgl. auch den Artikel „Opposition to Ending the Prosecution of Nazis"; THE TIMES, Nr. 56 267 vom 11. März 1965, S. 10.

9 In der Bundestagsdebatte vom 10. März 1965 wurde deutlich, daß nicht nur in der FDP-, sondern auch in der CDU/CSU-Fraktion Bedenken gegen eine rückwirkende Änderung der Verjährungsfristen bestanden. Der CDU-Abgeordnete Barzel deutete jedoch an, daß die Fraktion „schließlich die Hinausschiebung des Beginns der Verjährungsfristen mehrheitlich unterstützen" könne. Vgl. BT STENOGRAPHISCHE BERICHTE, Bd. 57, S. 8531.
Am 12. März 1965 wurde in der Presse gemeldet, daß eine Verschiebung des Beginns der Verjährungsfrist vom 8. Mai 1945 auf den 8. Mai 1949 im Gespräch sei. Vgl. den Artikel „Der Rechtsausschuß vor schwierigen Beratungen"; FRANKFURTER ALLGEMEINE ZEITUNG, Nr. 60 vom 12. März 1965, S. 3.

10 Vgl. dazu weiter Dok. 142.

11 Am 15. März 1965 ermächtigte Staatssekretär Carstens den Sonderbeauftragten Birrenbach zu der mündlichen Erklärung, „daß die Zahl der im ägyptischen Flugzeug- und Raketenbau tätigen Deutschen während der letzten Monate stark zurückgegangen ist und daß weitere Experten nach Ablauf ihrer Verträge Ägypten verlassen werden. Auch von den vier prominenten im Raketenbau beschäftigten deutschen Wissenschaftlern sind bereits drei aus ägyptischen Diensten ausgeschieden [...]. Es besteht demnach die Aussicht, daß sich das Problem der deutschen Experten in der VAR im Laufe der Zeit von selbst lösen wird. Die Bundesregierung ist bemüht, den aus der VAR zurückkehrenden Experten in Deutschland geeignete Arbeitsplätze zu schaffen. Dieser Beitrag ist nützlicher und realistischer als der Erlaß von Gesetzen, durch die eine wirksame Regelung dieses Komplexes nicht herbeigeführt werden kann. Die Bundesregierung geht zudem mit den gesetzlich dafür vorgesehenen Mitteln gegen solche Personen vor, die deutsche Staatsangehörige ohne Erlaubnis zur Aufnahme einer Tätigkeit in der VAR abzuwerben suchen." Eine schriftliche Erklärung sollte Birrenbach nur abgeben, „wenn dies unvermeidlich sein sollte". Für die Aufzeichnung vgl. VS-Bd. 423 (Büro Staatssekretär); B 150, Aktenkopien 1965.
Vgl. dazu weiter Dok. 142.

Bonn mit auf den Weg gegeben worden waren, ob es nicht zweckmäßig sei, die offizielle Einleitung der diplomatischen Beziehungen in Form des Austausches von Botschaftern erst dann vorzunehmen, wenn die Verjährungsfrage erledigt sei. Das würde sicherlich noch mehrere Wochen dauern. Der Ministerpräsident meinte darauf, das sei ein zu erwägender Gedanke, es sei denn, daß sich die Entscheidung des Bundestages zu lange hinauszögere.[12] Als ich das bestritt, schlossen sich die übrigen Herren der israelischen Delegation dieser Idee an, ohne jeweils den Austausch der Botschafter in der Sache von den zukünftigen Beschlüssen des Bundestags abhängig zu machen. Auf diese Weise wird man vielleicht etwas Zeit gewinnen, woran uns aus eindeutigen Gründen gelegen sein muß.[13] Was nun die Frage des Wo anbelangt, trug ich vor, daß wir, um die Staaten der Arabischen Liga nicht noch mehr zu reizen, vorzögen, die Botschaft in Tel Aviv zu errichten.[14] Der Widerspruch gegen diesen Vorschlag war stark. Herr Eshkol bedauerte diese Entscheidung außerordentlich. Herr Eban zitierte drei Gründe, die gegen die Zweckmäßigkeit dieser Entscheidung der Bundesregierung sprechen:

1) Deutschland sei nicht an die Resolution der VN des Jahres 1949[15] gebunden, da es nicht Mitglied sei. Im übrigen hätten die USA und Großbritannien gegen die Internationalisierung Jerusalems gestimmt.[16]

2) hätten inzwischen, und zwar in der Zeit bis zur Verlegung des Sitzes der israelischen Regierung nach Jerusalem[17] im Jahre 1953, von 24 Staaten 3 Staaten ihre Botschaft in Jerusalem errichtet: Holland, Griechenland, Uruguay.

---

12 Zur Entscheidung des Bundestages vom 25. März 1965 vgl. Dok. 142, Anm. 5.
13 Vgl. dazu auch Dok. 134.
14 Dazu hielt Ministerialdirektor Meyer-Lindenberg am 11. März 1965 fest: „Aufgrund der UNO-Beschlüsse sollte Jerusalem als freie Stadt aus dem Staatsgebiet ausgeklammert bleiben. Großbritannien z.B. hat daher bei der Anerkennung des Staates Israel einen Vorbehalt gemacht und den israelischen Besitzstand von Jerusalem nur de facto, nicht de jure anerkannt. Die Großmächte unterhalten ihre Botschaften in Tel Aviv und in Jerusalem Generalkonsulate, die nicht den Botschaften unterstellt sind, um die rechtliche Unabhängigkeit Jerusalems von dem übrigen israelischen Staatsgebiet zu unterstreichen." Vgl. Ministerbüro, Bd. 220.
Ministerialdirigent Böker wies am 15. März 1965 „nachdrücklich" darauf hin, daß die Errichtung einer Botschaft in Jerusalem „eine schwere zusätzliche Belastung des deutsch-arabischen Verhältnisses bedeuten würde. Gleichzeitig würden wir uns damit in Gegensatz zu Beschlüssen der Vereinten Nationen stellen." Vgl. VS-Bd. 2631 (I B 4); B 150, Aktenkopien 1965.
15 Am 9. Dezember 1949 beschloß die UNO-Generalversammlung, daß Jerusalem auf Dauer unter internationale Kontrolle gestellt werden sollte. Für den Wortlaut der Resolution Nr. 303 vgl. UNITED NATIONS RESOLUTIONS, I/2, S. 305.
16 Großbritannien und die USA lehnten in der UNO-Generalversammlung am 9. Dezember 1949 eine dauerhafte Internationalisierung von Jerusalem ab. Für das Abstimmungsergebnis vgl. UNITED NATIONS RESOLUTIONS, I/1, S. 62.
17 Dazu stellte Ministerialdirigent Böker am 15. März 1965 fest: „Die Vereinten Nationen hatten bekanntlich seinerzeit beschlossen, daß Jerusalem und die heiligen Stätten internationalisiert werden sollten. Über diesen Beschluß hat sich Israel hinweggesetzt und hat durch einseitigen Willensakt Jerusalem zu seiner Hauptstadt erklärt, obwohl sich nur die Neustadt Jerusalems in israelischen Händen befindet, während der ganze klassische Teil der Stadt heute auf jordanischem Gebiet liegt. Aus Respekt gegenüber den Beschlüssen der UN hat die überwältigende Mehrheit aller Staaten, darunter insbesondere die großen Westmächte, sich bisher geweigert, ihre Botschaften von Tel Aviv nach Jerusalem zu verlegen." Vgl. VS-Bd. 2631 (I B 4); B 150, Aktenkopien 1965.

In der Zeit von Juli 53 bis[18] Mai 58, d.h. 10 Jahre nach Gründung des Staates Israel[19], hätten weitere 9 Staaten ihre Vertretungen in Tel Aviv und zwei Staaten, und zwar die Dominikanische Republik und Guatemala, ihre Botschaften in Jerusalem errichtet. Seit Mai 58 sei die Entwicklung umgekehrt verlaufen. 3 Staaten hätten ihre Vertretung in Tel Aviv und 12 Staaten in Jerusalem errichtet. Diese 12 Staaten sind: Venezuela, Elfenbeinküste, Obervolta, Niger, Dahome, Zentralafrikanische Republik, Gabun, Kolumbien, Kongo, Costa Rica, Panama und Bolivien. Darüber hinaus gebe es noch weitere Gründe, die für eine Errichtung einer deutschen Botschaft in Jerusalem sprächen. Einerseits die Tatsache, daß der Beschluß der VN im November 47[20] eine Frist von 10 Jahren für eine Sonderregelung für die Stadt Jerusalem vorgesehen habe. Nach Ablauf dieser Frist sollte eine Volksbefragung den zukünftigen Status der Stadt bestimmen. Es läge also heute keine Verletzung des ursprünglichen Beschlusses der VN vor, wenn die Bundesrepublik ihre Botschaft in Jerusalem errichten würde. Herr Eban schloß mit der Bemerkung, zu allen diesen Argumenten käme noch ein sehr wesentliches Argument hinzu, das moralische Verhältnis der Bundesrepublik zu Israel. Dieses könne nicht mit den gleichen Maßstäben gemessen werden wie das Israels zu anderen Nationen. Im übrigen habe Frankreich nach der letzten Besprechung Eshkols mit de Gaulle[21] versprochen – avec sagesse – den jetzigen Status der französischen Botschaft in dem von Israel gewünschten Sinne schrittweise zu verändern. Ich habe auf diese Argumente geantwortet, daß ich bereit sei, diese meiner Regierung zu unterbreiten, daß aber diese Erwägungen den Gesichtspunkten der Bundesregierung zugrunde gelegen hätten, bevor ich nach Israel abgereist sei. Ich blieb also bei meiner negativen Einstellung, versprach aber, die von den Israelis vorgetragene Argumentation an die Bundesregierung weiterzuleiten.

Zusammenfassend bin ich der Meinung, daß in der jetzigen Verhandlungsrunde noch drei kritische Punkte zu überwinden sind:
1) die Schiffsfrage
2) die Frage der Formulierung des Protokolls[22]
3) das Problem Jerusalem.

Ich halte alle drei für nicht unüberwindbar, nur müßte man einen Ausweg in bezug auf die Wahl eines Ersatzlieferanten für die Schiffe finden.[23]

---

[18] Korrigiert aus: „und".
[19] Der Staat Israel wurde am 15. Mai 1948 gegründet.
[20] Mit Resolution Nr. 181 vom 29. November 1947 legte die UNO-Generalversammlung – zunächst für einen Zeitraum von 10 Jahren – einen Sonderstatus für Jerusalem fest: „The City of Jerusalem shall be established as a corpus separatum under a special international regime and shall be administered by the United Nations." Vgl. UNITED NATIONS RESOLUTIONS, I/1, S. 337–341, hier S. 337.
[21] Ministerpräsident Eshkol führte vom 29. Juni bis 1. Juli 1964 Gespräche mit Staatspräsident de Gaulle, Ministerpräsident Pompidou und dem französischen Außenminister Couve de Murville in Paris. Vgl. dazu EUROPA-ARCHIV 1964, Z 163f.
[22] Vgl. dazu Dok. 132, Anm. 26 und 27.
[23] Zu diesem Problem vgl. auch Dok. 132, Anm. 20.
Der stellvertretende israelische Verteidigungsminister Peres schlug am 19. März 1965 vor, daß Israel die Schnellboote bei einer französischen Werft bestellen könnte. Diese erwerbe dann in Deutschland „für ihre eigene Produktion die für diese sechs Boote benötigten Maybach-Motore und andere Teile, insbesondere die Elektronik. Ferner erfolgt der Bau der Schiffe aufgrund der

Nach Lage der Sache glaube ich nicht, am Sonnabend zurückkehren zu können.

Heute abend findet eine weitere Besprechung mit dem Verteidigungsminister[24] und morgen eine neue Gesprächsrunde mit dem Ministerpräsidenten, mit dem stellvertretenden Ministerpräsidenten[25] und dem Verteidigungsminister statt. Die Antwort der Bundesregierung auf meine Anfrage wird für den Verlauf der Verhandlungen von entscheidender Bedeutung [sein].

In der am späten Abend des 18.3. beginnenden Sitzung mit dem stellvertretenden Verteidigungsminister Peres kam es zu einem massiven Zusammenstoß. Peres, der gerade von einem Besuch bei Messmer in Paris zurückkam[26], lehnte kategorisch die Ablösung der Schiffe ab und behauptete, für diese habe Israel eine Waffenausrüstung im Werte von 22 Mio. Dollar gekauft. Er meinte, nach seinen Ermittlungen wären die Schiffe nicht anderswo lieferbar. Den englischen Schiffstyp lehnte er ab und behauptete, daß ein italienisches Modell erst als Prototyp vorhanden sei. Peres bestritt die gefährliche Lage der Bundesrepublik in der jetzigen Krise und behauptete, außer Ägypten würde niemand die SBZ anerkennen, und im übrigen überbewerteten wir die Reaktion der Araber.

Ich habe darauf erklärt, wenn sich die israelische Regierung Art und Form seiner Argumentation zu eigen machen würde, würde ich mein Mandat niederlegen. Meine außerordentlich scharfen Erwiderungen bereinigten die Atmosphäre etwas. Peres erwog dann ein Ersatzobjekt mit Eshkol zu besprechen[27] und erklärte, das Wesentliche sei die Zukunft. Israel müßte wenigstens

---

Fortsetzung Fußnote von Seite 538

    Pläne und des Knowhow der Lührsenwerft. Der Unternehmer wäre also die ausländische Werft, und zwar für Rechnung von Israel." Der Sonderbeauftragte Birrenbach äußerte sich positiv zu diesem Plan, da „die Silhouette der hier zur Diskussion stehenden Konstruktion von dem ursprünglichen deutschen Typ (Jaguar) sich klar unterscheiden würde". Allerdings müßte Israel für die Mehrkosten des Nachbaus entschädigt werden. Vgl. den Drahtbericht Nr. 5 von Birrenbach, z.Z. Tel Aviv, vom 19. März 1965; VS-Bd. 8449 (Ministerbüro); B 150, Aktenkopien 1965.
    Zu einer möglichen Lieferung der Schnellboote durch Italien vgl. Dok. 136.

24 Vermutlich der stellvertretende Verteidigungsminister Shimon Peres. Ministerpräsident Eshkol war auch Verteidigungsminister.
25 Abba Eban.
26 Über den Besuch des stellvertretenden israelischen Verteidigungsministers in der französischen Hauptstadt berichtete Botschafter Klaiber, Paris, am 15. März 1965, Peres führe Verhandlungen über Waffenkäufe. „Dabei handele es sich ‚nicht unbedingt' und jedenfalls nicht primär um Ersatz für die deutschen Lieferungen." Vgl. den Drahtbericht Nr. 397; VS-Bd. 2425 (I A 2); B 150, Aktenkopien 1965.
27 Am 19. März 1965 erläuterte der Sonderbeauftragte Birrenbach, z.Z. Tel Aviv, nach dem Gespräch mit dem stellvertretenden israelischen Ministerpräsidenten Eban das Ersatzprojekt. Dabei handele es sich „um eine Beteiligung an einer amerikanischen Planung für einen Atomreaktor, mit dem Israel versuchen will, sein Wasserproblem durch Umwandlung von Seewasser in Trinkwasser zu lösen. […] Da es sich hier nicht um Waffen handelt, könnte in einer Teillieferung ein Element der Lösung liegen, zumal der für den spezifischen Zweck von den Amerikanern zu bauende Reaktor unter Kontrolle der Wiener Atomorganisation bleiben würde." Vgl. den Drahtbericht Nr. 4; VS-Bd. 8449 (Ministerbüro); B 150, Aktenkopien 1965.
    Noch am selben Tag berichtete Birrenbach jedoch, daß Ministerpräsident Eshkol „die Annahme des Austauschprojektes abgelehnt" habe. Vgl. den Drahtbericht Nr. 5; VS-Bd. 8449 (Ministerbüro); B 150, Aktenkopien 1965.
    Zu entsprechenden Überlegungen auf deutscher Seite vgl. Dok. 120, Anm. 10. Vgl. ferner die Auf-

im Prinzip wissen, ob eine Hilfe in Geld oder zivilen Gütern gemäß den Besprechungen Erhard/Shinnar und Westrick/Shinnar gegeben würde.[28] Ich bestand auf der Trennung beider Verhandlungen.

Die Verhandlungen werden heute morgen (19.3.) fortgesetzt.[29]

[gez.] Birrenbach

VS-Bd. 8449 (Ministerbüro)

134

Aufzeichnung des Ministerialdirigenten Böker

I B 4-82.00/92.-/671/65 geheim   19. März 1965

Betr.: Vorschläge zur Erhaltung gewisser deutscher Positionen im Nahen Osten in der gegenwärtigen Krise

Da es auf der Kairoer Konferenz der arabischen Länder am 14. März[1] offensichtlich nicht zu einer hundertprozentigen Einigung kam und da sich auch seitdem gewisse zusätzliche Divergenzen unter den arabischen Staaten[2] aufgetan haben, erscheint es sinnvoll, wenigstens den Versuch zu machen, gewisse deutsche Positionen im arabischen Bereich durch die gegenwärtige Krise hindurch zu retten, um von ihnen aus zu einem späteren Zeitpunkt eine neue Nahost-Politik aufzubauen. Hierzu möchte ich nach Rücksprache mit meinen für Nahost-Fragen zuständigen Mitarbeitern folgende Vorschläge machen:

1) Wir müssen etwas Zeit gewinnen und sollten den Austausch von Botschaftern mit Israel[3] nicht übermäßig beschleunigen. Die Beschlüsse der Kairoer Konferenz vom 14. März gehen dahin, daß die diplomatischen Beziehungen

---

Fortsetzung Fußnote von Seite 539
   zeichnungen des Vortragenden Legationsrats I. Klasse von Stempel vom 18. und 24. März 1965; VS-Bd. 2461 (I A 6); B 150, Aktenkopien 1965.
[28] Vgl. dazu Dok. 132, Anm. 32 und 36.
[29] Vgl. dazu Dok. 136.
[1] Zur Konferenz der Außenminister der Arabischen Liga vgl. Dok. 129.
[2] Botschafter Freiherr von Richthofen, Khartum, berichtete am 15. März 1965, daß die Teilnehmerstaaten an der Kairoer Konferenz in „drei Fraktionen geteilt" seien: Irak, Algerien, Kuweit und Syrien seien für einen sofortigen Abbruch der diplomatischen und wirtschaftlichen Beziehungen zur Bundesrepublik und für die Anerkennung der DDR; der Sudan, Saudi-Arabien und Jordanien würden die Beziehungen abbrechen, wenn die Bundesrepublik „mit Israel Botschafter austausch[e], wobei [die] Aufnahme diplomatischer Beziehungen zur Sowjetzone nicht erwähnt" sei. Tunesien, der Libanon und Libyen beabsichtigten, die Beziehungen zur Bundesrepublik aufrechtzuerhalten. Vgl. den Drahtbericht Nr. 54; Ministerbüro, Bd. 221.
[3] Zum Beschluß der Bundesregierung vom 7. März 1965 vgl. Dok. 115, besonders Anm. 7.
   Zu den Verhandlungen mit Israel über die Aufnahme diplomatischer Beziehungen vgl. Dok. 133, weiter Dok. 136.

mit uns abzubrechen sind, wenn wir mit Israel Botschafter austauschen.[4] Dies wird von einigen arabischen Regierungen, insbesondere der VAR, dahingehend interpretiert, daß das Zustandekommen einer grundsätzlichen Einigung über den Austausch von Botschaftern als Stichtag zu gelten habe.[5] Andere arabische Länder könnten dazu neigen, den Beschluß wörtlich auszudeuten[6]; dies würde praktisch bedeuten, daß der Stichtag das Eintreffen eines deutschen Botschafters in Tel Aviv wäre (da voraussichtlich ein israelischer Botschafter bereits früher in Bonn erscheinen wird). Zahlreiche uns befreundete arabische Diplomaten[7] sowie Vertreter verbündeter Regierungen (siehe z.B. Gespräch Botschafter Grewe – Staatssekretär Cattani[8]) haben uns nahegelegt, hier zögerlich vorzugehen. Ein Zeitgewinn von etwa zwei Monaten könnte ausreichen, um uns wohlgesonnenen arabischen Regierungen Gelegenheit zu geben, ihre öffentliche Meinung zu beruhigen und die Zügel wieder fester in die Hand zu bekommen. Freilich dürfen wir die Zeit nicht ungenutzt verstreichen lassen, sondern müssen sie nutzen, um gewisse Zersetzungserscheinungen im arabischen Lager zu fördern und einzelne Staaten aus der Solidarität mit Nasser herauszubrechen. Eine Zeitspanne von etwa zwei Monaten könnte auch in Israel keine Verstimmung hervorrufen, da sie leicht mit personalpolitischen und verwaltungstechnischen Schwierigkeiten motiviert werden kann. Eine allzu lange Verzögerung des Botschafteraustausches, etwa bis über die September-Wahlen hinaus, wie dies von einigen befreundeten arabischen Diplomaten vorgeschlagen worden ist, würde ich dagegen jetzt, da die

---

[4] Der Passus „diplomatische Beziehungen … Botschafter austauschen" wurde von Ministerialdirektor Meyer-Lindenberg hervorgehoben. Dazu handschriftliche Bemerkung: „Angeblich: wenn wir diplomatische Beziehungen aufnehmen. – Die Berichterstattung ist nicht einheitlich."

[5] Am 23. März 1965 berichtete Botschaftsrat I. Klasse Müller, Kairo, ägyptische Regierungskreise seien beunruhigt darüber, „daß mehrwöchentliche Frist zwischen Bekanntgabe der Aufnahme deutsch-israelischer diplomatischer Beziehungen und Entsendung eines Botschafters nach Israel die arabische Einigkeit im deutsch-arabischen Konflikt weiter abbröckeln lassen könnte […]. Schon aus Prestigegründen wird Nasser sicherlich auf eine enge Auslegung des Beschlusses bestehen." Vgl. den Drahtbericht Nr. 394; Ministerbüro, Bd. 221.

[6] Botschafter Mangold, Damaskus, berichtete am 20. März 1965, der Abteilungsleiter im syrischen Außenministerium, Daoudi, habe bestätigt, „daß Kairoer Beschluß vom 14. März die arabischen Staaten erst in dem Augenblick anhält, Beziehungen zu Bundesrepublik abzubrechen, in dem der Austausch der Botschafter zwischen Israel und uns tatsächlich vollzogen wird, also nicht bereits bei Abschluß dahingehender Vereinbarung zwischen beiden Ländern". Vgl. den Drahtbericht Nr. 106; Ministerbüro, Bd. 221.
Noch am 4. Mai 1965 wurde auch im Libanon erwogen, den Abbruch der Beziehungen „nach Möglichkeit nicht vor Botschafteraustausch" durchzuführen. Vgl. den Drahtbericht Nr. 185 des Botschafters Munzel, Beirut, vom 4. Mai 1965; VS-Bd. 8449 (Ministerbüro); B 150, Aktenkopien 1965.

[7] Vgl. dazu die Äußerungen des tunesischen Botschafters Ben Ayed vom 10. März 1965 gegenüber Ministerialdirigent Böker; Dok. 121. Vgl. ferner die Aussage des jordanischen Ministerpräsidenten Tell gegenüber Botschafter Graf von Spreti, Amman; Dok. 124.

[8] Am 17. März 1965 berichtete Botschafter Grewe, Paris (NATO), über sein Gespräch mit dem Generalsekretär im italienischen Außenministerium vom Vortag. Cattani erklärte, er würde es für zweckmäßig halten, „wenn wir uns bei unseren weiteren Schritten, insbesondere beim Austausch von Botschaftern mit Israel, Zeit ließen. Es sei wichtig, daß sich die Gemüter in arabischen Ländern beruhigten und die Nasser nicht folgenden Kräfte Zeit erhielten, sich zur Geltung zu bringen." Vgl. den Drahtbericht Nr. 351; VS-Bd. 8449 (Ministerbüro); B 150, Aktenkopien 1965.

Grundsatzentscheidung gefallen ist und wir vor der Weltöffentlichkeit eine Verpflichtung eingegangen sind, nicht für ratsam halten.[9]

2) Die so gewonnene Zeit sollten wir nutzen, um den gutwilligen arabischen Regierungen nahezulegen, ihre Solidarität mit Nasser nicht so weit zu treiben, daß der Weg zu einer baldigen Wiederaufnahme der diplomatischen Beziehungen erschwert, wenn nicht gar verbaut wird. Wir sollten ihnen klarmachen, daß jede Aufnahme politischer Beziehungen zur SBZ, seien sie diplomatischer oder konsularischer Art, ein kaum zu überwindendes Hindernis zur Wiederaufnahme der Beziehungen mit uns darstellen würde[10], und dies auch für den Fall, daß wir zwischenzeitlich diplomatische Beziehungen mit dem einen oder anderen Ostblock-Staat[11] aufgenommen haben sollten. Beide Fälle seien nicht vergleichbar.

3) Wir sollten all den arabischen Staaten, die noch nicht fest entschlossen scheinen, wie sie sich uns gegenüber verhalten sollen, klarmachen, daß es Mittelwege zwischen dem Abbruch der Beziehungen und dem bloßen Rückruf des Botschafters gibt (z.B. die zeitweilige Suspendierung diplomatischer Beziehungen).[12] Wir sollten unsere Bereitschaft zu erkennen geben, über derartige Mittelwege mit uns sprechen zu lassen, z.B. auch über die offenbar zur Zeit in Jordanien angestellte Erwägung, die diplomatischen Beziehungen nur einseitig abzubrechen.[13] Eine Beschränkung eines solchen Gesprächs auf nur einige wenige arabische Staaten[14] würde bedeuten, daß wir darauf verzichten, gegenüber anderen arabischen Staaten den geringen uns verbleibenden diplomatischen Spielraum auszunutzen.

[9] Der Passus „würde ich ... halten" wurde von Staatssekretär Carstens hervorgehoben. Dazu handschriftliche Bemerkung: „r[ichtig]".

[10] Der Passus „Wir sollten ihnen klarmachen ... darstellen würde" wurde von Staatssekretär Carstens hervorgehoben. Dazu handschriftliche Bemerkung: „r[ichtig]".

[11] Zu den Überlegungen des Auswärtigen Amts, diplomatische Beziehungen mit Ostblock-Staaten aufzunehmen, vgl. Dok. 52; weiter Dok. 140.

[12] Der Passus „(z.B. ... Beziehungen)" wurde von Ministerialdirektor Meyer-Lindenberg hervorgehoben. Dazu handschriftliche Bemerkung: „Richtig: Suspendierung der ständigen dipl[omatischen] Vertretungen."

[13] Der Passus „Erwägung, ... abzubrechen" wurde von Ministerialdirektor Meyer-Lindenberg hervorgehoben. Dazu handschriftliche Bemerkung: „S[iehe] o[ben]. – Nur die ständigen dipl[omatischen] Vertretungen, nicht die dipl[omatischen] Beziehungen können einseitig suspendiert werden."
Zu den jordanischen Überlegungen hinsichtlich eines einseitigen Abbruchs der diplomatischen Beziehungen vgl. auch die Aufzeichnung des Legationssekretärs Bräutigam vom 23. März 1965; Ministerbüro, Bd. 221.

[14] Gespräche sollten mit der jordanischen, der libanesischen und der saudi-arabischen Regierung geführt werden. Am 19. März 1965 erläuterte Ministerialdirektor Meyer-Lindenberg den Botschaften in Amman, Beirut und Djidda die juristischen Hintergründe für mögliche Zwischenlösungen: Der Wiener Konvention über diplomatische Beziehungen zufolge könne „einseitig oder zweiseitig bei Fortbestand diplomatischer Beziehungen und Suspension ständiger diplomatischer Vertretungen zwischenstaatlicher Verkehr in verschiedener Weise wahrgenommen werden, z.B. durch ad hoc-Diplomaten (d.h. gelegentliche Entsendung von Sonderbeauftragten), durch dritten Staat (Schutzmacht) oder durch eigene diplomatische Vertretung im dritten Staat. Ein solches Verfahren, das geeignete arabische Staaten möglicherweise sogar einseitig uns gegenüber anwenden könnten (bei Aufrechterhaltung unserer ständigen diplomatischen Vertretung im Gastland), könnte baldige Wiedereinrichtung der ständigen diplomatischen Vertretungen dieser Staaten in Bonn erleichtern." Dies sei nach geltendem Völkerrecht bei einem Abbruch der diplomatischen Beziehungen nicht möglich. Vgl. VS-Bd. 8449 (Ministerbüro); B 150, Aktenkopien 1965.

4) Wir sollten sowohl in diplomatischem Gespräch mit den arabischen Regierungen wie durch öffentliche Erklärungen (Regierungssprecher, Diplo[15], lancierte Presseartikel) einige Argumente in den Vordergrund stellen, von denen wir sicher sein können, daß sie im arabischen Raume einiges Gehör finden werden. Eine Zusammenstellung dieser Argumente[16] wird zur Zeit im Referat I B 4 vorbereitet. Wir können uns dabei auch gewisser Äußerungen der tunesischen[17] und marokkanischen Regierungen sowie gewisser libanesischer und tunesischer Pressestimmen[18] bedienen, ohne diese jedoch offen zu zitieren. Einige der wichtigsten Argumente müßten sein:

a) Die Einladung Ulbrichts, die die Krise ausgelöst hat, war nicht das Resultat der Waffenlieferungen an Israel[19], sondern erfolgte unter sowjetischem Druck.[20] Der stellvertretende Ministerpräsident der VAR, Dr. Tarraf, hat selbst öffentlich erklärt (ADN-Meldung Nr. 100 vom 5.3., Nachrichtenspiegel vom 6.3.): „Die Einladung an Ulbricht war lange, lange bevor uns die Waffenlieferungen Bonns an Israel bekannt wurden, geplant und beschlossen").

b) Nasser hat seine arabischen Bruderstaaten nicht wegen des Ulbricht-Besuchs konsultiert[21]; hätte er dies getan, so hätten sie ihm vermutlich uni sono abgeraten.

---

[15] Dieses Wort wurde von Staatssekretär Carstens hervorgehoben. Dazu handschriftliche Bemerkung: „r[ichtig]".

[16] Das Wort „Argumente" wurde von Staatssekretär Carstens hervorgehoben. Dazu handschriftliche Bemerkung: „Gut. Bitte auch die Vorgänge v[on Referat] L 3 heranziehen."

[17] Auf einer Pressekonferenz in Beirut führte der tunesische Präsident am 11. März 1965 den Beginn der Krise zwischen der Bundesrepublik und den arabischen Staaten auf die Waffenlieferungen an Israel zurück. Bourguiba erklärte weiter: „La fourniture d'armes a été arrêtée. Mais la visite d'Ulbricht a mécontenté les Allemands parce que Ulbricht est leur premier ennemi. Cette visite a été une sorte de provocation qui n'était pas nécessaire." Vgl. den Drahtbericht Nr. 104 des Botschafters Munzel, Beirut, vom 11. März 1965; Ministerbüro, Bd. 220.

[18] Nach Kommentaren in der tunesischen Presse boten zwar die Waffenlieferungen der Bundesrepublik an Israel Anlaß zu scharfen Reaktionen, nicht jedoch die Aufnahme diplomatischer Beziehungen zwischen diesen beiden Staaten. Denn damit habe sich die Bundesrepublik lediglich „in die große Zahl der Staaten ein[ge]reiht, die Israel längst anerkannt haben und mit denen […] nach wie vor völlig normale Beziehungen unterhalten" würden. Vgl. den Drahtbericht Nr. 42 des Botschafters von Tannstein, Tunis, vom 16. März 1965; Ministerbüro, Bd. 221.
Die libanesische Zeitung „Al Hayat" betrachtete die „Araber nicht als Gewinner dieser Krise, da [die] deutsche Hilfe jetzt einseitig Israel zufließen werde". Vgl. den Drahtbericht Nr. 117 des Botschafters Munzel, Beirut, vom 16. März 1965; Ministerbüro, Bd. 221.

[19] Zum Bekanntwerden der Waffenlieferungen an Israel vgl. Dok. 1, Anm. 3.
Zur ägyptischen Argumentation, die Einladung des Staatsratsvorsitzenden sei eine Reaktion auf die Waffenlieferungen der Bundesrepublik an Israel gewesen, vgl. Dok. 75.

[20] Am 15. März 1965 berichtete Botschafter Klaiber, Paris, über eine Äußerung seines syrischen Kollegen Joundi. Präsident Nasser sei „nicht durch deutsche Waffenhilfe an Israel, über die er schon lange im Bilde gewesen sei, sondern durch Rücksicht auf die Sowjetunion veranlaßt worden, Ulbricht einzuladen". Vgl. den Drahtbericht Nr. 395; Ministerbüro, Bd. 221.
Vgl. dazu auch Dok. 38, Anm. 3.

[21] Am 16. März 1965 gab Botschafter von Tannstein, Tunis, einen Kommentar in der tunesischen Presse wieder, wonach die Konsequenzen aus dem Besuch des Staatsratsvorsitzenden Ulbricht in der VAR „nicht von anderen arabischen Staaten getragen werden [könnten], da diese vorher nicht konsultiert worden seien". Vgl. den Drahtbericht Nr. 42; Ministerbüro, Bd. 221.
Ministerialdirigent Böker hielt am 1. April 1965 zur Haltung der Maghreb-Staaten fest, daß „das eigenmächtige Vorgehen Nassers ohne vorherige Konsultationen nicht nur von diesen Staaten intern kritisiert wurde". Vgl. VS-Bd. 2625 (I B 4); B 150, Aktenkopien 1965.

c) Nasser hat nach Bekanntwerden der Waffenlieferungen eine Einladung zum Staatsbesuch in die Bundesrepublik angenommen und noch bis kurz vor Bekanntwerden der Einladung an Ulbricht mit uns über Termine verhandelt[22]; er war also bereit, sich mit uns über die Köpfe der anderen arabischen Staaten hinweg zu arrangieren; nur unter sowjetischem Druck hat er dies aufgegeben.[23]

d) Mit der Einstellung der Waffenlieferungen an Israel[24] hat die Bundesregierung nicht nur ihren guten Willen gegenüber den arabischen Ländern bekundet, sondern unter sehr schwierigen Umständen ein Opfer für die Freundschaft mit der arabischen Welt gebracht.

e) Fast alle arabischen Regierungen waren sich darüber klar, daß das Nichtbestehen diplomatischer Beziehungen zwischen Deutschland und Israel eine Anomalie war[25], die früher oder später zu Ende gehen mußte.[26] Die arabischen Staaten können der Bundesrepublik nicht verwehren, was sie den anderen Westmächten, ihren afrikanischen Bruderstaaten, zahlreichen asiatischen Ländern und sämtlichen Staaten des Ostblocks einschließlich Jugoslawiens widerspruchslos zugestehen. Wenn auch emotionale Reaktionen verständlich sind, so sollten sie nicht dazu führen, daß die realen Interessen der arabischen Länder darunter leiden.

f) Angesichts der Beschlüsse von Kairo muß man sich die Frage stellen: cui bono? Die Antwort ist eindeutig: Nur die Sowjetunion bzw. der Weltkommunismus und Israel können sich darüber freuen, wenn die freundschaftlichen Beziehungen zwischen Deutschland und den arabischen Ländern gestört bzw. zerstört sind.

g) Beziehungen mit der SBZ sind nicht nur wirtschaftlich, sondern auch politisch und psychologisch kein Ersatz für Beziehungen mit dem freien Deutschland. Die Machthaber der SBZ vertreten nicht das Deutsche Volk, und ihre Äußerungen und Handlungen entsprechen nicht dem Volkswillen. Weltpolitisch gesehen sind Beziehungen mit der SBZ nur eine Belastung, weil sie den betreffenden Staat als eindeutig zum kommunistischen Lager neigend kennzeichnen.

h) Weder die Anerkennung eines Staates noch die Aufnahme diplomatischer Beziehungen mit ihm kann[27] die Anerkennung bestimmter Grenzen implizieren[28]. Über 100 Staaten der Welt haben mit der Bundesrepublik Deutschland

---

[22] Zum geplanten Besuch des Präsidenten Nasser in der Bundesrepublik vgl. Dok. 30.
[23] Vgl. dazu auch Dok. 48.
[24] Zur grundsätzlichen Entscheidung der Bundesregierung, zukünftig keine Waffen mehr in Spannungsgebiete zu liefern, vgl. Dok. 39 und Dok. 40.
Zur Einstellung der bereits vereinbarten Waffenlieferungen an Israel vgl. Dok. 101.
[25] Vgl. dazu die Äußerungen des tunesischen Botschafters Ben Ayed gegenüber Ministerialdirigent Böker am 10. März 1965; Dok. 121.
[26] Dazu handschriftliche Bemerkung des Ministerialdirektors Meyer-Lindenberg: „Zumal Israel bereits 1952 von der Bundesrepublik Deutschland als Staat anerkannt worden ist."
[27] Dieses Wort wurde von Ministerialdirektor Meyer-Lindenberg gestrichen. Dafür fügte er handschriftlich ein: „impliziert".
[28] Dieses Wort wurde von Ministerialdirektor Meyer-Lindenberg gestrichen.

19. März 1965: Aufzeichnung von Böker 134

diplomatische Beziehungen, aber nur die wenigsten unter ihnen betrachten die Zonengrenze²⁹ als die Ostgrenze Deutschlands.³⁰

i) Die Bundesregierung hat durch die Wahl Tel Avivs als Sitz der deutschen Botschaft³¹ implizite die Rechtsgültigkeit der verschiedenen auf Palästina bezüglichen VN-Beschlüsse³² anerkannt.³³

5) Die Bundesregierung sollte die gewonnen Zeit nutzen, um mit einigen arabischen Ländern einen intensiven Dialog zu führen, vordringlich erscheint folgendes:

a) Eine Antwort des Herrn Bundespräsidenten³⁴ auf den Brief König Husseins.³⁵ Hierbei sollte zusätzlich zu den obigen Argumenten auch festgestellt werden, daß die von Nasser König Hussein gemachten Angaben über das Ausmaß der deutschen Waffenlieferungen an Israel³⁶ weit übertrieben gewesen sein müssen; der Wert der gesamten deutschen Waffenlieferungen an Israel entspräche nur dem, was Nasser nach seinen eigenen Angaben jeden Monat (jeden 2. Monat?) der Sowjetunion für Waffenlieferungen zahlt.³⁷

b) Ein Emissär hohen Ranges sollte zu König Feisal geschickt werden, um die Möglichkeiten einer fruchtbaren deutsch-saudischen Zusammenarbeit (evtl. im Dreiecksverhältnis mit Iran) zur Eindämmung der revolutionären Nasserschen Propaganda zu erörtern. Staatssekretär Carstens wäre meines Erachtens die hierfür geeignete Persönlichkeit.³⁸

---

²⁹ Dieses Wort wurde von Ministerialdirektor Meyer-Lindenberg unterschlängelt. Dazu handschriftliche Bemerkung: „Keine Grenze, sondern Demarkationslinie."

³⁰ Dieser Satz wurde von Ministerialdirektor Meyer-Lindenberg eingeklammert. Dazu handschriftliche Bemerkung: „Würde ich nicht verwenden, auch nicht für die Oder-Neisse-Gebiete."
Der Passus „h) Weder ... Ostgrenze Deutschlands" wurde von Staatssekretär Carstens gestrichen.

³¹ Vgl. dazu Dok. 133.

³² Für den Wortlaut der UNO-Resolutionen Nr. 181 vom 29. November 1947, Nr. 194 vom 11. Dezember 1948 und Nr. 303 vom 9. Dezember 1949, die sich mit der territorialen Ordnung in Palästina befaßten, vgl. UNITED NATIONS RESOLUTIONS, I/1, S. 322–343, bzw. UNITED NATIONS RESOLUTIONS, I/2, S. 85–89 und S. 305.

³³ Dazu Fragezeichen des Staatssekretärs Carstens und handschriftliche Bemerkung des Ministerialdirektors Meyer-Lindenberg: „So weit geht z.B. Großbritannien nicht. Britische Auffassung: Status Jerusalems offen, muß von Israel und Jordanien geregelt werden."

³⁴ Dazu handschriftliche Bemerkung des Ministerialdirektors Meyer-Lindenberg: „Sollte Anfang April von Herrn Dr. Walter überbracht werden." Staatssekretär Carstens merkte hierzu handschriftlich an: „Besser vorher, bevor Bi[rren]bach zum Abschluß kommt."
Für das Schreiben des Bundespräsidenten Lübke vom 1. Mai 1965 an König Hussein II. vgl. VS-Bd. 2633 (I B 4); B 150, Aktenkopien 1965.

³⁵ Für das Schreiben des Königs Hussein II. vom 18. Februar 1965 an Bundespräsident Lübke vgl. VS-Bd. 8448 (Ministerbüro).

³⁶ Am 19. Februar 1965 berichtete Legationsrat Holthoff, Amman, über die „tiefe Erschütterung [des] Königs über [das] Ausmaß [der] Waffenlieferungen an Israel, von dem er erst in Kairo erfahren habe". Vgl. den Drahtbericht Nr. 23; VS-Bd. 8448 (Ministerbüro); B 150, Aktenkopien 1965.
Zu den Meldungen in der ägyptischen Presse über das Ausmaß der deutschen Waffenlieferungen an Israel vgl. den Drahtbericht Nr. 138 des Botschaftsrats I. Klasse Müller, Kairo, vom 8. Februar 1965; VS-Bd. 8448 (Ministerbüro); B 150, Aktenkopien 1965.

³⁷ Am 22. November 1964 gab Präsident Nasser im Gespräch mit Bundestagspräsident Gerstenmaier an, die VAR müsse die sowjetischen Waffenlieferungen „mit Jahresleistungen im Werte von 20 Millionen ägyptischen Pfund" bezahlen. Vgl. AAPD 1964, II, Dok. 352.

³⁸ Staatssekretär Carstens führte am 28. März 1965 in Djidda ein Gespräch mit dem Staatssekretär

c) Mit Tunesien, Marokko und Libyen sollten intensive Gespräche über künftige Zusammenarbeit geführt werden[39]; dies müßte aber völlig unauffällig geschehen, damit diese Regierungen in den Augen der anderen arabischen Staaten nicht kompromittiert werden.

d) Ähnliche Gespräche wie unter c) vorgeschlagen, erscheinen auch im Libanon nicht aussichtslos.[40]

Die massive Entsendung von Emissären in alle arabischen Länder halte ich im gegenwärtigen Augenblick für eher schädlich als nützlich.[41]

6) Angesichts des unvermeidlichen Zusammenbruchs mehrerer deutscher Positionen im arabischen Raume halte ich die beschleunigte Eröffnung eines deutschen Generalkonsulats in Aden für vordringlich.[42] Wir sollten sofort die nötigen administrativen Vorbereitungen treffen und die britische Regierung um ihre Zustimmung ersuchen.[43] Aden liegt am Schnittpunkt des westlichen, Nasserschen und traditionell arabischen Einflusses und ist ein hervorragender Horch- und Verbindungsposten nach dem Jemen, Saudi-Arabien etc. Das Generalkonsulat sollte mit einem politisch besonders geschulten Diplomaten besetzt werden[44], der auch in der Lage sein muß, wichtige politische Gesprä-

---

Fortsetzung Fußnote von Seite 545

im saudiarabischen Außenministerium, Saqqaf, und am 29. März 1965 in Riad ein Gespräch mit König Feisal. Vgl. dazu Dok. 161.

[39] Vgl. dazu weiter Dok. 207.

[40] Der libanesische Botschafter Amiouni teilte im Gespräch mit Ministerialdirigent Böker am 16. März 1965 seine bevorstehende Abberufung mit und zeigte sich interessiert, „ob wohl eine baldige Wiederaufnahme der Beziehungen möglich sei" und „ob die konsularischen Vertretungen des Libanon in Deutschland weiter funktionieren können". Vgl. die Aufzeichnung von Böker vom 16. März 1965; VS-Bd. 2568 (I B 4); B 150, Aktenkopien 1965.

[41] Zur geplanten Entsendung von Emissären nach Algerien, in den Irak, den Libanon, nach Jordanien und Syrien vgl. die Aufzeichnung des Staatssekretärs Carstens vom 18. März 1965; VS-Bd. 422 (Büro Staatssekretär); B 150, Aktenkopien 1965.
Der Sonderbeauftragte Werner verhandelte zwischen dem 18. März und 10. April 1965 mit der ägyptischen Regierung und führte vom 6. bis 8. April Gespräche im Irak. Zum Aufenthalt in der VAR vgl. Dok. 131.
Der SPD-Abgeordnete Wischnewski hielt sich vom 20. bis 26. März 1965 in Algerien auf und empfahl nach seiner Rückkehr, die Wirtschafts- und Kulturbeziehungen auch im Falle eines Abbruchs der diplomatischen Beziehungen fortzusetzen. Vgl. dazu die Aufzeichnung des Legationssekretärs Bräutigam vom 29. März 1965; Ministerbüro, Bd. 221.
Zu den Ergebnissen der Mission des CDU-Abgeordneten Stoltenberg vom 25. bis 30. März 1965 im Sudan vgl. auch Dok. 169.
Gespräche in Jordanien, in Syrien und im Libanon wurden vom 10. bis 14. April 1965 von Staatssekretär Lahr geführt, der sie als „vollständigen Mißerfolg" betrachtete. Vgl. LAHR, Zeuge, S. 419 f.
Zu den Unterredungen mit König Hussein II. und Ministerpräsident Tell in Amman vgl. den Drahtbericht Nr. 142 von Lahr, z. Z. Damaskus, vom 11. April 1965; VS-Bd. 8449 (Ministerbüro); B 150, Aktenkopien 1965.
Zur Reaktion auf die Entsendung von Emissären vgl. auch Dok. 154.

[42] Der Passus „beschleunigte Eröffnung ... vordringlich" wurde von Staatssekretär Carstens hervorgehoben. Dazu handschriftliche Bemerkung: „r[ichtig]".

[43] Am 15. April 1965 berichtete Botschafter Blankenhorn, London, die britische Regierung erhebe keine Einwände gegen die Umwandlung des Wahlkonsulats in Aden in ein Berufskonsulat. Die Umwandlung erfolgte Anfang Dezember 1965. Vgl. dazu Referat I B 4, Bd. 180.

[44] Erster Leiter des Konsulats in Aden wurde Konsul I. Klasse Böker, der zuvor als Legationsrat an der Botschaft in Bagdad tätig war.

che z.B. mit saudi-arabischen Persönlichkeiten und mit Jemeniten der verschiedenen Richtungen[45] zu führen.

7) Das republikanische Jemen ist zur Zeit nichts anderes als eine ägyptische Kolonie. Sobald Kairo mit uns bricht, werden wir dort keine Position halten können.[46] Um so wichtiger ist es, daß wir mit den verschiedenen Tendenzen in dem unter ägyptischer Besatzung schwer leidenden Volk (insbesondere den anti-ägyptischen Republikanern[47] und den Royalisten) Verbindung aufnehmen.[48] Der Bruch mit dem republikanischen Regime gibt uns hierzu völlig freie Hand. Er gibt uns sowohl die Möglichkeit, bei den traditionell arabischen Kreisen (z.B. in Saudi-Arabien und Jordanien) wieder Sympathien zu gewinnen, wie auch Nasser an seiner Achillesferse zu treffen.

8) Der sudanesischen Regierung sollten wir in der Frage des von ihr erbetenen Kredites unverzüglich entgegenkommen, wenn sie sich bereit erklärt, die diplomatischen Beziehungen mit uns weiterzuführen.[49] Wir sollten ihr aber auch klarmachen, daß wir im Falle eines Abbruchs unsere Sympathien und gegebenenfalls unsere Hilfsmaßnahmen den südsudanesischen Rebellen[50] zuwenden werden.[51] Hierdurch würden wir die Sympathien vieler Schwarzafrikaner gewinnen, insbesondere in Uganda.[52]

9) Als Warnung an die irakische Regierung sollten wir in diskreter, aber doch spürbarer Weise Fäden zu der irakischen Kurden-Bewegung[53] spin-

---

[45] Zum Bürgerkrieg im Jemen vgl. Dok. 65, Anm. 6, und Dok. 93, Anm. 29.

[46] Vgl. dazu auch den Artikel von Harald Vocke: „Der deutsche Botschafter in Taizz steht auf verlorenem Posten. Die Ägypter möchten die Republik Jemen auf Entwicklungshilfe aus der Sowjetzone umstellen"; FRANKFURTER ALLGEMEINE ZEITUNG, Nr. 81 vom 6. April 1965, S. 2.

[47] Im Dezember 1964 traten einige jemenitische Minister aus Opposition gegen Ministerpräsident as-Sallal und gegen den ägyptischen Einfluß in der Republik Jemen zurück. Vgl. dazu AdG 1965, S. 11887.

[48] Zu den Verbindungen mit der royalistischen jemenitischen Regierung vgl. den Schriftbericht des Legationsrats I. Klasse Haag vom 15. Mai 1965; VS-Bd. 2568 (I B 4).

[49] Botschafter Freiherr von Richthofen, Khartum, befürwortete am 16. März 1965 einen von sudanesischer Seite gewünschten Finanzkredit von etwa 20 bis 25 Mio. DM: „[Die] Angelegenheit müßte unter rein politischen Gesichtspunkten betrachtet werden. Selbst wenn wirtschaftliche Erwägungen dagegen sprächen, erschiene mir [der] Preis für sich abzeichnende unabhängige Haltung Sudan gegenüber Ägypten durchaus tragbar." Dazu vermerkte Bundeskanzler Erhard handschriftlich: „Bin einverstanden (nach Möglichkeit finanzielle Barleistungen erst ab 66)." Vgl. den Drahtbericht Nr. 57; VS-Bd. 8822 (III B 6); B 150, Aktenkopien 1965.
Zu den Bemühungen der Bundesrepublik, den Sudan vom Abbruch der diplomatischen Beziehungen abzuhalten, vgl. weiter Dok. 169.

[50] Die drei von einer teilweise christianisierten schwarzafrikanischen Bevölkerung besiedelten südsudanesischen Provinzen Bahr El Ghasak, Äquatorial und Oberer Nil standen in Konflikt zur arabisch-muslimischen Regierung im Norden. Angeführt wurde die Widerstandsbewegung von der Sudan African National Union (SANU). Zur Lage im Südsudan vgl. Referat I B 4, Bd. 151.

[51] Dazu Fragezeichen des Ministerialdirektors Meyer-Lindenberg. Staatssekretär Carstens vermerkte dazu handschriftlich: „Ebenso."

[52] Ein Teil der schwarzafrikanischen Bevölkerung des Südsudans floh nach Zusammenstößen mit Regierungstruppen im Jahr 1964 nach Uganda. In Uganda befanden sich auch die Parteibüros der SANU.

[53] Nachdem am 1. September 1963 ein unabhängiger Kurdenstaat ausgerufen worden war, kam es im Februar 1964 zu einer Einigung zwischen dem Kurdischen Nationalrat und der irakischen Regierung. Den Kurden wurden Autonomie, paritätische Beteiligung an der Zentralmacht und eine Entschädigung für die Verluste während der Kämpfe um die Autonomie zugesagt. In einem Memorandum vom 11. Oktober 1964 formulierte der Revolutionsrat für Irakisch-Kurdistan seine

nen.⁵⁴ Ein erstes Gespräch dieser Art ist bereits von einem Mitarbeiter des Referats I B 4 geführt worden.⁵⁵

10) Aus einem Gespräch, das ich mit dem syrischen Botschafter anläßlich seiner Abberufung geführt habe, gewann ich den Eindruck, daß auch in Syrien noch gewisse Kreise auf die Aufrechterhaltung oder baldige Wiederanknüpfung diplomatischer Beziehungen mit uns spekulieren. Ein diskretes Winken mit dem Euphratdamm-Projekt könnte hier von entscheidender Bedeutung sein.⁵⁶

11) Auf keinen Fall dürfen wir in den Gesprächen mit den verschiedenen arabischen Regierungen⁵⁷ Schwäche oder Furcht zeigen. Wir müssen ihnen erklären, daß die Entscheidung über Aufrechterhaltung oder Abbruch der diplomatischen Beziehungen mit uns ihre Sache ist; ebenso läge es an ihnen, die Vor- und Nachteile eines solchen Schrittes abzuwägen.

Hiermit über Herrn D I⁵⁸ dem Herrn Staatssekretär⁵⁹ vorgelegt.

Alexander Böker

VS-Bd. 2594 (Dg I B/I B 2)

Fortsetzung Fußnote von Seite 547

Forderungen: Im Rahmen des irakischen föderativen Staates sollte eine autonome Provinz Kurdistan mit festem Anteil an den Staatseinnahmen und eigenen kurdischen Truppen gebildet und die Autonomie auch für den Fall des Zusammenschlusses mit einem anderen arabischen Staat garantiert werden. Die irakische Regierung war vor allem an der Auflösung der kurdischen Truppen und der kurdischen Verwaltung interessiert, was von kurdischer Seite jedoch abgelehnt wurde. Für den Wortlaut der Verfassung des Revolutionsrats für Irakisch-Kurdistan vom 9. Oktober 1964 vgl. Referat I B 4, Bd. 181.

⁵⁴ Dazu Fragezeichen des Ministerialdirektors Meyer-Lindenberg. Staatssekretär Carstens vermerkte dazu handschriftlich: „Ebenso." und: „Türkei, Iran!"

⁵⁵ Am 23. März 1965 nahm Botschafter Schmidt-Horix, Bagdad, einen Artikel im „Handelsblatt" zum Anlaß, nochmals Bedenken gegen offizielle Kontakte mit einem kurdischen Beauftragten zu erheben. Der „Eindruck, daß die Bundesrepublik sich in Kurdenfrage einmischen wolle, würde alle zur Zeit laufenden Bemühungen um deutsch-arabischen Ausgleich zunichte machen, echte Animosität gegen Bundesrepublik hervorrufen, radikale Gegenmaßnahmen auslösen und deutsche Position im Irak endgültig gefährden". Vgl. den Drahtbericht Nr. 171; Ministerbüro, Bd. 221.

⁵⁶ Zum Euphrat-Damm-Projekt vgl. Dok. 50, besonders Anm. 2.
Am 1. April 1965 hielt Legationssekretär Bräutigam zu Gesprächen des Direktors der Firma Hochtief AG in Damaskus fest, Hartmann habe der syrischen Regierung das Angebot unterbreitet, „die Finanzierungslücke bei dem Euphrat-Damm-Projekt (150 Mio. DM) zu schließen. Er hat deutlich gemacht, daß das Euphrat-Projekt von uns nur durchgeführt werden könne, wenn der Abbruch der Beziehungen vermieden wird." Botschafter Mangold, Damaskus, bitte „um strikte Geheimhaltung der angebotenen Finanzierungshilfe. Ein Bekanntwerden müßte die syrische Position in der arabischen Welt entscheidend schwächen." Vgl. Ministerbüro, Bd. 221.

⁵⁷ Vgl. dazu weiter Dok. 161, Dok. 189 und Dok. 192.

⁵⁸ Hat Ministerialdirektor Meyer-Lindenberg am 20. März 1965 vorgelegen, der handschriftlich vermerkte: „Einverstanden. Die Vorschläge zu 8 und 9 bedürfen wohl noch näherer Prüfung."

⁵⁹ Hat Staatssekretär Carstens am 24. März 1965 vorgelegen, der handschriftlich für Ministerialdirektor Meyer-Lindenberg vermerkte: „1) Ich verweise auf meine Randbem[erkungen]. 2) Bitte W[ieder]v[orlage] Original oder Kopie bis 25.III."
Die Aufzeichnung wurde von Meyer-Lindenberg an Ministerialdirigent Böker weitergeleitet, der am 25. März 1965 handschriftlich vermerkte: „Sofort I B 4. B[itte] R[ücksprache] (H[err]) Schirmer u[nd] H[err] Redies) noch heute vormittag!"
Hat Carstens erneut am 10. April 1965 vorgelegen.

135

**Legationsrat Freiherr von Stein, Addis Abeba,
an das Auswärtige Amt**

Z B 6-1-2808/65 VS-vertraulich   Aufgabe: 19. März 1965[1]
Fernschreiben Nr. 37   Ankunft: 19. März 1965, 19.18 Uhr
Citissime mit Vorrang

Im Anschluß an Drahtbericht Nr. 31 vom 14.3.[2]

Intendant der Deutschen Welle, Dr. Wesemann, wurde heute unmittelbar nach Ankunft zum Kaiser gebeten. Nachstehend folgt Bericht Wesemann über Verlauf des etwa dreiviertelstündigen Gesprächs:

„Nachdem Wesemann sich für schnellen Empfang bedankt und die ihm vom Herrn Bundeskanzler aufgetragenen Grüße übermittelt hatte, sprach der Kaiser von den unglücklichen Umständen eines Briefes des Bundeskanzlers[3], den er zu spät erhalten habe, um noch rechtzeitig in der ägyptischen Frage für Deutschland zu intervenieren. Trotzdem erklärte er sich bereit, noch zu jedem von uns gewünschten Zeitpunkt zu vermitteln und der Bundesrepublik gegenüber den Beschlüssen der arabischen Staaten[4] zu helfen. Im Verlauf des Gesprächs stellte der Kaiser seine Meinung zu diesen Fragen wie folgt dar:

Ihm sei unbegreiflich, wie plötzlich die Haltung der arabischen Staaten gegenüber der Bundesrepublik Deutschland so schnell umgeschlagen sei, da weder die Tatsache der Waffenlieferung an Israel[5] noch diplomatische Beziehungen zu Israel[6] ein einsehbarer Grund dafür sein können. Sowohl Amerika als auch andere Staaten unterhalten diplomatische Beziehungen – er erwähnte auch Äthiopien –, ohne daß es zu derartigen Konflikten gekommen sei, und auch andere Staaten hätten Israel wirtschaftlich und auch durch Waffenlieferung unterstützt. Kaiser erklärte sich bereit, sofort Vermittler zu dem Staatspräsidenten der Vereinigten Arabischen Republik[7] und auch zum Staatspräsidenten von Algerien[8] zu entsenden sowie in Addis Abeba selbst durch Gespräche und Konsultationen mit den diplomatischen Vertretern der arabischen Staa-

---

[1] Hat Bundesminister Schröder vorgelegen.
[2] Für den Drahtbericht des Legationsrats I. Klasse Loewe, Addis Abeba, vgl. Ministerbüro, Bd. 221.
[3] Am 12. März 1965 bat Bundeskanzler Erhard Kaiser Haile Selassie, sein Ansehen in der ungebundenen Welt zu nutzen und mäßigend auf die arabischen Staaten einzuwirken, denn: „Eine Verschlechterung des deutsch-arabischen Verhältnisses oder gar eine Anerkennung der SBZ durch einige Regierungen liegt sicher nicht im Interesse der afro-asiatischen Staaten, da sie das Vordringen des Kommunismus in diesen Teil der Welt bedeuten würden." Für das Schreiben vgl. Ministerbüro, Bd. 220.
[4] Zu den Beschlüssen der Konferenz der Außenminister der Arabischen Liga am 14./15. März 1965 in Kairo vgl. Dok. 129.
[5] Zum Bekanntwerden der Waffenlieferungen an Israel vgl. Dok. 1, Anm. 3.
[6] Zur Ankündigung der Bundesregierung vom 7. März 1965, diplomatische Beziehungen mit Israel aufzunehmen, vgl. Dok. 115, besonders Anm. 7.
[7] Gamal Abdel Nasser.
[8] Mohammed Ahmed Ben Bella.

ten vermittelnd zu wirken. Herr Wesemann bemerkte, daß in der Auseinandersetzung mit Ägypten und den arabischen Staaten und bei der Israelfrage nicht nur politische, sondern auch moralische Motive für die Bundesrepublik eine Rolle spielen. Darauf erklärte der Kaiser zum wiederholten Male, daß er persönlich die Herstellung diplomatischer Beziehungen zu Israel durch die Bundesrepublik Deutschland gutheiße und die Waffenhilfe wie auch die wirtschaftliche Hilfe an Israel unterstütze.

Aus dieser Haltung heraus sei er ferner bereit, durch seine Vermittlung Konsequenzen abzufangen, die möglicherweise andere afrikanische Staaten zu ziehen beabsichtigen. Dies fast wörtlich: ‚Die afrikanischen Staaten sind grundsätzlich meiner Meinung in der deutsch-arabischen Frage; es werden jedoch Tendenzen sichtbar, vor allen Dingen in Algerien und einigen afrikanischen Staaten, sich dem Standpunkt der arabischen Staaten anzuschließen.'9

Zum Schluß des Gesprächs faßte der Kaiser wie folgt zusammen: Er sei bereit, auch zu diesem sehr späten Zeitpunkt sofort diplomatische Schritte gegenüber der arabischen und afrikanischen Welt zu unternehmen, die …10 und soweit sie von der Bundesrepublik Deutschland gewünscht werden. Er wies auf den großen Zeitverlust hin und bat Herrn Wesemann, dem Bundeskanzler und der deutschen Regierung diese seine Bereitschaft so schnell wie möglich zu unterbreiten. Er würde sich freuen, bald Herrn Wesemann wieder empfangen zu können, um die Antwort des Kanzlers zu erfahren.

Herr Wesemann wies darauf hin, daß er zu diesem Zweck mit dem deutschen Botschafter in Addis Abeba11 sprechen müsse und daß dieser Auftrag seiner Majestät ihn sehr ehre; freilich habe er nicht mit der Möglichkeit gerechnet, in dieser Weise politische Gespräche führen zu müssen. Der Kaiser verabschiedete ihn dann mit den Worten, daß man vieles wiedergutmachen könne und daß er sich für die Sache der Bundesrepublik, die er in diesem Falle auch als die seine betrachte, einsetzen werde."

Erbitte Weisung, ob und welche konkreten Vorschläge Dr. Wesemann bei seinem nächsten, für Freitag, den 26. März, fest vereinbarten Besuch beim Kaiser unterbreiten soll.12 Gegebenenfalls wäre auch Eingehen auf Vorschläge

---

9 Zur Haltung Algeriens vgl. den Drahtbericht Nr. 129 des Botschafters Zapp, Algier, vom 15. März 1965; Ministerbüro, Bd. 221.
Am 14. März 1965 berichtete Legationssekretär Holubek, Mogadischu, „daß die somalische Regierung diplomatischem Druck der arabischen Staaten ausgesetzt ist, sich mit der arabischen Welt gegenüber der Bundesrepublik solidarisch zu erklären". Vgl. den Drahtbericht Nr. 50; Ministerbüro, Bd. 221.

10 Auslassung in der Vorlage.

11 Conrad von Schubert.

12 Am 24. März 1965 bat Staatssekretär Carstens den Intendanten der Deutschen Welle, dem äthiopischen Kaiser für sein Angebot zu danken. „Ziel der Bundesregierung sei es, im Blick auf die Zukunft einen unheilbaren Bruch mit bisher befreundeten Staaten zu vermeiden. Ein solcher Bruch würde eintreten, wenn ein arabischer oder afrikanischer Staat im Zusammenhang mit der Aufnahme diplomatischer Beziehungen zu Israel die Sowjetzone anerkennen würde. [...] Mit Sicherheit können jedoch viele afrikanische und manche arabische Staaten von einem vorschnellen Schritt falscher Solidarität zu Ägypten abgehalten werden. [Der] Bundeskanzler wäre dem Kaiser daher besonders dankbar, wenn er sein großes Ansehen und seinen bedeutenden Einfluß in dieser Richtung geltend machen würde." Vgl. den Drahterlaß Nr. 26 an die Botschaft in Addis Abeba; VS-Bd. 2561 (I B 4); B 150, Aktenkopien 1965.

des Kaisers in einem erneuten Schreiben des Bundeskanzlers auf das mit heutigem Kurier übermittelte Antwortschreiben des Kaisers möglich.

Botschafter voraussichtlich nächste Woche weiterhin bettlägerig.

[gez.] von Stein

VS-Bd. 8449 (Ministerbüro)

136

Abgeordneter Birrenbach, z. Z. Tel Aviv, an Bundesminister Schröder

Z B 6-1-20/65 streng geheim
Fernschreiben Nr. 6
Citissime

Aufgabe: 21. März 1965
Ankunft: 21. März 1965, 18.40 Uhr

Nachdem ich am Morgen nach der Sitzung von Freitag nacht[1] als letzten Versuch um eine persönliche Unterredung unter vier Augen mit Herrn Eshkol nachgesucht hatte, erhielt ich das Telegramm Nr. 4 von Herrn Carstens.[2] In einem darauffolgenden Telefongespräch hatte ich ihm erklärt, auf welcher Basis ich mit Eshkol die letzte Verhandlung zu führen beabsichtige. Durch Ihr Telegramm Nr. 5 wurde ich zu dieser Unterredung ermächtigt.[3] Am gestrigen Abend erklärte sich Eshkol zu einer Besprechung unter vier Augen bereit, riet aber, falls ich einverstanden sei, vorher in einer Verhandlung mit Peres und Shinnar ein Aide memoire anzufertigen, aus dem er die Punkte der Übereinstimmung und die Differenzen erkennen könne. Ich fand diesen Vorschlag vernünftig und begann heute morgen um 8 Uhr die einleitende Besprechung

Fortsetzung Fußnote von Seite 550

Zum Gespräch zwischen Wesemann und Haile Selassie am 25. März 1965 vgl. den Drahtbericht Nr. 41 des Legationsrats Freiherr von Stein, Addis Abeba, vom 26. März 1965; VS-Bd. 8449 (Ministerbüro); B 150, Aktenkopien 1965.

[1] Zu den Gesprächen vom 19. März 1965 vgl. die Drahtberichte Nr. 4 und Nr. 5 des Sonderbeauftragten Birrenbach, z. Z. Tel Aviv, vom 19. März 1965; VS-Bd. 8449 (Ministerbüro); B 150, Aktenkopien 1965.

[2] Staatssekretär Carstens übermittelte dem Sonderbeauftragten Birrenbach, z. Z. Tel Aviv, am 20. März 1965 die Bitte des Bundeskanzlers Erhard, nach Bonn zurückzukehren. Die in den Berichten von Birrenbach aufgeworfenen Fragen seien „so schwierig und auch zugleich so stark technischer Natur, daß es notwendig ist, hierüber interne Besprechungen zu führen, an denen Sie beteiligt werden sollen". Vgl. VS-Bd. 423 (Büro Staatssekretär); B 150, Aktenkopien 1965.

[3] Am 20. März 1965 teilte Staatssekretär Carstens dem Sonderbeauftragten Birrenbach, z. Z. Tel Aviv, mit, daß Bundeskanzler Erhard sowohl mit dem geplanten Gespräch mit dem israelischen Ministerpräsidenten als auch mit der vorgeschlagenen Gesprächsführung einverstanden sei, „nämlich: a) Annullierung des Schiffskomplexes; b) Botschaft in Tel Aviv; c) Bereitschaft zu Gespräch über Gestaltung künftiger wirtschaftlicher Beziehungen. Dabei ist klar, daß insoweit keine materiellen Zusagen gegenüber den speziellen israelischen Wünschen gegeben werden können; d) entweder gemeinsames befriedigendes Kommuniqué oder zwei Kommuniqués; besser das erstere." Vgl. Ministerbüro, Bd. 221.

mit den Herren Peres, Shinnar und Arbel. Die nachfolgenden Punkte stellen einen tentativen Versuch der Einigung der Verhandler dar, aber keine Einigung zwischen den Parteien. Die Regierungen sind also absolut frei, die entsprechenden Regelungen anzunehmen oder abzulehnen. Die nachfolgende Punktation stellt auch nicht den Text der definitiven Vereinbarung dar. Sollte diese materiell in gleichem Sinne geschlossen werden, so müßte man sich über den Text der Geheimabsprachen und des offenen Kommuniqués noch einigen. In Quintessenz würde ich das Ergebnis der Verhandlung wie folgt zusammenfassen:

1) Die israelische Regierung akzeptiert das Prinzip der Ablösung in Geld für alle Punkte des ursprünglichen Waffengeschäfts.[4]

2) Das Protokoll enthält zwei provisorische Vorschläge, die noch von der Genehmigung dritter Regierungen abhängen, und zwar gilt dieses für die Frage der Panzer[5] und der Boote[6]. Eine deutsche Mitwirkung ist in diesem Zusammenhang aber nicht mehr vorgesehen, abgesehen von der Zahlung der Entschädigungssumme.

3) Ich habe den Eindruck, daß Jerusalem als Ort der Botschaft[7] fallengelassen werden wird.

4) Die Kommuniquéfrage macht noch Schwierigkeiten. Es kommen zwei Varianten in Frage, entweder ein relativ inhaltsloses Kommuniqué, das beide Regierungen im Rahmen vernünftiger Rücksichtnahme auslegen, oder zwei entgegengesetzte Erklärungen; eine Regelung, die ich vermeiden möchte. Diese Frage ist noch ungeklärt.[8]

5) Die israelische Regierung möchte das Wort „Spannungszone" durch einen neutralen Begriff ersetzen wie etwa „vorderer Orient" oder „mittlerer Osten". Beide Begriffe schließen Israel ein. Diese Korrektur müßte in den künftigen Erklärungen der Bundesregierung in bezug auf den Stopp von Waffenliefe-

---

[4] Noch am 18. März 1965 lehnte die israelische Regierung die Ablösung der Waffenlieferungen ab. Vgl. Dok. 132 und Dok. 133.
Am 19. März 1965 unterbreitete der stellvertretende israelische Verteidigungsminister „tentativ, angeblich ohne vorherige Ermächtigung seines Min[ister]präs[identen]", einen Vorschlag für die Ablösung der Waffenlieferungen. Dazu hielt der Sonderbeauftragte Birrenbach, z.Z. Tel Aviv, am 19. März 1965 fest: „Würde die B[undes]r[epublik] dieses Angebot annehmen, so könnte der alte Vertrag annulliert werden. An die Stelle der ursprünglichen Lieferung träte die Zahlung einer Entschädigungssumme, die dem Preise von 110 M 48 A 1 (ca. 33 Mio. DM), sechs Helicoptern (ca. 36 Mio. DM) und den sechs Schiffen mit Aufpreis entsprechen würde. [...] Die Gesamtsumme wäre also ungleich höher als der derzeitige Saldo." Vgl. den Drahtbericht Nr. 5; VS-Bd. 8449 (Ministerbüro); B 150, Aktenkopien 1965.

[5] Am 19. März 1965 berichtete der Sonderbeauftragte Birrenbach, z.Z. Tel Aviv, daß Italien sich „angeblich" nicht in der Lage sehe, die bei den Breda-Werken noch umzurüstenden 20 Panzer aus der Bundesrepublik an Israel direkt zu liefern. Der stellvertretende israelische Verteidigungsminister Peres habe daher vorgeschlagen, diese Panzer an die Bundesrepublik zurückzugeben. Dafür sollte die Bundesrepublik auf die Lieferung von 110 der 150 in den USA bereitgestellten Panzer des Typs M 48 A II C verzichten, die „von den USA direkt oder indirekt an Israel geliefert" würden. Vgl. den Drahtbericht Nr. 5; VS-Bd. 8449 (Ministerbüro); B 150, Aktenkopien 1965.

[6] Zur Lieferung der Schnellboote vgl. Dok. 133, Anm. 23.

[7] Zur Debatte um die Errichtung einer Botschaft der Bundesrepublik in Jerusalem oder Tel Aviv vgl. Dok. 133.

[8] Zur Diskussion über ein Kommuniqué vgl. Dok. 132, Anm. 26 und 27.

rungen verwendet werden. Der Begriff „Spannungszone" würde nach israelischer Auffassung den Gedanken nahelegen, daß auch die Existenz Israels ein Faktor der Spannung sei.[9] Ich war der Meinung, daß dagegen keine Bedenken beständen.

6) Die israelische Regierung nimmt meine Erklärung als Verbalerklärung entgegen, daß die künftige Politik, keine Waffen in den „vorderen Orient" zu liefern, einschließt die Verpflichtung der BRD, keine Waffen den Feinden Israels zu geben. Die Erklärung soll auf eine Verbalerklärung beschränkt bleiben.

7) Die Gesamtregelung [muß] in einer für beide Seiten tragbaren Form formuliert werden. In dem jetzigen Arbeitspapier wird die Frage der Zahlung hinsichtlich jedes einzelnen Bezugspunktes angesprochen, um Mißverständnisse zu vermeiden. Das Arbeitspapier ist, wie [ich] wiederholen möchte, in ganzen oder einzelnen Teilen annehmbar oder ablehnbar, wobei ich bemerke, daß einzelne Formulierungen selbst im Rahmen des Arbeitspapiers mir nicht gefallen. Immerhin stellt diese einen großen Fortschritt dar gegenüber den vergangenen Tagen, so daß mein Hierbleiben ratsam zu sein scheint.

Sollte im übrigen die Italienvariante scheitern, so glaube ich voraussagen zu dürfen, daß an der Schiffsfrage das endgültige Arrangement wohl nicht mehr scheitern wird. Die Amerikavariante war im übrigen schon bei meinem ersten Besuch diskutiert worden[10] und ist daher, abgesehen von der Erhöhung der Zahl[11], kein Novum mehr. Nachdem der Ministerpräsident von dem Ergebnis unserer Unterhaltung erfuhr, stellte er mir zur Wahl, ihn entweder heute Nachmittag oder morgen Nachmittag zu sehen, wenn ich eine Antwort meiner Regierung hätte. Im letztgenannten Falle könnte ich morgen in Jerusalem mit Eban die letzten Einzelheiten der Frage der Aufnahme der diplomatischen Beziehungen und des Kommuniqués besprechen. Ich habe nach Rücksprache mit Herrn Carstens im Prinzip dieser Prozedur zugestimmt und verlasse das Land daher heute noch nicht.[12] Ich bin jetzt der Meinung, daß wir uns einer endgültigen Einigung nähern, falls die beiden anzusprechenden Regierungen in unserem Sinne respondieren.

Das Arbeitspapier lautet wie folgt: „In settlement of the outstanding matters between the Federal Government of Germany and the government of Israel, the following main points have been agreed upon as material basis of understanding:

1) tanks: The present situation is that 40 tanks M 48 A I are in Israel, 20 in Italy and 90 are still due to be delivered to Israel. In order to standardize the tanks and to settle the outstanding deliveries, the following steps will be taken:

---

[9] Am 15. Februar 1965 führte Ministerpräsident Eshkol dazu in der Knesseth aus: „Deutschland hat nicht das Recht, Israel als eines der Spannungsgebiete in der Welt zu betrachten. Israel ist kein Spannungsgebiet." Vgl. die Mitteilung der Informationsabteilung der Israel-Mission in Köln vom 15. Februar 1965; Referat I B 4, Bd. 190.
[10] Vgl. dazu Dok. 120.
[11] Zum grundsätzlichen Einverständnis der USA, die von der Bundesrepublik noch nicht ausgeführte Lieferung von 90 Panzern zu übernehmen, vgl. Dok. 125. Vgl. dazu weiter Dok. 146.
[12] Der Sonderbeauftragte Birrenbach kehrte am 23. März 1965 in die Bundesrepublik zurück.

a) The 20 tanks from Italy will be shipped back to Germany.

b) The Federal Government of Germany will inform the government of U.S. that 110 tanks out of the 150 M 48 A II C, which the Federal Government of Germany ordered in the U.S.A. will be handed over to the government of Israel.

c) The Federal Government of Germany and the government of Israel will approach the U.S. government with the request that those 110 tanks will be delivered by the U.S. directly to Israel.

d) Any difference in price between the total amount alloted by the Federal Government of Germany for the tank program and the price of the above M 48 A II C tanks will be settled by mutual understanding between the Federal Government of Germany and the government of Israel.[13]

2) The delivery of the submarines will be executed by the British authorities.

3) Do 28 and Hawks: the government of Israel is ready to have the deliveries of the above replaced by 6 Super-frelon helicopters, to be purchased by Israel in a third country, for which the full price will be covered by the Federal Government of Germany (estimated price is 9 million dollars).[14]

4) boats:

a) The government of Israel will approach another government (probably Italy[15]), in order to investigate the political, technical and financial possibilities for the purchase of 6 boats for a similar type and size. The price of these 6 boats will be fully covered by the Federal Government of Germany (estimated price 3.2 million dollars per unit).

5) If any of the arrangements mentioned above will not work out for any reason, the representatives of the Federal Government of Germany and the government of Israel will meet again in order to find alternative solutions upon the request of one of the two parties concerned. Both parties express their

---

[13] Über die Finanzierung der Panzerlieferungen konnten sich der Sonderbeauftragte Birrenbach und der stellvertretende israelische Verteidigungsminister Peres am 19. März 1965 nicht einigen. Birrenbach „schlug vor, Israel möchte unmittelbar die Zahlung an die USA vornehmen, und zwar gegebenenfalls entweder aus der Entschädigung, die wir Israel für die Ablösung des Vertrages zahlen, oder aus einer freiwerdenden Etatposition dergestalt, daß Israel die deutsche Entschädigungssumme zum Kauf anderer im Budget vorgesehener Güter verwendet, während die freigewordene Etatposition zur Bezahlung der amerikanischen Panzer benutzt wird." Die Mehrkosten für die amerikanischen Panzer wären von Israel zu tragen. Vgl. den Drahtbericht Nr. 5 von Birrenbach, z. Z. Tel Aviv, vom 19. März 1965; VS-Bd. 8449 (Ministerbüro); B 150, Aktenkopien 1965.

[14] Den Austausch der vorgesehenen Lieferung von Haubitzen und Dornier-Flugzeuge durch sechs französische Helikopter schlug der stellvertretende israelische Verteidigungsminister Peres am 19. März 1965 vor. Der Preis für die Hubschrauber sollte in der Entschädigungssumme enthalten sein, die die Bundesrepublik für die Ablösung der Waffenlieferungen zu zahlen hatte. Vgl. dazu den Drahtbericht Nr. 5 des Sonderbeauftragten Birrenbach, z.Z. Tel Aviv, vom 19. März 1965; VS-Bd. 8449 (Ministerbüro); B 150, Aktenkopien 1965.

[15] Der stellvertretende israelische Verteidigungsminister Peres teilte dem Sonderbeauftragten Birrenbach am 4. April 1965 mit, es habe sich „als unmöglich erwiesen, die von uns nicht gelieferten Schnellboote in Italien zu bestellen. Dem ständen sowohl technische wie politische Schwierigkeiten entgegen." Vgl. den Vermerk des Staatssekretärs Carstens vom 5. April 1965; VS-Bd. 8449 (Ministerbüro); B 150, Aktenkopien 1965.
Vgl. dazu weiter Dok. 163.

hope that future negotiations on these subjects, if and when necessary, will be conducted in a spirit of common understanding.

6) About future aid by the Federal Government of Germany for the consolidation of the state of Israel Dr. Birrenbach has stated that within a short period of time (2–3 months) the Federal Government of Germany will be ready to enter discussions with the view to continue the aid to Israel both by way of finances and supply of materials which are not arms.

7) Diplomatic relations will be established between both governments as agreed in the attached paper.

8) The term „zone of tension" will be replaced by a new one, mutually to [be] agreed upon by both governments. However, Dr. Birrenbach declared on behalf of the chancellor of the Federal Government of Germany that no arms of any sort will be supplied to countries hostile to Israel.

9) Dr. Birrenbach approved orally (without making it part of a written agreement) that:

a) the Federal Government of Germany will encourage purchases of material and services from the state of Israel.

b) contacts between the armies of Federal Government of Germany and Israel will be continued unchanged[16], except for the problem of arms supply."[17]

Ich bin heute abend ab acht Uhr (19 MEZ) im Hotel Avia. Telefon 981221 Tel Aviv, Telex 033 817 Namengeber Hotav.

[gez.] Birrenbach

VS-Bd. 8449 (Ministerbüro)

---

[16] Vgl. dazu Dok. 103, Anm. 16 und 17.
[17] Staatssekretär Carstens sah in dem Arbeitspapier „einen deutlichen Fortschritt hinsichtlich des Schiffskomplexes" und befürwortete auch die Ablösung der Waffenlieferungen durch Geldzahlungen. Kritisch äußerte er sich jedoch zu den übrigen Abschnitten des Papiers: „3) Bedenklich sind die Formulierungen, die uns sehr stark in dem Panzergeschäft Israel – USA engagieren würden. Dies sollte eine Angelegenheit sein, mit der wir – außer daß wir zahlen – nichts zu tun haben. 4) Wir möchten auch nicht zur Mithilfe an der ‚Konsolidierung des Staates Israel' verpflichtet werden (Ziffer 6). Hier muß eine andere Formulierung gesucht werden. 5) Das Kabinett hat beschlossen, daß in Spannungsgebiete keine Waffen geliefert werden sollen. Diesen Beschluß kann man schwerlich aufheben. Er bezieht sich auch keineswegs nur auf den Nahen Osten. Vielleicht kann man Israel mit einer interpretativen Erklärung helfen. Darüber müssen wir nachdenken. 6) Starke Bedenken haben wir gegen die von Ihnen mündlich abzugebende Erklärung über künftige militärische Zusammenarbeit (Ziffer 8). Darüber möchten wir nichts sagen." Vgl. den Drahterlaß Nr. 6 vom 21. März 1965 an den Sonderbeauftragten Birrenbach, z.Z. Tel Aviv; VS-Bd. 423 (Büro Staatssekretär); B 150, Aktenkopien 1965.
Vgl. weiter Dok. 138.

137

Gespräch des Bundesministers Schröder
mit dem belgischen Außenminister Spaak

Z A 5-41.A/65 geheim 22. März 1965[1]

Der Herr Bundesminister des Auswärtigen empfing am 22. März 1965 um 11 Uhr den belgischen Außenminister, M. Paul Henri Spaak, in Anwesenheit von Ministerialdirigent Dr. Simon und Kabinettschef Vicomte Davignon zu einer Unterredung.

Nach der Begrüßung schlug der Herr *Minister* vor, zunächst über die politische Union[2] zu sprechen. Es handele sich hierbei im wesentlichen um die Frage, wie man weiterkomme und welches Verfahren einzuschlagen sei. Es liege jetzt eine konkrete Einladung des italienischen Außenministers Fanfani zu einer Außenministerkonferenz etwa am 10. Mai in Venedig vor.[3] Von deutscher Seite stehe man diesem Gedanken positiv gegenüber.[4] Er wäre dankbar, wenn Herr Spaak ihm seine Meinung dazu sagen könnte.

M. *Spaak* erklärte, er habe zunächst angesichts der Terminwahl etwas gezögert.[5] Der 10. Mai sei ihm als schwierig erschienen, weil die Außenminister ja am 11. in London[6] sein müßten. Er (Spaak) sei persönlich in einer besonders schwierigen Lage angesichts der Tatsache, daß am 23. Mai in Belgien Wahlen stattfänden und er im Hinblick darauf selbstverständlich sehr viele Verpflichtungen habe. Er frage sich, warum es nicht möglich sei, die Außenminister an-

---

[1] Die Gesprächsaufzeichnung wurde von Dolmetscherin Bouverat am 26. März 1965 gefertigt. Hat Bundesminister Schröder am 29. März 1965 vorgelegen.

[2] Zu den deutschen Bemühungen um eine Wiederaufnahme der Verhandlungen über eine europäische politische Union vgl. zuletzt Dok. 128.

[3] Für den Wortlaut des Schreibens vom 11. März 1965 an Bundesminister Schröder, das der italienische Botschafter Lucioli am 16. März 1965 übergab, vgl. Referat I A 1, Bd. 522.
Dazu hielt Vortragender Legationsrat I. Klasse Steg am 16. März 1965 fest: „Nach Fanfanis Meinung sollten die sechs Minister – nur begleitet von 1 bis 2 Mitarbeitern – sich zusammenfinden, ohne vorher eine Tagesordnung festzulegen. Um den formlosen Charakter der Zusammenkunft zu unterstreichen, werde nicht Rom, sondern Venedig als Tagungsort vorgeschlagen. Zeitpunkt: unmittelbar nach dem 10. Mai." Vgl. Referat I A 1, Bd. 522.

[4] Der Chef des Presse- und Informationsamtes, von Hase, äußerte am 17. März 1965 auf einer Pressekonferenz, der italienische Vorschlag zur Einberufung einer Außenministerkonferenz liege „sozusagen auf der Linie eines Eingehens auf einen deutschen Vorschlag. Sie wissen, wie sehr die B[undes]R[egierung] bemüht ist, die politische Zusammenarbeit Europas wieder zu aktivieren." Vgl. den Vermerk des Vortragenden Legationsrats I. Klasse Kastl vom 19. März 1965; VS-Bd. 8427 (Ministerbüro); B 150, Aktenkopien 1965.
Am 19. März 1965 schlug Bundesminister Schröder dem italienischen Außenminister Fanfani den 10. Mai 1965 als Konferenztermin vor und stellte fest: „Ich bin mit Ihnen der Meinung, daß es einer besonderen Tagesordnung für die Konferenz nicht bedarf". Vgl. Referat I A 1, Bd. 522.

[5] Am 16. März 1965 hielt Ministerialdirektor Meyer-Lindenberg die Mitteilung des belgischen Gesandten Gérard fest, Belgien könne den italienischen Konferenzvorschlag „nicht gutheißen. Auf eine förmliche Außenministerkonferenz werde die Öffentlichkeit sehr große Erwartungen setzen – ähnlich wie seinerzeit auf die Konferenz von Messina –, die diesmal angesichts der erheblichen sachlichen Meinungsverschiedenheiten enttäuscht werden müßten." Vgl. Referat I A 1, Bd. 522.

[6] Am 11./12. Mai 1965 fand in London die NATO-Ministerratstagung statt. Vgl. dazu Dok. 197, Anm. 37.

läßlich der Brüsseler Ministerratssitzung vom 6. und 7. April[7] zusammenzubringen. Ursprünglich habe doch ein derartiger Plan bestanden. In der Zwischenzeit hätten die Franzosen erklärt, sie seien damit nicht einverstanden.[8] Er persönlich verstehe nicht richtig, ob ein Unterschied bestünde zwischen einem Außenministertreffen in Venedig oder in Brüssel.[9] Er glaube, daß es sich nur um eine Terminfrage handle, denn es kämen ja dieselben Partner zusammen, um über dieselben Dinge zu sprechen. Gegebenenfalls wäre er aber bereit zu versuchen, sich trotz aller Schwierigkeiten für den 10. Mai freizumachen.

Der Herr *Minister* wies darauf hin, daß die italienische Regierung ein Flugzeug zur Verfügung stellen würde, damit die Außenminister noch am 10. Mai abends nach London fliegen könnten. Was den Hinweis von Herrn Spaak auf die bevorstehenden Wahlen in Belgien betreffe, könne er seinerseits sagen, daß in der Bundesrepublik die Wahlen in 6[10] Monaten, d.h. am 19. September stattfänden. Aber selbstverständlich würden die politischen Ereignisse bereits jetzt im Hinblick auf die Wahlen bewertet; dies gelte für die jetzige Zeit vielleicht sogar in verstärktem Maße angesichts der Nahostkrise. In der Tat seien eine Reihe unangenehmer Schwierigkeiten entstanden, die besonders auch in der Öffentlichkeit besprochen würden. Aus diesem Grunde lege die Bundesregierung großen Wert darauf, daß die Außenminister nicht am Rande einer Brüsseler Sitzung, sondern zu einer besonderen Kundgebung zusammenträten, um die Fragen der europäischen politischen Union zu besprechen. Aus dem genannten Grunde sei man auch für ein verhältnismäßig frühes Datum und habe die Einladung nach Venedig angenommen. Der Herr Bundeskanzler habe sogar den Wunsch gehabt, daß die Konferenz nicht in Venedig, sondern in Bonn zusammentrete.[11] Die Bundesregierung habe ja auch Vorschläge unterbreitet[12], die als Ansatzpunkt zur Wiederaufnahme der Gespräche dienen könnten.

M. *Spaak* betonte, falls er damit der Bundesregierung einen Gefallen täte, sei er gerne bereit, sich zu bemühen, am 10. nach Venedig kommen zu können.

Der Herr *Minister* fragte Herrn Spaak, was seiner Auffassung nach auf dieser Außenministerkonferenz erreicht werden könne.

---

[7] Der belgische Außenminister bemühte sich bereits im Januar und Februar 1965, die europäischen Partner für ein informelles Außenministertreffen am Rande einer EWG-Ministerratstagung zu gewinnen. Vgl. dazu die Aufzeichnung des Ministerialdirigenten Voigt vom 1. April 1965; VS-Bd. 8427 (Ministerbüro); B 150, Aktenkopien 1965.
Vgl. dazu auch Dok. 86.

[8] Vgl. dazu Dok. 118, Anm. 10.

[9] Nach italienischen Vorstellungen sollte die Außenministerkonferenz in Venedig eher informellen „Erkundigungscharakter haben, der Prüfung der Methode dienen, dem Prozeß der europäischen Vereinigung einen neuen Aufschwung zu geben, [und] ohne eine festgelegte Tagesordnung stattfinden". Vgl. die Aufzeichnung des Ministerialdirigenten Voigt vom 1. April 1965; VS-Bd. 8427 (Ministerbüro); B 150, Aktenkopien 1965.

[10] Die Ziffer „6" wurde von Bundesminister Schröder handschriftlich eingefügt. Dafür wurde gestrichen: „vier".

[11] Vgl. dazu Dok. 128.

[12] Zur Europa-Initiative der Bundesregierung vom 4. November 1964 vgl. Dok. 5, Anm. 18.

M. *Spaak* antwortete, dies sei in der Tat eine schwierigere Frage als die Frage des Termins. Er befinde sich offen gestanden in einem etwas skeptischen Seelenzustand. Er fragte den Herrn Minister, ob er etwas gehört habe über zwei Gespräche, die General de Gaulle kürzlich mit NATO-Generalsekretär Brosio[13] und mit dem Botschafter der Niederlande in Paris[14] geführt habe. Seiner (Spaaks) Auffassung nach zeige man in Paris keine große Entschlossenheit, zu einem Ergebnis zu kommen. Er habe den Eindruck, daß die Dinge etwas oberflächlich behandelt würden. Die Franzosen sagten sich, sie hätten seinerzeit Vorschläge unterbreitet[15], diese Vorschläge seien nicht angenommen worden[16], sie hätten zwar nichts dagegen, wenn die anderen nunmehr etwas Neues versuchen wollten, aber sie selbst wollten keine Initiative ergreifen. Er (Spaak) sei der Auffassung, daß General de Gaulle diese Konferenz nicht für nützlich halte.

Vor einigen Monaten habe er (Spaak) gedacht, die französische Politik verstanden zu haben. Er sei der Auffassung gewesen, daß General de Gaulle die Wiederaufnahme der Europagespräche von drei Vorbedingungen abhängig machen wollte: 1) Regelung der Frage des Getreidepreises, 2) Notwendigkeit einer gemeinsamen Außenpolitik, 3) Notwendigkeit, die großen Züge einer gemeinsamen Verteidigungspolitik aufzustellen.[17] Heute spreche er von den zwei letzteren Vorbedingungen nicht mehr.[18] In bezug auf den Getreidepreis habe er ja im Dezember Genugtuung erhalten.[19] Angesichts dieser Sachlage hätte man sich mit den vorliegenden Entwürfen zu beschäftigen: mit dem italienischen Entwurf[20], dem deutschen Entwurf und den Gedanken, die er (Spaak) zu

---

[13] Dazu berichtete Botschafter Grewe, Paris (NATO), am 4. März 1965: „Nach Brosios Darstellung hat sich General de Gaulle in der Unterhaltung, die Brosio mit ihm in der vergangenen Woche hatte, erneut mit Schärfe und Entschiedenheit gegen das Projekt der ANF ausgesprochen." Vgl. den Drahtbericht Nr. 303; VS-Bd. 1371 (II A 7); B 150, Aktenkopien 1965.

[14] Am 17. März 1965 berichtete Botschafter Siegfried, Brüssel, über im belgischen Außenministerium vorliegende Informationen zum Gespräch des niederländischen Botschafters, Baron Bentinck, mit Staatspräsident de Gaulle. Danach solle „der französische Staatschef seiner bekannten Einstellung gegen ein supranationales Europa unmißverständlich Ausdruck gegeben haben. Immerhin soll er angedeutet haben, daß er mit Bundeskanzler Erhard in Rambouillet über diese Fragen ein fruchtbares Gespräch geführt habe und daß er sich deutschen Anregungen nicht entgegenstellen werde, die sich im Rahmen des in Rambouillet Besprochenen hielten." Vgl. den Drahtbericht Nr. 67; VS-Bd. 2386 (D I/Dg I A); B 150, Aktenkopien 1965.

[15] Zu den Fouchet-Plänen vom 2. November 1961 und vom 18. Januar 1962 vgl. Dok. 5, Anm. 23.

[16] Zum Scheitern der Verhandlungen über eine europäische politische Union im April 1962 vgl. Dok. 22, Anm. 15.

[17] Zu den Vorstellungen des französischen Staatspräsidenten im Sommer 1964 hinsichtlich einer europäischen politischen Union vgl. AAPD 1964, II, Dok. 180 und Dok. 218.

[18] Dazu stellte Bundeskanzler Erhard im anschließenden Gespräch mit dem belgischen Außenminister Spaak fest, „er glaube nicht, daß der französische Staatspräsident diese beiden Vorstellungen habe fallen lassen. Er habe ihm aber gesagt, daß er im Gegensatz zum Juli vergangenen Jahres nunmehr der Auffassung sei, daß die Gespräche zwischen den Außenministern, denen eine Konferenz der Regierungschefs folgen könne, wieder aufgenommen werden könnten, ohne daß der materielle Rahmen im voraus ausgefüllt würde." Vgl. Bundeskanzleramt, AZ: 21-30 100 (56), Bd. 13; B 150, Aktenkopien 1965.

[19] Der EWG-Ministerrat einigte sich auf der Sitzung vom 14./15. Dezember 1964 auf die Einführung gemeinsamer Getreidepreise und von der EWG zu leistende Ausgleichszahlungen. Vgl. dazu das Kommuniqué vom 15. Dezember 1964; EUROPA-ARCHIV 1965, D 1–8.

[20] Zu den italienischen Vorschlägen vom 28. November 1964 vgl. Dok. 5, Anm. 19.

der europäischen politischen Union geäußert habe.[21] Was ihn persönlich betreffe, glaube er sagen zu müssen, daß er sehr viel Wasser in seinen Wein gießen müsse, wenn die Konferenz zu einem Ergebnis kommen solle. Er sei aber entschlossen, viel Wasser in seinen Wein zu gießen, weil es ihm in erster Linie wichtig erscheine, daß der Europagedanke als solcher am Leben bleibt. Er glaube nicht, daß es angesichts der besonderen Umstände zu wesentlichen Fortschritten kommen werde. Um einen Fehlschlag zu verhindern, müsse man sicher viele französische Standpunkte annehmen. Er sei aber bereit, dies zu tun, um, wie gesagt, den Europagedanken in der Zwischenzeit am Leben zu erhalten. Er glaube, daß über einen Punkt allgemeines Einverständnis herrsche, und zwar, daß es besser sei, ein Experiment für einige Jahre zu machen, als bereits jetzt einen endgültigen Vertrag abzuschließen. Die große Schlacht werde wohl die Diskussion um die Form des Sekretariates[22] sein. Zu diesem Punkt seien verschiedene Gedanken geäußert worden, und er glaube, daß dies der wichtigste Punkt in der Diskussion sein würde. Im übrigen glaube er, daß, wenn die anderen Partner sich heute mit einer Regelung, wie sie im Fouchet-Plan vorgesehen war[23], einverstanden erklärten, die Franzosen nicht „nein" sagen könnten. Allerdings sei dies für ihn (Spaak) „hart zu schlucken".

Der Herr *Minister* erwiderte, er teile die nicht allzu optimistischen Ansichten seines belgischen Kollegen. Er glaube aber, daß sie zur Zeit der Wahrheit entsprächen. Angesichts dieser Sachlage stelle sich die Frage, wie man die Bemühungen im Hinblick auf eine politische Union fortführen könne. Der Herr Bundeskanzler werde Herrn Spaak sicher über seine Gespräche mit General de Gaulle in Rambouillet[24] berichten.[25] Als Ergebnis könne folgendes festgehalten werden: General de Gaulle sei der Auffassung gewesen, daß angesichts der Fortschritte, die in Brüssel in der Getreidepreisfrage erzielt worden seien,

[21] Zu den Vorschlägen des belgischen Außenministers vom 27. Juli und 10. September 1964 vgl. Dok. 5, Anm. 20.

[22] Während nach dem belgischen Vorschlag vom 27. Juli 1964 eine vom Ministerausschuß zu ernennende Exekutivkommission mit Unterstützung eines Generalsekretariats den Vertrag über eine europäische politische Union ausarbeiten und die politischen Konsultationen des Ministerausschusses vorzubereiten hatte, war in der Europa-Initiative der Bundesregierung ein beratender Ausschuß vorgesehen, der „allein dem gemeinsamen Interesse der an dem Übereinkommen beteiligten Staaten dienen" sollte. Nach italienischen Vorstellungen sollte einer aus Regierungsvertretern zusammengesetzten politischen Kommission ein Sekretariat mit einem von den Regierungen unabhängigen Generalsekretär an die Seite gestellt werden, der die Befugnisse zu eigenen Initiativen hätte. Vgl. die Aufzeichnung des Referats I A 1 vom 11. Januar 1965; VS-Bd. 2470 (I A 1); B 150, Aktenkopien 1965.

[23] Der Fouchet-Ausschuß erzielte am 15. März 1962 keine Einigung hinsichtlich der Institutionen einer europäischen politischen Union. Nach französischen Vorstellungen sollten der Ministerrat sowie Ministerausschüsse, eine Politische Kommission sowie das Europäische Parlament Institutionen einer politischen Union sein, während die übrigen fünf beteiligten Staaten neben dem Ministerrat, den Ministerausschüssen und dem Europäischen Parlament auch den Europäischen Gerichtshof dazu zählten. Dem Rat und den Ministerausschüssen sollten „eine Politische Kommission und ein Generalsekretär zur Seite" stehen. Vgl. EUROPA-ARCHIV 1964, D 471.

[24] Für die Gespräche des Bundeskanzlers Erhard mit Staatspräsident de Gaulle am 19./20. Januar 1965 in Rambouillet vgl. Dok. 22, Dok. 26 und Dok. 27.

[25] Vgl. dazu das Gespräch des Bundeskanzlers Erhard mit dem belgischen Außenminister am 22. März 1965 im Anschluß an die Unterredung zwischen Bundesminister Schröder und Spaak; Bundeskanzleramt, AZ: 21-30 100 (56), Bd. 13; B 150, Aktenkopien 1965.
Für einen Auszug vgl. Dok. 139, Anm. 2.

und weiterer Fortschritte, die er in den ersten Monaten dieses Jahres erwarte[26], ein weiterer Schritt auf dem Wege zur politischen Union ins Auge gefaßt werden könnte. Er sei davon ausgegangen, daß etwa im Mai eine Außenministerkonferenz stattfinden könnte, der im Juli eine Konferenz der Staats- und Regierungschefs folgen sollte. General de Gaulle habe klar zum Ausdruck gebracht, daß er bereit sei, das Risiko auf sich zu nehmen, zu einer Konferenz zu gehen, selbst wenn noch keine Ergebnisse hinsichtlich bestimmter Punkte im voraus erzielt worden seien.[27] Er (der Herr Minister) könnte sich vorstellen, daß die Begegnung der Außenminister in Venedig der Vorläufer von zwei Maßnahmen sein könnte: 1) einer Konferenz der Staats- bzw. Regierungschefs und 2) regelmäßiger Gespräche zwischen den Außenministern. Hierbei könnten Themen besprochen werden, die außerhalb der EWG eine Rolle spielen. In der Zwischenzeit könnten hohe Beamte der sechs Länder die Vorstellungen von Herrn Spaak sowie den italienischen und den deutschen Vorschlag prüfen[28], so daß man vielleicht auf der Konferenz der Staats- bzw. Regierungschefs bereits über bestimmte Verfahren und bestimmte Institutionen sprechen könne, ohne daß jedoch die vorherige Klärung dieser Fragen zur Bedingung gemacht würde. Herr Spaak habe gesagt, daß er bereit wäre, viel Wasser in seinen Wein zu gießen. Dies gelte auch für die deutsche Seite. Er glaube aber doch, daß von diesen beiden Konferenzen bestimmte Impulse ausgehen werden. Man könnte sich darüber einigen, derartige Zusammenkünfte periodisch zu veranstalten, und die hohen Beamten könnten jeweils in der Zwischenzeit sich mit den institutionellen Fragen beschäftigen. Dadurch könne vermieden werden, daß die härtesten und die schwierigsten Entscheidungen schon im vornherein getroffen werden müßten. Es spreche vieles dafür, daß die Dinge noch lockerer gehandhabt werden würden, als in den bisherigen Vorschlägen vorgesehen. Auch Herr Spaak habe ja von einer Art Übergangszeit gesprochen. Durch dieses Verfahren könne ein Anfang gemacht werden mit der Hoffnung, später den Rahmen mit Substanz zu füllen.

Herr *Spaak* sagte, wenn er richtig verstanden habe, werde man in Venedig einen Meinungsaustausch über eine bestimmte Anzahl von Punkten pflegen in der Art, wie es hier schon geschehe, etwa über die mögliche Zukunft eines politischen Europa usw. Dann solle eine Entscheidung darüber getroffen werden, daß die Staats- bzw. Regierungschefs etwa im Juli zu einer Konferenz zusammenkommen, jedoch ohne daß mit Sicherheit feststehe, daß bis dahin ein Vertrag oder eine Vereinbarung ausgearbeitet sei.

Der Herr *Minister* bestätigte dies und fügte hinzu, er glaube nicht, daß es möglich sei, bis Juli einen Vertrag auszuarbeiten. Sollte dies doch der Fall sein, so wäre es wunderbar, er glaube aber nicht, daß man damit rechnen könne. Er

---

[26] Frankreich war vor allem am Ausbau einer gemeinsamen Agrarpolitik der EWG interessiert. Vgl. dazu Dok. 219.

[27] Vgl. dazu Dok. 27.

[28] Der Vorschlag der Bundesrepublik, „die Wiederaufnahme der Verhandlungen über eine europäische politische Zusammenarbeit durch Beamtenbesprechungen einzuleiten", wurde von Belgien, Frankreich und den Niederlanden abgelehnt. Vgl. dazu die Aufzeichnung des Ministerialdirektors Meyer-Lindenberg vom 3. März 1965; VS-Bd. 8427 (Ministerbüro); B 150, Aktenkopien 1965. Vgl. dazu auch Dok. 118, Anm. 10.

glaube aber, daß eine Konferenz der Staats- bzw. Regierungschefs, selbst wenn sie nicht über einen fertig ausgearbeiteten Vertrag beraten könne, doch einen Sinn habe und eine bedeutsame Wirkung: Die letzte derartige Konferenz habe 1961 stattgefunden.[29] Ohne Äußerlichkeiten überschätzen zu wollen, halte er eine Konferenz nach nunmehr vier Jahren an und für sich schon für sehr wirkungsvoll.

Auf eine Frage von M. *Spaak* nach der Tagesordnung dieser Konferenz erwiderte der Herr *Minister*, er könne sich die Behandlung von zweierlei Fragen vorstellen: Zunächst eine Erörterung bestimmter politischer Fragen mit dem Ziel der Schaffung des politischen Europa und dann die Besprechung von Fragen, die sich aus einem geeinten Europa ergeben würden. Ferner könnte man sich über den Stand der Arbeiten des vorbereitenden Ausschusses[30] unterhalten. Falls diese Arbeiten schon sehr fortgeschritten wären, könnten einige Punkte bereits von den Regierungschefs gebilligt werden, wenn nicht, so könnten vielleicht einige zusätzliche Richtlinien erteilt werden. Die Staats- und Regierungschefs könnten ferner beschließen, etwa alle sechs Monate wieder zusammenzutreten. Eine gewisse Periodizität der Zusammenkünfte der Außenminister und der Staats- bzw. Regierungschefs sei ja schon ein Teil des Verfahrens der politischen Union Europas.

Herr *Spaak* antwortete, er habe nichts dagegen. („Je ne suis pas contre.")

Der Herr *Minister* sprach seine Genugtuung darüber aus, daß M. Spaak mit ihm hinsichtlich der Möglichkeiten einer etwaigen Entwicklung einig sei, und regte an, einige Worte über die Ansichten der einzelnen Partner zu den vorliegenden Vorschlägen zu sagen. Zunächst zu Frankreich: General de Gaulle habe geäußert, daß ihm an dem italienischen Vorschlag der Ausschluß der Verteidigungsminister[31] nicht gefalle. Mit dem deutschen Vorschlag habe sich der französische Staatspräsident im allgemeinen einverstanden erklärt, mit Ausnahme der Zusammensetzung des „Rats der Weisen".[32] Dies bedeute in anderen Worten, daß er das italienische Sekretariat einem beratenden Gremium vorziehe.

Die Haltung der anderen Länder sei vielleicht nicht in allen Punkten ganz klar. Er (der Herr Minister) glaube aber, daß es nicht schwierig sein dürfte, auch die Verteidigungspolitik (natürlich nicht unabhängig von der NATO)

---

[29] Auf der Konferenz der Regierungschefs der sechs EWG-Staaten am 18. Juli 1961 in Bonn wurde beschlossen, die Bemühungen um eine politische Einigung Europas zu verstärken. Vgl. dazu EUROPA-ARCHIV 1961, D 469–471, OSTERHELD, Kanzlerjahre, S. 40–43, und SPAAK, Combats inachevés, Bd. 2, S. 358–361.

[30] Nach deutschen Vorstellungen sollte auf dem Außenministertreffen der sechs EWG-Staaten zur Vorbereitung der Konferenz der Regierungschefs eine Beamtengruppe eingesetzt werden, der „von den Außenministern gemeinsam festgelegte konkrete Richtlinien für ihre Tätigkeit gegeben werden" müßten. Vgl. die Aufzeichnung des Ministerialdirektors Meyer-Lindenberg vom 3. März 1965; VS-Bd. 8427 (Ministerbüro); B 150, Aktenkopien 1965.

[31] Der italienische Vorschlag vom 28. November 1964 sah eine Zusammenarbeit der Außenminister und „gegebenenfalls" der für Unterricht, Kultur und wissenschaftliche Forschung zuständigen Minister vor. Vgl. EUROPA-ARCHIV 1965, D 10.

[32] Vgl. dazu Dok. 27. Zur französischen Haltung in dieser Frage vgl. auch Dok. 80.

einzuschließen, da dies ja auch seinerzeit bei dem Fouchet-Plan so vorgesehen wurde.³³

M. *Spaak* bestätigte, daß in dem Fouchet-Plan eine Formulierung enthalten gewesen sei, die eine vage Verbindung mit der NATO hergestellt habe. In der Tat hätten damals die Verteidigungsfragen zur Zuständigkeit der geplanten Europäischen Politischen Union gehört.

Der Herr *Minister* verwies auf die Bemerkung von M. Spaak, wonach die Frage der Gestaltung des Sekretariats wahrscheinlich einer der schwierigsten Punkte der Erörterungen sein werde, weil danach das Maß an Gemeinschaftseinrichtungen und -geist bewertet werden könne. Zwischen der Außenministerkonferenz und der möglichen Konferenz der Staats- bzw. Regierungschefs im Juli könnten aber die hohen Beamten versuchen, eine geeignete Formel zu finden. Sollte dies nicht möglich sein, so könnte diese Frage zunächst offen gelassen werden. Wesentlich erscheine ihm, wie gesagt, daß zu Beginn eine gewisse Periodizität der Treffen der Außenminister und Regierungschefs beschlossen werde.

M. *Spaak* wies darauf hin, daß aber immer noch die Schwierigkeit im Zusammenhang mit den Engländern³⁴ weiterbestehe. Ob dem Herrn Minister die jetzige Haltung der Holländer zu dieser Frage³⁵ bekannt sei.

Der Herr *Minister* erwiderte, er möchte in bezug auf die Holländer keine Spekulationen anstellen. Er glaube, die jetzigen Pläne stellten sich in einer so lockeren Form dar, daß sie nichts enthielten, was die Holländer irritieren könnte. Die britische Frage als solche müßte wohl mehr vertieft werden: Er glaube, daß die Engländer nach wie vor den Wunsch hätten, von Beginn an an den Besprechungen über die Organisation des politischen Europa beteiligt zu sein.³⁶ In dieser Hinsicht habe die Labour-Regierung wohl die Formulierungen der Konservativen übernommen.³⁷ Er (der Herr Minister) glaube aber, daß man

---

[33] Vgl. Artikel 2 der Fouchet-Pläne vom 2. November 1961 und vom 18. Januar 1962 sowie des vom Fouchet-Ausschuß am 15. März 1962 angenommenen Entwurfs; EUROPA-ARCHIV 1964, D 468 f.

[34] Zum Scheitern des Fouchet-Plans auf der Außenministerkonferenz am 17. April 1962 in Paris vgl. Dok. 22, Anm. 15.

[35] Vgl. dazu die Ausführungen des niederländischen Außenministers Luns; Dok. 86, Anm. 7.
Am 23. März 1965 äußerte der niederländische Botschaftsrat Jalink: „Das ‚préalable anglais' werde für Herrn Luns keine Voraussetzung für die Teilnahme an der Außenministerkonferenz sein. Allerdings werde Herr Luns ebenso wie bei vielen früheren Anlässen (zuletzt bei der WEU-Ministerratssitzung in Rom) darauf bestehen, daß Großbritannien zum frühstmöglichen Zeitpunkt hinzugezogen werde und daß in der Zwischenzeit eine Zusammenarbeit – nicht nur ein Informationsaustausch – über die WEU angebahnt werde." Vgl. die Aufzeichnung des Legationsrats I. Klasse Schmidt-Schlegel vom 24. März 1965; Referat I A 1, Bd. 522.

[36] Vgl. dazu die Äußerungen des Premierministers Wilson im Gespräch mit Bundeskanzler Erhard am 30. Januar 1965 in London; Dok. 47.
Am 12. Februar 1965 wies der britische Außenminister Stewart vor der belgisch-britischen Handelskammer dem Europarat eine zentrale Rolle bei der europäischen politischen Zusammenarbeit zu und führte aus, es würde „der Sache der europäischen und atlantischen Einheit nicht dienen, wenn wichtige Entscheidungen, welche die politische Zukunft Europas berühren, von einer begrenzten Gruppe getroffen würden". Vgl. EUROPA-ARCHIV 1965, Z 43.

[37] Auf der Tagung des WEU-Ministerrats am 23. Januar 1964 in London äußerte der britische Außenminister Butler, er hoffe, daß Großbritannien „an allen neuen Besprechungen über die politische Union in Europa voll und von Anfang an" werde teilnehmen können. Vgl. die am 6. März 1964 gefertigte Übersetzung des Protokolls (Auszug); Ministerbüro, Bd. 206.

gegenwärtig nicht mehr tun könne, als die Briten zu informieren über den Stand der Arbeiten und den Verlauf der Konferenz.

Die innere Entwicklung Großbritanniens gebe jedoch Anlaß zu der Annahme, daß England sich in Zukunft mehr zum Kontinent hinwenden werde. Besonders die Konservativen brächten dies, seit sie nicht mehr an der Regierung seien, deutlicher zum Ausdruck.[38] Die Labourleute hätten sich zwar zunächst sehr zurückhaltend gezeigt, er glaube aber, daß ihre Haltung in der Zwischenzeit positiver geworden sei, so daß mit der Zeit wohl mit einer stärkeren Entfaltung von Initiativen gegenüber Europa gerechnet werden könne. Es sei daher wünschenswert, daß in der Zwischenzeit keine exklusive Organisation geschaffen werde. Er (der Herr Minister) glaube, daß man sich nicht darauf einlassen dürfe, eine neue festgefügte Institution zu schaffen, der Großbritannien später nicht ohne große Schwierigkeiten beitreten könnte. Insbesondere müsse vermieden werden, eine Satzung der Europäischen Politischen Union zu schaffen, wonach einem etwaigen Beitrittsgesuch Englands mit einem Veto entgegengetreten werden könne. Er sei sich im klaren darüber, daß sehr leicht eine Diskussion über diese Fragen erneut entstehen könne, auch im Zusammenhang mit dem Beitritt anderer Länder.

M. *Spaak* bestätigte diesen Eindruck und fragte, ob nach Auffassung des Herrn Ministers sich eine Änderung in den Standpunkten ergeben habe, insbesondere ob Frankreich weiter an der Auffassung festhalte, daß es keine Mitgliedschaft in der politischen Union geben könne ohne vorherige Mitgliedschaft in der EWG.[39] Er habe lange über diese Frage nachgedacht und sei zu dem Schluß gekommen, daß möglicherweise die Stellung Großbritanniens immer schwieriger werden könne, in dem Maße, in dem die EWG weiter so rasch fortschreite und ihre Mitglieder immer intensiver und enger miteinander verflochten würden. In einem politischen Europa würde England möglicherweise sechs sehr eng miteinander verbundenen Staaten alleine gegenüberstehen. Auf lange Sicht erscheine ihm ein derartiger Zustand nicht haltbar.

Der Herr *Minister* sagte, er glaube, sein belgischer Kollege habe recht. Daher überlegten viele Engländer ernsthaft, ob sie nicht in absehbarer Zeit – um sich vorsichtig auszudrücken – einen neuen Vorstoß in Richtung auf eine Mitgliedschaft in der EWG machen sollten.[40] Theoretisch könnte man auf die ge-

---

Fortsetzung Fußnote von Seite 562

Vgl. auch die Ausführungen von Butler in den deutsch-britischen Regierungsbesprechungen vom 16. Januar 1964; AAPD 1964, I, Dok. 14 und Dok. 15.

Diese Haltung der britischen Regierung kritisierte der Labour-Abgeordnete Gordon Walker im Gespräch mit dem französischen Botschafter in London, de Courcelles, am 10. Dezember 1963: „Für Labour sei es etwas Natürliches, daß sich die Sechs zunächst untereinander finden müssen. Auf keinen Fall wolle Labour die Einigung Europas verhindern oder in den Schwierigkeiten der Sechs, d.h. im trüben, fischen". Vgl. die Aufzeichnung des Ministerialdirektors Jansen vom 9. Januar 1964; Referat I A 1, Bd. 519.

[38] Vgl. dazu die Ausführungen des Vorsitzenden der Konservativen Partei, Douglas-Home, vor der Jahreskonferenz der Jugendorganisation der Partei am 15. Februar 1965; Dok. 93, Anm. 43.

[39] Vgl. dazu Dok. 126.

[40] Im Gespräch mit dem belgischen Außenminister Spaak am 22. März 1965 berichtete Bundeskanzler Erhard, er habe in einer Unterredung mit dem britischen Abgeordneten Sandys am 12. März 1965 den Eindruck gewonnen, „daß die Konservativen gegenwärtig für eine Vollmitgliedschaft in der EWG seien […]. Die Konservativen würden sich sogar bereit erklären, das europäische Agrar-

stellte Frage antworten, es sei nicht ausgeschlossen, daß es in Zukunft zu engeren Verbindungen zwischen der EWG und der EFTA[41] – sei es im Rahmen der Kennedy-Runde[42], sei es danach – kommen werde; eine politische Organisation mit Großbritannien erscheine nicht ausgeschlossen, wenn es auf wirtschaftlichem Gebiet zu einer besseren Koordinierung und engeren Zusammenarbeit zwischen der EWG und der EFTA kommen würde. Dies sei aber, wie gesagt, nur eine theoretische Antwort. In der Praxis scheine es tatsächlich schwierig, sich auf der einen Seite sieben und auf der anderen Seite sechs Staaten vorzustellen.

M. *Spaak* bestätigte, daß eine derartige Antwort ihm in der Tat als etwas theoretisch erscheine. Er habe den Eindruck, daß die englische Politik, wie sie kürzlich Außenminister Stewart dargelegt habe[43], zu optimistisch sei. Er (Spaak) glaube, daß die Engländer nicht realisierten, was der Gemeinsame Markt in Wirklichkeit bedeute. Er glaube, daß die Lage Englands in Zukunft immer schwieriger werde, als noch vor zwei, drei Jahren. Wenn in der EWG erst einmal eine gemeinsame Agrarpolitik, eine gemeinsame Außenhandelspolitik und vielleicht sogar eine gemeinsame Steuerpolitik betrieben werde[44], so müßte ein Land, das dann beitreten wollte, eine wahre Revolution durchmachen, während die Gründerstaaten der EWG sich hätten etappenweise anpassen können. Infolgedessen erscheine es ihm sehr optimistisch, wenn England glaube, durch engere Beziehungen zwischen der EWG und der EFTA eine leichtere Stellung zu haben.

Vorerst glaube er aber, daß man die Dinge so laufen lassen solle. Er glaube, daß eine Konferenz in Venedig ohne Großbritannien bereits eine alarmierende Wirkung haben werde.

Der Herr *Minister* unterstrich, daß der eben besprochene Punkt ein sehr ernst zu nehmendes Problem darstelle. Wenn man zu dem Ergebnis komme, daß in-

---

Fortsetzung Fußnote von Seite 563

system zu übernehmen". Vgl. Bundeskanzleramt, AZ: 21-30 100 (56), Bd. 13; B 150, Aktenkopien 1965.

Vgl. auch die Ausführungen von Sandys am 12. März 1965 gegenüber Bundesminister Schröder; Dok. 126.

[41] Am 11. Februar 1965 erklärte der britische Außenminister Stewart vor der belgisch-britischen Handelskammer, Großbritannien wünsche eine engere Zusammenarbeit zwischen EWG und EFTA. Vgl. dazu EUROPA-ARCHIV 1965, Z 43.

[42] Am 25. Januar 1962 unterbreitete Präsident Kennedy dem amerikanischen Kongreß den Vorschlag eines gleichzeitigen substantiellen Zollabbaus der westlichen Industrieländer. Der Ministerrat des GATT beschloß am 21. Mai 1963 die Aufnahme entsprechender Verhandlungen. Zur Ministertagung des Ausschusses für Handelsverhandlungen im Rahmen des GATT vom 4. bis 6. Mai 1965, mit der die Verhandlungen in der Kennedy-Runde eröffnet wurden, vgl. AAPD 1964, I, Dok. 122.

[43] Vgl. die Ausführungen des britischen Außenministers Stewart am 9. März 1965 auf der Tagung des WEU-Ministerrats in Rom; Dok. 126, Anm. 26.

[44] Nach dem EWG-Vertrag vom 25. März 1957 gehörten „die Einführung eines Gemeinsamen Zolltarifs und einer gemeinsamen Handelspolitik gegenüber dritten Ländern" sowie einer gemeinsamen Landwirtschaftspolitik zu den Aufgaben der Gemeinschaft, die während der vorgesehenen zwölfjährigen Übergangsfrist zu verwirklichen waren. Vgl. Artikel 3 des EWG-Vertrags; BUNDESGESETZBLATT 1957, II, S. 772–774.

Zu den Bemühungen um eine Harmonisierung der Steuerpolitik vgl. auch Dok. 245.

folge einer schnellen Weiterentwicklung innerhalb der EWG kein Land später beitreten könne, ohne eine Revolution durchzumachen, so würde dadurch ja ein tiefer Graben durch Europa gezogen, der sehr schwerwiegende Folgen haben könne. Man könne infolgedessen nur hoffen, daß England erstens seine Industrie schnell modernisiere und zweitens im richtigen Zeitpunkt den Wunsch zum Beitritt in die EWG anmelden werde.[45] Deutschland werde weiterhin alles tun, um einen derartigen Schritt Englands zu unterstützen, denn sonst könnte es zu einer lebensgefährlichen Spaltung in Europa kommen.

Der *belgische Außenminister* äußerte die Vermutung, daß diese Gefahr sich bereits heute am Horizont abzeichne. Nachdem ursprünglich erklärt worden sei, die EWG sei eine offene Sechser-Gemeinschaft, werde man sich bewußt, daß die wirtschaftlichen Fortschritte schneller als vorgesehen erzielt würden, so daß heute ein Beitritt anderer Staaten sich als schwieriger erweise. Was ihn am meisten beunruhige, sei die Tatsache, daß die Labour-Regierung den Gemeinsamen Markt und seine Philosophie offensichtlich nicht verstünden. Sie glaubten immer noch, daß die EWG von der EFTA nicht so sehr verschieden sei und daß es infolgedessen ausreiche, gute Beziehungen zwischen den beiden Organisationen herzustellen. Er glaube, daß dies ein grundlegender Fehler sei, der ein allzu langes Außerhalbstehen zur Folge haben könnte. Auch andere Länder, wie Dänemark, das seinerzeit den Beitritt beantragt habe[46], jedoch durch den Fehlschlag der Verhandlungen mit England zu einer abwartenden Haltung gezwungen worden war[47], liefen nunmehr Gefahr, zu einem späteren Zeitpunkt nicht mehr beitreten zu können. Wie gesagt, müßten Länder, die später beitreten, innerhalb sehr kurzer Zeit all das durchführen, was die Sechs in 7, 8, 10 Jahren erreicht hätten.

Der Herr *Minister* bestätigte, man befinde sich in der Tat vor sehr, sehr großen Schwierigkeiten.

Zum Abschluß schnitt der Herr Minister die Frage der Gewährung von TTD an. Es liege ihm besonders am Herzen, daß man sich auch auf belgischer Seite an die NATO-Regelungen[48] halte. Von belgischen Wirtschaftskreisen sei zum Beispiel der Außenhandelsminister der SBZ Balkow wiederholt eingeladen worden.[49] Er (der Herr Minister) sei sich zwar im klaren darüber, daß bestimmte Auflockerungen sich als notwendig erwiesen[50], aber angesichts der Tatsache, daß das bestehende System ein wichtiger Bestandteil der gesamten

---

[45] Ein erster Versuch Großbritanniens, der EWG beizutreten, scheiterte am 28./29. Januar 1963. Vgl. dazu AAPD 1963, I, Dok. 60.

[46] Dänemark stellte gleichzeitig mit Großbritannien am 10. August 1961 einen Antrag auf Aufnahme in die EWG. Vgl. dazu BULLETIN DER EWG 9–10/1961, S. 20–26.

[47] Zum Stand der Verhandlungen zwischen der EWG und Dänemark vgl. ACHTER GESAMTBERICHT 1965, S. 286.

[48] Zu den Richtlinien der NATO-Staaten für eine Gewährung von Temporary Travel Documents (TTD) vgl. Dok. 37, Anm. 8.

[49] Im Dezember 1964 besuchte der Außenhandelsminister der DDR Belgien, nachdem „Außenminister Spaak die Einreise Balkows – ohne Visum und TTD – persönlich gestattet" hatte. Vgl. dazu die Aufzeichnung des Vortragenden Legationsrats I. Klasse Oncken vom 8. Januar 1965; VS-Bd. 3561 (II 1); B 150, Aktenkopien 1965.

[50] Zu den Verhandlungen über eine Lockerung der TTD-Sperre vgl. Dok. 44; weiter Dok. 225.

westlichen Deutschlandpolitik sei[51] und man sich infolgedessen streng daran halten müsse. Alles andere würde eine starke Ermutigung für Ostberlin bedeuten, und dies gerade zu einem Zeitpunkt, in dem die Bundesregierung in einem akuten Kampf für die Verteidigung ihres Alleinvertretungsrechts stehe. Er bitte daher seinen belgischen Kollegen, sich auch weiterhin an die festgelegte Linie zu halten, um den Zonenfunktionären keinen Einbruch zu ermöglichen.

Herr *Spaak* antwortete, der Fall „Balkow" sei inzwischen geregelt, der Außenhandelsminister der SBZ hätte nicht ein zweites Mal eine Einreisegenehmigung nach Belgien erhalten. Im übrigen könne er aber nicht verhehlen, daß er erhebliche Schwierigkeiten wegen der Beziehungen zu den sportlichen, kulturellen und anderen Organisationen Ostdeutschlands habe. Es werde ihm von allen Seiten immer wieder entgegengehalten, daß die Verbotsmaßnahmen übertrieben seien. Er unterwerfe sich zwar den NATO-Regelungen, es sei aber eine Tatsache, daß es in Belgien – er wisse nicht, ob dies auch für Deutschland gelte – eine Bewegung in der öffentlichen Meinung gebe, die auf eine Lockerung abziele.[52] Zur Zeit seien diese Strömungen in seinem Land noch nicht sehr stark, und er könne sie noch kontrollieren; er wisse aber nicht, wie sich die Dinge in der Zukunft gestalten werden. Er werde sich vorbehalten, diese Frage auch in dem Gespräch mit dem Herrn Bundeskanzler[53] anzuschneiden.

VS-Bd. 8513 (Ministerbüro)

---

[51] Ministerialdirektor Krapf führte am 25. März 1965 dazu aus: „Die TTD-Sperre ist ein Mittel der westlichen Deutschland-Politik, das von unserem Alleinvertretungsrecht und von der Einheit Deutschlands ausgeht. Während im Bundesgebiet aus der Forderung der Einheit Deutschlands die Freizügigkeit gefolgert wird, gilt im übrigen NATO-Bereich der Gesichtspunkt des Alleinvertretungsrechts: SBZ-Bewohner können nur mit TTDs einreisen, da SBZ-Pässe nicht anerkannt werden." Vgl. den Drahterlaß Nr. 1449 an die Ständige Vertretung bei der NATO in Paris; VS-Bd. 3563 (II A 1); B 150, Aktenkopien 1965.

[52] Am 18. März 1965 vermerkte Ministerialdirigent Ruete, der belgische Vertreter habe in der Sitzung des Ständigen NATO-Rats vom 16. März 1965 „einen extremen Standpunkt" eingenommen. „Er verlangte, daß auch SBZ-,Minister' TTDs beantragen könnten. Die Vertretung bei [der] NATO ist der Auffassung, daß die Belgier das TTD-System zu Fall zu bringen wünschen." Vgl. VS-Bd. 3720 (II A 1); B 150, Aktenkopien 1965.

[53] Die TTD-Frage wurde weder im sich anschließenden Gespräch des belgischen Außenministers mit Bundeskanzler Erhard noch in der deutsch-belgischen Regierungsbesprechung am Nachmittag behandelt. Vgl. Dok. 139.

138

**Abgeordneter Birrenbach, z. Z. Tel Aviv,
an Bundesminister Schröder**

Z B 6-1-2891/65 geheim Aufgabe: 22. März 1965, 11.00 Uhr
Fernschreiben Nr. 7 Ankunft: 22. März 1965
Citissime

Für Bundesminister[1] und Staatssekretär

Ich habe Ihr Protokoll Nr. Sechs vom 21.[2] erhalten und fliege entsprechend der Weisung des Bundeskanzlers[3] morgen, Dienstag früh, nach meiner Besprechung heute abend mit Herrn Eshkol[4] nach Deutschland zurück.

Zu den verschiedenen Punkten Ihrer Antwort[5] folgende Stellungnahme:

ad III. Die monierten Formulierungen stellen in meinem letzten Telegramm betont nicht die endgültige Formulierung des memorandums of understanding dar. Sie zeigen lediglich den Weg. Die Regierung der USA muß auf jeden Fall angesprochen werden und nicht nur von den Israelis, damit die gewünschte Panzerlieferung von den Amerikanern übernommen wird[6], wofür wir abzüglich der Qualitätsdifferenz Israel zu zahlen hätten. Der endgültige Satz würde etwa lauten: „Die Lieferung von –X– Panzern wird von der Regierung der Vereinigten Staaten übernommen."

ad IV. Der Ausdruck „Konsolidierung des Staates Israel" war von mir bereits moniert worden. Er erschien in dem von den Israelis getippten Papier wieder, nachdem er vorher eliminiert war. Es ist unschwer für diesen Begriff eine andere Formulierung zu finden.

ad V. Ihre Erklärung entspricht meiner Interpretation hier. Ich werde sie wiederholen.

ad VI. Die von Ihnen beanstandete Äußerung bezieht sich offenbar nicht auf Ziffer 8, sondern auf Ziffer 9a und b. Hierüber sind nach israelischer Auffassung schriftliche Erklärungen nicht notwendig. Da wir (vergl. Ziffer 9a) aus einem hiesigen Werk mit finnischer Beteiligung Material beziehen[7], beabsichtigt diese Erklärung lediglich festzustellen, ob die Bundesrepublik in Zukunft

---

[1] Hat Bundesminister Schröder vorgelegen.
[2] Für den Drahterlaß des Staatssekretärs Carstens vom 21. März 1965 an den Sonderbeauftragten Birrenbach, z. Z. Tel Aviv, vgl. VS-Bd. 423 (Büro Staatssekretär); B 150, Aktenkopien 1965.
[3] Vgl. dazu bereits Dok. 136, Anm. 2.
   Am 21. März 1965 wiederholte Staatssekretär Carstens die Aufforderung des Bundeskanzlers Erhard an den Sonderbeauftragten Birrenbach, z. Z. Tel Aviv, nach dem Gespräch mit Ministerpräsident Eshkol nach Bonn zurückzukehren. Vgl. den Drahterlaß Nr. 6; VS-Bd. 423 (Büro Staatssekretär); B 150, Aktenkopien 1965.
[4] Über das Gespräch mit dem israelischen Ministerpräsidenten am Abend des 22. März 1965 berichtete der Sonderbeauftragte Birrenbach mündlich. Vgl. dazu auch Dok. 142.
[5] Vgl. Dok. 136, Anm. 17.
[6] Zu den Sondierungen in den USA über die Übernahme der Panzerlieferungen vgl. Dok. 146.
[7] Zum Bezug von Rüstungsmaterial aus Israel vgl. Dok. 103, Anm. 15.

die bisherige Praxis fortsetzen wird oder nicht. Was die Ziffer 9b angeht, so gehört sie zu denen, gegen die ich starke Bedenken geäußert hatte. Natürlich eignet sich diese nicht für eine schriftliche Fixierung und war auch nicht dafür bestimmt. Die Israelis möchten lediglich eine mündliche Antwort auf diese konkreten Fragen haben. Diese könnte man in einer Form umschreiben, daß sie unbedenklich wäre. Die Formulierung könnte etwa so sein:

„In den Beziehungen zwischen der Bundesrepublik und Israel tritt keine Änderung ein mit Ausnahme der Tatsache, daß Waffenlieferungen vom Tage der Unterzeichnung des Protokolls an nicht mehr durchgeführt werden."

Ich werde in meiner Besprechung mit Herrn Eshkol heute noch einmal unseren Standpunkt mit entsprechender Begründung vertreten und ihm klarzumachen versuchen, daß in extremis, d. h. wenn die Regelungen in Ziffer 1 und 4 nicht durchführbar sein sollten, das in Ziffer 5 vorgesehene Verfahren nicht mehr zu einer direkten Lieferung durch die Bundesrepublik führen könnte. Wenn das Israel ganz klar geworden sein wird, dann sollte die Redigierung[8] des endgültigen memorandums of understanding, insbesondere nach erfolgter Lieferungsübernahme durch Dritte gemäß Ziffer 1 und Ziffer 4, keine Schwierigkeiten mehr bieten. Das letzte Problem bleibt das Kommuniqué.[9] Ich werde in einer letzten Unterhaltung mit Eban noch versuchen, hier die Entwicklung bis zu einem Punkt zu fördern, der keine Schwierigkeiten mehr macht.[10]

Der Eindruck von meiner geplanten Abreise morgen früh, obwohl eine endgültige Einigung zum Greifen nahe ist, ist negativ. Man fürchtet eine Verzögerungstaktik.[11] Insbesondere, wenn nicht mindestens eine Teil- oder konditionelle Einigung während meiner Anwesenheit erreicht wird. Ich gebe diese Eindrücke, die allgemeiner Natur sind, ohne Kommentar weiter.

Ich bin heute bis 15 Uhr im King David Hotel, Jerusalem, zu erreichen.

[gez.] Birrenbach

VS-Bd. 8449 (Ministerbüro)

---

[8] Korrigiert aus: „Regierung".
[9] Für den Vorschlag eines Kommuniqués vgl. den Drahtbericht Nr. 8 des Sonderbeauftragten Birrenbach, z. Z. Tel Aviv, vom 22. März 1965; Ministerbüro, Bd. 221.
[10] Für den neuen Entwurf zu einem „memorandum of understanding" zwischen Israel und der Bundesrepublik vgl. Dok. 142.
[11] Dazu stellte Staatssekretär Carstens am 22. März 1965 fest: „Der Vorwurf der Verzögerungstaktik kann sicher nicht uns treffen. Es ist die israelische Seite, die neue Punkte zur Diskussion gestellt hat." Vgl. den Drahterlaß Nr. 8 an den Sonderbeauftragten Birrenbach, z. Z. Jerusalem; Büro Staatssekretär, Bd. 393.

139

Deutsch-belgische Regierungsbesprechung

I A 3-82.21-94.02-1132/65 VS-vertraulich 22. März 1965[1]

Niederschrift der Besprechung des Bundeskanzlers mit Außenminister Spaak am 22. März 1965 um 14.45 im Bundeskanzleramt

1) Deutsche Teilnehmer: Bundeskanzler Erhard, Außenminister Schröder, Staatssekretär Professor Dr. Carstens, Staatssekretär Lahr, Staatssekretär von Hase, Botschafter Siegfried, Ministerialdirektor Professor Dr. Meyer-Lindenberg, Ministerialdirektor Mercker, Ministerialdirigent Dr. Osterheld, Ministerialdirigent Dr. Simon, Vortragender Legationsrat I. Klasse Dr. Steg

2) Belgische Teilnehmer: Außenminister Spaak, Vicomte Davignon, Generaldirektor Vaes, Botschaftsrat Gérard

Bundeskanzler: Das Klima für die Zusammenarbeit der Sechs zur politischen Einigung Europas habe sich im Vergleich zum Sommer 1964 erheblich gebessert, was nicht zuletzt auch auf die veränderte Haltung de Gaulles zurückzuführen sei.[2] Der Gemeinsame Markt, an dem alle Partner interessiert seien, bedürfe nunmehr der politischen Verklammerung. Er sei aus diesem Grunde glücklich, daß Spaak seine Teilnahme an dem Treffen der Außenminister am 10. Mai in Venedig zugesagt habe.[3] Gewiß ginge man in Venedig, was den Erfolg des Treffens anbelange, ein Risiko ein. General de Gaulle habe ihm jedoch erklärt, daß er dieses Risiko auf sich nehmen wolle.[4] Die Besprechungen würden ohne feste Bindungen beginnen. Er hoffe, daß bald ein bestimmter Rahmen erkennbar werde. Es ginge darum, den Gesprächen eine gewisse institutionelle Form zu geben; später solle sich eine Konferenz der Staats- und Regierungschefs der Sechs anschließen. Die Erörterung von Verteidigungsfra-

---

[1] Die Gesprächsaufzeichnung wurde vom Vortragenden Legationsrat I. Kasse Steg am 23. März 1965 gefertigt und über Ministerialdirigent Voigt an Ministerialdirektor Meyer-Lindenberg weitergeleitet.
Hat Voigt und Meyer-Lindenberg am 25. März 1965 vorgelegen.

[2] Dazu führte Bundeskanzler Erhard im Gespräch mit dem belgischen Außenminister Spaak am Nachmittag des 22. März 1965 aus, im Juli 1964 sei er mit de Gaulle „absolut nicht einig gewesen, weil der französische Staatspräsident Gedanken über ein desintegriertes Europa geäußert habe und auf die politische Union habe verzichten wollen. General de Gaulle [...] habe gesagt, es habe alles keinen Sinn, er könne sich nicht einverstanden erklären, wenn es nicht zu einer gemeinsamen Außenpolitik und einer gemeinsamen Verteidigungspolitik komme. Infolgedessen sehe er keinen Wert in einer Wiederaufnahme der Gespräche. Frankreich habe in der Vergangenheit Anstrengungen unternommen, es habe sich aber dabei die Finger verbrannt und sei nunmehr der Auffassung, daß die anderen Partner auf eigene Verantwortung vorgehen müßten. [...] Bei seiner Begegnung mit General de Gaulle in Rambouillet im Januar habe dieser sich nunmehr bereit erklärt, einen Schritt in Richtung auf die politische Zusammenarbeit zu machen. Er habe darauf verzichtet, als Vorbedingung über Verfahrensfragen sowie über eine gemeinsame Außen- und Verteidigungspolitik aufzustellen. Er sei nunmehr bereit, das Risiko eines formlosen Anfangs einzugehen. Er (der Herr Bundeskanzler) sei über diese Wandlung sehr erstaunt gewesen: er glaube, daß man wirklich an einem Wendepunkt angelangt sei." Vgl. Bundeskanzleramt, AZ: 21-30 100 (56), Bd. 13; B 150, Aktenkopien 1965.

[3] Vgl. dazu Dok. 137.

[4] Vgl. dazu Dok. 22 und Dok. 27.

gen könne auf die Dauer nicht ausgeschlossen werden. Herrn Spaak gebühre Dank für seine bisherigen Initiativen.[5] Auch in Zukunft habe er persönlich ein gewichtiges Wort mitzusprechen.

Spaak: Es sei entscheidend, den Europagedanken stets lebendig zu halten. Da Deutschland daran interessiert sei, Gespräche über die Politische Union im gegenwärtigen Zeitpunkt zu führen, sollten die Freunde bereit sein, dabei zu helfen. Auch er glaube, daß die Gespräche mit einem gewissen Risiko belastet seien. Da jedoch auch de Gaulle das Risiko akzeptiere, wolle er sich ebenfalls mit der Konferenz in Venedig einverstanden erklären.[6]

Bundeskanzler: Über unsere Situation machen wir uns keine Illusionen. Unsere Positionen seien, was das Problem Europa im allgemeinen und Rapacki im einzelnen anbeträfe, etwas verschieden. Gewiß müßten sich die starren Fronten etwas lockern, d. h. daß man auch Tabus angreifen müsse. Es könne aber Deutschland nicht zugemutet werden, vorher Verzichte zu erklären. Wie stehen Sie zu Rapacki?

Spaak: Rapacki habe ihm erklärt[7], daß die deutsche Wiedervereinigung mit freien Wahlen als Ausgangspunkt und mit dem Prinzip der Selbstbestimmung nicht erreicht werden könne. Die Existenz zweier deutscher Staaten sei vorher anzuerkennen. Ferner habe Rapacki erklärt, daß an der Wiedervereinigung nicht nur die beiden Teile Deutschlands, sondern auch die Nachbarländer interessiert seien. Das hieße, an eine Wiedervereinigung sei nur zu denken, wenn in Europa bestimmte Voraussetzungen bereits erfüllt seien. Rapacki habe darauf bestanden, zunächst ein europäisches Sicherheitssystem aufzurichten. Dann sei vielleicht eine Wiedervereinigung möglich. Die westliche Deutschlandpolitik habe Rapacki als irrealistisch gekennzeichnet. Er, Spaak, habe geantwortet, daß er zwar genügend überzeugende politische, juristische und historische Gründe für die deutsche Wiedervereinigung auf der Grundlage der Selbstbestimmung anführen könne, er wolle sich in seiner Argumentation jedoch auf den Boden Rapackis stellen. Man könne Deutschland nicht zumuten, auf ein europäisches Sicherheitssystem als Vorleistung einzugehen, ohne die Gewißheit zu haben, mit der Wiedervereinigung voranzukommen. Er, Spaak, habe darauf hingewiesen, daß es mindestens eine Parallelität zwischen der Errichtung eines Sicherheitssystems und der Wiedervereinigung geben müsse. Wenn Rapacki diesem doppelten Prozeß nicht zustimme, könne man von Deutschland eine Änderung seiner bisherigen Politik nicht erwarten. Spaak stellte die Frage, ob man den Gedanken der Korrelation beider Prozesse, der ja an sich nicht neu sei[8], nicht prüfen könne.

---

[5] Vgl. dazu Dok. 5, Anm. 20.

[6] Zu den Planungen für eine Außenministerkonferenz am 10. Mai 1965 in Venedig vgl. weiter Dok. 156.

[7] Der polnische Außenminister führte vom 13. bis 17. Februar 1965 in Brüssel Gespräche mit dem belgischen Außenminister. Vgl. dazu Dok. 82.

[8] Auf der Genfer Außenministerkonferenz der Vier Mächte wurde am 27. Oktober 1955 von den Westmächten ein Vorschlag vorgelegt, der bei Wiedervereinigung Deutschlands den Abschluß eines Vertrages mit Sicherheitsgarantien für die beteiligten Parteien vorsah. Für den Wortlaut vgl. DzD III/1, S. 492–497.
Eine Weiterentwicklung dieses Vorschlags erfolgte mit dem nach dem amerikanischen Außenmi-

Im Zusammenhang mit dem Problem der Wiedervereinigung wies Spaak auf eine Evolution in Belgien hin, die ihn beunruhige. Bei den Beratungen des Budgets des belgischen Außenministeriums im Senat hätten Redner der drei großen Parteien (Liberale, Christlich-Soziale und Sozialistische Partei) Zweifel an der Richtigkeit der bisherigen Deutschlandpolitik geäußert. Es seien zwar schlechte Reden gewesen, aber oft hätten schlechte Reden einen ebenso großen Einfluß wie gute. Wenn man eine politische Methode 10 oder 20 Jahre vergeblich verfolge, beginne die Öffentlichkeit an der Richtigkeit dieser Methode zu zweifeln. Diese Tendenz sei gefährlich und solle sich nicht weiter verbreiten, müsse aber in Rechnung gestellt werden.

Bundeskanzler: Auch wir seien mit dem Stand der Deutschlandpolitik nicht einverstanden. Die Vision de Gaulles[9] sei keine Antwort auf die Frage der Wiedervereinigung und biete dem deutschen Volk wenig Hoffnung. Die Fragen, die sich heute stellten, seien etwa die folgenden:

1) Wie könne man die Sowjetunion in die Viermächteverantwortung zurückführen?[10]

2) Wie könne man die Erstarrung in beiden Lagern auflockern und über Tabus hinweg zu neuen Gesprächen kommen? Wir suchten nach Hebeln, um über den toten Punkt hinwegzukommen. Mit dem Prinzip der Selbstbestimmung bleiben wir im wesentlichen im Status quo stecken, wenn auch zu sagen sei, daß der Status quo besser ist als ein Debakel. Bei unseren Bemühungen dürfen wir die westliche Welt nicht gefährden. Die deutsche Wiedervereinigung sei deshalb nicht allein nur ein deutsches Anliegen, sondern gehe die gesamte freie Welt an. Die Pläne Rapackis könnten uns keine Sicherheit geben. Sie seien schließlich nur eine Kur an den Symptomen.

Bundesminister: Um Fehlorientierungen und nachlassendes Interesse in der Deutschlandfrage zu vermeiden, müßten wir uns ständig klar machen, daß das Deutschlandproblem nur ein Teilgebiet der westlichen Politik sei. Uns stehe eine permanente kommunistische Offensive gegenüber, zu der man zu einer gemeinsamen westlichen Einstellung kommen müsse. Es dürfe nicht vergessen werden, daß nicht allein in der SBZ die Freiheit verloren gegangen sei, sondern auch in ganz Osteuropa. Es sei deshalb erforderlich, defensive und offensive Maßnahmen zu ergreifen. Die defensiven Maßnahmen müßten darauf abzielen, die westlichen Positionen zu erhalten, jedenfalls nicht zu verschlechtern. Die offensiven Maßnahmen müßten zum Ziele haben, größeren Einfluß auf die osteuropäischen Länder zu gewinnen.[11] Die geeigneten Gremien für Erörterungen unserer Haltung gegen die kommunistische Bedrohung seien

---

Fortsetzung Fußnote von Seite 570

nister benannten Herter-Plan, der von den Westmächten am 14. Mai 1959 auf der Außenministerkonferenz der Vier Mächte in Genf vorgelegt wurde. Für den Wortlaut vgl. DzD IV/2, S. 74–82.

9 Für die Ausführungen des französischen Staatspräsidenten zu diesem Thema auf der Pressekonferenz vom 4. Februar 1965 vgl. Dok. 64, Anm. 16.

10 Zu den Überlegungen im Auswärtigen Amt hinsichtlich einer neuen Deutschland-Initiative vgl. zuletzt Dok. 130.

11 Zu den Bemühungen des Bundesministers Schröder um eine Offensive in der Ostpolitik vgl. Dok. 140.

die Botschaftergruppe in Washington[12] und der NATO-Rat. Er weise nachdrücklich darauf hin, daß die westliche Politik darauf gerichtet sein müsse, eine Verschlechterung unserer Positionen zu vermeiden und den Status quo zu überwinden. Jeder Schritt, den Pankow unternehme, wie z. B. zur Zeit im Nahen Osten[13], bedeute eine Verschlechterung des Status quo und sei ein Stellungsverlust nicht nur für Deutschland, sondern für die gesamte westliche Welt.

Bundeskanzler: Die ständigen Hinweise des Ostens auf die deutsche Gefahr seien im Grunde höchst unglaubwürdig. Wir seien militärisch dem Osten unterlegen. Das habe auch Wilson anerkannt. Die Russen besäßen in Weißrußland ein erhebliches Potential an Langstreckenraketen, denen wir nichts Gleichwertiges entgegenzusetzen hätten. Für uns Deutsche sei die NATO die ideale Organisation, den deutschen Verteidigungsbeitrag einzubringen. Der letzte deutsche Soldat sei integriert. Wir wollten auch an Atomwaffen nicht heran. Es gäbe folglich keine deutsche Atombedrohung. Niemand könne sagen, wir fürchten die Deutschen; trotzdem forderten die Polen zunächst die Regelung der Grenzprobleme.[14] Warum kann uns Polen nicht die Selbstbestimmung zubilligen? Aber wir sind im Westen wohl sehr bescheiden geworden: Wenn Gromyko Gespräche über die deutsche Wiedervereinigung ablehnt, ist der Westen ohne weiteres einverstanden. Wenn Deutschland Gespräche über Wiedervereinigung fordert, dann hört niemand. Diese Situation ist bedenklich und ein weiteres Argument für die baldige Schaffung der Politischen Union.

Spaak: Es sei schwer zu sagen, ob der Osten ehrlich über Deutschland beunruhigt sei oder ob dabei Propaganda im Spiel wäre. Der polnische Botschafter[15] vergäße nie bei seinen Besuchen, Material gegen die Bundesrepublik Deutschland vorzubringen. Er werfe ihm vor, daß der Westen den WEU-Vertrag[16] zunehmend durchlöchere. Das begänne damit, daß man der Bundesrepublik Deutschland größere Tonnagen für Kriegsschiffe erlaube[17], und ende damit, daß man den Zugang zur Atomrüstung öffne. Wie man die Besorgnisse des

---

[12] Zur Washingtoner Botschaftergruppe vgl. Dok. 3, Anm. 22.

[13] Zur Bewertung des Besuchs des Staatsratsvorsitzenden Ulbricht in der VAR als „Speerspitze" einer größer angelegten Offensive vgl. Dok. 105.

[14] Die polnische Tageszeitung „Życie Warszawy" kommentierte am 16. Januar 1965 Ausführungen des SPD-Abgeordneten Erler, der sich dafür ausgesprochen hatte, das Grenzproblem nicht aus den Verhandlungen im Zuge des Wiedervereinigungsprozesses auszuklammern: „Dieser ganze Vorschlag ist höchst unseriös, da sich das einzige Gespräch, das die Bundesregierung über dieses Thema mit Polen führen könnte, einzig und allein auf die Anerkennung der bestehenden Lage der Dinge beziehen müßte." Vgl. DzD IV/11, S. 68.
Am 15. Februar 1965 bekräftigte der polnische Außenminister Rapacki in der Universität Brüssel, Polen werde zu keinem Zeitpunkt über eine Revision der Oder-Neiße-Linie mit sich reden lassen. Vgl. dazu AdG 1965, S. 11693.

[15] Jan Wasilewski.

[16] Zu den Rüstungskontrollbestimmungen des WEU-Vertrags, wie sie in der Londoner Schlußakte vom 3. September 1954 und den Pariser Verträgen vom 23. Oktober 1954 festgelegt wurden, vgl. EUROPA-ARCHIV 1954, S. 6978–6980 und S. 7129–7131.

[17] Auf der Londoner Neun-Mächte-Konferenz vom 28. September bis 3. Oktober 1954 erklärte Bundeskanzler Adenauer, daß die Bundesrepublik auf die Herstellung von „Kriegsschiffen mit mehr als 3000 t Wasserverdrängung" verzichte. Allerdings sollte diese Bestimmung „auf Antrag der Bundesrepublik durch einen Beschluß des Brüsseler Ministerrats mit Zweidrittel-Mehrheit" aufgehoben werden können. Vgl. EUROPA-ARCHIV 1954, S. 6979 f.

Ostens zerstreuen könne, wisse er im Augenblick auch nicht. Er, Spaak, sei überzeugt, daß Deutschland ein aufrichtiger Freund der NATO sei und die militärische Integration nach Kräften gefördert habe. Von einer Anerkennung der Oder-Neiße-Linie im gegenwärtigen Zeitpunkt verspreche er sich nichts. Er könne den deutschen Standpunkt verstehen, nicht im voraus verzichten zu wollen.[18]

Bundeskanzler: Die deutsche Öffentlichkeit zeige eine gewisse Ungeduld. Bei dem Problem der Wiedervereinigung sei der Zeitfaktor nicht zu vergessen, der gegen uns arbeite. In der Zone herrsche nunmehr seit 32 Jahren Unfreiheit. Andererseits seien in der Bundesrepublik Deutschland auch gelegentlich falsche Töne in der Frage der Wiedervereinigung zu hören, die besonders von den Vertriebenenverbänden kämen. Solche Äußerungen hätten aber in der deutschen Innenpolitik kein Gewicht. Man dürfe nicht vergessen, daß der kommunistische Block in Zukunft wieder kräftiger reagieren könne und deshalb müsse unsere Wiedervereinigungspolitik aktiviert werden.

Spaak: Abschließend erklärte Spaak, daß die Lage im Kongo[19] sich leicht verbessert habe. Eine gewisse Stabilisierung zeichne sich ab, und mehr und mehr afrikanische Staaten neigten Tschombe zu. Tschombe bemühe sich, die Zahl der Parteien im Kongo zu vermindern; die kommenden Wahlen[20] werde er wohl gewinnen. Allerdings bleibe die Unruhe bestehen. Die Lage könne gefährlicher werden, wenn die Rebellen größere Waffenhilfe, besonders von Algerien, erhielten. Die kongolesische Armee sei noch nicht organisiert und bleibe schwach. Belgien habe einige hundert Offiziere und Unteroffiziere dort stationiert. Das eigentliche Problem seien jedoch nicht Menschen für die kongolesische Armee, sondern Waffen und Munition. Belgien stehe jetzt vor der Frage zusätzlicher Anstrengungen im Kongo. Für Belgien sei dieses Unternehmen jedoch sehr kostspielig und die Lieferung von Waffen und Munition

---

[18] Grundlage für die Auffassung der Bundesregierung, daß Grenzregelungen erst bei Abschluß eines Friedensvertrags getroffen werden könnten, war der Passus im Kommuniqué vom 2. August 1945 über die Konferenz von Potsdam (Potsdamer Abkommen): „Die drei Regierungschefs bekräftigen ihre Auffassung, daß die endgültige Festlegung der Westgrenze Polens bis zur Friedensregelung zurückgestellt werden soll." Vgl. DzD II/1, S. 2118.

[19] Im Januar 1964 brachen in der kongolesischen Provinz Kwilu Aufstände aus, die von dem prokommunistischen ehemaligen Erziehungsminister Mulele angeführt wurden. Es folgten Aufstände in den Provinzen Kiwu und Katanga, an deren Spitze mit Gaston Soumaliot ein Führer des im Kongo-Brazzaville ansässigen „Comité National de Libération" (CNL) stand. Nach dem Abzug der 1960 zur Beendigung des Bürgerkrieges in den Kongo entsandten UNO-Truppen im Juni 1964 besetzten die Aufständischen am 5. August 1964 Stanleyville und riefen am 7. September 1964 die „Volksrepublik Kongo" aus. Zum weiteren Verlauf der Aufstände hielt Botschafter Freiherr von Müllenheim-Rechberg, Léopoldville, am 15. Juli 1965 fest: „Die erfolgreiche Verteidigung von Bukavu in der zweiten Augusthälfte brachte einen ersten Wendepunkt. Sie [...] führte zusammen mit der Aufstellung europäischer Freiwilligen-Kommandos, der Einschleusung europäischer Offiziere in die kongolesischen Einheiten und der Verwendung der wieder aufgebauten katangesischen Gendarmerie dazu, daß die Rebellion alsbald zurückgedrängt werden konnte [...]. Obwohl Einzelaktionen der Rebellen noch überall und jederzeit möglich sind, kann man wohl heute sagen, daß die Rebellion als militärisches und staatsbedrohendes Problem weitgehend gelöst ist." Vgl. den Schriftbericht Nr. 660; Referat I B 3, Bd. 584.
Vgl. auch die Aufzeichnung des Referats I B 3 vom 3. März 1965; Referat I B 3, Bd. 585.

[20] Vom 18. März bis 30. April 1965 fanden Wahlen in der Demokratischen Republik Kongo statt. Zum Ergebnis vgl. den Drahtbericht Nr. 134 des Botschafters Freiherr von Müllenheim-Rechberg, Léopoldville, vom 4. Mai 1965; Referat I B 3, Bd. 584.

technisch allein nicht durchführbar. Die Länder des Westens sollten deshalb ihre Hilfsmaßnahmen im Kongo[21] besser organisieren.

Bundeskanzler: Die Bundesregierung habe beschlossen, keine Waffen mehr in die Spannungsgebiete zu entsenden.[22] Deshalb sei die Lieferung deutscher Waffen und Munition nach dem Kongo ausgeschlossen. Immerhin würden wir uns an einer multilateralen Wirtschaftshilfe für den Kongo beteiligen können.[23]

Spaak: Er rege an, einen Beamten des Auswärtigen Amtes nach Brüssel zu entsenden, um mit den zuständigen Herren im belgischen Außenministerium konkrete Fragen des Kongo zu erörtern.[24] Das Angebot wurde mit Dank angenommen.

VS-Bd. 2435 (I A 3)

140

Bundesminister Schröder an Bundeskanzler Erhard (Entwurf)

II 5-82.00-94.-192/65 geheim   22. März 1965[1]

Sehr verehrter Herr Bundeskanzler!

Die Entwicklung der Nahostkrise hat unsere Bemühungen um Aufrechterhaltung des Alleinvertretungsrechts der Bundesrepublik Deutschland in der nichtgebundenen Welt in Schwierigkeiten gebracht. Wir müssen damit rechnen, daß eine Reihe arabischer Staaten die diplomatischen Beziehungen zu uns abbrechen und daß vielleicht sogar einige dieser Staaten Beziehungen zur

---

[21] Die Regierung des Ministerpräsidenten Tschombé wurde sowohl von Belgien als auch von den USA militärisch unterstützt. Zu den amerikanischen Bemühungen im August 1964, Belgien und die Bundesrepublik für einen Truppeneinsatz in der Demokratischen Republik Kongo zu gewinnen, vgl. AAPD 1964, II, Dok. 232.

[22] Für die Erklärung der Bundesregierung vom 12. Februar 1965 vgl. Dok. 70, Anm. 19.

[23] Am 6. Januar 1965 nahm Ministerialdirigent Pauls zur deutschen Hilfe an den Kongo Stellung: „Die Lage im Kongo ist seit seiner Unabhängigkeit so turbulent gewesen, daß für eigentliche Entwicklungshilfe, d.h. die Unterstützung eines planmäßigen wirtschaftlichen Aufbaus, keine Möglichkeit bestand." Im Vergleich mit den Notstandshilfen anderer Staaten liege die Bundesrepublik „hinter den Vereinigten Staaten und Belgien an der Spitze mit mehr als 70 Mio. DM, von denen 30 Mio. DM Geschenk sind. Als Nichtmitglied der UNO hat sie mit 12 Mio. DM Geschenk für den UNO-Fonds und 8 Mio. DM Zeichnung für UNO-Anleihe finanziell zur Kongo-Aktion mehr beigetragen als alle UNO-Mitglieder, ausgenommen die Vereinigten Staaten und Belgien." Vgl. Referat I B 3, Bd. 586.

[24] Zu diesem Vorschlag hielt Ministerialdirigent Pauls am 5. Juli 1965 fest: „Herr Staatssekretär Carstens hat entschieden, daß wir in dieser Frage nicht initiativ werden sollten, da uns ein solches Vorgehen finanziell verpflichten könnte. Es solle vielmehr in Brüssel angefragt werden, was man dort zu tun gedenkt." Vgl. Referat I B 3, Bd. 586.

[1] Durchdruck.
Der Entwurf wurde von Referat II 5 am 22. März 1965 konzipiert und am 23. März 1965 von Ministerialdirigent Ruete an Staatssekretär Carstens und Bundesminister Schröder weitergeleitet.

SBZ aufnehmen werden.² Möglicherweise werden andere, nichtarabische Staaten sich im Laufe der Entwicklung dazu entschließen, dem Beispiel dieser arabischen Staaten Folge zu leisten.³ Diese Gefahr dürfte anläßlich der Ende Juni in Algier beginnenden Konferenz der sogenannten Bandung-Staaten⁴ besonders groß sein.

Es hat den Anschein, daß sich diese bedauerliche Entwicklung trotz intensiver diplomatischer Bemühungen nicht aufhalten lassen wird. Für unsere Politik kommt es im gegenwärtigen Zeitpunkt daher darauf an, die negative Wirkung dieser Ereignisse möglichst klein zu halten und gleichzeitig den Versuch zu unternehmen, aus ihr Gewinn zu ziehen. Die Begrenzung der negativen Wirkung könnte einerseits durch eine aktive Politik in der Deutschlandfrage erzielt werden, die gegenwärtig im Washingtoner Botschafterlenkungsausschuß erörtert wird.⁵ Darüber hinaus könnten wir Gewinn aus der Entwicklung ziehen, indem wir das unsere Bewegungsfreiheit in der Deutschlandfrage einengende Problem unserer Beziehungen zu den osteuropäischen Staaten in Angriff nehmen. Ich messe dieser Überlegung entscheidende Bedeutung bei.

Daher schlage ich vor, daß wir unverzüglich mit Rumänien Verhandlungen über den Austausch von Botschaften aufnehmen⁶, falls eine Reihe von Staaten im Laufe der jetzigen Krise oder im Zuge der Algier-Konferenz Beziehungen zu Pankow aufnimmt oder falls andere gewichtige Gründe uns das nahelegen. Bei einer positiven Reaktion der Rumänen sollten wir versuchen, auch mit Ungarn und Bulgarien ins Gespräch über das gleiche Thema zu kommen. Nach Lage der Dinge habe ich keine Zweifel daran, daß entsprechende Fühlungnahmen positiv aufgenommen werden.⁷

Ich gebe mich nicht der Illusion hin, daß der Austausch von Botschaften mit einigen osteuropäischen Staaten in absehbarer Zeit zu sichtbaren Erfolgen, insbesondere auf dem Gebiet der Einstellung dieser Staaten zur Deutschlandfrage, führen wird. Er wird aber erneut dokumentieren, daß uns an einer Normalisierung unseres Verhältnisses zu dieser Staatengruppe gelegen ist. Wir könnten überdies gewiß sein, daß eine Aufwertung unseres Verhältnisses zu diesen osteuropäischen Staaten, die auch im Sinne des „Jaksch-Berichts" aus dem Jahre 1961⁸ läge, weitgehende Zustimmung bei unserer Öffentlichkeit

---

² Vgl. dazu Dok. 134.
³ Die Bundesrepublik bemühte sich insbesondere, eine Aufwertung bzw. Anerkennung der DDR durch Ceylon und Indonesien zu verhindern. Vgl. dazu Dok. 72 und Dok. 216.
⁴ Zur geplanten Zweiten Afro-asiatischen Konferenz vgl. Dok. 1, Anm. 5.
⁵ Die Washingtoner Botschaftergruppe war mit der Vorbereitung einer Deutschland-Erklärung der Drei Mächte befaßt, an die sich nach den Vorstellungen der Bundesregierung eine Deutschland-Initiative anschließen sollte. Vgl. dazu Dok. 130 und weiter Dok. 155.
⁶ Zu Überlegungen im Auswärtigen Amt, diplomatische Beziehungen mit Ostblock-Staaten aufzunehmen, vgl. bereits Dok. 52.
⁷ Vgl. dazu Dok. 221.
⁸ Aufgrund der Berichte über „Die internationale Lage, die Sicherung Berlins und die Wiedervereinigung Deutschlands" sowie über „Die Schicksale der deutschen Bevölkerungen in Osteuropa und der Sowjetunion seit 1939", die im Auftrag des Auswärtigen Ausschusses des Bundestags von einer Unterkommission unter Vorsitz des SPD-Abgeordneten Jaksch erstellt wurden, nahm der Bundestag am 14. Juni 1961 den Antrag des Auswärtigen Ausschusses an, die Bundesregierung

und auch bei den westlichen Verbündeten erfahren würde, die uns seit Jahren eine ähnliche Politik nahegelegt haben.

Ich bin mir darüber klar, daß eine Beziehungsaufnahme etwa zu Rumänien möglicherweise nicht ohne Rückwirkungen auf die Haltung dritter Länder zu unserer Nichtanerkennungspolitik bleiben wird.[9] Wenn ich den Vorschlag trotzdem mache, dann weil ich den gegenwärtigen Augenblick für besonders günstig halte. In einem Zeitpunkt, wo Ulbricht unsere Position in der nichtgebundenen Welt auszuhöhlen sucht[10], gehen wir dazu über, ihm in seinem eigenen Bereich, dem kommunistischen Lager, die Stellung streitig zu machen. Außerdem erscheinen mir folgende Erwägungen für die Wahl des jetzigen Zeitpunktes zu sprechen: Um die Klärung unserer Beziehungen zu den osteuropäischen Staaten kommen wir nicht herum. Ein entsprechender Vorstoß sollte daher zu einem für uns günstigen Augenblick unternommen werden. Die Aufnahme diplomatischer Beziehungen zu den osteuropäischen Staaten würde in einem späteren Zeitpunkt wahrscheinlich einen zusätzlichen Anstoß zur Beziehungsaufnahme dritter Staaten zu Pankow geben. Dies ist aber derzeit nicht in gleicher Weise der Fall, da sich ein solcher Schritt gewissermaßen im Schatten der Vorgänge um die Nahost-Krise vollzieht.

Wir haben im gegenwärtigen Zeitpunkt noch die Wahl zwischen der Hinnahme eines Rückschlages für unsere Deutschland-Politik auf Grund der Nasserschen Aktion oder einer Politik, welche die negative Wirkung eines solchen Vorganges mindert, indem wir selbst zur Aktion übergehen und aus der gegebenen Lage politischen Gewinn zu ziehen versuchen. In dem einen Fall reflektiert unsere Politik eine defensive Grundhaltung, in dem anderen Selbstbewußtsein und Aktionsbereitschaft. Zumindest psychologisch könnte auf diese Weise die negative Wirkung der jüngsten Entwicklung abgefangen werden. Das Ausmaß des Rückschlages für unsere Nichtanerkennungspolitik wäre begrenzt. Unabhängig hiervon würden wir einen erheblichen Gewinn erzielen: Wir würden mit dem von mir vorgetragenen Entschluß endlich aus der Erpressungssituation hinausgelangen, in der sich die Bundesrepublik Deutschland in letzter Zeit ständig befunden hat.

Ich wäre Ihnen, sehr verehrter Herr Bundeskanzler, daher sehr dankbar, wenn Sie Ihre Zustimmung dazu erteilen könnten, daß das Auswärtige Amt zunächst mit Rumänien und kurz darauf mit Ungarn und Bulgarien Fühlung aufnimmt, um festzustellen, welche Möglichkeiten bestehen, zu einem Austausch diplomatischer Beziehungen zu gelangen.[11] Wie im Falle der Bezie-

---

Fortsetzung Fußnote von Seite 575

aufzufordern, „jede sich bietende Möglichkeit [zu] ergreifen, um ohne Preisgabe lebenswichtiger deutscher Interessen zu einer Normalisierung der Beziehungen zwischen der Bundesrepublik und den osteuropäischen Staaten zu gelangen". Für den Wortlaut der Berichte von Jaksch vgl. BT ANLAGEN, Bd. 74, Drucksache III/2740, und Bd. 75, Drucksache III/2807.

[9] Zu den Schwierigkeiten im Falle einer Aufnahme diplomatischer Beziehungen zu den Ostblock-Staaten vgl. auch Dok. 308.

[10] Vgl. dazu auch Dok. 42.

[11] Zur Haltung des Bundeskanzlers Erhard teilte der Leiter des Außenpolitischen Büros im Bundeskanzleramt, Osterheld, Ministerialdirigent Simon am 9. Juli 1965 mit: „Dem Herrn Bundeskanzler ging von anderer Seite eine Vorlage zu, in der erläutert wird, daß die Aufnahme diplomatischer Beziehungen zu den osteuropäischen Ländern als Durchlöcherung der Hallstein-Doktrin

hungsaufnahme zur Sowjetunion würden wir uns auch gegenüber den osteuropäischen Staaten bemühen, einen Vorbehalt hinsichtlich unseres Alleinvertretungsanspruchs zu machen.[12] Wenn die geheim zu führenden Verhandlungen konkrete Ergebnisse zeigen sollten, werden die Auslandsmissionen Instruktionen erhalten, den Regierungen des jeweiligen Gastlandes die Aktion zu erklären und darzulegen, wieso es sich hier um einen anderen Tatbestand handelt als bei der Anerkennung Pankows durch dritte Staaten, die bisher ausschließlich Beziehungen zu uns unterhalten haben. Außerdem sollte die Aktion gegenüber der deutschen Öffentlichkeit und der deutschen Presse durch vorbereitende Gespräche erläutert werden.

Mit verbindlichen Empfehlungen

Ihr sehr ergebener
gez. Schröder

VS-Bd. 3967 (II A 5)

Fortsetzung Fußnote von Seite 576
und Abweichen von unserer bisherigen Deutschlandpolitik angesehen werde. Die Bundesregierung könne den neutralen Staaten nicht plausibel machen – worauf SBZ-Funktionäre frohlockend hinwiesen –, warum es dann z.B. Rumänien gestattet werde, Botschafter in ‚beide deutsche Staaten' zu entsenden – nicht aber Algerien o.a. Der Herr Bundeskanzler hat dazu vermerkt, daß dies genau seine Meinung wiedergebe." Vgl. VS-Bd. 8471 (Ministerbüro); B 150, Aktenkopien 1965.

[12] Mit Schreiben vom 13. September 1955 an Ministerpräsident Bulganin erklärte Bundeskanzler Adenauer: „1) Die Aufnahme der diplomatischen Beziehungen zwischen der Regierung der Bundesrepublik Deutschland und der Regierung der UdSSR stellt keine Anerkennung des derzeitigen beiderseitigen territorialen Besitzstandes dar. Die endgültige Festsetzung der Grenzen Deutschlands bleibt dem Friedensvertrag vorbehalten. 2) Die Aufnahme diplomatischer Beziehungen mit der Regierung der Sowjetunion bedeutet keine Änderung des Rechtsstandpunktes der Bundesregierung in bezug auf ihre Befugnisse zur Vertretung des deutschen Volkes in internationalen Angelegenheiten und in bezug auf die politischen Verhältnisse in denjenigen deutschen Gebieten, die sich gegenwärtig außerhalb der effektiven Hoheitsgewalt befinden." Vgl. MOSKAU–BONN I, S. 124.

141

Gesandter Freiherr von Ungern-Sternberg, London, an das Auswärtige Amt

Z B 6-1-2924/65 VS-vertraulich Aufgabe: 22. März 1965, 18.25 Uhr[1]
Fernschreiben Nr. 314 Ankunft: 22. März 1965, 23.10 Uhr

Betr.: Besprechungen des Leiters des Afrika-Referats, VLR I Graf von Posadowsky-Wehner, im Commonwealth Relations Office
Zum Ergebnis der Gespräche über eilbedürftige Fragen wird vorab folgendes berichtet.

1) Tansania

Mr. Aspin, der Leiter des für Tansania zuständigen East African Political Department im Commonwealth Relations Office, erklärte, die britische Regierung habe Verständnis für die deutschen Maßnahmen gegen Tansania.[2] Großbritannien beabsichtige nicht, ihre Wirkung durch Übernahme unserer Projekte zu neutralisieren. Man würde dies britischerseits selbst dann nicht tun, wenn die erforderlichen finanziellen Mittel hierfür zur Verfügung stünden. Auf jeden Fall müsse aber verhindert werden, daß der Air-Wing[3] von einem kommunistischen Staate aufgebaut werde. Die britische Regierung begrüße daher das Interesse der Kanadier an einer Übernahme dieses Projekts.[4]

Man habe britischerseits den Eindruck, daß unsere Maßnahmen ihre Wirkung auf die Regierung in Daressalam nicht verfehlten. Den Tansaniern werde bewußt, daß sie wertvolle Hilfe verlören. Die britisch-tansanischen Beziehungen, welche insbesondere wegen der arbiträren Ausweisung von britischen Staatsangehörigen belastet gewesen seien, hätten sich bezeichnenderweise in den letzten Wochen entspannt. Der tansanischen Regierung werde offenbar klar, daß sie es sich nicht leisten könne, zu allen westlichen Staaten schlechte Beziehungen zu unterhalten.

Die Entscheidung über das SBZ-Generalkonsulat[5] sei nach britischer Auffassung von Nyerere getroffen worden. Seine Stellung sei seit den Meute-

---

[1] Hat Vortragendem Legationsrat I. Klasse Graf von Posadowsky-Wehner am 23. März 1965 vorgelegen.
[2] Zur Reaktion der Bundesregierung auf die Errichtung eines Generalkonsulats der DDR in Tansania vgl. zuletzt Dok. 98; weiter Dok. 195.
[3] Im Rahmen der Ausrüstungshilfe an Tansania war neben der Lieferung von Küstenbooten der Aufbau einer Luftwaffentransportstaffel vorgesehen. Vgl. dazu die Aufstellung über „Entwicklungshilfe der Bundesrepublik für Tansania"; Referat I B 3, Bd. 608.
[4] Bereits am 4. März 1965 ließ der Erste Sekretär der britischen Botschaft, Taylor, Vortragenden Legationsrat I. Klasse Graf von Posadowsky-Wehner wissen, Großbritannien befürworte „nachdrücklich die Übernahme der Luftwaffenhilfe durch Kanada […]. Polen und die Tschechoslowakei zeigten sich anscheinend an der Übernahme dieses Projekts interessiert." Für die Aufzeichnung von Posadowsky-Wehner vom 4. März 1965 vgl. Referat I B 3, Bd. 607.
[5] Die Entscheidung über die Zulassung des DDR-Generalkonsulats in Tansania fiel am 19. Februar 1965. Vgl. dazu Dok. 84, Anm. 55.

reien⁶ zwar nicht besonders stark, aber es habe sich in den letzten Monaten herausgestellt, daß er politisch nicht so „unschuldig" sei, wie man zunächst angenommen habe. Der emotionelle Extremismus, den Nyerere in seiner Kongo-Politik⁷ und gegenüber den Amerikanern⁸ zeige, sei beängstigend. Nach britischen Informationen habe Nyerere zwar bei seinem Besuch in China⁹ kein Geheimabkommen abgeschlossen, man müsse aber mit der Möglichkeit rechnen, daß Babu¹⁰ das getan habe.

Babu entwickele sich immer mehr zu der politisch gefährlichsten Person in Tansania. Sein Interesse an Sansibar habe nachgelassen, auf dem Festland sei er dafür hinter den Kulissen um so aktiver. Als Endziel strebe er die Präsidentschaft in Daressalam an. Babu habe sich völlig dem Kommunismus verschrieben.

2) Malawi

Präsident Banda, so wurde von dem zuständigen Referenten im Commonwealth Relations Office dargelegt, habe, von begrenzten Ausnahmen abgesehen, im Lande einen guten Rückhalt. Die Sicherheitskräfte seien fest in seiner Hand. Ein Angriff von außen auf Malawi sei höchst unwahrscheinlich. Über Waffenschmuggel von Tansania aus könne man kaum Bestimmtes aussagen.

Die britische Regierung lehne kategorisch die Bewaffnung von paramilitärischen Verbänden in Afrika ab. Die „Young Pioneers" in Malawi seien ein solcher politisch orientierter, undisziplinierter und daher gefährlicher Haufen

---

6 Am 20. Januar 1964 kam es in Daressalam zu einer Meuterei der Armee, die mit der Landung britischer Truppen am 25. Januar 1964 beendet wurde. Zu den Hintergründen führte Botschafter Schroeder, Daressalam, am 1. Februar 1964 aus: „Es kann als höchstwahrscheinlich gelten, daß die Unruhen tatsächlich als Lohnstreik der kleinen 1200 Mann-Armee begonnen haben, deren wiederholte Forderungen auf bessere Bezahlung, bessere Beförderungsmöglichkeiten und afrikanische Führung ignoriert oder niedergeschlagen wurden [...]. Schon am zweiten Tag des Aufstandes bemächtigten sich seiner jedoch auch politische Elemente, in erster Linie aus den Gewerkschaften, die insbesondere durch den Erlaß Nyereres über die Beendigung der bevorzugten Afrikanisierung aufgebracht waren." Vgl. den Schriftbericht Nr. 100; Referat I B 3, Bd. 522. Vgl. auch die Schriftberichte Nr. 71 bzw. 396 von Schroeder vom 24. Januar und 15. Mai 1964; Referat I B 3, Bd. 527.

7 Botschafter Schroeder, Daressalam, berichtete am 9. April 1965, die tansanische Regierung habe die Regierung der Demokratischen Republik Kongo vor Grenzverletzungen gewarnt und erklärt, „daß sie in einem solchen Fall, ebenso bei Verletzungen des Territoriums der anderen Nachbarstaaten des Kongo, energische Gegenmaßnahmen ergreifen werden. Die Erklärung ist Ausdruck der zunehmenden Nervosität und der Befürchtung, daß die Truppen Tschombés, insbesondere die Söldner, Operationen auf tansanisches Gebiet vortragen könnten". Für den Schriftbericht Nr. 277 vgl. Referat I B 3, Bd. 609.

8 Vgl. dazu Dok. 98, Anm. 6.
Am 3. April 1965 berichtete Botschafter Schroeder, Daressalam: „Obwohl die tansanische Regierung nichts an ihren Behauptungen über amerikanische Umsturzpläne oder das Komplott von Gordon und Carlucci, die zu einer scharfen Spannung der Beziehungen geführt haben, zurückgenommen hat, sind inzwischen doch wieder Bestrebungen spürbar, das Verhältnis zu normalisieren." Vgl. den Schriftbericht Nr. 260; Referat I B 3, Bd. 609.

9 Zum Besuch vom 16. bis 23. Februar 1965 vgl. Dok. 68, Anm. 13.

10 Der tansanische Handelsminister und ehemalige Außenminister von Sansibar besuchte Anfang der sechziger Jahre mehrfach die Volksrepublik China. Er war früher Korrespondent der chinesischen Nachrichtenagentur Hsinhua in Sansibar gewesen und galt als Führer der peking-freundlichen Richtung der sansibarischen Kommunisten.

junger Leute ohne Organisation.¹¹ Man rate uns dringend von einer Unterstützung dieser Bewegung ab.

Die britische Regierung verfolge auch gegenüber Malawi die uns bekannte Politik, eine Diversifizierung der militärischen Ausrüstung des Landes zu vermeiden. Auf bestimmten Gebieten, wie bei kleinen Aufklärungsflugzeugen und Patrouillebooten, stelle sich diese Frage jedoch nicht. Großbritannien würde es daher begrüßen, wenn die Bundesregierung sich zur Lieferung der von Malawi gewünschten Flugzeuge und Boote entschließen könnte.¹² Die Regierung brauche sie notwendig.

Auch nach britischer Ansicht wäre es politisch unklug, deutsches militärisches Material, wie Flugzeuge, von Tansania nach Malawi zu schaffen.

Die Briten baten, man möge deutscherseits bei aller Hilfe für Malawi, insbesondere der Kapitalhilfe, berücksichtigen, daß Großbritannien das laufende Budget des Landes zu einem erheblichen Teil finanziere. Das britische Schatzministerium begrüße daher zwar die Malawi von einem anderen Staate gewährte Hilfe, stehe ihr aber kritisch gegenüber, wenn sie auf lange Sicht zu einer weiteren Belastung des Staatshaushalts führe.

3) Ghana

Präsident Nkrumah habe, so führten die beiden für Ghana politisch und wirtschaftlich zuständigen Referenten im Commonwealth Relations Office aus, in der letzten Zeit empfindliche Rückschläge in seiner Politik gegenüber den anderen afrikanischen Staaten erlitten. Darüber hinaus sei – für Nkrumah überraschend – die schwere finanzielle Krise des Landes¹³ hereingebrochen. Diese

---

¹¹ Botschafter Balser, Blantyre-Limbe, berichtete am 30. April 1965 über terroristische Aktionen von Gegnern der malawischen Regierung und stellte zur Bedeutung der „Young Pioneers" fest: „Über die langgestreckten Grenzen des Landes sickern auch heute noch bewaffnete Rebellen ein, die – wenn sie sich erst zusammenschließen – von den viel zu schwachen Sicherheitsstreitkräften (2700 Mann Polizei, 750 Mann Armee) nicht in Schach gehalten werden könnten. Dr. Banda versucht dieser Bedrohung durch eine militärische Ausbildung der Jugendorganisation ‚Young Pioneers' zu begegnen. Es fehlen ihm jedoch Waffen und Ausbilder. [...] Diese Vorgänge zeigen aber nur, daß die regulären Sicherheitskräfte unzureichend sind und daß das in vieler Hinsicht noch verantwortlich handelnde Großbritannien gut beraten wäre, einer weiteren Verstärkung dieser Sicherheitskräfte zuzustimmen. Inzwischen hat das malawische Parlament die Eingliederung der ‚Young Pioneers' in den Apparat der Sicherheitsstreitkräfte beschlossen." Vgl. Referat I B 3, Bd. 603.
Am 12. Mai 1965 hielt Balser fest: „Die Israelis haben die Young Pioneers bereits organisatorisch zu einer straffen Jugendorganisation geformt. Israelische Berater haben die Young Pioneers nicht nur in modernen landwirtschaftlichen Methoden und in handwerklichen Fertigkeiten instruiert, sondern sie auch im Exerzieren gedrillt." Vgl. Referat I B 3, Bd. 604.
¹² Dazu stellte Vortragender Legationsrat I. Klasse Graf von Posadowsky-Wehner am 31. März 1965 fest, es liege im Interesse der Bundesrepublik, „die gemäßigte Regierung Banda zu stützen und ihr bisheriges entschlossenes Eintreten für unsere nationalen Interessen zu honorieren". Er hielt es für „falsch, Waffen und Ausbilder für die Jungen Pioniere bereitzustellen, da die Bewaffnung dieser Radikalen [...] unabsehbare Folgen haben kann". Da dem malawischen Präsidenten am Aufbau eines wirksamen Grenzschutzes liege, sei jedoch die Lieferung von Patrouillebooten zu befürworten. Dabei solle auch „geprüft werden, ob eines der z.Z. noch in Tansania befindlichen Boote, die demnächst in die deutsche Verfügungsmacht zurückgegeben werden sollen, für die Weiterlieferung an Malawi in Betracht kommt [...]. Darüber hinaus ist die Frage der Ausbildung junger Malawier zur Führung der Patrouilleboote zu klären." Vgl. VS-Bd. 2542 (I B 3); B 150, Aktenkopien 1965.
¹³ Mit Schreiben vom 7. Januar 1965 an die mit Entwicklungshilfe befaßten Ministerien informierte

könne nicht dadurch gelöst werden, daß man Ghana noch mehr Hilfe als bisher gewähre. Das Übel müsse diesmal an der Wurzel angefaßt werden. Es gelte der auf eine extravagante Wirtschafts- und Finanzpolitik zurückgehenden internen Inflation ein Ende zu machen. Eine wie auch immer geartete „Rescue Operation" müsse unter internationaler Überwachung stattfinden. Der internationale Währungsfonds biete sich als geeignete Institution hierfür an. Die ghanaischen Finanzexperten seien sich über die Lage völlig im klaren. Die britische Politik bestehe darin, die ghanaische Regierung auf folgende Erfordernisse hinzuweisen:

a) Befassung des I.M.F.[14]

b) Wirtschaftliches Stabilisierungsprogramm

c) Bildung eines Klubs der Gläubiger[15]

[d)] Verhandlungen auf der Basis eines Jahres.

Die Bildung einer gemeinsamen Front sei unerläßlich, um zu verhindern, daß Ghana die einzelnen Gläubigerländer gegeneinander ausspiele. Die Amerikaner teilten die britische und deutsche Auffassung.[16] Ein Einspringen kommunistischer Staaten sei so gut wie ausgeschlossen. Es gebe keine Anzeichen dafür, daß die Sowjetunion von Ghana Kakao zu kaufen beabsichtige.

Einem angeblichen niederländischen Vorschlag, die OECD mit dem Ghana-Problem zu befassen, stehe man britischerseits ablehnend gegenüber, schon weil die Gefahr gegeben sei, daß die Organisation des Neokolonialismus bezichtigt werde.

Fortsetzung Fußnote von Seite 580

    Legationsrat von Amsberg über die akute Zahlungsbilanzkrise in Ghana, „deren Hauptursache in der Zurückhaltung großer ghanaischer Kakaomengen vom Weltmarkt liegen dürfte. Diese Zurückhaltung ist im Zusammenhang mit den Bemühungen der großen Kakaoproduktionsländer um höhere Kakaopreise zu sehen. Da trotz dieser durch diese Politik hervorgerufenen Verminderung der Deviseneingänge die nach Ansicht aller objektiven Beobachter überhitzte Investitionspolitik der ghanaischen Regierung unverändert fortgesetzt wird, war die jetzt akut gewordene Krise vorauszusehen." Vgl. Referat I B 3, Bd. 573.
    Am 24. Februar 1965 berichtete Legationsrat Schaad, Accra, die ghanaischen Finanzexperten hätten „kürzlich Präsident Nkrumah mit aller Klarheit die ernste Situation Ghanas auf dem Finanzsektor dargestellt und ihm mitgeteilt, daß die frei verfügbaren Devisenreserven nur noch etwa £ 5 Mio. betrügen". Der ghanaische Finanzminister Amoako-Atta habe der Presse mitgeteilt, „Ghana stehe vor dem Bankrott, falls es nicht gelänge, rechtzeitig ausreichende Hilfe von außen zu erhalten". Vgl. Referat I B 3, Bd. 573.

[14] Im Mai 1965 und erneut im August/September 1965 bereiste eine Delegation der Weltbank Ghana, um sich einen Überblick über die Verschuldung des Landes zu verschaffen. Vgl. dazu den Bericht des Botschafters Steltzer, Accra, vom 6. September 1965; Referat I B 3, Bd. 573.

[15] Die ghanaische Regierung stellte Anfang März 1965 Hilfeersuchen an Belgien, Italien, Japan, Frankreich, die Niederlande, die USA, Großbritannien und die Bundesrepublik. Insgesamt betrug das erbetene Kreditvolumen 440 Mio. Pfund Sterling. Vgl. dazu den Bericht des Botschafters Steltzer, Accra, vom 18. März 1965; Referat I B 3, Bd. 573.
    Zum ghanaischen Hilfeersuchen an die Bundesrepublik vgl. weiter Dok. 176.

[16] Am 18. März 1965 übermittelte Legationsrat I. Klasse Wever Vortragendem Legationsrat I. Klasse Graf von Posadowksy-Wehner als Stellungnahme zu den ghanaischen Kreditwünschen: „1) Bundesgarantie 100 Mio. DM Kredit möglich, wenn Stabilisierungsprogramm Weltbank. 2) Umschuldung 390 Mio. DM in multilateralem Rahmen, möglichst Weltbank. 3) Abgelehnt jährlicher Kredit von 330 Mio. DM 7 Jahre lang und revolvierender Kredit 550 Mio. DM." Vgl. den Drahterlaß Nr. 178 an die Botschaft in London; Referat I B 3, Bd. 573.

Die britische Antwort an Ghana gehe in diesen Tagen heraus. Die britische Botschaft in Bonn werde eine Kopie für das Auswärtige Amt erhalten. Man sei britischerseits befriedigt, daß der deutsche Botschafter in Accra[17] wegen der Frage engen Kontakt zu dem britischen Hohen Kommissar[18] halte.

4) Über die anderen Besprechungspunkte (Südrhodesien, Mauritius, Basutoland, Betschuanaland und Swasiland) bleibt Schriftbericht vorbehalten.

Die britischen Gesprächspartner begrüßten es, daß sie Gelegenheit zu einem Gedankenaustausch mit dem Leiter unseres Afrika-Referats[19] hatten. Die Gespräche fanden in einer kollegialen Atmosphäre statt und zeichneten sich durch gegenseitige Offenheit aus. In der politischen Beurteilung der behandelten afrikanischen Probleme ergaben sich so gut wie keine Differenzen.

[gez.] Ungern-Sternberg

VS-Bd. 2542 (I B 3)

142

Abgeordneter Birrenbach, z. Z. Tel Aviv, an das Auswärtige Amt

Z B 6-1-23/65 streng geheim 22. März 1965[1]
Fernschreiben Nr. 9 Aufgabe: 23. März 1965, 02.00 Uhr
Citissime Ankunft: 23. März 1965, 02.08 Uhr

Nachstehend übermittle ich Ihnen die letzte Fassung des memorandum of understanding[2], das Gegenstand der Schlußverhandlungen am letzten Tage meines zweiten Besuches in Israel gewesen ist. Auf israelischer Seite nahmen an der Schlußsitzung, die vier Stunden dauerte, folgende Personen teil:

Stellvertr. Ministerpräsident Abba Eban,
Stellvertr. Verteidigungsminister Sh. Peres,
Stellvertr. Generalsekretär im Außenministerium,
Stellvertr. Leiter der Abteilung Westeuropa des Außenministeriums[3],
Botschafter Shinnar,
Oberst Arbel
und zwei weitere Beamte des Büros des Ministerpräsidenten.

---

[17] Hans-Georg Steltzer.
[18] Harold Smedley.
[19] Weitere deutsch-britische Besprechungen über Afrika fanden vom 7. bis 9. Juli 1965 in London statt. Vgl. dazu Dok. 331.

[1] Hat Bundesminister Schröder vorgelegen.
 Ein Durchdruck lag Staatssekretär Carstens vor. Vgl. VS-Bd. 447 (Büro Staatssekretär).
[2] Für die Fassung vom 21. März 1965 vgl. Dok. 136.
[3] Michael A. Elizur.

Nach Unterzeichnung des Kommuniqués empfing mich der Ministerpräsident Eshkol, der seine Krankheit noch nicht ganz überwunden hatte, in seiner Privatwohnung zu einer letzten vertraulichen Aussprache, über deren Verlauf ich mündlich berichten werde.

Es folgt der Text des Memorandums:

top secret   draft 22 march 1965

Memorandum of understanding

I. Dr. Birrenbach informed the Israel representatives that legislation is now pending before the Bundestag according to which the application of the statute of limitations would be deferred with regard to war criminals.[4] It is assumed that such legislation will come into effect at an early date and in any case before 9 May 1965.[5]

II. Dr. Birrenbach made a detailed verbal statement[6] on the measures taken and envisaged to ensure the departure from Egypt of German nationals occupied in Egypt in the military field. Dr. Birrenbach further handed the Israel representative the following written statement:[7]

A great part of German scientists, technicians, and experts who work in the military field in countries outside the NATO area has returned in the course of the last month to Germany. The Federal Government has all reason to assume that a further substantial part of those occupied in the construction of rockets will also return to Germany in the near future. The German authorities will pursue with all legal means such persons who try to engage German citizens to take up scientific, technical or expert activities in the military field outside Germany.[8]

III. In settlement of certain outstanding matters between the Federal Government of Germany and the government of Israel, the following main points have been agreed upon as a material basis of understanding:

(Punkte Nr. 1 bis 5 wie im Drahtbericht Nr. 6 vom 21.[9]).

6) About future aid by the Federal Government of Germany for the state of Israel, Dr. Birrenbach has stated that within a short period of time (2 - 3 months), the Federal Government of Germany will be ready to enter discus-

---

[4] Zur Debatte im Bundestag über eine Verlängerung der Verjährungsfristen für Gewaltverbrechen in der Zeit des Nationalsozialismus vgl. Dok. 133, Anm. 7 und 9.

[5] Am 25. März 1965 sprach sich der Bundestag mit 361 Ja- (einschließlich der 20 Berliner Abgeordneten), 96 Nein-Stimmen und 4 Enthaltungen dafür aus, den Beginn der Verjährungsfristen auf den 1. Januar 1950 zu datieren. Vgl. BT STENOGRAPHISCHE BERICHTE, Bd. 58, S. 8760–8791. Vgl. dazu auch den Artikel „Verjährungsfrist vom Bundestag um viereinhalb Jahre verlängert"; DIE WELT, Nr. 72 vom 26. März 1965, S. 1 f.
Das „Gesetz über die Berechnung strafrechtlicher Verjährungsfristen" vom 13. April 1965 trat am 14. April 1965 in Kraft. Vgl. BUNDESGESETZBLATT 1965, Teil I, S. 315.

[6] Vgl. Dok. 133, Anm. 11.

[7] Zu diesem und dem vorangehenden Absatz handschriftliche Bemerkung des Bundesministers Schröder: „Sollten solche Dinge schriftlich fixiert werden?"

[8] Der Wortlaut entsprach dem Text, den Staatssekretär Carstens in der Weisung vom 15. März 1965 für eine eventuelle schriftliche Erklärung zur Tätigkeit der Rüstungsexperten vorgesehen hatte. Vgl. VS-Bd. 423 (Büro Staatssekretär); B 150, Aktenkopien 1965.

[9] Vgl. Dok. 136.

sions with a view to continuing the aid to Israel both by way of non-reimbursable financial aid and supply of materials[10] which are not arms.

7) In view of the peaceful policies of Israel and as a contribution of the Federal Republic of Germany to the promotion of stability in the Middle East, Dr. Birrenbach has declared on behalf of the chancellor of the Federal Government of Germany that no arms of any sort will be supplied to countries hostile to Israel.[11]

IV. The governments of Israel and FRG have agreed to publish the following communique: (Text wie enthalten im Drahtbericht Nr. 8 vom 22.3.[12])

V. Dr. Birrenbach informed the Israel representatives that the German representatives at the EEC have been instructed to support vigorously[13] the Israel requests to be presented at the forthcoming meeting[14] of the mixed commission.[15]

VI. It has been agreed that public statements on the Birrenbach conversations in Israel will be quided by the following principles:

a) This memorandum of understanding remains top secret with the exception of text of communique in paragraph IV.

b) The subject matter of paragraph III will be referred to in public as an implementation of the Federal Government's announcement of 7 March 1965[16] within the framework of the principle of adherence of existing agreements. The peaceful policies of Israel will be mentioned in this context.[17]

[gez.] Birrenbach

VS-Bd. 8449 (Ministerbüro)

---

[10] Der Passus „both by way ... materials" wurde von Bundesminister Schröder unterschlängelt. Dazu Ausrufezeichen am Rand.
[11] Zu dieser israelischen Forderung vgl. weiter Dok. 172.
[12] Vgl. Ministerbüro, Bd. 221.
[13] Die Wörter „been instructed to support vigorously" wurden von Bundesminister Schröder unterschlängelt.
[14] Vom 12. bis 14. April 1965 tagte in Brüssel erstmals die im Handelsabkommen zwischen Israel und der EWG eingesetzte Gemischte Kommission. Vgl. dazu BULLETIN DER EWG 6/1965, S. 37.
[15] Zum Wunsch nach deutscher Unterstützung für die israelischen Interessen in der EWG vgl. auch BIRRENBACH, Sondermissionen, S. 110f.
Dazu hielt Staatssekretär Lahr am 25. März 1965 fest: „Nach Gemeinschaftsrecht können wir keine Verpflichtung für unser Verhalten im Ministerrat der EWG übernehmen. Im übrigen müssen wir auch hier daran denken, keine neuen Angriffsflächen in den arabischen Staaten zu schaffen. Deswegen empfiehlt es sich, diese Frage nicht in der Schlußvereinbarung zu behandeln, sondern sich in den mündlichen Erörterungen auf eine unverbindliche Wohlwollenserklärung zu beschränken." Vgl. VS-Bd. 423 (Büro Staatssekretär); B 150, Aktenkopien 1965.
[16] Zur Erklärung der Bundesregierung vom 7. März 1965 vgl. Dok. 115, besonders Anm. 7 und 10.
[17] Vgl. weiter Dok. 148.

143

Deutsch-norwegische Regierungsbesprechungen

Ge 28/31/65 VS-vertraulich 23./25. März 1965

Der *Bundeskanzler* eröffnete die erste Besprechung am 23.3.65 um 11 Uhr.
Er berichtete kurz über das mit Ministerpräsident Gerhardsen geführte Gespräch unter vier Augen. Herr Gerhardsen habe sich nach der Haltung der Bundesregierung zur Politik de Gaulles im Hinblick auf Europa und die NATO erkundigt. Er habe ihm erklärt, daß die Konzeption de Gaulles[1] für die Bundesregierung nicht annehmbar sei. Für uns sei eine Zusammenarbeit auf dem Gebiet der Verteidigung[2] nur in Form der – nach Möglichkeit verbesserten – NATO möglich.

Ministerpräsident *Gerhardsen* gab zunächst nochmals seiner Freude über sein Zusammentreffen mit dem Bundeskanzler Ausdruck. Er erklärte dann, daß im bilateralen Verhältnis glücklicherweise keine Probleme mehr bestünden. Für Norwegen gebe es nur eine Frage, die gegenüber der Bundesrepublik dringlich angesprochen werden müsse. Es handele sich hier um die Probleme des GATT und der Kennedy-Runde.[3]

Sowohl aus wirtschaftlichen wie aus politischen Gründen wolle Norwegen einen Erfolg der Kennedy-Runde. Man müsse die Diskriminierung beseitigen und dadurch das Atlantische Bündnis stärken. Deswegen sei Norwegen daran interessiert, die vorgeschlagene 50%ige Herabsetzung der Zölle mit möglichst wenigen Ausnahmen durchzuführen. Norwegen selbst habe daher gar keine Ausnahmeliste vorgelegt. Er sei besorgt über den Umfang der Ausnahmeliste der EWG[4], die mehr als 50% der von Zöllen betroffenen norwegischen Exporte in den EWG-Raum umfasse. Diese unglückliche Entwicklung könne zu einer Verschlechterung der Beziehungen zwischen beiden Ländern führen. Die norwegischen Exporte in die EWG seien zu 75% auf die Gemeinschaftsländer mit bisher niedrigeren Zöllen, d.h. auf die Bundesrepublik Deutschland und die Beneluxstaaten konzentriert. Die nachteilige Entwicklung werde gegenwärtig noch gedämpft durch die Zollquoten, die für Güter wie Aluminium, Magnesium, Ferrolegierungen, Zeitungspapier und einige Fischsorten eingeräumt

---

[1] Zur Europa-Konzeption des französischen Staatspräsidenten vgl. auch Dok. 64, Anm. 16.
[2] Zur französischen Forderung nach einer gemeinsamen Verteidigungspolitik der europäischen Staaten vgl. auch Dok. 139, Anm. 2.
[3] Vgl. dazu Dok. 137, Anm. 42.
[4] Am 15. November 1964 beschloß der EWG-Ministerrat eine gemeinsame Ausnahmeliste für die Kennedy-Runde. Nach ersten Berechnungen der EWG-Kommission betrugen die Ausnahmen etwa 19% der zu verzollenden Industrieeinfuhr bzw. etwa 10% der gesamten Industrieeinfuhr der Gemeinschaft. Vortragender Legationsrat I. Klasse Graf von Hardenberg hielt dazu am 16. November 1964 fest: „Obwohl Deutschland im Hinblick auf [das] Exportinteresse der Gemeinschaft weitere Kürzung der Ausnahmen angestrebt hatte, muß [das] Gesamtergebnis als befriedigend und im GATT präsentabel bezeichnet werden." Vgl. Referat III A 2, Bd. 50.

werden. Nach norwegischer Auffassung sei es notwendig, diese Zollkontingente aufrechtzuerhalten.[5]

Die norwegische Regierung sei dankbar für die liberale Haltung Bonns in dieser Frage. Man befürchte jedoch, daß die Quoten nach Ablauf der Übergangszeit[6] wegfallen. Dies dürfe jedoch erst dann geschehen, wenn die Zollsätze der EWG wesentlich reduziert würden. Norwegen hoffe, daß man deutscherseits Verständnis für diese Sorgen habe.

Der *Bundeskanzler* betonte, daß man in Deutschland die wirtschaftliche Lage Norwegens im Verhältnis zur EWG genau kenne und sich der damit verbundenen Schwierigkeiten völlig bewußt sei. Die Bundesregierung habe deshalb stets alles in ihren Kräften Stehende getan, um Norwegen entgegenzukommen. Abgesehen hiervon sei allgemein bekannt, daß er, Erhard, von jeher für den Abbau aller Zollschranken und sonstigen Handelshemmnisse eintrete. Er hege deshalb große Sympathie für jedes Land, das sich für niedrige Zölle einsetze.

Staatssekretär *Lahr* führte sodann aus, daß der deutsch-norwegische Handel sich in den letzten Jahren erfreulich ausgeweitet habe. Dabei seien die norwegischen Exporte stärker gestiegen als die deutschen. Deutschland werde dafür eintreten, die bisherigen Zollkontingente für Norwegen beizubehalten. In der Kennedy-Runde verfolge die Bundesregierung das gleiche Ziel wie Norwegen. Sie habe sich stets besonders bemüht, die EWG auf einen liberalen Kurs zu führen. Auch die EWG-Kommission verfolge diese Tendenz. Die EWG sei eine Gemeinschaft, die vielfach Kompromißlösungen finden müsse. Das gelte auch für die Ausnahmelisten. Wie bekannt, hätten einige Mitgliedstaaten in diesem Punkt viel weiterreichende Vorstellungen gehegt. Es sei uns jedoch gelungen, die Liste in annehmbaren Grenzen zu halten. Es müsse zugegeben werden, daß unglücklicherweise gerade norwegische Export-Produkte überdurchschnittlich stark in der Liste enthalten seien. Diese Liste sei indes nur eine Ausgangsposition für die Besprechungen in Genf.[7] Man hoffe deutscherseits, daß sich dort Opposition gegen diese Liste erheben werde.

Zunächst müsse man mit den Kontingenten weiterarbeiten. Es bestehe Anlaß zu der Annahme, daß nach Ablauf der Übergangszeit auch die Kommission mit einer Aufrechterhaltung dieser Kontingente einverstanden sein werde. Zwar bestünden in Brüssel gewisse Bedenken aus einer Art „europäischer Philosophie", die in den Kontingenten eine Durchlöcherung des Prinzips der Zollsenkung sehe. Man werde jedoch auch in Brüssel Kompromißlösungen zugänglich sein.

Die Bundesregierung werde sich weiterhin nachdrücklich darum bemühen, die deutsch-norwegischen Handelsbeziehungen, auch durch die Kennedy-

---

[5] Zum Stand der Beziehungen zwischen Norwegen und der EWG vgl. die Aufzeichnung des Referats I A 2 vom 9. März 1965; Referat I A 2, Bd. 1246.

[6] Nach Artikel 8 des EWG-Vertrags vom 25. März 1957 sollte der Gemeinsame Markt „während einer Übergangszeit von zwölf Jahren schrittweise verwirklicht" werden. Vgl. BUNDESGESETZBLATT 1957, Teil II, S. 774.

[7] Zu den Verhandlungen in der Kennedy-Runde vgl. weiter Dok. 348, Anm. 15.

Runde, weiterzuentwickeln. Deutscherseits habe man im Hinblick auf den Ausgang der Kennedy-Runde einen gewissen Optimismus.

Ministerpräsident *Gerhardsen* erkannte an, daß die Bundesregierung in diesen Fragen eine Haltung einnehme, die den norwegischen Interessen entspreche. Den Darlegungen von Herrn Lahr entnehme er, daß das so bleiben werde.

Der *Bundeskanzler* unterstrich, daß Deutschland und Norwegen in diesen Fragen gleiche Vorstellungen hätten. Die Bundesrepublik Deutschland sei dasjenige EWG-Land, das am stärksten einen liberalen Kurs verfolge. Wir hofften, daß die Verhandlungen der Kennedy-Runde erfolgreich sein würden.

Staatssekretär *Lahr* bemerkte noch, daß hinsichtlich der norwegischen Fischerei-Erzeugnisse eine besondere Lage gegeben sei. Hier spiele die europäische Fischereikonvention eine Rolle. Die Bundesregierung würde eine norwegische Beteiligung an dieser Konvention[8] begrüßen.

Der *Bundeskanzler* sagte, daß man diesen Punkt wohl damit abschließen könne, und bat Herrn Gerhardsen, ein weiteres ihn interessierendes Thema anzusprechen.

Ministerpräsident *Gerhardsen* kam dann auf die Abrüstungsfrage zu sprechen. Hierüber bestünden wohl keine größeren Meinungsverschiedenheiten. Norwegen als kleines Land versuche, über internationale Organisationen wie UNO und NATO zur Entspannung beizutragen.

Norwegen habe bereits 1949 erklärt, es sollten keine fremden Truppen im Lande stationiert werden, solange keine konkrete Bedrohung bestehe.[9] Norwegen habe eine gemeinsame Grenze mit der Sowjetunion. Dem norwegischen Standpunkt zur Lagerung von Atomwaffen auf seinem Territorium[10] lägen ähnliche Überlegungen zugrunde.

Der Kekkonen-Plan[11] werde von Norwegen abgelehnt. Die nordischen Staaten seien heute de facto atomfrei; ein besonderes Abkommen hierüber sei überflüssig. Norwegen würde einem derartigen Abkommen nur beitreten, wenn a) die Sowjetunion bereit sei, auch auf ihrer Seite entsprechende Gebiete atomfrei zu machen, oder b) ein solches Abkommen Glied eines größeren Abkommens zwischen Ost und West werde. Man müsse die Vorschläge erwägen, die zu die-

---

[8] Nach der dritten Sitzungsperiode der Londoner Konferenz über das Fischereiwesen vom 26. Februar bis 2. März 1964 wurde eine neue Fischereikonvention verabschiedet, die die nationalen Fischereizonen an den Küsten auf sechs Seemeilen festlegte. Norwegen, Island und die Schweiz unterzeichneten die Konvention nicht, die am 11. April 1964 provisorisch in Kraft trat. Vgl. dazu AdG 1964. S. 11183–11185.

[9] In einer Note an die UdSSR vom 3. März 1949 erklärte die norwegische Regierung, sie werde weder an „einer Politik mit aggressiven Zielen teilnehmen noch ausländischen militärischen Kräften auf norwegischem Gebiet Stützpunkte gewähren [...], solange Norwegen nicht angegriffen ist und solange es nicht Angriffsdrohungen ausgesetzt ist". Vgl. EUROPA-ARCHIV 1949, S. 2118.

[10] Am 12. April 1961 erklärte die regierende Arbeiterpartei, sie halte die Auffassung, „daß Atomwaffen nicht auf norwegischem Gebiet aufgestellt werden sollten", aufrecht. Vgl. EUROPA-ARCHIV 1961, Z 88.

[11] Der finnische Ministerpräsident regte in einem am 29. Mai 1963 veröffentlichten Interview die Schaffung einer kernwaffenfreien Zone in Skandinavien an. Vgl. den Artikel „Finnish Plea for Nuclear-Free Zone"; THE TIMES, Nr. 55 713 vom 29. Mai 1963, S. 9.

sen Problemen gemacht worden seien.[12] Er stelle die Frage, wie die Bundesregierung die Äußerungen von Herrn Spaak[13] beurteile.

Der *Bundeskanzler* erklärte, die Bundesregierung sei stets für eine allgemeine und kontrollierte Abrüstung eingetreten. Das bleibe die Ideal-Lösung. Unter den gegenwärtigen Umständen könne freilich dieses Ziel nicht erreicht werden.

Die Lage in Mitteleuropa sei besonders schwierig. Das Deutschlandproblem und die Frage der Ostgrenze seien stärkere Gefahrenherde, als sie im Verhältnis zwischen den nordischen Ländern und der Sowjetunion bestünden. Deutschland wisse deshalb den Wert der gemeinsamen Verteidigung in der NATO besonders zu schätzen. In den von östlicher Seite vorgebrachten Plänen einer „Verdünnung", Denuklearisierung, eines „Einfrierens", einer Entmilitarisierung usw.[14] sei von militärischem Gleichgewicht nicht die Rede. Es sei äußerst problematisch, darauf vertrauen zu wollen, daß die Russen keine aggressiven Absichten mehr verfolgten. Sie hätten das Ziel der Weltrevolution nicht aufgegeben. Nur das Übergewicht der Vereinigten Staaten habe den Vormarsch der Sowjetunion gestoppt. Man könne heute nur hoffen, daß das atomare Patt zu einer Friedensgarantie gegen politische Abenteurer werde.

Das konventionelle Übergewicht der Ost-Seite bleibe freilich erschreckend groß. Daher sei für den Westen die nukleare Abschreckung wesentlich. Mittel- und Nordeuropa würden von 700–900 in der westlichen Sowjetunion stationierten Mittelstrecken-Raketen bedroht. Jede regionale Abrüstung müßte deshalb weit nach Osten ausgreifen. Der britische Premierminister Wilson habe aus diesem Grunde anerkannt, daß die russischen Mittelstrecken-Raketen in jede regionale Abrüstungsvereinbarung einbezogen werden müßten.[15] Die Vorstellung, nur die Bundesrepublik Deutschland, die SBZ, Polen und die Tschechoslowakei könnten eine Zone beschränkter Rüstung bilden, sei mit der Wirklichkeit nicht vereinbar. Während die Nordsee vom Eisernen Vorhang nur 250 km entfernt sei, sei die Lage der Sowjetunion dazu eine gänzlich andere. Man könne den Frieden nicht durch Vertrauensseligkeit erhalten, sondern müsse die Realitäten sehen.

[12] Zur norwegischen Haltung zur Abrüstung vgl. weiter Dok. 258.

[13] Am 17. März 1965 berichtete der belgische Außenminister dem Ständigen NATO-Rat über die Vorschläge seines polnischen Amtskollegen Rapacki und führte dazu aus, „er sei sich dessen bewußt, daß sowohl der Gomulka- wie der Rapacki-Plan als solche für NATO nicht akzeptabel sein dürften. Die Weltlage sei aber innerhalb des letzten Jahres schlechter geworden (Vietnam) und gebe zu Beunruhigung Anlaß. Könnten daher nicht wenigstens in Europa, wo es zur Zeit verhältnismäßig ruhig sei, in der Rüstungsbegrenzung einige bescheidene Fortschritte erzielt werden (‚une proposition vaut la peine!')." Vgl. den Drahtbericht Nr. 349 des Botschafters Grewe, Paris (NATO), vom 17. März 1965; VS-Bd. 3594 (302/II 8); B 150, Aktenkopien 1965.

[14] Zu den vom polnischen Außenminister Rapacki sowie dem Ersten Sekretär des ZK der PVAP, Gomulka, propagierten Abrüstungsplänen vgl. Dok. 152.

[15] Auf einer Pressekonferenz am 6. März 1965 in Berlin (West) erklärte der britische Premierminister zur Frage einer rüstungsverdünnten Zone, das Kräftegleichgewicht zwischen den Blöcken müsse in jedem Fall erhalten bleiben. Auch dürfe die Abrüstung nicht auf Deutschland beschränkt werden: eine Kontrollzone sollte über Deutschland hinausreichen und auch militärische Einrichtungen umfassen, von denen aus Raketen mit großer Reichweite gestartet werden könnten, „zum Beispiel Fernwaffen, die auf Deutschland und auf Großbritannien gerichtet seien". Vgl. den Artikel „Premierminister Wilson in Westberlin"; NEUE ZÜRCHER ZEITUNG, Fernausgabe, Nr. 66 vom 8. März 1965, Bl. 2.

Die Bundesregierung sei sich der Tatsache bewußt, daß die Frage der deutschen Wiedervereinigung eng mit den Problemen der Sicherheit, der Grenzen usw. verbunden sei. Aber man könne nicht einseitig dem Osten Konzessionen auf einem silbernen Tablett anbieten.

Jede Maßnahme auf dem Gebiet der europäischen Sicherheit müsse das deutsche Anliegen der Wiedervereinigung seiner Lösung näherbringen. Wenn die Sowjetunion eine echte Befriedung Europas wolle, müsse sie dem deutschen Volk die Selbstbestimmung gewähren. Auch Deutschland sei bereit, über diese Fragen im Zusammenhang zu verhandeln; man könne jedoch keine einseitigen Vorleistungen erbringen. Die angeblichen sowjetischen Befürchtungen gegenüber der Bundesrepublik[16] seien ungerechtfertigt. Die Sowjetunion wisse, daß Deutschland keine machtmäßigen Ambitionen mehr habe. Es sei auch ganz undenkbar, daß wir als NATO-Mitglieder unabhängig handelten. Sollten wir dies versuchen, würden uns unsere Alliierten das Gewehr aus der Hand schlagen.

Deutschland wolle befriedete Verhältnisse. Wir fühlten uns unsicher. Der Kommunismus sei im Vormarsch. So stehe Moskau auch hinter Nasser.[17] Unter dem Druck Moskaus versuche man, den Westen zu verdrängen. Es sei dahin gekommen, daß wir froh seien, wenn wir den Status quo erhalten können, während der Osten ständig im Angriff sei und wir dies als geschichtliche Notwendigkeit ansähen.

Ministerpräsident *Gerhardsen* ging dann allgemein auf das Ost-West-Verhältnis ein. Man wisse zu wenig über die gegenwärtigen Absichten Moskaus. Er habe Verständnis für die Auffassung des Bundeskanzlers. Für die westliche Welt sei es entscheidend, fest zu bleiben und die Zusammengehörigkeit zu wahren.

Heute stünden einander zwei Blöcke gegenüber: NATO und Warschau-Pakt. Auf dieser Grundlage beruhe der Friede. Aber wie lange werde das der Fall sein? Es sei zu befürchten, daß die Bürger der westlichen Staaten auf längere Sicht für die großen Verteidigungsausgaben nicht das erforderliche Verständnis aufbringen würden. In den kommunistischen Ländern dagegen müsse die Bevölkerung diese Ausgaben gutheißen.

Auf lange Sicht sei eine Entwicklung innerhalb des kommunistischen Lagers denkbar, die dahin führe, daß man der anderen Seite mehr Vertrauen entgegenbringen könne. Das liege jedoch in weiter Ferne. Schon jetzt könnten aber gewisse Bewegungen in den kommunistischen Ländern festgestellt werden. Jugoslawien habe sich schon vor einiger Zeit weitgehend von Moskau freigemacht. In Rumänien, Polen und Ungarn seien ähnliche Bestrebungen im Gange.

Der Westen müsse alles tun, um diese Entwicklung zu unterstützen und zu beschleunigen. Auch in der Sowjetunion gebe es entsprechende Tendenzen. In der Führung säßen heute jüngere Leute, die sich nicht mehr an die Zustände

---

[16] Vgl. dazu etwa die Äußerungen des sowjetischen Außenministers Gromyko während des Besuchs in London vom 16. bis 20. März 1965; Dok. 160, Anm. 7.
[17] Zu dieser Annahme vgl. Dok. 10, Anm. 8.

vor der Revolution erinnerten. Man dürfe deshalb vielleicht hoffen, daß sich die Verhältnisse allmählich normalisierten.

Bundesminister *Dr. Schröder* sagte, daß Norwegen und die Bundesrepublik Deutschland in der allgemeinen Betrachtung und in den Zielen sehr weitgehend übereinstimmten. Man habe in Deutschland Verständnis für die Sonderposition Norwegens und Dänemarks in der NATO.[18] Wir hätten dagegen keine Einwendungen, solange unterstrichen werde, daß der Westen fest geschlossen bleiben müsse. Die Solidarität sei ein entscheidender Faktor der Friedenserhaltung.

Man müsse aber stets auch die besondere Lage der Bundesrepublik Deutschland berücksichtigen. Wegen unserer geographischen Lage im Zentrum Mitteleuropas liege der ganze Druck aus dem Osten in erster Linie auf uns. Dazu komme der nationale Gesichtspunkt der Spaltung des Landes, dessen einer Teil kommunistisches Herrschaftsgebiet sei. Auch von norwegischer Seite sei kürzlich wieder unterstrichen worden, daß das Selbstbestimmungsrecht für das deutsche Volk verwirklicht werden müsse. Hierüber bestehe im Bündnis Übereinstimmung. Wir seien vielleicht im Hinblick auf die sowjetischen Absichten skeptischer als die Norweger.

Die Bundesrepublik Deutschland müsse eine weltweite Auseinandersetzung mit der Sowjetunion führen. Dies sei auch der Kern des Nahost-Konflikts. Die Schlappe, die wir durch den Einbruch Pankows als Vorhut Moskaus erlitten hätten[19], sei gleichzeitig eine Schlappe für den gesamten Westen. Wir müßten deshalb immer wieder auf die Verbündeten einwirken, keine Terrainverluste hinzunehmen.

Bei allen Erwägungen über Teilabrüstungsmaßnahmen müßten wir uns fragen, inwieweit diese a) die allgemeine Situation verbessern und b) das deutsche Anliegen fördern könnten.

Der Hinweis darauf, die Völker könnten das Verständnis für die hohen Rüstungsausgaben verlieren, sobald keine akute Bedrohung mehr vorliege, sei zutreffend. Man müsse demgegenüber immer wieder klarmachen, daß die derzeitige relative Ruhe, das relative Gleichgewicht, darauf basiere, daß kein Vakuum, sondern ein Gegengewicht auf westlicher Seite bestehe. Auf jeden Fall müsse das Potential und die Macht der Vereinigten Staaten der Sowjetunion gewachsen sein.

Die Vereinigten Staaten könnten nicht die gesamte Last allein tragen, vielmehr bestehe eine gemeinsame Verantwortung aller freien Länder für die Erhaltung des Friedens.

Auf dem Gebiet der europäischen Sicherheit müsse auf jeden Fall eine gewisse Parallelität zwischen Maßnahmen der Rüstungskontrolle und Schritten zur Lösung der deutschen Frage gewahrt werden. Herr Rapacki habe kürzlich

---

[18] In Norwegen und Dänemark gab es keine mit Streitkräften fremder Staaten besetzten NATO-Stützpunkte.
[19] Zur Reaktion der Bundesregierung auf den Besuch des Staatsratsvorsitzenden Ulbricht in der VAR vgl. zuletzt Dok. 111.

Herrn Spaak gesagt[20], es wäre unrealistisch, nicht anzuerkennen, daß es zwei deutsche Staaten gebe. Spaak habe dem entgegengehalten, es wäre unrealistisch anzunehmen, der Westen könnte sein Bestreben aufgeben, Deutschland zusammenzuführen. Die Vorstellungen Rapackis seien nicht ausgewogen; ihre Durchführung würde für den Westen eine objektive Verschlechterung des Kräfteverhältnisses mit sich bringen. Deshalb habe Herr Wilson in Bonn[21] auch klargestellt, daß eine „nukleare Verdünnung" sich nicht auf einen engen mitteleuropäischen Raum beschränken dürfe, sondern auch die Bedrohung dieses Raums von Westrußland aus berücksichtigen müsse. Regionale Abrüstungsprojekte seien nur dann sinnvoll, wenn sie größere Gebiete umfaßten, nicht diskriminierend seien und keine Verschiebung des Kräfteverhältnisses herbeiführten. Alle derartigen Maßnahmen müßten auch dazu beitragen, das Problem der Teilung Deutschlands einer Regelung näherzubringen. Dies sei nicht nur das deutsche Interesse; vielmehr sei die ganze freie Welt durch die Fortdauer der ungewissen Lage Deutschlands belastet.

Als Beitrag zur Entspannung habe die Bundesrepublik Deutschland in den letzten Jahren ihre Ostpolitik aktiviert und mit vier Ländern des bisherigen Ostblocks offizielle Beziehungen hergestellt.[22] Gegenwärtig fänden sehr schwierige Besprechungen mit der Tschechoslowakei statt.[23] Wir würden auf diesem Weg weitergehen. Eine stärkere Verbindung dieser Länder mit dem Westen liege im allgemeinen westlichen Interesse. Wir täten alles, um diese Staaten davon zu überzeugen, daß wir nur friedliche Absichten verfolgten und lediglich das Ziel hätten, auf der Basis der friedlichen Verwirklichung des Selbstbestimmungsrechts die Einheit unseres Landes wieder herzustellen.

Bundesminister *von Hassel* stellte die militärische Ausgangslage dar. Die östliche Seite unterhalte nach wie vor zahlenmäßig weit überlegene konventionelle Streitkräfte. Eine Truppenverminderung sei bisher nicht erfolgt, insbesondere auch nicht im grenznahen Raum. Die Schlagkraft der Streitkräfte der osteuropäischen Verbündeten der Sowjetunion müsse heute höher veranschlagt werden als noch vor wenigen Jahren.

Der Osten sei in der Lage, unbemerkt schnell Kräfte zuzuführen. So habe die Sowjetunion kürzlich unter dem Anschein von Manövern 5 Divisionen in die Zone verlegt, was von westlicher Seite erst beträchtlich später bemerkt worden sei. In x + 6 Tagen könne die Sowjetunion mit Stoßrichtung gegen Norddeutschland 24 Divisionen, am deutschen Mittelabschnitt gleichfalls 24 Divisionen und mit Stoßrichtung gegen Süddeutschland weitere 12 Divisionen ansetzen.

---

[20] Der polnische Außenminister hielt sich vom 13. bis 17. Februar in Brüssel auf. Zu den Gesprächen mit dem belgischen Außenminister vgl. Dok. 82 und Dok. 137.
[21] Zum Besuch des britischen Premierministers vom 8./9. März 1965 vgl. Dok. 122.
[22] Die Bundesrepublik schloß am 7. März 1963 ein Abkommen mit Polen über den Handels- und Seeschiffahrtsverkehr sowie die Errichtung einer Handelsvertretung in Warschau. Entsprechende Vereinbarungen wurden am 17. Oktober bzw. 24. Dezember 1963 mit Rumänien, am 10. November 1963 mit Ungarn und am 6. April 1964 mit Bulgarien getroffen. In alle Abkommen war Berlin (West) einbezogen. Vgl. dazu AAPD 1963, I, Dok. 114 und AAPD 1963, II, Dok. 339; AAPD 1963, III, Dok. 388, und AAPD 1964, I, Dok. 62.
[23] Vgl. dazu Dok. 114 und weiter Dok. 144.

Man sage, die Russen seien vielleicht bereit, einen Teil ihrer Truppen nach Westrußland zurückzuführen. In den letzten Jahren seien jedoch die ost-westlichen Straßen- und Eisenbahnverbindungen durch Polen stärkstens ausgebaut worden, so daß die Sowjets ihre Kräfte schneller nach Westen heranführen könnten, als bisher angenommen wurde. Auch im Fall eines Teilrückzugs sowjetischer Streitkräfte lasse daher die Bedrohung Zentraleuropas nicht wesentlich nach.

Das britische Weißbuch gehe davon aus, daß – da in den letzten Jahren kein Krieg ausgebrochen sei – die Gefahr eines bewaffneten Konflikts in Europa sich verringert habe.[24] Wir stünden demgegenüber auf dem Standpunkt, daß die Wahrung der westlichen Position nur auf die feste Haltung und die Stärke der NATO zurückzuführen sei. Man müsse davor warnen, die Verteidigungsanstrengungen zu reduzieren. Angesichts der geographischen Verhältnisse in Mitteleuropa könnten die überlegenen Streitkräfte des Ostens in kürzester Zeit große Erfolge erzielen. Eine glaubwürdige Verteidigung des Westens müsse sich daher auf die atomaren Waffen stützen. Dabei müsse immer wieder hervorgehoben werden, daß alle Nuklearwaffen der NATO unter der Kontrolle der Vereinigten Staaten stünden. Es gebe keinen einzigen deutschen Schlüssel zu irgendeinem nuklearen Sprengkörper.

Zu den ständigen östlichen Vorwürfen, wir seien Revanchisten, Militaristen usw. sei zu sagen: Die 12 deutschen Divisionen seien ohne Einschränkung in die NATO integriert. Sie seien dergestalt disloziert, daß die deutschen Truppen überall von britischen, amerikanischen, französischen, holländischen und kanadischen Einheiten umgeben seien. Daher sei jedes deutsche Abenteuer ausgeschlossen. Auch beruhe beispielsweise die gesamte Versorgung mit Treibstoffen auf NATO-Leitungen.

Er rege an, zwischen beiderseits verantwortlichen Beamten ein Gespräch über das militärische Bild im Osten zu führen, so wie dies kürzlich auch mit den Dänen bei seinem Meinungsaustausch mit Verteidigungsminister Gram[25] vereinbart worden sei.

Ministerpräsident *Gerhardsen* sagte, man verstehe die deutschen Probleme. Er habe schon vor etlichen Jahren im Parlament erklärt, daß eine ewige Wunde in Europa bestehe, falls das Deutschlandproblem nicht gelöst werde. Im Jahre 1969 werde der Nordatlantikpakt kündbar.[26] Man müsse sich schon

---

[24] In dem am 23. Februar 1965 veröffentlichten Weißbuch wurde festgestellt: „Eine Evolution sowohl im sowjetischen wie auch im westlichen Denken, verursacht durch eine wachsende Erkenntnis der Folgen nuklearer Kriegführung, hat deshalb die Wahrscheinlichkeit eines Krieges zwischen dem sowjetischen und dem westlichen Bündnis stark reduziert und gibt Anlaß, auf Fortschritte in der Rüstungsbeschränkung und -kontrolle sowie noch stabilere Beziehungen zu hoffen." Vgl. EUROPA-ARCHIV 1965, D 195.

[25] Bundesminister von Hassel traf am 10. März 1965 mit dem dänischen Verteidigungsminister zusammen. Vgl. den Artikel „Dänischer Minister bei Hassel"; FRANKFURTER ALLGEMEINE ZEITUNG, Nr. 59 vom 11. März 1965, S. 1.

[26] Artikel 13 des NATO-Vertrags vom 4. April 1949: „Nach zwanzigjähriger Gültigkeitsdauer des Vertrages kann jeder vertragschließende Staat aus dem Verhältnis ausscheiden, und zwar ein Jahr nach Erklärung seiner Kündigung gegenüber der Regierung der Vereinigten Staaten von Amerika, die den Regierungen der anderen vertragschließenden Staaten die Niederlegung jeder Kündigungserklärung mitteilen wird." Vgl. EUROPA-ARCHIV 1949, S. 2073.

jetzt Gedanken darüber machen, was dann geschehen werde. Die Welt werde anders aussehen. In der kommunistischen Welt sei einiges vor sich gegangen. Die Kommunisten wollten zwar nach wie vor die ganze Welt kommunistisch machen. Die Taktik und das Klima hätten sich aber erheblich geändert. Es müsse auch der Bevölkerung der westlichen Länder klar werden, daß die politische Lage stets in der Entwicklung sei. Er schlage vor, diese Fragen im NATO-Rat oder in einem besonderen Ausschuß zu erörtern.

Der *Bundeskanzler* bemerkte, die Erhaltung der NATO sei für Deutschland eine Lebensfrage. Eine Desintegration nach den Vorstellungen de Gaulles[27] komme nicht in Frage. Je eher darüber Klarheit geschaffen werde, um so besser sei dies für uns und unsere Sicherheit.

Es sei sicherlich richtig, daß sich die weltpolitische Szenerie gewandelt habe. Eine Bewegung sei im Gange. Auch im Ostblock seien die Dinge nicht erstarrt. Im Konkreten sei dies freilich schwer zu beurteilen. Das gelte etwa für das Verhältnis der Sowjetunion zu China.[28] Es sei fraglich, wie weit nun Rußland in dieser Beziehung gebunden oder bedroht sei oder nicht.

Andererseits müsse bedacht werden, daß die Ostseite ihre Wirtschaftskraft weiterhin zur Stärkung des kommunistischen Lagers einsetzen könne. Es scheine sogar so, daß die neuere Entwicklung insoweit zu einer Stärkung des Ostens führe.

Wir müßten die Freiheit nicht nur im privaten Leben pflegen, sondern sie auch als politische Kraft stärker einsetzen.

Die Sowjetunion wende weiterhin ungeheure Mittel für die Rüstung, die Forschung und den industriellen Aufbau auf. Die Lebensmöglichkeiten für die Zivilbevölkerung seien jedoch bisher nicht in vergleichbarer Weise gefördert worden. Man müsse hoffen, daß die Sowjetunion gezwungen sei, in Zukunft mehr für das Volk und weniger für die Rüstung aufzubringen. Der Westen sollte eine solche Entwicklung nach Möglichkeit unterstützen. Stattdessen veranstalte man einen Wettlauf, um den Sowjets langfristige, billige, verbürgte Kredite zur Verfügung zu stellen.[29] So werde das sowjetische Potential gestärkt.

Ministerpräsident *Gerhardsen* erklärte, auch in Norwegen sei es allgemeine Auffassung, daß man zur NATO stehen müsse. In gewissen Teilen der Öffentlichkeit herrsche jedoch für die NATO keine große Begeisterung. Deshalb müsse die norwegische Regierung ihre Außenpolitik so führen, daß sie die Zustimmung eines möglichst großen Teils der Bevölkerung finde. Über die jeweils gegebene Situation hinaus müßten daher auch die Perspektiven der weiteren Entwicklung aufgezeigt werden. Wenn man davon ausgehe, daß Krieg keine Lösung sei, müsse man alle anderen Möglichkeiten der Einwirkung zugunsten des Friedens erwägen. Deshalb seien möglichst starke Kontakte mit der kommunistischen Seite von Bedeutung. Auf diese Weise könne man auch

---

[27] Zu den verteidigungspolitischen Vorstellungen des französischen Staatspräsidenten vgl. besonders Dok. 210.
[28] Zum sowjetisch-chinesischen Konflikt vgl. Dok. 26, Anm. 18.
[29] Zur Kreditpolitik westlicher Staaten gegenüber der UdSSR vgl. Dok. 123.

hoffen, in den kommunistischen Ländern Zweifel an der Allgemeingültigkeit und Überlegenheit ihres Systems zu wecken.

Der *Bundeskanzler* warf dann noch die Frage auf, welcher Anteil des Sozialprodukts in der Bundesrepublik Deutschland und in Norwegen für soziale Zwecke ausgegeben werde. In Deutschland sei dies 16,5%.

Ministerpräsident *Gerhardsen* hatte keine entsprechende Zahl zur Hand, meinte aber, daß in Norwegen wie in Schweden der Anteil bei etwa 12% liege. Norwegen sei dabei, in Anlehnung an das schwedische Sozialsystem eine Volkspension einzuführen. Man stelle sich freilich auch in Norwegen die Frage, ob dies nicht eine zu große Bürde sei. Mit zunehmendem Lebensalter wachse die Anzahl der Älteren. Andererseits werde die Ausbildungszeit der Jüngeren immer mehr ausgedehnt. Auf die im Arbeitsprozeß Stehenden entfalle daher ein immer größerer Prozentsatz unproduktiver Personen.

Der *Bundeskanzler* fragte noch, ob es in der EFTA Bestrebungen gebe, die Sozialsysteme zu harmonisieren, was der *Ministerpräsident* verneinte.

Der *Bundeskanzler* schließt die Besprechung mit einem Dank an die Gäste um 13 Uhr und schlägt vor, am 25. März vormittags nochmals kurz zur Billigung des Pressekommuniqués zusammenzutreffen.

Der *Bundeskanzler* eröffnete die Abschlußbesprechung am 25.3.65 um 9 Uhr.

Zunächst wurde das Abschlußkommuniqué[30] erörtert. Die Norweger nahmen den deutschen Entwurf mit Ausnahme des vorgeschlagenen Satzes über die Legitimation der Bundesregierung als einziger rechtmäßiger Sprecherin für ganz Deutschland an.[31]

Ministerpräsident *Gerhardsen* stellte dann die Frage, wie die Bundesregierung das Verhältnis der Bundesrepublik Deutschland zu den Ländern des Nahen Ostens beurteile.

Der *Bundeskanzler* sagte, die Verhandlungen mit Israel würden voraussichtlich bald abgeschlossen werden.[32] Der Austausch diplomatischer Vertretungen zwischen Bonn und Tel Aviv werde wohl in etwa 6 Wochen vollzogen.[33]

Das Verhältnis zu den arabischen Staaten könne nicht auf eine Formel

---

[30] Für den Wortlaut des Kommuniqués vom 25. März 1965 vgl. BULLETIN 1965, S. 430.
[31] Dazu berichtete Botschafter Böx, Oslo, am 2. April 1965: „Gerhardsen äußerte Sorge, daß seine Haltung bei Endbesprechung mit Herrn Bundeskanzler hinsichtlich des von deutscher Seite vorgesehenen Passus über Alleinvertretungsrecht [der] Bundesregierung für alle Deutschen mißverstanden worden sei. Seine Ablehnung, entsprechenden Wortlaut in Kommuniqué aufzunehmen, habe nichts mit seiner grundsätzlichen Einstellung zu tun. Norwegische Regierung habe immer Alleinvertretungsrecht [der] Bundesregierung anerkannt und sich entsprechend verhalten. Wenn er erneute öffentliche Bestätigung vermieden habe, so sei das auf innerpolitische Lage seines Landes vor den Wahlen zurückzuführen. Er müsse auf linken Flügel der Arbeiterpartei Rücksicht nehmen und deshalb verhindern, daß abgespaltene Sozialistische Volkspartei, die auf Anerkennung [der] SBZ dränge, Deutschlandfrage im Wahlkampf aufbringe." Vgl. den Drahtbericht Nr. 85; VS-Bd. 2511 (I A 5); B 150, Aktenkopien 1965.
[32] Zu den Verhandlungen mit Israel vgl. weiter Dok. 148.
[33] Die Vereinbarung mit Israel über die Aufnahme diplomatischer Beziehungen wurde am 12. Mai 1965 geschlossen. Vgl. dazu Dok. 200.

gebracht werden. Diese Länder seien nur in ihrem Haß gegen Israel einig. Wahrscheinlich würden einige der arabischen Staaten der Bundesrepublik Deutschland gegenüber nicht scharf reagieren; andere würden die Beziehungen wohl abbrechen. Von den letzteren hätten einige zu erkennen gegeben, daß sie die Beziehungen zu uns in einiger Zeit wieder aufzunehmen hofften und daß sie jedenfalls keine Beziehungen zur SBZ aufnehmen würden.[34] Es sei nicht sicher, ob die VAR die Zone anerkennen werde. Wir könnten nicht genau beurteilen, wie weit die Abhängigkeit Nassers von Moskau gehe; sicherlich sei sie sehr stark. Je stärker sie sei, um so weniger werde Nasser die Führung in der arabischen Welt behaupten können. Die Araber seien im tiefsten Grunde gegen den Kommunismus. Er glaube, daß die Dinge sich letzten Endes glücklich lösen würden, nicht sofort, aber vielleicht in einem halben Jahr. Das leider entstandene Vakuum müsse dann wieder aufgefüllt werden.

Staatssekretär *Carstens* äußerte, es sei schwer zu sagen, welchen Grad die Spannungen zwischen den arabischen Ländern und Israel erreichen würden. So sei es auch unsicher, ob und in welchem Maße es wegen des Jordanwassers[35] zu akuten Spannungen kommen werde. Die VAR sei durch das Engagement im Jemen[36] stark belastet. Sie unterhalte dort 50000 Mann, müsse täglich 2–3 Millionen ausgeben und erleide hohe Verluste. Dadurch sei die Bewegungsfähigkeit der VAR, jedenfalls im militärischen Bereich, begrenzt. Der Nahe Osten bleibe eine Zone voller Gefahr; Prognosen für längere Zeit könnten nicht gestellt werden.

Ministerpräsident *Gerhardsen* dankte dem Bundeskanzler für den liebenswürdigen Empfang in Bonn. Durch derartige Kontakte und Begegnungen würden die Beziehungen zwischen den beiden Ländern gefestigt, die nun schon viele Jahre eng zusammenarbeiteten. Er sei froh, bei seiner Rückkehr in Oslo mitteilen zu können, daß die Besprechungen in Bonn Übereinstimmung in allen wesentlichen Fragen ergeben und damit die bisherige norwegische Politik bestätigt hätten.

Der *Bundeskanzler* bedankte sich dafür, daß Ministerpräsident Gerhardsen der Einladung Folge geleistet habe. Nur durch die vertrauensvolle menschliche Begegnung könne die Vergangenheit überwunden werden. Er bitte den Ministerpräsidenten, in seinem Lande deutlich zu machen, daß das heutige Deutschland sich von der tragischen Vergangenheit losgesagt habe. Das deutsche Volk sei heute erfüllt von dem guten Willen, in enger Zusammenarbeit mit seinen Freunden eine friedliche Zukunft zu gestalten.

Bundeskanzleramt, AZ: 21-30 100 (56), Bd. 13

---

[34] Zur erwarteten Reaktion der arabischen Staaten vgl. Dok. 134.
[35] Zum Konflikt um das Jordanwasser vgl. Dok. 51, Anm. 4.
[36] Vgl. dazu Dok. 65, Anm. 6.

144

Aufzeichnung des Ministerialdirektors Krapf

II 5-82.50-94.27-451/65 VS-vertraulich 23. März 1965[1]

Betr.: Deutsch-tschechoslowakische Beziehungen;
hier: Gegenwärtiger Stand der deutsch-tschechoslowakischen Verhandlungen und künftige Gestaltung der Beziehungen[2]

I. In der Verhandlungsrunde, die zwischen dem 11. und 15. März 1965 in Prag stattfand, zeigte sich, daß sich die tschechoslowakische Verhandlungsposition gegenüber dem Februar deutlich verhärtet hat.

1) Die tschechoslowakische Delegation zog ihren Vorschlag eines Briefwechsels über den Zahlungsverkehr zurück, der für das Handelsabkommen eine annehmbare Diskussionsbasis zur Regelung der Berlinfrage bot.[3] Statt dessen wurde von tschechoslowakischer Seite jetzt lediglich anheimgestellt, wir könnten eine einseitige Erklärung über die Einbeziehung Berlins abgeben.

2) Hinsichtlich des Austausches von Handelsvertretungen hat die tschechoslowakische Delegation zu erkennen gegeben, daß sie die Verhandlungen über dieses Thema gegenwärtig zurückstellen möchte.[4]

3) Mangels Einigungsmöglichkeit über ein neues Handelsabkommen und ein Handelsvertretungsabkommen wurde von tschechoslowakischer Seite vorgeschlagen, das auslaufende Protokoll über den Waren- und Zahlungsverkehr aus dem Jahre 1961[5] – das keine Berlinklausel[6] enthält – in Verbindung mit den ausgehandelten Kontingentslisten von 1965 wieder in Kraft zu setzen.

Als Äquivalent für das Büro der tschechoslowakischen Außenhandelsgesellschaften in Frankfurt wurde von tschechoslowakischer Seite angeboten, wir könnten vorläufig eine deutsche Handelskammervertretung in Prag errichten.

Diese Vorschläge wurden von uns abgelehnt.

Von tschechoslowakischer Seite wurde der Wunsch betont, zwecks späterer Wiederaufnahme der Verhandlungen Kontakt zu halten und inzwischen den Handel zumindest auf der Basis der 1961 vereinbarten Warenlisten normal weiterlaufen zu lassen.

II. Wie sich aus am Rande der Verhandlungen geführten inoffiziellen Gesprächen ergab, ist für die Verhärtung der tschechoslowakischen Haltung nicht unsere Erklärung entscheidend gewesen, daß wir im Rahmen eines Regie-

---

[1] Die Aufzeichnung wurde von Legationsrätin I. Klasse Rheker konzipiert.
[2] Zum Stand der Verhandlungen zwischen der Bundesrepublik und der Tschechoslowakei vgl. zuletzt Dok. 114.
[3] Zum tschechoslowakischen Vorschlag vom 23. Februar 1965 über die Abwicklung des Zahlungsverkehrs vgl. Dok. 114, Anm. 4.
[4] Vgl. dazu auch Dok. 87.
[5] Für den Wortlaut des Protokolls vom 23. März 1961 über den Warenverkehr zwischen der Bundesrepublik und der Tschechoslowakei vgl. BUNDESANZEIGER, Nr. 77 vom 21. April 1961, S. 1 f.
[6] Zur Berlin-Klausel vgl. Dok. 164, Anm. 8.

rungsabkommens den gewünschten Briefwechsel über das sogenannte Münchener Abkommen[7] nicht für durchführbar hielten.[8] Maßgebend dürften vielmehr Erwägungen gewesen sein, zunächst die Auswirkungen der Nahostkrise abzuwarten. Anscheinend nimmt man in Prag an, die Bundesrepublik Deutschland könne in absehbarer Zeit eventuell doch bereit sein, dem Austausch von Vertretungen mit umfassenderen Funktionen zuzustimmen. Es wurde ferner im Gespräch angedeutet, man halte angesichts der im Mai bevorstehenden Feierlichkeiten anläßlich des 20. Jahrestages der Befreiung gegenwärtig den Zeitpunkt für die Aufnahme der Beziehungen nicht für günstig.

Aus einer Reihe von Anzeichen geht hervor, daß die tschechoslowakische Deutschlandpolitik auf das engste mit Moskau und Pankow abgestimmt ist. Während der Staatsbesuche, die Ministerpräsident Lenart in Begleitung von Außenminister David Anfang März in Indien[9] und Ägypten[10] abgestattet hat, ist von tschechoslowakischer Seite, insbesondere in Indien, mit allem Nachdruck versucht worden, der dortigen Regierung die Anerkennung der SBZ nahezulegen.[11] Die ČSSR hat mit dieser Initiative einmal mehr ihre Rolle als dasjenige osteuropäische Land bestätigt, das die stärkste Aktivität zugunsten der außenpolitischen Anliegen Pankows entfaltet.

Auch in den Verhandlungen zeigte sich vor allem in der Berlinfrage die Wirkung dieser engen Koordinierung. Die tschechoslowakische Delegation hat durchblicken lassen, daß ihr zurückgezogener Verhandlungsvorschlag zur Berlinfrage „höheren Orts" nicht gebilligt worden sei. Entsprechend der Polemik der SED gegen die Währungsgebietsklausel[12] hatte die tschechoslowaki-

---

[7] Für den Wortlaut des Münchener Abkommens vom 29. September 1938 vgl. ADAP, D, II, Dok. 675. Zu den tschechoslowakischen Erwartungen hinsichtlich einer Ungültigkeitserklärung vgl. Dok. 28.

[8] In der Sitzung vom 11. März 1965 erläuterte Botschafter Freiherr von Mirbach, z.Z. Prag, den Standpunkt der Bundesrepublik: „Kein Briefwechsel über München. Auf tschechoslowakische Replik deutete ich an, daß wir andere Seite natürlich nicht an Herausgabe einseitiger Pressekommuniqués bei Abschluß [der] Verhandlungen hindern könnten; ein Briefwechsel scheine uns jedoch bei diesen vorwiegend wirtschaftlich bestimmten Verhandlungen nicht durchführbar." Vgl. den Drahtbericht Nr. 14 vom 11. März 1965; VS-Bd. 3136 (II A 5); B 150, Aktenkopien 1965.
Daraufhin ließ der tschechoslowakische Stellvertretende Außenminister Kohout Mirbach am 12. März 1965 wissen, daß nunmehr, nachdem die Bundesrepublik nicht bereit sei, „einen Brief über [das] Münchener Abkommen entgegenzunehmen, eine völlig neue Lage entstanden sei. Wenn kein Brief über München akzeptiert werde, könne es auch keinen Zahlungsbrief (Berlin-Brief) geben". Vgl. den Drahtbericht Nr. 15 vom 12. März 1965; VS-Bd. 3136 (II A 5); B 150, Aktenkopien 1965.

[9] Zum Besuch des tschechoslowakischen Ministerpräsidenten vom 2. bis 7. März 1965 in Indien vgl. EUROPA-ARCHIV 1965, Z 65.

[10] Zum Besuch des tschechoslowakischen Ministerpräsidenten vom 7. bis 10. März 1965 in der VAR vgl. EUROPA-ARCHIV 1965, Z 68.

[11] Am 11. März 1965 berichtete Botschafter Duckwitz, Neu Delhi, die tschechoslowakische Delegation habe darauf hingewiesen, „daß Indien sich in seiner Haltung gegenüber der SBZ [...] mehr und mehr von der afro-asiatischen Welt isoliere und es daher an der Zeit sei, daß die indische Regierung aus der auch von ihr anerkannten Existenz zweier deutscher Staaten die entsprechenden völkerrechtlichen Konsequenzen ziehe". Vgl. den Drahtbericht Nr. 152; VS-Bd. 3136 (II A 5); B 150, Aktenkopien 1965.

[12] In der DDR wurde der Versuch, Berlin (West) in die Handelsabkommen mit den Ostblock-Staaten einzubeziehen, als Beleg für die „erpresserische Zielsetzung" der Ostpolitik der Bundesregierung gesehen. Dazu gehöre auch die „Methode, bei Handelsabmachungen zur Umschreibung ih-

sche Verhandlungsdelegation offensichtlich strikte Weisung, den Terminus „Währungsgebiet" keinesfalls zu akzeptieren.

In den Verhandlungen ist von tschechoslowakischer Seite immer wieder betont worden, daß die Zustimmung zu einer Berlinklausel seit unseren Vereinbarungen mit anderen osteuropäischen Ländern[13] dadurch sehr erschwert sei, daß diese Frage zuviel öffentlich behandelt worden sei.[14] Gegenüber Vertretern dritter Länder haben leitende Funktionäre darauf verwiesen, daß die ČSSR in der Berlinfrage durch den Freundschaftsvertrag zwischen der Sowjetunion und der „DDR"[15] sowie durch das Kommuniqué gebunden sei, das am 1. Dezember 1964 zum Abschluß des Besuches einer SED-Delegation in der ČSSR veröffentlicht wurde. (Der Berlin-Passus dieses Kommuniqués entspricht dem Artikel 6 des Freundschaftsvertrages zwischen der Sowjetunion und der SBZ).[16]

III. Es liegt auch in unserem Interesse, entsprechend dem tschechoslowakischen Wunsch, den Kontakt aufrechtzuerhalten, um die Verhandlungen zu einem geeigneten Zeitpunkt fortzusetzen.[17] Inzwischen sollte unser Verhalten gegenüber der ČSSR darauf gerichtet sein, das tschechoslowakische Interesse am Abschluß eines neuen Handelsvertrages und am Austausch von Handelsvertretungen wach zu halten bzw. zu stärken.

Aussicht auf eine erhöhte Verhandlungsbereitschaft der Tschechoslowakei in der Berlinfrage dürfte jedoch nur dann bestehen, wenn wir uns in der Zwischenzeit nicht gegenüber anderen Ländern (Sowjetunion)[18] bereit zeigen, Lösungen zu akzeptieren, die erheblich hinter dem zurückbleiben, was wir von der ČSSR fordern und was uns von anderen osteuropäischen Ländern zugestanden worden ist.

Unser Verhalten gegenüber der Tschechoslowakei sollte erkennen lassen, daß es uns nicht gleichgültig ist, wie weit ein osteuropäisches Land in der Gestal-

---

Fortsetzung Fußnote von Seite 597

rer annektionistischen Position den Begriff ‚Währungsgebiet' einzuschmuggeln […]. Es kann daher keinem souveränen Staat beim Abkommen mit der westdeutschen Bundesrepublik zugemutet werden, die aggressive Bonner Forderung auf Einbeziehung Westberlins in die Bundesrepublik anzuerkennen, wie im Bericht des Politbüros des ZK der SED auf der 5. Tagung festgestellt wurde." Vgl. den Artikel von Günther Bühring und Gerhard Liebig: „Neue Methoden – alte Ziele. Das Doppelgesicht westdeutscher ‚Ostpolitik'"; EINHEIT. Zeitschrift für Theorie und Praxis des Wissenschaftlichen Sozialismus 1964, Heft 3, S. 82.

[13] Vgl. dazu Dok. 143, Anm. 22.
[14] Dazu handschriftliche Bemerkung des Staatssekretärs Carstens: „Seit langem nicht mehr."
[15] Für den Wortlaut des Vertrags vom 12. Juni 1964 zwischen der UdSSR und der DDR über Freundschaft, gegenseitigen Beistand und Zusammenarbeit vgl. DzD IV/10, S. 717–723.
[16] Im Kommuniqué vom 1. Dezember 1964 über den Besuch einer Delegation der Volkskammer der DDR vom 23. November bis 1. Dezember 1964 in der Tschechoslowakei wurde „auch der übereinstimmende Standpunkt in bezug auf die endgültige Beseitigung der Überreste des zweiten Weltkrieges, die Anerkennung der Existenz beider deutscher Staaten, der bestehenden Grenzen und die Umwandlung des besonderen Territoriums Westberlin aus einem Stützpunkt der NATO und einem Störzentrum gegen den Frieden in eine entmilitarisierte Freie Stadt festgestellt". Für den Wortlaut vgl. AUSSENPOLITIK DER DDR XII, S. 901 f.
[17] Vgl. dazu weiter Dok. 475.
[18] Zur Wiederaufnahme der Verhandlungen mit der UdSSR über ein Warenabkommen vgl. Dok. 18. Zu den Überlegungen hinsichtlich einer Einbeziehung von Berlin (West) vgl. Dok. 164.

tung seiner Beziehungen zu uns sich von seinen eigenen nationalen Interessen leiten oder wie weit es sich zum Vorspann der Zielsetzungen Moskaus und Pankows machen läßt. In diesem Sinne sollte unsere Politik differenzieren zwischen der Tschechoslowakei und denjenigen osteuropäischen Staaten, die trotz des Drucks der Sowjetunion und der Zone mit uns Vereinbarungen geschlossen haben, die den beiderseitigen Anliegen Rechnung tragen. Diese Differenzierung sollte sich vor allem im wirtschaftlichen Bereich auswirken, da Prag an der Entwicklung der Wirtschaftsbeziehungen am stärksten interessiert ist.[19]

Wir sollten daher in unseren Beziehungen zur Tschechoslowakei den Status quo erhalten, jedoch alle darüber hinausgehenden Schritte, zu denen wir gegenüber anderen osteuropäischen Staaten bereit sind[20], bis auf weiteres nicht auf die ČSSR anwenden.

In diesem Sinne ist bereits im Zusammenhang mit der Neuregelung unserer Kreditpolitik gegenüber den osteuropäischen Staaten[21] beschlossen worden, Anträgen auf Bürgschaften zur Absicherung von Exportkrediten für die ČSSR vor Abschluß eines neuen Handelsvertrages nicht stattzugeben.[22]

Weiter wird vorgeschlagen:

1) Wir entsprechen dem tschechoslowakischen Wunsch, durch Fortführung der Ausschreibungen auf der Basis der Kontingentslisten von 1961 das Weiterlaufen des Handels zwischen beiden Staaten zu sichern. In keinem Fall sollten jedoch die für 1965 ausgehandelten Kontingentserhöhungen angewendet werden.

2) Wir akzeptieren bis auf weiteres, daß das Büro der tschechoslowakischen Außenhandelsgesellschaften in Frankfurt seine Tätigkeit einseitig im bisherigen Umfang fortführt.

3) Die in Vorbereitung befindliche Teilliberalisierung zur Erleichterung der Einfuhren aus osteuropäischen Ländern[23] wird nicht auf Einfuhren aus der

---

[19] Dieser Satz wurde von Staatssekretär Lahr hervorgehoben. Dazu handschriftliche Bemerkung: „r[ichtig]."

[20] Zu den Vorschlägen des Auswärtigen Amts zur künftigen Gestaltung der Beziehungen zu den osteuropäischen Staaten vgl. bereits Dok. 52 und Dok. 140.

[21] Vgl. dazu Dok. 123.

[22] Am 20. Januar 1965 hielt Vortragender Legationsrat I. Klasse Klarenaar zur beabsichtigten Neuregelung für Kreditgeschäfte mit Ostblock-Staaten mit Blick auf die Tschechoslowakei fest: „Zunächst keine Kreditabsicherung mit Rücksicht auf die unnachgiebige Haltung der tschechoslowakischen Regierung in der Frage der Einbeziehung von Berlin." Vgl. Referat III A 6, Bd. 232a.
Am 18. März 1965 teilte Ministerialdirigent Graf von Hardenberg den Vertretungen in den Ostblock-Staaten in Ergänzung zu den Bestimmungen über die Neuregelung für die Kreditabsicherung mit, „daß die neue Kreditregelung angesichts der erneuten Unterbrechung der deutsch-tschechoslowakischen Wirtschaftsverhandlungen auf Geschäfte mit der Tschechoslowakei keine Anwendung findet". Vgl. den Drahterlaß Nr. 1286; Referat III A 6, Bd. 232a.

[23] Gegen die Bemühungen des Auswärtigen Amts um eine Teilliberalisierung des Osthandels nahm Bundesminister Schmücker mit Schreiben vom 25. März 1965 an Bundesminister Schröder Stellung: „Der Ausdehnung des Exports in Osthandelsländer sind weniger durch die unterschiedliche Handhabung der Berner Union Grenzen gesetzt, als vielmehr durch die beschränkten Liefer- und Absatzmöglichkeiten der Oststaaten in Deutschland [...]. Die Wirtschaft, die an Exporten interessiert ist, soll sich darum bemühen, daß sie auch die Gegengeschäfte zustande bringt". Vgl. Referat III A 6, Bd. 231.

Tschechoslowakei erstreckt. (Da der ČSSR an der Liberalisierung noch mehr gelegen sein dürfte als an Krediten, wäre es auch im Interesse der deutsch-tschechoslowakischen Verhandlungen wichtig, daß wir bei den für Mai/Juni vorgesehenen deutsch-ungarischen Wirtschaftsgesprächen[24] bereits in der Lage sind, Ungarn substantielle Zugeständnisse in dieser Frage zu machen).

4) Ebenso wie für die wirtschaftlichen Beziehungen sollte für den kulturellen Bereich gelten, daß der Austausch im bereits bestehenden Maße erhalten bleiben, neue Initiativen dagegen gegenwärtig nicht eingeleitet bzw. nicht gefördert werden sollten.

Insbesondere sollte der Vorsitzende des kulturpolitischen Ausschusses des Bundestages, Herr Abgeordneter Dr. Martin, gebeten werden, seine für Mai/Juni geplante Reise in die Tschechoslowakei bis auf weiteres zurückzustellen.

Hiermit über den Herrn Staatssekretär[25] dem Herrn Minister vorgelegt.

Abteilung III hat mitgezeichnet.

Krapf

VS-Bd. 3136 (II A 5)

145

Botschafter Blankenhorn, Rom, an das Auswärtige Amt

Z B 6-1-2979/65 geheim Aufgabe: 23. März 1965, 18.30 Uhr
Fernschreiben Nr. 174 Ankunft: 23. März 1965, 20.25 Uhr
Citissime

Vor meiner heutigen Abschiedsaudienz bei Saragat[1] empfing mich sein engster politischer Berater, Gesandter Malfatti, und eröffnete mir folgendes:

Präsident Saragat trage sich mit dem Gedanken, in der zweiten Hälfte Mai oder in der ersten Hälfte Juni nach Deutschland zu reisen und auf dieser Reise in öffentlichen Kundgebungen der verschiedensten Art in Ansprachen, die er in deutscher Sprache halten möchte, für die Vertiefung der deutsch-italienischen Beziehungen, zugleich aber auch und vor allem für den Gedanken

---

Fortsetzung Fußnote von Seite 599

Eine Einigung zwischen den Ressorts wurde erst im Dezember 1965 erzielt. Vgl. dazu die Aufzeichnung des Ministerialdirektors Harkort vom 17. Dezember 1965; Referat III A 6, Bd. 231.

[24] Zu den geplanten Wirtschaftsgesprächen mit Ungarn vgl. auch Dok. 170.

[25] Hat Staatssekretär Lahr am 30. März 1965 vorgelegen, der handschriftlich vermerkte: „Ich kann den Vorschlägen voll zustimmen."
Hat Staatssekretär Carstens am 3. April 1965 vorgelegen, der handschriftlich vermerkte: „Ebenso."

[1] Herbert Blankenhorn wurde Botschafter in London.

des europäischen Zusammenschlusses einzutreten.[2] Dieser Besuch, der entsprechend der Stellung des Präsidenten den Charakter eines Staatsbesuches tragen müßte, sollte nicht so sehr mit protokollarischen Veranstaltungen wie großen Empfängen, Theaterbesuchen, Banketts usw. angefüllt sein, sondern vorwiegend sich auf Kundgebungen vor der deutschen Jugend und vor politisch interessierten Bevölkerungskreisen konzentrieren. Herrn Saragat würde es daran liegen, daß in einem etwa dreitägigen Aufenthalt er dem Herrn Bundespräsidenten und der Bundesregierung in Bonn seine Aufwartung mache, daß er, um die italienische Solidarität mit der früheren Reichshauptstadt zu bekräftigen, dann Berlin einen Besuch mache und daß er nach Wahl der Bundesregierung vielleicht noch an einem dritten Ort, etwa in Frankfurt oder Köln, auf einer großen Kundgebung spreche.[3] Saragat wäre dankbar, wenn ich diese Gedanken der Bundesregierung vortragen wollte, um zunächst einmal festzustellen, ob dem Herrn Bundespräsidenten ein solcher Staatsbesuch in der angegebenen Zeit recht sei.

Während der Abschiedsaudienz, die sich an diese Mitteilungen Malfattis anschloß und an der neben dem Präsidenten auch der Gesandte Malfatti teilnahm, erwähnte Saragat nichts von diesem Gedanken. Wie Malfatti mir nach der Audienz sagte, um erst einmal die deutsche Stellungnahme zu einem derartigen Projekt abzuwarten.[4]

In dem in einer sehr freundlichen Atmosphäre gehaltenen Gedankenaustausch berührte der Präsident kurz das Verhältnis der europäischen Länder zu den Vereinigten Staaten, das gegenwärtige Ost-West-Verhältnis, das deutsch-englische Verhältnis, den europäischen politischen Zusammenschluß sowie die deutsch-italienischen Beziehungen.

Hinsichtlich des Verhältnisses der europäischen Staaten zu Amerika betonte er erneut mit großem Nachdruck, daß man die Zusammenarbeit mit den Vereinigten Staaten unter allen Umständen verstärken müsse. Alle europäischen Völker – und das gelte in erster Linie für das italienische Volk – seien auf den Schutz der Vereinigten Staaten angewiesen. Sicher begehe die amerikanische Regierung gelegentlich Fehler. In ihrer großen Grundlinie sei aber die amerikanische Politik von gesunden Grundsätzen getragen und habe sich in ihrer Bereitschaft, für europäische Interessen einzutreten, bewährt. Anfang des Monats April werde Ministerpräsident Moro nach Washington reisen[5], um

---

[2] Zur italienischen Haltung hinsichtlich einer europäischen politischen Einigung vgl. auch Dok. 80.

[3] Staatspräsident Saragat besuchte vom 6. bis 10. Juli 1965 Bonn, Berlin (West), Düsseldorf, Hamburg und Lübeck. Für das Gespräch mit Bundeskanzler Erhard am 7. Juli 1965 vgl. Dok. 269.

[4] Am 29. März 1965 nahm Ministerialdirektor Meyer-Lindenberg zu den Besuchsplänen des Staatspräsidenten Saragat Stellung. Obwohl zu bedenken gab, daß dies bereits der zweite Staatsbesuch eines italienischen Präsidenten seit Kriegsende sei, sprach er sich für eine positive Reaktion aus. Der Besuch könne dazu beitragen, „die bereits engen deutsch-italienischen Beziehungen zu unterstreichen. Der Besuch Saragats würde zudem dem Europagedanken förderlich sein und unterstreichen, daß auch Italien bereit ist, im Sinne des europäischen Zusammenschlusses zu wirken." Bundesminister Schröder vermerkte dazu handschriftlich am 1. April 1965: „Einverstanden." Vgl. VS-Bd. 2505 (I A 4); B 150, Aktenkopien 1965.

[5] Der italienische Ministerpräsident hielt sich vom 19. bis 22. April 1965 zu einem Besuch in Washington auf. Vgl. dazu den Drahtbericht Nr. 1119 des Gesandten von Lilienfeld, Washington,

das Italien mit den Vereinigten Staaten verknüpfende Band weiter zu stärken.

Was das Ost-West-Verhältnis angehe, so glaube er persönlich, daß auf sowjetischer Seite für den Augenblick nicht mit der Bereitschaft zu rechnen sei, wirkliche, konstruktive Lösungen anzubahnen. Die sowjetische Haltung in den außenpolitischen Fragen sei nahezu unverändert. Man müsse hier mit Geduld die weitere innere Entwicklung Rußlands abwarten, die vielleicht früher als man heute denke, auch auf außenpolitischem Gebiet Veränderungen mit sich bringe.

Für die europäischen Dinge sei nach seiner Auffassung die Entwicklung des deutsch-englischen Verhältnisses von entscheidender Bedeutung. Der Bundesregierung sei bekannt, daß er immer wieder seinen Einfluß dahin einsetze, daß die Labour-Regierung ihr Verhältnis zur Bundesrepublik verbessere, alte Ressentiments in den Reihen ihrer Anhänger abbaue und zu einer echten, loyalen Zusammenarbeit komme. Er glaube in den letzten Äusserungen Wilsons gewisse Ansätze für ein besseres Verständnis der deutschen Probleme zu sehen. Es sei ihm als besonders positiv aufgefallen, daß Wilson die Lösung der Frage der deutschen Ostgrenze nur im Zusammenhang mit einer allgemeinen Friedensregelung erwarte.[6] Die italienische Regierung werde ihrerseits alles tun, um den Gedankenaustausch mit der britischen Regierung auf bilateraler Ebene, wie innerhalb der WEU, in Zukunft noch weiter zu stärken.

Die für den Monat Mai in Aussicht genommene Europakonferenz in Venedig[7] werde sicherlich nicht zu spektakulären Ergebnissen führen. Man werde sich wahrscheinlich zunächst mit recht bescheidenen Fortschritten zufrieden geben müssen. Worauf es aber ankomme sei, das Problem überhaupt einmal wieder im Kreise der Sechs anzupacken.

Ganz besonders befriedigt äußerte sich Herr Saragat anschließend über die Entwicklung der deutsch-italienischen Beziehungen. Hier sei es im Laufe des letzten Jahres gelungen, manche Mißverständnisse, manche überflüssigen Ressentiments aus dem Wege zu räumen. Er glaube auch mit Sicherheit annehmen zu können, daß die italienische Wirtschaft schon in kurzer Zeit dank gewisser staatlicher Stützungsaktionen, vor allem aber auch dank der Wiederaufnahme größerer privater Investitionen, einen starken Auftrieb nehme und daß sich im Zusammenhang hiermit auch die deutsch-italienischen wirtschaftlichen Beziehungen weiter verbessern.

Fortsetzung Fußnote von Seite 601

vom 23. April 1965 sowie den Drahtbericht Nr. 261 des Botschafters Herwarth von Bittenfeld, Rom, vom 27. April 1965; VS-Bd. 2386 (D I/Dg I A); B 150, Aktenkopien 1965.

[6] Der britische Premierminister antwortete am 23. März 1965 im Unterhaus auf eine Frage des Abgeordneten Zilliacus: „The policy of Her Majesty's Government is that the final determination of the frontier between Germany and Poland cannot be formalised until there is a peace settlement. As regards the frontier between Germany and Czechoslovakia, Her Majesty's Government take the view that no consideration should be given to any changes effected in 1938." Vgl. HANSARD, Bd. 709, Sp. 319. Vgl. auch DzD IV/11, S. 321.

[7] Zur für den 10. Mai 1965 geplanten Außenministerkonferenz vgl. Dok. 137; weiter Dok. 156.

Saragat schloß die Unterredung mit anerkennenden Worten für meine Tätigkeit in Italien.

Ich wäre für Drahtweisung dankbar, ob die Bundesregierung dem von Saragat geäußerten Gedanken eines Staatsbesuches in der angegebenen Zeit zustimmt. Für den Fall der Zustimmung wäre es wohl erforderlich, daß eine Einladung ausgesprochen würde.

[gez.] Blankenhorn

VS-Bd. 2505 (I A 4)

146

Staatssekretär Carstens an Botschafter Knappstein, Washington

St.S. 857/65 geheim Aufgabe: 23. März 1965, 20.10 Uhr
Fernschreiben Nr. 306

Für Botschafter

Im Anschluß an Fernschreiben 244 geheim vom 11.3.[1]

In den Verhandlungen des Abgeordneten Birrenbach in Israel hat sich ergeben, daß die Israelis auf 20 von uns gelieferte Panzer, die zur Zeit zur Umrüstung in Italien stehen, verzichten und diese Panzer an uns zurückgehen lassen wollen.

Falls dieser Vorschlag realisiert wird, würden die Israelis von uns statt insgesamt 150 tatsächlich nur 40 Panzer erhalten haben. Die fehlenden 110 Panzer möchten sie von den USA beziehen, und zwar möchten sie den Typ M 48 A II C haben.[2]

Bitte suchen Sie Ball auf und fragen Sie ihn, ob diese Lösung für die Amerikaner akzeptabel wäre.[3]

Bejahendenfalls sollte für die Abwicklung dieses Geschäfts das gelten, was ich in Ziffer 3 des Bezugserlasses ausgeführt habe (direkte Vereinbarung zwischen USA und Israel, ohne daß wir in dieses Geschäft in irgendeiner Weise eingeschaltet werden. Die Israelis zahlen den Kaufpreis an die Amerikaner).[4]

---

[1] Für den Drahterlaß des Staatssekretärs Carstens vgl. VS-Bd. 423 (Büro Staatssekretär).
[2] Vgl. dazu Dok. 136, besonders Anm. 5.
[3] Zur amerikanischen Haltung vgl. Dok. 125, besonders Anm. 15.
[4] Am 25. März 1965 berichtete Gesandter Freiherr von Stackelberg, Washington, nach einem Gespräch mit dem Abteilungsleiter im amerikanischen Außenministerium, Talbot, die USA seien bereit, die 110 Panzer zu liefern, jedoch nicht „den von den Israelis gewünschten Typ M 48 A II C […], sondern den auch in den deutschen Verträgen vorgesehenen Typ M 48 A I". Zur Abwicklung des Geschäfts erklärte Talbot: „Es sei auch klar, daß die Vereinbarung direkt zwischen USA und

Wie wir uns mit den Israelis finanziell einigen werden, kann ich noch nicht abschließend sagen. Zur Zeit hat es den Anschein, als wenn wir um eine Barzahlung zur Ablösung der gesamten nicht mehr gelieferten Waffen nicht herumkommen werden.[5] Diese letztere Mitteilung ist nur zu Ihrer vertraulichen Unterrichtung bestimmt.

Carstens[6]

VS-Bd. 423 (Büro Staatssekretär)

Fortsetzung Fußnote von Seite 603
Israel ohne deutsche Beteiligung getroffen würde." Für den Drahtbericht Nr. 874 vgl. VS-Bd. 422 (Büro Staatssekretär); B 150, Aktenkopien 1965.
Am 5. April 1965 teilte der amerikanische Botschafter McGhee mit, daß die USA doch zur Lieferung der gewünschten Panzer bereit seien unter der Voraussetzung, daß sich die Bundesrepublik und Israel „über die übrigen Punkte einig würden". Vgl. den Drahterlaß Nr. 370 des Staatssekretärs Carstens vom 6. April 1965 an die Botschaft in Washington; VS-Bd. 422 (Büro Staatssekretär); B 150, Aktenkopien 1965.
Vgl. dazu weiter Dok. 181.
[5] Zur Ablösung der Waffenlieferungen vgl. weiter Dok. 148.
[6] Paraphe vom 23. März 1965.

147

Botschafter Löns, Wien, an das Auswärtige Amt

II 1- SL 94.19-664/65 VS-vertraulich   24. März 1965

Betr.: Errichtung einer Vertretung der österreichischen Bundeskammer der gewerblichen Wirtschaft in Ost-Berlin[1]

Bezug: Drahterlaß Nr. 81 vom 5. März 1965[2]

Ich bin bei Außenminister Kreisky vorstellig geworden. Als ich gleich zu Beginn unserer Unterredung die Absicht der österreichischen Regierung erwähnte, eine Außenstelle der Bundeskammer der gewerblichen Wirtschaft in Ost-Berlin errichten zu lassen, unterbrach mich Kreisky mit den Worten: „Keine Absicht der Regierung, sondern der Bundeswirtschaftskammer." Dies veranlaßte mich, von meinen Informationen Gebrauch zu machen. Ich habe ihm z. B. gesagt, daß der Präsident der Bundeskammer der gewerblichen Wirtschaft, Sallinger, mir noch vor wenigen Tagen versichert habe, die Bundeswirtschaftskammer habe nicht die Absicht, in Ost-Berlin eine Außenstelle zu errichten. Dasselbe hätte ich von der Vereinigung Österreichischer Industrieller erfahren.[3] Kreisky erwiderte, wer denn sonst diese Absicht haben könne, doch sicherlich nicht die verstaatlichte Industrie, die ihre Interessen im allgemeinen nicht durch die Bundeswirtschaftskammer vertreten lasse. Herren der Bundeswirtschaftskammer, so führte Kreisky weiter aus, hätten vielmehr dieserhalb im Außenministerium vorgesprochen. Herr Sallinger müsse doch wis-

---

[1] Am 9. Februar 1965 teilte der österreichische Botschafter Schöner Ministerialdirektor Meyer-Lindenberg mit: „Einflußreiche österreichische Wirtschaftskreise verlangten seit längerer Zeit die Errichtung einer Vertretung der österreichischen Bundeskammer für gewerbliche Wirtschaft in Ostberlin. Die österreichische Regierung sehe sich genötigt, diesem Verlangen stattzugeben, das wegen der Ausweitung des Wirtschaftsverkehrs zwischen Österreich und der SBZ gerechtfertigt erscheine. […] Österreich halte selbstverständlich an seiner Politik, die SBZ nicht anzuerkennen, unverändert fest." Vgl. die Aufzeichnung von Meyer-Lindenberg vom 11. Februar 1965; VS-Bd. 2457 (I A 5); B 150, Aktenkopien 1965.
Ministerialdirektor Thierfelder erläuterte Schöner am 24. Februar 1965, die Bundesregierung betrachte diese Frage „als ein sehr ernstes Problem […]. Wir stellten mit Genugtuung fest, daß die mit uns befreundeten Regierungen unserer Politik der Sowjetzone gegenüber in den wesentlichen Zügen folgten und müßten eine etwaige Verwirklichung der österreichischen Absicht doch als einen gewissen Einbruch in diese gemeinsame Front betrachten." Vgl. die Aufzeichnung von Thierfelder vom 24. Februar 1965; VS-Bd. 2457 (I A 5); B 150, Aktenkopien 1965.

[2] Ministerialdirektor Krapf setzte die Botschaft in Wien am 5. März 1965 davon in Kenntnis, daß dem österreichischen Botschafter Schöner die Bedenken der Bundesregierung gegen die Errichtung einer Vertretung der österreichischen Bundeskammer in Ost-Berlin erläutert worden seien. Sie gründeten sich weniger auf die Befürchtung, „daß sich die österreichische Regierung auf den Weg einer allmählichen Anerkennung der SBZ begebe", als vielmehr „auf die Interpretation, die der Errichtung einer solchen Kammervertretung in der übrigen Welt gegeben werde". Krapf wies die Botschaft daher an, die österreichische Regierung um Einwirkung auf die Bundeskammer zu bitten. Vgl. VS-Bd. 3568 (II 1); B 150, Aktenkopien 1965.

[3] Am 26. Februar 1965 berichtete die Botschaft in Wien über Äußerungen des Generalsekretärs der Vereinigung Österreichischer Industrieller, Fetzer, wonach „die Vereinigung wegen der Errichtung einer Kammervertretung in Ost-Berlin nicht aktiv geworden ist. Weder sie noch einzelne ihrer Mitglieder haben einen solchen Antrag gestellt." Vgl. den Drahtbericht Nr. 69; VS-Bd. 3568 (II 1); B 150, Aktenkopien 1965.

sen, was in seinem Hause geschehe. In diesem Zusammenhang nannte der Minister den Namen des zuständigen Referenten der Bundeswirtschaftskammer, Raikich. Ich erwiderte dem Minister, daß gerade Herr Raikich noch im Dezember dem Wirtschaftsreferenten der Botschaft[4] mitgeteilt habe, daß er nach den letzten Verhandlungen der Kammer mit den betreffenden Stellen der Zone alle derartigen Forderungen abgelehnt habe. Dies hätte ich auch berichtet. Auch könne nach meinen Informationen von einer Ausweitung des Handels zwischen Österreich und der Zone keine Rede sein. Im laufenden Jahr sei z.B. eine Erweiterung des Plafonds um nur 8% vereinbart worden, während die durchschnittliche Zuwachsrate des gesamten österreichischen Außenhandels schon im vergangenen Jahr 11% betragen habe.

Außenminister Kreisky sagte mir daraufhin, daß er Herrn Sallinger ersuchen werde, daß die Kammer von derartigen Plänen Abstand nehme. Er gab hierbei zu erkennen, daß er von Anfang an nichts von diesem Unternehmen gehalten habe.

Ich habe dem Minister die Befriedigung der Bundesregierung zum Ausdruck gebracht, daß man uns in solch verständnisvoller und freundschaftlicher Weise Gelegenheit gegeben habe, unsere Ansichten zu diesen Plänen rechtzeitig zu äußern.

Beim Hinausgehen sagte mir der Minister, er werde die Sache schon in Ordnung bringen. Ich habe ihn gebeten, uns gelegentlich über den endgültigen Beschluß der österreichischen Regierung zu unterrichten.

Durch dieses Gespräch mit Außenminister Kreisky ist die Angelegenheit kaum verständlicher geworden. Das unverzügliche Einlenken des Außenministers läßt sich im übrigen schwer mit dem von Botschafter Schöner behaupteten Beschluß des Ministerrats in Einklang bringen. Auch hier scheint ein Mißverständnis vorzuliegen.[5]

Löns

VS-Bd. 3568 (II 1)

---

[4] Bernd von Arnim.
[5] Vortragender Legationsrat I. Klasse Oncken legte den Bericht am 26. März 1965 Ministerialdirigent Ruete vor „mit der Bitte um Entscheidung, ob Botschafter Schöner in der Angelegenheit ‚Vertretung der österreichischen Bundeskammer der gewerblichen Wirtschaft in Ostberlin' nochmals ins Auswärtige Amt gebeten werden soll. Referat II 1 schlägt vor, bei anderem Anlaß – gegebenenfalls bei einer gesellschaftlichen Veranstaltung – Herrn Schöner auf den Vorgang nochmals anzusprechen. Eine besondere Einbestellung würde nach den berichteten Äußerungen von Außenminister Kreisky den Eindruck zu starken Insistierens erwecken. Im übrigen steht ein abschließender Bericht der Botschaft Wien noch aus. (Vgl. vorletzter Absatz Seite 2)."
Dazu vermerkte Ruete am 29. März 1965 handschriftlich: „Einverstanden; im Hinblick auf das besondere Gewicht, das Schöner seinerzeit seiner Demarche beilegte, sollte die Angelegenheit ihm gegenüber jedoch nicht allzu ‚beiläufig' behandelt werden. B[itte] dabei m[it] Abt[eilung] I Fühlung aufzunehmen; wenn Schöner dort in der nächsten Zeit vorspricht, sollte auch diese Angelegenheit behandelt werden."

148

Aufzeichnung des Staatssekretärs Carstens

St.S. 874/65 geheim   25. März 1965[1]

Betr.: Deutsch-israelische Verhandlungen

1) Herr Birrenbach ist der Auffassung, daß, bevor er wieder nach Israel fliegt[2], möglichst alle noch kontroversen Fragen geklärt werden sollten.

Für ein solches Verfahren spricht:
a) Wir vermeiden dadurch, daß wir unter einen zeitlichen oder sonstigen Druck geraten.
b) Die zehntägige Abwesenheit Eshkols[3] läßt es besonders unzweckmäßig erscheinen, jetzt in Tel Aviv zu verhandeln.

Mir scheint daher, daß wir dem Birrenbachschen Vorschlag folgen und die noch kontroversen Fragen in Gesprächen mit der hiesigen Israel-Mission zu klären suchen sollten.

2) Zu den noch zu klärenden Fragen gehören:

a) Die Höhe und Art und Weise der Ablösung der restlichen Waffenlieferungen.[4]

Hier stehen wir noch vor der schwierigen Situation, daß die israelische Regierung in der Knesseth erklärt hat, sie werde kein Geld annehmen.[5] Andererseits will die israelische Regierung, daß wir die von ihr gewünschten Ersatzlieferungen bezahlen, was wiederum wir nicht wollen.[6]

Man sollte daher nach meiner Auffassung den Gedanken erörtern, ob wir den Israelis nicht Zug um Zug mit der Unterzeichnung des Schlußkommuniqués[7] die in Frage kommende Abschlagszahlung in bar oder durch Scheck aushändigen sollten.

Dann könnte im Schlußkommuniqué gesagt werden, die restlichen Waffenlieferungen seien abgelöst worden.

---

[1] Durchdruck.
   Hat Bundesminister Schröder vorgelegen.

[2] Der Sonderbeauftragte Birrenbach hielt sich erneut vom 6. bis 14. April 1965 in Israel auf. Zu den Verhandlungen vgl. weiter Dok. 167.

[3] Der israelische Ministerpräsident hielt sich vom 24. bis 31. März 1965 in London auf. Vgl. dazu den Drahtbericht Nr. 370 des Gesandten Freiherr von Ungern-Sternberg, London, vom 31. März 1965; VS-Bd. 8449 (Ministerbüro); B 150, Aktenkopien 1965. Für einen Auszug vgl. Dok. 173, Anm. 11.
   Am Abend des 31. März 1965 traf Eshkol zu einem kurzen Privatbesuch in Paris ein. Vgl. dazu den Artikel „M. Levi Eshkol dément que Londres et Washington exercent des pressions sur Israel pour éviter un recours à la force"; LE MONDE, Nr. 6288 vom 2. April 1965, S. 5.

[4] Zum Problem der Ablösung der Waffenlieferungen vgl. bereits Dok. 136.

[5] Zu den Erklärungen des Ministerpräsidenten Eshkol vom 15. Februar und 16. März 1965 vgl. Dok. 132, Anm. 18.

[6] Vgl. dazu Dok. 136, Anm. 13.

[7] Zu den Entwürfen für ein Schlußkommuniqué vgl. Dok. 136 und Dok. 142.

Herr Birrenbach will diesen Gedanken mit Herrn Arbel von der hiesigen Israel-Mission à titre personnel erörtern.[8] Er ist jedoch, wie ich glaube, mit Recht der Meinung, daß ein solches Gespräch erst geführt werden sollte, sobald die Amerikaner ihre Zustimmung zu der ins Auge gefaßten Lieferung von 110 Panzern an Israel gegeben haben.[9]

Was die Höhe der Ablösungszahlung anlangt, so sollten wir bis zu 120 Mio. DM[10] gehen. Auch die Klärung dieser Frage sollte aber durch Gespräche mit der hiesigen Israel-Mission erreicht werden.

b) Künftige Hilfe an Israel

Herr Birrenbach legte dar, daß die israelische Seite (Eshkol) den Wunsch geäußert habe, für einen Zeitraum von vier bis fünf Jahren jährlich 200 Mio. DM à fonds perdu zu erhalten. Herr Birrenbach hat erklärt, daß dies völlig unmöglich sei.[11]

In seinem gestrigen Gespräch mit mir hat er gemeint, daß man eine Zahlung von jährlich 120 Mio. DM für die Dauer von vier Jahren in Form von langfristigen (40jährigen?) Krediten ins Auge fassen könnte.

Die Entscheidung über diese Frage braucht nicht jetzt getroffen zu werden. Immerhin müssen wir aber eine gewisse Vorstellung über das haben, was wir tun wollen.

In die mit den Israelis jetzt zu treffende Vereinbarung brauchte dann etwa nur folgender Satz aufgenommen zu werden:

Die Bundesregierung ist bereit, in Kürze, etwa in 2 bis 3 Monaten, mit der israelischen Regierung in Gespräche über die künftige Gestaltung der wirtschaftlichen Beziehungen einzutreten. Diese werden sich nach den Grundsätzen richten, die die deutsche Regierung allgemein anwendet.

Nach Auffassung von Herrn Birrenbach wird es nicht leicht sein, die Israelis dazu zu bewegen, diese Formel zu akzeptieren.[12]

Für die künftige Behandlung der Wirtschaftshilfe habe ich folgende Vorstellung:

aa) keine geheimen Abreden;

---

[8] Zu den Gesprächen des Sonderbeauftragten mit Oberst Arbel von der Israel-Mission am 27. und 29. März 1965 vgl. die Aufzeichnungen des Ministerialdirektors Meyer-Lindenberg vom 29. März 1965; VS-Bd. 8449 (Ministerbüro); B 150, Aktenkopien 1965.
Vgl. dazu auch BIRRENBACH, Sondermissionen, S. 112.

[9] Zur amerikanischen Bereitschaft zur Übernahme der Lieferung vgl. Dok. 146, Anm. 4.

[10] Dazu hielt Ministerialdirektor Meyer-Lindenberg am 29. März 1965 fest, er habe nach Zustimmung des Bundeskanzleramtes Oberst Arbel von der Israel-Mission mitgeteilt, „daß die Bundesregierung bereit sei, in Umwandlung der noch ausstehenden Restlieferungen aus dem Waffenabkommen einen Betrag von DM 140 Mio. zu zahlen". Vgl. VS-Bd. 8449 (Ministerbüro); B 150, Aktenkopien 1965.
Vgl. dazu auch Dok. 178, Anm. 27.

[11] Zum israelischen Wunsch nach nicht rückzahlbarer finanzieller Unterstützung vgl. auch Dok. 142.

[12] Zu den weiteren deutsch-israelischen Verhandlungen über diese Frage vgl. Dok. 172.

bb) Zusagen nur von Jahr zu Jahr wie gegenüber sämtlichen Entwicklungsländern;

cc) projektgebundene Hilfe wie gegenüber sämtlichen Entwicklungsländern (hier, um jeden Anschein militärischer Unterstützung zu vermeiden);

dd) ausgewogenes Verhältnis der Entwicklungshilfe gegenüber Israel einerseits und den arabischen Ländern andererseits.[13]

zu aa)–cc) Normalisierung unserer Beziehungen auf entwicklungspolitischem Gebiet.[14]

c) Der israelische Wunsch, sie nicht unter den Oberbegriff des Spannungsgebiets zu subsumieren.[15]

Herr Birrenbach und ich sind der Meinung, daß der einmal gefaßte Beschluß der Bundesregierung nicht geändert werden kann.

Hierzu müßte man versuchen, in die Schlußvereinbarung folgende Formel aufzunehmen:

Die in der Verlautbarung vom 7. März 1965 erneut bekräftigte Entscheidung der Bundesregierung, in Spannungsgebiete künftig keine Waffen mehr zu liefern[16], bezieht sich auch auf den Nahen Osten. Mit der Erklärung dieser Politik nimmt die Bundesregierung zu den Ursachen für die in den verschiedenen Gebieten der Erde herrschenden Spannungszustände keine Stellung.

d) Unterstützung des israelischen Antrags auf Assoziation mit der EWG.[17]

Hierzu müssen noch Formulierungen gefunden werden. Zu denken wäre an eine *mündliche* Wohlwollenserklärung.

e) Den Israelis muß klargemacht werden, daß wir auf keinen Fall ein Geheimabkommen mit ihnen schließen wollen.

3) Was die Form der mit den Israelis zu treffenden Vereinbarungen betrifft, so könnte daran gedacht werden, einen Briefwechsel zwischen dem Herrn Bundeskanzler und Eshkol sowie ein gemeinsames Kommuniqué vorzusehen.

a) Der Brief des Herrn Bundeskanzlers an Eshkol würde folgende Punkte enthalten:

aa) Eine Erklärung zur Verjährungsfrage.[18]

---

[13] Vgl. dazu auch Dok. 32; weiter Dok. 255.
[14] Der Passus „Für die künftige Behandlung ... auf entwicklungspolitischem Gebiet" ging auf einen Vorschlag des Staatssekretärs Lahr zurück. Vgl. dazu die Aufzeichnung von Lahr vom 25. März 1965; VS-Bd. 423 (Büro Staatssekretär); B 150, Aktenkopien 1965.
Vgl. dazu weiter Dok. 167, besonders Anm. 31.
[15] Vgl. dazu auch Dok. 136, besonders Anm. 9.
[16] Zur Erklärung der Bundesregierung vom 7. März 1965 vgl. Dok. 115, besonders Anm. 7 und 10.
[17] Zum israelischen Wunsch nach deutscher Unterstützung für die israelischen Interessen in der EWG vgl. weiter Dok. 172.
Einen Antrag auf Assoziierung mit der EWG hatte Israel bis dahin nicht gestellt. Vgl. dazu weiter Dok. 212.
[18] Zur Behandlung der Verjährung von Gewaltverbrechen aus der Zeit des Nationalsozialismus in den Gesprächen mit Israel vgl. Dok. 133.

bb) Eine Erklärung zu der Tätigkeit deutscher Experten in der VAR.[19]

cc) Ausdruck der Befriedigung, daß es zu einer Übereinstimmung in allen Fragen gekommen ist.

b) Der Brief Eshkols würde den Inhalt des Briefes des Herrn Bundeskanzlers bestätigen.[20]

c) Das gemeinsame Kommuniqué würde folgende Punkte enthalten:

aa) Aufnahme diplomatischer Beziehungen.

bb) Übereinkunft, daß die Ausführung der früheren Vereinbarung über die Lieferung von Waffen eingestellt wird.

cc) Mitteilung, daß die deutsche Regierung der israelischen Regierung einen Ablösungsbetrag gezahlt hat.

dd) Erklärung der Bereitschaft zu Gesprächen über die Gestaltung der künftigen wirtschaftlichen Beziehungen.

ee) Erklärung zum Komplex Spannungsgebiete gemäß obiger Ziffer 2 c).

Ein Entwurf liegt bei.[21]

d) Gleichzeitig mit der Unterzeichnung des Kommuniqués würde Herr Birrenbach den vereinbarten Geldbetrag zur Ablösung der Waffenlieferungen aushändigen.

e) Ebenfalls gleichzeitig würden die Israelis erklären, daß 20 in Italien befindliche Panzer an uns zurückgegeben werden.[22]

f) Das Kommuniqué würde mit Sperrfrist gleichzeitig in Bonn und Tel Aviv veröffentlicht werden.[23]

4) Herr Birrenbach sollte gelegentlich seiner Abschlußgespräche in Israel mit den Israelis mündlich vereinbaren, daß jede der beiden Regierungen, bevor sie das Agrément für den ersten Botschafter beantragt, bei der anderen Regierung vorsondiert[24] (wir müssen verhindern, daß die Israelis uns einen militärischen Experten als Botschafter[25] schicken).

---

[19] Vgl. dazu Dok. 142.
[20] Zu den weiteren Verhandlungen über diese Schreiben vgl. Dok. 172.
[21] Dem Vorgang beigefügt. Vgl. VS-Bd. 8449 (Ministerbüro).
[22] Vgl. dazu Dok. 136, besonders Anm. 5.
[23] Zu den Verhandlungen über das Kommuniqué vgl. weiter Dok. 178.
[24] Am 6. April 1965 erinnerte Staatssekretär Carstens den Sonderbeauftragten Birrenbach, z. Z. Tel Aviv, daran, „daß wir die Israelis bitten möchten, bei uns vorzusondieren, bevor sie das förmliche Agrément für den ersten Botschafter Israels in Bonn einholen. Wir unsererseits werden ebenso verfahren." Vgl. VS-Bd. 2566 (I B 4); B 150, Aktenkopien 1965.
Vgl. weiter Dok. 185.
[25] Erster israelischer Botschafter in der Bundesrepublik wurde Asher Ben Natan, der von 1960 bis 1965 Generalsekretär im israelischen Verteidigungsministerium war.

5) Der Komplex der Wiedergutmachung (Schreiben des Bundesministers der Finanzen vom 19.3.1965[26]) sollte in die Verhandlungen nicht einbezogen werden.[27]

Hiermit dem Herrn Bundeskanzler m.d.B. um Zustimmung[28] vorgelegt.[29]

gez. Carstens

VS-Bd. 8449 (Ministerbüro)

149

Staatssekretär Lahr an den Abgeordneten Barzel

St.S. 885/65 geheim 25. März 1965[1]

Betr.: Ausrüstungshilfe

Sehr geehrter Herr Dr. Barzel!

Auf Ihre Bemerkung über die Ausrüstungshilfe möchte ich, wie ich es Ihnen versprochen habe, mit einigen Zeilen zurückkommen.

Wir sind uns im Kreis der Bundesressorts immer einig gewesen, daß es nicht die Aufgabe der Bundesrepublik Deutschland ist, in der Welt als Waffenlieferant größeren Stils aufzutreten. Wir haben uns daher sowohl bei Waffenlieferungen, die reinen Export darstellen, als insbesondere bei der sogenannten Ausrüstungshilfe, mit der Sach- und Dienstleistungen militärischen Charakters unentgeltlich zur Verfügung gestellt werden, Zurückhaltung auferlegt. Die Haushaltsansätze für die Ausrüstungshilfe sind immer bescheiden gewe-

[26] Mit Schreiben vom 19. März 1965 wies Bundesminister Dahlgrün Bundeskanzler Erhard darauf hin, daß in den Verhandlungen von israelischer Seite möglicherweise Forderungen „auf Zahlung eines Abgeltungsbetrages für Gesundheitsschäden politischer Flüchtlinge" erhoben werden könnten, die „aus rechtlichen Gründen grundsätzlich abzulehnen" seien. Für den Fall, daß dennoch derartige Zahlungen ins Auge gefaßt würden, plädierte Dahlgrün für eine Verknüpfung mit dem Devisenausgleichsabkommen mit Großbritannien. Vgl. Referat V 2, Bd. 1084.

[27] Zum israelischen Interesse an Wiedergutmachungsleistungen der Bundesrepublik vgl. Dok. 173.

[28] Die Wörter „m[it] d[er] B[itte] um Zustimmung]" wurden von Legationsrat I. Klasse Pfeffer handschriftlich eingefügt.

[29] Am 26. März 1965 vermerkte Legationsrat I. Klasse Pfeffer handschriftlich für Staatssekretär Carstens: „Herr Osterheld teilte soeben fernmündlich mit, der Herr Bundeskanzler sei mit diesen Vorschlägen einverstanden. Dem Wortlaut der ‚Skizze eines deutsch-israelischen Kommuniqués' habe der Herr B[undes]k[anzler] noch nicht zugestimmt." Vgl. VS-Bd. 423 (Büro Staatssekretär); B 150, Aktenkopien 1965.

[1] Ein Durchdruck des Schreibens hat Staatssekretär Carstens am 25. und Bundesminister Schröder am 27. März 1965 vorgelegen. Vgl. VS-Bd. 437 (Büro Staatssekretär).
Am 25. März 1965 sandte der Vorsitzende der CDU/CSU-Fraktion, Barzel, das Schreiben des Staatssekretärs Lahr „Mit herzlichem Dank" zurück.

611

sen. Nur eine sehr begrenzte Anzahl von Ländern hat eine solche Hilfe erhalten, und für die Gewährung der Hilfe sind die beigefügten Richtlinien[2] aufgestellt worden, mit denen wir uns bemüht haben, der besonderen Problematik dieser Art von Hilfe gerecht zu werden.

Unleugbar hat uns die Ausrüstungshilfe in einigen Fällen Enttäuschung und erheblichen Ärger eingebracht. Diese bedauerlichen Ergebnisse lassen sich durchweg darauf zurückführen, daß wir es leider mit der Richtlinie, nicht in Spannungsgebiete zu liefern, nicht sehr genau genommen haben. Es ist daher lebhaft zu begrüßen, daß diese durch einen formellen Kabinettsbeschluß[3] zu einer strikt zu befolgenden Maxime erhoben worden ist.

So bitter die erwähnten Enttäuschungen sein mögen, so dürfen sie nach Auffassung des Auswärtigen Amts nicht zu der Verallgemeinerung führen, die Ausrüstungshilfe an sich als eine schlechte Sache zu betrachten, mit der radikal Schluß gemacht werden müsse. Richtig angewandt, wofür jetzt die Voraussetzungen geschaffen worden sind, ist die Ausrüstungshilfe geeignet, unsere außenpolitische Position in einer Reihe von Ländern zu verbessern.[4]

Eine völlige Beseitigung solcher Hilfen dürfte sich schon deshalb verbieten, weil wir damit außerstand gesetzt würden, gewissen NATO-Verpflichtungen Rechnung zu tragen. Hierbei ist namentlich an Griechenland[5] und die Türkei[6] zu denken. Aber auch gegenüber den Entwicklungsländern soll man hierauf nicht völlig verzichten.

Diese haben das verständliche Bestreben, als vollwertige Staaten in Erscheinung zu treten. Es ist für sie eine Frage des echten Bedürfnisses oder des staatlichen Prestiges, jedenfalls ein Minimum militärischer Ausstattung zu besitzen. Sie können sich diese nur vom Ausland beschaffen. Helfen wir ihnen auf diesem Gebiet, so wird mit verhältnismäßig geringen Mitteln ein verhältnismäßig großer politischer Effekt erzielt, weil die jungen Staaten aus den genannten Gründen für eine solche Hilfe besonders dankbar sind. Natürlich müssen wir darauf achten, daß neben diesem politischen Plus nicht in anderen Ländern ein politisches Minus eintritt; das ist jedoch keineswegs in allen Fällen die notwendige Folge.

Ferner ist zu berücksichtigen, daß eine deutsche Weigerung, solches Material zu liefern, diese Länder sicherlich nicht von der Verfolgung ihrer Wünsche abhält. Da aber die Zahl der westlichen Lieferanten begrenzt ist und gegen einige von ihnen politische Vorurteile bei den Entwicklungsländern bestehen, sind diese dann leicht versucht, auf Angebote des Ostens, der völlig ungeniert

---

[2] Dem Vorgang beigefügt. Vgl. VS-Bd. 437 (Büro Staatssekretär).
[3] Zum Kabinettsbeschluß vom 27. Januar 1965 vgl. Dok. 39 und Dok. 40.
[4] Vgl. dazu auch Dok. 34.
[5] Zur Verteidigungshilfe an Griechenland vgl. AAPD 1964, I, Dok. 114.
Für 1965 war eine Verteidigungshilfe in Höhe von 36 Mio. DM vorgesehen. Vgl. dazu die „Zusammenstellung der Ausrüstungshilfe des BMVtdg. (Stand 31.1.65)"; Referat III B 6, Bd. 471.
[6] Zur Verteidigungshilfe an die Türkei vgl. AAPD 1964, I, Dok. 18.
Während eines Besuchs vom 25. Oktober bis 1. November 1964 führte der türkische Verteidigungsminister Sancar Gespräche mit Staatssekretär Lahr und dem Staatssekretär im Bundesministerium der Verteidigung, Gumbel, über die Fortsetzung der Verteidigungshilfe. Vgl. dazu AAPD 1964, II, Dok. 333.

auftritt, einzugehen. Es kann also sehr wohl der Fall eintreten und ist auch schon eingetreten, daß wir nicht nur die Chance eines eigenen politischen Gewinns ungenutzt lassen, sondern einen Schaden durch Stärkung östlicher Positionen erfahren.

Im übrigen hat das stets vorzügliche Auftreten unserer Bundeswehrangehörigen in ganz besonderem Maße dazu beigetragen, Ansehen und Sympathien für Deutschland zu vermehren. Die Ausbildung bei uns schafft uns verläßliche Freunde.

Als einige Beispiele, in denen sich die Ausrüstungshilfe uneingeschränkt positiv für uns ausgewirkt hat, darf ich folgende anführen:

1) Guinea
Entsendung von Pionieren und Pioniergerät.
Ausbildungshilfe für guineische Soldaten in Deutschland.[7]
Unsere Ausrüstungshilfe hat wesentlich dazu beigetragen, die zeitweise höchst unsichere Haltung Sékou Tourés[8] in unserem Sinne zu beeinflussen.

2) Nigeria
Lieferung von Verbindungs- und Transportflugzeugen.
Abstellung deutschen Personals nach Nigeria.
Ausbildung nigerianischer Soldaten in Deutschland.
Die deutsche Hilfe wird von der nigerianischen Regierung hoch geschätzt und bildet einen wesentlichen Bestandteil unserer freundschaftlichen Beziehungen zu diesem Land.[9]

3) Madagaskar
Lieferung von Küstenschutzbooten.
Ausbildung der Besatzung in Deutschland.
Die Beziehungen zu Madagaskar haben sich besonders erfreulich entwickelt. Die deutsche Hilfe hat hierzu beigetragen.[10]

Auf Fälle dieser Art sollte künftig unsere Ausrüstungs- und Ausbildungshilfe konzentriert werden. Die Befassung des Bundesverteidigungsrates mit jedem einzelnen Vorhaben dürfte die Gewähr dafür geben, daß allen wesentlichen Gesichtspunkten Rechnung getragen wird.

---

[7] Zur Ausrüstungshilfe an Guinea vgl. AAPD 1964, II, Dok. 293.
In einer „Zusammenstellung der Ausrüstungshilfe des BMVtdg. (Stand 31.1.65)" wurde zur Ausrüstungshilfe an Guinea festgehalten: „Keine Waffenlieferungen. Es sind ausschließlich Materiallieferungen erfolgt bzw. vorgesehen [...]. Außerdem entsprechende Ausbildungshilfe für guin[eische] Soldaten in Deutschland und Ausbildungsunterstützung in Conakry durch Baupionierlehrtrupp der B[undes]w[ehr]." Vgl. Referat III B 6, Bd. 471.

[8] Vgl. dazu die Aufzeichnung des Ministerialdirigenten Böker vom 14. Juli 1964 über eine Unterredung mit dem guineischen Botschafter Nabi Youla; VS-Bd. 3546 (II A 1); B 150, Aktenkopien 1964.

[9] Nigeria wurde „beim Aufbau einer kleinen Luftwaffe" unterstützt und übernahm die „Kosten für Materiallieferung und Abstellung deutschen Personals nach Nigeria annähernd zu 100%". Vgl. die „Zusammenstellung der Ausrüstungshilfe des BMVtdg. (Stand 31.1.65)"; Referat III B 6, Bd. 471.
Zur Ausrüstungshilfe an Nigeria vgl. auch VS-Bd. 5116 (III A 4).

[10] Zur Ausrüstungshilfe an Madagaskar vgl. VS-Bd. 5119 (III A 4).

Lassen Sie mich daher mit der Bitte schließen, von allgemeinen Aktionen gegen die Ausbildungs- und Ausrüstungshilfe abzusehen, während ein Appell an die Einhaltung der genannten Richtlinien nur begrüßt werden könnte.

Mit verbindlichen Empfehlungen

Ihr Ihnen sehr ergebener
Lahr

VS-Bd. 437 (Büro Staatssekretär)

150

Gespräch des Staatssekretärs Carstens mit Generalsekretär Brosio, NATO

II 7-81-33-1185/765 VS-vertraulich 25. März 1965[1]

1) Nahost-Krise

Der Herr *Staatssekretär* nahm auf Bitte von Generalsekretär Brosio zunächst zur Nahost-Krise Stellung. Die Lage habe sich jetzt etwas beruhigt. In den grundsätzlichen Fragen hinsichtlich der Aufnahme diplomatischer Beziehungen sei mit Israel Übereinstimmung erzielt worden[2], insbesondere auch über die Einstellung der Waffenlieferungen.[3] Hinsichtlich der Kompensation für die aus dem bisherigen Abkommen nicht mehr gelieferten Waffen seien noch einige Fragen offen.[4] In der Zukunft sollten sich die deutschen Hilfeleistungen in den Rahmen der allgemeinen Entwicklungshilfe Deutschlands für andere Länder einpassen.[5] Eine volle Verständigung über die noch offenen Fragen mit Israel sei in allernächster Zukunft zu erwarten.[6]

Die Reaktion der arabischen Staaten auf die Aufnahme diplomatischer Beziehungen zwischen der Bundesrepublik Deutschland und Israel könne noch nicht vorhergesagt werden.[7] Die Arabische Liga sei in sich gespalten. Ma-

---

[1] Die Gesprächsaufzeichnung wurde vom Vortragenden Legationsrat I. Klasse Scheske und Legationsrat I. Klasse Arnold am 26. März 1965 gefertigt und am selben Tag von Ministerialdirektor Krapf an Staatssekretär Carstens weitergeleitet.
Hat Staatssekretär Lahr am 30. März und Carstens am 2. April 1965 vorgelegen, der handschriftlich für den persönlichen Referenten vermerkte: „Bitte prüfen."
Legationsrat I. Klasse Pfeffer vermerkte am 2. April 1965 für Carstens: „Auf S. 2 sind nach meinem Gefühl zwei Ihrer Antworten nicht ganz getroffen." Vgl. Anm. 8 und 14.
Hat Carstens erneut am 5. April 1965 vorgelegen.
[2] Vgl. dazu Dok. 132 und Dok. 133.
[3] Vgl. dazu Dok. 142.
[4] Vgl. weiter Dok. 172.
[5] Vgl. dazu Dok. 148.
[6] Zu den Verhandlungen mit Israel vgl. weiter Dok. 167.
[7] Zur erwarteten Reaktion der arabischen Staaten vgl. Dok. 134.

rokko, Libyen und Tunesien träten für einen gemäßigten, die VAR, der Iran und der Jemen für einen harten Kurs ein. Die Haltung der restlichen Staaten sei noch unklar. Die Bundesregierung führe gegenwärtig auf offiziellen und inoffiziellen Wegen Gespräche mit allen arabischen Staaten mit dem Ziel, diese davon zu überzeugen, daß Deutschland die Lage im Mittleren Osten nicht dadurch verschärfe, daß sie – ebenso wie etwa 86 andere Länder – sowohl zu Israel als auch zu den arabischen Staaten diplomatische Beziehungen unterhalte. Sollte es als Reaktion der arabischen Staaten nur zum Abbruch der diplomatischen Beziehungen zu der Bundesrepublik Deutschland kommen, so würden sich die Beziehungen sicher in absehbarer Zeit ohne größere Schwierigkeiten wieder normalisieren lassen. Sollte jedoch der eine oder andere arabische Staat gleichzeitig die SBZ anerkennen, so würde dies den endgültigen Bruch mit der Bundesrepublik Deutschland bedeuten. Es könne gegenwärtig mit einer gewissen, aber noch nicht sicheren[8] Möglichkeit gerechnet werden, daß die Nahost-Krise ohne die Anerkennung der SBZ durch einen arabischen Staat beendet werde.

Auf eine Frage von Generalsekretär *Brosio* wies der Herr *Staatssekretär* darauf hin, daß die deutsche Wirtschaftshilfe für die arabischen Staaten von nicht zu übersehender Bedeutung bleibe. Am Bau des Euphratdammes z. B. seien wir mit 500 Mio. DM[9] beteiligt. Auch die anderen arabischen Staaten, insbesondere die VAR, bräuchten die deutsche Wirtschaftshilfe[10], sofern sie nicht gewillt seien, ganz in das kommunistische Lager überzuwechseln oder – was wir nicht annähmen – andere Staaten des Westens vollen Ersatz gäben.

Generalsekretär *Brosio* fragte nach unserer Beurteilung der möglichen Reaktion Israels auf eine Jordan-Abzweigung.[11] Der amerikanische Vertreter im NATO-Rat[12] habe sich sehr besorgt geäußert.[13]

Der Herr *Staatssekretär* erwiderte, daß vor drei bis vier Wochen beunruhigende Nachrichten vorgelegen hätten und damals eine gewisse Gelegenheit für Israel[14] zum Handeln gegeben gewesen sei. Jetzt habe sich die Lage anscheinend etwas beruhigt.

---

8 Die Wörter „aber noch nicht sicheren" wurden von Legationsrat I. Klasse Pfeffer unterschlängelt.
9 Zum Euphrat-Damm-Projekt vgl. Dok. 134, Anm. 56.
10 Zur Wirtschaftshilfe an die VAR vgl. Dok. 9, Anm. 10.
11 Zum Konflikt um das Jordanwasser vgl. Dok. 51, Anm. 4.
12 Thomas K. Finletter.
13 Bei einem Abendessen am 31. März 1965 in Paris anläßlich der Sitzung des Ständigen NATO-Rats wies auch der Staatssekretär im amerikanischen Außenministerium, Ball, auf die Kriegsgefahr im Nahen Osten hin: „Wegen folgender, schon jetzt voraussehbarer Entwicklungen werde sich die Lage sogar mit großer Wahrscheinlichkeit erneut verschlimmern: Es bestehe die Gefahr der Verbreitung von Atomwaffen auch in diesem Gebiet; die sowjetischen konventionellen Waffenlieferungen an die VAR nähmen zu, und die Araber machten die beabsichtigte Ableitung des Jordanwassers vielleicht doch demnächst wahr." Vgl. die Aufzeichnung des Legationsrats I. Klasse Pfeffer vom 5. April 1965; VS-Bd. 8448 (Ministerbüro); B 150, Aktenkopien 1965.
14 Dieses Wort wurde von Staatssekretär Carstens handschriftlich eingefügt. Dafür wurde gestrichen: „Nasser".
Zuvor hatte Legationsrat I. Klasse Pfeffer das Wort „Nasser" mit einem Fragezeichen versehen und handschriftlich vermerkt: „Für Israel?"

Generalsekretär *Brosio* sagte, daß die NATO zwar keine vertragliche Verpflichtung gegenüber Israel habe; der Westen könne jedoch in keinem Fall einen arabischen Angriff auf Israel hinnehmen.

Der Herr *Staatssekretär* stimmte dem zu.

2) Vietnam[15]

Generalsekretär *Brosio* wies darauf hin, daß in der NATO-Ratssitzung am 31. März, an der auch der Herr Staatssekretär teilnehmen werde[16], der stellvertretende US-Außenminister Ball zur amerikanischen Politik in Vietnam Stellung nehmen werde.[17] Die USA seien über die Entwicklung in Südostasien beunruhigt und über die französische Haltung ihnen gegenüber[18] verärgert. Er, Brosio, habe hierfür Verständnis, da nach seiner Auffassung die Verpflichtung zur Konsultation innerhalb der NATO auch eine Verpflichtung zu einer gewissen Zusammenarbeit einschließe. Die französische Reaktion auf die Ausführungen Balls sei noch ungewiß. Von französischer Seite werde möglicherweise keine Stellungnahme abgegeben, möglicherweise aber auch die Zuständigkeit des NATO-Rats in Frage gestellt werden.[19] Er, Brosio, bedauere sehr, daß die Konsultation in der NATO oft über eine gegenseitige Information oder über die Feststellung voneinander abweichender Auffassungen nicht hinausgehe. Der Trend müßte sein, daß alle Partner der Allianz sich gegenseitig wenigstens im Prinzip auch außerhalb des engeren Bereichs der Allianz politisch unterstützten.

---

[15] Zur Situation in Vietnam vgl. Dok. 60, Anm. 31.
Im März 1965 wurden die militärischen Auseinandersetzungen verstärkt fortgesetzt. Am 19. März 1965 wurden beim Angriff auf ein nordvietnamesisches Waffenlager bei Phu Qui erstmals Napalm-Bomben eingesetzt. Am 23. März 1965 bewertete Botschafter Knappstein, Washington, die amerikanischen Militäraktionen als „Bestandteil einer Konzeption, die sich der kalkulierten Eskalation militärischer Maßnahmen bedient. Das Ziel dieser Strategie ist es, durch die Demonstration der entschlossenen Stärke und durch die Störung der Zentren der Infiltration Südvietnams die Handlungsfreiheit in Südvietnam zurückzugewinnen und eine akzeptable Grundlage für eventuelle künftige Verhandlungen zu schaffen." Vgl. den Drahtbericht Nr. 847; Referat I B 5, Bd. 161.

[16] Zur Sitzung am 31. März und 1. April 1965 in Paris vgl. Dok. 160.

[17] Der Staatssekretär im amerikanischen Außenministerium führte am 1. April 1965 vor dem Ständigen NATO-Rat aus, „daß für das Vietnam-Problem letzten Endes auch eine politische Lösung gefunden werden müßte, betonte aber zugleich, daß die militärischen Aktionen weiter notwendig seien, um es nicht zu einem militärischen Sieg Nordvietnams kommen zu lassen […]. Ziel der amerikanischen Politik sei nicht, sich in Südvietnam einen Stützpunkt zu erhalten. USA wollten nur sicherstellen, daß ein kleiner Staat nicht durch mächtige Nachbarn seiner Freiheit beraubt würde. Mit einem Rückzug der USA aus Südvietnam würde die Glaubwürdigkeit westlicher Sicherheitsgarantien insgesamt in Frage gestellt werden." Vgl. den Drahtbericht Nr. 418 des Botschaftsrats I. Klasse Sahm, Paris (NATO), vom 1. April 1965; VS-Bd. 2653 (I B 5); B 150, Aktenkopien 1965.

[18] Zur französischen Haltung im Vietnam-Konflikt vgl. Dok. 107, Anm. 8.

[19] Der französische Ständige Vertreter bei der NATO, de Leusse, erklärte am 1. April 1965 in der Sitzung des Ständigen NATO-Rats, „nach Ansicht seiner Regierung könne für das Vietnam-Problem keine militärische, sondern nur eine politische Lösung in Verhandlungen zwischen den daran interessierten Staaten gefunden werden. Je länger eine solche politische Lösung hinausgezögert würde, desto unbefriedigender würde sie ausfallen." Vgl. den Drahtbericht Nr. 418 des Botschaftsrats I. Klasse Sahm, Paris (NATO), vom 1. April 1965; VS-Bd. 2653 (I B 5); B 150, Aktenkopien 1965.

Der Herr *Staatssekretär* stimmte dem zu. Sicher hätten die USA in Südostasien Fehler gemacht. Es sei jedoch – wie auch die kürzlich abgehaltene Konferenz der deutschen Botschafter in Südostasien gezeigt habe[20] – schwierig, jetzt eine Alternative zur amerikanischen Politik zu entwickeln. Ein Rückzug der USA aus Vietnam sei jetzt nicht möglich. In umgekehrter Weise, wie die feste amerikanische Haltung in der Kuba-Krise[21] die Position des Westens allgemein gestärkt habe, würde ein Rückzug der USA aus Vietnam eine unvertretbare Schwächung des Westens in der Auseinandersetzung mit dem Osten zur Folge haben.

Generalsekretär *Brosio* sagte, er sei jetzt erstmalig wegen der französischen Haltung ernsthaft beunruhigt. Die besondere französische Politik in der Europa-Frage[22], der Nuklear-Strategie[23] und in anderen Fragen sei vielleicht umstritten, aber nicht gegen die Substanz der Allianz und das westliche Lager als solches gerichtet.[24] Jetzt betreibe Frankreich eine unvertretbare Polemik gegen den Hauptalliierten der NATO. Ferner nehme es gegenüber der Sowjetunion eine Haltung ein, die nichts mehr mit einem Beitrag zur Entspannung, wie er von allen westlichen Staaten im kulturellen und wirtschaftlichen Bereich geleistet werde, zu tun habe. Bezeichnend für diesen Wandel sei die gemeinsame französisch-sowjetische Haltung in der Südostasien-Frage[25] und das eben unterzeichnete französisch-sowjetische Abkommen über das Farbfernsehen.[26]

Der Herr *Staatssekretär* antwortete, dies seien wichtige Punkte, in denen auch wir trotz des deutsch-französischen Konsultationsabkommens[27] nicht mit Frankreich übereinstimmten. Sicher habe Frankreich recht mit der Feststel-

---

[20] Die Konferenz der Botschafter in Süd- und Ostasien vom 1. bis 4. Februar 1965 kam bei der Erörterung der Lage in Vietnam zu dem Ergebnis, „daß der Krieg mit dem bisherigen militärischen Einsatz nicht gewonnen werden kann. Es muß jedoch befürchtet werden, daß eine amerikanische Niederlage in Vietnam zu einem Zusammenbruch von Laos, Kambodscha und Thailand führen und sogar in Südkorea, Japan und Indien Tendenzen fördern würde, sich mit Rot-China zu arrangieren. Andererseits steht zu befürchten, daß die von Frankreich vorgeschlagene Neutralisierung im gegenwärtigen Zeitpunkt schnell zur Machtübernahme durch den Kommunismus führen würde." Vgl. den Entwurf eines Schreibens des Bundesministers Schröder vom 25. Februar 1965 an Bundeskanzler Erhard; VS-Bd. 2597 (I B 5); B 150, Aktenkopien 1965.
Vgl. auch Dok. 24, Anm. 19.
[21] Zur Kuba-Krise vgl. Dok. 110, Anm. 17.
[22] Zur Europa-Konzeption des Staatspräsidenten de Gaulle vgl. auch Dok. 64, Anm. 16.
[23] Zur französischen Haltung hinsichtlich der nuklearen Planung der NATO vgl. Dok. 26.
[24] Zur französischen Haltung gegenüber der NATO vgl. weiter Dok. 201.
[25] Am 3. März 1965 gab der französische Informationsminister Peyrefitte bekannt, daß die französische Regierung den sowjetischen Vorschlag vom 24. Februar 1965 angenommen habe, gemeinsam eine internationale Konferenz zur Wiederherstellung des Friedens in Südost-Asien anzustreben. Vgl. dazu EUROPA-ARCHIV 1965, Z 64.
Vgl. dazu weiter Dok. 196.
[26] Am 22. März 1965 unterzeichneten der französische Informationsminister Peyrefitte und der sowjetische Botschafter Winogradow ein Abkommen, nach dem die Übernahme des französischen SECAM-Systems für das sowjetische Farbfernsehen vorgesehen war. Für den Wortlaut des Abkommens vgl. den Artikel: „Razvivaetsja mirnoe sotrudničestvo"; PRAVDA, Nr. 121 vom 1. Mai 1965, S. 5. Vgl. dazu auch EUROPA-ARCHIV 1965, Z 73.
Vgl. ferner Dok. 184, besonders Anm. 2.
[27] Für den Wortlaut des deutsch-französischen Vertrags vom 22. Januar 1963 vgl. BUNDESGESETZBLATT 1963, Teil II, S. 706–710.

lung, daß die gegenwärtige Lage in Südostasien für alle unbefriedigend sei. Man könne jedoch den USA nicht mitten im Kampf den Rückzug empfehlen.

3) Rapacki-Plan[28]

Generalsekretär *Brosio* teilte mit, daß am 31.März auch der Rapacki-Plan im NATO-Rat erörtert werde. Außenminister Spaak habe nach seinem jüngsten Gespräch mit Rapacki[29] gesagt, der Westen solle wegen der Gefahr in Südostasien in Europa durch Gesprächsbereitschaft guten Willen zeigen. Dieses Argument habe ihn, Brosio, jedoch nicht überzeugt.

Der Herr *Staatssekretär* erwiderte, Spaak habe während seines letzten Besuchs in Bonn nicht gegen die deutsche Haltung zum Rapacki-Plan Stellung genommen.[30] Auch Wilson habe während seines Besuchs in den Fragen eines Disengagement und von Zonen begrenzter Rüstung eine feste Haltung gezeigt.[31]

4) Zypern[32]

Generalsekretär *Brosio* sagte, Botschafter Birgi werde am 31. März im NATO-Rat die Zypern-Frage ansprechen. Es sei bedauerlich, daß die USA trotz der gefährlichen Lage keine Initiative ergriffen hätten. Durch die öffentliche Meinung in der Türkei und die Möglichkeit einer sowjetischen Hilfe an die Türkei[33] müsse mit einer weiteren Entwicklung zum Schlechten gerechnet werden. Botschafter Birgi werde am 31. März darlegen, daß die Auffassung Griechenlands, bilaterale griechisch-türkische Gespräche über Zypern könnten wegen der VN-Verantwortung nicht geführt werden[34], falsch sei. Es sei zu erwarten, daß die Ausführungen Birgis von einigen Alliierten mit Wohlwollen aufgenommen würden. Birgi werde ferner darauf hinweisen, daß das OEEC-Konsortium für die Türkei-Hilfe eine gute, jedoch noch sehr junge Einrichtung sei[35], die allein nicht ausreiche. Die OEEC sei auch nicht identisch mit der NATO.[36]

---

28 Zum Rapacki-Plan vgl. auch Dok. 152.
29 Zu den Gesprächen zwischen dem belgischen und dem polnischen Außenminister am 17. Februar 1965 in Brüssel vgl. Dok. 82.
30 Vgl. dazu Dok. 137.
31 Zum Besuch des britischen Premierministers am 8./9. März 1965 in Bonn vgl. Dok. 122.
   Für die Ausführungen von Wilson am 6. März 1965 auf einer Pressekonferenz in Berlin (West) vgl. Dok. 143, Anm. 15.
32 Zum Zypern-Konflikt vgl. Dok. 25.
33 Zur sowjetischen Haltung im Zypern-Konflikt vgl. auch Dok. 71.
34 Botschafter Schlitter, Athen, hielt dazu am 7. April 1965 fest, die griechische Regierung werde trotz der wenig zufriedenstellenden Ergebnisse der Bemühungen des UNO-Vermittlers Plaza „von bisherigem Lippenbekenntnis zu ,Zuständigkeit der UN' wohl nicht abgehen; positive Erwartungen knüpft sie an dieses Verfahren sicher nicht oder nicht mehr". Bilaterale Verhandlungen mit der türkischen Regierung unter Ausschluß der zyprischen Regierung würden „als unmöglich" betrachtet; die zyprische Regierung aber lehne solche Gespräche ab. Für die Aufzeichnung über „Möglichkeiten zur Lösung des Zypernkonfliktes" vgl. Referat I A 4, Bd. 327.
   Vgl. dazu weiter Dok. 220, Anm. 7.
35 Aufgrund eines Beschlusses der NATO-Ministerratstagung vom 4. bis 6. Mai 1962 in Athen wurde ein zunächst aus den USA, Großbritannien, Kanada und den sechs EWG-Staaten bestehendes Konsortium gegründet, das für die Aufbringung und Kontrolle der von der Türkei benötigten Finanzhilfe zuständig war. Vgl. dazu den Entwurf einer Instruktion für Botschafter von Walther, Ankara, vom 26. Oktober 1962; Referat 206, Bd. 171.
36 Der im September 1961 als Nachfolgeorganisation der OEEC gegründeten OECD gehörten neben

Er, Brosio, halte dies für ein richtiges Argument und würde es begrüßen, wenn die NATO eine Geste gegenüber der Türkei mache und sich weitere Staaten aktiv an der multilateralen Militärhilfe für die Türkei beteiligen würden.[37]

5) Europa-Initiative

Der Herr *Staatssekretär* bestätigte auf eine Frage Brosios abschließend, daß ziemlich sicher mit einer Sechser-Außenministerkonferenz in Venedig am 10. Mai[38] gerechnet werden könne.

Generalsekretär *Brosio* äußerte gewisse Zweifel hinsichtlich der französischen Haltung zu den deutschen und italienischen Vorschlägen.[39]

VS-Bd. 700 (II A 7)

151

Aufzeichnung des Legationsrats Dröge

I B 1-84.00/0-914/65[I] VS-vertraulich   25. März 1965

Betr.: Gefährdung des deutschen Alleinvertretungsanspruchs in weltweiten multilateralen Organisationen und Konferenzen

Bezug: Weisung des Herrn D I[1] mit Bezug auf eine Frage des Herrn Bundesministers zur beiliegenden Aufzeichnung des Referats I B 1 vom 10. März 1965 - I B 1 - 84.00/0/914/65 VS-vertraulich[2]

Referat I B 1 hat in seiner beiliegenden Aufzeichnung vom 10. März 1965 unter Punkt III 4 festgestellt:

„Die Aufrechterhaltung unserer Alleinvertretung in der multilateralen Zusammenarbeit kann nach Auffassung des Referats I B 1 vielmehr nur durch eine Überprüfung unseres gesamten außenpolitischen Vorgehens, nämlich zunächst durch eine Straffung unserer bilateralen Politik – auch gegenüber unseren großen Verbündeten – erreicht werden."

Fortsetzung Fußnote von Seite 618

den 15 Mitgliedstaaten der NATO Österreich, Irland, Japan, Spanien, Schweden, die Schweiz sowie mit Sonderstatus Finnland und Jugoslawien an.

[37] Dazu stellte Ministerialdirektor Meyer-Lindenberg am 23. März 1965 fest, es sei der „dringende Wunsch" des Ministerpräsidenten Ürgüplü, „in die Lage versetzt zu werden, Gromykos Hilfsangebot abzulehnen mit der Entgegnung, daß keine Notwendigkeit mehr für eine sowjetische Unterstützung bestehe. Eine schnelle deutsche Hilfe, die vielleicht auch die US-Regierung zu einem besonderen Hilfsangebot bewegen könnte, erscheint aus politischen Gründen zur Schließung der türkischen Devisenlücke dringend geboten." Vgl. VS-Bd. 2450 (I A 4); B 150, Aktenkopien 1965.

[38] Zu den Planungen für die Konferenz vgl. auch Dok. 137.

[39] Zur Haltung Frankreichs gegenüber der Außenministerkonferenz über eine europäische politische Zusammenarbeit vgl. Dok. 156–158.

[1] Ministerialdirektor Meyer-Lindenberg.

[2] Dem Vorgang beigefügt. Vgl. VS-Bd. 2526 (I B 1); B 150, Aktenkopien 1965.

Der Herr Bundesminister hat mit der Randbemerkung: „Was heißt das konkret?" um Erläuterung dieses Satzes gebeten.

Referat I B 1 meint dies:

Wir können auf der multilateralen Ebene unseren Alleinvertretungsanspruch nur dann aufrechterhalten, wenn wir ihn im bilateralen Bereich glaubwürdig und konsequent vertreten und bei seiner Durchsetzung von unseren vielen kleinen Freunden in der Welt nicht mehr verlangen, als wir von unseren großen Alliierten zu fordern bereit sind.

Das bedeutet konkret: Obervolta, Thailand oder Ecuador und mehr als 80 andere Staaten, die wir jetzt gebeten haben, uns bei der bevorstehenden Weltgesundheitsversammlung zu helfen, die SBZ aus der WHO[3] fernzuhalten[4], werden kaum verstehen, warum sie der Zone den unter Berufung auf humanitäre Gründe beantragten Beitritt zu dieser Organisation verwehren sollen, während

– die USA und Großbritannien es 1963 aus humanitären Gründen zuließen, daß die SBZ dem Moskauer Teststopp-Abkommen[5] beitreten konnte[6] und[7]

– die USA den Beitritt der SBZ zum Astronauten-Bergungsabkommen, auch aus humanitären Gründen, ausdrücklich wünscht.[8]

---

[3] Vgl. dazu bereits Dok. 101, Anm. 11.
Botschafter von Keller, Genf (Internationale Organisationen) wies am 1. Februar 1965 darauf hin, daß aufgrund der Verfassung der Weltgesundheitsorganisation „Staaten" beitreten könnten. Der Generaldirektor der WHO, Candau, müßte im Falle eines Aufnahmeantrags der DDR also entscheiden, „ob die SBZ ein Staat ist oder nicht. Bejaht er diese Frage und fordert die SBZ auf, eine Beobachterdelegation zur Weltgesundheitsversammlung im Mai zu entsenden, so bejaht er damit gleichzeitig die Zulässigkeit des Aufnahmeantrags als solchen." Vgl. den Drahtbericht Nr. 39; VS-Bd. 2597 (I B 1); B 150, Aktenkopien 1965.
Vortragende Legationsrätin I. Klasse von Puttkamer hielt bereits am 10. März 1965 fest: „Es sieht z. Z. so aus, als werde der Antrag auf Aufnahme, wenigstens jedoch auf Teilnahme der SBZ als ‚Beobachter', zur Abstimmung gestellt werden. Schon diese Vorentscheidung des Sekretariats würde eine Präjudizierung hinsichtlich der Frage der Staatsqualität der SBZ bedeuten". Vgl. VS-Bd. 2526 (I B 1); B 150, Aktenkopien 1965.

[4] Vgl. dazu den Runderlaß Nr. 969 des Ministerialdirigenten Böker vom 26. Februar 1965; VS-Bd. 2597 (I B 1); B 150, Aktenkopien 1965.

[5] Für den Wortlaut des Teststopp-Abkommens vom 5. August 1963 vgl. DOCUMENTS ON DISARMAMENT 1963, S. 291–293.

[6] Die DDR trat dem Teststopp-Abkommen am 8. August 1963 bei. Vgl. DzD IV/9, S. 612.
Zur Haltung Großbritanniens und der USA vgl. AAPD 1963, II, Dok. 264, Dok. 295 und Dok. 299.

[7] Der Passus „die USA ... beitreten konnte und" wurde von Staatssekretär Carstens hervorgehoben. Dazu handschriftliche Bemerkung für Referat I B 1: „Die Lage ist hier völlig anders, als sie im Falle eines Beitritts der SBZ zur WHO wäre. Bitte informieren Sie sich im Abrüstungsreferat."

[8] Der stellvertretende Abteilungsleiter im amerikanischen Außenministerium, Meeker, erläuterte im Januar 1965, daß bei Abschluß eines Astronauten-Bergungsabkommens eine Erklärung abgegeben werden solle, die „den durch den humanitären Charakter des Abkommens gegebenen exzeptionellen Fall dieser internationalen Übereinkunft" unterstreichen sollte. Zu der von der Bundesrepublik mit Blick auf einen möglichen Beitritt der DDR geforderten ‚disclaimer clause' stellte er fest, „man würde es nicht für klug halten, in Verbindung mit diesem Abkommen eine solche Klausel vorzusehen". Vgl. den Drahtbericht Nr. 117 des Botschafters Knappstein, Washington, vom 13. Januar 1965; VS-Bd. 8477 (Ministerbüro); B 150, Aktenkopien 1965.

Wenn die Mehrzahl der kleinen Staaten unsere Politik trotzdem unterstützt, dann sicher nicht, weil sie mit ihr übereinstimmen, sondern aus alter Freundschaft oder wegen unseres guten Geldes. Der Vorrat an beiden hat seine natürlichen Grenzen.

Wir werden unsere kleinen Freunde, auf deren Stimmen wir in den internationalen Organisationen unbedingt angewiesen sind, bei der Durchsetzung unseres Alleinvertretungsanspruchs nur dann auf unserer Seite halten können, wenn wir diesen Anspruch auch unseren großen Alliierten gegenüber mit aller Festigkeit und Konsequenz vertreten.[9] D. h. wir müssen notfalls bereit sein zu demonstrieren, daß wir einem multilateralen Abkommen nicht beitreten, falls die SBZ ihm beitreten soll. Dem von unseren Alliierten vorgebrachten übergeordneten Interesse an einem universellen Geltungsbereich müssen wir unser eigenes Interesse an der Aufrechterhaltung unseres Alleinvertretungsrechts entgegenhalten. Wenn wir dazu nicht bereit oder in der Lage sind, müssen wir nach Ansicht von Referat I B 1 damit rechnen, daß unser Anspruch über kurz oder lang durch eine einzige Abstimmung in einer weltweiten internationalen Organisation vom Tisch gefegt wird. (Über die zunehmende Stimmung zugunsten der Zwei-Staaten-Theorie in den Vereinten Nationen vgl. den soeben eingetroffenen und dieser Aufzeichnung beigefügten Bericht des VN-Beobachters vom 16. März 1965.[10])

Hiermit über Herrn Dg I B[11] dem Herrn D I[12] vorgelegt.

Dröge

VS-Bd. 2526 (I B 1)

---

[9] Vortragende Legationsrätin I. Klasse von Puttkamer wies in der Bezugsaufzeichnung vom 10. März 1965 bereits auf die „bedrohliche Entwicklung" für den Alleinvertretungsanspruch der Bundesrepublik auf multilateraler Ebene hin. Sie kam zu dem Schluß: „Nur wer bilateral konsequent und, wenn es sein muß, mit äußersten Mitteln vorgeht, kann sich auf der multilateralen Ebene Respekt und damit Stimmen sichern." Allerdings stellte sie gleichzeitig fest, „daß der allgemeine ‚Trend', die SBZ – vor allem in die Zusammenarbeit auf technischen Gebieten – einzubeziehen, so stark und die Neigung, unsere politischen Bedenken beiseite zu schieben, so allgemein geworden sind, daß die Möglichkeit, unseren Alleinvertretungsanspruch zu erzwingen, nicht allzu hoch eingeschätzt werden sollte". Vgl. VS-Bd. 2526 (I B 1); B 150, Aktenkopien 1965.
[10] Dem Vorgang nicht beigefügt.
[11] Hat Ministerialdirigent Böker am 27. März 1965 vorgelegen, der handschriftlich vermerkte: „Vorschlag: Vorlage bei H[errn] St[aats]S[ekretär] und H[errn] B[undes]Min[ister]."
[12] Hat Ministerialdirektor Meyer-Lindenberg am 29. März 1965 vorgelegen, der die Weiterleitung an die Staatssekretäre Carstens und Lahr sowie Bundesminister Schröder verfügte.
Hat Lahr am 30. März und Carstens am 3. April 1965 vorgelegen, der die Aufzeichnung nicht an Schröder weiterleiten ließ.

152

Aufzeichnung des Ministerialdirektors Krapf

II 8-82-30-0-22/65 streng geheim 26. März 1965[1]

Betr.: Gomulka-Plan[2];
hier: Beratung im NATO-Rat am 31.3./1.4.1965[3]

I. Sachverhalt

1) Inhalt des Planes

Die nuklearen Sprengmittel sind in einem Gebiet „einzufrieren", das die Bundesrepublik Deutschland, die SBZ, Polen und die Tschechoslowakei umfaßt. Erweiterung des Gebietes durch Beitritt anderer europäischer Staaten wird als möglich erklärt, Rapacki hat jedoch mündlich die Einbeziehung der westlichen Sowjetunion ausgeschlossen.[4] Herstellung, Einfuhr, Weitergabe und Annahme nuklearer Sprengmittel in dem Vertragsgebiet sollen verboten sein und durch entsprechende Verpflichtungen der Parteien, die dort Streitkräfte unterhalten, sichergestellt werden. Zur Kontrolle werden gemischte Kommissionen vorgeschlagen, die sich paritätisch aus Vertretern der Staaten der NATO und des Warschauer Paktes zusammensetzen.

Die Polen haben bei diplomatischen Sondierungen im Westen erklärt, der Gomulka-Plan bezwecke weder eine Anerkennung der SBZ noch eine Verhinderung der MLF. Die MLF-Schiffe dürften lediglich das Vertragsgebiet nicht mehr anlaufen.[5] Die Polen haben ferner zu verstehen gegeben, daß der Rapacki-Plan nicht aufgegeben, sondern nur vorläufig zurückgestellt sei.

2) Geschichte und Sachstand

Unmittelbarer Zusammenhang besteht mit dem Rapacki-Plan, der erstmals am 2.10.1957 den VN vorgetragen wurde und eine kernwaffenfreie Zone für die Bundesrepublik Deutschland, die SBZ, Polen und die Tschechoslowakei

---

[1] Die Aufzeichnung wurde vom Vortragenden Legationsrat I. Klasse Lahn und Legationsrat I. Klasse Hauber konzipiert.

[2] Zu den Abrüstungsvorschlägen des Ersten Sekretärs der Polnischen Vereinigten Arbeiterpartei vom 29. Februar 1964 vgl. AAPD 1964, I, Dok. 61.

[3] Vgl. dazu Dok. 160.

[4] Am 17. März 1965 berichtete der belgische Außenminister Spaak dem Ständigen NATO-Rat, der polnische Außenminister sei „nicht grundsätzlich gegen Ausweitung der Einfrierzone. Ausdehnung auf Gebiet UdSSR kommt jedoch nicht in Betracht, da UdSSR nukleare Großmacht und polnischer Plan nicht in allgemeine Abrüstung umzuwandeln." Vgl. die Aufzeichnung des Generalinspekteurs der Bundeswehr, Trettner, vom 30. April 1965; VS-Bd. 4071 (II 8/II B 2); B 150, Aktenkopien 1965.

[5] Den Sondierungen der polnischen Beauftragten vom Januar/Februar 1964 in verschiedenen westeuropäischen Staaten war ferner zu entnehmen: „Es handele sich um eine Abrüstungsfrage, und das deutsche Problem müsse in anderem Zusammenhang eine Lösung finden." Vgl. die Aufzeichnung des Ministerialdirektors Krapf vom 3. Februar 1964; VS-Bd. 4070 (302/II 8); B 150, Aktenkopien 1964.

vorschlägt.[6] In einer 3. Fassung vom 4.11.1958[7] sieht der Rapacki-Plan zwei Etappen vor:
1. Stufe: Einfrieren der Kernwaffen,
2. Stufe: Denuklearisierung des Vertragsgebietes und Truppenreduzierungen.
Der Rapacki-Plan wurde am 28.3.1962 der Genfer 18-Mächte-Abrüstungskonferenz vorgelegt[8], aber dort nicht verhandelt.

Die ablehnende Haltung der Westmächte veranlaßte Polen Anfang 1964, die erste Stufe des Rapacki-Planes getrennt als sogenannten Gomulka-Plan vorzulegen. Text des polnischen Memorandums vom 29.2.64 siehe Anlage 1[9] (uns in Neu-Delhi übergeben).

Der Gomulka-Plan wurde im NATO-Rat eingehend konsultiert.[10] Über eine Ablehnung des Planes bestand Übereinstimmung, jedoch nicht über die Form und die Gründe. Unsere Absicht, den Plan schnell abzulehnen, fand kaum Unterstützung. Vielmehr forderten die Vertreter von Belgien, Dänemark, Norwegen, Italien, Großbritannien und Kanada entgegenkommende Antworten und legten Wert darauf, mit Polen im Gespräch zu bleiben. Die schriftlichen westlichen Antworten (einige Staaten haben es vorgezogen, nur mündlich zu antworten)[11] erwähnen alle die Gefahren des Planes für das Kräftegleichgewicht (Zweifel zu diesem Punkt waren nur von Großbritannien und Norwegen geäußert worden). Auf die notwendige Verknüpfung eines europäischen Sicherheitsplanes mit der Deutschlandfrage haben schriftlich lediglich Holland (am deutlichsten), Großbritannien, Italien, Luxemburg und die USA hingewiesen. Eine Analyse der westlichen Antworten ergibt sich aus der beiliegenden Aufzeichnung vom 27. Mai 1964 – II 8-82-30-0/2627/64 geheim – (Anlage 2).[12]

Auf unsere am 1. Mai in Neu-Delhi überreichte Antwort (Anlage 3)[13] hat die polnische Regierung mit einem polemisch gehaltenen Aide-mémoire vom 16. Juni 1964 erwidert (Anlage 4)[14] und dies entgegen der bisherigen vertraulichen Handhabung veröffentlicht. Weitere polnische Antwortnoten an westliche Staaten liegen bisher nicht vor. Aus verschiedenen Gründen haben wir davon abgesehen, den Notenwechsel mit Polen fortzusetzen. Dies ist dem NATO-

---

6 Für den Wortlaut des Vorschlags des polnischen Außenministers vom 2. Oktober 1957 vgl. DzD III/3, S. 1681–1686.
7 Für den Wortlaut vgl. DzD III/4, S. 1859f.
8 Für den Wortlaut vgl. DOCUMENTS ON DISARMAMENT 1962, S. 201–205; DzD IV/8, S. 350–353.
9 Dem Vorgang beigefügt. Vgl. VS-Bd. 3594 (302/II 8).
  Für den Wortlaut des polnischen Memorandums vgl. auch BONN–WARSCHAU, Dok. 31.
10 Zu den Konsultationen im Politischen Ausschuß der NATO vgl. AAPD 1964, II, Dok. 204.
11 Dazu stellte Ministerialdirektor Krapf am 27. Mai 1964 fest: „Frankreich hat den Gomulka-Plan in der NATO aus militärischen und politischen Gründen entschieden abgelehnt. Auch die mündliche Antwort Couve de Murvilles soll eindeutig ablehnend gewesen sein. Es ist auch im Hinblick auf die spätere Veröffentlichung der Noten zu bedauern, daß die Franzosen ihre Antwort nicht schriftlich fixiert haben." Vgl. VS-Bd. 4070 (302/II 8); B 150, Aktenkopien 1964.
12 Dem Vorgang beigefügt. Vgl. VS-Bd. 3594 (302/II 8).
  Für einen Durchdruck vgl. VS-Bd. 4070 (302/II 8); B 150, Aktenkopien 1964.
13 Dem Vorgang beigefügt. Vgl. VS-Bd. 3594 (302/II 8).
  Für den Wortlaut vgl. auch BONN–WARSCHAU, Dok. 32.
14 Dem Vorgang beigefügt. Vgl. VS-Bd. 3594 (302/II 8).
  Für den Wortlaut vgl. auch BONN–WARSCHAU, Dok. 33.

Rat Ende Juli 1964 mitgeteilt worden. Da der Gomulka-Plan zu diesem Zeitpunkt in den Hintergrund trat, haben wir, ebenso wie die meisten NATO-Partner, unsere Antwortnote vorläufig nicht veröffentlicht.

Rapacki hat am 14.12.1964 vor der VN-Vollversammlung die polnischen Sicherheitspläne erneut propagiert und gleichzeitig die Einberufung einer europäischen Sicherheitskonferenz empfohlen.[15] Dieser Gedanke hat bisher bei den Westmächten offenbar keine zustimmende Resonanz gefunden. Polen hat ferner das diskrete diplomatische Werben für den Gomulka-Plan fortgesetzt, und zwar zunächst in London (21.12.1964). Hier hat ihm Wilson eine Enttäuschung bereitet.[16] Wilson fordert u.a. die Einbeziehung der in der westlichen Sowjetunion stationierten MRBMs in eine europäische Sicherheitszone und die Verbindung der Deutschlandfrage mit den Plänen.[17] Er scheint wie wir eine europäische Sicherheitskonferenz im gegenwärtigen Zeitpunkt für wenig erfolgversprechend zu halten und eine Teilnahme der SBZ daran abzulehnen.

Mehr Erfolg hatte Rapacki im Februar 1965 in Brüssel.[18] Spaak neigt nunmehr dazu, eine europäische Sicherheitszone, auch ohne Einbeziehung der westlichen Militärbezirke der Sowjetunion, für diskutabel zu halten. Er hat im Gespräch gegenüber Rapacki folgende Gedanken geäußert:

In einer Zone von nur 50 bis 150 km Tiefe beiderseits der Demarkationslinie wären die nuklearen und die konventionellen Rüstungen einzufrieren. Diese enge Zone sollte durch ein weiteres Gebiet, in dem lediglich ein Herstellungs- und Weitergabeverbot für Kernwaffen gelten sollte, dem sich Belgien anschließen würde, ergänzt werden. Bodenbeobachtungsposten[19] in der Tiefe des beiderseitigen Raumes sollten vor Überraschungsangriffen schützen.

Rapacki hält eine Verengung der Einfrierzone für bedenklich, hat jedoch die Nichtweitergabebestimmung für die größere Zone als einen positiven Faktor bezeichnet. Er hat sich außerdem im Grundsatz bereit erklärt, das Einfrieren auch auf die konventionelle Rüstung auszudehnen. Bodenbeobachtungsposten hält er jedoch zunächst nur innerhalb der Vertragszone für annehmbar. Spaak hat zwar an dem Zusammenhang zwischen europäischer Sicherheit und Deutschlandfrage festgehalten und mindestens eine Parallelität zwischen Aufbau eines Sicherheitssystems und Maßnahmen zur Wiedervereinigung gefordert, jedoch vor dem NATO-Rat eine Auflockerung der strikten westlichen Position auf diesem Gebiet für zweckmäßig erklärt. Einzelheiten des Gesprä-

---

[15] Für den Wortlaut der Rede des polnischen Außenministers vgl. UN GENERAL ASSEMBLY, 19th Session, 1301st meeting, S. 5–9; EUROPA-ARCHIV 1965, D 210–212 (Auszug). Vgl. dazu auch AAPD 1964, II, Dok. 398.

[16] Während des Besuchs vom 19. bis 21. Dezember 1964 in London stellte der polnische Außenminister „seine Idee der Schaffung einer atomwaffenfreien Zone in Mitteleuropa zur Erörterung. Hierzu vertrat Wilson den Standpunkt, daß es nicht darauf ankomme, wo die Atomwaffen stationiert, sondern auf welche Ziele sie gerichtet sind. Vor allem sei es wichtig, die Kriegsgefahr zu vermindern. Dies könne jedoch nicht dadurch erreicht werden, daß die Atomwaffen aus einem bestimmten Gebiet zurückgezogen werden." Vgl. den Drahtbericht Nr. 1382 des Botschafters von Etzdorf, London, vom 22. Dezember 1964; VS-Bd. 4072 (II 8); B 150, Aktenkopien 1964.

[17] Vgl. dazu Dok. 143, Anm. 15.

[18] Der polnische Außenminister hielt sich vom 13. bis 17. Februar 1965 zu Gesprächen in Brüssel auf. Vgl. dazu Dok. 82 und Dok. 137.

[19] Vgl. dazu Dok. 110, Anm. 5.

ches zwischen Spaak und Rapacki, das komplizierte strategisch-militärische Fragen aufwirft und einer eingehenden Analyse bedarf, ergeben sich aus der beigefügten streng geheimen belgischen Zusammenfassung (Anlage 5).[20] Die belgische aufgeschlossenere Haltung gegenüber dem Gomulka-Plan[21] hat im NATO-Rat bei der Diskussion am 17. März, bei der Spaak über sein Gespräch mit Rapacki berichtete, die Unterstützung der Vertreter Norwegens, Dänemarks und Kanadas gefunden, während Holland am entschiedensten widersprach.[22]

II. Beurteilung

Es muß damit gerechnet werden, daß die Polen ihren Plan, Mitteleuropa und insbesondere Deutschland zu entnuklearisieren (der Gomulka-Plan ist erklärterweise nur eine Vorstufe dazu) in nächster Zeit bilateral mit Nachdruck verfolgen, ihn aber vielleicht auch auf der Genfer Abrüstungskonferenz[23] vorlegen. Bei ihren Bemühungen können sie nicht nur auf die volle Unterstützung des Ostblocks zählen, sondern auch auf ein gewisses Interesse bei neutralen und sogar westlichen Staaten. Die Polen werden versuchen, die im Westen sich verbreitende Auffassung, die sowjetische Bedrohung Europas habe nachgelassen und die Sowjetunion sei, ebenso wie die USA, in erster Linie mit China, dem Fernen Osten und inneren Problemen beschäftigt, zu nutzen. Solange jedoch die drei für die Wiedervereinigung Deutschlands verantwortlichen Westmächte und insbesondere die USA an ihrem bisherigen Standpunkt festhalten, besteht keine Gefahr, daß ins Gewicht fallende Verhandlungen gegen unseren Willen aufgenommen werden.

Die belgische Gesprächs- und Kompromißbereitschaft, die auch bei einigen anderen kleineren NATO-Staaten auf Verständnis zu stoßen scheint, kann daher den Disengagement-Plänen keinen entscheidenden Auftrieb verleihen.

---

[20] Dem Vorgang beigefügt. Vgl. VS-Bd. 3594 (302/II 8).

[21] Am 30. April 1965 hielt Vortragender Legationsrat I. Klasse Lahn zu den Vorstellungen des belgischen Außenministers zum Gomulka-Plan fest: „Spaak hält nunmehr eine europäische Sicherheitszone auch ohne Einbeziehung der in den westlichen Militärbezirken der SU dislozierten MRBM's für diskutabel. Er hat folgenden neuen Gedanken entwickelt: In einer Zone von nur 50–150 km Tiefe beiderseits der Demarkationslinie sind die nuklearen und die konventionellen Rüstungen einzufrieren. Diese enge Zone sollte durch ein weiteres Gebiet, in dem lediglich ein Herstellungs- und Weitergabeverbot für Kernwaffen gilt, dem sich Belgien unterwerfen würde, ergänzt werden. Bodenbeobachtungsposten in der Tiefe des beiderseitigen Raumes sollten vor Überraschungsangriffen schützen." Vgl. VS-Bd. 4071 (II 8/II B 2); B 150, Aktenkopien 1965. Vgl. dazu Dok. 143, Anm. 13.

[22] Botschafter Grewe, Paris (NATO), gab am 17. März 1965 die Information, der norwegische Vertreter habe Interesse an den polnischen Vorschlägen gezeigt. „Das Abrüstungsproblem sei vom Rat in letzter Zeit vernachlässigt worden. Seine Regierung befürworte eine Wiederbelebung dieser Konsultationen, insbesondere auch im Hinblick auf die Prüfung, ob nicht eine europäische Entspannungsinitiative möglich sei. Ähnlich äußerten sich auch der dänische und kanadische Vertreter." Der Abteilungsleiter im niederländischen Außenministerium, de Ranitz, habe dagegen eingewandt, „die von Rapacki vorgeschlagene Sicherzeitszone stelle kein wirkliches Sicherheitselement in Europa dar. […] Er wolle darüber hinaus feststellen, daß alle Denuklearisierungs- und ‚freeze'-Projekte in engen Zonen keine Abrüstungs-, sondern europäische Sicherheitsfragen seien, die infolgedessen mit der Wiedervereinigungsfrage gekoppelt bleiben müßten." Vgl. den Drahtbericht Nr. 349; VS-Bd. 3594 (302/II 8); B 150, Aktenkopien 1965.

[23] Die Genfer Konferenz des 18-Mächte-Abrüstungsausschusses wurde am 17. September 1964 vertagt und nahm ihre Tätigkeit erst am 27. Juli 1965 wieder auf. Vgl. weiter Dok. 311.

Allerdings werden diese Gedanken immer wieder im Zusammenhang mit der Deutschlandfrage aufgeworfen werden, ohne daß wir ihnen auf die Dauer ausweichen können.

Zur Zeit müssen wir weiterhin deutlich auf die Gefahren von Gomulka- und Rapacki-Plan für das Kräftegleichgewicht hinweisen. Der Gedanke Spaaks, die konventionellen Truppen in einer engen Zone beiderseits der Demarkationslinie einzufrieren, kann die polnischen Pläne nicht anziehender machen. Die Gefahr liegt weniger in der Konfrontation der konventionellen Truppen an der Zonengrenze als in der Möglichkeit der Sowjetunion, in kürzester Frist überlegene Verstärkungen heranzuführen.

Spaak glaubt, aus der im Westen erkennbaren Tendenz, Mittelstreckenraketen auf See zu stationieren, ein Argument für die Beschränkung der Sicherheitszone auf Mitteleuropa ableiten zu können. Es handelt sich hier jedoch um unverwirklichte Zukunftsvorstellungen, und SACEUR hat seine Forderung nach landgebundenen MRBMs[24] nicht zurückgezogen. Spaaks Vorstellungen scheinen eine Modernisierung und Vermehrung der nuklearen taktischen und Gefechtsfeldwaffen in der weiteren Zone, der auch der westliche Teil der Bundesrepublik Deutschland angehören würde, zu ermöglichen und daher bis zu einem gewissen Grade unseren Bedenken, die das Kräfteverhältnis betreffen, Rechnung zu tragen. (Diese Frage wird im Bundesministerium der Verteidigung noch eingehend geprüft.)[25] Der Schwerpunkt der belgischen Erwägungen ist jedoch darin zu sehen, daß der nukleare Status der Bundesrepublik Deutschland in völkerrechtlich bindender Form, auch gegenüber Ostblockstaaten, festgelegt würde, ohne daß damit irgendwelche Fortschritte in der Deutschlandfrage verbunden wären.

III. Vorschlag

Falls es auf der NATO-Ratstagung zu einer Fortsetzung der Diskussion über den Gomulka-Plan kommt, könnte von deutscher Seite wie folgt Stellung genommen werden:

Die Bundesregierung prüft mit Sympathie alle Vorschläge, die zu einer Entspannung beitragen. Sie hat ihren Verbündeten gegenüber auf die Herstellung von ABC-Waffen[26] und auf die Anwendung von Gewalt zur Herbeiführung der Wiedervereinigung verzichtet und den Teststopp-Vertrag ratifiziert.[27] Sie hofft, daß die Genfer Abrüstungskonferenz bald ihre Beratungen

[24] Vgl. dazu Dok. 20, Anm. 6.

[25] Am 7. April 1965 hielt Vortragender Legationsrat I. Klasse Lahn fest, in einer Ressortbesprechung habe Oberstleutnant Hopf folgende Bedenken des Bundesministeriums der Verteidigung gegen die belgischen Vorschläge zur Sprache gebracht: „1) [...] würde jede Vorwärtsverteidigung unmöglich gemacht. [...] Eine solche enge Zone benachteilige in jeder Hinsicht den Verteidiger und biete dem möglichen Angreifer unschätzbare Vorteile. 2) Der Einsatz von Nuklearwaffen aus dieser ersten Zone heraus würde behindert. 3) Eine Modernisierung der konventionellen Ausrüstung der Streitkräfte in dieser Zone wäre nicht mehr möglich, während der Angreifer leicht modernere Angriffswaffen einsetzen könnte. 4) Wir würden auf eine Reihe von in dieser Zone liegenden Truppenübungsplätzen verzichten müssen." Vgl. VS-Bd. 3594 (302/II 8); B 150, Aktenkopien 1965.

[26] Zum Verzicht der Bundesrepublik auf die Herstellung von atomaren, biologischen und chemischen Waffen vgl. Dok. 11, Anm. 4.

[27] Die Bundesrepublik Deutschland trat dem Teststopp-Abkommen vom 5. August 1963 am 19. Au-

wieder aufnimmt und weitere Fortschritte, z.B. bei der Ausarbeitung eines Abkommens über einen umfassenden Teststopp, erzielt.

Für eine positive Beurteilung des Gomulka- und Rapacki-Planes sehen wir jedoch weiterhin keinen Anlaß. Wir müssen daran festhalten, daß ein wirksames europäisches Sicherheitssystem mit Maßnahmen zur Überwindung der deutschen Spaltung und damit zur Beseitigung der wesentlichen Spannungsursache zu koppeln ist. Wir müssen weiterhin vor den Gefahren der polnischen Pläne für das militärische Kräftegleichgewicht warnen. Europa ist nach wie vor von den in der westlichen Sowjetunion stationierten über 700 MRBMs bedroht, denen SACEUR nichts Gleichwertiges entgegenzusetzen hat. Premierminister Wilson hat zu Recht auf die Bedeutung der sowjetischen MRBMs hingewiesen.

Die Begrenzung der konventionellen Streitkräfte in einer verhältnismäßig engen Zone beiderseits der Demarkationslinie kann keine zusätzliche Sicherheit für den Westen bringen. Die in der belgischen Gesprächszusammenfassung enthaltenen Gedanken bedürfen noch einer eingehenden Prüfung. Wir müssen jedoch schon jetzt erklären, daß sie für uns wenig Anziehungskraft haben; sie zeigen keinen Weg, europäische Sicherheitsmaßnahmen mit Fortschritten in der Deutschlandfrage zu verbinden.[28]

Referat II 7 hat im Entwurf mitgezeichnet.

Hiermit dem Herrn Staatssekretär[29] weisungsgemäß vorgelegt.

Krapf

VS-Bd. 3594 (302/II 8)

Fortsetzung Fußnote von Seite 626

gust 1963 bei. Vgl. dazu AAPD 1963, II, Dok. 308 und Dok. 314. Die Bundesrepublik hinterlegte die Ratifikationsurkunden am 1. Dezember 1964 in Washington und London. Die UdSSR verweigerte die Annahme der Ratifikationsurkunde aufgrund der Einbeziehung von Berlin (West). Vgl. dazu AAPD 1964, II, Dok. 366.

[28] Vgl. dazu weiter Dok. 262.
[29] Hat Staatssekretär Carstens vorgelegen.

153

Aufzeichnung des Staatssekretärs Lahr

St.S. 937/65 VS-vertraulich 29. März 1965[1]

Betr.: Konsultationsgespräch mit Generaldirektor Wormser in Paris am
26. März 1965
hier: Ostkredite[2]

Bei der Darlegung unseres Standpunktes in der Frage der Kreditpolitik gegenüber dem Ostblock[3] führte ich aus, daß wir augenblicklich nicht beabsichtigten, dieses Thema in Brüssel erneut zur Diskussion zu stellen[4], daß wir uns jedoch vorbehielten, darauf zurückzukommen, wenn sich negative Auswirkungen abzeichnen sollten.

Ich strich sodann die besondere Bedeutung heraus, die wir der Behandlung der SBZ durch unsere Verbündeten beimessen, wobei ich auch auf die Kreditpolitik Ulbrichts im Nahen Osten[5] hinwies. Ich sprach die Bitte aus, daß die bisher bekanntgewordene Kreditgewährung Frankreichs an die SBZ, z.B. Raffinerieprojekt[6], wirklich Ausnahme bleiben möge.

Herr Wormser beschränkte sich in seiner Erwiderung bezüglich der SBZ auf folgendes:
– Frankreich gewähre bereits seit Jahren staatlich abgesicherte Kredite auch an die SBZ; insoweit sei hier kein neues Moment zu verzeichnen.
– Die Kreditgewährung an die SBZ sei relativ bescheiden, wie dies auch dem Handelsaustausch Frankreichs mit der Zone entspräche.[7] Es sei auch keineswegs eine Gleichbehandlung der SBZ mit den Satellitenstaaten beabsichtigt.
– Wenn eine Ausweitung der Kreditgewährung an die SBZ auch nicht beabsichtigt sei, so sei es andererseits auch nicht möglich, eine Kreditgewährung grundsätzlich gänzlich zu verweigern.

Ich hielt dem entgegen,
– daß uns bis vor einigen Monaten nicht bekannt gewesen sei, daß Frankreich

---

[1] Durchschlag als Konzept.
[2] Weitere Besprechungspunkte waren die Fusion der Exekutiven der Europäischen Gemeinschaften sowie das Verhältnis Algeriens zur EWG. Vgl. dazu die beiden Aufzeichnungen des Staatssekretärs Lahr vom 30. März 1965; VS-Bd. 2494 (I A 2); B 150, Aktenkopien 1965, sowie Büro Staatssekretär, Bd. 382.
[3] Vgl. dazu auch Dok. 95.
[4] Zu den Bemühungen des Bundesministers Schmücker, die EWG-Mitgliedstaaten während der Ministerratstagung am 2. März 1965 auf eine einheitliche Kreditpolitik festzulegen, vgl. auch Dok. 123.
[5] Zur Kreditgewährung der DDR an die VAR vgl. Dok. 116, Anm. 26.
[6] Vgl. dazu Dok. 116, Anm. 29.
[7] Zum Handelsvolumen zwischen Frankreich und der DDR vgl. den Anhang zur Aufzeichnung des Referats III A 6 vom 8. Januar 1965; Referat II A 1, Bd. 340.

Kredite an die SBZ gewährte⁸, und wir sonst schon früher vorstellig geworden wären,
– daß auch bescheidene Anfänge Anlaß zur Besorgnis böten, da andere dem französischen Beispiel folgen würden,
und wiederholte die Bitte, daß die abgeschlossenen Kreditgeschäfte mit der Zone – zumindest auf dem industriellen Sektor – dennoch die einzigen Ausnahmen bleiben mögen.

Abschließend wies ich darauf hin, daß diese Frage für uns von solch großer Bedeutung sei, daß sie der Herr Bundeskanzler möglicherweise mit General de Gaulle und Ministerpräsident Pompidou erörtern werde.⁹

Hiermit Herrn D III¹⁰ mit der Bitte, eine Aufzeichnung für den Herrn Minister und den Herrn Bundeskanzler zu fertigen, in der in möglichst gedrängter Form dargestellt wird,

a) inwieweit Frankreich bisher Kredite an die SBZ gegeben hat,
b) was andere westliche Länder getan haben,
c) unsere Bemühungen, die Franzosen und die Engländer hiervon abzubringen,
d) die französische Einlassung.¹¹

Lahr¹²

VS-Bd. 418 (Büro Staatssekretär)

---

⁸ Zur Unterrichtung des Auswärtigen Amts durch den französischen Botschafter de Margerie am 31. Dezember 1964 vgl. AAPD 1964, II, Dok. 402.
⁹ Das Thema wurde von Bundeskanzler Erhard im Gespräch mit Staatspräsident de Gaulle am 12. Juni 1965 angesprochen. Vgl. Dok. 246.
¹⁰ Ministerialdirektor Sachs.
¹¹ In einer auf Weisung des Staatssekretärs Lahr erstellten Aufzeichnung hielt Ministerialdirektor Sachs am 23. April 1965 fest: „Die Antwort der britischen Regierung geht nur auf die Einräumung von Krediten mit einer Laufzeit von 5 Jahren und darüber ein. Selbst die Gewährung von Krediten mit über 5jähriger Laufzeit wird nicht ausgeschlossen für den Fall, daß ein anderes Land hierin vorangehen sollte. Auch die Regierungen in Rom, Kopenhagen, Stockholm und Brüssel haben sich bisher nur zu der Zusicherung bereitgefunden, Kredite mit über 5jähriger Laufzeit an die SBZ nicht abzusichern." Vgl. VS-Bd. 2388 (I A 1); B 150, Aktenkopien 1965. Vgl. dazu weiter Dok. 199.
¹² Paraphe vom 30. März 1965.

154

Botschafter Duckwitz, Neu Delhi, an Staatssekretär Carstens

Z B 6-1-3180/65 geheim
Fernschreiben Nr. 185
Cito

Aufgabe: 29. März 1965
Ankunft: 29. März 1965, 14.15 Uhr

Für Staatssekretär ausschließlich[1]

Es mehren sich die Stimmen wohlmeinender Freunde der Bundesrepublik, die in vertraulichen Gesprächen ihr Erstaunen über die Methoden aussprechen, die von der Bundesregierung zur Beilegung der Nahostkrise angewendet werden. Schon der Vermittlungsversuch des Spaniers Nerva[2] wurde von Kennern der Verhältnisse mit großer Skepsis beurteilt, ebenso die Entsendung Bökers nach Amman[3], der angesichts der offenkundigen politischen Abhängigkeit des Königs[4] von Nasser keine Chancen gegeben wurden.

Während diese Vermittlungsversuche noch als Ausdruck des ehrlichen Willens, das Schlimmste zu verhüten, gewertet wurden, auch wenn man ihre Erfolglosigkeit vorauszusehen glaubte, begegnen die dann erfolgten Entsendungen von Bundestagsabgeordneten in die „bedrohten Gebiete"[5] mitleidig-skeptischem Kopfschütteln. Die taktvoll vorgebrachten Trostworte über die Ausschaltung der deutschen Diplomaten und damit des Auswärtigen Amtes sind schon nicht angenehm zu hören für einen Angehörigen unseres Dienstes. Sehr viel unangenehmer ist der durch diese Entsendungen entstandene Eindruck der Hilflosigkeit der Bundesregierung, die krampfhaft jede mögliche Hilfe, auch von Privatpersonen, begrüßt und benutzt, um aus dem jetzt entstandenen Dilemma wieder herauszukommen. Von dem Eindruck der Hilflosigkeit bis zur Vermutung, daß unsere Nahostpolitik in Wirklichkeit wohl kaum so überzeugend richtig ist, wie die Erklärungen der Bundesregierung[6] glauben machen wollen, ist nur ein kleiner Schritt. Diese Überlegungen werden natürlich mit Fleiß und nicht ohne Erfolg von unseren Gegnern genährt.

Ich habe es für meine Pflicht gehalten, Sie auf diese für unsere Politik und für unseren guten Ruf nicht günstigen Auswirkungen der von uns angewandten Methoden aufmerksam zu machen.

[gez.] Duckwitz

VS-Bd. 8449 (Ministerbüro)

[1] Hat Bundesminister Schröder vorgelegen.
[2] Zum Vermittlungsversuch des Abteilungsleiters im spanischen Außenministerium, Marques de Nerva, in Kairo vgl. Dok. 59 und Dok. 73.
[3] Zu den Gesprächen des Ministerialdirigenten Böker in Amman vgl. Dok. 78.
[4] Hussein II. Ibn Talal.
[5] Zur Entsendung der Abgeordneten vgl. Dok. 134, Anm. 41.
[6] Vgl. die Erklärungen des Chefs des Presse- und Informationsamtes, von Hase, vom 15. und 17. März 1965; BULLETIN 1965, S. 373 und S. 389.
Vgl. auch die Rede des Bundeskanzlers Erhard am 18. März 1965 auf der Internationalen Handwerksmesse in München; BULLETIN 1965, S. 397 f.

155

Ministerialdirektor Krapf an die Botschaft in Washington

II 1-86.00/0-678/65 geheim
Fernschreiben Nr. 342
Citissime mit Vorrang

29. März 1965[1]
Aufgabe: 31. März 1965, 19.13 Uhr

Auf Nr. 864[2] und 893[3] vom 24. bzw. 26.3.1965
Betr.: Behandlung der Deutschland-Frage in der Botschaftergruppe[4]

Zu den Bezugsberichten wird wie folgt Stellung genommen:

I. Stellungnahme zum amerikanischen Entwurf einer Dreimächte-Erklärung (vgl. Drahtbericht Nr. 893, Ziffer II 1 a)):

1) Der von dort vorgelegte amerikanische Entwurf einer Dreimächte-Erklärung über Deutschland ist geprüft worden. Wir begrüßen es, daß die Amerikaner die Initiative ergriffen, um eine Demonstration des Westens in der Deutschland-Frage herbeizuführen. Wir bitten, dies gegenüber den Amerikanern zum Ausdruck zu bringen.

2) Als Termin einer Abgabe der Erklärung käme gegebenenfalls der 5. Mai 1965 (10. Jahrestag der Wiedererlangung unserer Souveränität[5]) in Frage, ohne daß dieser Jahrestag in der Erklärung erwähnt zu werden brauchte. Uns

---

[1] Der Drahterlaß wurde vom Vortragenden Legationsrat I. Klasse Oncken konzipiert.
Am 1. April 1965 vermerkte Legationsrat I. Klasse Loeck für Bundesminister Schröder: „Die angezogenen Drahtberichte aus Washington sind beigefügt. Herr D II hat wegen Eilbedürftigkeit davon abgesehen, Ihnen den Drahterlaß vom 29.3. vor Abgang vorzulegen. Das Einverständnis von Herrn St[aats]S[ekretär] Carstens ist jedoch eingeholt worden. Da die Sitzung der Botschaftergruppe nach dem heutigen Drahtbericht aus Washington erst in der Nacht vom Freitag auf den Sonnabend (nach Bonner Ortszeit) stattfindet, könnten vorher gegebenenfalls noch abweichende oder zusätzliche Weisungen erteilt werden." Vgl. VS-Bd. 8529 (Ministerbüro); B 150, Aktenkopien 1965.

[2] Am 24. März 1965 übermittelte Gesandter Freiherr von Stackelberg, Washington, den amerikanischen Entwurf für eine Deutschland-Erklärung der Drei Mächte. Vgl. VS-Bd. 3721 (II A 1); B 150, Aktenkopien 1965.
Vgl. dazu Anm. 7, 9 und 10.

[3] Am 26. März 1965 bat Botschafter Knappstein, Washington, um Stellungnahme zu den amerikanischen Vorschlägen für eine Deutschland-Erklärung. Zu den Zielsetzungen der Bundesrepublik hielt er fest, es sei beabsichtigt, „die Alliierten zu einer Darlegung ihrer Auffassungen und Vorschläge zu bringen. Sodann streben wir die Abfassung einer Drei-Mächte-Erklärung an, die Anfang Mai veröffentlicht werden sollte und die neben einem die westliche Deutschlandpolitik erneut darlegenden Teil die Andeutung eines westlichen Schrittes gegenüber Moskau enthalten müßte. Diese Erklärung könnte vom NATO-Rat indossiert und zu einem noch zu bestimmenden Zeitpunkt den Sowjets mit der Aufforderung zur Bildung eines Viermächte-Gremiums (mit oder ohne gemischte deutsche Kommissionen) präsentiert werden. Substantielle Gespräche innerhalb der Westmächte sollten erst nach den deutschen Wahlen geführt werden." Vgl. VS-Bd. 3721 (II A 1); B 150, Aktenkopien 1965.

[4] Zur Behandlung der Deutschland-Frage in der Washingtoner Botschaftergruppe vgl. bereits Dok. 130.

[5] Am 5. Mai 1955 wurden die Ratifizierungsurkunden zu den Pariser Verträgen vom 23. Oktober 1954 hinterlegt.

liegt vor allem daran, daß die Erklärung *zum* 8. Mai 1965[6] vorliegt. Wir bitten, dort festzustellen, wie die Verbündeten zu dieser Anregung stehen. (Uns liegt vor allem daran, dem negativen Eindruck einseitiger Erklärungen der Westmächte und besonders der kommunistischen Länder zum 8.5.1965 entgegenzuwirken.)

3) Mit dem Grundgedanken des amerikanischen Entwurfs[7] sind wir einverstanden. Zweifellos wäre der Entwurf an der einen oder anderen Stelle zu ändern oder zu kürzen. Bevor hierzu endgültige Weisung ergeht, halten wir es aber für richtig, das Ergebnis des Meinungsaustausches abzuwarten, der am 31.3.1965 aus Anlaß der britischen, französischen und deutschen Stellungnahme zu dem amerikanischen Entwurf stattfinden wird.[8]

4) Als Ergebnis einer vorläufigen Prüfung wird festgestellt:

a) Gegen die Ziffern 1, 2 und 3[9] bestehen keine Bedenken.

b) Der in Ziffer 4 erwähnte Gewaltverzicht (gegen dessen Erwähnung wir an sich nichts einzuwenden haben) fügt sich an dieser Stelle nicht glücklich in den Aufbau des amerikanischen Entwurfs ein. Es könnte unter diesen Umständen zweckmäßig sein, von einer besonderen Ziffer bezüglich des Gewaltverzichts abzusehen und die diesbezüglichen Hinweise in anderem Zusammenhang zu vermerken.

c) Eine gewisse Problematik ergibt sich aus den Hinweisen zu Beginn der Ziffer 6.[10] Wir teilen die auch von dort vertretene Auffassung, daß sich hinter die

---

[6] Am 29. März 1965 unterrichtete Ministerialdirektor Krapf die Botschaft in Paris dahingehend, daß vor allem Frankreich gegen eine Deutschland-Erklärung zum 20. Jahrestag der Kapitulation eintrete: „Die französischen Gesprächspartner legten uns nahe, von dem 8.5. abzusehen, da Erklärungen an diesem Tage für uns ‚unangenehm' sein müßten." Vgl. den Drahterlaß Nr. 328; VS-Bd. 2495 (I A 3); B 150, Aktenkopien 1965.

[7] In der amerikanischen Erklärung wurden die Notwendigkeit der Wiedervereinigung Deutschlands auf der Grundlage des Selbstbestimmungsrechts und die Vier-Mächte-Verantwortung für Deutschland hervorgehoben. Vgl. den Drahtbericht Nr. 864 des Gesandten Freiherr von Stackelberg, Washington, vom 24. März 1965; VS-Bd. 3721 (II A 1); B 150, Aktenkopien 1965.

[8] Die für den 2. April 1965 vorgesehene Sitzung der Washingtoner Botschaftergruppe wurde verschoben, da die französische und die britische Delegation ohne Weisungen waren. Vgl. dazu den Drahtbericht Nr. 929 des Gesandten von Lilienfeld, Washington, vom 1. April 1965; VS-Bd. 3721 (II A 1); B 150, Aktenkopien 1965.
Zur Sitzung vom 6. April 1965 vgl. Dok. 171.

[9] In Ziffer 1 des amerikanischen Entwurfs wurde eine Lösung der Deutschland-Frage als notwendige Voraussetzung für einen dauerhaften Frieden und Sicherheit bezeichnet. Ziffer 2 bekräftigte das Recht auf Selbstbestimmung in beiden Teilen Deutschlands, Ziffer 3 die Vier-Mächte-Verantwortung für Deutschland, Berlin und den Zugang nach Berlin, wie sie in der Genfer Direktive vom 23. Juli 1955 bestätigt worden sei. Vgl. den Drahtbericht Nr. 864 des Gesandten Freiherr von Stackelberg, Washington, vom 24. März 1965; VS-Bd. 3721 (II A 1); B 150, Aktenkopien 1965.

[10] Ziffer 6 des amerikanischen Entwurfs: „The parties to this declaration recognize that certain measures to reduce the risk of war and lower tensions, which should not have to await the solution of other political problems for their implementation, could be useful. Moreover, such measures, when accomplished, can contribute to the solution of other problems, through the creation of an improved atmosphere of greater mutual confidence and increased feeling of security, and thus speed the day of German reunification. The artificial separation of the German peoples remains as the principle obstacle to the development of truly friendly and cooperative relations between Eastern and Western Europe, which is earnestly desired by all men of good will." Vgl. den Drahtbericht Nr. 864 des Gesandten Freiherr von Stackelberg, Washington, vom 24. März 1965; VS-Bd. 3721 (II A 1); B 150, Aktenkopien 1965.

sen Hinweisen eine Absicht der Amerikaner verbergen könnte, die „draft principles" von Anfang 1962 (Zugangsbehörde für Berlin, nonproliferation etc.)[11] wieder zur Sprache zu bringen. Hiergegen haben wir Bedenken. Solche Tendenzen wären jedenfalls aufmerksam zu verfolgen.

d) Im Schlußsatz von Ziffer 6 muß ersetzt werden: „separation of the German peoples" durch „separation of the German people".

5) Der operative Teil wird in dem amerikanischen Entwurf nicht deutlich genug erkennbar. Es fehlt z.B. ein Hinweis, daß der Westen in der Deutschlandfrage eine *aktive* Politik zu betreiben gewillt ist. Dies könnte dadurch geschehen, daß der in Ziffer 3 des amerikanischen Entwurfs enthaltene Gedanke an den Schluß der Erklärung gestellt und durch einen Hinweis ergänzt wird:

Die drei Westmächte seien zu gegebenem Zeitpunkt bereit, mit der Sowjetunion Gespräche über die sich aus der Teilung Deutschlands ergebenden Probleme zu führen; sie behielten sich vor, eigene Vorschläge zu unterbreiten. Damit beantwortet sich die Frage nach unseren Vorstellungen hinsichtlich der Indikation eines bevorstehenden aktiven Schrittes der Westmächte gegenüber Moskau in der Deutschlandfrage (vgl. Drahtbericht 893, Ziffer I 1 c)).

II. Stellungnahme zu dem Gedanken einer Erklärung der vier für Deutschland verantwortlichen Mächte zum 8. Mai (vgl. Drahtbericht Nr. 893, Ziffer II 1 b)):

1) Dieser Gedanke ist bisher offiziell an uns nicht herangetragen worden. Auf einer Besprechung der Bonner Vierergruppe erwähnte jedoch der amerikanische Vertreter am 26.3.1965, daß die amerikanische Botschaft Moskau angeregt habe, für den 8.5.1965 eine Deutschland-Erklärung der vier für Deutschland verantwortlichen Mächte vorzusehen.[12] Es sei zwar damit zu rechnen,

---

[11] Die amerikanische Regierung unterbreitete ihren Verbündeten am 9. April 1962 ein Vorschlagspaket für die Sondierungsgespräche mit der UdSSR über die Deutschland- und Berlin-Frage. Die „draft principles" bestanden aus der revidierten Fassung eines Papiers, das der amerikanische Außenminister Rusk bereits am 22. März 1962 mit seinem sowjetischen Kollegen Gromyko in Genf erörtert hatte, sowie dem Plan einer internationalen Zugangsbehörde für Berlin (West). Die Vorschläge enthielten „die Grundlagen für eine provisorische Regelung der Berlinfrage, für die Lösung der Deutschland-Frage und Vorschläge betreffend ‚Nichtverbreitung nuklearer Waffen' und ‚Nicht-Angriff'". Die Bundesregierung stimmte während des Besuchs von Rusk vom 21. bis 23. Juni 1962 in der Bundesrepublik einer geänderten Fassung der „draft principles" zu, wobei allerdings Bedenken gegen „eine gleichberechtigte Beteiligung der Zone" an der Zugangsbehörde nach Berlin (West) erhoben wurden. Am 20. Mai 1965 stellte Referat II 1 dazu fest: „Der Vorschlag einer Zugangsbehörde ist von uns nur im Rahmen des genannten Paketes erörtert worden. Die Errichtung einer solchen Behörde ohne gleichzeitige Verpflichtung der Sowjets auf das Ziel der Wiedervereinigung erscheint dagegen nicht zweckmäßig. Jede provisorische in sich abgeschlossene Berlinlösung trägt den Charakter eines Definitivums." Vgl. VS-Bd. 3553 (II A 1); B 150, Aktenkopien 1965.
Vgl. auch OSTERHELD, Kanzlerjahre, S. 106–109, und GREWE, Rückblenden, S. 548–550.

[12] Dazu berichtete Gesandter Freiherr von Stackelberg, Washington, am 24. März 1965, der Referatsleiter im amerikanischen Außenministerium, Puhan, habe ihn über den Vorschlag des amerikanischen Botschafters in Moskau, Kohler, informiert, bei der sowjetischen Regierung eine Viermächte-Erklärung zum 8. Mai anzuregen. Im amerikanischen Außenministerium sei man sich „noch nicht ganz schlüssig, wie man sich zu diesem Vorschlag stellen solle, wolle aber gerne unsere Ansicht dazu hören. […] Man könne diese Erklärung den Sowjets vorschlagen und habe dann im Falle einer Ablehnung freie Hand, den sowjetischen Propagandatönen energisch entgegenzuwirken. Man könne die Erklärung auch in Erwiderung auf eine sowjetische Initiative zu ei-

daß die Sowjets einen solchen Vorschlag ablehnen würden. Die Ablehnung des Vorschlages würde aber, wie der amerikanische Vertreter meinte, die Sowjets unter Umständen in eine taktisch unangenehme Lage bringen.

2) Wir haben gegen diesen Vorschlag starke Bedenken:

Die Vorbereitung einer Erklärung der vier für Deutschland verantwortlichen Mächte würde mit der Ausarbeitung der Erklärung der drei Westmächte, auf die wir großen Wert legen, so kollidieren, daß dadurch das Zustandekommen einer guten Dreimächte-Erklärung gefährdet werden könnte. Selbst für den unwahrscheinlichen Fall, daß beide Entwürfe termingerecht fertiggestellt werden könnten, würde es in der Hand der Sowjets liegen, durch Verzögerung ihrer Antwort die rechtzeitige Veröffentlichung der Dreimächte-Erklärung in Frage zu stellen[13]. Es ist außerdem zu bedenken, daß die Verwirklichung des Vorschlags einer Viermächte-Erklärung eine Initiative der drei Westmächte bei den Sowjets voraussetzen würde, deren Mißlingen eine spätere westliche Initiative, die unseren Vorstellungen entspricht, ernstlich gefährden könnte.

III. Präzisierung der französischen Vorschläge im Falle einer Deutschland-Initiative (vgl. Drahtbericht Nr. 893, Ziffer II 2[14]):

1) Wir sind um eine Präzisierung der französischen Vorstellungen bemüht.[15] Wir werden dabei darauf hinweisen[16], daß es sich bei der Erklärung um einen „vorbereitenden Schritt zu einer Deutschland-Initiative" handele. Deswegen komme es zunächst darauf an, daß die Erklärung formuliert und abgegeben werde. Über die Frage, wie dann der operative Teil implementiert werde, könne man sich nach Bekanntgabe der Erklärung unterhalten.[17] Selbstver-

---

Fortsetzung Fußnote von Seite 633

ner gemeinsamen Feier oder zur westlichen Teilnahme an einer Feier in Moskau vorschlagen." Vgl. den Drahtbericht Nr. 866; VS-Bd. 3961 (II A 4); B 150, Aktenkopien 1965.

13 Die Wörter „in Frage zu stellen" wurden von Ministerialdirektor Krapf handschriftlich eingefügt. Dafür wurde gestrichen: „zu verhindern".

14 Botschafter Knappstein, Washington, begründete am 26. März 1965 den Wunsch nach Präzisierung der französischen Vorstellungen: „Bisher hat die französische Seite [...] nicht die Bereitschaft angedeutet, etwa Verhandlungen anzubieten oder den Vorschlag eines Viermächtegremiums aufzunehmen. Auch spricht Paris nicht von Viermächteerörterungen über die Substanz westlicher Deutschlandvorschläge. Vielmehr ist immer nur davon die Rede gewesen, die deutsche Frage am Leben zu erhalten und aus diesem Grunde in Moskau die westlichen Positionen erneut zur Kenntnis zu bringen. Der Inhalt einer Initiative, wie sie sich Paris vorstellt, weicht möglicherweise tiefgreifend von dem amerikanischen Standpunkt ab." Vgl. VS-Bd. 3721 (II A 1); B 150, Aktenkopien 1965.

15 An dieser Stelle wurde von Ministerialdirektor Krapf gestrichen: „Dabei dürfte es freilich nicht zweckmäßig sein, zu große Erwartungen auf besondere Ergebnisse dieser Bemühungen zu setzen, da z. B. auch Präsident de Gaulle in Rambouillet nur allgemein seine Bereitschaft zum Ausdruck brachte, uns zu unterstützen, nicht verschwiegen worden ist, daß man von uns konkrete Vorschläge erwartet. Wir sehen im übrigen keinen besonderen Anlaß für die Vermutung, daß in der Frage einer neuen Deutschland-Initiative wesentliche amerikanisch-französische Meinungsverschiedenheiten entstehen könnten."

16 Der Passus „Wir werden ... hinweisen" wurde von Ministerialdirektor Krapf handschriftlich eingefügt. Dafür wurde gestrichen: „Gegenüber den Franzosen könnte gegebenenfalls argumentiert werden".

17 Am 22. März 1965 hielt Ministerialdirigent Ruete aus einem Gespräch mit dem französischen Botschaftsrat de la Gorce fest, Frankreich unterstütze zwar eine Deutschland-Initiative: „Zur Frage einer Deutschlanderklärung der vier Westmächte habe sich die französische Regierung

ständlich seien auch wir an einer sinnvollen Initiative interessiert, die uns und den Westen weiterführe.

2) Die Frage des Termins für die Bekanntgabe der „Erklärung" ist im Zuge der turnusmäßig stattfindenden deutsch-französischen Konsultation am 25.3.1965[18] und bei Gesprächen von Bundeskanzler, Staatssekretär[19] und mir[20] mit Botschafter Seydoux behandelt worden. Die Franzosen haben nach wie vor Bedenken gegen den 8. Mai als Tag der Veröffentlichung einer Erklärung. Es sollte gleichwohl möglich sein, eine Lösung herbeizuführen, da uns – wie bereits festgestellt – vor allem an einer Erklärung *zum* 8. Mai liegt.

Krapf[21]

VS-Bd. 3721 (II A 1)

Fortsetzung Fußnote von Seite 634

bisher nicht geäußert […]. Herr de la Gorce gab gleichzeitig zu verstehen, daß die Neigung der französischen Regierung, den Vorschlag einer Deutschlanderklärung zu unterstützen, nicht sehr groß sei. Man habe erst im Juni v.J. eine derartige Erklärung abgegeben und sehe in einer erneuten Erklärung keinen politischen Sinn." Vgl. VS-Bd. 2495 (I A 3); B 150, Aktenkopien 1965.
Vgl. dazu weiter Dok. 157 und Dok. 158.

[18] Vgl. dazu die Aufzeichnung des Ministerialdirektors Meyer-Lindenberg vom 31. März 1965; VS-Bd. 2388 (I A 1); B 150, Aktenkopien 1965.

[19] Über das Gespräch des Bundeskanzlers mit dem französischen Botschafter am 25. März 1965 berichtete Staatssekretär Carstens, Erhard habe Seydoux dringend um französische Mitwirkung beim Zustandekommen einer Drei-Mächte-Erklärung zur Deutschland-Frage gebeten. „Es komme ihm nicht darauf an, daß die Erklärung genau am 8. Mai 1965 abgegeben werde. Vielleicht spreche manches dafür, sie einige Tage vorher abzugeben." Er selbst, Carstens, habe dem Abteilungsleiter im französischen Außenministerium, Lucet, gegenüber ausgeführt, „daß uns ein Termin kurz vor dem 8. Mai sogar noch richtiger erscheine als der 8. Mai selbst". Vgl. den Drahterlaß Nr. 1430 vom 25. März 1965 an die Botschaften in Washington und Paris; VS-Bd. 2495 (I A 3); B 150, Aktenkopien 1965.

[20] Das Wort „mir" wurde von Ministerialdirektor Krapf handschriftlich eingefügt. Dafür wurde gestrichen: „MD Krapf".

[21] Paraphe vom 30. März 1965.

156

Botschafter Klaiber, Paris, an das Auswärtige Amt

Z B 6-1-3216/65 geheim Aufgabe: 30. März 1965, 13.45 Uhr[1]
Fernschreiben Nr. 472 Ankunft: 30. März 1965, 15.13 Uhr
Citissime mit Vorrang

Auf Wunsch des Herrn Bundeskanzlers habe ich heute um eine Unterredung mit dem französischen Staatspräsidenten[2] nachgesucht, um diesem auftragsgemäß die Beunruhigung und Enttäuschung der Bundesregierung über den Ablauf der Besprechungen Außenminister Couves in Rom[3] auszudrücken. Ich habe dem General in sehr ernster und nachdrücklicher Weise vor Augen gestellt, daß die Weigerung Couves, dem Termin des 10. Mai für das Außenministertreffen in Venedig[4] zuzustimmen und Vorbereitungen für die Teilnahme an dieser Konferenz zu stellen, den Herrn Bundeskanzler und die deutsche Regierung in eine schwierige Lage gebracht habe. Der Bundeskanzler habe auf das Wort des Generals in Rambouillet vertraut, nach unseren schweren finanziellen Opfern in Brüssel[5] nunmehr seine Zustimmung zu einer Wiederaufnahme der Bemühungen um eine europäische politische Union erhalten zu haben. In Rambouillet habe sich der General sowohl mit einer Außenminister- wie mit einer Regierungschefkonferenz einverstanden erklärt. Als Termine für die beiden Treffen seien jeweils die Monate Mai und Juli im Gespräch gewesen. Der französische Staatspräsident habe sich in Rambouillet ausdrücklich bereit erklärt, auch das Risiko einzugehen, daß die beiden Konferenzen nicht sofort zu einem Erfolg führten.[6] Die Partnerländer Frankreichs hätten bei ihren Vorschlägen für die Organisation der europäischen politischen Union alles getan, um den Gedanken des französischen Fouchet-Plans[7] Rechnung zu tragen und damit für Frankreich die Mitarbeit zu erleichtern.

Ich habe nicht verschwiegen, daß ich eine schwere Krise im deutsch-französischen Verhältnis kommen sehe, wenn sich die französische Regierung nicht positiv und aktiv zu den Versuchen einer politischen Zusammenarbeit der sechs EWG-Länder stelle. Schon werde in der Presse spekuliert, daß die fran-

---

[1] Hat Bundesminister Schröder vorgelegen.
Zwei Ausfertigungen des Drahtberichts wurden an das Bundeskanzleramt weitergeleitet.
[2] Charles de Gaulle.
[3] Der französische Außenminister hielt sich vom 26. bis 29. März 1965 in Rom auf. Am 29. März 1965 berichtete Botschaftsrat I. Klasse Weinhold, Rom, der französische Außenminister habe der für den 10. Mai 1965 vorgesehenen Außenministerkonferenz in Venedig nicht zugestimmt. „Couve begründete Ablehnung damit, daß die Voraussetzungen für einen Erfolg der Konferenz nicht gegeben seien." Vgl. den Drahtbericht Nr. 187; Referat I A 1, Bd. 522.
Vgl. weiter Dok. 157 und Dok. 165.
[4] Zu den Planungen für eine Außenministerkonferenz vgl. bereits Dok. 137.
[5] Zu den mit der EWG-Regelung der Getreidepreise vom 15. Dezember 1964 verbundenen Einnahmeverlusten für die deutsche Landwirtschaft vgl. Dok. 22, Anm. 4.
[6] Vgl. dazu die Gespräche des Bundeskanzlers Erhard mit Staatspräsident de Gaulle am 19. und 20. Januar 1965; Dok. 22 und Dok. 27.
[7] Zu den Fouchet-Plänen vom 2. November 1961 und vom 18. Januar 1962 vgl. Dok. 5, Anm. 23.

zösische Regierung im Hinblick auf die Verbesserung ihrer Beziehungen zu Moskau[8] in der Frage der politischen Zusammenarbeit der EWG-Länder zurückhaltender werde.[9] Die deutsche Öffentlichkeit horche auf, wenn ein Mann wie Adenauer, der als Vorkämpfer der engen deutsch-französischen Zusammenarbeit mit Recht gelte, seine Skepsis auf dem Parteikongreß der CDU/CSU[10] anmelde.

Der General bat mich, dem Herrn Bundeskanzler folgendes mitzuteilen:

1) Die französische Regierung begrüße nach wie vor die italienische Initiative, ein Außenministertreffen einzuberufen[11], um positive Schritte zur Verwirklichung einer europäischen politischen Union vorzubereiten. Der Staatspräsident bestätigte die in Rambouillet getroffene Vereinbarung mit dem Bundeskanzler. Er sei nach wie vor bereit, an einer Konferenz der Staats- und Regierungschefs im Juli teilzunehmen, die von einem Außenministertreffen vorzubereiten wäre.

2) Wenn die französische Regierung sich noch nicht mit dem vorgeschlagenen Datum des 10. Mai für das Außenministertreffen einverstanden erklärt habe, so sei der Grund dafür das Bemühen, auf alle Fälle einen negativen Ausgang der Konferenz zu vermeiden. Die Pressebehauptungen, die französische Regierung habe eine Vertagung der Konferenz bis zum Herbst vorgeschlagen[12], seien falsch.

3) Die französische Regierung werde weiter mit der federführenden italienischen Regierung auf diplomatischem Wege verhandeln, um zu der Festsetzung einer Tagesordnung für das Außenministertreffen zu kommen. Auf die Frage

---

[8] Zur Intensivierung der französisch-sowjetischen Beziehungen vgl. Dok. 107.

[9] Botschaftsrat I. Klasse Weinhold, Rom, berichtete am 30. März 1965 über eine Meldung der Tageszeitung „Corriere della sera", „daß vermutlich ‚die russische Karte', die de Gaulle augenblicklich ins Spiel bringe, die Indifferenz des Generals hinsichtlich der europäischen Probleme und den negativen Ausgang der römischen Gespräche erkläre". Für den Drahtbericht Nr. 190 vgl. Referat I A 1, Bd. 522.
Vgl. dazu auch den Artikel von Heinz Barth: „Paris koordiniert Europa- und Ostpolitik"; DIE WELT, Nr. 72 vom 26. März 1965, S. 5.

[10] Der ehemalige Bundeskanzler warnte auf einer öffentlichen Kundgebung am 28. März 1965, dem Vorabend der Eröffnung des Bundesparteitags der CDU in Düsseldorf, vor einem Nichtzustandekommen der Gespräche über eine europäische politische Union: „Die Gefahren, die darin stecken, sind für uns, aber auch für Frankreich groß. Unser Geschick ist auch das Geschick Frankreichs. Wenn wir von den Russen verschlungen werden, wird auch Frankreich von den Russen verschlungen werden." Mit Blick auf das deutsch-französische Verhältnis sah Adenauer in der französisch-sowjetischen Annäherung „auch das Signal, aufzupassen und alles zu tun, damit das warme Gefühl, das zwischen den beiden Völkern besteht, die Politiker nötigt, auch in der politischen Arbeit schneller voranzuschreiten". Vgl. AdG 1965, S. 11775.

[11] Vgl. dazu auch Dok. 137.

[12] Dazu berichtete Botschafter Klaiber, Paris, am 30. März 1965: „Aufgrund offizieller Sprachregelung melden einige Blätter wie ‚Figaro', daß die Konferenz von Venedig um sechs Wochen verschoben werde, vorausgesetzt, daß man sich vorher auf eine präzise Tagesordnung einige. In einer Nachrichtensendung der ORTF hieß es jedoch bereits gestern abend, die Konferenz sei ‚sine die' verschoben." Vgl. den Drahtbericht Nr. 473; Referat I A 1, Bd. 522.
Der Frankreich-Korrespondent der Tageszeitung „Die Welt", Barth, meldete am 30. März 1965 eine Vertagung auf Juni und am 31. März 1965, die Zusammenkunft solle möglicherweise bis nach den Bundestagswahlen verschoben werden. Vgl. die Artikel „Paris hält ein Treffen im Juni für möglich"; DIE WELT, Nr. 75 vom 30. März 1965, S. 4, und „Der Flirt mit Moskau"; DIE WELT, Nr. 76 vom 31. März 1965, S. 1 f.

Couves über die Gesprächsgegenstände der geplanten Konferenz habe Fanfani nur eine ungenügende Antwort gegeben. Er habe allgemein erklärt, man werde über alle gemeinsamen Interessen der Partnerländer sprechen können.[13]

4) Alle Spekulationen, die Verbesserung der Beziehungen zwischen Paris und Moskau hätten einen Einfluß auf die zögernde Haltung der französischen Regierung gegenüber der europäischen politischen Initiative, sind nach Aussage des Generals völlig unrichtig.[14]

Im weiteren Gespräch verhehlte mir der General jedoch nicht seine Zweifel über die Aussichten einer europäischen politischen Relance. Er habe den Eindruck, daß seine EWG-Partner selbst nicht an die Möglichkeit der Herstellung einer gemeinsamen Außen- und Verteidigungspolitik glaubten. Die Nachrichten aus Holland gingen dahin, daß der Vertreter dieses Landes mit der festen Absicht zu einer solchen Konferenz komme, um diese zu sabotieren.[15] Man wolle weithin gar kein europäisches Europa, sondern hänge nach wie vor einem entscheidend von den Vereinigten Staaten von Amerika bestimmten Europa[16] an.

[gez.] Klaiber

VS-Bd. 8427 (Ministerbüro)

---

[13] Zur Haltung des italienischen Außenministers bezüglich einer Tagesordnung vgl. auch Dok. 137, Anm. 3.

[14] Bereits am 26. März 1965 reagierte der außenpolitische Berater des Staatspräsidenten de Gaulle, St. Legier, auf entsprechende Spekulationen in der Presse „mit einem energischen Dementi". Vgl. den Drahtbericht Nr. 461 des Botschafters Klaiber, Paris, an das Auswärtige Amt; VS-Bd. 8427 (Ministerbüro); B 150, Aktenkopien 1965.

[15] Botschafter Berger, Den Haag, gab dazu am 17. März 1965 als Information aus dem niederländischen Außenministerium weiter: „Einstellung Luns gegenüber politischer Zusammenarbeit der Sechs sei nach wie vor ablehnend. Taktisch werde Luns auf Zeitgewinn spielen und womöglich auf Außenministerkonferenz einer Expertenkommission unter Cattani zustimmen, wenn der Auftrag eng genug umschrieben werden könne. Nach dem bisherigen Stand der Vorarbeiten werde Luns auf Außenministerkonferenz folgende drei Vorbedingungen stellen: a) Offenheit einer politischen Gemeinschaft; b) Ausschluß der Verteidigungsfragen und all derjenigen Probleme, die in die Zuständigkeit der EWG fielen; c) wahrscheinlich irgendwelche supra-nationalen Ansatzpunkte einer politischen Gemeinschaft Europas." Vgl. den Drahtbericht Nr. 94; Referat I A 1, Bd. 522.
Am 23. März 1965 ließ der niederländische Botschaftsrat Jalink Legationsrat I. Klasse Schmidt-Schlegel wissen: „Regelmäßigen Konferenzen der Verteidigungsminister werde Luns auf keinen Fall zustimmen. Es sei schwer vorauszusehen, wie ein Kompromiß zwischen der niederländischen und der französischen Auffassung möglich sein werde." Vgl. die Aufzeichnung von Schmidt-Schlegel vom 24. März 1965; Referat I A 1, Bd. 522.
Zur niederländischen Haltung zu einer europäischen politischen Union vgl. auch Dok. 137, Anm. 35.

[16] Zur Europa-Konzeption des Staatspräsidenten de Gaulle vgl. auch Dok. 64, Anm. 16.

157

Botschafter Klaiber, Paris, an das Auswärtige Amt

Z B 6-1-3236/65 geheim   Aufgabe: 30. März 1965, 21.15 Uhr[1]
Fernschreiben Nr. 478   Ankunft: 30. März 1965, 21.48 Uhr
Citissime mit Vorrang

Auf Plurex Nr. 1429[2] und 1430[3] vom 25.3.1965

I. Hatte heute auf meine Bitte längere Unterhaltung mit Außenminister Couve nach dessen Rückkehr aus Rom.[4] Zunächst unterrichtete ich ihn über meine Demarche beim französischen Staatspräsidenten und deren Resultat[5] und wies auch ihn auf unsere schwere Enttäuschung über die französisch-italienischen Verhandlungen in Rom hin. Die mir von de Gaulle zur Weitergabe an den Herrn Bundeskanzler gemachten Mitteilungen nahm Couve ohne Kommentar entgegen, gab jedoch folgende Ergänzung über seine Besprechungen mit Fanfani:

Er habe Fanfani gesagt, die geplante Außenministerkonferenz[6] müsse ein Ziel und eine klare Tagesordnung haben, sonst verliere man sich in allgemeinen Reden, die vielleicht sogar zu unangenehmen Kontroversen führen und den Erfolg der Konferenz in Frage stellen könnten. Die verunglückte Außenministerkonferenz vom Jahre 1962 zur politischen europäischen Relance[7] stehe Frankreich noch warnend vor Augen. Fanfani habe darauf nur allgemein geantwortet, ohne präzise Vorschläge zu machen. Er habe geäußert, es genüge schon die Tatsache eines Treffens der Außenminister, um der Öffentlichkeit den Eindruck von einer Anstrengung der sechs Partnerländer für die Verwirklichung einer europäischen politischen Union zu geben. Dies sei nach Ansicht der französischen Regierung weder seriös noch präzise. Nachdem ich insistierte, was sich eigentlich die französische Regierung unter einer solchen Tagesordnung vorstelle, erwiderte er mir:

---

[1] Hat Bundesminister Schröder vorgelegen.
[2] Staatssekretär Carstens informierte am 25. März 1965 die Botschaften in Paris und Rom, Bundeskanzler Erhard habe im Gespräch mit dem französischen Botschafter Seydoux „heute nachdrücklich gefordert, daß französische Regierung dem vorgesehenen Außenminister-Treffen am 10. Mai in Venedig zustimmt". Die Botschaft in Paris wurde angewiesen, „unmittelbar nach Rückkehr Couves aus Rom im Quai d'Orsay erneut im gleichen Sinne vorstellig zu werden". Vgl. VS-Bd. 418 (Büro Staatssekretär); B 150, Aktenkopien 1965.
[3] Am 25. März 1965 setzte Staatssekretär Carstens die Botschaften in Washington und Paris über die Äußerungen des Bundeskanzlers Erhard gegenüber dem französischen Botschafter Seydoux zur Deutschland-Erklärung der drei Mächte in Kenntnis. Vgl. VS-Bd. 2495 (I A 3); B 150, Aktenkopien 1965.
Für einen Auszug vgl. Dok. 155, Anm. 19.
[4] Zum Besuch des französischen Außenministers vom 26. bis 29. März 1965 in Rom vgl. Dok. 156, Anm. 3.
[5] Vgl. Dok. 156.
[6] Zu der für den 10. Mai 1965 geplanten Außenministerkonferenz in Venedig vgl. Dok. 137.
[7] Zum Fouchet-Plan 1961/62 vgl. Dok. 5, Anm. 23. Zu seinem Scheitern auf der Außenministerkonferenz am 17. April 1962 in Paris vgl. Dok. 22, Anm. 15.

Das Ziel der Konferenz müsse aus der Tagesordnung hervorgehen, nämlich
1) der Wille der sechs Partner zu versuchen, auf den Gebieten der Außenpolitik, der Wirtschaft, der Verteidigung[8] und der Kultur zu einer gemeinsamen Politik und einer engen Zusammenarbeit zu kommen und
2) die Organisationsform zu diskutieren und zu finden, die die Erreichung dieses Zieles ermöglichen soll.

Nach seinen letzten römischen Besprechungen glaubt Couve nicht, daß er mit den Italienern in der weiteren diplomatischen Behandlung wirklich weiterkomme. Er äußerte sogar den Zweifel, ob es den Italienern überhaupt ernstlich um einen Erfolg der Konferenz zu tun sei. Um die Dinge zu fördern, verspreche er sich nur etwas von deutsch-italienischen Besprechungen, die zur Festlegung einer Tagesordnung für die Konferenz führen könnten.[9]

Auf meine Frage, ob Nachrichten richtig seien, er habe eine Zustimmung zur Außenministerkonferenz von weiteren Zugeständnissen in Brüssel abhängig gemacht[10], erklärte mir Couve, dies sei in dieser Form nicht richtig. Allerdings sei man schon in Rambouillet davon ausgegangen, daß zum Zeitpunkt der Konferenz der Staats- und Regierungschefs im Juli auch in Brüssel ein gewisser Abschluß für die Entscheidung noch offenstehender Probleme[11] erreicht sein müsse.[12]

---

[8] Der Abteilungsleiter im italienischen Außenministerium, Gaja, informierte am 30. März 1965 Botschaftsrat I. Klasse Weinhold, Rom, darüber, daß der französische Außenminister Couve de Murville eine Außenministerkonferenz zur europäischen politischen Zusammenarbeit davon abhängig gemacht habe, daß „bei der Konferenz nicht nur politische und wirtschaftliche, sondern auch Fragen der Verteidigung erörtert werden sollten". Vgl. den Drahtbericht Nr. 191; VS-Bd. 2470 (I A 1); B 150, Aktenkopien 1965.

[9] Am 7. April 1965 teilte der Leiter des Außenpolitischen Büros im Bundeskanzleramt, Osterheld, Ministerialdirigent Simon mit, Bundeskanzler Erhard habe zu diesem Absatz bemerkt, „auch er glaube, daß wir uns stärker einschalten sollten". Vgl. VS-Bd. 2470 (I A 1); B 150, Aktenkopien 1965.
Legationsrat I. Klasse Loeck vermerkte am 31. März 1965 für Bundesminister Schröder, Staatssekretär Lahr habe „folgende mündliche Weisung erteilt: 1) Abt[eilung] I soll durch Rückfrage bei der italienischen Seite feststellen, was A[ußen]M[inister] Fanfani über den Zweck und die Tagesordnung der Konferenz erklärt habe. 2) Nach Abstimmung mit den Italienern sollen den Franzosen von uns konkrete Vorschläge zur Tagesordnung übermittelt werden." Vgl. VS-Bd. 8427 (Ministerbüro); B 150, Aktenkopien 1965.

[10] Am 30. März 1965 berichtete Botschaftsrat I. Klasse Weinhold, Rom, der französische Außenminister habe gegenüber der italienischen Regierung erklärt, „daß die Konferenz, wenn sie überhaupt stattfinden könnte, erst nach Erledigung der finanziellen Regelung stattfinden könne, die sich aus dem Problem des Getreidepreises ergäbe". Vgl. den Drahtbericht Nr. 191 aus Rom; VS-Bd. 2470 (I A 1); B 150, Aktenkopien 1965.

[11] Dazu hielt Ministerialdirigent Voigt am 31. März 1965 fest, es sei anzunehmen, daß Frankreich dabei offenbar anstrebe „1) Fortschritte in der Frage der Assoziierung der Maghreb-Staaten, 2) Fortschritte auf dem Gebiet der Verwirklichung des gemeinsamen Agrarmarktes". Vgl. VS-Bd. 2470 (I A 1); B 150, Aktenkopien 1965.
Vgl. dazu Dok. 158, Anm. 9.

[12] Dazu vermerkte Bundeskanzler Erhard, „in Rambouillet sei dies nicht zur Kondition gemacht, sondern nur als Wunsch geäußert worden". Vgl. das Schreiben des Leiters des Außenpolitischen Büros im Bundeskanzleramt, Osterheld, vom 7. April 1965 an Ministerialdirigent Simon; VS-Bd. 2470 (I A 1); B 150, Aktenkopien 1965.
Vgl. dazu das Gespräch von Erhard mit Staatspräsident de Gaulle vom 20. Januar 1965; Dok. 27.

II. Im weiteren Gespräch habe ich bei Couve die Frage der Deutschland-Erklärung der Drei Mächte[13] angeschnitten und ihn dringend gebeten, Frankreich möge am Zustandekommen dieser Erklärung mitwirken.[14] Es komme nicht darauf an, daß diese Erklärung am 8. Mai[15] abgegeben werde, ein Termin kurz vor dem 8. Mai erscheine uns sogar richtiger. Als er auch mit dem Einwand kam, de Gaulle habe in Rambouillet zwar einer Drei-Mächte-Initiative gegenüber der Sowjetunion, nicht aber einer Deutschland-Erklärung der Drei Mächte zugestimmt[16], habe ich ihm erwidert, bei dieser Erklärung solle es sich um den vorbereitenden Schritt zu einer Deutschland-Initiative gegenüber Moskau handeln.[17] Die Drei-Mächte-Initiative gegenüber Moskau brauche eine lange Vorbereitungszeit, während angesichts der laufenden negativen sowjetischen Erklärungen zur Deutschlandfrage[18] das deutsche Volk mit Recht nunmehr aufs neue eine klare westliche Stellungnahme in dieser Frage erwarten könne. Ich appellierte an Couve, sich dieser Freundschaftspflicht nicht zu entziehen. Verneinendenfalls werde man nur der Spekulation Nahrung geben, die französische Regierung wolle sich mit Rücksicht auf ihre Beziehungen zu Moskau[19] einer Mitwirkung an dieser Erklärung entziehen.[20] Ich glaube annehmen zu können, daß meine Darlegungen auf Couve nicht ohne Eindruck geblieben sind.[21] Vor allem hat er jeden Gedanken daran abgelehnt, Frankreich wolle etwa zugunsten Moskaus seine guten Beziehungen zur Bundesrepublik gefährden.

---

[13] Zu den Beratungen in der Washingtoner Botschaftergruppe über die von der Bundesrepublik gewünschte Deutschland-Erklärung der Drei Mächte vgl. Dok. 130.

[14] Zur französischen Haltung gegenüber einer Deutschland-Erklärung vgl. Dok. 155, Anm. 14 und 17.

[15] Zur Frage des Termins für eine Deutschland-Erklärung vgl. auch Dok. 158, Anm. 3.

[16] Vgl. dazu das Gespräch des Bundeskanzlers Erhard mit dem französischen Staatspräsidenten vom 20. Januar 1965; Dok. 26.

[17] Vgl. dazu auch Dok. 155.

[18] Am 18. März 1965 berichtete Gesandter Freiherr von Ungern-Sternberg, London, der sowjetische Außenminister Gromyko habe dem britischen Außenminister Stewart, „in ‚väterlicher Weise' auseinandergesetzt, das Bestehen von zwei deutschen Staaten sei eine Realität, mit der man sich abfinden müsse, ob es einem recht sei oder nicht. Diese beiden deutschen Staaten seien nicht nur durch eine politische Grenze getrennt, sondern vor allem auch durch ein völlig verschiedenes soziales System." Vgl. den Drahtbericht Nr. 305; VS-Bd. 3961 (II A 4); B 150, Aktenkopien 1965.

[19] Zu den französisch-sowjetischen Beziehungen vgl. Dok. 107; weiter Dok. 191.

[20] Vgl. dazu den Artikel „Paris–London einig über Ostkontakte. Wilson bei de Gaulle"; DIE WELT, Nr. 78 vom 3. April 1965, S. 1 und S. 4.
Am 5. Mai 1965 stellte der SPD-Abgeordnete Erler Bundesminister Schröder im Bundestag die Frage, ob es einen „Zusammenhang zwischen dem Besuch des sowjetischen Außenministers in Paris und der Haltung des französischen Vertreters im Botschafterlenkungsausschuß bei Formulierung einer Deutschlanderklärung" gebe. Dies wurde von Schröder verneint mit dem Hinweis, „der Standpunkt, den die französische Regierung in der Botschafterlenkungsgruppe einnimmt, deckt sich mit dem Standpunkt, den sie seit einiger Zeit vertritt". Vgl. BT STENOGRAPHISCHE BERICHTE, Bd. 58, S. 8992.

[21] Zur französischen Haltung gegenüber einer Deutschland-Erklärung der Drei Mächte vgl. weiter Dok. 171.

Bitte auch Herrn Bundeskanzler[22] zu verständigen. Staatssekretär Carstens hat hier[23] Abschrift erhalten.

[gez.] Klaiber

VS-Bd. 8427 (Ministerbüro)

158

Botschafter Klaiber, Paris, an das Auswärtige Amt

Z B 6-1-3251/65 geheim　　　　　　　　　　Aufgabe: 31. März 1965, 15.30 Uhr[1]
Fernschreiben Nr. 479　　　　　　　　　　　Ankunft: 31. März 1965, 16.07 Uhr
Cito

Betr.: Französische Haltung zu Europa-Konferenz und Deutschland-Erklärung

Auf Plurex Nr. 1429 geh. und 1430 geh. vom 25.3.1965[2] sowie Drahterlaß 328 geh. vom 29.3.1965[3]:

Fechter hatte heute längere Unterredung mit Lucet über die französische Haltung in den Fragen europäische Außenministerkonferenz[4] und westliche Deutschland-Erklärung.[5]

I. Fechter unterrichtete Lucet, der Einzelheiten noch nicht kannte, über meine Demarche bei General de Gaulle[6] sowie über dessen Reaktion. Er wies nach-

---

[22] Hat Bundeskanzler Erhard vorgelegen. Vgl. dazu Anm. 9 und 12.
[23] Staatssekretär Carstens hielt sich am 31. März und 1. April 1965 zur Sitzung des Ständigen NATO-Rats in Paris auf.
Vgl. dazu Dok. 160.

[1] Hat Ministerialdirektor Krapf am 1. April 1965 vorgelegen.
[2] Vgl. dazu Dok. 157, Anm. 2 und 3.
[3] Am 29. März 1965 informierte Ministerialdirektor Krapf die Botschaft in Paris darüber, daß französische Gesprächspartner der Bundesregierung nahegelegt hätten, von einer Deutschland-Erklärung zum 8. Mai 1965 abzusehen. Zu den französischen Motiven stellte er die Überlegung an: „Die Möglichkeit ist jedenfalls nicht von der Hand zu weisen, daß die französische Regierung beabsichtigt, sich aus eine Erklärung oder eine Aktion zum 8.5. vorzubereiten, die die Stellung Frankreichs als Siegermacht (evtl. im Verhältnis zu den Verbündeten, auch zur Sowjetunion!) besonders herausstellt. Eine solche französische Aktion würde zweifellos bei gleichzeitiger Bekanntgabe einer westlichen Erklärung zur Deutschland-Frage, die eine Kritik an der sowjetischen Deutschland-Politik implizieren würde, an Eigengewicht verlieren." Die Botschaft wurde gebeten, „in geeigneter, besonders vorsichtiger Weise festzustellen, ob französische Absichten dieser Art" bestünden. Vgl. VS-Bd. 2495 (I A 3); B 150, Aktenkopien 1965.
[4] Vgl. dazu Dok. 156 und Dok. 157.
[5] Zu den Verhandlungen in der Washingtoner Botschaftergruppe über eine mögliche Deutschland-Erklärung der Drei Mächte vgl. bereits Dok. 155.
[6] Vgl. Dok. 156.

drücklich auf die schweren psychologischen und politischen Folgen hin, die entstehen könnten, wenn den grundsätzlichen Zusagen des Generals[7] nun nicht auch eine positivere Haltung der französischen Regierung in der Praxis folge.

Lucet wiederholte die bekannten Argumente für das französische Zögern: mangelnde Bereitschaft anderer europäischer Staaten zu einem „europäischen Europa" (hierbei wurden insbesondere wieder die Niederländer, aber auch die Italiener erwähnt), Unklarheit über Gegenstand, Ziel und Tagesordnung der Außenministerkonferenz, Gefahr eines Fehlschlags.

Mein Mitarbeiter replizierte mit dem Hinweis, daß die Gefahr eines Umschwungs der deutschen öffentlichen Meinung (auch in Richtung auf eine deutsche „nationale" Politik) sehr groß sei, wenn Frankreich durch eine perfektionistische Haltung den Eindruck einer mangelnden Bereitschaft erwecke – sei dieser Eindruck gerechtfertigt oder nicht. Diese Gefahr sei jedenfalls wesentlich größer als die eines Fehlschlags der Konferenz, den man bei einigem guten Willen doch vermeiden könne, auch wenn konkrete positive Resultate noch ausbleiben sollten.

Lucet zeigte weiterhin Skepsis, meinte aber schließlich doch, die französische Regierung habe ihr letztes Wort noch nicht gesprochen. Vielleicht könnten wir versuchen, auf die Italiener und die Niederländer in dem Sinne einzuwirken, daß sie sich mit der mir von Couve genannten Zielsetzung und Tagesordnung (vgl. Drahtbericht Nr. 478 geh. vom 30. März 1965[8]) einverstanden erklärten. Damit könne viel gewonnen werden. Im übrigen verwies er darauf, daß sich der französische Ministerrat zur gleichen Stunde mit der Frage beschäftige und daß heute Nachmittag Erklärungen des Informationsministers Peyrefitte über das Resultat zu erwarten seien.[9]

II. Zur Deutschland-Erklärung wiederholte Lucet die ebenfalls bekannten Bedenken.[10] Auf die eindringlichen Hinweise meines Mitarbeiters, daß eine Beteiligung an einer solchen Erklärung die französische Regierung doch gar nichts koste, es sei denn, sie wolle eine neue Politik mit der Sowjetunion auch

---

[7] Zur Zustimmung des Staatspräsidenten de Gaulle zu einer Außenministerkonferenz über Fragen einer europäischen politischen Union vgl. Dok. 22 und Dok. 27.

[8] Vgl. Dok. 157.

[9] Nach der Sitzung des französischen Ministerrats am 31. März 1965 erklärte Informationsminister Peyrefitte, Frankreich sei weiterhin für Gespräche über eine politische Zusammenarbeit in Europa: „La reprise de ces discussions pour aboutir à un accord est considerée comme nécessaire, ne serait-ce que parce que le marché commun lui-même ne pourrait à la longue subsister sans une étroite coopération politique organisée entre ses membres. Une conférence des chefs d'état et des gouvernements est donc considerée comme opportune des lors que les importants débats en cours à Bruxelles, notamment au sujet de l'agriculture auraient été menés à bonne fin, ce qui est prévu pour le 30 juin. [...] Il est clair, cependant, pour le gouvernement français, que de telles réunions ne pourraient se tenir sans qu'au préalable leur objectif ait été fixé et sans qu'elles offrent, cette fois, une perspective raisonnable d'être conclues d'une manière positive. Tel n'est pas le cas à l'heure actuelle." Vgl. den Drahtbericht Nr. 480 des Botschafters Klaiber, Paris, vom 31. März 1965; Referat I A 1, Bd. 523.

Für den deutschen Wortlaut der Erklärung vgl. EUROPA-ARCHIV 1965, Z 73.

[10] Vgl. dazu Dok. 155, Anm. 6 und 17.

in der Deutschlandfrage einleiten[11], und daß eine Nichtbeteiligung in Deutschland nicht nur schwere Enttäuschung, sondern auch Reaktionen hervorrufen würde, die weder im französischen noch im deutschen Interesse liegen könnten, erwiderte Lucet, indem er aus seiner sonstigen Reserve etwas heraustrat, diese Befürchtungen seien berechtigt, und wir könnten sicher sein, daß sie – wie überhaupt die ganze innenpolitische Situation in Deutschland – bei den Überlegungen, die derzeit auf französischer Seite angestellt würden, eine Rolle spielten. Das letzte Wort sei auch hier noch nicht gesprochen, und er hoffe, daß man schließlich zu einer auch uns befriedigenden Lösung kommen werde.[12] Im übrigen könne er mit aller Bestimmtheit versichern, daß eine Rücksicht auf Moskau bei den französischen Erwägungen in dieser Frage keine Rolle gespielt habe oder spielen werde. Wenn man auch derzeit mit der Sowjetunion in einigen politischen Fragen ähnliche Auffassungen vertrete[13], bedeute dies noch nicht, daß große Meinungsverschiedenheiten in anderen Fragen nicht mehr weiterbestünden.

[gez.] Klaiber

VS-Bd. 3721 (II A 1)

[11] Zu entsprechenden Spekulationen vgl. Dok. 107 und Dok. 157, Anm. 20.
[12] Vgl. dazu weiter Dok. 171.
[13] Vgl. dazu auch Dok. 107 und Dok. 183, Anm. 12.